전산회계 1급 합격을 위한

해커스금융의 특별한

전산회계 1급 이론+실무 전 강의(83강) 수강권	**VFN92C6E2C8A6588J3** 해커스금융(fn.Hackers.com) 접속 후 로그인 ▶ 페이지 하단의 [쿠폰&수강권 등록] 클릭 ▶ [수강권입력] 칸에 수강권 번호 등록 후 이용 * 수강권 등록 시 강의는 자동으로 시작되며, 7일간 수강 가능합니다. * 수강권을 통해 제공된 강의는 연장이 불가합니다. * 수강권은 2026년 6월 30일까지 등록 가능합니다.
4단계 분개전략을 활용한 빈출분개 100선 연습 + 분개연습 노트[PDF]	**① 4단계 분개전략을 활용한 빈출분개 100선 연습** **EXCS67SK4PNT** **② 분개연습 노트** **94WM95Q559VT** 해커스금융(fn.Hackers.com) 접속 후 로그인 ▶ 페이지 우측 상단의 [교재] 선택 ▶ 좌측 메뉴의 [무료 자료 다운로드] 선택 ▶ 쿠폰번호 입력 후 이용 바로가기 ▶ 
왕초보 수험생을 위한 KcLep 특강	해커스금융(fn.Hackers.com) 접속 후 로그인 ▶ 페이지 상단의 [회계/세무] 클릭 ▶ 좌측의 [전산세무회계 기출해설 무료] 클릭 후 이용 바로가기 ▶ 
이남호 교수님의 최신기출문제 해설강의(154강)+ 해설집	해커스금융(fn.Hackers.com) 접속 후 로그인 ▶ 페이지 상단의 [회계/세무] 클릭 ▶ 좌측 메뉴의 [전산세무회계 기출해설 무료] 클릭 ▶ 급수 선택 후 이용 바로가기 ▶ 
빈출분개 100선 핵심 미니북 강의(5강)	해커스금융(fn.Hackers.com) 접속 후 로그인 ▶ 페이지 상단의 [회계/세무] 클릭 ▶ 좌측의 [전산세무회계 전급수 인강무료] 클릭 후 이용 * 강의는 자동으로 시작되며, 7일간 수강할 수 있습니다. 바로가기 ▶ 

해커스

전산회계 1급

이론+실무 | 상

이 책의 저자

이남호

학 력
단국대학교 회계학과 졸업

경 력
현 | 해커스금융 온라인 및 오프라인 전임교수

전 | KPMG 삼정회계법인(세무사업본부, Manager)
동남회계법인(회계감사)
한울회계법인(회계감사)

강의경력
현 | 한국생산성본부 회계 · 세무 실무강의

자격증
한국공인회계사(CPA), 세무사, 미국공인회계사(AICPA)

전산회계 1급도 역시

해커스

fn.Hackers.com
금융·세무회계 전문 교육기관 해커스금융

전산회계 1급, 보다 쉽고 빠르게 합격할 수 없을까?

전산회계 1급 시험을 준비하며 어려움을 겪는 학생들을 보며 해커스는 고민했습니다.
전산회계 1급 학습에 대한 고민을 줄이고, 시험에 합격할 수 있는 보다 확실한 방법을 알려드리고자 해커스는 전산회계 1급 합격자들의 합격 노하우와 최근 출제경향을 면밀히 분석하여 **「해커스 전산회계 1급 이론+실무+최신기출+무료특강」**에 모두 담았습니다.

「해커스 전산회계 1급 이론+실무+최신기출+무료특강」은

1. 출제 가능성이 높은 핵심이론만 엄선하였으며, 다양한 문제로 학습한 이론을 문제에 적용하는 연습을 할 수 있습니다.
2. 어려운 실무문제도 "기출확인문제"와 "기출 따라하기"로 단계별 문제풀이 과정과 프로그램 입력순서를 익히고 입력결과 이미지로 더 쉽게 이해할 수 있습니다.
3. "핵심기출문제"로 학습한 이론이 시험에 어떻게 출제되는지 파악하고, "최신기출문제" 12회분으로 실전 감각을 극대화할 수 있습니다.
4. 빈출분개와 주요 회계공식 및 계정과목을 정리한 핵심 미니북으로 시험 대비에 필요한 핵심 내용을 빠르게 확인하고, 교재에서 학습한 내용을 한 번 더 정리할 수 있습니다.

전산회계 1급도 역시 해커스입니다!

「해커스 전산회계 1급 이론+실무+최신기출+무료특강」과 함께 전산회계 1급 시험을 준비하는 수험생 모두 합격의 꿈을 이루고 더 큰 목표를 향해 한 걸음 더 나아갈 수 있기를 바랍니다.

목차

이론+실무 상편

이론+실무 하편

이론

제5장 원가회계

이론

제6장 부가가치세

실무

제7장 부가가치세의 입력·조회

최신기출편

최신기출문제

빈출분개 100선 핵심 미니북 [별책부록]

4단계 분개 전략을 활용한 빈출분개 100선 연습(PDF)

분개연습노트(PDF)

최신기출문제 및 해설집(PDF)

• 모든 PDF자료는 해커스금융 사이트(fn.Hackers.com)에서 무료로 다운받으실 수 있습니다.

전산회계 1급 학습방법

1 출제경향을 파악하고 전략적으로 학습한다!

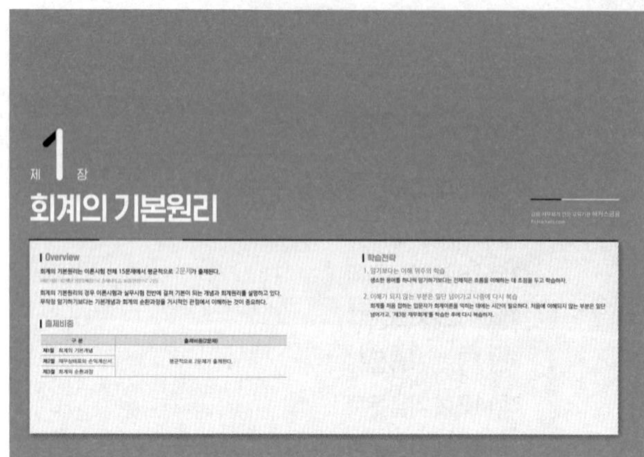

출제비중 및 학습전략

장별로 기출문제를 철저히 분석한 최신출제경향을 통해 효과적인 학습전략을 세울 수 있습니다. 또한, 절별 출제비중을 통해 중요한 내용을 보다 전략적으로 학습할 수 있습니다.

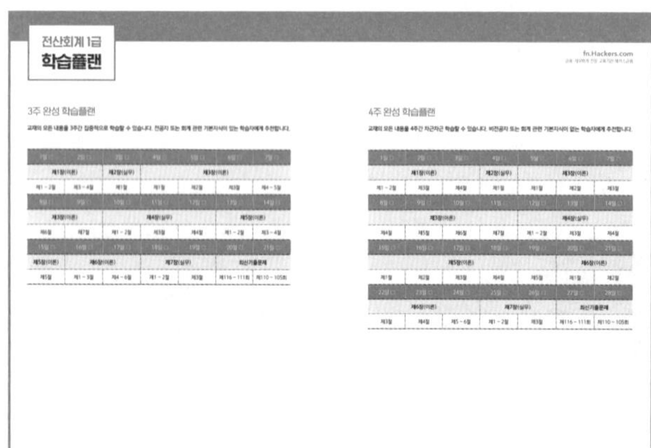

학습플랜

학습자의 상황에 따라 적합한 학습플랜을 선택할 수 있도록 3주/4주 완성 학습플랜을 수록하였습니다.

이론부터 실무까지 학습플랜에 따라 차근차근 학습하면 시험에 확실히 대비할 수 있습니다.

2 시험에 꼭 나오는 이론과 문제를 확실하게 파악한다!

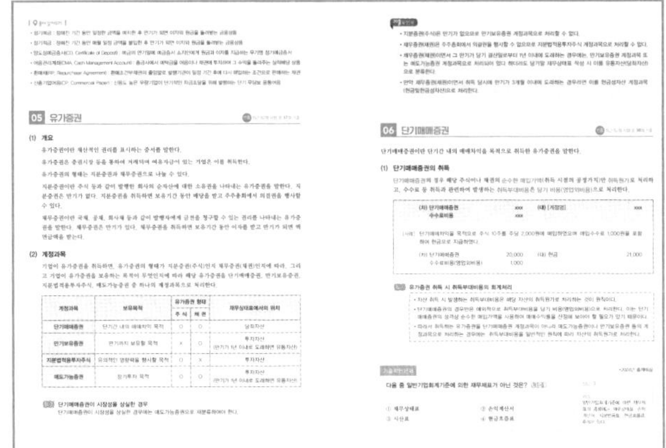

기출 횟수 및 빈출 표시

최근 88회 시험을 분석하여 관련 이론의 출제 횟수 및 빈출을 표시하여 출제 경향과 중요한 이론을 파악할 수 있습니다.

용어 알아두기 & 기출포인트

'용어 알아두기'를 통해 본문 내용 중 생소한 용어를 쉽게 이해하고 '기출포인트'로 시험에 자주 출제되는 중요 내용을 파악하여 효과적으로 학습할 수 있습니다.

기출확인문제

학습한 이론을 바로 적용하여 풀어보면서 문제 적용 능력을 키울 수 있습니다.

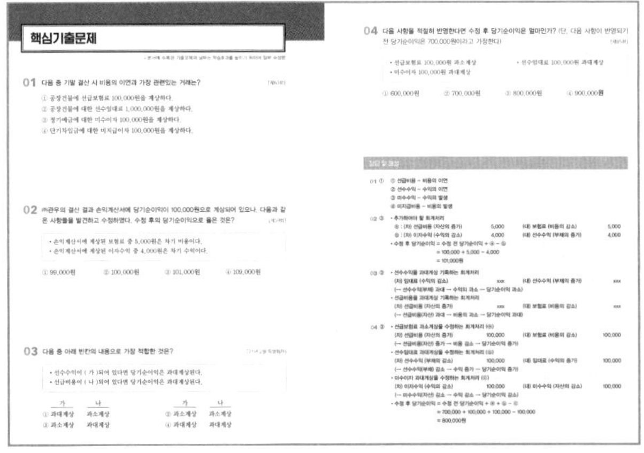

핵심기출문제

시험에 자주 출제되는 핵심기출문제를 풀어보며 실전에 충분히 대비할 수 있습니다.

3 단계별 학습과 이론 연계학습으로 실무시험을 완전히 정복한다!

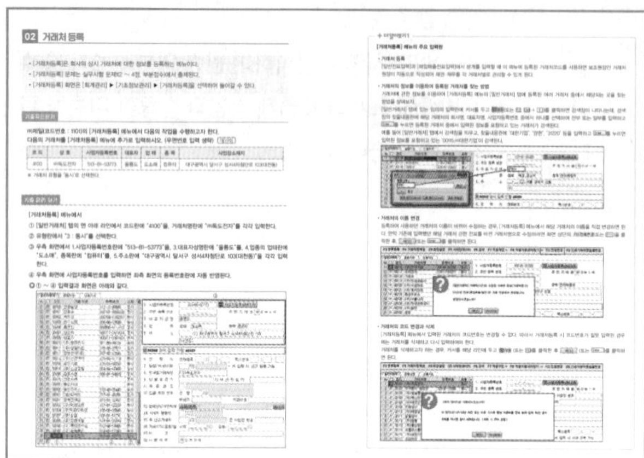

기출확인문제 및 기출 따라 하기

기출확인문제를 통해 대표적인 출제유형을 파악하고, 기출 따라 하기의 상세한 단계별 풀이과정을 통해 순서대로 답을 입력해 가며 자연스럽게 문제 해결 방법을 익힐 수 있습니다.

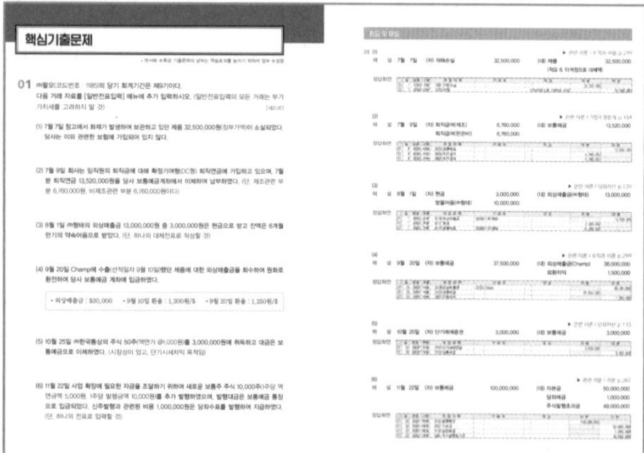

관련 이론 페이지 표시

각 문제 해설에 관련 이론 페이지를 표시하여 이론과 연계하여 학습할 수 있습니다.

4 풍부한 분개문제로 실전에 대비한다!

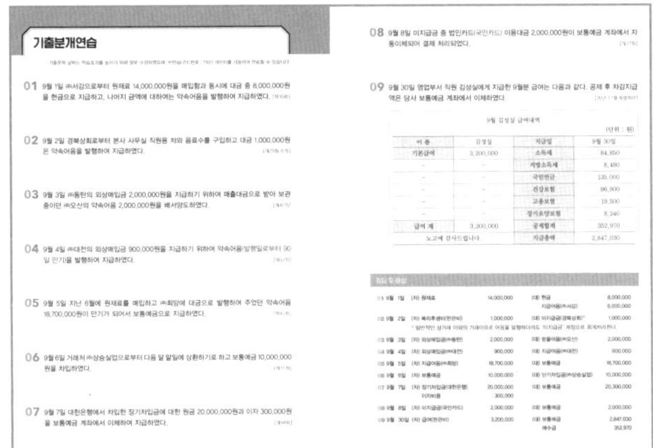

기출분개연습

자주 출제되는 분개문제를 수록한 기출분개연습을 통해 분개문제를 확실하게 학습할 수 있으며, KcLep 프로그램에서 ㈜연습(코드번호 : 1301) 데이터를 사용하여 [일반전표입력] 메뉴에서 실제 시험과 같이 연습할 수 있습니다.

빈출분개 100선 핵심 미니북 [별책부록]

빈출분개와 주요 회계공식 및 계정과목을 정리한 핵심 미니북으로 시험 대비에 필요한 핵심 내용을 빠르게 학습하고, 교재에서 학습한 내용을 한 번 더 정리할 수 있습니다.

5 최신기출문제를 통해 실전 감각을 극대화한다!

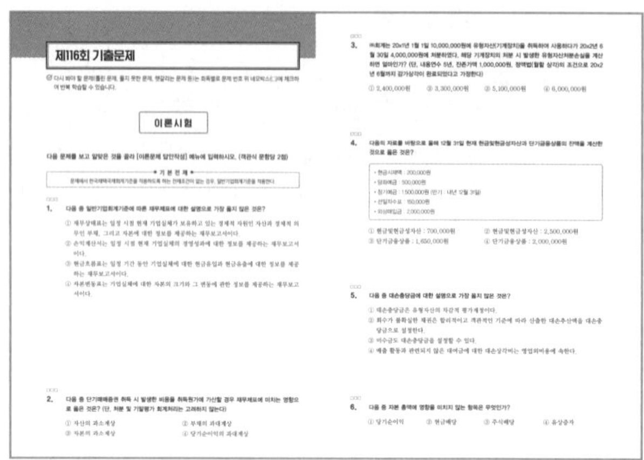
제116회 기출문제

이론시험

최신기출문제와 정답 및 해설

최신기출문제 12회분을 수록하여 다양한 기출문제를 학습하고 효율적으로 복습할 수 있어 확실한 실전 마무리가 가능합니다.
또한, 모든 문제에 대해 상세한 해설을 제공하여 누구나 쉽게 이해할 수 있도록 하였습니다.

최신기출문제 및 해설집(PDF) + 강의 제공

해커스금융 사이트(fn.Hackers.com)에서 제공하는 12개년 <최신기출문제 및 해설집> PDF를 통해 실전에 대비할 수 있습니다.
또한, 선생님의 자세한 해설 강의로 잘 이해되지 않는 문제를 확실하게 이해할 수 있습니다.

• 모든 PDF자료는 해커스금융 사이트(fn.Hackers.com)에서 무료로 다운받으실 수 있습니다.

6 다양한 추가 학습자료로 시험준비를 확실하게 마무리한다!

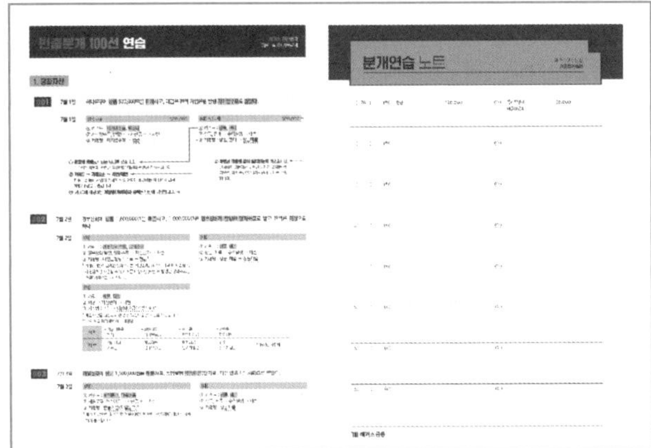

4단계 분개전략을 활용한 빈출분개 100선 연습 (PDF)

분개문제를 단계별로 풀이하여 분개가 어려운 초보자들도 자연스럽게 분개하는 법을 익힐 수 있습니다.

분개연습노트(PDF)

분개연습에 필요한 기본 틀을 제공하여 편리하게 분개문제를 풀어볼 수 있습니다.

전산회계 1급
합격 가이드

전산회계 1급이란?

전문대학 중급수준의 회계원리와 원가회계, 세무회계(부가가치세 중 매입매출전표와 관련된 부분)에 관한 기본적 지식과 기업체의 회계실무자로서 전산세무회계 프로그램을 활용한 세무회계 기본업무를 처리할 수 있는지에 대한 능력을 평가하는 시험

자격시험 안내

■ 시험일정

시험일정	원서 접수일	합격자 발표
정기 시험 연 6회 실시	시험일 약 1개월 전	시험일 약 3주 후

* 자세한 시험일정은 한국세무사회 자격시험 사이트(http://license.kacpta.or.kr)에서 확인할 수 있습니다.

■ 시험 관련 세부사항

시험방법	• 이론(30%) : 객관식 4지선다형 필기시험 • 실무(70%) : PC에 설치된 전산세무회계 프로그램(케이렙 : KcLep)을 이용한 실무시험
합격자 결정기준	• 100점 만점에 70점 이상
시험시간	• 60분
응시자격	• 제한 없음 (다만, 부정행위자는 해당 시험을 중지 또는 무효로 하며, 이후 2년간 시험에 응시할 수 없음)
접수방법	• 한국세무사회 자격시험 사이트(http://license.kacpta.or.kr)로 접속하여 단체 및 개인별 선착순 접수(회원가입 및 사진등록 필수)
시험주관	• 한국세무사회(02-521-8398, https://license.kacpta.or.kr)

■ 시험 평가범위

구 분		평가범위
이 론 (15문항, 30%)	**회계원리**(15%)	당좌자산, 재고자산, 유형자산, 무형자산, 유가증권, 부채, 자본, 수익과 비용
	원가회계(10%)	원가의 개념, 요소별 원가계산, 부문별 원가계산, 개별원가계산, 종합원가계산
	세무회계(5%)	부가가치세법
실 무 (6문항, 70%)	**기초정보의 등록·수정**(15%)	거래처 등록, 계정과목의 운용, 초기이월
	거래자료의 입력(30%)	일반전표 입력, 입력자료 수정·삭제, 결산정리사항 입력, 감가상각비 계산
	부가가치세(15%)	매입·매출전표 입력, 부가가치세신고서 조회, 매입·매출처별 세금계산서 합계표 조회
	입력자료 및 제장부 조회(10%)	입력자료 조회, 장부 조회, 재무제표에 대한 이해도

· 각 구분별 ±10% 이내에서 범위를 조정할 수 있음
· 답안매체로는 문제 USB 메모리가 주어지며, 이 USB 메모리에는 전산세무회계 실무과정을 폭넓게 평가하기 위하여 회계처리 대상회사의 기초등록사항 및 1년간의 거래자료가 전산 수록되어 있음
· 답안수록은 문제 USB 메모리의 기본 DATA를 이용하여 수험프로그램상에서 주어진 문제의 해답을 입력하고 USB 메모리에 일괄 수록(저장)하면 됨

| 합격 전략

TIP 1. 전산회계 1급 시험은 3 ~ 4주 정도 학습하는 것이 좋습니다.

해커스가 분석한 결과, 전산회계 1급 합격자의 평균 학습기간은 4주입니다. 본 교재는 이러한 학습자의 성향과 해커스만의 단기 합격 비법을 듬뿍 담아 3주/4주 완성 학습플랜을 수록하였으며, 학습전략에 따라 적합한 플랜을 선택할 수 있어 최적의 학습이 가능합니다. 또한 본 교재는 전산회계 1급 기출문제를 철저히 분석하여 출제되지 않은 불필요한 내용은 줄이고 출제된 핵심 이론을 풍부하게 수록하여 단기간에 전략적인 학습이 가능합니다.

TIP 2. '이론 → 실무'의 순서대로 학습하는 것이 가장 효율적입니다.

전산회계 1급은 이론 30%, 실무 70%인 시험이지만, 이론이 바탕이 되어야 실무문제를 쉽게 풀 수 있습니다. 본 교재는 이론 학습 후 실무를 바로 연결하여 학습할 수 있도록 구성되어 있어 가장 효율적인 학습이 가능합니다.

TIP 3. 기출문제를 많이 풀어볼수록 유리합니다.

전산세무회계 시험은 과거 출제되었던 문제가 반복해서 출제되는 경향이 있습니다. 따라서 기출문제 학습은 매우 중요하며, 최소 1년치(6회분) 이상의 기출문제를 학습하는 것을 권장합니다. 해커스는 총 12회분의 최신기출문제를 수록하여 다양한 기출문제를 학습할 수 있고 효과적으로 반복 학습할 수 있도록 각 문제에 3회독 체크박스(□□□)를 수록하여 충분한 실전 연습이 가능합니다.

시험 당일 체크 포인트

시험 시작 전

1. 고사장 가기 전	· 수험표, 신분증, 일반계산기, 필기구(흑색 또는 청색)를 반드시 준비합니다. · 교재 부록인 <핵심 미니북>을 준비하여, 시험 시작 전까지 최종 정리를 합니다. 수험표 / 신분증 / 일반 계산기 / 필기구 / <핵심 미니북> 참고 **유효신분증** 주민등록증(분실 시 임시 발급확인서), 운전면허증, 여권, 생활기록부 사본(사진부착, 학교 직인 포함), 중·고등학생의 학생증(사진부착, 생년월일 포함), 청소년증(분실 시 청소년증 임시 발급확인서), 장애인카드, 공무원증, 중·고등학교 재학증명서(사진부착, 생년월일과 학교 직인 포함)
2. 고사장 도착 (PM 2:40 이전)	· 고사장에는 오후 2시 40분(시험 시작 20분 전) 이전에 도착해야 합니다. · 고사장 입구에서 자신의 이름과 수험번호로 해당 고사실을 확인한 후, 고사실 입구에서 자신의 자리를 확인합니다.
3. 쉬는 시간 (도착 후 ~ PM 2:50)	· 고사장에 도착한 후, 약 2시 50분까지 준비 시간이 주어집니다. 시험이 시작되면 쉬는 시간이 없으므로 반드시 이 시간에 화장실을 다녀오도록 합니다. · 컴퓨터를 부팅하여 키보드, 마우스 작동 상태 및 KcLep 프로그램 설치 유무를 확인합니다. · 준비해 간 <핵심 미니북>을 보면서 최종 마무리 학습을 합니다.
4. USB 수령 및 문제 수록 파일 설치 (PM 2:50 ~ 2:55)	· USB 수령 : 감독관에게 USB를 수령한 후, USB 꼬리표에 기재된 내용이 본인이 응시한 시험 종목 및 급수가 맞는지 확인하고, 꼬리표에 수험정보(수험번호, 성명)를 기재합니다. · USB 내 문제 수록 파일 설치 · USB를 컴퓨터에 꽂은 후, 내 컴퓨터를 실행하여 USB 드라이브로 이동합니다. · USB 드라이브에서 문제 수록 파일인 'Tax.exe' 파일을 설치합니다. 주의 Tax.exe 파일은 처음 설치한 이후, 수험자 임의로 절대 재설치(초기화)하지 말아야 합니다. · 파일이 설치되면 KcLep 프로그램을 실행한 후, 수험정보 [수험번호(8자리)] - [성명] - [문제유형(A, B)]을 정확히 입력합니다. 주의 · 처음 수험정보를 입력한 이후에는 수정이 불가합니다. · 수험정보를 잘못 입력하여 발생하는 일체의 불이익과 책임은 수험자 본인에게 있습니다.
5. 시험지 수령 (PM 2:55 ~ 3:00)	· 시험지가 USB 꼬리표에 기재된 시험 종목 및 급수와 문제유형이 동일한지 확인하고, 총 페이지 및 인쇄 상태를 확인합니다.

시험 시작 후

1. 시험 시작
(PM 3:00)

감독관이 불러주는 [감독관 확인번호]를 정확히 입력한 후, 엔터를 누르면 시험이 시작됩니다.

2. 문제 풀이 및 답안 저장
(PM 3:00 ~ 4:00)

이론문제와 실무문제를 푸는 순서가 정해져 있지 않으므로, 본인이 편한 순서로 문제를 풉니다.

이론문제 답안부터 입력하는 방법

① 시험지에 답안 체크
② [이론문제 답안작성] 클릭
③ 이론문제 답안 입력
④ 실무문제 답안 입력
⑤ [답안작성(USB로 저장)] 클릭

실무문제 답안부터 입력하는 방법

① 시험지에 답안 체크
② 실무문제 답안 입력
③ [이론문제 답안작성] 클릭
④ 이론문제 답안 입력
⑤ [답안작성(USB로 저장)] 클릭

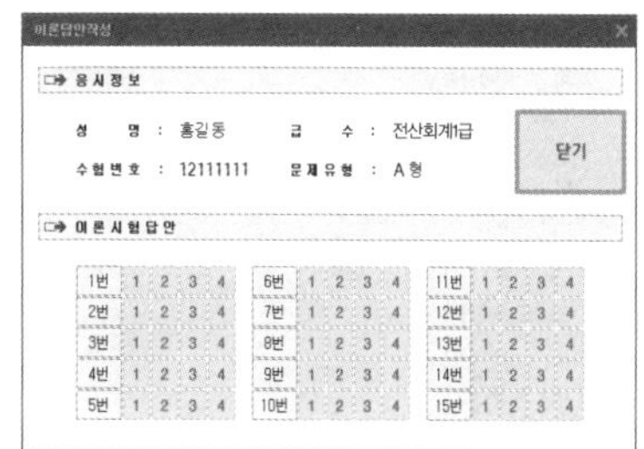

참고 · [이론문제 답안작성]을 클릭하여 작성한 답안은 USB에 저장되는 것이 아니며, PC상에 임시로 작성되는 것입니다. 따라서 실무문제 답안까지 작성한 후, [답안저장(USB로 저장)] 버튼을 눌러야 모든 답안이 USB에 저장됩니다.
· 실무문제 답안은 KcLep 프로그램 입력 시 자동으로 저장됩니다.

주의 · 답안저장 소요시간도 시험시간에 포함됩니다.
· [답안저장(USB로 저장)] 후 답안을 수정한 경우 반드시 다시 저장해야 하며, [답안저장(USB로 저장)]을 하지 않음으로써 발생하는 일체의 불이익과 책임은 수험자 본인에게 있습니다.
· 타인의 답안을 자신의 답안으로 부정 복사한 경우, 해당 관련자 모두 불합격 처리됩니다.

3. 시험 종료
(PM 4:00)

답안이 수록된 USB를 감독관에게 제출한 후, 시험지를 가지고 조용히 퇴실합니다.

참고 퇴실은 오후 3시 40분(시험 종료 20분 전)부터 가능합니다.

KcLep & 백데이터 설치방법

첨부된 이미지는 예시 이미지로, 해커스금융(fn.Hackers.com) 홈페이지의 가장 최신 버전의 KcLep과 백데이터를 이용해 주시길 바랍니다.

1. KcLep 수험용 프로그램 설치방법

CASE 1 | 해커스금융(fn.Hackers.com)에서 다운로드 받는 방법

1 해커스금융(fn.Hackers.com)에 접속합니다.

2 홈페이지 상단바 메뉴 '회계/세무' ▶ 무료콘텐츠 ▶ 무료 자료실 클릭 후, KcLep 최신 버전을 클릭합니다.

회계/세무

수강신청

전산회계
전산세무
재경관리사
회계관리
FAT
TAT
왕초보회계
회계원리

교재

전산회계
전산세무
FAT

무료콘텐츠

12/21(토) 재경/회계관리 가답안▶
회계자격증 초보 수험가이드
회계자격증 입문패키지 무료
전산세무회계 전급수 인강무료
전산세무회계 기출해설 무료
전산세무회계 요약노트 무료
전산세무회계 분개연습 무료
재경·회계관리 기출해설 무료
재경관리사 핵심압축노트 무료
AT 온라인모의고사 무료
최신 개정세법 무료특강
나에게 맞는 회계자격증 찾기
해커스금융 웰컴패키지 무료
무료 자료실

무료 자료실

불편사항 신고

+게시판 즐겨찾기 추가

글쓰기

No.	제목	글쓴이	조회수
공지	2024년 AT자격시험 적중모의고사 백데이터 다운로드	해커스 금융	4085
공지	케이렙(KcLep) 메뉴실행 안되는 오류에 대한 원인 및 조치 안내	해커스 금융	6313
공지	2024년 KcLep 버전 (2024년 4월 19일 업데이트)	해커스 금융	864968
공지	2024년 AT자격시험 프로그램(SmartA) 다운로드	해커스 금융	26026
공지	2024 해커스 전산세무 1급 법인세 이론+실무+최신기출 백데이터 (2024년 7월 25일 업데이트)	해커스 금융	17778
공지	2024 해커스 전산세무 2급 이론+실무+최신기출 백데이터	해커스 금융	56825
공지	2024 해커스 전산회계 1급 이론+실무+최신기출 백데이터	해커스 금융	90409
공지	2024 해커스 전산회계 2급 이론+실무+최신기출 백데이터	해커스 금융	65768
공지	전산세무 1급/2급 2024 개정세법 추록/특강 업데이트 안내	해커스 금융	8172
공지	2024년 전산세무 1급·2급 세법상 접대비 명칭 변경 안내 및 추록	해커스 금융	9737
공지	2024년 전산회계 1급·2급 세법상 접대비 명칭 변경 안내 및 추록	해커스 금융	10918
공지	2024년 해커스 AT자격시험 기본서 백데이터(FAT1급,2급/TAT1급,2급)	해커스 금융	3255
공지	전산세무 1급/2급 2023 개정세법 추록/특강 업데이트 안내	해커스 금융	19521
공지	2023 해커스 전산세무 1급 법인세 이론+실무+최신기출 백데이터	해커스 금융	38561
공지	2023 해커스 전산세무 2급 이론+실무+최신기출 백데이터	해커스 금융	95394
공지	2023 해커스 전산회계 1급 이론+실무+최신기출 백데이터	해커스 금융	108611
공지	2023 해커스 전산회계 2급 이론+실무+최신기출 백데이터	해커스 금융	85199
공지	전산세무회계 약점극복100선 백데이터 다운로드	해커스 금융	7791
공지	전산세무회계 합격필수 600제 백데이터 다운로드	해커스 금융	22302
공지	[전산세무 1급/2급] 2022년 의제매입세액공제 개정사항 안내	해커스 금융	12382
공지	[전산세무 1급] 전자신고 특강자료 안내	해커스 금융	8587
공지	[전산세무 2급] 전자신고 특강자료 안내	해커스 금융	12228

3 다운로드 파일을 클릭하여 KcLep 설치 파일을 다운로드합니다.

4 KcLepSetup 설치 파일이 설치폴더에 정상적으로 다운로드되었는지 확인합니다.

* KcLep 프로그램은 한국세무사회 업데이트 일정에 따라 버전이 달라질 수 있습니다.

5 다운로드 받은 파일을 실행하여 KcLep 수험용 프로그램을 설치합니다.

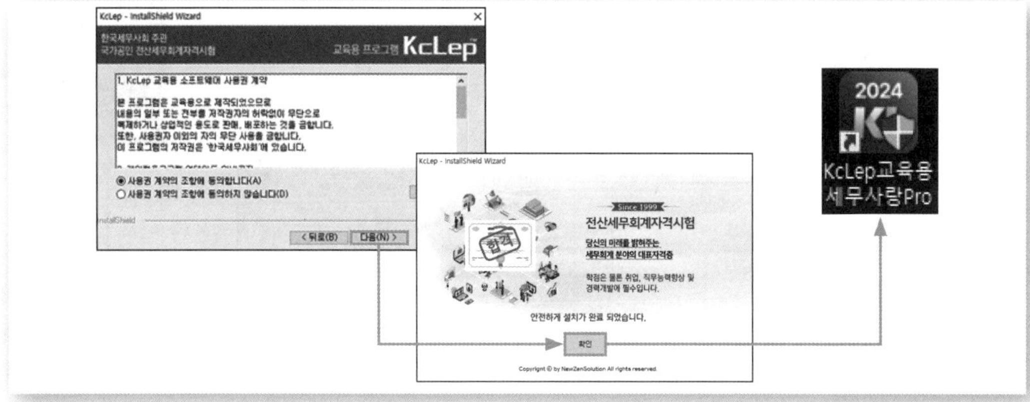

CASE 2 | 한국세무사회 홈페이지(license.kacpta.or.kr)에서 다운로드 받는 방법

1 한국세무사회 자격시험 홈페이지(license.kacpta.or.kr)에 접속 후 왼쪽 하단에 있는 케이렙(수험용) 다운로드를 클릭하여 다운로드합니다.

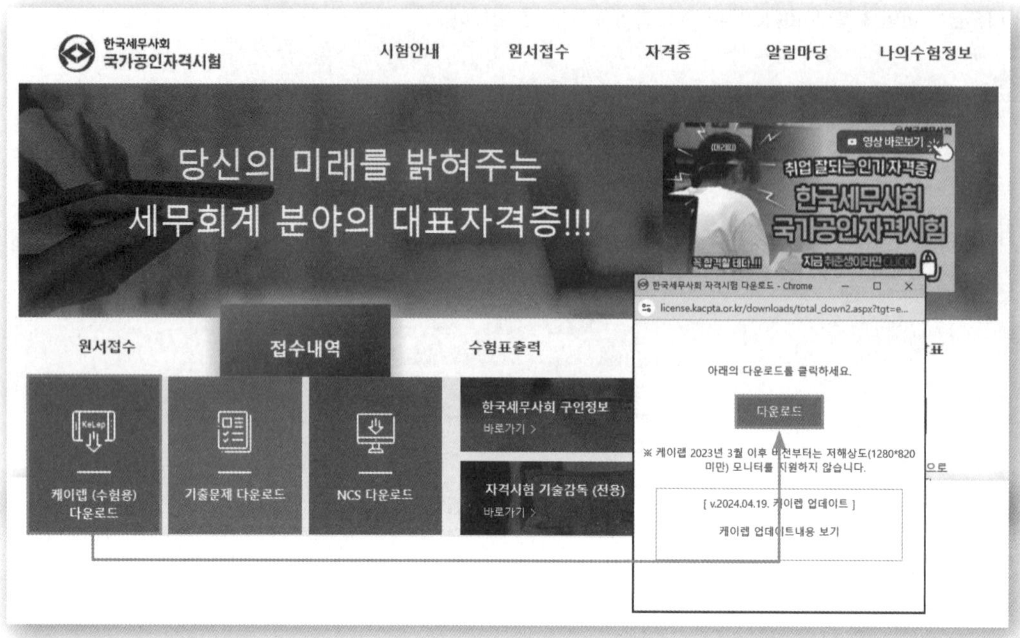

2 KcLepSetup 설치 파일이 설치폴더에 정상적으로 다운로드되었는지 확인합니다.

* KcLep 프로그램은 한국세무사회 업데이트 일정에 따라 버전이 달라질 수 있습니다.

3 다운로드 받은 파일을 실행하여 KcLep 수험용 프로그램을 설치합니다.

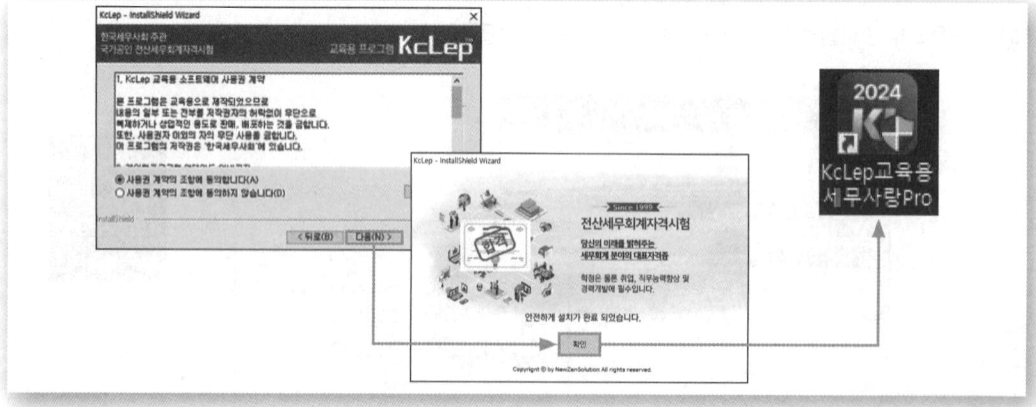

2. 백데이터 설치방법

1 해커스금융(fn.Hackers.com)에 접속 후 상단바 메뉴 '회계/세무' ▶ 무료콘텐츠 ▶ 무료 자료실 클릭 후, 전산회계 1급 이론+실무+최신기출+무료특강 백데이터를 클릭합니다.

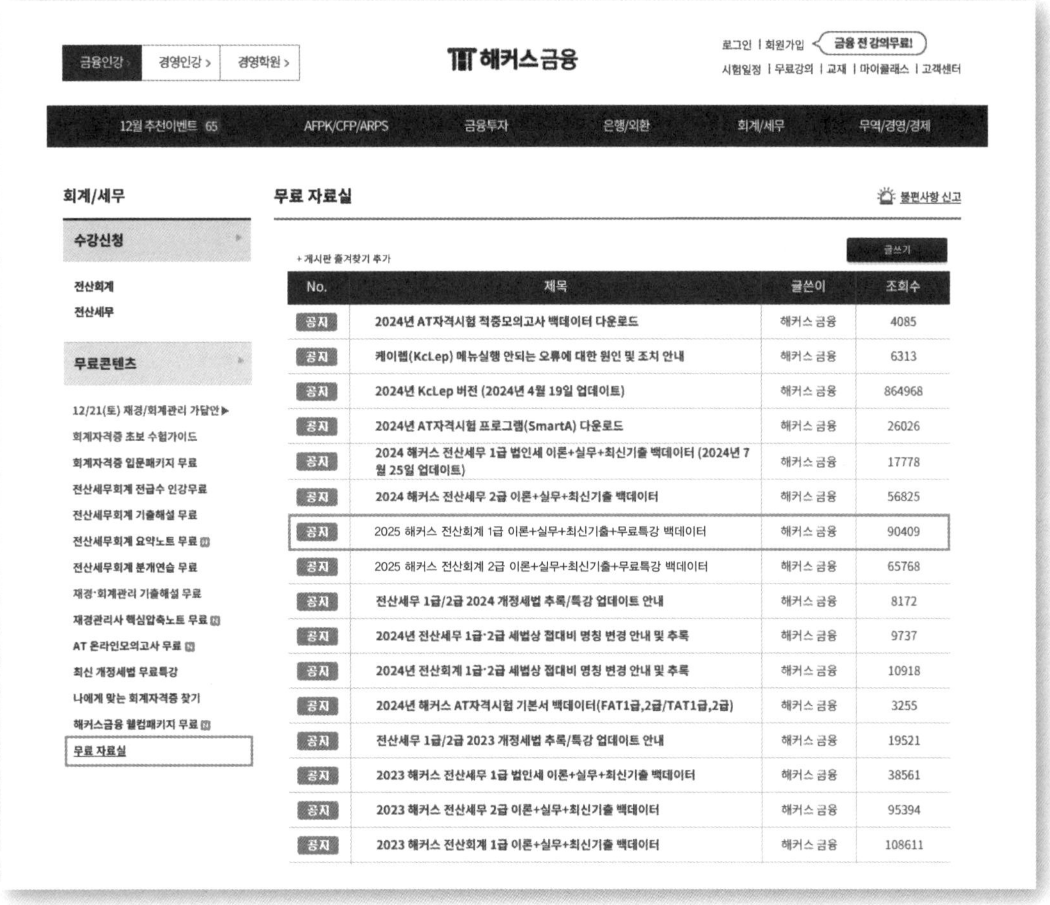

금융인강 경영인강 > 경영학원 >
해커스금융
로그인 | 회원가입 금융 전 강의무료!
시험일정 | 무료강의 | 교재 | 마이클래스 | 고객센터
12월 추천이벤트 65
AFPK/CFP/ARPS
금융투자
은행/외환
회계/세무
무역/경영/경제
회계/세무
수강신청
전산회계
전산세무
무료콘텐츠
12/21(토) 재경/회계관리 가답안▶
회계자격증 초보 수험가이드
회계자격증 입문패키지 무료
전산세무회계 전급수 인강무료
전산세무회계 기출해설 무료
전산세무회계 요약노트 무료
전산세무회계 분개연습 무료
재경·회계관리 기출해설 무료
재경관리사 핵심압축노트 무료
AT 온라인모의고사 무료
최신 개정세법 무료특강
나에게 맞는 회계자격증 찾기
해커스금융 웰컴패키지 무료
무료 자료실
무료 자료실
불편사항 신고
+게시판 즐겨찾기 추가
글쓰기
No. 제목 글쓴이 조회수
공지 2024년 AT자격시험 적중모의고사 백데이터 다운로드 해커스 금융 4085
공지 케이렙(KcLep) 메뉴실행 안되는 오류에 대한 원인 및 조치 안내 해커스 금융 6313
공지 2024년 KcLep 버전 (2024년 4월 19일 업데이트) 해커스 금융 864968
공지 2024년 AT자격시험 프로그램(SmartA) 다운로드 해커스 금융 26026
공지 2024 해커스 전산세무 1급 법인세 이론+실무+최신기출 백데이터 (2024년 7월 25일 업데이트) 해커스 금융 17778
공지 2024 해커스 전산세무 2급 이론+실무+최신기출 백데이터 해커스 금융 56825
공지 2025 해커스 전산회계 1급 이론+실무+최신기출+무료특강 백데이터 해커스 금융 90409
공지 2025 해커스 전산회계 2급 이론+실무+최신기출+무료특강 백데이터 해커스 금융 65768
공지 전산세무 1급/2급 2024 개정세법 추록/특강 업데이트 안내 해커스 금융 8172
공지 2024년 전산세무 1급·2급 세법상 접대비 명칭 변경 안내 및 추록 해커스 금융 9737
공지 2024년 전산회계 1급·2급 세법상 접대비 명칭 변경 안내 및 추록 해커스 금융 10918
공지 2024년 해커스 AT자격시험 기본서 백데이터(FAT1급,2급/TAT1급,2급) 해커스 금융 3255
공지 전산세무 1급/2급 2023 개정세법 추록/특강 업데이트 안내 해커스 금융 19521
공지 2023 해커스 전산세무 1급 법인세 이론+실무+최신기출 백데이터 해커스 금융 38561
공지 2023 해커스 전산세무 2급 이론+실무+최신기출 백데이터 해커스 금융 95394
공지 2023 해커스 전산회계 1급 이론+실무+최신기출 백데이터 해커스 금융 108611

2 다운로드 파일을 클릭하여 백데이터 파일을 다운로드합니다. (다운로드 완료 시, 압축파일이 생성됨)

회계/세무
무료 자료실
수강신청
교재
무료콘텐츠
[2025 해커스 전산회계 1급 이론+실무+최신기출 백데이터 설치방법]
열기(O) 저장(S) 취소(C)

exe
2025 해커스 전산회계 1급 이론+실무+최신기출+무료특강 백데이터

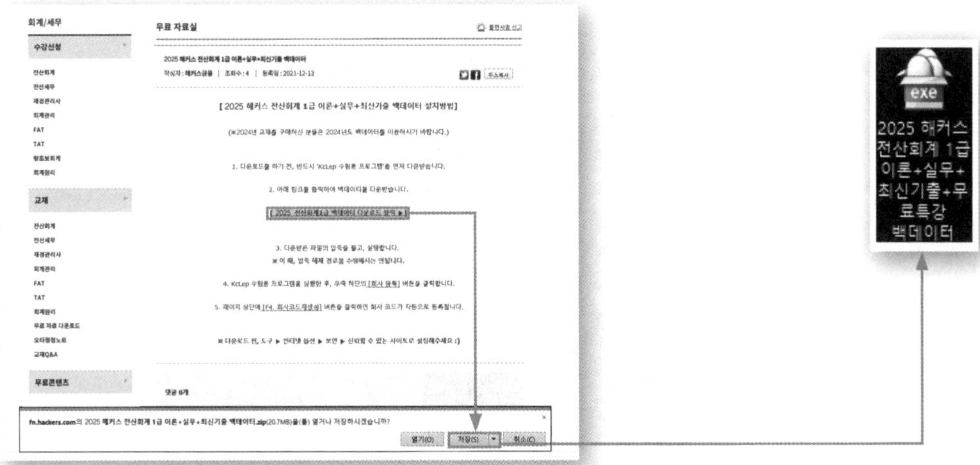

* 백데이터 업데이트 일정에 따라 파일명이 달라질 수 있습니다.

3 해커스 전산회계 1급 이론+실무+최신기출+무료특강 백데이터를 더블 클릭 시, 자동으로 정해진 위치에 압축이 해제되어 저장됩니다.

4 다운로드 완료 시, 다음과 같이 저장됩니다.

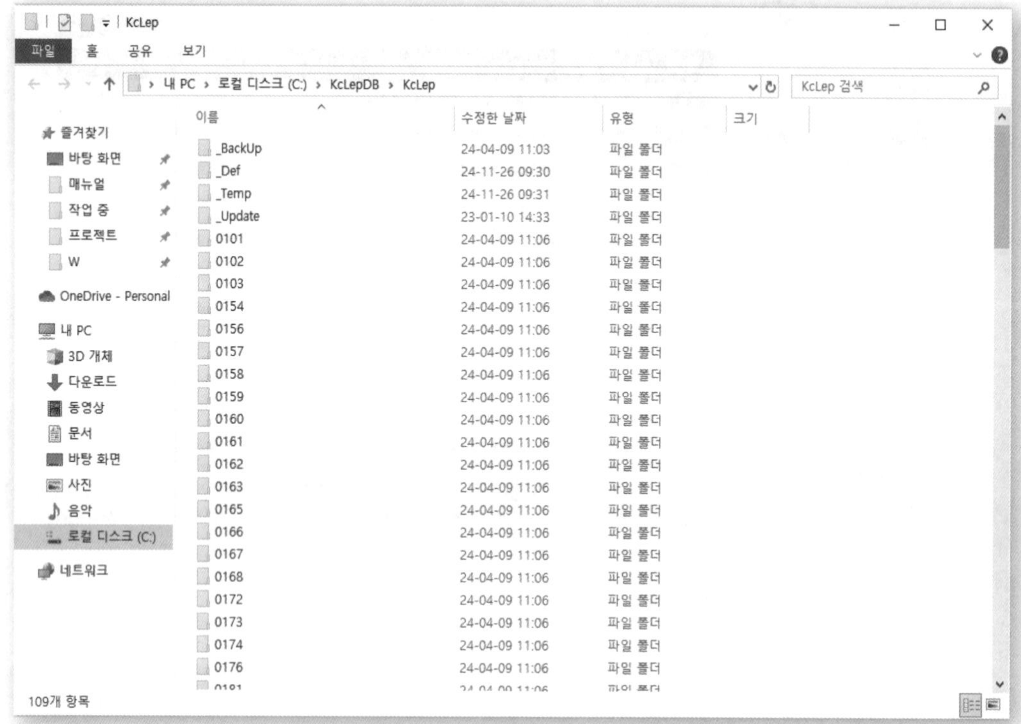

* 정렬방식 등에 따라 보이는 이미지와 다를 수 있습니다.

5 KcLep 프로그램을 실행시킨 후 회사등록 버튼을 클릭합니다.

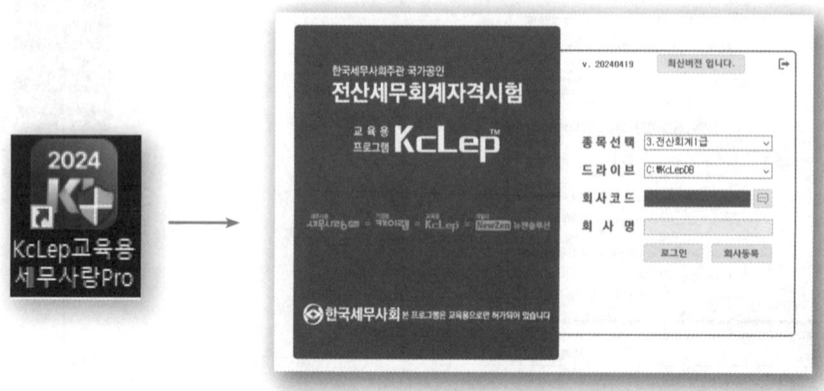

6 [회사등록] 버튼 클릭 시 아래의 화면을 확인할 수 있으며 [F4 회사코드재생성] 클릭 후, [예(Y)] 버튼을 클릭합니다.

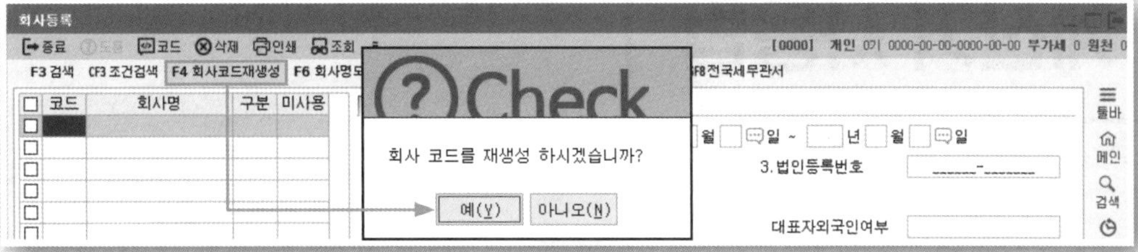

7 회사등록이 완료되었습니다.

* 백데이터 업데이트에 따라 보이는 이미지와 다를 수 있습니다.

Q. 저장되어 있는 실무 답을 지우고 다시 풀어보고 싶은데, 어떻게 하나요? (백데이터 초기화 방법)

A. 백데이터를 다시 다운받을 시 초기화된 상태에서 실무문제를 풀 수 있습니다. 백데이터를 다시 다운받기 전, p.20 4번과 같이 번호가 있는 폴더를 모두 이동(정답 데이터를 저장해두고 싶을 경우) 또는 삭제합니다. 이후 p.19의 순서대로 백데이터를 다시 다운로드하면 초기화할 수 있습니다.

알아두면 유용한 계산기 사용법

전산회계 학습에 적합한 계산기 선택 방법

■ [+], [−], [×], [÷]만 되는 일반 계산기이어야 합니다.

- 공학용 계산기, 전자사전 등은 공식 저장 기능이 있기 때문에 시험장에서 사용 불가

■ 숫자를 빨리 입력하다 보면 일시적으로 두 개의 숫자 버튼이 모두 눌러진 상태가 될 수 있는데, 그러한 경우에도 두 숫자가 모두 순차적으로 입력이 되는 계산기이어야 합니다.

- (테스트 방법) ① → ② → ③ → ④ → ⑤

  ① 숫자 [1]을 누름

  ② 숫자 [1]을 누른 상태에서, 숫자 [2]를 누름

  ③ 숫자 [1]과 숫자 [2]를 모두 누른 상태에서, 숫자 [1]에서 손가락을 뗌

  ④ 숫자 [2]만 누른 상태에서, 다시 숫자 [1]을 누름

  ⑤ 숫자 [2]와 숫자 [1]을 모두 누른 상태에서, 숫자 [2]에서 손가락을 뗌

- (테스트 결과) 화면에 [1] [2] [1]이 표시되는지 확인

계산기 설정 방법

■ 계산기에 'F', 'CUT', '5/4' 등의 기호가 표시되어 있는 스위치가 있는 경우 'F'를 선택합니다.

F (Full)	계산 결과 금액을 표시할 때 소수점 이하를 모두 표시
CUT	계산 결과 금액을 표시할 때 소수점 이하를 일정한 자리에서 내림하여 표시
5/4	계산 결과 금액을 표시할 때 소수점 이하를 일정한 자리에서 반올림하여 표시

■ 계산기에 '4', '3', '2', '1', '0' 등의 기호가 표시되어 있는 스위치가 있는 경우, 어느 것을 선택하더라도 상관없습니다.

예 4 : 'CUT' 또는 '5/4'를 선택했을 때 소수점 4번째 자리에서 내림 또는 반올림 ('F'를 선택한 경우에는 기능 없음)

알아두면 유용한 계산기 기능

■ [M+], [M−], [MR], [MC]

[M+] (Memory Plus)	계산한 금액을 더하면서 저장함
[M−] (Memory Minus)	계산한 금액을 빼면서 저장함
[MR] (Memory Result)	저장된 금액을 불러옴
[MC] (Memory Clear)	저장된 금액을 지움

[사례] (2 × 3) + (2 × 2) = 10

[입력방법]

순서	①	②	③	④*	⑤	⑥	⑦	⑧	⑨*	⑩	⑪
입력	[2]	[×]	[3]	[=]	[M+]	[2]	[×]	[2]	[=]	[M+]	[MR]
결과				6	6				4	4	10

* 생략 가능

■ GT, C, AC

GT (Grand Total)	= 를 눌러서 나온 금액들을 모두 합한 금액을 불러옴
C (Clear)	GT 금액은 지우지 않고, 방금 전에 계산한 금액만 지움
AC (All Clear)	방금 전에 계산한 금액과 GT 금액을 모두 지움

[사례] (2 × 3) + (2 × 2) = 10
[입력방법]

순서	①	②	③	④	⑤*	⑥	⑦	⑧	⑨	⑩
입력	2	×	3	=	C	2	×	2	=	GT
결과				6	0				4	10

* 생략 가능

■ A + + B : B에서 출발하여 A만큼씩 계속 더하기
[사례] 3에서 출발하여 2씩 더하기
[입력방법]

순서	①	②	③	④	⑤	⑥	⑦	⑧	⑨	⑩
입력	2	+	+	3	=	=	=	=	=	=
결과			K	K	5	7	9	11	13	…

■ A − − B : B에서 출발하여 A만큼씩 계속 빼기
[사례] 15에서 출발하여 2씩 계속 빼기
[입력방법]

순서	①	②	③	④	⑤	⑥	⑦	⑧	⑨	⑩
입력	2	−	−	15	=	=	=	=	=	=
결과			K	K	13	11	9	7	5	…

■ A × × B : B에서 출발하여 A만큼씩 계속 곱하기
[사례] 3에서 출발하여 2씩 계속 곱하기
[입력방법]

순서	①	②	③	④	⑤	⑥	⑦	⑧	⑨	⑩
입력	2	×	×	3	=	=	=	=	=	=
결과			K	K	6	12	24	48	96	…

■ A ÷ ÷ B : B에서 출발하여 A만큼씩 계속 나누기
[사례] 192에서 출발하여 2씩 나누기
[입력방법]

순서	①	②	③	④	⑤	⑥	⑦	⑧	⑨	⑩
입력	2	÷	÷	192	=	=	=	=	=	=
결과			K	K	96	48	24	12	6	…

전산회계 1급 :
추가되는 내용

전산회계 2급을 함께 학습하고 있거나 이미 학습한 경우 전산회계 1급에 추가되는 내용을 집중적으로 학습하시길 바랍니다.
전산회계 2급에서는 출제범위가 아니지만 전산회계 1급에서 추가로 출제되는 내용은 다음과 같습니다.

구분		추가되는 내용
제1장	제1절	03. 회계정보이용자 04. 회계의 종류 07. 회계정보의 질적 특성
	제2절	-
	제3절	-
	제4절	-
제2장	제1절	04. 전기분 재무상태표 05. 전기분 원가명세서 06. 전기분 손익계산서 07. 전기분 잉여금처분계산서
제3장	제1절	05. 유가증권 10. > (2) > ④ 당기에 대손처리한 수취채권의 회수 11. > (4) 선납세금
	제2절	05. 기말재고자산에 포함될 항목의 결정 06. 재고자산감모손실과 재고자산평가손실 07. 타계정대체
	제3절	02. > (3) 당좌개설보증금 02. > (4) 매도가능증권 02. > (5) 만기보유증권 04. 유형자산의 취득원가 > (5) ~ (9) 06. > (4) 감가상각방법 > ③ ~ ⑤ 06. > (5) 기중에 취득하는 경우의 감가상각 08. > (3) 개발비 08. > (4) 무형자산의 상각 09. > (4) 부도어음과 수표
	제4절	01. > (7) 예수금 01. > (10) 미지급세금 03. 사채 04. 퇴직급여충당부채
	제5절	전체

	제6절	08. 화폐성 외화자산·부채에 대한 외화환산손익과 외화환산손익 09. 거래형태별 수익인식기준
	제7절	04. 부가세예수금·부가세대급금의 정리 06. 기말수정분개
제4장	제1절	03. 주의해야 할 출제 유형 > 3 ~ 5
	제2절	-
	제3절	**전체**
	제4절	-
제5장	제1절 ~ 제5절	**전체**
제6장	제1절 ~ 제6절	**전체**
제7장	제1절 ~ 제3절	**전체**

전산회계 1급
학습플랜

3주 완성 학습플랜

교재의 모든 내용을 3주간 집중적으로 학습할 수 있습니다. 전공자 또는 회계 관련 기본지식이 있는 학습자에게 추천합니다.

1일 □	2일 □	3일 □	4일 □	5일 □	6일 □	7일 □
제1장(이론)		**제2장**(실무)	**제3장**(이론)			
제1 ~ 2절	제3 ~ 4절	제1절	제1절	제2절	제3절	제4 ~ 5절
8일 □	**9일 □**	**10일 □**	**11일 □**	**12일 □**	**13일 □**	**14일 □**
제3장(이론)		**제4장**(실무)			**제5장**(이론)	
제6절	제7절	제1 ~ 2절	제3절	제4절	제1 ~ 2절	제3 ~ 4절
15일 □	**16일 □**	**17일 □**	**18일 □**	**19일 □**	**20일 □**	**21일 □**
제5장(이론)	**제6장**(이론)		**제7장**(실무)		**최신기출문제**	
제5절	제1 ~ 3절	제4 ~ 6절	제1 ~ 2절	제3절	제116 ~ 111회	제110 ~ 105회

4주 완성 학습플랜

교재의 모든 내용을 4주간 차근차근 학습할 수 있습니다. 비전공자 또는 회계 관련 기본지식이 없는 학습자에게 추천합니다.

1일 □	2일 □	3일 □	4일 □	5일 □	6일 □	7일 □
제1장(이론)			**제2장**(실무)	**제3장**(이론)		
제1 ~ 2절	제3절	제4절	제1절	제1절	제2절	제3절
8일 □	9일 □	10일 □	11일 □	12일 □	13일 □	14일 □
제3장(이론)				**제4장**(실무)		
제4절	제5절	제6절	제7절	제1 ~ 2절	제3절	제4절
15일 □	16일 □	17일 □	18일 □	19일 □	20일 □	21일 □
제5장(이론)					**제6장**(이론)	
제1절	제2절	제3절	제4절	제5절	제1절	제2절
22일 □	23일 □	24일 □	25일 □	26일 □	27일 □	28일 □
제6장(이론)			**제7장**(실무)		**최신기출문제**	
제3절	제4절	제5 ~ 6절	제1 ~ 2절	제3절	제116 ~ 111회	제110 ~ 105회

금융·세무회계 전문 교육기관 해커스금융
fn.Hackers.com

제 1 장

회계의 기본원리

[이론]

제 1 장

회계의 기본원리

Overview

회계의 기본원리는 이론시험 전체 15문제에서 평균적으로 2문제가 출제된다.

(이론시험 : 1문제당 2점의 배점으로 출제되어 총 30점 만점으로 구성)

회계의 기본원리의 경우 이론시험과 실무시험 전반에 걸쳐 기본이 되는 개념과 회계원리를 설명하고 있다. 무작정 암기하기보다는 기본개념과 회계의 순환과정을 거시적인 관점에서 이해하는 것이 중요하다.

출제비중

구 분	출제문항
제1절 회계의 기본개념	평균적으로 2문제가 출제된다.
제2절 재무상태표와 손익계산서	
제3절 거래의 기록	
제4절 회계의 순환과정	

금융·세무회계 전문 교육기관 해커스금융
fn.Hackers.com

학습전략

1. 암기보다는 이해 위주의 학습
   생소한 용어를 하나씩 암기하기보다는 전체적인 흐름을 이해하는 데 초점을 두고 학습하자.

2. 이해가 되지 않는 부분은 일단 넘어가고 나중에 다시 복습
   회계를 처음 접하는 입문자가 회계이론을 익히는 데에는 시간이 필요하다. 처음에 이해되지 않는 부분은 일단 넘어가고, '제3장 재무회계'를 학습한 후에 다시 복습하자.

제 1 절 회계의 기본개념

01 회계의 정의

회계(Accounting)란 회계정보이용자가 합리적인 판단과 의사결정을 할 수 있도록 기업의 경제적 활동에 관한 유용한 정보를 식별, 측정, 기록하여 전달하는 과정을 말한다.

02 회계의 목적

회계의 목적은 회계정보이용자에게 경제적 의사결정에 유용한 정보를 제공하는 것이다.

경제규모가 커짐에 따라 기업에 대한 소유와 경영이 분리되었고, 기업의 경영진이 해당 기업에 투자한 투자자(주주)를 대신하여 기업을 경영하게 되었다. 따라서 이에 대한 결과를 보고하는 과정 즉, 회계의 필요성이 커지게 되었다.

03 회계정보이용자

최근 88회 시험 중 1회 기출

회계정보이용자란 해당 기업의 재무상태와 경영성과에 관심을 갖고 있는 다양한 이해관계자들을 말한다.

회계정보이용자는 기업을 중심으로 내부정보이용자와 외부정보이용자로 나눌 수 있으며, 이들이 회계정보를 필요로 하는 이유는 다음과 같다.

(1) 내부정보이용자

경영자	기업의 재무상태와 경영실적을 파악하고 사업계획을 수립하기 위하여 정보를 필요로 한다.
종업원	고용주인 기업이 자신의 보수나 퇴직금을 지급할 능력이 있는지를 평가하기 위하여 기업의 수익성과 안정성에 관한 정보를 필요로 한다.

(2) 외부정보이용자

투자자 (주주)	투자수익성과 투자위험도를 평가하기 위하여 기업의 가치나 배당능력 및 지속가능성에 관한 정보를 필요로 한다.
채권자 (은행)	기업이 원금과 이자를 지급할 능력이 있는지를 평가하기 위하여 영업실적이나 재무상태에 관한 정보를 필요로 한다.
거래처	기업이 지급기일 내에 물품대금을 지급할 능력이 있는지를 평가하기 위하여 정보를 필요로 한다.
과세기관	과세표준과 납부세액을 결정하거나 확인하기 위하여 기업의 재무적 정보를 필요로 한다.
잠재적 투자자 (일반대중)	자신의 투자의사결정을 위하여 기업의 현황과 성장추세에 관한 정보에 관심을 갖는다.

04 회계의 종류

최근 88회 시험 중 1회 기출

회계는 주된 정보이용자가 누구인지에 따라 크게 재무회계(Financial Accounting)와 원가회계(관리회계 또는 원가관리회계라고도 함, Cost and Management Accounting)로 분류된다. 재무회계는 외부정보이용자를, 원가회계는 내부정보이용자를 주된 정보이용자로 하는 회계이다.

구 분	재무회계	원가회계
정보이용자	외부정보이용자(주주, 채권자)	내부정보이용자(경영자)
목 적	외부정보이용자의 공통된 요구를 충족시키기 위한 일반목적 재무제표(Financial Statements) 작성을 주요 목적으로 함	경영자의 영업활동에 필요한 재무정보를 산출하고 이를 분석하는 것을 주요 목적으로 함
정보전달수단	재무제표	특수목적 보고서
작성원칙	일반적으로 인정된 회계원칙(GAAP : Generally Accepted Accounting Principles)에 따라 작성	특별한 기준이나 일정한 원칙에 구애받지 않고 작성

05 회계의 기본가정과 특징

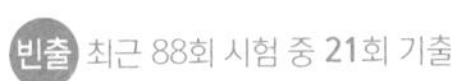

회계에는 ① 계속기업, ② 기업실체, ③ 기간별 보고라는 기본가정이 깔려 있으며, ④ 발생주의를 기본적 특징으로 한다.

구분	내용
계속기업의 가정 (Going Concern)	• 계속기업의 가정이란 기업이 예상 가능한 기간 동안 영업을 계속할 것이라는 가정을 말한다. • 이는 앞으로 학습하게 될 여러 가지 회계처리에 대하여 이론적인 근거를 제공한다.
기업실체의 가정 (Business Entity)	• 회계에서는 기업을 소유주와 분리된 독립적인 존재로 보아 기업실체라고 부른다. • 기업실체의 가정이란 기업의 관점에서 경제활동에 대한 정보를 측정, 보고한다는 가정을 말한다. • 예를 들어 기업의 지분 전액을 한 사람이 보유하고 있는 경우라 하더라도, 기업은 소유주와 분리된 별도의 회계단위로 인정되며 회계처리의 주체는 기업이다. • 경제활동을 측정, 보고하기 위하여 구분하는 장소적 범위를 회계단위라고 한다. 일반적으로 하나의 기업이 하나의 회계단위가 된다.
기간별 보고의 가정 (Periodicity)	• 기간별 보고의 가정이란 기업의 존속기간을 일정한 기간 단위로 분할하여 각 기간 단위별로 정보를 측정, 보고한다는 가정을 말한다. • 기업의 경제활동은 사업을 개시하는 날부터 계속적으로 이루어지므로 경영성과를 파악하기 위해서는 인위적으로 6개월 또는 1년 등으로 구분하여 기간적 범위를 설정하여야 하는데, 이를 회계연도 또는 회계기간이라 한다. • 회계기간은 1년을 초과할 수 없다. 개인기업은 회계기간이 1월 1일부터 12월 31일까지로 정해져 있으며, 법인기업은 기업이 정관에서 정한 기간으로 한다.

<table>
<tr><td rowspan="3">발생주의
(Accrual Basis)</td><td colspan="2">• 수익과 비용을 인식하는 시점을 언제로 볼 것인지에 대한 기준으로 현금기준과 발생기준이 있을 수 있는데, 회계에서는 이 중 발생기준에 따른다.</td></tr>
<tr><td>현금기준
(현금주의, Cash Basis)</td><td>현금이 유입될 때 수익으로 인식하고, 현금이 유출될 때 비용으로 인식한다.</td></tr>
<tr><td>발생기준
(발생주의, Accrual Basis)</td><td>현금의 수수에 관계없이 거래나 사건이 발생한 시점에 수익과 비용을 인식한다.</td></tr>
</table>

06 회계연도 관련 용어 정리 (회계기간이 1월 1일부터 12월 31일까지인 경우)

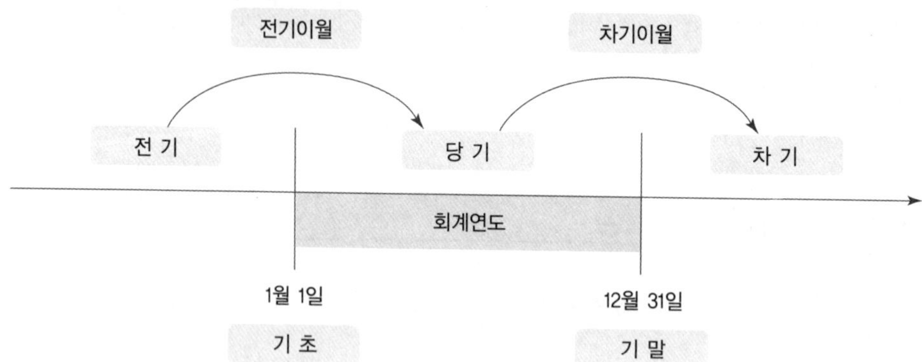

- 기초 : 회계연도가 시작되는 날
- 기말 : 회계연도가 끝나는 날 (= 회계연도 말 = 보고기간 종료일 = 결산일 = 재무상태표일)
- 전기 : 앞 회계연도
- 당기 : 현재 회계연도
- 차기 : 다음 회계연도
- 이월 : 다음 회계연도로 넘기는 것
- 전기이월 : 전기 기말에서 당기 기초로 넘어오는 것
- 차기이월 : 당기 기말에서 차기 기초로 넘어가는 것

07 회계정보의 질적 특성

회계정보의 질적 특성이란 정보이용자의 의사결정에 유용한 정보를 제공하기 위하여 회계정보가 갖추어야 할 속성을 말한다.

회계정보의 질적 특성은 다음과 같은 체계로 나타낼 수 있다.

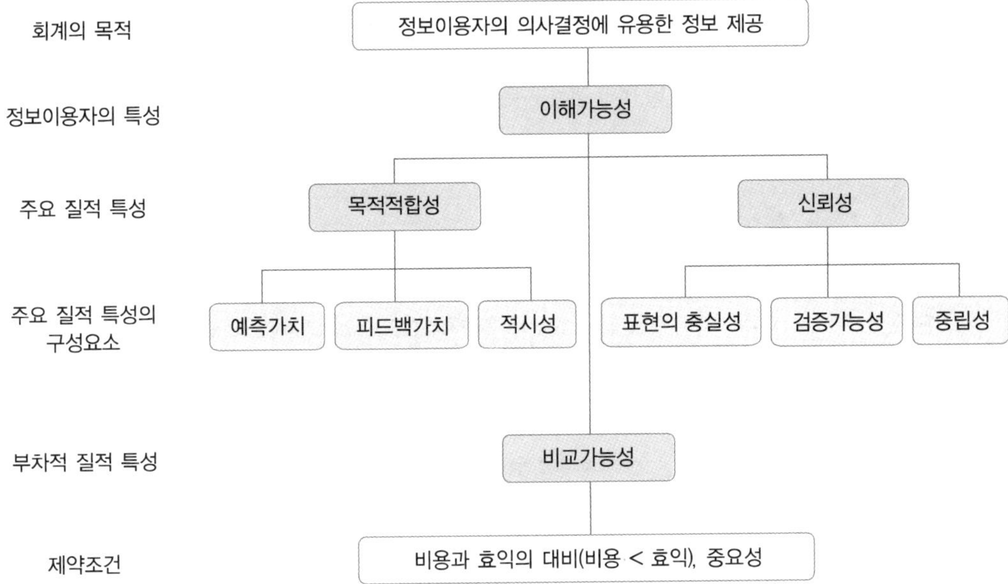

회계정보의 주요 질적 특성은 목적적합성과 신뢰성이다.

목적적합성과 신뢰성은 서로 상충될 수 있으나, 둘 중 어느 하나가 완전히 상실될 경우 그 회계정보는 유용한 정보가 될 수 없다.

이해가능성은 회계정보이용자가 갖추어야 할 특성으로 볼 수 있고, 비교가능성은 목적적합성과 신뢰성을 충족시킨 다음 확보하여야 하는 부차적 특성에 해당한다.

(1) 이해가능성

이해가능성이란 회계정보는 회계정보이용자가 쉽게 이해할 수 있는 것이어야 한다는 것을 말한다. 이는 회계정보이용자가 기업실체의 경제활동에 대한 지식을 가지고 회계정보를 이해하기 위해 노력을 할 것이라는 가정을 전제로 하는 것이므로 회계정보이용자가 갖추어야 할 특성으로 해석된다.

(2) 목적적합성

목적적합성이란 회계정보는 정보이용자의 의사결정 목적과 관련이 있는 것이어야 한다는 특성을 말한다.

목적적합성의 구성요소는 다음과 같다.

예측가치	회계정보는 기업실체의 재무상태, 경영성과, 순현금흐름 등에 관한 정보이용자의 미래 예측에 활용될 수 있어야 한다.
피드백가치	회계정보는 기업실체의 재무상태, 경영성과, 순현금흐름 등에 관한 정보이용자의 당초 기대치를 확인시키거나 수정시켜줄 수 있어야 한다.
적시성	회계정보는 정보이용자가 의사결정을 하는 시점에 이용 가능해야 한다.

(3) 신뢰성

신뢰성이란 회계정보는 믿을 수 있는 것이어야 한다는 특성을 말한다.

신뢰성의 구성요소는 다음과 같다.

표현의 충실성	회계정보는 기업실체의 경제적 자원과 의무, 그리고 이들의 변동을 정확한 측정치로 충실하게 표현하여야 한다.
검증가능성	회계정보는 **동일한 경제적 사건이나 거래**에 대하여 동일한 측정방법을 적용할 경우 **다수의 측정자가 각각 독립적으로 측정**하더라도 거의 **유사한 측정치**에 도달하게 되는 것이어야 한다.
중립성	회계정보는 의도적으로 미리 정해 놓은 특정한 결과를 가져오게 하는 편견이나 편의가 없어야 한다.

(4) 비교가능성

비교가능성이란 회계정보는 기간별로, 그리고 기업 간에 비교 가능한 것이어야 한다는 특성을 말한다.

계속성 (기간별 비교가능성)	여러 회계기간에 걸쳐 일관된 회계처리방법을 사용하여 기간별로 비교가 가능하여야 한다.
통일성 (기업 간 비교가능성)	여러 기업이 동일한 회계처리방법을 사용하여 기업 간에 비교가 가능하여야 한다.

(5) 제약조건

① 비용과 효익의 대비

비용과 효익의 대비란 어떠한 회계정보에서 기대되는 효익은 그 정보를 제공하기 위하여 소요되는 원가보다 커야 한다는 것을 말한다. (비용 < 효익)

② 중요성

중요성이란 회계정보가 정보이용자의 의사결정에 영향을 미치는 정도를 말한다. 어떠한 회계정보가 **잘못 표시되거나 생략됨으로 인하여** 정보이용자의 **의사결정이 잘못될 수 있다면** 해당 정보는 중요한 정보인 것으로 볼 수 있다.

기출확인문제

다음은 재무제표의 질적 특성에 관련된 내용이다. 성격이 다른 하나는? (제45회)

① 중립성 ② 피드백가치
③ 예측가치 ④ 적시성

정답 ①

해설
- 목적적합성 : 예측가치, 피드백가치, 적시성
- 신뢰성 : 표현의 충실성, 검증가능성, 중립성

08 기업회계기준

최근 88회 시험 중 12회 기출

다양한 외부정보이용자에게 제공되는 회계정보가 유용한 것이 되기 위해서는 그 회계정보가 일정한 기준에 따라 작성된 것이어야 한다.

기업이 회계처리를 하거나 재무제표를 작성할 때 기준으로 삼는 원칙을 '일반적으로 인정된 회계원칙(GAAP : Generally Accepted Accounting Principles)'이라고 하며, GAAP을 성문화한 규정들을 통칭하여 기업회계기준이라고 부른다.

우리나라의 기업회계기준은 금융위원회의 권한을 위임받아 한국회계기준원에서 제정하고 있으며, 다음과 같이 구성되어 있다.

구 분	내 용
한국채택국제회계기준 (K-IFRS)[1]	재무제표의 국제적 통일성 향상과 국가경쟁력 강화를 도모하고자, 국제회계기준위원회가 공표하는 회계기준에 맞추어 제정한 새로운 회계기준
일반기업회계기준	K-IFRS를 적용하지 않는 기업을 위하여 종전의 기업회계기준을 수정·보완하여 제정한 편람식 회계기준
중소기업회계기준[2]	중소기업이 회계처리를 단순화할 수 있도록 제정한 회계기준

[1] K-IFRS : Korean-International Financial Reporting Standards

[2] 중소기업회계기준은 일반기업회계기준 중에서 중소기업에 허용되는 특례들만 모아 놓은 규정집으로서, 일반기업회계기준의 일부로 볼 수 있음

우리나라 기업이 선택할 수 있는 기업회계기준은 다음과 같이 요약할 수 있다.

구 분		K-IFRS	일반기업회계기준	중소기업회계기준
외부감사대상 기업[1]	상장기업[2]	○		
	비상장기업	○	○	
외부감사대상이 아닌 기업		○	○	○

[1] 외부감사대상 : '주식회사의 외부감사에 관한 법률'에서 정하는 일정 규모(예 직전 사업연도 말의 자산총액 120억 원) 이상의 기업

[2] 상장기업이란 증권거래소나 코스닥 등의 유가증권 시장에 등록되어 주식이 거래되고 있는 기업을 말하며, 상장기업은 반드시 K-IFRS를 적용하여야 함

이 책에서는 K-IFRS와 일반기업회계기준(중소기업회계기준 포함)에서 공통으로 규정하고 있는 내용을 학습하게 되며, 전산회계 자격시험은 일반기업회계기준을 출제범위로 한다.

09 재무제표

최근 88회 시험 중 **18**회 기출

재무제표란 주주, 은행, 거래처, 과세기관 등 기업 **외부**의 다양한 **정보이용자**에게 기업에 관한 유용한 회계정보를 전달하기 위하여, **기업회계기준**에 따라 일정한 양식으로 작성하는 보고서를 말한다.

재무제표를 작성할 책임은 일차적으로 경영자에게 있으며, 일반기업회계기준에 따르면 재무제표의 종류는 다음과 같다.

구분	내용
재무상태표	일정 시점 현재 기업의 재무상태(자산, 부채, 자본)를 나타내는 보고서
손익계산서	일정 기간 동안의 기업의 경영성과(수익, 비용)를 나타내는 보고서
자본변동표	기업의 자본에 관하여 일정 시점 현재 크기와 일정 기간 동안의 변동 내역을 나타내는 보고서
현금흐름표	기업의 현금에 관하여 일정 시점 현재 크기와 일정 기간 동안의 변동(유입, 유출) 내역을 나타내는 보고서
주 석	재무제표상의 과목 또는 금액에 기호를 붙여 해당 항목에 대한 추가적인 정보를 나타내는 별지

기출포인트

- **주석**은 재무제표 뒷부분에 있는 **별지**를 말한다. 여기에는 재무제표상의 과목 또는 금액 중 기호가 표시된 항목들에 대한 세부내역이 기재된다. 이뿐만 아니라 기업이 적용한 기업회계기준(K-IFRS or 일반기업회계기준), 금액으로 표시되지 않은 소송사건 등과 같이 재무제표를 이해하는 데 필요한 여러 정보가 기재되므로 주석은 **재무제표에 포함**된다.
- **주기**는 재무제표상의 과목 다음에 간단한 단어나 금액을 괄호 안에 표시하는 것을 말한다. 주기는 단순히 부연 설명 역할만 하는 것이므로 **재무제표에 포함되지 않는다**.
- **이익잉여금처분계산서**(결손금처리계산서)는 **재무제표에 포함되지 않는다**. 다만 상법 등 관련 법규에서 요구하는 경우에는 주석에 포함하여 공시할 수 있다.

기출확인문제

*2025년 출제예상

다음 중 일반기업회계기준에 의한 재무제표가 아닌 것은? (제39회)

① 재무상태표　　② 손익계산서
③ 시산표　　④ 현금흐름표

정답 ③

해설
일반기업회계기준에 의한 재무제표의 종류에는 재무상태표, 손익계산서, 자본변동표, 현금흐름표, 주석이 있다.

핵심기출문제

* 본서에 수록된 기출문제의 날짜는 학습효과를 높이기 위하여 일부 수정함

01 재무제표는 일정한 기본가정하에서 작성된다. 그 기본가정이 아닌 것은? [15년 8월 특별회차]

① 계속기업의 가정 ② 기업실체의 가정
③ 기간별 보고의 가정 ④ 비교가능성의 가정

02 다음은 재무제표의 기본가정에 대한 설명이다. 재무제표의 기본가정 중 무엇에 대한 설명인가? [20년 11월 특별회차]

> 기업을 소유주와는 독립적으로 존재하는 회계단위로 간주하고 이 회계단위의 관점에서 그 경제활동에 대한 재무정보를 측정, 보고하는 것을 말한다.

① 계속기업 ② 기업실체 ③ 기간별 보고 ④ 검증가능성

03 다음 중 회계정보가 갖춰야 할 가장 중요한 질적 특성 요소는? [제78회]

① 비교가능성과 중립성 ② 목적적합성과 신뢰성
③ 효율성과 다양성 ④ 검증가능성과 정확성

04 다음은 재무회계 개념체계에 대한 설명이다. 회계정보의 질적 특성 중 목적적합성과 관련이 없는 것은? [제98회]

① 적시성 ② 중립성 ③ 예측가치 ④ 피드백가치

05 다음 중 재무제표의 질적 특성 중 신뢰성과 가장 관련성이 없는 것은? [제57회]

① 회계정보를 생산하는 데 있어서 객관적인 증빙자료를 사용하여야 한다.
② 동일한 거래에 대해서는 동일한 결과를 예측할 수 있도록 회계정보를 제공하여야 한다.
③ 유용한 정보를 위해서는 필요한 정보는 재무제표에 충분히 표시하여야 한다.
④ 의사결정에 제공된 회계정보는 기업의 미래에 대한 예측가치를 높일 수 있어야 한다.

정답 및 해설

01 ④ 회계의 기본가정 : 계속기업의 가정, 기업실체의 가정, 기간별 보고의 가정

02 ②
- 기업실체의 가정에 대한 설명이다.
- 기업실체의 가정에 따라, 기업의 지분 전액을 동일인이 보유하고 있는 경우라 하더라도 기업은 소유주와 분리된 별도의 회계단위로 인정되는 것이다.

03 ② 회계정보의 주요 질적 특성 : 목적적합성, 신뢰성

04 ②
- 목적적합성 : 예측가치, 피드백가치, 적시성
- 신뢰성 : 표현의 충실성, 검증가능성, 중립성

05 ④
- ① 중립성, ② 검증가능성, ③ 표현의 충실성, ④ 예측가치
- 예측가치는 목적적합성의 구성요소에 해당한다.

06 다음은 재무회계개념체계에 대한 설명이다. 회계정보의 질적 특성 중 무엇에 대한 설명인가?

[제68회]

> 회계정보가 기업실체의 재무상태, 경영성과, 순현금흐름, 자본변동 등에 대한 정보이용자의 당초 기대치(예측치)를 확인 또는 수정하게 함으로써 의사결정에 영향을 미칠 수 있는 능력을 말한다.

① 예측가치 ② 피드백가치 ③ 적시성 ④ 신뢰성

07 다음 중 일반기업회계기준상 재무제표에 해당하지 않는 것은?

[제71회]

① 재무상태표 ② 손익계산서 ③ 제조원가명세서 ④ 자본변동표

08 다음 중에서 재무제표에 해당하는 것은?

[제47회]

① 주석
② 이익잉여금처분계산서
③ 결손금처리계산서
④ 주기

09 다음 중 재무제표의 작성책임과 공정한 표시에 관한 내용으로 틀린 것은? [제78회]

① 재무제표의 작성과 표시에 대한 책임은 회계담당자에게 있다.
② 재무제표는 경제적 사실과 거래의 실질을 반영하여 기업의 재무상태, 경영성과, 현금흐름 및 자본변동을 공정하게 표시하여야 한다.
③ 일반기업회계기준에 따라 적정하게 작성된 재무제표는 공정하게 표시된 재무제표로 본다.
④ 재무제표가 일반기업회계기준에 따라 작성된 경우에는 그러한 사실을 주석으로 기재하여야 한다.

10 다음 중 재무회계에 관한 설명으로 가장 적절하지 않는 것은? [제75회]

① 재무제표에는 재무상태표, 손익계산서, 자본변동표, 현금흐름표, 주석이 있다.
② 일정 기간 동안 기업의 경영성과에 대한 정보를 제공하는 보고서는 재무상태표이다.
③ 기업의 외부정보이용자에게 유용한 정보를 제공하는 것을 주된 목적으로 한다.
④ 회계연도는 1년을 초과할 수 없다.

정답 및 해설

06 ② 목적적합성의 구성요소 중 하나인 피드백가치에 대한 설명이다.
07 ③ 일반기업회계기준상 재무제표의 종류 : 재무상태표, 손익계산서, 현금흐름표, 자본변동표, 주석
08 ① 이익잉여금처분계산서(결손금처리계산서), 주기는 재무제표에 포함되지 않는다.
09 ① 재무제표의 작성과 표시에 대한 책임은 경영자에게 있다.
10 ② 일정 기간 동안 기업의 경영성과에 대한 정보를 제공하는 보고서는 손익계산서이다.

제2절 재무상태표와 손익계산서

01 재무상태표

최근 88회 시험 중 13회 기출

(1) 재무상태표의 정의

재무상태표(Statement of Financial Position)는 기업의 **재무상태**를 보고하기 위하여 **일정 시점** 현재의 자산, 부채, 자본을 나타내는 보고서이다. 재무상태표의 종전 명칭은 대차대조표(Balance Sheet, B/S)였으나 국제회계기준의 도입에 따라 명칭이 바뀌게 되었다.

(2) 재무상태표의 구성요소

① 자산

자산(Asset)이란 기업이 소유하고 있는 재화나 채권(받을 돈)으로서 금전적 가치(미래 경제적 효익)가 있는 것을 말하며, 이를 **총자산**이라고도 한다.

② 부채

부채(Liability)란 기업이 장차 타인에게 지급해야 할 채무(줄 돈)로서 미래 경제적 효익의 희생이 있는 것을 말하며, 이를 **타인자본**이라고도 한다.

③ 자본

자본(Equity)이란 기업이 소유하고 있는 자산총액에서 타인에게 지급해야 할 부채총액을 차감한 잔액을 말하며, 이를 **순자산** 또는 **자기자본**이라고도 한다. 그리고 이와 같은 관계를 '자본 등식'이라고 한다.

자산 − 부채 = 자본

자본은 기업에 대한 소유주(주주)의 청구권이라고 이해할 수 있으며, 기업을 청산하는 경우에 부채를 먼저 상환한 다음 남은 잔액을 소유주에게 반환한다 하여 자본을 **잔여지분**이라고도 부른다.

(3) 재무상태표 등식

기업이 5억 원의 건물을 구입했는데 구입대금 5억 원 중 3억 원은 기업의 자금으로 지급하였으나 2억 원은 은행에서 빌려서 지급한 것이라고 할 때, 이를 해당 일정 시점(예 20x1년 1월 1일) 현재의 재무상태표로 나타내면 다음과 같다.

재무상태표
20x1년 1월 1일 현재

자산 5억 원	부채 2억 원
	자본 3억 원

재무상태표는 기업의 재산, 즉 자산은 타인의 몫인 부채(타인자본)와 소유주의 몫인 자본(자기자본)으로 이루어져 있다는 것을 나타낸다. 자산을 왼쪽에 기재하고 부채와 자본을 오른쪽에 기재하여 왼쪽의 자산 총계는 오른쪽의 부채 및 자본 총계와 일치하는데, 이를 '재무상태표 등식'이라고 한다.

자산 = 부채 + 자본

재무상태표를 자금 측면에서 해석하면, 재무상태표의 오른쪽은 기업이 자금을 어떻게 조달하였는가 하는 자금조달정보를 나타내고 왼쪽은 조달된 자금을 어디에 사용하였는가 하는 자금운용정보를 나타낸다.

사례에서, 기업은 자금을 부채(타인자본)로 2억 원, 자본(자기자본)으로 3억 원 조달하여, 건물의 취득에 5억 원을 사용한 것으로 볼 수 있다.

02 손익계산서

최근 88회 시험 중 3회 기출

(1) 손익계산서의 정의

손익계산서(Income Statement, I/S)는 기업의 **경영성과**를 보고하기 위하여 **일정 기간** 동안에 일어난 거래나 사건을 통해 발생한 수익, 비용, 순이익(순손실)을 나타내는 보고서이다.

(2) 손익계산서의 구성요소

① 수익

수익(Revenue)이란 기업이 경영활동의 결과로 획득한 금액을 말한다.

② 비용

비용(Expense)이란 기업이 경영활동 과정에서 수익을 얻기 위해 지출하거나 사용한 것을 말한다.

(3) 손익계산서 등식

기업이 상품을 2억 원에 구입하여 고객에게 3억 원에 판매하였다면 1억 원의 순이익을 남긴 것이다. 이를 해당 일정 기간(예 20x1년 1월 1일부터 12월 31일까지) 동안의 손익계산서로 나타내면 다음과 같다.

손익계산서

20x1년 1월 1일부터 20x1년 12월 31일까지

비용 2억 원	수익 3억 원
순이익 1억 원	

손익계산서는 일정 기간 동안의 경영성과인 순이익(또는 순손실)은 해당 기간의 수익총액에서 비용총액을 차감한 잔액이라는 것을 나타낸다. 비용과 순이익(순손실인 경우에는 음수로 표시)을 왼쪽에 기재하고 수익을 오른쪽에 기재하여 왼쪽의 총계는 오른쪽의 총계와 일치하는데, 이를 '손익계산서 등식'이라고 한다.

비용 + 순이익 = 수익

03 재무상태표와 손익계산서의 관계

최근 88회 시험 중 5회 기출

(1) 재무상태표와 손익계산서의 관계 요약

재무상태표의 기초자본 + 손익계산서의 당기순이익 = 재무상태표의 기말자본

손익계산서 구성요소인 수익과 비용은 당기(이번 회계기간) 동안의 경영성과를 나타내는 것이므로, 당기 손익계산서의 구성요소는 차기로 이월되지 않는다.

재무상태표 구성요소인 자산, 부채, 자본은 경영활동의 결과로 일정 시점까지 누적된 재무상태를 나타내는 것이므로, 당기 기말 재무상태표의 구성요소는 차기 기초로 이월된다.

(2) 재무상태표와 손익계산서의 작성 사례

㈜서울상사는 도·소매업을 영위하는 법인기업이다. 제1기 회계연도인 20x1년 1월 1일부터 12월 31일 사이에 다음과 같은 거래가 발생했을 때 기초(사업 개시 시점) 재무상태표, 기말 재무상태표, 당기 손익계산서를 작성하여 보자.

- 20x1년 1월 1일 액면금액 1,000,000원의 주식을 발행하고 동 금액을 주주로부터 현금 출자받아 사업을 개시하였다.
- 20x1년 1월 1일 사업 개시 시점에 은행에서 현금 500,000원을 빌려왔다.
- 20x1년 1월 8일 공급처로부터 상품 600,000원을 현금을 주고 사와서(상품매출원가), 1월 20일 고객에게 이 상품을 현금 1,000,000원에 판매하였다(상품매출).
- 20x1년 1월 31일 종업원에게 급여 100,000원을 현금으로 지급하였다(급여).

[풀이] ① 20x1년 1월 1일 재무상태표

재무상태표

㈜서울상사 20x1년 1월 1일 현재 (단위 : 원)

자산		부채	
현금	1,500,000	차입금	500,000
		자본	
		자본금	1,000,000
	1,500,000		1,500,000

② 20x1년 1월 1일부터 20x1년 12월 31일까지 손익계산서

손익계산서

㈜서울상사 20x1년 1월 1일부터 20x1년 12월 31일까지 (단위 : 원)

비용		수익	
상품매출원가	600,000	상품매출	1,000,000
직원급여	100,000		
당기순이익			
당기순이익	300,000		
	1,000,000		1,000,000

③ 20x1년 12월 31일 재무상태표

재무상태표

㈜서울상사	20x1년 12월 31일 현재		(단위 : 원)
자산		부채	
현금	1,800,000	차입금	500,000
		자본	
		자본금	1,000,000
		이익잉여금	300,000
	1,800,000		1,800,000

④ 재무상태표와 손익계산서의 관계

㈜서울상사의 제1기 회계연도를 사례로 재무상태표와 손익계산서의 관계를 그림으로 살펴보면 다음과 같다.

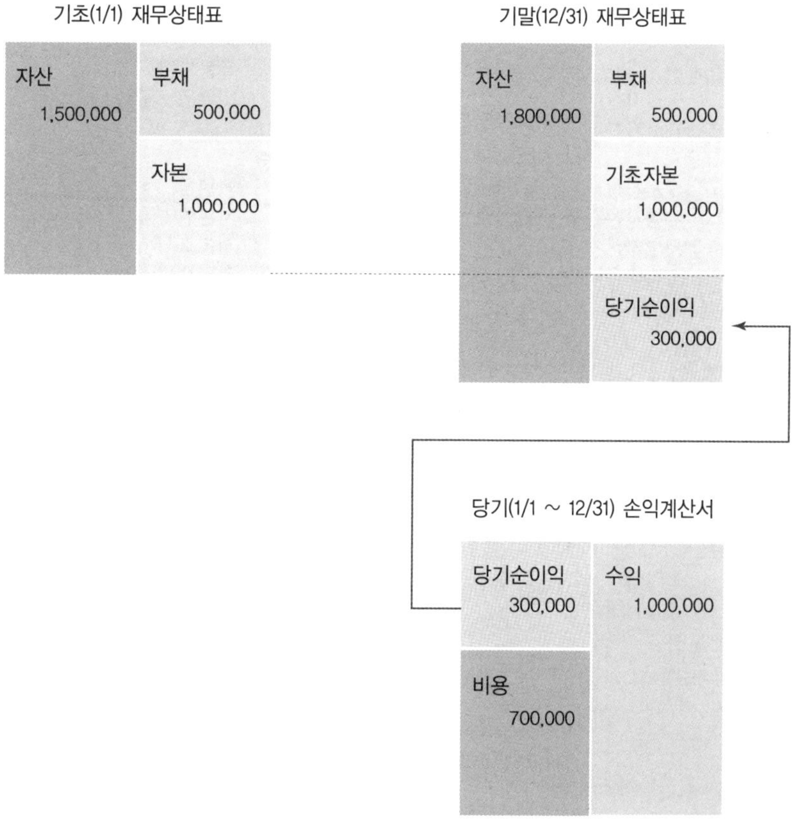

기초(1/1) 재무상태표

자산 1,500,000	부채 500,000
	자본 1,000,000

기말(12/31) 재무상태표

자산 1,800,000	부채 500,000
	기초자본 1,000,000
	당기순이익 300,000

당기(1/1 ~ 12/31) 손익계산서

당기순이익 300,000	수익 1,000,000
비용 700,000	

㈜서울상사는 제1기 기초(사업 개시) 시점인 20x1년 1월 1일에 자본총액 1,000,000원으로 시작하여, 당기(제1기) 동안 순이익 300,000원의 경영성과를 달성하였다.

그 결과 제1기 기말 시점인 20x1년 12월 31일 현재 자산 항목인 현금은 기초보다 300,000원 증가한 1,800,000원이 되었고, 기말자본은 기초자본에서 당기순이익을 합한 1,300,000원이 되었다.

04 재무상태표의 작성

최근 88회 시험 중 **14**회 기출

(1) 재무상태표의 기본구조

자산은 **보고기간 종료일로부터 1년 이내**(또는 정상영업주기 이내)에 현금화되는지 여부에 따라 유동자산과 비유동자산으로 구분한다. 여기서 다시 유동자산은 당좌자산과 재고자산으로 구분하며, 비유동자산은 투자자산, 유형자산, 무형자산, 기타비유동자산으로 구분한다.

부채는 **보고기간 종료일로부터 1년 이내**(또는 정상영업주기 이내)에 상환기한이 도래하는지 여부에 따라 유동부채와 비유동부채로 구분한다.

법인기업은 자본을 자본금, 자본잉여금, 자본조정, 기타포괄손익누계액, 이익잉여금으로 구분하여 표시한다. 이와 달리, 개인기업은 자본을 자본금으로만 표시한다.

법인기업의 경우, 재무상태표의 기본구조는 다음과 같다.

재무상태표

XX기업　　　　20x1년 12월 31일 현재

자산	부채
유동자산	유동부채
당좌자산	비유동부채
재고자산	
비유동자산	**자본**
투자자산	자본금
유형자산	자본잉여금
무형자산	자본조정
기타비유동자산	기타포괄손익누계액
	이익잉여금

(2) 재무상태표의 작성기준

구분	내용
구분표시	• 자산, 부채, 자본 중 중요한 항목에 대해서는 별도 항목으로 구분 표시하여야 한다.
총액주의	• 자산, 부채, 자본은 총액으로 기재함을 원칙으로 한다. 자산 항목과 부채·자본 항목을 상계함으로써 그 전부 또는 일부를 재무상태표에서 제외하여서는 안 된다.
1년 기준	• 자산과 부채는 '보고기간 종료일로부터 1년'을 기준으로 각각 유동과 비유동으로 구분한다. 다만, '보고기간 종료일로부터 1년'을 초과하더라도 '정상적인 1영업주기' 이내인 경우에는 유동으로 분류할 수 있다. • 정상영업주기란 영업활동을 위하여 자산을 취득하는 시점부터 그 자산을 외부로 팔고 판매대금을 회수하는 시점까지 소요되는 기간을 말한다. 정상영업주기를 명확하게 식별할 수 없는 경우에는 이를 1년으로 추정한다.
유동성 배열법	• 자산과 부채는 유동성이 높은 계정(현금화하기 쉬운 계정)부터 배열한다. • 이에 따라, 재무상태표의 자산은 '당좌자산, 재고자산, 투자자산, 유형자산, 무형자산, 기타비유동자산'의 순서로 배열한다.
잉여금의 구분	• 법인 기업의 경우 자본 항목 중 잉여금은 자본거래에서 발생한 자본잉여금과 손익거래에서 발생한 이익잉여금으로 구분하여 표시한다.
미결산항목 표시금지	• 가지급금, 가수금 등과 같은 미결산항목이 있는 경우에는 동 항목이 재무상태표상 자산·부채 항목으로 표시되지 않도록 그 내용을 나타내는 적절한 계정으로 대체하여야 한다.

기출확인문제

재무상태표에 대한 설명 중 틀리게 말하고 있는 것은? (제31회) ① 일정 기간 동안 기업의 경영성과에 대한 정보를 제공하는 재무보고서이다. ② 자산은 유동자산과 비유동자산으로 구분한다. ③ 비유동자산은 투자자산, 유형자산, 무형자산 및 기타비유동자산으로 구분한다. ④ 자본은 자본금, 자본잉여금, 자본조정, 기타포괄손익누계액 및 이익잉여금(또는 결손금)으로 구분한다.	정답 ① 해설 손익계산서에 대한 설명이다. 재무상태표는 기업의 재무상태를 보고하기 위하여 일정 시점 현재의 자산, 부채, 자본을 나타내는 보고서이다.

05 손익계산서의 작성

(1) 손익계산서의 기본구조

손익계산서의 양식에는 수익과 비용을 차변 및 대변으로 기재하는 방식인 계정식과 수익과 비용을 수직적으로 기재하는 방식인 보고식이 있다. 계정식의 경우 총수익과 총비용의 대조에는 편리하나 매출총이익, 영업이익, 법인세비용차감전순이익을 표시하기 어렵기 때문에, 기업회계기준에서는 손익계산서의 양식으로 보고식만 인정하고 있다.

법인기업의 경우, 계정식 손익계산서와 보고식 손익계산서의 기본구조는 다음과 같다.

① 계정식

손익계산서

XX기업 20x1년 1월 1일부터 20x1년 12월 31일까지

비용	수익
매출원가	매출액
판매비와관리비	영업외수익
영업외비용	
법인세비용	
당기순이익	
당기순이익	

② 보고식

손익계산서

XX기업 20x1년 1월 1일부터 20x1년 12월 31일까지

Ⅰ. 매출액	
Ⅱ. 매출원가	
Ⅲ. 매출총이익	(= 매출액 − 매출원가)
Ⅳ. 판매비와관리비	
Ⅴ. 영업이익	(= 매출총이익 − 판매비와관리비)
Ⅵ. 영업외수익	
Ⅶ. 영업외비용	
Ⅷ. 법인세비용차감전순이익	(= 영업이익 + 영업외수익 − 영업외비용)
Ⅸ. 법인세비용	
Ⅹ. 당기순이익	(= 법인세비용차감전순이익 − 법인세비용)

(2) 손익계산서의 작성기준

발생주의	• 수익과 비용이 그 현금의 유출입이 있는 기간이 아니라 해당 거래나 사건이 발생한 기간에 정당하게 배분되도록 회계처리하여야 한다.
실현주의	• 실현주의란 발생주의를 구현하기 위한 **수익 인식의 원칙**으로서, "수익은 실현된 기간에 인식하여야 한다."는 원칙을 말한다. • 수익이 실현되는 시점은 "㉠ 수익획득을 위한 노력이 완료되거나 실질적으로 거의 완료되고 ㉡ 금액을 합리적으로 측정할 수 있는 때"를 의미한다. • 예를 들어 상품을 판매하고 한 달 후에 대금을 받는 거래에서, 상품 포장 완료, 주문 수령, 상품 인도, 대금 회수 등 여러 시점 중에서 상품 인도 시점을 수익이 실현되는 시점으로 보아 그 시점에 수익을 인식한다.
수익·비용 대응의 원칙	• 수익·비용 대응의 원칙이란 발생주의를 구현하기 위한 **비용 인식의 원칙**으로서, "비용은 그와 관련된 수익이 인식되는 기간에 그 관련 수익에 대응시켜서 인식해야 한다."는 원칙을 말한다.
총액주의	• 수익과 비용은 총액으로 기재함을 원칙으로 한다. 수익 항목과 비용 항목을 직접 상계함으로써 그 전부 또는 일부를 손익계산서에서 제외하여서는 안 된다.
구분계산	• 손익계산서상 이익은 매출총이익, 영업이익, 법인세비용차감전순이익, 당기순이익으로 구분하여 계산하여야 한다.

참고 비용의 인식방법 3가지

비용을 인식하는 가장 기본적인 원칙은 수익·비용 대응의 원칙이다. 그러나 수익과 비용의 직접적인 인과관계를 파악할 수 없을 때에는, 발생 즉시 비용으로 인식하거나, 또는 합리적으로 추정된 여러 기간으로 나누어 비용으로 인식하는 방법도 사용되고 있다.

관련 수익에 직접 대응	관련 수익과 직접적인 인과관계를 파악할 수 있는 비용은 관련 수익에 직접 대응시킨다. 예 당기 매출액에 대한 당기 매출원가
즉시 비용처리	관련 수익과 직접적인 인과관계를 파악할 수 없고 당해 지출이 미래 경제적 효익을 제공하지 못하거나 미래 경제적 효익의 유입가능성이 불확실한 경우에는 이를 발생 즉시 비용으로 처리한다. 예 광고선전비
합리적이고 체계적인 방법에 의한 기간배분	관련 수익과의 직접적인 인과관계를 파악할 수는 없지만 당해 지출이 일정 기간 동안 수익창출활동에 기여하는 것으로 판단되면 이를 해당되는 기간에 걸쳐 합리적이고 체계적으로 배분하여 비용으로 처리한다. 예 감가상각비

핵심기출문제

* 본서에 수록된 기출문제의 날짜는 학습효과를 높이기 위하여 일부 수정함

01 ㈜무릉의 재무상태가 다음과 같을 때, 기말자산은 얼마인가? [제97회]

기 초		기 말		총수익	총비용
부 채	자 본	자 산	부 채		
400,000원	160,000원	(?)	450,000원	300,000원	240,000원

① 110,000원 ② 170,000원 ③ 540,000원 ④ 670,000원

02 다음 중 재무상태표의 명칭과 함께 기재해야 하는 사항이 아닌 것은? [제83회]

① 기업명
② 보고기간 종료일
③ 금액단위
④ 회계기간

03 다음 중 재무상태표, 손익계산서와 관련된 설명으로 가장 적절하지 않은 것은? [제28회]

① 재무상태표에서 일정 시점 현재 기업의 자금조달 원천인 부채와 자본 규모를 알 수 있다.
② 재무상태표에서 이익잉여금이 매년 누적될수록 주주의 몫인 자본은 점점 커진다.
③ 손익계산서에서 현금으로 지급되지 않은 사항은 보고하지 않는다.
④ 수익을 창출하기 위해 희생된 대가를 비용이라 한다.

04 다음 중 재무상태표의 기본구조에 대한 설명으로 틀린 것은? [제46회]

① 유동자산은 당좌자산과 재고자산으로 구분한다.
② 비유동자산은 투자자산, 유형자산, 무형자산, 기타비유동자산으로 구분한다.
③ 자산과 부채는 유동성이 작은 항목부터 배열하는 것을 원칙으로 한다.
④ 자본은 자본금, 자본잉여금, 자본조정, 기타포괄손익누계액 및 이익잉여금으로 구분한다.

05 유동성 배열법에 따라 재무상태표를 작성할 때, 위에서 아래의 순서로 바르게 나열한 것은?

[제67회]

ㄱ. 유형자산	ㄴ. 투자자산	ㄷ. 당좌자산	ㄹ. 재고자산

① ㄴ → ㄷ → ㄹ → ㄱ ② ㄴ → ㄷ → ㄱ → ㄹ
③ ㄷ → ㄹ → ㄴ → ㄱ ④ ㄷ → ㄴ → ㄹ → ㄱ

06 다음은 일반기업회계기준에 의한 손익계산서의 작성기준에 대한 설명이다. 옳지 않은 것은?

[제91회]

① 현금 유·출입 시점에 관계없이 당해 거래나 사건이 발생한 기간에 수익·비용을 인식하는 발생주의에 따른다.
② 수익은 실현주의로 인식한다.
③ 비용은 관련 수익이 인식된 기간에 인식한다.
④ 서로 연관된 수익과 비용은 직접 상계함으로써 순액으로 기재해야 한다.

정답 및 해설

01 ④
- 당기순이익 = 총수익 − 총비용
  = 300,000 − 240,000 = 60,000원
- 기초자본 + 당기순이익 = 기말자본
  → 160,000 + 60,000 = ?
  ∴ 기말자본 = 220,000원
- 기말 재무상태표

기말자산	670,000	기말부채	450,000
		기말자본	220,000

02 ④
- 일정 시점 현재 재무상태를 나타내는 보고서인 재무상태표에는 보고기간 종료일을 기재한다.
- 일정 기간 동안의 경영성과를 나타내는 보고서인 손익계산서에는 회계기간을 기재한다.

03 ③ 손익계산서의 수익과 비용은 '현금주의'가 아니라 '발생주의'에 입각하여 인식하는 것이 회계의 기본적 특징이자 대전제이다. 수익 인식의 원칙인 '실현주의'와 비용 인식의 원칙인 '수익·비용 대응의 원칙'은 발생주의를 구현하기 위한 구체화된 원칙으로 볼 수 있다.

04 ③ 자산과 부채는 유동성이 큰 항목부터 배열하는 것을 원칙으로 한다.

05 ③ 재무상태표의 자산은 유동성 배열법에 따라 '당좌자산, 재고자산, 투자자산, 유형자산, 무형자산, 기타비유동자산'의 순서로 배열한다.

06 ④ 수익과 비용은 총액으로 기재함을 원칙으로 한다. 수익 항목과 비용 항목을 직접 상계함으로써 그 전부 또는 일부를 손익계산서에서 제외하여서는 안 된다.

제3절 거래의 기록

01 회계상 거래

최근 88회 시험 중 10회 기출

회계상 거래란 기업의 경영활동에서 ㉠ 자산·부채·자본·수익·비용의 증감변화가 생기는 것으로서 ㉡ 그 증감을 금액으로 측정할 수 있는 것을 말한다. 즉 회계에서는 자산·부채·자본·수익·비용에 증감변화가 발생하여 재무상태표 또는 손익계산서에 영향을 미치는 경제적 사건들을 거래로 보는 것이다. 회계상 거래에 해당하는 경우 이는 장부에 기록(부기)되어야 한다.

회계상 거래는 일상생활에서의 거래와 의미에 차이가 있기 때문에, 일상생활에서는 거래이지만 회계상으로는 거래가 아닌 경우[1]도 있고 일상생활에서는 거래가 아니지만 회계상으로는 거래인 경우[2]도 있다.

[1] 예를 들어 계약금 없이 구두로 상품 주문을 받은 경우 또는 종업원과 채용 계약을 체결한 경우, 일상생활에서는 이를 거래로 보지만 주문 또는 계약체결 행위 자체만으로는 자산·부채·자본·수익·비용의 증감변화가 생기지 않기 때문에 회계에서는 이를 거래로 보지 않는다.

[2] 예를 들어 건물에 화재가 발생한 경우, 일상생활에서는 이를 거래로 보지 않지만 화재라는 사건으로 인해 자산·부채·자본·수익·비용의 증감변화가 생기고 피해 금액을 측정할 수 있기 때문에 회계에서는 이를 거래로 보며 장부에 기록한다.

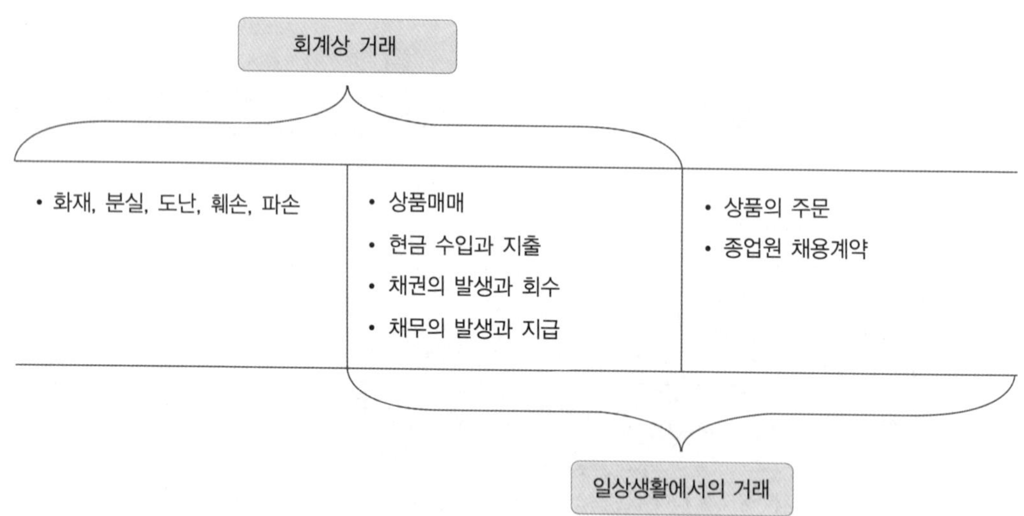

기출확인문제

다음 중 회계상 거래에 해당하지 않는 것은? (제27회) ① 재고자산의 일부가 파손되었다. ② 은행으로부터 예금에 대한 이자를 받았다. ③ 상품매입을 위해 주문을 하였다. ④ 건물을 매각하면서 계약금을 받았다.	정답 ③ 해설 상품주문의 경우, 주문행위 자체만으로는 자산·부채·자본·수익·비용의 증감변화가 생기지 않으므로, 이는 회계상 거래가 아니다.

02 복식부기

최근 88회 시험 중 3회 기출

회계상 거래를 장부에 기록하는 방법에는 단식부기와 복식부기가 있을 수 있는데, 단식부기란 거래의 결과(예 수입과 지출)만을 가계부 형식으로 기록하는 방식을 말하고, 복식부기란 하나의 거래를 두 가지 내용(원인과 결과)으로 나누어 왼쪽과 오른쪽 양변에 기록하는 방식을 말한다.

회계는 거래를 복식부기에 따라 양변으로 기록하며, 이때 왼쪽을 차변이라고 하고, 오른쪽을 대변이라고 한다. 복식부기의 특징은 다음과 같다.

거래의 이중성	거래의 이중성이란 회계상 거래를 장부에 기록할 때에는 재산 증감변화의 원인과 결과로 나누어 이중(차변과 대변)으로 기록하여야 한다는 것을 말하며, 이를 복식부기의 원리라고도 한다.
대차평균의 원리	거래의 이중성에 의하여 모든 회계상 거래는 차변과 대변 양쪽으로 기록되므로 장부상 차변 금액합계와 대변 금액합계는 항상 일치하여야 하는데 이를 대차평균의 원리라고 한다.
자기검증기능	대차평균의 원리에 의하여 장부상 차변 금액합계와 대변 금액합계는 항상 일치하여야 한다. 만약 일치하지 않는다면 장부 기록에 오류가 있음을 자동적으로 발견할 수 있게 되는데 이를 복식부기의 자기검증기능이라고 한다.

기출확인문제

회계상 거래가 발생하면 재무제표의 차변과 대변에 동시에 영향을 미치게 되는데, 이는 회계의 어떤 특성 때문인가? (제42회)

① 거래의 이중성　　② 중요성
③ 신뢰성　　④ 유동성

정답 ①

해설
회계거래의 이중성에 대한 내용이다.

03 거래의 8요소와 결합관계

최근 88회 시험 중 14회 기출

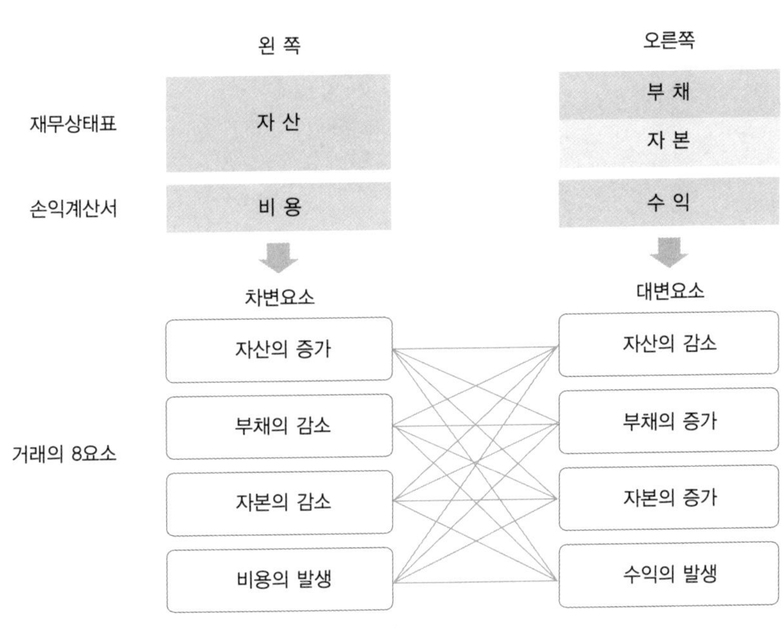

(1) 거래의 8요소

회계상 거래는 자산·부채·자본·수익·비용의 경제적인 증감변화를 의미하므로, 회계상 거래는 장부에 기록될 때 '자산의 증가와 감소, 부채의 증가와 감소, 자본의 증가와 감소, 수익의 증가와 감소, 비용의 증가와 감소'라는 10가지 형태로 표시될 수 있다.

이 중 '수익의 감소'와 '비용의 감소'는 이미 발생한 수익과 비용을 차감조정하는 것이므로 거래의 발생을 기록할 때에는 사용되지 않는 것이 일반적이고, 이 둘을 제외한다면 수익과 비용은 증가 또는 감소로 표현하지 않고 발생으로만 표현하는 것이 조금 더 정확할 것이다.

이와 같이 회계상 거래의 발생을 기록할 때 나타날 수 있는 거래의 구성요소는 '자산의 증가, 자산의 감소, 부채의 증가, 부채의 감소, 자본의 증가, 자본의 감소, 수익의 발생, 비용의 발생'으로 정리할 수 있는데, 이를 '거래의 8요소'라고 한다.

(2) 거래 8요소의 결합관계

재무상태표의 구성요소와 손익계산서의 구성요소에서 원래 위치가 왼쪽인 것은 자산, 비용이고 원래 위치가 오른쪽인 것은 부채, 자본, 수익이다.

거래를 기록할 때, 차변과 대변의 위치는 자산·부채·자본·수익·비용의 원래 위치를 고려하여 그 증가 또는 감소를 정확하게 반영할 수 있도록 결정되어야 한다.

거래의 8요소 중 '자산의 증가, 부채의 감소, 자본의 감소, 비용의 발생'은 반드시 차변에만 올 수 있으며 이를 차변요소라고 한다. 반면, 거래의 8요소 중 '자산의 감소, 부채의 증가, 자본의 증가, 수익의 발생'은 반드시 대변에만 올 수 있으며 이를 대변요소라고 한다.

회계상 거래의 발생은 거래의 8요소 중 차변요소 1개 이상과 대변요소 1개 이상의 결합으로 기록되는데 이를 '거래 8요소의 결합관계'라고 한다.

차변 금액합계와 대변 금액합계만 일치한다면(대차평균의 원리), 1개의 차변요소가 2개 이상의 대변요소와 결합하는 경우 또는 2개 이상의 차변요소가 1개의 대변요소와 결합하는 경우도 얼마든지 있을 수 있다. 그러나 차변요소끼리의 결합 또는 대변요소끼리의 결합만으로는 절대로 거래를 기록할 수 없다.

04 분개

(1) 계정

계정(Account, A/C)이란 거래를 기록할 때 사용하는 세분화된 단위(예 현금 계정, 급여 계정)을 말하며, 이를 계정과목이라고도 한다.

(2) 분개

분개(Journalizing, Journal Entry, J/E)란 회계상 거래를 복식부기에 입각하여 차변과 대변으로 나누어 기록하는 것을 말한다.

기출포인트

- 모든 계정과목은 자산·부채·자본·수익·비용 중 어느 하나에 해당하며, 그 계정과목이 증가하는지 감소하는지에 따라 차변과 대변 중 어느 쪽에 분개할 것인지를 결정한다.
- 거래 8요소의 결합관계는 분개의 구성원리를 의미한다.

(3) 분개의 절차

사례를 통하여 분개의 절차를 분석하여 보면 다음과 같다.

회계상 거래 : 1월 31일 종업원에게 급여 100,000원을 현금으로 지급하였다.

(1단계) 어떤 계정과목을 사용할 것인가?
→ '급여' 계정과 '현금' 계정이 필요하다.

(2단계) 사용하려는 계정과목을 차변과 대변 중 어느 쪽에 기록할 것인가?
→ '급여' 계정은 비용에 해당하며, '급여'라는 비용이 발생하였으므로 차변에 기록한다.
→ '현금' 계정은 자산에 해당하며, '현금'이라는 자산이 감소하였으므로 대변에 기록한다.
→ 차변요소 1개와 대변요소 1개가 도출되어 거래 8요소의 결합관계가 성립한다.

(3단계) 금액을 얼마로 기록할 것인가?
→ 거래 금액은 100,000원이므로 분개에서 차변 금액합계와 대변 금액합계는 각각 100,000원이 되어야 한다.

분개 : 1월 31일 (차) 급여	100,000	(대) 현금	100,000

(4) 전표와 분개장

기업에서 거래가 발생하면 그때마다 분개를 하게 되는데, 거래에 대한 분개를 기록하는 문서로는 전표와 분개장이 있다.

① 전표

전표(Slip, Voucher)란 거래 하나에 대한 분개마다 한 장씩 작성하는 서식을 말한다. 한 장의 전표에는 거래 하나에 대한 분개만 기록된다.

전표에는 거래일자, 차변과 대변의 계정과목 및 금액, 거래처, 적요, 내부승인권자의 서명 등 거래에 대한 상세한 내용이 기재된다.

② 분개장

분개장(Journal)이란 각 전표에 기록된 분개들을 발생한 순서에 따라 차례대로 기재하는 서식을 말한다. 한 장의 분개장에는 일정 기간 동안 발생한 모든 거래들에 대한 분개가 차례대로 기록된다.

05 전기

(1) 전기

거래가 발생하면 이에 대한 전표가 작성되고 분개장이 만들어지는데, 분개장은 거래가 발생한 순서대로 기록되어 있는 장부이기 때문에 분개장만으로는 계정과목별 잔액을 파악할 수가 없다. 이를 해결하고자 분개한 내용을 계정과목별로 모아서 옮겨 적는 작업을 하는데, 이 작업을 전기(Posting)라고 한다.

(2) 총계정원장

전기 작업의 결과 분개 내용이 각 계정별로 집계되는데 이를 원장(Ledger) 또는 총계정원장(General Ledger, G/L)이라고 한다.

(3) 총계정원장의 작성방법

원장 준비	• 분개에 사용된 모든 계정과목에 대하여 계정과목마다 1개씩 총계정원장을 준비한다.
기초 금액 기재	• 자산·부채·자본에 속하는 계정과목은 전기 기말 금액이 당기 기초로 이월되므로 당기에 그 금액에서 출발할 수 있도록 기초 금액을 기재한다. • 기초 금액을 기재하는 위치는 자산·부채·자본이 재무상태표에서 표시되는 위치와 동일하다. 즉, 자산 계정은 차변, 부채 계정과 자본 계정은 대변에 각각 기초 금액을 기재한다. • 수익·비용에 속하는 계정과목은 전기 기말 금액이 당기 기초로 이월되지 않고 당기에 금액이 '0'에서 다시 출발하므로 기초 금액을 기재하지 않는다.
증가·감소 금액 기재	• 계정과목이 차변에 분개되었다면 그 금액을 해당 계정과목의 총계정원장에 차변에 기재한다. • 계정과목이 대변에 분개되었다면 그 금액을 해당 계정과목의 총계정원장에 대변에 기재한다.
상대 계정과목 기재	• 총계정원장에 증가·감소 금액을 기재할 때에는, 그 금액이 어떻게 분개되었던 것인지에 대한 정보를 제공하기 위하여 분개에서 해당 계정과목이 기록되었던 위치(예를 들어, 차변)의 반대편(대변)에 기록되어 있던 계정과목 이름을 기재한다.

기출포인트

- 자산·부채·자본 계정에 속하는 계정과목의 총계정원장에는 기초 금액을 적는다.
- 전기를 할 때, 금액은 **자기 금액**을 적고, 계정과목은 **상대 계정과목**을 적는다.
- 'A라는 계정과목'의 총계정원장에서 '금액'이 적혀있는 위치가 '차변인지 대변인지'를 보고, 그 금액과 함께 적혀 있는 'B라는 상대 계정과목'만 보면, 해당 거래의 분개 내용(차변 계정과목과 금액, 대변 계정과목과 금액)을 모두 알 수 있게 된다.

(4) 총계정원장에서 증감액과 잔액의 위치

거래를 분개할 때 계정을 차변과 대변 중 어느 쪽에 기입할 것인지는 해당 계정이 자산·부채·자본·수익·비용 중 어디에 속하는지, 해당 계정의 증감이 거래의 8요소 중 어디에 해당하는지에 따라 결정된다.

총계정원장은 이러한 원리로 작성된 분개 내용을 각 계정별로 집계한 것이므로, 총계정원장에서의 증감액과 잔액의 위치는 다음과 같은 규칙성을 나타낸다.

- 자산 계정은 증가를 차변에, 감소를 대변에 기재하며, 잔액은 반드시 **차변**에 남는다.
- 부채 계정은 증가를 대변에, 감소를 차변에 기재하며, 잔액은 반드시 **대변**에 남는다.
- 자본 계정은 증가를 대변에, 감소를 차변에 기재하며, 잔액은 반드시 **대변**에 남는다.
- 수익 계정은 발생을 대변에, 소멸(차감조정)을 차변에 기재하며, 잔액은 반드시 **대변**에 남는다.
- 비용 계정은 발생을 차변에, 소멸(차감조정)을 대변에 기재하며, 잔액은 반드시 **차변**에 남는다.

요약해보면, 총계정원장에서 자산·부채·자본·수익·비용 각 계정의 증가·감소 위치는 거래의 8요소에서의 위치와 동일하고, 이에 따라 잔액이 남는 위치도 재무상태표·손익계산서에서의 위치와 일치하게 됨을 확인할 수 있다.

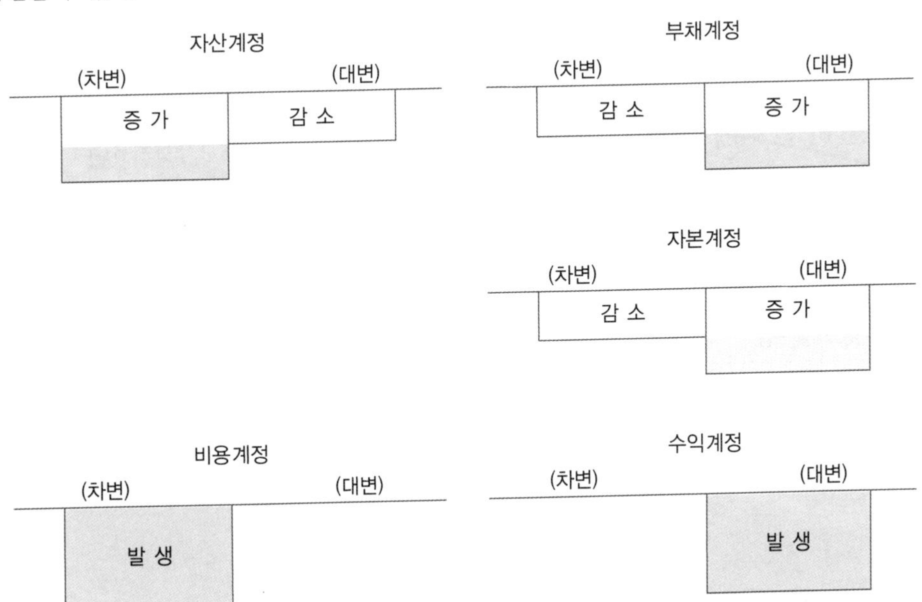

06 분개장과 총계정원장의 작성 사례

㈜부산상사는 도·소매업을 영위하는 기업이다. 당기 중에 다음과 같은 거래가 발생했을 때 분개장과 총계정원장을 작성하여 보자.

- 현금 계정과목은 자산에 해당하고, 전기 기말에서 당기 기초로 이월되어 온 기초 금액은 1,500,000원이다.
- 상품 계정과목은 자산에 해당하고, 전기 기말에서 당기 기초로 이월되어 온 기초 금액은 0원이다.
- 상품매출 계정과목은 수익에 해당하고, 상품매출원가 계정과목과 급여 계정과목은 비용에 해당한다.
- 1월 8일 공급처로부터 상품 600,000원을 현금을 주고 구입하였다(상품구입).
- 1월 20일 보유하고 있던 상품 전부를 고객에게 현금 1,000,000원을 받고 판매하였다(상품매출).
- 1월 31일 종업원에게 급여 100,000원을 현금으로 지급하였다(급여).
- 단, 상품매출원가를 인식하는 분개는 결산일인 12월 31일에 하기로 한다.

[풀이] ① 일자별 분개와 그에 대한 거래 8요소의 결합관계 분석

1월 8일 (차) 상품 (자산의 증가) 600,000 (대) 현금 (자산의 감소) 600,000

1월 20일 (차) 현금 (자산의 증가) 1,000,000 (대) 상품매출 (수익의 발생) 1,000,000

1월 31일 (차) 급여 (비용의 발생) 100,000 (대) 현금 (자산의 감소) 100,000

12월 31일 (차) 상품매출원가 (비용의 발생) 600,000 (대) 상품 (자산의 감소) 600,000

② 분개장

일 자	차 변		대 변	
	계정과목	금 액	계정과목	금 액
1월 8일	상 품	600,000	현 금	600,000
1월 20일	현 금	1,000,000	상품매출	1,000,000
1월 31일	급 여	100,000	현 금	100,000
12월 31일	상품매출원가	600,000	상 품	600,000

③ 총계정원장

현금 (자산)

1/1 전기이월	1,500,000	1/8 상품	600,000
1/20 상품매출	1,000,000	1/31 급여	100,000

상품 (자산)

1/1 전기이월	0	12/31 상품매출원가	600,000
1/8 현금	600,000		

상품매출 (수익)

		1/20 현금	1,000,000

급여 (비용)

1/31 현금	100,000		

상품매출원가 (비용)

12/31 상품	600,000		

핵심기출문제

* 본서에 수록된 기출문제의 날짜는 학습효과를 높이기 위하여 일부 수정함

01 다음 중 회계상의 거래가 아닌 것은? [제68회]

① 건물을 매각하면서 계약금을 받았다.
② 당사제품을 관할구청에 불우이웃돕기 목적으로 기부하였다.
③ 원재료로 구입한 부품이 부주의로 파손되어 감모처리하였다.
④ 박희동 신입사원과 근로계약서를 작성하였다.

02 다음 중 회계상의 거래인 것은? [제24회]

① 종업원을 월급 1,200,000원으로 채용하다.
② 건물에 대해 월세 500,000원으로 임차계약을 맺기로 구두로 약속하다.
③ 상품 300,000원의 주문을 받다.
④ 인터넷 포털사이트에 신제품 광고를 게재하고 광고료 100,000원을 외상으로 하다.

03 다음 중 분개의 구조상 차변요소가 아닌 것은? [제97회]

① 자본의 감소 ② 자산의 감소 ③ 비용의 발생 ④ 부채의 감소

정답 및 해설

01 ④ ① 계약금으로 받은 현금 등의 자산이 증가하므로 회계상 거래이다.
② 기부에 따라 제품이라는 자산이 감소하므로 회계상 거래이다.
③ 파손에 따라 원재료라는 자산이 감소하므로 회계상 거래이다.
④ 신입사원과 근로계약을 체결하는 것 자체만으로는 자산·부채·자본·수익·비용의 증감변화가 생기지 않으므로, 이는 회계상 거래가 아니다.

02 ④ ① 종업원을 채용하는 것, ② 계약금 없이 임대차계약에 대해 약속만 하는 것, ③ 계약금 없이 상품의 주문을 받는 것은 그 자체만으로는 자산·부채·자본·수익·비용의 증감변화가 생기지 않기 때문에 회계상 거래가 아니다.
④ 광고료(광고선전비)라는 비용이 증가하므로 회계상 거래이다.

03 ② • 차변요소 : 자산의 증가, 부채의 감소, 자본의 감소, 비용의 발생
• 대변요소 : 자산의 감소, 부채의 증가, 자본의 증가, 수익의 발생

제4절 | 회계의 순환과정

01 회계의 순환과정

최근 88회 시험 중 3회 기출

회계의 순환과정이란 거래를 식별하여 장부에 기록하는 것에서부터 이를 정리하여 재무제표를 작성하기까지 이루어지는 일련의 과정을 말한다. 이러한 순환과정은 매 회계기간마다 계속 반복해서 이루어진다.

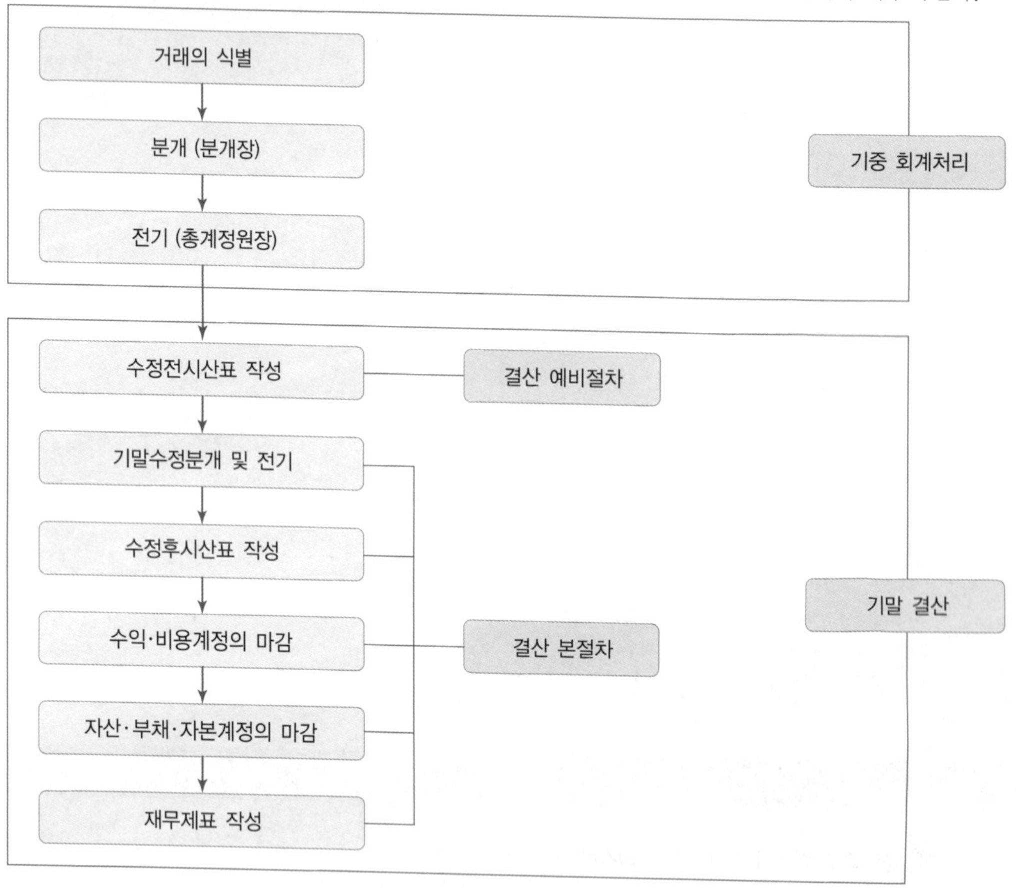

기출확인문제

다음 중 회계의 순환과정 순서가 옳게 표시된 것은? (제25회)

㉠ 거래의 발생	㉡ 시산표 작성
㉢ 총계정원장 기록	㉣ 재무제표 작성

① ㉠ → ㉡ → ㉢ → ㉣
② ㉠ → ㉡ → ㉣ → ㉢
③ ㉠ → ㉢ → ㉡ → ㉣
④ ㉠ → ㉣ → ㉡ → ㉢

정답 ③

해설
회계의 순환과정은 '거래의 발생 → 총계정원장 기록 → 시산표 작성 → 재무제표 작성'의 순으로 이루어진다.

02 결산

최근 88회 시험 중 2회 기출

(1) 결산의 정의

기업은 회계상 거래가 발생할 때마다 이를 식별하여 분개장에 분개하고 이를 총계정원장에 전기하는 작업을 기중에 걸쳐 반복한다. 회계기간 말에는 기중에 기록한 장부를 정리하고 마감하여 기업의 재무상태와 경영성과를 파악하는 작업을 하는데, 이를 결산(Closing)이라고 한다.

(2) 결산의 절차

(1단계) 수정전시산표 작성	기말 결산을 하기 위한 예비작업으로서, 기중에 작성한 분개장과 총계정원장이 대차평균의 원리에 따라 올바르게 작성되었는지 확인하기 위하여 시산표를 작성한다.
(2단계) 기말수정분개 및 전기	기중의 회계처리만으로는 자산·부채·자본·수익·비용을 정확하게 나타낼 수 없기 때문에 기말 결산 때 이를 조정해주는 수정분개를 한다. 기말수정분개를 분개장에 기록하고 총계정원장에 전기한다.
(3단계) 수정후시산표 작성	기말수정분개와 전기가 대차 차액 없이 정확하게 작성되었는지 확인하기 위하여 수정후시산표를 작성한다.
(4단계) 수익·비용 계정의 마감	수익·비용 계정은 차기로 이월되지 않으므로 잔액이 '0'이 되도록 마감하고, 수익과 비용을 집계하여 산출한 당기순이익을 재무상태표의 자본으로 반영한다.
(5단계) 자산·부채·자본 계정의 마감	자산·부채·자본 계정은 차기로 이월되어야 하므로 잔액이 '0'이 되지 않고 계속해서 유지되도록 마감한다.
(6단계) 재무제표 작성	손익계산서, 재무상태표, 그 외 필요한 재무제표를 작성한다.

03 시산표

최근 88회 시험 중 3회 기출

시산표(Trial Balance, T/B)란 분개와 전기가 대차 차액 없이 정확하게 되었는지를 확인하기 위하여 모든 계정과목의 총계정원장 금액을 한곳에 모아 정리한 표를 말한다.

복식부기에서 모든 거래는 차변과 대변이 항상 같은 금액으로 분개 되므로, 총계정원장 금액을 모아 놓은 시산표에서 '모든 계정과목의 차변을 합계한 금액'과 '모든 계정과목의 대변을 합계한 금액'은 반드시 일치하여야 한다.

시산표는 다음과 같은 형태로 작성할 수 있다.

구분	내용
합계시산표	각 계정의 총계정원장에 있는 차변 합계액을 시산표의 차변에, 대변 합계액을 시산표의 대변에 기재
잔액시산표	각 계정의 총계정원장에 있는 차변 잔액을 시산표의 차변에, 대변 잔액을 시산표의 대변에 기재 (즉, 자산·부채·자본·수익·비용을 구성하는 모든 계정과목의 총계정원장 잔액을 한곳에 모아놓은 표)
합계잔액시산표	합계시산표와 잔액시산표를 하나의 표로 작성

04 기말수정분개

기중의 회계처리만으로는 자산·부채·자본·수익·비용을 정확하게 나타낼 수 없기 때문에, 기말 결산 때 각 계정의 실제 잔액을 파악하여 총계정원장의 잔액이 실제 잔액과 일치하도록 조정해주는 분개를 하는데, 이를 기말수정분개 또는 결산정리분개라고 한다.

기말수정분개를 분개장에 기록하고 총계정원장에 전기하고 나면 이러한 작업이 대차 차액 없이 정확하게 이루어졌는지 확인하기 위하여 수정후시산표를 작성한다.

05 수익·비용 계정의 마감

최근 88회 시험 중 3회 기출

마감은 당기 회계기간 동안 기록해 온 총계정원장을 결산일 기준으로 끝내고 다음 회계기간에 기록을 계속할 수 있도록 준비하는 절차이다.

손익계산서 계정인 수익·비용 계정이 먼저 당기순이익으로 집계되어야 그 금액이 재무상태표 계정인 자본 계정으로 반영될 수 있으므로, 계정을 마감할 때는 **손익계산서 계정을 먼저, 재무상태표 계정을 나중**에 하게 된다.

수익·비용 계정은 당기의 경영성과를 보여주는 것으로서 다음 기의 경영성과를 파악할 때 영향을 미쳐서는 안 된다. 따라서 수익·비용 계정은 한 회계기간이 끝나면 잔액을 '0'으로 만들어서 다음 기의 수익·비용 계정이 '0'에서 출발하도록 해야 한다.

수익·비용 계정을 마감할 때는 임시계정인 '집합손익' 계정(또는 '손익' 계정이라고도 함)을 사용한다. 모든 수익·비용 계정을 집합손익 계정으로 대체하여 잔액을 '0'으로 만들고, 당기순이익(당기순손실) 금액을 의미하는 집합손익 계정의 잔액을 자본 계정의 증가(감소)로 반영한다.

수익·비용 계정의 마감절차는 다음과 같다.

1단계	집합손익 계정이라는 임시계정을 만들고 총계정원장을 준비한다.
2단계	수익 계정은 잔액이 대변에 남아 있으므로, 모든 수익 계정의 잔액을 차변에 적어서 잔액을 '0'으로 만들고, 이를 집합손익 계정으로 대체하는 분개를 한다. (차) 모든 수익 계정 xxx (대) 집합손익 계정 xxx
3단계	비용 계정은 잔액이 차변에 남아 있으므로, 모든 비용 계정의 잔액을 대변에 적어서 잔액을 '0'으로 만들고, 이를 집합손익 계정으로 대체하는 분개를 한다. (차) 집합손익 계정 xxx (대) 모든 비용 계정 xxx
4단계	집합손익 계정의 잔액을 자본 계정[1]으로 대체하는 분개를 한다. 이에 따라 집합손익 계정의 잔액은 '0'이 된다. • 당기순이익(즉, 수익 > 비용)인 경우, 집합손익 계정의 잔액이 대변에 남게 되므로, 집합손익 계정의 잔액을 차변에 적어서 잔액을 '0'으로 만들고, 이를 자본 계정의 증가로 반영하는 분개를 한다. (차) 집합손익 계정 xxx (대) 자본계정 (자본의 증가) xxx • 당기순손실(즉, 수익 < 비용)인 경우, 집합손익 계정의 잔액이 차변에 남게 되므로, 집합손익 계정의 잔액을 대변에 적어서 잔액을 '0'으로 만들고, 이를 자본 계정의 감소로 반영하는 분개를 한다. (차) 자본 계정 (자본의 감소) xxx (대) 집합손익 계정 xxx
5단계	마감 분개를 수익 계정, 비용 계정, 집합손익 계정의 총계정원장에 전기하여 잔액이 '0'이 맞는지 확인한다.

[1] 집합손익 계정의 잔액을 자본 계정으로 대체할 때, 개인기업의 경우에는 자본이 자본금 계정으로만 구성되어 있으므로 자본금 계정으로 대체하면 된다. 법인기업의 경우에는 자본이 여러 계정으로 구성되어 있는데 그중 이익잉여금 계정으로 대체한다.

06 자산·부채·자본 계정의 마감

자산·부채·자본 계정은 경영활동의 결과 일정 시점까지 누적된 재무상태를 보여주는 것으로서 다음 연도에도 그 권리나 의무가 그대로 존속된다. 따라서 자산·부채·자본 계정은 한 회계기간이 끝나도 잔액이 계속 유지되어 차기로 이월되도록 해야 한다.

결산을 마친 자본 계정에는 집합손익 계정을 거쳐 자본으로 대체된 당기순이익 금액이 포함되어 있다.

자산·부채·자본 계정의 마감절차는 다음과 같다.

- 자산 계정은 결산일 현재 총계정원장에서 잔액이 차변에 남아 있으므로 총계정원장의 대변에 '차기이월'하는 항목임을 표시하면서 차변 잔액과 동일한 금액을 기재하여 당기 총계정원장에서 차변 합계와 대변 합계를 일치시킨다. 그리고 동시에 다음 회계연도 기초 시점 총계정원장의 차변에 '전기이월'된 항목임을 표시하면서 동 금액을 기재한다.
  이에 따라 당기 회계연도 기말의 차변 잔액이 차기 회계연도 기초의 차변 잔액으로 이월된다.
- 부채 계정과 자본 계정은 결산일 현재 총계정원장에서 잔액이 대변에 남아 있으므로 총계정원장의 차변에 '차기이월'하는 항목임을 표시하면서 대변 잔액과 동일한 금액을 기재하여 당기 총계정원장에서 차변 합계와 대변 합계를 일치시킨다. 그리고 동시에 다음 회계연도 기초 시점의 총계정원장 대변에 '전기이월'된 항목임을 표시하면서 동 금액을 기재한다.
  이에 따라 당기 회계연도 기말의 대변 잔액이 차기 회계연도 기초의 대변 잔액으로 이월된다.

기출포인트

- 자산·부채·자본 계정의 총계정원장에서 기초(전기이월) 금액을 기재하는 위치는 자산·부채·자본이 재무상태표에서 표시되는 위치와 동일하다. 즉, 자산 계정은 차변, 부채 계정과 자본 계정은 대변에 각각 기초 금액을 기재한다.
- 마감이 끝난 자산·부채·자본 계정의 총계정원장에는 기말(차기이월) 금액이 기재되어 있고 차변 합계와 대변 합계가 일치한다.
- 마감이 끝난 자산·부채·자본 계정의 총계정원장에서 기말(차기이월) 금액을 기재하는 위치는 자산·부채·자본이 재무상태표에서 표시되는 위치와 정반대이다. 즉, 기초 금액의 반대편에 기말 금액을 기재한다.

07 손익계산서와 재무상태표의 작성

최근 88회 시험 중 1회 기출

모든 계정이 마감되어 금액이 확정되면 손익계산서와 재무상태표를 작성하여 당기 동안의 경영성과와 당기말 현재의 재무상태를 파악한다.

수익·비용 계정은 마감 후에는 잔액이 '0'이 되므로 손익계산서는 수익·비용 계정의 마감 전 잔액을 이용하여 작성한다.

수익·비용 계정을 마감하는 과정에서 당기순이익 금액이 집합손익 계정을 거쳐 자본으로 대체됨에 따라, 손익계산서의 당기순이익은 재무상태표의 자본에 반영된다.

자산·부채·자본 계정은 마감 후에도 잔액이 '0'이 되지 않고 차기로 이월되므로 재무상태표는 자산·부채·자본 계정의 마감 후 잔액을 이용하여 작성하면 된다.

08 회계의 순환과정 사례

㈜한국상사는 도·소매업을 영위하는 법인기업이다. 당기 회계기간은 제2기로서 20x2년 1월 1일부터 12월 31일까지이다. 기초 재무상태표, 기중에 발생한 거래 내역, 기말수정분개 사항이 다음과 같을 때 기중 회계처리와 기말 결산 작업을 수행하여 보자.

(자료1) 기초 재무상태표

재무상태표

㈜한국상사 20x2년 1월 1일 현재 (단위 : 원)

자산		부채	
현금	1,800,000	차입금	500,000
		자본	
		자본금	1,000,000
		이익잉여금	300,000
	1,800,000		1,800,000

(자료2) 기중 거래 내역

- 20x2년 2월 10일 공급처로부터 상품 900,000원을 현금을 주고 구입하였다(상품구입).
- 20x2년 2월 20일 보유하고 있던 상품을 고객에게 현금 1,400,000원을 받고 판매하였다(상품매출).
- 20x2년 2월 28일 종업원에게 급여 100,000원을 현금으로 지급하였다(급여).
- 20x2년 3월 15일 은행에서 빌렸던 차입금 500,000원 중 200,000원을 현금으로 상환하였다.

(자료3) 기말수정분개 사항

- 상품매출원가를 인식하는 분개는 결산일인 12월 31일에 기말수정분개로 반영하기로 한다.
- 기말 결산 시 상품 재고 조사를 해 본 결과 기말에 남아있는 상품 재고는 없고 900,000원에 구입했던 상품이 모두 당기에 판매된 것으로 파악되었다(상품매출원가).

[풀이] (1) 기중 거래에 대한 분개장, 총계정원장, 수정 전 합계잔액시산표

① 분개장

일 자	차 변		대 변	
	계정과목	금 액	계정과목	금 액
2월 10일	상 품	900,000	현 금	900,000
2월 20일	현 금	1,400,000	상품매출	1,400,000
2월 28일	급 여	100,000	현 금	100,000
3월 15일	차입금	200,000	현 금	200,000

② 총계정원장

현금 (자산)

1/1	전기이월	1,800,000	2/10	상품	900,000
2/20	상품매출	1,400,000	2/28	급여	100,000
			3/15	차입금	200,000

상품 (자산)

1/1	전기이월	0			
2/10	현금	900,000			

차입금 (부채)

3/15	현금	200,000	1/1	전기이월	500,000

자본금 (자본)

			1/1	전기이월	1,000,000

이익잉여금 (자본)

			1/1	전기이월	300,000

상품매출 (수익)

			2/20	현금	1,400,000

급여 (비용)

2/28	현금	100,000			

③ 수정 전 합계잔액시산표

차 변		계정과목	대 변	
잔 액	합 계		합 계	잔 액
2,000,000	3,200,000	현 금	1,200,000	
900,000	900,000	상 품		
	200,000	차입금	500,000	300,000
		자본금	1,000,000	1,000,000
		이익잉여금	300,000	300,000
		상품매출	1,400,000	1,400,000
100,000	100,000	급 여		
3,000,000	4,400,000	합 계	4,400,000	3,000,000

(2) 기말수정분개에 대한 분개장, 총계정원장, 수정 후 합계잔액시산표

① 분개장

일 자	차 변		대 변	
	계정과목	금 액	계정과목	금 액
12월 31일	상품매출원가	900,000	상 품	900,000

② 총계정원장

현금(자산), 차입금(부채), 자본금(자본), 이익잉여금(자본), 상품매출(수익), 급여(비용) : 변동 없음

상품 (자산)

1/1	전기이월	0	12/31	상품매출원가	900,000
2/10	현금	900,000			

상품매출원가 (비용)

12/31	상품	900,000			

③ 수정 후 합계잔액시산표

차 변		계정과목	대 변	
잔 액	합 계		합 계	잔 액
2,000,000	3,200,000	현 금	1,200,000	
0	900,000	상 품	900,000	
	200,000	차입금	500,000	300,000
		자본금	1,000,000	1,000,000
		이익잉여금	300,000	300,000
		상품매출	1,400,000	1,400,000
900,000	900,000	상품매출원가		
100,000	100,000	급 여		
3,000,000	5,300,000	합 계	5,300,000	3,000,000

(3) 수익·비용 계정의 마감

① 모든 수익 계정의 잔액을 집합손익 계정으로 대체

일 자	차 변		대 변	
	계정과목	금 액	계정과목	금 액
12월 31일	상품매출	1,400,000	집합손익	1,400,000

② 모든 비용 계정의 잔액을 집합손익 계정으로 대체

일 자	차 변		대 변	
	계정과목	금 액	계정과목	금 액
12월 31일	집합손익	1,000,000	상품매출원가	900,000
			급 여	100,000

③ 집합손익 계정의 잔액을 자본 계정으로 대체

일 자	차 변		대 변	
	계정과목	금 액	계정과목	금 액
12월 31일	집합손익	400,000	이익잉여금	400,000

④ 수익 계정, 비용 계정, 집합손익 계정의 마감 후 총계정원장

상품매출 (수익)

일자	계정	금액	일자	계정	금액
12/31	집합손익	1,400,000	2/20	현금	1,400,000
		1,400,000			1,400,000

상품매출원가 (비용)

일자	계정	금액	일자	계정	금액
12/31	상품	900,000	12/31	집합손익	900,000
		900,000			900,000

급여 (비용)

일자	계정	금액	일자	계정	금액
2/28	현금	100,000	12/31	집합손익	100,000
		100,000			100,000

집합손익

일자	계정	금액	일자	계정	금액
12/31	상품매출원가	900,000	12/31	상품매출	1,400,000
12/31	급여	100,000			
12/31	이익잉여금	400,000			
		1,400,000			1,400,000

(4) 자산·부채·자본 계정의 마감

① 자산 계정의 마감 후 총계정원장

현금 (자산)

일자	계정	금액	일자	계정	금액
1/1	전기이월	1,800,000	2/10	상품	900,000
2/20	상품매출	1,400,000	2/28	급여	100,000
			3/15	차입금	200,000
			12/31	차기이월	2,000,000
		3,200,000			3,200,000

상품 (자산)

일자	계정	금액	일자	계정	금액
1/1	전기이월	0	12/31	상품매출원가	900,000
2/10	현금	900,000	12/31	차기이월	0
		900,000			900,000

② 부채 계정과 자본 계정의 마감 후 총계정원장

차입금 (부채)

3/15	현금	200,000	1/1	전기이월	500,000
12/31	차기이월	300,000			
		500,000			500,000

자본금 (자본)

12/31	차기이월	1,000,000	1/1	전기이월	1,000,000
		1,000,000			1,000,000

이익잉여금 (자본)

12/31	차기이월	700,000	1/1	전기이월	300,000
			12/31	집합손익	400,000
		700,000			700,000

(5) 제2기 회계연도에 대한 손익계산서와 재무상태표

① 20x2년 1월 1일부터 20x2년 12월 31일까지 손익계산서

손익계산서

㈜한국상사 20x2년 1월 1일부터 20x2년 12월 31일까지 (단위 : 원)

비용		수익	
상품매출원가	900,000	상품매출	1,400,000
급여	100,000		
당기순이익			
당기순이익	400,000		
	1,400,000		1,400,000

② 20x2년 12월 31일 재무상태표

재무상태표

㈜한국상사 20x2년 12월 31일 현재 (단위 : 원)

자산		부채	
현금	2,000,000	차입금	300,000
		자본	
		자본금	1,000,000
		이익잉여금	700,000
	2,000,000		2,000,000

기출포인트

㈜한국상사의 제2기 회계연도를 사례로 수정 후 잔액시산표, 재무상태표, 손익계산서의 관계를 그림으로 살펴보면 다음과 같다.

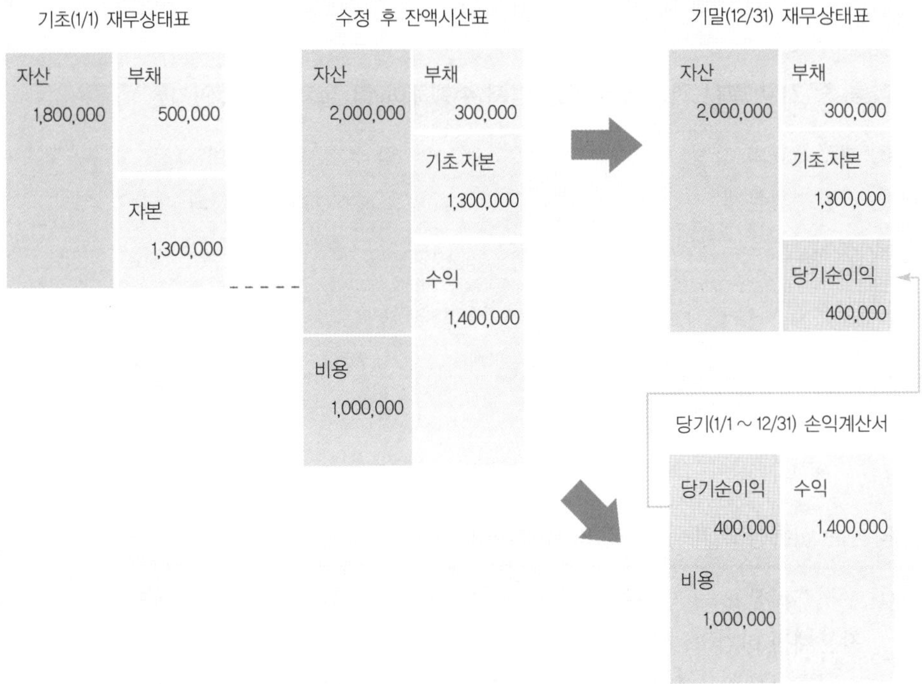

- 수정 후 잔액시산표에서 아래의 등식관계가 성립하는데 이를 '**시산표 등식**'이라고 한다. 시산표에는 기말자본이 아니라 기초자본이 표시된다는 점에 주의가 필요하다.

기말자산 + 총비용 = 기말부채 + **기초자본** + 총수익 2,000,000 + 1,000,000 = 300,000 + **1,300,000** + 1,400,000

- ㈜한국상사의 제2기 기말자본은 제2기 기초자본 1,300,000원에서 제2기 당기순이익 400,000원을 합한 1,700,000원이 된다.
- 당기순이익은 '수익 – 비용'일 뿐만 아니라 '순자산의 변동'으로도 설명할 수 있다. 제2기 기말 자산총액은 2,000,000원으로서 기초보다 200,000원 증가하였고, 기말 부채총액은 300,000원으로서 기초보다 200,000원 감소하였는데, 순자산은 자산총액에서 부채총액을 차감한 잔액을 말하는 것이므로 제2기 기말 순자산은 기초보다 400,000원이 증가하였다고 볼 수 있고, 이 금액은 당기순이익과 일치하게 된다.

핵심기출문제

* 본서에 수록된 기출문제의 날짜는 학습효과를 높이기 위하여 일부 수정함

01 다음 중 기말 결산 과정에서 가장 먼저 수행해야 할 절차는 무엇인가? [제95회]

① 재무제표의 작성
② 수정전시산표의 작성
③ 기말수정분개
④ 수익·비용 계정의 마감

02 다음은 이론상 회계순환과정의 일부이다. 순서가 가장 옳은 것은? [제86회]

① 수정후시산표 → 기말수정분개 → 수익·비용계정 마감 → 집합손익계정 마감 → 자산·부채·자본계정 마감 → 재무제표 작성
② 수정후시산표 → 기말수정분개 → 자산·부채·자본계정 마감 → 수익·비용계정 마감 → 집합손익계정 마감 → 재무제표 작성
③ 기말수정분개 → 수정후시산표 → 수익·비용계정 마감 → 집합손익계정 마감 → 자산·부채·자본계정 마감 → 재무제표 작성
④ 기말수정분개 → 수정후시산표 → 자산·부채·자본계정 마감 → 집합손익계정 마감 → 수익·비용계정 마감 → 재무제표 작성

03 회계순환과정의 결산 절차에 대한 설명 중 잘못된 것은? [제77회]

① 결산 절차를 통해 장부를 마감하고 재무제표를 작성한다.
② 일반적으로 결산 절차는 예비 절차와 본 절차로 구분할 수 있다.
③ 수익·비용에 해당되는 계정의 기말 잔액은 다음 회계연도로 이월되지 않는다.
④ 자산·부채·자본에 해당되는 계정과목을 마감하기 위해서 임시적으로 집합손익 계정을 사용한다.

04 다음 중 집합손익 계정에 대한 설명으로 틀린 것은? [제85회]

① 수익 계정의 잔액을 집합손익 계정의 대변에 대체한다.
② 비용 계정의 잔액을 집합손익 계정의 차변에 대체한다.
③ 수익과 비용 계정은 잔액을 집합손익 계정에 대체한 후에는 잔액이 0(영)이 된다.
④ 집합손익 계정의 잔액을 당기순이익(또는 당기순손실) 계정에 대체한다.

정답 및 해설

01 ② • 결산 예비절차 : 수정전시산표 작성
• 결산 본절차 : 기말수정분개 → 수정후시산표 작성 → 수익·비용 계정의 마감 → 자산·부채·자본 계정의 마감 → 재무제표 작성

02 ③ (회계의 순환과정)
거래의 식별 → 분개 → 전기 → 수정전시산표 작성 → 기말수정분개 → 수정후시산표 작성 → 수익·비용계정 마감 → 집합손익계정 마감 → 자산·부채·자본계정 마감 → 재무제표 작성

03 ④ 수익·비용에 해당되는 계정과목을 마감하기 위해서 임시적으로 집합손익 계정을 사용한다.

04 ④ • 모든 수익 계정 및 비용 계정의 잔액을 집합손익 계정으로 대체한 결과, 집합손익 계정의 잔액이 대변에 남아 있으면 당기순이익을 의미하고, 차변에 남아 있으면 당기순손실을 의미한다.
• 집합손익 계정의 잔액은 자본(이익잉여금) 계정으로 대체한다.

제 2 장

기초정보의 등록·수정

[실무]

제1절 기초정보의 등록·수정

제 2 장

기초정보의 등록·수정

Overview

기초정보의 등록·수정은 실무시험 전체 70점 중 평균적으로 10점의 비중으로 출제된다.

기초정보의 등록·수정의 경우 KcLep 프로그램 내 회사등록, 전기분 재무제표, 거래처, 적요를 등록하거나 수정하는 방법을 설명하고 있다. 내용이 어렵지 않은 부분이며, KcLep 프로그램에 익숙해지고 해당 메뉴를 왜 작성하는 것인지 이해하는 것이 중요하다.

출제비중

구 분	출제문항	배점(10점)
제1절 기초정보의 등록·수정	문제1	10점

금융·세무회계 전문 교육기관 해커스금융
fn.Hackers.com

학습전략

제1절 기초정보의 등록·수정

[회사등록], [거래처등록], [계정과목및적요등록], [전기분재무상태표], [전기원가명세서], [전기분손익계산서], [전기분잉여금처분계산서], [거래처별초기이월] 각 메뉴에서 주어진 문제에 해당하는 내용을 수정 및 추가 입력한 후, 입력한 결과를 검증하는 연습을 해보자.

제1절 기초정보의 등록·수정

01 회사등록

- [회사등록]은 KcLep 프로그램을 사용하고자 하는 회사의 기초정보를 입력하는 메뉴이다.
- [회사등록] 문제는 실무시험 문제1(3점, 부분점수)에서 출제된다.
- [회계관리] ▶ [기초정보관리] ▶ [회사등록]을 선택하여 들어가거나, 로그인 화면의 우측 하단에 있는 [회사등록]을 클릭하여 들어갈 수 있다.

기출확인문제

㈜제일(코드번호 : 1101)은 전자제품을 제조하여 판매하는 중소기업이며, 당기(제5기) 회계기간은 2025. 1. 1. ~ 2025. 12. 31.이다.
제시된 사업자등록증의 내용대로 회사등록 사항을 수정하시오. 단, 주소 입력 시 우편번호는 입력하지 않고 주소만 직접 입력한다. (제56회 수정)

사 업 자 등 록 증
(법인사업자용)
등록번호 : 106-81-29115

법인명(단체명) : ㈜제일
대 표 자 : 김성훈
개 업 연 월 일 : 2021년 8월 16일
법 인 등 록 번 호 : 110111-1754864
사 업 장 소 재 지 : 서울특별시 용산구 독서당로 29 (한남동 107-10)
사 업 의 종 류 : 업태-제조, 도매 종목-전자제품, 무역
교 부 사 유 : 신규

2021년 8월 17일
용산세무서장 인

기출 따라 하기

[회사등록] 메뉴에서

① 17.개업연월일란에 "2020년 5월 20일"을 "2021년 8월 16일"로 수정 입력한다.

② 6.사업장주소란에 "서울특별시 강남구 논현동 1-3"을 "서울특별시 용산구 독서당로 29(한남동 107-10)"로 수정 입력한다.

③ 8.업태란에 "도매"를, 9.종목란에 "무역"을 추가 입력한다.

④ 21.사업장관할세무서란에 "강남"을 "용산"으로 수정 입력한다.

▶ 입력내용의 저장방법

모든 메뉴에서 공통으로, [종료](또는 Esc)를 클릭하면 메뉴가 종료되면서 해당 메뉴에서 입력한 내용이 자동으로 저장된다.

① ~ ④ 입력결과 화면은 아래와 같다.

- 코드정보

□	코드	회사명	구분	미사용
□	1101	(주)제일	법인	사용

- 기본사항

[기본사항] [추가사항]

	항목	내용	항목	내용
	1.회계연도	제 5 기 2025 년 01 월 01 일 ~ 2025 년 12 월 31 일		
	2.사업자등록번호	106-81-29115	3.법인등록번호	110111-1754864
	4.대표자명	김성훈		
	5.대표자주민번호	680718-1162221	대표자외국인여부	부
②	6.사업장주소	서울특별시 용산구 독서당로 29 (한남동 107-10)	신주소	여
	7.본점주소		신주소	여
③	8.업태	제조, 도매	9.종목	전자제품, 무역
	10.주업종코드			
	11.사업장전화번호	02) 2012 - 5462	12.팩스	) -
	13.법인구분		14.법인종류별구분	
	15.중소기업여부	여	16.설립연월일	____-__-__
①	17.개업연월일	2021-08-16	18.폐업연월일	____-__-__
	19.사업장동코드			
	20.본점동코드			
④	21.사업장관할세무서	106 용산	22.본점관할세무서	
	23.지방소득세납세지		24.지방세법인구분	

+ 더알아보기1

[회사등록] 메뉴의 주요 입력란

• 프로그램 툴바

모든 메뉴에서 사용하는 좌측 상단의 아이콘은 다음과 같은 기능을 한다.

아이콘	단축키	기 능
종료	Esc	실행 중인 메뉴를 종료한다. (입력된 내용을 자동으로 저장한다)
도움	F1	해당 메뉴에 있는 모든 입력란에 대한 해설과 상세 입력방법이 포함된 매뉴얼 화면창을 불러온다. (교재에 설명되어 있지 않은 입력란에 대한 사용방법이 궁금할 때 유용하게 활용할 수 있다. 단, 실제 시험에서는 매뉴얼 화면이 제공되지 않는다)
코드	F2	커서의 위치에 따라 프로그램에 등록된 '거래처' 또는 '계정과목'의 코드를 검색한다. (커서가 거래처 또는 계정과목과 관련없는 란에 위치해 있을 때에는 기타 내용에 대한 검색키(Ctrl + F) 기능을 하기도 한다)
삭제	F5	커서가 위치한 입력내용을 삭제한다.
인쇄	F9	해당 메뉴의 서식을 인쇄한다.
조회	F12	데이터를 다시 불러온다. ('새로고침'과 같은 기능을 한다)

• 회사변경 방법

[회사등록]에 등록된 회사는 KcLep 프로그램을 사용할 수 있게 된다.

'㈜제일'의 작업을 하다가 '㈜육공'으로 이동하여 작업을 하고자 하는 경우, 프로그램을 새로 열어서 로그인 화면으로 돌아가지 않고도 '㈜제일'에서 '㈜육공'으로 바로 이동할 수 있다.

'㈜제일'의 메인메뉴 화면 우측에 있는 회사를 클릭하면 [회사등록]에 등록된 회사의 검색창이 나타나고, 작업하고자 하는 '㈜육공'을 선택하여 변경 을 클릭하면 '㈜육공'의 메인메뉴 화면으로 바로 이동된다.

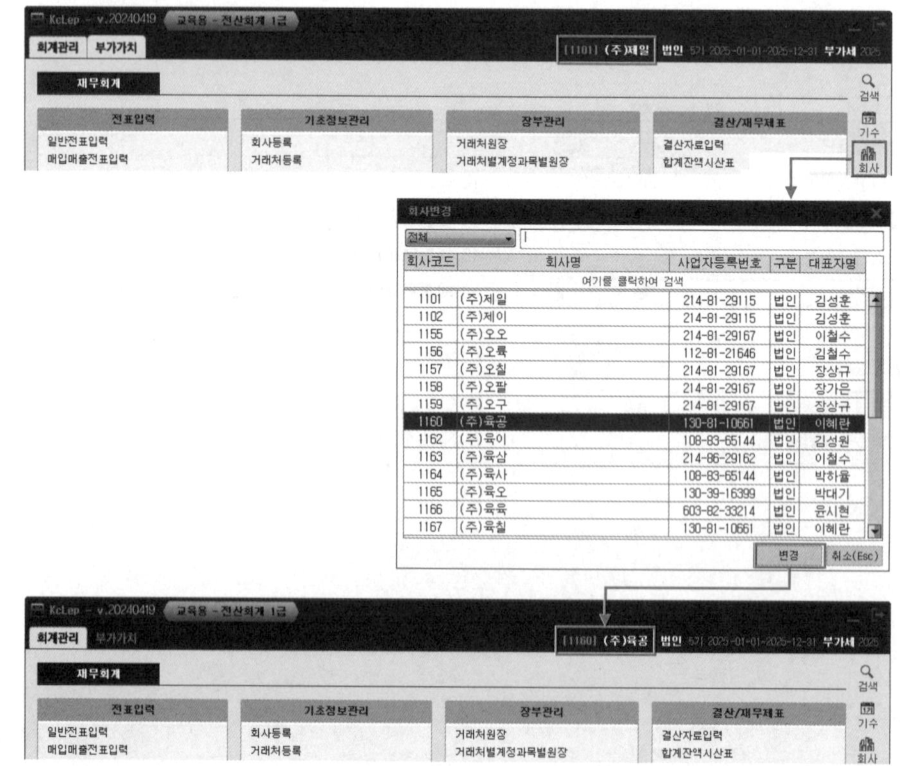

+ 더알아보기2

[회사등록] 메뉴의 주요 입력란

• 코드정보

코 드	등록할 회사코드를 '0101 ~ 9999' 사이의 값으로 입력
회사명	사업자등록증에 기재된 상호명을 입력
구 분	'1 : 법인'과 '2 : 개인' 중에서 선택
미사용	'0 : 사용'과 '1 : 미사용' 중에서 선택(폐업 등 특별한 경우가 아니면 기본값인 '사용'으로 설정) 참고 '미사용'을 선택하면 로그인 화면에서 [아이콘]을 클릭해도 조회되지 않음

• 기본사항

1.회계연도	기수와 회계연도를 입력
2.사업자등록번호	사업자등록증에 기재된 사업자등록번호를 입력 참고 사업자등록번호의 구성 • 최초 3자리 : 사업자등록을 최초로 신고한 세무서코드 • 가운데 2자리 : 회사형태 예 영리법인의 본점은 81, 86, 87 • 마지막 5자리 : 일련번호 4자리와 검증번호 1자리
3.법인등록번호	사업자등록증에 기재된 법인등록번호를 입력
4.대표자명	사업자등록증에 기재된 대표자명을 입력
6.사업장주소	사업장의 주소를 입력(우편번호와 함께 입력하고자 하는 경우에는 해당란의 [아이콘] 또는 F2를 클릭하고, 사업자등록증에 기재된 사업장소재지 주소를 검색 후 선택을 클릭하여 나머지 주소를 입력) 참고 우편번호 검색기능을 사용하여 주소를 입력하는 경우 신주소(도로명 주소) 여부가 '신주소'란에 자동 표시된다.
8.업태 / 9.종목	사업자등록증에 기재된 업태와 종목을 입력
10.주업종코드	각종 전자신고에 사용할 목적으로, 사업자등록증에 기재된 업태와 종목에 해당하는 코드번호를 검색하여 입력(전산회계 자격시험에서는 입력 생략)
13.법인구분 /14.법인종류별구분	법인세 신고에 사용할 목적으로, 법인의 종류와 세부종류를 입력(전산회계 자격시험에서는 입력 생략)
15.중소기업여부	법인세 신고에 사용할 목적으로, '0.부'와 '1.여' 중에서 선택(전산회계 자격시험에서는 기본값인 '여'로 설정)
16.설립연월일	법인등기부등본에 기재된 설립연월일을 입력(전산회계 자격시험에서는 입력 생략)
17.개업연월일	사업자등록증에 기재된 개업연월일을 입력 참고 • 사업자등록증 하단의 발급일(재발급일)과 구분하여야 함 • 법인등기부등본에 기재된 설립연월일과 구분하여야 함
21.사업장관할세무서	해당란의 [아이콘](또는 F2)을 클릭하여 사업자등록증에 기재된 관할세무서를 검색하여 입력

02 거래처 등록

- [거래처등록]은 회사의 상시 거래처에 대한 정보를 등록하는 메뉴이다.
- [거래처등록] 문제는 실무시험 문제1(2 ~ 4점, 부분점수)에서 출제된다.
- [거래처등록] 화면은 [회계관리] ▶ [기초정보관리] ▶ [거래처등록]을 선택하여 들어갈 수 있다.

기출확인문제

㈜제일(코드번호 : 1101)의 [거래처등록] 메뉴에서 다음의 작업을 수행하고자 한다.
다음의 거래처를 [거래처등록] 메뉴에 추가로 입력하시오. (우편번호 입력 생략) (제59회)

코 드	상 호	사업자등록번호	대표자	업 태	종 목	사업장소재지
4100	㈜독도전자	513-81-53773	울릉도	도소매	컴퓨터	대구광역시 달서구 성서4차첨단로 103(대천동)

※ 거래처 유형을 '동시'로 선택한다.

기출 따라 하기

[거래처등록] 메뉴에서

① [일반거래처] 탭의 맨 아래 라인에서 코드란에 "4100"을, 거래처명란에 "㈜독도전자"를 각각 입력한다.

② 유형란에서 "3 : 동시"를 선택한다.

③ 우측 화면에서 1.사업자등록번호란에 "513-81-53773"을, 3.대표자성명란에 "울릉도"를, 4.업종의 업태란에 "도소매", 종목란에 "컴퓨터"를, 5.주소란에 "대구광역시 달서구 성서4차첨단로 103(대천동)"을 각각 입력한다.

④ 우측 화면에 사업자등록번호를 입력하면 좌측 화면의 등록번호란에 자동 반영된다.

◐ ① ~ ④ 입력결과 화면은 아래와 같다.

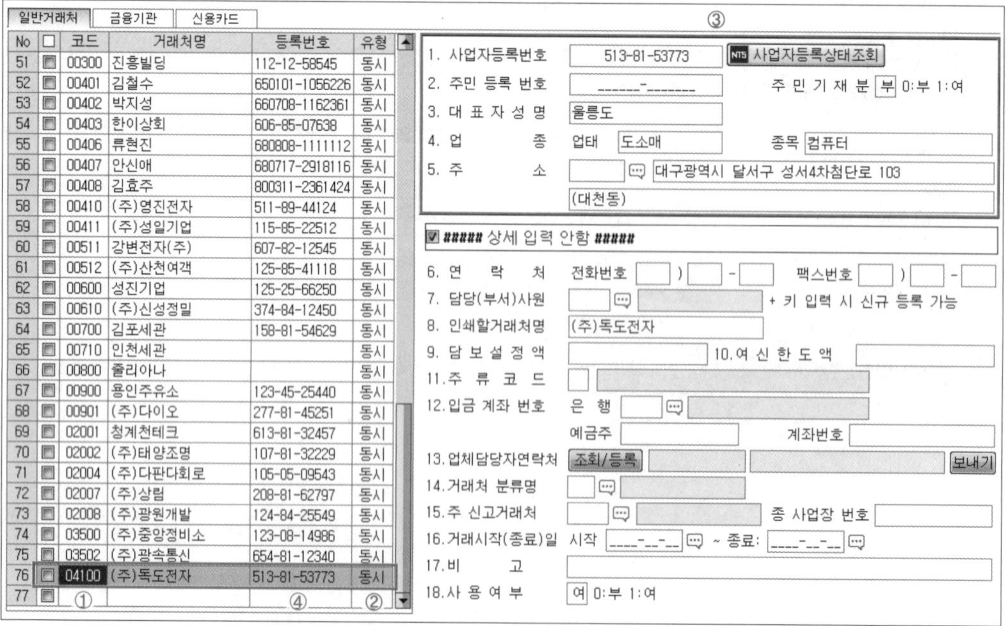

+ 더알아보기1

[거래처등록] 메뉴의 주요 입력란

• 거래처 등록

[일반전표입력]과 [매입매출전표입력]에서 분개를 입력할 때 이 메뉴에 등록된 거래처코드를 사용하면 보조원장인 거래처원장이 자동으로 작성되어 채권·채무를 각 거래처별로 관리할 수 있게 된다.

• 거래처의 정보를 이용하여 등록된 거래처를 찾는 방법

거래처에 관한 정보를 이용하여 [거래처등록] 메뉴의 [일반거래처] 탭에 등록된 여러 거래처 중에서 해당되는 곳을 찾는 방법을 살펴보자.

[일반거래처] 탭에 있는 임의의 입력란에 커서를 두고 코드(또는 F2, Ctrl + F)를 클릭하면 검색창이 나타나는데, 검색창의 찾을내용란에 해당 거래처의 회사명, 대표자명, 사업자등록번호 중에서 하나를 선택하여 전부 또는 일부를 입력하고 Enter↵를 누르면 등록된 거래처 중에서 입력된 정보를 포함하고 있는 거래처가 검색된다.

예를 들어 [일반거래처] 탭에서 검색창을 띄우고, 찾을내용란에 '대한기업', '양현', '31220' 등을 입력하고 Enter↵를 누르면 입력된 정보를 포함하고 있는 '00115.㈜대한기업'이 검색된다.

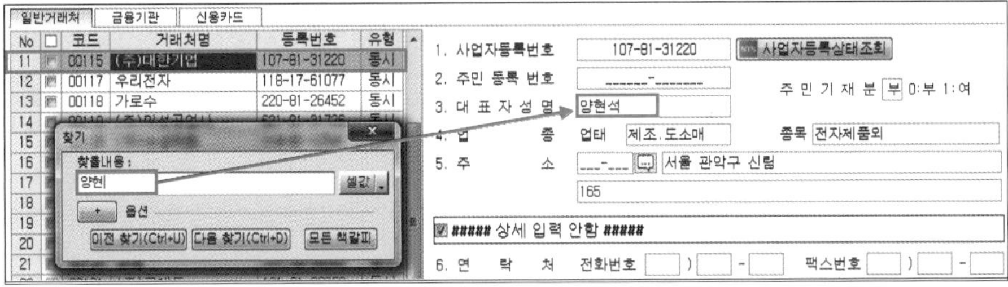

• 거래처의 이름 변경

등록하여 사용하던 거래처의 이름이 바뀌어 수정하는 경우, [거래처등록] 메뉴에서 해당 거래처의 이름을 직접 변경하면 된다. 만약 기존에 입력했던 해당 거래처 관련 전표를 바뀐 거래처명으로 수정하려면 화면 상단의 **F11전표변경**(또는 F11)을 클릭한 후, 예(Y)(또는 Enter↵)를 클릭하면 된다.

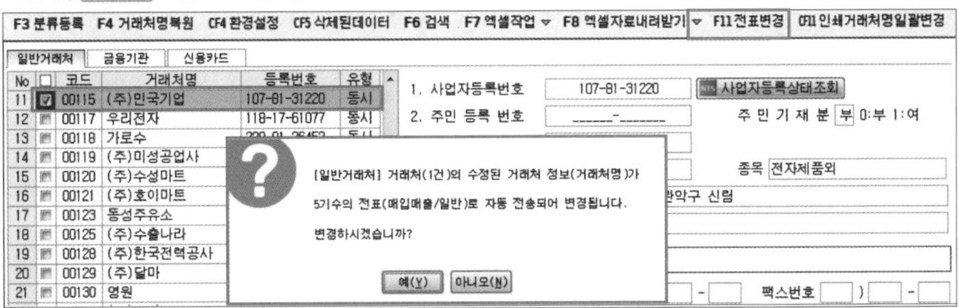

• 거래처의 코드 변경과 삭제

[거래처등록] 메뉴에서 입력된 거래처의 코드번호는 변경할 수 없다. 따라서 거래처등록 시 코드번호가 잘못 입력된 경우에는 거래처를 삭제하고 다시 입력하여야 한다.

거래처를 삭제하고자 하는 경우, 커서를 해당 라인에 두고 ⊗삭제 (또는 F5)를 클릭한 후 예(Y) (또는 Enter↵)를 클릭하면 된다.

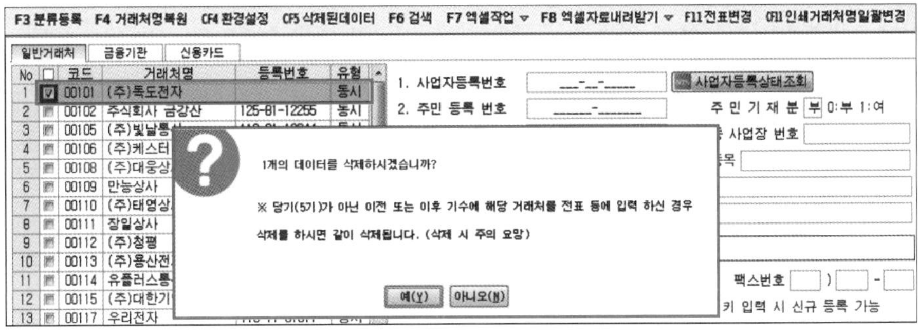

+ 더알아보기2

[거래처등록] 메뉴의 주요 입력란

• [일반거래처] 탭

코 드	등록할 거래처코드를 '00101 ~ 97999' 사이의 값으로 입력
거래처명	사업자등록증, 세금계산서 등에 기재된 상호명을 입력
등록번호	화면 우측에 입력되는 사업자등록번호 또는 주민등록번호가 자동 반영
유 형	'1 : 매출', '2 : 매입', '3 : 동시' 중에서 선택(특별한 언급이 없으면 기본값인 '3 : 동시'로 설정) 참고 매출 또는 매입을 선택하면 [매입매출전표입력] 메뉴에서 매출전표 또는 매입전표 입력 시에만 활성화됨
1.사업자등록번호	사업자등록증, 세금계산서 등에 기재된 거래처의 사업자등록번호를 입력(잘못 입력된 번호인 경우 빨간색으로 표시됨)
2.주민등록번호	거래처가 사업자등록증이 없는 비사업자인 경우에는 주민등록번호를 입력하고, 우측 주민기재란에 '1 : 여'를 입력(잘못 입력된 번호인 경우 빨간색으로 표시됨)
3.대표자성명 4.업종, 5.주소	사업자등록증, 세금계산서 등에 기재된 거래처의 '대표자성명', '업태', '종목', '사업장주소'를 입력
상세 입력 안함	거래처 세부사항 추가등록 여부를 체크(특별한 언급이 없으면 기본값인 상세 입력 안함에 '체크'로 설정)
18.사용여부	'0 : 부(미사용)'와 '1 : 여(사용)' 중에서 선택(특별한 언급이 없으면 기본값인 '사용'으로 설정) 참고 '미사용'을 선택하면 거래처코드 검색 시 조회되지 않음

• [금융기관] 탭

코 드	'98000 ~ 99599' 범위 내에서 코드번호를 선택 예 '1'을 입력하면 '98001'이 입력됨
거래처명	금융기관명을 입력
계좌번호	화면 우측에 입력되는 계좌번호가 자동 반영
유 형	계좌의 금융상품 유형을 말하는 것으로서 '1 : 보통예금', '2 : 당좌예금', '3 : 정기적금', '4 : 정기예금', '5 : 기타', '6 : 외화' 중에서 선택
1.계좌번호	해당 금융기관의 계좌번호를 입력

• [신용카드] 탭

코 드	'99600 ~ 99999' 범위 내에서 코드번호를 선택 예 '1'을 입력하면 '99601'이 입력됨
거래처명	신용카드 회사명을 입력
가맹점(카드)번호	화면 우측에 입력되는 가맹점번호 또는 카드번호가 자동 반영
유 형	'1 : 매출'과 '2 : 매입' 중에서 선택 참고 • 1 : 매출 – 가맹점신용카드를 등록 • 2 : 매입 – 법인카드 등 매입신용카드를 등록
1.사업자등록번호	해당 신용카드 회사의 사업자등록번호를 입력
2.가맹점번호	신용카드 가맹점번호를 입력(유형이 매출인 경우에만 활성화)
3.카드번호(매입) 4.카드종류(매입)	신용카드 번호와 종류를 입력(유형이 매입인 경우에만 활성화)

03 계정과목 및 적요등록

- [계정과목및적요등록]은 회사가 사용할 계정과목을 설정하고 계정과목의 적요를 등록하는 메뉴이다.
- [계정과목및적요등록] 문제는 실무시험 문제1(3점, 부분점수)로 출제된다.
- [계정과목및적요등록] 화면은 [회계관리] ▶ [기초정보관리] ▶ [계정과목및적요등록]을 선택하여 들어갈 수 있다.

기출확인문제

㈜제일(코드번호 : 1101)의 [계정과목및적요등록] 메뉴에서 다음의 작업을 수행하고자 한다.
계정과목 및 적요등록에서 0819 임차료(판매비와관리비) 계정의 현금적요 7번에 "법인승용차 리스료 지급"을 등록하시오. (제59회 수정)

기출 따라 하기

[거래처등록] 메뉴에서

[계정과목및적요등록] 메뉴에서

① "819.임차료" 계정을 검색한다.

▶ 계정과목 및 적요등록에서 계정 검색 방법

| 방법1 | '계정체계'에 있는 '판매관리비'를 클릭하면 '판매비및일반관리비' 계정과목들이 나타나는데, 여기서 '819.임차료'를 검색한다.

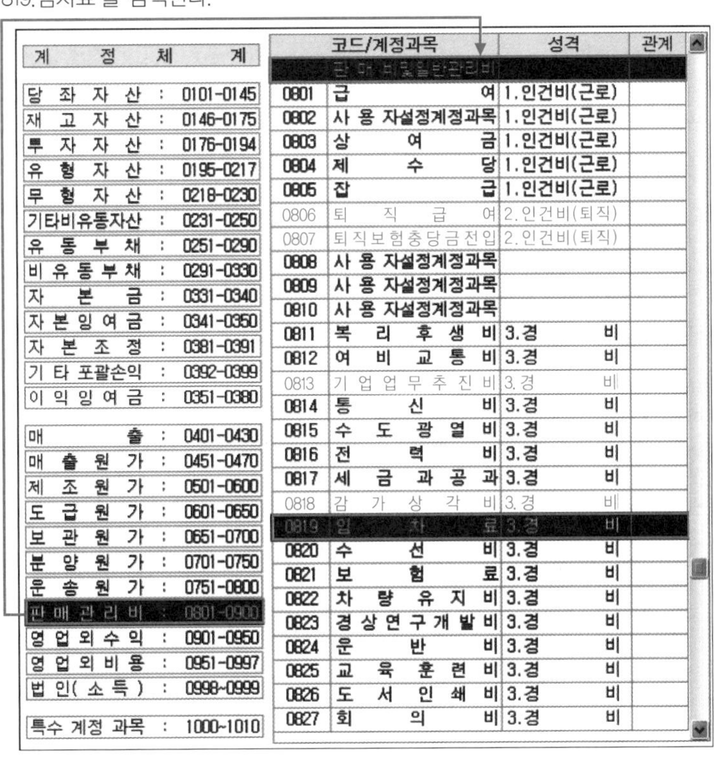

| 방법2 | 계정과목 입력란에 커서를 두고 코드(또는 F2, Ctrl + F)를 클릭하여 '819.임차료'를 직접 검색한다.

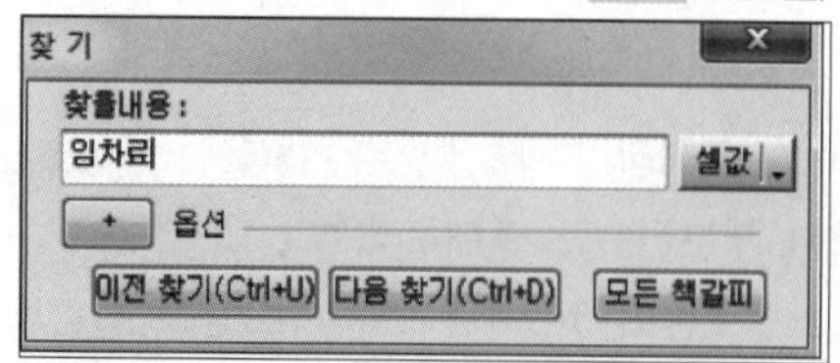

| 방법3 | 계정과목코드 입력란에 커서를 두고 '819'를 입력하면 해당하는 코드번호로 자동으로 이동한다.

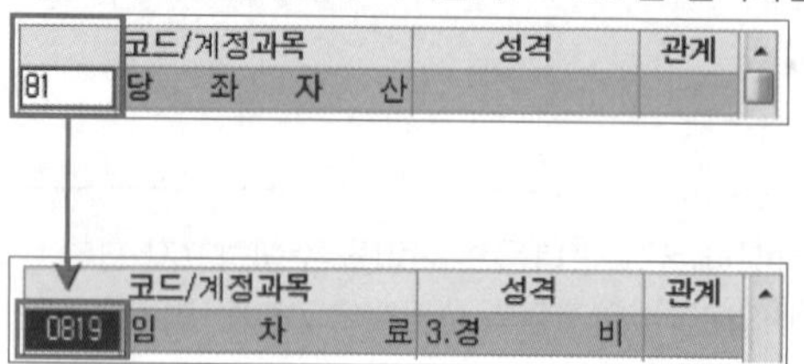

② "819.임차료" 계정의 현금적요란에 "7 법인승용차 리스료 지급"을 입력한다.

▼ ① ~ ② 입력결과 화면은 아래와 같다.

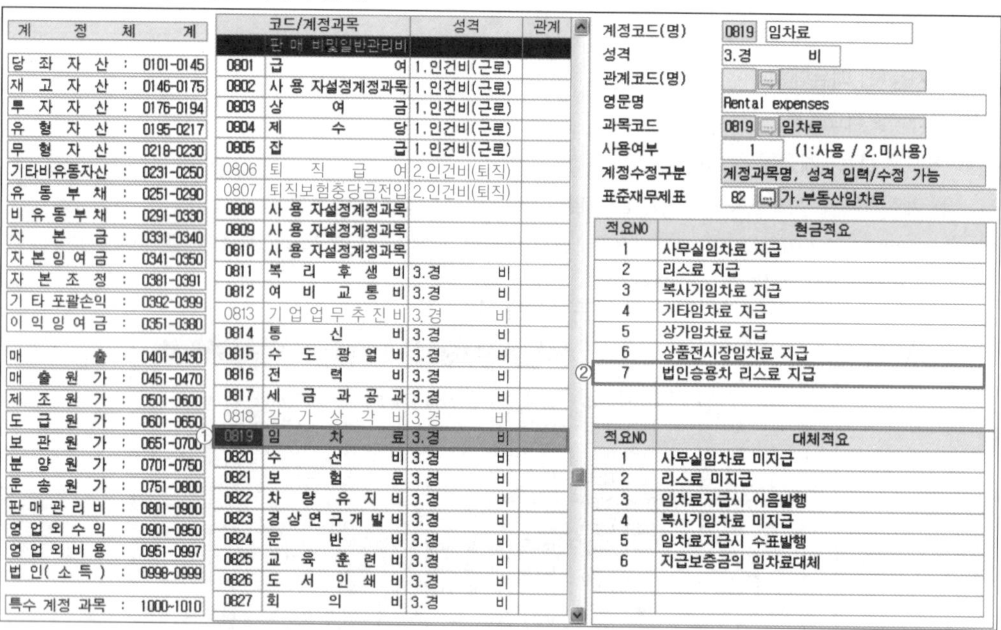

참고 비용계정과목의 코드체계

동일한 계정과목이라도(예 임차료) 계정코드에 따라 제조원가(519.임차료)인 경우도 있고, 판매관리비(819.임차료)인 경우도 있다.

비용계정과목의 코드체계는 다음과 같다.

- 제조원가 : 500번대
- 판매비와관리비 : 800번대
- 영업외수익 및 영업외비용 : 900번대
- 그 외에도 도급원가(600번대), 보관원가(600번대), 분양원가(700번대), 운송원가(700번대) 등이 있으나 수험목적으로는 사용되지 않는다.

+ 더알아보기

[계정과목및적요등록] 메뉴의 주요입력란

• 코드/계정과목

코 드	· '101 ~ 999'사이의 값으로 구성되어 있음(계정과목코드에 커서를 두고 원하는 계정과목코드를 입력하면 해당하는 코드번호로 자동으로 이동함)
계정과목	· 계정과목 신규 등록 : 계정과목코드 체계 범위 내에서, 사용자설정계정과목으로 표시되어 있는 란에 신규 등록할 계정과목을 입력 · 계정과목 수정 등록 : 이미 등록되어 있는 계정과목에 커서를 두고 변경할 계정과목으로 수정(단, 빨간색 글자로 표시된 계정과목은 프로그램 운영상 수정할 수 없도록 되어 있고, 실무상 부득이 수정하여야 하는 경우에는 해당 계정과목에 커서를 두고 'Ctrl + F2'를 누르면 우측의 계정코드(명)란이 활성화되어 수정 입력이 가능해짐)
성 격	· 성격란은 프로그램 내에서 전산적으로 재무제표를 자동 작성하기 위하여 각 계정과목이 갖는 특성을 설정해 놓은 것(프로그램에서 이미 등록되어 있는 계정과목들에 대하여는 설정되어 있는 기본값을 그대로 사용하면 됨)
관 계	· 관계란은 프로그램 내에서 전산적으로 재무제표 및 전표를 자동 작성하기 위하여 서로 관련있는 계정과목들을 연결해 놓은 것(프로그램에서 이미 등록되어 있는 계정과목들에 대하여는 설정되어 있는 기본값을 그대로 사용하면 됨) 예 '109.대손충당금'의 관계코드(명) : '108.외상매출금'

• 적요

적요란 거래내역을 간략하게 요약한 일종의 메모이다. 적요등록사항에 입력된 내역들은 해당 계정과목에서 자주 사용되는 내역을 미리 입력해 놓은 것이며, 전표입력 시 적요번호를 선택함으로써 쉽게 입력할 수 있게 된다.

현금적요	· 현금적요는 [일반전표입력] 메뉴에서 거래를 입력할 때 구분란에 '1.출금' 또는 '2.입금'을 선택할 때 나타나는 적요를 말함 · 각 계정마다 기본적인 내용은 이미 입력되어 있으며 추가등록 및 수정 시에는 해당란에 커서를 두고 직접 입력하면 됨
대체적요	· 대체적요는 [일반전표입력] 메뉴에서 거래를 입력할 때 구분란에 '3.차변' 또는 '4.대변'을 선택할 때 나타나는 적요를 말함 · 각 계정마다 기본적인 내용은 이미 입력되어 있으며 추가등록 및 수정 시에는 해당란에 커서를 두고 직접 입력하면 됨
고정적요	· '146.상품'이나 '813.기업업무추진비' 등을 선택하면 고정적요가 나타남 · 고정적요는 현금적요나 대체적요 중 프로그램 운영상 특수한 기능이 있는 것으로서 수정할 수 없음

04 전기분 재무상태표

- [전기분재무상태표]는 사업을 계속 하여온 회사가 KcLep 프로그램을 처음 도입하여 사용하는 경우 전기이월 재무상태표 금액을 입력하는 메뉴이다.
- [전기분재무상태표] 문제는 실무시험 문제1(2점, 부분점수)에서 출제된다.
- [전기분재무상태표] 화면은 [회계관리] ▶ [전기분재무제표] ▶ [전기분재무상태표]를 선택하여 들어갈 수 있다.

기출확인문제

㈜제일(코드번호 : 1101)의 당기(제5기) 회계기간은 2025. 1. 1. ~ 2025. 12. 31.이다.

전기분 재무상태표에서 판매부문의 건물 감가상각누계액 5,000,000원이 과대 입력되어 있고 판매부문의 차량운반구 감가상각누계액 5,000,000원이 과소 입력되어 있는 것을 발견하였다. 전기분 재무상태표를 수정하시오.

(제59회 수정)

기출 따라 하기

[전기분재무상태표] 메뉴에서

① 건물에 대한 감가상각누계액이 과대계상되어 있으므로 203.감가상각누계액을 "61,000,000"에서 "56,000,000"으로 수정 입력한다.

▶ 감가상각누계액, 대손충당금 등과 같은 차감적 평가계정은 해당 계정과목의 바로 아래에 있는 코드번호를 선택해야 한다. 예를 들면 '202.건물'에 대한 감가상각누계액은 바로 아래에 있는 '203.감가상각누계액'을 선택해야 하고, '110.받을어음'에 대한 대손충당금은 '111.대손충당금'을 선택해야 한다.

▶ 감가상각누계액은 자산에 대한 차감적 평가계정으로서, 입력되는 금액이 자산의 차감금액으로 자동 반영되므로 양수(+)로 입력한다.

▶ 계정과목코드 또는 거래처코드 검색 방법

| 방법1 | 코드란에 커서를 두고 코드(또는 F2)를 클릭하면 검색창이 나타난다. 검색창에서 찾고자 하는 계정과목 또는 거래처명의 앞 1글자 이상을 입력하면 해당하는 계정과목 또는 거래처가 조회된다.

| 방법2 | 코드란에 찾고자 하는 계정과목 또는 거래처명의 앞 1글자 이상을 입력한 후 Enter↵를 누르면 해당하는 계정과목 또는 거래처가 조회된다.

② 차량운반구에 대한 감가상각누계액이 과소계상되어 있으므로 209.감가상각누계액을 "21,000,000"에서 "26,000,000"으로 수정 입력한다.

▶ 금액 입력 시 +의 활용

모든 메뉴에서 공통으로 금액의 자릿수 컴마(,)는 3자리마다 자동으로 반영된다. 그리고 금액을 입력할 때 +를 누르면 '000'이 자동으로 입력된다. 예를 들어 '26,000,000'을 넣고자 할 때 해당란에 '26000000' 또는 '26++'를 입력하면 된다.

③ 대차차액이 없음을 확인한다.

▼ ① ~ ③ 입력결과 화면은 아래와 같다.

코드	계정과목	금액
자산		
0101	현금	123,000,000
0102	당좌예금	120,000,000
0103	보통예금	305,655,952
0105	정기예금	50,000,000
0106	정기적금	1,590,005
0108	외상매출금	56,000,000
0109	대손충당금	4,250,000
0110	받을어음	17,000,000
0111	대손충당금	890,000
0120	미수금	2,000,000
0150	제품	10,500,000
0153	원재료	3,500,000
0169	재공품	7,000,000
0202	건물	240,000,000
① 0203	감가상각누계액	56,000,000
0206	기계장치	56,950,000
0207	감가상각누계액	18,258,000
0208	차량운반구	42,000,000
② 0209	감가상각누계액	26,000,000
차 변 합 계		929,797,957

코드	계정과목	금액
부채 및 자본		
0251	외상매입금	40,000,000
0252	지급어음	67,380,000
0253	미지급금	52,820,000
0254	예수금	169,957
0255	부가세예수금	1,588,000
0259	선수금	37,020,000
0260	단기차입금	35,000,000
0263	선수수익	1,820,000
0293	장기차입금	205,000,000
0295	퇴직급여충당부	20,000,000
0331	자본금	440,000,000
0375	이월이익잉여금	29,000,000
대 변 합 계		929,797,957

➡ 계정별 합계	
1. 유동자산	691,105,957
①당좌자산	670,105,957
②재고자산	21,000,000
2. 비유동자산	238,692,000
①투자자산	
②유형자산	238,692,000
③무형자산	
④기타비유동자산	
자산총계(1+2)	929,797,957
3. 유동부채	235,797,957
4. 비유동부채	225,000,000
부채총계(3+4)	460,797,957
5. 자본금	440,000,000
6. 자본잉여금	
7. 자본조정	
8. 기타포괄손익누계액	
9. 이익잉여금	29,000,000
자본총계(5+6+7+8+9)	469,000,000
부채 및 자본 총계	929,797,957
③ 대 차 차 액	

퇴직급여충당부채(295) :	제 조	12,000,000	도 급		보 관	
	분 양		운 송		판 관 비	8,000,000
퇴직연금충당부채(329) :	제 조		도 급		보 관	
	분 양		운 송		판 관 비	

참고 [전기분재무상태표] 입력 시 유의사항

- 전기에 KcLep 프로그램을 사용하여 결산 및 장부마감을 한 회사는 전기의 장부금액이 [전기분재무상태표], [전기분원가명세서], [전기분손익계산서], [전기분잉여금처분계산서], [거래처별초기이월] 메뉴에 각각 자동 반영되므로 금액 입력 작업을 따로 하지 않아도 된다. 실무에서는 이러한 전기이월 메뉴에 대한 입력 작업은 사업을 계속하여 온 회사가 KcLep 프로그램을 처음 도입하여 사용하는 경우에만 필요한 것이다.
- 자산란에는 재무상태표 작성 시 차변(왼쪽)에 기재되는 계정과목만, 부채 및 자본란에는 대변(오른쪽)에 기재되는 계정과목만 조회 및 입력되도록 설정되어 있다. 따라서 모든 계정금액은 차변·대변 구분 없이 양수(+)로 입력한다.
- 메뉴를 종료하거나 또는 화면에서 '코드'라고 적혀있는 칸을 클릭하면 해당 칸이 [코드 ▾] 로 표시되고 계정과목이 코드순서에 따라 자동으로 정렬된다. 따라서 계정과목과 금액을 추가 입력할 때에는 코드순서에 관계없이 맨 아래 칸에 입력하면 된다.
- 입력된 계정과목과 금액을 삭제할 때에는 해당 라인에 커서를 두고, ⊗삭제(또는 F5)를 클릭한 후, [예(Y)](또는 Enter↵)를 클릭하면 된다.

기출유형

- [전기분재무상태표]에 입력된 금액은 ㉠ [전기분원가명세서] 및 [전기분손익계산서]의 원재료·재공품·제품 기말재고액으로 자동 반영되고, ㉡ [거래처별초기이월]의 각 계정 금액으로 자동 반영된다.
- 전산회계 1급 시험에서 전기분 재무상태표 문제는 전기분 재무상태표뿐만 아니라 관련있는 전기이월 메뉴를 동시에 수정 입력하는 형태로 출제되고 있으며, 그 유형은 다음과 같다.

  | 유형1 | '전기분 재무상태표 → 전기분 원가명세서 → 전기분 손익계산서 → 전기분 잉여금처분계산서 → 전기분 재무상태표'라는 연관관계에 따라, 전기분 재무상태표 및 연관관계에 있는 전기분 재무제표를 동시에 수정 입력하는 유형

  [예] 제57회 기출문제

  | 유형2 | '전기분 재무상태표 → 거래처별 초기이월'이라는 연관관계에 따라, 전기분 재무상태표와 거래처별 초기이월을 동시에 수정 입력하는 유형

  [예] 제59회 기출문제

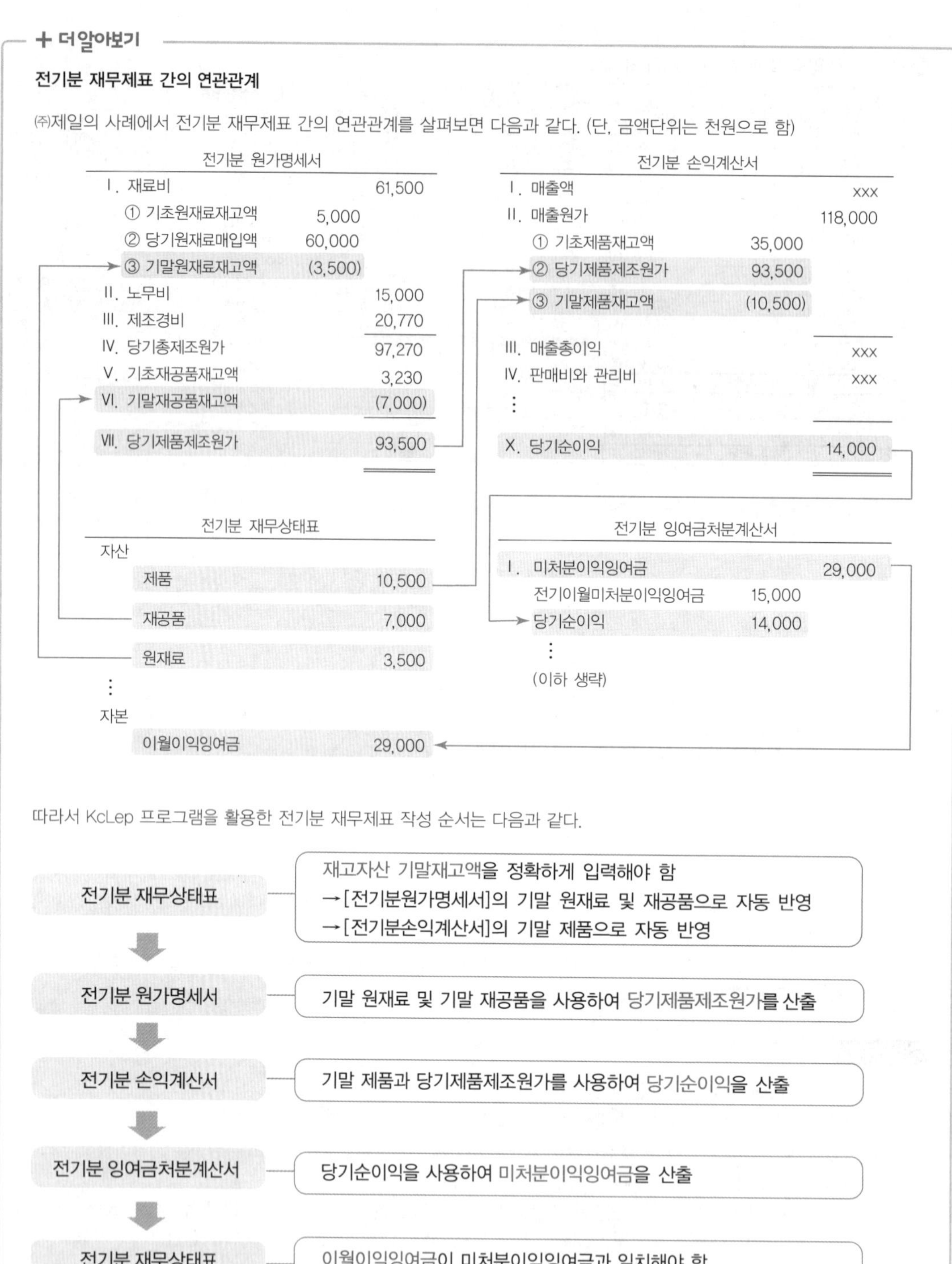

+ 더알아보기

전기분 재무제표 간의 연관관계

㈜제일의 사례에서 전기분 재무제표 간의 연관관계를 살펴보면 다음과 같다. (단, 금액단위는 천원으로 함)

전기분 원가명세서

Ⅰ. 재료비		61,500
① 기초원재료재고액	5,000	
② 당기원재료매입액	60,000	
③ 기말원재료재고액	(3,500)	
Ⅱ. 노무비		15,000
Ⅲ. 제조경비		20,770
Ⅳ. 당기총제조원가		97,270
Ⅴ. 기초재공품재고액		3,230
Ⅵ. 기말재공품재고액		(7,000)
Ⅶ. 당기제품제조원가		93,500

전기분 손익계산서

Ⅰ. 매출액		xxx
Ⅱ. 매출원가		118,000
① 기초제품재고액	35,000	
② 당기제품제조원가	93,500	
③ 기말제품재고액	(10,500)	
Ⅲ. 매출총이익		xxx
Ⅳ. 판매비와 관리비		xxx
⋮		
Ⅹ. 당기순이익		14,000

전기분 재무상태표

자산	
제품	10,500
재공품	7,000
원재료	3,500
⋮	
자본	
이월이익잉여금	29,000

전기분 잉여금처분계산서

Ⅰ. 미처분이익잉여금		29,000
전기이월미처분이익잉여금	15,000	
당기순이익	14,000	
⋮		
(이하 생략)		

따라서 KcLep 프로그램을 활용한 전기분 재무제표 작성 순서는 다음과 같다.

- **전기분 재무상태표** — 재고자산 기말재고액을 정확하게 입력해야 함
  →[전기분원가명세서]의 기말 원재료 및 재공품으로 자동 반영
  →[전기분손익계산서]의 기말 제품으로 자동 반영
- ↓ **전기분 원가명세서** — 기말 원재료 및 기말 재공품을 사용하여 당기제품제조원가를 산출
- ↓ **전기분 손익계산서** — 기말 제품과 당기제품제조원가를 사용하여 당기순이익을 산출
- ↓ **전기분 잉여금처분계산서** — 당기순이익을 사용하여 미처분이익잉여금을 산출
- ↓ **전기분 재무상태표** — 이월이익잉여금이 미처분이익잉여금과 일치해야 함

05 전기분 원가명세서

- [전기분원가명세서]는 사업을 계속 하여온 회사가 KcLep 프로그램을 처음 도입하여 사용하는 경우 비교식 제조원가명세서 작성을 위하여 전기 제조원가명세서 금액을 입력하는 메뉴이다.
- [전기분원가명세서] 문제는 실무시험 문제1(1 ~ 2점, 부분점수)에서 출제된다.
- [전기분원가명세서] 화면은 [회계관리] ▶ [전기분재무제표] ▶ [전기분원가명세서]를 선택하여 들어갈 수 있다.

기출확인문제

㈜제일(코드번호 : 1101)의 당기(제5기) 회계기간은 2025. 1. 1. ~ 2025. 12. 31.이다.
전기분 원가명세서에 입력된 내용 중 가스수도료가 1,500,000원이 아니라 2,500,000원이고, 차량유지비가 5,000,000원이 아니라 4,000,000원이라는 것이 확인되었다. 전기분 원가명세서를 수정하시오. (제49회 수정)

기출 따라 하기

[전기분원가명세서] 메뉴에서

① 515.가스수도료 "1,500,000"을 "2,500,000"으로 수정 입력한다.

② 522.차량유지비 "5,000,000"을 "4,000,000"으로 수정 입력한다.

▼ ① ~ ② 입력결과 화면은 아래와 같다.

	코드	계정과목	금액
	0501	원재료비	61,500,000
	0504	임금	15,000,000
	0511	복리후생비	1,800,000
①	0515	가스수도료	2,500,000
	0518	감가상각비	1,500,000
	0520	수선비	2,400,000
	0521	보험료	1,500,000
②	0522	차량유지비	4,000,000
	0530	소모품비	7,070,000

계 정 별 합 계	
1.원재료비	61,500,000
2.부재료비	
3.노무비	15,000,000
4.경비	20,770,000
5.당기총제조비용	97,270,000
6.기초재공품재고액	3,230,000
7.타계정에서대체액	
8.합 계	100,500,000
9.기말재공품재고액	7,000,000
10.타계정으로대체액	
11.당기제품제조원가	93,500,000

+ 더 알아보기

전기분 원가명세서 입력

• 원재료비 입력 시 유의사항

[전기분원가명세서]의 원재료비 금액란을 클릭하면 원재료비 보조창이 나타난다. 기초원재료재고액 및 당기원재료매입액 등을 보조창에 입력하면 원재료비가 계산되는데, 여기서 기말원재료재고액 금액은 [전기분재무상태표]의 원재료 계정 금액이 자동 반영된 것이므로, 기말원재료재고액을 수정하여야 할 경우에는 [전기분재무상태표] 메뉴에서 원재료 계정 금액을 수정하여야 한다.

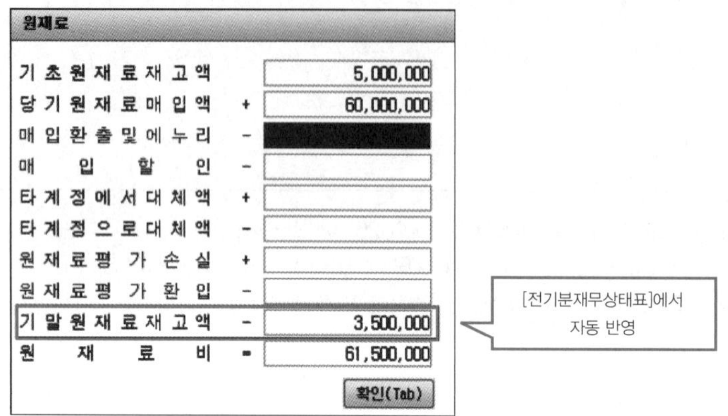

원재료

기초원재료재고액		5,000,000
당기원재료매입액	+	60,000,000
매입환출및에누리	-	
매입할인	-	
타계정에서대체액	+	
타계정으로대체액	-	
원재료평가손실	+	
원재료평가환입	-	
기말원재료재고액	-	3,500,000
원재료비	=	61,500,000

확인(Tab)

• 당기제품제조원가 입력 시 유의사항

[전기분원가명세서]의 좌측 화면에 당기총제조원가의 각 항목별 금액을 입력하고 우측 화면에 기초재공품재고액 및 타계정대체액 등을 입력하면 당기제품원가가 계산된다. 여기서 기말재공품재고액 금액은 [전기분재무상태표]의 재공품 계정 금액이 자동 반영된 것이므로 기말재공품재고액을 수정하여야 할 경우에는 [전기분재무상태표] 메뉴에서 재공품 계정 금액을 수정하여야 한다.

코드	계정과목	금액
0501	원재료비	61,500,000
0504	임금	15,000,000
0511	복리후생비	1,800,000
0515	가스수도료	2,500,000
0518	감가상각비	1,500,000
0520	수선비	2,400,000
0521	보험료	1,500,000
0522	차량유지비	4,000,000
0530	소모품비	7,070,000

계정별 합계	
1. 원재료비	61,500,000
2. 부재료비	
3. 노무비	15,000,000
4. 경비	20,770,000
5. 당기총제조비용	97,270,000
6. 기초재공품재고액	3,230,000
7. 타계정에서대체액	
8. 합계	100,500,000
9. 기말재공품재고액	7,000,000
10. 타계정으로대체액	
11. 당기제품제조원가	93,500,000

[전기분재무상태표]에서
자동 반영

06 전기분 손익계산서

- [전기분손익계산서]는 사업을 계속 하여온 회사가 KcLep 프로그램을 처음 도입하여 사용하는 경우 비교식 손익계산서 작성을 위하여 전기 손익계산서 금액을 입력하는 메뉴이다.
- [전기분손익계산서] 문제는 실무시험 문제1(2점, 부분점수)에서 출제된다.
- [전기분손익계산서] 화면은 [회계관리] ▶ [전기분재무제표] ▶ [전기분손익계산서]를 선택하여 들어갈 수 있다.

기출확인문제

㈜제일(코드번호 : 1101)의 당기(제5기) 회계기간은 2025. 1. 1. ~ 2025. 12. 31.이다.
전기분 손익계산서를 검토한 결과 다음과 같은 오류 및 누락이 발견되었다. 전기분 손익계산서를 수정하시오.

제56회 수정

손익계산서 항목	틀린 금액	올바른 금액	내 용
통신비	3,000,000원	2,100,000원	입력오류
광고선전비	–	900,000원	입력누락

기출 따라 하기

[전기분손익계산서] 메뉴에서

① 814.통신비 "3,000,000"을 "2,100,000"으로 수정 입력한다.

② 광고선전비가 미기입되어 있으므로 "833.광고선전비 900,000"을 추가 입력한다.

▶ 코드 입력란에 커서를 두고 코드(또는 F2)를 클릭하면 검색창이 나타난다. 검색창에서 찾고자 하는 계정과목의 앞 1글자 이상을 입력하면 해당하는 계정과목 또는 거래처가 조회된다.

▶ 500번대 계정과목은 제조원가로서 [전기분원가명세서]에 입력되어야 하는 항목이기 때문에, [전기분손익계산서]에서 계정과목을 검색하는 경우 500번대 계정과목은 검색되지 않고, 800번대(판매비와관리비)와 900번대(영업외수익 및 영업외비용) 계정과목만 검색된다.

▼ ① ~ ② 입력결과 화면은 아래와 같다.

	코드	계정과목	금액
	0404	제품매출	240,000,000
	0455	제품매출원가	118,000,000
	0801	급여	77,000,000
	0811	복리후생비	8,900,000
①	0814	통신비	2,100,000
	0815	수도광열비	2,000,000
	0817	세금과공과	1,500,000
	0818	감가상각비	1,500,000
	0819	임차료	4,000,000
	0820	수선비	700,000
	0822	차량유지비	500,000
	0824	운반비	1,000,000
	0826	도서인쇄비	900,000
	0831	수수료비용	1,000,000
	0848	잡비	500,000
	0901	이자수익	500,000
	0951	이자비용	5,000,000
	0980	잡손실	1,000,000
②	0833	광고선전비	900,000

계 정 별 합 계	
1.매출	240,000,000
2.매출원가	118,000,000
3.매출총이익(1-2)	122,000,000
4.판매비와관리비	102,500,000
5.영업이익(3-4)	19,500,000
6.영업외수익	500,000
7.영업외비용	6,000,000
8.법인세비용차감전순이익(5+6-7)	14,000,000
9.법인세비용	
10.당기순이익(8-9)	14,000,000
11.주당이익(10/주식수)	

+ 더알아보기

전기분 손익계산서 입력

매출원가 입력 시 유의사항

[전기분손익계산서]의 제품매출원가 금액란을 클릭하면 매출원가 보조창이 나타난다. 기초제품재고액 등을 입력하면 제품매출원가가 계산되는데, 여기서 기말제품재고액 금액은 [전기분재무상태표]의 제품 계정 금액이 자동 반영된 것이므로, 기말제품재고액을 수정하여야 할 경우에는 [전기분재무상태표] 메뉴에서 제품 계정 금액을 수정하여야 한다.

[전기분손익계산서] 메뉴의 매출원가 보조창에 있는 당기제품제조원가 금액이 [전기분원가명세서] 메뉴에서 계산된 금액과 일치하는지 확인하여야 한다.

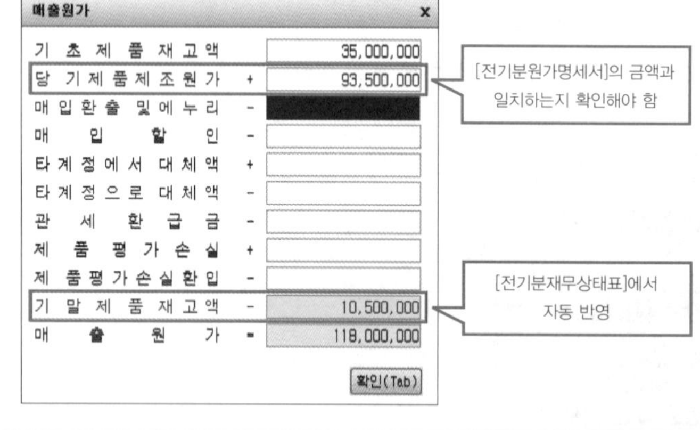

07 전기분 잉여금처분계산서

- [전기분잉여금처분계산서]는 사업을 계속 하여온 회사가 KcLep 프로그램을 처음 도입하여 사용하는 경우 비교식 이익잉여금처분계산서 작성을 위하여 전기의 이익잉여금처분계산서 금액을 입력하는 메뉴이다.
- [전기분잉여금처분계산서] 문제는 실무시험 문제1(2점, 부분점수)에서 출제된다.
- [전기분잉여금처분계산서] 화면은 [회계관리] ▶ [전기분재무제표] ▶ [전기분잉여금처분계산서]를 선택하여 들어갈 수 있다.

기출확인문제

㈜제일(코드번호 : 1101)의 당기(제5기) 회계기간은 2025. 1. 1. ~ 2025. 12. 31.이다.
전기분 이익잉여금 처분내용은 다음과 같다. 전기분 잉여금처분계산서를 완성하시오. (제50회 수정)

- 이익준비금 : 400,000원
- 현금배당 : 4,000,000원
- 주식배당 : 2,000,000원
- 사업확장적립금 : 1,000,000원

기출 따라 하기

[전기분잉여금처분계산서] 메뉴에서

① Ⅲ.이익잉여금처분액에 있는 1.이익준비금란에 "400,000"을 입력한다.

② Ⅲ.이익잉여금처분액에 있는 4.배당금의 가.현금배당란에 "4,000,000"을 입력한다.

③ Ⅲ.이익잉여금처분액에 있는 4.배당금의 나.주식배당란에 "2,000,000"을 입력한다.

④ Ⅲ.이익잉여금처분액에 있는 5.사업확장적립금란에 "1,000,000"을 입력한다.

▼ ① ~ ④ 입력결과 화면은 아래와 같다.

	과목	계정과목명		제 4(전)기 2024년01월01일~2024년12월31일 금액	
		코드	계정과목	입력금액	합계
	Ⅰ.미처분이익잉여금				29,000,000
	1.전기이월미처분이익잉여금			15,000,000	
	2.회계변경의 누적효과	0369	회계변경의누적효과		
	3.전기오류수정이익	0370	전기오류수정이익		
	4.전기오류수정손실	0371	전기오류수정손실		
	5.중간배당금	0372	중간배당금		
	6.당기순이익			14,000,000	
	Ⅱ.임의적립금 등의 이입액				
	1.				
	2.				
	합계(Ⅰ + Ⅱ)				29,000,000
	Ⅲ.이익잉여금처분액				7,400,000
①	1.이익준비금	0351	이익준비금	400,000	
	2.재무구조개선적립금	0354	재무구조개선적립금		
	3.주식할인발행차금상각액	0381	주식할인발행차금		
	4.배당금			6,000,000	
②	가.현금배당	0265	미지급배당금	4,000,000	
	주당배당금(률)		보통주(원/%)		
			우선주(원/%)		
③	나.주식배당	0387	미교부주식배당금	2,000,000	
	주당배당금(률)		보통주(원/%)		
			우선주(원/%)		
④	5.사업확장적립금	0356	사업확장적립금	1,000,000	
	6.감채적립금	0357	감채적립금		
	7.배당평균적립금	0358	배당평균적립금		
	8.기 업 합 리화 적립금	0352	기업합리화적립금		
	Ⅳ.차기이월미처분이익잉여금				21,600,000

+ 더알아보기

전기분 잉여금처분계산서 입력

- 전기분 잉여금처분계산서 입력 시 주의사항
  - 전기분 이익잉여금의 처분확정일이 문제에서 제시가 되는 경우에는 화면 상단에 '처분확정일자'를 입력한다.

    처분확정일자 : 2025 년 2 월 25 일

  - '전기이월미처리결손금'인 경우에는 전기이월미처분이익잉여금란에 음수(-)로 입력하면 되고, [전기분손익계산서]에서 계산된 금액이 '당기순손실'인 경우에는 당기순이익란에 음수(-)로 표시된다.
  - [전기분잉여금처분계산서] 메뉴에 기본적으로 설정되어 있는 항목 이외에 추가로 등록할 사항이 있는 경우에는 '칸추가' 기능을 사용하면 된다.

    예를 들어 이익잉여금처분액 항목에 '기업합리화적립금'을 추가하는 경우, 칸을 추가하려는 자리의 아래 라인에 커서를 두고 화면 상단의 F4 칸추가(또는 F4)를 클릭하면 원하는 항목을 추가할 수 있다.

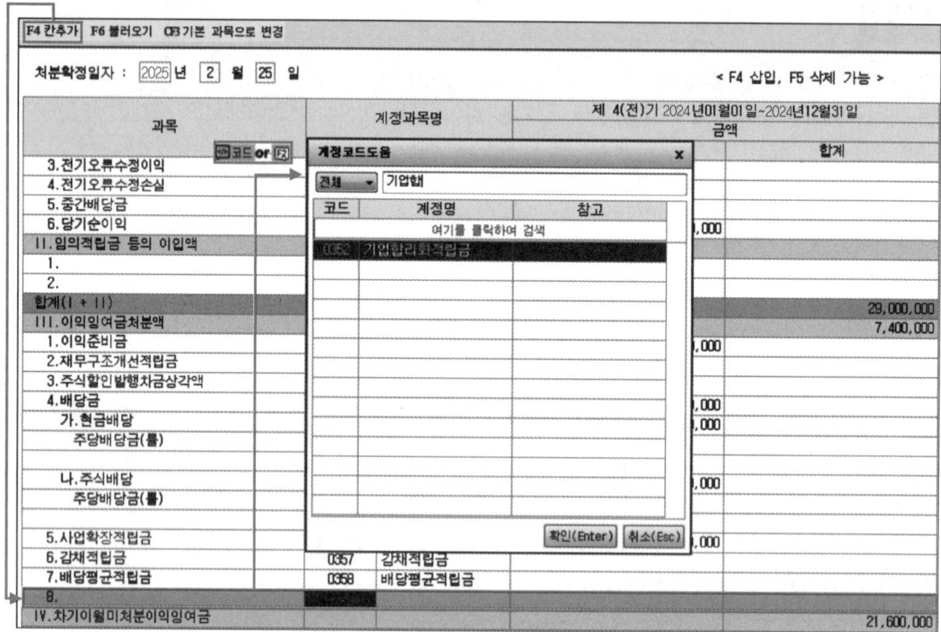

- 미처분이익잉여금 입력 시 주의사항

  [전기분잉여금처분계산서] 메뉴의 당기순이익이 [전기분손익계산서] 메뉴에서 계산된 금액과 일치하는지 확인하여야 한다. 만약 기말재고금액 등의 수정에 따라 [전기분잉여금처분계산서] 메뉴에서 당기순이익이 변동된 경우에는 화면 상단의 F6 불러오기(또는 F6)를 클릭한 후, 예(Y) 를 클릭하여 수정 후 당기순이익을 반영시켜야 한다.

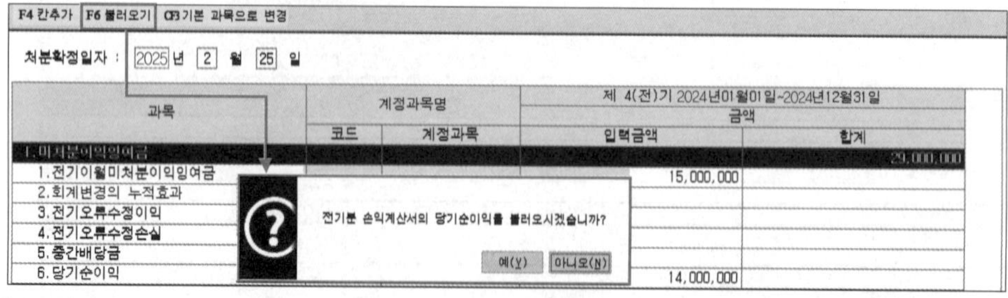

  [전기분잉여금처분계산서]가 작성되고 나면 [전기분재무상태표] 메뉴로 들어가서 [전기분잉여금처분계산서]의 미처분이익잉여금 금액과 [전기분재무상태표]의 이월이익잉여금(375) 계정 금액이 일치하는지 확인하여야 한다.

08 거래처별 초기이월

- [거래처별초기이월]은 각 거래처별 채권·채무의 전기분 잔액을 입력하는 메뉴이다. 입력된 금액은 [거래처원장]에 각 거래처별 전기이월 금액으로 자동 반영된다.
- [거래처별초기이월] 문제는 실무시험 문제1(2 ~ 3점, 부분점수)에서 출제된다.
- [거래처별초기이월] 화면은 [회계관리] ▶ [전기분재무제표] ▶ [거래처별초기이월]을 선택하여 들어갈 수 있다.

기출확인문제

㈜제일(코드번호 : 1101)의 [거래처별초기이월] 메뉴에서 다음의 작업을 수행하고자 한다.
전기말 거래처별 채권·채무에 대하여 거래처 누락분은 추가 입력하고, 오류는 수정하시오. (제58회)

채권·채무	구 분	거래처	금 액
외상매출금	누 락	㈜청평	10,000,000원
단기차입금	오 류	㈜이태백	20,000,000원 → 15,000,000원

기출 따라 하기

[거래처별초기이월] 메뉴에서

① 외상매출금 : 거래처코드 입력란에 커서를 두고 코드(또는 F2)를 클릭하여 "112.㈜청평"을 검색한다.

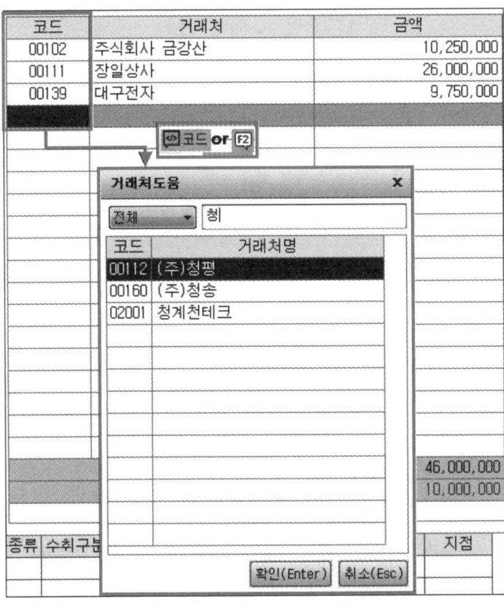

② 외상매출금 : "112.㈜청평 10,000,000"을 추가 입력한다.

③ 외상매출금에 대한 차액(계정금액과 거래처별 합계금액의 차액)이 "0"임을 확인한다.

④ 단기차입금 : 142.㈜이태백 "20,000,000"을 "15,000,000"으로 수정 입력한다.

⑤ 단기차입금에 대한 차액(계정금액과 거래처별 합계금액의 차액)이 "0"임을 확인한다.

▼ ② ~ ⑤ 입력결과 화면은 아래와 같다.

• 외상매출금

코드	계정과목	재무상태표금액
0102	당좌예금	120,000,000
0103	보통예금	305,655,952
0105	정기예금	50,000,000
0106	정기적금	1,590,005
0108	외상매출금	56,000,000
0110	받을어음	17,000,000
0251	외상매입금	40,000,000
0252	지급어음	67,380,000
0253	미지급금	52,820,000
0259	선수금	37,020,000
0260	단기차입금	35,000,000
0293	장기차입금	205,000,000

	코드	거래처	금액
	00102	주식회사 금강산	10,250,000
	00111	장일상사	26,000,000
②	00112	(주)청평	10,000,000
	00139	대구전자	9,750,000
		합 계	56,000,000
③		차 액	0

• 단기차입금

코드	계정과목	재무상태표금액
0102	당좌예금	120,000,000
0103	보통예금	305,655,952
0105	정기예금	50,000,000
0106	정기적금	1,590,005
0108	외상매출금	56,000,000
0110	받을어음	17,000,000
0251	외상매입금	40,000,000
0252	지급어음	67,380,000
0253	미지급금	52,820,000
0259	선수금	37,020,000
0260	단기차입금	35,000,000
0293	장기차입금	205,000,000

	코드	거래처	금액
	00105	(주)빛날통신	8,000,000
④	00142	(주)이태백	15,000,000
	35051	Champ사	12,000,000
		합 계	35,000,000
⑤		차 액	0

참고 **불러오기**

- [거래처별초기이월] 메뉴에서 화면 좌측에 나타나는 계정과목 이외의 계정과목에 대하여 거래처별 금액을 입력하여 관리하고자 하는 경우 F4 불러오기 기능을 활용하면 된다.
- [거래처별초기이월] 메뉴에서 화면 상단의 F4 불러오기(또는 F4)를 클릭한 후 예(Y)(또는 Enter)를 클릭하면, [전기분재무상태표]에 있는 모든 계정금액을 불러온다.

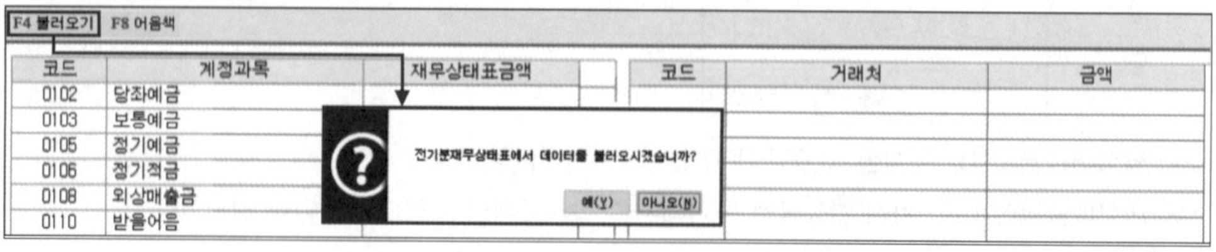

F4 불러오기 F8 어음책

코드	계정과목	재무상태표금액
0102	당좌예금	
0103	보통예금	
0105	정기예금	
0106	정기적금	
0108	외상매출금	
0110	받을어음	

코드	거래처	금액

전기분재무상태표에서 데이터를 불러오시겠습니까?

예(Y) 아니오(N)

참고 [거래처별초기이월] 메뉴에서의 어음정보 관리

[거래처별초기이월] 메뉴에서 받을어음과 지급어음에 대하여 어음번호 등을 관리할 필요가 있는 경우에는 메뉴 하단에 추가로 해당 내용을 입력한다.

- 상기 ㈜제일의 사례에서 ㈜케스터에 대한 받을어음 정보
  어음번호 : 1234567 / 어음금액 : 10,000,000원 / 어음잔액 : 10,000,000원 / 발행일 : 2024. 12. 10. / 만기일 : 2025. 3. 10. / 어음종류 : 약속어음 / 수취구분 : 자수(직접 수령) / 발행인 : ㈜케스터
- 입력된 화면

코드	계정과목	재무상태표금액
0102	당좌예금	120,000,000
0103	보통예금	305,655,952
0105	정기예금	50,000,000
0106	정기적금	1,590,005
0108	외상매출금	56,000,000
0110	받을어음	17,000,000
0251	외상매입금	40,000,000
0252	지급어음	67,380,000
0253	미지급금	52,820,000
0259	선수금	37,020,000
0260	단기차입금	35,000,000
0293	장기차입금	205,000,000

코드	거래처	금액
00106	(주)케스터	10,000,000
00112	(주)청평	7,000,000
	합 계	17,000,000
	차 액	0

어음번호	어음금액	잔액	발행일자	만기일자	어음종류	수취구분	발행인	배서인	지급은행	지점
1234567	10,000,000	10,000,000	2024-12-10	2025-03-10	약속어음	자수	00106 (주)케스터			

핵심기출문제

* 본서에 수록된 기출문제의 날짜는 학습효과를 높이기 위하여 일부 수정함

01 ㈜칠이(코드번호 : 1172)는 전자제품을 제조하여 판매하는 중소기업이며, 당기(제5기) 회계기간은 2025. 1. 1. ~ 2025. 12. 31.이다.
다음은 기초정보관리에 대한 자료이다. 각각 요구사항에 대하여 답하시오. [제72회]

(1) [계정과목및적요등록] 메뉴에서 811.복리후생비 계정의 대체전표 적요 3번에 "사내 동호회비 지원"을 등록하시오.

정답 및 해설

01 (1)

해　　설　[계정과목및적요등록] 메뉴에서

- 코드 811을 이용하여 "811.복리후생비"를 검색한다.
  계정과목코드란에 커서를 두고 "811"을 입력하면 해당 코드번호로 자동으로 이동한다.
- 우측 화면에 있는 "811.복리후생비" 계정의 대체적요란 3번에 "사내 동호회비 지원"을 입력한다.

정답화면

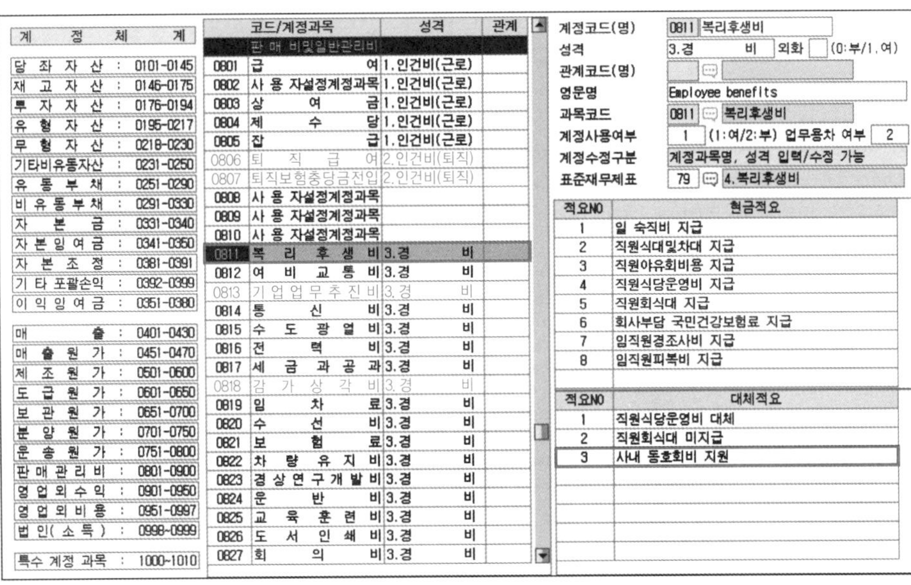

(2) 거래처별 초기이월 자료를 검토하여 수정 또는 추가 입력하시오.

계정과목	거래처	금 액	재무상태표 금액
선급금	우리테크노	4,400,000원	9,900,000원
	㈜일렉코리아	2,200,000원	
	㈜하늘정밀	3,300,000원	
선수금	㈜하이테크	6,000,000원	12,000,000원
	㈜프로테크	4,500,000원	
	부흥정밀	1,500,000원	

(3) 전자제품 매출을 위해 현대카드와 신용카드가맹점 계약을 하였다. 다음의 내용을 [거래처등록] 메뉴에 등록하시오.

• 코드 : 99990 • 거래처명 : 현대카드 • 가맹점번호 : 564002314 • 유형 : 매출

정답 및 해설

(2)

해 설 [거래처별초기이월] 메뉴에서

- 선급금에서 ㈜일렉코리아 "1,200,000"을 "2,200,000"으로 수정 입력한다.
- 선급금에서 ㈜하늘정밀 "4,300,000"을 "3,300,000"으로 수정 입력한다.
- 선급금에 대한 차액이 "0"임을 확인한다.
- 선수금에서 ㈜프로테크 "5,400,000"을 "4,500,000"으로 수정 입력한다.
- 선수금에서 거래처코드 입력란에 커서를 두고 코드(또는 F2)를 클릭하여 "2004.부흥정밀"을 검색하여 거래처를 입력하고 금액 "1,500,000"을 추가 입력한다.
- 선수금에 대한 차액이 "0"임을 확인한다.

정답화면 • 선급금

코드	계정과목	재무상태표금액
0102	당좌예금	120,000,000
0103	보통예금	305,655,952
0105	정기예금	50,000,000
0106	정기적금	1,590,005
0108	외상매출금	56,000,000
0110	받을어음	17,000,000
0131	선급금	9,900,000
0251	외상매입금	40,000,000
0252	지급어음	67,380,000
0253	미지급금	52,820,000
0259	선수금	12,000,000
0260	단기차입금	35,000,000
0293	장기차입금	205,000,000

코드	거래처	금액
00155	우리테크노	4,400,000
00160	(주)일렉코리아	2,200,000
00511	(주)하늘정밀	3,300,000
	합 계	9,900,000
	차 액	0

• 선수금

코드	계정과목	재무상태표금액
0102	당좌예금	120,000,000
0103	보통예금	305,655,952
0105	정기예금	50,000,000
0106	정기적금	1,590,005
0108	외상매출금	56,000,000
0110	받을어음	17,000,000
0131	선급금	9,900,000
0251	외상매입금	40,000,000
0252	지급어음	67,380,000
0253	미지급금	52,820,000
0259	선수금	12,000,000
0260	단기차입금	35,000,000
0293	장기차입금	205,000,000

코드	거래처	금액
00135	(주)하이테크	6,000,000
00410	(주)프로테크	4,500,000
02004	부흥정밀	1,500,000
	합 계	12,000,000
	차 액	0

(3)

해 설 [거래처등록] 메뉴에서

• [신용카드] 탭을 선택한다.

• 좌측 화면에 코드 "99990", 거래처명 "현대카드", 유형 "매출"을 입력한다.

• 우측 화면에 가맹점번호 "564002314"를 입력한다.

정답화면

일반거래처 | 금융기관 | 신용카드

No	□	코드	거래처명	가맹점(카드)번호	유형
1	■	99600	대한카드		매입
2	■	99601	국민카드		매출
3	■	99602	하나카드(법인)		매입
4	■	99603	우리카드		매출
5	■	99990	현대카드	564002314	매출

1. 사업자등록번호 ___-__-_____
2. 가 맹 점 번 호 564002314
3. 카드번호(매입)
4. 카드종류(매입)

02 ㈜육사(회사코드 : 1164)는 컴퓨터를 제조하여 판매하는 중소기업이며, 당기(제10기) 회계기간은 2025. 1. 1. ~ 2025. 12. 31.이다.
다음은 기초정보관리에 대한 자료이다. 각각 요구사항에 대하여 답하시오. [제64회]

(1) 다음은 회사의 전기분 손익계산서이다. 입력되어 있는 자료를 검토하여 오류 부분은 수정하고 누락 부분은 추가 입력하여 완성하시오. (다른 재무제표는 모두 적정한 것으로 가정한다)

손익계산서

회사명 : ㈜육사　　　제9기 2024. 1. 1. ~ 2024. 12. 31.　　　(단위 : 원)

과 목	금 액	과 목	금 액
Ⅰ. 매 출 액	1,087,549,800	Ⅴ. 영 업 이 익	50,027,800
1. 제 품 매 출	1,087,549,800	Ⅵ. 영 업 외 수 익	10,318,500
Ⅱ. 매 출 원 가		1. 이 자 수 익	2,300,000
제 품 매 출 원 가	799,465,200	2. 외 환 차 익	5,908,000
1. 기초제품재고액	12,060,700	3. 잡 이 익	2,110,500
2. 당기제품제조원가	801,305,000	Ⅶ. 영 업 외 비 용	11,680,300
3. 기말제품재고액	13,900,500	1. 이 자 비 용	2,550,000
Ⅲ. 매 출 총 이 익	288,084,600	2. 기 부 금	1,900,000
Ⅳ. 판 매 비 와 관 리 비	238,056,800	3. 외 화 환 산 손 실	2,990,300
1. 급 여	98,300,000	4. 유형자산처분손실	4,240,000
2. 퇴 직 급 여	12,880,000	Ⅷ. 법인세차감전순이익	48,666,000
3. 복 리 후 생 비	15,669,300	Ⅸ. 법 인 세 비 용	4,840,000
4. 여 비 교 통 비	5,988,500	Ⅹ. 당 기 순 이 익	43,826,000
5. 기업업무추진비	7,768,400		
6. 통 신 비	3,619,000		
7. 수 도 광 열 비	2,139,700		
8. 감 가 상 각 비	17,998,100		
9. 임 차 료	24,000,000		
10. 보 험 료	2,060,000		
11. 차 량 유 지 비	8,773,600		
12. 사 무 용 품 비	4,241,700		
13. 소 모 품 비	7,999,300		
14. 수 수 료 비 용	21,303,000		
15. 광 고 선 전 비	3,111,200		
16. 대 손 상 각 비	2,205,000		

정답 및 해설

02 (1)

해 설 [전기분손익계산서] 메뉴에서

- 복리후생비 : "15,000,000"을 "15,669,300"으로 수정 입력한다.
- 기부금 : "190,000"을 "1,900,000"으로 수정 입력한다.
- 당기순이익이 "43,826,000"임을 확인한다.

정답화면

전기 제 009 기 : 2024 년 01 월 01 일 ~ 2024 년 12 월 31 일

코드	계정과목	금액
0455	제품매출원가	799,465,200
0801	급여	98,300,000
0806	퇴직급여	12,880,000
0811	복리후생비	15,669,300
0812	여비교통비	5,988,500
0813	기업업무추진비	7,768,400
0814	통신비	3,619,000
0815	수도광열비	2,139,700
0818	감가상각비	17,998,100
0819	임차료	24,000,000
0821	보험료	2,060,000
0822	차량유지비	8,773,600
0829	사무용품비	4,241,700
0830	소모품비	7,999,300
0831	수수료비용	21,303,000
0833	광고선전비	3,111,200
0835	대손상각비	2,205,000
0901	이자수익	2,300,000
0907	외환차익	5,908,000
0930	잡이익	2,110,500
0951	이자비용	2,550,000
0953	기부금	1,900,000
0955	외화환산손실	2,990,300
0970	유형자산처분손실	4,240,000
0998	법인세등	4,840,000

계 정 별 합 계	
1.매출	1,087,549,800
2.매출원가	799,465,200
3.매출총이익(1-2)	288,084,600
4.판매비와관리비	238,056,800
5.영업이익(3-4)	50,027,800
6.영업외수익	10,318,500
7.영업외비용	11,680,300
8.법인세비용차감전순이익(5+6-7)	48,666,000
9.법인세비용	4,840,000
10.당기순이익(8-9)	43,826,000
11.주당이익(10/주식수)	

(2) 제조경비 중 임차료와 관련하여 창고임차료의 비중이 크므로 계정과목을 별도로 설정하고자 한다. 아래의 계정과목을 추가 등록하시오.

• 코드 : 537 • 계정과목 : 창고임차료 • 성격 : 제조경비

(3) 종업원에게 주택자금을 대출해주기 위해 종업원을 거래처에 등록하려고 한다. 다음의 내용을 참고하여 등록하시오.

• 코드번호 : 800 • 성명 : 이성실 • 유형 : 동시

정답 및 해설

(2)

해　　설　[계정과목및적요등록] 메뉴에서

- 코드 537을 이용하여 제조원가의 "537.사용자설정계정과목"을 검색한다.
  계정과목코드란에 커서를 두고 "537"을 입력하면 해당 코드번호로 자동으로 이동한다.
- 우측 화면에서 계정코드(명)는 "창고임차료"로 입력하고, 성격은 "5.제조경비"로 선택한다.

정답화면

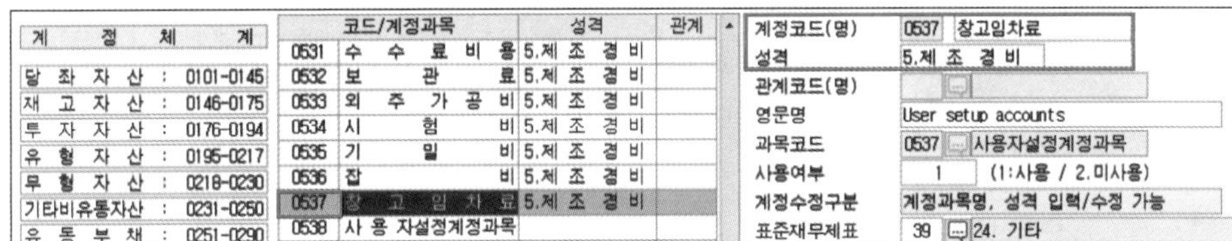

계정체계	
당좌자산 :	0101-0145
재고자산 :	0146-0175
투자자산 :	0176-0194
유형자산 :	0195-0217
무형자산 :	0218-0230
기타비유동자산 :	0231-0250
유동부채 :	0251-0290

코드/계정과목		성격	관계
0531	수수료비용	5.제조경비	
0532	보관료	5.제조경비	
0533	외주가공비	5.제조경비	
0534	시험비	5.제조경비	
0535	기밀비	5.제조경비	
0536	잡비	5.제조경비	
0537	창고임차료	5.제조경비	
0538	사용자설정계정과목		

계정코드(명)	0537 창고임차료
성격	5.제조경비
관계코드(명)	
영문명	User setup accounts
과목코드	0537 사용자설정계정과목
사용여부	1 (1:사용 / 2.미사용)
계정수정구분	계정과목명, 성격 입력/수정 가능
표준재무제표	39 24. 기타

(3)

해　　설　[거래처등록] 메뉴에서

[일반거래처] 탭을 선택한 후, 좌측 화면에 코드는 "800", 거래처명은 "이성실", 유형은 "동시"를 입력한다.

정답화면

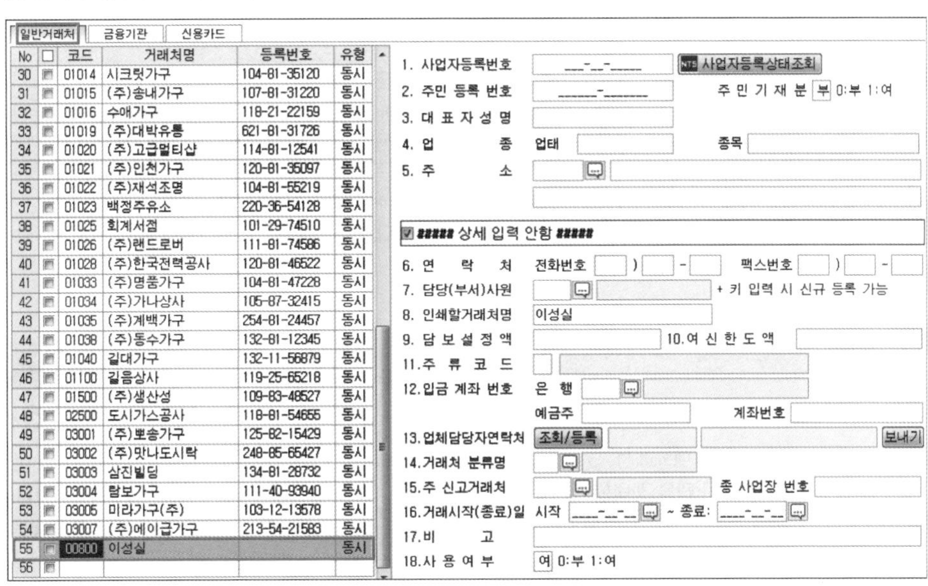

일반거래처 | 금융기관 | 신용카드

No	코드	거래처명	등록번호	유형
30	01014	시크릿가구	104-81-35120	동시
31	01015	(주)송내가구	107-81-31220	동시
32	01016	수애가구	118-21-22159	동시
33	01019	(주)대박유통	621-81-31726	동시
34	01020	(주)고급멀티샵	114-81-12541	동시
35	01021	(주)인천가구	120-81-35097	동시
36	01022	(주)재석조명	104-81-55219	동시
37	01023	백정주유소	220-36-54128	동시
38	01025	회계서점	101-29-74510	동시
39	01026	(주)랜드로버	111-81-74586	동시
40	01028	(주)한국전력공사	120-81-46522	동시
41	01033	(주)명품가구	104-81-47228	동시
42	01034	(주)가나상사	105-87-32415	동시
43	01035	(주)계백가구	254-81-24457	동시
44	01038	(주)동수가구	132-81-12345	동시
45	01040	길대가구	132-11-56879	동시
46	01100	길음상사	119-25-65218	동시
47	01500	(주)생산성	109-83-48527	동시
48	02500	도시가스공사	118-81-54655	동시
49	03001	(주)뽀송가구	125-82-15429	동시
50	03002	(주)맛나도시락	248-85-65427	동시
51	03003	삼진빌딩	134-81-28732	동시
52	03004	람보가구	111-40-93940	동시
53	03005	미라가구(주)	103-12-13578	동시
54	03007	(주)에이급가구	213-54-21583	동시
55	00800	이성실		동시
56				

1. 사업자등록번호 ___-__-_____ 사업자등록상태조회
2. 주민 등록 번호 ______-_______ 주민기재분 부 0:부 1:여
3. 대표자성명
4. 업종 업태 종목
5. 주소

상세 입력 안함

6. 연락처 전화번호) - 팩스번호) -
7. 담당(부서)사원 + 키 입력 시 신규 등록 가능
8. 인쇄할거래처명 이성실
9. 담보설정액 10.여신한도액
11.주류코드
12.입금 계좌 번호 은행 예금주 계좌번호
13.업체담당자연락처 조회/등록 보내기
14.거래처 분류명
15.주 신고거래처 종 사업장 번호
16.거래시작(종료)일 시작 ____-__-__ ~ 종료: ____-__-__
17.비고
18.사용여부 여 0:부 1:여

03 ㈜육이(회사코드 : 1162)는 스마트폰을 제조하여 판매하는 중소기업이며, 당기(제6기) 회계기간은 2025. 1. 1. ~ 2025. 12. 31.이다.
다음은 기초정보관리에 대한 자료이다. 각각 요구사항에 대하여 답하시오. [제62회]

(1) 신용카드 유효기간 만료로 인하여 사업용신용카드인 법인카드를 새로 발급받았다. 다음의 내용을 [거래처등록] 메뉴에 입력하시오.

- 코드 : 99800
- 거래처명 : 국민카드
- 카드번호 : 9440-2657-1111-5558
- 유형 : 매입
- 카드종류(매입) : 사업용카드

(2) 거래처별 초기이월 자료를 검토하여 수정 또는 추가 입력하시오.

계정과목	거래처	금 액	비 고
외상매출금	㈜우리전자	5,000,000원	9,800,000원
	㈜늑대와여우	4,800,000원	
외상매입금	㈜우주산업	3,200,000원	5,400,000원
	㈜태양전지	2,200,000원	

(3) 외상매입금 계정과목 대체적요 9번에 "외상대 매입환출"을 추가 등록하시오.

정답 및 해설

03 (1)

해 설 [거래처등록] 메뉴에서

- [신용카드] 탭을 선택한 후, 좌측 화면에 코드는 99800, 거래처명은 국민카드, 유형은 매입을 입력한다.
- 우측 화면에 카드번호(매입)는 9440-2657-1111-5558, 카드종류(매입)는 사업용카드를 입력한다.

정답화면

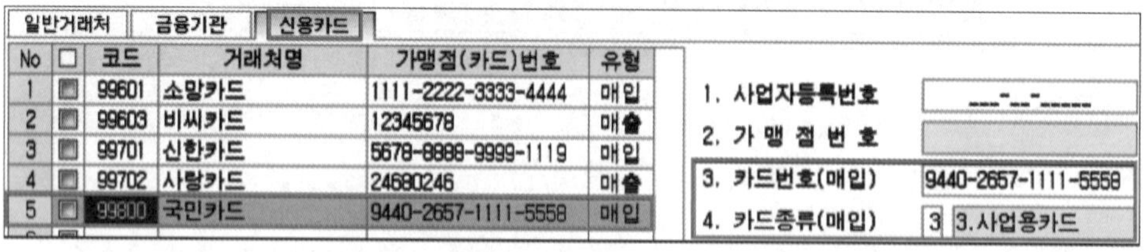

일반거래처 | 금융기관 | 신용카드

No	□	코드	거래처명	가맹점(카드)번호	유형
1		99601	소망카드	1111-2222-3333-4444	매입
2		99603	비씨카드	12345678	매출
3		99701	신한카드	5678-8888-9999-1119	매입
4		99702	사랑카드	24680246	매출
5		99800	국민카드	9440-2657-1111-5558	매입

1. 사업자등록번호 ___-__-_____
2. 가 맹 점 번 호
3. 카드번호(매입) 9440-2657-1111-5558
4. 카드종류(매입) 3 3.사업용카드

(2)

해 설 [거래처별초기이월] 메뉴에서

- 외상매출금 : 거래처코드 입력란에 커서를 두고 코드(또는 F2)를 클릭하여 "610.㈜우리전자"를 검색하여 거래처를 입력하고, 금액 "5,000,000"을 추가 입력한다.
- 외상매출금 : 거래처코드 입력란에 "1014.㈜늑대와여우"를 검색하여 거래처를 입력하고, 금액 "4,800,000"을 추가 입력한다.
- 외상매출금에 대한 차액이 "0"임을 확인한다.
- 위와 동일한 방법으로 외상매입금에 "1002.㈜우주산업 3,200,000, 1005.㈜태양전지 2,200,000"을 추가 입력하고, 외상매입금에 대한 차액이 "0"임을 확인한다.

정답화면 • 외상매출금

코드	계정과목	재무상태표금액
0103	보통예금	130,284,000
0105	정기예금	38,898,000
0108	외상매출금	9,800,000
0110	받을어음	8,760,000
0251	외상매입금	5,400,000
0252	지급어음	67,380,000
0253	미지급금	19,900,000
0259	선수금	40,470,000

코드	거래처	금액
00610	(주)우리전자	5,000,000
01014	(주)늑대와여우	4,800,000
	합 계	9,800,000
	차 액	0

• 외상매입금

코드	계정과목	재무상태표금액
0103	보통예금	130,284,000
0105	정기예금	38,898,000
0108	외상매출금	9,800,000
0110	받을어음	8,760,000
0251	외상매입금	5,400,000
0252	지급어음	67,380,000
0253	미지급금	19,900,000
0259	선수금	40,470,000

코드	거래처	금액
01002	(주)우주산업	3,200,000
01005	(주)태양전지	2,200,000
	합 계	5,400,000
	차 액	0

(3)

해　설 [계정과목및적요등록] 메뉴에서

• "251.외상매입금"을 검색한다.

• "251.외상매입금" 계정의 대체적요란 9번에 "외상대 매입환출"을 입력한다.

정답화면

계정체계	
당좌자산	0101-0145
재고자산	0146-0175
투자자산	0176-0194
유형자산	0195-0217
무형자산	0218-0230
기타비유동자산	0231-0250
유동부채	0251-0290
비유동부채	0291-0330
자본금	0331-0340
자본잉여금	0341-0350
자본조정	0381-0391
기타포괄손익	0392-0399
이익잉여금	0351-0380
매출	0401-0430
매출원가	0451-0470
제조원가	0501-0600
도급원가	0601-0650
보관원가	0651-0700
분양원가	0701-0750
운송원가	0751-0800
판매관리비	0801-0900
영업외수익	0901-0950
영업외비용	0951-0997
법인(소득)	0998~0999

코드/계정과목		성격	관계
	유동부채		
0251	외상매입금	2.일반	
0252	지급어음	6.지급어음	
0253	미지급금	2.일반	
0254	예수금	2.일반	
0255	부가세예수금	2.일반	
0256	당좌차월	1.차입금	
0257	가수금	5.가수금	
0258	예수보증금	2.일반	
0259	선수금	2.일반	
0260	단기차입금	1.차입금	
0261	미지급세금	2.일반	
0262	미지급비용	2.일반	
0263	선수수익	2.일반	
0264	유동성장기부채	1.차입금	
0265	미지급배당금	2.일반	
0266	지급보증채무	2.일반	
0267	수출금융	2.일반	
0268	수입금융	2.일반	
0269	공사손실충당부채	2.일반	
0270	하자보수충당부채	2.일반	
0271	공사선수금	2.일반	
0272	분양선수금	2.일반	
0273	이연법인세부채	2.일반	
0274	사용자설정계정과목		
0275	사용자설정계정과목		
0276	사용자설정계정과목		

계정코드(명)	0251 외상매입금
성격	2.일반 / 외화 0.부
관계코드(명)	
영문명	Trade payables
과목코드	0251 외상매입금
계정사용여부	1 (1:여/2:부) 업무용차 여부 2
계정수정구분	모든 항목 입력/수정 불가
표준재무제표	231 가.외상매입금

적요NO	현금적요
1	외상매입금 현금지급

적요NO	대체적요
4	상품 외상매입
5	원부재료 외상매입
6	용역대금 외상
7	외상대 카드결제등
8	외상대 매입할인
9	외상대 매입환출

04 ㈜육공(코드번호 : 1160)은 컴퓨터를 제조하여 판매하는 중소기업이며, 당기(제5기) 회계기간은 2025. 1. 1. ~ 2025. 12. 31.이다.

다음은 기초정보관리에 대한 자료이다. 각각 요구사항에 대하여 답하시오. [제60회]

(1) 별빛은행에서 통장을 개설하였다. 다음의 내용을 [거래처등록] 메뉴에 입력하시오.

- 코드 : 98100
- 거래처명 : 별빛은행
- 유형 : 보통예금
- 계좌번호 : 871110-88-101033

(2) 전기분 이익잉여금 처분 내용은 다음과 같다. 전기분 잉여금처분계산서를 완성하시오.

- 이익준비금 : 300,000원
- 현금배당 : 3,000,000원
- 주식배당 : 2,000,000원
- 사업확장적립금 : 5,000,000원

(3) 영업외수익의 임대료 계정과목 대체적요에 "6.임대료수익의 선수수익 대체"를 추가 등록하시오.

정답 및 해설

04 (1)

해 설 [거래처등록] 메뉴에서

- [금융기관] 탭을 선택한 후, 좌측 화면에 코드는 "98100", 거래처명은 "별빛은행", 유형은 "보통예금"을 입력한다.
- 우측 화면에 계좌번호는 "871110-88-101033"을 입력한다.

정답화면

일반거래처 | 금융기관 | 신용카드

No	□	코드	거래처명	계좌번호	유형
1		98000	금빛은행		보통예금
2		98001	국민은행		보통예금
3		98002	대박은행		보통예금
4		98100	별빛은행	871110-88-101033	보통예금
5					

1. 계 좌 번 호 871110-88-101033
2. 계좌개설은행/지점
3. 계 좌 개 설 일
4. 예금 종류 / 만기 예금종류 만기
5. 이자율/매월납입액 이자율 % 매월납입액
6. 당 좌 한 도 액
7. 은행 사업자 번호
8. 사 업 용 계 좌 0:부 1:여
9. 전화번호 / 팩스 TEL FAX
10. 거 래 처 분류명
11. 주 소
12. 비 고
13. 사 용 여 부 여 0:부 1:여

구분	납부일	매월납입액	시작년월	종료년월	자금코드	자금항목명

(2)

해　　설　[전기분잉여금처분계산서] 메뉴에서

- 이익잉여금처분액란의 1.이익준비금에 "300,000"을 입력한다.
- 이익잉여금처분액란의 4.배당금 / 가.현금배당(계정과목 : 미지급배당금)에 "3,000,000"을 입력한다.
- 이익잉여금처분액란의 4.배당금 / 나.주식배당(계정과목 : 미교부주식배당금)에 "2,000,000"을 입력한다.
- 이익잉여금처분액란의 5.사업확장적립금(계정과목 : 사업확장적립금)에 "5,000,000"을 입력한다.

정답화면

III.이익잉여금처분액				10,300,000
1.이익준비금	0351	이익준비금	300,000	
2.재무구조개선적립금	0354	재무구조개선적립금		
3.주식할인발행차금상각액	0381	주식할인발행차금		
4.배당금			5,000,000	
가.현금배당	0265	미지급배당금	3,000,000	
주당배당금(률)		보통주(원/%)		
		우선주(원/%)		
나.주식배당	0387	미교부주식배당금	2,000,000	
주당배당금(률)		보통주(원/%)		
		우선주(원/%)		
5.사업확장적립금	0356	사업확장적립금	5,000,000	
6.감채적립금	0357	감채적립금		
7.배당평균적립금	0358	배당평균적립금		

(3)

해　　설　[계정과목및적요등록] 메뉴에서

- 영업외수익의 "904.임대료"를 검색한다.
- 904.임대료 계정의 대체적요란 6번에 "임대료수익의 선수수익 대체"를 입력한다.

정답화면

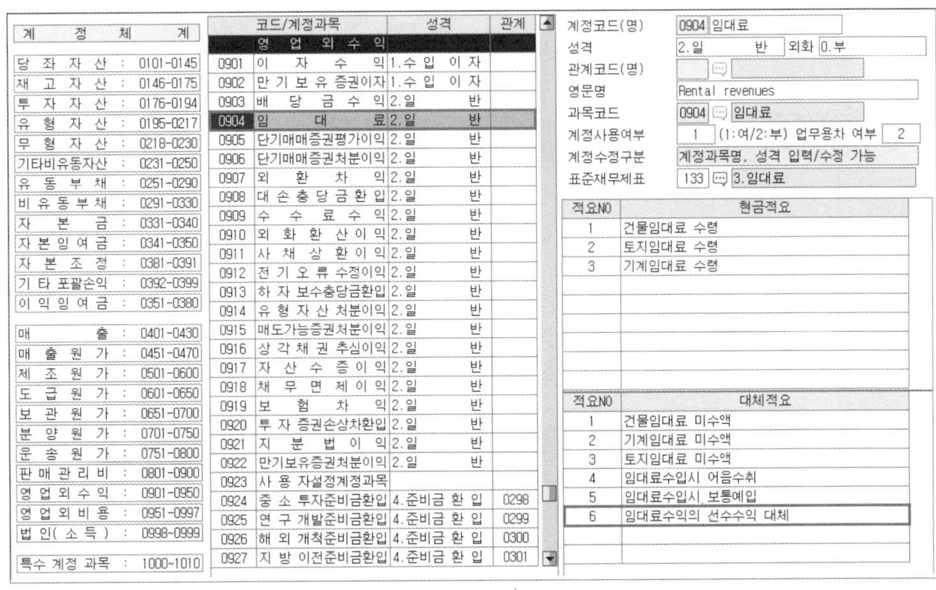

계정체계	
당좌자산	0101-0145
재고자산	0146-0175
투자자산	0176-0194
유형자산	0195-0217
무형자산	0218-0230
기타비유동자산	0231-0250
유동부채	0251-0290
비유동부채	0291-0330
자본금	0331-0340
자본잉여금	0341-0350
자본조정	0381-0391
기타포괄손익	0392-0399
이익잉여금	0351-0380
매출	0401-0430
매출원가	0451-0470
제조원가	0501-0600
도급원가	0601-0650
보관원가	0651-0700
분양원가	0701-0750
운송원가	0751-0800
판매관리비	0801-0900
영업외수익	0901-0950
영업외비용	0951-0997
법인(소득)	0998-0999
특수계정과목	1000~1010

코드/계정과목		성격	관계
	영업외수익		
0901	이자수익	1.수입이자	
0902	만기보유증권이자	1.수입이자	
0903	배당금수익	2.일반	
0904	임대료	2.일반	
0905	단기매매증권평가이익	2.일반	
0906	단기매매증권처분이익	2.일반	
0907	외환차익	2.일반	
0908	대손충당금환입	2.일반	
0909	수수료수익	2.일반	
0910	외화환산이익	2.일반	
0911	사채상환이익	2.일반	
0912	전기오류수정이익	2.일반	
0913	하자보수충당금환입	2.일반	
0914	유형자산처분이익	2.일반	
0915	매도가능증권처분이익	2.일반	
0916	상각채권추심이익	2.일반	
0917	자산수증이익	2.일반	
0918	채무면제이익	2.일반	
0919	보험차익	2.일반	
0920	투자증권손상차환입	2.일반	
0921	지분법이익	2.일반	
0922	만기보유증권처분이익	2.일반	
0923	사용자설정계정과목		
0924	중소투자준비금환입	4.준비금환입	0298
0925	연구개발준비금환입	4.준비금환입	0299
0926	해외개척준비금환입	4.준비금환입	0300
0927	지방이전준비금환입	4.준비금환입	0301

계정코드(명): 0904 임대료
성격: 2.일반 외화 0.부
관계코드(명):
영문명: Rental revenues
과목코드: 0904 임대료
계정사용여부: 1 (1:여/2:부) 업무용차 여부 2
계정수정구분: 계정과목명, 성격 입력/수정 가능
표준재무제표: 133 3.임대료

적요NO	현금적요
1	건물임대료 수령
2	토지임대료 수령
3	기계임대료 수령

적요NO	대체적요
1	건물임대료 미수액
2	기계임대료 미수액
3	토지임대료 미수액
4	임대료수입시 어음수취
5	임대료수입시 보통예입
6	임대료수익의 선수수익 대체

05 ㈜오구(코드번호 : 1159)는 전자제품을 제조하여 판매하는 중소기업이며, 당기(제5기) 회계기간은 2025. 1. 1. ~ 2025. 12. 31.이다.

다음은 기초정보관리에 대한 자료이다. 각각 요구사항에 대하여 답하시오.

(1) 다음의 거래처를 [거래처등록] 메뉴에 추가 입력하시오. [제53회]

코 드	상 호	사업자등록번호	대표자	업 태	종 목	사업장소재지
4100	㈜금강전자	133-81-26371	김창원	도소매	컴퓨터	서울시 강남구 역삼동 30

※ 거래처 유형을 '동시'로 선택한다.

(2) 회사는 제조부 직원 모두 퇴직연금에 가입하기로 하였다. 퇴직급여(제조원가)계정의 대체적요 3번에 "확정기여형퇴직연금 납입"을 등록하고, 퇴직연금운용자산 계정의 대체적요 1번에 "확정급여형퇴직연금부담금 납입"을 등록하시오. (기존 계정과목을 사용한다) [제54회]

정답 및 해설

05 (1)

해 설 [거래처등록] 메뉴에서

- [일반거래처] 탭을 선택한 후, 좌측 화면에 코드는 "4100", 거래처명은 "㈜금강전자", 유형은 "동시"를 입력한다.
- 우측 화면에 사업자등록번호는 "133-81-26371", 대표자성명은 "김창원", 업태는 "도소매", 종목은 "컴퓨터", 주소는 "서울시 강남구 역삼동 30"을 입력한다.

정답화면

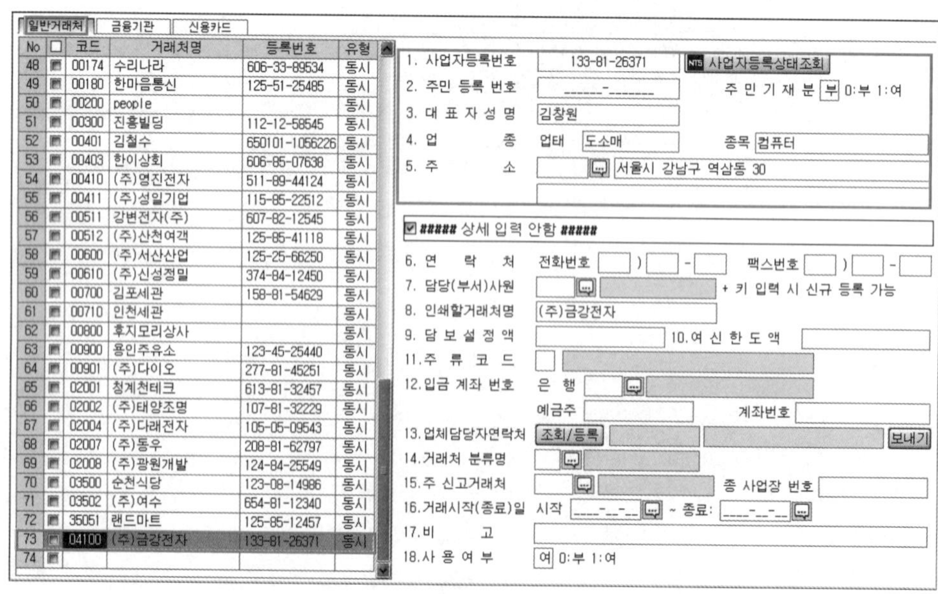

일반거래처 | 금융기관 | 신용카드

No	코드	거래처명	등록번호	유형
48	00174	수리나라	606-33-89534	동시
49	00180	한마음통신	125-51-25485	동시
50	00200	people		동시
51	00300	진흥빌딩	112-12-58545	동시
52	00401	김철수	650101-1056226	동시
53	00403	한이상회	606-85-07638	동시
54	00410	(주)영진전자	511-89-44124	동시
55	00411	(주)성일기업	115-85-22512	동시
56	00511	강변전자(주)	607-82-12545	동시
57	00512	(주)산천여객	125-85-41118	동시
58	00600	(주)서산산업	125-25-66250	동시
59	00610	(주)신성정밀	374-84-12450	동시
60	00700	김포세관	158-81-54629	동시
61	00710	인천세관		동시
62	00800	후지모리상사		동시
63	00900	용인주유소	123-45-25440	동시
64	00901	(주)다이오	277-81-45251	동시
65	02001	청계천테크	613-81-32457	동시
66	02002	(주)태양조명	107-81-32229	동시
67	02004	(주)다래전자	105-05-09543	동시
68	02007	(주)동우	208-81-62797	동시
69	02008	(주)광원개발	124-84-25549	동시
70	03500	순천식당	123-08-14986	동시
71	03502	(주)여수	654-81-12340	동시
72	35051	랜드마트	125-85-12457	동시
73	04100	(주)금강전자	133-81-26371	동시
74				

1. 사업자등록번호 133-81-26371 사업자등록상태조회
2. 주민 등록 번호 ______-_______ 주 민 기 재 분 부 0:부 1:여
3. 대 표 자 성 명 김창원
4. 업 종 업태 도소매 종목 컴퓨터
5. 주 소 서울시 강남구 역삼동 30

상세 입력 안함

6. 연 락 처 전화번호) - 팩스번호) -
7. 담당(부서)사원 + 키 입력 시 신규 등록 가능
8. 인쇄할거래처명 (주)금강전자
9. 담 보 설 정 액 10.여 신 한 도 액
11.주 류 코 드
12.입금 계좌 번호 은 행 예금주 계좌번호
13.업체담당자연락처 조회/등록 보내기
14.거래처 분류명
15.주 신고거래처 종 사업장 번호
16.거래시작(종료)일 시작 ____-__-__ ~ 종료: ____-__-__
17.비 고
18.사 용 여 부 여 0:부 1:여

(2)

해　설　[계정과목및적요등록] 메뉴에서

- 퇴직급여 : 제조원가에서 "508.퇴직급여"를 검색한다.
- 508.퇴직급여 계정의 대체적요란 3번에 "확정기여형퇴직연금 납입"을 입력한다.
- 퇴직연금운용자산 : 투자자산에서 "186.퇴직연금운용자산"을 검색한다.
- 186.퇴직연금운용자산 계정의 대체적요란 1번에 "확정급여형퇴직연금부담금 납입"을 입력한다.

정답화면 • 퇴직급여

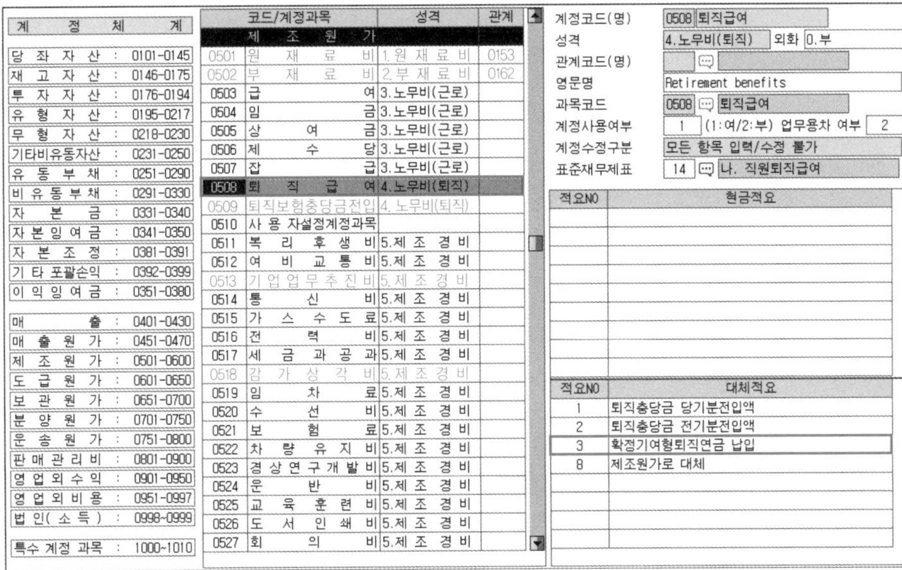

• 퇴직연금운용자산

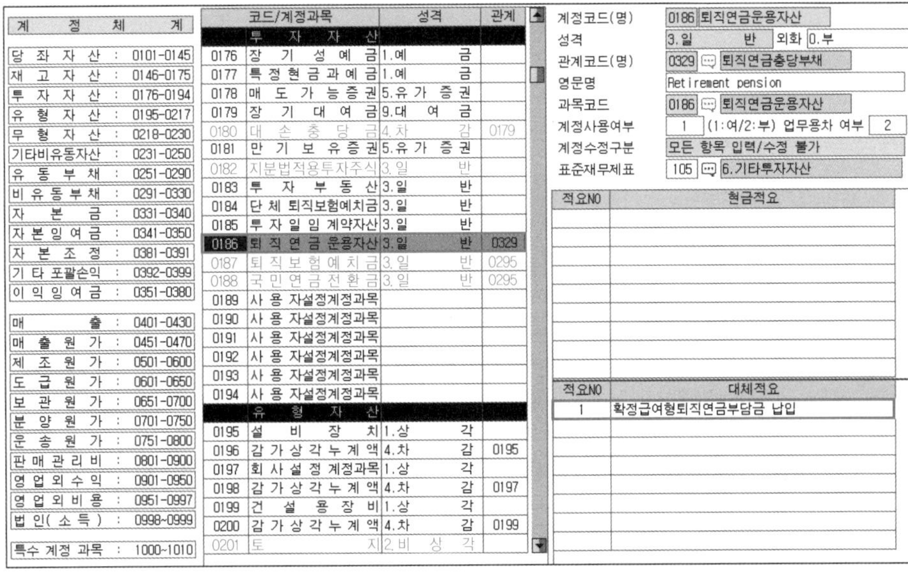

(3) 회사는 거래처인 ㈜서울과 외상매출금 및 외상매입금을 상계한다는 약정이 없음에도 불구하고, 이를 상계하여 전기분 재무상태표를 작성하였다. 실제 ㈜서울의 외상매출금과 외상매입금 총액은 다음과 같으며, 조회되는 금액과의 차액은 모두 ㈜서울의 외상매출금 및 외상매입금이다. 전기분 재무상태표 및 거래처별 초기이월을 수정하시오. [제59회]

- 외상매출금 56,000,000원
- 외상매입금 40,000,000원

정답 및 해설

(3)

해 설

- [거래처별초기이월] 메뉴에서
  - 외상매출금에서 165.㈜서울 "16,000,000"을 "56,000,000"으로 수정 입력한다.
  - 외상매입금에서 거래처코드란에 커서를 두고 코드(또는 F2)를 클릭하여 "165.㈜서울"을 검색하여 거래처를 입력하고, "40,000,000"을 추가 입력한다.
- [전기분재무상태표] 메뉴에서
  - 외상매출금에서 "50,000,000"을 "90,000,000"으로 수정 입력한다.
  - 외상매입금에서 "34,000,000"을 "74,000,000"으로 수정 입력한다.
  - 대차차액 금액이 없음을 확인한다.
- [거래처별초기이월] 메뉴에서
  - [전기분재무상태표]에서 입력한 내용을 불러온다.
    | 방법1 | 화면 상단의 F4 불러오기(또는 F4)를 클릭한 후 예(Y)(또는 Enter)를 클릭한다.
    | 방법2 | 커서를 공란에 두고 조회(또는 F12)를 클릭하여 [전기분재무상태표]에서 수정된 내용을 불러온다.
  - 외상매출금에 대한 차액이 "0"임을 확인한다.
  - 외상매입금에 대한 차액이 "0"임을 확인한다.

정답화면 • 거래처별 초기이월(외상매출금)

F4 불러오기 F8 어음책

코드	계정과목	재무상태표금액
0101	현금	165,000,000
0102	당좌예금	120,000,000
0103	보통예금	305,655,952
0105	정기예금	50,000,000
0106	정기적금	1,590,005
0107	단기매매증권	8,000,000
0108	외상매출금	90,000,000
0109	대손충당금	4,250,000
0110	받을어음	17,000,000
0111	대손충당금	890,000
0120	미수금	2,000,000
0150	제품	10,500,000
0153	원재료	3,500,000
0169	재공품	7,000,000
0202	건물	200,000,000
0203	감가상각누계액	56,000,000
0206	기계장치	56,950,000
0207	감가상각누계액	18,258,000
0208	차량운반구	42,000,000
0209	감가상각누계액	21,000,000
0212	비품	40,000,000

코드	거래처	금액
00102	(주)미래통신	20,000,000
00105	(주)빛날통신	14,000,000
00165	(주)서울	56,000,000
	합 계	90,000,000
	차 액	0

• 거래처별 초기이월(외상매입금)

코드	계정과목	재무상태표금액
0169	재공품	7,000,000
0202	건물	200,000,000
0203	감가상각누계액	56,000,000
0206	기계장치	56,950,000
0207	감가상각누계액	18,258,000
0208	차량운반구	42,000,000
0209	감가상각누계액	21,000,000
0212	비품	40,000,000
0213	감가상각누계액	5,000,000
0251	외상매입금	74,000,000
0252	지급어음	67,380,000
0253	미지급금	52,820,000
0254	예수금	169,957
0255	부가세예수금	1,588,000
0259	선수금	37,020,000
0263	선수수익	1,820,000
0293	장기차입금	220,000,000
0295	퇴직급여충당부채	50,000,000
0331	자본금	480,000,000
0375	이월이익잉여금	29,000,000

코드	거래처	금액
00142	(주)울산	34,000,000
00165	(주)서울	40,000,000
	합 계	74,000,000
	차 액	0

• 전기분 재무상태표

자산		
코드	계정과목	금액
0101	현금	165,000,000
0102	당좌예금	120,000,000
0103	보통예금	305,655,952
0105	정기예금	50,000,000
0106	정기적금	1,590,005
0107	단기매매증권	8,000,000
0108	외상매출금	90,000,000
0109	대손충당금	4,250,000
0110	받을어음	17,000,000
0111	대손충당금	890,000
0120	미수금	2,000,000
0150	제품	10,500,000
0153	원재료	3,500,000
0169	재공품	7,000,000
0202	건물	200,000,000
0203	감가상각누계액	56,000,000
0206	기계장치	56,950,000
0207	감가상각누계액	18,258,000
0208	차량운반구	42,000,000
0209	감가상각누계액	21,000,000
0212	비품	40,000,000
차 변 합 계		1,013,797,957

부채 및 자본		
코드	계정과목	금액
0251	외상매입금	74,000,000
0252	지급어음	67,380,000
0253	미지급금	52,820,000
0254	예수금	169,957
0255	부가세예수금	1,588,000
0259	선수금	37,020,000
0263	선수수익	1,820,000
0293	장기차입금	220,000,000
0295	퇴직급여충당부채	50,000,000
0331	자본금	480,000,000
0375	이월이익잉여금	29,000,000
대 변 합 계		1,013,797,957

⇨ 계정별 합계	
1. 유동자산	775,105,957
①당좌자산	754,105,957
②재고자산	21,000,000
2. 비유동자산	238,692,000
①투자자산	
②유형자산	238,692,000
③무형자산	
④기타비유동자산	
자산총계(1+2)	1,013,797,957
3. 유동부채	234,797,957
4. 비유동부채	270,000,000
부채총계(3+4)	504,797,957
5. 자본금	480,000,000
6. 자본잉여금	
7. 자본조정	
8. 기타포괄손익누계액	
9. 이익잉여금	29,000,000
자본총계(5+6+7+8+9)	509,000,000
부채 및 자본 총계	1,013,797,957
대 차 차 액	

06 ㈜오칠(코드번호 : 1157)은 자동차부품을 제조하여 판매하는 중소기업이며, 당기(제4기) 회계기간은 2025. 1. 1. ~ 2025. 12. 31.이다.
다음은 기초정보관리에 대한 자료이다. 각각 요구사항에 대하여 답하시오. [제57회 수정]

(1) 기존 지번주소로 등록되어 있는 회사등록상의 주소를 아래의 신주소로 변경하시오. (우편번호는 입력하지 말고 주소를 직접 입력하며, 본점 및 사업장 모두 변경할 것)

서울특별시 강남구 도산대로 108(논현동)

(2) 제조경비 중 기계수선과 관련하여 수선외주용역비의 비중이 크므로 계정과목을 별도로 설정하고자 한다. 아래의 계정과목을 추가 등록하시오.

• 코드 : 537	• 계정과목 : 수선외주용역비	• 성격 : 제조경비

정답 및 해설

06 (1)

해　설　[회사등록] 메뉴에서

사업장주소 및 본점주소를 "서울특별시 강남구 논현동 1-3"에서 "서울특별시 강남구 도산대로 108 (논현동)"로 수정 입력한다.

정답화면

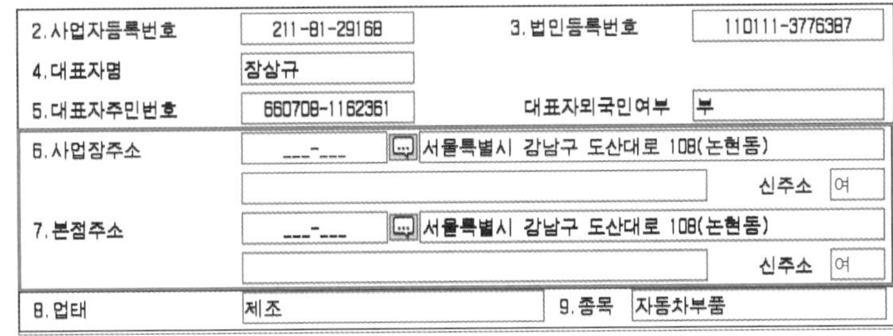

2.사업자등록번호	211-81-29168	3.법인등록번호	110111-3776387
4.대표자명	장상규		
5.대표자주민번호	660708-1162361	대표자외국인여부	부
6.사업장주소	___-___	서울특별시 강남구 도산대로 108(논현동)	
		신주소	여
7.본점주소	___-___	서울특별시 강남구 도산대로 108(논현동)	
		신주소	여
8.업태	제조	9.종목	자동차부품

참고 '신주소 여부'란은 채점대상이 아니므로 '부'로 두어도 상관없다.

(2)

해　설　[계정과목및적요등록] 메뉴에서

- 코드 537을 이용하여 제조경비의 "537.사용자설정계정과목"을 검색한다.
  계정과목코드란에 커서를 두고 "537"을 입력하면 해당하는 코드번호로 자동으로 이동한다.
- 우측 화면에서 계정코드(명)는 "수선외주용역비"로 입력하고, 성격은 "5.제조경비"로 선택한다.

정답화면

계정체계
당좌자산 : 0101-0145
재고자산 : 0146-0175
투자자산 : 0176-0194
유형자산 : 0195-0217
무형자산 : 0218-0230
기타비유동자산 : 0231-0250
유동부채 : 0251-0290

코드	계정과목	성격	관계
0534	시험비	5.제조경비	
0535	기밀비	5.제조경비	
0536	잡비	5.제조경비	
0537	수선외주용역비	5.제조경비	
0538	사용자설정계정과목		
0539	사용자설정계정과목		
0540	사용자설정계정과목		
0541	사용자설정계정과목		

계정코드(명)	0537 수선외주용역비
성격	5.제조경비 외화 0.부
관계코드(명)	
영문명	User setup accounts
과목코드	0537 사용자설정계정과목
계정사용여부	1 (1:여/2:부) 업무용차 여부 2
계정수정구분	계정과목명, 성격 입력/수정 가능
표준재무제표	39 24. 기타

(3) 다음은 전기분 자료 중 원재료, 재공품, 제품의 기말재고액이다. 주어진 자료로 추가 수정 입력하여 관련 전기분 재무제표를 수정하시오.

• 원재료 : 4,000,000원	• 재공품 : 8,000,000원	• 제품 : 12,000,000원

정답 및 해설

(3)

해 설 • [전기분재무상태표] 메뉴에서

· 153.원재료 "3,500,000"에서 "4,000,000"으로 수정 입력한다.

· 169.재공품 "7,000,000"에서 "8,000,000"으로 수정 입력한다.

· 150.제품 "10,500,000"에서 "12,000,000"으로 수정 입력한다.

• [전기분원가명세서] 메뉴에서

· 화면을 열어서 조회하고, [전기분재무상태표] 메뉴에서 수정된 기말 원재료 및 기말 재공품 재고액이 자동 반영되어 있음을 확인한다.

• [전기분손익계산서] 메뉴에서

· 화면을 열어서 조회하고, 제품매출원가 보조창에서 [전기분재무상태표] 메뉴에서 수정된 기말 제품 재고액이 자동 반영되어 있음을 확인한다.

· 제품매출원가 보조창에서 '당기제품제조원가'를 [전기분원가명세서] 메뉴에서 계산된 금액인 "92,000,000"으로 수정 입력한다.

• [전기분잉여금처분계산서] 메뉴에서

· 화면 상단의 F6 불러오기를 클릭하여 [전기분손익계산서]에서 계산된 수정 후 당기순이익을 반영시킨다.

• [전기분재무상태표] 메뉴에서

· '이월이익잉여금' 계정 금액이 [전기분잉여금처분계산서] 메뉴의 '미처분이익잉여금 32,000,000'과 일치하는지 확인한다.

· 대차차액 금액이 없음을 확인한다.

정답화면 • 전기분 재무상태표

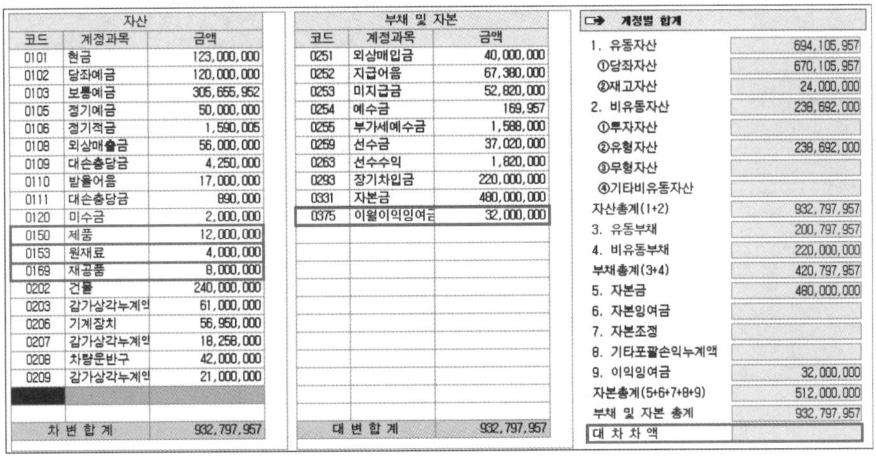

코드	계정과목	금액
0101	현금	123,000,000
0102	당좌예금	120,000,000
0103	보통예금	305,655,952
0105	정기예금	50,000,000
0106	정기적금	1,590,005
0108	외상매출금	56,000,000
0109	대손충당금	4,250,000
0110	받을어음	17,000,000
0111	대손충당금	890,000
0120	미수금	2,000,000
0150	제품	12,000,000
0153	원재료	4,000,000
0169	재공품	8,000,000
0202	건물	240,000,000
0203	감가상각누계액	61,000,000
0206	기계장치	56,950,000
0207	감가상각누계액	18,258,000
0208	차량운반구	42,000,000
0209	감가상각누계액	21,000,000
	차 변 합 계	932,797,957

코드	계정과목	금액
0251	외상매입금	40,000,000
0252	지급어음	67,380,000
0253	미지급금	52,820,000
0254	예수금	169,957
0255	부가세예수금	1,588,000
0259	선수금	37,020,000
0263	선수수익	1,820,000
0293	장기차입금	220,000,000
0331	자본금	480,000,000
0375	이월이익잉여금	32,000,000
	대 변 합 계	932,797,957

계정별 합계	
1. 유동자산	694,105,957
①당좌자산	670,105,957
②재고자산	24,000,000
2. 비유동자산	238,692,000
①투자자산	
②유형자산	238,692,000
③무형자산	
④기타비유동자산	
자산총계(1+2)	932,797,957
3. 유동부채	200,797,957
4. 비유동부채	220,000,000
부채총계(3+4)	420,797,957
5. 자본금	480,000,000
6. 자본잉여금	
7. 자본조정	
8. 기타포괄손익누계액	
9. 이익잉여금	32,000,000
자본총계(5+6+7+8+9)	512,000,000
부채 및 자본 총계	932,797,957
대 차 차 액	

• 전기분 원가명세서

코드	계정과목	금액
0501	원재료비	61,000,000
0504	임금	15,000,000
0511	복리후생비	1,800,000
0515	가스수도료	1,500,000

원재료

기초원재료재고액		5,000,000
당기원재료매입액	+	60,000,000
매입환출및에누리	-	
매입할인	-	
타계정에서대체액	+	
타계정으로대체액	-	
원재료평가손실	+	
원재료평가환입	-	
기말원재료재고액	-	4,000,000
원재료비	=	61,000,000

확인(Tab)

계정별 합계	
1.원재료비	61,000,000
2.부재료비	
3.노무비	15,000,000
4.경비	20,770,000
5.당기총제조비용	96,770,000
6.기초재공품재고액	3,230,000
7.타계정에서대체액	
8.합계	100,000,000
9.기말재공품재고액	8,000,000
10.타계정으로대체액	
11.당기제품제조원가	92,000,000

• 전기분 손익계산서

코드	계정과목	금액
0404	제품매출	240,000,000
0455	제품매출원가	115,000,000
0801		
0811		
0814		
0815		
0817		
0818		
0819		
0820		
0822		
0824		
0826		
0831		
0848		
0901		
0951		
0980		

매출원가

기초제품재고액		35,000,000
당기제품제조원가	+	92,000,000
매입환출및에누리	-	
매입할인	-	
타계정에서대체액	+	
타계정으로대체액	-	
관세환급금	-	
제품평가손실	+	
제품평가손실환입	-	
기말제품재고액	-	12,000,000
매출원가	=	115,000,000

확인(Tab)

계정별 합계	
1.매출	240,000,000
2.매출원가	115,000,000
3.매출총이익(1-2)	125,000,000
4.판매비와관리비	102,500,000
5.영업이익(3-4)	22,500,000
6.영업외수익	500,000
7.영업외비용	6,000,000
8.법인세비용차감전순이익(5+6-7)	17,000,000
9.법인세비용	
10.당기순이익(8-9)	17,000,000
11.주당이익(10/주식수)	

• 전기분 잉여금처분계산서

F4 칸추가 | F6 불러오기 | CF3 기본 과목으로 변경

처분확정일자 : 2025 년 2 월 25 일 < F4 삽입, F5 삭제 가능 >

과목	계정과목명 코드	계정과목	제 3(전)기 2024년01월01일~2024년12월31일 금액 입력금액	합계
Ⅰ. 미처분이익잉여금				32,000,000
1.전기이월미처분이익잉여금			15,000,000	
2.회계변경의 누적효과	0369	회계변경의누적효과		
3.전기오류수정이익	0370	전기오류수정이익		
4.전기오류수정손실	0371	전기오류수정손실		
5.중간배당금	0372	중간배당금		
6.당기순이익			17,000,000	

금융·세무회계 전문 교육기관 해커스금융
fn.Hackers.com

제 3 장

재무회계

[이론]

제 3 장

재무회계

Overview

재무회계는 이론시험 전체 15문제 중 평균적으로 6문제가 출제된다.

(이론시험 : 1문제당 2점의 배점으로 출제되어 총 30점 만점으로 구성)

재무회계의 경우 전산회계 1급 이론시험에서 60% 이상의 배점을 차지한다. 각 계정과목의 거래 형태와 그에 대한 회계처리를 설명하며, 계정과목의 정의와 거래 내용을 파악하고, 거래의 8요소의 결합관계에 입각해서 회계처리를 이해하는 것이 중요하다.

출제비중

구 분	출제문항
제1절 당좌자산	평균적으로 6문제가 출제된다. 간혹 하나의 절에서 3문제 이상 출제되는 경우도 있다.
제2절 재고자산	
제3절 비유동자산	
제4절 부채	
제5절 자본	
제6절 수익과 비용	
제7절 기말수정분개	

금융·세무회계 전문 교육기관 해커스금융
fn.Hackers.com

학습전략

1. 회계처리의 이해

분개에서 사용되는 계정과목이 자산·부채·자본·수익·비용 중 어디에 해당하는지를 파악한 후, 거래 8요소의 결합관계를 바탕으로 분개의 구성 원리를 이해하고 자연스럽게 익히자.

2. 기출분개연습 활용

각 절에 수록된 '기출분개연습'을 풀면서 분개 관련 문제에 익숙해지자.

*분개입력은 ㈜연습(코드 : 1301) 데이터를 사용하여 [일반전표입력] 메뉴에서 연습할 수 있습니다.

제1절 | 당좌자산

01 당좌자산

최근 88회 시험 중 10회 기출

(1) 유동자산

유동자산이란 보고기간 종료일로부터 1년 이내에 현금화되는 자산을 말한다.

유동자산은 당좌자산과 재고자산으로 나누어진다.

(2) 당좌자산의 정의

당좌자산이란 판매과정을 거치지 않고 보고기간 종료일로부터 1년 이내에 현금화되는 자산을 말한다.

(3) 당좌자산에 해당하는 계정과목

계정과목	내 용
현 금	통화(지폐, 동전)와 통화대용증권(타인발행수표, 자기앞수표, 우편환증서 등)
보통예금	수시로 자유로이 입·출금할 수 있는 통장식 은행예금
당좌예금	은행과의 당좌거래 약정에 의하여 당좌수표를 발행할 수 있는 예금
현금성자산	채무증권이나 금융상품 중에서 취득 당시에 만기가 3개월 이내인 것
현금및현금성자산	외부보고용 재무상태표에서 사용되는 통합 표시 계정으로서, '현금 + 요구불예금(보통예금, 당좌예금 등) + 현금성자산'을 말함
단기금융상품[1]	만기가 결산일로부터 1년 이내에 도래하는 금융상품(정기예금, 정기적금, 양도성예금증서(CD), CMA 등)으로서 현금성자산이 아닌 것
단기매매증권[1]	기업이 여유자금으로 단기간 내에 매매차익을 얻기 위하여 취득하는 유가증권(주식 등 지분증권, 회사채 등 채무증권)
단기대여금[1]	차용증서를 받고 타인에게 빌려준 금전으로서 만기가 결산일로부터 1년 이내에 도래하는 것
외상매출금	기업의 주된 영업활동(일반적인 상거래)인 상품매출을 하고 아직 받지 않은 외상대금
받을어음	기업의 주된 영업활동(일반적인 상거래)인 상품매출을 하고 이에 대한 대금으로 상대방으로부터 받은 어음
매출채권	외부보고용 재무상태표에서 사용되는 통합 표시 계정으로서, '외상매출금 + 받을어음'을 말함
대손충당금	상대방의 파산 등의 사유로 인하여 외상매출금, 받을어음 등을 회수하지 못할 가능성을 추정하여 금액으로 표시하는 차감적 평가계정 참고 외상매출금, 받을어음 등의 차감계정
미수금	일반적인 상거래 이외의 거래에서 발생한 외상대금

미수수익	당기에 속하는 수익 중 차기에 회수될 예정인 것(미수이자, 미수임대료 등)으로서 기말 결산 시 발생주의에 따라 추가 계상하는 수익상당액
선급금	계약금 성격으로 미리 지급한 대금
선급비용	당기에 지급한 비용 중 차기 비용에 해당하는 부분(선급이자, 선급임차료, 선급보험료 등)으로서 기말 결산 시 발생주의에 따라 차감하는 비용상당액
소모품	소모품 구입 시 이를 자산으로 처리한 것
가지급금	금전을 지급하였으나 그 내용이 확정되지 않았을 경우 그 내용이 확정될 때까지 임시적으로 사용하는 계정과목
부가세대급금	외부로부터 재화나 용역을 구입할 때 부담하는 부가가치세로서 매입세액공제를 받을 수 있는 것
선납세금	법인세 중간예납세액 + 법인의 이자수익에 대한 원천납부세액
현금과부족	장부상 현금 잔액과 금고에 있는 실제 현금 잔액이 일치하지 않을 경우 그 원인이 밝혀질 때까지 임시적으로 사용하는 계정과목

[1] 외부보고용 재무상태표를 작성할 때 '단기금융상품 + 단기매매증권 + 단기대여금'에 대하여, 각 항목의 금액이 중요한 경우에는 각각 구분 표시하지만, 중요하지 않은 경우에는 이를 합하여 '단기투자자산' 계정으로 통합 표시할 수 있다.

참고 **기업 내부 목적용 상세 계정과목**

기업 내부적으로 거래를 자세히 기록·관리하기 위하여 필요한 경우에는 상세 계정과목을 사용하여 회계처리한 다음, 재무제표를 작성할 때 상기 계정과목으로 합산하여 표시한다. 예를 들어, 단기금융상품에 대한 상세 계정과목에는 정기예금, 정기적금 등이 있다.

02 현금및현금성자산

최근 88회 시험 중 22회 기출

현금및현금성자산이란 자산 중에서 결제수단으로 자유롭게 사용 가능한 것들을 통틀어 나타내는 개념으로서 '현금 + 요구불예금(보통예금, 당좌예금 등) + 현금성자산'으로 구성되어 있다.

기업 내부적으로 회계처리를 할 때는 현금 계정, 보통예금 계정 등을 사용하고, 외부보고용 재무제표를 작성할 때는 현금및현금성자산 계정으로 통합 표시한다.

(1) 현금

현금은 기업이 보유하고 있는 자산 중 유동성이 가장 높은 자산이다.

회계상 현금은 지폐나 동전 등의 통화뿐만 아니라 통화처럼 사용할 수 있는 통화대용증권을 포함한다. 예를 들어 거래처로부터 통화대용증권인 자기앞수표를 받은 경우 이는 장부에 현금 계정으로 기록된다.

- 통화 : 지폐, 동전
- 통화대용증권 : 은행발행 자기앞수표, 타인발행 당좌수표, 송금수표, 우편환증서, 만기가 도래한 공·사채의 이자표, 배당금지급통지표 등

기출포인트

우표나 수입인지는 통화대용증권(현금)으로 보지 않고 통신비나 세금과공과 등 비용으로 분류한다.

(2) 요구불예금

요구불예금이란 만기가 없이 언제든지 인출할 수 있는 예금을 말하며, 보통예금, 당좌예금 등이 여기에 해당한다.

- 보통예금 : 만기가 없이 수시로 자유로이 입·출금할 수 있는 통장식 은행예금
- 당좌예금 : 은행과의 당좌거래 약정에 의하여 현금을 예입하고 당좌수표를 발행하여 언제든지 인출할 수 있는 예금

(3) 현금성자산

현금성자산이란 ㉠ 큰 거래비용 없이 현금으로 전환이 용이하고 ㉡ 이자율 변동에 따른 가치변동의 위험이 중요하지 않은 것으로서 ㉢ **취득 당시**에 만기가 3개월 이내인 **채무증권 또는 금융상품**을 말한다.

만기가 3개월 이내인지 여부를 판단하는 기산일은 결산일이 아니라 취득일이라는 점에 주의해야 한다.

주식(지분증권)은 만기가 없기 때문에 현금성자산에 포함되지 않는다. 다만, 상환우선주의 경우에는 만기 성격인 상환일이 정해져 있으므로 예외로 한다.

현금성자산의 예는 다음과 같다.

- 취득 당시에 만기가 3개월 이내에 도래하는 채무증권 (국채, 공채, 회사채)
- 취득 당시에 상환일이 3개월 이내에 도래하는 상환우선주
- 취득 당시에 3개월 이내의 환매조건인 환매채
- 취득 당시에 만기가 3개월 이내에 도래하는 금융상품 (정기예금, 정기적금, CD, CMA 등)

기출확인문제

*2025년 출제예상

다음 자료에 의하여 결산 재무상태표에 표시되는 현금및현금성자산은 얼마인가? (제32회 수정)

- 당좌예금 : 150,000원
- 보통예금 : 120,000원
- 자기앞수표 : 500,000원
- 양도성예금증서(30일 만기) : 500,000원

① 1,270,000원
② 1,500,000원
③ 620,000원
④ 270,000원

정답 ①

해설
- 당좌예금, 보통예금 : 요구불예금
- 자기앞수표 : 통화대용증권
- 양도성예금증서(30일 만기) : 현금성자산
- 현금및현금성자산
  = 통화 + 통화대용증권 + 요구불예금 + 현금성자산
  = 150,000 + 120,000 + 500,000 + 500,000
  = 1,270,000원

03 당좌수표와 당좌차월

최근 88회 시험 중 3회 기출

(1) 당좌수표의 정의

당좌수표란 당좌예금을 예입한 발행인이 수표소지인에게 일정한 금액을 지급하겠다는 내용을 기재한 증서를 말한다.

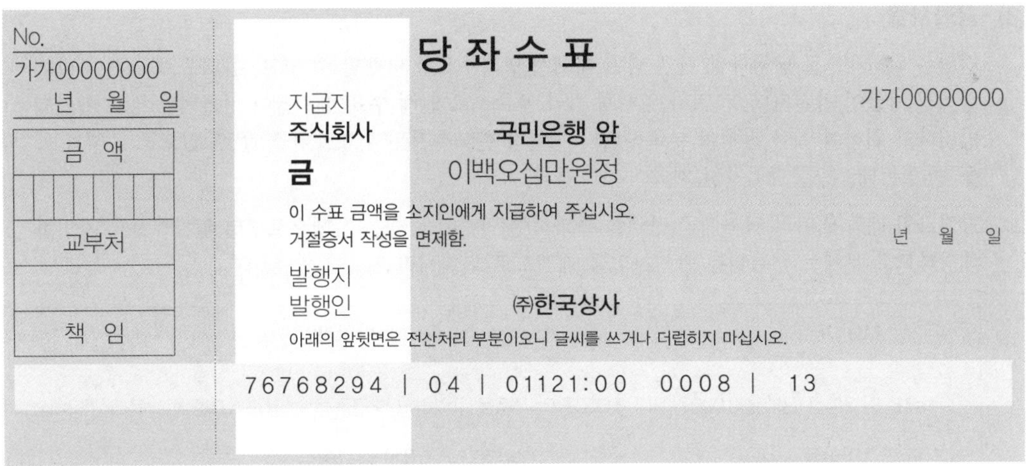
No.
가가00000000
년 월 일
금 액
교부처
책 임
당 좌 수 표
가가00000000
지급지
주식회사 국민은행 앞
금 이백오십만원정
이 수표 금액을 소지인에게 지급하여 주십시오.
거절증서 작성을 면제함.
년 월 일
발행지
발행인 ㈜한국상사
아래의 앞뒷면은 전산처리 부분이오니 글씨를 쓰거나 더럽히지 마십시오.
76768294 | 04 | 01121:00 0008 | 13

참고 **인터넷뱅킹**

최근에는 인터넷뱅킹이 보편화됨에 따라 실무에서 당좌수표는 그 쓰임새가 많이 줄어들었다. 그러나 이론적으로나 수험목적으로는 당좌수표는 여전히 중요한 주제에 해당한다.

(2) 당좌수표의 회계처리

① **당사가 당좌수표를 발행하면 당좌예금 계정을 대변**

당좌예금의 예금주인 기업 입장에서 볼 때 당좌수표를 발행하면 당좌예금 잔고가 감소하므로, 당사가 당좌수표를 발행하면 당좌예금 계정을 대변으로(자산의 감소) 회계처리한다.

(차) [계정명]	xxx	(대) 당좌예금	xxx

[사례] 상품을 4,000원에 구입하고 대금은 당좌수표를 발행하여 지급하였다.

(차) 상품	4,000	(대) 당좌예금	4,000

② **타인발행 당좌수표는 현금 계정**

타인발행 당좌수표(타인발행수표)란 다른 회사가 발행한 당좌수표를 말한다.

당사 입장에서 볼 때 타인발행 당좌수표는 언제든지 현금으로 바꿀 수 있는 통화대용증권에 해당한다. 따라서 타인발행 당좌수표를 수령하면 현금 계정을 차변으로(자산의 증가), 보유하고 있던 타인발행 당좌수표를 대금 결제에 사용하면 현금 계정을 대변으로(자산의 감소) 회계처리한다.

(차) 현금	xxx	(대) [계정명]	xxx

[사례] 상품을 5,000원에 판매하고 상대방 거래처가 발행한 당좌수표를 받았다.

(차) 현금	5,000	(대) 상품매출	5,000

(차) [계정명]	xxx	(대) 현금	xxx

[사례] 상품을 2,000원에 구입하고 대금은 보유하고 있던 타인발행 당좌수표로 지급하였다.

(차) 상품	2,000	(대) 현금	2,000

(3) 당좌차월

기업은 원칙적으로 당좌예금 잔액 범위 내에서 당좌수표를 발행할 수 있고, 잔액을 초과하여 발행하면 은행에서 지급이 거절된다. 그러나 일시적 자금 부족으로 인해 수표의 지급이 거절되고 부도 처리되는 것을 방지하기 위하여 예금 잔액이 부족하더라도 일정 한도까지는 수표발행을 할 수 있도록 은행과 약정을 맺을 수 있는데, 이를 당좌차월 계약이라고 한다.

당좌차월 계약에 따라 당좌예금 잔액을 초과하여 인출된 금액은 은행으로부터 일시적으로 차입한 금액에 해당하므로 부채로 분류되는 단기차입금 계정으로 회계처리한다.

(차) [계정명]	xxx	(대) 단기차입금	xxx

[사례] 당좌예금 잔액은 3,000원인데, 4,000원의 상품을 구입하고 대금을 전액 당좌수표를 발행하여 지급하였다.

(차) 상품	4,000	(대) 당좌예금	3,000
		단기차입금[1]	1,000

[1] 기중에는 '당좌차월'이라는 임시 계정과목을 사용하다가 기말 결산 때 단기차입금으로 계정 대체하는 것도 가능하다.

(4) 자기앞수표의 정의

자기앞수표란 발행인인 은행이 수표소지인에게 일정한 금액을 지급하겠다는 내용을 기재한 증서를 말한다.

즉, 자기앞수표란 발행인이 은행인 수표를 말하는 것이며, 이는 일상생활에서 현금처럼 사용되고 있는 대표적인 통화대용증권에 해당한다.

자 기 앞 수 표

지급지 가가00000000
주식회사 국민은행 앞
₩ 100,000 (금일십만원정)
이 수표 금액을 소지인에게 지급하여 주십시오.
거절증서 작성을 면제함. 년 월 일
발행지
주식회사 국민은행
아래의 앞뒷면은 전산처리 부분이오니 글씨를 쓰거나 더럽히지 마십시오.
76768294 | 04 | 01121:00 0008 | 13

(5) 자기앞수표의 회계처리

자기앞수표는 통화대용증권이므로 **현금** 계정으로 회계처리한다. 따라서 자기앞수표를 수령하면 현금 계정을 차변으로(자산의 증가), 보유하고 있던 자기앞수표를 대금 결제에 사용하면 현금 계정을 대변으로(자산의 감소) 회계처리한다.

(차) 현금	xxx	(대) [계정명]	xxx
[사례] 상품을 6,000원에 판매하고 자기앞수표를 받았다.			
(차) 현금	6,000	(대) 상품매출	6,000

(차) [계정명]	xxx	(대) 현금	xxx
[사례] 상품을 3,000원에 구입하고 대금은 보유하고 있던 자기앞수표로 지급하였다.			
(차) 상품	3,000	(대) 현금	3,000

04 단기금융상품

최근 88회 시험 중 2회 기출

단기금융상품이란 금융기관에서 불특정 다수의 고객을 상대로 개발한 정형화된 금융상품(정기예금, 정기적금, 양도성예금증서(CD), 어음관리계좌(CMA), 환매채(RP), 신종기업어음(CP) 등) 중에서 당사가 보유하고 있는 것으로서 만기가 결산일로부터 1년 이내에 도래하지만 현금성자산이 아닌 것을 말한다.

기업이 보유하는 금융상품은 그 만기에 따라 다음과 같이 분류한다.

- 현금및현금성자산 : 취득 당시 만기가 3개월 이내
- 단기금융상품 : 결산일로부터 만기가 1년 이내
- 장기금융상품 : 결산일로부터 만기가 1년 이후

예를 들어 기업이 정기예금을 개설했을 때, 개설 당시에 만기가 3개월 이내에 도래하는 경우에는 현금및현금성자산으로 분류하고, 만기가 결산일로부터 1년 이내에 도래하는 경우에는 단기금융상품으로, 만기가 결산일로부터 1년 이후에 도래하는 경우에는 장기금융상품으로 분류한다.

단기금융상품의 경우 기업 내부적으로는 정기예금, 정기적금 등 상세 계정과목을 사용하여 회계처리하고, 재무상태표를 작성할 때에는 단기금융상품 계정으로 합산하여 표시한다.

참고 사용이 제한되어 있는 예금

- 보통예금이나 당좌예금이라 하더라도 사용이 제한되어 있는 경우(예 차입금에 대한 담보로 제공된 예금)에는 이를 현금및현금성자산으로 분류할 수 없다.
- 사용이 제한되어 있는 예금은 만기에 따라 단기·장기금융상품으로 분류하며, 그 내용을 주석에 기재하여야 한다.

| 용어 알아두기 |

- 정기예금 : 정해진 기간 동안 일정한 금액을 예치한 후 만기가 되면 이자와 원금을 돌려받는 금융상품
- 정기적금 : 정해진 기간 동안 매월 일정 금액을 불입한 후 만기가 되면 이자와 원금을 돌려받는 금융상품
- 양도성예금증서(CD, Certificate of Deposit) : 예금의 만기일에 예금증서 소지인에게 원금과 이자를 지급하는 무기명 정기예금증서
- 어음관리계좌(CMA, Cash Management Account) : 종금사에서 예탁금을 어음이나 채권에 투자하여 그 수익을 돌려주는 실적배당 상품
- 환매채(RP, Repurchase Agreement) : 환매조건부채권의 줄임말로 발행기관이 일정 기간 후에 다시 매입하는 조건으로 판매하는 채권
- 신종기업어음(CP, Commercial Paper) : 신용도 높은 우량기업이 단기적인 자금조달을 위해 발행하는 단기 무담보 융통어음

05 유가증권

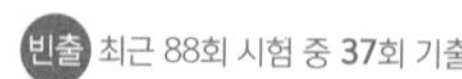

(1) 개요

유가증권이란 재산적인 권리를 표시하는 증서를 말한다.

유가증권은 증권시장 등을 통하여 거래되며 여유자금이 있는 기업은 이를 취득한다.

유가증권의 형태는 지분증권과 채무증권으로 나눌 수 있다.

지분증권이란 주식 등과 같이 발행한 회사의 순자산에 대한 소유권을 나타내는 유가증권을 말한다. 지분증권은 만기가 없다. 지분증권을 취득하면 보유기간 동안 배당을 받고 주주총회에서 의결권을 행사할 수 있다.

채무증권이란 국채, 공채, 회사채 등과 같이 발행자에게 금전을 청구할 수 있는 권리를 나타내는 유가증권을 말한다. 채무증권은 만기가 있다. 채무증권을 취득하면 보유기간 동안 이자를 받고 만기가 되면 액면금액을 받는다.

(2) 계정과목

기업이 유가증권을 취득하면, 유가증권의 형태가 지분증권(주식)인지 채무증권(채권)인지에 따라, 그리고 기업이 유가증권을 보유하는 목적이 무엇인지에 따라 해당 유가증권을 단기매매증권, 만기보유증권, 지분법적용투자주식, 매도가능증권 중 하나의 계정과목으로 처리한다.

계정과목	보유목적	유가증권 형태		재무상태표에서의 위치
		주 식	채 권	
단기매매증권	단기간 내의 매매차익 목적	O	O	당좌자산
만기보유증권	만기까지 보유할 목적	X	O	투자자산 (만기가 1년 이내로 도래하면 유동자산)
지분법적용투자주식	유의적인 영향력을 행사할 목적	O	X	투자자산
매도가능증권	장기투자 목적	O	O	투자자산 (만기가 1년 이내로 도래하면 유동자산)

참고 단기매매증권이 시장성을 상실한 경우

단기매매증권이 시장성을 상실한 경우에는 매도가능증권으로 재분류하여야 한다.

기출포인트

- 지분증권(주식)은 만기가 없으므로 만기보유증권 계정과목으로 처리할 수 없다.
- 채무증권(채권)은 주주총회에서 의결권을 행사할 수 없으므로 지분법적용투자주식 계정과목으로 처리할 수 없다.
- 채무증권(채권)이면서 그 만기가 당기 결산일로부터 1년 이내에 도래하는 경우에는, 만기보유증권 계정과목 또는 매도가능증권 계정과목으로 처리되어 있다 하더라도 당기말 재무상태표 작성 시 이를 유동자산(당좌자산)으로 분류한다.
- 만약 채무증권(채권)이면서 취득 당시에 만기가 3개월 이내에 도래하는 경우라면 이를 현금성자산 계정과목(현금및현금성자산)으로 처리한다.

06 단기매매증권

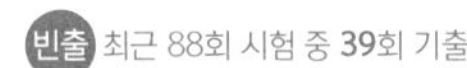
빈출 최근 88회 시험 중 39회 기출

단기매매증권이란 단기간 내의 매매차익을 목적으로 취득한 유가증권을 말한다.

(1) 단기매매증권의 취득

단기매매증권의 경우 해당 주식이나 채권의 **순수한 매입가액**(취득 시점의 공정가치)만 **취득원가**로 처리하고, 수수료 등 취득과 관련하여 발생하는 **취득부대비용은 당기 비용(영업외비용)**으로 처리한다.

(차) 단기매매증권	xxx	**(대) [계정명]**	xxx
수수료비용	xxx		

[사례] 단기매매차익을 목적으로 주식 10주를 주당 2,000원에 매입하였으며 매입수수료 1,000원을 포함하여 현금으로 지급하였다.

(차) 단기매매증권	20,000	(대) 현금	21,000
수수료비용(영업외비용)	1,000		

참고 유가증권 취득 시 취득부대비용의 회계처리

- 자산 취득 시 발생하는 취득부대비용은 해당 자산의 취득원가로 처리하는 것이 원칙이다.
- 단기매매증권의 경우만은 예외적으로 취득부대비용을 당기 비용(영업외비용)으로 처리한다. 이는 단기매매증권의 성격상 순수한 매입가액을 사용하여 매매수익률을 산정해 보아야 할 필요가 있기 때문이다.
- 따라서 취득하는 유가증권을 단기매매증권 계정과목이 아니라 매도가능증권이나 만기보유증권 등의 계정과목으로 처리하는 경우에는, 취득부대비용을 일반적인 원칙에 따라 자산의 취득원가로 처리한다.

(2) 보유기간 중 배당금수익 및 이자수익

단기매매증권을 보유하는 기간 중에 주식에 대한 배당금을 받았을 경우에는 배당금수익 계정(수익)을, 채권에 대한 이자를 받았을 경우에는 이자수익 계정(수익)을 인식한다.

(차) [계정명]	xxx	**(대) 배당금수익**	xxx

[사례] 보유 중인 단기매매증권(주식)에 대하여 배당금 1,000원이 보통예금으로 입금되었다.

(차) 보통예금	1,000	(대) 배당금수익	1,000

(차) [계정명]	xxx	(대) 이자수익	xxx

[사례] 보유 중인 단기매매증권(채권)에 대하여 이자 1,500원이 보통예금으로 입금되었다.

(차) 보통예금	1,500	(대) 이자수익	1,500

(3) 단기매매증권의 기말평가

단기매매증권을 취득하여 기말 현재 보유하고 있는 경우에는 이를 기말 공정가치(시가)로 평가한다.

기말 공정가치가 평가 전 장부금액보다 크다면 단기매매증권평가이익 계정(수익)을, 기말 공정가치가 평가 전 장부금액보다 작다면 단기매매증권평가손실 계정(비용)을 인식한다.

기말 공정가치 > 평가 전 장부금액 : 단기매매증권평가이익

(차) 단기매매증권	xxx	(대) 단기매매증권평가이익	xxx

[사례] 당기 중에 단기매매차익을 목적으로 매입가액 10,000원에 취득한 주식의 기말(12월 31일) 공정가치가 12,000원으로 상승하였다.

12월 31일 (차) 단기매매증권	2,000	(대) 단기매매증권평가이익	2,000

기말 공정가치 < 평가 전 장부금액 : 단기매매증권평가손실

(차) 단기매매증권평가손실	xxx	(대) 단기매매증권	xxx

[사례] 당기 중에 단기매매차익을 목적으로 매입가액 10,000원에 취득한 채권의 기말(12월 31일) 공정가치가 9,000원으로 하락하였다.

12월 31일 (차) 단기매매증권평가손실	1,000	(대) 단기매매증권	1,000

(4) 단기매매증권의 처분

단기매매증권을 처분하는 경우에는 처분금액과 처분 전 장부금액을 비교하여 처분손익을 인식한다.

처분금액이 처분 전 장부금액보다 크다면 단기매매증권처분이익 계정(수익)을, 처분금액이 처분 전 장부금액보다 작다면 단기매매증권처분손실 계정(비용)을 인식한다.

처분금액을 계상할 때, 수수료 등 매각 시 부대비용이 있는 경우에는 매각금액에서 동 부대비용을 차감한 순매각금액을 처분금액으로 본다.

처분 전 장부금액을 계상할 때, 처분하는 단기매매증권이 당기에 취득한 것이라면 취득원가가 곧 장부금액이 되지만, 만약 전기에 취득하여 전기말에 공정가치로 평가한 것이라면 전기말 공정가치가 장부금액이 된다.

처분금액 > 처분 전 장부금액 : 단기매매증권처분이익

(차) [계정명]	xxx	**(대) 단기매매증권**	xxx
		단기매매증권처분이익	xxx

[사례] 당기 3월 1일에 단기매매차익을 목적으로 매입가액 10,000원에 취득한 주식을 9월 1일에 13,000원에 매각처분하고 대금은 매각수수료 1,000원을 차감한 후 현금으로 받았다.

9월 1일	(차) 현금	12,000	(대) 단기매매증권	10,000
			단기매매증권처분이익	2,000[1]

[1] 처분금액 - 처분 전 장부금액 = (13,000 - 1,000) - 10,000 = 2,000원

처분금액 < 처분 전 장부금액 : 단기매매증권처분손실

(차) [계정명]	xxx	**(대) 단기매매증권**	xxx
단기매매증권처분손실	xxx		

[사례] 전기 11월 1일에 단기매매차익을 목적으로 주식을 매입가액 14,000원에 취득하고 전기 결산일인 12월 31일에 공정가치 20,000원으로 평가하였다. 이 주식을 당기 8월 1일에 18,000원에 매각처분하고 대금은 매각수수료 2,000원을 차감한 후 현금으로 받았다.

8월 1일	(차) 현금	16,000	(대) 단기매매증권	20,000
	단기매매증권처분손실	4,000[1]		

[1] 처분금액 - 처분 전 장부금액 = (18,000 - 2,000) - 20,000 = (-)4,000원

참고 자산을 취득할 때와 처분할 때 발생하는 운송료, 수수료, 제세금 등의 회계처리

구 분		회계처리
자산 취득 시 운송료, 수수료, 제세금 등	원 칙	자산의 취득과 관련하여 발생하는 취득부대비용은 **자산의 취득원가**로 회계처리한다.
	예 외	단기매매증권의 취득과 관련하여 발생하는 취득부대비용은 **당기비용(영업외비용)**으로 회계처리한다.
자산 처분 시 운송료, 수수료, 제세금 등	일반적인 상거래	기업의 주된 영업활동인 상품매출(재고자산의 처분)과 관련하여 발생하는 부대비용은 **운반비, 수수료비용, 세금과공과 등 별도의 비용 계정**(판매비와관리비)으로 회계처리한다.
	일반적인 상거래 이외의 거래	기업의 주된 영업활동이 아닌 자산의 처분(재고자산이 아닌 자산의 처분)과 관련하여 발생하는 부대비용은 자산의 처분금액에서 직접 차감하여 **해당 자산의 처분손익 계정**(영업외수익 또는 영업외비용)으로 회계처리한다.

기출확인문제

단기간 내의 매매차익을 목적으로 A사 주식 10주를 주당 3,000원에 취득하고 거래수수료 2,000원을 지급하였다. 결산일 현재 A사 주식의 공정가치는 주당 3,100원이다. 결산일의 회계처리로 올바른 것은? (제23회)

① 단기매매증권평가이익 1,000원을 계상하다.
② 단기매매증권평가손실 1,000원을 계상하다.
③ 단기매매증권은 취득원가로 평가하므로 별다른 회계처리가 필요 없다.
④ 단기매매증권평가충당금 1,000원을 계상하다.

정답 ①

해설
- 단기매매증권을 취득할 때 발생하는 수수료는 취득원가로 합산하지 않고 당기 비용(영업외비용)으로 회계처리한다.
- 단기매매증권의 취득원가 = 10주 × @3,000원 = 30,000원
- 단기매매증권의 평가손익 = 기말 공정가치 - 평가 전 장부금액 = (10주 × @3,100원) - 30,000원 = 1,000원 평가이익

07 어음

최근 88회 시험 중 5회 기출

(1) 어음의 정의

어음(약속어음)이란 발행인이 미래의 일정한 날짜에 어음상의 수취인 또는 어음소지인에게 일정한 금액을 지급하겠다는 내용을 기재한 증서를 말한다.

약 속 어 음

㈜루비전자 귀하 가가00000000

금 오백만원정 5,000,000원

위의 금액을 귀하 또는 귀하의 지시인에게 지급하겠습니다.

지급기일 20x1년 9월 30일
지 급 지 우리은행
지급장소 구로지점

발행일 20x1년 4월 1일
발행지
주 소
발행인 ㈜한국상사

00000000| 23 | 13 | 000010000

참고 전자어음

최근에는 실무에서 어음을 발행할 때 종이어음 형태가 아니라 대부분 전자어음 형태로 발행하고 있다. 전자어음이란 작성자의 신원을 확인할 수 있는 공인인증시스템을 거쳐 정보통신망으로 발급하는 어음을 말한다.

(2) 분류

어음(약속어음)은 약속증서일 뿐 채무증권 또는 정형화된 금융상품이 아니므로, 설사 취득 당시에 어음의 만기가 3개월 이내인 경우라 하더라도 이는 현금성자산에 포함되지 않는다.

어음을 타인으로부터 수령하면 향후에 돈을 받을 수 있으므로 이는 수취채권(받을 돈)에 해당하고, 어음을 타인에게 발행하면 향후에 돈을 지급해야 하므로 이는 지급채무(줄 돈)에 해당한다.

(3) 수표와 어음의 차이점

수표소지인과 어음소지인은 모두 증서에 기재된 금액을 받을 수 있다는 공통점이 있지만, 그 시기를 보면 수표소지인은 지금 즉시 받을 수 있는 반면, 어음소지인은 어음의 만기가 되어야 받을 수 있다는 점에서 차이가 있다.

참고 **선일자수표**

실무에서는 장래의 어느 일자가 발행일로 기재된 수표가 발행되어 유통되는 것을 볼 수 있는데, 이를 선일자수표라고 부른다. 수표는 어음에 비해 발행이 간편한 대신 유효기간이 짧은데, 은행과 어음거래를 할 수 없는 소규모 기업은 수표를 어음처럼 활용하기 위하여 이러한 선일자수표를 발행하게 된다. 따라서, **선일자수표**에 대한 **회계처리**는 **어음과 동일**하다. 선일자수표를 수령하거나 발행하면 어음을 수령하거나 발행한 것으로 보아 회계처리한다.

(4) 외상거래와 어음거래의 차이점

어음이라는 증서는 제3자에게 양도가 가능하므로, 어음소지인은 어음의 만기가 되기 전에 자금을 유통할 수 있다는 장점이 있다.

예를 들어, A사가 B사에게 물건을 팔고 대금은 인도일로부터 일정 기간 후에 받기로 했을 때, 어음을 발행하지 않는 단순 외상거래인 경우라면 A사는 대금을 받기로 한 날까지 기다렸다가 B사로부터 돈을 직접 받아야 한다. 이와 달리 B사가 A사에게 어음을 발행한 경우라면 A사는 제3자인 C사에게 어음을 양도하면서 대금을 지불할 수 있으므로 어음의 만기 전이라도 자금을 유통할 수 있다.

08 수취채권과 지급채무

최근 88회 시험 중 **5**회 기출

수취채권(채권)이란 타인에게 재화, 용역, 금전을 제공한 대가로 청구할 수 있는 권리(즉, 받을 돈)을 말한다.

지급채무(채무)란 타인에게 재화, 용역, 금전을 제공받은 대가로 지급하여야 할 의무(즉, 줄 돈)을 말한다.

일반적인 상거래란 기업의 사업 목적을 달성하기 위한 계속적·반복적 영업활동(즉, **주된 영업활동**)에서 발생하는 거래를 말한다. 도·소매업을 영위하는 기업의 경우 상품을 구입하는 거래(재고자산의 취득)와 상품을 판매하는 거래(재고자산의 처분), 제조업을 영위하는 기업의 경우 원재료를 구입하는 거래(재고자산의 취득)와 제품을 판매하는 거래(재고자산의 처분)가 이에 해당한다.

수취채권과 지급채무에 대하여 사용하는 계정과목은 다음과 같다.

구 분		수취채권 (자산)	지급채무 (부채)
일반적인 상거래	외 상	외상매출금	외상매입금
	어 음	받을어음	지급어음
일반적인 상거래 이외의 거래	외 상	미수금	미지급금
	어 음		
금전대차거래		대여금	차입금

일반적인 상거래 이외의 거래에서 어음을 수령하는 경우			
(차) 미수금	xxx	**(대)** [계정명]	xxx

[사례] 사용하던 토지(장부금액 : 50,000원)를 50,000원에 매각하고 어음을 받았다.

(차) 미수금	50,000	(대) 토지	50,000

일반적인 상거래 이외의 거래에서 어음을 발행하여 지급하는 경우			
(차) [계정명]	xxx	**(대) 미지급금**	xxx

[사례] 사무실에서 사용할 비품을 4,000원에 구입하고 대금은 어음을 발행하여 지급하였다.

(차) 비품	4,000	(대) 미지급금	4,000

기출포인트

일반적인 상거래 이외의 거래(예 유형자산의 처분이나 구입)에서는 **어음을 수령하거나 발행하더라도** 이를 받을어음 계정이나 지급어음 계정이 아니라 **미수금 계정**이나 **미지급금 계정**으로 회계처리한다.

참고 '채권'이라는 용어의 서로 다른 두 가지 뜻

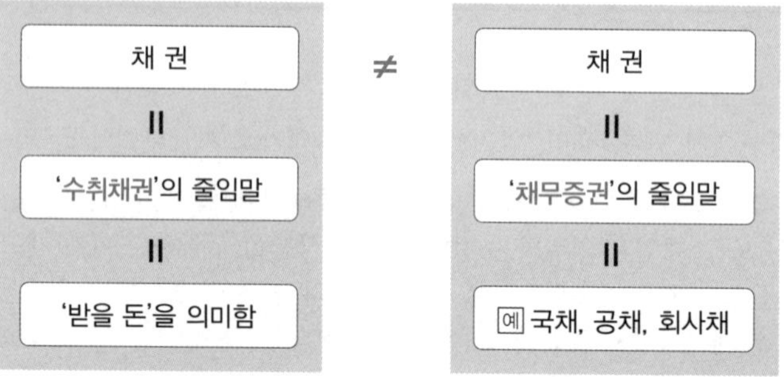

09 매출채권

매출채권이란 기업의 주된 영업활동(일반적인 상거래)인 상품매출을 하고 획득한 금전적인 권리를 통틀어 나타내는 개념으로서 '외상매출금 + 받을어음'으로 구성되어 있다.

기업 내부적으로 회계처리를 할 때는 외상매출금 계정과 받을어음 계정을 사용하고, 외부보고용 재무제표를 작성할 때는 매출채권 계정으로 통합 표시한다.

(1) 외상매출금

외상매출금이란 기업의 주된 영업활동인 상품매출을 하고 아직 받지 않은 외상대금을 말한다.

① 외상판매

(차) 외상매출금	XXX	(대) 상품매출	XXX

[사례] 상품을 10,000원에 판매하고 3,000원은 현금으로 받고 나머지는 다음 달 10일에 받기로 하였다.

(차) 현금	3,000	(대) 상품매출	10,000
외상매출금	7,000		

② 외상매출금의 회수

(차) [계정명]	XXX	(대) 외상매출금	XXX

[사례] 외상매출금 7,000원을 현금으로 회수하였다.

(차) 현금	7,000	(대) 외상매출금	7,000

(2) 받을어음

받을어음이란 기업의 주된 영업활동인 상품매출을 하고 이에 대한 대금으로 상대방으로부터 받은 어음을 말한다.

받을어음을 수령한 기업은, 어음의 만기까지 기다렸다가 금액을 회수(추심)할 수도 있지만, 대금 지불 수단으로 다른 기업에 양도(배서양도)하거나 은행에서 현금화(할인)함으로써 만기가 되기 전에 자금을 유통할 수도 있다.

① 받을어음의 수령

당사가 상품매출을 하고 이에 대한 대금으로 상대방이 발행하였거나 상대방이 보유하고 있던 어음(타인발행 약속어음)을 수령하면 받을어음 계정으로 회계처리한다.

(차) 받을어음	XXX	(대) 상품매출	XXX

[사례] 상품을 5,000원에 판매하고 약속어음을 받았다.

(차) 받을어음	5,000	(대) 상품매출	5,000

② 받을어음의 추심

어음의 만기가 되면 어음소지인은 어음에 기재된 지급장소에서 어음을 제시하여 어음에 기재된 금액을 받을 수 있다. 그러나 일반적으로는 어음소지인이 어음상의 지급장소로 직접 방문하지 않고 자신의 거래 은행에 이러한 대금 회수 업무를 위임하는데, 위임을 받은 은행이 어음의 대금을 회수하는 것을 추심이라고 한다.

어음을 양도할 때에는 어음의 뒷면에 양도자의 인적사항을 기재하게 되는데, 이를 배서라고 한다. 거래 은행에 추심을 의뢰할 때에도 배서를 하기 때문에 실무에서는 추심의뢰를 추심위임배서라고 부르기도 한다.

어음소지인이 거래 은행에 추심을 의뢰하면서 지급하는 수수료는 수수료비용 계정(비용)으로 회계처리한다.

(차) [계정명]	xxx	(대) 받을어음	xxx
수수료비용	xxx		

[사례] 상품매출 대금으로 받아 보유 중이던 타인발행 약속어음 5,000원의 만기일이 도래하여 거래 은행에 추심을 의뢰하고 추심료 100원을 차감한 잔액을 현금으로 받았다.

(차) 현금	4,900	(대) 받을어음	5,000
수수료비용	100		

③ 받을어음의 배서양도

배서양도란 어음소지인이 다른 기업에 대금을 지불하기 위하여 자신이 보유하고 있던 타인발행 약속어음을 어음의 만기가 되기 전에 배서하여 양도하는 것을 말한다.

(차) [계정명]	xxx	(대) 받을어음	xxx

[사례] 강원상사에서 상품을 6,000원에 구입하고, 대금 결제를 위하여 제주상사로부터 상품매출 대금으로 받아 보유 중이던 약속어음 5,000원을 강원상사로 배서양도하고, 나머지 1,000원은 현금으로 지급하였다.

(차) 상품	6,000	(대) 받을어음	5,000
		현금	1,000

④ 받을어음의 할인

어음의 할인이란 어음소지인이 어음의 만기가 되기 전에 이를 현금화 시키기 위하여 은행에 배서양도하는 것을 말한다.

어음을 할인하면 어음소지인은 어음에 기재된 금액에서 만기까지 남은 기간에 대한 선이자를 차감한 금액을 받게 되는데, 이러한 선이자를 할인료라고 한다.

어음의 할인 거래는 일반적으로 수취채권의 매각거래로 보므로, 어음소지인이 어음을 할인하면서 지급하는 할인료는 매출채권처분손실 계정(비용)으로 회계처리한다.

(차) [계정명]	xxx	(대) 받을어음	xxx
매출채권처분손실	xxx		

[사례] 만기가 2개월 남은 받을어음 5,000원을 할인하고 할인료 400원을 차감한 잔액을 현금으로 받았다. (매각거래로 가정함)

(차) 현금	4,600	(대) 받을어음	5,000
매출채권처분손실	400		

10 대손충당금

최근 88회 시험 중 19회 기출

(1) 개요

① 대손의 정의

대손이란 외상매출금, 받을어음 등의 수취채권을 채무자의 파산 등의 이유로 받지 못하게 되는 것을 말한다.

② 대손 관련 비용의 인식방법

대손에 대하여 비용을 인식하는 방법으로는 직접상각법과 충당금설정법이 있을 수 있는데, 기업회계기준에서는 충당금설정법만 인정하고 있다.

직접상각법	대손이 예상되는 시점에는 별도의 회계처리를 하지 않고 실제로 대손이 확정된 시점에만 비용(대손상각비)을 인식하는 방법
충당금설정법	각 회계연도 말에 대손이 예상되는 금액을 추정하여 자산의 차감적 평가계정(대손충당금)을 설정함으로써 미리 비용(대손상각비)을 인식하고, 실제로 대손이 확정된 시점에는 설정되어 있던 대손충당금과 우선 상계하고 대손충당금 잔액이 부족한 부분에 대하여만 비용(대손상각비)을 인식하는 방법

③ 충당금설정법의 회계처리 흐름

- 상품 외상매출 : 20x1년 6월 15일 상품을 200,000원에 외상판매하였다.

20x1. 6. 15. (차) 외상매출금	200,000	(대) 상품매출	200,000

- 대손예상액의 추정 : 20x1년 12월 31일 기말 결산 시 외상매출금 200,000원 중 2,000원이 대손 발생할 것으로 추정되어 대손충당금을 설정하였다.

20x1. 12. 31. (차) 대손상각비	2,000	(대) 대손충당금	2,000

- 대손의 확정 : 20x2년 2월 1일 외상매출금 중 3,000원이 대손으로 확정되었다.

20x2. 2. 1. (차) 대손충당금	2,000	(대) 외상매출금	3,000
대손상각비	1,000		

④ 충당금설정법의 장점

- 20x1년 기말 현재 외상매출금 잔액은 200,000원이지만 그에 대한 대손예상액 2,000원을 차감함으로써, 재무상태표에서 수취채권을 회수가능한 금액으로 표시할 수 있다.
- 3,000원의 대손이 20x2년에서야 확정되었지만, 그에 대한 비용 금액을 20x1년에 2,000원, 20x2년에 1,000원으로 합리적이고 체계적인 방법에 의하여 기간배분함으로써, 손익계산서에서 비용을 수익·비용 대응의 원칙에 부합하는 금액으로 표시할 수 있다.

⑤ 대손충당금의 표시방법

대손충당금이란 외상매출금, 받을어음, 미수금, 대여금 등 수취채권 성격이 있는 계정들의 잔액에 대한 대손예상액을 말한다.

회계처리를 할 때 대손충당금 계정은 수취채권 **계정과목마다** 별도의 계정(예 외상매출금에 대한 대손충당금 계정, 미수금에 대한 대손충당금 계정)을 사용한다.

재무상태표를 작성할 때 대손충당금 계정은 아래 예시와 같이 각 수취채권 계정별로 구분하여 차감적 평가계정으로 표시한다.

재무상태표

자산		
외상매출금	200,000	
대손충당금	(2,000)	
	198,000	
미수금	50,000	
대손충당금	(500)	
	49,500	

(2) 회계처리

① 대손충당금의 설정

기말 현재 보유 중인 수취채권에 대한 대손예상액(대손추산액)은 일반적으로 '기말 현재 수취채권 잔액'에 과거 데이터를 분석하여 통계적으로 산출한 '대손추정률'을 곱하여 계산한다.

각 수취채권 계정별로 기말 대손추산액을 구하고 나면 이 금액이 기말 재무상태표상 대손충당금 잔액이 되도록 대손충당금을 설정한다. 즉, 기말에 대손충당금을 설정할 때 만약 과거에 설정했던 대손충당금 잔액이 남아 있다면 기말 대손추산액에서 이 금액을 차감하여 부족한 금액만을 당기에 추가로 설정하는데, 이러한 설정 방식을 보충법이라고 부른다.

대손충당금 추가설정액 = (기말채권 잔액 × 대손추정률) – 기 설정 대손충당금

대손충당금 계정은 자산의 차감적 평가계정이므로 **증가**할 때는 **대변**으로(자산 차감의 증가 = 자산의 감소), **감소**할 때는 **차변**으로(자산 차감의 감소 = 자산의 증가) 회계처리한다는 점에 주의해야 한다.

기말 대손추산액이 기 설정 대손충당금보다 큰 경우에는 부족한 금액만큼 대손충당금을 추가로 설정하여야 하는데, 이때는 대변에 대손충당금 계정의 증가를, 차변에 판매비와관리비에 해당하는 대손상각비 계정(비용의 증가) 또는 영업외비용에 해당하는 기타의대손상각비 계정(비용의 증가)을 회계처리한다.

반대로 기말 대손추산액이 기 설정 대손충당금보다 작은 경우에는 과다한 금액만큼 대손충당금을 환입하여야 하는데, 이때는 차변에 대손충당금 계정의 감소를, 대변에 판매비와관리비의 차감 항목에 해당하는 대손충당금환입 계정(비용 차감의 증가 = 비용의 감소) 또는 영업외수익에 해당하는 대손충당금환입 계정(수익의 증가)을 회계처리한다.

대손충당금 추가설정 및 환입과 관련된 계정과목과 손익계산서상 위치를 요약하면 다음과 같다.

구 분	수취채권 계정과목	계정과목과 손익계산서상 위치	
		대손충당금 추가설정	대손충당금 환입
일반적인 상거래	외상매출금	대손상각비 (판매비와관리비)	대손충당금환입 (판매비와관리비의 차감항목)
	받을어음		
일반적인 상거래 이외의 거래	미수금	기타의대손상각비 (영업외비용)	대손충당금환입 (영업외수익)
금전대차거래	대여금		

대손추산액 > 외상매출금, 받을어음의 기 설정 대손충당금

(차) 대손상각비 (판매비와관리비)	xxx	(대) 대손충당금	xxx

[사례] 20x1년 12월 31일 결산일 현재 외상매출금 잔액은 500,000원이다. 외상매출금에 대한 대손추정률이 1%이고 전기로부터 이월된 대손충당금 잔액이 3,000원 남아 있을 때, 기말 결산 시 대손충당금을 보충법으로 회계처리하였다.

20x1. 12. 31. (차) 대손상각비	2,000	(대) 대손충당금	2,000[1]

[1] (500,000원 × 1%) − 3,000원 = 2,000원

대손추산액 > 미수금, 대여금의 기 설정 대손충당금

(차) 기타의대손상각비 (영업외비용)	xxx	(대) 대손충당금	xxx

[사례] 20x1년 12월 31일 결산일 현재 미수금 잔액은 150,000원이다. 미수금에 대한 대손추정률이 2%이고 전기로부터 이월된 대손충당금 잔액이 없을 때, 기말 결산 시 대손충당금을 보충법으로 회계처리하였다.

20x1. 12. 31. (차) 기타의대손상각비	3,000	(대) 대손충당금	3,000[1]

[1] (150,000원 × 2%) − 0원 = 3,000원

대손추산액 < 외상매출금, 받을어음의 기 설정 대손충당금

(차) 대손충당금	xxx	(대) 대손충당금환입 (판매비와관리비의 차감항목)	xxx

[사례] 20x1년 12월 31일 결산일 현재 외상매출금 잔액은 600,000원이다. 외상매출금에 대한 대손추정률이 1.5%이고 전기로부터 이월된 대손충당금 잔액이 10,000원 남아 있을 때, 기말 결산 시 대손충당금을 보충법으로 회계처리하였다.

20x1. 12. 31. (차) 대손충당금	1,000[1]	(대) 대손충당금환입	1,000

[1] (600,000원 × 1.5%) − 10,000원 = (−)1,000원

대손추산액 < 미수금, 대여금의 기 설정 대손충당금

(차) 대손충당금	xxx	(대) 대손충당금환입 (영업외수익)	xxx

[사례] 20x1년 12월 31일 결산일 현재 미수금 잔액은 500,000원이다. 미수금에 대한 대손추정률이 1%이고 전기로부터 이월된 대손충당금 잔액이 6,000원 남아 있을 때, 기말 결산 시 대손충당금을 보충법으로 회계처리하였다.

20x1. 12. 31.	(차) 대손충당금	1,000[1]	(대) 대손충당금환입	1,000

[1] (500,000원 × 1%) − 6,000원 = (−)1,000원

② 대손의 확정

회계기간 중에 채무자의 파산 등으로 인해 대손이 확정되었을 경우, 해당 수취채권은 더 이상 회수할 수 없으므로 수취채권 계정과목을 대변으로(자산의 감소) 회계처리한다. **차변**에는 동 수취채권에 대하여 설정되어 있는 **대손충당금 계정을 우선 상계** 처리하고 대손충당금 잔액이 부족한 부분에 대하여만 비용(대손상각비 계정, 기타의대손상각비 계정)으로 인식한다.

대손확정액 < 외상매출금, 받을어음, 미수금, 대여금의 대손충당금 잔액

(차) 대손충당금	xxx	(대) 해당 수취채권 계정	xxx

[사례] 20x2년 3월 15일 채무자의 파산으로 외상매출금 4,000원을 회수할 수 없음이 확정(대손 확정)되었다. 외상매출금에 대한 대손충당금 잔액은 5,000원이 있었다.

20x2. 3. 15.	(차) 대손충당금	4,000	(대) 외상매출금	4,000

대손확정액 > 외상매출금, 받을어음의 대손충당금 잔액

(차) 대손충당금	xxx	(대) 외상매출금, 받을어음	xxx
대손상각비 (판매비와관리비)	xxx		

[사례] 20x2년 3월 30일 채무자의 파산으로 외상매출금 4,000원을 회수할 수 없음이 확정(대손 확정)되었다. 외상매출금에 대한 대손충당금 잔액은 3,000원이 있었다.

20x2. 3. 30.	(차) 대손충당금	3,000	(대) 외상매출금	4,000
	대손상각비	1,000		

대손확정액 > 미수금, 대여금의 대손충당금 잔액

(차) 대손충당금	xxx	(대) 미수금, 대여금	xxx
기타의대손상각비 (영업외비용)	xxx		

[사례] 20x2년 4월 15일 채무자의 파산으로 미수금 4,000원을 회수할 수 없음이 확정(대손 확정)되었다. 미수금에 대한 대손충당금 잔액은 1,000원이 있었다.

20x2. 4. 15.	(차) 대손충당금	1,000	(대) 미수금	4,000
	기타의대손상각비	3,000		

③ 전기에 대손처리한 수취채권의 회수

대손이 확정되어 수취채권 계정을 감소시키는 대손 확정 회계처리를 하였는데 그 이후 회계연도에 그 수취채권이 현금 등으로 다시 회수되는 경우가 있다.

전기에 이미 대손 확정 회계처리한 수취채권이 당기 회계연도 중에 현금 등으로 회수되는 경우에는, 회수되는 시점에 회수되는 현금 계정과목 등을 차변으로 회계처리하고, **대변에는 대손충당금 계정으로**(대손충당금 계정의 증가 = 자산 차감의 증가 = 자산의 감소) 회계처리한다.

이와 같이 회수 시점의 회계처리를 하면, 기중 회계처리에서는 회수액에 대하여 수익·비용 계정이 나타나지 않지만, 기말 결산 때 대손충당금 추가설정 금액이 그만큼 줄어들게 되므로 결국 회수액 만큼 당기 비용을 감소시키는 효과(= 당기순이익을 증가시키는 효과)를 가져온다.

(차) [계정명]	xxx	(대) 대손충당금	xxx

[사례] 20x3년 2월 20일 전기에 대손 확정되어 감소시켰던 외상매출금 중 1,500원을 현금으로 회수하였다.

20x3. 2. 20. (차) 현금	1,500	(대) 대손충당금	1,500

20x3년 12월 31일 결산일 현재 외상매출금 잔액은 800,000원이다. 외상매출금에 대한 대손추정률이 1%이고, 전기로부터 이월된 대손충당금 기초잔액은 3,000원이다. 전기에 이미 대손 확정 회계처리를 하였으나 당기에 현금으로 회수되어 대손충당금의 증가로 회계처리한 금액 1,500원이 있을 때, 기말 결산 시 대손충당금을 보충법으로 회계처리하였다.

20x3. 12. 31. (차) 대손상각비	3,500	(대) 대손충당금	3,500[1]

[1] • (800,000원 × 1%) − (3,000원 + 1,500원) = 3,500원
• 기중에 회수된 금액 1,500원을 대손충당금의 증가로 회계처리함에 따라 기말 결산 시 비용으로 인식하여야 하는 대손충당금 추가설정액이 동 금액만큼 줄어들었다.

④ 당기에 대손처리한 수취채권의 회수

대손이 확정되어 수취채권 계정을 감소시키는 대손 확정 회계처리를 하였는데 해당 회계연도에 그 수취채권이 현금 등으로 다시 회수되는 경우도 있다.

당기에 이미 대손 확정 회계처리한 수취채권이 당기 회계연도 중에 현금 등으로 회수되는 경우에는, 회수되는 시점에 회수되는 현금 계정과목 등을 차변으로 회계처리하고, 대변에는 당기 대손 확정 시점에 차변으로 회계처리했던 대손충당금 또는 대손상각비 계정을 그대로 대변으로 회계처리한다.

이와 같이 회수 시점의 회계처리를 하면, 당기의 대손 확정 분개와 당기의 대손채권 회수 분개를 합했을 때 수취채권 계정이 현금 등으로 회수되는 결과만 남게 된다.

(차) [계정명]	xxx	(대) 대손충당금	xxx
		대손상각비, 기타의대손상각비	xxx

[사례] 20x3년 1월 10일 채무자의 파산으로 외상매출금 300,000원을 회수할 수 없게 되었다. 외상매출금에 대한 대손충당금 잔액은 400,000원이 있었다.
20x3년 2월 10일 당기 1월 10일에 대손 확정되어 감소시켰던 외상매출금 300,000원을 현금으로 회수하였다.

• 대손 확정

20x3. 1. 10. (차) 대손충당금	300,000	(대) 외상매출금	300,000

• 회수

20x3. 2. 10. (차) 현금	300,000	(대) 대손충당금	300,000

[사례] 20x3년 3월 20일 채무자의 파산으로 외상매출금 300,000원을 회수할 수 없게 되었다. 외상매출금에 대한 대손충당금 잔액은 200,000원이 있었다.
20x3년 4월 20일 당기 3월 20일에 대손 확정되어 감소시켰던 외상매출금 300,000원을 현금으로 회수하였다.

• 대손 확정

20x3. 3. 20.	(차) 대손충당금	200,000	(대) 외상매출금	300,000
	대손상각비	100,000		

• 회수

20x3. 4. 20.	(차) 현금	300,000	(대) 대손충당금	200,000
			대손상각비	100,000

[사례] 20x3년 5월 30일 채무자의 파산으로 외상매출금 300,000원을 회수할 수 없게 되었다. 외상매출금에 대한 대손충당금 잔액은 0원이었다.
20x3년 6월 30일 당기 5월 30일에 대손 확정되어 감소시켰던 외상매출금 300,000원을 현금으로 회수하였다.

• 대손 확정

20x3. 5. 30.	(차) 대손상각비	300,000	(대) 외상매출금	300,000

• 회수

20x3. 6. 30.	(차) 현금	300,000	(대) 대손상각비	300,000

기출확인문제

㈜성원은 채권 잔액의 2%를 대손충당금으로 설정한다. 다음 자료에서 20x1년 말 대손충당금 추가설정액은 얼마인가? (제34회 수정)

- 20x1. 12. 31. 매출채권 잔액 : 200,000,000원
- 20x1. 1. 1. 대손충당금 : 1,000,000원
- 20x1. 5. 1. 대손발생 : 300,000원

① 1,000,000원　② 4,000,000원
③ 3,000,000원　④ 3,300,000원

정답 ④

해설
대손충당금 추가설정액
= (기말채권 잔액 × 대손추정률) − 기 설정 대손충당금
= (200,000,000원 × 2%) − (1,000,000원 − 300,000원)
= 3,300,000원

11 그 밖의 당좌자산

최근 88회 시험 중 1회 기출

(1) 단기대여금

단기대여금이란 금전대차거래에 따라 차용증서 등을 받고 타인에게 빌려준 금전으로서 만기가 회계기간 종료일로부터 1년 이내에 도래하는 것을 말한다. 만기가 회계기간 종료일로부터 1년 이후에 도래하는 경우에는 장기대여금으로 분류한다.

① 대여

(차) 단기대여금	xxx	(대) [계정명]	xxx

[사례] 거래처에 6개월 만기로 현금 50,000원을 대여하였다.

(차) 단기대여금	50,000	(대) 현금	50,000

② 원금과 이자의 회수

(차) [계정명]	xxx	(대) 단기대여금	xxx
		이자수익	xxx

[사례] 거래처에 6개월 만기로 빌려주었던 대여금의 만기가 도래하여 원금 50,000원과 이자 2,000원을 현금으로 회수하였다.

(차) 현금	52,000	(대) 단기대여금	50,000
		이자수익	2,000

기출포인트

- 단기대여금은 회계기간 종료일로부터 만기가 1년 이내에 도래하는 것이므로, 전체 대여기간이 1년을 초과하는 대여금도 경우에 따라 단기대여금으로 분류될 수 있다.
- 예를 들어 20x1년 4월 1일에 빌려준 18개월 만기 대여금의 경우, 만기(20x2. 9. 30.)가 회계기간 종료일(20x1. 12. 31.)로부터 1년 이내이므로 회사는 대여일에 이를 단기대여금 계정으로 회계처리한다.

(2) 미수금

미수금이란 일반적인 상거래 이외의 거래(예 사용하던 기계장치의 매각)에서 발생한 외상대금을 말한다.

일반적인 상거래 이외의 거래에서는 타인발행 약속어음을 수령하더라도 이를 받을어음 계정이 아니라 미수금 계정으로 회계처리한다.

① 외상 매각

(차) 미수금	xxx	(대) [계정명]	xxx

[사례] 사용하던 토지(장부금액 : 600,000원)를 600,000원에 외상으로 매각하였다.

(차) 미수금	600,000	(대) 토지	600,000

② 어음 수령

(차) 미수금	xxx	(대) [계정명]	xxx

[사례] 사용하던 토지(장부금액 : 600,000원)를 600,000원에 매각하고 약속어음을 받았다.

(차) 미수금	600,000	(대) 토지	600,000

③ 미수금의 회수

(차) [계정명]	xxx	(대) 미수금	xxx

[사례] 사용하던 토지를 매각하고 발생한 외상대금 600,000원을 현금으로 회수하였다.

(차) 현금	600,000	(대) 미수금	600,000

(3) 선급금

선급금이란 계약금 성격으로 미리 지급한 대금을 말한다.

① 계약금 선지급

(차) 선급금	xxx	(대) [계정명]	xxx

[사례] 공급처에 상품 20,000원을 구입 주문하고 계약금 4,000원을 현금으로 지급하였다.

(차) 선급금	4,000	(대) 현금	4,000

② 상품 인수

(차) 상품	xxx	(대) 선급금	xxx
		[계정명]	xxx

[사례] 구입 주문했던 상품 20,000원이 창고에 입고되어 계약금 4,000원을 제외한 잔액을 현금으로 지급하였다.

(차) 상품	20,000	(대) 선급금	4,000
		현금	16,000

(4) 선납세금

선납세금이란 회계연도 중에 미리 납부한 법인세를 말한다.

법인세는 회계연도(각 사업연도)가 종료된 후 3개월 이내에 신고·납부하는 것이 원칙이지만, 조세수입의 조기 확보를 도모하고자 하는 세법의 규정에 따라 기업은 '법인세 중간예납세액'과 '법인의 이자수익에 대한 원천납부세액'이라는 두 가지 형태로 회계연도 중에 법인세의 일부를 미리 납부하게 된다.

이에 따라 기업은 기말 결산을 할 때 당기 사업연도 소득에 대하여 납부하여야 하는 법인세부담액(법인세비용)에서 기중에 미리 납부한 중간예납세액 및 원천납부세액 금액(선납세금)을 차감함으로써 법인세부담액 중 아직 납부하지 않은 금액(미지급세금)을 계산할 수 있게 된다.

미지급세금 = 법인세비용 - 선납세금

① 법인세 중간예납세액

(차) 선납세금	xxx	(대) [계정명]	xxx

[사례] 당해 사업연도의 법인세 중간예납세액 500,000원을 현금으로 납부하였다.

(차) 선납세금	500,000	(대) 현금	500,000

② 법인의 이자수익에 대한 원천납부세액

(차) 선납세금	xxx	(대) 이자수익	xxx
[계정명]	xxx		

[사례] 보통예금 예입액에 대한 이자수익 10,000원이 발생하여 법인세 원천납부세액 1,540원을 제외한 잔액이 보통예금 통장에 입금되었다.

(차) 선납세금	1,540	(대) 이자수익	10,000
보통예금	8,460		

참고 선납세금 vs 예수금

세법의 규정에 의거하여 특정한 소득을 지급하는 기업은 소득을 지급받는 자가 납부하여야 하는 법인세나 소득세 등을 지급액에서 공제하여 일시적으로 보관하고 있다가 다음 달 10일에 해당 기관에 대신 납부하게 되는데, 이를 원천징수라고 한다.

당사에게 이자수익을 지급하는 은행은 당사의 법인세를 이자 지급액에서 공제하여 잔액만 지급하고 공제한 금액은 다음 달에 당사 대신 납부하게 된다. 이와 같이 은행이 원천징수하여 당사 대신 납부한 금액은 당사 입장에서는 은행에 원천징수되어 미리 납부한 법인세가 되므로 이를 자산에 해당하는 선납세금 계정으로 회계처리한다.

이와 반대로, 종업원에게 급여를 지급하는 당사는 종업원의 소득세 등을 급여 지급액에서 공제하여 잔액만 지급하고 공제한 금액은 다음 달에 종업원 대신 납부하게 된다. 이때 당사가 원천징수하여 일시적으로 보관하고 있는 금액은 당사 입장에서는 다음 달에 종업원 대신 해당 기관에 납부하여야 하는 금액이므로 이를 부채에 해당하는 예수금 계정으로 회계처리한다.

(5) 가지급금

가지급금이란 금전을 지급하였으나 그 내용이 확정되지 않았을 경우 그 내용이 확정될 때까지 임시적으로 사용하는 계정과목을 말한다.

가지급금은 그 내용이 확정되면 적절한 계정과목으로 대체하여야 하며, 대표적인 미결산항목에 해당하므로 기말 결산 때까지는 반드시 적절한 계정과목으로 대체하여 최종 재무제표에는 나타나지 않도록 하여야 한다.

① 가지급

(차) 가지급금	xxx	(대) [계정명]	xxx

[사례] 영업사원에게 출장을 명하고 출장비 예상액 50,000원을 현금으로 지급하였다.

(차) 가지급금	50,000	(대) 현금	50,000

② 내용 확정

(차) [계정명]	xxx	(대) 가지급금	xxx

[사례] 출장 후 복귀한 영업사원으로부터 어림잡아 지급했던 금액 50,000원 중 40,000원은 교통비 및 숙박비 지출증빙을 제출받아 확인하고 남은 금액 10,000원은 현금으로 반환받았다.

(차) 여비교통비	40,000	(대) 가지급금	50,000
현금	10,000		

(6) 현금과부족

현금과부족이란 장부상 현금 잔액과 금고에 있는 실제 현금 잔액이 일치하지 않을 경우 그 원인이 밝혀질 때까지 임시적으로 사용하는 계정과목을 말한다.

현금과부족은 그 원인이 규명되면 적절한 계정과목으로 대체하여야 하며, 기말 결산 때까지 그 원인이 밝혀지지 않을 경우에는 잡이익 계정(수익)이나 잡손실 계정(비용)으로 대체한다.

① 현금과잉 : 실제 현금 잔액 > 장부상 현금 잔액

• 현금과잉 발생

(차) 현금	xxx	(대) 현금과부족	xxx

[사례] 20x1년 4월 1일 현재 장부상 현금 잔액은 50,000원이나, 금고에 있는 실제 현금 잔액은 60,000원이다.

20x1. 4. 1.	(차) 현금	10,000	(대) 현금과부족	10,000

• 원인 규명분 계정 대체

(차) 현금과부족	xxx	(대) [계정명]	xxx

[사례] 20x1년 4월 15일 월초에 발견되었던 현금과잉액 중 8,000원은 이자수익을 회수한 것에 대한 회계처리 누락임을 확인하였다.

20x1. 4. 15.	(차) 현금과부족	8,000	(대) 이자수익	8,000

• 기말 결산 시 원인 불명분 계정 대체

(차) 현금과부족	xxx	(대) 잡이익	xxx

[사례] 20x1년 12월 31일 기말 결산 시까지 현금과잉액 2,000원의 원인이 밝혀지지 않았다.

20x1. 12. 31. (차) 현금과부족 2,000 (대) 잡이익 2,000

② 현금부족 : 실제 현금 잔액 < 장부상 현금 잔액

• 현금부족 발생

(차) 현금과부족	xxx	(대) 현금	xxx

[사례] 20x1년 9월 1일 현재 장부상 현금 잔액은 50,000원이나 금고에 있는 실제 현금 잔액은 43,000원이다.

20x1. 9. 1. (차) 현금과부족 7,000 (대) 현금 7,000

• 원인 규명분 계정 대체

(차) [계정명]	xxx	(대) 현금과부족	xxx

[사례] 20x1년 9월 15일 월초에 발견되었던 현금부족액 중 4,000원은 이자비용을 지급한 것에 대한 회계처리 누락임을 확인하였다.

20x1. 9. 15. (차) 이자비용 4,000 (대) 현금과부족 4,000

• 기말 결산 시 원인 불명분 계정 대체

(차) 잡손실	xxx	(대) 현금과부족	xxx

[사례] 20x1년 12월 31일 기말 결산 시까지 현금부족액 3,000원의 원인이 밝혀지지 않았다.

20x1. 12. 31. (차) 잡손실 3,000 (대) 현금과부족 3,000

참고 가지급금·가수금 vs 현금과부족

가지급금	누구에게 금전을 지급하였는지는 알고 있으나 그 내용이 확정되지 않았을 때 사용한다.
가수금	누구로부터 금전을 받았는지는 알고 있으나 그 내용이 확정되지 않았을 때 사용한다.
현금과부족	장부상 현금 잔액과 금고에 있는 실제 현금 잔액이 일치하지 않고, 누구에게 지급하였거나 누구로부터 받았는지도 모를 때 사용한다.

기출분개연습

* 기출문제 날짜는 학습효과를 높이기 위해 일부 수정하였으며, ㈜연습(코드번호 : 1301) 데이터를 사용하여 연습할 수 있습니다.

01 6월 1일 거래처 ㈜서해물산으로부터 외상매출금 30,000,000원에 대하여 10,000,000원은 ㈜서해물산이 발행한 당좌수표로 받고, 나머지는 보통예금 계좌로 송금 받았다. [제42회]

02 6월 2일 범계기업의 외상매출금 30,000,000원에 대하여 10,000,000원은 현금으로 받고, 나머지는 범계기업 발행의 약속어음(만기 : 올해 11월 25일)을 받았다. [제64회]

03 6월 3일 ㈜두리산업의 외상매입금 20,000,000원을 결제하기 위하여 당사가 제품매출 대가로 받아 보유하고 있던 ㈜한국기업의 약속어음 20,000,000원을 배서양도하여 지급하였다. [제45회]

04 6월 4일 원재료 매입처인 ㈜독도의 외상매입금 10,000,000원을 결제하기 위하여, 대금 중 8,000,000원은 소유하고 있던 ㈜세마 발행 당좌수표로 지급하고, 잔액은 당사가 당좌수표를 발행하여 지급하였다. [제43회 수정]

05 6월 5일 만기가 도래하여 거래은행에 추심 의뢰한 ㈜송도전자의 받을어음 70,000,000원 중에서, 추심수수료 100,000원을 차감한 금액이 보통예금 계좌에 입금되었다. [제46회]

06 6월 6일 거래처 ㈜송강으로부터 제품을 매출하고 받았던 약속어음 10,000,000원을 거래은행인 KH은행에서 할인하고, 할인료 350,000원을 차감한 잔액을 당사 보통예금에 입금하였다. (매각거래로 처리할 것) [제64회]

07 6월 7일 길음상사의 파산으로 인해 외상매출금 1,000,000원이 회수불가능하게 되어 대손처리하였다. 외상매출금에 대한 대손충당금 현재 잔액은 280,000원이며, 부가가치세는 고려하지 않기로 한다. [제48회]

08 6월 8일 ㈜대마도의 파산으로 인해 단기대여금 5,000,000원이 회수불가능하여 대손처리하였다. 단기대여금에 대한 대손충당금 현재 잔액은 3,000,000원이며, 부가가치세는 고려하지 않기로 한다. [제92회]

09 6월 9일 전기에 대손이 확정되어 대손충당금과 상계처리하였던 외상매출금 550,000원이 당사의 보통예금에 입금된 것을 확인하였다. (단, 부가가치세는 고려하지 말 것) [제63회]

정답 및 해설

	일자	차변	금액	대변	금액
01	6월 1일	(차) 현금[1]	10,000,000	(대) 외상매출금(㈜서해물산)	30,000,000
		보통예금	20,000,000		

[1] 타인발행 당좌수표는 통화대용증권에 해당하므로 '현금' 계정으로 회계처리한다.

	일자	차변	금액	대변	금액
02	6월 2일	(차) 현금	10,000,000	(대) 외상매출금(범계기업)	30,000,000
		받을어음(범계기업)	20,000,000		
03	6월 3일	(차) 외상매입금(㈜두리산업)	20,000,000	(대) 받을어음(㈜한국기업)	20,000,000
04	6월 4일	(차) 외상매입금(㈜독도)	10,000,000	(대) 현금[1]	8,000,000
				당좌예금	2,000,000

[1] 타인발행 당좌수표는 통화대용증권에 해당하므로 '현금' 계정으로 회계처리한다.

	일자	차변	금액	대변	금액
05	6월 5일	(차) 보통예금	69,900,000	(대) 받을어음(㈜송도전자)	70,000,000
		수수료비용(판관비)	100,000		
06	6월 6일	(차) 보통예금	9,650,000	(대) 받을어음(㈜송강)	10,000,000
		매출채권처분손실	350,000		
07	6월 7일	(차) 대손충당금(외상매출금)	280,000	(대) 외상매출금(길음상사)	1,000,000
		대손상각비(판관비)	720,000		
08	6월 8일	(차) 대손충당금(단기대여금)	3,000,000	(대) 단기대여금(㈜대마도)	5,000,000
		기타의대손상각비(영업외비용)	2,000,000		
09	6월 9일	(차) 보통예금	550,000	(대) 대손충당금(외상매출금)	550,000

10 6월 10일 지난달에 대손이 확정되어 대손충당금과 상계처리하였던 우리하이마트의 외상매출금 중 일부인 430,000원을 회수하여 보통예금 계좌로 입금하였다. (부가가치세는 무시함) [제33회]

11 6월 11일 단기매매차익을 목적으로 상장회사인 ㈜삼한의 주식 1,000주를 주당 6,000원(주당 액면금액 5,000원)에 구입하고 대금은 매입수수료 8,000원을 포함하여 총 6,008,000원을 보통예금 계좌에서 이체하였다. [제47회]

12 6월 12일 단기보유목적으로 지난달에 주당 61,000원에 구입하였던 상장기업인 ㈜송진기업의 주식 1,000주를 주당 63,000원에 처분하고 대금은 현금으로 받았다. [제30회]

13 6월 13일 일시보유목적으로 취득한 시장성 있는 ㈜세정 주식 100주(장부금액 1,600,000원)를 주당 15,000원에 전부 처분하고 대금은 보통예금 계좌로 이체받다. (단, 주식 처분과 관련하여 발생한 수수료 50,000원은 현금으로 지급하였다) [제62회]

14 6월 14일 거래처 명진상사에 6개월 만기로 10,000,000원을 대여하기로 하여 보통예금 계좌에서 지급하였다. [제88회]

15 6월 15일 경북유통으로부터 제품제조용 원재료를 구입하기로 하고, 계약금 5,000,000원을 자기앞수표로 지급하였다. [제64회]

16 6월 16일 영업팀 직원 김세무 씨가 지방출장에서 복귀하여 지난주에 지급했던 출장비를 다음과 같이 정산하고 잔액은 현금으로 회수하였다. (지난주 출장비 500,000원 지급 시 가지급금 계정을 사용하였다) [제24회]

지출내역	금 액
교통비	250,000원
숙박비	200,000원
계	450,000원

17 6월 17일 보통예금 계좌에서 500,000원의 이자수익이 발생하였으며, 원천징수세액을 제외한 나머지 금액이 당사의 보통예금으로 입금되었다. (원천징수세율은 15.4%로 가정하고 원천징수세액은 자산으로 처리함) [제92회]

18 6월 18일 기업은행에 예입한 정기예금이 만기가 되어 다음과 같이 정산된 금액이 보통예금으로 입금되었다. (원천징수세액은 자산으로 처리한다) [제63회]

- 정기예금 : 50,000,000원
- 이자수익 : 4,000,000원
- 이자수익에 대한 원천징수세액 : 616,000원
- 차감지급액 : 53,384,000원

19 6월 19일 당해 사업연도 법인세의 중간예납세액 24,000,000원을 보통예금으로 납부하였다. (단, 법인세 납부액은 자산 계정으로 처리할 것) [제50회]

정답 및 해설

10	6월 10일	(차) 보통예금	430,000	(대) 대손충당금(외상매출금)	430,000
11	6월 11일	(차) 단기매매증권	6,000,000	(대) 보통예금	6,008,000
		수수료비용(영업외비용)[1]	8,000		

[1] 단기매매증권 구입 시 발생하는 제비용은 '수수료비용' 계정 등 영업외비용으로 회계처리한다.

12	6월 12일	(차) 현금	63,000,000	(대) 단기매매증권	61,000,000
				단기매매증권처분이익	2,000,000
13	6월 13일	(차) 보통예금	1,500,000	(대) 단기매매증권	1,600,000
		단기매매증권처분손실	150,000	현금	50,000
14	6월 14일	(차) 단기대여금(명진상사)	10,000,000	(대) 보통예금	10,000,000
15	6월 15일	(차) 선급금(경북유통)	5,000,000	(대) 현금	5,000,000
16	6월 16일	(차) 여비교통비(판관비)	450,000	(대) 가지급금(김세무)	500,000
		현금	50,000		
17	6월 17일	(차) 선납세금	77,000	(대) 이자수익	500,000
		보통예금	423,000		
18	6월 18일	(차) 보통예금	53,384,000	(대) 정기예금	50,000,000
		선납세금	616,000	이자수익	4,000,000
19	6월 19일	(차) 선납세금	24,000,000	(대) 보통예금	24,000,000

핵심기출문제

* 본서에 수록된 기출문제의 날짜는 학습효과를 높이기 위하여 일부 수정함

01 다음 중 기업회계기준상 현금및현금성자산이 아닌 것은? [제28회]

① 지폐, 동전
② 취득 당시 만기가 2개월인 양도성예금증서
③ 타인발행당좌수표
④ 수입인지

02 다음 자료에 의하여 결산 시 재무상태표에 표시되는 현금및현금성자산 금액은 얼마인가? [제95회]

• 보통예금 : 200,000원
• 선일자수표 : 300,000원
• 우편환증서 : 10,000원
• 당좌차월 : 100,000원
• 자기앞수표 : 30,000원
• 취득 당시에 만기가 3개월 이내에 도래하는 정기적금 : 500,000원

① 540,000원 ② 640,000원 ③ 740,000원 ④ 1,140,000원

03 다음은 유가증권과 관련된 내용이다. 틀린 것은? [제36회]

① 지분증권과 채무증권으로 구성되어 있다.
② 지분증권은 주식 등을 말한다.
③ 채무증권은 국채, 공채, 회사채를 말한다.
④ 만기보유증권은 지분증권이다.

04 유가증권과 관련한 다음의 설명 중 적절치 않은 것은? [제63회]

① 유가증권에는 지분증권과 채무증권이 포함된다.
② 만기가 확정된 채무증권을 만기까지 보유할 적극적인 의도와 능력이 있는 경우에는 만기보유증권으로 분류한다.
③ 만기보유증권으로 분류되지 아니하는 채무증권은 매도가능증권으로만 분류된다.
④ 주로 단기간 내의 매매차익을 목적으로 취득한 유가증권으로서 매수와 매도가 적극적이고 빈번하게 이루어지는 것은 단기매매증권으로 분류한다.

05 ㈜삼원상회는 11월 1일 단기 시세차익을 목적으로 상장주식 1,000주를 주당 50,000원에 취득하고 취득수수료 2,000,000원을 포함하여 52,000,000원을 현금 결제하였다. 기말 현재 ㈜삼원상회는 이 주식을 그대로 보유하고 있으며, 12월 31일의 공정가치는 주당 55,000원이었다. 손익계산서에 반영될 단기매매증권 평가손익은 얼마인가? [20년 11월 특별회차]

① 평가이익 3,000,000원　　② 평가이익 5,000,000원
③ 평가손실 3,000,000원　　④ 평가손실 5,000,000원

정답 및 해설

01 ④ 수입인지는 세금과공과 등 비용으로 처리한다.

02 ③
- 우편환증서, 자기앞수표는 통화대용증권에 해당한다.
- 취득 당시 만기가 3개월 이내에 도래하는 정기적금(금융상품)은 현금성자산에 해당한다.
- 당좌차월은 단기차입금에 해당한다.
- 선일자수표는 약속어음과 동일하게 회계처리한다.
- 현금및현금성자산 = 보통예금 + 우편환증서 + 자기앞수표 + 취득 당시 만기 3개월 이내 정기적금
  = 200,000 + 10,000 + 30,000 + 500,000
  = 740,000원

03 ④ 만기보유증권은 채무증권이다.

04 ③ 지분증권과 및 만기보유증권으로 분류되지 아니하는 채무증권은 단기매매증권과 매도가능증권 중 하나로 분류한다.

05 ②

• 11월 1일	(차) 단기매매증권	50,000,000	(대) 현금 등	52,000,000
	수수료비용(영업외비용)	2,000,000		
• 12월 31일	(차) 단기매매증권	5,000,000	(대) 단기매매증권평가이익	5,000,000[1]

[1] (@55,000원 × 1,000주) − (@50,000원 × 1,000주) = 5,000,000원

06 올해 5월 2일 단기시세차익을 목적으로 ㈜동구의 주식을 액면금액 5,000원에 200주를 취득하고 수수료 50,000원과 함께 현금으로 지급하였다. 이 주식을 올해 10월 1일 1주에 4,500원으로 100주를 매각하였을 경우 매각 시점의 손익에 미치는 영향을 바르게 설명한 것은?

[20년 10월 특별회차]

① 당기순이익이 75,000원 증가한다.
② 당기순이익이 75,000원 감소한다.
③ 당기순이익이 50,000원 증가한다.
④ 당기순이익이 50,000원 감소한다.

07 다음의 유가증권 거래로 인하여 당기손익에 미치는 영향을 바르게 설명한 것은? [제65회]

㈜달무리는 2월 5일에 시장성 있는 단기매매증권 1,000주(주당 @10,000원)를 취득하면서, 수수료비용 500,000원을 포함하여 현금으로 결제하였다. 다음 날 600주를 주당 @11,000원에 현금 처분하였다.

① 당기순이익이 600,000원 증가한다.
② 당기순이익이 600,000원 감소한다.
③ 당기순이익이 100,000원 증가한다.
④ 당기순이익이 300,000원 증가한다.

08 거래처에 매출하여 받은 약속어음 1,000,000원이 거래처의 파산으로 회수 불가능한 것으로 판명(12월 15일)되었다. 12월 15일의 분개로 적절한 것은? (단, 이미 대손충당금 1,200,000원이 설정되어 있다)

[제20회]

①	(차) 대손상각비	1,000,000	(대) 매출채권	1,000,000
②	(차) 대손충당금	1,000,000	(대) 매출채권	1,000,000
③	(차) 대손충당금	500,000	(대) 매출채권	1,000,000
	대손상각비	500,000		
④	(차) 대손충당금	1,200,000	(대) 매출채권	1,200,000

09 다음의 거래에 대한 분개로 맞는 것은? [제52회]

> 8월 31일 : 거래처의 파산으로 외상매출금 100,000원이 회수불능이 되다.
> (단, 8월 31일 이전에 설정된 대손충당금 잔액은 40,000원이 있다)

①	(차) 대손상각비	100,000	(대) 외상매출금	100,000
②	(차) 대손충당금	40,000	(대) 외상매출금	100,000
	대손상각비	60,000		
③	(차) 대손충당금	60,000	(대) 외상매출금	100,000
	대손상각비	40,000		
④	(차) 대손충당금환입	40,000	(대) 외상매출금	100,000
	대손상각비	60,000		

정답 및 해설

06 ④

• 5월 2일	(차) 단기매매증권	1,000,000	(대) 현금	1,050,000
	수수료비용(영업외비용)	50,000		
• 10월 1일	(차) 현금 등	450,000	(대) 단기매매증권	500,000
	단기매매증권처분손실	50,000[1]		

[1] (@4,500원 × 100주) − (@5,000원 × 100주) = (−)50,000원

07 ③

• 2월 5일	(차) 단기매매증권	10,000,000	(대) 현금	10,500,000
	수수료비용(영업외비용)	500,000		
• 2월 6일	(차) 현금	6,600,000	(대) 단기매매증권	6,000,000
			단기매매증권처분이익	600,000[1]

[1] (@11,000원 × 600주) − (@10,000원 × 600주) = 600,000원

• 당기순이익 : 600,000원 − 500,000원 = 100,000원 증가한다.

08 ② 대손이 발생하면 대손충당금에서 우선 상계하고, 대손충당금이 부족한 부분에 대해서만 대손상각비로 인식한다.

09 ② 대손이 발생하면 대손충당금에서 우선 상계하고, 대손충당금이 부족한 부분에 대해서만 대손상각비로 인식한다.

10 외상매출금 기말잔액 30,000,000원에 대하여 1%의 대손충당금을 설정하려 한다. 기초 대손충당금이 200,000원이 있었으며, 당기 중 150,000원을 대손처리하였다. 보충법에 의하여 기말 대손충당금 설정 분개로 올바른 것은? [제85회]

① (차) 대손상각비 300,000 (대) 대손충당금 300,000
② (차) 대손상각비 250,000 (대) 대손충당금 250,000
③ (차) 대손상각비 150,000 (대) 대손충당금 150,000
④ (차) 대손상각비 50,000 (대) 대손충당금 50,000

11 다음 자료에 의하여 다음 빈칸에 들어갈 금액은 얼마인가? [제95회]

대손충당금 (단위 : 원)

4/30 외상매출금	xxx	1/1 전기이월	50,000
12/31 차기이월	70,000	12/31 대손상각비	( )
	xxx		xxx

• 당기 중 회수가 불가능한 것으로 판명되어 대손처리된 외상매출금은 5,000원이다.

① 10,000원 ② 15,000원 ③ 20,000원 ④ 25,000원

12 ㈜서울은 유형자산 처분에 따른 미수금 기말잔액 45,000,000원에 대하여 2%의 대손충당금을 설정하려 한다. 기초 대손충당금 400,000원이 있었고 당기 중 320,000원 대손이 발생되었다면 보충법에 의하여 기말 대손충당금 설정 분개로 올바른 것은? [제51회]

① (차) 대손상각비 820,000 (대) 대손충당금 820,000
② (차) 기타의대손상각비 820,000 (대) 대손충당금 820,000
③ (차) 대손상각비 900,000 (대) 대손충당금 900,000
④ (차) 기타의대손상각비 900,000 (대) 대손충당금 900,000

정답 및 해설

10 ②

대손충당금

대손확정	150,000[1]	기초	200,000
기말	300,000[2]	추가설정	250,000[3]
	450,000		450,000

[1] 차변을 대손충당금 계정으로 분개하는 금액 = Min[㉠ 대손확정액, ㉡ 대손충당금 잔액]
= Min[㉠ 150,000, ㉡ 200,000]
= 150,000원

[2] 기말잔액 = 기말채권 잔액 × 대손추정률
= 30,000,000 × 1%
= 300,000원

[3] 추가설정액 = 기말잔액 − 기 설정 대손충당금
= 300,000 − (200,000 − 150,000)
= 250,000원

11 ④ • 대손충당금의 총계정원장

대손충당금

대손확정	5,000	기초	50,000
기말	70,000	추가설정	25,000
	75,000		75,000

• 대손확정일(4월 30일) 회계처리

(차) 대손충당금	5,000	(대) 외상매출금	5,000

• 추가설정(결산일) 회계처리

(차) 대손상각비	25,000	(대) 대손충당금	25,000[1]

[1] 70,000 − (50,000 − 5,000) = 25,000원

12 ② • 미수금에 대한 대손충당금 추가설정 시, 기타의대손상각비(영업외비용)로 회계처리한다.
• 대손충당금 추가설정액 = (45,000,000 × 2%) − (400,000 − 320,000) = 820,000원

13 ㈜광교는 매출채권 기말잔액 28,000,000원에 대하여 1%의 대손충당금을 설정하고자 한다. 전기말 대손충당금 잔액은 300,000원이었으며, 기중에 전기 대손발생액 중 200,000원이 회수되어 회계처리하였다. 기말의 회계처리로 올바른 것은? [15년 8월 특별회차]

① (차) 대손상각비	280,000	(대) 대손충당금	280,000
② (차) 대손충당금	20,000	(대) 대손충당금환입	20,000
③ (차) 대손충당금	220,000	(대) 대손충당금환입	220,000
④ (차) 대손상각비	180,000	(대) 대손충당금	180,000

14 영업활동과 관련하여 비용이 감소함에 따라 발생하는 매출채권의 대손충당금환입은 다음의 계정구분 중 어디에 속하는가? [제56회]

① 판매비와관리비의 차감항목
② 영업외수익
③ 자본조정
④ 이익잉여금

15 일반적으로 상거래와 관련해서 발생하는 채권에 대해서는 외상매출금이나 받을어음과 같은 매출채권 계정을 사용하나 그 이외의 거래에서 발생하는 채권에 대하여는 (　　　) 계정을 사용한다. [제26회]

① 가수금
② 미수금
③ 미지급금
④ 가지급금

16 다음 (가), (나)의 거래를 분개할 때, 차변에 기입되는 계정과목으로 바르게 짝지은 것은?

[제76회]

> (가) 일반적 상거래 외의 거래에서 발생하는 수취채권에 대해서 (가) 계정을 사용한다.
> (나) 상품 등을 인수하기 전에 상품 등의 대금을 지급한 경우 (나) 계정으로 처리한다.

① (가) 외상매출금 (나) 선급금
② (가) 미수금 (나) 선급금
③ (가) 외상매출금 (나) 선수금
④ (가) 미수금 (나) 선수금

정답 및 해설

13 ③ • 대손충당금의 총계정원장

대손충당금

대손확정	0	기초	300,000
환입	220,000	대손채권 회수	200,000
기말	280,000		
	500,000		500,000

• 전기 대손발생액 회수 회계처리

(차) 현금 등 200,000 (대) 대손충당금 200,000

• 추가설정(환입) 회계처리

(차) 대손충당금 220,000[1] (대) 대손충당금환입 220,000

[1] (28,000,000 × 1%) – (300,000 + 200,000) = (–)220,000원

14 ① 매출채권에 대한 대손충당금환입은 판매비와관리비의 부(–)의 금액으로 표시한다.

15 ② • 일반적인 상거래에서 발생하는 수취채권 : 외상매출금, 받을어음
• 일반적인 상거래 이외의 거래에서 발생하는 수취채권 : 미수금

16 ② • (가) 일반적인 상거래 이외의 거래에서 발생하는 수취채권은 미수금 계정으로 처리한다.
• (나) 계약금 성격으로 미리 지급한 대금은 선급금 계정으로 처리한다.

제2절 재고자산

01 재고자산

최근 88회 시험 중 7회 기출

(1) 재고자산의 정의

재고자산이란 기업의 주된 영업활동에서 ㉠ 판매를 목적으로 보유하고 있는 자산(상품, 제품), ㉡ 판매를 목적으로 생산과정에 있는 자산(재공품, 반제품), ㉢ 판매할 자산의 생산과정에 투입될 자산(원재료, 저장품)을 말한다.

재고자산은 해당 기업의 업종에 따라 범위가 달라질 수 있다. 예를 들어, 토지나 건물은 영업활동에 사용할 목적으로 보유하는 유형자산으로 분류되는 것이 일반적이나, 부동산매매업을 주업으로 하는 기업이 판매를 목적으로 토지나 건물을 구입하여 보유하고 있다면 이는 재고자산으로 분류된다.

(2) 재고자산에 해당하는 계정과목

도·소매업을 영위하는 기업(상기업)에서 재고자산에 해당하는 계정과목은 상품이다. 상품이란 기업의 주된 영업활동으로서 판매하기 위하여 외부에서 완성품 형태로 구입한 물품을 말한다. 상기업의 재무상태표상 재고자산은 기말 현재 판매되지 않고 남아있는 상품의 가액이 된다.

제조업을 영위하는 기업(제조기업)에서 재고자산에 해당하는 계정과목은 원재료, 재공품, 제품 등이다. 제품이란 기업의 주된 영업활동으로서 판매하기 위하여 당사가 직접 만든 물품을 말한다. 제조기업의 재무상태표상 재고자산은 기말 현재 남아있는 원재료 잔량, 미완성된 재공품, 판매되지 않은 제품 등의 가액으로 구성된다.

계정과목	내 용
상 품	상기업의 주된 영업활동으로서 판매할 목적으로 외부로부터 구입한 물품
제 품	제조기업의 주된 영업활동으로서 판매할 목적으로 재료비, 노무비, 제조경비를 투입하여 제조한 생산품
재공품	재료비, 노무비, 제조경비를 투입하여 제조 과정에 있는 미완성품 (완성된 제품은 아니나 현재 상태에서도 판매 가능한 재공품인 반제품도 포함)
원재료	제품을 만들기 위하여 구입한 원료
저장품	생산과정에 투입될 소모품, 수선용 부분품 등으로서 비용으로 처리하지 않고 재고자산으로 처리한 것
미착품	상품 또는 원재료를 주문하였으나 결산일 현재 운송 중에 있는 것
매입환출및에누리	구입한 상품 또는 원재료 중 하자나 파손이 발견되어 해당 물품을 반품하거나 값을 깎는 것 참고 상품 또는 원재료의 차감계정
매입할인	상품 또는 원재료의 구매자가 외상매입대금을 조기에 지급하여 약정에 따라 할인 받는 것 참고 상품 또는 원재료의 차감계정

02 주된 영업활동에 대한 회계처리

최근 88회 시험 중 11회 기출

(1) 주된 영업활동에 대한 회계처리방법

기업이 주된 영업활동(일반적인 상거래)을 하여 얻는 수익을 매출이라고 하며 이러한 매출을 창출하기 위하여 투입된 원가로서 매출에 직접 대응되는 비용을 매출원가라고 한다.

제조기업은 구입한 원재료에 노무비와 제조경비를 투입한다는 점에서 상기업과 차이가 있지만, 매출과 매출원가를 인식하는 원리는 기본적으로 상기업과 제조기업이 동일하며, 이하에서는 상기업을 전제로 하여 설명하기로 한다.

상기업의 주된 영업활동은 상품을 싸게 사와서 그 상품에 이윤을 붙여서 파는 거래이다.

주된 영업활동에 대하여 회계처리하는 방법을 살펴보면, 이론적으로는 '처분손익만 표시하는 방법(1분법)'과 '매출과 매출원가를 모두 표시하는 방법(2분법)' 두 가지가 있을 수 있는데, 일반적으로 인정된 회계원칙(GAAP)에서는 이 중 후자의 방법(2분법)으로 회계처리하도록 하고 있다.

구분	내용
처분손익만 표시하는 방법 (1분법)	• 주된 영업활동이 아닌 자산의 매매거래(예 유형자산의 구입·처분)에 사용되는 회계처리방법 • 판매할 때마다 처분손익을 인식함
매출 및 매출원가를 모두 표시하는 방법 (2분법)	• 주된 영업활동인 상품의 매매거래에 사용되는 회계처리방법 • 판매할 때에는 매출(수익)만 인식하고, 매출원가(비용)는 기말 결산 시점에 인식함

(2) 1분법 및 2분법에 의한 상품 매매거래의 회계처리

상기업인 A사의 제2기 회계연도에 다음과 같은 거래가 발생했을 때 이를 분개하여 보자.

- 기초재고 : 20x1년 1월 1일 기초 현재, 전기로부터 이월된 상품 1개가 있으며 당초 취득원가는 80원이었다.
- 당기매입 : 20x1년 2월 15일 상품 10개를 개당 100원에 현금으로 구입하였다.
- 당기매출 : 20x1년 3월 20일 전기에 구입했던 상품(개당 원가 80원) 1개와 당기에 구입한 상품(개당 원가 100원) 8개를 합한 총 9개를 개당 110원에 현금으로 판매하였다.
- 기말재고 : 20x1년 12월 31일 기말 현재, 상품 2개가 판매되지 않고 남아 있으며 취득원가는 개당 100원이었다.

① 처분손익만 표시하는 방법(1분법)

- 기초재고 : 기초 재무상태표상 재고자산 금액은 80원으로 계상되어 있다.
- 당기매입 : 자산의 취득으로 회계처리한다.

일자	차변	금액	대변	금액
20x1. 2. 15.	(차) 상품	1,000	(대) 현금	1,000

- 당기매출 : 처분금액으로 받는 현금 계정과목 등을 차변으로(자산의 증가 등), 상품 계정과목의 처분 전 장부금액을 대변으로(자산의 감소) 회계처리한다. 처분금액과 처분 전 장부금액의 차이만큼 처분손익을 인식한다.

일자	차변	금액	대변	금액
20x1. 3. 20.	(차) 현금	990[1]	(대) 상품	880[2]
			상품처분이익	110[3]

[1] 처분금액 = 9개 × @110원 = 990원
[2] 처분 전 장부금액 = (1개 × @80원) + (8개 × @100원) = 880원
[3] 처분금액 − 처분 전 장부금액 = 990 − 880 = 110원

- 기말재고 : 기말 결산 시 별도의 기말수정분개가 필요 없으며, 기말재고자산 금액은 200원[4](= 2개 × @100원)이 남아 있다.

[4] 기초재고 + 당기매입 – 당기판매분 = 80 + 1,000 – 880 = 200원

② 매출 및 매출원가를 모두 표시하는 방법(2분법)

- 기초재고 : 기초 재무상태표상 재고자산 금액은 80원으로 계상되어 있다.
- 당기매입 : 자산의 취득으로 회계처리한다.

	(차) 상품	xxx	(대) [계정명]	xxx
20x1. 2. 15.	(차) 상품	1,000	(대) 현금	1,000

- 당기매출 : 차변에는 처분금액으로 받는 현금 계정과목 등으로(자산의 증가 등) 회계처리하고, 대변에는 동일한 금액을 상품매출 계정과목으로(수익의 발생) 회계처리한다. 상품 계정의 감소 및 그에 따른 비용을 인식하지 않고, 처분금액 전체에 대하여 수익만 인식한다.

	(차) [계정명]	xxx	(대) 상품매출	xxx
20x1. 3. 20.	(차) 현금	990	(대) 상품매출	990[1]

[1] 처분금액 = 9개×@110원 = 990원

- 기말재고 : 기말 결산 시 기말재고를 파악하여 매출원가를 역으로 계산하고, 이 금액만큼 차변에 상품매출원가 계정(비용의 발생)으로, 대변에 상품 계정으로(자산의 감소) 회계처리한다. 이러한 기말수정분개에 따라 기말재고자산 금액은 200원(= 2개 × @100원)이 남게 된다.

	(차) 상품매출원가	xxx	(대) 상품	xxx
20x1. 12. 31.	(차) 상품매출원가	880[2]	(대) 상품	880

[2] 기초재고 + 당기매입 – 기말재고 = 80 + 1,000 – 200 = 880원

(3) 2분법의 장점

기업의 주된 영업활동에 대하여 '매출과 매출원가를 모두 표시하는 방법(2분법)'으로 회계처리하는 경우, '처분손익만 표시하는 방법(1분법)'과 비교할 때 다음과 같은 장점이 있다.

① 유용한 정보 제공

주된 영업활동에 대하여 단순히 처분손익(상품처분이익)만을 보여주는 것이 아니라 얼마만큼의 판매(상품매출)가 이루어졌는지, 그리고 그 판매에 대응하는 비용(매출원가)은 얼마인지를 보여줌으로써 회계정보이용자에게 보다 유용한 정보를 제공할 수 있다.

손익계산서에는 상품매출에서 상품매출원가를 차감한 매출총이익이 별도로 표시되며 이는 상품처분이익과 동일한 금액이다.

매출총이익 = 상품매출 – 상품매출원가 = 상품처분이익

② 실무상 적용 용이

주된 영업활동인 상품의 구입과 판매는 매우 빈번하게 일어나고 동일한 상품이더라도 구입 시점에 따라 그 가격이 달라지기 때문에, 1분법에 따라 판매 시점마다 일일이 상품의 처분 전 장부금액(당초 구입원가)과 처분손익(상품처분이익)을 구하는 것은 현실적으로 어렵다.

반면, 2분법으로 회계처리하는 경우에는 기말 결산 시점에 상품 실지재고조사를 통하여 구입 상품 중에서 당기에 판매된 분을 역으로 계산하고 이를 상품매출원가로 한 번에 계정 대체하기 때문에 실무상 적용이 편리하다.

참고 상품, 상품매출, 상품매출원가의 비교

계정과목	구 분
상 품	자산 (재고자산)
상품매출	수익 (매출액)
상품매출원가	비용 (매출원가)

(4) 상품매출원가

상품매출원가란 당기에 팔린 상품들의 당초 구입원가를 말한다.

상품매출원가는 기초상품재고액에서 당기상품매입액을 가산한 후 기말상품재고액을 차감하여 계산한다.

여기서 기초상품재고액과 당기상품매입액을 합한 금액은 분개와 전기를 통하여 상품 계정의 총계정원장에서 차변으로 집계되는데, 이를 판매가능상품 금액이라고 한다.

기말 결산 시점까지 집계된 판매가능상품 금액은 당기에 판매된 부분(상품매출원가)과 기말 현재 판매되지 않고 남아 있는 부분(기말상품재고액)으로 배분된다.

따라서 기말 결산 시 실지재고조사를 통하여 기말상품재고액을 파악한 후 이를 장부상 판매가능상품 금액에서 차감함으로써 상품매출원가를 역산할 수 있는 것이다.

상품매출원가 = 기초상품재고액 + 당기상품매입액 − 기말상품재고액
= 판매가능상품금액 − 기말상품재고액

참고 상품의 총계정원장

A사의 제2기 회계연도를 사례로 2분법에 따른 상품 계정의 총계정원장을 작성하여 보면 다음과 같다.

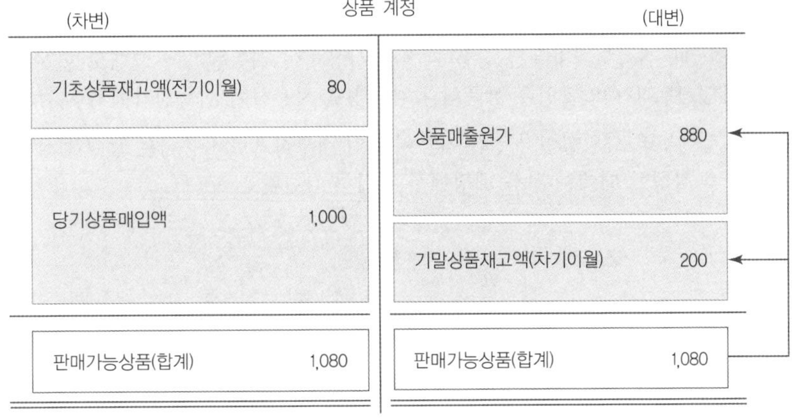

이론 제3장 재무회계 해커스 전산회계 1급 이론+실무+최신기출+무료특강

기출확인문제

*2025년 출제예상

다음 주어진 자료로 매출원가를 계산하면 얼마인가? (제46회)

- 기초상품재고액 : 100,000원
- 기말상품재고액 : 150,000원
- 판매가능상품액 : 530,000원

① 580,000원 ② 480,000원
③ 380,000원 ④ 280,000원

정답 ③

해설
상품매출원가
= 기초상품재고액 + 당기상품매입액 − 기말상품재고액
= 판매가능상품액 − 기말상품재고액
= 530,000 − 150,000
= 380,000원

03 재고자산의 취득원가

최근 88회 시험 중 3회 기출

(1) 상품의 취득원가

취득원가 = 당기(순)매입액
= 매입가액 + 취득부대비용[1] − 매입환출[2] − 매입에누리[3] − 매입할인[4]

[1] 매입운임, 매입하역료, 매입수수료, 취득세 등 상품을 취득하는 과정에서 정상적으로 발생하는 비용
[2] 구입한 상품 중 하자나 파손이 발견되어 해당 물품을 반품하는 것
[3] 구입한 상품 중 하자나 파손이 발견되어 값을 깎는 것
[4] 상품의 구매자가 외상매입대금을 조기에 지급하여 약정에 따라 할인 받는 것

기출포인트

- 상품 취득 시 운송료, 수수료, 제세금 : 자산의 취득과 관련한 취득부대비용이므로 상품의 취득원가에 포함한다.
- 상품 매출 시 운송료, 수수료, 제세금 : 기업의 주된 영업활동인 상품의 매출과 관련하여 발생하는 비용이므로 운반비, 수수료비용, 세금과공과 등 별도의 비용 계정(판매비와관리비)으로 회계처리한다.

(2) 상품의 취득에 대한 회계처리

상품을 취득할 때 취득부대비용은 상품 계정을 사용하여 취득원가에 그대로 합산되도록 회계처리하고, 매입환출·매입에누리·매입할인은 상품의 차감계정을 사용하여 취득원가에서 차감되도록 회계처리한다.

매입환출·매입에누리·매입할인 계정은 기중에 기업 내부적으로 사용하는 상세 계정과목이므로, 기말 결산 시 재무제표를 작성할 때에는 상품 계정에서 직접 차감한다.

① 취득부대비용

	(차) 상품	xxx	(대) [계정명]	xxx

[사례] 1월 10일 상품을 20,000원에 외상으로 매입하고 매입운임 1,000원을 현금으로 지급하였다.

1월 10일	(차) 상품	21,000	(대) 외상매입금	20,000
			현금	1,000

② 매입환출 및 매입에누리

	(차) 외상매입금	xxx	(대) 매입환출및에누리	xxx

[사례] 1월 12일 이틀 전 매입했던 상품 중에서 일부 파손이 발견되어 외상매입대금 중 5,000원을 깎았다.

1월 12일	(차) 외상매입금	5,000	(대) 매입환출및에누리	5,000

③ 매입할인

	(차) 외상매입금	xxx	(대) [계정명]	xxx
			매입할인	xxx

[사례] 1월 18일 8일 전에 매입했던 상품의 외상매입대금 15,000원에 대하여 현금으로 결제하였다. 판매자와의 약정에 따라 조기 결제금액인 15,000원의 2%를 할인 받았다.

1월 18일	(차) 외상매입금	15,000	(대) 현금	14,700
			매입할인	300[1]

[1] 15,000원 × 2% = 300원

④ 상품 계정의 당기(순)매입액
= 매입가액 + 취득부대비용 − 매입환출 − 매입에누리 − 매입할인
= 20,000 + 1,000 − 0 − 5,000 − 300
= 15,700원

기출확인문제

다음은 재고자산을 취득하면서 발생한 내용이다. 취득원가에 포함시킬 수 없는 것은? (제26회)

① 매입가액 ② 수수료 ③ 매입에누리 ④ 운송비

정답 ③

해설
매입에누리는 재고자산의 취득원가에서 차감한다.

04 기말재고자산가액의 결정

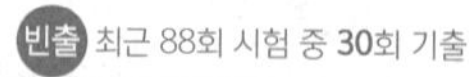

기말 결산 시 회사는 상품 총계정원장의 차변에 집계된 판매가능상품 금액에서 재고실사로 파악한 기말상품재고액을 차감하여 상품매출원가를 산출한다. 따라서 기말상품재고액의 결정은 상품매출원가에 영향을 끼침으로써 당기순이익을 달라지게 할 수 있다.

기말재고자산가액(기말상품재고액)은 다음과 같이 결정된다.

기말상품재고액	=	수량	×	단가
		① 계속기록법 ② 실지재고조사법 ③ 혼합법		① 개별법 ② 선입선출법 ③ 후입선출법 ④ 총평균법 ⑤ 이동평균법

(1) 수량결정방법

계속기록법	• 기중에 상품의 입고와 출고 수량을 계속적으로 기록하여 기말에 장부에 의하여 수량을 파악하는 방법을 말한다. • 계속기록법에서는 기초재고수량, 당기매입수량, 당기판매수량이 모두 기록되므로 장부상 재고수량은 언제든지 파악할 수 있으나, 실제 재고수량은 조사하지 않으므로 이를 파악할 수 없다.
실지재고조사법	• 기말에 직접 조사를 통하여 실제 재고수량을 파악하는 방법을 말한다. • 실지재고조사법에서는 기중에는 상품의 입고만 기록하고 입고란에 기록된 수량에서 기말에 직접 조사한 실제 수량을 차감하여 판매된 수량을 산출한다. 즉, 기초재고수량과 당기매입수량만 기록되므로 당기판매수량은 기말에 실지재고조사를 마쳐야만 일괄적으로 파악할 수 있다.
혼합법	• 실무에서는 기말재고수량을 파악할 때 **계속기록법과 실지재고조사법을 병행**하고 있는데, 이를 혼합법이라고 한다. • 혼합법에서는 장부상 재고수량과 직접 조사한 실제 재고수량을 모두 알 수 있기 때문에 보관 중에 발생한 **재고감모수량**(도난이나 파손 등)을 파악할 수 있다.

(2) 단가 결정방법 (원가흐름의 가정)

상품의 구입시기에 따라 동일한 상품의 구입단가가 계속하여 변동하는 경우 구입한 상품이 팔리는 순서에 관하여 일정한 가정을 하게 되는데, 이를 원가흐름의 가정이라고 한다.

재고자산의 원가흐름을 어떻게 가정하는가에 따라 매출원가와 기말재고자산가액을 계산할 때 사용되는 단가가 달라지게 된다.

원가흐름의 가정, 즉 기말재고자산의 단가 결정방법은 다음과 같다.

개별법	• 개별 상품 각각에 가격표를 붙여서 개별 물량흐름을 직접 추적하여 출고단가를 산정하는 방법을 말한다. • 가장 정확한 단가 산정방법이나 실무에서 적용하기는 현실적으로 어렵다.
선입선출법	• 먼저 매입(입고)한 상품을 먼저 판매(출고)한다는 가정하에 출고단가를 산정하는 방법을 말한다. (FIFO : First-In-First-Out) • 기말재고자산이 가장 최근 매입분으로 구성되므로 시가에 가깝게 표시된다(장점). 반면, 오래전 매입분이 매출원가로 기록되므로 수익·비용 대응이 적절히 이루어지지 않는다(단점).
후입선출법	• 나중에 매입(입고)한 상품을 먼저 판매(출고)한다는 가정하에 출고단가를 산정하는 방법을 말한다. (LIFO : Last-In-First-Out) • 가장 최근 매입분이 매출원가로 기록되므로 수익·비용 대응이 적절히 이루어진다(장점). 반면, 기말재고자산이 오래전 매입분으로 구성되므로 시가에 가깝게 표시되지 않는다(단점).
총평균법	• 기말에 총입고금액을 총입고수량으로 나누어 총평균단가를 구하고 총평균단가로 출고단가를 산정하는 방법을 말한다. • 공식 $\text{총평균단가} = \dfrac{\text{기초재고액} + \text{당기매입액}}{\text{기초재고수량} + \text{당기매입수량}}$
이동평균법	• 매입할 때마다 새로 입고되는 상품의 매입액과 기존 상품의 장부금액을 합하여 새로운 평균단가(이동평균단가)를 구하고 이동평균단가로 출고단가를 산정하는 방법을 말한다. • 공식 $\text{이동평균단가} = \dfrac{\text{매입 직전 재고액} + \text{추가 매입액}}{\text{매입 직전 재고수량} + \text{추가 매입수량}}$

참고 **평균법**
먼저 매입한 상품과 나중에 매입한 상품이 평균적으로 판매된다는 가정하에 일정 기간 동안의 재고자산매입액을 평균한 평균단가로 출고단가를 산정하는 방법을 평균법(또는 가중평균법)이라고 한다. 평균법에는 총평균법과 이동평균법이 있다.

(3) 단가결정방법에 따른 기말재고자산가액의 결정 사례

상기업인 B사의 제2기 회계연도에 다음과 같은 상품 거래가 발생했을 때 선입선출법, 후입선출법, 총평균법, 이동평균법에 따라 상품재고장(재고수불부)을 작성하고 기말재고자산가액 및 매출원가를 구하여 보자.

- 1월 1일 기초 현재, 전기로부터 이월된 상품 10개가 있으며 개당 120원이었다.
- 2월 2일 공급처로부터 상품 30개를 개당 140원에 현금 매입하였다.
- 3월 3일 고객사에 상품 20개를 개당 200원에 현금 매출하였다.
- 7월 7일 공급처로부터 상품 20개를 개당 165원에 현금 매입하였다.
- 11월 11일 고객사에 상품 20개를 개당 200원에 현금 매출하였다.
- 12월 31일 기말 결산 시, 창고를 직접 조사하여 기말 현재 판매되지 않고 남아있는 재고수량이 20개라는 것을 확인하였다.

① 선입선출법

상품재고장

(단위 : 원)

날 짜	구 분	입 고			출 고			잔 고		
1/1	전기이월	10개	@120	1,200				10개	@120	1,200
2/2	매 입	30개	@140	4,200				10개	@120	1,200
								30개	@140	4,200
3/3	매 출				10개	@120	1,200			
					10개	@140	1,400	20개	@140	2,800
7/7	매 입	20개	@165	3,300				20개	@140	2,800
								20개	@165	3,300
11/11	매 출				20개	@140	2,800	20개	@165	3,300
12/31	차기이월				20개	@165	3,300			
합 계		60개		8,700	60개		8,700			

• 기말재고자산가액 = 20개 × @165원 = 3,300원
• 매출원가 = 판매가능상품 금액 − 기말재고자산가액 = 8,700 − 3,300 = 5,400원

② 후입선출법

상품재고장

(단위 : 원)

날 짜	구 분	입 고			출 고			잔 고		
1/1	전기이월	10개	@120	1,200				10개	@120	1,200
2/2	매 입	30개	@140	4,200				10개	@120	1,200
								30개	@140	4,200
3/3	매 출				20개	@140	2,800	10개	@120	1,200
								10개	@140	1,400
7/7	매 입	20개	@165	3,300				10개	@120	1,200
								10개	@140	1,400
								20개	@165	3,300
11/11	매 출				20개	@165	3,300	10개	@120	1,200
								10개	@140	1,400
12/31	차기이월				10개	@120	1,200			
					10개	@140	1,400			
합 계		60개		8,700	60개		8,700			

• 기말재고자산가액 = (10개 × @120원) + (10개 × @140원) = 2,600원
• 매출원가 = 판매가능상품 금액 − 기말재고자산가액 = 8,700 − 2,600 = 6,100원

③ 총평균법

상품재고장

(단위 : 원)

날 짜	구 분	입 고			출 고			잔 고		
1/1	전기이월	10개	@120	1,200				10개		
2/2	매 입	30개	@140	4,200				40개		
3/3	매 출				20개			20개		
7/7	매 입	20개	@165	3,300				40개		
11/11	매 출				20개			20개		
12/31	차기이월				20개					
합 계		60개		8,700	60개					

• 총평균단가 = 총입고금액 ÷ 총입고수량 = 8,700원 ÷ 60개 = 145원
• 기말재고자산가액 = 기말재고수량 × 총평균단가 = 20개 × @145원 = 2,900원
• 매출원가 = 판매가능상품 금액 − 기말재고자산가액 = 8,700 − 2,900 = 5,800원

④ 이동평균법

상품재고장

(단위 : 원)

날 짜	구 분	입 고			출 고			잔 고		
1/1	전기이월	10개	@120	1,200				10개	@120	1,200
2/2	매 입	30개	@140	4,200				40개	@135	5,400
3/3	매 출				20개	@135	2,700	20개	@135	2,700
7/7	매 입	20개	@165	3,300				40개	@150	6,000
11/11	매 출				20개	@150	3,000	20개	@150	3,000
12/31	차기이월				20개	@150	3,000			
합 계		60개		8,700	60개		8,700			

• 2월 2일 이동평균단가 = (1,200원 + 4,200원) ÷ (10개 + 30개) = @135원
  7월 7일 이동평균단가 = (2,700원 + 3,300원) ÷ (20개 + 20개) = @150원
• 기말재고자산가액 = 기말재고수량 × 이동평균단가 = 20개 × @150원 = 3,000원
• 매출원가 = 판매가능상품 금액 − 기말재고자산가액 = 8,700 − 3,000 = 5,700원

참고 **상품재고장에서 출고단가와 출고금액의 기재 여부**

실무에서는 상품재고장을 작성할 때 출고수량만 기재하고 출고단가와 출고금액은 기재하지 않는 경우가 많다. 왜냐하면 이는 매출 시점마다 일일이 상품의 처분 전 장부금액을 구하는 것에 준하는 번거로운 작업이기 때문이다.

다만, ㉠ 이동평균법을 적용할 때에는 상품재고장에 출고금액과 잔고금액을 지속적으로 기재하여야만 이동평균단가를 계산할 수 있으며, ㉡ 후입선출법을 적용할 때에는 상품재고장에 출고단가 및 출고금액을 기재하는 경우와 그렇지 않은 경우 계산결과가 서로 달라질 수 있다.

⑤ 단가 결정방법에 따른 기말재고자산가액, 매출원가, 당기순이익의 계산 결과

(단위 : 원)

구 분	선입선출법	이동평균법	총평균법	후입선출법
판매가능상품 금액	8,700	8,700	8,700	8,700
기말재고자산가액	3,300	3,000	2,900	2,600
매출원가	5,400	5,700	5,800	6,100
매출액	8,000	8,000	8,000	8,000
매출총이익, 당기순이익	2,600	2,300	2,200	1,900

참고 단가 결정방법에 따른 기말재고자산가액, 매출원가, 당기순이익의 계산 결과 비교
㉠ 물가는 상승하고 ㉡ 기말재고수량은 기초재고수량보다 같거나 크다고 가정한다.

구 분	계산 결과
기말재고자산가액	선입선출법 > 이동평균법 > 총평균법 > 후입선출법
매출원가	선입선출법 < 이동평균법 < 총평균법 < 후입선출법
당기순이익	선입선출법 > 이동평균법 > 총평균법 > 후입선출법

기출확인문제

물가가 지속적으로 상승하는 경우로서 재고자산의 수량이 일정하게 유지된다면 매출총이익이 가장 크게 나타나는 재고자산 평가방법은 무엇인가? (제32회)

① 선입선출법 ② 후입선출법
③ 이동평균법 ④ 총평균법

정답 ①

해설
선입선출법에서는 기말재고자산가액이 가장 최근에 매입한 상품들로 구성되어 있으므로, 물가가 상승하고 재고자산 수량이 일정하게 유지된다고 가정할 때, 선입선출법에서의 기말재고자산가액이 가장 크게 나타난다. 이에 따라 매출원가는 가장 작게, 매출총이익(당기순이익)은 가장 크게 나타난다.

05 기말재고자산에 포함될 항목의 결정

최근 88회 시험 중 7회 기출

회사의 재고자산은 실질적인 소유권에 따라 판단하여야 한다. 기말 현재 창고에 보관 중인 자산이라 하더라도 회사의 소유가 아닐 수 있으며, 창고에 없는 자산이라 하더라도 회사의 소유일 수 있다.

특수한 상황들에 대하여 회사의 기말재고자산에 포함하여야 하는지 여부를 정리하여 보면 다음과 같다.

(1) 미착품

미착품이란 상품을 주문하였으나 결산일 현재 운송 중에 있는 것을 말한다. 미착품에 대한 소유권이 판매자에게 있는지 구매자에게 있는지는 매매계약조건에 따라 결정된다.

구 분	선적 전	선적 시점	운 송	도착 시점
선적지 인도조건	판매자 소유	구매자 소유		
도착지 인도조건	판매자 소유			구매자 소유

① 선적지 인도조건

선적지 인도조건일 경우 판매자는 재화를 선적하는 시점에 수익을 인식한다.

선적지 인도조건에서는 상품을 선적하는 시점에 소유권이 구매자에게 이전되기 때문에, 기말 현재 운송 중에 있는 미착품은 구매자의 재고자산에 포함된다.

② 도착지 인도조건

도착지 인도조건일 경우 판매자는 재화가 목적지에 도착하는 시점에 수익을 인식한다.

도착지 인도조건에서는 상품이 도착하는 시점에 소유권이 구매자에게 이전되기 때문에, 기말 현재 운송 중에 있는 미착품은 판매자의 재고자산에 포함된다.

(2) **적송품** (위탁판매)

위탁판매란 회사가 자신의 상품을 홈쇼핑 등에 위탁하는 방식으로 판매하는 것을 말한다.

이때 판매를 위탁한 회사를 위탁자, 판매를 위탁받아서 판매를 대행하는 홈쇼핑 등을 수탁자라고 하며, 위탁자가 수탁자에게 판매를 위탁하기 위하여 보낸 상품을 적송품이라고 한다.

위탁판매일 경우 위탁자는 수탁자가 적송품을 판매한 시점에 수익을 인식한다.

적송품은 고객에게 판매되기 전까지 위탁자의 소유 자산이므로, 기말 현재 판매되지 않은 적송품은 수탁자의 창고에 보관되어 있더라도 위탁자의 재고자산에 포함된다.

수탁자는 적송품을 재고자산으로 포함하지 않으며 판매 시 수수료만을 수익으로 계상하게 된다.

(3) **시송품** (시용판매)

시용판매란 회사가 자신의 상품을 고객에게 먼저 보낸 다음 고객이 일정 기간 사용해 보고 구매 여부를 결정할 수 있는 방식으로 판매하는 것을 말한다.

이때 고객이 일정 기간 사용해 보고 구매 여부를 결정할 수 있도록 판매자가 고객에게 보내놓은 상품을 시송품이라고 한다.

시용판매일 경우 판매자는 고객이 구매의사를 표시한 시점에 수익을 인식한다.

시송품은 고객이 구매의사를 표시하기 전까지는 판매된 것이 아니므로, 기말 현재 구매의사표시가 없는 시송품은 판매자의 재고자산에 포함된다.

(4) **할부판매상품**

할부판매란 회사가 자신의 상품을 고객에게 먼저 인도한 다음 대금을 2회 이상 분할하여 회수하는 방식으로 판매하는 것을 말한다.

할부판매일 경우 판매자는 재화를 고객에게 인도하는 시점에 수익을 인식한다.

할부판매에서는 상품을 인도하는 시점에 소유권이 구매자에게 이전되기 때문에, 할부판매된 상품은 기말 현재 대금이 아직 회수되지 않았더라도 판매자의 재고자산에 포함되지 않는다.

기출확인문제

다음 중 기말재고자산에 포함될 항목을 모두 모은 것은? (제67회)

a. 시용판매용으로 고객에게 제공한 재화에 대해 고객이 매입하겠다는 의사표시를 해옴
b. 위탁판매용으로 수탁자에게 제공한 재화 중 수탁자가 현재 보관 중인 재화
c. 장기할부조건으로 판매한 재화
d. 도착지 인도조건으로 판매하여 기말 현재 운송 중인 재화

① a, b ② b, c ③ b, d ④ c, d

정답 ③

해설
a. 시용판매는 구매자가 매입의사를 표시한 시점,
b. 위탁판매는 수탁자가 실제로 판매한 시점,
c. 장기할부판매는 인도 시점,
d. 도착지 인도조건 판매는 목적지에 도착한 시점에 각각 판매자(위탁자)가 수익을 인식한다.

06 재고자산감모손실과 재고자산평가손실

최근 88회 시험 중 9회 기출

(1) 재고자산감모손실

재고자산감모손실이란 재고자산의 도난, 분실, 파손, 증발, 마모 등으로 인하여 재고자산의 실제 수량이 장부상 수량보다 부족한 경우 발생하는 손실을 말한다.

재고자산감모손실 = (장부상 수량 − 실제 수량) × 장부상 단가
= 장부상 수량에 대한 취득원가 − 실제 수량에 대한 취득원가

재고자산감모손실이 발생하면 감모손실만큼 대변에 상품 계정으로(자산의 감소), 차변에 비용 계정으로(비용의 발생) 회계처리한다.

차변에서 비용을 인식할 때, 감모손실 중 정상적 범위 내에서 발생한 감모손실(**정상감모손실**)은 원가성이 인정되는 것으로 보아 상품매출원가 계정(**매출원가**)으로 회계처리하고, 비정상적으로 발생한 감모손실(**비정상감모손실**)은 원가성이 인정되지 않는 것으로 보아 재고자산감모손실 계정(**영업외비용**)으로 회계처리한다.

① 정상적인 감모손실

(차) 상품매출원가 (매출원가)	xxx	(대) 상품	xxx

② 비정상적인 감모손실

(차) 재고자산감모손실 (영업외비용)	xxx	(대) 상품	xxx

(2) 재고자산평가손실

재고자산평가손실이란 재고자산의 물리적 손상, 진부화, 판매가격 하락 등으로 인하여 보유 중인 재고자산의 가치가 하락하는 경우 발생하는 손실을 말한다.

재고자산을 평가할 때, 기말 단가가 취득원가보다 상승한 경우에는 별도의 회계처리(재고자산평가이익 인식)를 하지 않고, 기말 단가가 취득원가보다 하락한 경우에만 재고자산평가손실을 인식하는데, 이와 같은 회계처리방법을 저가법(Lower of Cost or Market)이라고 한다.

저가법 회계처리의 결과, 기말 재무상태표의 재고자산은 취득원가와 시가(순실현가능가치) 중 낮은 금액으로 측정된다. 순실현가능가치(Net Realizable Value)란 정상적인 영업과정에서의 예상 판매가격에서 예상 판매비용을 차감한 금액을 말한다.

재고실사를 통하여 실제 기말재고자산을 파악할 때 회사는 수량과 단가 중 수량을 먼저 확정하게 된다. 따라서 재고자산감모손실과 재고자산평가손실이 모두 있는 경우, 재고자산감모손실을 먼저 계산한 다음에 재고자산평가손실을 계산한다.

재고자산평가손실 = (장부상 단가 − 실제 단가) × 실제 수량
= 실제 수량에 대한 취득원가 − 실제 수량에 대한 시가

재고자산평가손실이 발생하면 평가손실만큼 대변에 상품의 차감적 평가계정인 상품평가충당금 계정으로(자산 차감의 증가 = 자산의 감소), 차변에 비용 계정으로(비용의 발생) 회계처리한다.

대변에서 자산의 감소를 인식할 때, 상품 계정을 직접 감소시키는 것이 아니라 상품의 차감적 평가계정인 상품평가충당금 계정을 사용한다는 점에서 감모손실에서의 회계처리와 차이가 있다.

차변에서 비용을 인식할 때, **재고자산평가손실**은 매출원가에 해당하는 것으로 보아 상품매출원가 계정(**매출원가**)으로 회계처리한다.

향후에 평가손실을 초래했던 상황이 해소되어 시가가 회복되는 경우에는 최초의 취득원가(최초의 장부금액)를 회복된 시가의 한도로 하여 시가회복분(평가손실환입액)을 계산하고, 시가회복분만큼 차변에 상품평가충당금 계정으로(자산 차감의 감소 = 자산의 증가), 대변에 상품매출원가 계정(매출원가)으로(비용의 감소) 회계처리한다.

① 재고자산평가손실

(차) 상품매출원가 (매출원가)	xxx	(대) 상품평가충당금 (상품의 차감계정)	xxx

② 재고자산평가손실환입

(차) 상품평가충당금 (상품의 차감계정)	xxx	(대) 상품매출원가 (매출원가)	xxx

[사례] 20x1년에 매입한 상품 A의 취득원가는 30,000원, 20x1년 기말 순실현가능가치는 28,000원이었고 회사는 저가법에 따라 20x1년에 재고자산평가손실 2,000원을 인식하였다.
20x2년 말 현재 상품 A가 재고로 남아 있고 기말 순실현가능가치가 31,000원으로 회복된 경우, 20x2년의 결산 시 회계처리는?

(차) 상품평가충당금	2,000	(대) 상품매출원가	2,000[1]

[1] Min[㉠ 회복된 시가, ㉡ 최초 취득원가] − 장부금액 = Min[㉠ 31,000, ㉡ 30,000] − 28,000 = 2,000원

(3) 사례

상기업인 C사의 기말 상품과 관련한 자료가 다음과 같을 때, 재고자산감모손실과 재고자산평가손실을 계산하고 일반기업회계기준에 따라 회계처리를 하여 보자. (단, 해당 상품의 특성상 30개의 수량감소는 정상적인 범위인 것으로 가정함)

구 분	수 량	단 가	금 액
장부상 기말재고	200개	@20원	4,000원
재고실사 결과	100개	@18원	1,800원

① 계산

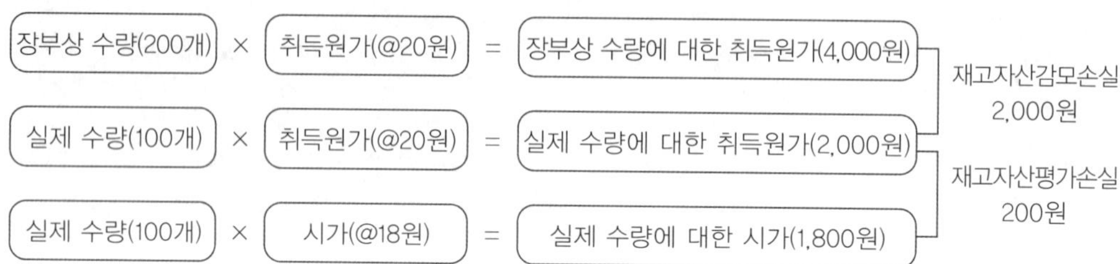

- 재고자산감모손실 = (장부상 수량 − 실제 수량) × 장부상 단가 = (200개 − 100개) × @20원 = 2,000원
  - 정상감모손실 = 정상적인 감모수량 × 장부상 단가 = 30개 × @20원 = 600원
  - 비정상감모손실 = 재고자산(총)감모손실 − 정상감모손실 = 2,000 − 600 = 1,400원
- 재고자산평가손실 = (장부상 단가 − 실제 단가) × 실제 수량 = (@20원 − @18원) × 100개 = 200원

② 회계처리

- 정상감모손실

(차) 상품매출원가	600	(대) 상품	600

- 비정상감모손실

(차) 재고자산감모손실 (영업외비용)	1,400	(대) 상품	1,400

- 재고자산평가손실

(차) 상품매출원가	200	(대) 상품평가충당금	200

기출확인문제

정상적인 원인으로 원재료에 대한 재고감모손실이 발생했을 경우 올바른 회계처리는? (제34회)

① 매출원가에 가산한다.
② 매출원가에서 차감한다.
③ 판매비와관리비로 분류한다.
④ 영업외비용으로 분류한다.

정답 ①

해설
재고자산감모손실이 발생했을 경우, 정상적으로 발생한 감모손실은 매출원가에 가산하고, 비정상적으로 발생한 감모손실은 영업외비용으로 회계처리한다.

07 타계정대체

최근 88회 시험 중 1회 기출

(1) 타계정대체의 정의와 회계처리

기업이 보유하고 있는 상품은 외부에 판매됨으로써 매출원가로 대체되는 것이 원칙이다. 그러나 기업이 영업활동을 하는 과정에서 자사의 상품을 외부판매 이외의 용도로 사용하는 경우가 있는데, 이를 타계정대체라고 한다.

타계정대체는 상품을 광고선전 목적으로 사용하는 경우, 접대 목적으로 사용하는 경우, 종업원의 복리후생 목적으로 사용하는 경우 등 다양한 유형으로 나타날 수 있다.

타계정대체 거래가 발생하면 대변을 상품 계정으로(재고자산의 감소), 차변을 매출원가 이외의 적절한 비용 계정과목으로(매출원가가 아닌 비용의 발생) 회계처리한다.

비정상감모손실에 대하여 상품 계정을 감소시키고 매출원가 이외의 비용인 재고자산감모손실 계정(영업외비용)을 인식하는 것도 이러한 타계정대체 거래에 해당한다.

(2) 사례

상기업인 D사의 상품과 관련한 자료가 다음과 같을 때, 기중의 타계정대체 거래와 기말 결산에 대한 회계처리를 하고, 상품 계정의 총계정원장과 당기 손익계산서를 작성하여 보자. (단, 해당 상품의 특성상 30개의 수량감소는 정상적인 범위인 것으로 가정함)

- 기초상품재고액 : 1,000원
- 당기상품매입액 : 30,000원
- 상품 중 일부(원가 500원)를 사무실 직원의 복리후생 목적으로 사용
- 상품 중 일부(원가 1,500원)를 거래처에 선물로 증정
- 기말상품 내역

구 분	수 량	단 가	금 액
장부상 기말재고	200개	@20원	4,000원
재고실사 결과	100개	@18원	1,800원

① 기중의 타계정대체 거래 회계처리

- 원가 500원의 상품을 사무실 직원의 복리후생 목적으로 사용

(차) 복리후생비(판매비와관리비) 500 (대) 상품 500

- 원가 1,500원의 상품을 거래처에 선물로 증정

(차) 기업업무추진비(판매비와관리비) 1,500 (대) 상품 1,500

② 기말 결산 회계처리

- 장부상 기말재고에 의한 매출원가
  = 기초재고 + 당기매입 − 기중의 타계정대체 − 장부상 기말재고
  = 1,000 + 30,000 − (500 + 1,500) − 4,000 = 25,000원

(차) 상품매출원가 25,000 (대) 상품 25,000

- 정상감모손실
  = 정상적인 감모수량 × 장부상 단가 = 30개 × @20원 = 600원

(차) 상품매출원가 600 (대) 상품 600

• 비정상감모손실
= 총감모손실 − 정상감모손실 = 2,000 − 600 = 1,400원

(차) 재고자산감모손실 (영업외비용)	1,400	(대) 상품	1,400

• 재고자산평가손실
= (장부상 단가 − 실제 단가) × 실제 수량 = (@20원 − @18원) × 100개 = 200원

(차) 상품매출원가	200	(대) 상품평가충당금	200

③ 상품 계정의 총계정원장

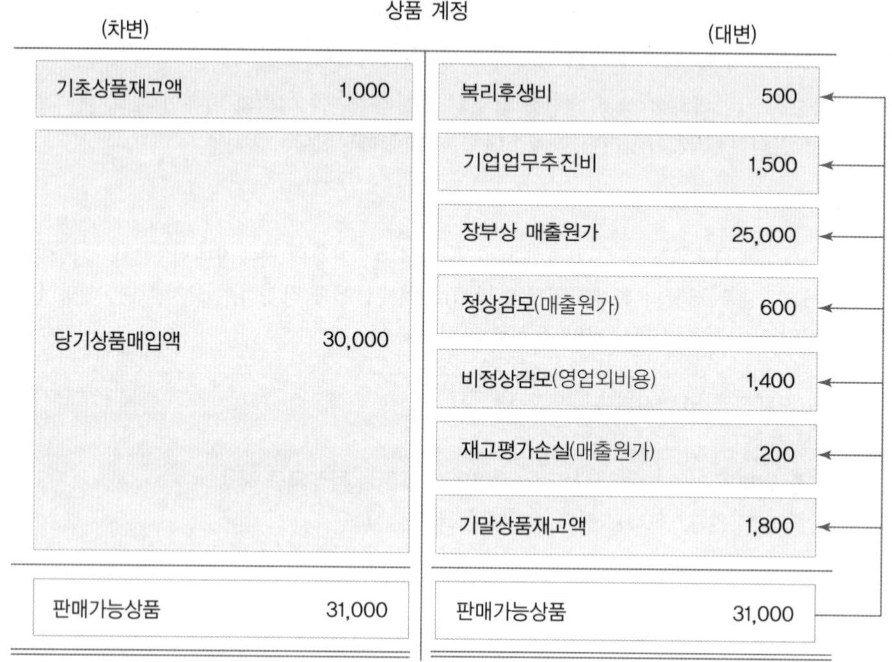

상품 계정
(차변)
(대변)
기초상품재고액 1,000
당기상품매입액 30,000
판매가능상품 31,000
복리후생비 500
기업업무추진비 1,500
장부상 매출원가 25,000
정상감모(매출원가) 600
비정상감모(영업외비용) 1,400
재고평가손실(매출원가) 200
기말상품재고액 1,800
판매가능상품 31,000

참고 **재무상태표에서의 표시**
재무상태표에서는 기말상품재고액 1,800원이 상품 계정 2,000원과 상품평가충당금 계정 (−)200원으로 구분 표시된다.

재무상태표

자산		
	상품	2,000
	상품평가충당금	(200)
		1,800

④ 당기 손익계산서

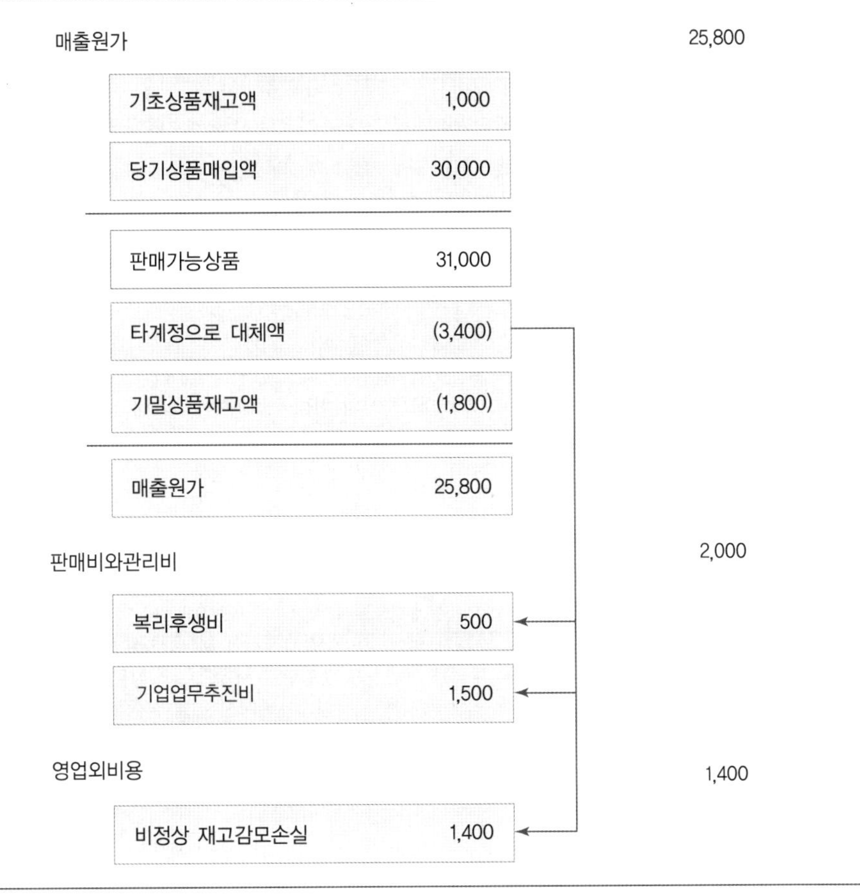

손익계산서
매출원가 25,800
기초상품재고액 1,000
당기상품매입액 30,000
판매가능상품 31,000
타계정으로 대체액 (3,400)
기말상품재고액 (1,800)
매출원가 25,800
판매비와관리비 2,000
복리후생비 500
기업업무추진비 1,500
영업외비용 1,400
비정상 재고감모손실 1,400

기출포인트

타계정대체가 있을 때 상품매출원가를 구하는 방법

(방법1) 상품 계정의 총계정원장 접근법

상품매출원가 = 장부상 기말재고에 의한 매출원가 + 정상감모손실 + 재고자산평가손실
= (기초재고 + 당기매입 − 기중의 타계정대체 − 장부상 기말재고) + 정상감모손실 + 재고자산평가손실
= {1,000 + 30,000 − (500 + 1,500) − 4,000} + 600 + 200
= 25,000 + 600 + 200
= 25,800원

(방법2) 손익계산서 접근법

상품매출원가 = (기초재고 + 당기매입 − 실제 기말재고) − 타계정대체
= (기초재고 + 당기매입 − 실제 기말재고) − 기중의 타계정대체 − 비정상감모손실
= (1,000 + 30,000 − 1,800) − {(500 + 1,500) + 1,400}
= (31,000 − 1,800) − 2,000 − 1,400
= 25,800원

참고 **KcLep 프로그램에서의 타계정대체**

KcLep 프로그램에서는 기말 결산 시 [결산자료입력] 이라는 메뉴에 기말재고액만 입력해주면 매출원가 금액(= 판매가능상품 − 기말재고)이 역산되고, 동 금액의 매출원가를 인식하는 분개가 자동으로 생성된다.

타계정대체 금액은 기말재고액에 포함되지 않으면서 동시에 매출원가에도 포함되지 않기 때문에, 프로그램 상에서 매출원가가 정확하게 역산되기 위해서는 타계정대체로 인한 상품의 감소를 기록할 때 전표 입력 단계에서 '적요 8. 타계정으로 대체액'이라는 적요를 입력해 주어야 한다.

D사를 사례로 KcLep 프로그램에 타계정대체 거래와 기말 결산 회계처리를 입력하여 보면 다음과 같다.

- 기중 거래 입력 시, 타계정대체를 '적요 8'을 사용하여 입력한다.
  - 원가 500원의 상품을 사무실 직원의 복리후생 목적으로 사용

(차) 복리후생비 (판매비와관리비)	500	(대) 상품 (적요 8. 타계정으로 대체액)	500

  - 원가 1,500원의 상품을 거래처에 선물로 증정

(차) 기업업무추진비 (판매비와관리비)	1,500	(대) 상품 (적요 8. 타계정으로 대체액)	1,500

- 기말 결산 시, [일반전표입력] 메뉴에 재고자산의 비정상감모손실(타계정대체)을 '적요 8'을 사용하여 입력한다. (수동결산)

(차) 재고자산감모손실 (영업외비용)	1,400	(대) 상품 (적요 8. 타계정으로 대체액)	1,400

- 기말 결산 시, [결산자료입력] 메뉴에 정상·비정상 감모손실과 평가손실까지 모두 차감된 실제 기말재고액(1,800원)을 입력한 다음, 메뉴 상단의 '전표추가'를 클릭한다. (자동결산)
- 상기 절차를 거치면 프로그램 내에서 타계정대체 금액까지 반영하여 매출원가 금액이 정확하게 계산되고, 동 금액의 매출원가를 인식하는 분개가 생성되어 손익계산서와 재무상태표까지 자동으로 작성된다. 다만, 프로그램에서는 상품평가충당금 계정을 사용하지 않으므로 자동으로 작성된 재무상태표에는 상품 계정이 순액인 1,800원으로 표시되는데, 외부 공시용 재무상태표에서는 이를 상품 계정 2,000원과 상품평가충당금 계정 (−)200원으로 구분 표시해 준다.

기출분개연습

* 기출문제 날짜는 학습효과를 높이기 위해 일부 수정하였으며, ㈜연습(코드번호 : 1301) 데이터를 사용하여 연습할 수 있습니다.

01 7월 1일 인천세관으로부터 수입한 원재료에 대한 통관수수료 160,000원을 현금 지급하였다. (취득원가로 회계처리할 것) [제42회]

02 7월 2일 중국에서 수입한 원재료 20톤을 인천항에서 공장까지 운송하고 운송료 1,200,000원을 당사 보통예금 계좌에서 지급하였다. [제46회]

03 7월 3일 미국 에이프상사에 원재료 물품대금 10,000,000원을 보통예금에서 이체하여 결제하였다. (선적지 인도조건이며 해당 물품은 선적되어 운송 중에 있다) [제37회]

04 7월 4일 창고에 보관 중인 원가 200,000원의 원재료를 판매직 직원들의 복리후생 목적으로 사용하였다. [제83회]

05 7월 5일 수재민을 돕기 위하여 당사가 만든 제품(원가 5,000,000원, 시가 6,000,000원)을 부산광역시청에 기부하였다. [특별회차(20년 8월)]

정답 및 해설

01 7월 1일	(차) 원재료	160,000	(대) 현금	160,000
02 7월 2일	(차) 원재료	1,200,000	(대) 보통예금	1,200,000
03 7월 3일	(차) 원재료[1]	10,000,000	(대) 보통예금	10,000,000
	[1] '미착품' 계정으로 입력하여도 정답으로 인정			
04 7월 4일	(차) 복리후생비(판관비)	200,000	(대) 원재료 (적요 8. 타계정으로 대체액)	200,000
05 7월 5일	(차) 기부금	5,000,000	(대) 제품 (적요 8. 타계정으로 대체액)	5,000,000

핵심기출문제

* 본서에 수록된 기출문제의 날짜는 학습효과를 높이기 위하여 일부 수정함

01 다음 자료를 이용하여 매출원가를 계산하면 얼마인가? [제85회]

- 상품 매입 시 운반비 : 100,000원
- 기초상품재고액 : 500,000원
- 당기 매입가액 : 1,500,000원
- 매입할인액 : 100,000원
- 기말상품재고액 : 400,000원
- 매입환출 및 에누리 : 100,000원

① 1,200,000원 ② 1,300,000원 ③ 1,400,000원 ④ 1,500,000원

02 다음 중 재고자산의 단가결정방법이 아닌 것은? [제53회]

① 실지재고조사법 ② 후입선출법 ③ 가중평균법 ④ 선입선출법

03 다음 설명은 재고자산의 단가결정방법 중 어느 것에 해당하는가? [제79회]

이 방법은 일반적인 물량흐름과 방향이 일치하고 기말재고액이 최근의 가격, 즉 시가인 현행원가를 나타내는 장점이 있는 반면, 현행수익과 과거원가가 대응되므로 수익비용 대응이 적절하게 이루어지지 않는 단점이 있다.

① 개별법 ② 이동평균법 ③ 선입선출법 ④ 후입선출법

04 다음은 ㈜서울의 제7기(1. 1. ~ 12. 31.) 재고자산 관련 자료이다. 선입선출법에 의한 기말재고자산 금액은 얼마인가? [제90회]

일 자	적 요	수 량	단 가
1월 1일	기초재고	20개	100원
3월 14일	매 입	10개	120원
7월 20일	매 출	20개	150원
11월 12일	매 입	10개	140원

① 2,000원　② 2,400원　③ 2,500원　④ 2,600원

정답 및 해설

01 ④ 매출원가 = 기초재고액 + (매입가액 + 취득부대비용 − 매입환출 및 에누리 − 매입할인) − 기말재고액
= 500,000 + (1,500,000 + 100,000 − 100,000 − 100,000) − 400,000
= 1,500,000원

02 ① 실지재고조사법은 재고자산의 단가결정방법이 아니라 재고자산의 수량결정방법에 해당한다.

03 ③ 선입선출법의 경우, 기말재고자산이 가장 최근 매입분으로 구성되므로 시가에 가깝게 표시된다(장점). 반면, 오래전 매입분이 매출원가로 기록되므로 수익·비용의 대응이 적절히 이루어지지 않는다(단점).

04 ④ • 상품재고장

상품

기초재고	20개 × @100	= 2,000원	매출원가	20개	
3월 14일	10개 × @120	= 1,200원			
11월 12일	10개 × @140	= 1,400원	기말재고	20개	
	40개	4,600원		40개	4,600원

• 선입선출법
− 기말재고 = (10개 × @140원) + (10개 × @120원) = 2,600원
− 매출원가 = 판매가능상품 금액 − 기말재고 = 4,600 − 2,600 = 2,000원

05 다음은 청솔상회의 재고자산과 관련된 문제이다. 선입선출법에 의하여 평가할 경우 매출총이익은 얼마인가? [제46회]

일 자	적 요	수 량	단 가
10월 1일	기초재고	10개	100원
10월 8일	매 입	30개	110원
10월 15일	매 출	25개	140원
10월 30일	매 입	15개	120원

① 850원 ② 2,650원 ③ 3,500원 ④ 6,100원

06 다음은 ㈜마포의 제7기(1. 1. ~ 12. 31.) 재고자산 관련 자료이다. 총평균법에 의한 기말재고자산 계산 시 단가로 옳은 것은? [제76회]

일 자	적 요	수 량	단 가
1월 1일	기초재고	10개	100원
1월 14일	매 입	30개	120원
9월 29일	매 출	20개	140원
10월 17일	매 입	10개	110원

① 125원 ② 120원 ③ 114원 ④ 110원

07 다음은 ㈜서울의 재고자산 관련 자료이다. 선입선출법과 총평균법에 따른 각 기말재고자산 금액으로 옳은 것은? [제99회]

일 자	적 요	수 량	단 가
1월 1일	기초재고	10개	100,000원
3월 14일	매 입	30개	120,000원
9월 29일	매 출	20개	140,000원
10월 17일	매 입	10개	110,000원

	선입선출법	총평균법
①	2,500,000원	2,420,000원
②	2,500,000원	2,820,000원
③	3,500,000원	3,420,000원
④	3,500,000원	3,820,000원

정답 및 해설

05 ① • 상품재고장

상품

기초재고	10개 × @100 = 1,000원	매출원가	25개
10월 8일	30개 × @110 = 3,300원		
10월 30일	15개 × @120 = 1,800원	기말재고	30개
	55개 6,100원		55개 6,100원

• 선입선출법

– 기말재고 = (15개 × @120원) + (15개 × @110원) = 3,450원

– 매출원가 = (방법1) : 판매가능상품 금액 – 기말재고 = 6,100 – 3,450 = 2,650원

= (방법2) : (10개 × @100원) + (15개 × @110원) = 2,650원

– 매출액 = 25개 × @140원 = 3,500원

– 매출총이익 = 매출액 – 매출원가 = 3,500 – 2,650 = 850원

06 ③ 총평균단가 = 총입고금액 ÷ 총입고수량

= {(10개 × @100원) + (30개 × @120원) + (10개 × @110원)} ÷ (10개 + 30개 + 10개)

= @114원

07 ③ • 상품재고장

상품

기초재고	10개 × @100,000 = 1,000,000원	매출원가	20개
3월 14일	30개 × @120,000 = 3,600,000원		
10월 17일	10개 × @110,000 = 1,100,000원	기말재고	30개
	50개 5,700,000원		50개 5,700,000원

• 선입선출법

– 기말재고 = (10개 × @110,000원) + (20개 × @120,000원) = 3,500,000원

– 매출원가 = 판매가능상품 금액 – 기말재고 = 5,700,000 – 3,500,000 = 2,200,000원

• 총평균법

– 총평균단가 = 총입고금액 ÷ 총입고수량 = 5,700,000원 ÷ 50개 = @114,000원

– 기말재고 = 기말재고수량 × 총평균단가 = 30개 × @114,000원 = 3,420,000원

– 매출원가 = 판매가능상품 금액 – 기말재고 = 5,700,000 – 3,420,000 = 2,280,000원

08 다음은 ㈜진성상사의 제1기(1. 1. ~ 12. 31.) 재고자산 내역이다. 이동평균법에 의한 기말재고자산의 단가는 얼마인가? [21년 4월 특별회차]

일 자	적 요	수 량	단 가
1월 23일	매 입	2,000개	250원
5월 15일	매 출	1,000개	500원
12월 24일	매 입	1,000개	400원

① 250원 ② 300원 ③ 325원 ④ 400원

09 다음은 장비상사의 제1기(1. 1. ~ 12. 31.) 재고자산 내역이다. 이를 통하여 이동평균법에 의한 기말재고자산의 단가를 계산하면 얼마인가? [제49회]

일 자	적 요	수 량	단 가
1월 4일	매 입	200개	1,000원
3월 6일	매 출	100개	1,500원
5월 7일	매 입	200개	1,300원
7월 10일	매 입	300개	1,100원

① 1,150원 ② 1,200원 ③ 1,250원 ④ 1,270원

10 기말재고자산가액을 실제보다 높게 계상한 경우 재무제표에 미치는 영향으로 잘못된 것은? [제48회]

① 매출원가가 실제보다 감소한다. ② 매출총이익이 실제보다 증가한다.
③ 당기순이익이 실제보다 증가한다. ④ 자본총계가 실제보다 감소한다.

11 물가가 지속적으로 상승하는 경우에 기초재고수량과 기말재고수량이 동일하게 유지된다면 매출총이익을 가장 높게 평가하는 재고자산평가방법은 무엇인가? [제85회]

① 선입선출법 ② 이동평균법 ③ 총평균법 ④ 후입선출법

12 다음 중 물가가 지속적으로 상승하는 경우 매출총이익 및 기말재고자산 금액이 가장 높게 평가되는 재고자산평가방법으로 올바른 것은? (단, 기초재고자산 수량과 기말재고자산 수량은 동일하다고 가정함) [21년 10월 특별회차]

	매출총이익	기말재고자산 금액
①	후입선출법	선입선출법
②	선입선출법	후입선출법
③	후입선출법	후입선출법
④	선입선출법	선입선출법

정답 및 해설

08 ③ 기말재고자산의 단가 = 12월 24일 이동평균단가

$$= \frac{\{(2,000개 - 1,000개) \times @250원\} + (1,000개 \times @400원)}{(2,000개 - 1,000개) + 1,000개} = @325원$$

09 ① • 상품재고장

상품

1월 4일	200개 × @1,000 = 200,000원	매출원가	100개	
5월 7일	200개 × @1,300 = 260,000원			
7월 10일	300개 × @1,100 = 330,000원	기말재고	600개	
	700개 790,000원		700개	790,000원

• 이동평균법

- 1월 4일 이동평균단가 = 200,000원 ÷ 200개 = @1,000원
- 3월 6일 판매분 매출원가 = 100개 × @1,000원 = 100,000원
- 5월 7일 이동평균단가 = $\frac{\{(200개 - 100개) \times @1,000원\} + (200개 \times @1,300원)}{(200개 - 100개) + 200개} = @1,200원$
- 7월 10일 이동평균단가 = $\frac{(300개 \times @1,200원) + (300개 \times @1,100원)}{300개 + 300개} = @1,150원$
- 기말재고 = 기말재고수량 ×이동평균단가 = 600개 × @1,150원 = 690,000원
- 매출원가 = (방법1) 판매가능상품 금액 - 기말재고 = 790,000 - 690,000 = 100,000원
  = (방법2) 3월 6일 판매분 매출원가 = 100,000원

10 ④ • 기말재고자산 금액 증가 → 매출원가 감소 → 매출총이익 및 당기순이익 증가 → 자본 증가
• 기말재고자산 금액 감소 → 매출원가 증가 → 매출총이익 및 당기순이익 감소 → 자본 감소

11 ① 선입선출법에서는 기말재고자산이 가장 최근 매입분으로 구성되므로, 물가가 상승할 경우 다른 단가결정방법에 비하여 기말재고자산이 높게 평가된다. 이에 따라, 매출원가는 가장 낮게, 매출총이익은 가장 높게 나타난다.

12 ④ 물가가 상승하는 경우, 재고자산평가방법 중 선입선출법에서 기말재고자산 금액과 매출총이익이 가장 높게 평가된다.

13 기초재고와 기말재고가 동일하다는 가정하에 물가가 상승하고 있다면 다음 중 어떤 재고평가 방법이 가장 높은 순이익과 가장 높은 매출원가를 기록하게 되는가? [제51회]

	가장 높은 순이익	가장 높은 매출원가
①	선입선출법	후입선출법
②	선입선출법	선입선출법
③	후입선출법	선입선출법
④	후입선출법	후입선출법

14 다음 중 물가가 지속적으로 하락하는 경우 매출원가, 매출총이익 및 기말재고자산의 금액이 가장 높게 평가되는 재고자산평가방법으로 짝지어진 것은? (단, 기초재고자산 수량과 기말재고자산 수량은 동일하다고 가정함) [20년 10월 특별회차]

	매출원가	매출총이익	기말재고자산 금액
①	선입선출법	후입선출법	선입선출법
②	후입선출법	선입선출법	후입선출법
③	선입선출법	후입선출법	후입선출법
④	후입선출법	선입선출법	선입선출법

15 다음 중 재고자산에 포함되지 않는 것은? [22년 2월 특별회차]

① 선적지 인도조건으로 구매한 운송 중인 상품
② 수탁자 창고에 보관 중인 위탁판매 상품
③ 매입자가 구매의사를 밝히지 않은 시용판매 상품
④ 할부판매조건으로 판매한 상품

16 다음 항목 중 기말재고자산에 포함될 항목을 모두 더하면 얼마인가? [제71회]

- 장기할부조건으로 판매한 재화 : 3,000원
- 시용판매용으로 고객에게 제공한 재화(구매자의 매입의사표시 없음) : 100,000원
- 위탁판매용으로 수탁자에게 제공한 재화 중 수탁자가 현재 보관 중인 재화 : 10,000원
- 도착지 인도조건으로 판매하여 운송 중인 재화 : 20,000원

① 133,000원 ② 130,000원 ③ 110,000원 ④ 30,000원

정답 및 해설

13 ① 물가가 상승하는 경우,
- 순이익의 크기 : 선입선출법 > 이동평균법 > 총평균법 > 후입선출법
- 매출원가의 크기 : 선입선출법 < 이동평균법 < 총평균법 < 후입선출법

14 ③
- 물가가 하락하는 경우, 단가결정방법에 따른 기말재고자산가액 및 당기순이익의 크기 순서
  : 선입선출법 < 이동평균법 < 총평균법 < 후입선출법
- 물가가 하락하는 경우, 단가결정방법에 따른 매출원가의 크기 순서
  : 선입선출법 > 이동평균법 > 총평균법 > 후입선출법

15 ④ 할부판매의 경우 인도 시점에 소유권이 구매자에게 이전되기 때문에, 할부판매된 상품은 기말 현재 대금이 아직 회수되지 않았더라도 판매자의 재고자산에 포함되지 않는다.

16 ②
- 시용판매의 경우 구매자가 매입의사를 표시한 시점, 위탁판매의 경우 수탁자가 실제로 판매한 시점, 장기할부판매의 경우 인도 시점, 도착지 인도조건의 경우 목적지에 도착한 시점에 매출을 인식한다.
- 기말재고자산에 포함될 항목 = 구매의사표시 받기 전의 시송품 + 수탁자가 보관 중인 적송품 + 도착지 인도조건으로 판매한 미착품
  = 100,000 + 10,000 + 20,000
  = 130,000원

17 다음 사항 중 재고자산에 포함되는 금액은 얼마인가? [제90회]

- 도착지 인도조건으로 매입한 미착상품 : 50,000원
- 선적지 인도조건으로 매입한 미착상품 : 50,000원
- 수탁자의 창고에 보관 중인 위탁상품 : 50,000원
- 구매의사표시를 받기 전의 시송품 : 50,000원

① 50,000원 ② 100,000원 ③ 150,000원 ④ 200,000원

18 다음 중 기말재고자산의 변동과 관련하여 계정설정에 영향을 주는 요소로 성격이 가장 다른 하나는? [제72회]

① 도난 ② 진부화 ③ 증발 ④ 파손

19 다음은 재고자산의 감모손실과 평가손실에 대한 설명이다. 틀린 것은? [제45회]

① 재고자산의 평가손실누계액은 재고자산의 차감계정인 재고자산평가충당금으로 표시한다.
② 재고자산의 평가손실은 영업외비용으로 처리한다.
③ 재고자산의 감모손실이 정상적인 범위 내에 해당하는 경우에는 매출원가에 가산한다.
④ 재고자산의 감모손실이 비정상적인 것으로 판단되는 경우에는 영업외비용으로 처리한다.

20 재고자산감모손실이 10,000원 발생하였다. 이 중 8,000원은 정상적인 감모손실이고 2,000원은 비정상적인 감모손실이다. 다음 중 감모손실이 재무제표에 미치는 영향을 잘못 설명한 것은? [21년 2월 특별회차]

① 당기순이익을 10,000원 감소시킨다.
② 재고자산을 10,000원 감소시킨다.
③ 매출총이익을 8,000원 감소시킨다.
④ 영업이익을 10,000원 감소시킨다.

21 다음 중 재고자산의 기말평가 시 저가법을 적용하는 경우, 그 내용으로 틀린 것은? [제65회 수정]

① 가격하락 시 : (차) 매출원가 xxx (대) 재고자산평가충당금 xxx
② 가격회복 시 : (차) 재고자산평가충당금 xxx (대) 매출원가 xxx
③ 재고자산평가충당금환입은 영업외수익으로 분류한다.
④ 재고자산평가충당금은 해당 재고자산에서 차감하는 형식으로 기재한다.

정답 및 해설

17 ③
- 선적지 인도조건의 경우 물품을 선적하는 시점에 소유권이 구매자에게 이전되기 때문에, 기말 현재 운송 중에 있는 미착품은 구매자의 재고자산에 포함된다.
- 도착지 인도조건의 경우 물품이 도착하는 시점에 소유권이 구매자에게 이전되기 때문에, 기말 현재 운송 중에 있는 미착품은 판매자의 재고자산에 포함된다.
- 적송품은 고객에게 판매되기 전까지는 위탁자의 소유 자산이므로, 기말 현재 판매되지 않은 적송품은 수탁자의 창고에 보관되어 있더라도 위탁자의 재고자산에 포함된다.
- 시송품은 고객이 구매의사를 표시하기 전까지는 판매된 것이 아니므로, 기말 현재 구매의사표시가 없는 시송품은 판매자의 재고자산에 포함된다.
- 재고자산에 포함되는 금액 = 선적지 인도조건으로 매입한 미착품 + 수탁자가 보관 중인 적송품 + 구매의사 표시 받기 전의 시송품
  = 50,000 + 50,000 + 50,000
  = 150,000원

18 ② 진부화는 재고자산평가손실에 해당하며, 나머지는 재고자산감모손실에 해당된다.

19 ② 재고자산의 평가손실은 매출원가에 가산한다.

20 ④
- 정상감모손실 : (차) 매출원가 8,000 (대) 재고자산 8,000
  (매출원가 증가) (재고자산 감소)
- 비정상감모손실 : (차) 재고자산감모손실 2,000 (대) 재고자산 2,000
  (영업외비용 증가) (재고자산 감소)
- 재무제표에 미치는 영향 : 재고자산 10,000원 감소 / 매출원가 8,000원 증가 / 영업외비용 2,000원 증가 / 매출총이익 8,000원 감소 / 영업이익 8,000원 감소 / 당기순이익 10,000원 감소

21 ③ 재고자산평가충당금환입은 매출원가에서 차감한다.

제3절 비유동자산

01 비유동자산

비유동자산이란 장기간 보유하는 자산으로서 보고기간 종료일로부터 1년 이후에 현금화되는 자산을 말한다. 비유동자산은 투자자산, 유형자산, 무형자산, 기타비유동자산으로 나누어진다.

02 투자자산

최근 88회 시험 중 12회 기출

(1) 투자자산의 정의

투자자산이란 장기적인 투자수익을 목적으로 보유하고 있는 자산을 말한다.

(2) 투자자산에 해당하는 계정과목

계정과목	내 용
장기금융상품	만기가 결산일로부터 1년 이후에 도래하는 금융상품(정기예금, 정기적금 등)
장기대여금	차용증서를 받고 타인에게 빌려준 금전으로서, 만기가 결산일로부터 1년 이후에 도래하는 것
투자부동산	투자 목적으로, 즉 시세차익을 얻기 위하여 보유하는 토지, 건물 및 기타의 부동산
매도가능증권	단기매매증권, 만기보유증권, 지분법적용투자주식으로 분류되지 않는 유가증권으로서 장기투자 목적으로 보유하는 것
만기보유증권	만기가 확정된 채무증권으로서 만기까지 보유할 적극적인 의도와 능력이 있는 것
지분법적용투자주식	다른 회사에 유의적인 영향력을 행사할 목적으로 취득한 주식

참고 장기금융상품의 경우 기업 내부적으로는 거래를 상세하게 기록하기 위하여 장기성예금, 특정현금과예금 등 상세 계정과목을 사용하여 회계처리하고, 재무상태표를 작성할 때에는 장기금융상품으로 합산하여 표시한다.

용어 알아두기

- 장기성예금 : 사용이 제한되어 있지 않은 일반적인 장기금융상품
- 특정현금과예금 : 사용이 제한되어 있는 장기금융상품

(3) 당좌개설보증금

당좌개설보증금이란 기업이 당좌예금을 개설할 때 은행에 맡겨야 하고 당좌거래를 유지하는 동안 찾을 수 없는 보증금을 말한다.

당좌개설보증금은 사용이 제한되어 있는 예금으로서 만기(당좌거래계약 종료일)가 결산일로부터 1년 이후에 도래하는 것이므로 장기금융상품으로 분류하며, 그 내용을 주석에 기재한다.

기업 내부적으로는 상세 계정과목(특정현금과예금)을 사용하여 회계처리한다.

	(차) 특정현금과예금	xxx	**(대)** [계정명]	xxx

[사례] 은행과 3년간 당좌거래계약을 체결하고 당좌개설보증금 2,000원을 현금으로 납입하였다.

(차) 특정현금과예금	2,000	(대) 현금	2,000

(4) 매도가능증권

매도가능증권이란 단기매매증권, 만기보유증권, 지분법적용투자주식으로 분류되지 않는 유가증권으로서 장기투자 목적으로 보유하는 것을 말한다.

매도가능증권의 형태에는 지분증권(주식)과 채무증권(채권)이 있다. 여기서는 주식 형태인 매도가능증권으로 가정하여 회계처리를 설명하기로 한다.

① 매도가능증권의 취득

자산 취득 시 발생하는 취득부대비용은 해당 자산의 취득원가로 처리하는 것이 원칙이다.

이러한 일반 원칙에 따라, 매도가능증권의 취득원가는 해당 주식이나 채권의 순수한 매입가액(취득 시점의 공정가치)에 수수료 등 취득과 관련하여 발생하는 취득부대비용을 더한 금액으로 한다.

	(차) 매도가능증권	xxx	**(대)** [계정명]	xxx

[사례] 20x1년 3월 1일 당사는 장기투자 목적으로 A사의 주식 5주를 주당 1,800원에 매입하였으며 매입수수료 1,000원을 포함하여 현금으로 지급하였다.

20x1. 3. 1.	(차) 매도가능증권	10,000[1]	(대) 현금	10,000

[1] (5주 × @1,800) + 1,000 = 10,000원

② 보유기간 중 배당금수익

매도가능증권을 보유하는 기간 중에 주식에 대한 배당금을 받았을 경우에는 배당금수익 계정(수익)을 인식한다. 매도가능증권의 배당금수익에 대한 회계처리는 단기매매증권과 동일하다.

	(차) [계정명]	xxx	**(대) 배당금수익**	xxx

[사례] 20x1년 9월 1일 보유 중인 매도가능증권(주식 A)에 대하여 배당금 1,000원이 보통예금으로 입금되었다.

20x1. 9. 1.	(차) 보통예금	1,000	(대) 배당금수익	1,000

③ 매도가능증권의 기말평가

매도가능증권을 취득하여 기말 현재 보유하고 있는 경우에는 단기매매증권과 마찬가지로 기말 공정가치(시가)로 평가하여야 한다. 그러나 평가손익을 회계처리하는 방법에는 단기매매증권과 차이가 있다.

매도가능증권은 단기간 내에 처분할 목적이 아니므로, 평가손익을 당기 손익으로 직접 반영하지 않고 자본항목(기타포괄손익누계액)으로 회계처리하여, 공정가치 변동에 따른 손익을 처분 시점까지 이연한다.

즉, 보유 중인 매도가능증권의 기말 공정가치가 평가 전 장부금액보다 크다면 **자본항목(기타포괄손익누계액)**인 **매도가능증권평가이익** 계정으로, 기말 공정가치가 평가 전 장부금액보다 작다면 **자본항목(기타포괄손익누계액)**인 **매도가능증권평가손실** 계정으로 회계처리한다.

매도가능증권평가이익·손실 계정은 자본에 해당하므로 전기말 금액이 당기초로 이월이 되고, 당기말 재무상태표에는 매도가능증권을 취득했던 회계연도부터 당기 회계연도까지 매 기말마다 회계처리했던 금액들의 누적액이 표시된다.

따라서, 주식 형태인 매도가능증권의 경우 재무상태표상 매도가능증권평가이익·손실은 항상 기말 공정가치와 취득원가의 차액이 된다.

바꾸어 말하면, 주식 형태인 매도가능증권의 경우 재무상태표상 자산 항목인 **매도가능증권** 계정의 잔액(= 기말 공정가치)과 재무상태표상 자본 항목인 **매도가능증권평가이익·손실** 계정의 잔액(= 기말 공정가치와 취득원가의 차액)을 차변(= 자산계정의 잔액이 남는 위치)에서 집계하여 보면 항상 **취득원가**가 된다는 점을 확인할 수 있다.

기말 공정가치 > 평가 전 장부금액 : 매도가능증권평가이익

(차) 매도가능증권	xxx	(대) 매도가능증권평가이익 (기타포괄손익누계액)	xxx

[사례] 장기투자 목적으로 20x1년 3월 취득했던 주식 A(취득원가 10,000원)의 20x1년 기말(12월 31일) 공정가치가 12,000원으로 상승하였다.

20x1. 12. 31.	(차) 매도가능증권	2,000[1]	(대) 매도가능증권평가이익 (기타포괄손익누계액)	2,000[2]

1) 기말 공정가치 − 평가 전 장부금액 = 12,000 − 10,000 = 2,000원

2) 20x1년 기말 평가 후 재무상태표에서 자산 항목인 매도가능증권 계정의 차변 잔액과 자본 항목인 매도가능증권평가이익 계정의 대변 잔액을 차변에서 집계하여 보면 취득원가가 된다.

재무상태표

자산		부채	
		자본	
매도가능증권	12,000	매도가능증권평가이익	2,000

차변 집계 결과

매도가능증권 (자산)	12,000
매도가능증권평가이익 (기타포괄손익누계액)	(2,000)
취득원가 (차변 집계금액)	10,000

기말 공정가치 < 평가 전 장부금액 : 매도가능증권평가손실

(차) 매도가능증권평가손실 (기타포괄손익누계액)	xxx	(대) 매도가능증권	xxx

[사례] 장기투자 목적으로 20x1년 3월 취득했던 주식 A(취득원가 10,000원, 20x1년 기말 공정가치 12,000원, 장부금액 12,000원)의 20x2년 기말(12월 31일) 공정가치가 9,000원으로 하락하였다.

20x2. 12. 31.	(차) 매도가능증권평가이익 (기타포괄손익누계액)	2,000[2]	(대) 매도가능증권	3,000[1]
	매도가능증권평가손실 (기타포괄손익누계액)	1,000[3]		

[1] 기말 공정가치 – 평가 전 장부금액 = 9,000 – 12,000 = (–)3,000원

[2] 해당 주식에 대하여 자본 항목에 매도가능증권평가이익(손실)이 있는 상태에서 당기말 공정가치가 평가 전 장부금액보다 하락(상승)한 경우에는 기존에 있던 매도가능증권평가이익(손실)을 먼저 차감하고 초과분을 매도가능증권평가손실(이익)로 회계처리한다.

[3] 20x2년 기말 평가 후 재무상태표에서 자산 항목인 매도가능증권 계정의 차변 잔액과 자본 항목인 매도가능증권평가손실 계정의 차변 잔액을 차변에서 집계하여 보면 취득원가가 된다.

재무상태표

자산		부채	
		자본	
매도가능증권	9,000	매도가능증권평가손실	(1,000)

차변 집계 결과

매도가능증권 (자산)	9,000
매도가능증권평가손실 (기타포괄손익누계액)	1,000
취득원가 (차변 집계금액)	10,000

④ 매도가능증권의 처분

매도가능증권을 처분하는 경우에는 자산항목인 매도가능증권 계정뿐만 아니라 해당 매도가능증권에 대하여 공정가치 변동 손익을 자본항목으로 이연시켜 왔던 매도가능증권평가이익·손실 계정까지 함께 제거하여야 한다.

주식 형태인 매도가능증권의 경우 재무상태표상 매도가능증권 잔액과 매도가능증권평가이익·손실 잔액을 차변에서 집계하면 항상 취득원가가 되기 때문에, 매도가능증권을 처분할 때 인식하는 처분손익 금액은 '처분금액'과 '**취득원가**'의 차액이라고 요약할 수 있다.

처분금액이 취득원가보다 크다면 매도가능증권처분이익 계정(수익)을, 처분금액이 취득원가보다 작다면 매도가능증권처분손실 계정(비용)을 인식한다.

처분금액을 계상할 때, 수수료 등 매각 시 부대비용이 있는 경우에는 매각금액에서 동 부대비용을 차감한 순매각금액을 처분금액으로 본다.

처분금액 > 취득원가 : 매도가능증권처분이익

(차) [계정명]	xxx	(대) 매도가능증권	xxx
매도가능증권평가이익	xxx	매도가능증권평가손실	xxx
		매도가능증권처분이익	xxx

[사례] 장기투자 목적으로 20x1년 3월 취득했던 주식 A(취득원가 10,000원, 20x1년 기말 공정가치 12,000원, 20x2년 기말 공정가치 9,000원, 장부금액 9,000원)를 20x3년 2월 1일에 18,000원에 매각처분하고 대금은 매각수수료 2,000원을 차감한 후 현금으로 받았다.

20x3. 2. 1.	(차) 현금	16,000	(대) 매도가능증권	9,000
			매도가능증권평가손실	1,000
			매도가능증권처분이익	6,000[1]

[1] 처분금액 − 취득원가 = (18,000 − 2,000) − (9,000 + 1,000) = 6,000원

처분금액 < 취득원가 : 매도가능증권처분손실

(차) [계정명]	xxx	(대) 매도가능증권	xxx
매도가능증권평가이익	xxx	매도가능증권평가손실	xxx
매도가능증권처분손실	xxx		

[사례] 장기투자 목적으로 20x1년 10월 취득했던 주식 B(취득원가 20,000원, 20x1년 기말 공정가치 16,000원, 20x2년 기말 공정가치 15,000원, 장부금액 15,000원)를 20x3년 4월 1일에 19,000원에 매각처분하고 대금은 매각수수료 2,000원을 차감한 후 현금으로 받았다.

20x3. 4. 1.	(차) 현금	17,000	(대) 매도가능증권	15,000[1]
	매도가능증권처분손실	3,000[2]	매도가능증권평가손실	5,000[1]

[1] 20x3년 처분 직전 시점 재무상태표에서 자산 항목인 매도가능증권 계정의 차변 잔액과 자본 항목인 매도가능증권평가손실 계정의 차변 잔액을 차변에서 집계하여 보면 취득원가가 된다.

재무상태표

자산		부채	
		자본	
매도가능증권	15,000	매도가능증권평가손실	(5,000)

차변 집계 결과

매도가능증권 (자산)	15,000
매도가능증권평가손실 (기타포괄손익누계액)	5,000
취득원가 (차변 집계금액)	20,000

[2] 처분금액 − 취득원가 = (19,000 − 2,000) − (15,000 + 5,000) = (−)3,000원

기출포인트

주식인 것으로 가정할 때, 일반기업회계기준에 따른 단기매매증권과 매도가능증권의 회계처리를 비교하여 보면 다음과 같다.

구 분	단기매매증권	매도가능증권
취득부대비용 발생 시 취득원가의 계산	• 취득원가 = (only) 취득 시점의 공정가치	• 취득원가 = 취득 시점의 공정가치 + 취득부대비용
평가손익[1]의 분류	• 평가이익 : 수익 • 평가손실 : 비용	• 평가이익 : 자본 (기타포괄손익누계액) • 평가손실 : 자본 (기타포괄손익누계액)
처분손익[2]의 계산	• 처분손익 = 처분금액 − 처분 전 장부금액	• 처분손익 = 처분금액 − 취득원가
처분손익[2]의 분류	• 처분이익 : 수익 • 처분손실 : 비용	• 처분이익 : 수익 • 처분손실 : 비용

1) '평가손익'을 '미실현보유손익'이라고 함

2) '처분손익'을 '실현보유손익'이라고 함

(5) 만기보유증권

만기보유증권이란 만기가 확정된 채무증권으로서 만기까지 보유할 적극적인 의도와 능력이 있는 것을 말한다.

지분증권(주식)은 만기가 없으므로, 만기보유증권의 형태는 채무증권(채권)이다.

만기보유증권은 처분할 목적이 아니므로, 기말에 공정가치(시가)가 변동하여 장부금액과 달라지더라도 평가손익을 인식하지 않는다.

03 유형자산

최근 88회 시험 중 9회 기출

(1) 유형자산의 정의

유형자산이란 장기간에 걸쳐 영업활동에 사용할 목적으로 보유하는 자산으로서 물리적 형체가 있는 자산을 말한다.

(2) 유형자산에 해당하는 계정과목

계정과목	내 용
토 지	영업활동에 사용할 목적으로 보유하는 대지, 임야, 전, 답 등
건 물	영업활동에 사용할 목적으로 보유하는 공장, 사무실, 창고 등으로서 냉난방, 조명, 기타 건물부속설비를 포함함
구축물	영업활동에 사용할 목적으로 보유하는 것으로서 토지 위에 정착된 건물 이외의 토목설비, 공작물 및 이들의 부속설비(교량, 도로포장, 굴뚝, 정원설비 등)
기계장치	영업활동에 사용할 목적으로 보유하는 기계장치, 운송설비 및 이들의 부속설비
차량운반구	영업활동에 사용할 목적으로 보유하는 승용차, 트럭, 오토바이 등
비 품	영업활동에 사용할 목적으로 보유하는 컴퓨터, 복사기, 책상, 의자 등

건설중인자산	유형자산의 건설을 위하여 지출한 금액을 건설 완료 전까지 집계하기 위한 계정 (건설이 완료되면 건물 등 해당 계정으로 대체함)
감가상각누계액	건물, 구축물, 기계장치, 차량운반구, 비품 등 유형자산에 대하여 가치감소분을 누적적으로 표시하는 차감적 평가계정 참고 건물, 구축물, 기계장치, 차량운반구, 비품 등의 차감계정

(3) 유형자산의 특징

① 영업활동에 사용할 목적으로 보유

유형자산은 기업이 영업활동에 사용할 목적으로 보유하고 있는 것이어야 한다. 예를 들어 토지나 건물이라 하더라도, 기업이 이를 영업활동에 사용하지 않고 투자목적으로(시세차익을 얻기 위하여) 보유하고 있다면 투자자산(투자부동산 계정)으로 분류되어야 하고, 부동산매매업을 주업으로 하는 기업이 이를 판매를 목적으로 보유하고 있다면 재고자산으로 분류되어야 한다.

② 여러 회계기간에 걸쳐 사용

유형자산은 여러 회계기간에 걸쳐 수익창출활동에 기여하는 것이어야 한다. 예를 들어 비품을 취득하였는데 해당 자산이 수익창출활동에 기여하는 기간(내용연수)이 1년 미만이라면 이는 유형자산이 아니라 당기 비용(소모품비 계정)으로 분류되어야 한다.

③ 물리적 형체가 있는 자산

유형자산은 물리적 형체가 있는 것이어야 한다. 예를 들어 컴퓨터 소프트웨어인 ERP 프로그램을 구입하였다면 이는 물리적 형체가 없으므로 무형자산(소프트웨어 계정)으로 분류되어야 한다.

04 유형자산의 취득원가

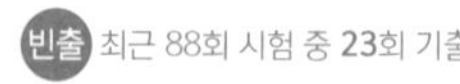

(1) 취득원가의 구성

유형자산의 취득원가는 해당 자산의 매입가액(외부구입 시) 또는 제조원가(자가건설 시)에 취득부대비용을 더하며 매입할인 등이 있는 경우에는 이를 취득원가에서 차감한다.

취득부대비용에 해당하는 대표적인 항목은 다음과 같다.

- 설치장소 준비를 위한 지출
- 외부 운송비
- 설치비
- 정상적인 사용을 위한 시운전비
- 설계와 관련하여 전문가에게 지급하는 수수료
- 취득과 관련된 중개인수수료
- 취득세 등 취득과 직접 관련된 제세공과금

기출포인트

재산세, 자동차보험료, 보관비용 등은 자산의 보유와 관련된 지출이므로 취득부대비용(취득원가)으로 보지 않고 당기 비용으로 분류한다.

(2) 외부구입

취득원가 = 매입가액 + 취득부대비용 – 매입할인 등

(차) 해당 유형자산 계정	xxx	**(대)** [계정명]	xxx

[사례] 사무실 건물을 20,000원에 외상으로 구입하고 건물 구입과 관련하여 취득세 1,000원을 현금으로 지급하였다.

(차) 건물	21,000	(대) 미지급금	20,000
		현금	1,000

(3) 자가건설 (건설중인자산)

건설과 관련하여 소요되는 지출은 건설중인자산 계정으로 집계하였다가 건설이 완료되면 건물이나 기계장치 등 해당 유형자산 계정으로 대체한다.

건설 완료 전까지 지출 발생

(차) 건설중인자산	xxx	**(대)** [계정명]	xxx

건설 완료되어 공사 잔금을 지급

(차) 해당 유형자산 계정	xxx	**(대) 건설중인자산**	xxx
		[계정명]	xxx

[사례] 1월 11일 사무실 건물을 신축하기로 결정하고 공사 착수금 30,000원을 현금으로 지급하였다.
9월 30일 사무실 건물 신축 공사를 완료하고 잔금 50,000원을 보통예금으로 지급하였다.

1월 11일	(차) 건설중인자산[1]	30,000	(대) 현금	30,000
9월 30일	(차) 건물	80,000	(대) 건설중인자산	30,000
			보통예금	50,000

[1] 유형자산을 건설하기 위하여 지출한 금액으로서 아직 건설이 완료되지 않은 것을 말한다.

(4) 증여에 의한 무상취득

증여에 의하여 무상으로 취득한 경우에는 그 자산의 공정가치를 취득원가로 한다.

공정가치(Fair Value)란 합리적인 판단력과 거래의사가 있는 독립적 당사자 사이의 거래에서 인정되는 해당 자산의 교환가치를 말한다.

취득원가 = 공정가치 + 취득부대비용

(차) 해당 유형자산 계정	xxx	**(대) 자산수증이익**	xxx
		[계정명]	xxx

[사례] 회사의 임원 홍길동으로부터 공정가치 50,000원인 토지를 증여받고 취득세 2,000원을 현금으로 지급하였다.

(차) 토지	52,000	(대) 자산수증이익[1]	50,000
		현금	2,000

[1] 회사가 주주 또는 기타의 자로부터 재산을 무상으로 증여받음으로써 발생하는 수익을 말한다.

(5) 현물출자에 의한 취득

현물출자에 의하여 취득한 유형자산은 그 자산의 공정가치를 취득원가로 한다.

현물출자란 기업이 주식을 발행하여 교부하고 그 대가로 유형자산 등의 현물을 취득하는 것을 말한다. 기업이 발행하는 주식은 취득한 현물의 공정가치를 발행금액으로 한다.

(차) 해당 유형자산 계정	xxx	(대) 자본금	xxx
		주식발행초과금	xxx

[사례] 주식 10주(주당 액면금액 5,000원)를 발행하고 공정가치 80,000원인 토지를 현물출자 받았다.

(차) 토지	80,000	(대) 자본금	50,000
		주식발행초과금[1]	30,000

[1] 기업이 주식을 발행할 때 발행금액 중 주식의 액면금액까지는 대변을 자본금 계정으로(자본의 증가), 액면금액을 초과하는 금액은 대변을 주식발행초과금 계정으로(자본의 증가) 회계처리한다.

(6) 자본화대상인 차입원가

유형자산을 취득하기 위한 자금을 차입금으로 조달한 경우, 그 차입금에 대한 이자비용은 당기 비용으로 회계처리하는 것이 원칙이다. 그러나 예외적으로 ㉠ **건설이 시작된 날로부터 완공되기 전까지의 이자비용** 중에서 ㉡ 기업회계기준에서 정하는 방법에 따라 계산한 금액에 대하여는 자산의 취득원가(건설중인자산 계정)로 회계처리할 수 있는데, 이를 '자본화대상인 차입원가'(또는 '차입원가 자본화')라고 한다.

(차) 건설중인자산	xxx	(대) [계정명]	xxx

[사례] 6월 30일 사무실 건물 신축 자금으로 사용된 은행대출금에 대하여 이자 10,000원이 보통예금에서 계좌이체되었다. (사무실 건물의 착공일은 올해 2월 1일, 준공예정일은 내년 10월 31일이며, 해당 대출금에 대한 이자는 전액 자본화대상에 해당한다)

6월 30일 (차) 건설중인자산	10,000	(대) 보통예금	10,000

(7) 국·공채의 의무매입

유형자산을 취득할 때 관련 법규에 따라 불가피하게 국·공채 등을 공정가치보다 높은 가격으로 매입하여야 하는 경우가 있다.

이러한 경우 매입하는 국·공채의 취득원가는 공정가치로 계상하고, 국·공채의 공정가치와 실제 매입가격의 차액은 유형자산의 취득과 관련된 취득부대비용으로 보아 해당 유형자산의 취득원가에 가산한다.

(차) 해당 유형자산 계정	xxx	(대) [계정명]	xxx
국·공채의 유가증권 계정	xxx		

[사례] 업무용 차량을 100,000원에 6개월 할부로 취득하고, 차량 구입과 관련하여 공채(액면금액 5,000원)를 액면금액에 취득하고 대금을 현금으로 지급하였다. 취득 당시 해당 공채의 공정가치는 3,000원이며, 회사는 이를 단기매매증권으로 분류하였다.

(차) 차량운반구	102,000[1]	(대) 미지급금	100,000
단기매매증권	3,000	현금	5,000

[1] 100,000 + (5,000 − 3,000) = 102,000원

(8) 토지와 건물의 일괄구입

일괄구입이란 두 종류 이상의 자산을 일괄 취득하는 것을 말한다. 건물이 있는 토지의 경우 토지와 건물이 함께 매매되는 경우가 일반적이므로 매입자 입장에서는 토지와 건물을 일괄구입하게 된다.

① 토지와 건물을 모두 사용할 목적으로 일괄구입하는 경우

- 토지와 건물의 취득원가는 총지급금액을 토지와 건물의 공정가치 비율로 안분한 금액으로 한다.

(차) 토지	xxx	**(대) [계정명]**	xxx
건물	xxx		

[사례] 토지와 건물을 모두 사용할 목적으로, 건물이 있는 토지를 400,000원에 현금으로 일괄구입하였다. 취득 당시 토지와 건물의 공정가치는 각각 300,000원과 200,000원이다.

(차) 토지	240,000[1]	(대) 현금	400,000
건물	160,000		

[1] $400,000 \times \frac{300,000}{(300,000 + 200,000)} = 240,000$원

② 토지만 사용할 목적으로 일괄구입하는 경우

- 건물은 철거하여 사용하지 않을 것이므로 **건물 구입가격도** 토지의 취득원가에 가산한다.
- **건물의 철거비용과 토지정지비용**은 토지의 취득원가에 가산한다.
- **철거된 건물에서 나온 부산물을 판매하여 얻은 수익**은 토지의 취득원가에서 차감한다.

(차) 토지	xxx	**(대) [계정명]**	xxx

[사례] 건물을 신축할 목적(토지만 사용할 목적)으로 건물이 있는 토지를 400,000원에 현금으로 일괄구입하였다. 구 건물 철거비용 20,000원과 토지정지비용 10,000원을 현금으로 추가 지급하였고, 철거한 건물의 부산물을 5,000원에 현금으로 처분하였다.

(차) 토지	425,000[1]	(대) 현금	425,000

[1] 400,000 + 20,000 + 10,000 − 5,000 = 425,000원

(9) 사용 중이던 회사 소유 건물의 철거

- 기존 건물의 장부금액을 제거하여 유형자산처분손실 계정(비용)으로 회계처리한다.
- 기존 건물의 철거 관련 비용은 유형자산처분손실 계정(비용)으로 회계처리한다.

(차) 감가상각누계액	xxx	**(대) 건물**	xxx
유형자산처분손실	xxx	[계정명]	xxx

[사례] 본사 사옥을 신축하기 위하여 사용 중이던 회사 소유 건물(취득원가 300,000원, 감가상각누계액 180,000원)을 철거하였다. 구 건물 철거비용 20,000원은 현금으로 지급하였다.

(차) 감가상각누계액	180,000	(대) 건물	300,000
유형자산처분손실	140,000[1]	현금	20,000

[1] (300,000 − 180,000) + 20,000 = 140,000원

05 유형자산의 취득 이후의 지출

최근 88회 시험 중 **13**회 기출

유형자산을 취득한 이후에 이를 영업활동에 사용하는 과정에서 각종 지출이 발생하게 되는데, 회사는 지출의 성격에 따라 다음과 같이 '자본적 지출'과 '수익적 지출'로 구분하여 회계처리한다.

(1) 자본적 지출

자본적 지출이란 유형자산의 취득 이후에 발생하는 지출이 해당 자산의 내용연수를 연장하거나 성능 수준을 현저히 향상시키는 등 **미래 경제적 효익을 증가**시키는 경우를 말한다.

자본적 지출에 해당하는 대표적인 항목은 다음과 같다.

- 본래의 용도를 변경하기 위한 개조
- 엘리베이터 또는 냉난방 장치의 설치
- 빌딩 등에 있어서 피난시설 등의 설치
- 기타 개량, 확장, 증설 등 자산의 가치를 증가시키는 것

자본적 지출이 발생하는 경우에는 지출금액을 **해당 자산의 취득원가에 가산**한다. 그 후, 지출의 효익이 지속되는 기간에 걸쳐 감가상각을 통하여 비용을 인식한다.

(차) 해당 유형자산 계정	xxx	(대) [계정명]	xxx

[사례] 사무실 건물에 엘리베이터를 설치하고 공사대금 20,000원은 현금으로 지급하였다.

(차) 건물	20,000	(대) 현금	20,000

(2) 수익적 지출

수익적 지출이란 유형자산의 취득 이후에 발생하는 지출이 해당 자산을 수선하는 등 **당초 예상되었던 성능 수준으로 회복시키거나 유지**하기 위한 경우를 말한다.

수익적 지출에 해당하는 대표적인 항목은 다음과 같다.

- 건물 또는 벽의 도장
- 파손된 유리나 기와의 대체
- 기계의 소모된 부속품과 벨트의 대체
- 자동차의 타이어 튜브의 대체
- 기타 조업 가능한 상태의 유지 등을 위한 것

수익적 지출이 발생하는 경우에는 지출금액을 수선비 계정이나 차량유지비 계정 등 **당기 비용**으로 회계처리한다.

(차) 수선비, 차량유지비 등 (당기 비용)	xxx	(대) [계정명]	xxx

[사례] 사무실 건물의 외벽이 낡아 페인트 공사를 실시하고 도색비용 10,000원은 현금으로 지급하였다.

(차) 수선비	10,000	(대) 현금	10,000

기출포인트

자본적 지출과 수익적 지출에 대한 회계처리 오류 발생 시 영향

오류 유형	자 산	비 용	당기순이익	자 본
자본적 지출을 수익적 지출로 처리하는 경우 (자산으로 처리하여야 하는 것을 비용으로 처리하는 경우)	과 소	과 대	과 소	과 소
수익적 지출을 자본적 지출로 처리하는 경우 (비용으로 처리하여야 하는 것을 자산으로 처리하는 경우)	과 대	과 소	과 대	과 대

기출확인문제

사용 중인 유형자산에 대한 수익적 지출을 자본적 지출로 회계처리한 경우, 재무제표에 미치는 영향으로 올바른 것은? (제62회)

① 자산의 과소계상 ② 당기순이익의 과대계상
③ 부채의 과소계상 ④ 비용의 과대계상

정답 ②

해설
수익적 지출(비용)을 자본적 지출(자산)로 회계처리하는 오류의 영향 : 비용 과소, 자산 과대 → 당기순이익 과대 → 자본 과대

06 유형자산의 감가상각

 최근 88회 시험 중 37회 기출

(1) 감가상각의 정의

유형자산은 영업활동에 사용되면서 소모되므로 시간의 경과에 따라 자산가치가 점점 감소하게 되는데, 이러한 현상을 측정하여 유형자산의 사용기간에 걸쳐 비용으로 배분하는 절차를 감가상각이라고 한다.

감가상각은 수익·비용 대응의 원칙에 입각한 비용의 인식을 위하여, 유형자산의 취득원가에서 잔존가치를 차감한 감가상각대상금액을 그 자산이 사용되면서 수익창출활동에 기여하는 기간에 걸쳐 합리적이고 체계적인 방법으로 배분하는 것이라고 할 수 있다.

기출포인트

- 토지는 감가상각을 하지 않는다.
- 건설중인자산은 아직 건설이 완료되지 않은 것이므로 감가상각을 하지 않는다. (건설이 완료되어 건물 등 해당 계정으로 대체되고 자산이 사용 가능한 때부터 감가상각을 시작한다)

(2) 감가상각의 회계처리

각 회계연도 말에 당기 감가상각 금액을 계산하여, 차변에는 비용인 감가상각비 계정으로(비용의 발생), 대변에는 자산의 차감적 평가계정인 감가상각누계액 계정으로(자산 차감의 증가 = 자산의 감소) 회계처리한다.

(차) 감가상각비	xxx	(대) 감가상각누계액	xxx

감가상각누계액이란 건물, 기계장치 등 유형자산에 해당하는 계정들의 취득원가에 대한 가치감소분의 누적액을 말한다.
회계처리를 할 때 감가상각누계액 계정은 유형자산 계정과목마다 별도의 계정(예 건물에 대한 감가상각누계액 계정, 기계장치에 대한 감가상각누계액 계정)을 사용한다.

재무상태표를 작성할 때 감가상각누계액 계정은 아래 예시와 같이 각 유형자산 계정별로 구분하여 차감적 평가계정으로 표시한다.

유형자산의 취득원가에서 감가상각누계액을 차감한 금액을 유형자산의 장부금액(또는 미상각잔액)이라고 한다.

재무상태표

유형자산		
건물	200,000	
감가상각누계액	(80,000)	
	120,000	
기계장치	50,000	
감가상각누계액	(25,000)	
	25,000	

[사례] 20x1년 1월 1일에 기계장치를 1,000,000원에 취득하였고, 20x1년 기말에 감가상각비 200,000원을 인식하였다. 20x2년의 감가상각비가 200,000원으로 계산되었을 때, 20x2년 기말의 감가상각 회계처리를 하고 20x2년 손익계산서와 20x2년 말 재무상태표에 표시하여 보자.

[풀이] • 20x2년 기말 결산 시 감가상각 회계처리

20x2. 12. 31. (차) 감가상각비 200,000 (대) 감가상각누계액 200,000

• 20x2년 회계연도 손익계산서

판매비와관리비		
감가상각비	200,000	

• 20x2년 회계연도 기말 재무상태표

유형자산		
기계장치	1,000,000	
감가상각누계액[1]	(400,000)	
	600,000	

[1] 가치감소분의 누적액 = 200,000(20x1년 가치감소분) + 200,000(20x2년 가치감소분) = 400,000원

(3) 감가상각비의 계산요소

당기 감가상각비를 계산하기 위해서는 취득원가, 잔존가치, 내용연수를 알아야 한다.

취득원가	취득 시점의 장부금액을 말하며, 취득 시점 이후 자본적 지출이 발생하는 경우에는 이를 가산한다.
잔존가치	자산을 내용연수가 종료하는 시점까지 사용한 후 처분할 때 받을 것으로 예상되는 처분금액에서 예상되는 처분비용을 차감한 금액을 말한다.
내용연수	자산에 대한 예상 사용기간을 말한다.

(4) 감가상각방법

① 정액법

정액법이란 감가상각대상금액(= 취득원가 – 잔존가치)을 내용연수 동안 매기 동일한 금액으로 균등하게 배분하는 방법을 말한다.

$$감가상각비 = (취득원가 - 잔존가치) \times \frac{1}{내용연수}$$

[사례] 20x1년 1월 1일에 기계장치를 1,000,000원에 취득하였다. 내용연수는 4년, 잔존가치는 100,000원이다. 감가상각방법이 정액법일 경우 각 회계연도별 감가상각비를 계산하여 보자.

[풀이]

회계연도	감가상각비 계산근거	당기 감가상각비	기말 감가상각누계액	기말 장부금액
20x1년	(1,000,000 – 100,000) × (1/4)	225,000	225,000	775,000
20x2년	(1,000,000 – 100,000) × (1/4)	225,000	450,000	550,000
20x3년	(1,000,000 – 100,000) × (1/4)	225,000	675,000	325,000
20x4년	(1,000,000 – 100,000) × (1/4)	225,000	900,000	100,000

참고 정액법일 경우 감가상각비와 장부금액의 변동 추이

자산을 기초 시점에 취득하였다고 가정하면 정액법일 경우, 감가상각비는 매년 동일하고, 이에 따라 장부금액은 매년 일정한 금액만큼씩 감소하게 된다. 이러한 변동 추이를 그림으로 살펴보면 다음과 같다.

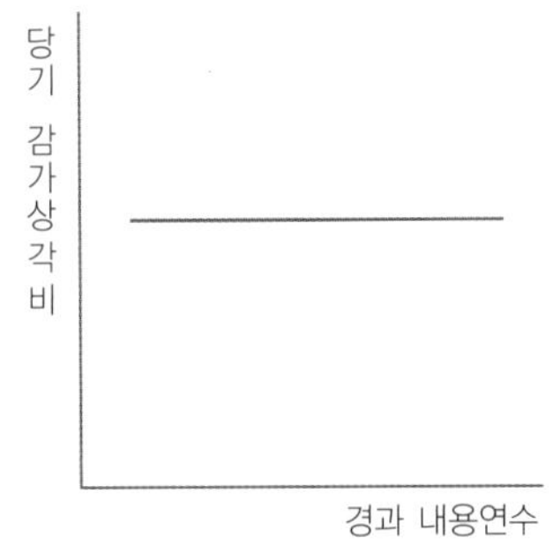

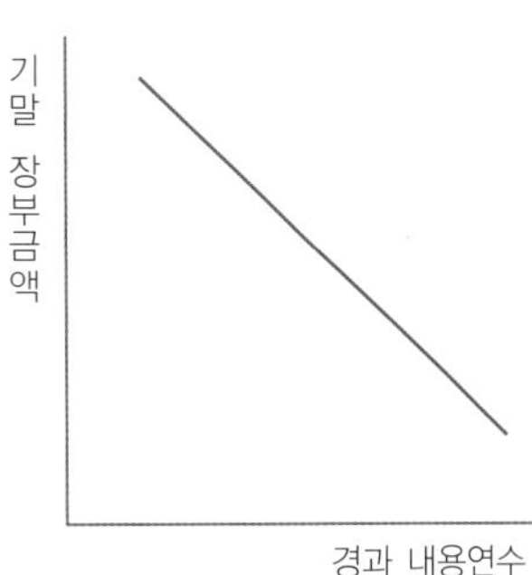

② 정률법

정률법이란 기초의 미상각잔액(= 취득원가 − 감가상각누계액)에 매기 동일한 상각률을 곱해서 감가상각비를 구하는 방법을 말한다.

정률법을 적용하면 내용연수 초기에는 감가상각비를 많이 인식하고 후기로 갈수록 적게 인식하게 된다.

정률법의 상각률은 제곱근을 사용하여 계산되므로 문제에서 값이 주어지는 것이 일반적이다.

감가상각비 = (취득원가 − 기초의 감가상각누계액) × 감가상각률[1)]

[1)] 감가상각률 = $1 - \sqrt[n]{\text{잔존가치/취득원가}}$ (n : 내용연수)

[사례] 20x1년 1월 1일에 기계장치를 1,000,000원에 취득하였다. 내용연수는 4년, 잔존가치는 100,000원이다. 감가상각방법이 정률법(감가상각률 : 0.438[2)])일 경우 각 회계연도별 감가상각비를 계산하여 보자.

[풀이]

회계연도	감가상각비 계산근거	당기 감가상각비	기말 감가상각누계액	기말 장부금액
20x1년	(1,000,000 − 0) × 0.438	438,000	438,000	562,000
20x2년	(1,000,000 − 438,000) × 0.438	246,156	684,156	315,844
20x3년	(1,000,000 − 684,156) × 0.438	138,340	822,496	177,504
20x4년	(1,000,000 − 822,496) × 0.438	77,504[3)]	900,000	100,000

[2)] 감가상각률 = $1 - \sqrt[4]{100,000/1,000,000} = 0.438$

[3)] 감가상각이 종료되는 20x4년의 감가상각비 계산 시 기말 장부금액이 잔존가치와 일치되도록 끝수를 조정하였는데, 이는 계산에 사용되었던 감가상각률이 정확한 비율이 아니라 소수점 넷째 자리에서 반올림한 것이기 때문이다.

참고 **정률법일 경우 감가상각비와 장부금액의 변동 추이**

자산을 기초 시점에 취득하였다고 가정하면 정률법일 경우, 감가상각비는 매년 일정한 비율(= 1 − 감가상각률)로 감소하고[1)], 이에 따라 장부금액은 매년 체감적으로 감소하게 된다[2)]. 이러한 변동 추이를 그림으로 살펴보면 다음과 같다.

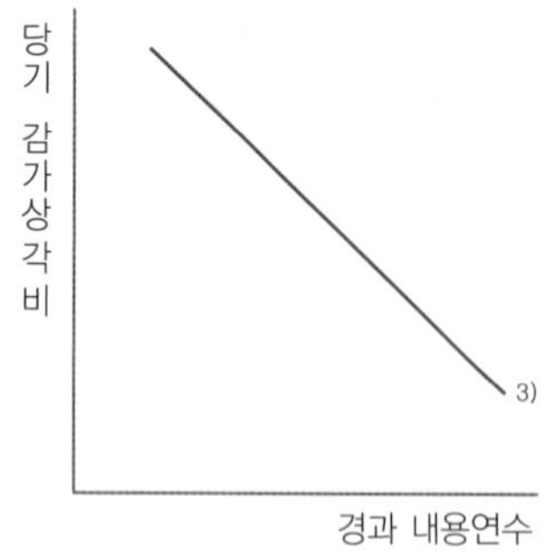

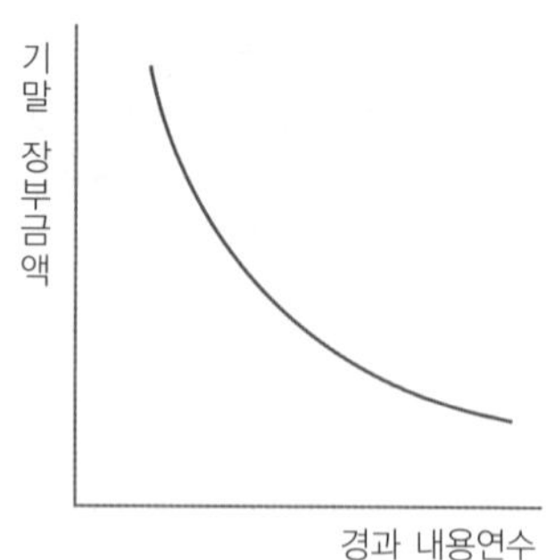

[1)] 상기 사례에서 감가상각비는 매년 0.562(= 1 − 0.438)라는 일정한 비율로 감소한다.

[2)] 정률법의 경우, 내용연수 초기에는 감가상각비를 많이 인식하고 후기로 갈수록 적게 인식하기 때문에 장부금액이 내용연수 초기에는 급격히 감소하나 후기로 갈수록 완만하게 감소하게 되는데, 이와 같이 장부금액이 체감적으로 감소하는 행태를 보이는 감가상각방법들을 통칭하여 '체감잔액법'이라고 한다. 정률법 외에도 이중체감법이나 연수합계법이 체감잔액법에 해당한다.

[3)] 체감잔액법에 해당하는 감가상각방법의 경우 경과 내용연수에 따른 당기 감가상각비 그래프는 모두 우하향한다. 우하향 그래프의 형태를 보면, 정률법 또는 이중체감법일 때는 거의 직선에 가까운 곡선 형태로, 연수합계법일 때는 완전한 직선 형태로 나타난다.

③ 이중체감법

이중체감법이란 기초의 미상각잔액(= 취득원가 − 감가상각누계액)에 '2 ÷ 내용연수'로 계산한 감가상각률을 곱해서 감가상각비를 구하는 방법을 말한다.

기초 미상각잔액에 매년 일정한 감가상각률을 곱하여 감가상각비를 구한다는 점에서 이중체감법은 정률법과 동일한 구조이다. 정률법의 감가상각률이 정확한 것이기는 하나 제곱근을 사용하여 도출하여야 하는 단점이 있기 때문에 이를 보완하여 간편하게 감가상각률을 구하고자 고안된 방법이 이중체감법이다.

이중체감법을 적용하면 내용연수 초기에는 감가상각비를 많이 인식하고 후기로 갈수록 적게 인식하게 된다.

$$\text{감가상각비} = (\text{취득원가} - \text{기초의 감가상각누계액}) \times \frac{2}{\text{내용연수}}$$

[사례] 20x1년 1월 1일에 기계장치를 1,000,000원에 취득하였다. 내용연수는 4년, 잔존가치는 100,000원이다. 감가상각방법이 이중체감법[1]일 경우 각 회계연도별 감가상각비를 계산하여 보자.

[풀이]

회계연도	감가상각비 계산근거	당기 감가상각비	기말 감가상각누계액	기말 장부금액
20x1년	(1,000,000 − 0) × 0.5	500,000	500,000	500,000
20x2년	(1,000,000 − 500,000) × 0.5	250,000	750,000	250,000
20x3년	(1,000,000 − 750,000) × 0.5	125,000	875,000	125,000
20x4년	(1,000,000 − 875,000) × 0.5	25,000[2]	900,000	100,000

1) 감가상각률 $= \frac{2}{\text{내용연수}} = \frac{2}{4} = 0.5$

2) 이중체감법에서 감가상각이 종료되는 20x4년의 감가상각비는 기말 장부금액을 잔존가치와 일치시키기 위한 금액을 역산하여 산출한다.

④ 연수합계법

연수합계법이란 감가상각대상금액(= 취득원가 − 잔존가치)에 내용연수의 합계를 분모로 하고 기초 현재 잔여내용연수를 분자로 하여 계산한 감가상각률을 곱해서 감가상각비를 구하는 방법을 말한다.

연수합계법을 적용하면 내용연수 초기에는 감가상각비를 많이 인식하고 후기로 갈수록 적게 인식하게 된다.

$$\text{감가상각비} = (\text{취득원가} - \text{잔존가치}) \times \frac{\text{기초 현재 잔여내용연수}}{\text{내용연수의 합계}}$$

[사례] 20x1년 1월 1일에 기계장치를 1,000,000원에 취득하였다. 내용연수는 4년, 잔존가치는 100,000원이다. 감가상각방법이 연수합계법[1]일 경우 각 회계연도별 감가상각비를 계산하여 보자.

[풀이]

회계연도	감가상각비 계산근거	당기 감가상각비	기말 감가상각누계액	기말 장부금액
20x1년	(1,000,000 – 100,000) × (4/10)	360,000	360,000	640,000
20x2년	(1,000,000 – 100,000) × (3/10)	270,000	630,000	370,000
20x3년	(1,000,000 – 100,000) × (2/10)	180,000	810,000	190,000
20x4년	(1,000,000 – 100,000) × (1/10)	90,000[1]	900,000	100,000

[1] 내용연수의 합계 = 1 + 2 + 3 + 4 = 10년

⑤ 생산량비례법

생산량비례법이란 감가상각대상금액(= 취득원가 – 잔존가치)에 총예정생산량을 분모로 하고 당기 실제생산량을 분자로 하여 계산한 감가상각률을 곱해서 감가상각비를 구하는 방법을 말한다.

생산량비례법은 주로 석탄 등의 채굴산업을 하는 기업에서 사용하는 방법으로서 전체 매장량을 추정하고 채굴되어 나오는 만큼 유형자산을 감가상각해 주는 방법이다.

$$\text{감가상각비} = (\text{취득원가} - \text{잔존가치}) \times \frac{\text{당기 실제생산량}}{\text{총예정생산량}}$$

[사례] 20x1년 1월 1일에 기계장치를 1,000,000원에 취득하였다. 내용연수는 4년, 잔존가치는 100,000원이다. 감가상각방법이 생산량비례법일 경우 각 회계연도별 감가상각비를 계산하여 보자. (단, 당사는 기계장치를 사용하여 총 100톤의 석탄을 채굴할 것으로 추정하였으며, 실제 생산량은 1차 연도에 30톤, 2차 연도에 30톤, 3차 연도에 20톤, 4차 연도에 20톤이었다)

[풀이]

회계연도	감가상각비 계산근거	당기 감가상각비	기말 감가상각누계액	기말 장부금액
20x1년	(1,000,000 – 100,000) × (30/100)	270,000	270,000	730,000
20x2년	(1,000,000 – 100,000) × (30/100)	270,000	540,000	460,000
20x3년	(1,000,000 – 100,000) × (20/100)	180,000	720,000	280,000
20x4년	(1,000,000 – 100,000) × (20/100)	180,000	900,000	100,000

(5) 기중에 취득하는 경우의 감가상각

유형자산을 기초가 아니라 기중에 취득하는 경우, 첫 회계기간의 감가상각비는 취득 시점부터 기말까지의 기간에 대하여만 인식하여야 한다.

기중에 취득한 유형자산에 대한 각 회계연도별 감가상각비를 계산할 때에는, 먼저 취득 시점을 기준으로 하여 1년 단위로 감가상각비를 구한 다음, 이를 각 회계기간이 차지하는 기간 비율에 따라 안분한다.

다만, 감가상각방법이 연수합계법인 경우를 제외하면, 그 외의 감가상각방법에서는 각 회계연도별 감가상각비를 간편법으로도 계산할 수 있다.

[사례] 20x1년 4월 1일에 기계장치를 1,000,000원에 취득하였다. 내용연수는 4년, 잔존가치는 100,000원이다. (감가상각방법이 정액법, 정률법(감가상각률 : 0.438), 이중체감법, 연수합계법일 경우를 가정하여 20x1년과 20x2년의 감가상각비를 각각 계산하여 보자. (단, 결산일은 매년 12월 31일이며, 월할 계산한다))

[풀이] • 정액법

회계연도	감가상각비 계산근거	당기 감가상각비
20x1년	(1,000,000 – 100,000) × (1/4) × (9개월/12개월)	168,750
20x2년	{(1,000,000 – 100,000) × (1/4) × (3개월/12개월)} + {(1,000,000 – 100,000) × (1/4) × (9개월/12개월)}	225,000[1]

[1] 간편법 = (취득원가 – 잔존가치) × $\frac{1}{\text{내용연수}}$

= (1,000,000 – 100,000) × $\frac{1}{4}$ = 225,000원

• 정률법

회계연도	감가상각비 계산근거	당기 감가상각비
20x1년	(1,000,000 – 0) × 0.438 × (9개월/12개월)	328,500
20x2년	{(1,000,000 – 0) × 0.438 × (3개월/12개월)} + {(1,000,000 – 438,000) × 0.438 × (9개월/12개월)}	294,117[2]

[2] 간편법 = (취득원가 – 기초의 감가상각누계액) × 감가상각률

= (1,000,000 – 328,500) × 0.438 = 294,117원

• 이중체감법

회계연도	감가상각비 계산근거	당기 감가상각비
20x1년	(1,000,000 – 0) × 0.5 × (9개월/12개월)	375,000
20x2년	{(1,000,000 – 0) × 0.5 × (3개월/12개월)} + {(1,000,000 – 500,000) × 0.5 × (9개월/12개월)}	312,500[3]

[3] 간편법 = (취득원가 – 기초의 감가상각누계액) × $\frac{2}{\text{내용연수}}$

= (1,000,000 – 375,000) × 0.5 = 312,500원

• 연수합계법

회계연도	감가상각비 계산근거	당기 감가상각비
20x1년	(1,000,000 – 100,000) × (4/10) × (9개월/12개월)	270,000
20x2년	{(1,000,000 – 100,000) × (4/10) × (3개월/12개월)} + {(1,000,000 – 100,000) × (3/10) × (9개월/12개월)}	292,500[4]

[4] 연수합계법의 경우 기중 취득 시점을 기준으로 하여 1년 단위로 감가상각률이 변하므로, 반드시 취득 시점으로부터 1년 단위로 감가상각비를 계산한 후 회계기간 단위로 배분하여야 한다.

07 유형자산의 처분

유형자산을 처분하는 경우에는 처분금액과 처분 전 장부금액(= 취득원가 – 감가상각누계액)을 비교하여 처분손익을 인식한다.

처분금액이 처분 전 장부금액보다 크다면 유형자산처분이익 계정(수익)을, 처분금액이 처분 전 장부금액보다 작다면 유형자산처분손실 계정(비용)을 인식한다.

처분금액을 계상할 때, 수수료 등 매각 시 부대비용이 있는 경우에는 매각금액에서 동 부대비용을 차감한 순매각금액을 처분금액으로 본다.

처분금액 > 처분 전 장부금액 : 유형자산처분이익

(차) [계정명]	xxx	(대) 해당 유형자산 계정	xxx
감가상각누계액	xxx	유형자산처분이익	xxx

[사례] 사용하던 기계장치를 거래처에 100,000원에 매각처분하고 대금은 매각수수료 1,000원을 차감한 후 현금으로 받았다. 처분 시점 현재 기계장치의 장부상 취득원가는 200,000원, 감가상각누계액은 120,000원이었다.

(차) 감가상각누계액	120,000	(대) 기계장치	200,000
현금	99,000	유형자산처분이익	19,000[1]

[1] 처분금액 – 처분 전 장부금액 = (100,000 – 1,000) – (200,000 – 120,000) = 19,000원

처분금액 < 처분 전 장부금액 : 유형자산처분손실

(차) [계정명]	xxx	(대) 해당 유형자산 계정	xxx
감가상각누계액	xxx		
유형자산처분손실	xxx		

[사례] 사용하던 차량을 중고자동차매매업체에 30,000원에 매각처분하고 대금은 현금으로 받았다. 처분 시점 현재 차량의 장부상 취득원가는 100,000원, 감가상각누계액은 60,000원이었다.

(차) 감가상각누계액	60,000	(대) 차량운반구	100,000
현금	30,000		
유형자산처분손실	10,000[2]		

[2] 처분금액 – 처분 전 장부금액 = 30,000 – (100,000 – 60,000) = (–)10,000원

08 무형자산

(1) 무형자산의 정의

무형자산이란 장기간에 걸쳐 영업활동에 사용할 목적으로 보유하는 물리적 형체가 없는 자산으로서 ㉠ 식별 가능하고, ㉡ 기업이 통제하고 있으며, ㉢ 미래 경제적 효익이 있는 것을 말한다.

(2) 무형자산에 해당하는 계정과목

계정과목	내 용
영업권	우수한 경영진, 뛰어난 영업망, 유리한 위치, 기업의 좋은 이미지 등 동종의 다른 기업에 비하여 특별히 유리한 사항들을 집합한 무형의 자원 (사업결합 등 외부로부터 취득한 영업권만 인정되며, 내부적으로 창출한 영업권은 인정되지 않음)
산업재산권	일정 기간 동안 독점적·배타적으로 이용할 수 있는 권리 예 특허권, 실용신안권, 디자인권, 상표권
소프트웨어	컴퓨터 소프트웨어의 구입 금액 예 회계프로그램, ERP프로그램, MS오피스프로그램
개발비	신제품이나 신기술의 개발단계에서 발생한 지출로서 취득원가를 개별적으로 식별 가능하고 미래 경제적 효익을 창출할 수 있는 것

참고 **임차권리금**

임차권리금이란 사업체를 인수할 때 유리한 위치, 좋은 이미지 등에 대한 대가로 기존 사업자인 점포임차인에게 지급하는 금전을 말하며, 실무에서는 '프리미엄'이라고도 부른다. 사업체를 인수하는 자 입장에서 이는 외부로부터 취득하는 영업권에 해당한다.

(3) 개발비

신제품이나 신기술의 개발 활동은 연구단계와 개발단계로 구분한다.

연구단계(Research phase)란 새로운 지식을 탐색하고 여러 가지 대체안을 평가하여 최종안을 선택하는 단계를 말한다.

개발단계(Development phase)란 상업화를 결정하고 관련 시제품과 모형을 설계·제작·시험하는 단계로서, 연구단계보다 훨씬 더 진전되어 있는 상태를 말한다.

개발 활동과 관련하여 발생한 지출을 무형자산인 개발비 계정으로 회계처리하기 위해서는 ㉠ 개발단계에서 발생한 것이어야 하고, ㉡ 기업회계기준에서 정하는 개발비 인식요건[1]을 모두 충족하는 것이어야 한다.

[1] 예 취득원가를 신뢰성 있게 측정 가능, 미래 경제적 효익을 창출, 무형자산을 완성하여 사용하려는 기업의 의도와 능력

연구단계에서 발생한 지출은 당기 비용인 연구비 계정으로, 개발단계에 발생한 지출 중 개발비 인식요건을 충족하지 못하는 것은 당기 비용인 경상개발비 계정으로 회계처리한다.

내부 프로젝트를 연구단계와 개발단계로 구분할 수 없는 경우에는 그 프로젝트에서 발생한 지출은 모두 연구단계에서 발생한 것으로 본다.

구 분		회계처리
연구단계에서 발생한 지출		연구비(비용)[2]
개발단계에서 발생한 지출	개발비 인식요건을 미충족	경상개발비(비용)[2]
	개발비 인식요건을 충족	개발비(무형자산)

[2] KcLep 프로그램에서는 연구비와 경상개발비를 합해서 경상연구개발비 계정을 사용한다.

(차) 개발비	xxx	(대) [계정명]	xxx

[사례] 신제품 개발을 위하여 실험재료비 30,000원을 현금으로 지급하였다. 동 지출은 개발단계에서 발생하였으며 무형자산의 인식요건을 모두 충족한다.

(차) 개발비	30,000	(대) 현금	30,000

(4) 무형자산의 상각

- 용어 : 매년 인식하는 가치감소분에 대하여 유형자산에서는 '감가상각(Depreciation)'이라는 용어를, 무형자산에서는 '상각(Amortization)'이라는 용어를 사용한다.
- 회계처리 : 유형자산 감가상각을 회계처리할 때에는 '감가상각누계액'이라는 자산의 차감적 평가계정을 사용하지만, 무형자산 상각을 회계처리할 때에는 일반적으로 해당 자산계정을 '직접 차감'한다. (직접법)
- 잔존가치 : 무형자산 상각 시 잔존가치는 원칙적으로 '0'인 것으로 본다.
- 상각방법 : 무형자산의 상각방법에는 유형자산과 마찬가지로 정액법, 정률법 등이 있는데, 소비되는 형태를 신뢰성 있게 결정할 수 없는 경우에는 '정액법'을 사용한다.
- 내용연수 : 무형자산의 상각기간은 독점적·배타적인 권리를 부여하고 있는 관계 법령이나 계약에 정해진 경우를 제외하고는 20년을 초과할 수 없다.

참고 **직접법과 간접법**

무형자산 상각의 회계처리방법으로는 취득원가에서 무형자산상각액을 직접 차감하는 '직접법'과 유형자산에서와 같이 취득원가는 그대로 두고 평가적 평가계정인 상각누계액 계정을 사용하는 '간접법'이 모두 허용된다. 일반적으로는 두 가지 방법 중 '직접법'으로 처리하고 있다.

직접법으로 회계처리를 하면, 재무상태표에서 무형자산 계정은 미상각잔액(= 장부금액 = 취득원가 − 상각누계액)으로만 표시되며 취득원가와 상각누계액 금액은 별도로 표시되지 않는다.

(차) 무형자산상각비	xxx	(대) 해당 무형자산 계정	xxx

[사례] 20x2년 기말 결산 시 무형자산인 개발비를 상각하려고 한다. 이는 전기인 20x1년 1월 초에 취득한 것으로서, 전기말 재무상태표상 미상각잔액은 24,000원, 총내용연수는 5년, 잔존가치는 0원, 상각방법은 정액법이다. (직접법으로 회계처리할 것)

20x2. 12. 31. (차) 무형자산상각비 6,000[1] (대) 개발비 6,000

[1] • (방법1) (기초의 미상각잔액 − 잔존가치) × $\frac{1}{\text{기초 현재 잔여내용연수}}$

$= (24,000 - 0) \times \frac{1\text{년}}{(5\text{년} - 1\text{년})} = 6,000\text{원}$

• (방법2) (취득원가 − 잔존가치) × $\frac{1}{\text{총내용연수}}$ = 20x2년 상각비

$\rightarrow \{(24,000 + ?) - 0)\} \times \frac{1\text{년}}{5\text{년}} = ?$

∴ ? = 20x1년 상각비 = 20x2년 상각비 = 6,000원

09 기타비유동자산

최근 88회 시험 중 5회 기출

(1) 기타비유동자산의 정의

기타비유동자산이란 비유동자산 중에서 투자자산, 유형자산, 무형자산에 속하지 아니하는 자산을 말한다.

(2) 기타비유동자산에 해당하는 계정과목

계정과목	내 용
임차보증금	월세 등의 조건으로 타인의 동산이나 부동산을 사용하기 위하여 임대차계약에 따라 임차인이 임대인에게 지급하는 보증금 (계약기간이 만료되면 다시 반환 받음)
전세권	월세 조건 없이 타인의 부동산을 사용하기 위하여 임대차계약에 따라 임차인이 임대인에게 지급하는 전세금 (계약기간이 만료되면 다시 반환 받음)
장기외상매출금	기업의 주된 영업활동(일반적인 상거래)인 상품매출을 하고 아직 받지 않은 외상대금으로서, 만기가 결산일로부터 1년 이후에 도래하는 것
장기받을어음	기업의 주된 영업활동(일반적인 상거래)인 상품매출을 하고 이에 대한 대금으로 상대방으로부터 받은 어음으로서, 만기가 결산일로부터 1년 이후에 도래하는 것
장기매출채권	**외부보고용** 재무상태표에서 사용되는 **통합 표시 계정**으로서, '장기외상매출금 + 장기받을어음'을 말함
대손충당금	상대방의 파산 등의 사유로 인하여 장기외상매출금, 장기받을어음 등을 회수하지 못할 가능성을 추정하여 금액으로 표시하는 차감적 평가계정 참고 장기외상매출금, 장기받을어음 등의 차감계정
장기미수금	일반적인 상거래 이외의 거래에서 발생한 외상대금으로서, 만기가 결산일로부터 1년 이후에 도래하는 것
부도어음과수표	부도 처리된 어음을 따로 관리하기 위하여 기업 내부적으로 사용하는 임시계정

(3) 임차보증금

① 임차계약 체결 시 임차보증금의 지급

(차) 임차보증금	xxx	(대) [계정명]	xxx

[사례] 월세를 조건으로 사무실 임차계약을 체결하고 보증금 100,000원을 현금으로 지급하였다.

(차) 임차보증금	100,000	(대) 현금	100,000

② 임차계약 만료 시 임차보증금의 회수

(차) [계정명]	xxx	(대) 임차보증금	xxx

[사례] 사무실 임차계약기간이 만료되어 계약 체결 당시 납입했었던 보증금 100,000원을 현금으로 돌려받았다.

(차) 현금	100,000	(대) 임차보증금	100,000

참고 임차보증금, 임대보증금, 임차료, 임대료의 비교

동산이나 부동산의 임대차계약을 체결할 때, 임료를 내고 상대방의 물건을 빌리는 사람(세입자)을 임차인이라고 하고, 임료를 받고 자신의 물건을 빌려주는 사람(집주인)을 임대인이라고 한다.

임대차계약에서 임료의 형태는 크게 월세와 보증금으로 나누어 볼 수 있다.

임차인과 임대인의 입장에서 월세와 보증금을 회계처리할 때 사용하는 계정과목은 각각 다음과 같다.

구 분	임차인(세입자)	임대인(집주인)
월 세	임차료(비용)	임대료(수익)
보증금	임차보증금(자산)	임대보증금(부채)

(4) 부도어음과수표

부도란 만기가 되어 지급을 청구하였으나 지급을 받지 못하는 것을 말한다.

보유하고 있는 타인발행 약속어음에 대하여 은행으로부터 부도 통보를 받으면 이를 부도어음과수표 계정으로 대체하는 회계처리를 한다.

부도어음과수표 계정은 부도 통보된 어음을 실제 대손이 확정될 때까지 일반 어음과 구분하여 관리하기 위해 기업 내부적으로 사용하는 임시계정이다. 따라서 외부보고용 재무제표를 작성할 때에는 이를 부도 통보 전 계정에 포함하여 보고한다.

(차) 부도어음과수표	xxx	(대) 받을어음	xxx

[사례] 상품매출 대금으로 받아 보유 중이던 타인발행 약속어음 50,000원이 부도 처리되었다는 것을 은행으로부터 통보받았다. 해당 어음은 회수가능성이 있어 대손처리는 하지 않았다.

(차) 부도어음과수표	50,000	(대) 받을어음	50,000

기출분개연습

* 기출문제 날짜는 학습효과를 높이기 위해 일부 수정하였으며, ㈜연습(코드번호 : 1301) 데이터를 사용하여 연습할 수 있습니다.

01 8월 1일 만기 3년인 정기예금에 5,000,000원을 예금하기 위해 보통예금 통장에서 이체하였다. [제40회 수정]

02 8월 2일 당좌거래개설보증금 8,300,000원을 현금 입금하여 계약기간 3년의 국민은행 당좌거래를 개설하였다. [제32회]

03 8월 3일 ㈜한울에서 발행한 회사채(만기 3년) 10,000,000원을 취득하고 보통예금으로 지급하였다. 회사는 이를 만기까지 보유할 의도와 능력을 가지고 있으며, 회사채를 취득하는 과정에서 수수료 50,000원은 별도로 현금 지급하였다. [제56회]

04 올해(20x2년) 기말 현재 당사가 장기투자를 목적으로 보유하고 있는 ㈜동성의 주식의 취득원가, 전년도 말 및 당해 연도 말 공정가치는 다음과 같다. 기말수정분개를 하시오. [제95회]

주식명	20x1년 취득원가	20x1년 말 공정가치	20x2년 말 공정가치
㈜동성 보통주	30,000,000원	32,000,000원	29,000,000원

05 8월 5일 ㈜부동산개발로부터 투자목적으로 토지를 300,000,000원에 구입하고, 현금으로 100,000,000원, 나머지는 보통예금으로 지급하였다. 또한 당일 취득세 10,000,000원은 현금으로 납부하였다. [제44회]

06 8월 6일 영업부에서 사용할 승용차를 ㈜선진자동차로부터 전액 5개월 할부로 20,000,000원에 구입하였다. 또한 취득세 800,000원은 현금으로 납부하였다. [제26회]

07 8월 7일 신주 1,000주(주당 액면금액 5,000원)를 발행하여 공정가치 6,000,000원의 기계장치를 현물출자받았다. [제28회]

08 8월 8일 ㈜국제자동차로부터 업무용 승용차를 구입하는 과정에서 관련 법령에 따라 공채(액면금액 650,000원)를 650,000원에 보통예금으로 구입하였다. 기업회계기준에 의해 평가한 해당 공채의 현재가치는 550,000원이며, 회사는 이를 단기매매증권으로 회계처리한다. [제80회]

정답 및 해설

01	8월 1일	(차) 장기성예금[1]	5,000,000	(대) 보통예금	5,000,000

[1] 만기가 결산일(당해 연도 12월 31일)로부터 1년 이후에 도래하므로 장기금융상품에 해당하는 '장기성예금' 계정으로 회계처리한다.

02	8월 2일	(차) 특정현금과예금	8,300,000	(대) 현금	8,300,000
03	8월 3일	(차) 만기보유증권(투자자산)	10,050,000	(대) 보통예금	10,000,000
				현금	50,000
04	12월 31일	(차) 매도가능증권평가이익	2,000,000	(대) 매도가능증권(투자자산)	3,000,000
		매도가능증권평가손실	1,000,000[1]		

[1] 당기말 재무상태표에서 매도가능증권 계정과 매도가능증권평가손실 계정의 잔액을 차변으로 집계하여 보면 취득원가 금액이 된다.

매도가능증권 (투자자산)	29,000,000
매도가능증권평가손실 (기타포괄손익누계액)	1,000,000
취득원가 (차변 집계금액)	30,000,000

05	8월 5일	(차) 투자부동산	310,000,000	(대) 현금	110,000,000
				보통예금	200,000,000
06	8월 6일	(차) 차량운반구	20,800,000	(대) 미지급금(㈜선진자동차)	20,000,000
				현금	800,000
07	8월 7일	(차) 기계장치	6,000,000	(대) 자본금	5,000,000
				주식발행초과금	1,000,000
08	8월 8일	(차) 단기매매증권	550,000	(대) 보통예금	650,000
		차량운반구	100,000		

09 8월 9일 사용 중인 창고 건물(취득원가 50,000,000원, 감가상각누계액 40,000,000원)을 새로 신축하기 위해 철거하였으며, 철거용역업체에 철거비용 2,000,000원을 보통예금으로 지급하였다. [제45회]

10 8월 10일 당사는 본사건물 신축을 위한 차입금의 이자비용 7,000,000원을 보통예금으로 지급하고, 금융비용은 전액 자본화하기로 하였다. 이 건물의 착공일은 작년 8월 1일이며, 완공일은 내년 11월 30일이다. [제98회]

11 8월 11일 사무실 건물의 보강철골공사비 32,000,000원을 ㈜다리건설에 현금 지급하였다. 그중 20,000,000원은 건물의 가치가 증가한 자본적 지출이며, 나머지 금액은 건물의 일시적 수리비이다. [제28회]

12 8월 12일 회사가 소유하고 있는 오토바이(취득원가 1,000,000원, 감가상각누계액 550,000원)가 한 대 있었으나, 해당 오토바이를 금일 사고로 폐기처분하였다. [제38회]

13 8월 13일 유명대학교에 의뢰한 신제품 개발에 따른 연구용역비 20,000,000원을 보통예금에서 인터넷뱅킹으로 이체하여 지급하였다. (자산으로 회계처리할 것) [제40회]

14 8월 14일 사무실 이전을 위하여 한성빌딩 101호를 임차하기로 하였으며 임차보증금 30,000,000원을 보통예금 통장에서 송금하였다. [제32회]

15 8월 15일 ㈜암석으로부터 매출대금으로 받은 약속어음 20,000,000원에 대하여 부도가 발생하여 상환청구를 하였다. 해당 어음은 부도처리 되었으나 회수가능성이 있어 대손처리는 하지 않았다. [21년 4월 특별회차]

16 기말 현재 보유하고 있는 감가상각대상 자산은 다음과 같다. 제시된 자료 외의 감가상각 대상 자산은 없다고 가정한다. 올해 말 유형자산을 감가상각하시오. [제41회]

계정과목	취득원가	잔존가치 / 내용연수	전기말 감가상각누계액	취득연월일	상각방법	상각률
본사 사무실 건물	100,000,000원	0 / 20년	7,500,000원	2년 전 7. 1.	정액법	0.05
영업부서 기계장치	35,000,000원	취득원가의 5% / 5년	15,750,000원	1년 전 1. 1.	정률법	0.45

17 20x3년 결산일 현재 무형자산인 영업권(취득원가 : ?, 총내용연수 : 5년, 상각방법 : 정액법)의 전기말(20x2년 12월 31일) 상각 후 미상각잔액은 15,000,000원이다. 동 영업권은 20x1년 1월 1일에 취득하였다. 당해 연도 영업권의 무형자산상각비를 인식하시오. (단, 무형자산은 직접 상각하고, 비용 계정은 판매비와관리비로 처리한다) [제73회]

정답 및 해설

번호	일자	차변	금액	대변	금액
09	8월 9일	(차) 감가상각누계액(건물)	40,000,000	(대) 건물	50,000,000
		유형자산처분손실	12,000,000	보통예금	2,000,000
10	8월 10일	(차) 건설중인자산	7,000,000	(대) 보통예금	7,000,000
11	8월 11일	(차) 수선비(판관비)	12,000,000	(대) 현금	32,000,000
		건물	20,000,000		
12	8월 12일	(차) 감가상각누계액(차량운반구)	550,000	(대) 차량운반구	1,000,000
		유형자산처분손실	450,000		
13	8월 13일	(차) 개발비	20,000,000	(대) 보통예금	20,000,000
14	8월 14일	(차) 임차보증금(한성빌딩)	30,000,000	(대) 보통예금	30,000,000
15	8월 15일	(차) 부도어음과수표(㈜암석)	20,000,000	(대) 받을어음(㈜암석)	20,000,000
16	12월 31일	(차) 감가상각비(판관비)	13,662,500	(대) 감가상각누계액(건물)	5,000,000[1]
				감가상각누계액(기계장치)	8,662,500[2]

[1] (취득원가 − 잔존가치) ÷ 내용연수
= (100,000,000원 − 0원) ÷ 20년 = 5,000,000원

[2] (취득원가 − 기초의 감가상각누계액) × 감가상각률
= (35,000,000원 − 15,750,000원) × 0.45 = 8,662,500원

번호	일자	차변	금액	대변	금액
17	12월 31일	(차) 무형자산상각비(판관비)	5,000,000	(대) 영업권	5,000,000[1]

[1] (전기말 미상각잔액 − 잔존가치) ÷ 기초 현재 잔여내용연수
= (15,000,000원 − 0원) ÷ (5년 − 2년) = 5,000,000원

참고 무형자산 상각 시, 잔존가치에 대하여 별도의 언급이 없는 경우 '0'인 것으로 본다.

핵심기출문제

* 본서에 수록된 기출문제의 날짜는 학습효과를 높이기 위하여 일부 수정함

01 다음 중 투자자산에 해당되지 않는 것은? [제33회]

① 매도가능증권 ② 영업권 ③ 장기대여금 ④ 투자부동산

02 다음 중 유가증권에 대한 설명으로 옳은 것은? [제85회]

① 단기매매증권이 시장성을 상실한 경우에는 매도가능증권으로 분류하여야 한다.
② 단기매매증권, 매도가능증권, 만기보유증권은 원칙적으로 공정가치로 평가한다.
③ 단기매매증권과 매도가능증권의 미실현보유이익은 당기순이익 항목으로 처리한다.
④ 만기가 확정된 채무증권으로서 상환금액이 확정되었거나 확정이 가능한 채무증권을 만기까지 보유할 적극적인 의도와 능력이 있는 경우에는 매도가능증권으로 분류한다.

03 시장성 있는 ㈜진성의 주식 10주를 장기투자 목적으로 1주당 50,000원에 매입하고 거래수수료 5,000원을 포함하여 보통예금으로 결제하였다. 기말 공정가치는 1주당 52,000원이다. 일반기업회계기준에 따라 회계처리하는 경우 다음 중 맞는 것은? [21년 10월 특별회차]

① 매도가능증권의 취득원가는 500,000원이다.
② 매도가능증권의 취득시점 분개는 아래와 같다.
(차) 매도가능증권 505,000원 (대) 보통예금 505,000원
③ 매도가능증권평가이익은 20,000원이다.
④ 매도가능증권평가손익은 당기손익에 반영한다.

04 다음 중 유형자산으로 분류하기 위한 조건으로서 가장 부적합한 것은? [제43회]

① 영업활동에 사용할 목적으로 취득하여야 한다.
② 물리적인 실체가 있어야 한다.
③ 장기간 사용할 목적으로 보유하여야 한다.
④ 판매 목적으로 보유하고 있어야 한다.

05 다음에서 설명하는 자산 중 유형자산에 해당하는 것은? [21년 4월 특별회차]

① 부동산매매업을 하는 회사가 판매목적으로 보유한 부동산
② 서비스 회사가 시세차익을 얻기 위해 보유한 아파트
③ 제조회사가 생산활동에 사용하기 위해 보유한 기계장치
④ 서비스 회사가 영업활동에 사용하기 위해 보유한 소프트웨어 프로그램

정답 및 해설

01 ② 영업권은 무형자산에 해당한다.

02 ① ② 단기매매증권, 매도가능증권은 원칙적으로 공정가치로 평가한다. 만기보유증권은 장부금액과 공정가치가 다르더라도 평가손익을 인식하지 않는다.
③ 단기매매증권의 미실현보유손익(단기매매증권평가손익)은 당기순이익 항목으로 처리한다. 매도가능증권의 미실현보유손익(매도가능증권평가손익)은 기타포괄손익누계액으로 처리한다.
④ 만기가 확정된 채무증권으로서 상환금액이 확정되었거나 확정이 가능한 채무증권을 만기까지 보유할 적극적인 의도와 능력이 있는 경우에는 만기보유증권으로 분류한다.

03 ②

• 취득 시 :	(차) 매도가능증권	505,000	(대) 보통예금	505,000
• 기말 평가 시 :	(차) 매도가능증권	15,000	(대) 매도가능증권평가이익 (기타포괄손익누계액)	15,000[1]

[1] (10주 × @52,000원) − 505,000 = 15,000원

04 ④ 판매 목적으로 보유하고 있는 자산은 재고자산으로 분류한다.

05 ③ • 유형자산이란 장기간에 걸쳐 영업활동에 사용할 목적으로 보유하는 자산으로서 물리적 형체가 있는 자산을 말한다.
• ① 재고자산 / ② 투자자산 / ③ 유형자산 / ④ 무형자산

06 다음 중 유형자산의 취득원가에 해당되지 않는 것은? [제29회]

① 재산세 ② 취득세 ③ 운반비 ④ 설치비

07 다음과 같이 A사로부터 토지와 건물을 일괄 취득한 후 공장 신축을 위해 건물을 즉시 철거하였을 경우 토지의 취득원가는 얼마인가? (단, 모든 대금은 보통예금으로 지급하였다고 가정한다)

[20년 8월 특별회차]

- 건물의 공정가치 : 200,000,000원
- 토지의 공정가치 : 300,000,000원
- 토지와 건물을 일괄 취득할 때 A사에게 지급한 금액 : 400,000,000원
- 건물 철거비용 : 5,000,000원
- 토지에 대한 취득세 : 5,000,000원

① 325,000,000원 ② 405,000,000원 ③ 410,000,000원 ④ 510,000,000원

08 다음 중 수익적 지출로 회계처리하여야 할 것으로 가장 타당한 것은? [제51회]

① 냉난방 장치 설치비용
② 파손된 유리의 원상회복을 위한 교체비용
③ 엘리베이터의 설치비용
④ 증설·확장을 위한 비용

09 자본적 지출과 수익적 지출에 대한 회계처리의 오류로 인하여 발생하는 영향에 대해 빈칸 (a)와 (b)에 각각 들어갈 말로 모두 옳은 것은?

[21년 12월 특별회차]

구 분	자 산	비 용	당기순이익	자 본
자본적 지출을 수익적 지출로 인식한 경우	(a)	(b)	과 소	과 소

	a	b
①	과 소	과 소
②	과 대	과 소
③	과 대	과 대
④	과 소	과 대

10 다음 중 수익적 지출을 자본적 지출로 회계처리한 경우의 효과로 옳지 않은 것은?

[21년 10월 특별회차]

① 자산 과소 ② 비용 과소 ③ 이익 과대 ④ 자본 과대

11 다음 유형자산 중 감가상각 회계처리 대상에 해당하지 않는 것은? [제82회]

① 업무에 사용하고 있는 토지
② 관리사무실에서 사용하고 있는 세단기
③ 업무 관련 회사소유 주차장 건물
④ 생산직원 전용휴게실에 비치되어 있는 안마기

정답 및 해설

06 ① 재산세, 자동차세 등은 자산의 보유와 관련된 지출이므로 취득원가에 포함하지 않고 당기 비용으로 처리한다.

07 ③
- 토지만 사용할 목적으로 일괄 구입하는 경우, 건물은 철거하여 사용하지 않을 것이므로 건물 구입가격도 토지의 취득원가에 가산한다.
- 건물의 철거비용과 토지정지비용는 토지의 취득원가에 가산한다.
- 철거된 건물에서 나온 부산물을 판매하여 얻은 수익은 토지의 취득원가에서 차감한다.
- 토지의 취득원가 = 일괄 취득 지급액 + 취득세 + 철거비용 − 철거부산물 판매수익
  = 400,000,000 + 5,000,000 + 5,000,000 − 0
  = 410,000,000원

08 ② ① ③ ④ 자본적 지출로 회계처리
② 수익적 지출로 회계처리

09 ④ 자본적 지출(자산)을 수익적 지출(비용)로 회계처리하는 오류의 영향
: 자산 과소, 비용 과대 → 당기순이익 과소 → 자본 과소

10 ① 수익적 지출(비용)을 자본적 지출(자산)로 회계처리하는 오류의 영향
: 비용 과소, 자산 과대 → 당기순이익 과대 → 자본 과대

11 ① 토지는 감가상각을 하지 않는다.

12 유형자산의 감가상각비를 계산하는 방법으로 옳은 것은? [제57회]

① 정액법 : (취득원가 − 감가상각누계액) ÷ 내용연수

② 정률법 : (취득원가 − 잔존가치) × 상각률

③ 연수합계법 : (취득원가 − 감가상각누계액) × $\frac{\text{잔여내용연수}}{\text{내용연수의 합계}}$

④ 생산량비례법 : (취득원가 − 잔존가치) × $\frac{\text{당기실제생산량}}{\text{총추정예정량}}$

13 다음 중 감가상각에 대한 설명으로 옳지 않은 것은? [제71회]

① 정액법의 경우 금액이 정해져 있으므로 상각액은 매년 일정하다.

② 정률법의 경우 상각률이 정해져 있으므로 상각액은 매년 일정하다.

③ 연수합계법의 경우 내용연수를 역순으로 적용하므로 상각액은 매년 감소한다.

④ 이중체감법의 경우 매년 미상각잔액에 대하여 상각률을 적용하므로 상각액은 매년 감소한다.

14 내용연수가 5년인 기계장치를 정률법으로 감가상각할 경우, 정액법과 비교하여 1차 연도 감가상각의 결과로 옳은 것은? [21년 8월 특별회차]

① 당기순이익이 작고 유형자산의 장부금액도 작게 표시된다.

② 당기순이익이 작고 유형자산의 장부금액은 크게 표시된다.

③ 당기순이익이 크고 유형자산의 장부금액은 작게 표시된다.

④ 당기순이익이 크고 유형자산의 장부금액도 크게 표시된다.

15 유형자산의 감가상각방법 중 정액법, 정률법 및 연수합계법 각각에 의한 1차 연도 말 계상된 감가상각비가 큰 금액부터 나열한 것은? [제58회]

- 기계장치 취득원가 : 1,000,000원 (1월 1일 취득)
- 내용연수 : 5년
- 잔존가치 : 취득원가의 10%
- 정률법 상각률 : 0.4

① 정률법 > 정액법 > 연수합계법
② 정률법 > 연수합계법 > 정액법
③ 연수합계법 > 정률법 > 정액법
④ 연수합계법 > 정액법 > 정률법

16 1기 회계연도(1월 1일 ~ 12월 31일) 중 10월 1일에 내용연수 5년, 잔존가치 1,000,000원인 기계장치를 5,000,000원에 매입하였으며, 기계장치의 취득부대비용으로 500,000원을 지출하였다. 동 기계는 정액법으로 감가상각한다. 1기 회계연도에 계상될 감가상각비로 맞는 것은? (단, 월할 상각할 것) [제92회]

① 150,000원 ② 200,000원 ③ 225,000원 ④ 270,000원

정답 및 해설

12 ④ ① 정액법 : (취득원가 − 잔존가치) ÷ 내용연수
② 정률법 : (취득원가 − 감가상각누계액) × 상각률
③ 연수합계법 : (취득원가 − 잔존가치) × $\frac{\text{잔여내용연수}}{\text{내용연수의 합계}}$

13 ② 정률법 및 이중체감법의 경우 매년 미상각잔액에 대하여 상각률을 적용하므로 상각액은 매년 감소한다.

14 ① 정률법의 경우 내용연수 초기에는 감가상각비를 많이 인식하고 후기로 갈수록 적게 인식하기 때문에, 내용연수 초기에 정률법은 정액법과 비교해보면, 감가상각비(비용)는 크고, 당기순이익은 작고, 장부금액(= 취득원가 − 감가상각누계액)은 작다.

15 ②
- 정액법 = (1,000,000원 − 100,000원) × 1/5 = 180,000원
- 정률법 = (1,000,000원 − 0원) × 0.4 = 400,000원
- 연수합계법 = (1,000,000원 − 100,000원) × $\frac{5}{1+2+3+4+5}$ = 300,000원

16 ③ 정액법 감가상각비 = (5,500,000원 − 1,000,000원) × (1/5) × (3개월/12개월)
= 225,000원

이론 제3장 재무회계 해커스 전산회계 1급 이론+실무+최신기출+무료특강

17 제1기 회계연도(20x1. 1. 1. ~ 20x1. 12. 31.)에 기계장치의 구입과 관련된 다음의 자료를 참고하여 당사의 제2기(20x2. 1. 1. ~ 20x2. 12. 31.) 회계연도에 계상될 감가상각비는 얼마인가? (감가상각비는 월할 상각한다)

[21년 4월 특별회차]

> • 기계장치 구입가격 : 12,000,000원
> • 취득일 : 20x1. 1. 1.
> • 내용연수 : 5년
> • 잔존가치 : 600,000원
> • 감가상각방법 : 정률법
> • 상각률 : 0.45

① 2,475,000원 ② 2,675,000원 ③ 2,970,000원 ④ 12,800,000원

18 다음 자료에 의한 당기말 감가상각비는 얼마인가? (단, 기계장치는 정률법으로 상각한다)

[22년 6월 특별회차]

> • 기계장치 취득원가 : 15,000,000원
> • 전기말 감가상각누계액 : 6,765,000원
> • 잔존가치 : 취득원가의 5%
> • 내용연수 : 5년
> • 상각률 : 0.451

① 1,647,000원 ② 3,000,000원 ③ 3,713,985원 ④ 6,765,000원

19 다음은 ㈜한국이 1월 1일 취득한 기계장치에 대한 자료이다. 연수합계법에 의한 3차 연도 감가상각비는 얼마인가?

[20년 8월 특별회차]

> • 기계장치 취득원가 : 40,000,000원
> • 내용연수 : 5년
> • 잔존가치 : 취득원가의 10%

① 16,000,000원 ② 12,000,000원 ③ 9,600,000원 ④ 7,200,000원

20 다음 자료를 이용하여 유형자산에 대한 감가상각을 실시하는 경우에 정액법, 정률법 및 연수합계법 각각에 의한 2차 연도 말까지의 감가상각누계액 크기와 관련하여 가장 맞게 표시한 것은?

[제64회]

• 기계장치 취득원가 : 2,000,000원 (1월 1일 취득)	• 내용연수 : 5년
• 잔존가치 : 취득원가의 10%	• 정률법 상각률 : 0.4

① 연수합계법 > 정률법 > 정액법
② 연수합계법 > 정액법 > 정률법
③ 정률법 > 정액법 > 연수합계법
④ 정률법 > 연수합계법 > 정액법

정답 및 해설

17 ③ • 제1기 감가상각비 = (12,000,000원 − 0원) × 0.45 = 5,400,000원
• 제2기 감가상각비 = (12,000,000원 − 5,400,000원) × 0.45 = 2,970,000원

18 ③ 정률법 감가상각비 = (15,000,000원 − 6,765,000원) × 0.451 = 3,713,985원

19 ④ 연수합계법에 의한 3차 연도 감가상각비 = (40,000,000원 − 4,000,000원) × $\frac{3}{1+2+3+4+5}$
= 7,200,000원

20 ④ • 정액법
− 1차 연도 감가상각비 = (2,000,000원 − 200,000원) × 1/5 = 360,000원
− 2차 연도 감가상각비 = (2,000,000원 − 200,000원) × 1/5 = 360,000원
− 2차 연도 말 감가상각누계액 = 360,000 + 360,000 = 720,000원

• 정률법
− 1차 연도 감가상각비 = (2,000,000원 − 0원) × 0.4 = 800,000원
− 2차 연도 감가상각비 = (2,000,000원 − 800,000원) × 0.4 = 480,000원
− 2차 연도 말 감가상각누계액 = 800,000 + 480,000 = 1,280,000원

• 연수합계법
− 1차 연도 감가상각비 = (2,000,000원 − 200,000원) × $\frac{5}{1+2+3+4+5}$ = 600,000원
− 2차 연도 감가상각비 = (2,000,000원 − 200,000원) × $\frac{4}{1+2+3+4+5}$ = 480,000원
− 2차 연도 말 감가상각누계액 = 600,000 + 480,000 = 1,080,000원

21 다음 중 무형자산으로 인식되기 위한 인식기준이 아닌 것은? [제100회]

① 식별가능성 ② 통제가능성 ③ 미래 경제적 효익 ④ 판매가능성

22 다음 중 무형자산에 해당하는 것의 개수는? [제74회]

- 특허권
- 내부적으로 창출된 영업권
- 컴퓨터소프트웨어
- 상표권
- 임차권리금
- 경상개발비

① 3개 ② 4개 ③ 5개 ④ 6개

23 다음 중 일반기업회계기준상 무형자산으로 계상할 수 없는 것은? [제56회]

① 합병 등으로 인하여 유상으로 취득한 영업권
② 기업의 프로젝트 연구단계에서 발생하여 지출한 연구비
③ 일정한 광구에서 부존하는 광물을 독점적·배타적으로 채굴하여 취득할 수 있는 광업권
④ 일정 기간 동안 독점적·배타적으로 이용할 수 있는 산업재산권

24 다음 중 기업회계기준상 무형자산에 해당하지 않는 것은? [제52회]

① 광업권 ② 영업권 ③ 전세권 ④ 특허권

25 다음 중 무형자산에 속하지 않는 것은? [제84회]

① 개발비 ② 임차권리금 ③ 산업재산권 ④ 임차보증금

26 다음 중 무형자산에 대한 설명으로 틀린 것은? [22년 6월 특별회차]

① 무형자산은 식별 가능하고 기업이 통제하고 있으며, 미래 경제적 효익이 있어야 한다.
② 무형자산을 상각할 때는 반드시 상각누계액이라는 자산의 차감적 계정을 사용한다.
③ 무형자산의 소비되는 형태를 신뢰성 있게 결정할 수 없을 경우 정액법으로 상각한다.
④ 무형자산의 잔존가치는 원칙적으로 없는 것으로 본다.

27 다음은 무형자산과 관련된 내용이다. 틀린 것은? [21년 8월 특별회차]

① 무형자산을 창출하기 위한 내부 프로젝트를 연구단계와 개발단계로 구분할 수 없는 경우에는 그 프로젝트에서 발생한 지출은 모두 개발단계에서 발생한 것으로 본다.
② 연구단계에서 발생한 지출은 미래 경제적 효익을 창출할 무형자산이 존재한다는 것을 입증할 수 없기 때문에 무형자산으로 인식할 수 없고 발생한 기간의 비용으로 인식한다.
③ 무형자산의 상각기간은 독점적·배타적인 권리를 부여하고 있는 관계 법령이나 계약에 정해진 경우를 제외하고는 20년을 초과할 수 없다.
④ 무형자산은 장기간에 걸쳐 영업활동에 사용할 목적으로 보유하는 물리적 형체가 없는 자산으로서 식별 가능하고 기업이 통제하고 있으며 미래 경제적 효익이 있는 자산이다.

정답 및 해설

21 ④ 무형자산이란 장기간에 걸쳐 영업활동에 사용할 목적으로 보유하는 물리적 형체가 없는 자산으로서 ㉠ 식별 가능하고, ㉡ 기업이 통제하고 있으며, ㉢ 미래 경제적 효익이 있는 것을 말한다.

22 ②
- 무형자산에 해당하는 항목 : 특허권 / 컴퓨터소프트웨어 / 상표권 / 임차권리금
- 내부적으로 창출된 영업권은 무형자산으로 인식할 수 없다.
- 경상개발비는 당기 비용으로 처리한다.

23 ② 기업의 프로젝트 연구단계에서 발생하여 지출한 연구비는 당기 비용으로 처리한다.

24 ③ 전세권 계정은 기타비유동자산에 해당한다.

25 ④ 임차보증금 계정은 기타비유동자산에 해당한다.

26 ② 무형자산을 상각할 때는 해당 자산계정을 직접 차감할 수 있다.

27 ① 무형자산을 창출하기 위한 내부 프로젝트를 연구단계와 개발단계로 구분할 수 없는 경우에는 그 프로젝트에서 발생한 지출은 모두 연구단계에서 발생한 것으로 본다.

제4절 부채

01 유동부채

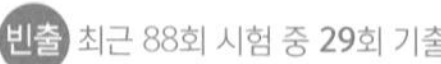

(1) 유동부채의 정의

유동부채란 보고기간 종료일로부터 1년 이내에 상환기한이 도래하는 부채를 말한다.

(2) 유동부채에 해당하는 계정과목

계정과목	내 용
외상매입금	기업의 주된 영업활동(일반적인 상거래)인 상품 매입을 하고 아직 지급하지 않은 외상대금
지급어음	기업의 주된 영업활동(일반적인 상거래)인 상품 매입을 하고 이에 대한 대금으로 상대방에게 발행하여 지급한 어음
매입채무	외부보고용 재무상태표에서 사용되는 **통합 표시 계정**으로서, '외상매입금 + 지급어음'을 말함
단기차입금	타인으로부터 빌려온 금전으로서 만기가 결산일로부터 1년 이내에 도래하는 것
미지급금	일반적인 상거래 이외의 거래에서 발생한 외상대금
미지급비용	당기에 속하는 비용 중 차기에 지급할 예정인 것(미지급이자, 미지급임차료 등)으로서 기말 결산 시 발생주의에 따라 추가 계상하는 비용상당액
선수금	계약금 성격으로 미리 받은 대금
선수수익	당기에 받은 수익 중 차기 수익에 해당하는 부분(선수이자, 선수임대료 등)으로서 기말 결산 시 발생주의에 따라 차감하는 수익상당액
예수금	최종적으로는 제3자에게 지급해야 할 금액을 거래처나 종업원으로부터 미리 받아 일시적으로 보관하고 있는 금액
부가세예수금	외부에 재화나 용역을 공급하고 거래징수한 부가가치세로서 매출세액으로 납부하여야 하는 것
가수금	금전을 수취하였으나 그 내용이 확정되지 않았을 경우 그 내용이 확정될 때까지 임시적으로 사용하는 계정과목
유동성장기부채	장기차입금 등 비유동부채 중에서 당기 결산일을 기준으로 1년 이내에 만기가 도래하는 부채
미지급세금	당기 사업연도 소득에 대하여 회사가 납부하여야 하는 법인세부담액 중 아직 납부하지 않은 금액
미지급배당금	배당결의일 현재 미지급된 현금배당액

(3) 매입채무

① 외상매입금

• 외상구입

(차) 상품	xxx	**(대) 외상매입금**	xxx

[사례] 상품을 10,000원에 구입하고 3,000원은 현금으로 지급하고 나머지는 다음 달 10일에 지급하기로 하였다.

(차) 상품	10,000	(대) 현금	3,000
		외상매입금	7,000

• 외상매입금의 상환

(차) 외상매입금	xxx	**(대)** [계정명]	xxx

[사례] 외상매입금 7,000원을 현금으로 지급하였다.

(차) 외상매입금	7,000	(대) 현금	7,000

② 지급어음

• 어음을 발행하여 구입

(차) 상품	xxx	**(대) 지급어음**	xxx

[사례] 상품을 4,000원에 구입하고 대금은 약속어음을 발행하여 지급하였다.

(차) 상품	4,000	(대) 지급어음	4,000

• 어음대금의 상환

(차) 지급어음	xxx	**(대)** [계정명]	xxx

[사례] 상품 구입 대금으로 발행하였던 약속어음의 만기일이 도래하여 어음소지인에게 어음상 액면금액인 4,000원을 현금으로 지급하였다.

(차) 지급어음	4,000	(대) 현금	4,000

(4) 단기차입금

① 차입

(차) [계정명]	xxx	(대) 단기차입금	xxx

[사례] 은행으로부터 6개월 만기로 현금 50,000원을 차입하였다.

(차) 현금	50,000	(대) 단기차입금	50,000

② 원금과 이자의 상환

(차) 단기차입금	xxx	(대) [계정명]	xxx
이자비용	xxx		

[사례] 은행으로부터 6개월 만기로 빌려왔던 차입금의 만기가 도래하여 원금 50,000원과 이자 2,000원을 현금으로 지급하였다.

(차) 단기차입금	50,000	(대) 현금	52,000
이자비용	2,000		

기출포인트

- 단기차입금은 회계기간 종료일로부터 만기가 1년 이내에 도래하는 것이므로, 전체 차입기간이 1년을 초과하는 차입금도 경우에 따라 단기차입금으로 분류될 수 있다.
- 예를 들어 20x1년 4월 1일에 빌려온 18개월 만기 차입금의 경우, 만기(20x2. 9. 30.)가 회계기간 종료일(20x1. 12. 31.)로부터 1년 이내이므로 회사는 차입일에 이를 단기차입금 계정으로 회계처리한다.

(5) 미지급금

① 일반적인 상거래 이외의 거래에서 외상 구입

(차) [계정명]	xxx	(대) 미지급금	xxx

[사례] 사무실에서 사용할 비품을 10,000원에 외상으로 구입하였다.

(차) 비품	10,000	(대) 미지급금	10,000

② 일반적인 상거래 이외의 거래에서 어음을 발행하여 구입

(차) [계정명]	xxx	(대) 미지급금	xxx

[사례] 사무실에서 사용할 비품을 10,000원에 구입하고 대금은 약속어음을 발행하여 지급하였다.

(차) 비품	10,000	(대) 미지급금[1]	10,000

[1] 일반적인 상거래 이외의 거래에서는 약속어음을 발행하여 대금을 지급하더라도 이를 지급어음 계정이 아니라 미지급금 계정으로 회계처리한다.

③ 일반적인 상거래 이외의 거래에서 신용카드로 결제하여 구입

(차) [계정명]	xxx	**(대) 미지급금**	xxx

[사례] 사무실에서 사용할 비품을 A사로부터 10,000원에 구입하고 대금은 신용카드(현대카드)로 결제하였다.

(차) 비품	10,000	(대) 미지급금[1]	10,000

[1] 일반적인 상거래 이외의 거래에서 발생한 지급채무이므로 미지급금 계정으로 회계처리하되, 신용카드로 결제하여 발생한 지급채무이므로 그 거래처를 A사가 아니라 현대카드로 기록하여 관리하여야 한다.

참고 **신용카드로 결제하여 발생한 지급채무**

거래상대방(A거래처)으로부터 재화나 용역을 구입하고 그 대금을 신용카드(B신용카드사)로 결제한 경우, 동 지급채무에 대한 회계처리방법은 다음과 같다.

- 계정과목 : 외상매입금(일반적인 상거래) 또는 미지급금(일반적인 상거래 이외의 거래)
- 거래처 : B신용카드사 (이유 : 당사가 향후 카드대금을 지급하여야 할 곳은 A거래처가 아니라 B신용카드사임)

④ 미지급금의 상환

(차) 미지급금	xxx	**(대) [계정명]**	xxx

[사례] 사무실에서 사용할 비품을 구입하고 발생한 외상대금 10,000원을 현금으로 지급하였다.

(차) 미지급금	10,000	(대) 현금	10,000

(6) 선수금

① 계약금 선수령

(차) [계정명]	xxx	**(대) 선수금**	xxx

[사례] 고객사로부터 상품 20,000원을 주문받고 계약금 4,000원을 현금으로 받았다.

(차) 현금	4,000	(대) 선수금	4,000

② 인도

(차) 선수금	xxx	**(대) 상품매출**	xxx
[계정명]	xxx		

[사례] 주문받았던 상품 20,000원을 고객사에 인도하고 계약금 4,000원을 제외한 잔액을 현금으로 받았다.

(차) 선수금	4,000	(대) 상품매출	20,000
현금	16,000		

(7) 예수금

예수금이란 최종적으로는 제3자에게 지급해야 할 금액을 거래처나 종업원으로부터 미리 받아 일시적으로 보관하고 있는 금액을 말한다.

예를 들면, 종업원에게 급여를 지급할 때 기업은 관련 법규에 따라 종업원이 납부하여야 하는 소득세, 국민연금, 건강보험료 등을 급여 지급액에서 공제하여 일시적으로 보관하고 있다가 다음 달 10일에 해당 기관에 종업원 대신 납부하게 된다. 이와 같이 기업이 급여 등을 지급할 때 소득귀속자의 세금 등을 미리 공제하는 것을 원천징수라고 하며, 원천징수된 금액은 기업의 장부에 예수금 계정으로 회계처리된다.

참고 4대보험

- 우리나라의 사회보장법에 따르면, 회사가 종업원을 고용하면 사회보험에 가입하여야 하고 해당 보험료를 회사와 종업원이 분담하도록 정하고 있다. 사회보험의 종류에는 국민연금, 건강보험(장기요양보험 포함), 고용보험, 산재보험이 있으며 이를 4대보험이라고 한다.
- 일반적으로 기업은 소득을 지급할 때 세법에 따른 법인세·소득세·지방소득세만 원천징수하면 되나, 종업원에게 급여를 지급할 때에는 사회보험료에 대한 종업원 부담분까지 원천징수를 하여야 하고, 다음 달 10일에 해당 기관에 납부할 때 사회보험료에 대하여는 종업원으로부터 원천징수한 종업원 부담분 외에 기업이 부담하여야 할 회사 부담분까지 같이 납부하게 된다.
- 회사 부담분 사회보험료를 납부할 때 회사는 복리후생비, 보험료, 세금과공과 등의 계정과목을 사용하여 비용을 인식한다.

① 원천징수

(차) 급여 등	xxx	(대) 예수금	xxx
		[계정명]	xxx

[사례] 2월 25일, 2월분 급여 총액 1,200,000원 중에서 소득세 등 192,500원을 원천징수하고 나머지 금액을 종업원에게 현금으로 지급하였다.

2월 25일	(차) 급여	1,200,000	(대) 예수금	192,500
			현금	1,007,500

② 원천징수한 금액을 해당 기관에 납부

(차) 예수금	xxx	(대) [계정명]	xxx

[사례] 3월 10일, 2월분 급여 지급 시 원천징수했던 금액과 회사 부담분 4대보험료를 각 해당 기관에 현금으로 납부하였다. 소득세 및 4대보험 납부내역은 다음과 같으며, 4대보험료에 대하여 회사는 복리후생비 계정을 사용한다.

(단위 : 원)

구 분	근로소득세	지방소득세	국민연금	건강보험	장기요양보험	고용보험	산재보험	계
종업원 부담분	100,000	10,000	50,000	30,000	2,000	500	-	192,500
회사 부담분	-	-	50,000	30,000	2,000	900	1,200	84,100
계	100,000	10,000	100,000	60,000	4,000	1,400	1,200	276,600

3월 10일	(차) 예수금	192,500	(대) 현금	276,600
	복리후생비	84,100		

(8) 가수금

가수금이란 금전을 수취하였으나 그 내용이 확정되지 않았을 경우 그 내용이 확정될 때까지 임시적으로 사용하는 계정과목을 말한다.

가수금 역시 가지급금과 마찬가지로 그 내용이 확정되면 적절한 계정과목으로 대체하여야 하며, 대표적인 미결산계정에 해당하므로 기말 결산 때까지는 반드시 적절한 계정과목으로 대체하여 최종 재무제표에는 나타나지 않도록 하여야 한다.

① 가수취

	(차) [계정명]	xxx	**(대) 가수금**	xxx
[사례]	내용을 알 수 없는 보통예금 10,000원을 계좌이체 받았다.			
	(차) 보통예금	10,000	(대) 가수금	10,000

② 내용 확정

	(차) 가수금	xxx	**(대) [계정명]**	xxx
[사례]	원인 불명으로 계좌이체 받았던 보통예금 10,000원이 외상매출금의 회수였던 것으로 밝혀졌다.			
	(차) 가수금	10,000	(대) 외상매출금	10,000

(9) 유동성장기부채

장기차입금 등 비유동부채 중에서 당기 결산일을 기준으로 1년 이내에 만기가 도래하는 부채가 있는 경우, 결산 시 이를 비유동부채에서 유동부채로 대체하여야 하는데, 유동성장기부채란 이러한 대체 분개를 할 때 사용되는 유동부채 계정과목을 말한다.

	(차) 장기차입금	xxx	**(대) 유동성장기부채**	xxx
[사례]	20x2년 12월 31일 결산일 현재 장기차입금 300,000원(차입기간 : 20x1. 4. 1. ~ 20x3. 3. 31.)의 상환기일이 내년으로 도래하였음을 확인하였다.			
	20x2. 12. 31. (차) 장기차입금	300,000	(대) 유동성장기부채	300,000

(10) 미지급세금

미지급세금이란 당기 사업연도 소득에 대하여 회사가 납부하여야 하는 법인세부담액 중 아직 납부하지 않은 금액을 말한다.

회사는 기말 결산 시 법인세비용차감전순이익에 대하여 회사가 납부하여야 하는 법인세부담액(법인세비용)을 계산하여 비용으로 인식하고, 법인세부담액에서 회계연도 중에 미리 납부한 중간예납세액 및 원천납부세액 금액(선납세금)을 차감하여 법인세부담액 중 아직 납부하지 않은 금액(미지급세금)을 구하고 이를 부채로 인식한다.

부채로 계상한 미지급세금은 법인세법에 따라 회계연도(각 사업연도)가 종료된 후 3개월 이내에 납부하게 된다.

미지급세금 = 법인세비용 − 선납세금

	(차) 법인세등[1]	xxx	(대) 선납세금	xxx
			미지급세금	xxx

[사례] 20x1년 8월 31일 당해 사업연도의 법인세 중간예납세액 500,000원을 현금으로 납부하였다.
20x1년 9월 30일 보통예금 예입액에 대한 이자수익 10,000이 발생하여 법인세 원천납부세액 1,540원을 제외한 잔액이 보통예금 통장에 입금되었다.
20x1년 12월 31일 기말 결산 시 법인세비용차감전순이익에 대한 법인세 추산액은 1,200,000원이다.
20x2년 3월 31일 법인세 미납액을 현금으로 납부하였다.

20x1. 8. 31.	(차) 선납세금	500,000	(대) 현금	500,000
20x1. 9. 30.	(차) 선납세금	1,540	(대) 이자수익	10,000
	보통예금	8,460		
20x1. 12. 31.	(차) 법인세등	1,200,000	(대) 선납세금	501,540
			미지급세금	698,460
20x2. 3. 31.	(차) 미지급세금	698,460	(대) 현금	698,460

[1] KcLep 프로그램에서는 '법인세비용' 대신 '법인세등' 계정과목을 사용한다.

기출확인문제 *2025년 출제예상

다음 계정과목 중 재무상태표에 나타나지 않는 것이 원칙인 계정과목은? (제33회)

① 예수금 ② 가수금 ③ 선수금 ④ 미수금

정답 ②

해설
가수금은 미결산계정에 해당하므로 기말 결산 때까지는 반드시 적절한 계정과목으로 대체하여 최종 재무상태표에는 나타나지 않도록 하여야 한다.

02 비유동부채

(1) 비유동부채의 정의

비유동부채란 보고기간 종료일로부터 1년 이후에 상환기한이 도래하는 부채를 말한다.

(2) 비유동부채에 해당하는 계정과목

계정과목	내 용
사 채	기업이 회사채라는 채무증권을 발행하여 장기자금을 조달함으로써 발생하는 부채
사채할인발행차금	사채를 액면금액보다 낮게 발행하는 경우 그 차액 참고 사채의 차감계정
사채할증발행차금	사채를 액면금액보다 높게 발행하는 경우 그 차액 참고 사채의 가산계정
임대보증금	월세 등의 조건으로 타인(임차인)에게 동산이나 부동산을 임대하는 임대차계약을 체결하고 임차인으로부터 받는 보증금 (계약기간이 만료되면 다시 반환하여야 함)
장기차입금	타인으로부터 빌려온 금전으로서 만기가 결산일로부터 1년 이후에 도래하는 것
장기외상매입금	기업의 주된 영업활동(일반적인 상거래)인 상품 매입을 하고 아직 지급하지 않은 외상대금으로서, 만기가 결산일로부터 1년 이후에 도래하는 것
장기지급어음	기업의 주된 영업활동(일반적인 상거래)인 상품 매입을 하고 이에 대한 대금으로 상대방에게 발행하여 지급한 어음으로서, 만기가 결산일로부터 1년 이후에 도래하는 것
장기매입채무	외부보고용 재무상태표에서 사용되는 통합 표시 계정으로서, '장기외상매입금 + 장기지급어음'을 말함
장기미지급금	일반적인 상거래 이외의 거래에서 발생한 외상대금으로서, 만기가 결산일로부터 1년 이후에 도래하는 것
퇴직급여충당부채	종업원이 퇴직할 때 지급해야 할 퇴직급여를 충당하기 위하여 미리 부채로 설정해 놓은 것

(3) 임대보증금

① 임대계약 체결 시 임대보증금의 수취

(차) [계정명]	XXX	(대) 임대보증금	XXX

[사례] 회사가 보유하고 있는 건물을 월세 조건으로 임대하고 세입자(임차인)로부터 보증금 100,000원을 현금으로 받았다.

(차) 현금	100,000	(대) 임대보증금	100,000

② 임대계약 만료 시 임대보증금의 지급

(차) 임대보증금	xxx	(대) [계정명]	xxx

[사례] 건물 임대계약기간이 만료되어 계약 체결 당시 받았던 보증금 100,000원을 현금으로 반환하였다.

(차) 임대보증금	100,000	(대) 현금	100,000

03 사채

(1) 사채의 정의

사채란 기업이 장기자금을 조달하기 위하여 회사채라는 채무증권을 발행하고, 회사채에서 정해진 바에 따라 만기까지의 기간 동안 표시이자(액면이자)를 지급하고 만기일에 원금(액면금액)을 상환할 것을 약정하는 부채를 말한다.

(2) 사채의 발행유형

사채의 현금흐름을 발행자(채무자) 입장에서 살펴보면, 사채를 발행하는 시점에 발행금액만큼 자금이 유입되고 그 후 만기까지의 기간 동안 액면이자와 액면금액이 유출된다.

사채의 발행금액은 미래 현금흐름인 액면이자와 액면금액을 시장이자율을 사용하여 현재가치로 할인한 금액으로 결정되는데, 여기서 시장이자율이란 일반투자자들이 동 회사채에 투자하는 대신 다른 곳에 투자할 경우 받을 수 있는 이자율을 의미한다.

액면이자율과 시장이자율 간의 관계에 따라 사채는 다음과 같은 유형으로 발행된다.

사채의 발행유형	이자율 간의 관계	비 고
액면발행 (액면금액으로 발행)	액면이자율 = 시장이자율	–
할인발행 (액면금액보다 낮게 발행)	액면이자율 < 시장이자율	액면이자율이 시장에서 주는 이자율(시장이자율)보다 더 낮다면 투자자들이 해당 회사채를 매입하려 하지 않을 것이므로 사채발행회사는 사채를 액면금액보다 낮게 할인발행할 수밖에 없음
할증발행 (액면금액보다 높게 발행)	액면이자율 > 시장이자율	액면이자율이 시장에서 주는 이자율(시장이자율)보다 더 높다면 투자자들이 해당 회사채를 적극적으로 매입하려 할 것이므로 사채발행회사는 사채를 액면금액보다 높게 할증발행하게 됨

참고 사채의 발행유형 사례

사채의 액면금액이 100,000원, 액면이자율은 10%일 때 사채의 발행금액은 발행 당시 시장이자율에 따라 다음과 같이 결정된다.

[사채발행조건]
- 발행일 : 20x1. 1. 1.
- 만기 : 20x3. 12. 31.
- 액면금액 : 100,000원
- 액면이자 : 매년 10,000원 (액면이자율 : 연 10%)
- 이자지급시기 : 매년 12월 31일

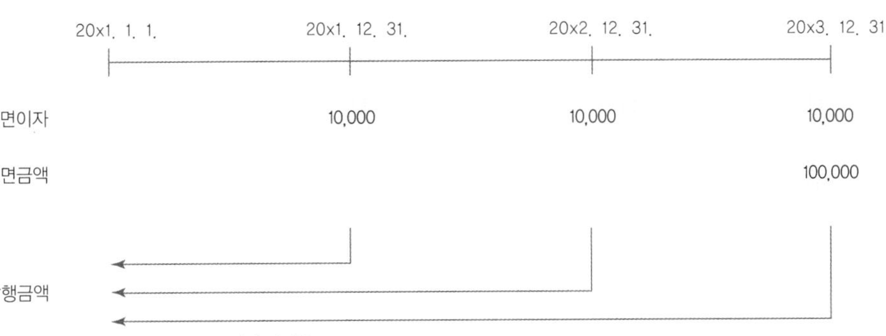

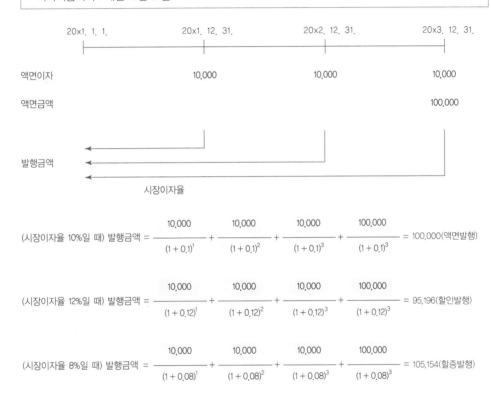

$$(\text{시장이자율 10\%일 때) 발행금액} = \frac{10{,}000}{(1+0.1)^1} + \frac{10{,}000}{(1+0.1)^2} + \frac{10{,}000}{(1+0.1)^3} + \frac{100{,}000}{(1+0.1)^3} = 100{,}000(\text{액면발행})$$

$$(\text{시장이자율 12\%일 때) 발행금액} = \frac{10{,}000}{(1+0.12)^1} + \frac{10{,}000}{(1+0.12)^2} + \frac{10{,}000}{(1+0.12)^3} + \frac{100{,}000}{(1+0.12)^3} = 95{,}196(\text{할인발행})$$

$$(\text{시장이자율 8\%일 때) 발행금액} = \frac{10{,}000}{(1+0.08)^1} + \frac{10{,}000}{(1+0.08)^2} + \frac{10{,}000}{(1+0.08)^3} + \frac{100{,}000}{(1+0.08)^3} = 105{,}154(\text{할증발행})$$

(3) 사채의 발행에 대한 회계처리

사채를 발행하면 사채 계정은 만기에 상환하여야 하는 액면금액으로 회계처리한다. 발행금액과 액면금액과의 차액은 사채의 차감 또는 가산 계정에 해당하는 사채할인발행차금 또는 사채할증발행차금 계정으로 회계처리한다.

- 액면발행

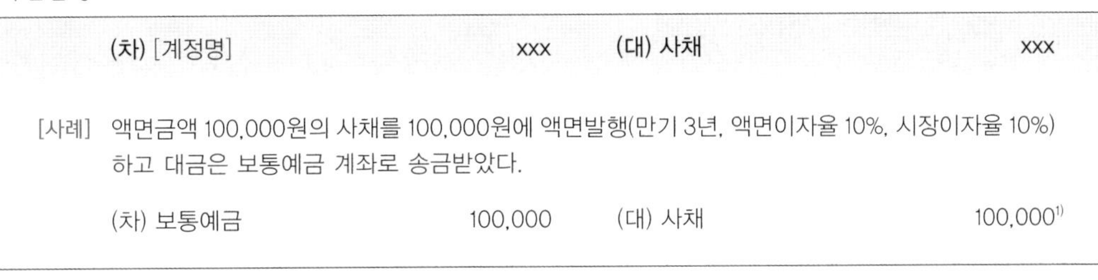

(차) [계정명]	xxx	**(대) 사채**	xxx

[사례] 액면금액 100,000원의 사채를 100,000원에 액면발행(만기 3년, 액면이자율 10%, 시장이자율 10%)하고 대금은 보통예금 계좌로 송금받았다.

(차) 보통예금	100,000	(대) 사채	100,000[1)]

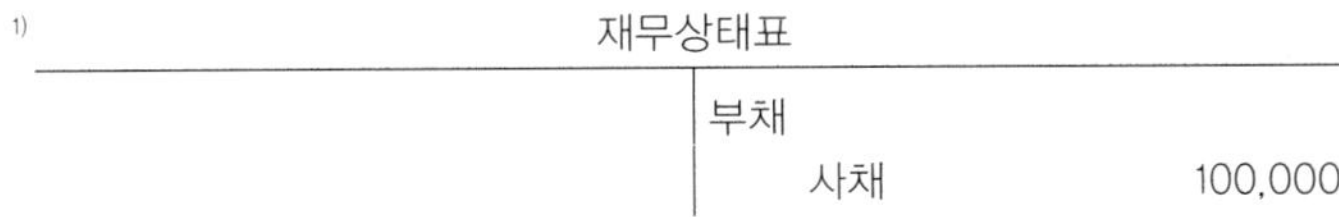

• 할인발행

(차) [계정명]	**xxx**	**(대) 사채**	**xxx**
사채할인발행차금	**xxx**		

[사례] 액면금액 100,000원의 사채를 95,196원에 할인발행(만기 3년, 액면이자율 10%, 시장이자율 12%)하고 대금은 보통예금 계좌로 송금받았다.

(차) 보통예금	95,196	(대) 사채	100,000
사채할인발행차금	4,804[2]		

2)

재무상태표

	부채	
	사채	100,000
	사채할인발행차금	(4,804)
		95,196

• 할증발행

(차) [계정명]	**xxx**	**(대) 사채**	**xxx**
		사채할증발행차금	**xxx**

[사례] 액면금액 100,000원의 사채를 105,154원에 할증발행(만기 3년, 액면이자율 10%, 시장이자율 8%)하고 대금은 보통예금 계좌로 송금받았다.

(차) 보통예금	105,154	(대) 사채	100,000
		사채할증발행차금	5,154[3]

3)

재무상태표

	부채	
	사채	100,000
	사채할증발행차금	5,154
		105,154

(4) 사채발행비에 대한 회계처리

사채발행비란 사채발행과 직접 관련된 회사채인쇄비, 사채발행수수료 등의 거래원가를 말한다.

사채발행비는 사채의 발행에 필수적으로 소요되는 지출로서, 사채발행을 통하여 유입되는 **발행금액을 감소**시키는 결과를 가져온다. 따라서 사채가 액면발행되었거나 할인발행된 경우에는 사채발행비만큼 사채할인발행차금을 가산하는 회계처리를 하고, 사채가 할증발행된 경우에는 사채발행비만큼 사채할증발행차금을 차감하는 회계처리를 한다.

사채발행비가 있는 경우

(차) [계정명]	**xxx**	**(대) 사채**	**xxx**
사채할인발행차금	**xxx**	**사채할증발행차금**	**xxx**

[사례] 액면금액 100,000원의 사채를 100,000원에 액면발행(만기 3년, 액면이자율 10%, 시장이자율 10%)하고, 대금은 발행수수료 2,000원을 제외한 잔액을 보통예금 계좌로 송금받았다.

(차) 보통예금	98,000[1]	(대) 사채	100,000
사채할인발행차금	2,000		

[사례] 액면금액 100,000원의 사채를 95,196원에 할인발행(만기 3년, 액면이자율 10%, 시장이자율 12%)하고, 대금은 발행수수료 2,000원을 제외한 잔액을 보통예금 계좌로 송금받았다.

(차) 보통예금	93,196[2]	(대) 사채	100,000
사채할인발행차금	6,804		

[사례] 액면금액 100,000원의 사채를 105,154원에 할증발행(만기 3년, 액면이자율 10%, 시장이자율 8%)하고, 대금은 발행수수료 2,000원을 제외한 잔액을 보통예금 계좌로 송금받았다.

(차) 보통예금	103,154[3]	(대) 사채	100,000
		사채할증발행차금	3,154

[1] 100,000 − 2,000 = 98,000원
[2] 95,196 − 2,000 = 93,196원
[3] 105,154 − 2,000 = 103,154원

04 퇴직급여충당부채

(1) 충당부채

충당부채란 지출시기나 금액이 불확실하지만 부채로 인식할 만한 성격을 지닌 것을 말한다.

충당부채는 다음의 요건을 모두 충족하는 경우에 인식한다.

- 과거사건이나 거래의 결과로 현재의무가 존재한다.
- 당해 의무를 이행하기 위하여 자원이 유출될 **가능성**이 매우 높다.
- 그 의무의 이행에 소요되는 금액을 신뢰성 있게 **추정**할 수 있다.

충당부채에 해당하는 대표적인 계정은 다음과 같다.

- 퇴직급여충당부채 : 종업원이 퇴직할 때 지급해야 할 퇴직급여를 충당하기 위하여 미리 부채로 설정해 놓은 것
- 제품보증충당부채 : 제품을 판매한 후 품질보증기간 동안 발생할 것으로 예상되는 비용을 미리 부채로 설정해 놓은 것

참고 **충당금 vs 충당부채**

구분	내용
충당금	• 권리의 감소 • 해당 계정(예 대손충당금)을 자산의 차감계정으로 분류
충당부채	• 의무의 증가 • 해당 계정(예 퇴직급여충당부채)을 부채로 분류

기출포인트

대손충당금, 상품평가충당금, 감가상각누계액, 사채할인발행차금, 사채할증발행차금 계정은 충당부채가 아니라, 자산 및 부채 계정과목에 가산 또는 차감하는 형식으로 표시하는 평가계정에 해당한다.

(2) 퇴직급여충당부채의 회계처리

일반기업회계기준에 따르면, 회사는 결산일 현재 전 종업원이 일시에 퇴사한다고 가정했을 때 관련 법규 및 회사 규정에 따라 지급하여야 할 퇴직금 상당액(퇴직금추계액)을 계산하고, 이 금액이 기말 재무상태표상 퇴직급여충당부채 잔액이 되도록 퇴직급여충당부채를 설정한다.

기말 결산 시 퇴직금추계액이 기 설정 퇴직급여충당부채보다 큰 경우에는 부족한 금액만큼 퇴직급여충당부채를 추가로 설정(전입)하여야 하는데, 이때는 대변을 퇴직급여충당부채 계정으로(부채의 증가), 차변을 퇴직급여 계정으로(비용의 증가) 회계처리한다.

기말 결산 시 퇴직금추계액이 기 설정 퇴직급여충당부채보다 작은 경우에는 과다한 금액만큼 퇴직급여충당부채를 환입하여야 하는데, 이때는 차변을 퇴직급여충당부채 계정으로(부채의 감소), 대변을 퇴직급여 계정으로(비용의 감소) 회계처리한다.

실제로 종업원이 퇴사하여 퇴직금을 지급할 때에는, 지급하는 현금 계정과목 등을 대변으로 회계처리한다. 차변에는 설정되어 있던 퇴직급여충당부채 계정을 우선 상계 처리하고 퇴직급여충당부채 잔액이 부족한 부분에 대하여만 비용(퇴직급여 계정)으로 인식한다.

퇴직급여충당부채 전입액 = 기말 퇴직금추계액 – 기 설정 퇴직급여충당부채

퇴직급여충당부채 전입 : 퇴직금추계액 > 기 설정 퇴직급여충당부채

(차) 퇴직급여	xxx	(대) 퇴직급여충당부채	xxx

퇴직급여충당부채 환입 : 퇴직금추계액 < 기 설정 퇴직급여충당부채

(차) 퇴직급여충당부채	xxx	(대) 퇴직급여	xxx

퇴직금 지급

(차) 퇴직급여충당부채	xxx	(대) [계정명]	xxx
퇴직급여	xxx		

[사례] 전기말 전입 : 20x1년 12월 31일 기말 현재 전 종업원이 일시에 퇴사할 경우 지급해야 할 퇴직금은 1,000,000원으로 예상되었다. 설정 전 장부상 퇴직급여충당부채 잔액은 없었다.

20x1. 12. 31.	(차) 퇴직급여	1,000,000	(대) 퇴직급여충당부채	1,000,000

당기 중 지급 : 20x2년 9월 15일 종업원 1명이 퇴사함에 따라 퇴직금 200,000원을 현금으로 지급하였다.

20x2. 9. 15.	(차) 퇴직급여충당부채	200,000	(대) 현금	200,000

당기말 전입 : 20x2년 12월 31일 기말 현재 전 종업원이 일시에 퇴사할 경우 지급해야 할 퇴직금은 1,300,000원으로 예상되었다.

20x2. 12. 31.	(차) 퇴직급여	500,000	(대) 퇴직급여충당부채	500,000[1]

[1] 1,300,000 – (1,000,000 – 200,000) = 500,000원

(3) 퇴직연금제도

퇴직연금이란 종업원의 퇴직금 지급 재원을 안전하게 보장하기 위하여 회사가 외부의 금융기관에 일정 금액을 적립하고 퇴직급여 지급을 위탁하는 제도를 말한다. 퇴직연금은 그 성격에 따라 확정급여형과 확정기여형으로 나누어진다.

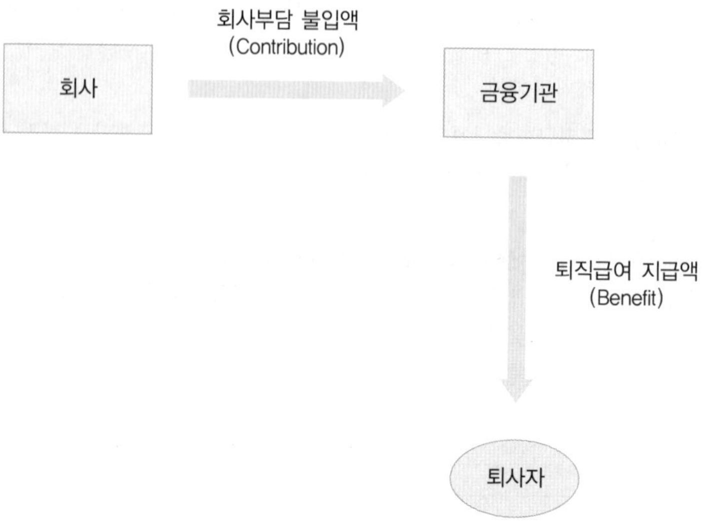

① 확정급여형(Defined Benefit : DB형) 퇴직연금

확정급여형 퇴직연금이란 종업원이 퇴직할 때 지급해야 하는 퇴직급여(Benefit) 금액의 확보에 대하여 회사에 책임이 있는 계약방식을 말하며, 다음과 같은 특징이 있다.

> • 기업의 의무는 회사 규정에 따라 정해진 퇴직급여를 종업원에게 지급하는 것이다.
> • 퇴직연금 적립금은 퇴직급여 지급 전까지 회사의 소유이므로, 퇴직연금 적립금의 운용에 관한 위험(책임)과 효익(권한)은 회사에 귀속된다.

확정급여형 퇴직연금에서는 회사가 연금을 불입하더라도 회사의 퇴직금 지급의무가 소멸되지 않으므로, 회사는 퇴직금추계액을 퇴직급여충당부채 계정(부채)으로, 연금적립금을 퇴직연금운용자산 계정(자산)으로 회계처리하면서 장부에서 계속 관리해 간다.

퇴직연금운용자산 금액이 있으면 동 금액만큼 회사의 퇴직금 지급의무가 감소하므로, 재무상태표를 작성할 때에는 퇴직연금운용자산 계정(자산)을 퇴직급여충당부채 계정에서 차감(부채의 차감)하는 형식으로 표시한다.

회사부담 불입액 납입 시

(차) 퇴직연금운용자산	xxx	**(대)** [계정명]	xxx
수수료비용	xxx		

퇴직연금 적립액의 운용수익 발생

(차) 퇴직연금운용자산	xxx	**(대) 퇴직연금운용수익 또는 이자수익**	xxx

기말 결산 시 퇴직급여충당부채 전입

(차) 퇴직급여	xxx	**(대) 퇴직급여충당부채**	xxx

퇴직금 지급

(차) 퇴직급여충당부채	xxx	**(대) 퇴직연금운용자산**	xxx
퇴직급여	xxx	[계정명]	xxx

[사례] 불입액 납입 : 20x1년 7월 1일 회사는 확정급여형(DB형) 퇴직연금에 가입하고 회사부담 불입액 800,000원을 신한은행에 현금으로 납부하였다. 운용수수료 10,000원은 별도로 현금 지급하였다.

20x1. 7. 1.	(차) 퇴직연금운용자산	800,000	(대) 현금	810,000
	수수료비용	10,000		

운용수익 발생 : 20x1년 9월 30일 신한은행으로부터 확정급여형 퇴직연금의 운용수익 20,000원이 발생하였음을 통보받았다.

20x1. 9. 30.	(차) 퇴직연금운용자산	20,000	(대) 퇴직연금운용수익 또는 이자수익	20,000

퇴직급여충당부채 전입 : 20x1년 12월 31일 기말 현재 전 종업원이 일시에 퇴사할 경우 지급해야 할 퇴직금은 1,000,000원으로 예상되었다. 설정 전 장부상 퇴직급여충당부채 잔액은 없었다.

20x1. 12. 31.	(차) 퇴직급여	1,000,000	(대) 퇴직급여충당부채	1,000,000[1]

퇴직금 지급 : 20x2년 8월 31일 종업원 2명이 퇴사하였고 회사 규정에 따른 퇴직금이 900,000원인데, 이 중 820,000원은 신한은행에 불입했던 확정급여형 퇴직연금 적립액으로 지급하였고, 나머지는 회사가 현금으로 지급하였다.

20x2. 8. 31.	(차) 퇴직급여충당부채	900,000	(대) 퇴직연금운용자산	820,000
			현금	80,000

[1] 20x1. 12. 31. 현재 재무상태표

재무상태표

	부채	
	퇴직급여충당부채	1,000,000
	퇴직연금운용자산	(820,000)
		180,000

② **확정기여형(Defined Contribution : DC형) 퇴직연금**

확정기여형 퇴직연금이란 금융기관에 납입하는 회사부담 불입액(Contribution) 금액의 확보에 대하여 회사에 책임이 있는 계약방식을 말하며, 다음과 같은 특징이 있다.

- 기업의 의무는 약정에 따라 정해진 회사부담 불입액을 금융기관에 납입하는 것이다.
- 퇴직연금 적립금은 종업원의 소유이므로, 퇴직연금 적립금의 운용에 관한 위험(책임)과 효익(권한)은 종업원 개인에게 귀속된다.

확정기여형 퇴직연금에서는 회사가 연금을 불입하면 회사의 퇴직금 지급의무가 소멸되므로, 회사는 납입 시점에 불입한 금액만 퇴직급여 계정(비용)으로 인식하면 되고, 퇴직급여충당부채 계정이나 퇴직연금운용자산 계정에 대하여는 회계처리하지 않는다.

회사부담 불입액 납입 시

(차) 퇴직급여	xxx	**(대) [계정명]**	xxx

[사례] 불입액 납입 : 20x1년 7월 1일 회사는 확정기여형(DC형) 퇴직연금에 가입하고 회사부담 불입액 800,000원을 신한은행에 현금으로 납부하였다.

20x1. 7. 1.	(차) 퇴직급여	800,000	(대) 현금	800,000

기출포인트

확정기여형 퇴직연금에 가입하고 회사부담 불입액을 납입한 경우에는 적립금의 운용, 종업원의 퇴직금 수취, 퇴직급여충당부채의 전입에 관하여 회사는 더 이상 회계처리할 필요가 없다.

기출분개연습

* 기출문제 날짜는 학습효과를 높이기 위해 일부 수정하였으며, ㈜연습(코드번호 : 1301) 데이터를 사용하여 연습할 수 있습니다.

01 9월 1일 ㈜서강으로부터 원재료 14,000,000원을 매입함과 동시에 대금 중 8,000,000원을 현금으로 지급하고, 나머지 금액에 대하여는 약속어음을 발행하여 지급하였다. [제30회]

02 9월 2일 경북상회로부터 본사 사무실 직원용 차와 음료수를 구입하고 대금 1,000,000원은 약속어음을 발행하여 지급하였다. [제29회 수정]

03 9월 3일 ㈜동탄의 외상매입금 2,000,000원을 지급하기 위하여 매출대금으로 받아 보관중이던 ㈜오산의 약속어음 2,000,000원을 배서양도하였다. [제40회]

04 9월 4일 ㈜대전의 외상매입금 900,000원을 지급하기 위하여 약속어음(발행일로부터 90일 만기)을 발행하여 지급하였다. [제62회]

05 9월 5일 지난 6월에 원재료를 매입하고 ㈜희망에 대금으로 발행하여 주었던 약속어음 18,700,000원이 만기가 되어서 보통예금으로 지급하였다. [제45회]

06 9월 6일 거래처 ㈜상승실업으로부터 다음 달 말일에 상환하기로 하고 보통예금 10,000,000원을 차입하였다. [제31회]

07 9월 7일 대한은행에서 차입한 장기차입금에 대한 원금 20,000,000원과 이자 300,000원을 보통예금 계좌에서 이체하여 지급하였다. [제94회]

08 9월 8일 미지급금 중 법인카드(국민카드) 이용대금 2,000,000원이 보통예금 계좌에서 자동이체되어 결제 처리되었다. [제37회]

09 9월 30일 영업부서 직원 김성실에게 지급한 9월분 급여는 다음과 같다. 공제 후 차감지급액은 당사 보통예금 계좌에서 이체하였다. [20년 11월 특별회차]

9월 김성실 급여내역

(단위 : 원)

이 름	김성실	지급일	9월 30일
기본급여	3,200,000	소득세	84,850
–	–	지방소득세	8,480
–	–	국민연금	135,000
–	–	건강보험	96,900
–	–	고용보험	19,500
–	–	장기요양보험	8,240
급여 계	3,200,000	공제합계	352,970
노고에 감사드립니다.		지급총액	2,847,030

정답 및 해설

	일자	차변	금액	대변	금액
01	9월 1일	(차) 원재료	14,000,000	(대) 현금	8,000,000
				지급어음(㈜서강)	6,000,000
02	9월 2일	(차) 복리후생비(판관비)	1,000,000	(대) 미지급금(경북상회)[1]	1,000,000
03	9월 3일	(차) 외상매입금(㈜동탄)	2,000,000	(대) 받을어음(㈜오산)	2,000,000
04	9월 4일	(차) 외상매입금(㈜대전)	900,000	(대) 지급어음(㈜대전)	900,000
05	9월 5일	(차) 지급어음(㈜희망)	18,700,000	(대) 보통예금	18,700,000
06	9월 6일	(차) 보통예금	10,000,000	(대) 단기차입금(㈜상승실업)	10,000,000
07	9월 7일	(차) 장기차입금(대한은행)	20,000,000	(대) 보통예금	20,300,000
		이자비용	300,000		
08	9월 8일	(차) 미지급금(국민카드)	2,000,000	(대) 보통예금	2,000,000
09	9월 30일	(차) 급여(판관비)	3,200,000	(대) 보통예금	2,847,030
				예수금	352,970

[1] 일반적인 상거래 이외의 거래이므로 어음을 발행하더라도 '미지급금' 계정으로 회계처리한다.

10 9월 10일 관리부 직원의 8월 급여와 관련된 원천징수금액 중 국민연금(회사부담분 포함)과 근로소득세, 지방소득세를 보통예금으로 납부하였다. (국민연금의 비용항목과 관련한 부분은 '세금과공과'로 처리할 것) [제49회]

- 국민연금 : 324,000원 납부 (회사부담분 : 162,000원, 근로자부담분 : 162,000원)
- 근로소득세 : 200,000원 납부
- 지방소득세 : 20,000원 납부

11 9월 11일 다음과 같은 내용의 8월분 건강보험료(영업부 직원분)를 보통예금으로 납부하였다. [제46회]

- 회사부담분 : 280,000원
- 종업원부담분 : 280,000원
- 회사는 건강보험료 회사부담분에 대하여 복리후생비로 처리하고 있다.

12 9월 12일 개인 김돈아 씨로부터 차입한 자금에 대한 이자비용 1,500,000원이 발생하여 원천징수세액 412,500원을 차감한 나머지 금액 1,087,500원을 보통예금으로 지급하였다. [제47회]

13 9월 13일 영업팀 직원에 대한 교육을 실시하였다. 강의는 외부강사를 초빙하였고 강사료 2,000,000원은 세금 66,000원을 원천징수 후 1,934,000원을 보통예금으로 지급하였다. [제34회]

14 9월 14일 지난주에 입금된 ㈜대부에 대한 가수금 3,000,000원 중 1,000,000원은 제품매출에 대한 계약금 수령액이고 나머지는 동사의 외상매출금을 회수한 금액인 것으로 확인되었다. [제41회]

15 9월 15일 사채 액면 총액 6,000,000원, 상환기한 5년, 발행금액 5,800,000원으로 사채를 발행하고 납입금은 보통예금으로 입금받았다. 그리고 사채발행비 100,000원은 현금으로 지급하였다. [제36회]

16 9월 16일 영업부서 직원을 위하여 확정급여형(DB) 퇴직연금에 가입하고 보통예금에서 8,000,000원을 이체하여 불입하였다. [제50회]

17 9월 17일 영업부 직원에 대하여 확정기여형(DC) 퇴직연금에 가입하고 10,000,000원을 보통예금으로 지급하였다. [제46회]

18 9월 18일 ㈜덕산에 사무실을 임대하고, 임대보증금 30,000,000원을 보통예금으로 받았다. [제57회]

정답 및 해설

10 9월 10일	(차) 예수금	382,000	(대) 보통예금	544,000
	세금과공과(판관비)	162,000		
11 9월 11일	(차) 복리후생비(판관비)	280,000	(대) 보통예금	560,000
	예수금	280,000		
12 9월 12일	(차) 이자비용	1,500,000	(대) 예수금	412,500
			보통예금	1,087,500
13 9월 13일	(차) 교육훈련비(판관비)	2,000,000	(대) 보통예금	1,934,000
			예수금	66,000
14 9월 14일	(차) 가수금(㈜대부)	3,000,000	(대) 선수금(㈜대부)	1,000,000
			외상매출금(㈜대부)	2,000,000
15 9월 15일	(차) 보통예금	5,800,000	(대) 사채	6,000,000
	사채할인발행차금	300,000	현금	100,000
16 9월 16일	(차) 퇴직연금운용자산	8,000,000	(대) 보통예금	8,000,000
17 9월 17일	(차) 퇴직급여(판관비)	10,000,000	(대) 보통예금	10,000,000
18 9월 18일	(차) 보통예금	30,000,000	(대) 임대보증금(㈜덕산)	30,000,000

핵심기출문제

* 본서에 수록된 기출문제의 날짜는 학습효과를 높이기 위하여 일부 수정함

01 다음 중 부채에 대한 설명으로 옳지 않은 것은? [21년 6월 특별회차]

① 부채는 과거의 거래나 사건의 결과로 현재 기업실체가 부담하고 있고 미래에 자원의 유출 또는 사용이 예상되는 의무이다.
② 부채는 보고기간 종료일로부터 1년을 기준으로 유동부채와 비유동부채로 분류한다.
③ 정상적인 영업주기 내에 소멸할 것으로 예상되는 매입채무 등은 보고기간 종료일로부터 1년 이내에 결제되지 않더라도 유동부채로 분류한다.
④ 유동성장기부채는 비유동부채로 분류한다.

02 다음 (가), (나)의 거래를 분개할 때 대변에 기입되는 계정과목으로 바르게 짝지은 것은? [제68회]

> (가) 신제품을 생산하기 위하여 기계를 1,000,000원에 구입하고, 대금은 1개월 후에 지급하기로 하다.
> (나) 신제품을 공급해 주기로 하고 계약금 100,000원을 현금으로 받다.

① (가) 미지급금 (나) 선급금
② (가) 미지급금 (나) 선수금
③ (가) 외상매입금 (나) 선수금
④ (가) 외상매입금 (나) 선급금

03 다음의 거래를 회계처리할 때 사용되지 않는 계정과목은 무엇인가? [제101회]

> 업무용 승용차 20,000,000원을 취득하면서 먼저 지급한 계약금 2,000,000원을 제외한 나머지 잔액은 약속어음을 발행하여 지급하였다.

① 선급금 ② 지급어음 ③ 미지급금 ④ 차량운반구

04 다음 거래를 분개할 때 거래의 8요소 중 잘못된 것은? [제80회]

㈜한세는 기계장치 17,000,000원을 ㈜서울에서 구입하고, 먼저 지급하였던 계약금 1,700,000원을 차감한 나머지는 1개월 후에 지급하기로 하였다.

① 자산의 증가 ② 자산의 감소 ③ 부채의 증가 ④ 부채의 감소

05 ㈜세무전자는 거래처와 상품 판매계약을 체결하면서 계약금 명목으로 수령한 5,000,000원에 대하여 이를 수령한 시점에 상품매출로 회계처리하였다. 이러한 회계처리로 인해 나타난 결과는? [20년 8월 특별회차]

① 자산 과대계상 ② 비용 과대계상 ③ 자본 과소계상 ④ 부채 과소계상

정답 및 해설

01 ④ 유동성장기부채란 장기차입금 등 비유동부채 중에서 결산일을 기준으로 1년 이내에 만기가 도래하는 부채를 말하며, 이는 유동부채에 해당한다.

02 ②
- (가) 유형자산(기계장치)을 구입하는 거래는 기업의 주된 영업활동이 아니므로 외상 구입 시 미지급금 계정으로 회계처리한다.
- (나) 계약금 명목으로 미리 받는 대금은 선수금 계정으로 회계처리한다.

03 ②
- 일반적인 상거래 이외의 거래이므로 약속어음을 발행하더라도 미지급금 계정으로 회계처리한다.
- (차) 차량운반구 20,000,000 (대) 선급금 2,000,000
  미지급금 18,000,000

04 ④ (차) 기계장치(자산의 증가) 17,000,000 (대) 선급금(자산의 감소) 1,700,000
미지급금(부채의 증가) 15,300,000

05 ④
- 올바른 회계처리
  (차) 현금 등 5,000,000 (대) 선수금(부채의 증가) 5,000,000
- 회사의 회계처리
  (차) 현금 등 5,000,000 (대) 상품매출(수익의 증가) 5,000,000
- 잘못된 회계처리로 인해 나타나는 영향
  부채 과소, 수익 과대 → 당기순이익 과대 → 자본 과대

06 아래의 분개를 각 계정별원장에 전기한 것으로 가장 적절한 것은? [제101회]

12월 1일	(차) 급여	2,000,000원	(대) 미지급금	1,950,000원
			예수금	50,000원

① 예수금

차변	대변
12/1 급여 50,000원	

② 미지급금

차변	대변
	12/1 예수금 50,000원

③ 미지급금

차변	대변
12/1 급여 2,000,000원	

④ 미지급금

차변	대변
	12/1 급여 1,950,000원

07 아래의 현금 계정에 대한 날짜별 거래내용의 추정으로 가장 틀린 것은? [21년 2월 특별회차]

현금 (단위 : 원)

1/7	자본금	1,000,000	1/10	원재료	200,000
1/15	임대보증금	500,000	1/20	외상매입금	300,000

① 1월 7일 : 현금 1,000,000원을 출자하여 영업을 시작하였다.
② 1월 10일 : 원재료 200,000원을 매입하고, 대금은 현금으로 지급하였다.
③ 1월 15일 : 임대보증금 500,000원을 현금으로 지급하였다.
④ 1월 20일 : 거래처 외상매입금 300,000원을 현금으로 상환하였다.

08 다음 자료를 이용하여 외상매입금의 기초잔액을 계산하면 얼마인가? [제83회 수정]

- 외상매입금 지급액 : 5,000,000원
- 기말 외상매입금 : 1,400,000원
- 상품의 당기 외상매입액 : 4,000,000원

① 1,200,000원 ② 1,400,000원 ③ 1,500,000원 ④ 2,400,000원

정답 및 해설

06 ④

미지급금(부채)

(감소)	(증가)
	12/1 급여 1,950,000원

예수금(부채)

(감소)	(증가)
	12/1 급여 50,000원

급여(비용)

(발생)	(소멸)
12/1 미지급금 + 예수금 2,000,000원	

07 ③

① 1월 7일	(차) 현금	1,000,000	(대) 자본금	1,000,000
② 1월 10일	(차) 원재료	200,000	(대) 현금	200,000
③ 1월 15일	(차) 현금	500,000	(대) 임대보증금	500,000
	(거래내용) 임대보증금 500,000원을 현금으로 받았다.			
④ 1월 20일	(차) 외상매입금	300,000	(대) 현금	300,000

08 ④

• 외상매입금의 총계정원장

외상매입금(부채)

지급액	5,000,000	기초	?
기말	1,400,000	외상매입액	4,000,000
	6,400,000		6,400,000

• 상품의 당기 외상매입액 회계처리

(차) 상품 4,000,000 (대) 외상매입금 4,000,000

• 외상매입금 지급액 회계처리

(차) 외상매입금 5,000,000 (대) 현금 등 5,000,000

• 기초잔액 = (5,000,000 + 1,400,000) − 4,000,000 = 2,400,000원

09 다음 중 재무상태표에 유동부채로 분류되는 것은? [제97회]

① 예수금
② 장기차입금
③ 사채
④ 임대보증금

10 다음 중 유동성배열법에 의한 재무상태표 작성 시 가장 나중에 배열되는 항목은? [제94회]

① 미지급세금
② 퇴직급여충당부채
③ 유동성장기부채
④ 매입채무

11 다음 중 재무상태표에서 해당 자산이나 부채의 차감적 또는 가산적 평가항목이 아닌 것은 어느 것인가? [제55회]

① 감가상각누계액
② 퇴직급여충당부채
③ 대손충당금
④ 사채할인발행차금

12 다음 중 재무상태표의 자산 및 부채계정의 차감적인 평가항목이 아닌 것은? [제58회]

① 사채할증발행차금
② 재고자산평가충당금
③ 대손충당금
④ 감가상각누계액

13 다음 중 재무상태표에서 해당 자산이나 부채의 차감적인 평가항목을 모두 선택한 것은?

[제72회]

가. 감가상각누계액	나. 대손충당금	다. 사채할인발행차금	라. 퇴직연금운용자산

① 가, 나　　② 가, 나, 라　　③ 가, 다, 라　　④ 가, 나, 다, 라

정답 및 해설

09 ① 예수금(유동부채), 장기차입금(비유동부채), 사채(비유동부채), 임대보증금(비유동부채)

10 ②
- 자산과 부채는 유동성이 높은 계정부터 배열한다. (유동성배열법)
- 미지급세금(유동부채), 퇴직급여충당부채(비유동부채), 유동성장기부채(유동부채), 매입채무(유동부채)

11 ②
① 감가상각누계액 : 자산의 차감적 평가계정
② 퇴직급여충당부채 : 충당부채
③ 대손충당금 : 자산의 차감적 평가계정
④ 사채할인발행차금 : 부채의 차감적 평가계정

12 ①
① 사채할증발행차금 : 부채의 가산적 평가계정
② 재고자산평가충당금 : 자산의 차감적 평가계정
③ 대손충당금 : 자산의 차감적 평가계정
④ 감가상각누계액 : 자산의 차감적 평가계정

13 ④
가. 감가상각누계액 : 자산의 차감적 평가계정
나. 대손충당금 : 자산의 차감적 평가계정
다. 사채할인발행차금 : 부채의 차감적 평가계정
라. 퇴직연금운용자산 : 부채의 차감적 평가계정

14 다음은 퇴직급여충당부채와 결산정리 사항이다. 당기말 재무상태표에 계상할 퇴직급여충당부채와 손익계산서에 인식되는 퇴직급여는 얼마인가? [제84회]

퇴직급여충당부채

7/15 현금	1,000,000원	1/1 전기이월	2,000,000원

〈결산정리 사항〉

• 당기말 현재 전 종업원이 일시에 퇴직할 경우 지급하여야 할 퇴직금은 4,000,000원이다.

	퇴직급여충당부채	퇴직급여
①	4,000,000원	3,000,000원
②	4,000,000원	2,000,000원
③	6,000,000원	3,000,000원
④	6,000,000원	2,000,000원

15 다음 퇴직급여와 관련하여 당기에 인식할 퇴직급여 비용은? [21년 10월 특별회차]

㈜전산은 퇴직금추계액의 100%를 퇴직급여충당금부채로 설정하는 법인으로 전기말 5,000,000원을 퇴직급여충당부채로 설정하였으며, 당해 연도 7월 30일에 7,000,000원의 퇴직급여를 지급하였으며, 기말 현재 종업원의 퇴직으로 지급해야 할 퇴직금추계액은 8,000,000원이다.

① 8,000,000원 ② 10,000,000원 ③ 12,000,000원 ④ 15,000,000원

정답 및 해설

14 ① • 퇴직급여충당부채의 총계정원장

퇴직급여충당부채

퇴직금 지급	1,000,000	기초	2,000,000
기말	4,000,000	전입	3,000,000
	5,000,000		5,000,000

• 퇴직금 지급(7월 15일) 회계처리

(차) 퇴직급여충당부채 1,000,000 (대) 현금 1,000,000

• 전입(결산일) 회계처리

(차) 퇴직급여 3,000,000 (대) 퇴직급여충당부채 3,000,000[1)]

[1)] 전입액 = 당기말 퇴직금추계액 − 기 설정 퇴직급여충당부채
= 4,000,000 − (2,000,000 − 1,000,000)
= 3,000,000원

• 재무상태표상 퇴직급여충당부채 = 당기말 퇴직금추계액 = 4,000,000원

• 손익계산서상 퇴직급여 = 3,000,000원

15 ② • 퇴직급여충당부채의 총계정원장

퇴직급여충당부채

퇴직금 지급	5,000,000	기초	5,000,000
기말	8,000,000	전입	8,000,000
	13,000,000		13,000,000

• 퇴직금 지급(7월 30일) 회계처리

(차) 퇴직급여충당부채 5,000,000 (대) 현금 등 7,000,000
퇴직급여 2,000,000

• 전입(결산일) 회계처리

(차) 퇴직급여 8,000,000 (대) 퇴직급여충당부채 8,000,000[1)]

[1)] 전입액 = 당기말 퇴직금추계액 − 기 설정 퇴직급여충당부채
= 8,000,000 − (5,000,000 − 5,000,000)
= 8,000,000원

• 당기 퇴직급여(비용) = 2,000,000 + 8,000,000 = 10,000,000원

제5절 자본

01 자본의 정의

자본이란 자산총액에서 부채총액을 차감한 잔액을 말하며, 이를 순자산, 자기자본, 잔여지분이라고도 한다.

재무상태표를 작성할 때, 법인기업은 자본을 자본금, 자본잉여금, 자본조정, 기타포괄손익누계액, 이익잉여금으로 구분하여 표시한다.

02 자본에 해당하는 계정과목

(1) 자본금

자본금이란 주주가 납입한 법정자본금을 말한다. 이는 '주당 **액면금액**[1] × 발행주식수'로 계산한 금액이다.

[1] 주당 발행금액 아님

계정과목	내 용
(보통주) 자본금[2]	기업이 발행한 보통주 주식의 액면금액
우선주 자본금	기업이 발행한 우선주 주식의 액면금액 참고 우선주는 배당을 받을 때 우선권이 있으나 주주총회에서 의결권이 없다는 점에서 보통주와 차이가 있음

[2] 회사가 단일 종류의 주식만 발행한 경우에는 특별히 보통주라는 명칭을 붙이지 않아도 됨

(2) 자본잉여금

자본잉여금이란 증자나 감자 등 주주와의 자본거래에서 발생하여 자본을 증가시키는 잉여금을 말한다.

계정과목	내 용
주식발행초과금	주식을 발행할 때 발행금액이 액면금액보다 큰 경우 그 차액
감자차익	자본금을 감소시킬 때 감자대가가 액면금액보다 작은 경우 그 차액
자기주식처분이익	자기주식을 처분할 때 처분금액이 처분 전 장부금액보다 큰 경우 그 차액

(3) 자본조정

자본조정이란 당해 항목의 성격상 자본거래에 해당하나 최종 납입된 자본으로 볼 수 없는 것, 또는 자본 총액에 대한 가산·차감 성격이 있으나 자본금·자본잉여금으로 분류할 수 없는 것을 말한다.

계정과목	내 용
주식할인발행차금	주식을 발행할 때 발행금액이 액면금액보다 작은 경우 그 차액
감자차손	자본금을 감소시킬 때 감자대가가 액면금액보다 큰 경우 그 차액
자기주식	회사가 이미 발행한 자기 회사의 주식을 다시 매입하여 보유하고 있는 것
자기주식처분손실	자기주식을 처분할 때 처분금액이 처분 전 장부금액보다 작은 경우 그 차액
미교부주식배당금	배당결의일 현재 미교부된 주식배당액

(4) 기타포괄손익누계액

기타포괄손익누계액이란 당기 수익·비용으로 분류할 수 없는 잠재적인 손익항목(기타포괄손익)에 대한 누적액을 말한다.

계정과목	내 용
매도가능증권 평가이익(손실)	매도가능증권을 기말에 공정가치로 평가할 때 기말 공정가치가 평가 전 장부금액보다 큰(작은) 경우 그 차액

(5) 이익잉여금

이익잉여금이란 매기 손익거래에서 벌어들인 이익(손익계산서상 당기순이익) 중 사외유출(배당) 되지 않고 사내에 유보되어 온 금액을 말한다.

계정과목	내 용
이익준비금	상법 규정에 따라 자본금의 1/2에 달할 때까지 금전에 의한 이익배당액의 1/10 이상의 금액을 적립한 금액 참고 법령에 따라 적립이 강제되므로 이를 법정적립금이라고도 함
임의적립금	회사의 정관이나 주주총회의 결의에 따라 임의로 적립한 금액 예 사업확장적립금(사업확장을 위하여 적립), 감채기금적립금(부채 상환을 위하여 적립)
미처분이익잉여금[1]	매기 발생한 손익계산서상 당기순이익 중에서 배당이나 적립금으로 처분되지 않고 남아 있는 금액 참고 당기순손실이 발생하여 금액이 마이너스(–)인 경우 : 미처리결손금[2]

[1] KcLep 프로그램에서는 '미처분이익잉여금' 대신 '이월이익잉여금' 계정과목을 사용한다.

[2] KcLep 프로그램에서는 '미처리결손금' 대신 '이월결손금' 계정과목을 사용한다.

기출확인문제

다음은 자본의 분류와 그에 속하는 계정과목을 연결한 것이다. 틀린 것은? (제33회)

① 자본금 - 보통주자본금
② 자본잉여금 - 주식발행초과금
③ 자본조정 - 자기주식
④ 이익잉여금 - 주식할인발행차금

정답 ④

해설
주식할인발행차금은 자본조정 항목이다.

03 주식의 발행 (유상증자)

최근 88회 시험 중 7회 기출

회사는 법인 설립 때 신고했던 발행가능주식수(수권주식수)의 범위 내에서 주식을 발행할 수 있다.

주식을 발행하면 자본금이 증가하므로, 주식의 발행을 증자라고 한다.

일반적으로 주식을 발행하면 발행금액만큼 자산이 증가하거나 부채가 감소하므로 순자산이 증가하는데, 순자산의 증가를 수반하는 주식의 발행을 유상증자라고 한다.

(1) 주식의 발행유형

주식의 발행유형은 발행금액과 액면금액 간의 관계에 따라 액면발행, 할증발행, 할인발행으로 구분할 수 있다.

주식의 발행유형	발행금액과 액면금액 간의 관계	비 고
액면발행	발행금액 = 액면금액	–
할증발행	발행금액 > 액면금액	발행금액과 액면금액의 차액 : 주식발행초과금 (자본잉여금)
할인발행	발행금액 < 액면금액	발행금액과 액면금액의 차액 : 주식할인발행차금 (자본조정)

① 액면발행

(차) [계정명]	xxx	(대) 자본금	xxx

[사례] 주당 액면금액이 1,000원인 주식 100주를 주당 1,000원에 발행하고 대금은 보통예금 계좌로 송금받았다.

(차) 보통예금	100,000	(대) 자본금	100,000

② 할증발행

(차) [계정명]	xxx	(대) 자본금	xxx
		주식발행초과금	xxx

[사례] 주당 액면금액이 1,000원인 주식 100주를 주당 1,200원에 발행하고 대금은 보통예금 계좌로 송금받았다.

(차) 보통예금	120,000	(대) 자본금	100,000
		주식발행초과금	20,000

③ 할인발행

(차) [계정명]	xxx	(대) 자본금	xxx
주식할인발행차금	xxx		

[사례] 주당 액면금액이 1,000원인 주식 100주를 주당 900원에 발행하고 대금은 보통예금 계좌로 송금받았다.

(차) 보통예금	90,000	(대) 자본금	100,000
주식할인발행차금	10,000		

(2) 신주발행비

신주발행비란 주식발행과 직접 관련된 법률비용, 주주모집을 위한 광고비, 주권인쇄비, 증권회사수수료 등의 거래원가를 말한다.

신주발행비는 주식의 발행에 필수적으로 소요되는 지출로서, 주식발행을 통하여 유입되는 발행금액을 감소시키는 결과를 가져온다. 따라서 주식이 할증발행된 경우에는 신주발행비만큼 주식발행초과금을 차감하는 회계처리를 하고, 주식이 액면발행되었거나 할인발행된 경우에는 신주발행비만큼 주식할인발행차금을 가산하는 회계처리를 한다.

신주발행비가 있는 경우

(차) [계정명]	xxx	(대) 자본금	xxx
주식할인발행차금	xxx	주식발행초과금	xxx

[사례] 주당 액면금액이 1,000원인 주식 100주를 주당 1,000원에 발행하고 대금은 발행수수료 2,000원을 제외한 잔액을 보통예금 계좌로 송금받았다.

(차) 보통예금	98,000[1]	(대) 자본금	100,000
주식할인발행차금	2,000		

[사례] 주당 액면금액이 1,000원인 주식 100주를 주당 1,200원에 발행하고 대금은 발행수수료 2,000원을 제외한 잔액을 보통예금 계좌로 송금받았다.

(차) 보통예금	118,000[2]	(대) 자본금	100,000
		주식발행초과금	18,000

[사례] 주당 액면금액이 1,000원인 주식 100주를 주당 900원에 발행하고 대금은 발행수수료 2,000원을 제외한 잔액을 보통예금 계좌로 송금받았다.

(차) 보통예금	88,000[3]	(대) 자본금	100,000
주식할인발행차금	12,000		

[1] 100,000 − 2,000 = 98,000원

[2] 120,000 − 2,000 = 118,000원

[3] 90,000 − 2,000 = 88,000원

(3) 현물출자

현물출자란 주식발행 대가를 금전 이외의 자산(유형자산 등의 현물)으로 받는 것을 말한다.

현물출자에 의하여 취득한 유형자산은 그 자산의 공정가치를 취득원가로 하며, 기업이 발행하는 주식은 취득한 현물의 공정가치를 발행금액으로 한다.

(차) 해당 유형자산 계정	xxx	(대) 자본금	xxx
		주식발행초과금	xxx

[사례] 주식 10주(주당 액면금액 5,000원)를 발행하고 공정가치 80,000원인 토지를 현물출자 받았다.

(차) 토지	80,000	(대) 자본금	50,000
		주식발행초과금	30,000

(4) 출자전환

출자전환이란 주식발행의 대가로 자산의 증가가 아니라 부채의 감소가 발생하는 것을 말한다.

(차) 해당 부채 계정	xxx	(대) 자본금	xxx
		주식발행초과금	xxx

[사례] A사에 대한 단기차입금 60,000원이 주식으로 출자전환됨에 따라, 회사는 주식 10주(주당 액면금액 5,000원, 주당 공정가치 6,000원)를 발행하여 A사에 교부하였다.

(차) 단기차입금	60,000	(대) 자본금	50,000
		주식발행초과금	10,000

기출확인문제

*2025년 출제예상

㈜피제이전자는 주식 1,000주(1주당 액면금액 1,000원)를 1주당 1,500원에 증자하면서 주식발행 관련 제비용으로 100,000원을 지출하였다. 이에 대한 결과로 올바른 것은? (제43회)

① 주식발행초과금 400,000원 증가
② 자본금 1,400,000원 증가
③ 주식발행초과금 500,000원 증가
④ 자본금 1,500,000원 증가

정답 ①

해설

(차) [계정명]	1,400,000
(대) 자본금	1,000,000
주식발행초과금	400,000

04 주식의 소각(유상감자)

최근 88회 시험 중 2회 기출

주식의 소각이란 주주에게 현금 등을 지급하여 회사의 주식을 사들인 후 소각함으로써 자본금을 감소시키는 것을 말한다.

주식을 소각하면 자본금이 감소하므로, 주식의 소각을 감자라고 한다.

일반적으로 주식을 소각하면 소각금액만큼 자산이 감소하므로 순자산이 감소하는데, 순자산의 감소를 수반하는 주식의 소각을 유상감자라고 한다.

주식을 소각할 때, 감자대가(지급한 금액)가 액면금액보다 작은 경우에는 그 차액을 감자차익 계정(자본잉여금)으로, 감자대가가 액면금액보다 큰 경우에는 그 차액을 감자차손 계정(자본조정)으로 회계처리한다.

감자대가 < 액면금액 : 감자차익 (자본잉여금)

(차) 자본금	xxx	**(대) [계정명]**	xxx
		감자차익	xxx

[사례] 주당 액면금액이 1,000원인 주식 100주를 주당 700원에 현금으로 매입하여 소각하였다.

(차) 자본금	100,000	(대) 현금	70,000
		감자차익	30,000

감자대가 > 액면금액 : 감자차손 (자본조정)

(차) 자본금	xxx	**(대) [계정명]**	xxx
감자차손	xxx		

[사례] 주당 액면금액이 1,000원인 주식 100주를 주당 1,100원에 현금으로 매입하여 소각하였다.

(차) 자본금	100,000	(대) 현금	110,000
감자차손	10,000		

05 자기주식

회사가 이미 발행한 자기 회사의 주식을 다시 매입하여 보유하고 있는 것을 말한다.

회사는 보유하고 있는 자기주식을 외부로 '처분'할 수도 있고 '소각'할 수도 있다.

(1) 자기주식의 취득

자기주식을 취득(매입)하면, 취득 시 지불하는 금액을 취득원가로 하여 자기주식 계정(자본조정)으로 회계처리한다.

(차) 자기주식	**xxx**	**(대) [계정명]**	**xxx**

[사례] 자기주식 100주를 주당 1,200원에 현금으로 취득하였다. (주당 액면금액 1,000원)

(차) 자기주식	120,000	(대) 현금	120,000

(2) 자기주식의 처분

자기주식을 처분할 때, 처분금액이 처분 전 장부금액(= 취득원가)보다 큰 경우에는 그 차액을 자기주식처분이익 계정(자본잉여금)으로, 처분금액이 처분 전 장부금액보다 작은 경우에는 그 차액을 자기주식처분손실 계정(자본조정)으로 회계처리한다.

처분금액 > 처분 전 장부금액(= 취득원가) : 자기주식처분이익 (자본잉여금)

(차) [계정명]	**xxx**	**(대) 자기주식**	**xxx**
		자기주식처분이익	**xxx**

[사례] 주당 1,200원에 취득했던 자기주식 100주를 주당 1,300원에 현금으로 처분하였다. (주당 액면금액 1,000원)

(차) 현금	130,000	(대) 자기주식	120,000
		자기주식처분이익	10,000

처분금액 < 처분 전 장부금액(= 취득원가) : 자기주식처분손실 (자본조정)

(차) [계정명]	**xxx**	**(대) 자기주식**	**xxx**
자기주식처분손실	**xxx**		

[사례] 주당 1,200원에 취득했던 자기주식 100주를 주당 1,100원에 현금으로 처분하였다. (주당 액면금액 1,000원)

(차) 현금	110,000	(대) 자기주식	120,000
자기주식처분손실	10,000		

(3) 자기주식의 소각

자기주식을 소각하면 자본금이 감소하므로, 자기주식의 소각도 주식의 소각에 준하여 회계처리하면 된다.

자기주식을 소각할 때, 감자대가(= 자기주식의 장부금액 = 자기주식의 취득원가)가 액면금액보다 작은 경우에는 그 차액을 감자차익 계정(자본잉여금)으로, 감자대가가 액면금액보다 큰 경우에는 감자차손 계정(자본조정)으로 회계처리한다.

감자대가(= 자기주식의 장부금액 = 자기주식의 취득원가) < 액면금액 : 감자차익 (자본잉여금)

(차) 자본금	xxx	**(대) 자기주식**	xxx
		감자차익	xxx

[사례] 주당 700원에 취득했던 자기주식 100주를 소각하였다. (주당 액면금액 1,000원)

(차) 자본금	100,000	(대) 자기주식	70,000
		감자차익	30,000

감자대가(= 자기주식의 장부금액 = 자기주식의 취득원가) > 액면금액 : 감자차손 (자본조정)

(차) 자본금	xxx	**(대) 자기주식**	xxx
감자차손	xxx		

[사례] 주당 1,200원에 취득했던 자기주식 100주를 소각하였다. (주당 액면금액 1,000원)

(차) 자본금	100,000	(대) 자기주식	120,000
감자차손	20,000		

참고 주식의 소각 vs 자기주식의 소각

구분	내용
주식의 소각	• 회사가 이미 발행한 자기 회사의 주식을 매입하여 즉시 소각 • 소각 시점의 회계처리에서 감자대가 금액을 기록하는 대변 계정과목 : 현금, 보통예금 등
자기주식의 소각	• 회사가 이미 발행한 자기 회사의 주식을 매입하여 일정 기간 보유한 다음 소각 • 소각 시점의 회계처리에서 감자대가 금액을 기록하는 대변 계정과목 : 자기주식

06 자본잉여금과 자본조정의 상계

(1) 주식발행초과금과 주식할인발행차금의 상계

장부에 자본 항목인 주식발행초과금(주식할인발행차금) 계정이 먼저 계상되어 있으면, 주식의 발행을 회계처리할 때 이를 우선 상계하고 초과분에 대하여만 주식할인발행차금(주식발행초과금) 계정을 인식한다.

[사례] 주당 액면금액이 1,000원인 주식 100주를 주당 700원에 발행하고 대금은 보통예금 계좌로 송금받았다. (주식발행 당시 장부에는 주식발행초과금 10,000원이 계상되어 있음)

(차) 보통예금	70,000	(대) 자본금	100,000
주식발행초과금	10,000		
주식할인발행차금	20,000		

(2) 감자차익과 감자차손의 상계

장부에 자본 항목인 감자차익(감자차손) 계정이 먼저 계상되어 있으면, 주식의 소각을 회계처리할 때 이를 우선 상계하고 초과분에 대하여만 감자차손(감자차익) 계정을 인식한다.

[사례] 주당 액면금액이 1,000원인 주식 100주를 주당 1,300원에 현금으로 매입하여 소각하였다. (주식소각 당시 장부에는 감자차익 10,000원이 계상되어 있음)

(차) 자본금	100,000	(대) 현금	130,000
감자차익	10,000		
감자차손	20,000		

(3) 자기주식처분이익과 자기주식처분손실의 상계

장부에 자본 항목인 자기주식처분이익(자기주식처분손실) 계정이 먼저 계상되어 있으면, 자기주식의 처분을 회계처리할 때 이를 우선 상계하고 초과분에 대하여만 자기주식처분손실(자기주식처분이익) 계정을 인식한다.

[사례] 주당 1,400원에 취득했던 자기주식 100주(주당 액면금액 1,000원)를 주당 1,100원에 현금으로 처분하였다. (자기주식처분 당시 장부에는 자기주식처분이익 10,000원이 계상되어 있음)

(차) 현금	110,000	(대) 자기주식	140,000
자기주식처분이익	10,000		
자기주식처분손실	20,000		

07 이익잉여금의 처분

최근 88회 시험 중 9회 기출

회계연도가 종료되고 나면 3개월 내에 정기주주총회가 개최되어 재무제표가 승인되고, 이익잉여금이 주주총회의 결의에 따라 배당이나 적립금으로 처분된다.

여기서 주의할 점은, 이익잉여금 처분에 대한 회계처리는 해당 회계연도가 종료된 이후 실제로 처분이 결의되는 시점에 이루어지므로, **당기말 재무상태표상 미처분이익잉여금**은 당기 회계연도에 대한 이익잉여금 **처분 내용이 반영되기 전 금액**이라는 점이다.

(1) 현금배당

현금배당이란 회사가 창출한 이익을 주주들에게 금전으로 배분하는 것을 말한다.

배당결의일에 현금배당이 결의되면 회사는 자본 항목인 미처분이익잉여금 계정을 부채 항목인 미지급배당금 계정으로 대체하는 회계처리를 하고, 배당지급일에 현금배당을 이행하는 회계처리를 한다.

미지급배당금 계정은 배당결의일과 배당지급일 사이에 한시적으로 장부에 기록되는 계정과목이라고 할 수 있다.

상법 규정에 따르면, 회사는 자본금의 1/2에 달할 때까지 현금배당액의 1/10 이상을 이익준비금으로 적립하여야 한다. 따라서, 실무나 시험에서 현금배당 결의에 대한 회계처리를 할 때에는 이익준비금의 적립 여부를 반드시 확인하여야 한다.

배당결의일

(차) 이월이익잉여금	xxx	(대) 이익준비금	xxx
		미지급배당금	xxx

배당지급일

(차) 미지급배당금	xxx	(대) [계정명]	xxx

[사례] 배당결의일

20x2. 3. 15. 정기주주총회가 개최되어 20x1년 회계연도(1월 1일 ~ 12월 31일)의 재무제표를 승인하고, 20x1년 재무상태표상 미처분이익잉여금에 대하여 다음과 같이 처분하기로 결의하였다.

• 현금배당	100,000원	• 이익준비금 적립	10,000원

20x2. 3. 15.	(차) 이월이익잉여금	110,000	(대) 이익준비금	10,000
			미지급배당금	100,000

[사례] 배당지급일

20x2. 4. 10. 배당 결의 내용에 따라 배당금 100,000원을 보통예금 계좌에서 이체하여 지급하였다.

20x2. 4. 10.	(차) 미지급배당금	100,000	(대) 보통예금	100,000

용어 알아두기

- 배당기준일 : 배당을 받을 권리가 있는 주주들이 결정되는 날(예 20x1. 12. 31.)을 말하며, 배당기준일에는 배당에 관하여 아무런 회계처리를 하지 않음
- 배당결의일 : 회계기간이 종료된 이후 이익잉여금을 배당으로 처분하도록 주주총회에서 결의한 날(예 20x2. 3. 15.)
- 배당지급일 : 주주총회에서 배당으로 결의된 금액을 실제 지급하는 날(예 20x2. 4. 10.)

(2) 주식배당

주식배당이란 회사가 창출한 이익에 대한 배당 명목으로 주주들에게 주식을 발행하여 교부하는 것을 말한다.

장부상 이익이 발생했지만 신규 투자 등의 이유로 자금이 부족한 회사의 경우, 주식배당을 하면 배당금 지급에 따른 자금의 유출 없이도 배당을 한 것과 동일한 효과를 낼 수 있다는 장점이 있다.

① 주식배당의 회계처리

배당결의일에 주식배당이 결의되면 회사는 자본 항목인 미처분이익잉여금 계정을 자본 항목인 미교부주식배당금 계정(자본조정)으로 대체하는 회계처리를 한다.

주식배당을 할 때에는 주식의 **액면금액**[1]을 발행금액으로 하므로, 배당지급일의 회계처리에서는 미교부주식배당금 계정을 전액 자본금 계정으로 대체한다.

[1] 주식의 공정가치 아님

미교부주식배당금 계정은 배당결의일과 배당지급일 사이에 한시적으로 장부에 기록되는 계정과목이라고 할 수 있다.

상법 규정에 따른 이익준비금의 적립 규정은 금전에 의한 배당을 대상으로 하므로, 주식배당에는 적용되지 않는다.

배당결의일

(차) 이월이익잉여금	xxx	(대) 미교부주식배당금	xxx

배당지급일

(차) 미교부주식배당금	xxx	(대) 자본금	xxx

[사례] 배당결의일
20x2. 3. 15. 정기주주총회가 개최되어 20x1년 회계연도(1월 1일 ~ 12월 31일)의 재무제표를 승인하고, 20x1년 재무상태표상 미처분이익잉여금 200,000원에 대하여 주식배당하기로 결의하였다.

20x2. 3. 15.	(차) 이월이익잉여금	200,000	(대) 미교부주식배당금	200,000

[사례] 배당지급일
20x2. 4. 10. 배당 결의 내용에 따라 200,000원의 주식을 발행하여 배당 명목으로 교부하였다.

20x2. 4. 10.	(차) 미교부주식배당금	200,000	(대) 자본금	200,000

② 주식배당의 특징

- 주식배당을 하면 주식배당금액만큼 미처분이익잉여금 계정이 감소하고 자본금 계정이 증가하기 때문에, 회사 입장에서 자금 유출 또는 순자산 감소가 발생하지 않는다.
- 주식배당을 하면 주식이 발행되므로 주식수는 증가하나, 회사의 자본 총액은 변하지 않는다.
- 주식배당을 받으면 보유하게 되는 주식의 수는 증가하나 주당 가치가 동시에 감소하기 때문에, 주식배당을 받은 주주 입장에서 보유 주식의 재산가치 총액은 변하지 않는다. 따라서, 주식배당을 받더라도 별도의 회계처리는 하지 않고, 주식수에 대한 비망기록만 하면 된다.

(3) 임의적립

임의적립이란 회사가 필요에 의하여 이익잉여금을 별도 목적의 적립금으로 대체하여 사내에 유보해 두는 것을 말한다.

배당결의일에 임의적립이 결의되면 회사는 자본 항목인 미처분이익잉여금 계정을 자본 항목인 해당 임의적립금 계정(예 사업확장적립금, 감채기금적립금)으로 대체하는 회계처리를 한다.

배당결의일

(차) 이월이익잉여금	xxx	(대) 해당 임의적립금 계정	xxx

[사례] 배당결의일
20x2. 3. 15. 정기주주총회가 개최되어 20x1년 회계연도(1월 1일 ~ 12월 31일)의 재무제표를 승인하고, 20x1년 재무상태표상 미처분이익잉여금 150,000원에 대하여 사업확장적립금으로 적립해 두기로 결의하였다.

20x2. 3. 15.	(차) 이월이익잉여금	150,000	(대) 사업확장적립금	150,000

(4) 이익잉여금처분계산서의 작성

이익잉여금처분계산서[1]란 기업의 미처분이익잉여금에 관하여 일정 시점 현재 크기와 일정 기간 동안의 변동 내역을 나타내는 보고서를 말한다.

[1] 미처리결손금인 경우에는 결손금처리계산서라고 함

이익잉여금처분계산서에는 당기 회계연도에 대한 이익잉여금 처분 내용이 기재되지만, 재무상태표일 시점에서 동 처분 내용은 미발생사건일 뿐이므로, 기말 재무상태표상 미처분이익잉여금 계정은 처분 내용이 반영되기 전 금액으로 기재된다.

[사례] 결산일이 12월 31일인 법인기업 A사의 다음 자료를 보고, 20x2년 회계연도의 이익잉여금처분계산서(처분예정일 : 20x3년 2월 25일)를 작성하여 보자.

- 20x1년 기말 재무상태표상 미처분이익잉여금 : 500,000원
- 20x1년 이익잉여금처분계산서상 이익잉여금 처분 : 220,000원 (= 현금배당 200,000원 + 이익준비금 20,000원)
- 20x2년 수정전시산표상 미처분이익잉여금 : 280,000원
- 20x2년 손익계산서상 당기순이익 : 650,000원
- 20x2년 이익잉여금처분계산서상 이익잉여금 처분 : 630,000원 (= 현금배당 300,000원 + 이익준비금 30,000원 + 주식배당 100,000원 + 사업확장적립금 200,000원)

[풀이]

이익잉여금처분계산서
20x2년 1월 1일 ~ 20x2년 12월 31일
처분예정일 : 20x3년 2월 25일

A사 (단위 : 원)

	Ⅰ. 미처분이익잉여금		**930,000**[1]
	전기이월미처분이익잉여금	280,000[2]	
	중간배당[3]	0	
	당기순이익	650,000	
(+)	Ⅱ. 임의적립금 이입액		0
	임의적립금의 이입[4]	0	
(−)	Ⅲ. 이익잉여금 처분액		630,000
	이익준비금의 적립	30,000	
	현금배당	300,000	
	주식배당	100,000	
	사업확장적립금의 적립	200,000	
(=)	Ⅳ. 차기이월미처분이익잉여금		300,000

[1] 20x2년 기말 재무상태표상 미처분이익잉여금 = 930,000원

[2] 20x1년 기말 재무상태표상 미처분이익잉여금 − 20x1년 이익잉여금처분계산서상 이익잉여금 처분
= 500,000 − 220,000 = 280,000원

[3] 중간배당이란 기중의 영업실적을 감안하여 결산일이 되기 전에(= 회계연도 중에) 실시하는 배당을 말한다. 상법 규정에 따르면 중간배당은 정관에 정함이 있어야 하고 연 1회에 한하여 이사회의 승인을 거쳐 진행할 수 있다.

[4] 임의적립금의 이입이란 과거에 적립해 두었던 임의적립금을 다시 미처분이익잉여금으로 환원시키는 것을 말한다.

08 그 밖의 자본거래

(1) 자본잉여금 등의 자본전입 (무상증자)

자본전입이란 자본잉여금이나 이익준비금을 자본금으로 대체하고 증가된 자본금만큼 액면금액을 발행금으로 하여 주식을 발행하는 것을 말한다.

자본전입을 하면 자본잉여금 또는 이익준비금 계정이 감소하고 자본금 계정이 증가하기 때문에, 회사 입장에서 자금 유입 또는 순자산 증가가 발생하지 않는다.

자본전입 거래에서는 주식이 발행되지만 순자산의 증가가 나타나지 않으므로, 자본전입을 무상증자라고 한다.

① 무상증자의 회계처리

(차) 해당 자본잉여금 계정 또는 이익준비금 xxx (대) 자본금 xxx

[사례] 20x2. 3. 15. 이익준비금 200,000원을 자본전입하기로 주주총회에서 결의하고, 주식 1,000주(주당 액면금액 200원)를 발행하였다.

20x2. 3. 15. (차) 이익준비금 200,000 (대) 자본금 200,000

② 무상증자의 특징

- 유상증자와의 차이점 : 자금유입 또는 순자산 증가가 발생하지 않으므로 자본 총액이 변하지 않는다.
- 주식배당과의 차이점 : 주식배당은 미처분이익잉여금을 재원으로 하나, 무상증자는 이익준비금 또는 자본잉여금 계정을 재원으로 한다.

(2) 결손금 보전에 따른 자본금 감소 (무상감자)

결손금 보전이란 회사의 결손금이 누적된 경우 이를 감소시키기 위하여 감자대가의 지급 없이 주식을 회수하여 소각시키는 것을 말한다.

결손금 보전을 하면 미처리결손금 계정이 감소하고 자본금 계정이 감소하기 때문에, 회사 입장에서 자금 유출 또는 순자산 감소가 발생하지 않는다.

결손금 보전 거래에서는 주식이 소각되지만 순자산의 감소가 나타나지 않으므로, 결손금 보전을 무상감자라고 한다.

① 무상감자의 회계처리

(차) 자본금 xxx (대) 이월결손금 xxx

[사례] 20x2. 3. 15. 정기주주총회가 개최되어 20x1년 회계연도(1월 1일 ~ 12월 31일)의 재무제표를 승인하고, 20x1년 재무상태표상 미처리결손금 100,000원을 보전하기 위하여 주식 1,000주(주당 액면금액 200원)을 500주로 무상감자하기로 결의하였다.

20x2. 3. 15. (차) 자본금 100,000 (대) 이월결손금 100,000

② 무상감자의 특징

유상감자와의 차이점 : 자금유출 또는 순자산 감소가 발생하지 않으므로 자본 총액이 변하지 않는다.

참고 주주들로부터 주식을 회수하여 무상감자를 수행하는 방법

- 주식수는 그대로 두고 주당 액면금액을 감소시키는 방법
  예 1,000주 (주당 액면금액 200원) → 1,000주 (주당 액면금액 100원)
- 주당 액면금액은 그대로 두고 주식수를 감소시키는 방법
  예 1,000주 (주당 액면금액 200원) → 500주 (주당 액면금액 200원)

(3) 주식분할

주식분할이란 주식의 한 주당 가격이 너무 높은 경우 주식시장에서 매매가 잘 안되는 어려움을 해소하기 위하여 발행한 주식의 액면금액을 일제히 나누는 것을 말한다.

주식분할을 하면 주식의 수는 증가하나 주당 액면금액이 감소하기 때문에, 회사 입장에서 자본금 계정과 자본 총액은 변하지 않는다.

주식분할에서는 계정과목의 증감변화가 나타나지 않기 때문에, 주식분할을 하더라도 회사는 별도의 회계처리는 하지 않고, 주식수에 대한 비망기록만 하면 된다.

[사례] 당사 주식의 거래 편의성을 높이기 위하여 다음과 같이 주식분할하기로 주주총회에서 결의하였다. 회사의 회계처리는?

구 분	주식분할 전	주식분할 후
주당 공정가치	200,000원	100,000원
주당 액면금액	100,000원	50,000원
주식수	100주	200주
자본금 계정 금액	10,000,000원	10,000,000원

[풀이] 회사는 별도의 회계처리는 하지 않고, 주식수에 대한 비망기록만 하면 된다.

09 법인기업에서 재무상태표와 손익계산서의 관계

최근 88회 시험 중 3회 기출

재무상태표의 기초자본
\+ 유상증자[1] – 현금배당[2] ± 그 외 순자산 변동을 가져오는 주주와의 자본거래[3]
\+ 손익계산서의 당기순이익 ± 기타포괄손익누계액의 증가·감소[4]
= 재무상태표의 기말자본

[1] 순자산 변동이 없는 무상증자는 제외
[2] 순자산 변동이 없는 주식배당은 제외
[3] 예 현물출자, 출자전환, 유상감자, 자기주식의 취득과 처분
[4] 예 (차) 매도가능증권 xxx (대) 매도가능증권평가이익 xxx

참고 **총포괄손익**

총포괄손익(CI 손익 : Comprehensive Income)이란 주주와의 자본거래를 제외한 모든 거래에서 발생한 순자산의 변동을 말한다.

총포괄손익 = 당기순이익 ±기타포괄손익누계액의 증가·감소

오늘날 회계는 당기순이익뿐만 아니라 총포괄손익에 대한 정보까지 제공한다.

일반기업회계기준에서는 주석에, K-IFRS 에서는 (포괄)손익계산서 하단부에, 당기순이익[1] 정보와 함께 기타포괄손익누계액의 증가·감소[2]를 추가하여 표시하도록 규정하고 있다.

[1] 당기순이익 (NI 손익 : Net Income)
[2] 기타포괄손익 (OCI 손익 : Other Comprehensive Income)

NI 손익	=	당기순이익	=	수익 – 비용
(±) OCI 손익	=	기타포괄손익	=	기타포괄손익누계액의 증가·감소
(=) CI 손익	=	총포괄손익		

이론 제3장 재무회계 해커스 전산회계 1급 이론+실무+최신기출+무료특강

기출분개연습

* 기출문제 날짜는 학습효과를 높이기 위해 일부 수정하였으며, ㈜연습(코드번호 : 1301) 데이터를 사용하여 연습할 수 있습니다.

01 10월 1일 사업 확장에 필요한 자금을 조달하기 위하여 새로운 보통주 주식 5,000주(주당 액면금액 5,000원, 1주당 발행금액 10,000원)를 발행하였으며, 발행대금은 보통예금 통장으로 입금되었다. 신주발행과 관련된 비용 500,000원은 현금으로 지급하였다. (단, 주식할인발행차금은 없다고 가정한다) [제93회]

02 10월 2일 1주당 액면금액이 5,000원인 보통주를 주당 6,000원씩 1,000주를 발행하고 대금은 보통예금으로 입금받았다. 주식발행비로 200,000원을 현금 지급하였다. (기존 주식할인발행차금 300,000원이 존재함) [21년 10월 특별회차]

03 10월 3일 이사회의 승인을 얻어 매입처 LT전자㈜에 지급하여야 할 외상매입금 중 일부인 12,000,000원에 대하여 출자전환을 실시하고 신주 2,000주(주당 액면금액 5,000원)를 교부하였다. (신주교부에 따른 제비용은 없다고 가정한다) [제41회]

04 10월 4일 보유 중인 자기주식을 처분하였다. 장부금액은 12,340,000원(10,000주, 1,234원/주)으로 처분금액은 11,000,000원(10,000주, 1,100원/주)이었다. 처분대금은 보통예금계좌에 입금되었다. (단, 자기주식처분이익 계정의 잔액이 500,000원 있고, 처분수수료는 없는 것으로 가정한다) [제38회]

05 3월 5일 20x2년(올해) 열린 주주총회에서 결의된 '20x1년(전년도) 회계연도에 대한 잉여금처분' 사항을 회계처리하였다. [제49회]

- 보통주 1주당 0.2주의 주식배당을 실시한다.
- 보통주 1주당 액면금액이 5,000원이고, 잉여금처분 전 발행주식수는 20,000주이다.
- 주식배당에 따른 신주는 결의일이 지난 후 교부될 예정이다.

06 3월 6일 올해 3월 5일에 열린 주주총회에서 결의한 주식배당 20,000,000원에 대하여 주식을 교부하였다. (단, 원천징수세액은 없다) [제45회]

07 10월 7일 이익준비금 2,000,000원을 자본 전입하기로 주주총회에서 결의하고, 주식 1,000주(주당 액면금액 2,000원)를 발행하였다. [제35회 수정]

정답 및 해설

01 10월 1일	(차) 보통예금	50,000,000	(대) 자본금	25,000,000
			현금	500,000
			주식발행초과금	24,500,000
02 10월 2일	(차) 보통예금	6,000,000	(대) 자본금	5,000,000
			현금	200,000
			주식할인발행차금	300,000
			주식발행초과금	500,000
03 10월 3일	(차) 외상매입금(LT전자㈜)	12,000,000	(대) 자본금	10,000,000
			주식발행초과금	2,000,000
04 10월 4일	(차) 보통예금	11,000,000	(대) 자기주식	12,340,000
	자기주식처분이익	500,000		
	자기주식처분손실	840,000		
05 3월 5일	(차) 이월이익잉여금	20,000,000	(대) 미교부주식배당금	20,000,000[1]

[1] • 주식수 = 20,000주 × 0.2 = 4,000주
• 주식배당(액면발행) 금액 = 4,000주 × @5,000원 = 20,000,000원

06 3월 6일	(차) 미교부주식배당금	20,000,000	(대) 자본금	20,000,000
07 10월 7일	(차) 이익준비금	2,000,000	(대) 자본금	2,000,000

핵심기출문제

* 본서에 수록된 기출문제의 날짜는 학습효과를 높이기 위하여 일부 수정함

01 회사의 자산과 부채가 다음과 같을 때 회사의 자본(순자산)은 얼마인가? [제81회]

• 상품 : 100,000원　　• 대여금 : 40,000원　　• 매입채무 : 70,000원
• 현금 : 10,000원　　• 비품 : 80,000원　　• 미지급금 : 20,000원

① 110,000원　　② 120,000원　　③ 130,000원　　④ 140,000원

02 다음 중 주식회사의 자본 구성 요소에 관한 설명으로 바르게 짝지은 것은? [제38회]

• (가)는 1주의 액면금액에 발행한 주식수를 곱한 금액이다.
• (나)는 영업활동과 직접적인 관계가 없는 자본거래에서 생긴 잉여금이다.
• (다)는 회사의 영업활동 결과로 발생한 순이익을 원천으로 하는 잉여금이다.

	(가)	(나)	(다)
①	적립금	자본잉여금	이익잉여금
②	자본금	자본잉여금	이익잉여금
③	자본금	이익잉여금	자본잉여금
④	적립금	이익잉여금	자본잉여금

03 다음 중 자본잉여금에 해당하지 않는 것은? [15년 8월 특별회차]

① 주식발행초과금　　② 감자차익
③ 이익준비금　　④ 자기주식처분이익

04 다음 재무상태표상의 자본항목 중 그 성질이 다른 것은 어느 것인가? [제62회]

① 주식할인발행차금
② 자기주식처분손실
③ 자기주식
④ 매도가능증권평가손실

05 다음 일반기업회계기준에서 분류되는 계정과목 중 성격이 다른 것은? [제91회]

① 자기주식
② 미교부주식배당금
③ 미지급배당금
④ 감자차손

정답 및 해설

01 ④
- 자산 = 상품 + 대여금 + 현금 + 비품
  = 100,000 + 40,000 + 10,000 + 80,000 = 230,000원
- 부채 = 매입채무 + 미지급금
  = 70,000 + 20,000 = 90,000원
- 자본(순자산) = 자산 - 부채 = 230,000 - 90,000 = 140,000원

02 ② (가) 자본금, (나) 자본잉여금, (다) 이익잉여금

03 ③ 주식발행초과금(자본잉여금), 감자차익(자본잉여금), 이익준비금(이익잉여금), 자기주식처분이익(자본잉여금)

04 ④ 주식할인발행차금(자본조정), 자기주식처분손실(자본조정), 자기주식(자본조정), 매도가능증권평가손실(기타포괄손익누계액)

05 ③ 자기주식(자본조정), 미교부주식배당금(자본조정), 미지급배당금(유동부채), 감자차손(자본조정)

06 다음 중 이익잉여금 항목에 해당하지 않는 것은? [제51회]

① 이익준비금
② 임의적립금
③ 감자차익
④ 미처분이익잉여금

07 다음 자료를 바탕으로 자본잉여금의 금액을 계산하면 얼마인가? (단, 각 계정과목은 독립적이라고 가정한다) [제85회]

- 감자차익 : 300,000원
- 이익준비금 : 100,000원
- 사업확장적립금 : 300,000원
- 주식발행초과금 : 500,000원
- 자기주식처분이익 : 300,000원
- 감자차손 : 250,000원
- 자기주식처분손실 : 100,000원
- 주식할인발행차금 : 150,000원

① 800,000원 ② 900,000원 ③ 1,100,000원 ④ 1,300,000원

08 다음 자료는 당기말 재무상태표의 자본과 관련된 자료이다. 이를 바탕으로 당기말 이익잉여금의 합계를 구하시오. [21년 6월 특별회차]

- 자본금 : 10,000,000원
- 자기주식 : 1,000,000원
- 이익준비금 : 500,000원
- 임의적립금 : 200,000원
- 감자차익 : 2,500,000원
- 주식발행초과금 : 2,000,000원
- 미처분이익잉여금 : 3,000,000원

① 3,500,000원 ② 3,700,000원 ③ 4,700,000원 ④ 6,200,000원

09 주식을 할증발행하는 경우 발행금액이 액면금액을 초과하는 부분은 재무상태표상 자본 항목 중 어디에 표시되는가? [제34회]

① 자본금
② 자본잉여금
③ 자본조정
④ 기타포괄손익누계액

10 신주 10,000주(1주당 액면금액 10,000원)를 1주당 9,800원에 발행하였다면, 발행차액은 어느 항목에 해당되는가? [제33회]

① 이익잉여금 ② 자본잉여금
③ 자본조정 ④ 임의적립금

11 자기주식을 구입금액보다 낮게 처분하여 발생하는 부분은 재무상태표상 자본 항목 중 어디에 표시되는가? [제36회]

① 자본금 ② 자본잉여금
③ 자본조정 ④ 기타포괄손익누계액

정답 및 해설

06 ③ 이익준비금(이익잉여금), 임의적립금(이익잉여금), 감자차익(자본잉여금), 미처분이익잉여금(이익잉여금)

07 ③
- 이익잉여금 : 이익준비금, 사업확장적립금
- 자본조정 : 감자차손, 자기주식처분손실, 주식할인발행차금
- 자본잉여금 = 감자차익 + 주식발행초과금 + 자기주식처분이익
  = 300,000 + 500,000 + 300,000
  = 1,100,000원

08 ②
- 자본금(자본금), 자기주식(자본조정), 감자차익(자본잉여금), 주식발행초과금(자본잉여금)
- 이익잉여금 = 이익준비금 + 임의적립금 + 미처분이익잉여금
  = 500,000 + 200,000 + 3,000,000
  = 3,700,000원

09 ② 주식발행초과금 계정은 자본잉여금에 해당한다.

10 ③ 주식할인발행차금 계정은 자본조정에 해당한다.

11 ③ 자기주식처분손실 계정은 자본조정에 해당한다.

12 액면금액이 10,000원인 주식 1주를 주당 9,000원에 할인발행하면서 신주발행비 500원을 지출한 경우에 재무상태표에 자본금 계정으로 기록될 금액은 얼마인가? [제26회]

① 10,000원 ② 9,000원 ③ 9,500원 ④ 8,500원

13 ㈜풍기의 전기말 자본금은 60,000,000원(주식수 12,000주, 주당 액면금액 5,000원)이다. 기중에 주당 4,000원에 2,000주를 유상증자 하였으며, 그 외의 자본거래는 없었다. ㈜풍기의 기말 자본금은 얼마인가? [제63회]

① 60,000,000원 ② 70,000,000원 ③ 68,000,000원 ④ 48,000,000원

14 액면금액이 10,000원인 주식 1주를 주당 12,000원에 현금으로 발행하였을 때, 재무제표에 미치는 영향은? [16년 2월 특별회차]

① 자산총액이 10,000원 증가한다.
② 자본총액이 10,000원 증가한다.
③ 자본금이 10,000원 증가한다.
④ 당기순이익이 2,000원 증가한다.

15 자본금 10,000,000원인 회사가 현금배당(1,000,000원)과 주식배당(2,000,000원)을 각각 실시하는 경우, 이 회사가 적립해야 할 이익준비금의 최소 금액은 얼마인가? (현재 재무상태표상 이익준비금 잔액은 500,000원이다) [제86회]

① 50,000원 ② 100,000원 ③ 150,000원 ④ 200,000원

16 다음 중 주주총회에서 현금배당이 결의된 당일의 거래요소 결합관계로 옳은 것은? [제66회]

	차 변	대 변		차 변	대 변
①	자본의 감소	자본의 증가	②	부채의 감소	부채의 증가
③	자산의 증가	수익의 발생	④	자본의 감소	부채의 증가

정답 및 해설

12 ① • 재무상태표에서 자본금 계정은 액면금액으로 기록된다.
• 회계처리

(차) 현금 등	8,500	(대) 자본금	10,000
주식할인발행차금	1,500		

13 ② • 회계처리

(차) 현금 등	8,000,000	(대) 자본금	10,000,000
주식할인발행차금	2,000,000		

• 기말 자본금 = (방법1) : 기초자본금 ± 기중 증감액 = 60,000,000 + 10,000,000 = 70,000,000원
= (방법2) : 기말주식수 × 주당 액면금액 = (12,000주 + 2,000주) × @5,000원
= 70,000,000원

14 ③ • 회계처리

(차) 현금(자산의 증가)	12,000	(대) 자본금(자본의 증가)	10,000
		주식발행초과금(자본의 증가)	2,000

• 재무제표에 미치는 영향 : 자산총액 12,000원 증가, 자본총액 12,000원 증가
• 자본거래 회계처리에서 거래요소 결합관계를 이용하여 자본 총액의 변동 금액을 계산하는 요령
(이유 : 자본거래 회계처리에서는 수익 계정과 비용 계정이 나타나지 않기 때문)

자본 총액의 증가(감소) 금액 = 자산 계정의 증가(감소) 금액 − 부채 계정의 증가(감소) 금액

15 ② • 상법 규정에 따라 회사는 자본금의 1/2에 달할 때까지 현금배당액의 1/10 이상을 이익준비금으로 적립하여야 한다.
• 상법 규정에 따른 이익준비금의 적립은 금전에 의한 배당을 대상으로 하므로, 주식배당에는 적용되지 않는다.
• 이익준비금 최소 적립액 = Min[㉠ 금전배당 × 10%, ㉡ (자본금 × 50%) − 이익준비금 잔액]
= Min[㉠ 1,000,000 × 10%, ㉡ (10,000,000 × 50%) − 500,000]
= 100,000원

16 ④ 현금배당의 배당결의일 회계처리

(차) 미처분이익잉여금(자본의 감소)	xxx	(대) 미지급배당금(부채의 증가)	xxx

17 다음 중 주주총회에서 현금배당이 결의된 이후 실제 현금으로 현금배당이 지급되는 시점의 거래요소 결합관계로 옳은 것은? [제81회]

	차 변	대 변		차 변	대 변
①	자본의 감소	자본의 증가	②	부채의 감소	자산의 감소
③	자산의 증가	수익의 발생	④	자본의 감소	자산의 감소

18 주식배당을 실시한 경우, 재무상태표 및 발행주식수에 발생하는 영향으로 옳지 않은 것은? [21년 4월 특별회차]

① 이익잉여금은 감소한다.
② 자본금은 증가한다.
③ 총자본은 증가한다.
④ 발행주식수는 증가한다.

19 자본에 대한 설명 중 잘못된 것은? [제82회]

① 자본금은 우선주자본금과 보통주자본금으로 구분하며, '발행주식수 × 주당 발행금액'으로 표시한다.
② 잉여금은 자본잉여금과 이익잉여금으로 구분 표시한다.
③ 주식의 발행은 할증발행, 액면발행 및 할인발행이 있으며, 어떠한 발행을 하여도 자본금은 동일하게 표시한다.
④ 자본은 자본금·자본잉여금·이익잉여금·자본조정 및 기타포괄손익누계액으로 구분 표시한다.

20 다음 중 자본에 대한 설명으로 옳지 않은 것은? [제87회]

① 자본금은 발행한 주식의 액면금액에 발행주식수를 곱하여 결정된다.
② 자본은 기업의 소유주인 주주의 몫으로 자산에서 채권자의 지분인 부채를 차감한 것이다.
③ 기타포괄손익누계액은 미실현손익의 성격을 가진 항목으로 당기순이익에 포함된다.
④ 이익잉여금은 법정적립금, 임의적립금 및 미처분이익잉여금으로 구분 표시한다.

21 다음 중 자본에 대한 설명으로 옳지 않은 것은? [제90회]

① 주식배당의 경우, 자본금은 증가하고 이익잉여금은 감소한다.
② 주식발행초과금은 주식의 발행금액이 액면금액을 초과하는 경우 그 초과 금액을 말한다.
③ 기말 재무상태표상 미처분이익잉여금은 당기 이익잉여금의 처분사항이 반영되기 전 금액이다.
④ 주식배당과 무상증자의 경우, 순자산의 증가가 발생한다.

22 다음 중 유가증권을 보유함에 따라 무상으로 주식을 배정받은 경우 회계처리방법은? [제72회]

① 배당금수익(영업외수익)으로 처리한다.
② 장부금액을 증가시키는 회계처리를 하지 않고, 수량과 단가를 새로 계산한다.
③ 장부금액을 증가시키는 회계처리를 하고, 수량과 단가를 새로 계산한다.
④ 장부금액을 증가시키는 회계처리를 하고, 수량과 단가를 새로 계산하지 않는다.

정답 및 해설

17 ② 현금배당의 배당지급일
(차) 미지급배당금(부채의 감소) xxx (대) 현금(자산의 감소) xxx

18 ③
• 주식배당을 하면 미처분이익잉여금이 감소하면서 동시에 자본금이 증가하기 때문에 자본 총액은 변하지 않는다.
• 주식배당을 하면 주식이 발행되므로 주식수는 증가하나 자본 총액에는 변화가 없다.

19 ① 자본금은 우선주자본금과 보통주자본금으로 구분하며, '발행주식수 × 주당 액면금액'으로 표시한다.

20 ③ 기타포괄손익누계액은 자산을 공정가치로 평가할 때 발생하는 미실현손익의 성격을 가진 항목이므로, 손익계산서의 당기순이익에는 포함되지 않는다.

21 ④ 주식배당과 무상증자의 경우, 주식이 발행되어 자본금 계정은 증가하지만, 순자산의 증감이 발생하지 않으며 자본 총액도 변하지 않는다.

22 ② 주식배당을 받은 경우 보유하는 주식수는 증가하나, 주당 가치가 동시에 감소하기 때문에 재산가치 총액에는 변화가 없다. 따라서, 장부금액을 증가시키는 회계처리는 하지 않고 수량과 단가를 새로 계산하여 비망기록한다.

제6절 수익과 비용

01 손익계산서 양식

최근 88회 시험 중 8회 기출

Ⅰ. 매출액

Ⅱ. 매출원가

Ⅲ. 매출총이익 (= 매출액 － 매출원가)

Ⅳ. 판매비와관리비

Ⅴ. 영업이익 (= 매출총이익 － 판매비와관리비)

Ⅵ. 영업외수익

Ⅶ. 영업외비용

Ⅷ. 법인세비용차감전순이익 (= 영업이익 ＋ 영업외수익 － 영업외비용)

Ⅸ. 법인세비용

Ⅹ. 당기순이익 (= 법인세비용차감전순이익 － 법인세비용)

용어 알아두기

- 매출총이익률 = $\frac{\text{매출총이익}}{\text{매출액}}$
- 영업이익률 = $\frac{\text{영업이익}}{\text{매출액}}$

02 매출액

(1) 매출액의 정의

매출액이란 기업의 주된 영업활동에서 발생하는 수익을 말한다.

(2) 매출액에 해당하는 계정과목

상기업에서 매출액에 해당하는 계정과목은 상품매출이고, 제조기업에서 매출액에 해당하는 계정과목은 제품매출이다.

계정과목	내 용
상품(제품)매출	기업의 주된 영업활동으로서 외부에 판매한 상품(제품)의 판매금액
매출환입및에누리	매출한 상품 중 하자나 파손이 발견되어 해당 물품을 반품받거나 값을 깎는 것 참고 상품매출의 차감계정
매출할인	상품의 구매자로부터 외상매출대금을 조기에 회수하여 약정에 따라 할인해 주는 것 참고 상품매출의 차감계정

(3) 상품매출의 회계처리

매출액 = 당기(순)매출액
= 총매출액 − 매출환입 − 매출에누리 − 매출할인

① 총매출액

(차) [계정명] xxx (대) 상품매출 xxx

[사례] 1월 10일 상품을 30,000원에 판매하고 대금은 한 달 후에 받기로 하였다.

1월 10일 (차) 외상매출금 30,000 (대) 상품매출 30,000

② 매출환입 및 매출에누리

(차) 매출환입및에누리 xxx (대) 외상매출금 xxx

[사례] 1월 12일 이틀 전에 판매했던 상품 중에서 일부 파손이 발견되어 외상매출대금 중 5,000원을 깎아주기로 하였다.

1월 12일 (차) 매출환입및에누리 5,000 (대) 외상매출금 5,000

③ 매출할인

(차) [계정명]	xxx	(대) 외상매출금	xxx
매출할인	xxx		

[사례] 1월 18일 8일 전에 판매했던 상품의 외상매출대금 25,000원에 대하여 현금으로 결제받았다. 구매자와의 약정에 따라 조기 결제금액인 25,000원의 2%를 할인해 주었다.

1월 18일	(차) 현금	24,500	(대) 외상매출금	25,000
	매출할인	500[1]		

[1] 25,000원 × 2% = 500원

④ 당기순매출액
= 총매출액 − 매출환입 − 매출에누리 − 매출할인
= 30,000 − 0 − 5,000 − 500
= 24,500원

03 매출원가

최근 88회 시험 중 13회 기출

(1) 매출원가의 정의

매출원가란 매출액에 직접 대응되는 비용을 말한다.

(2) 매출원가에 해당하는 계정과목

계정과목	내 용
상품매출원가	상기업의 주된 영업활동으로서 당기에 판매한 상품들의 당초 구입원가
제품매출원가	제조기업의 주된 영업활동으로서 당기에 판매한 제품들의 제조원가

(3) 상품매출원가의 회계처리

- 상품매출원가 = 기초상품재고액 + 당기상품(순)매입액 − 기말상품재고액
  = 판매가능상품금액 − 기말상품재고액
- 당기상품(순)매입액 = 매입가액 + 취득부대비용 − 매입환출 − 매입에누리 − 매입할인

(차) 상품매출원가	xxx	(대) 상품	xxx

[사례] 12월 31일 기말 결산 시 상품매출원가를 계산하고 상품 계정을 상품매출원가 계정으로 대체하는 분개를 하여 보자.

- 기초 재무상태표상 상품 계정 금액 : 2,000원
- 당기 상품 순매입액 : 60,000원
- 기말 결산 시 실지재고조사를 통하여 파악한 상품 재고액 : 5,000원

12월 31일	(차) 상품매출원가	57,000[1]	(대) 상품	57,000

[1] 기초재고 + 당기매입 − 기말재고 = 2,000 + 60,000 − 5,000 = 57,000원

기출확인문제

*2025년 출제예상

다음 자료에 의한 매출총이익은 얼마인가? (제44회)

- 총매출액 : 35,000,000원
- 매입할인 : 300,000원
- 매입에누리와환출 : 250,000원
- 매출에누리와환입 : 200,000원
- 기초상품재고액 : 500,000원
- 총매입액 : 18,000,000원
- 이자비용 : 200,000원
- 복리후생비 : 1,000,000원
- 매출할인 : 200,000원
- 기말상품재고액 : 450,000원

① 17,500,000원
② 17,450,000원
③ 17,100,000원
④ 17,000,000원

정답 ③

해설
- 순매출액
  = 총매출액 − 매출에누리와환입 − 매출할인
  = 35,000,000 − 200,000 − 200,000
  = 34,600,000원
- 순매입액
  = 총매입액 − 매입에누리와환출 − 매입할인
  = 18,000,000 − 250,000 − 300,000
  = 17,450,000원
- 매출원가
  = 기초상품재고액 + 당기순매입액 − 기말상품재고액
  = 500,000 + 17,450,000 − 450,000
  = 17,500,000원

∴ 매출총이익
  = 순매출액 − 매출원가
  = 34,600,000 − 17,500,000
  = 17,100,000원

04 판매비와관리비

최근 88회 시험 중 10회 기출

(1) 판매비와관리비의 정의

판매비와관리비란 상품(제품)의 판매활동과 기업의 관리활동에서 발생하는 비용으로서 매출원가에 속하지 않는 모든 영업비용을 말한다.

(2) 판매비와관리비에 해당하는 계정과목

계정과목	내 용
급 여	종업원에게 근로의 대가로 지급하는 급여와 수당 참고 공장 등에서 근무하는 종업원에 대한 급여는 제조원가에 산입하며 이때는 '임금'이라는 계정과목을 사용함
상여금	종업원에게 지급하는 상여금과 보너스
잡 급	일용직 근로자에게 지급하는 일당
퇴직급여	종업원의 근속기간이 경과함에 따라 증가하는 퇴직금에 대한 비용 인식분
복리후생비	종업원의 근로환경 개선 및 근로의욕 향상을 위한 지출 예 식대, 차·음료, 당사 종업원의 경조사비, 직장체육대회, 야유회, 피복비, 회사가 부담하는 국민연금·건강보험료 등 사회보험료 참고 회사가 부담하는 국민연금·건강보험료 등 사회보험료에 대하여 '보험료' 또는 '세금과 공과' 계정과목을 사용하기도 함
여비교통비	종업원의 업무와 관련된 여비(출장)와 교통비(이동) 예 출장에 따른 철도운임, 항공운임, 숙박료, 식사대, 시내교통비, 주차료, 통행료
기업업무추진비	영업을 목적으로 거래처와의 관계를 유지하기 위하여 소요되는 지출 예 거래처 접대비, 거래처 선물대금, 거래처 경조사비 참고 종전의 '접대비'에서 '기업업무추진비'로 계정과목 명칭이 변경되었음
통신비	전화, 핸드폰, 인터넷, 우편 등의 요금 예 전화료, 정보통신료, 우편료
수도광열비	수도, 전기, 가스, 난방 등의 요금 예 상하수도 요금, 전기 요금, 도시가스 요금, 난방용 유류대 참고 공장 등에서 발생하는 수도료, 가스료, 전기료는 제조원가에 산입하며 이때는 '가스수도료' 또는 '전력비'라는 계정과목을 사용함
세금과공과	세금과 공과금 예 재산세, 자동차세, 대한상공회의소 회비, 협회비, 벌금, 과태료
감가상각비	건물, 기계장치, 차량운반구 등 유형자산의 당해 연도 가치감소분에 대한 비용 인식분
무형자산상각비	산업재산권, 개발비, 소프트웨어 등 무형자산의 당해 연도 가치감소분에 대한 비용 인식분
임차료	타인의 토지, 건물, 기계장치, 차량운반구 등을 임차하여 그 사용료로 지불하는 비용 예 사무실 임차료, 복사기 임차료
수선비	건물, 기계장치 등의 현상유지를 위한 수리비용 예 건물 수리비, 비품 수리비

보험료	보험에 가입하고 납부하는 보험료 예 화재 보험료, 자동차 보험료
차량유지비	차량의 유지와 수선에 소요되는 지출 예 유류대, 차량 수리비, 차량 검사비, 정기주차료
경상연구개발비	신제품이나 신기술의 연구 및 개발 관련 지출로서, 무형자산(개발비)의 인식요건을 충족하지 못하여 당기 비용으로 처리되는 '연구비'와 '경상개발비'를 합한 계정과목
운반비	기업의 주된 영업활동인 상품(제품)을 매출하는 과정에서 발생하는 운송료 예 상·하차비, 배달비 참고 상품을 취득하는 과정에서 발생하는 운송료는 취득부대비용에 해당하므로 상품 계정으로 회계처리함
교육훈련비	종업원의 직무능력 향상을 위한 교육 및 훈련에 소요되는 지출 예 강사 초청료, 교육장 대관료, 위탁 교육비
도서인쇄비	도서 구입비, 신문이나 잡지 구독료, 인쇄비 등에 소요되는 지출 예 도서 대금, 신문·잡지 구독료, 제본비, 명함인쇄비
소모품비	소모성 사무용품 등을 구입하는 데 소요되는 지출 예 복사 용지, 문구류, 소모자재
수수료비용	용역(서비스)을 제공받고 지불하는 비용 예 은행의 송금수수료, 어음의 추심수수료, 신용카드 결제수수료, 세무기장료, 무인경비시스템 이용료
광고선전비	상품(제품)의 판매촉진을 위하여 불특정 다수인을 대상으로 광고하고 선전하는 활동에 소요되는 지출 예 TV 광고료, 신문 광고료, 광고물 제작비, 선전용품 제작비
대손상각비	매출채권(외상매출금, 받을어음)에 대하여 기중에 회수불능(대손 확정)되었을 때 또는 기말 결산 시 대손충당금을 추가설정할 때 비용으로 인식하는 계정과목
대손충당금환입	매출채권(외상매출금, 받을어음)에 대하여 기말 결산 시 대손충당금을 환입할 때 사용하는 계정과목 참고 손익계산서 작성 시 판매비와관리비의 차감항목으로 표시함
잡 비	판매비와관리비에는 해당하나 그 금액이 중요하지 않은 지출

참고 차량과 관련된 비용의 계정과목

- 여비교통비 : 출장에 따른 주차료 및 통행료
- 차량유지비 : 유류대, 차량 수리비, 차량 검사비, 정기주차료
- 보험료 : 자동차보험료
- 세금과공과 : 자동차세, 벌금, 과태료

(3) 판매비와관리비의 회계처리

(차) 해당 비용 계정 (판매비와관리비)	xxx	(대) [계정명]	xxx

[사례] 사무실 직원들의 야근 식대 100,000원을 현금으로 지급하였다.

(차) 복리후생비	100,000	(대) 현금	100,000

[사례] 당사 종업원의 결혼축하금 50,000원을 현금으로 지급하였다.

(차) 복리후생비	50,000	(대) 현금	50,000

[사례] 종업원의 시내출장비 30,000원을 현금으로 지급하였다.

(차) 여비교통비	30,000	(대) 현금	30,000

[사례] 거래처 사장과 A식당에서 저녁식사를 하고 식사대금 50,000원을 당사 신용카드(비씨카드)로 결제하였다.

(차) 기업업무추진비	50,000	(대) 미지급금[1]	50,000

[사례] 거래처 직원의 결혼축하금 50,000원을 현금으로 지급하였다.

(차) 기업업무추진비[2]	50,000	(대) 현금	50,000

[사례] 우체국에서 업무용 서류를 등기우편으로 발송하고 우편요금 20,000원을 현금으로 지급하였다.

(차) 통신비	20,000	(대) 현금	20,000

[사례] 인터넷 사용료 30,000원이 보통예금 통장에서 자동인출되었다.

(차) 통신비	30,000	(대) 보통예금	30,000

[사례] 사무실 난방용 유류 80,000원을 구입하고 대금을 현금으로 지급하였다.

(차) 수도광열비	80,000	(대) 현금	80,000

[사례] 대한상공회의소 회비 50,000원을 현금으로 납부하였다.

(차) 세금과공과	50,000	(대) 현금	50,000

[사례] 회사 보유 차량에 대한 자동차세 200,000원을 현금으로 납부하였다.

(차) 세금과공과	200,000	(대) 현금	200,000

[사례] 사무실 임차료 200,000원을 보통예금 계좌에서 이체하여 지급하였다. 계좌이체 과정에서 수수료 1,000원이 발생하여 보통예금으로 지급하였다.

(차) 임차료	200,000	(대) 보통예금	201,000
수수료비용	1,000		

[사례] 사무실 복사기를 수리하고 수리비 50,000원을 현금으로 지급하였다. (수익적 지출로 처리할 것)

(차) 수선비[3]	50,000	(대) 현금	50,000

[사례] 업무용 차량에 대한 자동차 보험에 가입하고 보험료 300,000원을 현금으로 지급하였다.

(차) 보험료	300,000	(대) 현금	300,000

[1] 일반적인 상거래 이외의 거래에서 발생한 지급채무이므로 미지급금 계정으로 회계처리하되, 신용카드로 결제하여 발생한 지급채무이므로 그 거래처를 A식당이 아니라 비씨카드로 기록하여 관리하여야 한다.

[2] 당사 종업원의 경조사비인 경우에는 복리후생비 계정으로, 거래처 관련 경조사비인 경우에는 기업업무추진비 계정으로 회계처리한다.

[3] 수익적 지출인 경우에는 수선비 계정 등 당기 비용으로, 자본적 지출인 경우에는 해당 자산 계정으로 회계처리한다.

[사례] 업무용 차량에 주유하고 대금 80,000원을 현금으로 지급하였다.

(차) 차량유지비	80,000	(대) 현금	80,000

[사례] 업무용 차량의 1개월 정기주차료 100,000원을 현금으로 지급하였다.

(차) 차량유지비	100,000	(대) 현금	100,000

[사례] 신제품 개발을 위하여 실험재료비 30,000원을 현금으로 지급하였다. 동 지출은 무형자산의 인식요건을 충족하지 못하는 것으로 확인되었다.

(차) 경상연구개발비	30,000	(대) 현금	30,000

[사례] 고객사에 상품을 판매하고 택배로 발송하면서 택배비 20,000원을 현금으로 지급하였다.

(차) 운반비	20,000	(대) 현금	20,000

[사례] 신입사원 교육을 위해 위탁교육기관에 교육비 100,000원을 현금으로 지급하였다.

(차) 교육훈련비	100,000	(대) 현금	100,000

[사례] 영업부서에서 구독하는 월간지와 신문대금 30,000원을 현금으로 지급하였다.

(차) 도서인쇄비	30,000	(대) 현금	30,000

[사례] 사무실에서 사용할 복사 용지를 50,000원에 현금으로 구입하였다. (비용으로 처리할 것)

(차) 소모품비[4]	50,000	(대) 현금	50,000

[사례] 회계법인에 세무기장료 200,000원을 현금으로 지급하였다.

(차) 수수료비용	200,000	(대) 현금	200,000

[사례] 사무실 건물 구입과 관련하여 공인중개사 수수료 300,000원을 현금으로 지급하였다.

(차) 건물[5]	300,000	(대) 현금	300,000

[사례] 사무실 건물 임차와 관련하여 공인중개사 수수료 300,000원을 현금으로 지급하였다.

(차) 수수료비용[6]	300,000	(대) 현금	300,000

[사례] 새벽일보에 회사 광고를 게재하고 광고료 200,000원을 현금으로 지급하였다.

(차) 광고선전비	200,000	(대) 현금	200,000

[사례] 광고용 전단지 인쇄대금 30,000원을 현금으로 지급하였다.

(차) 광고선전비	30,000	(대) 현금	30,000

[4] 소모성 사무용품을 구입할 때, 비용으로 처리하는 경우에는 '소모품비' 계정으로, 자산으로 처리하는 경우에는 '소모품' 계정으로 회계처리한다.

[5] 건물 취득 과정에서 발생하는 중개인수수료는 취득부대비용에 해당하므로 해당 자산 계정으로 회계처리한다.

[6] 건물 임차 과정에서 발생하는 중개인수수료는 취득부대비용에 해당하지 않으므로 당기 비용인 수수료비용 계정으로 회계처리한다.

05 영업외수익

(1) 영업외수익의 정의

영업외수익이란 기업의 주된 영업활동이 아닌 부수적인 활동에서 발생하는 수익을 말한다.

(2) 영업외수익에 해당하는 계정과목

계정과목	내 용
이자수익	예금이나 대여금에서 받는 이자
배당금수익	보유 중인 유가증권 중 주식(지분증권)에서 받는 배당금
임대료	임대업을 주업으로 하지 않는 기업이 타인에게 동산이나 부동산을 임대하고 받는 대가
단기매매증권평가이익	단기매매증권을 기말 결산 시 공정가치로 평가할 때, 기말 공정가치가 평가 전 장부금액보다 클 경우 그 차액
단기매매증권처분이익	단기매매증권을 처분할 때, 처분금액이 처분 전 장부금액보다 클 경우 그 차액
매도가능증권처분이익	매도가능증권을 처분할 때, 처분금액이 당초 취득원가보다 클 경우 그 차액 참고 매도가능증권평가이익 계정은 기타포괄손익누계액으로 분류함
유형자산처분이익	유형자산을 처분할 때, 처분금액이 처분 전 장부금액보다 클 경우 그 차액
대손충당금환입	매출채권 이외의 수취채권(미수금, 대여금)에 대하여 기말 결산 시 대손충당금을 환입할 때 사용하는 계정과목
외화환산이익	외화자산이나 외화부채를 기말 결산 시 결산일 환율로 환산할 때, 환율의 차이로 인하여 발생하는 수익
외환차익	외화자산을 회수하거나 외화부채를 상환할 때, 환율의 차이로 인하여 발생하는 수익
자산수증이익	회사가 주주, 채권자 등으로부터 재산을 무상으로 증여받음으로써 발생하는 수익
채무면제이익	회사가 주주, 채권자 등으로부터 지급채무를 면제받음으로써 발생하는 수익
보험금수익	보험에 가입된 자산이 피해를 입었을 경우 보험회사로부터 받는 보험금
잡이익	영업외수익에는 해당하나 그 금액이 중요하지 않은 수익

(3) 영업외수익의 회계처리

(차) [계정명]	xxx	(대) 해당 수익 계정 (영업외수익)	xxx

[사례] 매장의 일부를 빌려주고 당월분 사용료 300,000원을 현금으로 받았다.

(차) 현금	300,000	(대) 임대료	300,000

[사례] 관계회사인 A사에 지급하여야 할 외상매입금 300,000원을 전액 면제받았다.

(차) 외상매입금	300,000	(대) 채무면제이익	300,000

06 영업외비용

(1) 영업외비용의 정의

영업외비용은 기업의 영업활동 외의 활동에서 발생한 비용이다.

(2) 영업외비용에 해당하는 계정과목

계정과목	내 용
이자비용	차입금에 대하여 지급하는 이자
기부금	업무와 관련없이 무상으로 기증하는 재산
매출채권처분손실	수취채권의 매각거래로 보는 어음의 할인 거래에서 발생하는 할인료
단기매매증권평가손실	단기매매증권을 기말 결산 시 공정가치로 평가할 때, 기말 공정가치가 평가 전 장부금액보다 작을 경우 그 차액
단기매매증권처분손실	단기매매증권을 처분할 때, 처분금액이 처분 전 장부금액보다 작을 경우 그 차액
매도가능증권처분손실	매도가능증권을 처분할 때, 처분금액이 당초 취득원가보다 작을 경우 그 차액 참고 매도가능증권평가손실 계정은 기타포괄손익누계액으로 분류함
유형자산처분손실	유형자산을 처분할 때, 처분금액이 처분 전 장부금액보다 작을 경우 그 차액
기타의대손상각비	매출채권 이외의 수취채권(미수금, 대여금)에 대하여 기중에 회수불능(대손 확정)되었을 때 또는 기말 결산 시 대손충당금을 추가설정할 때 비용으로 인식하는 계정과목
외화환산손실	외화자산이나 외화부채를 기말 결산 시 결산일 환율로 환산할 때, 환율의 차이로 인하여 발생하는 비용
외환차손	외화자산을 회수하거나 외화부채를 상환할 때, 환율의 차이로 인하여 발생하는 비용
재고자산감모손실	재고자산의 도난, 분실, 파손, 증발, 마모 등으로 인하여 재고자산의 실제 수량이 장부상 수량보다 비정상적으로 부족한 경우 발생하는 손실 참고 정상적인 감모손실은 상품매출원가 계정으로 회계처리함
재해손실	천재지변 또는 예측치 못한 사건으로 인하여 발생하는 손실
잡손실	영업외비용에는 해당하나 그 금액이 중요하지 않은 지출

(3) 영업외비용의 회계처리

(차) 해당 비용 계정 (영업외비용)	xxx	(대) [계정명]	xxx

[사례] 폭우로 피해를 입은 수재민을 돕기 위해 현금 300,000원을 지역 신문사에 기탁하였다.

(차) 기부금	300,000	(대) 현금	300,000

[사례] 창고에 보관 중이던 상품 500,000원이 화재로 소실되었다. 당사는 화재보험에 가입되어 있지 않다.

(차) 재해손실 (영업외비용)	500,000	(대) 상품[1]	500,000

[1] • 재고자산인 상품 계정을 감소시키면서 매출원가 이외의 비용 계정을 인식하므로 타계정대체 거래에 해당한다.
• 타계정대체가 있을 때 상품매출원가 = (기초재고 + 당기매입 − 실제 기말재고) − 타계정대체

07 자산을 취득할 때와 처분할 때 발생하는 운송료, 수수료, 제세금 등의 회계처리

(1) 자산을 취득할 때

자산을 취득하는 과정에서 발생하는 운송료, 수수료, 제세금 등의 부대비용은 **자산의 취득원가**로 회계처리한다.

다만, 예외적으로 단기매매증권을 취득하는 과정에서 발생하는 부대비용은 **당기 비용**(영업외비용)으로 회계처리한다.

(2) 자산을 처분할 때

기업의 주된 영업활동인 상품매출(재고자산의 처분) 과정에서 발생하는 운송료, 수수료, 제세금 등의 부대비용은 운반비 계정, 수수료비용 계정, 세금과공과 계정 등 **별도의 비용 계정**(판매비와관리비)으로 회계처리한다.

반면, 기업의 주된 영업활동이 아닌 자산의 처분(재고자산이 아닌 자산의 처분) 과정에서 발생하는 부대비용은 자산의 처분금액에서 직접 차감함으로써 유형자산처분손익, 단기매매증권처분손익 등 **해당 자산의 처분손익 계정**(영업외수익 또는 영업외비용)으로 회계처리한다.

08 화폐성 외화자산·부채에 대한 외화환산손익과 외환차손익

(1) 화폐성 외화자산·부채

화폐성 자산·부채란 확정된 화폐단위 수량으로 회수하거나 지급하여야 하는 자산·부채를 말한다.

구 분	자 산	부 채
화폐성	• 외국통화, 외화예금 • 매출채권, 미수금, 대여금, 임차보증금	• 매입채무, 미지급금, 차입금, 임대보증금
비화폐성	• 선급금 • 재고자산, 유형자산, 무형자산	• 선수금

외화로 표시된 화폐성 자산·부채, 즉 화폐성 외화자산·부채(예 외상매출금 500달러)는 환율이 변동되면 원화환산액이 달라지기 때문에 외화환산손익과 외환차손익이 발생한다.

외화환산손익	화폐성 외화자산·부채를 기말 결산일 현재 보유하고 있을 때 인식
외환차손익	화폐성 외화자산·부채가 기중에 없어질 때 인식

(2) 외화환산손익

외화거래에 따라 화폐성 외화자산·부채가 발생하면 거래발생일의 환율로 원화 금액을 계산하여 장부에 회계처리한다.

기말 현재 회사가 보유하고 있는 화폐성 외화자산·부채는 결산일 현재 환율로 환산하여야 하는데, 기말 환산액과 환산 전 장부금액의 차액을 외화환산이익 계정(수익) 또는 외화환산손실 계정(비용)으로 인식한다.

만약 환율이 상승하여 기말 환산액이 환산 전 장부금액보다 커졌다면, 외화자산에 대하여는 자산의 증가로 인하여 외화환산이익이 발생하나, 외화부채에 대하여는 부채의 증가로 인하여 외화환산손실이 발생하게 된다.

① 외화자산

기말 환산액 > 환산 전 장부금액 : 외화환산이익			
(차) 해당 외화자산 계정	xxx	(대) 외화환산이익	xxx

기말 환산액 < 환산 전 장부금액 : 외화환산손실			
(차) 외화환산손실	xxx	(대) 해당 외화자산 계정	xxx

② 외화부채

기말 환산액 > 환산 전 장부금액 : 외화환산손실			
(차) 외화환산손실	xxx	(대) 해당 외화부채 계정	xxx

기말 환산액 < 환산 전 장부금액 : 외화환산이익			
(차) 해당 외화부채 계정	xxx	(대) 외화환산이익	xxx

(3) 외환차손익

회사가 외화자산을 회수하거나 외화채무를 상환하는 경우 실제 수수한 외화의 원화 환산액(실제 회수·상환일의 환산액)과 회수·상환 전 장부금액의 차액을 외환차익 계정(수익) 또는 외환차손 계정(비용)으로 인식한다.

만약 환율이 상승하여 실제 회수·상환일의 환산액이 회수·상환 전 장부금액보다 커졌다면, 외화자산에 대하여는 자산의 증가로 인하여 외환차익이 발생하나, 외화부채에 대하여는 부채의 증가로 인하여 외환차손이 발생하게 된다.

① 외화자산

실제 회수일의 환산액 > 회수 전 장부금액 : 외환차익			
(차) [계정명]	xxx	(대) 해당 외화자산 계정	xxx
		외환차익	xxx

실제 회수일의 환산액 < 회수 전 장부금액 : 외환차손			
(차) [계정명]	xxx	(대) 해당 외화자산 계정	xxx
외환차손	xxx		

② 외화부채

실제 상환일의 환산액 > 상환 전 장부금액 : 외환차손			
(차) 해당 외화부채 계정	xxx	(대) [계정명]	xxx
외환차손	xxx		

실제 상환일의 환산액 < 상환 전 장부금액 : 외환차익			
(차) 해당 외화부채 계정	xxx	(대) [계정명]	xxx
		외환차익	xxx

(4) 사례

① 외화자산 사례

A사는 20x1년 10월 20일에 미국에 있는 고객사에 상품 500달러($)를 외상으로 수출하였으며 대금은 20x2년 2월 20일에 보통예금으로 회수하였다. A사의 결산일은 12월 31일이다. 각 일자별 환율이 다음과 같을 때, 회계처리를 하여 보자.

- 20x1년 10월 20일 : 1,000원/$
- 20x1년 12월 31일 : 1,100원/$
- 20x2년 2월 20일 : 1,200원/$

20x1. 10. 20.	(차) 외상매출금	500,000[1]	(대) 상품매출	500,000
20x1. 12. 31.	(차) 외상매출금	50,000	(대) 외화환산이익	50,000[2]
20x2. 2. 20.	(차) 보통예금	600,000	(대) 외상매출금	550,000
			외환차익	50,000[3]

[1] $500 × @1,000원 = 500,000원

[2] 기말 환산액 – 환산 전 장부금액 = ($500 × @1,100원) – 500,000원 = 50,000원

[3] 실제 회수일의 환산액 – 회수 전 장부금액 = ($500 × @1,200원) – 550,000원 = 50,000원

② 외화부채 사례

B사는 20x1년 10월 20일에 미국에 있는 공급처로부터 상품 300달러($)를 외상으로 매입하였으며 대금은 20x2년 2월 20일에 보통예금으로 상환하였다. B사의 결산일은 12월 31일이다. 각 일자별 환율이 다음과 같을 때, 회계처리를 하여 보자.

- 20x1년 10월 20일 : 1,000원/$
- 20x1년 12월 31일 : 1,200원/$
- 20x2년 2월 20일 : 1,100원/$

20x1. 10. 20.	(차) 상품	300,000	(대) 외상매입금	300,000[1]
20x1. 12. 31.	(차) 외화환산손실	60,000[2]	(대) 외상매입금	60,000
20x2. 2. 20.	(차) 외상매입금	360,000	(대) 보통예금	330,000
			외환차익	30,000[3]

[1] $300 × @1,000원 = 300,000원

[2] 기말 환산액 – 환산 전 장부금액 = ($300 × @1,200원) – 300,000원 = 60,000원 (부채이므로 외화환산손실)

[3] 실제 상환일의 환산액 – 상환 전 장부금액 = ($300 × @1,100원) – 360,000원 = (–)30,000원 (부채이므로 외환차익)

09 거래형태별 수익인식기준

최근 88회 시험 중 12회 기출

(1) 재화의 판매

① 수익인식요건

재화의 판매로 인한 수익은 다음 요건이 모두 충족될 때 인식한다.

- 재화의 소유에 따른 유의적인 위험과 보상이 구매자에게 이전된다.
- 판매자는 판매한 재화에 대하여 소유권이 있을 때 통상적으로 행사하는 정도의 관리나 효과적인 통제를 할 수 없다.
- 수익금액을 신뢰성 있게 측정할 수 있다.
- 경제적 효익의 유입 가능성이 매우 높다.
- 거래와 관련하여 발생했거나 발생할 원가를 신뢰성 있게 측정할 수 있다.

② 각 거래형태별 구체적 수익인식시기

- 일반적인 상품 및 제품 판매 : 인도한 시점
- 위탁판매 : 수탁자가 적송품을 판매한 시점
- 시용판매 : 고객이 구매의사를 표시한 시점
- 결산일 현재 운송 중에 있는 재화의 판매

선적지 인도조건	판매자가 재화를 선적하는 시점
도착지 인도조건	재화가 목적지에 도착하는 시점

- 할부판매

원 칙	인도한 시점[1]
예 외	중소기업인 경우에는 장기할부판매에 대하여 회수되는 금액으로 매출을 인식하는 것(회수기일 도래기준)도 가능

- 상품권 발행 : 상품권을 회수하고 재화를 인도하는 시점[2]
- 정기간행물

금액이 매기간 동일	구독기간에 걸쳐 매기간 동일한 금액(정액기준)으로 수익 인식
금액이 기간별로 상이	총예상판매금액을 해당 기간 금액의 비율로 안분하여 수익 인식

[1] 단, 장기할부판매의 경우에는 인도 시점에 현재가치로 수익(매출)을 인식하고, 명목금액과 현재가치의 차액(현재가치할인차금)은 기간 경과에 따라 수익(이자수익)을 인식한다.

[2] 상품권을 판매하는 시점에는 수익을 인식하지 않고, 받은 돈을 부채(선수금)로 기록한다.

(2) 용역의 제공

① 수익인식요건

용역의 제공으로 인한 수익은 다음 요건이 모두 충족될 때 진행기준[1]에 따라 인식한다.

- 거래 전체의 수익금액을 신뢰성 있게 측정할 수 있다.
- 경제적 효익의 유입 가능성이 매우 높다.
- 진행률을 신뢰성 있게 측정할 수 있다.
- 이미 발생한 원가 및 거래의 완료를 위하여 투입하여야 할 원가를 신뢰성 있게 측정할 수 있다.

[1] 진행기준이란 작업 진행 정도에 따라 수익을 인식하는 것을 말한다.

② 각 거래형태별 구체적 수익인식시기

- 일반적인 용역매출 및 예약매출[1] : 진행기준
- 건설형 공사계약 : 장기·단기를 불문하고 모두 진행기준
- 주문개발 소프트웨어 : 진행기준
- 광고제작사의 광고제작수익 : 진행기준
- 방송사의 광고수익 : 광고를 대중에게 전달하는 시점
- 공연입장료 : 행사가 개최되는 시점
- 수강료 : 강의 기간 동안 발생기준에 따라 인식

[1] 예약매출이란 주문을 먼저 받은 후 제조하는 거래로서 도급공사, 아파트분양, 대형선박 등이 이에 해당한다.

(3) 그 밖의 거래

① 수익인식요건

자산을 타인에게 사용하게 함으로써 발생하는 이자, 배당금, 로열티 등의 수익은 다음 요건이 모두 충족될 때 인식한다.

- 수익금액을 신뢰성 있게 측정할 수 있다.
- 경제적 효익의 유입 가능성이 매우 높다.

② 각 거래형태별 구체적 수익인식시기

이자수익	유효이자율을 적용하여 발생기준에 따라 인식
배당금수익	배당금을 받을 권리와 금액이 확정되는 시점
로열티수익	관련된 계약의 경제적 실질을 반영하여 발생기준에 따라 인식

기출확인문제

다음 중 일반기업회계기준에 의한 수익인식기준으로 가장 옳지 않은 것은? (제103회)

① 상품권 판매 : 물품 등을 제공 또는 판매하여 상품권을 회수한 때 수익을 인식한다.

② 위탁판매 : 위탁자는 수탁자가 해당 재화를 제3자에게 판매한 시점에 수익을 인식한다.

③ 광고매체수수료 : 광고 또는 상업방송이 대중에게 전달될 때 수익을 인식한다.

④ 주문형 소프트웨어의 개발 수수료 : 소프트웨어 전달 시에 수익을 인식한다.

정답 ④

해설
주문형 소프트웨어의 개발 수수료 : 작업 진행 정도(진행기준)에 따라 수익을 인식한다.

기출분개연습

* 기출문제 날짜는 학습효과를 높이기 위해 일부 수정하였으며, ㈜연습(코드번호 : 1301) 데이터를 사용하여 연습할 수 있습니다.

01 11월 1일 지난달 길음상사에 매출한 제품에 대한 외상매출금 7,000,000원을 금일 회수하였는데, 약정기일보다 10일 빠르게 회수되어 외상매출금의 3%를 할인해 주었다. 대금은 모두 보통예금으로 입금되었다. [제49회]

02 11월 2일 관리부서 직원에 대한 상여금을 원천징수세액 공제 후 보통예금 계좌에서 이체하여 지급하였다. 상여금 총액은 15,000,000원이고, 소득세 등 원천징수세액은 1,000,000원이다. [제60회]

03 11월 3일 홍콩지점 관리를 목적으로 대표이사의 국외출장 왕복항공료 3,000,000원을 법인카드(국민카드)로 결제하였다. [제44회]

04 11월 4일 경북상회로부터 관리부에서 착용할 유니폼을 한 벌 구입하고 대금 48,000원은 자기앞수표로 지급하였다. (비용으로 계상할 것) [제29회]

05 11월 5일 당사는 영업부 직원 김상호의 모친 조의금으로 100,000원을 현금으로 전달하였다. [제35회]

06 11월 6일 관리직 직원들에 대한 독감 예방접종을 세명병원에서 실시하고, 접종비용 1,500,000원을 사업용카드인 국민카드로 결제하였다. (미지급금으로 회계처리할 것) [제63회]

07 11월 7일 매출거래처 직원의 결혼축하금 100,000원을 현금으로 지급하였다. [제45회]

08 11월 8일 독도횟집에서 매출거래처의 임직원들과 저녁식사를 하고 식사대금 235,000원을 법인카드(국민카드)로 결제하였다. [제27회]

09 11월 9일 재경팀 사무실 전화요금 50,000원을 현금으로 납부하였다. [제35회]

10 11월 10일 다음과 같이 웅진석유에서 난방용 경유를 360,000원에 구입하고 대금은 현금으로 지급하였다. [제30회]

- 공장에서 사용 : 200,000원
- 본사 사무실에서 사용 : 160,000원

정답 및 해설

01 11월 1일	(차) 보통예금	6,790,000	(대) 외상매출금(길음상사)	7,000,000
	매출할인(제품매출)	210,000		
02 11월 2일	(차) 상여금(판관비)	15,000,000	(대) 보통예금	14,000,000
			예수금	1,000,000
03 11월 3일	(차) 여비교통비(판관비)	3,000,000	(대) 미지급금(국민카드)	3,000,000
04 11월 4일	(차) 복리후생비(판관비)	48,000	(대) 현금	48,000
05 11월 5일	(차) 복리후생비(판관비)	100,000	(대) 현금	100,000
06 11월 6일	(차) 복리후생비(판관비)	1,500,000	(대) 미지급금(국민카드)	1,500,000
07 11월 7일	(차) 기업업무추진비(판관비)	100,000	(대) 현금	100,000
08 11월 8일	(차) 기업업무추진비(판관비)	235,000	(대) 미지급금(국민카드)	235,000
09 11월 9일	(차) 통신비(판관비)	50,000	(대) 현금	50,000
10 11월 10일	(차) 가스수도료(제조)	200,000	(대) 현금	360,000
	수도광열비(판관비)	160,000		

11 11월 11일 공장에서 발생한 수도요금 40,000원과 전기요금 50,000원을 현금으로 납부하였다. [제44회]

12 11월 12일 영업부 사무실에 대한 재산세 2,100,000원을 현금으로 납부하였다. [제45회]

13 11월 13일 본사 영업팀에서 사용하는 승용차에 대한 자동차세 360,000원을 현금으로 납부하였다. [제39회]

14 11월 14일 전국전자협회 협회비 1,000,000원을 현금으로 지급하였다. [제41회]

15 11월 15일 파손된 본사 사무실 건물의 유리를 교체하고, 대금 150,000원을 현금으로 지급하였다. (수익적 지출로 처리할 것) [제48회]

16 11월 16일 삼거리주유소에서 영업팀 승용차에 주유를 하고 주유대금 50,000원은 법인카드(국민카드)로 결제하였다. [제26회]

17 11월 17일 본사 영업부 직원의 직무능력 강화를 위하여 외부강사를 초청하여 교육하고, 강사료 1,000,000원 중 원천징수세액 33,000원을 제외한 나머지 금액 967,000원을 보통예금 계좌에서 지급하였다. [21년 12월 특별회차]

18 11월 18일 본사 영업사원에 대하여 새로이 명함을 인쇄하여 배부하였다. 대금 90,000원은 현금으로 지급하였다. [제35회]

19 11월 19일 마케팅부서에서 사용할 경영전략과 관련된 서적을 교보문고에서 12,000원에 현금 구입하였다. [제24회]

20 11월 20일 대전상회로부터 영업부에서 사용할 소모품을 구입하고 대금 100,000원은 자기앞수표로 지급하였다. (비용으로 계상할 것) [제27회]

21 11월 21일 마케팅부서에 필요한 외국서적의 번역을 의뢰한 프리랜서에게 번역비 1,000,000원에서 원천징수세액 33,000원을 차감한 금액을 보통예금으로 지급하였다. (수수료비용으로 회계처리할 것) [제43회]

정답 및 해설

11	11월 11일	(차) 가스수도료(제조)	40,000	(대) 현금	90,000
		전력비(제조)	50,000		
12	11월 12일	(차) 세금과공과(판관비)	2,100,000	(대) 현금	2,100,000
13	11월 13일	(차) 세금과공과(판관비)	360,000	(대) 현금	360,000
14	11월 14일	(차) 세금과공과(판관비)	1,000,000	(대) 현금	1,000,000
15	11월 15일	(차) 수선비(판관비)	150,000	(대) 현금	150,000
16	11월 16일	(차) 차량유지비(판관비)	50,000	(대) 미지급금(국민카드)	50,000
17	11월 17일	(차) 교육훈련비(판관비)	1,000,000	(대) 예수금	33,000
				보통예금	967,000
18	11월 18일	(차) 도서인쇄비(판관비)	90,000	(대) 현금	90,000
19	11월 19일	(차) 도서인쇄비(판관비)	12,000	(대) 현금	12,000
20	11월 20일	(차) 소모품비(판관비)	100,000	(대) 현금	100,000
21	11월 21일	(차) 수수료비용(판관비)	1,000,000	(대) 보통예금	967,000
				예수금	33,000

22 11월 22일 당사의 최대주주인 조진희 씨로부터 본사 건물을 신축할 토지를 기증받았다. 토지에 대한 소유권 이전비용 2,000,000원은 보통예금으로 지급하였다. 토지의 공정가치는 100,000,000원이다. [20년 8월 특별회차]

23 11월 23일 거래처인 ㈜청계전자에 대한 외상매입금 35,000,000원 중 32,000,000원은 보통예금 계좌에서 이체하여 지급하고, 나머지 금액은 상환을 면제받았다. [제47회]

24 11월 24일 창고에 보관 중인 제품 3,000,000원이 화재로 인하여 소실되었다. 당 회사는 화재보험에 가입되어 있지 않다. [제40회]

25 11월 25일 당사에서 생산한 제품(원가 5,000,000원, 시가 6,500,000원)을 관할 구청에 불우이웃돕기 목적으로 기탁하였다. [제33회]

26 11월 26일 미국기업인 '벤카인터내셔날'에 수출(선적일 : 11월 12일)하였던 제품에 대한 외상매출금을 회수하여 원화로 당사 보통예금 계좌에 입금하였다. [제91회]

- 외상매출금 : 10,000달러
- 11월 12일 환율 : 1,100원/달러
- 11월 26일 환율 : 1,050원/달러

27 11월 27일 '미국 워싱턴은행'으로부터 차입한 단기차입금을 상환하기 위하여 보통예금 계좌에서 환전 후 이체하였다. [제39회]

- 차입금액 : 10,000달러
- 차입 시 적용한 환율 : 1,100원/달러
- 상환 시 적용한 환율 : 1,200원/달러

28 기말 외상매출금 계정 중에는 미국 '에이프상사'의 외상매출금 5,500,000원(미화 $5,000)이 포함되어 있다. 결산일 현재 적용환율은 1,120원/$이다. 기말수정분개를 하시오.

[21년 12월 특별회차]

29 기말 외상매입금 계정 중에는 미국 'ABC사'의 외상매입금 3,000,000원(미화 $2,500)이 포함되어 있다. 기말수정분개를 하시오. (결산일 현재 적용환율 : 1,150원/$) [제96회]

정답 및 해설

22 11월 22일 (차) 토지 102,000,000 (대) 자산수증이익 100,000,000
보통예금 2,000,000

23 11월 23일 (차) 외상매입금(㈜청계전자) 35,000,000 (대) 보통예금 32,000,000
채무면제이익 3,000,000

24 11월 24일 (차) 재해손실 3,000,000 (대) 제품 3,000,000
(적요 8. 타계정으로 대체액)

25 11월 25일 (차) 기부금 5,000,000 (대) 제품 5,000,000
(적요 8. 타계정으로 대체액)

26 11월 26일 (차) 보통예금 10,500,000 (대) 외상매출금(벤카인터내셔날) 11,000,000
외환차손 500,000[1]

[1] 외환차손익 = 실제 회수일의 환산액 – 회수 전 장부금액
= ($10,000 × @1,050원) – ($10,000 × @1,100원)
= (–)500,000원

27 11월 27일 (차) 단기차입금(미국 워싱턴은행) 11,000,000 (대) 보통예금 12,000,000
외환차손 1,000,000[1]

[1] 외환차손익 = 실제 상환일의 환산액 – 상환 전 장부금액
= ($10,000 × @1,200원) – ($10,000 × @1,100원)
= 1,000,000원 (부채이므로 외환차손)

28 12월 31일 (차) 외상매출금(에이프상사) 100,000 (대) 외화환산이익 100,000[1]

[1] 외화환산손익 = 기말 환산액 – 환산 전 장부금액
= ($5,000 × @1,120원) – 5,500,000원
= 100,000원

29 12월 31일 (차) 외상매입금(ABC사) 125,000 (대) 외화환산이익 125,000[1]

[1] 외화환산손익 = 기말 환산액 – 환산 전 장부금액
= ($2,500 × @1,150원) – 3,000,000원
= (–)125,000원 (부채이므로 환산이익)

핵심기출문제

* 본서에 수록된 기출문제의 날짜는 학습효과를 높이기 위하여 일부 수정함

01 다음은 상품을 판매한 이후에 발생한 내역이다. 매출액에 영향을 미치지 않는 경우는?

[16년 2월 특별회차]

① 상품을 현금판매 후 상품의 하자로 반품되었다.
② 상품을 외상판매 후 상품의 대금을 회수하지 못하여 외상매출금 회수를 포기하였다.
③ 상품을 현금판매 후 상품의 하자로 판매대금의 10%를 환불해 주었다.
④ 상품을 외상판매 후 외상매출금을 조기상환하여 판매대금의 10%를 할인해 주었다.

02 다음 주어진 재고자산 자료를 가지고 매출원가를 계산하면 얼마인가? [제55회]

- 기초재고액 : 300,000원
- 당기총매입액 : 1,200,000원
- 기말재고액 : 200,000원
- 매출환입 : 50,000원
- 매입환출 : 80,000원
- 매입에누리 : 100,000원

① 1,070,000원　② 1,120,000원　③ 1,200,000원　④ 1,300,000원

03 다음의 자료를 이용하여 매출총이익을 계산하시오. [21년 12월 특별회차]

- 매출액 1,700,000원
- 매입가액 1,200,000원
- 기초상품재고액 400,000원
- 기말상품재고액 300,000원
- 상품매출운반비 40,000원
- 상품매입운반비 50,000원

① 300,000원　② 350,000원　③ 390,000원　④ 400,000원

04 ㈜부산상사의 5월 초 상품재고액은 500,000원이며, 5월의 상품 매입액은 350,000원, 5월의 매출액은 600,000원이다. 매출총이익률은 20%라고 한다면, 5월 말 상품재고액은 얼마인가?

[제98회]

① 250,000원 ② 370,000원 ③ 480,000원 ④ 620,000원

정답 및 해설

01 ② • ② 대손상각비는 판매비와관리비로 처리되며, 매출액에 영향을 미치지 않는다.
• ① 매출환입, ③ 매출에누리, ④ 매출할인

02 ② 매출원가 = 기초재고액 + (당기총매입액 − 매입환출 − 매입에누리 − 매입할인) − 기말재고액
= 300,000 + (1,200,000 − 80,000 − 100,000 − 0) − 200,000
= 1,120,000원

03 ② • 매출원가 = 기초상품재고액 + (매입가액 + 상품매입운반비) − 기말상품재고액
= 400,000 + (1,200,000 + 50,000) − 300,000
= 1,350,000원
• 매출총이익 = 매출액 − 매출원가
= 1,700,000 − 1,350,000
= 350,000원
• 상품매출운반비는 판매비와관리비에 해당한다.

04 ② • $\text{매출총이익률} = \dfrac{\text{매출액} - \text{매출원가}}{\text{매출액}}$

$\rightarrow 20\% = \dfrac{600{,}000 - ?}{600{,}000}$

∴ 매출원가 = 480,000원
• 매출원가 = 기초재고 + 당기매입 − 기말재고
→ 480,000 = 500,000 + 350,000 − ?
∴ 기말재고 = 370,000원

05 당기초에 영업활동을 개시한 ㈜회계의 매출총이익률은 20%이며, 상품매출은 전부 외상이다. 당기중 상품 매입액이 800,000원, 기말상품재고액이 228,000원, 당기중 현금 회수액이 400,000원이라면 기말에 미회수된 외상매출금 잔액은 얼마인가? [제29회 수정]

① 180,000원 ② 254,000원 ③ 390,000원 ④ 315,000원

06 다음 자료에 의하여 기말 외상매입금 잔액을 계산하면 얼마인가? (단, 상품매입은 전부 외상이다) [제50회]

- 기초 상품재고액 : 500,000원
- 기말 상품재고액 : 600,000원
- 기중 상품매출 : 1,500,000원
- 매출총이익률 : 30%
- 기초 외상매입금 : 400,000원
- 기중 외상매입금 현금 지급 : 1,200,000원

① 330,000원 ② 340,000원 ③ 350,000원 ④ 360,000원

07 다음은 회계상 거래의 결합관계를 표시한 것이다. 옳지 않은 것은? [제86회]

거 래	거래의 결합관계
① 대형 가습기를 150만 원에 현금 구입하였다.	자산의 증가 - 자산의 감소
② 주식의 액면발행으로 2억 원을 현금 조달하였다.	자산의 증가 - 자본의 증가
③ 상품을 30만 원에 현금으로 매출하였다.	자산의 증가 - 비용의 감소
④ 관리부 직원의 출산 축의금 10만 원을 현금 지급하였다.	비용의 발생 - 자산의 감소

정답 및 해설

05 ④ • 매출원가 = 기초재고 + 당기매입 − 기말재고
= 0 + 800,000 − 228,000
= 572,000원

• 매출총이익률 = $\frac{\text{매출액} - \text{매출원가}}{\text{매출액}}$

→ 20% = $\frac{? - 572{,}000}{?}$

∴ 매출액 = 715,000원

• 외상매출 시 회계처리

(차) 외상매출금	715,000	(대) 상품매출	715,000

• 외상매출금 회수 시 회계처리

(차) 현금	400,000	(대) 외상매출금	400,000

• 외상매출금 계정의 총계정원장

외상매출금(자산)

기초잔액	0	회수액	400,000
외상매출액	715,000	기말잔액	?
	715,000		715,000

∴ 기말잔액 = (0 + 715,000) − 400,000 = 315,000원

06 ③ • 매출총이익률 = $\frac{\text{매출액} - \text{매출원가}}{\text{매출액}}$

→ 30% = $\frac{1{,}500{,}000 - ?}{1{,}500{,}000}$

∴ 매출원가 = 1,050,000원

• 매출원가 = 기초재고 + 당기매입 − 기말재고

→ 1,050,000 = 500,000 + ? − 600,000

∴ 당기매입 = 1,150,000원

• 외상매입 시 회계처리

(차) 상품	1,150,000	(대) 외상매입금	1,150,000

• 외상매입금 지급 시 회계처리

(차) 외상매입금	1,200,000	(대) 현금	1,200,000

• 외상매입금 계정의 총계정원장

외상매입금(부채)

지급액	1,200,000	기초잔액	400,000
기말잔액	?	외상매입액	1,150,000
	1,550,000		1,550,000

∴ 기말잔액 = (400,000 + 1,150,000) − 1,200,000 = 350,000원

07 ③

① (차) 비품(자산의 증가)	xxx	(대) 현금(자산의 감소)	xxx
② (차) 현금(자산의 증가)	xxx	(대) 자본금(자본의 증가)	xxx
③ (차) 현금(자산의 증가)	xxx	(대) 상품매출(수익의 발생)	xxx
④ (차) 복리후생비(비용의 발생)	xxx	(대) 현금(자산의 감소)	xxx

08 다음 거래에 대한 회계처리 시 나타나는 거래요소의 결합관계를 아래의 보기에서 모두 고른 것은? [제103회]

단기대여금 50,000원과 그에 대한 이자 1,000원을 현금으로 회수하다.

〈보기〉

가. 자산의 증가	나. 자산의 감소	다. 부채의 증가
라. 부채의 감소	마. 수익의 발생	바. 비용의 발생

① 가, 나, 바 ② 나, 다, 마 ③ 나, 라, 바 ④ 가, 나, 마

09 다음 중 기말 결산 시 계정별 원장의 잔액을 차기에 이월하는 방법을 통하여 장부를 마감하는 계정과목은? [제78회]

① 광고선전비 ② 기업업무추진비 ③ 개발비 ④ 기부금

10 다음 중 나머지 셋과 계정과목의 성격이 다른 하나는? [제59회]

① 단기매매증권평가손실 ② 단기매매증권처분손실
③ 매도가능증권평가손실 ④ 매도가능증권처분손실

11 다음의 계정과목 중 계정체계의 분류가 나머지와 다른 것은? [제101회]

① 매도가능증권처분이익　　② 자산수증이익
③ 단기매매증권평가이익　　④ 자기주식처분이익

12 다음 중 손익계산서상 구분표시가 다른 것은? [제47회]

① 복리후생비　　② 유형자산처분손실
③ 외환차손　　④ 이자비용

정답 및 해설

08 ④ (차) 현금(자산의 증가) 51,000 (대) 단기대여금(자산의 감소) 50,000
이자수익(수익의 발생) 1,000

09 ③
- 손익계산서 구성요소인 수익과 비용은 당기 동안의 경영성과를 나타내는 것이므로 차기로 이월되지 않는다.
- 재무상태표 구성요소인 자산, 부채, 자본은 경영활동의 결과로 일정 시점까지 누적된 재무상태를 나타내는 것이므로 당기 기말 금액이 차기 기초로 이월된다.
- 광고선전비(비용), 기업업무추진비(비용), 개발비(자산), 기부금(비용)

10 ③ 단기매매증권평가손실(영업외비용), 단기매매증권처분손실(영업외비용), 매도가능증권평가손실(기타포괄손익누계액), 매도가능증권처분손실(영업외비용)

11 ④ 매도가능증권처분이익(영업외수익), 자산수증이익(영업외수익), 단기매매증권평가이익(영업외수익), 자기주식처분이익(자본잉여금)

12 ① 복리후생비(판관비), 유형자산처분손실(영업외비용), 외환차손(영업외비용), 이자비용(영업외비용)

13 다음의 자료로 영업이익을 계산하면 얼마인가? [제68회]

• 매출액 : 15,000,000원	• 매출원가 : 10,000,000원
• 급여 : 3,000,000원	• 이자수익 : 500,000원
• 기업업무추진비 : 1,000,000원	• 기부금 : 300,000원
• 유형자산처분손실 : 150,000원	• 배당금수익 400,000원
• 기타의대손상각비 : 160,000원	

① 540,000원 ② 700,000원 ③ 1,000,000원 ④ 2,000,000원

14 다음 중 전자제품 도소매업을 영위하는 ㈜세무의 당기 손익계산서상 영업이익에 영향을 미치는 거래로 볼 수 있는 것은? [제95회]

① 노후화된 업무용 차량을 중고차매매상사에 판매하고 유형자산처분손실을 계상하였다.
② 사업 운영자금에 관한 대출이자를 지급하고 이자비용으로 계상하였다.
③ 상품을 홍보하기 위해 광고물을 제작하고 광고선전비로 계상하였다.
④ 기말 결산 시 외화예금에 대해 외화환산손실을 계상하였다.

15 다음은 기업에서 납부하는 각종 세금이다. 일반적으로 회계처리하는 계정과목이 틀리게 연결된 것은? [제31회]

① 종업원의 급여 지급 시 원천징수한 근로소득세 - 예수금 계정
② 건물의 취득 시 납부한 취득세 - 건물 계정
③ 회사에서 보유하고 있는 차량에 대한 자동차세 - 차량운반구 계정
④ 법인기업의 소득에 대하여 부과되는 법인세 - 법인세비용 계정 또는 법인세등 계정

16 ㈜대동은 전년도 10월 31일 미국에 있는 JDTEXTILE 회사에 상품 1,000달러를 외상으로 수출하였으며 대금은 당해 연도 1월 25일에 보통예금으로 회수하였다. ㈜대동의 결산일은 12월 31일이다. 각 일자별 환율이 다음과 같을 때, 일자별 회계처리로 옳은 것은? [21년 8월 특별회차]

- 전년도 10월 31일 : 1,100원/달러
- 전년도 12월 31일 : 1,000원/달러
- 당해 연도 1월 25일 : 1,200원/달러

① 전년도 12월 31일	(차) 외상매출금	100,000원	(대) 외화환산이익		100,000원
② 전년도 12월 31일	(차) 외환차손	100,000원	(대) 외상매출금		100,000원
③ 당해 연도 1월 25일	(차) 보통예금	1,200,000원	(대) 외상매출금		1,000,000원
			외환차익		200,000원
④ 당해 연도 1월 25일	(차) 보통예금	1,200,000원	(대) 외상매출금		1,100,000원
			외화환산손실		100,000원
			외환차익		100,000원

정답 및 해설

13 ③
- 매출액(매출), 매출원가(매출원가), 급여(판관비), 이자수익(영업외수익), 기업업무추진비(판관비), 기부금(영업외비용), 유형자산처분손실(영업외비용), 배당금수익(영업외수익), 기타의대손상각비(영업외비용)
- 매출총이익 = 매출액 − 매출원가 = 15,000,000 − 10,000,000 = 5,000,000원
- 영업이익 = 매출총이익 − 판매비와관리비
  = 매출총이익 − (급여 + 기업업무추진비) = 5,000,000 − (3,000,000 + 1,000,000) = 1,000,000원

14 ③
- 영업이익 = 매출액 − 매출원가 − 판매비와관리비
- ① 유형자산처분손실(영업외비용) / ② 이자비용(영업외비용) / ③ 광고선전비(판매비와관리비) / ④ 외화환산손실(영업외비용)

15 ③ 회사에서 보유하고 있는 차량에 대한 자동차세 − 세금과공과 계정

16 ③

• 전년도 10월 31일	(차) 외상매출금	1,100,000	(대) 상품매출	1,100,000
• 전년도 12월 31일	(차) 외화환산손실	100,000	(대) 외상매출금	100,000[1]
• 당해 연도 1월 25일	(차) 보통예금	1,200,000	(대) 외상매출금	1,000,000
			외환차익	200,000

[1] ($1,000 × @1,000) − ($1,000 × @1,100) = (−)100,000원

17 ㈜오정은 A사로부터 갑상품을 12월 10일에 주문받고, 주문받은 갑상품을 12월 24일에 인도하였다. 갑상품 대금 100원을 다음과 같이 받을 경우, 이 갑상품의 수익인식 시점은 언제인가? [제62회]

날 짜	대금(합계 100원)
12월 31일	50원
다음 해 1월 2일	50원

① 12월 10일 ② 12월 24일 ③ 12월 31일 ④ 다음 해 1월 2일

18 다음 중 재화의 판매로 인한 수익 인식 요건이 아닌 것은? [제96회]

① 재화의 소유에 따른 유의적인 위험과 보상이 구매자에게 이전된다.
② 판매자는 판매한 재화에 대하여, 소유권이 있을 때 통상적으로 행사하는 정도의 관리나 효과적인 통제를 할 수 있다.
③ 수익금액을 신뢰성 있게 측정할 수 있다.
④ 경제적 효익의 유입 가능성이 매우 높다.

19 다음 중 재화의 수익인식 기준에 대한 설명으로 잘못된 것은? [제94회]

① 상품권 매출 : 물품 등을 제공하거나 판매하면서 상품권을 회수할 때
② 단기할부판매 : 재화를 고객에게 인도하는 때
③ 위탁판매 : 위탁자가 수탁자로부터 판매대금을 지급받은 때
④ 시용판매 : 고객이 매입의사를 표시하는 때

20 다음 중 각 거래 형태별 수익 인식 시점으로 옳은 것은? [21년 12월 특별회차]

① 상품권 발행 : 상품권을 판매한 시점
② 시용판매 : 고객에게 제품을 인도한 시점
③ 공연입장료 : 입장권을 판매하는 시점
④ 주문개발 소프트웨어 : 진행기준으로 인식

정답 및 해설

17 ② 일반적인 상품 판매의 경우, 인도 시점(12월 24일)에 수익인식 요건을 충족한다.

18 ② 판매자는 판매한 재화에 대하여, 소유권이 있을 때 통상적으로 행사하는 정도의 관리나 효과적인 통제를 할 수 없다.

19 ③ 위탁판매 : 수탁자가 해당 재화(적송품)를 고객에게 판매하는 때

20 ④ ① 상품권 발행 : 상품권을 회수하고 재화를 인도하는 시점
② 시용판매 : 고객이 구매의사를 표시한 시점
③ 공연입장료 : 행사가 개최되는 시점

제 7 절 기말수정분개

01 개요

기중의 회계처리만으로는 자산·부채·자본·수익·비용을 정확하게 나타낼 수 없기 때문에, 기말 결산 때 각 계정의 실제 잔액을 파악하여 총계정원장의 잔액이 실제 잔액과 일치하도록 조정해 주는 분개를 하는데, 이를 기말수정분개(또는 결산정리분개)라고 한다.

기말수정분개에 해당하는 대표적인 항목은 다음과 같다.

- 수익·비용의 발생과 이연
- 소모품의 정리
- 부가세예수금·부가세대급금의 정리
- 마이너스 통장의 정리
- 현금과부족의 정리
- 가지급금·가수금의 정리
- 화폐성 외화자산·부채의 환산
- 단기매매증권의 평가
- 매도가능증권의 평가
- 비유동부채의 유동성 대체
- 퇴직급여충당부채의 설정
- 대손충당금의 설정
- 감가상각비의 계상
- 매출원가의 계상
- 법인세비용의 계상

02 수익·비용의 발생과 이연

(1) 수익의 발생 (미수수익)

당기에 속하는 수익이지만 결산일까지 회수되지 않은 금액을 당기의 수익으로 인식한다.

	(차) 미수수익 (자산)	xxx	(대) 해당 수익 계정	xxx

[사례] 당기 결산 시 : 20x1년 12월 31일 기말 결산일 현재 은행예금에 대한 당기분 이자 미수액 40,000원을 수익으로 계상하다. (이자수령일은 다음 연도 1월 2일이다)

20x1. 12. 31.	(차) 미수수익	40,000	(대) 이자수익	40,000

실제 입금 시 : 20x2년 1월 2일 은행예금에 대한 전년도분 이자 40,000원이 보통예금 계좌로 입금되었다.

20x2. 1. 2.	(차) 보통예금	40,000	(대) 미수수익	40,000

(2) 비용의 발생 (미지급비용)

당기에 속하는 비용이지만 결산일까지 지급되지 않은 금액을 당기의 비용으로 인식한다.

	(차) 해당 비용 계정	xxx	(대) 미지급비용(부채)	xxx

[사례] 당기 결산 시 : 20x1년 12월 31일 기말 결산일 현재 은행차입금에 대한 당기분 이자 미지급액 100,000원을 비용으로 계상하다. (이자지급일은 다음 연도 1월 2일이다)

20x1. 12. 31.	(차) 이자비용	100,000	(대) 미지급비용	100,000

실제 지급 시 : 20x2년 1월 2일 은행차입금에 대한 전년도분 이자 100,000원을 보통예금 계좌에서 이체하여 지급하였다.

20x2. 1. 2.	(차) 미지급비용	100,000	(대) 보통예금	100,000

참고 **미지급금 vs 미지급비용**

- 실무에서 미지급금과 미지급비용은 구분이 모호한 경우가 많다. 또한, 분개를 작성해야 하는 시험에서도 두 계정과목이 모두 정답으로 인정되는 경우가 많다.
- 수험목적으로는 기말수정분개 및 관련 분개일 때에는 미지급비용 계정과목으로, 그 외에는 미지급금 계정과목으로 회계처리하면 된다.

(3) 수익의 이연 (선수수익)

당기에 이미 받은 금액 중에서 차기에 속하는 부분을 계산하여 당기의 수익에서 차감한다. (즉, 차기의 수익으로 이연시킨다)

기중에 수령액을 전액 수익으로 처리한 경우 기말수정분개			
(차) 해당 수익 계정	xxx	**(대) 선수수익(부채)**	xxx

[사례] 기중 입금 시 : 20x1년 6월 1일 1년분(20x1. 6. 1. ~ 20x2. 5. 31.) 임대료 120,000원을 현금으로 미리 받고 전액 수익으로 계상하였다.

20x1. 6. 1.	(차) 현금	120,000	(대) 임대료	120,000

기말 결산 시 : 기중 회계처리에서 계상되어 있는 임대료 계정 120,000원 중 50,000원은 다음 연도 해당분 임대료임을 확인하였다. (단, 월할 계산한다)

20x1. 12. 31.	(차) 임대료	50,000	(대) 선수수익	50,000[1]

[1] • 120,000원 × (5개월/12개월) = 50,000원
• 임대료 수령액 중 최종 재무제표에 당기 수익(임대료 계정)으로 표시되는 금액 = 70,000원

기중에 수령액을 전액 부채로 처리한 경우 기말수정분개			
(차) 선수수익 (부채)	xxx	**(대) 해당 수익 계정**	xxx

[사례] 기중 입금 시 : 20x1년 6월 1일 1년분(20x1. 6. 1. ~ 20x2. 5. 31.) 임대료 120,000원을 현금으로 미리 받고 전액 부채로 계상하였다.

20x1. 6. 1.	(차) 현금	120,000	(대) 선수수익	120,000

기말 결산 시 : 기중 회계처리에서 계상되어 있는 선수수익 계정 120,000원 중 50,000원이 다음 연도 해당분 임대료임을 확인하였다. (단, 월할 계산한다)

20x1. 12. 31.	(차) 선수수익	70,000	(대) 임대료	70,000[1]

[1] 임대료 수령액 중 최종 재무제표에 당기 수익(임대료 계정)으로 표시되는 금액 = 70,000원

(4) **비용의 이연** (선급비용)

당기에 이미 지급한 금액 중에서 차기에 속하는 부분을 계산하여 당기의 비용에서 차감한다. (즉, 차기의 비용으로 이연시킨다)

기중에 지급액을 전액 비용으로 처리한 경우 기말수정분개

(차) 선급비용(자산) xxx **(대) 해당 비용 계정** xxx

[사례] 기중 지급 시 : 20x1년 10월 1일 1년분(20x1. 10. 1. ~ 20x2. 9. 30.) 보험료 240,000원을 현금으로 미리 지급하고 전액 비용으로 계상하였다.

20x1. 10. 1.	(차) 보험료	240,000	(대) 현금	240,000

기말 결산 시 : 기중 회계처리에서 계상되어 있는 보험료 계정 240,000원 중 180,000원은 다음 연도 해당분 보험료임을 확인하였다. (단, 월할 계산한다)

20x1. 12. 31.	(차) 선급비용	180,000[1]	(대) 보험료	180,000

[1] • 240,000원 × (9개월/12개월) = 180,000원
• 보험료 지급액 중 최종 재무제표에 당기 비용(보험료 계정)으로 표시되는 금액 = 60,000원

기중에 지급액을 전액 자산으로 처리한 경우 기말수정분개

(차) 해당 비용 계정 xxx **(대) 선급비용(자산)** xxx

[사례] 기중 지급 시 : 20x1년 10월 1일 1년분(20x1. 10. 1. ~ 20x2. 9. 30.) 보험료 240,000원을 현금으로 미리 지급하고 전액 자산으로 계상하였다.

20x1. 10. 1.	(차) 선급비용	240,000	(대) 현금	240,000

기말 결산 시 : 기중 회계처리에서 계상되어 있는 선급비용 계정 240,000원 중 180,000원이 다음 연도 해당분 보험료임을 확인하였다. (단, 월할 계산한다)

20x1. 12. 31.	(차) 보험료	60,000[1]	(대) 선급비용	60,000

[1] 보험료 지급액 중 최종 재무제표에 당기 비용(보험료 계정)으로 표시되는 금액 = 60,000원

기출확인문제

다음 내용을 보고 결산 시점 수정분개로 적절한 것은? (제80회)

> • 9월 1일 본사 건물에 대한 화재보험료 1,500,000원을 보통예금계좌에서 이체하였다.
> • 경리부에서는 이를 전액 비용처리하였다.
> • 12월 31일 결산 시점에 화재보험료 미경과분은 1,000,000원이다.

차 변		대 변	
① 보험료	500,000원	미지급비용	500,000원
② 보험료	1,000,000원	선급비용	1,000,000원
③ 미지급비용	500,000원	보험료	500,000원
④ 선급비용	1,000,000원	보험료	1,000,000원

정답 ④

해설
• 9월 1일
(차) 보험료 1,500,000
(대) 보통예금 1,500,000
• 12월 31일
(차) 선급비용 1,000,000
(대) 보험료 1,000,000

03 소모품의 정리

기중에 소모성 사무용품 등을 구입할 때, 지출액을 전액 비용(소모품비 계정)으로 처리하는 경우도 있고 전액 자산(소모품 계정)으로 처리하는 경우도 있다.

기말 결산일에는 구입한 소모품을 사용액과 미사용액으로 구분하여, 최종 재무제표에 사용액은 당기 비용으로, 미사용액은 자산으로 표시되도록 하는 기말수정분개를 한다.

기중에 지출액을 전액 비용으로 처리한 경우 기말수정분개

(차) 소모품 (자산) xxx (대) 소모품비 (비용) xxx

[사례] 기중 구입 시 : 20x1년 9월 1일 소모성 사무용품 100,000원을 현금으로 구입하고 전액 비용으로 계상하였다.

20x1. 9. 1. (차) 소모품비 100,000 (대) 현금 100,000

기말 결산 시 : 기중 회계처리에서 계상한 소모품비 계정 100,000원 중에서 12월 31일 기말 현재 미사용액은 40,000원이고 당기 사용액은 60,000원인 것으로 확인하였다.

20x1. 12. 31. (차) 소모품 40,000[1] (대) 소모품비 40,000

[1] • 전액 비용으로 처리되었던 소모품 구입액 중 당기 미사용 잔액 40,000원을 자산으로 대체한다.
• 소모품 구입액 중 최종 재무제표에 당기 비용(소모품비 계정)으로 표시되는 금액 = 60,000원

기중에 지출액을 전액 자산으로 처리한 경우 기말수정분개

(차) 소모품비 (비용)	xxx	(대) 소모품 (자산)	xxx

[사례] 기중 구입 시 : 20x1년 9월 1일 소모성 사무용품 100,000원을 현금으로 구입하고 전액 자산으로 계상하였다.

20x1. 9. 1.	(차) 소모품	100,000	(대) 현금	100,000

기말 결산 시 : 기중 회계처리에서 계상한 소모품비 계정 100,000원 중에서 12월 31일 기말 현재 미사용액은 40,000원이고 당기 사용액은 60,000원인 것으로 확인하였다.

20x1. 12. 31.	(차) 소모품비	60,000[1]	(대) 소모품	60,000

[1] • 전액 자산으로 처리되었던 소모품 구입액 중 당기 사용액 60,000원을 비용으로 대체한다.
• 소모품 구입액 중 최종 재무제표에 당기 비용(소모품비 계정)으로 표시되는 금액 = 60,000원

기출확인문제 *2025년 출제예상

다음 거래 내용을 보고 당기 12월 31일 결산 수정분개 시 차변 계정과목과 차변 금액으로 적절한 것은? (제82회)

• 당기 8월 1일 소모품 600,000원을 현금으로 구입하고 자산으로 처리하였다.
• 당기 12월 31일 결산 시 소모품 미사용액은 250,000원이다

① 소모품 250,000원 ② 소모품 350,000원
③ 소모품비 250,000원 ④ 소모품비 350,000원

정답 ④

해설
• 8월 1일
(차) 소모품 600,000
(대) 현금 600,000
• 12월 31일
(차) 소모품비 350,000
(대) 소모품 350,000

04 부가세예수금·부가세대급금의 정리

빈출 최근 88회 시험 중 23회 기출

부가세예수금이란 외부에 재화나 용역을 공급하고 거래징수한 부가가치세로서 매출세액으로 납부하여야 하는 것을 말하며, 부채에 해당한다.

부가세대급금이란 외부로부터 재화나 용역을 구입할 때 부담하는 부가가치세로서 매입세액공제를 받을 수 있는 것을 말하며, 자산에 해당한다.

기업은 부가가치세법 규정에 따라 일정 기간마다 매출세액(부가세예수금)과 매입세액(부가세대급금)을 정리하는 분개를 한다.

매출세액이 매입세액보다 큰 경우에는 납부세액을 미지급세금 계정(부채)으로 회계처리하고, 매출세액이 매입세액보다 작은 경우에는 환급세액을 미수금 계정(자산)으로 회계처리한다.

(차) 부가세예수금	xxx	(대) 부가세대급금 미지급세금	xxx xxx

[사례] 상품 매입 : 10월 15일 상품을 100,000원(부가가치세 별도)에 현금 매입하였다.

20x1. 10. 15.	(차) 상품 부가세대급금	100,000 10,000	(대) 현금	110,000

상품 매출 : 11월 25일 상품을 150,000원(부가가치세 별도)에 현금 판매하였다.

20x1. 11. 25.	(차) 현금	165,000	(대) 상품매출 부가세예수금	150,000 15,000

기말 결산 시 : 장부에 기록되어 있는 부가가치세 2기 확정신고기간(10월 ~ 12월)의 매출세액(부가세예수금)은 15,000원이고 매입세액(부가세대급금)은 10,000원이다.

20x1. 12. 31.	(차) 부가세예수금	15,000	(대) 부가세대급금 미지급세금	10,000 5,000

실제 납부 시 : 20x2년 1월 25일, 부가가치세 2기 확정신고기간(10월 ~ 12월)의 납부세액을 현금으로 납부하였다.

20x2. 1. 25.	(차) 미지급세금	5,000	(대) 현금	5,000

05 마이너스 통장의 정리

기업은 원칙적으로 보통예금에 대하여 잔고 범위 내에서만 돈을 인출할 수 있다. 그러나 신용거래의 일환으로, 예금 잔액이 부족하더라도 일정 한도까지는 금액을 인출할 수 있도록 은행과 약정을 맺을 수 있는데, 이를 흔히 마이너스 통장이라고 부른다.

기말 결산 시 마이너스 통장에서 보통예금 잔액을 초과하여 인출된 금액이 있는 경우, 이는 은행으로부터 일시적으로 차입한 금액에 해당하므로 부채로 분류되는 단기차입금 계정으로 대체한다.

(차) 보통예금	xxx	(대) 단기차입금	xxx

[사례] 당사의 보통예금은 마이너스 통장이다. 기말 결산일 현재 보통예금 차변 잔액이 (−)1,500,000원이므로 이를 단기차입금 계정으로 대체하였다.

20x1. 12. 31.	(차) 보통예금	1,500,000	(대) 단기차입금	1,500,000

06 기말수정분개

(1) 현금과부족의 정리

현금과부족은 장부상 현금 잔액과 금고에 있는 실제 현금 잔액이 일치하지 않을 경우 그 원인이 밝혀질 때까지 임시적으로 사용하는 계정과목이다. 기말 결산 때까지 현금과부족의 원인이 밝혀지지 않을 경우에는 현금과부족 계정을 잡이익 계정(수익)이나 잡손실 계정(비용)으로 대체한다.

현금과잉의 원인이 기말 결산 때까지 밝혀지지 않을 경우

(차) 현금과부족	xxx	**(대) 잡이익**	xxx

[사례] 현금과잉 발생 : 20x1년 11월 1일 현재 장부상 현금 잔액은 50,000원이나 금고에 있는 실제 현금 잔액은 60,000원이다.

20x1. 11. 1.	(차) 현금	10,000	(대) 현금과부족	10,000

기말 결산 시 : 12월 31일 기말 결산 시까지 현금과잉액 10,000원의 원인이 밝혀지지 않았다.

20x1. 12. 31.	(차) 현금과부족	10,000	(대) 잡이익	10,000

현금부족의 원인이 기말 결산 때까지 밝혀지지 않을 경우

(차) 잡손실	xxx	**(대) 현금과부족**	xxx

[사례] 현금부족 발생 : 20x1년 11월 1일 현재 장부상 현금 잔액은 50,000원이나 금고에 있는 실제 현금 잔액은 43,000원이다.

20x1. 11. 1.	(차) 현금과부족	7,000	(대) 현금	7,000

기말 결산 시 : 12월 31일 기말 결산 시까지 현금부족액 7,000원의 원인이 밝혀지지 않았다.

20x1. 12. 31.	(차) 잡손실	7,000	(대) 현금과부족	7,000

(2) 가지급금·가수금의 정리

가지급금 또는 가수금은 금전을 지급 또는 수취하였으나 그 내용이 확정되지 않았을 경우 그 내용이 확정될 때까지 임시적으로 사용하는 계정과목이다. 이들은 미결산항목에 해당하므로 기말 결산 때까지는 반드시 적절한 계정과목으로 대체하여 최종 재무제표에는 나타나지 않도록 하여야 한다.

① 가지급금

	(차) [계정명]	xxx	(대) 가지급금	xxx

[사례] 가지급 시 : 20x1년 10월 15일 영업사원에게 출장을 명하고 출장비 예상액 50,000원을 현금으로 지급하였다.

20x1. 10. 15.	(차) 가지급금	50,000	(대) 현금	50,000

기말 결산 시 : 12월 31일 출장 후 복귀한 영업사원으로부터 어림잡아 지급했던 금액 50,000원 중 40,000원은 교통비 및 숙박비 지출증빙을 제출받아 확인하고 남은 금액 10,000원은 반환받았다.

20x1. 12. 31.	(차) 여비교통비	40,000	(대) 가지급금	50,000
	현금	10,000		

② 가수금

	(차) 가수금	xxx	(대) [계정명]	xxx

[사례] 가수취 시 : 20x1년 10월 15일 내용을 알 수 없는 보통예금 10,000원을 계좌이체 받았다.

20x1. 10. 15.	(차) 보통예금	10,000	(대) 가수금	10,000

기말 결산 시 : 12월 31일 원인 불명으로 계좌이체 받았던 보통예금 10,000원이 외상매출금의 회수였던 것으로 밝혀졌다.

20x1. 12. 31.	(차) 가수금	10,000	(대) 외상매출금	10,000

(3) 화폐성 외화자산·부채의 환산

기말 현재 회사가 보유하고 있는 화폐성 외화자산·부채는 결산일 현재 환율로 환산한다.

① 외화자산

기말 환산액 > 환산 전 장부금액 : 외화환산이익

(차) 해당 외화자산 계정	xxx	**(대) 외화환산이익**	xxx

기말 환산액 < 환산 전 장부금액 : 외화환산손실

(차) 외화환산손실	xxx	**(대) 해당 외화자산 계정**	xxx

[사례] 20x1년 10월 20일에 미국에 있는 고객사에 상품 500달러($)를 외상으로 수출하고 외상매출금 500,000원을 계상하였다. 20x1년 12월 31일 결산일 현재 환율은 1,100원/$이다.

20x1. 12. 31.	(차) 외상매출금	50,000	(대) 외화환산이익	50,000[1]

[1] 기말 환산액 – 환산 전 장부금액
= ($500 × @1,100원) – 500,000원 = 50,000원

② 외화부채

기말 환산액 > 환산 전 장부금액 : 외화환산손실

(차) 외화환산손실	xxx	**(차) 해당 외화부채 계정**	xxx

기말 환산액 < 환산 전 장부금액 : 외화환산이익

(차) 해당 외화부채 계정	xxx	**(대) 외화환산이익**	xxx

[사례] 20x1년 10월 20일에 미국에 있는 공급처로부터 상품 300달러($)를 외상으로 매입하고 외상매입금 300,000원을 계상하였다. 20x1년 12월 31일 결산일 현재 환율은 1,200원/$이다.

20x1. 12. 31.	(차) 외화환산손실	60,000[2]	(대) 외상매입금	60,000

[2] 기말 환산액 – 환산 전 장부금액
= ($300 × @1,200원) – 300,000원 = 60,000원 (부채이므로 외화환산손실)

(4) 단기매매증권의 평가

단기매매증권을 취득하여 기말 현재 보유하고 있는 경우에는 이를 기말 공정가치(시가)로 평가한다.

기말 공정가치 > 평가 전 장부금액 : 단기매매증권평가이익

(차) 단기매매증권	xxx	**(대) 단기매매증권평가이익**	xxx

[사례] 당기 중에 단기매매차익을 목적으로 매입가액 10,000원에 취득한 주식의 기말(12월 31일) 공정가치가 12,000원으로 상승하였다.

20x1. 12. 31.	(차) 단기매매증권	2,000	(대) 단기매매증권평가이익	2,000

기말 공정가치 < 평가 전 장부금액 : 단기매매증권평가손실

(차) 단기매매증권평가손실	xxx	**(대) 단기매매증권**	xxx

[사례] 당기 중에 단기매매차익을 목적으로 매입가액 10,000원에 취득한 채권의 기말(12월 31일) 공정가치가 9,000원으로 하락하였다.

20x1. 12. 31.	(차) 단기매매증권평가손실	1,000	(대) 단기매매증권	1,000

(5) 매도가능증권의 평가

매도가능증권을 취득하여 기말 현재 보유하고 있는 경우에는 이를 기말 공정가치(시가)로 평가한다.

기말 공정가치 > 평가 전 장부금액 : 매도가능증권평가이익

(차) 매도가능증권	xxx	**(대) 매도가능증권평가이익 (기타포괄손익누계액)**	xxx

[사례] 20x1년 3월 장기투자 목적으로 10,000원에 취득한 주식 A의 20x1년 기말(12월 31일) 공정가치가 12,000원으로 상승하였다.

20x1. 12. 31.	(차) 매도가능증권	2,000[1]	(대) 매도가능증권평가이익 (기타포괄손익누계액)	2,000[2]

[1] 기말 공정가치 − 평가 전 장부금액 = 12,000 − 10,000 = 2,000원

[2] 20x1년 기말 재무상태표에서 자산 항목인 매도가능증권 계정의 차변 잔액과 자본 항목인 매도가능증권평가이익 계정의 대변 잔액을 차변에서 집계하여 보면 취득원가가 된다.

재무상태표

자산		부채	
		자본	
매도가능증권	12,000	매도가능증권평가이익	2,000

차변 집계 결과

매도가능증권 (자산)	12,000
매도가능증권평가이익 (기타포괄손익누계액)	(2,000)
취득원가 (차변 집계금액)	10,000

기말 공정가치 < 평가 전 장부금액 : 매도가능증권평가손실

(차) 매도가능증권평가손실 (기타포괄손익누계액)	xxx	**(대) 매도가능증권**	xxx

[사례] 장기투자 목적으로 20x1년 3월 취득했던 주식 A(취득원가 10,000원, 20x1년 기말 공정가치 12,000원, 장부금액 12,000원)의 20x2년 기말(12월 31일) 공정가치가 9,000원으로 하락하였다.

20x2. 12. 31.	(차) 매도가능증권평가이익 (기타포괄손익누계액)	2,000	(대) 매도가능증권	3,000[1]
	매도가능증권평가손실 (기타포괄손익누계액)	1,000[2]		

[1] 기말 공정가치 - 평가 전 장부금액 = 9,000 - 12,000 = (-)3,000원

[2] 20x2년 기말 재무상태표에서 자산 항목인 매도가능증권 계정의 차변 잔액과 자본 항목인 매도가능증권평가손실 계정의 차변 잔액을 차변에서 집계하여 보면 취득원가가 된다.

재무상태표

자산		부채	
		자본	
매도가능증권	9,000	매도가능증권평가손실	(1,000)

차변 집계 결과

매도가능증권 (자산)	9,000
매도가능증권평가손실 (기타포괄손익누계액)	1,000
취득원가 (차변 집계금액)	10,000

(6) 비유동부채의 유동성 대체

장기차입금 등 비유동부채 중에서 당기 결산일을 기준으로 1년 이내에 만기가 도래하는 부채가 있는 경우, 결산 시 이를 비유동부채에서 유동부채(유동성장기부채 계정)로 대체한다.

(차) 장기차입금	xxx	**(대) 유동성장기부채**	xxx

[사례] 20x2년 12월 31일 결산일 현재 장기차입금 300,000원(차입기간 : 20x1. 4. 1. ~ 20x3. 3. 31.)의 상환기일이 내년으로 도래하였음을 확인하였다.

20x2. 12. 31.	(차) 장기차입금	300,000	(대) 유동성장기부채	300,000

(7) 퇴직급여충당부채의 설정

기말 현재 퇴직금추계액을 구하고 이 금액이 기말 재무상태표상 퇴직급여충당부채 잔액이 되도록 퇴직급여충당부채를 추가설정(전입) 한다.

(차) 퇴직급여	xxx	(대) 퇴직급여충당부채	xxx

[사례] 20x1년 12월 31일 결산일 현재 전 종업원이 일시에 퇴사할 경우 지급해야 할 퇴직금은 1,300,000원으로 예상되었다. 당기 설정 전 장부상 퇴직급여충당부채 잔액은 800,000원이다.

20x1. 12. 31.	(차) 퇴직급여	500,000	(대) 퇴직급여충당부채	500,000[1]

[1] 1,300,000 − 800,000 = 500,000원

(8) 대손충당금의 설정

기말 현재 회사가 보유하고 있는 수취채권에 대하여 각 계정별로 대손추산액을 구하고, 이 금액이 기말 재무상태표상 대손충당금 잔액이 되도록 대손충당금을 추가설정 또는 환입한다.

대손추산액 > 외상매출금, 받을어음의 기 설정 대손충당금

(차) 대손상각비 (판매비와관리비)	xxx	(대) 대손충당금	xxx

[사례] 20x1년 12월 31일 결산일 현재 외상매출금 잔액은 500,000원이다. 외상매출금에 대한 대손추정률이 1%이고 전기로부터 이월된 대손충당금 잔액이 3,000원 남아 있을 때, 기말 결산 시 대손충당금을 보충법으로 회계처리하였다.

20x1. 12. 31.	(차) 대손상각비	2,000	(대) 대손충당금	2,000[1]

[1] (500,000원 × 1%) − 3,000원 = 2,000원

대손추산액 > 미수금, 대여금의 기 설정 대손충당금

(차) 기타의대손상각비 (영업외비용)	xxx	(대) 대손충당금	xxx

[사례] 20x1년 12월 31일 결산일 현재 미수금 잔액은 150,000원이다. 미수금에 대한 대손추정률이 2%이고 전기로부터 이월된 대손충당금 잔액이 없을 때, 기말 결산 시 대손충당금을 보충법으로 회계처리하였다.

20x1. 12. 31.	(차) 기타의대손상각비	3,000	(대) 대손충당금	3,000[1]

[1] (150,000원 × 2%) − 0원 = 3,000원

대손추산액 < 외상매출금, 받을어음의 기 설정 대손충당금			
(차) 대손충당금	xxx	(대) 대손충당금환입 (판매비와관리비의 차감항목)	xxx

[사례] 20x1년 12월 31일 결산일 현재 외상매출금 잔액은 600,000원이다. 외상매출금에 대한 대손추정률이 1.5%이고 전기로부터 이월된 대손충당금 잔액이 10,000원 남아 있을 때, 기말 결산 시 대손충당금을 보충법으로 회계처리하였다.

20x1. 12. 31. (차) 대손충당금 1,000[1] (대) 대손충당금환입 1,000

[1] (600,000원 × 1.5%) − 10,000원 = (−)1,000원

대손추산액 < 미수금, 대여금의 기 설정 대손충당금			
(차) 대손충당금	xxx	(대) 대손충당금환입 (영업외수익)	xxx

[사례] 20x1년 12월 31일 결산일 현재 미수금 잔액은 500,000원이다. 미수금에 대한 대손추정률이 1%이고 전기로부터 이월된 대손충당금 잔액이 6,000원 남아 있을 때, 기말 결산 시 대손충당금을 보충법으로 회계처리하였다.

20x1. 12. 31. (차) 대손충당금 1,000[1] (대) 대손충당금환입 1,000

[1] (500,000원 × 1%) − 6,000원 = (−)1,000원

(9) 감가상각비의 계상

기말 현재 보유하고 있는 유형자산과 무형자산에 대하여 각 계정별로 당기 감가상각비와 당기 상각비를 계산하여 비용으로 인식한다.

(차) 감가상각비	xxx	(대) 감가상각누계액	xxx

[사례] 20x2년 12월 31일 기말 결산 시 유형자산인 기계장치에 대하여 당기 감가상각비를 인식하려고 한다. 동 기계장치는 전기인 20x1년 1월 1일에 1,000,000원에 취득한 것으로서, 총내용연수는 4년, 잔존가치는 100,000원, 감가상각방법은 정액법이다.

20x2. 12. 31. (차) 감가상각비 225,000[1] (대) 감가상각누계액 225,000

[1] $(\text{취득원가} - \text{잔존가치}) \times \frac{1}{\text{총내용연수}} = (1,000,000\text{원} - 100,000\text{원}) \times \frac{1}{4} = 225,000\text{원}$

(10) 매출원가의 계상

기말 결산 시 실지재고조사를 통하여 기말상품재고액을 파악한 후 이를 장부상 판매가능상품 금액에서 차감하여 상품매출원가를 계산하고 비용으로 인식한다.

장부상 기말재고와 실제 기말재고 간에 차이가 있는 경우, 정상적인 재고자산감모손실은 상품매출원가 계정(매출원가)으로, 비정상적인 재고자산감모손실은 재고자산감모손실 계정(영업외비용)으로, 재고자산평가손실은 상품매출원가 계정(매출원가)으로 회계처리한다.

장부상 기말재고에 의한 매출원가

(차) 상품매출원가	xxx	(대) 상품	xxx

정상적인 감모손실

(차) 상품매출원가	xxx	(대) 상품	xxx

비정상적인 감모손실

(차) 재고자산감모손실 (영업외비용)	xxx	(대) 상품	xxx

재고자산평가손실

(차) 상품매출원가	xxx	(대) 상품평가충당금	xxx

[사례] 상기업인 A사의 20x1년 12월 31일 결산일 현재 상품과 관련한 자료가 다음과 같을 때 기말수정분개를 하여 보자. (단, 일반기업회계기준에 따라 회계처리를 하며, 해당 상품의 특성상 수량 감소분 중 60%는 정상적인 범위인 것으로 가정함)

- 기초상품재고액 : 1,000원
- 당기상품매입액 : 60,000원
- 기말상품 내역

구 분	수 량	단 가	금 액
장부상 기말재고	200개	@20원	4,000원
재고실사 결과	100개	@20원	2,000원

20x1. 12. 31.	(차) 재고자산감모손실	800[1]	(대) 상품 (적요 8. 타계정으로 대체액)	800
20x1. 12. 31.	(차) 상품매출원가	58,200[2]	(대) 상품	58,200

[1] • 총감모손실 = (장부상 수량 − 실제 수량) × 장부상 단가
= (200개 − 100개) × @20원 = 2,000원
• 정상적인 감모손실 = 정상적인 감모수량 × 장부상 단가
= (100개 × 60%) × @20원 = 1,200원
• 비정상적인 감모손실 = 총감모손실 − 정상감모손실
= 2,000 − 1,200 = 800원

[2] • (방법1)

상품매출원가 = 장부상 기말재고에 의한 매출원가 + 정상감모손실 + 재고자산평가손실
= (기초재고 + 당기매입 - 기중의 타계정대체 - 장부상 기말재고) + 정상감모손실 + 재고자산평가손실
= (1,000 + 60,000 - 0 - 4,000) + 1,200 + 0
= 57,000 + 1,200 + 0
= 58,200원

• (방법2)

상품매출원가 = (기초재고 + 당기매입 - 실제 기말재고) - 타계정대체
= (기초재고 + 당기매입 - 실제 기말재고) - 기중의 타계정대체 - 비정상감모손실
= (1,000 + 60,000 - 2,000) - (0 + 800)
= (61,000 - 2,000) - 0 - 800
= 58,200원

(11) 법인세비용의 계상

기말 결산 시 법인세비용차감전순이익에 대하여 회사가 납부하여야 하는 법인세부담액(법인세비용)을 계산하여 비용으로 인식하고, 법인세부담액에서 회계연도 중에 미리 납부한 중간예납세액 및 원천납부세액 금액(선납세금)을 차감하여 법인세부담액 중 아직 납부하지 않은 금액(미지급세금)을 구하고 이를 부채로 인식한다.

	(차) 법인세등[1]	xxx	(대) 선납세금	xxx
			미지급세금	xxx

[사례] 20x1년 12월 31일, 기말 결산 시 법인세비용차감전순이익에 대한 법인세 추산액은 1,200,000원이다. 법인세 중간예납세액과 원천납부세액은 장부상 선납세금 501,540원으로 계상되어 있다.

20x1. 12. 31.	(차) 법인세등	1,200,000	(대) 선납세금	501,540
			미지급세금	698,460

[1] KcLep 프로그램에서는 '법인세비용' 대신 '법인세등' 계정과목을 사용한다.

기출분개연습

* 기출문제 날짜는 학습효과를 높이기 위해 일부 수정하였으며, ㈜연습(코드번호 : 1301) 데이터를 사용하여 연습할 수 있습니다.

01 단기대여금에 대한 당기 기간 경과분 이자 미수액 300,000원을 계상하다. (이자 수령약정일은 다음 연도 1월 20일이다) [제99회]

02 올해 4월 1일에 1년 후에 이자(연 6%)와 원금을 일시 상환하는 조건으로 100,000,000원을 국민은행으로부터 차입하였는데 당기분 이자비용을 인식하기로 한다. (단, 거래처 입력은 생략하며, 월할 계산할 것) [제94회]

03 올해 6월 1일에 사무실 건물 중 일부를 임대(임대기간: 올해 6. 1. ~ 내년 5. 31.)하고, 일시에 수령한 12개월분 임대료 50,400,000원을 전액 임대료(영업외수익)로 회계처리하였다. 월할 계산하시오. [제96회]

04 올해 5월 1일에 사무실 건물 중 일부를 임대하고, 1년분(올해 5. 1. ~ 내년 4. 30.) 임대료 7,200,000원을 수취하면서 전부 부채로 처리하였다. 월할 계산하시오. [제83회]

05 올해 5월 1일 본사 사무실 건물 화재보험료 1년분(올해 5월 1일 ~ 내년 4월 30일) 3,600,000원을 보통예금으로 지급하면서 전액 보험료(판관비)로 회계처리하였다. (단, 보험료는 월할 계산함) [제97회]

06 올해 9월 1일에 1년분(올해 9. 1. ~ 내년 8. 31.) 영업부 건물의 임차료 14,400,000원을 한꺼번에 현금으로 지급하고 선급비용 계정으로 차변에 계상하였다. 월할 계산하시오. [21년 6월 특별회차]

07 당사는 기중에 영업부에서 사용할 소모품을 구입하면서 모두 비용으로 회계처리하였다. 12월 31일 현재 재고실사 결과 영업부에서 보관 중인 소모품은 230,000원이다. [20년 8월 특별회차]

08 당사는 기중에 영업 관리팀에서 사용할 A4용지(1,000박스, 1박스당 20,000원)를 구입하고 전액 소모품(자산)으로 처리하였다. 기말 현재 재고조사 결과 남아있는 것은 100박스임을 확인하였다. [21년 2월 특별회차]

정답 및 해설

01	12월 31일	(차) 미수수익	300,000	(대) 이자수익	300,000
02	12월 31일	(차) 이자비용	4,500,000	(대) 미지급비용	4,500,000[1]
		[1] 100,000,000원 × 6% × (9개월/12개월) = 4,500,000원			
03	12월 31일	(차) 임대료	21,000,000	(대) 선수수익	21,000,000[1]
		[1] 50,400,000원 × (5개월/12개월) = 21,000,000원			
04	12월 31일	(차) 선수수익	4,800,000	(대) 임대료	4,800,000[1]
		[1] 당기 수익으로 계상되는 금액 = 7,200,000원 × (8개월/12개월) = 4,800,000원			
05	12월 31일	(차) 선급비용	1,200,000[1]	(대) 보험료(판관비)	1,200,000
		[1] 3,600,000원 × (4개월/12개월) = 1,200,000원			
06	12월 31일	(차) 임차료(판관비)	4,800,000[1]	(대) 선급비용	4,800,000
		[1] 당기 비용으로 계상되는 금액 = 14,400,000원 × (4개월/12개월) = 4,800,000원			
07	12월 31일	(차) 소모품	230,000	(대) 소모품비(판관비)	230,000
08	12월 31일	(차) 소모품비(판관비)	18,000,000[1]	(대) 소모품	18,000,000
		[1] 당기 비용으로 계상되는 금액 = (1,000박스 - 100박스) × @20,000원 = 18,000,000원			

09 다음 자료를 이용하여 올해 제2기 확정 부가가치세에 대한 부가가치세 예수금과 부가가치세 대급금 관련 회계처리를 하시오. (단, 부가가치세 예수금과 부가가치세 대급금의 상계 후 잔액에 대하여 미지급세금 또는 미수금으로 처리하며 거래처 입력은 생략할 것)

[20년 8월 특별회차]

• 부가가치세 대급금 잔액 : 24,000,000원
• 부가가치세 예수금 잔액 : 32,500,000원

10 당사는 원활한 입출금거래를 위해 마이너스통장을 개설하여 사용하고 있으며, 결산일 현재 대박은행에 당사의 보통예금 계좌의 잔고를 확인한 결과 마이너스(-) 4,500,000원인 것으로 나타나 이를 단기차입금으로 대체하고자 한다. [제58회]

11 장부상 현금보다 실제 현금이 부족하여 현금과부족으로 계상하였던 금액 50,000원에 대하여 결산일 현재에도 그 원인을 알 수 없어 당기 비용(영업외비용)으로 처리하다. [제45회]

12 지난 12월 12일 보통예금 계좌에 입금되어 가수금(거래처 : ㈜한강기업)으로 처리했던 2,500,000원은 ㈜한강기업의 외상매출금 중 일부가 회수된 금액인 것으로 확인되었다.

[21년 12월 특별회차]

13 기말 외상매입금 계정 중에는 'ABC사'에 대한 외상매입금 11,000,000원(미화 $10,000)이 포함되어 있다. (결산일 현재 적용환율 : 1,000원/1$) [21년 2월 특별회차]

14 기말 현재 당사가 단기시세차익을 목적으로 취득한 ㈜삼화 주식의 취득원가 및 기말 현재 공정가치는 다음과 같다. [제94회]

주식명	올해 3. 20. 취득원가	올해 12. 31. 공정가치
㈜삼화	75,000,000원	81,000,000원

15 올해(20x2년) 기말 현재 당사가 장기투자목적으로 보유한 매도가능증권인 ㈜동성의 주식의 취득원가, 전년도 말 및 당해 연도 말 공정가치는 다음과 같다. [21년 10월 특별회차]

주식명	계정과목	20x1년 취득원가	20x1년 12월 31일 공정가치	20x2년 12월 31일 공정가치
㈜동성	매도가능증권	5,000,000원	4,000,000원	6,600,000원

16 3년 전에 금화은행에서 차입한 장기차입금 중에서 내년에 만기가 도래하는 차입금 40,000,000원이 있다. [제29회]

정답 및 해설

09	12월 31일	(차) 부가세예수금	32,500,000	(대) 부가세대급금	24,000,000
				미지급세금	8,500,000
10	12월 31일	(차) 보통예금	4,500,000	(대) 단기차입금(대박은행)	4,500,000
11	12월 31일	(차) 잡손실	50,000	(대) 현금과부족	50,000
12	12월 31일	(차) 가수금(㈜한강기업)	2,500,000	(대) 외상매출금(㈜한강기업)	2,500,000
13	12월 31일	(차) 외상매입금(ABC사)	1,000,000	(대) 외화환산이익	1,000,000[1]

[1] 외화환산손익 = 기말 환산액 − 환산 전 장부금액
= ($10,000 × @1,000원) − 11,000,000원
= (−)1,000,000원 (부채이므로 환산이익)

14	12월 31일	(차) 단기매매증권	6,000,000	(대) 단기매매증권평가이익	6,000,000
15	12월 31일	(차) 매도가능증권(투자자산)	2,600,000	(대) 매도가능증권평가손실	1,000,000
				매도가능증권평가이익	1,600,000[1]

[1] 당기말 재무상태표에서 매도가능증권 계정과 매도가능증권평가이익 계정의 잔액을 차변으로 집계하여 보면 취득원가 금액이 된다.

매도가능증권 (투자자산)	6,600,000
매도가능증권평가이익 (기타포괄손익누계액)	(1,600,000)
취득원가 (차변 집계금액)	5,000,000

16	12월 31일	(차) 장기차입금(금화은행)	40,000,000	(대) 유동성장기부채(금화은행)	40,000,000

17 당사는 기말 현재 퇴직급여추계액의 100%를 퇴직급여충당부채로 설정하고 있으며, 기말 현재 퇴직급여추계액 및 당기설정 전 퇴직급여충당부채 잔액은 다음과 같다.

[21년 8월 특별회차]

구 분	퇴직급여추계액	퇴직급여충당금부채 설정 전 잔액
관리부	50,000,000원	39,000,000원

18 기말 현재 외상매출금과 받을어음 잔액에 대하여 각각 1%의 대손충당금을 보충법으로 설정하시오. [제94회 수정]

- 기말 현재 외상매출금 잔액 : 532,289,600원
- 기말 현재 받을어음 잔액 : 125,550,000원
- 외상매출금에 대한 대손충당금의 기 설정 잔액 : 150,000원
- 받을어음에 대한 대손충당금의 기 설정 잔액 : 890,000원

19 기말 현재 보유하고 있는 감가상각대상 자산은 다음과 같다. 당기 감가상각비를 반영하시오. [제71회]

- 계정과목 : 기계장치
- 취득연월일 : 전년도 3월 1일
- 사용부서 : 영업부서
- 취득원가 : 24,000,000원
- 잔존가치 : 1,200,000원
- 총내용연수 : 5년
- 전기말 감가상각누계액 : 9,000,000원(가정치)
- 감가상각방법 : 정률법
- 상각률 : 0.451

20 무형자산에 대한 당기 상각비는 다음과 같다. (무형자산은 직접 상각하고, 비용 계정은 판매비와관리비로 처리한다) [15년 8월 특별회차]

- 실용신안권 : 1,200,000원
- 소프트웨어 : 1,800,000원

21 무형자산인 소프트웨어의 전기말 상각 후 미상각잔액은 24,000,000원이다. 총 내용연수는 5년이며, 작년 1월 초에 구입하였다. 올해 말 무형자산을 상각하시오. (무형자산은 직접 상각하고, 월할 상각하며, 비용 계정은 판매비와관리비로 처리한다) [제64회]

22 당기 법인세등 예상액은 21,000,000원이며, 중간예납세액 8,000,000원과 이자수익에 대한 원천징수세액 2,100,000원은 선납세금으로 계상되어 있다. [제60회]

정답 및 해설

17 12월 31일 (차) 퇴직급여(판관비) 11,000,000 (대) 퇴직급여충당부채 11,000,000

18 12월 31일 (차) 대손상각비(판관비) 5,538,396 (대) 대손충당금(외상매출금) 5,172,896[1]
대손충당금(받을어음) 365,500[2]

[1] (532,289,600원 × 1%) − 150,000원 = 5,172,896원
[2] (125,550,000원 × 1%) − 890,000원 = 365,500원

19 12월 31일 (차) 감가상각비(판관비) 6,765,000 (대) 감가상각누계액(기계장치) 6,765,000[1]

[1] (24,000,000원 − 9,000,000원) × 0.451 = 6,765,000원

20 12월 31일 (차) 무형자산상각비(판관비) 3,000,000 (대) 실용신안권 1,200,000
소프트웨어 1,800,000

21 12월 31일 (차) 무형자산상각비(판관비) 6,000,000 (대) 소프트웨어 6,000,000[1]

[1] (전기말 미상각잔액 − 잔존가치) ÷ 기초 현재 잔여내용연수
= (24,000,000원 − 0원) ÷ (5년 − 1년) = 6,000,000원

참고 무형자산 상각 시, 별도의 언급이 없는 경우 잔존가치는 '0', 상각방법은 '정액법'인 것으로 본다.

22 12월 31일 (차) 법인세등 21,000,000 (대) 선납세금 10,100,000
미지급세금 10,900,000

핵심기출문제

* 본서에 수록된 기출문제의 날짜는 학습효과를 높이기 위하여 일부 수정함

01 다음 중 기말 결산 시 비용의 이연과 가장 관련있는 거래는? [제63회]

① 공장건물에 선급보험료 100,000원을 계상하다.
② 공장건물에 대한 선수임대료 1,000,000원을 계상하다.
③ 정기예금에 대한 미수이자 100,000원을 계상하다.
④ 단기차입금에 대한 미지급이자 100,000원을 계상하다.

02 ㈜관우의 결산 결과 손익계산서에 당기순이익이 100,000원으로 계상되어 있으나, 다음과 같은 사항들을 발견하고 수정하였다. 수정 후의 당기순이익으로 옳은 것은? [제59회]

- 손익계산서에 계상된 보험료 중 5,000원은 차기 비용이다.
- 손익계산서에 계상된 이자수익 중 4,000원은 차기 수익이다.

① 99,000원 ② 100,000원 ③ 101,000원 ④ 109,000원

03 다음 중 아래 빈칸의 내용으로 가장 적합한 것은? [21년 2월 특별회차]

- 선수수익이 (가)되어 있다면 당기순이익은 과대계상된다.
- 선급비용이 (나)되어 있다면 당기순이익은 과대계상된다.

	가	나
①	과대계상	과소계상
②	과소계상	과소계상
③	과소계상	과대계상
④	과대계상	과대계상

04 다음 사항을 적절히 반영한다면 수정 후 당기순이익은 얼마인가? (단, 다음 사항이 반영되기 전 당기순이익은 700,000원이라고 가정한다) [제85회]

- 선급보험료 100,000원 과소계상
- 선수임대료 100,000원 과대계상
- 미수이자 100,000원 과대계상

① 600,000원 ② 700,000원 ③ 800,000원 ④ 900,000원

정답 및 해설

01 ①
① 선급비용 – 비용의 이연
② 선수수익 – 수익의 이연
③ 미수수익 – 수익의 발생
④ 미지급비용 – 비용의 발생

02 ③
- 추가하여야 할 회계처리

ⓐ : (차) 선급비용 (자산의 증가)	5,000	(대) 보험료 (비용의 감소)	5,000
ⓑ : (차) 이자수익 (수익의 감소)	4,000	(대) 선수수익 (부채의 증가)	4,000

- 수정 후 당기순이익 = 수정 전 당기순이익 + ⓐ – ⓑ
  = 100,000 + 5,000 – 4,000
  = 101,000원

03 ③
- 선수수익을 과대계상 기록하는 회계처리

(차) 임대료 (수익의 감소)	xxx	(대) 선수수익 (부채의 증가)	xxx

(→ 선수수익(부채) 과대 → 수익의 과소 → 당기순이익 과소)

- 선급비용을 과대계상 기록하는 회계처리

(차) 선급비용 (자산의 증가)	xxx	(대) 보험료 (비용의 감소)	xxx

(→ 선급비용(자산) 과대 → 비용의 과소 → 당기순이익 과대)

04 ③
- 선급보험료 과소계상을 수정하는 회계처리 (ⓐ)

(차) 선급비용 (자산의 증가)	100,000	(대) 보험료 (비용의 감소)	100,000

(→ 선급비용(자산) 증가 → 비용 감소 → 당기순이익 증가)

- 선수임대료 과대계상을 수정하는 회계처리 (ⓑ)

(차) 선수수익 (부채의 감소)	100,000	(대) 임대료 (수익의 증가)	100,000

(→ 선수수익(부채) 감소 → 수익 증가 → 당기순이익 증가)

- 미수이자 과대계상을 수정하는 회계처리 (ⓒ)

(차) 이자수익 (수익의 감소)	100,000	(대) 미수수익 (자산의 감소)	100,000

(→ 미수수익(자산) 감소 → 수익 감소 → 당기순이익 감소)

- 수정 후 당기순이익 = 수정 전 당기순이익 + ⓐ + ⓑ – ⓒ
  = 700,000 + 100,000 + 100,000 – 100,000
  = 800,000원

05 다음 중 결산 시 미수이자를 계상하지 않은 경우 당기 재무제표에 미치는 영향으로 올바른 것은?

[제71회]

가. 자산의 과소계상	나. 자산의 과대계상	다. 수익의 과소계상	라. 수익의 과대계상

① 가, 다 ② 가, 라 ③ 나, 다 ④ 나, 라

06 결산 시 미지급 임차료에 대한 회계처리를 하지 않았을 경우, 당기 재무제표에 미치는 영향으로 틀린 것은? [제65회]

① 순이익이 과소계상
② 자본이 과대계상
③ 비용이 과소계상
④ 부채가 과소계상

07 기중에 수익(임대료) 계정으로 회계처리한 금액 중 차기분이 포함되어 있다. 결산 시 선수수익을 계상하는 분개를 누락할 경우 당기 재무제표에 미치는 영향으로 올바른 것은?

[20년 10월 특별회차]

① 수익은 과대계상, 부채는 과소계상
② 수익은 과소계상, 부채는 과대계상
③ 수익은 과대계상, 자산은 과소계상
④ 수익은 과소계상, 자산은 과대계상

08 결산 시 당기분 감가상각비 4,000,000원을 계상하였다. 재무제표에 미치는 영향을 바르게 설명한 것은? [제98회]

① 자본이 4,000,000원 감소한다.
② 자산이 4,000,000원 증가한다.
③ 당기순이익이 4,000,000원 증가한다.
④ 부채가 4,000,000원 증가한다.

정답 및 해설

05 ①
- 누락된 회계처리

  (차) 미수수익 (자산의 증가) xxx (대) 이자수익 (수익의 증가) xxx
- 회계처리를 누락하는 경우, 재무제표에 미치는 영향

  자산 과소, 수익 과소 → 당기순이익 과소 → 자본 과소

06 ①
- 누락된 회계처리

  (차) 임차료 (비용의 증가) xxx (대) 미지급비용 (부채의 증가) xxx
- 회계처리를 누락하는 경우, 재무제표에 미치는 영향

  비용 과소, 부채 과소 → 당기순이익 과대 → 자본 과대

07 ①
- 누락된 회계처리

  (차) 임대료 (수익의 감소) xxx (대) 선수수익 (부채의 증가) xxx
- 회계처리를 누락하는 경우, 재무제표에 미치는 영향

  수익 과대, 부채 과소 → 당기순이익 과대 → 자본 과대

08 ①
- 추가하는 회계처리

  (차) 감가상각비 (비용의 증가) 4,000,000 (대) 감가상각누계액 (자산 차감의 증가 = 자산의 감소) 4,000,000
- 회계처리를 추가하는 경우, 재무제표에 미치는 영향

  비용 4,000,000원 증가, 자산 4,000,000원 감소 → 당기순이익 4,000,000원 감소
  → 자본 4,000,000원 감소

제 4 장

거래자료의 입력·조회

[실무]

제 4 장

거래자료의 입력·조회

Overview

거래자료의 입력·조회는 실무시험 전체 70점 중 평균적으로 36점의 비중으로 출제된다.

거래자료의 입력·조회의 경우 [일반전표입력] 메뉴를 사용하여 기중 거래를 입력하고, 이미 입력된 전표를 수정하는 방법을 설명한다. [일반전표입력]과 [결산자료입력] 메뉴를 사용하여 기말수정분개를 입력하고, 프로그램 내에서 각종 장부를 조회하는 방법을 설명한다.

출제비중

구 분	출제문항	배점(36점)
제1절 일반전표입력	문제2	18점
제2절 일반전표 오류수정	문제4*	3점
제3절 결산	문제5	9점
제4절 입력 관련 장부조회	문제6**	6점

* [제4장 제2절 일반전표 오류수정]에서 1문제, [제7장 제2절 매입매출전표 오류수정]에서 1문제 출제됨

** [제4장 제4절 입력 관련 장부조회]에서 2문제, [제7장 제3절 부가가치세 관련 장부조회]에서 1문제 출제됨

금융·세무회계 전문 교육기관 해커스금융
fn.Hackers.com

학습전략

제1절 일반전표입력

[일반전표입력] 메뉴를 사용하여 분개 결과를 입력하는 방법을 익히자.

제2절 일반전표 오류수정

[일반전표입력] 메뉴에서 전표를 검색하고, '전표삽입'과 '번호수정' 기능을 활용하여 이미 입력된 전표에 포함된 오류를 수정하는 방법을 익히자.

제3절 결산

본문에 수록된 '기출확인문제'를 풀며 [결산자료입력] 메뉴에 결산자료 금액을 입력해보고, '핵심기출문제'를 통해 실제 기출문제 유형을 익히자.

제4절 입력 관련 장부조회

[총계정원장], [거래처원장], [일계표(월계표)], [현금출납장], [합계잔액시산표], [재무상태표], [손익계산서] 각 메뉴의 구성을 이해하고, Drill down 기능을 활용하여 '핵심기출문제'를 풀어보자.

제 1 절 일반전표입력

01 일반전표입력

- [일반전표입력]은 회계상 거래 중에서 부가가치세 신고와 관련 없는 모든 거래를 입력하는 메뉴이다.
- [일반전표입력] 문제는 실무시험 문제2(18점)에서 출제된다.
- [일반전표입력] 화면은 [회계관리] ▶ [전표입력] ▶ [일반전표입력]을 선택하여 들어갈 수 있다.

기출확인문제

㈜제일(코드번호 : 1101)의 당기 회계기간은 제5기이다.
다음 거래 자료를 [일반전표입력] 메뉴에 추가 입력하시오. (제42회)

> 9월 24일 거래처 ㈜미성공업사에서 외상매출금 3,000,000원 중 1,000,000원은 ㈜미성공업사가 발행한 당좌수표로 받고, 나머지는 보통예금 계좌로 송금받았다.

기출 따라 하기

▶관련 이론 | 당좌자산 p.139

(1) 분개

9월 24일	(차) 현금(101)	1,000,000	(대) 외상매출금(108)	3,000,000
	보통예금(103)	2,000,000	(㈜미성공업사)	

(2) 입력방법

[일반전표입력] 메뉴 화면을 연 다음, 월, 일, 차변·대변, 계정과목, 금액 등을 입력하여 라인을 채워나가면 된다. 라인의 순서는 차변·대변 중 어느 것을 먼저 입력하더라도, 또는 계정과목 중 어느 것을 먼저 입력하더라도 상관없다. (단, 아래 내용은 108.외상매출금 라인의 입력을 중심으로 설명하였다)

F3 자금관리 F4 복사 ▾ F6 검색 ▾ F7 카드매출 F8 적요수정 SF2 번호수정 CF5 삭제한데이타 CF8 전기분전표 CF9 전표삽입 SF5 일괄삭제및기타 ▾

년 ① [▾] 월 ② [ ] 일 현금잔액: 대차차액:

일	번호	구분	계정과목	거래처	적요	차변	대변
	③	④	⑤	⑥	⑦	⑧	

① 월란에 "9월"을 입력한다.

▶ 거래월 입력방법

거래월을 입력하는 방식은 두 가지가 있는데, 변경을 클릭하여 필요에 맞는 방식을 선택하면 된다.

| 방법1 | 하나의 월만 입력하는 방식 : 원하는 일자까지 입력하여 해당 일자의 화면을 볼 수 있으므로, 전표를 입력할 때 유용하다.

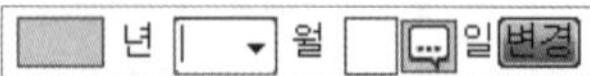

| 방법2 | 둘 이상의 월을 입력하는 방식 : 1개월을 초과하는 기간의 전표를 하나의 화면에서 볼 수 있으므로, 일정 기간의 전표를 조회할 때 유용하다.

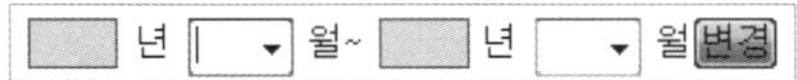

② 일란에 "24일"을 입력한다.

▶ 거래일 입력방법

| 방법1 | 화면 상단의 일란을 빈칸으로 두고 Enter↵를 누르면 해당 월의 전표들이 화면에 나타나게 되고, 커서는 맨 아래 라인으로 이동된다. 이동된 라인에서 일을 입력한다.

이 방법은 동일한 월이면서 날짜가 서로 다른 여러 개의 분개를 입력할 때 편리하다.

2025 년 09 월 [ ] 일 현금잔액: 109,115,740 대차차액:

일	번호	구분	계정과목		거래처		적요		차변	대변
25	00001	차변	0801	급여				영업부직원급여	7,000,000	
25	00001	대변	0254	예수금				직원급여예수금		420,000
25	00001	대변	0103	보통예금						9,580,000
27	00001	출금	0822	차량유지비			1	유류대 지급	31,800	(현금)
27	00002	출금	0511	복리후생비				직원야근시간식대지급	16,000	(현금)
29	00001	출금	0512	여비교통비			1	시내교통비 지급	20,000	(현금)
29	00002	입금	0103	보통예금			4	보통예금 현금인출	(현금)	15,000,000
29	00003	출금	0830	소모품비			1	소모자재대 지급	60,000	(현금)
29	00004	출금	0812	여비교통비			1	시내교통비 지급	50,000	(현금)
29	00005	출금	0103	보통예금			1	보통예금 현금입금	30,000,000	(현금)
30	00003	차변	0255	부가세예수금					38,194,500	
30	00003	대변	0135	부가세대급금						20,248,400
30	00003	대변	0103	보통예금						17,946,100

| 방법2 | 화면 상단의 일란에 일자를 입력하고 Enter↵를 누르면 해당 날짜의 전표들만 화면에 나타나게 되고, 커서는 맨 아래 라인으로 이동된다.

이 방법은 날짜가 동일한 여러 개의 분개를 입력하거나 한 개의 분개만 입력할 때 편리하다.

2025 년 09 월 24 일 현금잔액: 131,836,240 대차차액:

일	번호	구분	계정과목	거래처	적요	차변	대변
24							

③ 번호란의 전표번호는 전표입력이 완료되면 자동으로 부여된다.

▶ 전표번호는 일자별로 '00001'부터 자동으로 부여된다.

차변과 대변의 합계가 일치할 때까지 한 개의 전표로 인식하여 동일한 번호가 부여되며, 차변과 대변의 합계가 일치된 다음 입력되는 전표는 새로운 전표로 인식하여 다음 번호가 부여된다.

만약, 하나의 전표로 기록하여야 함에도 불구하고 차변요소와 대변요소가 각각 2개 이상이고 입력 도중에 차변과 대변이 일치하여 하나의 전표에 대하여 둘 이상의 전표번호가 부여된 경우에는 전표번호의 수정이 필요하다.

이때에는 해당 라인에 커서를 두고 화면 상단의 SF2 번호수정 (또는 Shift + F2)을 클릭하면 상단에 번호수정 이라는 표시가 나타나고, 전표번호 입력란이 활성화되어 수정 입력할 수 있게 된다. 수정을 마치고 다시 SF2 번호수정을 클릭하면 화면은 일반 상태로 돌아온다.

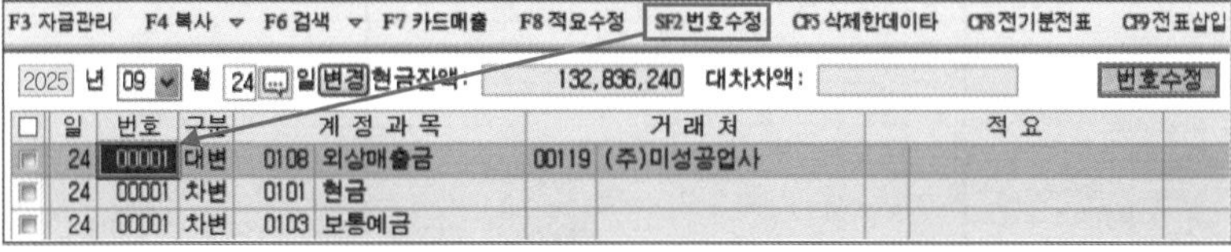

④ 구분란에 "4.대변"을 선택하여 입력한다.

▶ 구분란에 커서를 두면 화면 하단에 아래와 같은 도움말이 나타난다.

구분을 입력하세요. 1.출금, 2.입금, 3.차변, 4.대변, 5.결산차변, 6.결산대변

구분란은 다음과 같은 기준에 따라 숫자로 입력한다.

1.출금	출금전표를 의미하는 것으로 거래금액 전체가 현금으로 출금되는 거래인 경우에 사용한다. 출금전표에서는 대변이 항상 현금 계정이므로 차변의 기재내용만 입력하면 되며, 차변 계정과목에 '101.현금'은 입력되지 않는다.
2.입금	입금전표를 의미하는 것으로 거래금액 전체가 현금으로 입금되는 거래인 경우에 사용한다. 입금전표에서는 차변이 항상 현금 계정이므로 대변의 기재내용만 입력하면 되며, 대변 계정과목에 '101.현금'은 입력되지 않는다.
3.차변 4.대변	대체전표를 의미하는 것으로 현금이 포함되지 않은 거래이거나 또는 현금이 일부만 포함된 경우에 사용한다. 대체전표는 차변과 대변을 모두 입력해야 하는데, 차변을 입력할 때에는 구분란에 '3'을, 대변을 입력할 때에는 '4'를 입력한다.
5.결차 (결산차변) 6.결대 (결산대변)	[결산자료입력] 메뉴에는 결산정리분개 중 몇 가지 유형에 대하여는 일일이 전표입력을 하지 않고도 자동으로 전표를 생성해 주는 기능이 있다. [결산자료입력] 메뉴에서 자동으로 생성된 결산정리분개는 12월 31일 자 [일반전표입력] 화면에서 조회할 수 있는데, 이러한 자동생성전표에서는 차변과 대변이 '결차'와 '결대'로 표시되어 나타난다.

⑤ 계정과목란에 "108.외상매출금"을 검색하여 입력한다.

▶ 계정과목 입력방법

| 방법1 | 계정과목코드 입력란에 커서를 놓고 코드(또는 F2)를 클릭하면 검색창이 나타난다. 검색창에서 찾고자 하는 계정과목의 앞 1글자 이상을 입력하면 해당하는 계정과목이 조회된다.

| 방법2 | 계정과목코드 입력란에 커서를 두고 찾고자 하는 계정과목의 앞 1글자 이상을 입력한 후 Enter↵를 누르면 검색창에 해당하는 계정과목이 조회된다.

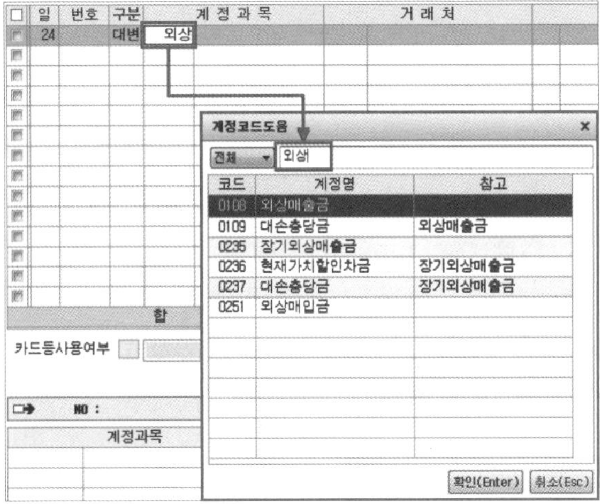

▶ 계정과목코드

계정과목코드를 검색할 때 동일한 명칭의 계정과목이 여러 개 조회되더라도 그 분류에 따라 정확한 코드를 찾아서 입력해야 함에 유의하여야 한다.

계정과목 명칭이 동일하더라도 자산·부채계정의 경우 유동자산인지 비유동자산인지에 따라 코드가 달라지며, 비용계정의 경우 제조원가인지 판매관리비인지 또는 영업외비용인지에 따라 코드가 달라진다.

자산·부채·비용계정 관련 코드는 다음과 같다.

자 산	• 유동자산(당좌자산, 재고자산) : 101 ~ 175번(계정과목 검색창에서 위쪽에 있음) • 비유동자산(투자자산, 유형자산, 무형자산, 기타비유동자산) : 176 ~ 250번(계정과목 검색창에서 아래쪽에 있음)		
부 채	• 유동부채 : 251 ~ 290번(계정과목 검색창에서 위쪽에 있음) • 비유동부채 : 291 ~ 330번(계정과목 검색창에서 아래쪽에 있음)		
비 용	• 제조원가 : 500번대	• 판매비와관리비 : 800번대	• 영업외수익 및 영업외비용 : 900번대

⑥ 외상매출금은 수취채권에 해당하므로 거래처란에 "119.㈜미성공업사"를 검색하여 입력한다.

▶ 수취채권(받을 돈)과 지급채무(줄 돈)는 각 거래처별 잔액을 관리하여야 하므로, 전표 입력 단계에서 채권·채무에 해당하는 계정과목을 입력할 때에는 해당 거래처가 등록되어 있는지 확인하고 거래처코드를 반드시 입력해 주어야 한다.

기출포인트

거래처코드를 입력해 주어야 하는 계정과목

채권	• 외상매출금	• 받을어음	• 미수금	• 선급금	
	• 가지급금	• 임차보증금	• 단기대여금	• 장기대여금	
채무	• 외상매입금	• 지급어음	• 미지급금	• 선수금	
	• 가수금	• 임대보증금	• 단기차입금	• 장기차입금	• 유동성장기부채

참고 전산회계 자격시험에서 전표를 입력할 때 계정과목에 대하여 거래처 입력 여부를 판단하는 방법

채권 · 채무 계정과목	거래처를 반드시 입력하여야 한다. (→ 거래처를 입력하지 않으면 감점 사유에 해당한다)
그 외의 계정과목[1]	거래처를 입력하지 않아도 된다. (→ 거래처를 입력하더라도 정답으로 인정된다) (→ 거래처를 입력하였는지 여부가 채점에 영향을 미치지 않는다)

1) 예 수익 계정과목, 비용 계정과목

▶ 거래처 입력방법

| 방법1 | 거래처코드 입력란에 커서를 두고 코드(또는 F2)를 클릭하면 검색창이 나타난다. 검색창에서 찾고자 하는 거래처명의 앞 1글자 이상을 입력하면 해당하는 거래처가 조회된다.

| 방법2 | 계정과목코드 입력란에 찾고자 하는 거래처명의 앞 1글자 이상을 입력한 후 Enter를 누르면 검색창에 해당하는 거래처가 조회된다.

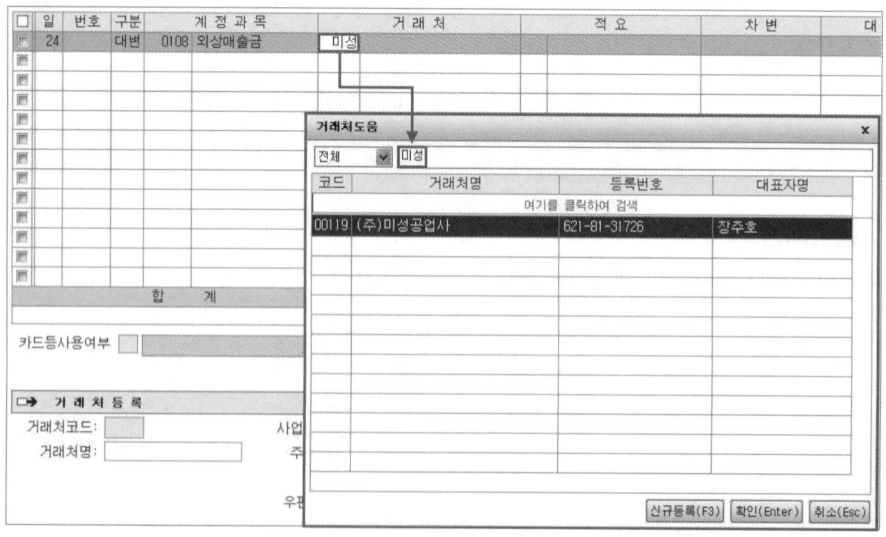

⑦ 타계정 대체거래가 아니므로 적요란은 공란으로 비워둔다.

▶ 적요는 거래내역에 관한 일종의 메모를 말하는데, 전산회계 자격시험에서는 적요의 입력을 요구하는 경우에만 입력하면 된다.

[일반전표입력] 메뉴에서 계정과목이 입력되면 그 계정과목에 대하여 [계정과목및적요등록] 메뉴에 등록되어 있는 적요가 화면 하단에 표시된다. 해당 전표 내용에 적합한 적요가 등록되어 있으면 그 적요번호를 입력하고, 적합한 적요가 등록되어 있지 않으면 전표의 적요란에 내용을 직접 입력하면 된다.

□	일	번호	구분	계정과목		거래처		적요	차변	대변
▣	24		대변	0108	외상매출금	00119	(주)미성공업사			
▣										
▣										
				합 계						

카드등사용여부

적요

1	상품 외상매출	6	매출할인
2	제품 외상매출	7	매출환입및 에누리
3	보관 운송 용역 외상매출		
4	외상매출대금 보통예금 회수		
5	외상매출대금 받을어음 회수		

'현금적요'에 등록된 내용	구분란에 '1.출금', '2.입금'을 선택한 경우에 표시된다.
'대체적요'에 등록된 내용	구분란에 '3.차변', '4.대변'을 선택한 경우에 표시된다.

▶ 타계정 대체거래인 경우에는 적요를 반드시 입력한다.

회사가 보유하고 있는 원재료, 재공품, 제품, 상품 등의 재고자산이 제조나 판매를 통하여 매출원가로 대체되는 것이 아니라 그 이외의 용도(예를 들어 복리후생비, 기업업무추진비)로 사용되어 감소하는 것을 '타계정 대체'라고 한다.

전산회계 자격시험에서는 타계정 대체 거래에 대하여는 전표 입력 시 반드시 등록된 적요를 선택하여 입력하도록 요구하고 있다. 따라서 **[일반전표입력] 메뉴**에서 전표를 입력할 때, 원재료, 재공품, 제품, 상품 등 **재고자산 계정과목이 매출원가 대체 이외의 사유**(예를 들어 **복리후생비, 기업업무추진비, 재고자산감모손실)로 인하여 '대변'**에 입력되는 경우에는 반드시 **적요**에 '**8. 타계정으로 대체액**'을 선택하여 입력하여야 한다.

KcLep 프로그램에서는 기말 결산 시 [결산자료입력] 메뉴에 기말재고자산 잔액이 입력되면 재고자산 총계정원장에서 집계된 판매가능재고자산 금액에서 동 잔액이 차감되어 매출원가가 자동으로 계산된다. 이때, 타계정 대체거래 금액은 기말재고자산 잔액에 포함되지 않으면서 동시에 매출원가에서도 제외되어야 하기 때문에, 전표 입력 단계에서 재고자산 계정과목의 적요란에 '적요 8. 타계정으로 대체액'을 선택하여 입력해야 한다.

⑧ 대변란에 "3,000,000"을 입력한다.

▶ 차변과 대변의 거래금액을 입력한다.

구분란이 '1.출금' 또는 '3.차변'인 경우에는 차변에만 입력되고, '2.입금' 또는 '4.대변'인 경우에는 대변에만 입력된다.

⑨ 108.외상매출금 라인의 입력이 완료되면, 101.현금 라인과 103.보통예금 라인을 동일한 방법으로 각각 ③ ~ ⑧의 순서에 따라 입력한다.

▶ [일반전표입력] 메뉴에서 전표를 입력할 때 Enter↵를 누르면 바로 위 라인의 내용과 동일한 내용이 입력되고, Space bar를 누르면 해당란의 내용이 지워져서 공란이 된다.

전표입력 시, '구분'란에 바로 위 라인과 동일한 내용(예를 들어 '4.대변')을 넣고자 할 때에는 Enter↵를 누르면 되고, '거래처'나 '적요'란을 공란으로 두고 넘어가고자 할 때에는 바로 위 라인도 공란이면 Enter↵만 누르면 된다. 바로 위 라인이 공란이 아니라면 Space bar를 눌러서 공란으로 만든 후 다음 입력란으로 넘어가면 된다.

▼ ① ~ ⑨ 입력결과 화면은 아래와 같다.

2025 년 ① 09 월 ② 24 일 변경 현금잔액: 132,836,240 대차차액:

□	일	③ 번호	④ 구분	⑤ 계정과목		⑥ 거래처		⑦ 적요	⑧ 차변	대변
▣	24	00001	대변	0108	외상매출금	00119	(주)미성공업사			3,000,000
▣	24	00001	차변	0101	현금				1,000,000 ⑨	
▣	24	00001	차변	0103	보통예금				2,000,000	

참고 검색창에서 조회가 되지 않는 신규거래처의 입력 방법

[거래처등록] 메뉴로 이동할 필요 없이 [일반전표입력] 메뉴에서 다음과 같은 방법으로 거래처를 직접 등록할 수 있다. 거래처 검색창에서 신규등록(F3)을 클릭하면 거래처를 간편등록할 수 있는 보조창이 나타난다. 보조창에서 자동 부여된 거래처코드를 원하는 번호로 직접 수정하고 거래처명, 사업자등록번호 등을 입력한 후 확인[TAB]을 클릭하면 해당 코드로 거래처가 등록된다. 화면 하단에서는 업태, 종목 등 추가사항까지 입력할 수 있다.

예를 들어, '㈜별사랑'이라는 신규 거래처를 자동 부여된 거래처코드로 등록하는 경우 아래와 같은 보조창과 추가사항 입력화면이 나타난다. 만약 실무에서 신규 거래처가 상시 거래가 발생할 만한 거래처가 아닌 경우에는 거래처 등록 없이 거래처란에 상호명만 입력하고 전표를 작성하면 된다. 전산회계 자격시험에서는 채권·채무와 관련된 거래처명은 반드시 등록되어 있는 거래처코드를 선택하는 방법으로 입력한다.

기초코드 등록

거래처등록 간편등록 (일반거래처) [코드범위 : 00101~97999]

거래처코드 00103
거래처명 (주)별사랑
거래처유형 1:매출 2:매입 3:동시
사업자등록번호 ___-__-_____
주민등록번호 ______-_______ 주민기재분 0:부 1:여
대표자성명

확인[TAB] 취소[ESC]

거 래 처 등 록

거래처코드: 00103 사업자등록번호: ___-__-_____ 사업자등록상태조회
거래처명: (주)별사랑 주민등록번호: ______-_______ 주민등록기재분: 0:부 1:여
대표자명: 업태: 종목:
우편번호, 주소: ___-___
전화번호:) -

대차차액

[일반전표입력] 메뉴의 우측 상단에는 대차평균의 원리에 따라 정확하게 전표입력될 수 있도록 차변합계와 대변합계의 차액이 나타난다. 대차차액이 있는 상태에서 메뉴를 종료하는 경우에는 보조창이 나타나므로 이를 확인하고 종료하여야 한다.

예를 들어, 차변에 1,500,000원, 대변에 150,000원을 입력한 상태에서 메뉴를 종료하려고 하는 경우 아래와 같은 보조창이 나타나는데, 보조창에서 예(Y)를 클릭하면 대차차액이 있는 전표가 조회된다. 전표를 수정할 때 해당 금액란에 커서를 두고 Space bar를 누르면 대차차액을 조정하는 금액이 자동 계산되어 입력된다. 전표수정을 마치면 메뉴를 종료하거나 Esc를 누른다.

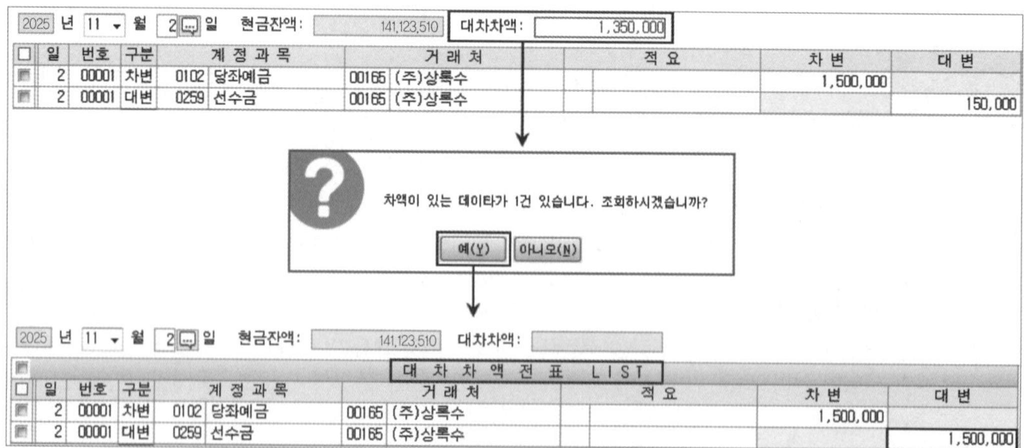

2025 년 11 월 2 일 현금잔액: 141,123,510 대차차액: 1,350,000

일	번호	구분	계정과목		거래처		적요		차변	대변
2	00001	차변	0102	당좌예금	00165	(주)상록수			1,500,000	
2	00001	대변	0259	선수금	00165	(주)상록수				150,000

차액이 있는 데이타가 1건 있습니다. 조회하시겠습니까?

예(Y) 아니오(N)

2025 년 11 월 2 일 현금잔액: 141,123,510 대차차액:

대 차 차 액 전 표 LIST

일	번호	구분	계정과목		거래처		적요		차변	대변
2	00001	차변	0102	당좌예금	00165	(주)상록수			1,500,000	
2	00001	대변	0259	선수금	00165	(주)상록수				1,500,000

02 출금·입금·대체전표 작성 사례

1 출금전표

- 출금전표는 거래금액 전체가 현금으로 출금되는 거래인 경우에 사용하는 전표이다.
- 출금전표의 대변 계정과목은 항상 현금이므로 출금전표에는 차변의 기재내용(계정과목, 금액, 적요, 거래처)만 입력하면 된다.

기출확인문제

㈜제일(코드번호 : 1101)의 당기 회계기간은 제5기이다.
다음 거래 자료를 [일반전표입력] 메뉴에 추가 입력하시오. (제50회)

10월 10일 부영상사로부터 전자제품 원재료를 구입하기로 하고, 계약금 1,000,000을 현금으로 지급하였다.

기출 따라 하기

▶관련 이론 I 당좌자산 p.148

(1) 분개

10월 10일 (차) 선급금(131) (부영상사) 1,000,000 (대) 현금(101) 1,000,000

(2) 입력방법

[일반전표입력] 메뉴에서

① 거래일인 "10월 10일"을 선택한다.

② 거래금액 전체가 현금으로 출금되는 거래이므로 구분란에 "1.출금"을 선택한다.

③ 계약금을 미리 지급하였으므로 계정과목란에 "131.선급금"을 입력한다.

④ 선급금은 채권이므로 거래처란에 "141.부영상사"를 입력한다.

⑤ 타계정 대체거래가 아니므로 적요란은 공란으로 비워둔다.

⑥ 출금을 선택하면 대변에 현금이 자동으로 생성되고 차변에 "1,000,000"을 입력한다.

▼ ① ~ ⑥ 입력결과 화면은 아래와 같다.

	① 일	번호	② 구분	③ 계 정 과 목		④ 거 래 처		⑤ 적 요		⑥ 차 변	대 변
	10	00001	출금	0131	선급금	00141	부영상사			1,000,000	(현금)

계정과목		적요		차변(출금)	대변(입금)
0131	선급금			1,000,000	
0101	현금				1,000,000

참고 **전산회계 자격시험에서의 전표입력 방법**

[일반전표입력] 메뉴에서 전표를 입력할 때, 거래금액 전체가 현금의 증가 또는 감소라 하더라도 반드시 '1.출금'이나 '2.입금'으로 입력해야 하는 것은 아니다. '3.차변'과 '4.대변'을 이용하여 입력해도 그 결과만 동일하면 상관없다. 전산회계 자격시험에서는 입금전표, 출금전표, 대체전표로 구분하지 않고 모든 거래를 대체전표로 입력하여도 정답으로 인정된다.

2 입금전표

- 입금전표는 거래금액 전체가 현금으로 입금되는 거래인 경우에 사용하는 전표이다.
- 입금전표의 차변 계정과목은 항상 현금이므로 입금전표에는 대변의 기재내용(계정과목, 금액, 적요, 거래처)만 입력하면 된다.

기출확인문제

㈜제일(코드번호 : 1101)의 당기 회계기간은 제5기이다.
다음 거래 자료를 [일반전표입력] 메뉴에 추가 입력하시오. (제49회 수정)

> 10월 11일 주당 액면금액 5,000원인 보통주 5,000주를 증권시장에서 현금으로 액면 발행하였다.

기출 따라 하기

▶관련 이론 I 자본 p.266

(1) 분개

10월 11일 (차) 현금(101) 25,000,000 (대) 자본금(331) 25,000,000

(2) 입력방법

[일반전표입력] 메뉴에서

① 거래일인 "10월 11일"을 선택한다.

② 거래금액 전체가 현금으로 입금되는 거래이므로 구분란에 "2.입금"을 선택한다.

③ 보통주를 현금으로 발행하였으므로 "331.자본금"을 입력한다.

④ 채권·채무 관련 거래가 아니므로 거래처를 입력하지 않아도 된다.

⑤ 타계정 대체거래가 아니므로 적요란은 공란으로 비워둔다.

⑥ 입금을 선택하면 차변에 현금이 자동으로 생성되고 대변에 "25,000,000"을 입력한다.

◆ ① ~ ⑥ 입력결과 화면은 아래와 같다.

□	일 ①	번호	구분 ②	계정과목 ③		거래처 ④		적요 ⑤		차변 ⑥	대변
▣	11	00001	입금	0331	자본금					(현금)	25,000,000

계정과목		적요		차변(출금)	대변(입금)
0331	자본금				25,000,000
0101	현금			25,000,000	

3 대체전표

- 대체전표는 출금·입금전표 대상이 아닌 모든 거래에 사용하는 전표로서 현금 입출금이 없거나 거래금액의 일부에 대하여만 현금 입출금이 있는 경우, 또는 두 개 이상의 거래가 복합된 경우에 사용하는 전표이다.
- 대체전표는 차변과 대변의 기재내용을 모두 입력하여야 한다.

기출확인문제

㈜제일(코드번호 : 1101)의 당기 회계기간은 제5기이다.
다음 거래 자료를 [일반전표입력] 메뉴에 추가 입력하시오. (제48회)

> 10월 12일 파손된 본사 영업팀 건물의 유리를 교체하고(수익적 지출), 대금 1,500,000원을 당좌수표로 발행하여 지급하였다.

기출 따라 하기

▶관련 이론 I 비유동자산 p.206

(1) 분개

10월 12일 (차) 수선비(820) (판관비) 1,500,000 (대) 당좌예금(102) 1,500,000

(2) 입력방법

[일반전표입력] 메뉴에서

① 거래일인 "10월 12일"을 선택한다.
② 구분란에 "3.차변"을 선택한다.
③ 계정과목란에 "820.수선비"를 입력한다.
④ 거래처와 적요의 입력은 생략한다.
⑤ 차변에 "1,500,000"을 입력한다.
⑥ Enter↵를 누르면 차변과 동일하게 일과 번호가 입력된다.
⑦ 구분란에 "4.대변"을 선택한다.
⑧ 당좌수표를 발행하였으므로 계정과목란에 "102.당좌예금"을 입력한다.
⑨ 거래처와 적요의 입력은 생략한다.
⑩ 대변에 "1,500,000"을 입력한다.

▼ ① ~ ⑩ 입력결과 화면은 아래와 같다.

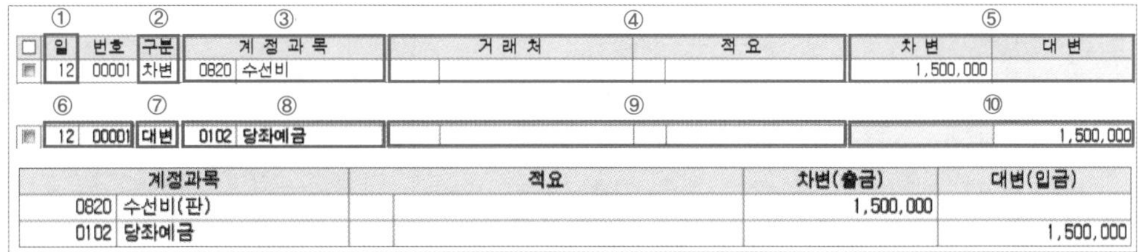

일 ①	번호	구분 ②	계정과목 ③		거래처 ④		적요		차변 ⑤	대변
12	00001	차변	0820	수선비					1,500,000	
12 ⑥	00001	대변 ⑦	0102	당좌예금 ⑧			⑨			1,500,000 ⑩

계정과목		적요		차변(출금)	대변(입금)
0820	수선비(판)			1,500,000	
0102	당좌예금				1,500,000

참고 **전표삽입**

[일반전표입력] 메뉴에 이미 입력되어 있는 하나의 완성된 전표에 대하여 계정을 추가하여 수정하고자 하는 경우에는 '전표삽입' 기능을 사용하면 된다.

예를 들어, 차변에 미지급금 300,000원, 대변에 보통예금 300,000원이 입력된 전표에 동 거래에서 발생한 계좌이체 수수료 1,000원을 추가하여 수정하는 경우, 계정을 추가하려는 자리의 아래 라인에 커서를 두고 화면 상단의 CF9전표삽입 (또는 Ctrl + F9)을 클릭하면 원하는 계정과 금액을 추가할 수 있다. 한쪽 편(차변) 계정에 금액을 추가 입력함에 따라 대차차액이 발생한 상태에서 반대편(대변) 계정의 금액란을 수정 입력할 때 Space bar를 누르면 금액을 직접 입력하지 않아도 금액이 자동 계산되어 입력된다.

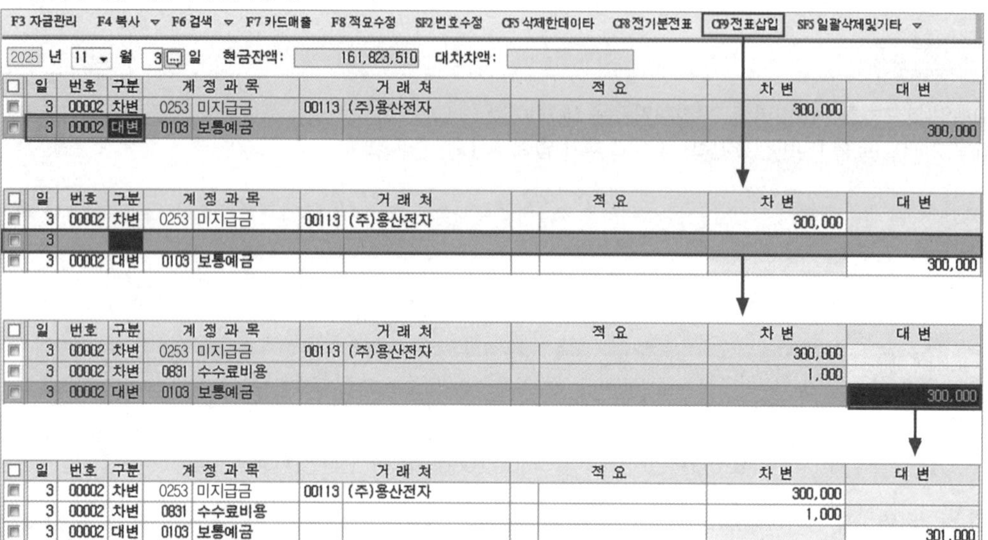

입력된 전표의 날짜 변경

[일반전표입력] 메뉴에 이미 입력되어 있는 하나의 완성된 전표에 대하여 날짜를 수정하고자 하는 경우에는 '이동' 기능을 사용하면 된다.

예를 들어, 11월 4일 자로 차변에 운반비 50,000원, 대변에 현금 50,000원이 입력된 전표의 거래일자를 12월 10일 자로 수정하는 경우에는 11월 4일 자 기존 전표를 선택한 후, 화면 상단의 F4 복사 ▾ 옆에 있는 ▾(열림단추)를 클릭하고 아래에 나오는 SF3 이동 (또는 Shift + F3)을 클릭하면, '이동' 창이 나타나고, 여기에 이동하고자 하는 일자인 12월 10일을 입력하고 확인(Tab) 을 클릭하면 된다.

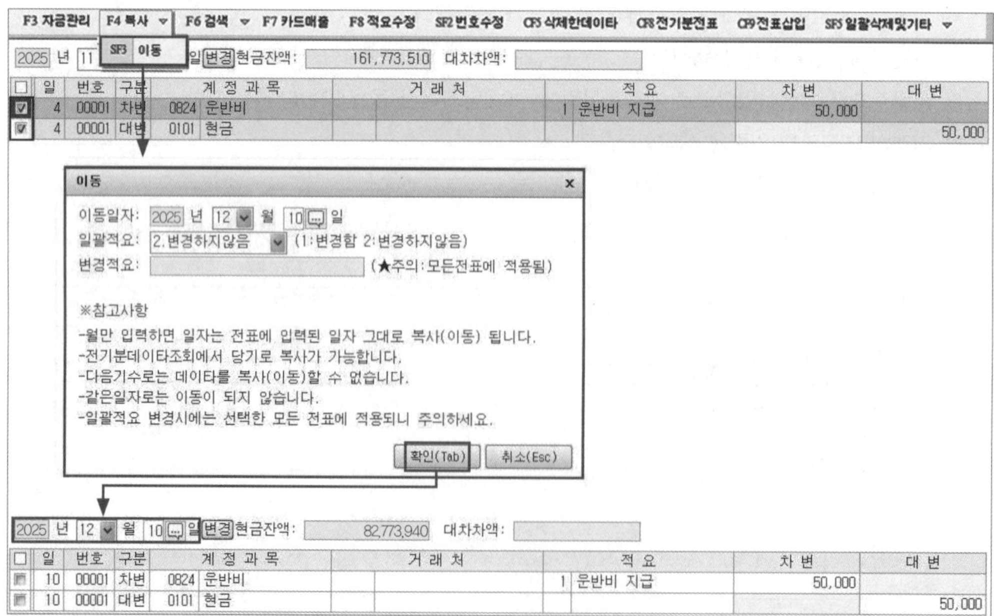

03 주의해야 할 출제 유형

1 계정과목에 대응되는 차감 계정의 코드를 찾는 유형

- 감가상각누계액, 대손충당금, 매출환입및에누리, 매출할인, 매입환출및에누리, 매입할인 등 특정한 계정과목에 대응되는 차감적 평가계정 및 차감항목 계정의 코드를 정확하게 입력하는 유형이 출제된다.
- 차감 계정은 대응되는 계정과목의 바로 아래에 있는 코드번호를 사용한다.

1) 감가상각누계액

기출확인문제

㈜제일(코드번호 : 1101)의 당기 회계기간은 제5기이다.
다음 거래 자료를 [일반전표입력] 메뉴에 추가 입력하시오. (제45회)

> 10월 16일 사용 중인 창고건물(취득가액 50,000,000원, 감가상각누계액 40,000,000원)을 새로 신축하기 위해 철거하였으며, 철거용역업체에 철거비용 2,000,000원을 보통예금에서 지급하였다.

기출 따라 하기

▶관련 이론 I 비유동자산 p.205

(1) 분개

10월 16일	(차) 감가상각누계액(203) (건물)	40,000,000	(대) 건물(202)	50,000,000
			보통예금(103)	2,000,000
	유형자산처분손실(970)	12,000,000		

(2) 입력방법

건물의 취득원가는 '202.건물' 계정과목을 사용하고, 건물에 대한 감가상각누계액은 대응되는 계정과목의 바로 아래에 있는 코드번호인 '203.감가상각누계액' 계정과목을 사용한다.

□	일	번호	구분	계정과목		거래처		적요		차변	대변
■	16	00001	대변	0202	건물						50,000,000
■	16	00001	대변	0103	보통예금						2,000,000
■	16	00001	차변	0203	감가상각누계액					40,000,000	
■	16	00001	차변	0970	유형자산처분손실					12,000,000	

2) 대손충당금

기출확인문제

㈜제일(코드번호 : 1101)의 당기 회계기간은 제5기이다.
다음 거래 자료를 [일반전표입력] 메뉴에 추가 입력하시오. (제42회)

> 10월 19일 지난해 대손이 확정되어 대손충당금과 상계처리하였던 외상매출금 중 일부인 600,000원을 회수하여 당좌예금 계좌에 입금하였다.

기출 따라 하기

▶관련 이론 I 당좌자산 p.145

(1) 분개

10월 19일	(차) 당좌예금(102)	600,000	(대) 대손충당금(109) (외상매출금)	600,000

(2) 입력방법

'108.외상매출금'에 대한 대손충당금은 대응되는 계정과목의 바로 아래에 있는 코드번호인 '109.대손충당금' 계정과목을 사용한다.

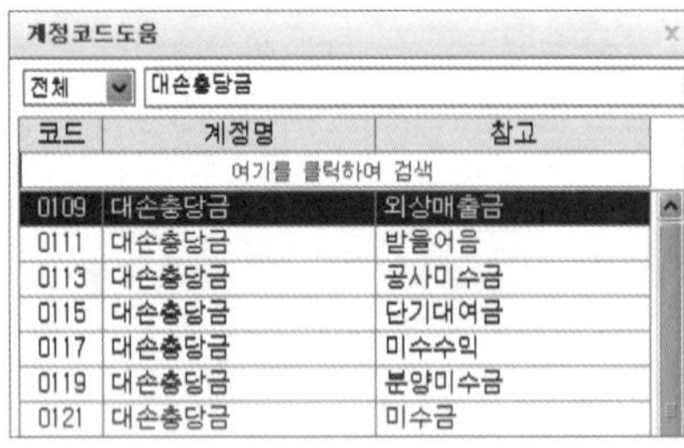
계정코드도움

전체 | 대손충당금

코드	계정명	참고
	여기를 클릭하여 검색	
0109	대손충당금	외상매출금
0111	대손충당금	받을어음
0113	대손충당금	공사미수금
0115	대손충당금	단기대여금
0117	대손충당금	미수수익
0119	대손충당금	분양미수금
0121	대손충당금	미수금

일	번호	구분	계정과목		거래처		적요		차변	대변
19	00001	차변	0102	당좌예금					600,000	
19	00001	대변	0109	대손충당금						600,000

3) 매출환입및에누리, 매출할인, 매입환출및에누리, 매입할인

기출확인문제

㈜제일(코드번호 : 1101)의 당기 회계기간은 제5기이다.
다음 거래 자료를 [일반전표입력] 메뉴에 추가 입력하시오. (제49회)

> 10월 20일 ㈜용산전자로부터 제품 외상매출금 4,000,000원을 회수하면서 약정기일보다 10일 빠르게 회수되어 동 외상매출금의 3%를 할인해 주었다. 대금은 모두 보통예금으로 입금되었다.

기출 따라 하기

▶관련 이론 I 수익과 비용 p.291

(1) 분개

10월 20일	(차) 보통예금(103)	3,880,000	(대) 외상매출금(108) (㈜용산전자)	4,000,000
	매출할인(406) (제품매출)	120,000		

(2) 입력방법

'404.제품매출'에 대한 매출할인은 대응되는 계정과목의 바로 아래에 있는 코드번호인 '406.매출할인' 계정과목을 사용해야 한다.

참고 '404.제품매출'에 대한 매출환입및에누리는 '405.매출환입및에누리' 계정과목을 사용해야 한다.

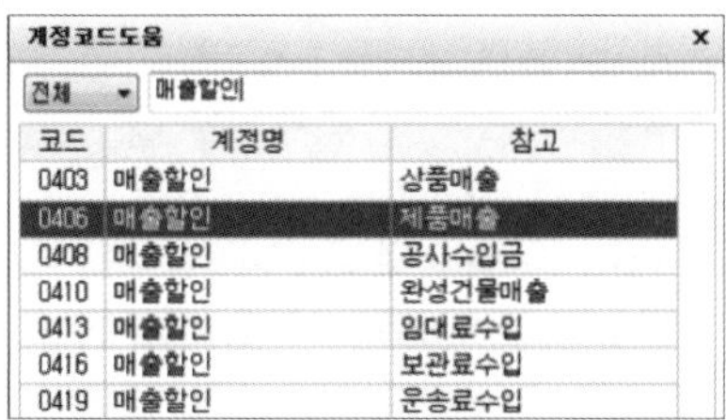

계정코드도움

전체 ▾ 매출할인

코드	계정명	참고
0403	매출할인	상품매출
0406	매출할인	제품매출
0408	매출할인	공사수입금
0410	매출할인	완성건물매출
0413	매출할인	임대료수입
0416	매출할인	보관료수입
0419	매출할인	운송료수입

□	일	번호	구분	계정과목		거래처		적요		차변	대변
	20	00002	대변	0108	외상매출금	00113	(주)용산전자				4,000,000
	20	00002	차변	0103	보통예금					3,880,000	
	20	00002	차변	0406	매출할인					120,000	

2 장부를 조회하여 전표 금액을 입력하는 유형

- 전표에 필요한 금액을 기존 장부에서 조회하여 확인한 후, 전표에 입력하는 유형이 출제된다.
- 전표에 필요한 금액은 다음과 같은 방법으로 조회한다.
  - 특정 거래처 잔액 : [거래처원장]
    예 3월 31일 현재 ㈜대한기업에 대한 외상매출금 잔액
  - 특정 계정과목 잔액 : [합계잔액시산표]
    예 3월 15일 현재 외상매출금에 대한 대손충당금 계정의 잔액
  - 특정 일자 거래금액 : [일반전표입력], [매입매출전표입력], [계정별원장], [총계정원장]
    예 4월 30일에 회계처리한 예수금 계정의 금액

기출확인문제

㈜제일(코드번호 : 1101)의 당기 회계기간은 제5기이다.
다음 거래 자료를 [일반전표입력] 메뉴에 추가 입력하시오. (제45회)

> 10월 22일 4월 30일에 원재료를 매입하고 구리전자에 대금으로 발행하여 주었던 어음이 만기가 되어서 당좌수표를 발행하여 지급하였다.

기출 따라 하기

▶관련 이론 I 부채 p.235

(1) 분개

10월 22일 (차) 지급어음(252) (구리전자) 22,000,000 (대) 당좌예금(102) 22,000,000

(2) 입력방법

① 4월 30일 자 지급어음 발행 거래금액을 조회한다.

▶ 특정일 거래금액 조회방법

| 방법1 | [회계관리] ▶ [전표입력] ▶ [매입매출전표입력]을 선택하여 [매입매출전표입력] 메뉴에 들어간 후, 일란에 "4월 30일"을 입력하면 해당일 거래에 대한 부가가치세 정보가 조회된다. 공급가액을 클릭하면 화면 하단에 분개가 표시된다.

2025 년 04 월 30 일 변경 현금잔액: 79,438,627 대차차액: 매입

일	번호	유형	품목	수량	단가	공급가액	부가세	코드	공급처명	사업자주민번호	전자	분개
30	50001	과세	원재료			20,000,000	2,000,000	00161	구리전자	132-81-21577	여	혼합
30												
		유형별-공급처별 [1]건				20,000,000	2,000,000					

신용카드사: 봉사료:

NO : 50001 (대 체) 전 표 일 자 : 년 4 월 30 일

구분	계정과목	적요	거래처	차변(출금)	대변(입금)
차변	0135 부가세대급금	원재료	00161 구리전자	2,000,000	
차변	0153 원재료	원재료	00161 구리전자	20,000,000	
대변	0252 지급어음	원재료	00161 구리전자		22,000,000
			합 계	22,000,000	22,000,000

(세금)계산서 현재라인인쇄 / 거래명세서 현재라인인쇄 / 전 표 현재라인인쇄

| 방법2 | [회계관리] ▶ [장부관리] ▶ [계정별원장]을 선택하여 [계정별원장] 메뉴에 들어간 후, 기간을 "1월 1일 ~ 10월 22일", 계정과목을 "지급어음"으로 입력하면 지급어음 계정이 포함된 거래가 일자별로 조회된다. 커서를 4월 30일자 거래에 두고 더블 클릭하면 해당 일자의 분개가 화면 하단에 표시된다.

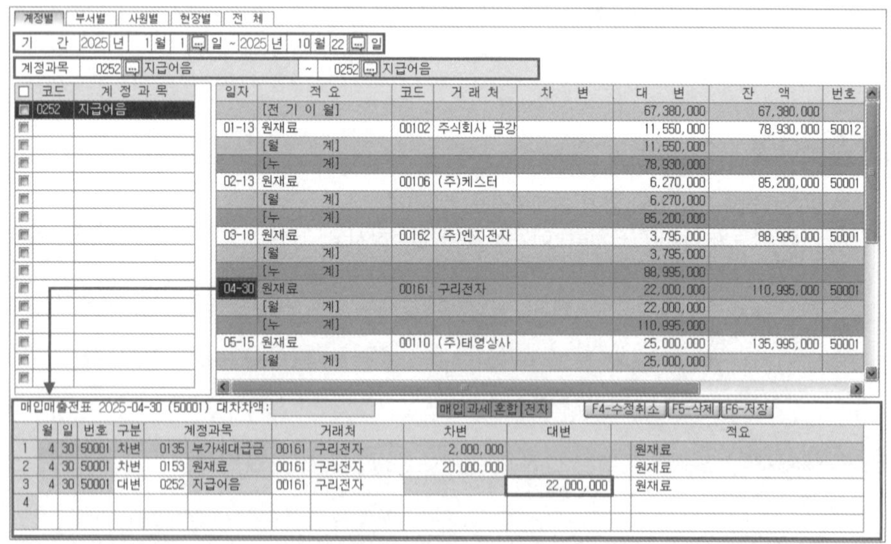

계정별 | 부서별 | 사원별 | 현장별 | 전 체

기 간 2025 년 1 월 1 일 ~ 2025 년 10 월 22 일

계정과목 0252 지급어음 ~ 0252 지급어음

코드	계 정 과 목
0252	지급어음

일자	적 요	코드	거 래 처	차 변	대 변	잔 액	번호
	[전 기 이 월]				67,380,000	67,380,000	
01-13	원재료	00102	주식회사 금강		11,550,000	78,930,000	50012
	[월 계]				11,550,000		
	[누 계]				78,930,000		
02-13	원재료	00106	(주)케스터		6,270,000	85,200,000	50001
	[월 계]				6,270,000		
	[누 계]				85,200,000		
03-18	원재료	00162	(주)엔지전자		3,795,000	88,995,000	50001
	[월 계]				3,795,000		
	[누 계]				88,995,000		
04-30	원재료	00161	구리전자		22,000,000	110,995,000	50001
	[월 계]				22,000,000		
	[누 계]				110,995,000		
05-15	원재료	00110	(주)태영상사		25,000,000	135,995,000	50001
	[월 계]				25,000,000		

매입매출전표 2025-04-30 (50001) 대차차액: 매입 과세 혼합 전자 F4-수정취소 F5-삭제 F6-저장

	월	일	번호	구분	계정과목	거래처	차변	대변	적요
1	4	30	50001	차변	0135 부가세대급금	00161 구리전자	2,000,000		원재료
2	4	30	50001	차변	0153 원재료	00161 구리전자	20,000,000		원재료
3	4	30	50001	대변	0252 지급어음	00161 구리전자		22,000,000	원재료
4									

② 조회하여 확인한 금액 "22,000,000"을 사용하여 [일반전표입력] 메뉴에서 10월 22일 자 전표를 입력한다.

일	번호	구분	계 정 과 목	거 래 처	적 요	차 변	대 변
22	00001	차변	0252 지급어음	00161 구리전자		22,000,000	
22	00001	대변	0102 당좌예금				22,000,000

3 제조원가와 판매비와관리비를 구분하는 유형

- 비용 계정과목의 코드를 검색할 때 제조원가(500번대)와 판매비와관리비(800번대)를 구분한다.
- 공장 등 생산부문과 관련된 비용은 제조원가에 해당하므로 500번대를 선택하여 입력한다.
- 생산부문 외의 부문(예 본사, 영업부, 관리팀)과 관련된 비용은 판매비와관리비에 해당하므로 800번대를 선택하여 입력한다.

기출확인문제

㈜제일(코드번호 : 1101)의 당기 회계기간은 제5기이다.
다음 거래 자료를 [일반전표입력] 메뉴에 추가 입력하시오. (제52회)

> 10월 25일 공장건물의 화재와 도난에 대비하여 ㈜미래화재에 손해보험을 가입한 후 보험료 3,000,000원을 보통예금 계좌에서 송금하고 전액 비용으로 회계처리하였다.

기출 따라 하기

▶관련 이론 I 수익과 비용 p.296

(1) 분개

10월 25일 (차) 보험료(521) (제조) 3,000,000 (대) 보통예금(103) 3,000,000

(2) 입력방법

공장건물과 관련된 보험료는 제조원가에 해당하므로 500번대 계정코드인 "521.보험료" 계정과목을 사용한다.

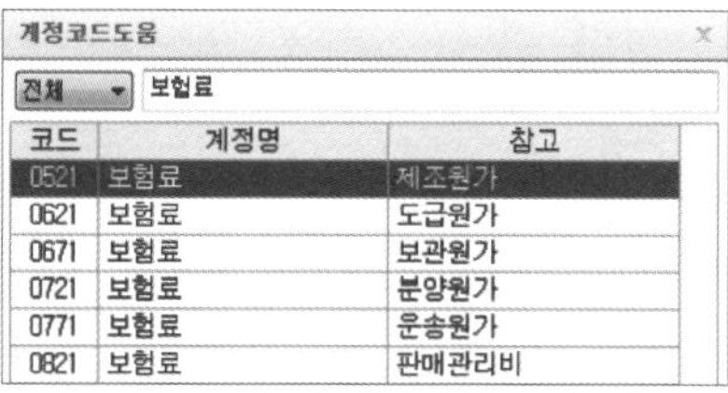

계정코드도움

전체 ▾ 보험료

코드	계정명	참고
0521	보험료	제조원가
0621	보험료	도급원가
0671	보험료	보관원가
0721	보험료	분양원가
0771	보험료	운송원가
0821	보험료	판매관리비

□	일	번호	구분	계정과목		거래처		적요		차변	대변
	25	00007	차변	0521	보험료					3,000,000	
	25	00007	대변	0103	보통예금						3,000,000

4 유동자산(부채)과 비유동자산(부채)을 구분하는 유형

- 자산·부채 계정과목의 코드를 검색할 때 동일한 이름의 계정과목에 대하여 두 개의 코드가 조회되는 경우가 있는데, 이때에는 코드번호가 작은 것(검색창에서 위쪽에 있음)은 유동항목이고 코드번호가 큰 것(검색창에서 아래쪽에 있음)은 비유동항목이다.
- '매도가능증권'이나 '만기보유증권' 계정과목을 전표에 입력할 때 각각 두 개의 코드가 조회되는데, 해당 유가증권의 만기가 결산일로부터 1년 이내로 도래되었다는 특별한 언급이 있는 상황이 아니라면 동 계정과목은 비유동자산으로 분류되어야 하므로, 두 코드번호 중 큰 것을 선택하여 입력한다.

기출확인문제

㈜제일(코드번호 : 1101)의 당기 회계기간은 제5기이다.
다음 거래 자료를 [일반전표입력] 메뉴에 추가 입력하시오. (제52회)

> 10월 27일 ㈜청평에서 발행한 회사채(만기는 3년 후 3월 31일이고, 시장성은 없다) 10,000,000원을 만기까지 보유할 목적으로 당좌수표를 발행하여 취득하였다. 단, 회사채를 취득하는 과정에서 발생한 수수료 50,000원은 현금으로 지급하였다.

기출 따라 하기

▶관련 이론 I 비유동자산 p.196

(1) 분개

10월 27일	(차) 만기보유증권(181) (투자자산)	10,050,000	(대) 당좌예금(102) 현금(101)	10,000,000 50,000

(2) 입력방법

채권의 만기가 결산일로부터 1년 이후에 도래하므로 해당 만기보유증권은 비유동자산(투자자산)으로 분류된다. 따라서 만기보유증권으로 조회되는 두 개의 코드(124, 181) 중 큰 것(181)을 사용한다.

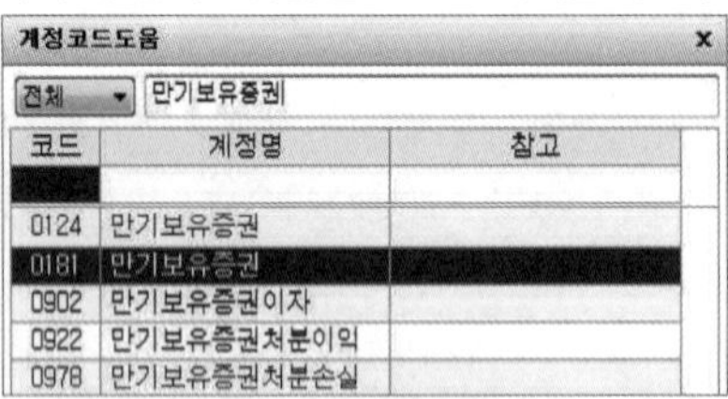
계정코드도움

전체 ▾ 만기보유증권

코드	계정명	참고
0124	만기보유증권	
0181	만기보유증권	
0902	만기보유증권이자	
0922	만기보유증권처분이익	
0978	만기보유증권처분손실	

□	일	번호	구분	계정과목		거래처		적요		차변	대변
▪	27	00001	차변	0181	만기보유증권					10,050,000	
▪	27	00001	대변	0102	당좌예금						10,000,000
▪	27	00001	대변	0101	현금						50,000

5 타계정 대체거래

[일반전표입력] 메뉴에서 전표를 입력할 때, 원재료, 재공품, 제품, 상품 등 재고자산 계정과목이 매출원가 대체 이외의 사유(예 복리후생비, 기업업무추진비, 재고자산감모손실)로 인하여 감소하는 거래인 경우에는 반드시 '적요 8. 타계정으로 대체액'을 선택하여 입력하여야 한다.

기출확인문제

㈜제일(코드번호 : 1101)의 당기 회계기간은 제5기이다.
다음 거래 자료를 [일반전표입력] 메뉴에 추가 입력하시오. (제52회)

10월 28일 당사에서 생산한 제품 4,000,000원(장부가액)을 국군장병위문품으로 국방부에 무상으로 기탁하였다.

기출 따라 하기

▶관련 이론 I 재고자산 p.179

(1) 분개

10월 28일 (차) 기부금(953) 4,000,000 (대) 제품(150) 4,000,000
(적요 8. 타계정으로 대체액)

(2) 입력방법

재고자산 계정과목인 제품이 기부금으로 사용됨에 따라 대변에 입력되는 거래이므로, 제품 계정과목의 적요로 등록되어 있는 "8. 타계정으로 대체액 손익계산서 반영분"을 선택하여 입력한다.

□	일	번호	구분	계정과목		거래처		적요		차변	대변
□	28	00001	차변	0953	기부금					4,000,000	
□	28	00001	대변	0150	제품			8	타계정으로 대체액 손익계산서 반영분		4,000,000
□	28										
			합	계						4,000,000	4,000,000

카드등사용여부

적 요

1 제조원가 제품대체
2 제품 매출원가 대체
6 제품 재고감모손실 대체
8 타계정으로 대체액 손익계산서 반영분
9 타계정에서 대체액 손익계산서 반영분

핵심기출문제

* 본서에 수록된 기출문제의 날짜는 학습효과를 높이기 위하여 일부 수정함

01 ㈜팔오(코드번호 : 1185)의 당기 회계기간은 제9기이다.
다음 거래 자료를 [일반전표입력] 메뉴에 추가 입력하시오. (일반전표입력의 모든 거래는 부가가치세를 고려하지 말 것) [제85회]

(1) 7월 7일 창고에서 화재가 발생하여 보관하고 있던 제품 32,500,000원(장부가액)이 소실되었다. 당사는 이와 관련한 보험에 가입되어 있지 않다.

(2) 7월 9일 회사는 임직원의 퇴직금에 대해 확정기여형(DC형) 퇴직연금에 가입하고 있으며, 7월분 퇴직연금 13,520,000원을 당사 보통예금계좌에서 이체하여 납부하였다. (단, 제조관련 부분 6,760,000원, 비제조관련 부분 6,760,000원이다)

(3) 8월 1일 ㈜형태의 외상매출금 13,000,000원 중 3,000,000원은 현금으로 받고 잔액은 6개월 만기의 약속어음으로 받았다. (단, 하나의 대체전표로 작성할 것)

(4) 9월 20일 Champ에 수출(선적일자 9월 10일)했던 제품에 대한 외상매출금을 회수하여 원화로 환전하여 당사 보통예금 계좌에 입금하였다.

• 외상매출금 : $30,000 • 9월 10일 환율 : 1,200원/$ • 9월 20일 환율 : 1,250원/$

(5) 10월 25일 ㈜한국통상의 주식 50주(액면가 @1,000원)를 3,000,000원에 취득하고 대금은 보통예금으로 이체하였다. (시장성이 있고, 단기시세차익 목적임)

(6) 11월 22일 사업 확장에 필요한 자금을 조달하기 위하여 새로운 보통주 주식 10,000주(1주당 액면금액 5,000원, 1주당 발행금액 10,000원)를 추가 발행하였으며, 발행대금은 보통예금 통장으로 입금되었다. 신주발행과 관련된 비용 1,000,000원은 당좌수표를 발행하여 지급하였다. (단, 하나의 전표로 입력할 것)

정답 및 해설

01 (1)

▶ 관련 이론 | 재고자산 p.179

해 설 7월 7일 (차) 재해손실 32,500,000 (대) 제품 32,500,000
(적요 8. 타계정으로 대체액)

정답화면

□	일	번호	구분	계 정 과 목	거 래 처	적 요	차 변	대 변
	7	00001	차변	0961 재해손실			32,500,000	
	7	00001	대변	0150 제품		8 타계정으로 대체액 손익:		32,500,000

(2)

▶ 관련 이론 | 부채 p.250

해 설 7월 9일 (차) 퇴직급여(제조) 6,760,000 (대) 보통예금 13,520,000
퇴직급여(판관비) 6,760,000

정답화면

□	일	번호	구분	계 정 과 목	거 래 처	적 요	차 변	대 변
	9	00001	대변	0103 보통예금				13,520,000
	9	00001	차변	0508 퇴직급여			6,760,000	
	9	00001	차변	0806 퇴직급여			6,760,000	

(3)

▶ 관련 이론 | 당좌자산 p.139

해 설 8월 1일 (차) 현금 3,000,000 (대) 외상매출금(㈜형태) 13,000,000
받을어음(㈜형태) 10,000,000

정답화면

□	일	번호	구분	계 정 과 목	거 래 처	적 요	차 변	대 변
	1	00001	대변	0108 외상매출금	02006 (주)형태			13,000,000
	1	00001	차변	0101 현금			3,000,000	
	1	00001	차변	0110 받을어음	02006 (주)형태		10,000,000	

(4)

▶ 관련 이론 | 수익과 비용 p.301

해 설 9월 20일 (차) 보통예금 37,500,000 (대) 외상매출금(Champ) 36,000,000
외환차익 1,500,000

정답화면

□	일	번호	구분	계 정 과 목	거 래 처	적 요	차 변	대 변
	20	00001	대변	0108 외상매출금	02027 Champ			36,000,000
	20	00001	차변	0103 보통예금			37,500,000	
	20	00001	대변	0907 외환차익				1,500,000

(5)

▶ 관련 이론 | 당좌자산 p.133

해 설 10월 25일 (차) 단기매매증권 3,000,000 (대) 보통예금 3,000,000

정답화면

□	일	번호	구분	계 정 과 목	거 래 처	적 요	차 변	대 변
	25	00001	차변	0107 단기매매증권			3,000,000	
	25	00001	대변	0103 보통예금				3,000,000

(6)

▶ 관련 이론 | 자본 p.267

해 설 11월 22일 (차) 보통예금 100,000,000 (대) 자본금 50,000,000
당좌예금 1,000,000
주식발행초과금 49,000,000

정답화면

□	일	번호	구분	계 정 과 목	거 래 처	적 요	차 변	대 변
	22	00001	차변	0103 보통예금			100,000,000	
	22	00001	대변	0331 자본금				50,000,000
	22	00001	대변	0102 당좌예금				1,000,000
	22	00001	대변	0341 주식발행초과금				49,000,000

02 ㈜육오(코드번호 : 1165)의 당기 회계기간은 제9기이다.
다음 거래 자료를 [일반전표입력] 메뉴에 추가 입력하시오. (일반전표입력의 모든 거래는 부가가치세를 고려하지 말 것) [제65회]

(1) 8월 25일 소망은행으로부터 5년 후 상환조건으로 100,000,000원을 차입하고, 보통예금 계좌로 입금받다.

(2) 9월 10일 회사는 전 임직원의 퇴직금에 대해 확정급여형(DB) 퇴직연금에 가입하고 있으며, 8월분 퇴직연금 10,000,000원을 당사 보통예금에서 이체하여 납부하였다.

(3) 9월 20일 9월 5일 수령한 가수금은 우리전자에 제품을 매출하기로 하고 받은 계약금 500,000원과 동사의 외상매출금 500,000원을 회수한 것으로 확인되다. (가수금의 거래처 입력은 생략한다)

(4) 9월 30일 캠브리지에 수출(선적일자 9월 10일)했던 제품의 외상매출금이 보통예금 계좌에 원화로 환전되어 입금되었다.

- 외상매출금 : 5,000(USD)
- 9월 10일 환율 : 1,100원/USD
- 9월 30일 환율 : 1,050원/USD

(5) 10월 23일 보유 중인 자기주식을 처분하였다. 장부가액은 123,450,000원(10,000주, 12,345원/주)이고 처분가액은 125,000,000원(10,000주, 12,500원/주)이었다. 처분대금은 보통예금 계좌에 입금되었다. (단, 자기주식처분이익 계정의 잔액이 1,700,000원 있다. 또한 처분수수료는 없는 것으로 가정한다)

(6) 10월 27일 ㈜거붕에 대한 받을어음 17,000,000원이 만기가 되어, 추심수수료 50,000원을 차감하고 나머지 잔액은 당사 보통예금에 입금되었다. 추심수수료는 판매비와관리비로 처리한다.

정답 및 해설

02 (1) ▶ 관련 이론 I 부채 p.241

해 설 8월 25일 (차) 보통예금 100,000,000 (대) 장기차입금(소망은행) 100,000,000

정답화면

일	번호	구분	계정과목	거래처	적요	차변	대변
25	00001	차변	0103 보통예금			100,000,000	
25	00001	대변	0293 장기차입금	98000 소망은행			100,000,000

(2) ▶ 관련 이론 I 부채 p.249

해 설 9월 10일 (차) 퇴직연금운용자산 10,000,000 (대) 보통예금 10,000,000

정답화면

일	번호	구분	계정과목	거래처	적요	차변	대변
10	00001	차변	0186 퇴직연금운용자산			10,000,000	
10	00001	대변	0103 보통예금				10,000,000

(3) ▶ 관련 이론 I 부채 p.239

해 설 9월 20일 (차) 가수금 1,000,000 (대) 선수금(우리전자) 500,000
외상매출금(우리전자) 500,000

정답화면

일	번호	구분	계정과목	거래처	적요	차변	대변
20	00002	차변	0257 가수금			1,000,000	
20	00002	대변	0259 선수금	00101 우리전자			500,000
20	00002	대변	0108 외상매출금	00101 우리전자			500,000

(4) ▶ 관련 이론 I 수익과 비용 p.301

해 설 9월 30일 (차) 보통예금 5,250,000 (대) 외상매출금(캠브리지) 5,500,000
외환차손 250,000

정답화면

일	번호	구분	계정과목	거래처	적요	차변	대변
30	00002	차변	0103 보통예금			5,250,000	
30	00002	차변	0952 외환차손			250,000	
30	00002	대변	0108 외상매출금	00103 캠브리지			5,500,000

(5) ▶ 관련 이론 I 자본 p.270

해 설 10월 23일 (차) 보통예금 125,000,000 (대) 자기주식 123,450,000
자기주식처분이익 1,550,000

정답화면

일	번호	구분	계정과목	거래처	적요	차변	대변
23	00003	차변	0103 보통예금			125,000,000	
23	00003	대변	0383 자기주식				123,450,000
23	00003	대변	0343 자기주식처분이익				1,550,000

(6) ▶ 관련 이론 I 당좌자산 p.140

해 설 10월 27일 (차) 보통예금 16,950,000 (대) 받을어음(㈜거붕) 17,000,000
수수료비용(판관비) 50,000

정답화면

일	번호	구분	계정과목	거래처	적요	차변	대변
27	00001	차변	0103 보통예금			16,950,000	
27	00001	차변	0831 수수료비용			50,000	
27	00001	대변	0110 받을어음	00104 (주)거붕			17,000,000

03 ㈜육삼(코드번호 : 1163)의 당기 회계기간은 제6기이다.
다음 거래 자료를 [일반전표입력] 메뉴에 추가 입력하시오. (일반전표입력의 모든 거래는 부가가치세를 고려하지 말 것) [제63회]

(1) 2월 9일 전 직원(관리직 30명, 생산직 70명)에 대한 독감 예방접종을 세명병원에서 실시하고, 접종비용 5,000,000원을 사업용 카드인 국민카드로 결제하였다. (미지급금으로 회계처리할 것)

(2) 2월 15일 전년도에 대손이 확정되어 대손충당금과 상계처리한 외상매출금 550,000원이 당사의 보통예금에 입금된 것을 확인하였다. (단, 부가가치세법상 대손세액은 고려하지 말 것)

(3) 2월 24일 단기매매를 목적으로 ㈜서초의 주식을 1주당 20,000원에 100주를 매입하였다. 매입수수료는 매입가액의 1%이며, 매입관련 대금은 모두 현금으로 지급하였다. (단, 매입수수료는 영업외비용으로 처리하며 하나의 전표로 회계처리한다)

(4) 3월 2일 기업은행에 예입한 정기예금이 금일로 만기가 되어 다음과 같이 해약하고 해약금액은 모두 당좌예금 계좌에 입금하였다. (원천징수액은 자산으로 처리한다)

• 정기예금 : 50,000,000원	• 이자수익 : 4,000,000원
• 법인세 원천징수액 : 616,000원	• 차감지급액 : 53,384,000원

(5) 3월 10일 태성산업과 공장건물의 임대차계약을 체결하고 임차보증금 10,000,000원 중 3,000,000원은 현금으로 지급하고 나머지는 당좌수표를 발행하여 지급하였다.

(6) 4월 15일 ㈜한국건설로부터 공장 건물을 구입하였다. 대금 100,000,000원 중 60%는 5개월 만기 당사발행 약속어음으로 결제하였으며, 나머지는 당좌수표를 발행하여 지급하였다.

정답 및 해설

03 (1)

▶ 관련 이론 I 부채 p.237

해 설 2월 9일 (차) 복리후생비(제조) 3,500,000 (대) 미지급금(국민카드) 5,000,000
복리후생비(판관비) 1,500,000

정답화면

□	일	번호	구분	계 정 과 목		거 래 처		적 요		차 변	대 변
	9	00003	차변	0511	복리후생비					3,500,000	
	9	00003	차변	0811	복리후생비					1,500,000	
	9	00003	대변	0253	미지급금	99602	국민카드				5,000,000

(2)

▶ 관련 이론 I 당좌자산 p.145

해 설 2월 15일 (차) 보통예금 550,000 (대) 대손충당금(외상매출금) 550,000

정답화면

□	일	번호	구분	계 정 과 목		거 래 처		적 요		차 변	대 변
	15	00003	차변	0103	보통예금					550,000	
	15	00003	대변	0109	대손충당금						550,000

(3)

▶ 관련 이론 I 당좌자산 p.133

해 설 2월 24일 (차) 단기매매증권 2,000,000 (대) 현금 2,020,000
수수료비용(영업외비용) 20,000

정답화면

□	일	번호	구분	계 정 과 목		거 래 처		적 요		차 변	대 변
	24	00003	차변	0107	단기매매증권					2,000,000	
	24	00003	차변	0984	수수료비용					20,000	
	24	00003	대변	0101	현금						2,020,000

참고 출금으로 입력하여도 무관하다.

(4)

▶ 관련 이론 I 당좌자산 p.148

해 설 3월 2일 (차) 당좌예금 53,384,000 (대) 정기예금 50,000,000
선납세금 616,000 이자수익 4,000,000

정답화면

□	일	번호	구분	계 정 과 목		거 래 처		적 요		차 변	대 변
□	2	00003	차변	0102	당좌예금					53,384,000	
□	2	00003	차변	0136	선납세금					616,000	
□	2	00003	대변	0105	정기예금						50,000,000
□	2	00003	대변	0901	이자수익						4,000,000

(5)

▶ 관련 이론 I 비유동자산 p.218

해 설 3월 10일 (차) 임차보증금(태성산업) 10,000,000 (대) 현금 3,000,000
당좌예금 7,000,000

정답화면

□	일	번호	구분	계 정 과 목		거 래 처		적 요		차 변	대 변
	10	00002	차변	0232	임차보증금	00114	태성산업			10,000,000	
	10	00002	대변	0101	현금						3,000,000
	10	00002	대변	0102	당좌예금						7,000,000

(6)

▶ 관련 이론 I 부채 p.236

해 설 4월 15일 (차) 건물 100,000,000 (대) 미지급금[1](㈜한국건설) 60,000,000
당좌예금 40,000,000

[1] 일반적인 상거래 이외의 거래이므로 어음을 발행하더라도 '미지급금' 계정으로 회계처리한다.

정답화면

□	일	번호	구분	계 정 과 목		거 래 처		적 요		차 변	대 변
	15	00005	차변	0202	건물					100,000,000	
	15	00005	대변	0253	미지급금	00156	(주)한국건설				60,000,000
	15	00005	대변	0102	당좌예금						40,000,000

04 ㈜오구(코드번호 : 1159)의 당기 회계기간은 제5기이다.
다음 거래 자료를 [일반전표입력] 메뉴에 추가 입력하시오. (일반전표입력의 모든 거래는 부가가치세를 고려하지 말 것) [제59회]

(1) 7월 1일 공장의 기계장치에 대하여 삼일화재보험사의 화재보험(보험 기간 : 당해 연도 7. 1. ~ 다음 연도 6. 30.)을 가입하고 4,800,000원을 현금지급하였다. 전액 자산으로 회계처리하시오.

(2) 7월 10일 회사는 전 임직원 퇴직금 지급 보장을 위해 확정급여형(DB) 퇴직연금에 가입하고 6월분 퇴직연금 5,000,000원을 보통예금에서 납부하였다.

(3) 7월 13일 태안에 공장을 신축하기 위하여 ㈜서산산업으로부터 건물이 있는 부지를 구입하고 건물을 철거하였다. 건물이 있는 부지를 50,000,000원에 일괄구입 후 대금은 신한은행으로부터 대출(대출 기간 3년)받아 지불하였다. 또한 건물의 철거비용 3,000,000원과 토지 정지비용 3,200,000원은 당좌수표를 발행하여 지급하였다. (하나의 전표로 입력할 것)

(4) 7월 23일 단기보유목적으로 구입한 ㈜태양의 주식 500주(장부금액 8,000,000원)를 10,000,000원에 처분하였으며, 대금은 당사의 보통예금 계좌에 입금하였다.

(5) 8월 25일 매입거래처 ㈜화성의 외상매입금 17,000,000원 중 10,000,000원은 3개월 만기 약속어음을 발행하여 지급하고, 나머지는 면제받았다.

(6) 9월 18일 ㈜대우자동차로부터 업무용 승용차를 구입하는 과정에서 취득해야 하는 공채를 구입하면서 대금 300,000원(액면금액)은 보통예금으로 지급하였다. (단, 공채의 현재가치는 260,000원이며 회사는 이를 단기매매증권으로 처리하고 있다)

정답 및 해설

04 (1) ▶ 관련 이론 I 기말수정분개 p.325

해 설 7월 1일 (차) 선급비용 4,800,000 (대) 현금 4,800,000

정답화면

□	일	번호	구분	계 정 과 목	거 래 처	적 요	차 변	대 변
	1	00003	차변	0133 선급비용			4,800,000	
	1	00003	대변	0101 현금				4,800,000

참고 출금으로 입력하여도 무관하다.

(2) ▶ 관련 이론 I 부채 p.249

해 설 7월 10일 (차) 퇴직연금운용자산 5,000,000 (대) 보통예금 5,000,000

정답화면

□	일	번호	구분	계 정 과 목	거 래 처	적 요	차 변	대 변
	10	00003	차변	0186 퇴직연금운용자산			5,000,000	
	10	00003	대변	0103 보통예금				5,000,000

(3) ▶ 관련 이론 I 비유동자산 p.205

해 설 7월 13일 (차) 토지 56,200,000 (대) 장기차입금(신한은행) 50,000,000
당좌예금 6,200,000

정답화면

□	일	번호	구분	계 정 과 목	거 래 처	적 요	차 변	대 변
	13	00002	차변	0201 토지			56,200,000	
	13	00002	대변	0293 장기차입금	98004 신한은행			50,000,000
	13	00002	대변	0102 당좌예금				6,200,000

(4) ▶ 관련 이론 I 당좌자산 p.134

해 설 7월 23일 (차) 보통예금 10,000,000 (대) 단기매매증권 8,000,000
단기매매증권처분이익 2,000,000

정답화면

□	일	번호	구분	계 정 과 목	거 래 처	적 요	차 변	대 변
	23	00004	차변	0103 보통예금			10,000,000	
	23	00004	대변	0107 단기매매증권				8,000,000
	23	00004	대변	0906 단기매매증권처분이익				2,000,000

(5) ▶ 관련 이론 I 수익과 비용 p.298

해 설 8월 25일 (차) 외상매입금(㈜화성) 17,000,000 (대) 지급어음(㈜화성) 10,000,000
채무면제이익 7,000,000

정답화면

□	일	번호	구분	계 정 과 목	거 래 처	적 요	차 변	대 변
	25	00002	차변	0251 외상매입금	00112 (주)화성		17,000,000	
	25	00002	대변	0252 지급어음	00112 (주)화성			10,000,000
	25	00002	대변	0918 채무면제이익				7,000,000

(6) ▶ 관련 이론 I 비유동자산 p.204

해 설 9월 18일 (차) 단기매매증권 260,000 (대) 보통예금 300,000
차량운반구 40,000

정답화면

□	일	번호	구분	계 정 과 목	거 래 처	적 요	차 변	대 변
	18	00003	차변	0107 단기매매증권			260,000	
	18	00003	차변	0208 차량운반구			40,000	
	18	00003	대변	0103 보통예금				300,000

05 ㈜오칠(코드번호 : 1157)의 당기 회계기간은 제4기이다.
다음 거래 자료를 [일반전표입력] 메뉴에 추가 입력하시오. (일반전표입력의 모든 거래는 부가가치세를 고려하지 말 것) [제57회]

(1) 7월 16일 수입한 원재료에 대하여 관세 200,000원, 통관수수료 30,000원을 보통예금으로 지급하였다.

(2) 7월 23일 ㈜케스터에 대한 받을어음 30,000,000원이 만기가 되었다. 추심수수료 170,000원을 차감하고 나머지 잔액은 당좌예입되었다.

(3) 7월 24일 다음과 같이 7월분 영업부 직원 급여를 당사의 보통예금에서 지급하였다.

직종 구분	급여총액	근로소득세 등 공제액 합계	차인지급액
영업부	5,000,000원	270,000원	4,730,000원

(4) 8월 23일 당사의 제품 대리점을 운영하는 안성실 씨가 법원으로부터 파산선고를 받음에 따라 안성실 씨가 운영하던 이화상사의 외상매출금 6,600,000원이 회수가 불가능할 것으로 판단되어 당일 자로 대손처리하였다. 대손충당금을 조회하여 회계처리하시오. (단, 부가가치세는 고려하지 않는다)

(5) 9월 12일 공장의 전등설비 수선대금 24,000,000원을 ㈜태양조명에 어음으로 발행(만기 : 1년 이내)하여 지급하였다. (단, 수선비용 중 4,000,000원은 수익적 지출로 처리하고, 나머지는 자본적 지출(비품 계정)로 처리한다)

(6) 9월 20일 ㈜부흥상사에 사무실을 임대하였는데, 임대보증금 30,000,000원 중 3,000,000원만 ㈜부흥상사 발행 당좌수표로 받고, 나머지는 월말에 지급받기로 하였다.

정답 및 해설

05 (1) ▶ 관련 이론 I 재고자산 p.168

해 설 7월 16일 (차) 원재료 230,000 (대) 보통예금 230,000

정답화면

□	일	번호	구분	계 정 과 목		거 래 처		적 요		차 변	대 변
■	16	00002	차변	0153	원재료					230,000	
■	16	00002	대변	0103	보통예금						230,000

(2) ▶ 관련 이론 I 당좌자산 p.140

해 설 7월 23일 (차) 당좌예금 29,830,000 (대) 받을어음(㈜케스터) 30,000,000
수수료비용(판관비) 170,000

정답화면

□	일	번호	구분	계 정 과 목		거 래 처		적 요		차 변	대 변
■	23	00003	차변	0102	당좌예금					29,830,000	
■	23	00003	차변	0831	수수료비용					170,000	
■	23	00003	대변	0110	받을어음	00106	(주)케스터				30,000,000

(3) ▶ 관련 이론 I 부채 p.238

해 설 7월 24일 (차) 급여(판관비) 5,000,000 (대) 보통예금 4,730,000
예수금 270,000

정답화면

□	일	번호	구분	계 정 과 목		거 래 처		적 요		차 변	대 변
	24	00004	차변	0801	급여					5,000,000	
	24	00004	대변	0103	보통예금						4,730,000
	24	00004	대변	0254	예수금						270,000

(4) ▶ 관련 이론 I 당좌자산 p.144

해 설 8월 23일 (차) 대손충당금(외상매출금) 4,250,000 (대) 외상매출금(이화상사) 6,600,000
대손상각비(판관비) 2,350,000

정답화면

□	일	번호	구분	계 정 과 목		거 래 처		적 요		차 변	대 변
	23	00004	차변	0109	대손충당금					4,250,000	
	23	00004	차변	0835	대손상각비					2,350,000	
	23	00004	대변	0108	외상매출금	00109	이화상사				6,600,000

참고 [회계관리] ▶ [결산/재무제표] ▶ [합계잔액시산표]를 선택하여 [합계잔액시산표] 메뉴에 들어간 후, 기간을 대손확정 직전일인 "8월 22일"로 선택하여 조회하면 외상매출금에 대한 대손충당금 잔액이 '4,250,000'임을 확인할 수 있다. [합계잔액시산표]의 금액을 더블 클릭하면 해당 금액에 대한 원장 내용도 볼 수 있다.

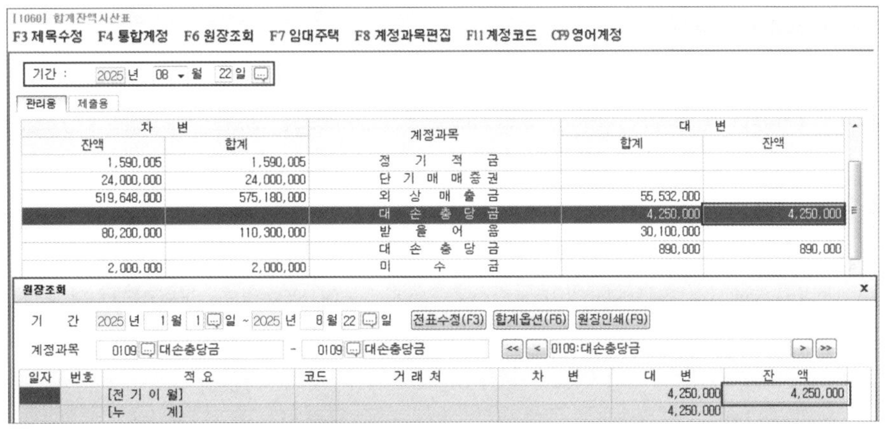

(5) ▶ 관련 이론 I 비유동자산 p.206

해 설 9월 12일 (차) 수선비(제조) 4,000,000 (대) 미지급금[1](㈜태양조명) 24,000,000
비품 20,000,000

[1] 일반적인 상거래 이외의 거래이므로 어음을 발행하더라도 '미지급금' 계정으로 회계처리한다.

정답화면

□	일	번호	구분	계 정 과 목		거 래 처		적 요		차 변	대 변
	12	00003	차변	0520	수선비					4,000,000	
	12	00003	차변	0212	비품					20,000,000	
	12	00003	대변	0253	미지급금	02002	(주)태양조명				24,000,000

(6) ▶ 관련 이론 I 당좌자산 p.129

해 설 9월 20일 (차) 현금[1] 3,000,000 (대) 임대보증금(㈜부흥상사) 30,000,000
미수금(㈜부흥상사) 27,000,000

[1] 타인발행 당좌수표에 해당하므로 '현금' 계정으로 회계처리한다.

정답화면

□	일	번호	구분	계 정 과 목		거 래 처		적 요		차 변	대 변
	20	00002	차변	0101	현금					3,000,000	
	20	00002	차변	0120	미수금	00108	(주)부흥상사			27,000,000	
	20	00002	대변	0294	임대보증금	00108	(주)부흥상사				30,000,000

06 ㈜오륙(코드번호 : 1156)의 당기 회계기간은 제4기이다.
다음 거래 자료를 [일반전표입력] 메뉴에 추가 입력하시오. (일반전표입력의 모든 거래는 부가가치세를 고려하지 말 것) [제56회]

(1) 7월 23일 제품을 생산하기 위해 희망상사로부터 원재료를 매입하기로 하고, 계약금으로 1,000,000원을 보통예금에서 지급하였다.

(2) 7월 30일 공장 건물에 대한 재산세 1,550,000원과 영업부 사무실에 대한 재산세 2,370,000원을 보통예금으로 납부하였다.

(3) 8월 15일 자금 부족으로 인하여 업무용으로 사용하던 토지(장부금액 19,000,000원)를 35,000,000원에 처분하고, 대금은 ㈜개성이 발행한 어음(90일 만기)을 받았다.

(4) 8월 20일 영업부에서 매출거래처 직원과 식사를 하고, 식사비용 120,000원을 법인카드인 하나카드로 결제하였다.

(5) 9월 5일 제품 1개(원가 500,000원, 시가 600,000원)를 매출거래처에 견본품으로 무상 제공하였다. (단, 견본비 계정으로 처리할 것)

(6) 9월 10일 ㈜서울에서 발행한 채권(만기는 2년 후 9월 30일이고, 시장성은 없다) 10,000,000원을 만기까지 보유할 목적으로 당좌수표를 발행하여 취득하였다. (단, 채권을 취득하는 과정에서 발생한 수수료 50,000원은 현금으로 지급하였다)

06 (1) ▶ 관련 이론 I 당좌자산 p.148

해 설 7월 23일 (차) 선급금(희망상사) 1,000,000 (대) 보통예금 1,000,000

정답화면

일	번호	구분	계정과목		거래처		적요		차변	대변
23	00003	차변	0131	선급금	00403	희망상사			1,000,000	
23	00003	대변	0103	보통예금						1,000,000

(2) ▶ 관련 이론 I 수익과 비용 p.294

해 설 7월 30일 (차) 세금과공과(제조) 1,550,000 (대) 보통예금 3,920,000
세금과공과(판관비) 2,370,000

정답화면

일	번호	구분	계정과목		거래처		적요		차변	대변
30	00002	차변	0517	세금과공과					1,550,000	
30	00002	차변	0817	세금과공과					2,370,000	
30	00002	대변	0103	보통예금						3,920,000

(3) ▶ 관련 이론 I 당좌자산 p.147

해 설 8월 15일 (차) 미수금[1](㈜개성) 35,000,000 (대) 토지 19,000,000
유형자산처분이익 16,000,000

[1] 일반적인 상거래 이외의 거래이므로 어음을 수령하더라도 '미수금' 계정으로 회계처리한다.

정답화면

일	번호	구분	계정과목		거래처		적요		차변	대변
15	00002	차변	0120	미수금	00174	(주)개성			35,000,000	
15	00002	대변	0201	토지						19,000,000
15	00002	대변	0914	유형자산처분이익						16,000,000

(4) ▶ 관련 이론 I 수익과 비용 p.296

해 설 8월 20일 (차) 기업업무추진비(판관비) 120,000 (대) 미지급금(하나카드) 120,000

정답화면

일	번호	구분	계정과목		거래처		적요		차변	대변
20	00001	차변	0813	기업업무추진비					120,000	
20	00001	대변	0253	미지급금	99603	하나카드				120,000

(5) ▶ 관련 이론 I 재고자산 p.179

해 설 9월 5일 (차) 견본비(판관비) 500,000 (대) 제품 500,000
(적요8. 타계정으로 대체액)

정답화면

일	번호	구분	계정과목		거래처		적요		차변	대변
5	00001	차변	0842	견본비					500,000	
5	00001	대변	0150	제품			8	타계정으로 대체액 손익계산서 반영분		500,000

(6) ▶ 관련 이론 I 비유동자산 p.201

해 설 9월 10일 (차) 만기보유증권(투자) 10,050,000 (대) 당좌예금 10,000,000
현금 50,000

정답화면

일	번호	구분	계정과목		거래처		적요		차변	대변
10	00001	차변	0181	만기보유증권					10,050,000	
10	00001	대변	0102	당좌예금						10,000,000
10	00001	대변	0101	현금						50,000

제2절 일반전표 오류수정

01 일반전표 오류수정

- [일반전표입력]이나 [매입매출전표입력] 메뉴에서 이미 입력된 전표의 내용을 수정하거나 누락된 내용을 추가 입력하는 문제 유형이 출제된다.
- 오류수정 문제는 실무시험 문제4(3~6점)에서 출제된다.
- 제4장에서는 [일반전표입력]과 관련된 오류수정 문제를 학습하고 [매입매출전표입력]과 관련된 오류수정 문제는 제7장 부가가치세의 입력·조회에서 학습하도록 한다.

기출확인문제

㈜제일(코드번호 : 1101)의 당기 회계기간은 제5기이다.
[일반전표입력] 메뉴에 입력된 내용 중 다음과 같은 오류가 발견되었다. 입력된 내용을 확인하여 정정하시오. (제44회)

> 11월 8일 영업부 사무실 수도광열비 90,000원을 현금 지급한 것으로 회계처리하였으나, 이는 제품을 제조하는 공장에서 발생한 수도요금 40,000원과 전기요금 50,000원인 것으로 확인되었다.

기출 따라 하기

▶관련 이론 I 수익과 비용 p.294

(1) 분개

• 수정 전	11월 8일	(차) 수도광열비(815) (판관비)	90,000	(대) 현금(101)	90,000
• 수정 후	11월 8일	(차) 가스수도료(515) (제조)	40,000	(대) 현금(101)	90,000
		전력비(516) (제조)	50,000		

(2) 입력방법

[일반전표입력] 메뉴에서

① 11월 8일 자로 입력된 전표를 조회하여 수정 전 회계처리를 파악한다.

2025 년 11 월 8 일 현금잔액: 168,703,510 대차차액:

□	일	번호	구분	계정과목		거래처		적요		차변	대변
	8	00004	출금	0815	수도광열비					90,000	(현금)

계정과목			적요	차변(출금)	대변(입금)
0815	수도광열비(판)			90,000	
0101	현금				90,000

② 해당 전표에서 수정 후의 분개로 수정한다.

▶ [일반전표입력]에서 전표수정 방법

| 방법1 | 새로운 전표를 입력한 후, 기존 출금전표는 화면상단의 ⊗삭제(또는 F5)를 클릭하여 삭제한다.

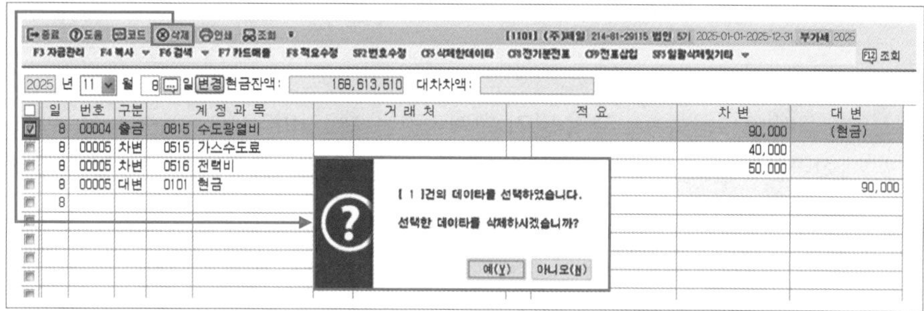

| 방법2 | 기존 전표에서 계정과목과 금액을 수정 및 추가 입력한 후, 전표번호가 일치하는지 확인한다. 만약 전표번호가 일치하지 않는다면 화면 상단의 SF2 번호수정(또는 Shift + F2)을 클릭하여 전표번호가 일치하도록 수정한다.

F3 자금관리 F4 복사 F6 검색 F7 카드매출 F8 적요수정 SF2 번호수정 CF5 삭제한데이터 CF8 전기분전표 CF9 전표삽입 SF5 일괄삭제및기타

2025 년 11 월 8 일 변경 현금잔액: 168,703,510 대차차액:

일	번호	구분	계정과목		거래처		적요		차변	대변
8	00004	차변	0515	가스수도료					40,000	
8	00004	차변	0516	전력비					50,000	
8	00004	대변	0101	현금						90,000

③ 수정 후 전표화면과 회계처리를 확인한다.

일	번호	구분	계정과목		거래처		적요		차변	대변
8	00004	차변	0515	가스수도료					40,000	
8	00004	차변	0516	전력비					50,000	
8	00004	대변	0101	현금						90,000

계정과목		적요		차변(출금)	대변(입금)
0515	가스수도료(제)			40,000	
0516	전력비(제)			50,000	
0101	현금				90,000

핵심기출문제

* 본서에 수록된 기출문제의 날짜는 학습효과를 높이기 위하여 일부 수정함

01 ㈜칠이(코드번호 : 1172)의 당기 회계기간은 제5기이다.
[일반전표입력] 메뉴에 입력된 내용 중 다음과 같은 오류가 발견되었다. 입력된 내용을 확인하여 정정하시오. [제72회]

> 7월 13일 영업부서에서 사용할 차량 취득세 300,000원을 현금으로 납부하고 세금과공과로 처리하였다.

02 ㈜육오(코드번호 : 1165)의 당기 회계기간은 제9기이다.
[일반전표입력] 메뉴에 입력된 내용 중 다음과 같은 오류가 발견되었다. 입력된 내용을 확인하여 정정하시오. [제65회]

> 7월 10일 세금과공과금으로 처리한 금액은 6월 25일 직원급여를 지급하면서 원천징수한 소득세를 납부한 것으로 확인되었다.

정답 및 해설

01 ▶ 관련 이론 I 비유동자산 p.202

해 설 7월 13일

• 수정 전	(차) 세금과공과(판관비)	300,000	(대) 현금	300,000
• 수정 후	(차) 차량운반구	300,000	(대) 현금	300,000

정답화면 • 수정 전

□	일	번호	구분	계정과목		거래처		적요	차변	대변
	13	00001	차변	0817	세금과공과				300,000	
	13	00001	대변	0101	현금					300,000

• 수정 후

□	일	번호	구분	계정과목		거래처		적요	차변	대변
	13	00001	차변	0208	차량운반구				300,000	
	13	00001	대변	0101	현금					300,000

02 ▶관련 이론 I 부채 p.238

해 설 7월 10일

• 수정 전	(차) 세금과공과금(판관비)	450,000	(대) 현금	450,000
• 수정 후	(차) 예수금	450,000	(대) 현금	450,000

정답화면 • 수정 전

□	일	번호	구분	계정과목		거래처		적요	차변	대변
	10	00001	차변	0817	세금과공과금				450,000	
	10	00001	대변	0101	현금					450,000

• 수정 후

□	일	번호	구분	계정과목		거래처		적요	차변	대변
	10	00001	차변	0254	예수금				450,000	
	10	00001	대변	0101	현금					450,000

참고 [일반전표입력] 메뉴에서 "6월 25일"을 선택하여 조회하면, 급여 지급 시 인식한 예수금 금액이 '450,000원'임을 확인할 수 있다.

2025 년 06 월 25 일 변경 현금잔액: 166,779,553 대차차액:

□	일	번호	구분	계정과목		거래처		적요		차변	대변
	25	00007	차변	0801	급여			2	급여 지급	10,000,000	
	25	00007	대변	0254	예수금			3	당월분 갑근세등예수		450,000
	25	00007	대변	0103	보통예금	98000	소망은행		급여지급		9,550,000

실무 제4장 거래자료의 입력·조회 해커스 전산회계 1급 이론+실무+최신기출+무료특강

03 ㈜육이(코드번호 : 1162)의 당기 회계기간은 제6기이다.
[일반전표입력] 메뉴에 입력된 내용 중 다음과 같은 오류가 발견되었다. 입력된 내용을 확인하여 정정하시오. [제62회]

(1) 1월 29일 영업부 사무실 수도광열비로 80,000원을 현금 지급한 것으로 회계처리하였으나, 이는 제품제조공장의 수도요금 30,000원과 전기요금 50,000원인 것으로 확인되었다.

(2) 2월 18일 제조사원 김사랑의 시내교통비 50,000원의 현금 출금거래가 장부에 누락되어 있음을 확인하였다.

정답 및 해설

03 (1) ▶ 관련 이론 | 수익과 비용 p.294

해　　설　1월 29일

- 수정 전　(차) 수도광열비(판관비)　80,000　(대) 현금　80,000
- 수정 후　(차) 가스수도료(제조)　30,000　(대) 현금　80,000
  　　　　　　전력비(제조)　50,000

정답화면　• 수정 전

□	일	번호	구분	계 정 과 목		거 래 처		적 요	차 변	대 변
▣	29	00007	차변	0815	수도광열비				80,000	
▣	29	00007	대변	0101	현금					80,000

• 수정 후

□	일	번호	구분	계 정 과 목		거 래 처		적 요	차 변	대 변
▣	29	00007	차변	0515	가스수도료				30,000	
▣	29	00007	차변	0516	전력비				50,000	
▣	29	00007	대변	0101	현금					80,000

참고 전표삽입 기능을 사용하면 이미 입력되어 있는 전표의 가운데에 라인을 추가하여 입력할 수 있다.

(2) ▶ 관련 이론 | 수익과 비용 p.294

해　　설　2월 18일

- 수정 전　회계처리 누락
- 수정 후　(차) 여비교통비(제조)　50,000　(대) 현금　50,000

정답화면　• 수정 전

□	일	번호	구분	계 정 과 목		거 래 처		적 요	차 변	대 변
▣	18									
▣										

• 수정 후

□	일	번호	구분	계 정 과 목		거 래 처		적 요	차 변	대 변
▣	18	00005	차변	0512	여비교통비				50,000	
▣	18	00005	대변	0101	현금					50,000

참고 출금전표로 입력하여도 무관하다.

04 ㈜육공(코드번호 : 1160)의 당기 회계기간은 제5기이다.
[일반전표입력] 메뉴에 입력된 내용 중 다음과 같은 오류가 발견되었다. 입력된 내용을 확인하여 정정하시오. [제60회]

(1) 7월 19일 영업부에서 미란유통에 대한 미지급금을 결제하기 위해 이체한 금액 281,000원에는 송금수수료(판매관리비로 처리) 1,000원이 포함되어 있다.

(2) 9월 23일 제조부서 직원을 위하여 확정급여형(DB형) 퇴직연금에 가입하고 보통예금에서 8,000,000원을 이체하여 불입하였으나, 회사에서는 확정기여형(DC형) 퇴직연금을 납부한 것으로 잘못 회계처리되었다.

05 ㈜오구(코드번호 : 1159)의 당기 회계기간은 제5기이다.
[일반전표입력] 메뉴에 입력된 내용 중 다음과 같은 오류가 발견되었다. 입력된 내용을 확인하여 정정하시오. [제59회]

8월 18일 본사 영업직원의 복리후생비로 처리한 출금 거래 1,200,000원은 원재료 매입처 백합상사의 원재료 계약금을 지급한 것으로 확인되었다.

정답 및 해설

04 (1) ▶ 관련 이론 I 수익과 비용 p.294

해　　설　7월 19일

• 수정 전	(차) 미지급금(미란유통)	281,000	(대) 보통예금	281,000
• 수정 후	(차) 미지급금(미란유통)	280,000	(대) 보통예금	281,000
	수수료비용(판관비)	1,000		

정답화면　• 수정 전

일	번호	구분	계정과목		거래처		적요		차변	대변
19	00001	차변	0253	미지급금	00180	미란유통			281,000	
19	00001	대변	0103	보통예금						281,000

• 수정 후

일	번호	구분	계정과목		거래처		적요		차변	대변
19	00001	차변	0253	미지급금	00180	미란유통			280,000	
19	00001	차변	0831	수수료비용					1,000	
19	00001	대변	0103	보통예금						281,000

참고　전표삽입 기능을 사용하면 이미 입력되어 있는 전표의 가운데에 라인을 추가하여 입력할 수 있다.

(2) ▶ 관련 이론 I 부채 p.249

해　　설　9월 23일

• 수정 전	(차) 퇴직급여(제조)	8,000,000	(대) 보통예금	8,000,000
• 수정 후	(차) 퇴직연금운용자산	8,000,000	(대) 보통예금	8,000,000

정답화면　• 수정 전

일	번호	구분	계정과목		거래처		적요		차변	대변
23	00004	차변	0508	퇴직급여					8,000,000	
23	00004	대변	0103	보통예금						8,000,000

• 수정 후

일	번호	구분	계정과목		거래처		적요		차변	대변
23	00004	차변	0186	퇴직연금운용자산					8,000,000	
23	00004	대변	0103	보통예금						8,000,000

05 ▶ 관련 이론 I 당좌자산 p.148

해　　설　8월 18일

• 수정 전	(차) 복리후생비(판관비)	1,200,000	(대) 현금	1,200,000
• 수정 후	(차) 선급금(백합상사)	1,200,000	(대) 현금	1,200,000

정답화면　• 수정 전

일	번호	구분	계정과목		거래처		적요		차변	대변
18	00005	출금	0811	복리후생비					1,200,000	(현금)

• 수정 후

일	번호	구분	계정과목		거래처		적요		차변	대변
18	00005	출금	0131	선급금	00120	백합상사			1,200,000	(현금)

참고　대체전표로 수정하여도 무관하다.

06 ㈜오칠(코드번호 : 1157)의 당기 회계기간은 제4기이다.
[일반전표입력] 메뉴에 입력된 내용 중 다음과 같은 오류가 발견되었다. 입력된 내용을 확인하여 정정하시오. [제57회]

(1) 7월 25일자 출금전표에 처리한 세금과공과금은 당해 연도 1기 확정신고기간에 대한 부가가치세를 보통예금에서 인터넷뱅킹을 통해 납부한 것이다. (회사는 6월 30일 자로 부가가치세와 관련한 회계처리를 이미 하였다)

(2) 9월 10일 보통예금 계좌에 입금된 17,000,000원을 외상매출금의 회수로 회계처리하였으나, 9월 10일 현재 ㈜청평의 외상매출금 잔액(10,000,000원)을 초과하는 금액은 동사가 발행한 어음(받을어음)을 결제 받은 것으로 밝혀졌다.

06 (1) ▶ 관련 이론 I 기말수정분개 p.327

해　　설　7월 25일

• 수정 전	(차) 세금과공과(제조)	9,274,100	(대) 현금	9,274,100
• 수정 후	(차) 미지급세금	9,274,100	(대) 보통예금	9,274,100

정답화면　• 수정 전

□	일	번호	구분	계 정 과 목		거 래 처		적 요		차 변	대 변
	25	00006	출금	0517	세금과공과					9,274,100	(현금)

• 수정 후

□	일	번호	구분	계 정 과 목		거 래 처		적 요		차 변	대 변
	25	00006	차변	0261	미지급세금					9,274,100	
	25	00006	대변	0103	보통예금						9,274,100

참고 [일반전표입력] 메뉴에서 "6월 30일"을 선택하여 조회하면, 부가가치세 미지급세금 금액이 '9,274,100원'임을 확인할 수 있다.

2025 년 06 월 30 일　현금잔액: 56,681,140　대차차액:

□	일	번호	구분	계 정 과 목		거 래 처		적 요		차 변	대 변
	30	00002	차변	0255	부가세예수금			1	부가세대급금과 상계	30,273,600	
	30	00002	대변	0135	부가세대급금			7	부가세예수금과 상계		20,999,500
	30	00002	대변	0261	미지급세금				부가세 미지급		9,274,100

(2) ▶ 관련 이론 I 당좌자산 p.140

해　　설　9월 10일

• 수정 전	(차) 보통예금	17,000,000	(대) 외상매출금(㈜청평)	17,000,000
• 수정 후	(차) 보통예금	17,000,000	(대) 외상매출금(㈜청평)	10,000,000
			받을어음(㈜청평)	7,000,000

정답화면　• 수정 전

□	일	번호	구분	계 정 과 목		거 래 처		적 요		차 변	대 변
	10	00001	차변	0103	보통예금					17,000,000	
	10	00001	대변	0108	외상매출금	00112	(주)청평				17,000,000

• 수정 후

□	일	번호	구분	계 정 과 목		거 래 처		적 요		차 변	대 변
	10	00001	차변	0103	보통예금					17,000,000	
	10	00001	대변	0108	외상매출금	00112	(주)청평				10,000,000
	10	00001	대변	0110	받을어음	00112	(주)청평				7,000,000

참고 [회계관리] ▶ [장부관리] ▶ [거래처원장]을 선택하여 [거래처원장] 메뉴에 들어간 후, 기간을 "1월 1일 ~ 9월 9일", 계정과목은 "외상매출금", 거래처는 "㈜청평"을 선택하여 조회하면, 회수 직전일인 9월 9일 현재 ㈜청평에 대한 외상매출금 잔액이 '10,000,000원'임을 확인할 수 있다.

잔 액 | 내 용 | 총괄잔액 | 총괄내용

기　간 2025 년 1 월 1 일 ~ 2025 년 9 월 9 일　계정과목 0108 외상매출금　잔액 0 포함　미등록 포함

거래처분류 ~　거 래 처 00112 (주)청평 ~ 00112 (주)청평

코드	거 래 처	등록번호	대표자명	전기이월	차 변	대 변	잔 액	담당)코	(담당)부서/
00112	(주)청평	124-89-74628	박기인		10,000,000		10,000,000		

제3절 | 결산

01 기말수정분개의 입력

• 결산 문제는 기말수정분개를 ㉠ [일반전표입력] 메뉴에서 12월 31일 자 일반전표로 입력하거나(수동결산), ㉡ [결산자료입력] 메뉴에서 자동전표로 생성시키는(자동결산) 유형으로 출제된다.

• 결산 문제는 실무시험 문제5(9점)에서 출제된다.

1) 수동결산

수동결산이란 [일반전표입력] 메뉴에 기말수정분개를 12월 31일(결산일) 자 일반전표로 직접 입력하는 것이다. 수동결산에 해당하는 대표적인 기말수정분개 항목은 다음과 같다.

• 수익·비용의 발생과 이연
• 소모품의 정리
• 부가세예수금·부가세대급금의 정리
• 마이너스 통장의 정리
• 현금과부족의 정리
• 가지급금·가수금의 정리
• 화폐성 외화자산·부채의 환산
• 단기매매증권의 평가
• 매도가능증권의 평가
• 비유동부채의 유동성 대체

2) 자동결산

자동결산이란 기말수정분개 중 정형화된 몇 가지 유형에 대하여 계정과목을 일일이 입력하지 않고 프로그램상에서 자동으로 전표를 생성시키는 것이다. 자동으로 전표를 생성시키기 위해서는 [결산자료입력] 메뉴에 해당 항목의 결산반영금액을 입력한 후 메뉴 상단의 [F3 전표추가]를 클릭하여야 한다. 자동결산에 해당하는 기말수정분개 항목은 다음과 같다.

• 퇴직급여충당부채의 설정
• 대손충당금의 설정
• 감가상각비의 계상
• 매출원가의 계상
• 법인세비용의 계상

02 자동결산

- [결산자료입력]은 기말수정분개 중에서 계정과목이 정형화되어 있는 몇 가지 유형에 대하여 전표를 편리하게 생성시킬 수 있도록 지원하는 메뉴이다.
- [결산자료입력] 화면은 [회계관리] ▶ [결산/재무제표] ▶ [결산자료입력]을 선택하여 들어갈 수 있다.

참고 자동결산항목이라 하더라도 [결산자료입력] 메뉴를 사용하지 않고 [일반전표입력] 메뉴에 12월 31일 자 일반전표로 입력할 수도 있다. 그렇지만 기말수정분개를 누락 없이 신속하고 정확하게 입력하기 위하여 실무는 물론 수험 목적에서도 자동결산항목에 대하여는 [결산자료입력] 메뉴를 활용하는 것이 일반적이다.

1) 퇴직급여충당부채의 설정 (퇴직급여충당부채 전입액 입력)

기출확인문제

㈜제이(코드번호 : 1102)*의 당기(제5기) 회계기간은 2025. 1. 1. ~ 2025. 12. 31.이다.
결산정리사항은 다음과 같다. 해당 메뉴에 입력하시오. (제44회)

*교재와 동일한 화면으로 학습을 진행하기 위하여 ㈜제이를 사용함

> 당사는 기말 현재 퇴직급여추계액의 100%를 퇴직급여충당부채로 설정하고 있으며, 기말 현재 퇴직급여추계액 및 당기 설정 전 퇴직급여충당부채 잔액은 다음과 같다.

구 분	퇴직급여추계액	퇴직급여충당부채 잔액
생산부	17,000,000원	12,000,000원
관리부	19,000,000원	8,000,000원

기출 따라 하기

▶관련 이론 I 기말수정분개 p.334

(1) 분개

12월 31일	(차) 퇴직급여(508)	5,000,000	(대) 퇴직급여충당부채(295)	16,000,000
	퇴직급여(806)	11,000,000		

(2) 입력방법

[결산자료입력] 메뉴에서 (기간 : 1월 ~ 12월)

① 생산부 사원의 퇴직급여충당부채 전입액은 '제품매출원가 ▶ 노무비 ▶ 508.퇴직급여(전입액)'에 결산반영금액 "5,000,000"을 입력한다.

② 관리부 사원의 퇴직급여충당부채 전입액은 '판매비와 일반관리비 ▶ 806.퇴직급여(전입액)'에 결산반영금액 "11,000,000"을 입력한다.

◆ ① ~ ② 입력결과 화면은 아래와 같다.

• 생산부 사원

±	코드	과 목	결산분개금액	결산전금액	결산반영금액	결산후금액
	0455	제품매출원가				857,643,670
		3)노 무 비		57,820,000	5,000,000	62,820,000
		1). 임금 외		57,820,000		57,820,000
	0504	임금		57,820,000		57,820,000
	0508	2). 퇴직급여(전입액)		①	5,000,000	5,000,000
	0550	3). 퇴직연금충당금전입액				

• 관리부 사원

±	코드	과 목	결산분개금액	결산전금액	결산반영금액	결산후금액
		4. 판매비와 일반관리비		159,101,940	11,000,000	170,101,940
		1). 급여 외		67,700,000		67,700,000
	0801	급여		67,700,000		67,700,000
	0806	2). 퇴직급여(전입액)		②	11,000,000	11,000,000
	0850	3). 퇴직연금충당금전입액				

③ 전체 입력 완료 후 [F3 전표추가]를 클릭하면 기말수정분개 전표가 자동 생성된다.

참고 [결산자료입력] 메뉴의 결산반영금액 입력란

[결산자료입력] 화면에서 결산반영금액 입력란을 클릭했을 때 파란색 줄이 행 전체에 생겨서 추가 입력이 안 되는 것은 자동결산항목이 아니고, 해당 칸에만 파란색이 생기면서 입력이 가능한 항목이 자동결산항목이다. 메뉴 화면에서 자동결산항목의 결산반영금액 입력란은 연두색 음영으로 표시되어 있다.

• 입력하지 못하는 란

±	코드	과 목	결산분개금액	결산전금액	결산반영금액	결산후금액
		7). 기타비용		91,401,940		91,401,940
	0811	복리후생비		9,049,200		9,049,200
	0812	여비교통비		409,800		409,800
	0813	기업업무추진비		39,479,500		39,479,500

• 입력할 수 있는 란(= 자동결산항목의 입력란)

±	코드	과 목	결산분개금액	결산전금액	결산반영금액	결산후금액
	0818	4). 감가상각비				
	0202	건물				
	0206	기계장치				
	0208	차량운반구				
	0212	비품				

+ 더알아보기

퇴직급여충당부채 전입액의 자동 계산

메뉴 상단의 [CF8 퇴직충당](또는 Ctrl + F8)을 클릭하면 보조창이 나타나고, 보조창을 사용하여 퇴직급여충당부채 전입액을 자동으로 계산할 수 있다. 보조창 하단의 [결산반영]을 클릭하면 계산된 전입액이 해당 입력란에 자동으로 반영된다.

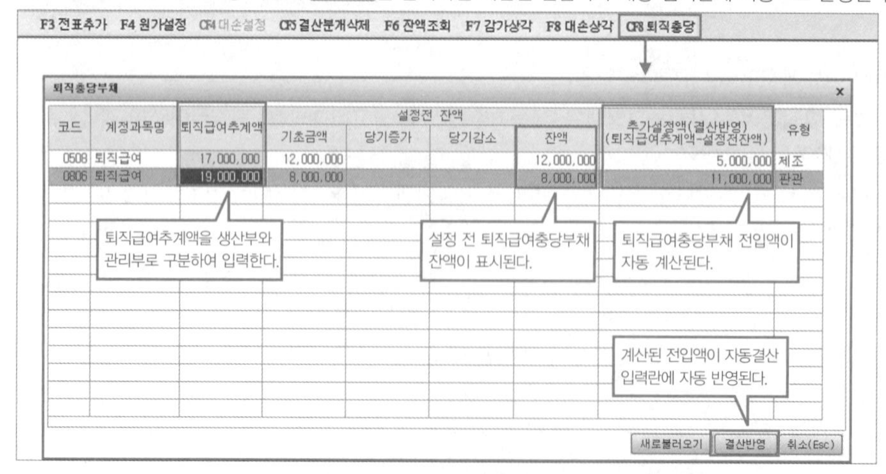

2) 대손충당금의 설정 (대손충당금 추가설정액 입력)

기출확인문제

㈜제이(코드번호 : 1102)의 당기(제5기) 회계기간은 2025. 1. 1. ~ 2025. 12. 31.이다.
결산정리사항은 다음과 같다. 해당 메뉴에 입력하시오. (제54회)

> 매출채권(외상매출금과 받을어음)에 대한 1%의 대손충당금을 설정하다.

기출 따라 하기

▶관련 이론 | 기말수정분개 p.334

(1) 분개

12월 31일	(차) 대손상각비(835)	1,565,500	(대) 대손충당금(109)	1,155,000[1]
			대손충당금(111)	410,500[2]

[1] 600,500,000원 × 1% − 4,850,000원 = 1,155,000원

[2] 130,050,000원 × 1% − 890,000원 = 410,500원

(2) 입력방법

① [회계관리] ▶ [결산/재무제표] ▶ [합계잔액시산표]를 선택하여 [합계잔액시산표] 메뉴에서, 기간을 "12월 31일"로 선택한다.

② 12월 말 현재 외상매출금, 받을어음, 대손충당금의 잔액을 조회한다.

▶ 외상매출금 잔액 : 600,500,000원, 받을어음 잔액 : 130,050,000원
외상매출금에 대한 대손충당금 잔액 : 4,850,000원, 받을어음에 대한 대손충당금 잔액 : 890,000원

기간 : 2025 년 12 월 31 일

관리용 | 제출용

차변 잔액	차변 합계	계정과목	대변 합계	대변 잔액
600,500,000	791,100,000	외 상 매 출 금	190,600,000	
		대 손 충 당 금	4,850,000	4,850,000
130,050,000	130,050,000	받 을 어 음		
		대 손 충 당 금	890,000	890,000
10,000,000	10,000,000	단 기 대 여 금		
2,000,000	2,000,000	미 수 금		

③ 외상매출금과 받을어음에 대한 대손충당금 추가설정액을 계산한다.

▶ 외상매출금에 대한 대손충당금 추가설정액 = 600,500,000원 × 1% − 4,850,000원 = 1,155,000원
받을어음에 대한 대손충당금 추가설정액 = 130,050,000원 × 1% − 890,000원 = 410,500원

④ [결산자료입력] 메뉴에서 (기간 : 1월 ~ 12월)

- 외상매출금의 대손충당금 추가설정액은 '판매비와 일반관리비 ▶ 대손상각 ▶ 108.외상매출금'에 결산반영금액 "1,155,000"을 입력한다.
- 받을어음의 대손충당금 추가설정액은 '판매비와 일반관리비 ▶ 대손상각 ▶ 110.받을어음'에 결산반영금액 "410,500"을 입력한다.

±	코드	과목	결산분개금액	결산전금액	결산반영금액	결산후금액
		4. 판매비와 일반관리비		159,101,940	12,565,500	171,667,440
	0835	5). 대손상각			1,565,500	1,565,500
	0108	외상매출금			1,155,000	1,155,000
	0110	받을어음			410,500	410,500

참고 미수금에 대한 대손충당금 추가설정액은 '영업외 비용 ▶ 기타의대손상각 ▶ 120.미수금'에 결산반영금액을 입력한다.

⑤ 전체 입력 완료 후 F3 전표추가를 클릭하면 기말수정분개 전표가 자동 생성된다.

+ 더알아보기

대손충당금 추가설정액의 자동계산

메뉴 상단의 [F8 대손상각]을 클릭하면 보조창이 나타나고, 보조창을 사용하여 대손충당금 추가설정액을 자동으로 계산할 수 있다. 보조창 하단의 [결산반영]을 클릭하면 계산된 추가설정액이 해당 입력란에 자동으로 반영된다.

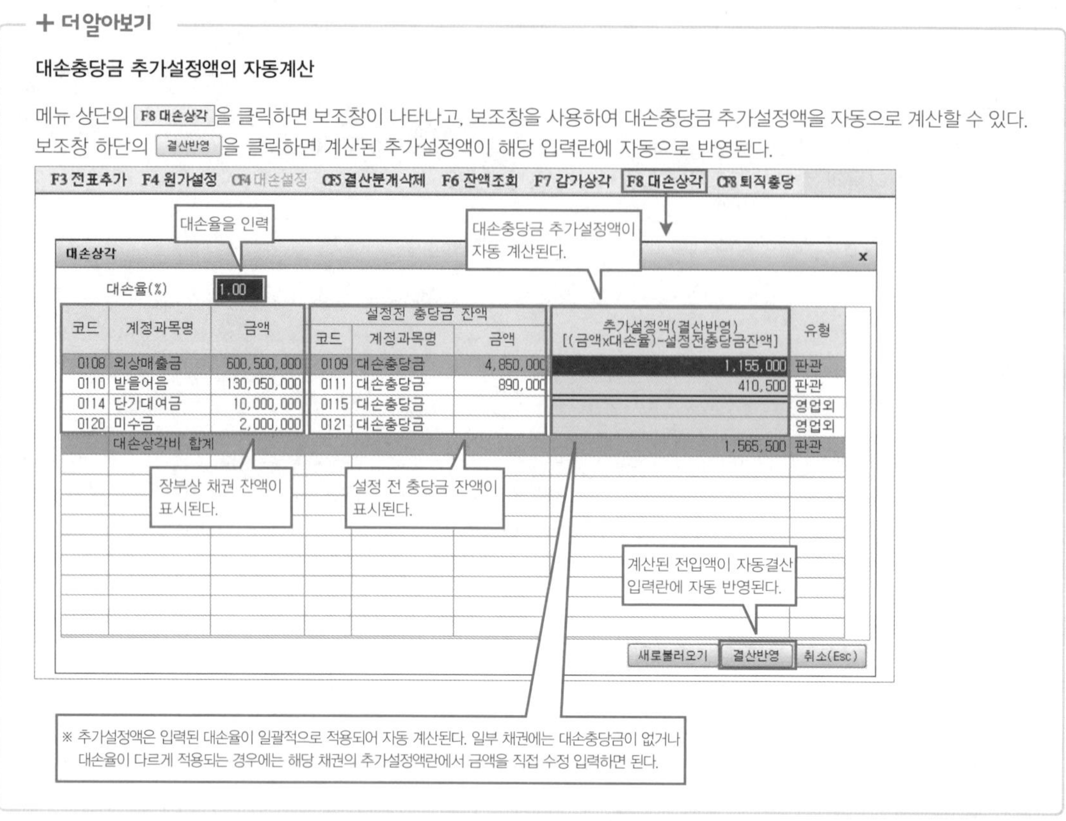

코드	계정과목명	금액	설정전 충당금 잔액 코드	계정과목명	금액	추가설정액(결산반영) [(금액x대손율)-설정전충당금잔액]	유형
0108	외상매출금	600,500,000	0109	대손충당금	4,850,000	1,155,000	판관
0110	받을어음	130,050,000	0111	대손충당금	890,000	410,500	판관
0114	단기대여금	10,000,000	0115	대손충당금			영업외
0120	미수금	2,000,000	0121	대손충당금			영업외
	대손상각비 합계					1,565,500	판관

3) 감가상각비의 계상(당기 감가상각비 입력)

기출확인문제

㈜제이(코드번호 : 1102)의 당기(제5기) 회계기간은 2025. 1. 1. ~ 2025. 12. 31.이다.
결산정리사항은 다음과 같다. 해당 메뉴에 입력하시오. (제49회)

> 영업부 비품에 대한 감가상각비는 3,670,000원이며, 공장 기계장치에 대한 감가상각비는 2,330,000원이었다.

기출 따라 하기 ▶관련 이론 I 기말수정분개 p.335

(1) 분개

12월 31일	(차) 감가상각비(818)	3,670,000	(대) 감가상각누계액(비품) (213)	3,670,000
	감가상각비(518)	2,330,000	감가상각누계액(기계장치) (207)	2,330,000

(2) 입력방법

[결산자료입력] 메뉴에서 (기간 : 1월 ~ 12월)

① 영업부 비품의 당기 감가상각비는 '판매비와 일반관리비 ▶ 감가상각비 ▶ 212.비품'에 결산반영금액 "3,670,000"을 입력한다.

② 공장 기계장치의 당기 감가상각비는 '제품매출원가 ▶ 경비 ▶ 일반감가상각비 ▶ 206.기계장치'에 결산반영금액 "2,330,000"을 입력한다.

▼ ① ~ ② 입력결과 화면은 아래와 같다.

• 영업부 비품

±	코드	과 목	결산분개금액	결산전금액	결산반영금액	결산후금액
		4. 판매비와 일반관리비		159,101,940	16,235,500	175,337,440
	0818	4). 감가상각비			3,670,000	3,670,000
	0202	건물				
	0206	기계장치				
	0208	차량운반구				
	0212	비품		①	3,670,000	3,670,000

• 공장 기계장치

±	코드	과 목	결산분개금액	결산전금액	결산반영금액	결산후금액
	0455	제품매출원가				859,973,670
	0518	2). 일반감가상각비			2,330,000	2,330,000
	0202	건물				
	0206	기계장치		②	2,330,000	2,330,000
	0208	차량운반구				
	0212	비품				

③ 전체 입력 완료 후 F3 전표추가를 클릭하면 기말수정분개 전표가 자동 생성된다.

4) 매출원가의 계상 (재고자산 기말재고액 입력)

기출확인문제

㈜제이(코드번호 : 1102)의 당기(제5기) 회계기간은 2025. 1. 1. ~ 2025. 12. 31.이다.
결산정리사항은 다음과 같다. 해당 메뉴에 입력하시오. (제52회)

> 결산일 현재 재고자산의 기말재고액은 다음과 같다.
> • 원재료 : 6,000,000원 • 재공품 : 9,000,000원 • 제품 : 18,000,000원

기출 따라 하기

▶관련 이론 l 기말수정분개 p.336

[결산자료입력] 메뉴에서 (기간 : 1월 ~ 12월)

① 기말 원재료 재고액은 '제품매출원가 ▶ 원재료비 ▶ 153.기말 원재료 재고액'에 결산반영금액 "6,000,000"을 입력한다.

② 기말 재공품 재고액은 '제품매출원가 ▶ 당기 총제조비용 ▶ 169.기말 재공품 재고액'에 결산반영금액 "9,000,000"을 입력한다.

③ 기말 제품 재고액은 '제품매출원가 ▶ 당기완성품제조원가 ▶ 150.기말 제품 재고액'에 결산반영금액 "18,000,000"을 입력한다.

▼ ① ~ ③ 입력결과 화면은 아래와 같다.

±	코드	과 목	결산분개금액	결산전금액	결산반영금액	결산후금액
		2. 매출원가		852,643,670		826,973,670
	0455	제품매출원가				826,973,670
		1)원재료비		690,229,000		684,229,000
	0501	원재료비		690,229,000		684,229,000
	0153	① 기초 원재료 재고액		3,500,000		3,500,000
	0153	② 당기 원재료 매입액		687,029,000		687,029,000
	0153	⑥ 타계정으로 대체액		300,000	①	300,000
	0153	⑩ 기말 원재료 재고액			6,000,000	6,000,000
		3)노 무 비		57,820,000	5,000,000	62,820,000
		7)경 비		91,094,670	2,330,000	93,424,670
	0455	8)당기 총제조비용		839,143,670		840,473,670
	0169	① 기초 재공품 재고액		7,000,000	②	7,000,000
	0169	⑩ 기말 재공품 재고액			9,000,000	9,000,000
	0150	9)당기완성품제조원가		846,143,670		838,473,670
	0150	① 기초 제품 재고액		10,500,000		10,500,000
	0150	⑥ 타계정으로 대체액		4,000,000	③	4,000,000
	0150	⑩ 기말 제품 재고액			18,000,000	18,000,000

④ 전체 입력 완료 후 [F3 전표추가]를 클릭하면 기말수정분개 전표가 자동 생성된다.

참고 재고자산감모손실과 재고자산평가손실이 있을 때의 입력 방법

- 타계정대체에 해당하는 비정상감모손실(영업외비용)을 [일반전표입력] 메뉴에 '적요 8'을 사용하여 전표 입력한다. (수동결산)

(차) 재고자산감모손실(영업외비용)	xxx	(대) 제품	xxx
		(적요 8. 타계정으로 대체액)	

- [결산자료입력] 메뉴에 정상·비정상감모손실과 평가손실까지 모두 반영된 실제 기말 재고액을 입력하고 메뉴 상단의 [F3 전표추가]를 클릭한다. (자동결산)

이에 따라 정상감모손실과 재고자산평가손실이 모두 매출원가로 회계처리된다.

+ 더알아보기

매출원가 관련 기말수정분개

㈜제이의 사례에서 매출원가와 관련하여 자동 생성되는 기말수정분개는 다음과 같다. 자세한 내용은 '제5장 제2절 원가의 흐름' 단원에서 학습하기로 한다.

• 당기 사용 원재료비 대체			
(차) 재공품(169)	684,229,000	(대) 원재료비(153)	684,229,000[1]
• 당기 발생 노무비 대체			
(차) 재공품(169)	62,820,000	(대) 노무비	62,820,000[2]
• 당기 발생 경비 대체			
(차) 재공품(169)	93,424,670	(대) 경비	93,424,670[3]
• 당기완성품제조원가			
(차) 제품(150)	838,473,670	(대) 재공품(169)	838,473,670[4]
• 당기 판매분의 계정 대체			
(차) 제품매출원가(455)	826,973,670	(대) 제품(150)	826,973,670[5]

[1] 기초 원재료재고액 + 당기 원재료매입액 − 타계정으로 대체액 − 기말 원재료재고액
= 3,500,000 + 687,029,000 − 300,000 − 6,000,000 = 684,229,000원

[2] 임금(504), 퇴직급여(508) 등의 합계

[3] 복리후생비(511), 가스수도료(515), 감가상각비(518) 등의 합계

[4] 당기 총제조원가 = 재료비 + 노무비 + 경비 = 684,229,000 + 62,820,000 + 93,424,670 = 840,473,670원
당기 제품제조원가(= 당기 완성품제조원가) = 기초 재공품재고액 + 당기 총제조원가 − 기말 재공품재고액
= 7,000,000 + 840,473,670 − 9,000,000 = 838,473,670원

[5] 제품매출원가 = 기초 제품재고액 + 당기 제품제조원가 − 타계정으로 대체액 − 기말 제품재고액
= 10,500,000 + 838,473,670 − 4,000,000 − 18,000,000 = 826,973,670원

5) 법인세비용의 계상 (선납세금과 미지급세금 입력)

기출확인문제

㈜제이(코드번호 : 1102)의 당기(제5기) 회계기간은 2025. 1. 1. ~ 2025. 12. 31.이다. 결산정리사항은 다음과 같다. 해당 메뉴에 입력하시오. (제48회)

> 당기 '법인세등'을 5,520,000원으로 계상한다. (법인세 중간예납세액인 '선납세금'을 검색하여 입력할 것)

기출 따라 하기

▶관련 이론 I 기말수정분개 p.337

(1) 분개

12월 31일	(차) 법인세등(998)	5,520,000	(대) 선납세금(136)	3,000,000
			미지급세금(261)	2,520,000

(2) 입력방법

① [회계관리] ▶ [결산/재무제표] ▶ [합계잔액시산표]를 선택하여 [합계잔액시산표] 메뉴에 들어간 후, 기간을 "12월 31일"로 선택하여 조회하면 12월 말 현재 선납세금의 잔액이 3,000,000원임을 확인할 수 있다. [합계잔액시산표]의 금액을 더블 클릭하면 해당 금액에 대한 원장 내용도 볼 수 있다.

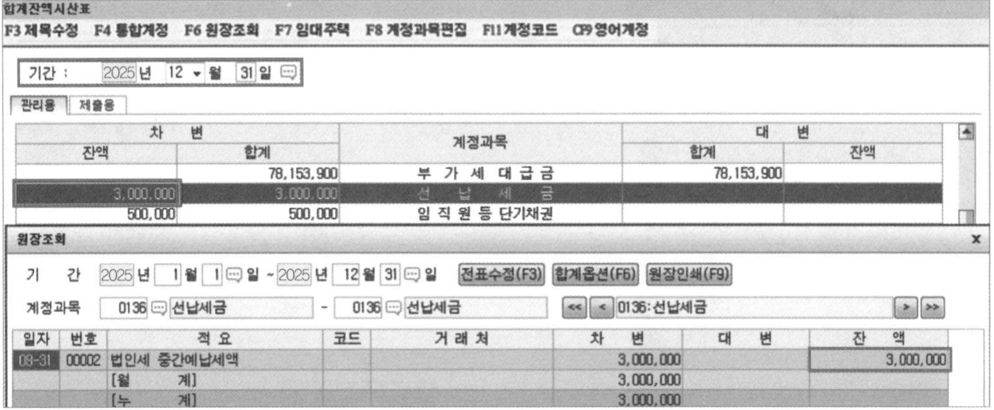

② 법인세등 추가계상액(= 미지급세금)을 계산한다.

▶ 법인세등 추가계상액 = 당기 법인세등 – 선납법인세 = 5,520,000 – 3,000,000 = 2,520,000원

[결산자료입력] 메뉴에서 (기간 : 1월 ~ 12월)

③ 선납세금은 '법인세등 ▶ 136.선납세금'에 결산반영금액 "3,000,000"을 입력한다.

④ 미지급세금은 '법인세등 ▶ 998.추가계상액'에 결산반영금액 "2,520,000"을 입력한다.

⑤ '998.법인세등' 라인의 '결산후금액'이 당기 법인세비용 금액인 "5,520,000"과 일치함을 확인한다.

▼ ③ ~ ⑤ 입력결과 화면은 아래와 같다.

±	코드	과목	결산분개금액	결산전금액	결산반영금액	결산후금액
	0998	9. 법인세등			5,520,000	5,520,000 ⑤
	0136	1). 선납세금		3,000,000	3,000,000 ③	3,000,000
	0998	2). 추가계상액			2,520,000 ④	2,520,000

⑥ 전체 입력 완료 후 [F3 전표추가]를 클릭하면 기말수정분개 전표가 자동 생성된다.

참고 기말수정분개 전표의 자동 생성

[결산자료입력] 메뉴에서 자동결산항목에 대한 결산반영금액 입력이 모두 완료되면 반드시 메뉴 상단에 있는 F3 전표추가 (또는 F3)를 클릭하여 기말수정분개 전표를 생성시켜야 한다.

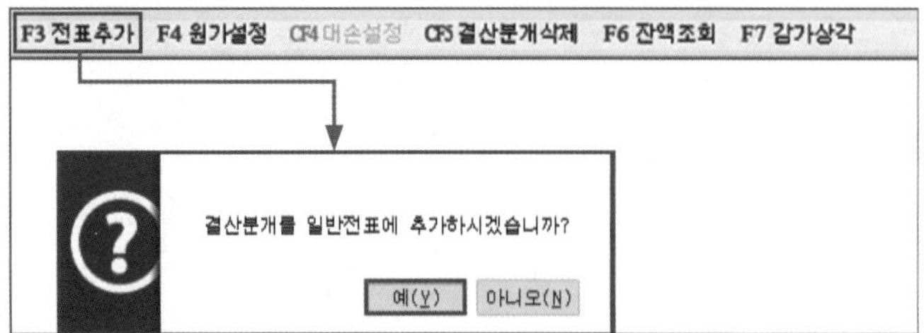

[일반전표입력] 메뉴에서 12월 31일자로 전표를 조회하면 자동 생성된 기말수정분개 전표는 오른쪽 상단에 '결산'이라는 글자가 나타나고, '구분'란에 '결차' 또는 '결대'로 표시되는 것을 확인할 수 있다.

일반전표입력

F3 자금관리 F4 복사 F6 검색 F7 카드매출 F8 적요수정 SF2 번호수정 CF5 삭제한데이타 CF8 전기분전표 CF9 전표삽입 SF5 일괄삭제및기타

2025 년 12 월 31 일 변경 현금잔액: 84,596,220 대차차액: 결산

일	번호	구분	계정과목	거래처	적요	차변	대변
31	00011	결대	0533 외주가공비		8 제조원가로 대체		55,000,000
31	00011	결대	0536 잡비		8 제조원가로 대체		286,000
31	00011	결대	0518 감가상각비		8 제조원가로 대체		2,330,000
31	00012	결차	0150 제품		1 제조원가 제품대체	838,473,670	
31	00012	결대	0169 재공품				838,473,670
31	00013	결차	0455 제품매출원가		1 제품매출원가 대체	826,973,670	
31	00013	결대	0150 제품				826,973,670
31	00014	결차	0806 퇴직급여		1 퇴직충당금 당기분전입액	11,000,000	
31	00014	결대	0295 퇴직급여충당부채		7 퇴직급여충당부채당기설		11,000,000
31	00015	결차	0818 감가상각비			3,670,000	
31	00015	결대	0213 감가상각누계액				3,670,000
31	00016	결차	0835 대손상각비			1,565,500	
31	00016	결대	0109 대손충당금				1,155,000
31	00016	결대	0111 대손충당금				410,500
		합	계			3,219,235,510	3,219,235,510

자동 생성된 기말수정분개 전표를 일괄 삭제하는 방법

| 방법1 | [일반전표입력] 메뉴에서 화면 상단의 SF5 일괄삭제및기타 를 클릭한 후 보조창에서 확인[TAB] 을 클릭한다.

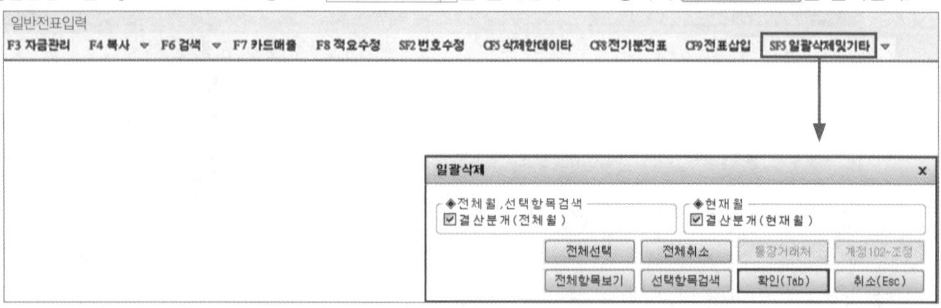

| 방법2 | [결산자료입력] 메뉴에서 CF5 결산분개삭제 를 클릭한 후 보조창에서 예(Y) 를 클릭한다.

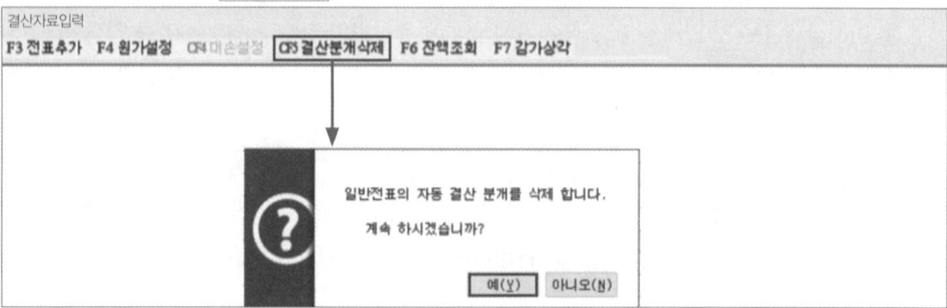

참고 자동 생성된 기말수정분개 전표를 수정하는 방법

[결산자료입력] 메뉴를 열 때, 보조창에서 예(Y)를 클릭하여 기존 입력내용을 불러온다.

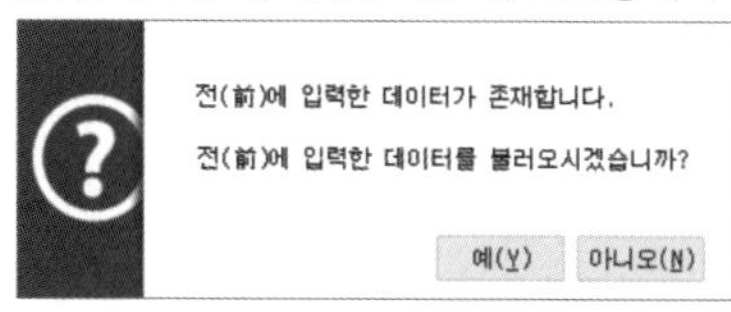

[결산자료입력] 메뉴의 기존 입력내용에 수정사항을 반영하여 결산반영금액 입력을 완료하고 F3 전표추가를 클릭한 후 보조창에서 예(Y)를 클릭한다. (기존에 있던 자동생성 전표들은 모두 삭제되고, 최종 시점의 자동생성 전표들로 대체된다)

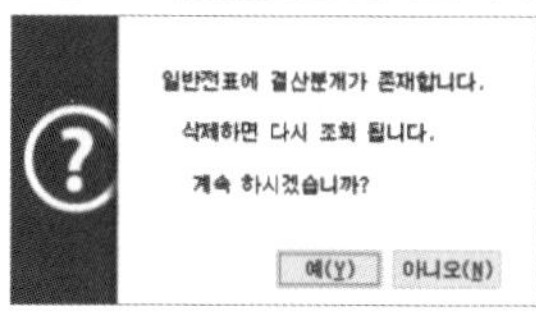

03 재무제표 작성

기말수정분개 전표가 모두 입력되고 나면 재무제표 간의 연관관계를 고려하여 재무제표를 작성한다.

1) KcLep 프로그램을 활용한 재무제표 작성 순서

KcLep 프로그램에서는 기말수정분개 전표가 입력되면 총계정원장으로의 전기는 물론 각 재무제표에 포함되어 있는 계정과목의 금액 집계가 프로그램상에서 자동으로 진행되므로 각 재무제표 메뉴를 클릭하고 기간을 입력하면 재무제표가 자동으로 작성되어 화면에 나타난다. 다만, 손익계정을 마감하고 이익잉여금 잔액을 재무상태표에 반영하는 마감분개 전표를 생성하기 위하여 [이익잉여금처분계산서] 메뉴 상단의 F3 전표추가를 클릭하여야 한다.

KcLep 프로그램에서 각 재무제표 메뉴를 열어서 금액을 확정하는 순서는 다음과 같다.

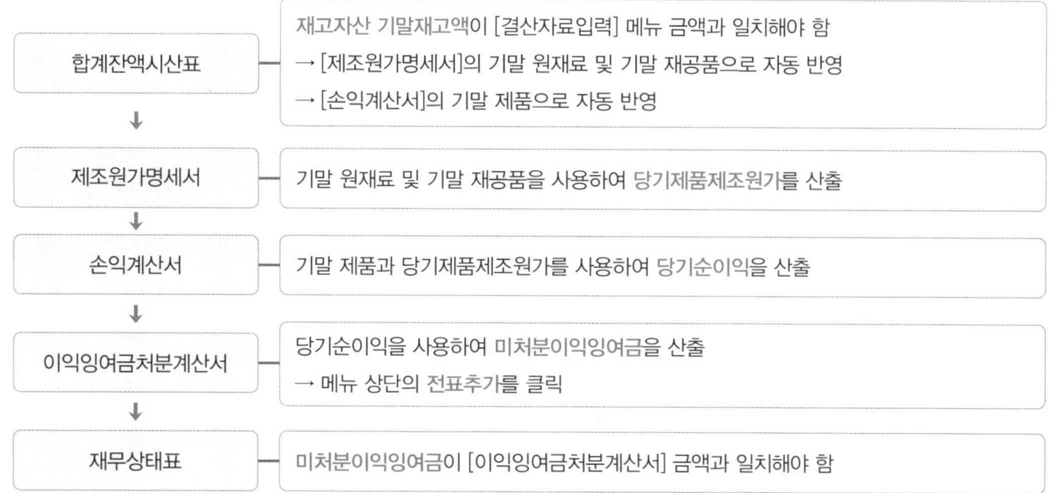

합계잔액시산표
재고자산 기말재고액이 [결산자료입력] 메뉴 금액과 일치해야 함
→ [제조원가명세서]의 기말 원재료 및 기말 재공품으로 자동 반영
→ [손익계산서]의 기말 제품으로 자동 반영
제조원가명세서
기말 원재료 및 기말 재공품을 사용하여 당기제품제조원가를 산출
손익계산서
기말 제품과 당기제품제조원가를 사용하여 당기순이익을 산출
이익잉여금처분계산서
당기순이익을 사용하여 미처분이익잉여금을 산출
→ 메뉴 상단의 전표추가를 클릭
재무상태표
미처분이익잉여금이 [이익잉여금처분계산서] 금액과 일치해야 함

2) 재무제표 작성 사례

연습문제

㈜제이(코드번호 : 1102)의 당기(제5기) 회계기간은 2025. 1. 1. ~ 2025. 12. 31.이다.
기말수정분개 전표 입력을 모두 마친 상태에서 재무제표를 작성하여 보면 다음과 같다.

연습문제 따라 하기

① [합계잔액시산표] 메뉴에서 12월 말일 자로 조회한다.

▶ 차변합계액과 대변합계액이 일치하는지 확인하고, 재고자산(원재료, 재공품, 제품)의 잔액이 [결산자료입력] 메뉴에 입력한 각 재고자산 잔액 금액과 일치하는지 확인한다.

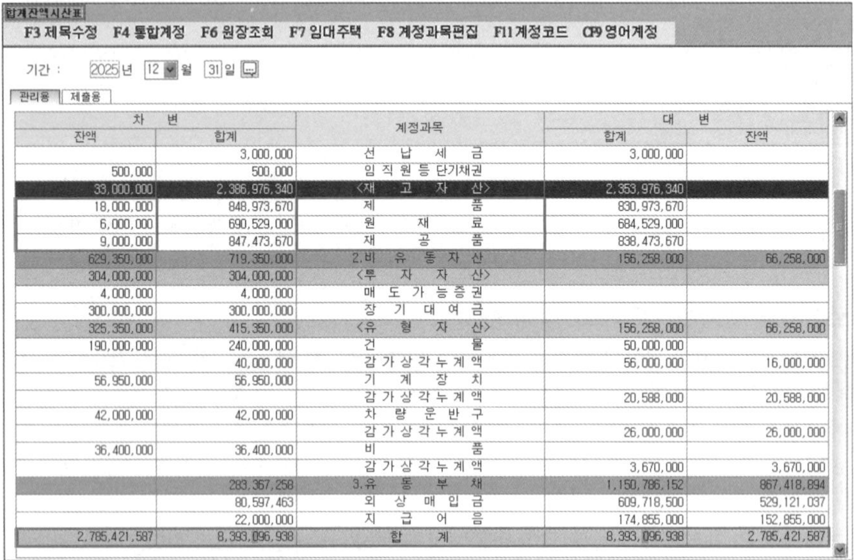

합계잔액시산표

F3 제목수정 F4 통합계정 F6 원장조회 F7 임대주택 F8 계정과목편집 F11계정코드 CF9 영어계정

기간 : 2025년 12월 31일

관리용 | 제출용

차변		계정과목	대변	
잔액	합계		합계	잔액
	3,000,000	선납세금	3,000,000	
500,000	500,000	임직원등단기채권		
33,000,000	2,386,976,340	<재고자산>	2,353,976,340	
18,000,000	848,973,670	제품	830,973,670	
6,000,000	690,529,000	원재료	684,529,000	
9,000,000	847,473,670	재공품	838,473,670	
629,350,000	719,350,000	2.비유동자산	156,258,000	66,258,000
304,000,000	304,000,000	<투자자산>		
4,000,000	4,000,000	매도가능증권		
300,000,000	300,000,000	장기대여금		
325,350,000	415,350,000	<유형자산>	156,258,000	66,258,000
190,000,000	240,000,000	건물	50,000,000	
	40,000,000	감가상각누계액	56,000,000	16,000,000
56,950,000	56,950,000	기계장치		
		감가상각누계액	20,588,000	20,588,000
42,000,000	42,000,000	차량운반구		
		감가상각누계액	26,000,000	26,000,000
36,400,000	36,400,000	비품		
		감가상각누계액	3,670,000	3,670,000
	283,367,258	3.유동부채	1,150,786,152	867,418,894
	80,597,463	외상매입금	609,718,500	529,121,037
	22,000,000	지급어음	174,855,000	152,855,000
2,785,421,587	8,393,096,938	합계	8,393,096,938	2,785,421,587

② [제조원가명세서] 메뉴를 12월 말일 자로 조회한다.

▶ 기말 원재료 및 재공품 잔액을 사용하여 산출된 당기제품제조원가가 표시되어 있는지 확인한다.

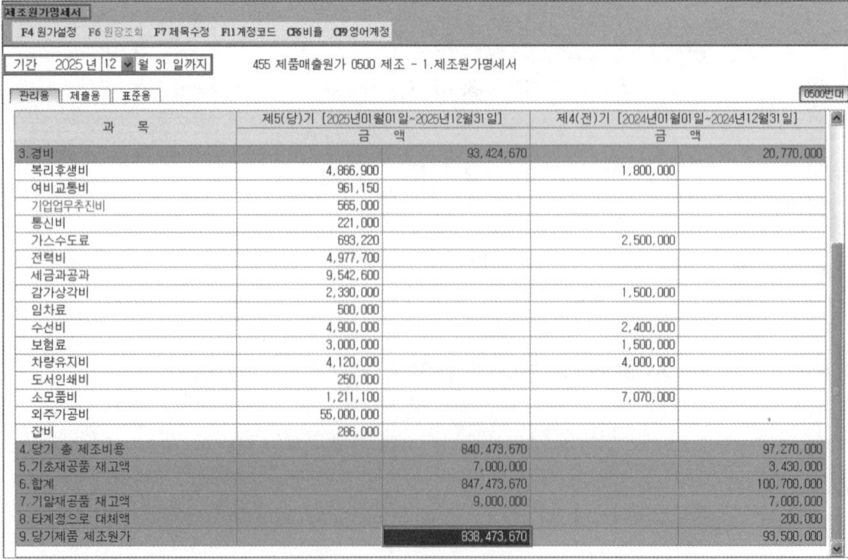

제조원가명세서

F4 원가설정 F6 원장조회 F7 제목수정 F11계정코드 CF6비율 CF9 영어계정

기간 2025 년 12 월 31 일까지 455 제품매출원가 0500 제조 - 1.제조원가명세서

관리용 | 제출용 | 표준용 0500번대

과목	제5(당)기 [2025년01월01일~2025년12월31일]		제4(전)기 [2024년01월01일~2024년12월31일]	
	금액		금액	
3.경비		93,424,670		20,770,000
복리후생비	4,866,900		1,800,000	
여비교통비	961,150			
기업업무추진비	565,000			
통신비	221,000			
가스수도료	693,220		2,500,000	
전력비	4,977,700			
세금과공과	9,542,600			
감가상각비	2,330,000		1,500,000	
임차료	500,000			
수선비	4,900,000		2,400,000	
보험료	3,000,000		1,500,000	
차량유지비	4,120,000		4,000,000	
도서인쇄비	250,000			
소모품비	1,211,100		7,070,000	
외주가공비	55,000,000			
잡비	286,000			
4.당기 총 제조비용		840,473,670		97,270,000
5.기초재공품 재고액		7,000,000		3,430,000
6.합계		847,473,670		100,700,000
7.기말재공품 재고액		9,000,000		7,000,000
8.타계정으로 대체액				200,000
9.당기제품 제조원가		838,473,670		93,500,000

③ [손익계산서] 메뉴를 12월 말일 자로 조회한다.

▶ 기말 제품 잔액과 당기제품제조원가를 사용하여 산출된 당기순이익이 표시되어 있는지 확인한다.

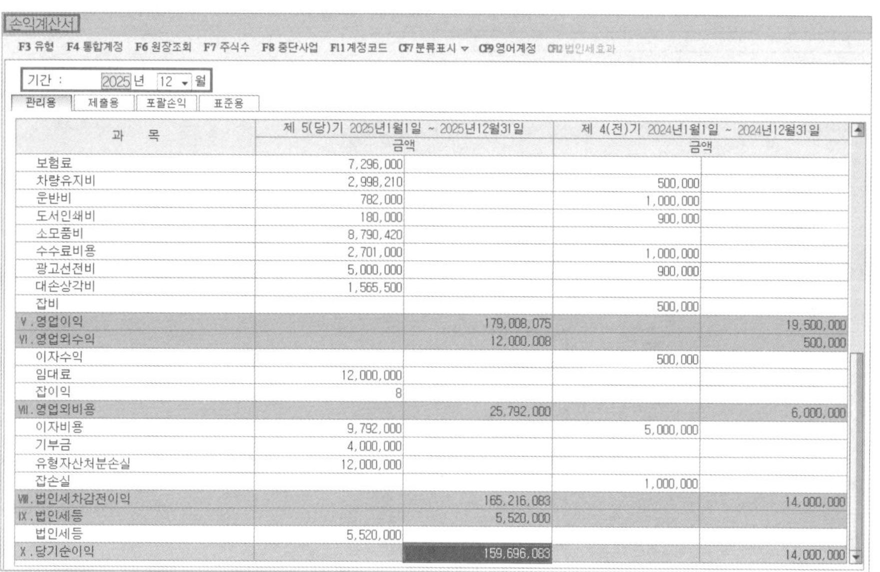

손익계산서

F3 유형 F4 통합계정 F6 원장조회 F7 주식수 F8 중단사업 F11계정코드 CF7 분류표시 CF9 영어계정 CF12 법인세효과

기간 : 2025 년 12 월

관리용 | 제출용 | 포괄손익 | 표준용

과 목	제 5(당)기 2025년1월1일 ~ 2025년12월31일 금액		제 4(전)기 2024년1월1일 ~ 2024년12월31일 금액	
보험료	7,296,000			
차량유지비	2,998,210		500,000	
운반비	782,000		1,000,000	
도서인쇄비	180,000		900,000	
소모품비	8,790,420			
수수료비용	2,701,000		1,000,000	
광고선전비	5,000,000		900,000	
대손상각비	1,565,500			
잡비			500,000	
Ⅴ.영업이익		179,008,075		19,500,000
Ⅵ.영업외수익		12,000,008		500,000
이자수익			500,000	
임대료	12,000,000			
잡이익	8			
Ⅶ.영업외비용		25,792,000		6,000,000
이자비용	9,792,000		5,000,000	
기부금	4,000,000			
유형자산처분손실	12,000,000			
잡손실			1,000,000	
Ⅷ.법인세차감전이익		165,216,083		14,000,000
Ⅸ.법인세등		5,520,000		
법인세등	5,520,000			
Ⅹ.당기순이익		159,696,083		14,000,000

④ [이익잉여금처분계산서] 메뉴를 열고, 처분예정일과 처분내역을 입력한 후 메뉴 상단의 F6 전표추가를 클릭한다.

▶ 메뉴를 열었을 때 나타나는 "저장된 데이터를 불러오시겠습니까?" 라는 보조창에서 "아니오"를 클릭하고, 당기순이익이 [손익계산서] 메뉴에서의 금액과 일치하는지 확인한다.

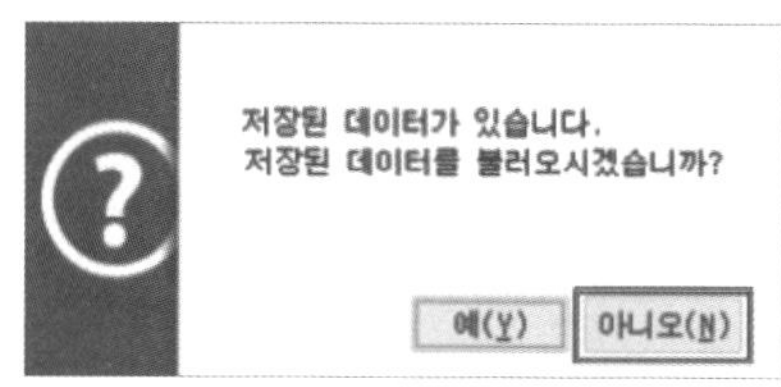

▶ 당기(제5기) 회계기간(2025. 1. 1. ~ 2025. 12. 31.)에 대한 처분 명세

• 처분일자
  · 당기 : 2026. 3. 15. · 전기 : 2025. 2. 25.

• 처분내역
  · 이익준비금 : 250,000 · 현금배당 : 2,500,000 · 주식배당 : 1,500,000

▶ 당기순이익을 사용하여 산출된 미처분이익잉여금이 표시되어 있는지 확인한다.

이익잉여금처분계산서

F3 영어계정 F4 칸추가 F6 전표추가

당기처분예정일: 2026 년 3 월 15 일 전기처분확정일: 2025 년 2 월 25 일 < F4 삽입, F5 삭제 가능 >

과목	계정과목명		제 5(당)기 2025년01월01일~2025년12월31일 제 5기(당기) 금액		제 4(전)기 2024년01월01일~2024년12월31일 제 4기(전기) 금액	
Ⅰ.미처분이익잉여금				181,296,083		29,000,000
1.전기이월미처분이익잉여금			21,600,000		15,000,000	
2.회계변경의 누적효과	0369	회계변경의누적효과				
3.전기오류수정이익	0370	전기오류수정이익				
4.전기오류수정손실	0371	전기오류수정손실				
5.중간배당금	0372	중간배당금				
6.당기순이익			159,696,083		14,000,000	
Ⅱ.임의적립금 등의 이입액						
1.						
2.						
합계				181,296,083		29,000,000
Ⅲ.이익잉여금처분액				4,250,000		7,400,000
1.이익준비금	0351	이익준비금	250,000		400,000	
2.재무구조개선적립금	0354	재무구조개선적립금				
3.주식할인발행차금상각액	0381	주식할인발행차금				
4.배당금			4,000,000		6,000,000	
가.현금배당	0265	미지급배당금	2,500,000		4,000,000	
주당배당금(률)		보통주				
		우선주				
나.주식배당	0387	미교부주식배당금	1,500,000		2,000,000	
주당배당금(률)		보통주				
		우선주				
5.사업확장적립금	0356	사업확장적립금			1,000,000	
6.감채적립금	0357	감채적립금				
7.배당평균적립금	0358	배당평균적립금				
Ⅳ.차기이월미처분이익잉여금				177,046,083		21,600,000

이익잉여금 처분 전 금액으로서 재무상태표에 미처분이익잉여금으로 표시되어야 함

참고 마감분개 전표의 자동 생성

손익계정을 마감하고 이익잉여금 잔액을 재무상태표에 반영하는 마감분개 전표를 생성하기 위하여 반드시 [이익잉여금처분계산서] 메뉴 상단에 있는 F6 전표추가(또는 F6)를 클릭하여야 한다.

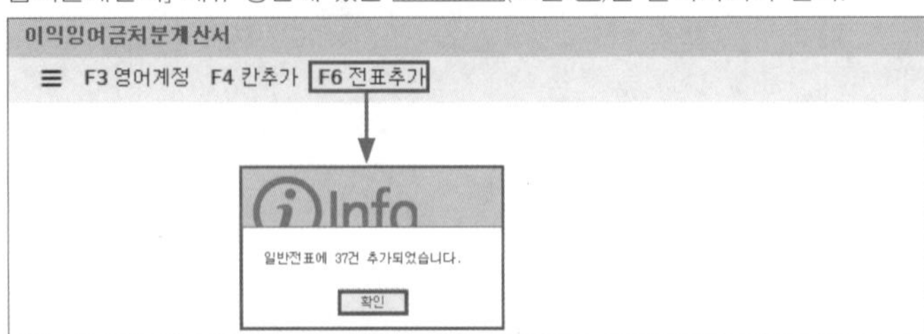

[일반전표입력] 메뉴에서 12월 31일 자로 전표를 조회하여 보면, 자동 생성된 마감분개 전표는 오른쪽 상단에 '손익'이라는 글자가 표시되는 것을 확인할 수 있다.

일반전표입력

F3 자금관리 F4 복사 F6 검색 F7 카드매출 F8 적요수정 SF2 번호수정 CF5 삭제한데이타 CF8 전기분전표 CF9 전표삽입 SF5 일괄삭제및기타

2025 년 12 월 31 일 변경 현금잔액: 84,596,220 대차차액: 손익

일	번호	구분	계정과목		거래처	적요	차변	대변
31	00020	대변	0831	수수료비용		손익계정에 대체		2,701,000
31	00020	대변	0833	광고선전비		손익계정에 대체		5,000,000
31	00020	대변	0835	대손상각비		손익계정에 대체		1,565,500
31	00020	대변	0951	이자비용		손익계정에 대체		9,792,000
31	00020	대변	0953	기부금		손익계정에 대체		4,000,000
31	00020	대변	0970	유형자산처분손실		손익계정에 대체		12,000,000
31	00020	대변	0998	법인세등		손익계정에 대체		5,520,000
31	00020	차변	0400	손익		비용에서 대체	1,033,623,110	
31	00021	차변	0400	손익		당기순손익 잉여금에 대	159,696,083	
31	00021	대변	0377	미처분이익잉여금		당기순이익 잉여금에 대		159,696,083
31	00021	차변	0375	이월이익잉여금		처분전 이익잉여금에 대	21,600,000	
31	00021	대변	0377	미처분이익잉여금		이월이익잉여금에서 대처		21,600,000
31	00022	대변	0375	이월이익잉여금		처분전 이익잉여금에 대		181,296,083
31	00022	차변	0377	미처분이익잉여금		이월이익잉여금에서 대처	181,296,083	
			합	계			5,808,769,979	5,808,769,979

⑤ [재무상태표] 메뉴를 열고 12월 자로 조회한다.

▶ 미처분이익잉여금이 [이익잉여금처분계산서] 메뉴에서의 금액과 일치하는지 확인한다.

재무상태표

F3 유형 F4 통합계정 F6 원장조회 F7 임대주택 F11계정코드 CF7제목수정 CF9퇴직부채 합산여부 CF10타이틀 변경

기간 : 2025 년 12 월

관리용 제출용 표준용

과 목	제 5(당)기 2025년1월1일 ~ 2025년12월31일		제 4(전)기 2024년1월1일 ~ 2024년12월31일	
	금액		금액	
단기차입금		56,000,000		35,000,000
미지급세금		12,563,910		
선수수익		1,820,000		1,820,000
Ⅱ.비유동부채		156,000,000		225,000,000
사채	20,000,000			
사채할인발행차금	5,000,000	15,000,000		
장기차입금		105,000,000		205,000,000
퇴직급여충당부채		36,000,000		20,000,000
부채총계		1,023,418,894		460,797,957
자본				
Ⅰ.자본금		467,000,000		440,000,000
자본금		467,000,000		440,000,000
Ⅱ.자본잉여금				
Ⅲ.자본조정				
Ⅳ.기타포괄손익누계액				
Ⅴ.이익잉여금		182,696,083		29,000,000
이익준비금		400,000		
사업확장적립금		1,000,000		
미처분이익잉여금		181,296,083		29,000,000
(당기순이익)				
당기: 159,696,083				
전기: 14,000,000				
자본총계		649,696,083		469,000,000
부채와자본총계		1,673,114,977		929,797,957

참고 재무상태표상 미처분이익잉여금

당기말 현재 미처분이익잉여금에 대한 처분은 결산일 현재로서는 예정된 것일 뿐이고 미발생 사건에 해당하므로 재무상태표에는 처분 전 금액이 표시되어야 한다. 즉, 전기이월미처분이익잉여금에 당기순이익을 더한 미처분이익잉여금 금액이 재무상태표상 미처분이익잉여금과 일치하여야 한다.

재무상태표상 미처분이익잉여금 = 당기 이익잉여금 처분 내용을 반영하기 전 금액
= 전기이월미처분이익잉여금 + 당기순이익

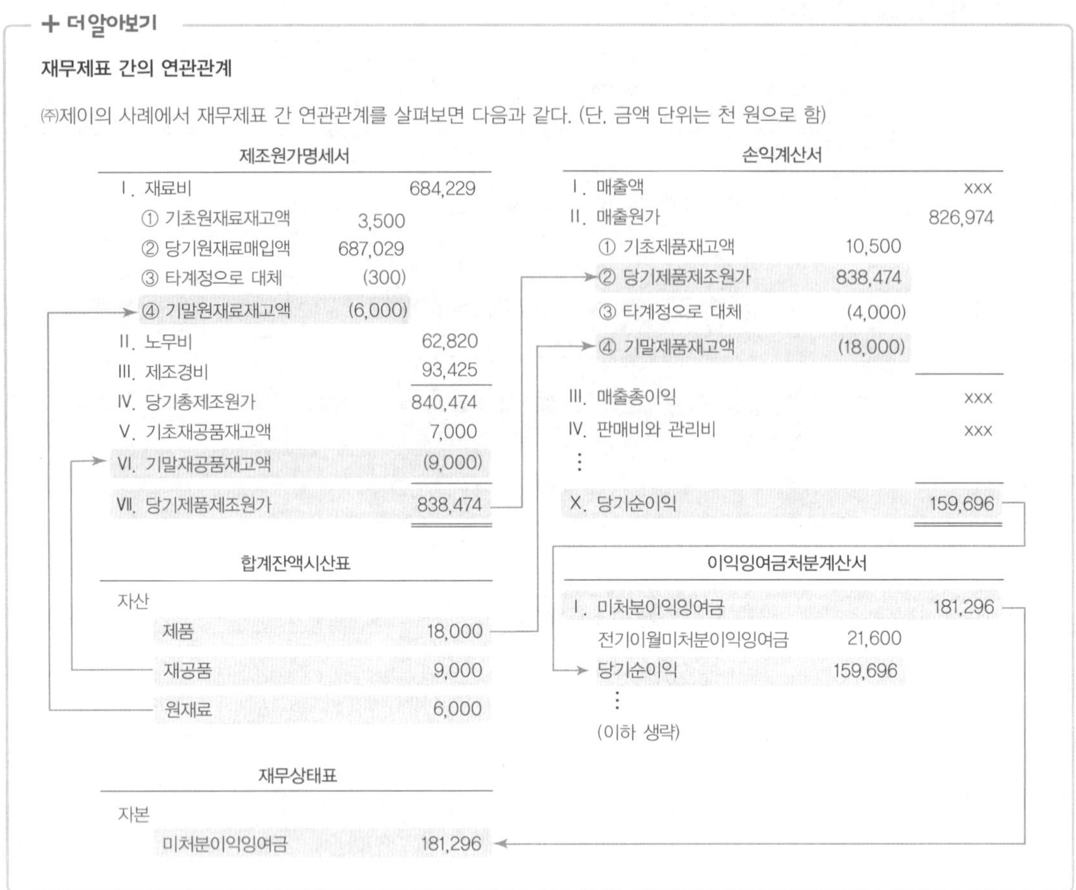

+ 더 알아보기

재무제표 간의 연관관계

㈜제이의 사례에서 재무제표 간 연관관계를 살펴보면 다음과 같다. (단, 금액 단위는 천 원으로 함)

제조원가명세서

Ⅰ. 재료비		684,229
① 기초원재료재고액	3,500	
② 당기원재료매입액	687,029	
③ 타계정으로 대체	(300)	
④ 기말원재료재고액	(6,000)	
Ⅱ. 노무비		62,820
Ⅲ. 제조경비		93,425
Ⅳ. 당기총제조원가		840,474
Ⅴ. 기초재공품재고액		7,000
Ⅵ. 기말재공품재고액		(9,000)
Ⅶ. 당기제품제조원가		838,474

손익계산서

Ⅰ. 매출액		xxx
Ⅱ. 매출원가		826,974
① 기초제품재고액	10,500	
② 당기제품제조원가	838,474	
③ 타계정으로 대체	(4,000)	
④ 기말제품재고액	(18,000)	
Ⅲ. 매출총이익		xxx
Ⅳ. 판매비와 관리비		xxx
⋮		
Ⅹ. 당기순이익		159,696

합계잔액시산표

자산	
제품	18,000
재공품	9,000
원재료	6,000

이익잉여금처분계산서

Ⅰ. 미처분이익잉여금		181,296
전기이월미처분이익잉여금	21,600	
당기순이익	159,696	
⋮		
(이하 생략)		

재무상태표

자본	
미처분이익잉여금	181,296

기출유형

결산 및 재무제표 작성과 관련하여 출제되는 실무편 문제 유형은 다음과 같이 2가지로 나눌 수 있다. 전산회계 1급의 경우 최근 5년간 | 유형1 |의 형태로만 출제되고 있지만 | 유형2 |도 출제범위에 포함되므로 이에 대한 대비가 필요하다.

| 유형1 | 기말수정분개 사항만 제시되는 유형

- 수동결산 : [일반전표입력] 메뉴에 12월 31일 자 일반전표로 직접 입력
- 자동결산 : [결산자료입력] 메뉴에 결산반영금액을 입력하고 메뉴 상단의 [F3 전표추가]를 클릭

| 유형2 | 기말수정분개 사항과 이익잉여금 처분내역이 제시되는 유형

- 수동결산 : [일반전표입력] 메뉴에 12월 31일 자 전표를 입력
- 자동결산 : [결산자료입력] 메뉴에 결산반영금액을 입력하고 메뉴 상단의 [F3 전표추가]를 클릭
- 이익잉여금처분계산서 : [이익잉여금처분계산서] 메뉴에 이익처분 내역을 입력하고 메뉴 상단의 [F6 전표추가]를 클릭

핵심기출문제

* 본서에 수록된 기출문제의 날짜는 학습효과를 높이기 위하여 일부 수정함

01 ㈜육칠(코드번호 : 1167)의 당기(제11기) 회계기간은 2025. 1. 1. ~ 2025. 12. 31.이다. 결산정리사항은 다음과 같다. 해당 메뉴에 입력하시오. [제67회]

(1) 기말 단기부채 중에는 미국 록히드사에 대한 단기차입금 12,500,000원(미화 $10,000)이 포함되어 있다. (결산일 현재 적용환율 : 1,100원/$)

(2) 당해 연도 법인세등은 15,000,000원이며, 중간예납세액 5,000,000원과 이자소득에 대한 원천징수세액 250,000원은 선납세금으로 계상되어 있다. (이외의 다른 자료는 무시한다)

(3) 결산일 현재 재고자산의 기말재고액은 다음과 같다.

• 원재료 : 2,500,000원	• 재공품 : 1,500,000원	• 제품 : 4,000,000원

정답 및 해설

01 (1) ▶ 관련 이론 I 기말수정분개 p.331

해 설 수동결산

12월 31일 (차) 단기차입금 (미국 록히드사) 1,500,000 (대) 외화환산이익 1,500,000[1)]

1) 기말 환산액 − 환산 전 장부금액 = ($10,000 × @1,100원) − 12,500,000원
= (−)1,500,000원 (부채이므로 외화환산이익 1,500,000원)

정답화면

□	일	번호	구분	계 정 과 목		거 래 처		적 요		차 변	대 변
	31	00006	차변	0260	단기차입금	00174	미국 록히드사			1,500,000	
	31	00006	대변	0910	외화환산이익						1,500,000

(2) ▶ 관련 이론 I 기말수정분개 p.337

해 설 | 방법1 | 자동결산

· [결산자료입력] 메뉴에서 (기간 : 1월 ~ 12월) 다음과 같이 입력한다.
선납세금 : 5,250,000, 추가계상액 : 9,750,000

· 자동결산 항목 입력이 완료되면 상단의 '전표추가'를 클릭하여 결산분개를 생성한다.

| 방법2 | 수동결산

12월 31일 (차) 법인세등 15,000,000 (대) 선납세금 5,250,000
미지급세금 9,750,000

정답화면 • 자동결산

±	코드	과 목	결산분개금액	결산전금액	결산반영금액	결산후금액
	0998	9. 법인세등			15,000,000	15,000,000
	0136	1). 선납세금		5,250,000	5,250,000	5,250,000
	0998	2). 추가계상액			9,750,000	9,750,000

• 수동결산

□	일	번호	구분	계 정 과 목		거 래 처		적 요		차 변	대 변
	31	00007	차변	0998	법인세등					15,000,000	
	31	00007	대변	0136	선납세금						5,250,000
	31	00007	대변	0261	미지급세금						9,750,000

(3) ▶ 관련 이론 I 기말수정분개 p.336

해 설 자동결산

• [결산자료입력] 메뉴에서 (기간 : 1월 ~ 12월) 재고자산 기말재고 금액을 다음과 같이 입력한다.
기말 원재료 재고액 : 2,500,000
기말 재공품 재고액 : 1,500,000
기말 제품 재고액 : 4,000,000

• 자동결산 항목 입력이 완료되면 상단의 '전표추가'를 클릭하여 결산분개를 생성한다.

정답화면

±	코드	과 목	결산분개금액	결산전금액	결산반영금액	결산후금액
	0455	제품매출원가				937,123,597
		1)원재료비		805,311,427		802,811,427
	0501	원재료비		805,311,427		802,811,427
	0153	① 기초 원재료 재고액		3,500,000		3,500,000
	0153	② 당기 원재료 매입액		801,811,427		801,811,427
	0153	⑩ 기말 원재료 재고액			2,500,000	2,500,000
	0455	8)당기 총제조비용		922,123,597		919,623,597
	0169	① 기초 재공품 재고액		8,000,000		8,000,000
	0169	⑩ 기말 재공품 재고액			1,500,000	1,500,000
	0150	9)당기완성품제조원가		930,123,597		926,123,597
	0150	① 기초 제품 재고액		15,000,000		15,000,000
	0150	⑩ 기말 제품 재고액			4,000,000	4,000,000

02 ㈜육사(코드번호 : 1164)의 당기(제10기) 회계기간은 2025. 1. 1. ~ 2025. 12. 31.이다. 결산정리사항은 다음과 같다. 해당 메뉴에 입력하시오. [제64회]

(1) 9월 1일에 드림보험에 지급한 영업부서 자동차보험료 1,200,000원 중 당해 연도 해당분 보험료는 400,000원이다.

(2) 무형자산인 소프트웨어의 전기말 상각 후 미상각잔액은 24,000,000원이다. 총 내용연수는 5년이며, 작년 1월 초에 구입하였다. 올해 말 무형자산을 상각하시오. (월할 상각하며, 비용계정은 판매비와관리비로 처리한다)

(3) 매출채권(외상매출금과 받을어음)에 대한 1%의 대손충당금을 설정하다.

정답 및 해설

02 (1) ▶ 관련 이론 I 기말수정분개 p.325

해　설　수동결산

12월 31일　(차) 선급비용　800,000　(대) 보험료(판관비)　800,000[1]

[1] 1,200,000 − 400,000 = 800,000원

정답화면

□	일	번호	구분	계 정 과 목		거 래 처		적 요		차 변	대 변
■	31	00001	차변	0133	선급비용					800,000	
■	31	00001	대변	0821	보험료						800,000

참고 [일반전표입력] 메뉴에서 "9월 1일"을 선택하여 조회하면, 보험료 지급액 1,200,000원 전액을 비용계정인 '보험료(판관비)'로 회계처리하였음을 확인할 수 있다.

2025 년 09 월 1 일 변경 현금잔액: 284,338,620 대차차액:

□	일	번호	구분	계 정 과 목		거 래 처		적 요	차 변	대 변
■	1	00003	차변	0821	보험료	00102	드림보험	영업부서 자동차 보험료	1,200,000	
■	1	00003	대변	0103	보통예금	98000	소망은행	영업부서 자동차 보험료		1,200,000

(2) ▶ 관련 이론 I 기말수정분개 p.335

해　설　| 방법1 | 자동결산

· [결산자료입력] 메뉴에서 (기간 : 1월 ~ 12월) 다음과 같이 입력한다.

판매비와 일반관리비 ▶ 무형자산상각비 ▶ 소프트웨어 : 6,000,000[1]

[1] (전기말 미상각잔액 − 잔존가치) ÷ 기초 현재 잔여내용연수
= (24,000,000원 − 0원) ÷ (5년 − 1년) = 6,000,000원

참고 무형자산 상각 시, 별도의 언급이 없는 경우 잔존가치는 '0', 상각방법은 '정액법'인 것으로 본다.

· 자동결산 항목 입력이 완료되면 상단의 '전표추가'를 클릭하여 결산분개를 생성한다.

| 방법2 | 수동결산

12월 31일　(차) 무형자산상각비(판관비)　6,000,000　(대) 소프트웨어　6,000,000

정답화면 • 자동결산

±	코드	과 목	결산분개금액	결산전금액	결산반영금액	결산후금액
		4. 판매비와 일반관리비		113,503,500	6,000,000	119,503,500
	0840	6). 무형자산상각비			6,000,000	6,000,000
	0219	특허권				
	0226	개발비				
	0227	소프트웨어			6,000,000	6,000,000

• 수동결산

□	일	번호	구분	계 정 과 목		거 래 처		적 요		차 변	대 변
■	31	00002	차변	0840	무형자산상각비					6,000,000	
■	31	00002	대변	0227	소프트웨어						6,000,000

(3)

해 설 | 방법1 | 자동결산

· [결산자료입력] 메뉴에서 (기간 : 1월 ~ 12월) 상단의 [대손상각]을 클릭한 후, 화면창에서 대손율을 1%로 선택하면 대손충당금 추가설정액이 자동 계산된다.

· 화면창에서 결산반영 버튼을 클릭하면, 메뉴 본 화면에 있는 판매비와 일반관리비의 대손상각란에 외상매출금과 받을어음의 추가설정액이 입력되어 있음을 확인할 수 있다.

· 자동결산 항목 입력이 완료되면 상단의 '전표추가'를 클릭하여 결산분개를 생성한다.

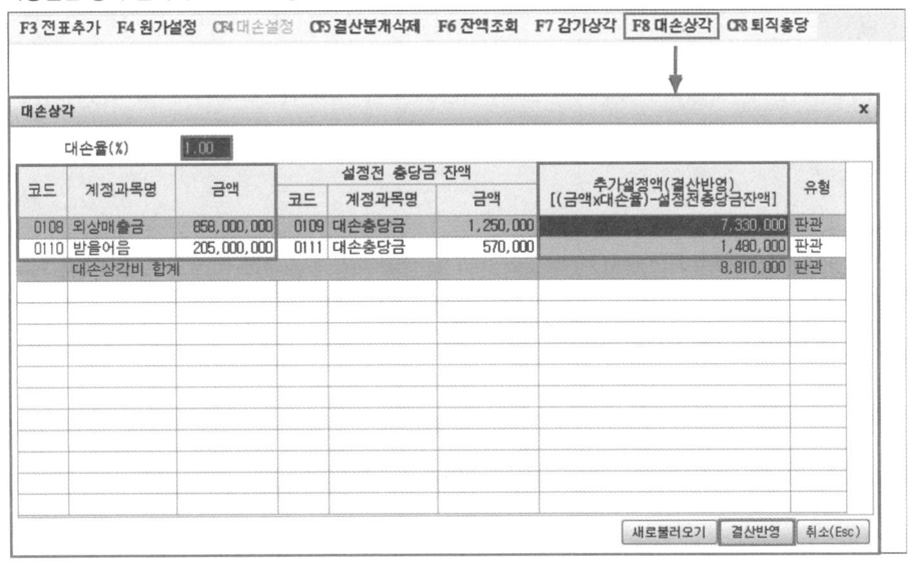

F3 전표추가 F4 원가설정 CF4 대손설정 CF5 결산분개삭제 F6 잔액조회 F7 감가상각 F8 대손상각 CF8 퇴직충당

대손상각

대손율(%) 1.00

코드	계정과목명	금액	설정전 충당금 잔액 코드	계정과목명	금액	추가설정액(결산반영) [(금액x대손율)-설정전충당금잔액]	유형
0108	외상매출금	858,000,000	0109	대손충당금	1,250,000	7,330,000	판관
0110	받을어음	205,000,000	0111	대손충당금	570,000	1,480,000	판관
	대손상각비 합계					8,810,000	판관

새로불러오기 결산반영 취소(Esc)

| 방법2 | 수동결산

· 12월 31일 [합계잔액시산표]를 조회하여 외상매출금, 받을어음, 대손충당금 잔액을 확인한다.

차변 잔액	차변 합계	계정과목	대변 합계	대변 잔액
858,000,000	1,228,314,496	외 상 매 출 금	370,314,496	
		대 손 충 당 금	1,250,000	1,250,000
205,000,000	220,150,000	받 을 어 음	15,150,000	
		대 손 충 당 금	570,000	570,000

· 외상매출금의 대손충당금 추가설정액 = 858,000,000원 × 1% − 1,250,000원 = 7,330,000원

· 받을어음의 대손충당금 추가설정액 = 205,000,000원 × 1% − 570,000원 = 1,480,000원

· 12월 31일 (차) 대손상각비(판관비) 8,810,000 (대) 대손충당금(외상매출금) 7,330,000
대손충당금(받을어음) 1,480,000

정답화면 • 자동결산

±	코드	과목	결산분개금액	결산전금액	결산반영금액	결산후금액
		4. 판매비와 일반관리비		113,503,500	14,810,000	128,313,500
	0835	5). 대손상각			8,810,000	8,810,000
	0108	외상매출금			7,330,000	7,330,000
	0110	받을어음			1,480,000	1,480,000

• 수동결산

□	일	번호	구분	계정과목		거래처		적요	차변	대변
	31	00003	차변	0835	대손상각비				8,810,000	
	31	00003	대변	0109	대손충당금					7,330,000
	31	00003	대변	0111	대손충당금					1,480,000

03 ㈜오구(코드번호 : 1159)의 당기(제5기) 회계기간은 2025. 1. 1. ~ 2025. 12. 31.이다. 결산정리사항은 다음과 같다. 해당 메뉴에 입력하시오. [제59회]

(1) 기말 현재 은행에 예금되어 있는 정기예금에 대하여 당기분 경과이자를 인식하다. (예금 금액 10,000,000원, 만기 1년, 가입 연월일 올해 4월 1일, 연 이자율 10%, 월할 계산으로 할 것)

(2) 기말 현재 영업부서에서 구입 시 비용(소모품비)처리한 소모품 중 미사용액이 2,800,000원이다. (회사는 미사용액에 대하여 자산처리함)

(3) 당사는 일반기업회계기준에 의하여 퇴직급여충당부채를 설정하고 있으며, 기말 현재 퇴직급여 추계액 및 당기 퇴직급여충당부채 설정 전의 퇴직급여충당부채 잔액은 다음과 같다. 결산 시 회계처리를 하시오.

부 서	설정 전 퇴직급여충당부채 잔액	기말 현재 퇴직급여추계액
영업부	23,000,000원	27,000,000원
제조부	27,000,000원	29,000,000원

정답 및 해설

03 (1) ▶ 관련 이론 I 기말수정분개 p.323

해 설 수동결산

12월 31일 (차) 미수수익 750,000 (대) 이자수익 750,000[1)]

1) 10,000,000원 × 10% × (9개월/12개월) = 750,000원

정답화면

□	일	번호	구분	계 정 과 목		거 래 처		적 요		차 변	대 변
□	31	00007	차변	0116	미수수익					750,000	
□	31	00007	대변	0901	이자수익						750,000

(2) ▶ 관련 이론 I 기말수정분개 p.326

해　　설　수동결산

12월 31일　(차) 소모품　2,800,000　(대) 소모품비(판관비)　2,800,000

정답화면

□	일	번호	구분	계 정 과 목		거 래 처		적 요		차 변	대 변
▣	31	00008	차변	0122	소모품					2,800,000	
▣	31	00008	대변	0830	소모품비						2,800,000

(3) ▶ 관련 이론 I 기말수정분개 p.334

해　　설　• 퇴직급여충당부채 추가설정액

· 퇴직급여(판관비) = 27,000,000 − 23,000,000 = 4,000,000원

· 퇴직급여(제조) = 29,000,000 − 27,000,000 = 2,000,000원

| 방법1 | 자동결산

· [결산자료입력] 메뉴에서 (기간 : 1월 ~ 12월) 상단의 '퇴직충당'을 클릭한 후, 화면창에서 퇴직급여추계액을 입력하면 퇴직급여충당부채 추가설정액이 자동계산된다.

· 화면창의 결산반영 버튼을 클릭하면 '제품매출원가 ▶ 노무비 ▶ 퇴직급여(전입액)'와 '판매비와 일반관리비 ▶ 퇴직급여(전입액)'에 추가설정액이 입력되어 있음을 확인할 수 있다.

· 자동결산 항목 입력이 완료되면 상단의 '전표추가'를 클릭하여 결산분개를 생성한다.

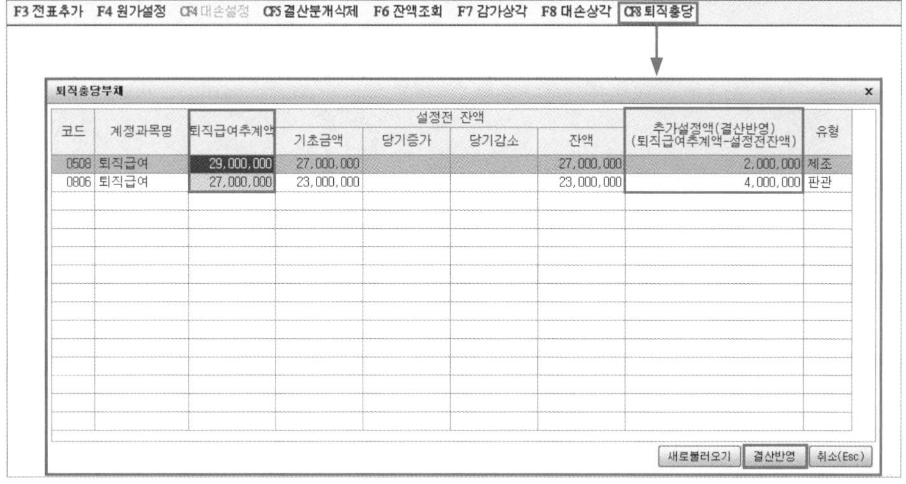

F3 전표추가　F4 원가설정　CF4 대손설정　CF5 결산분개삭제　F6 잔액조회　F7 감가상각　F8 대손상각　CF8 퇴직충당

퇴직충당부채

코드	계정과목명	퇴직급여추계액	설정전 잔액				추가설정액(결산반영) (퇴직급여추계액-설정전잔액)	유형
			기초금액	당기증가	당기감소	잔액		
0508	퇴직급여	29,000,000	27,000,000			27,000,000	2,000,000	제조
0806	퇴직급여	27,000,000	23,000,000			23,000,000	4,000,000	판관

새로불러오기　결산반영　취소(Esc)

| 방법2 | 수동결산

12월 31일　(차) 퇴직급여(판관비)　4,000,000　(대) 퇴직급여충당부채　6,000,000

퇴직급여(제조)　2,000,000

정답화면　• 자동결산

±	코드	과　　목	결산분개금액	결산전금액	결산반영금액	결산후금액
		4. 판매비와 일반관리비		148,020,940	4,000,000	152,020,940
		1). 급여 외		60,700,000		60,700,000
	0801	급여		60,700,000		60,700,000
	0806	2). 퇴직급여(전입액)			4,000,000	4,000,000
	0850	3). 퇴직연금충당금전입액				

±	코드	과　　목	결산분개금액	결산전금액	결산반영금액	결산후금액
	0455	제품매출원가				857,109,270
		3)노 무 비		54,820,000	2,000,000	56,820,000
		1). 임금 외		54,820,000		54,820,000
	0504	임금		54,820,000		54,820,000
	0508	2). 퇴직급여(전입액)			2,000,000	2,000,000
	0550	3). 퇴직연금충당금전입액				

• 수동결산

□	일	번호	구분	계 정 과 목		거 래 처		적 요		차 변	대 변
▣	31	00009	차변	0806	퇴직급여					4,000,000	
▣	31	00009	차변	0508	퇴직급여					2,000,000	
▣	31	00009	대변	0295	퇴직급여충당부채						6,000,000

04 ㈜오팔(코드번호 : 1158)의 당기(제5기) 회계기간은 2025. 1. 1. ~ 2025. 12. 31.이다. 결산정리사항은 다음과 같다. 해당 메뉴에 입력하시오. [제58회]

(1) 당사는 원활한 입출금거래를 위해 마이너스통장을 개설하여 사용하고 있으며, 결산일 현재 대박은행에 당사의 보통예금 계좌의 잔고를 확인한 결과 마이너스(-) 4,500,000원인 것으로 나타나 이를 단기차입금으로 대체하고자 한다.

(2) 단기차입금 중에는 Champ사의 단기차입금 12,000,000원(미화 $10,000)이 포함되어 있다.
(결산일 현재 적용 환율 : 미화 $1당 900원)

(3) 당기의 감가상각비는 다음과 같이 계상하기로 하였다.

- 본사 영업부 건물 : 14,600,000원
- 생산공장 건물 : 3,300,000원
- 생산공장 기계장치 : 5,000,000원

정답 및 해설

04 (1) ▶ 관련 이론 I 기말수정분개 p.328

해 설 수동결산

12월 31일 (차) 보통예금 4,500,000 (대) 단기차입금(대박은행) 4,500,000

정답화면

□	일	번호	구분	계 정 과 목		거 래 처		적 요		차 변	대 변
▣	31	00006	차변	0103	보통예금					4,500,000	
▣	31	00006	대변	0260	단기차입금	98002	대박은행				4,500,000

(2) ▶ 관련 이론 I 기말수정분개 p.331

해 설 수동결산

12월 31일 (차) 단기차입금(Champ사) 3,000,000 (대) 외화환산이익 3,000,000[1]

[1] 외화환산손익 = 기말 환산액 − 환산 전 장부금액 = ($10,000 × @900원) − 12,000,000원
= (−)3,000,000원 (부채이므로 외화환산이익 3,000,000원)

정답화면

□	일	번호	구분	계 정 과 목		거 래 처		적 요		차 변	대 변
▣	31	00007	차변	0260	단기차입금	35051	Champ사			3,000,000	
▣	31	00007	대변	0910	외화환산이익						3,000,000

(3) ▶ 관련 이론 I 기말수정분개 p.335

해 설 | 방법1 | 자동결산

· [결산자료입력] 메뉴에서 (기간 : 1월 ~ 12월) 다음과 같이 입력한다.
매출원가 ▶ 경비 ▶ 일반감가상각비 : 건물 3,300,000, 기계장치 5,000,000
판매비와 일반관리비 ▶ 감가상각비 : 건물 14,600,000

· 자동결산 항목 입력이 완료되면 상단의 '전표추가'를 클릭하여 결산분개를 생성한다.

| 방법2 | 수동결산

12월 31일 (차) 감가상각비(제조) 8,300,000 (대) 감가상각누계액(건물) 14,600,000
감가상각비(판관비) 14,600,000 감가상각누계액(건물) 3,300,000
감가상각누계액(기계장치) 5,000,000

정답화면 • 자동결산

±	코드	과 목	결산분개금액	결산전금액	결산반영금액	결산후금액
	0455	제품매출원가				861,853,670
		7)경 비		88,004,670	8,300,000	96,304,670
	0518	2). 일반감가상각비			8,300,000	8,300,000
	0202	건물			3,300,000	3,300,000
	0206	기계장치			5,000,000	5,000,000
	0208	차량운반구				
	0212	비품				

±	코드	과 목	결산분개금액	결산전금액	결산반영금액	결산후금액
		4. 판매비와 일반관리비		157,600,940	14,600,000	172,200,940
		1). 급여 외		67,700,000		67,700,000
	0801	급여		67,700,000		67,700,000
	0806	2). 퇴직급여(전입액)				
	0850	3). 퇴직연금충당금전입액				
	0818	4). 감가상각비			14,600,000	14,600,000
	0202	건물			14,600,000	14,600,000
	0206	기계장치				
	0208	차량운반구				
	0212	비품				

• 수동결산

□	일	번호	구분	계 정 과 목		거 래 처	적 요	차 변	대 변
□	31	00008	차변	0518	감가상각비			8,300,000	
□	31	00008	차변	0818	감가상각비			14,600,000	
□	31	00008	대변	0203	감가상각누계액				14,600,000
□	31	00008	대변	0203	감가상각누계액				3,300,000
□	31	00008	대변	0207	감가상각누계액				5,000,000

참고 하나의 결산 요구사항에 대한 전표이므로 문제 요구사항에 별도의 언급이 없더라도 전표번호를 하나로 하여 작성하는 것이 좋다.

05 ㈜오칠(코드번호 : 1157)의 당기(제4기) 회계기간은 2025. 1. 1. ~ 2025. 12. 31.이다. 결산정리사항은 다음과 같다. 해당 메뉴에 입력하시오. [제57회 수정]

(1) 받을어음에 대하여 1%의 대손충당금을 설정하다.

(2) 당기 '법인세등'을 5,600,000원으로 계상한다. (법인세 중간예납세액은 조회하여 입력할 것)

정답 및 해설

05 (1) ▶ 관련 이론 I 기말수정분개 p.334

해 설 | 방법1 | 자동결산

· [결산자료입력] 메뉴에서 (기간 : 1월 ~ 12월) 상단의 '대손상각'을 클릭한 후, 화면창에서 대손율을 1%로 선택하면 대손충당금 추가설정액이 자동계산된다. 계산된 대손충당금 추가설정액 중 본 문제 요구사항과 관련이 없는 외상매출금, 단기대여금, 미수금 해당 금액을 지운 후 화면창의 '결산반영'을 클릭한다.
· 판매비와관리비의 대손상각란에 받을어음의 추가설정액이 입력되어 있음을 확인할 수 있다.
· 자동결산 항목 입력이 완료되면 상단의 '전표추가'를 클릭하여 결산분개를 생성한다.

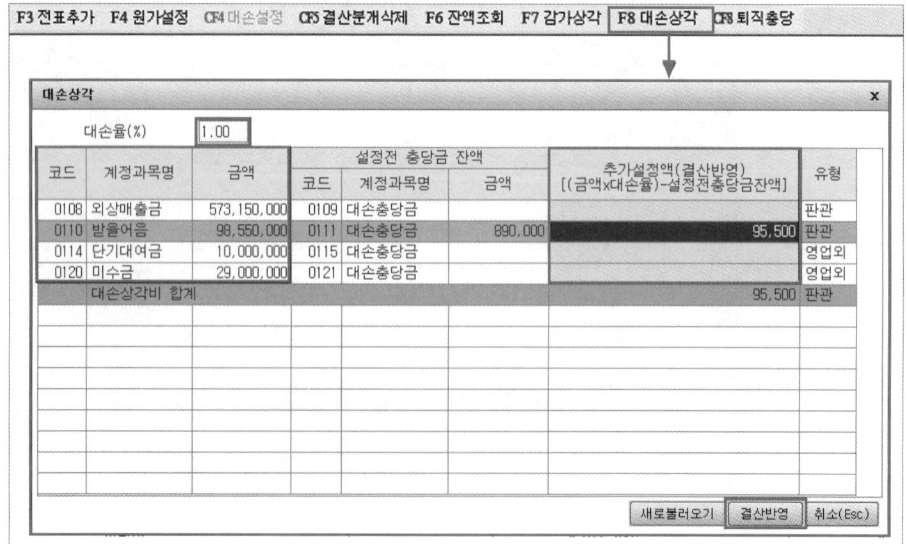

코드	계정과목명	금액	설정전 충당금 잔액 코드	계정과목명	금액	추가설정액(결산반영) [(금액x대손율)-설정전충당금잔액]	유형
0108	외상매출금	573,150,000	0109	대손충당금			판관
0110	받을어음	98,550,000	0111	대손충당금	890,000	95,500	판관
0114	단기대여금	10,000,000	0115	대손충당금			영업외
0120	미수금	29,000,000	0121	대손충당금			영업외
	대손상각비 합계					95,500	판관

| 방법2 | 수동결산

12월 31일 [합계잔액시산표]를 조회하여 받을어음과 대손충당금 잔액을 확인한다.

차변 잔액	차변 합계	계정과목	대변 합계	대변 잔액
98,550,000	135,650,000	받을어음	37,100,000	
		대손충당금	890,000	890,000

· 받을어음의 대손충당금 추가설정액 = 98,550,000원 × 1% – 890,000원 = 95,500원

· 12월 31일 (차) 대손상각비(판관비) 95,500 (대) 대손충당금(받을어음) 95,500

정답화면 • 자동결산

±	코드	과목	결산분개금액	결산전금액	결산반영금액	결산후금액
		4. 판매비와 일반관리비		158,120,940	95,500	158,216,440
	0835	5). 대손상각		2,350,000	95,500	2,445,500
	0108	외상매출금				
	0110	받을어음			95,500	95,500

• 수동결산

□	일	번호	구분	계정과목		거래처		적요	차변	대변
	31	00005	차변	0835	대손상각비				95,500	
	31	00005	대변	0111	대손충당금					95,500

참고 제4장 제1절과 제2절 핵심기출문제를 풀지 않은 경우, 받을어음 계정 잔액에 영향을 미치기 때문에 이 문제의 기말수정분개 금액이 달라질 수 있다. 실제 시험에서는 수정후시산표에서 대손충당금 계정 잔액이 받을어음 계정 잔액의 1%가 맞으면 정답으로 인정된다.

(2) ▶ 관련 이론 | 기말수정분개 p.337

해 설 | 방법1 | 자동결산

· [결산자료입력] 메뉴에서 (기간 : 1월 ~ 12월) 법인세등의 선납세금란과 추가계상액란에 다음과 같이 입력한다.

선납세금 : 3,000,000, 추가계상액 : 2,600,000

· 자동결산 항목 입력이 완료되면 상단의 '전표추가'를 클릭하여 결산분개를 생성한다.

| 방법2 | 수동결산

· 12월 31일 [합계잔액시산표]를 조회하여 법인세 중간예납세액으로 납부한 선납세금 금액을 확인한다.

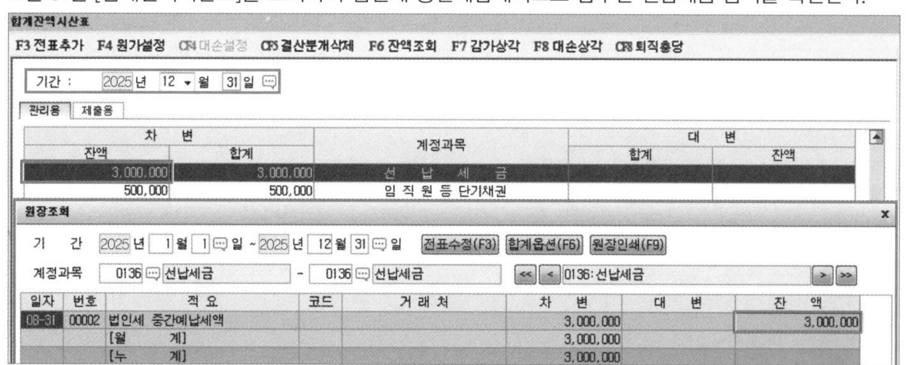

합계잔액시산표

F3 전표추가 F4 원가설정 CF4 대손설정 CF5 결산분개삭제 F6 잔액조회 F7 감가상각 F8 대손상각 CF8 퇴직충당

기간 : 2025 년 12 월 31 일

관리용 제출용

차변 잔액	차변 합계	계정과목	대변 합계	대변 잔액
3,000,000	3,000,000	선납세금		
500,000	500,000	임직원등단기채권		

원장조회

기간 2025 년 1 월 1 일 ~ 2025 년 12 월 31 일 전표수정(F3) 합계옵션(F6) 원장인쇄(F9)

계정과목 0136 선납세금 - 0136 선납세금 0136:선납세금

일자	번호	적요	코드	거래처	차변	대변	잔액
08-31	00002	법인세 중간예납세액			3,000,000		3,000,000
		[월 계]			3,000,000		
		[누 계]			3,000,000		

· 12월 31일 (차) 법인세등 5,600,000 (대) 선납세금 3,000,000

미지급세금 2,600,000

정답화면 • 자동결산

±	코드	과목	결산분개금액	결산전금액	결산반영금액	결산후금액
	0998	9. 법인세등			5,600,000	5,600,000
	0136	1). 선납세금		3,000,000	3,000,000	3,000,000
	0998	2). 추가계상액			2,600,000	2,600,000

• 수동결산

□	일	번호	구분	계정과목		거래처		적요	차변	대변
	31	00006	차변	0998	법인세등				5,600,000	
	31	00006	대변	0136	선납세금					3,000,000
	31	00006	대변	0261	미지급세금					2,600,000

06 ㈜오륙(코드번호 : 1156)의 당기(제4기) 회계기간은 2025. 1. 1. ~ 2025. 12. 31.이다. 결산정리사항은 다음과 같다. 해당 메뉴에 입력하시오. [제56회 수정]

(1) 2023년 7월 1일 도시은행으로부터 차입한 장기차입금 50,000,000원은 2026년 6월 30일에 만기가 도래하고, 회사는 이를 상환할 계획이다.

(2) 6월 1일 전액 비용으로 회계처리된 보험료(제조부문 1,320,000원, 본사 관리부문 1,440,000원)는 1년분에 해당하므로 차년도분에 대한 회계처리를 하시오. 당기분과 차기분에 대한 계산은 월 단위로 계산한다.

(3) 결산일 현재 재고자산의 기말재고액은 다음과 같다.

• 원재료 : 4,520,000원 • 재공품 : 5,570,000원 • 제품 : 9,590,000원

정답 및 해설

06 (1) ▶ 관련 이론 I 기말수정분개 p.333

해 설 수동결산

12월 31일 (차) 장기차입금 50,000,000 (대) 유동성장기부채 50,000,000
(도시은행) (도시은행)

정답화면

□	일	번호	구분	계 정 과 목		거 래 처		적 요		차 변	대 변
▣	31	00007	차변	0293	장기차입금	98000	도시은행			50,000,000	
▣	31	00007	대변	0264	유동성장기부채	98000	도시은행				50,000,000

(2) ▶ 관련 이론 I 기말수정분개 p.325

해 설 수동결산

12월 31일 (차) 선급비용 1,150,000 (대) 보험료(제조) 550,000[1]
보험료(판관비) 600,000[2]

[1] 1,320,000원 × (5개월/12개월) = 550,000원

[2] 1,440,000원 × (5개월/12개월) = 600,000원

정답화면

□	일	번호	구분	계 정 과 목		거 래 처		적 요		차 변	대 변
□	31	00008	차변	0133	선급비용					1,150,000	
□	31	00008	대변	0521	보험료						550,000
□	31	00008	대변	0821	보험료						600,000

(3) ▶ 관련 이론 I 기말수정분개 p.336

해 설 자동결산

- [결산자료입력] 메뉴에서 (기간 : 1월 ~ 12월) 재고자산의 기말재고 금액을 다음과 같이 입력한다.
  기말 원재료 재고액 : 4,520,000, 기말 재공품 재고액 : 5,570,000, 기말 제품 재고액 : 9,590,000
- 자동결산 항목 입력이 완료되면 상단의 '전표추가'를 클릭하여 결산분개를 생성한다.

정답화면

±	코드	과 목	결산분개금액	결산전금액	결산반영금액	결산후금액
	0455	제품매출원가				827,084,510
		1)원재료비		689,429,000		684,909,000
	0501	원재료비		689,429,000		684,909,000
	0153	① 기초 원재료 재고액		4,700,000		4,700,000
	0153	② 당기 원재료 매입액		685,029,000		685,029,000
	0153	⑥ 타계정으로 대체액		300,000		300,000
	0153	⑩ 기말 원재료 재고액			4,520,000	4,520,000
	0455	8)당기 총제조비용		834,564,510		830,044,510
	0169	① 기초 재공품 재고액		2,700,000		2,700,000
	0169	⑩ 기말 재공품 재고액			5,570,000	5,570,000
	0150	9)당기완성품제조원가		837,264,510		827,174,510
	0150	① 기초 제품 재고액		10,000,000		10,000,000
	0150	⑥ 타계정으로 대체액		500,000		500,000
	0150	⑩ 기말 제품 재고액			9,590,000	9,590,000

제4절 입력 관련 장부조회

01 총계정원장

- [총계정원장]은 분개 내용을 각 계정별로 집계한 장부이다.
- [총계정원장] 문제는 실무시험 문제6(3점, 부분점수)에서 출제된다.
- [회계관리] ▶ [장부관리] ▶ [총계정원장]을 선택하여 들어갈 수 있다.

기출확인문제

㈜제이(코드번호 : 1102)*의 당기(제5기) 회계기간은 2025. 1. 1. ~ 2025. 12. 31.이다.
1월부터 6월까지 외상매출금 회수금액이 가장 많은 달은 몇 월인가? (제52회)

*교재와 동일한 화면으로 학습을 진행하기 위하여 ㈜제이를 사용함

기출 따라 하기

[총계정원장] 메뉴에서

① [월별] 탭을 선택한다.

② 조회하고자 하는 기간을 "1월 1일 ~ 6월 30일"로 입력한다.

③ 조회하고자 하는 계정과목을 "외상매출금"으로 입력한다.

④ 월별 금액을 분석하여 요구하는 답을 구한다.

▼ ① ~ ④ 조회결과 화면은 아래와 같다.

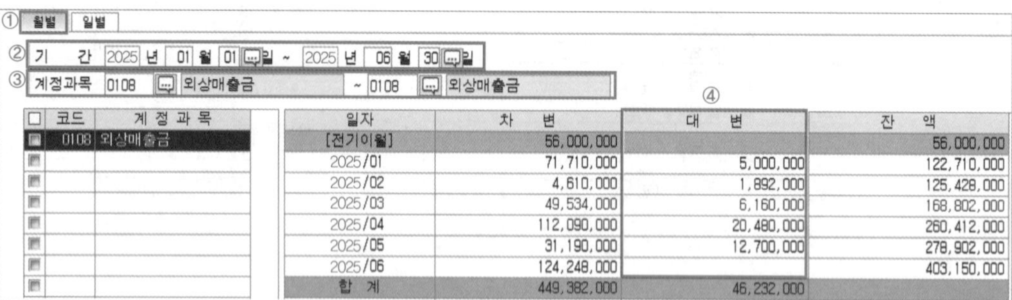

일자	차 변	대 변	잔 액
[전기이월]	56,000,000		56,000,000
2025/01	71,710,000	5,000,000	122,710,000
2025/02	4,610,000	1,892,000	125,428,000
2025/03	49,534,000	6,160,000	168,802,000
2025/04	112,090,000	20,480,000	260,412,000
2025/05	31,190,000	12,700,000	278,902,000
2025/06	124,248,000		403,150,000
합 계	449,382,000	46,232,000	

⑤ 1 ~ 6월 중 외상매출금 회수금액이 가장 많은 월은 대변의 금액이 가장 큰 '4월'이다.

참고 Drill down 기능

총계정원장의 월별 금액을 더블 클릭하면 해당 금액에 대한 일자별 원장 내용이 나타난다. 여기서 다시 해당 원장을 더블 클릭하면 전표입력 내용까지 나타나며 이 화면에서 수정까지 할 수 있다.

이와 같이 전표입력 메뉴로 들어가지 않더라도 재무제표나 장부 단계에서 해당 전표까지 거슬러 올라가면서 조회할 수 있는 것을 'Drill down' 기능이라고 하며, 이러한 기능을 통하여 회계프로그램의 활용도가 보다 향상될 수 있다.

일자	차 변	대 변	잔 액
[전기이월]	56,000,000		56,000,000
2025/01	71,710,000	5,000,000	122,710,000
2025/02	4,610,000	1,892,000	125,428,000
2025/03	49,534,000	6,160,000	168,802,000
2025/04	112,090,000	20,480,000	260,412,000
2025/05	31,190,000	12,700,000	278,902,000
2025/06	124,248,000		403,150,000
합 계	449,382,000	46,232,000	

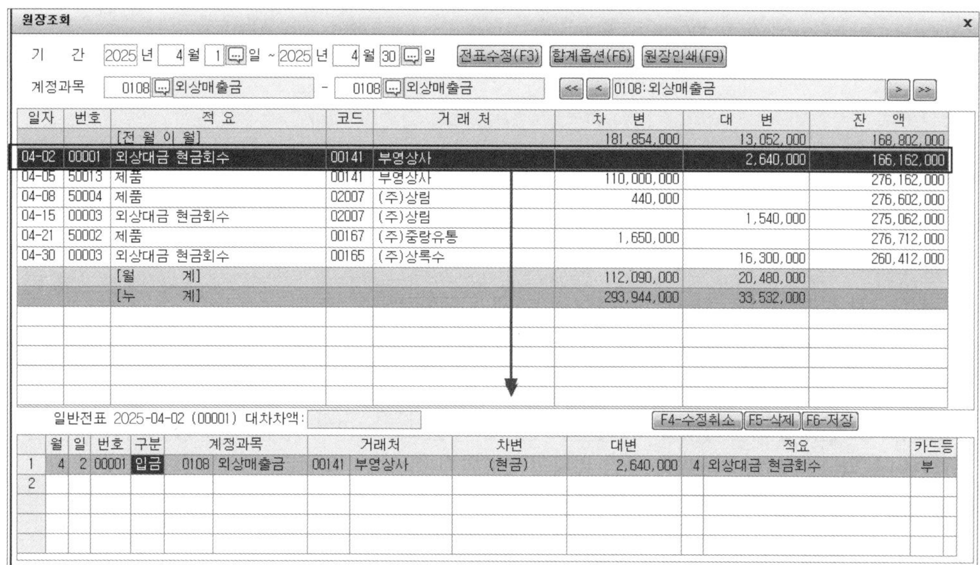

원장조회

기 간 2025 년 4 월 1 일 ~ 2025 년 4 월 30 일 전표수정(F3) 합계옵션(F6) 원장인쇄(F9)

계정과목 0108 외상매출금 - 0108 외상매출금 0108:외상매출금

일자	번호	적 요	코드	거 래 처	차 변	대 변	잔 액
		[전 월 이 월]			181,854,000	13,052,000	168,802,000
04-02	00001	외상대금 현금회수	00141	부영상사		2,640,000	166,162,000
04-05	50013	제품	00141	부영상사	110,000,000		276,162,000
04-08	50004	제품	02007	(주)상림	440,000		276,602,000
04-15	00003	외상대금 현금회수	02007	(주)상림		1,540,000	275,062,000
04-21	50002	제품	00167	(주)중량유통	1,650,000		276,712,000
04-30	00003	외상대금 현금회수	00165	(주)상록수		16,300,000	260,412,000
		[월 계]			112,090,000	20,480,000	
		[누 계]			293,944,000	33,532,000	

일반전표 2025-04-02 (00001) 대차차액: F4-수정취소 F5-삭제 F6-저장

	월	일	번호	구분	계정과목		거래처		차변	대변	적요		카드등
1	4	2	00001	입금	0108	외상매출금	00141	부영상사	(현금)	2,640,000	4	외상대금 현금회수	부
2													

[총계정원장] 메뉴와 [계정별원장] 메뉴의 차이

- [계정별원장] 메뉴에서는 해당 계정의 일자별 원장 내용이 조회된다. ([총계정원장] 메뉴로 조회하더라도 월별 금액을 더블 클릭하면 이와 동일한 원장 내용을 볼 수 있다)
- [계정별원장] 메뉴에서는 현금 계정과목이 조회되지 않는다. (현금 계정과목에 대한 원장 내용은 [총계정원장] 메뉴 또는 [현금출납장] 메뉴로 조회하여야 한다)

기출유형

- 특정 계정과목의 월별 금액
  - 1분기(1월 ~ 3월) 중 기업업무추진비(판관비)가 가장 많이 발생한 달과 그 금액은 얼마인가? [제98회]
  - 상반기(1월 ~ 6월) 중 원재료 매입액이 가장 큰 달과 가장 적은 달의 차이는 얼마인가? [21년 10월 특별회차]

02 거래처원장

- [거래처원장]은 매출처별·매입처별 거래내역을 정리해놓은 장부이다.
- [거래처원장] 문제는 실무시험 문제6(3점, 부분점수)에서 출제된다.
- [회계관리] ▶ [장부관리] ▶ [거래처원장]을 선택하여 들어갈 수 있다.

기출확인문제

㈜제이(코드번호 : 1102)의 당기(제5기) 회계기간은 2025. 1. 1. ~ 2025. 12. 31.이다.
4월 중 ㈜상림에 대하여 외상매출금을 회수한 금액은 얼마인가? (제49회)

기출 따라 하기

[거래처원장] 메뉴에서

① [잔액] 탭을 선택한다.

② 조회하고자 하는 기간을 "1월 1일 ~ 4월 30일"로 입력한다.

③ 조회하고자 하는 계정과목을 "외상매출금"으로 입력한다.

④ 조회하고자 하는 거래처를 "㈜상림"으로 입력한다.

⑤ 조회결과 화면에서 대변 금액을 더블 클릭하면 [내용] 탭으로 화면이 이동되어 해당 금액에 대한 일자별 원장 내용이 나타나고, 화면 하단에는 해당 일자의 전표입력 내용이 나타난다. (Drill down 기능)

⑥ 금액을 분석하여 요구하는 답을 구한다.

▼ ① ~ ⑥ 조회결과 화면은 아래와 같다.

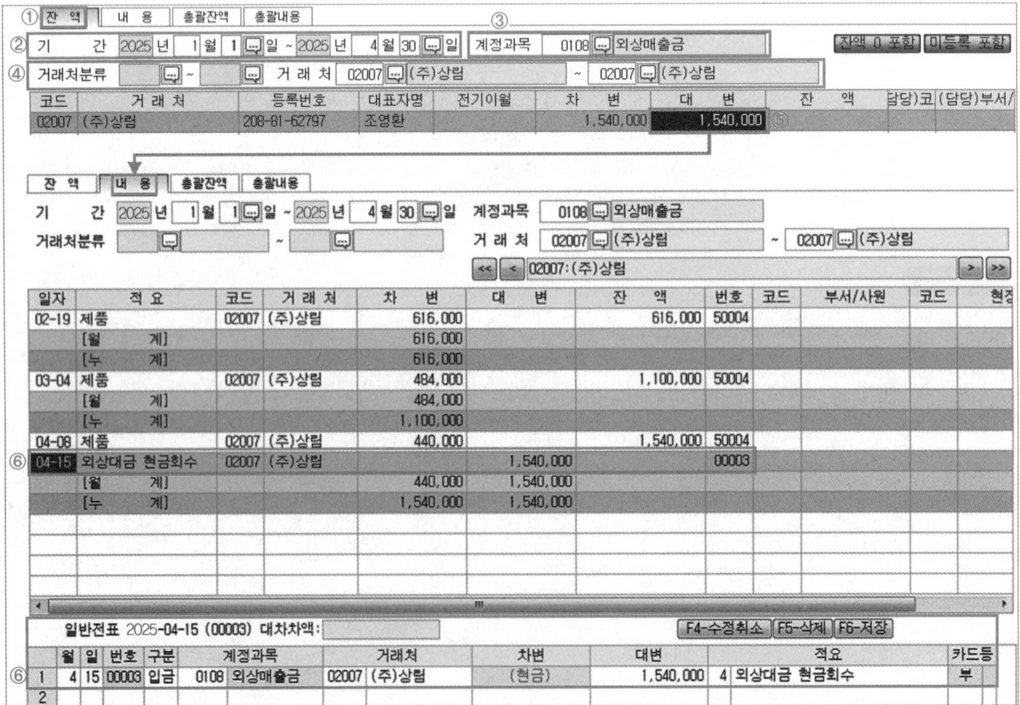

⑦ ㈜상림에 대한 외상대금 현금회수액은 '1,540,000원'이다.

참고 [거래처원장] 메뉴와 [거래처별계정과목별원장] 메뉴의 차이

- [거래처원장] 메뉴에서는 하나의 계정과목으로만 조회할 수 있다. (특정 계정과목에 대한 각 거래처별 금액을 조회할 때 편리하다)
- [거래처별계정과목별원장] 메뉴에서는 여러 개의 계정과목을 선택하여 조회할 수 있다. (특정 거래처에 대한 각 계정과목별 금액을 조회할 때 편리하다)

잔 액 | 잔액상세 | 내 용

기 간 2025 년 1 월 1 일 ~ 2025 년 4 월 30 일　계정과목 0101 현금 ~ 0999 소득세등　잔액 0 포함

거래처분류 ~　거 래 처 00102 주식회사 금강산 ~ 99603 우리카드

코드	거래처명	등록번호	대표자명
00138	강원전자	132-11-12342	최시중
00139	대구전자	121-12-32549	박현재
00140	(주)대서유통	132-81-56872	송대천
00141	부영상사	134-81-28732	김별
00142	(주)이태백	106-01-62408	윤성우
00153	(주)영생상회	103-12-13578	이영주
00155	영포전자	431-21-14566	정상수
00156	(주)다가구	113-81-26697	문근영
00160	(주)청송	107-81-27084	홍두진
00161	구리전자	132-81-21577	황경자
00162	(주)엔지전자	617-81-31969	이정민
00165	(주)상록수	128-81-42248	김대종
00167	(주)중랑유통	101-81-74857	황윤정
00172	대박회로(주)	119-81-07607	김전자
00410	(주)영진전자	511-89-44124	김영진
00710	인천세관		
02004	(주)다판다회로	105-05-09543	권산우
02007	(주)상림	208-81-62797	조영환
35051	Champ사		victor
98000	금빛은행		
98001	국민은행		
98002	대박은행		
99601	롯데카드		
99602	비씨카드(법인)		

코드	계정과목명	전기이월	차 변	대 변	잔 액
0108	외상매출금		1,540,000	1,540,000	
0255	부가세예수금			140,000	140,000
0404	제품매출			1,400,000	1,400,000
			1,540,000	3,080,000	1,540,000

기출유형

- 특정 계정과목의 각 거래처별 금액
  - 3월 말 현재 외상매출금 잔액이 가장 큰 거래처의 금액은 얼마인가? [제93회]
  - 상반기(1월 ~ 6월) 중 외상매출금이 가장 많이 감소한 거래처의 코드번호와 그 금액은? [제101회]
- 특정 계정과목의 특정 거래처에 대한 금액
  - 5월 말 현재 ㈜세무가구에 대한 외상매입금 잔액은 얼마인가? [제99회]
  - 3월 중 ㈜대한전자에 결제한 외상매입금은 얼마인가? [제91회]

03 일계표(월계표)

- [일계표(월계표)]는 각 계정과목의 증감을 기록한 표이다.
- [일계표(월계표)] 문제는 실무시험 문제6(3점, 부분점수)에서 출제된다.
- [회계관리] ▶ [장부관리] ▶ [일계표(월계표)]를 선택하여 들어갈 수 있다.

기출확인문제

㈜제이(코드번호 : 1102)의 당기(제5기) 회계기간은 2025. 1. 1. ~ 2025. 12. 31.이다.
4월부터 6월까지의 원재료 매입액은 얼마인가? [제58회]

기출 따라 하기

[일계표(월계표)] 메뉴에서

① [일계표] 또는 [월계표] 탭을 선택한다.

② 조회하고자 하는 기간을 "4월 1일 ~ 6월 30일"(일계표) 또는 "4월 ~ 6월"(월계표)로 입력한다.

③ 원재료 계정의 차변 중 '계' 열의 금액을 찾는다.

▼ ① ~ ③ 조회결과 화면은 아래와 같다.

① 일계표 월계표

② 조회기간 2025 년 4 월 01 일 ~ 2025 년 6 월 30 일

차변			계정과목	대변		
계	대체	현금		현금	대체	계
570,070,500	440,941,000	129,129,500	1.유동자산	161,880,000	324,046,500	485,926,500
417,675,500	320,291,000	97,384,500	<당좌자산>	161,880,000	324,046,500	485,926,500
96,148,000	30,998,000	65,150,000	보통예금	128,700,000	303,047,000	431,747,000
24,000,000		24,000,000	단기매매증권			
267,528,000	267,528,000		외상매출금	33,180,000		33,180,000
9,000,000	9,000,000		받을어음			
20,999,500	12,765,000	8,234,500	부가세대급금		20,999,500	20,999,500
152,395,000	120,650,000	31,745,000	<재고자산>			
③ 152,395,000	120,650,000	31,745,000	원재료			
300,000,000	300,000,000		2.비유동자산			
300,000,000	300,000,000		<투자자산>			
300,000,000	300,000,000		장기대여금			
1,074,026,763	779,324,600	294,702,163	금일소계	246,413,603	779,324,600	1,025,738,203
47,931,140		47,931,140	금일잔고/전일잔고	96,219,700		96,219,700
1,121,957,903	779,324,600	342,633,303	합계	342,633,303	779,324,600	1,121,957,903

④ 4 ~ 6월간 원재료 매입총액은 '152,395,000원'이다.

기출유형

- 특정 기간 동안의 각 계정과목의 증감액
  - 2분기(4. 1. ~ 6. 30.)의 판매비와관리비 중에서 발생액이 가장 큰 계정과목은 무엇인가? [22년 6월 특별회차]
  - 2분기(4월 ~ 6월) 중에 지출한 기업업무추진비(판관비)는 얼마인가? [22년 4월 특별회차]
- 특정 기간 동안의 각 계정과목의 증감액 중 현금거래 금액
  - 1월부터 3월까지 발생한 복리후생비(판관비) 중 현금으로 지급한 금액은 얼마인가? [제55회]

04 현금출납장

- [현금출납장]은 현금의 입금과 출금 내역을 정리해놓은 장부이다.
- [현금출납장] 문제는 실무시험 문제6(3점, 부분점수)에서 출제된다.
- [회계관리] ▶ [장부관리] ▶ [현금출납장]을 선택하여 들어갈 수 있다.

기출확인문제

㈜제이(코드번호 : 1102)의 당기(제5기) 회계기간은 2025. 1. 1. ~ 2025. 12. 31.이다.
5월 한 달 동안의 현금유입액과 현금유출액의 차이는 얼마인가? [제50회]

기출 따라 하기

[현금출납장] 메뉴에서
① 조회하고자 하는 기간을 "5월 1일 ~ 5월 31일"로 입력한다.
② '입금' 열의 '월계' 금액을 찾는다.
③ '출금' 열의 '월계' 금액을 찾는다.

▼ ① ~ ③ 조회결과 화면은 아래와 같다.

전체 | 부서별 | 사원별 | 현장별 | 프로젝트별

① 기 간 2025 년 5 월 1 일 ~ 2025 년 5 월 31 일

일자	코드	적 요	코드	거 래 처	입 금	출 금	잔 액
05-25		수수료비용	00115	(주)대한기업		20,000	
05-25		수수료비용	00115	(주)대한기업		200,000	140,472,337
05-26	2	직원식대				12,000	140,460,337
05-27		제품	00165	(주)상록수	276,000		
05-27		제품	00165	(주)상록수	2,760,000		
05-27	1	차량할부미지급금 반제	00131	(주)코레드		5,000,000	138,496,337
05-28	4	외상대금 현금회수	00141	부영상사	6,700,000		
05-28		제품	00119	(주)미성공업사	575,000		
05-28		제품	00119	(주)미성공업사	5,750,000		151,521,337
05-29	1	소모자재대 지급				46,600	151,474,737
05-30	1	사무실임차료 지급	00156	(주)다가구		250,000	
05-30	1	차입금이자 지급	00117	우리전자		131,000	
05-30	8	급여등 지급				9,924,000	141,169,737
05-31	1	보통예금 현금입금				25,000,000	116,169,737
		[월 계]		②	122,956,000	86,224,890 ③	
		[누 계]			460,321,600	344,151,863	

④ 5월 중 현금유입액(122,956,000원)과 현금유출액(86,224,890원)의 차이는 '36,731,110원'이다.

참고 다른 메뉴의 활용
[총계정원장] 메뉴에서 기간을 "5월 1일 ~ 5월 31일", 계정과목을 "현금"으로 하여, 금액을 계산해도 된다.

기출유형

- 특정 기간 동안의 현금 계정과목의 입금액과 출금액
  - 1월부터 6월까지의 현금 유출액은 총 얼마인가? [제100회]

05 합계잔액시산표

- [합계잔액시산표]는 각 계정별 원장의 차변과 대변 합계액 및 그 잔액을 모아서 작성한 표이다.
- [합계잔액시산표] 문제는 실무시험 문제6(3점, 부분점수)에서 출제된다.
- [회계관리] ▶ [결산/재무제표] ▶ [합계잔액시산표]를 선택하여 들어갈 수 있다.

기출확인문제

㈜제이(코드번호 : 1102)의 당기(제5기) 회계기간은 2025. 1. 1. ~ 2025. 12. 31.이다.
1월부터 6월까지 투입된 제조원가의 노무비는 얼마인가? (제52회)

기출 따라 하기

[합계잔액시산표] 메뉴에서

① 조회하고자 하는 기간을 "6월 30일"로 입력한다.

② 제조원가에 있는 노무비의 차변 잔액을 확인한다.

▼ ① ~ ② 조회결과 화면은 아래와 같다.

① 기간 : 2025 년 06 월 30 일

관리용 | 제출용

차변 잔액	차변 합계	계정과목	대변 합계	대변 잔액
93,081,000	93,081,000	9.제 조 원 가		
② 30,500,000	30,500,000	<노 무 비>		
30,500,000	30,500,000	임 금		
62,581,000	62,581,000	<제 조 경 비>		
3,067,300	3,067,300	복 리 후 생 비		
773,100	773,100	여 비 교 통 비		

③ 1월에서 6월까지 투입된 제조원가의 노무비는 '30,500,000원'이다.

기출유형

- 특정 시점 현재 자산, 부채, 자본, 수익, 비용 계정과목의 잔액
  - 6월 30일 현재 단기매매증권 계정의 잔액은 얼마인가? [22년 6월 특별회차]
  - 1월부터 6월까지 발생한 복리후생비(제조원가) 금액은 얼마인가? [22년 2월 특별회차]

06 재무상태표

- [재무상태표]는 일정 시점의 현재 자산, 부채, 자본의 잔액을 나타내는 재무제표이다. 우측에는 전기말 현재 잔액이 나타난다.
- [재무상태표] 문제는 실무시험 문제6(3점, 부분점수)에서 출제된다.
- [회계관리] ▶ [결산/재무제표] ▶ [재무상태표]를 선택하여 들어갈 수 있다.

기출확인문제

㈜제이(코드번호 : 1102)의 당기(제5기) 회계기간은 2025. 1. 1. ~ 2025. 12. 31.이다.
3월 31일 현재 유동자산과 유동부채 간의 금액의 차이는 얼마인가? (제58회)

기출 따라 하기

[재무상태표] 메뉴에서

① 조회하고자 하는 기간을 "3월"로 입력한다.

② 3월 말 현재 유동자산 합계액과 유동부채 합계액을 비교하여 차이를 구한다.

▼ ① ~ ② 조회결과 화면은 아래와 같다.

① 기간 : 2025 년 03 월

관리용 | 제출용 | 표준용

과목	제 5(당)기 2025년1월1일 ~ 2025년3월31일		제 4(전)기 2024년1월1일 ~ 2024년12월31일	
	금액		금액	
자산				
Ⅰ.유동자산	②	1,229,703,657		691,105,957
① 당좌자산		939,543,657		670,105,957
현금		96,219,700		123,000,000
당좌예금		219,476,000		120,000,000
부채				
Ⅰ.유동부채	②	539,975,767		235,797,957
외상매입금		292,174,000		40,000,000
지급어음		88,995,000		67,380,000
미지급금		73,070,000		52,820,000

③ 3월 말 현재 유동자산(1,229,703,657원)과 유동부채(539,975,767원)의 차이는 '689,727,890원'이다.

기출유형

- 특정 시점 현재 자산, 부채, 자본 계정과목의 잔액
  - 6월 말 현재 차량운반구의 장부금액(= 취득원가 - 감가상각누계액)은 얼마인가? [제86회]
  - 6월 말 현재 유동자산의 잔액은 얼마인가? [제87회]
- 특정 시점 현재 자산, 부채, 자본 계정과목의 잔액과 전기말 잔액의 비교
  - 5월 말 현재 유동자산은 전기말과 대비하여 얼마 증가하였는가? [제60회]

07 손익계산서

• [손익계산서]는 일정 기간 동안의 수익과 비용 금액을 나타내는 재무제표이다. 우측에는 전기 금액이 나타난다.
• [손익계산서] 문제는 실무시험 문제6(3점, 부분점수)에서 출제된다.
• [회계관리] ▶ [결산/재무제표] ▶ [손익계산서]를 선택하여 들어갈 수 있다.

기출확인문제

㈜제이(코드번호 : 1102)의 당기(제5기) 회계기간은 2025. 1. 1. ~ 2025. 12. 31.이다.
1월부터 5월까지 영업외비용은 얼마인가? [제47회]

기출 따라 하기

[손익계산서] 메뉴에서

① 조회하고자 하는 기간을 "5월"로 입력한다.

② 영업외비용 합계액을 찾는다.

▼ ① ~ ② 조회결과 화면은 아래와 같다.

① 기간 2025 년 05 월

관리용 | 제출용 | 포괄손익 | 표준용

과 목	제 5(당)기 2025년1월1일 ~ 2025년5월31일		제 4(전)기 2024년1월1일 ~ 2024년12월31일	
	금액		금액	
소모품비	7,607,500			
수수료비용	1,000,000		1,000,000	
광고선전비	5,000,000		900,000	
잡비			500,000	
Ⅴ. 영업이익		460,239,095		19,500,000
Ⅵ. 영업외수익		12,000,005		500,000
이자수익			500,000	
임대료	12,000,000			
잡이익	5			
Ⅶ. 영업외비용		② 638,000		6,000,000
이자비용	638,000		5,000,000	
잡손실			1,000,000	
Ⅷ. 법인세차감전이익		471,601,100		14,000,000
Ⅸ. 법인세등				
Ⅹ. 당기순이익		471,601,100		14,000,000

③ 1월부터 5월까지의 영업외비용 합계액은 '638,000원'이다.

참고 다른 메뉴의 활용

• [일계표(월계표)] 메뉴에서 기간을 "1월 ~ 5월"로 하여 영업외비용 계정 금액을 찾아도 된다.
• [합계잔액시산표] 메뉴에서 기간을 "5월 31일"로 하여 영업외비용 계정 금액을 찾아도 된다.

기출유형

• 수익, 비용 계정과목에 대한 1월부터 특정 월까지의 합계액
  · 1월부터 3월까지의 소모품비(판관비)는 얼마인가? [20년 10월 특별회차]

＋ 더알아보기

장부조회 시 유의사항

- **Drill down 기능을 사용할 때**
  Drill down 기능으로 불러오는 원장 화면은 하나의 계정과목에 대한 내용이다.
  따라서, 여러 계정과목이 합산된 금액(예 당좌자산, 판매비와관리비)일 경우에는 Drill down 기능으로 불러오는 원장 화면에서 바로 답을 찾지 않도록 주의해야 한다.

- **수익·비용을 조회할 때, 화면에서 바로 답을 찾으려면**
  ㉠ '1월 1일'부터 일정 기간(예 1월 1일부터 6월 30일까지) 동안의 금액을 조회하는 경우
  [손익계산서] 메뉴(예 기간 : 6월), [합계잔액시산표] 메뉴(예 기간 : 6월 30일), [일계표(월계표)] 메뉴(예 기간 : 1월 1일 ~ 6월 30일) 모두 사용 가능
  ㉡ '1월 1일이 아닌 시점'부터 일정 기간(예 4월 1일부터 6월 30일까지) 동안의 금액을 조회하는 경우
  [일계표(월계표)] 메뉴(예 기간 : 4월 1일 ~ 6월 30일)만 사용 가능

- **자산·부채·자본의 잔액을 조회할 때, 화면에서 바로 답을 찾으려면**
  자산·부채·자본은 전기말 금액이 당기초로 이월되므로, '당기 일정 시점 현재 잔액 = 당기초 금액 ± 당기 증감액'의 관계가 성립한다.
  자산·부채·자본의 경우, [일계표(월계표)] 메뉴에서 조회되는 화면(Drill down 기능을 사용하기 전 화면)의 금액은 당기 증감액일 뿐, 일정 시점 현재의 잔액이 아니다.
  따라서, 자산·부채·자본의 일정 시점 현재 잔액을 Drill down 기능 없이 보이는 화면에서 바로 찾으려면, [재무상태표] 메뉴 또는 [합계잔액시산표] 메뉴를 사용하여야 한다.

- **유동자산·비유동자산의 잔액을 조회할 때, 화면에서 바로 답을 찾으려면**
  [합계잔액시산표] 메뉴에서 조회되는 화면에서는 대손충당금 계정(유동자산의 차감계정)과 감가상각누계액 계정(비유동자산의 차감계정)의 잔액이 차변이 아니라 대변에 표시되기 때문에, 유동자산 합계액의 잔액 또는 비유동자산 합계액의 잔액을 구하려면 조회되는 화면에서 '차변 잔액 − 대변 잔액'을 다시 계산하여야 하는 번거로움이 있다.
  따라서, 유동자산 합계액 또는 비유동자산 합계액의 일정 시점 현재 잔액을 계산 작업 없이 보이는 화면에서 바로 찾으려면, [재무상태표] 메뉴를 사용하여야 한다.

핵심기출문제

* 본서에 수록된 기출문제의 날짜는 학습효과를 높이기 위하여 일부 수정함

01 ㈜팔일(코드번호 : 1181)의 당기(제5기) 회계기간은 2025. 1. 1. ~ 2025. 12. 31.이다. 다음을 조회하시오. [제81회]

(1) 1월부터 6월까지 판매비와관리비로 지출한 소모품비는 얼마인가?

(2) 3월 말 현재 유동자산은 전기말 유동자산보다 얼마나 더 증가하였는가?

02 ㈜칠삼(코드번호 : 1173)의 당기(제5기) 회계기간은 2025. 1. 1. ~ 2025. 12. 31.이다. 다음을 조회하시오. [제73회]

현금및현금성자산의 3월 말 현재 금액은 얼마인가?

정답 및 해설

01 (1) 425,000원

해　설 [월계표](또는 [합계잔액시산표], [손익계산서]) 메뉴에서

- 기간은 1월 ~ 6월을 선택한다.
- 소모품비(판관비) 계정 라인에 있는 차변의 '계' 금액을 조회한다.

정답화면

일계표 | 월계표

조회기간 : 2025년 01월 ~ 2025년 06월

차변			계정과목	대변		
계	대체	현금		현금	대체	계
57,493,250	3,777,000	53,716,250	6.판매비및일반관리비			
37,800,000		37,800,000	급여			
1,488,900	195,000	1,293,900	복리후생비			
234,000		234,000	여비교통비			
2,509,500	230,000	2,279,500	기업업무추진비			
654,090		654,090	통신비			
342,260		342,260	수도광열비			
138,000		138,000	세금과공과			
2,050,000	300,000	1,750,000	임차료			
391,000		391,000	수선비			
836,000		836,000	보험료			
1,378,500	352,000	1,026,500	차량유지비			
296,000		296,000	운반비			
2,750,000	2,700,000	50,000	도서인쇄비			
425,000		425,000	소모품비			
1,200,000		1,200,000	수수료비용			
5,000,000		5,000,000	광고선전비			

(2) 194,160,000원

해　　설　[재무상태표] 메뉴에서

- 기간은 3월을 선택하여 유동자산 합계 금액을 조회한다.
- 유동자산 증가액 = 507,368,450(당기 3월 말) − 313,208,450(전기말)
  = 194,160,000원

정답화면

기간 : 2025 년 03 월

관리용 | 제출용 | 표준용

과 목	제 5(당)기 2025년1월1일 ~ 2025년3월31일		제 4(전)기 2024년1월1일 ~ 2024년12월31일	
	금액		금액	
자산				
Ⅰ.유동자산		507,368,450		313,208,450
① 당좌자산		340,183,450		296,208,450
현금		115,555,000		26,415,000

02 577,400,000원

해　　설　[재무상태표] (또는 [합계잔액시산표]) 메뉴에서

- 기간은 3월을 선택한다.
- [제출용] 탭을 선택하여 현금및현금성자산 금액을 조회한다.

참고 메뉴 상단에 있는 '통합계정(F4)' 버튼을 클릭하면, '현금및현금성자산'은 외부보고용 통합 표시 계정으로서, 기업 내부 목적용 상세 계정과목인 '101.현금', '102.당좌예금', '103.보통예금', '104.제예금'을 합산한 것임을 확인할 수 있다.

정답화면

재무상태표

F3 유형 | F4 통합계정 | F6 원장조회 | F7 임대주택 | F11 계정코드 | CF7 제목수정 ▽ | CF9 퇴직부채 합산여부 | CF10 타이틀 변경

기간 : 2025 년 03 월

관리용 | 제출용 | 표준용

과 목	제 5(당)기 2025년1월1일 ~ 2025년3월31일		제 4(전)기 2024년1월1일 ~ 2024년12월31일	
	금액		금액	
자산				
Ⅰ.유동자산		1,275,462,005		711,805,957
① 당좌자산		956,302,005		690,805,957
현금및현금성자산	577,400,000		570,655,952	
단기투자자산				
매출채권				
대손충당금				
미수금				
선급금				
부가세대급금				
② 재고자산				
제품				
원재료				
재공품				
Ⅱ.비유동자산				
① 투자자산				
장기투자증권				

제출용 계정 등록

	제출용 명칭	구분	사용
1	현금및현금성자산	1.당좌자산	1.사용
2	단기투자자산	1.당좌자산	1.사용
3	매출채권	1.당좌자산	1.사용
4	장기투자증권	2.투자자산	1.사용
5	장기매출채권	5.기타비유동자산	1.사용
6	산업재산권	4.무형자산	1.사용
7	개발비	4.무형자산	1.사용
8	매입채무	6.유동부채	1.사용
9	장기매입채무	7.비유동부채	1.사용
10	퇴직급여충당부채	7.비유동부채	1.사용

	코드	계정과목
1	0101	현금
2	0102	당좌예금
3	0103	보통예금
4	0104	제예금
5		

03 ㈜육육(코드번호 : 1166)의 당기(제5기) 회계기간은 2025. 1. 1. ~ 2025. 12. 31.이다. 다음을 조회하시오. [제66회]

(1) 당기 1월부터 6월까지 원재료 매입액이 가장 많은 월은 몇 월인가?

(2) 전기말과 비교하여 3월 31일 현재 유동자산의 증가액은 얼마인가?

04 ㈜육삼(코드번호 : 1163)의 당기(제6기) 회계기간은 2025. 1. 1. ~ 2025. 12. 31.이다. 다음을 조회하시오. [제63회]

(1) 1월 중 현금유입액과 현금유출액의 차이는 얼마인가?

(2) 1월 31일 현재 외상매출금 잔액이 가장 큰 거래처의 외상매출금 잔액은 얼마인가?

정답 및 해설

03 (1) 3월

해　설 [총계정원장] 메뉴에서

- 기간은 1월 1일 ~ 6월 30일, 계정과목은 원재료를 선택한다.
- 차변의 금액이 가장 큰 월을 조회한다.

정답화면

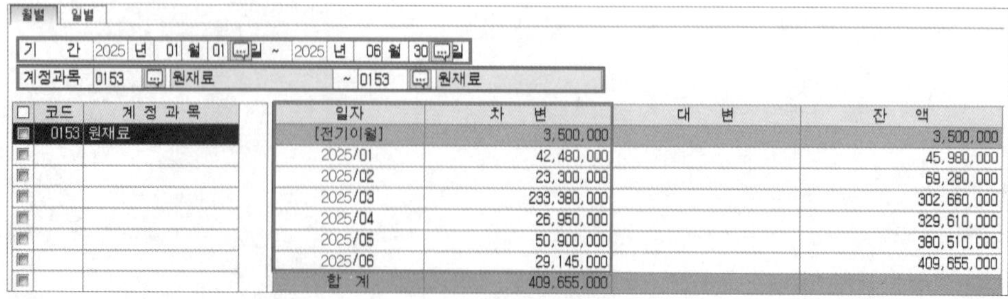

월별 | 일별

기　간 2025 년 01 월 01 일 ~ 2025 년 06 월 30 일

계정과목 0153 원재료 ~ 0153 원재료

코드	계정과목
0153	원재료

일자	차변	대변	잔액
[전기이월]	3,500,000		3,500,000
2025/01	42,480,000		45,980,000
2025/02	23,300,000		69,280,000
2025/03	233,380,000		302,660,000
2025/04	26,950,000		329,610,000
2025/05	50,900,000		380,510,000
2025/06	29,145,000		409,655,000
합계	409,655,000		

참고 Drill down 기능을 사용하여 해당 금액에 대한 원장과 전표를 불러오고, 차변란의 원재료 매입 내역을 확인할 수 있다.

(2) 1,455,686,428원

해 설 [재무상태표] 메뉴에서

- 기간은 3월을 선택하여 유동자산 합계 금액을 조회한다.
- 유동자산 증가액 = 2,189,892,385(당기 3월 말) − 734,205,957(전기말)
  = 1,455,686,428원

정답화면

기간 : 2025 년 03 월

관리용 | 제출용 | 표준용

과 목	제 5(당)기 2025년1월1일 ~ 2025년3월31일		제 4(전)기 2024년1월1일 ~ 2024년12월31일	
	금액		금액	
자산				
Ⅰ.유동자산		2,189,892,385		734,205,957
① 당좌자산		1,869,732,385		713,205,957
현금		604,200,428		159,110,000

04 (1) 97,300,663원

해 설 [현금출납장] 메뉴(또는 [총계정원장] 메뉴의 현금 계정과목)에서

- 기간은 1월 1일 ~ 1월 31일을 선택하여 입금과 출금의 월계를 조회한다.
- 현금유입액과 현금유출액의 차이
  = 135,125,000(1월 중 현금유입액) − 37,824,337(1월 중 현금유출액) = 97,300,663원

정답화면

전체 | 부서별 | 사원별 | 현장별 | 프로젝트별

기 간 2025 년 1 월 1 일 ~ 2025 년 1 월 31 일

일자	코드	적 요	코드	거 래 처	입 금	출 금	잔 액
01-24	5	시외교통비 지급				30,000	
01-24		부가가치세납부				1,588,000	241,676,963
01-25	1	거래처접대비(신용카드)				550,000	
01-25		수수료비용	00115	(주)서초		20,000	
01-25		수수료비용	00115	(주)서초		200,000	240,906,963
01-26	2	직원식대				20,000	
01-26	1	TV신문광고료 지급				5,000,000	235,886,963
01-27		제품	00142	(주)전자나라	5,000,000		240,886,963
01-28	1	차량할부미지급금 반제	00131	(주)규성회로		5,000,000	
01-28	8	급여등 지급				9,524,000	226,362,963
01-29		받을어음 입금	00165	(주)서울상사	100,000		
01-29						35,000	
01-29	1	신문구독료 지급				10,000	
01-29	1	신문구독료 지급				10,000	226,407,963
01-30	1	전화료및 전신료 납부				85,800	
01-30	1	사무실임차료 지급	00156	(주)한국건설		250,000	
01-30	5	핸드폰요금				60,000	
01-30		직원식대				241,200	
01-30	5	수도광열비납부				56,300	225,714,663
01-31		제품	00115	(주)서초	2,000,000		
01-31		자동차분면허세납부				138,000	
01-31		자동차분면허세납부				156,000	
01-31	1	차입금이자 지급				120,000	227,300,663
		[월 계]			135,125,000	37,824,337	
		[누 계]			265,125,000	37,824,337	

(2) 26,000,000원

해 설 [거래처원장] 메뉴에서

- 기간은 1월 1일 ~ 1월 31일, 계정과목은 외상매출금, 거래처는 전체를 선택한다.
- 외상매출금의 잔액이 가장 큰 거래처를 조회한다.

정답화면

잔 액 | 내 용 | 총괄잔액 | 총괄내용

기 간 2025 년 1 월 1 일 ~ 2025 년 1 월 31 일 계정과목 0108 외상매출금 잔액 0 포함 미등록 포함

거래처분류 ~ 거 래 처 00101 세명병원 ~ 99700 비씨카드

코드	거 래 처	등록번호	대표자명	전기이월	차 변	대 변	잔 액	(담당)코	(담당)부서/
00102	(주)태평통신	125-81-12255	김재원	22,000,000	300,000		22,300,000		
00106	(주)지환유통	129-81-25636	우지환		2,640,000		2,640,000		
00109	(주)강원	203-82-30206	이형래		3,300,000		3,300,000		
00110	(주)월하상사	110-81-21223	장재일	8,000,000			8,000,000		
00111	(주)영진물산	120-81-33158	소현정	26,000,000			26,000,000		
00112	(주)기인유통	124-89-74628	박기인		10,000,000		10,000,000		
00114	태성산업	104-25-35124	김이삼		2,145,000		2,145,000		
00115	(주)서초	107-81-31220	양현석		3,300,000		3,300,000		
00119	(주)부산	621-81-31726	장주호		25,300,000		25,300,000		
00125	(주)후레시통신	101-29-74510	진성길		13,398,000		13,398,000		
00142	(주)전자나라	106-01-62408	윤성우		500,000		500,000		
02004	(주)산우회로	105-05-09543	권산우		1,980,000		1,980,000		

05 ㈜육이(코드번호 : 1162)의 당기(제6기) 회계기간은 2025. 1. 1. ~ 2025. 12. 31.이다. 다음을 조회하시오. [제62회]

(1) 4월 중 ㈜하늘상사에게 외상매입금을 지급한 금액은 얼마인가?

(2) 5월 중 현금으로 지급한 판매비와관리비는 얼마인가?

06 ㈜오구(코드번호 : 1159)의 당기(제5기) 회계기간은 2025. 1. 1. ~ 2025. 12. 31.이다. 다음을 조회하시오. [제59회]

(1) 1월부터 3월까지 판매비와관리비가 가장 큰 월과 금액은 얼마인가?

(2) 4월부터 6월까지 판매비와관리비에 해당되는 복리후생비 발생액은 얼마인가?

정답 및 해설

05 (1) 5,210,000원

해 설 [거래처원장] 메뉴에서
- 기간은 4월 1일 ~ 4월 30일, 계정과목은 외상매입금, 거래처는 ㈜하늘상사를 선택한다.
- Drill down 기능을 사용하여 원장과 전표를 불러오고, 차변란의 외상매입금 지급 금액을 조회한다.

정답화면

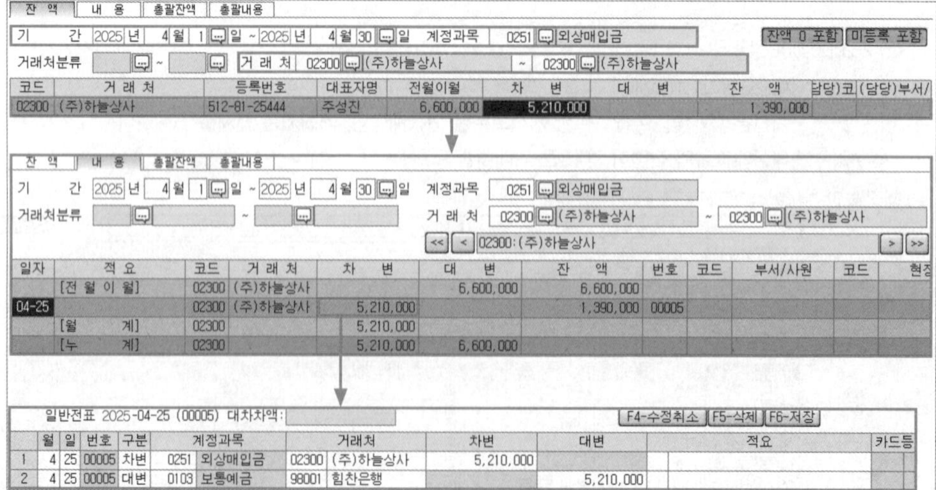

(2) 6,743,390원

해　　설　[월계표] 메뉴에서

- 기간은 5월 ~ 5월을 선택한다.
- 판매비및일반관리비 합계 라인에 있는 차변의 '현금' 금액을 조회한다.

정답화면

일계표 | 월계표

조회기간 : 2025 년 05 월 ~ 2025 년 05 월

차변			계정과목	대변		
계	대체	현금		현금	대체	계
12,490,390	5,747,000	6,743,390	6.판 매 비및일반관리비			
5,400,000		5,400,000	급 여			
3,337,000	2,895,000	442,000	복 리 후 생 비			
50,000		50,000	여 비 교 통 비			
125,000		125,000	기 업 업 무 추 진 비			
122,090		122,090	통 신 비			
63,200		63,200	수 도 광 열 비			
2,500,000	2,500,000		감 가 상 각 비			
556,500	352,000	204,500	차 량 유 지 비			
75,000		75,000	운 반 비			
10,000		10,000	도 서 인 쇄 비			
51,600		51,600	소 모 품 비			
200,000		200,000	수 수 료 비 용			

06 (1) 1월, 11,791,200원

해　　설　[월계표] 메뉴에서

- 기간은 각각 1월, 2월, 3월을 선택한다.
- 각 월별로 판매비와관리비 합계 라인에 있는 차변의 '계' 금액을 조회한다.

참고　판매비와관리비는 여러 계정과목의 합계액이므로 계정과목별로 조회되는 [총계정원장] 메뉴보다는 [월계표] 메뉴를 사용하는 것이 적절하고, 매 월별 금액을 비교하여야 하므로 [월계표] 메뉴에서 조회기간을 각 월별로 하여 조회한다.

정답화면

- 1월 : 11,791,200원

일계표 | 월계표

조회기간 : 2025 년 01 월 ~ 2025 년 01 월

차변			계정과목	대변		
계	대체	현금		현금	대체	계
750,000		750,000	차 량 유 지 비			
10,000		10,000	도 서 인 쇄 비			
12,000		12,000	소 모 품 비			
11,791,200	250,000	11,541,200	6.판 매 비및일반관리비			
4,900,000		4,900,000	급 여			

- 2월 : 7,774,400원

일계표 | 월계표

조회기간 : 2025 년 02 월 ~ 2025 년 02 월

차변			계정과목	대변		
계	대체	현금		현금	대체	계
606,500		606,500	차 량 유 지 비			
10,000		10,000	도 서 인 쇄 비			
170,800		170,800	소 모 품 비			
125,000		125,000	잡 비			
7,774,400		7,774,400	6.판 매 비및일반관리비			
5,400,000		5,400,000	급 여			

- 3월 : 9,492,500원

일계표 | 월계표

조회기간 : 2025 년 03 월 ~ 2025 년 03 월

차변			계정과목	대변		
계	대체	현금		현금	대체	계
68,000		68,000	통 신 비			
198,000		198,000	가 스 수 도 료			
250,000		250,000	전 력 비			
381,000		381,000	차 량 유 지 비			
10,000		10,000	도 서 인 쇄 비			
88,500		88,500	소 모 품 비			
9,492,500		9,492,500	5.판 매 비및일반관리비			
8,400,000		8,400,000	급 여			

(2) 1,069,100원

해 설 [월계표] 메뉴에서

- 기간은 4월 ~ 6월을 선택한다.
- 복리후생비(판관비) 계정 라인에 있는 차변의 '계' 금액을 조회한다.

정답화면

일계표 | 월계표

조회기간 : 2025 년 04 월 ~ 2025 년 06 월

차변			계정과목	대변		
계	대체	현금		현금	대체	계
65,272,590	7,667,000	57,605,590	6.판매비및일반관리비			
19,200,000		19,200,000	급여			
1,069,100	195,000	874,100	복리후생비			
168,000		168,000	여비교통비			
34,091,500	120,000	33,971,500	기업업무추진비			
282,290		282,290	통신비			
175,200		175,200	수도광열비			
750,000		750,000	임차료			
139,000		139,000	수선비			
896,600	352,000	544,600	차량유지비			
129,000		129,000	운반비			
30,000		30,000	도서인쇄비			
7,741,900	7,000,000	741,900	소모품비			
600,000		600,000	수수료비용			

참고 수익과 비용에 대하여 [합계잔액시산표](또는 [손익계산서]) 메뉴에서는 1월부터의 금액이 조회되므로, [합계잔액시산표](또는 [손익계산서]) 메뉴를 사용하는 경우, 기간을 각각 6월 30일과 3월 31로 선택하여 조회하고 두 금액의 차이를 계산하여야 하는 번거로움이 있다.

- 4월부터 6월까지 복리후생비(판관비) = 1,397,000(1월 ~ 6월) – 327,900(1월 ~ 3월)
  = 1,069,100원

2025 최신개정판

해커스 전산회계 1급

이론+실무+최신기출+무료특강

개정 11판 1쇄 발행 2025년 1월 2일

지은이	이남호
펴낸곳	해커스패스
펴낸이	해커스금융 출판팀
주소	서울특별시 강남구 강남대로 428 해커스금융
고객센터	02-537-5000
교재 관련 문의	publishing@hackers.com 해커스금융 사이트(fn.Hackers.com) 교재 Q&A 게시판
동영상강의	fn.Hackers.com
ISBN	979-11-7244-113-5 (13320)
Serial Number	11-01-01

2025 최신개정판

주간동아 선정 2022 올해의 교육 브랜드 파워
온·오프라인 금융자격증 부문 1위

3주 합격

해커스 전산회계 1급

이론+실무 | 하

이남호

85개월 베스트셀러 1위*

빈출분개 100선 미니북 제공

동영상강의 243강 무료
* 이론+실무 및 일부 강의 7일간 수강 가능

해커스금융 | fn.Hackers.com

· 본 교재 전 강의
· 최신기출문제 해설강의
· KcLep 프로그램 사용법 강의
· 빈출분개 100선 핵심 미니북 강의

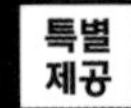

· 빈출분개 100선 연습
· 분개연습 노트
· 최신기출문제 및 해설집

*YES24 수험서 자격증 베스트셀러 전산회계 1급 분야 1위(2016년 10,11월, 2017년 1월~2018년 12월, 2019년 2~6,9~11월, 2020년 2~2024년 4월/월별 베스트 기준/1~10판 1위합계 통산)

전산회계 1급 합격을 위한

해커스금융의 특별한 혜택!

전산회계 1급 이론+실무 전 강의(83강) 수강권

VFN92C6E2C8A6588J3

해커스금융(fn.Hackers.com) 접속 후 로그인 ▶ 페이지 하단의 [쿠폰&수강권 등록] 클릭 ▶ [수강권입력] 칸에 수강권 번호 등록 후 이용

* 수강권 등록 시 강의는 자동으로 시작되며, 7일간 수강 가능합니다.
* 수강권을 통해 제공된 강의는 연장이 불가합니다.
* 수강권은 2026년 6월 30일까지 등록 가능합니다.

4단계 분개전략을 활용한 빈출분개 100선 연습 + 분개연습 노트[PDF]

① 4단계 분개전략을 활용한 빈출분개 100선 연습

EXCS67SK4PNT

② 분개연습 노트

94WM95Q559VT

해커스금융(fn.Hackers.com) 접속 후 로그인 ▶ 페이지 우측 상단의 [교재] 선택 ▶ 좌측 메뉴의 [무료 자료 다운로드] 선택 ▶ 쿠폰번호 입력 후 이용

바로가기 ▶

왕초보 수험생을 위한 KcLep 특강

해커스금융(fn.Hackers.com) 접속 후 로그인 ▶ 페이지 상단의 [회계/세무] 클릭 ▶ 좌측의 [전산세무회계 기출해설 무료] 클릭 후 이용

바로가기 ▶

이남호 교수님의 최신기출문제 해설강의(154강)+해설집

해커스금융(fn.Hackers.com) 접속 후 로그인 ▶ 페이지 상단의 [회계/세무] 클릭 ▶ 좌측 메뉴의 [전산세무회계 기출해설 무료] 클릭 ▶ 급수 선택 후 이용

바로가기 ▶

빈출분개 100선 핵심 미니북 강의(5강)

해커스금융(fn.Hackers.com) 접속 후 로그인 ▶ 페이지 상단의 [회계/세무] 클릭 ▶ 좌측의 [전산세무회계 전급수 인강무료] 클릭 후 이용

* 강의는 자동으로 시작되며, 7일간 수강할 수 있습니다.

바로가기 ▶

합격의 기준, **해커스금융 fn.Hackers.com**

해커스

전산회계 1급

이론+실무 | 하

목차

이론+실무 상편

이론+실무 하편

최신기출편

최신기출문제

- 빈출분개 100선 핵심 미니북 [별책부록]
- 4단계 분개 전략을 활용한 빈출분개 100선 연습(PDF)
- 분개연습노트(PDF)
- 최신기출문제 및 해설집(PDF)

• 모든 PDF자료는 해커스금융 사이트(fn.Hackers.com)에서 무료로 다운받으실 수 있습니다.

전산회계 1급 :
추가되는 내용

전산회계 2급을 함께 학습하고 있거나 이미 학습한 경우 전산회계 1급에 추가되는 내용을 집중적으로 학습하시길 바랍니다. 전산회계 2급에서는 출제범위가 아니지만 전산회계 1급에서 추가로 출제되는 내용은 다음과 같습니다.

구 분		추가되는 내용
제1장	제1절	03. 회계정보이용자 04. 회계의 종류 07. 회계정보의 질적 특성
	제2절	-
	제3절	-
	제4절	-
제2장	제1절	04. 전기분 재무상태표 05. 전기분 원가명세서 06. 전기분 손익계산서 07. 전기분 잉여금처분계산서
제3장	제1절	05. 유가증권 10. > (2) > ④ 당기에 대손처리한 수취채권의 회수 11. > (4) 선납세금
	제2절	05. 기말재고자산에 포함될 항목의 결정 06. 재고자산감모손실과 재고자산평가손실 07. 타계정대체
	제3절	02. > (3) 당좌개설보증금 02. > (4) 매도가능증권 02. > (5) 만기보유증권 04. 유형자산의 취득원가 > (5) ~ (9) 06. > (4) 감가상각방법 > ③ ~ ⑤ 06. > (5) 기중에 취득하는 경우의 감가상각 08. > (3) 개발비 08. > (4) 무형자산의 상각 09. > (4) 부도어음과 수표
	제4절	01. > (7) 예수금 01. > (10) 미지급세금 03. 사채 04. 퇴직급여충당부채
	제5절	**전체**

	제6절	08. 화폐성 외화자산·부채에 대한 외화환산손익과 외화환산손익 09. 거래형태별 수익인식기준
	제7절	04. 부가세예수금·부가세대급금의 정리 06. 기말수정분개
제4장	제1절	03. 주의해야 할 출제 유형 > [3] ~ [5]
	제2절	-
	제3절	**전체**
	제4절	-
제5장	제1절 ~ 제5절	**전체**
제6장	제1절 ~ 제6절	**전체**
제7장	제1절 ~ 제3절	**전체**

전산회계 1급 학습플랜

3주 완성 학습플랜

교재의 모든 내용을 3주간 집중적으로 학습할 수 있습니다. 전공자 또는 회계 관련 기본지식이 있는 학습자에게 추천합니다.

<table>
<tr><th>1일 □</th><th>2일 □</th><th>3일 □</th><th>4일 □</th><th>5일 □</th><th>6일 □</th><th>7일 □</th></tr>
<tr><td colspan="2">제1장(이론)</td><td>제2장(실무)</td><td colspan="4">제3장(이론)</td></tr>
<tr><td>제1 ~ 2절</td><td>제3 ~ 4절</td><td>제1절</td><td>제1절</td><td>제2절</td><td>제3절</td><td>제4 ~ 5절</td></tr>
<tr><th>8일 □</th><th>9일 □</th><th>10일 □</th><th>11일 □</th><th>12일 □</th><th>13일 □</th><th>14일 □</th></tr>
<tr><td colspan="2">제3장(이론)</td><td colspan="3">제4장(실무)</td><td colspan="2">제5장(이론)</td></tr>
<tr><td>제6절</td><td>제7절</td><td>제1 ~ 2절</td><td>제3절</td><td>제4절</td><td>제1 ~ 2절</td><td>제3 ~ 4절</td></tr>
<tr><th>15일 □</th><th>16일 □</th><th>17일 □</th><th>18일 □</th><th>19일 □</th><th>20일 □</th><th>21일 □</th></tr>
<tr><td>제5장(이론)</td><td colspan="2">제6장(이론)</td><td colspan="2">제7장(실무)</td><td colspan="2">최신기출문제</td></tr>
<tr><td>제5절</td><td>제1 ~ 3절</td><td>제4 ~ 6절</td><td>제1 ~ 2절</td><td>제3절</td><td>제116 ~ 111회</td><td>제110 ~ 105회</td></tr>
</table>

4주 완성 학습플랜

교재의 모든 내용을 4주간 차근차근 학습할 수 있습니다. 비전공자 또는 회계 관련 기본지식이 없는 학습자에게 추천합니다.

1일 □	2일 □	3일 □	4일 □	5일 □	6일 □	7일 □
제1장(이론)			**제2장**(실무)	**제3장**(이론)		
제1 ~ 2절	제3절	제4절	제1절	제1절	제2절	제3절
8일 □	**9일 □**	**10일 □**	**11일 □**	**12일 □**	**13일 □**	**14일 □**
제3장(이론)				**제4장**(실무)		
제4절	제5절	제6절	제7절	제1 ~ 2절	제3절	제4절
15일 □	**16일 □**	**17일 □**	**18일 □**	**19일 □**	**20일 □**	**21일 □**
제5장(이론)					**제6장**(이론)	
제1절	제2절	제3절	제4절	제5절	제1절	제2절
22일 □	**23일 □**	**24일 □**	**25일 □**	**26일 □**	**27일 □**	**28일 □**
제6장(이론)			**제7장**(실무)		**최신기출문제**	
제3절	제4절	제5 ~ 6절	제1 ~ 2절	제3절	제116 ~ 111회	제110 ~ 105회

금융·세무회계 전문 교육기관 해커스금융
fn.Hackers.com

제 5 장

원가회계

[이론]

제 5 장

원가회계

Overview

원가회계는 이론시험 전체 15문제 중 평균적으로 4문제가 출제된다.

(이론시험 : 1문제당 2점의 배점으로 출제되어 총 30점 만점으로 구성)

원가회계의 경우 제조기업에 대한 회계처리를 수행하기 위하여 필요한 기본적인 이론을 설명하고 있다. 이론시험에서 비교적 높은 난도로 출제되므로 이해 중심의 체계적인 학습이 필요하다.

출제비중

구 분	출제문항
제1절 원가회계의 기본개념	평균적으로 4문제가 출제된다. 제1 ~ 5절에서 골고루 출제되는 편이다.
제2절 원가의 흐름	
제3절 보조부문의 원가배분	
제4절 개별원가계산	
제5절 종합원가계산	

학습전략

1. 암기보다는 이해 위주의 학습
   생소한 용어를 하나씩 암기하기보다는 전체적인 흐름을 이해하는 데 초점을 두고 학습하자.

2. 핵심기출문제 활용
   원가회계를 처음 접하는 입문자는 생소한 부분이 많을 수 있다. 본문에서 이해되지 않는 내용은 일단 넘어가고, 각 절에 수록된 '핵심기출문제'를 통해 실제 기출문제 유형을 익히자.

제 1 절 | 원가회계의 기본개념

01 원가회계의 정의

최근 88회 시험 중 1회 기출

회계는 주된 정보이용자가 외부정보이용자(주주, 은행, 일반대중 등)인지 내부정보이용자(경영자, 종업원)인지에 따라 재무회계와 원가관리회계로 분류된다.

원가관리회계란 제품을 만드는 데 얼마의 원가가 들어갔는지를 기록·계산·집계하여 재무제표상의 재고자산과 매출원가를 결정하는 데 필요한 정보를 제공하고, 나아가서 예산설정, 경영활동의 통제, 성과평가 등 관리적 의사결정에 필요한 정보를 제공하는 회계분야이다.

현대에는 원가회계, 관리회계, 원가관리회계라는 영역의 구분이 모호해짐에 따라 세 가지 용어를 혼용해서 사용하고 있다. 다만, 원가회계는 제품의 생산에 소비된 원가를 기록·계산·집계하는 것을 강조하는 반면, 관리회계는 집계된 원가자료를 계획수립이나 통제 및 특수의사결정에 이용하는 것을 강조한다는 점에서 차이가 있다.

02 원가회계의 목적

최근 88회 시험 중 5회 기출

(1) 재무제표 작성 목적

제품의 생산에 소비된 원가(당기제품제조원가)를 파악함으로써 기말재고자산과 매출원가를 결정하기 위한 정보를 제공한다.

(2) 원가통제 목적

원가가 과대 또는 과소하게 발생하거나 불필요하게 낭비되는 것을 통제하고 관리하는 데 필요한 정보를 제공한다.

(3) 경영의사결정 목적

경영자의 가격결정, 예산편성 등 다양한 의사결정을 하는 데 필요한 정보를 제공한다.

03 상기업과 제조기업

(1) 상기업

상기업은 상품을 싸게 사와서 이윤을 붙여 파는 기업이다. 상품이란 주된 영업활동으로 판매하기 위하여 사온 외부에서 만들어진 물건이다.

(2) 제조기업

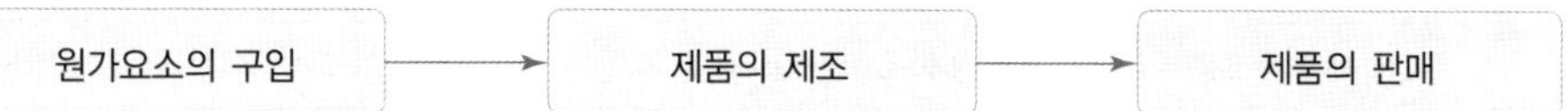

제조기업은 원재료를 구입하고 노무비와 제조경비를 투입하여(원가요소의 구입) 제품을 만들고 여기에 이윤을 붙여 파는 기업이다. 제품이란 주된 영업활동으로 판매하기 위하여 직접 제조하여 만든 물건이다.

(3) 상기업과 제조기업의 비교

구 분	상기업	제조기업
재고자산	• 상품 : 기말 현재 판매되지 않고 남아있는 상품의 가액	• 원재료 : 기말 현재 남아 있는 원재료의 가액 • 재공품 : 기말 현재 미완성된 재공품의 가액 • 제품 : 기말 현재 판매되지 않은 완성품의 가액
매출원가	• 상품매출원가 : 당기에 팔린 상품들의 매입원가 상당액	• 제품매출원가 : 당기에 팔린 제품들을 제조할 때 발생하였던 원가 상당액

04 원가의 정의

원가회계에서의 원가(Cost)란 재화나 용역을 생산하는 과정에서 소비되는 모든 경제적 가치이다. 이는 제조기업이 재화나 용역을 생산하는 데 사용한 원재료, 노무비, 기타 경비의 소비액인 제조원가를 의미한다.

이와 같이 발생한 원가 중 기업의 수익획득 과정에 사용된 것(판매된 것)은 손익계산서상 매출원가로, 사용되지 않은 것(판매되지 않고 남아 있는 것)은 재무상태표상 재고자산으로 계상한다. 즉, 생산과정에서 발생한 원가는 외부에 판매되는 시점에 비용으로 인식하게 된다.

05 원가의 분류

구분 기준	내 용
원가 발생형태에 따른 분류	재료비, 노무비, 제조경비
원가 추적가능성에 따른 분류	직접비(직접원가), 간접비(간접원가)
원가의 발생형태, 추적가능성에 따른 분류	직접재료비, 직접노무비, 제조간접원가
원가행태에 따른 분류	변동비(변동원가), 고정비(고정원가), 준변동비(준변동원가, 혼합원가), 준고정비(준고정원가, 계단원가)
의사결정과의 관련성에 따른 분류	관련원가, 비관련원가, 매몰원가(Sunk Cost), 기회비용(기회원가, Opportunity Cost), 회피가능원가, 회피불능원가

(1) 원가 발생형태에 따른 분류

재료비	제품제조를 위하여 사용된 재료의 소비액을 말한다. 재료의 당기 매입액 전체 금액이 당기 재료비가 되는 것이 아니고, 당기에 사용된 재료의 원가만 당기 재료비가 된다. 또한 사용되지 않고 기말까지 남아있는 재료는 재고자산으로서 차기로 이월된다.
노무비	제품제조를 위하여 투입된 노동력의 소비로 인하여 발생하는 원가이다. 예 생산직 근로자의 임금, 상여금 등
제조경비	제품제조를 위하여 투입된 모든 제조원가 중에서 재료비와 노무비를 제외한 것을 말한다. 예 공장의 감가상각비, 가스수도료, 전력비, 수선비 등

(2) 원가 추적가능성에 따른 분류

직접비 (직접원가)	특정 제품의 제조를 위해서만 소비되어 직접 추적할 수 있는 원가를 말한다. 예를 들어 자동차 제조업에서 자동차 타이어의 원가는 자동차별로 직접 추적할 수 있는 원가이므로 직접비에 해당한다.
간접비 (간접원가)	여러 제품의 제조에 공통으로 소비되어 특정 제품의 원가로 직접 추적할 수 없는 원가를 말한다. 예를 들어 여러 종류의 자동차를 생산하는 공장의 감가상각비는 특정 자동차의 원가로 직접 추적할 수 없으므로 간접비에 해당한다.

(3) 원가의 발생형태, 추적가능성에 따른 분류

원가의 발생형태와 추적가능성이라는 2개의 복합적 기준을 사용할 경우 원가는 직접재료비, 간접재료비, 직접노무비, 간접노무비, 직접제조경비, 간접제조경비로 나눌 수 있다. 이 중 직접재료비와 직접노무비를 제외한 나머지 항목들은 제조간접비로 분류한다.

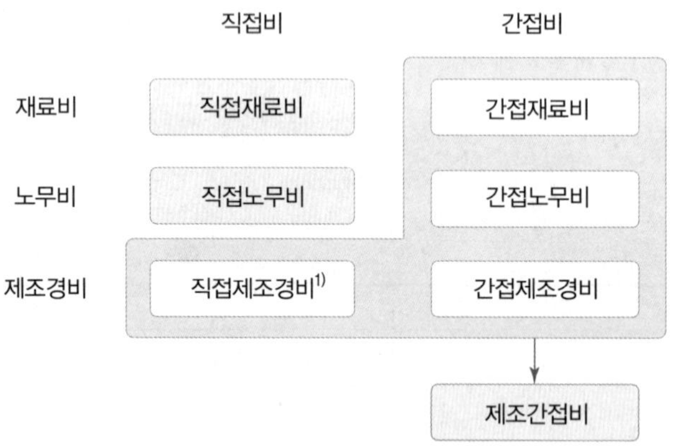

직접재료비	특정 제품에 직접 추적이 가능한 재료비를 말한다.
직접노무비	특정 제품에 직접 추적이 가능한 노무비를 말한다.
제조간접비	직접재료비와 직접노무비를 제외한 모든 제조원가를 말한다.

1) 직접제조경비는 실무상 거의 찾아보기 힘들기 때문에 상기 분류에 포함시키지 않는 것이 일반적이다.

제조원가를 직접재료비, 직접노무비, 제조간접비로 분류할 때, 직접재료비와 직접노무비를 합하여 기본원가(기초원가)라고 하며, 직접노무비와 제조간접비를 합하여 가공원가(가공비, 전환원가)라고 한다.

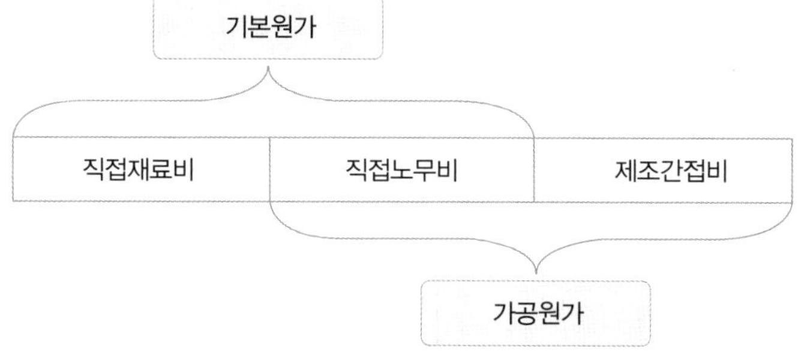

기본원가 = 직접재료비 + 직접노무비

가공원가 = 직접노무비 + 제조간접비

참고 제조원가 구성 등식

> 제조원가 = 직접재료비 + 직접노무비 + 제조간접비
> = 기본원가 + 제조간접비
> = 직접재료비 + 가공원가

(4) 원가행태에 따른 분류

원가는 관련범위 내에서 조업도가 증가함에 따른 총원가가 어떻게 변화하는지에 따라 변동비, 고정비, 준변동비, 준고정비로 나눌 수 있다. 여기서 관련범위란 의사결정의 대상이 되는 조업도의 범위를 말하며, 조업도란 생산활동이 진행된 정도를 나타내는 지표로서 생산량, 직접노동시간, 기계가동시간 등으로 표시된다.

구분	내용
변동비 (변동원가)	• 조업도의 변동에 비례하여 총원가가 변동하는 원가를 말한다. • 단위당 원가는 조업도의 변동에 관계없이 일정하다.
고정비 (고정원가)	• 조업도의 변동에 관계없이 총원가가 일정하게 발생하는 원가를 말한다. • 단위당 원가는 조업도가 증가할수록 감소한다.
준변동비 (준변동원가, 혼합원가)	• 조업도와 관계없이 발생하는 고정비와 조업도의 변동에 비례하여 발생하는 변동비로 구성되어 있는 원가를 말한다. • 예를 들면 전기료는 사용을 하지 않아도 발생하는 기본요금과 사용량에 비례하는 사용요금으로 구성되어 있으므로 준변동비에 해당한다.
준고정비 (준고정원가, 계단원가)	• 일정한 조업도 범위 내에서는 총원가가 일정하게 발생하지만 그 조업도 범위를 벗어나면 원가가 일정액만큼 증가하거나 감소하는 원가를 말한다. • 예를 들면 생산라인에 있는 직원 1인당 자동차 월 최대 생산량이 100대인 경우, 생산라인의 직원 인건비는 월 생산량(조업도) 100대까지는 일정하게 발생하지만 101대일 때에는 직원 1명의 인건비만큼이 추가되어야 되므로 이는 준고정비에 해당한다.

참고 원가행태별 조업도에 따른 총원가 변화

〈변동비〉

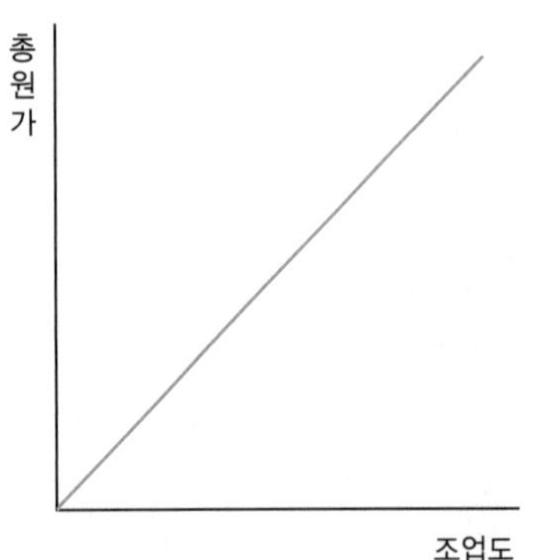

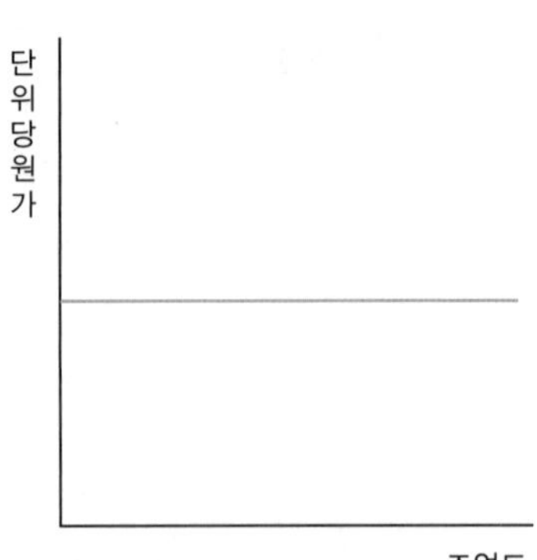

〈고정비〉

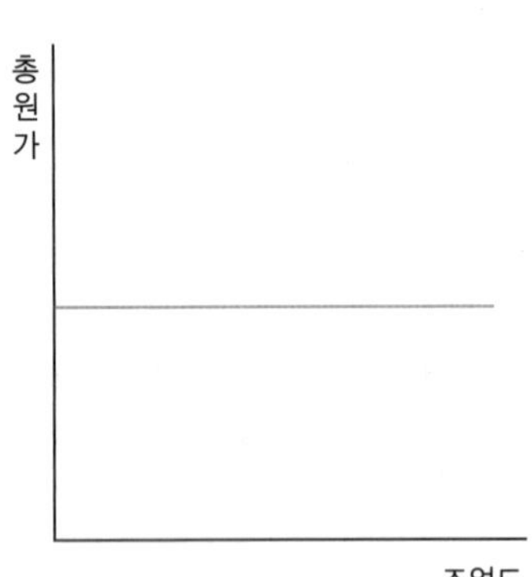

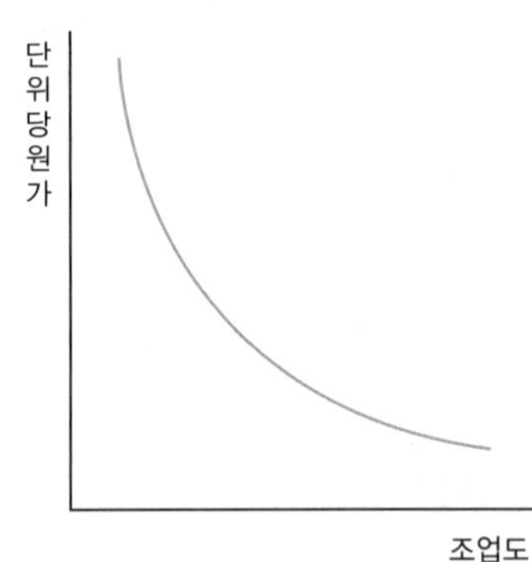

〈준변동비〉

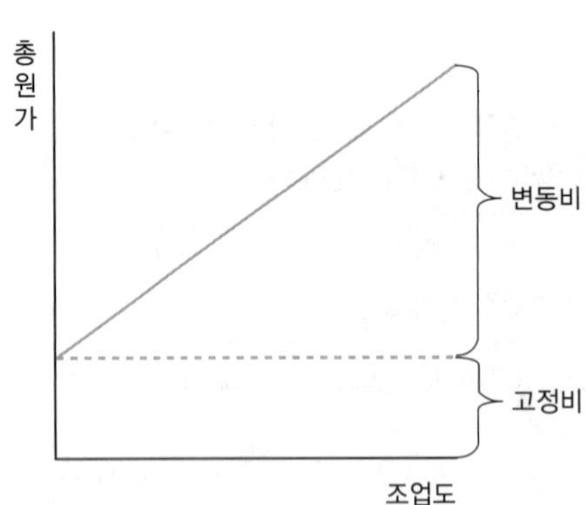

〈준고정비〉

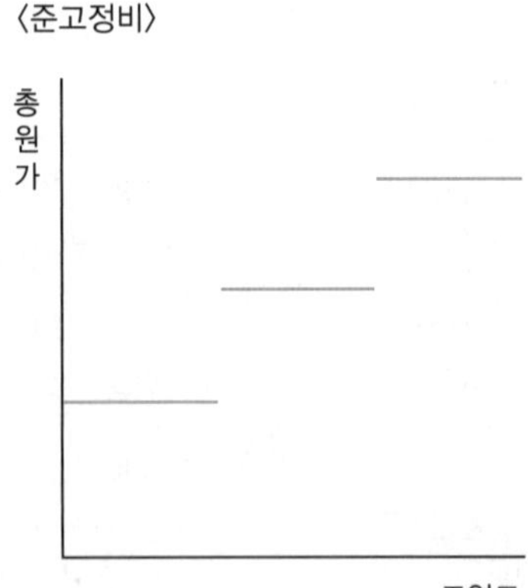

(5) 의사결정과의 관련성에 따른 분류

관련원가와 비관련원가	• 관련원가 : 의사결정 대안 간에 차이가 나는 원가로 의사결정에 영향을 주는 원가를 말한다. • 비관련원가 : 의사결정 대안 간에 차이가 나지 않는 원가로 의사결정에 영향을 미치지 않는 원가를 말한다.
매몰원가 (Sunk Cost)	• 과거의 의사결정으로 이미 발생한 원가로서 어떤 의사결정을 하더라도 회수할 수 없는 원가를 말한다. • 의사결정에 영향을 미치지 않으므로 대표적인 비관련원가에 해당한다.
기회비용 (기회원가, Opportunity Cost)	• 자원을 현재 용도 이외에 다른 용도로 사용했을 경우 얻을 수 있는 최대 금액을 말한다. 이는 여러 대안 중에서 어느 하나를 선택하였을 때 포기해야 하는 다른 대안들의 효익 중 가장 큰 것이라고 할 수 있다. • 의사결정에 영향을 미치는 대표적인 관련원가에 해당한다.
회피가능원가와 회피불능원가	• 회피가능원가 : 의사결정에 따라 절약할 수 있는 원가로 관련원가에 해당한다. • 회피불능원가 : 어떤 의사결정을 하더라도 절약할 수 없는 원가로 비관련원가에 해당한다.

기출확인문제

변동비와 고정비에 대한 다음 설명 중 옳은 것은? (제27회)

① 관련범위 내에서 조업도가 증가하면 단위당 변동비는 증가한다.
② 관련범위 내에서 조업도가 증가하면 단위당 고정비는 증가한다.
③ 관련범위 내에서 조업도가 증가하여도 총변동비는 일정하다.
④ 관련범위 내에서 조업도가 증가하여도 총고정비는 일정하다.

정답 ④

해설
관련범위 내에서 조업도가 증가하면 총변동비는 증가하고, 단위당 변동비는 일정하다.
관련범위 내에서 조업도가 증가하면 총고정비는 일정하고 단위당 고정비는 감소한다.

06 원가계산방법(원가회계시스템)의 분류

최근 88회 시험 중 4회 기출

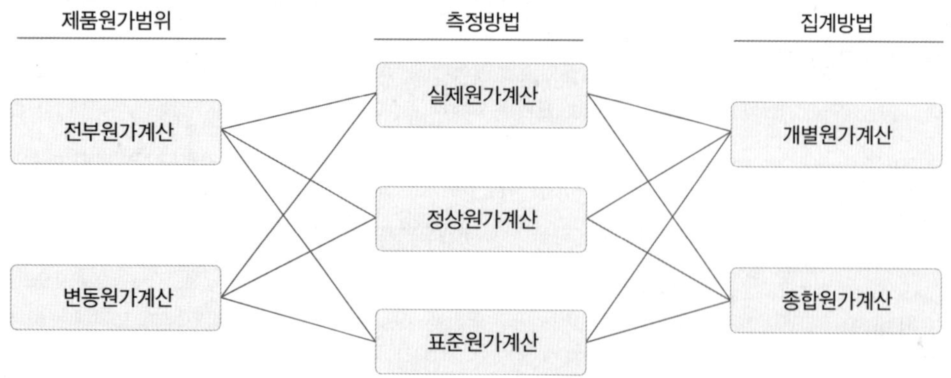

이들은 상호 결합하여 변동·실제·개별원가계산, 전부·정상·종합원가계산 등 다양한 조합의 원가계산방법을 구성할 수 있으며, 회사는 당사의 생산방식이나 원가정보의 사용 목적에 맞도록 적절한 원가계산방법을 선택하여야 한다.

(1) 제품원가범위에 따른 분류

고정제조간접비를 제품원가에 포함시킬 것인가 아니면 기간비용으로 처리할 것인가에 따라 전부원가계산과 변동원가계산으로 나누어진다.

구분	내용
전부원가계산	• 고정제조간접비를 포함한 모든 제조원가를 제품원가로 처리하고, 판매비 및 관리비는 기간비용으로 처리하는 방법이다. • 재무제표 작성을 목적으로 원가를 산정하는 경우에는 전부원가계산을 적용해야 한다.
변동원가계산	• 직접재료비, 직접노무비, 변동제조간접비만을 제품원가로 처리하고, 고정제조간접비와 판매비 및 관리비는 기간비용으로 처리하는 방법이다. • 재무제표 작성을 목적으로 사용할 수 없으며, 주로 내부 경영관리 및 원가통제 목적에 사용한다.

(2) 원가의 측정방법에 따른 분류

구분	내용
실제원가계산	경영활동의 실상을 그대로 나타내고자 실제 사용수량과 실제 구입가격을 기준으로 측정하는 방법이다.
정상원가계산	직접재료비와 직접노무비는 실제원가를 사용하지만, 제조간접비는 예정배부율에 따라 결정된 원가를 적용하여 측정하는 방법이다.
표준원가계산	원가관리를 목적으로 사전에 정해진 표준수량과 표준가격을 기준으로 측정하는 방법이다.

(3) 원가의 집계방법(또는 생산방식)에 따른 분류

개별원가계산	• 개별작업(Job-Order)별로 원가를 집계하는 방법이다. 즉, 한 단위 또는 일정 수량의 제품에 대하여 제조지시서를 발행하고 제조원가를 지시서별(개별제품별)로 집계하는 방법이다. • 조선업, 건설업, 기계 제작업, 항공기 제조업 등 고객의 주문에 따라 종류, 모양, 크기 등이 서로 다른 제품을 개별적으로 생산하는 방식에 사용한다.
종합원가계산	• 공정(Process)별로 원가를 집계하는 방법이다. 즉, 일정 기간 동안 공정에서 발생한 모든 원가를 공정별로 집계하여 이를 공정에서 수행한 작업량을 기준으로 평준화하여 완성품원가와 기말재공품원가로 배분하는 방법이다. • 정유업, 화학업, 제지업 등 동일한 제품을 연속적으로 대량 생산하는 방식에 사용한다.

기출확인문제

*2025년 출제예상

원가회계와 관련하여 다음 설명 중 가장 적절치 않은 것은 어느 것인가? (제55회)

① 제품원가에 고정제조간접비를 포함하는지의 여부에 따라 전부원가계산과 종합원가계산으로 구분된다.

② 제품생산의 형태에 따라 개별원가계산과 종합원가계산으로 구분된다.

③ 원가는 제품과의 관련성(추적가능성)에 따라 직접비와 간접비로 구분된다.

④ 원가는 조업도의 증감에 따라 원가총액이 변동하는 변동비와 일정한 고정비로 분류할 수 있다.

정답 ①

해설
제품원가에 고정제조간접비를 포함하는지의 여부에 따라 전부원가계산과 변동원가계산으로 구분된다.

핵심기출문제

* 본서에 수록된 기출문제의 날짜는 학습효과를 높이기 위하여 일부 수정함

01 다음 중에서 원가회계 목적과 관련이 가장 적은 것은? [제40회]

① 재무제표의 작성에 유용한 원가정보를 제공한다.
② 원가통제에 대한 유용한 원가정보를 제공한다.
③ 경영자에게 경영의사결정에 유용한 원가정보를 제공한다.
④ 투자자에게 합리적인 의사결정에 관한 정보를 제공하는 것을 목적으로 한다.

02 다음 중 제조원가에 산입되는 항목으로만 나타낸 것은? [제23회]

① 공장 수도요금, 광고비, 작업감독자 급료
② 공장건물 감가상각비, 공장장 급료, 기계수선비
③ 작업감독자 급료, 영업부직원 급료, 공장직원 피복비
④ 공장직원 피복비, 기계수선비, 기획이사 급료

03 다음 원가 중 제조과정에서 원가의 추적가능성에 따라 분류한 것은? [제63회]

① 재료비, 노무비, 경비
② 직접비, 간접비
③ 변동비, 고정비
④ 제조원가, 비제조원가

04 다음 중 원가행태에 따른 원가분류로 가장 옳은 것은? [제36회]

① 직접비, 간접비
② 재료비, 노무비, 경비
③ 실제원가, 표준원가
④ 변동비, 고정비

05 다음 중 직접원가에 해당되는 것은? [제37회 수정]

① 공장 건물의 감가상각비
② 공장 경비원의 급료
③ 공장 발전시설의 동력용 연료
④ 특정 제품의 재료비

정답 및 해설

01 ④ 외부정보이용자인 투자자에게 정보를 제공하는 것은 재무회계의 목적에 해당한다.

02 ② ① 광고비(판관비) / ③ 영업부직원 급료(판관비) / ④ 기획이사 급료(판관비)

03 ② ① 원가 발생형태에 따른 분류 / ③ 원가행태에 따른 분류 / ④ 제조활동 여부에 따른 분류

04 ④ 원가는 원가행태에 따라 변동비, 고정비, 준변동비, 준고정비로 나눌 수 있다.

05 ④
- 직접원가란 특정 제품의 제조를 위해서만 소비되어 직접 추적할 수 있는 원가를 말한다.
- ① 간접비 / ② 간접비 / ③ 간접비 / ④ 직접비

06 다음 중 기초원가이면서 가공비에도 해당하는 원가는? [제35회]

① 직접재료비 ② 직접노무비 ③ 간접재료비 ④ 간접노무비

07 다음 자료를 통해 알 수 있는 가공원가는 얼마인가? [22년 4월 특별회차]

- 직접재료비 : 2,000,000원
- 간접재료비 : 300,000원
- 직접노무비 : 1,000,000원
- 간접노무비 : 300,000원
- 간접제조경비 : 300,000원

① 1,300,000원 ② 1,600,000원 ③ 1,900,000원 ④ 3,000,000원

08 다음 자료에 의하여 가공비를 계산하면 얼마인가? [제41회]

- 직접재료비 : 200,000원
- 변동제조간접비 : 300,000원
- 직접노무비 : 250,000원
- 고정제조간접비 : 350,000원

① 450,000원 ② 750,000원 ③ 900,000원 ④ 1,100,000원

09 다음 자료에 의하여 제조간접비를 계산하면 얼마인가? [제43회]

- 당기총제조원가 : 600,000원
- 가공원가 : 500,000원
- 직접비(기본원가) : 300,000원

① 100,000원 ② 200,000원 ③ 300,000원 ④ 400,000원

10 ㈜세창의 당기 직접재료비는 50,000원이고, 제조간접비는 45,000원이다. ㈜세창의 직접노무비는 가공비의 20%에 해당하는 경우, 당기의 직접노무비는 얼마인가? [제47회]

① 9,000원 ② 10,000원 ③ 11,250원 ④ 12,500원

정답 및 해설

06 ② • 직접노무비는 기초원가와 가공비 모두에 해당하는 원가이다.
• 기초원가 = 직접재료비 + 직접노무비
• 가공비 = 직접노무비 + 제조간접비

07 ③ • 제조간접비 = 간접재료비 + 간접노무비 + 직접제조경비 + 간접제조경비
= 300,000 + 300,000 + 0 + 300,000
= 900,000원
• 가공원가 = 직접노무비 + 제조간접비
= 1,000,000 + 900,000
= 1,900,000원

08 ③ • 제조간접비 = 변동제조간접비 + 고정제조간접비
= 300,000 + 350,000
= 650,000원
• 가공비 = 직접노무비 + 제조간접비
= 250,000 + 650,000
= 900,000원

09 ③ • 직접비(기본원가) = 직접재료비 + 직접노무비
= 300,000원
• 당기총제조원가 = 직접재료비 + 직접노무비 + 제조간접비
→ 600,000 = 300,000 + ?
∴ 제조간접비 = 300,000원

10 ③ 직접노무비 = (직접노무비 + 제조간접비) × 20%
→ ? = (? + 45,000) × 20%
∴ 직접노무비 = 11,250원

11 다음은 원가의 행태에 대한 그래프이다. 변동비와 관계있는 도표로 알맞게 짝지어진 것은?

[제98회]

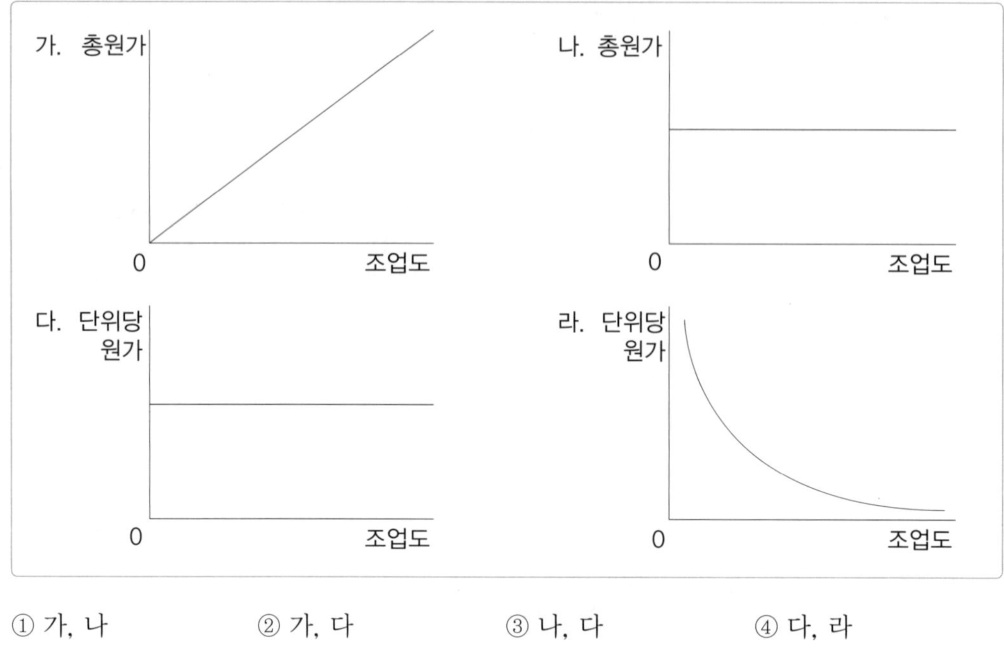

① 가, 나　　② 가, 다　　③ 나, 다　　④ 다, 라

12 일반적으로 관련범위 내에서 조업도가 증가하는 경우 변동원가와 고정원가의 행태에 대한 설명으로 가장 틀린 것은?

[제38회]

① 총변동원가는 증가한다.
② 총고정원가는 증가한다.
③ 단위당 변동원가는 일정하다.
④ 단위당 고정원가는 변동한다.

13 ㈜재량의 20x1년 책 생산량 5,000권(최대생산가능량 : 10,000권)에 대한 원가 일부 자료는 아래와 같다.

가. 공장 임차료 : 20,000,000원	나. 운송차량 자동차세 : 600,000원
다. 공장 화재보험료 : 1,000,000원	라. 책 표지 특수용지 : 10,000,000원

20x2년 책 생산량은 8,000권으로 예상되는데 20x2년에도 동일하게 발생할 것으로 예상되는 것을 모두 고르시오. [제33회]

① 가　② 가, 나, 라　③ 가, 나, 다　④ 가, 나, 다, 라

14 다음은 ㈜관우전자의 공장 전기요금 고지서의 내용이다. 원가행태상의 분류로 옳은 것은? [제46회]

- 기본요금 : 1,000,000원(사용량과 무관)
- 사용요금 : 3,120,000원(사용량 48,000kW, kW당 65원)
- 전기요금 합계 : 4,120,000원

① 고정원가　② 준고정원가　③ 변동원가　④ 준변동원가

정답 및 해설

11 ② • 변동비의 경우, 조업도가 증가하면 총원가는 조업도에 비례하여 증가하고, 단위당 원가는 일정하다. (그래프 : 가, 다)
• 고정비의 경우, 조업도가 증가하면 총원가는 일정하게 발생하고, 단위당 원가는 감소한다. (그래프 : 나, 라)

12 ② 조업도가 증가하더라도 총고정원가는 일정하다.

13 ③ • 가, 나, 다 : 조업도(생산량)가 증가하더라도 총원가가 일정하게 발생하는 고정비에 해당한다.
• 라 : 조업도(생산량)가 증가하면 조업도에 비례하여 총원가가 증가하는 변동비에 해당한다.

14 ④ 전기요금은 ㉠ 사용량과 무관하게 발생하는 기본요금(고정비)과 ㉡ 사용량에 따라 비례적으로 발생하는 추가요금(변동비)으로 구성되어 있으므로, 준변동원가(혼합원가)에 해당한다.

15 다음은 어떠한 원가의 행태를 나타내는 그림인가? [제62회]

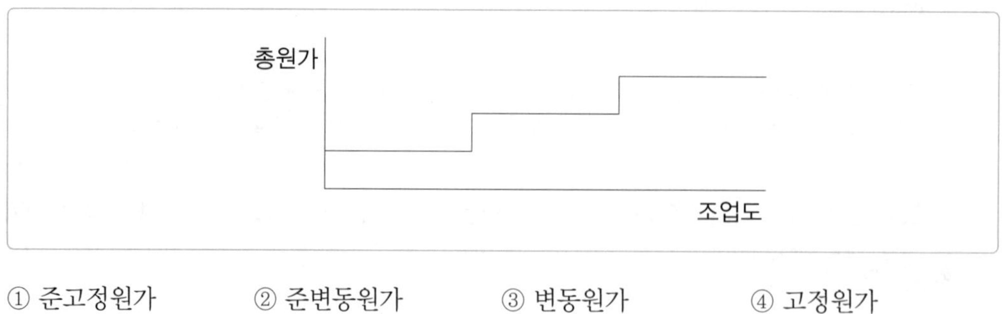

① 준고정원가 ② 준변동원가 ③ 변동원가 ④ 고정원가

16 ㈜서울은 기계장치 1대를 매월 100,000원에 임차하여 사용하고 있으며, 기계장치의 월 최대 생산량은 1,000단위이다. 당월 수주물량이 1,500단위라서 추가로 1대의 기계장치를 임차하기로 하였다. 이 기계장치에 대한 임차료의 원가행태는 무엇인가? [제42회]

① 고정원가 ② 준고정원가 ③ 변동원가 ④ 준변동원가

17 의사결정과 관련된 설명이다. 틀린 것은? [제34회]

① 관련원가는 특정 의사결정과 직접적으로 관련이 있는 원가로서 고려 중인 대안들 간에 차이가 있는 미래원가이다.
② 비관련원가는 특정 의사결정과 관련이 없는 원가이다.
③ 매몰원가는 과거 의사결정의 결과로 이미 발생된 원가로서 현재의 의사결정에는 아무런 영향을 미치지 못하는 원가이다.
④ 기회비용은 특정 대안을 채택할 때 포기해야 하는 대안이 여러 개일 경우 이 대안들의 효익 중 가장 작은 것이다.

18 공장에 설치하여 사용하던 기계장치가 고장이 나서 처분을 하려고 한다. 취득원가는 1,000,000원이며 고장 시점까지의 감가상각누계액은 200,000원이다. 동 기계를 바로 처분하는 경우 500,000원을 받을 수 있으며 100,000원의 수리비를 들여 수리하는 경우 700,000원을 받을 수 있다. 이때 매몰원가는 얼마인가? [제33회]

① 100,000원 ② 800,000원 ③ 700,000원 ④ 500,000원

정답 및 해설

15 ① 준고정원가(계단원가)란 일정한 조업도 범위 내에서는 총원가가 일정하게 발생하지만 그 조업도 범위를 벗어나면 원가가 일정액만큼 증가하거나 감소하는 원가를 말한다.

16 ② 준고정원가란 일정한 조업도 범위 내(예 생산량 1단위 ~ 1,000단위)에서는 총원가가 일정(예 100,000원)하게 발생하지만 그 조업도 범위를 벗어나면(예 생산량 1,500단위) 총원가가 일정액만큼 증가(예 100,000원만큼 증가)하는 원가를 말한다.

17 ④ 기회비용이란 여러 대안 중에서 어느 하나를 선택하였을 때 포기해야 하는 다른 대안들의 효익 중 가장 큰 것을 말한다.

18 ② 사용하던 기계장치를 '바로 처분'할 것인지 '수리하여 처분'할 것인지 의사결정을 할 때, 취득원가(1,000,000원), 그에 대한 감가상각누계액(200,000원), 장부금액(800,000원)은 이미 발생한 원가로서 현재의 의사결정에 아무런 영향을 미치지 않으므로, 매몰원가에 해당한다.

제2절 원가의 흐름

01 원가의 흐름

최근 88회 시험 중 1회 기출

제조기업의 경영활동은 원재료를 구입하고 노무비와 제조경비를 투입하는 구매활동, 구입한 원가요소를 사용하여 제품을 만드는 제조활동, 제조가 완료된 제품을 판매하는 판매활동이라는 일련의 과정을 거치게 된다. 이에 따라, 제조기업은 이러한 일련의 과정을 회계처리함으로써 제조원가의 흐름을 파악한다.

구매활동을 통해 투입된 재료비, 노무비, 제조경비는 재공품 계정에 집계되고, 완성된 제품의 원가 상당액은 제품 계정으로 대체된다. 그리고 제품이 판매되면 매출원가 계정으로 대체된다.

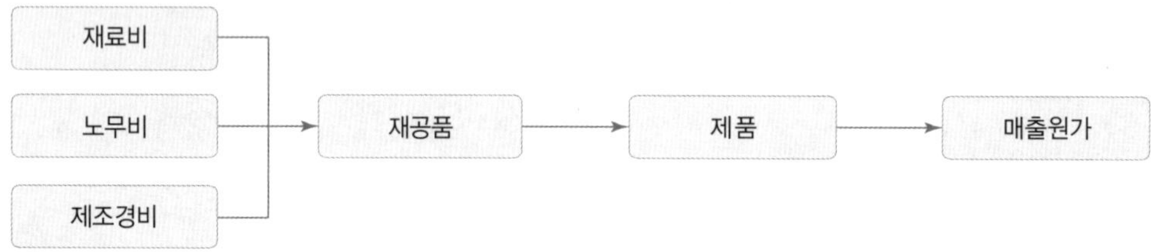

02 원가요소

최근 88회 시험 중 10회 기출

(1) 재료비

재료비란 제품을 제조하기 위하여 구입한 원재료 중 당기에 사용·소비된 원재료의 원가이다. 이러한 원재료 사용액은 전기에 사용하지 않고 남은 금액인 기초원재료재고액에 당기원재료매입액을 가산한 후 기말에 남아 있는 기말원재료재고액을 차감하여 구하게 된다.

재료비 = 기초원재료재고액 + 당기원재료매입액 − 기말원재료재고액

당기에 소비된 재료비 중에서 특정 제품의 제조에만 소비된 직접재료비는 해당 제품의 재공품 계정으로 직접 대체하고, 여러 제품의 제조에 공통으로 소비된 간접재료비는 제조간접비 계정으로 대체한다.

[사례] 기초원재료재고액은 100원, 당기 중 원재료구입액은 500원, 기말원재료재고액은 200원이다. 당기원재료사용액 400원[1] 중 300원은 A제품 제조에 사용된 직접재료비, 100원은 여러 제품의 제조에 사용된 간접재료비이다.

[1] 기초원재료재고액 + 당기원재료매입액 − 기말원재료재고액 = 100 + 500 − 200 = 400원

[풀이] • 당기 중 재료구입

(차) 원재료	500	(대) 현금 등	500

• 당기 사용 재료비의 계정 대체

(차) 재공품 A	300	(대) 원재료	400
제조간접비	100		

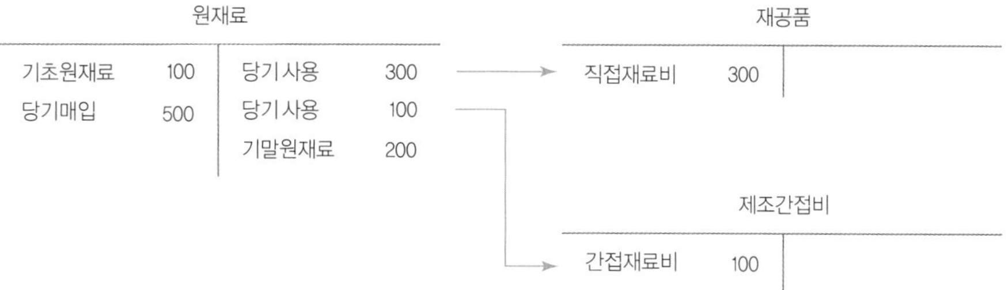

(2) 노무비

노무비란 제품을 제조하기 위하여 투입된 임금, 상여금 등의 당기 발생원가이다. 당기에 발생한 노무비는 특정 제품과의 추적가능 여부에 따라 직접노무비와 간접노무비로 구분하고, 각각 재공품 계정과 제조간접비 계정으로 대체한다.

노무비나 제조경비의 지급과 관련하여 미지급액(미지급금이나 미지급비용으로 인식한 금액)이나 선급액(선급금이나 선급비용으로 인식한 금액)이 있는 경우, 발생주의에 따른 당기 투입원가(당기 발생원가)는 다음과 같이 계산한다.

발생주의 당기 투입원가 = 당기 현금지급액 + 당기 미지급액 − 당기 선급액
− 전기 미지급액 + 전기 선급액

[사례] 생산직 근로자의 임금에 대하여 당기 현금지급액은 400원, 전기말 현재 미지급비용 인식액은 100원, 당기말 현재 미지급비용 인식액은 200원이다. 당기 발생 임금(노무비) 500원[1] 중 400원은 A제품 제조에 사용된 직접노무비, 100원은 여러 제품의 제조에 사용된 간접노무비이다.

[1] 당기 투입 노무비 = 당기 현금지급액 + 당기 미지급액 − 전기 미지급액 = 400 + 200 − 100 = 500원

[풀이] • 전기말에 인식한 임금 미지급비용에 대한 당기 발생 임금 차감 계상

(차) 미지급비용	100	(대) 임금	100

• 임금의 당기 중 현금지급

(차) 임금	400	(대) 현금	400

• 당기말 현재 임금 미지급비용에 대한 당기 발생 임금 가산 계상

(차) 임금	200	(대) 미지급비용	200

• 당기 발생 노무비의 계정 대체

(차) 재공품 A	400	(대) 임금	500
제조간접비	100		

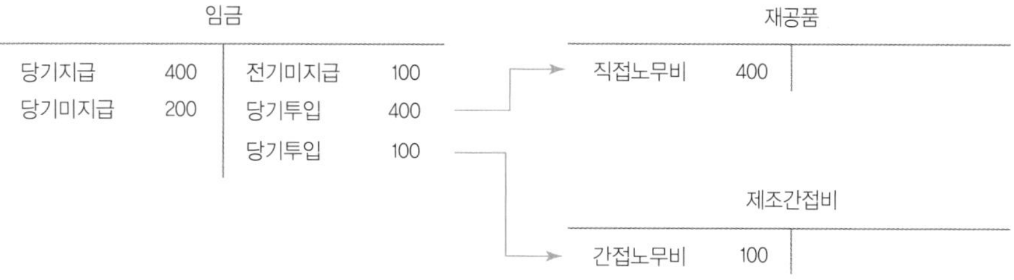

(3) 제조경비

제조경비란 생산설비에 대한 감가상각비, 임차료, 보험료, 가스수도료, 전력비, 수선비 등 제조과정에서 투입된 경비의 당기 발생원가이다.

① 제조경비의 회계처리

이론적으로는 특정 제품과의 추적가능 여부에 따라 직접제조경비와 간접제조경비로 구분할 수 있으나, 실무적으로는 제조경비의 성격상 직접제조경비는 거의 찾아보기 힘들다. 따라서 당기에 발생한 제조경비는 전액 간접제조경비로 보아 제조간접비 계정으로 대체한다.

[사례] 생산설비의 보험료에 대하여 당기 현금지급액은 300원, 전기말 현재 선급비용 인식액은 200원, 당기말 현재 선급비용 인식액은 100원이다. 또한 생산설비의 당기 감가상각비는 200원이다.

[풀이] • 전기말에 인식한 보험료 선급비용에 대한 당기 발생 보험료 가산 계상

(차) 보험료	200	(대) 선급비용	200

• 보험료의 당기 중 현금지급

(차) 보험료	300	(대) 현금	300

• 당기말 현재 보험료 선급비용에 대한 당기 발생 보험료 차감 계상

(차) 선급비용	100	(대) 보험료	100

• 당기 감가상각비 인식

(차) 감가상각비	200	(대) 감가상각누계액	200

• 당기 발생 제조경비의 계정 대체

(차) 제조간접비	600	(대) 보험료	400[1]
		감가상각비	200

[1] 당기 투입 보험료 = 당기 현금지급액 − 당기 선급액 + 전기 선급액 = 300 − 100 + 200 = 400원

② 제조경비의 원가흐름

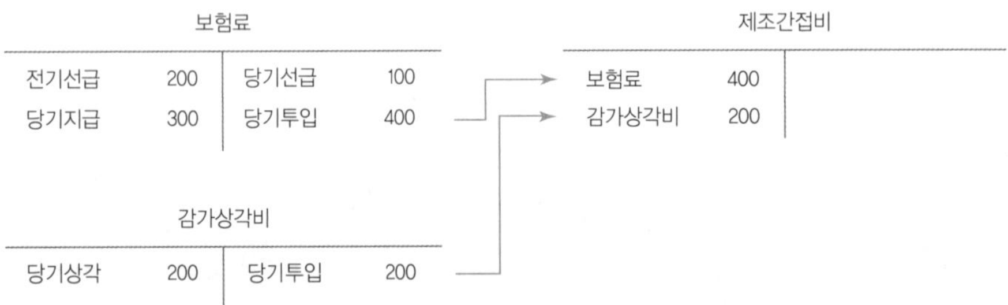

③ 제조간접비의 배부

제조간접비는 인과관계를 고려하여 해당되는 재공품으로 배부한다.
제조간접비 계정의 차변에 집계된 금액은 배부율이 확정되면 해당 재공품 계정의 차변으로 대체한다.

[사례] 당사는 단일 제품인 A제품만 제조하는 기업으로서, 제조간접비 800원[1]을 전액 A제품의 재공품 계정으로 배부한다.

[1] 간접재료비 + 간접노무비 + 보험료 + 감가상각비 = 100 + 100 + 400 + 200 = 800원

[풀이] 제조간접비의 계정 대체

(차) 재공품 A	800	(대) 제조간접비	800

제조간접비

차변		대변	
간접재료비	100	배부	800
간접노무비	100		
보험료	400		
감가상각비	200		

→

재공품

차변		대변	
제조간접비	800		

기출확인문제 *2025년 출제예상

㈜세무는 7월에 근로자 A에게 노무비 100,000원을 현금지급하였고, 근로자 B에게는 노무비 30,000원을 미지급하였다. 근로자 A에게 지급한 노무비 중 선급노무비 50,000원이 포함되어 있다면, ㈜세무가 7월에 인식해야 할 회사 전체 노무비 발생액은 얼마인가? (제29회)

① 20,000원 ② 120,000원
③ 80,000원 ④ 180,000원

정답 ③

해설
노무비 발생액
= 당월 지급액 + 당월 미지급액 − 당월 선급액
= 100,000 + 30,000 − 50,000
= 80,000원

03 재공품

재공품이란 생산과정 중에 있는 미완성품이다. 당기총제조원가(당기에 발생한 모든 직접재료비, 직접노무비, 제조간접비)는 재공품 계정 차변에 집계되는데, 여기에 기초재공품재고액을 가산하여 재공품 계정 차변 총액을 집계한 후, 이 중 당기에 완성된 제품의 원가상당액(당기제품제조원가)은 제품 계정으로 대체한다.

당기총제조원가 = 직접재료비 + 직접노무비 + 제조간접비

당기제품제조원가 = 기초재공품재고액 + 당기총제조원가 − 기말재공품재고액

[사례] A제품의 제조와 관련하여 당기 발생 직접재료비는 300원, 직접노무비는 400원, 제조간접비는 800원이며, 전액 재공품 계정에 집계되어 있다. 기초재공품재고액은 300원, 기말재공품재고액은 500원이다.

[풀이] 당기 완성분의 계정 대체

(차) 제품	1,300	(대) 재공품	1,300[1]

[1] 기초재공품 + 당기총제조원가 − 기말재공품 = 300 + (300 + 400 + 800) − 500 = 1,300원

재공품

차변		대변	
기초재공품	300	당기완성	1,300
당기총제조원가		기말재공품	500
직접재료비	300		
직접노무비	400		
제조간접비	800		

→

제품

차변		대변	
당기제품제조원가	1,300[1]		

04 제품

최근 88회 시험 중 12회 기출

제품이란 제조과정이 완료된 완성품이다. 당기제품제조원가(당기에 완성된 제품의 원가)는 제품 계정 차변에 집계되는데, 여기에 기초제품재고액을 가산하여 제품 계정 차변 총액을 집계한 후, 이 중 당기에 판매된 제품의 원가상당액(매출원가)은 매출원가 계정으로 대체한다.

매출원가 = 기초제품재고액 + 당기제품제조원가 − 기말제품재고액

[사례] 당기에 완성된 제품의 원가는 1,300원이며 제품 계정에 집계되어 있다. 기초제품재고액은 600원, 기말제품재고액은 200원이다.

[풀이] 당기 판매분의 계정 대체

(차) 매출원가	1,700[1]	(대) 제품	1,700

[1] 기초제품 + 당기제품제조원가 − 기말제품 = 600 + 1,300 − 200 = 1,700원

제품

기초제품	600	매출원가	1,700
당기제품제조원가	1,300	기말제품	200

05 원가의 흐름 사례

최근 88회 시험 중 5회 기출

사례에서의 원가의 흐름을 T계정을 통해서 살펴보면 다음과 같다.

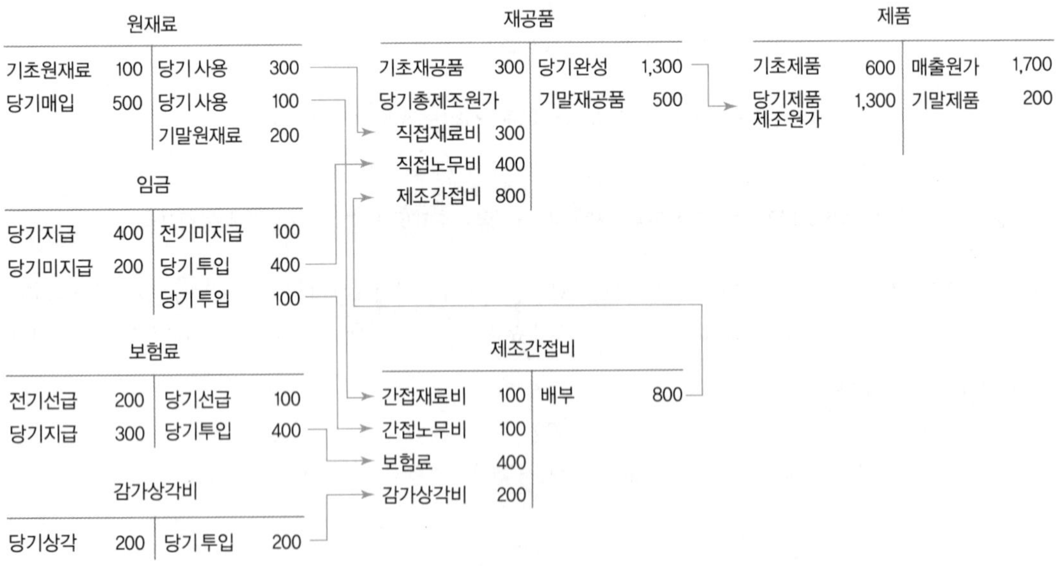

06 제조원가명세서

최근 88회 시험 중 16회 기출

제조원가명세서란 제조기업의 당기제품제조원가를 상세히 나타내기 위한 보고서이며, 이는 원가의 흐름에 따라 관련 정보를 기재한 것이라 할 수 있다. 이러한 제조원가명세서는 재무상태표에 표시되는 원재료, 재공품, 제품의 재고자산가액과 손익계산서에 표시되는 매출원가를 결정하기 위한 정보를 제공한다.

사례에서의 제조원가명세서를 작성하여 보면 다음과 같다.

제조원가명세서

Ⅰ. 재료비		400
① 기초원재료재고액	100	
② 당기원재료매입액	500	
③ 기말원재료재고액	(200)	
Ⅱ. 노무비		500
Ⅲ. 제조경비		600
Ⅳ. 당기총제조원가		1,500
Ⅴ. 기초재공품원가		300
Ⅵ. 기말재공품원가		(500)
Ⅶ. 당기제품제조원가		1,300

손익계산서

Ⅰ. 매출액		xxx
Ⅱ. 매출원가		1,700
① 기초제품재고액	600	
② 당기제품제조원가	1,300	
③ 기말제품재고액	(200)	
Ⅲ. 매출총이익		xxx
Ⅳ. 판매비와관리비		xxx
Ⅴ. 영업이익		xxx
(이하 생략)		

기출확인문제

다음 자료에 의하여 당기제품제조원가를 계산하면? (단, 간접재료비는 없다)

(제12회 수정)

구 분	기 초	기 말
원재료	150,000원	120,000원
재공품	280,000원	300,000원

- 당기 원재료매입액 : 4,600,000원
- 당기 직접노무비 : 2,800,000원
- 당기 제조간접비 : 3,500,000원

① 10,880,000원　② 10,900,000원
③ 10,910,000원　④ 10,940,000원

정답 ③

해설
- 직접재료비
  = 기초원재료 + 당기 원재료매입액 − 기말원재료
  = 150,000 + 4,600,000 − 120,000
  = 4,630,000원
- 당기총제조원가
  = 직접재료비 + 직접노무비 + 제조간접비
  = 4,630,000 + 2,800,000 + 3,500,000
  = 10,930,000원

∴ 당기제품제조원가
  = 기초재공품 + 당기총제조원가 − 기말재공품
  = 280,000 + 10,930,000 − 300,000
  = 10,910,000원

핵심기출문제

* 본서에 수록된 기출문제의 날짜는 학습효과를 높이기 위하여 일부 수정함

01 다음 중 원가집계 계정의 흐름으로 가장 옳은 것은? [제39회]

① 매출원가 → 재공품 → 재료비 → 제품
② 재료비 → 매출원가 → 재공품 → 제품
③ 재료비 → 재공품 → 제품 → 매출원가
④ 매출원가 → 재료비 → 재공품 → 제품

02 다음은 재무제표와 관련된 산식이다. 틀린 것은? [제57회]

① 매출원가 = 기초제품재고액 + 당기제품제조원가 − 기말제품재고액
② 당기제품제조원가 = 기초재공품재고액 + 당기총제조비용 − 기말재공품재고액
③ 당기총제조원가 = 직접재료비 + 직접노무비 + 가공원가
④ 원재료소비액 = 기초원재료재고액 + 당기원재료매입액 − 기말원재료재고액

03 기말재공품 재고를 잘못 계산하여 수정할 경우 그 금액이 달라지지 않는 것은? (단, 기말제품 재고는 선입선출법으로 평가한다) [제35회]

① 당기총제조원가
② 당기제품제조원가
③ 매출원가
④ 기말제품 재고

04 다음 중 재공품 계정의 대변에 기입되는 사항은? [제54회]

① 제조간접비 배부액
② 직접재료비 소비액
③ 당기제품제조원가
④ 재공품 전기이월액

05 다음 중 제조원가명세서에 나타나지 않는 것은? [제32회]

① 기말원재료 재고액　② 당기총제조원가
③ 당기제품제조원가　④ 기말제품 재고액

06 다음 중 제조원가명세서에 대한 설명 중 틀린 것은? [제51회]

① 제조원가명세서를 통해 당기 원재료 매입액을 파악할 수 있다.
② 제조원가명세서를 통해 당기총제조원가를 파악할 수 있다.
③ 제조원가명세서를 통해 당기 매출원가를 파악할 수 있다.
④ 제조원가명세서를 통해 기말재공품 원가를 파악할 수 있다.

정답 및 해설

01 ③ 원가집계 계정의 흐름
(재료비, 노무비, 제조경비) → 재공품 → 제품 → 매출원가

02 ③ 당기총제조원가 = 직접재료비 + 직접노무비 + 제조간접비

03 ① 원가의 흐름에서 기말재공품 재고 금액을 수정할 때 그 금액이 달라지는 항목
: 당기제품제조원가, 매출원가, 기말제품 재고

04 ③ 재공품 계정의 대변에 기입되는 항목 : 당기제품제조원가, 기말재공품

05 ④ 기말제품 재고액은 제조원가명세서가 아니라 손익계산서에 나타나는 항목이다.

06 ③ 당기 매출원가는 제조원가명세서가 아니라 손익계산서를 통해 파악할 수 있다.

07 다음은 재공품 계정에 대한 설명이다. 괄호 안에 들어갈 내용으로 맞는 것은? [제63회]

> 기말재공품 재고액이 기초재공품 재고액보다 크다면
> 당기총제조원가가 당기제품제조원가보다 (   ).

① 크다 ② 작다 ③ 같다 ④ 알 수 없다

08 공장의 가스 및 수도료에 대한 자료가 다음과 같다. 당월의 소비액은 얼마인가? [제35회]

> • 당월 지급액 : 5,000원
> • 당월 미지급액 : 4,000원
> • 당월 선급액 : 3,000원
> • 전월 선급액 : 2,000원
> • 전월 미지급액 : 1,000원

① 4,000원 ② 5,000원 ③ 6,000원 ④ 7,000원

09 다음 자료에 의하면 당기총제조원가는 얼마인가? (제시된 자료만으로 계산할 것) [제34회]

> • 기본원가 : 650,000원
> • 공장 임차료 : 50,000원
> • 직접노무비 : 150,000원
> • 공장 전력비 : 30,000원
> • 기계 감가상각비 : 100,000원
> • 기말재공품 재고액 : 200,000원

① 830,000원 ② 780,000원 ③ 1,180,000원 ④ 1,200,000원

10 원가자료가 다음과 같을 때 당기의 직접재료비를 계산하면 얼마인가? [제50회]

> • 당기총제조원가는 5,204,000원이다.
> • 제조간접비는 직접노무비의 75%이다.
> • 제조간접비는 당기총제조원가의 24%이다.

① 2,009,600원 ② 2,289,760원 ③ 2,825,360원 ④ 3,955,040원

11 기말재공품은 기초재공품에 비해 500,000원 증가하였으며, 제조과정에서 직접재료비가 차지하는 비율은 60%이다. 당기제품제조원가가 1,500,000원이라면, 당기총제조원가에 투입한 가공원가는 얼마인가? [제56회]

① 200,000원 ② 400,000원 ③ 600,000원 ④ 800,000원

정답 및 해설

07 ① 기초재공품 + 당기총제조원가 = 당기제품제조원가 + 기말재공품
∴ if 기초재공품 < 기말재공품, 당기총제조원가 > 당기제품제조원가

08 ④ 가스 및 수도료 소비액 = 당월 지급액 + 당월 미지급액 – 전월 미지급액 – 당월 선급액 + 전월 선급액
= 5,000 + 4,000 – 1,000 – 3,000 + 2,000
= 7,000원

09 ①
- 기본원가 = 직접재료비 + 직접노무비
- 제조간접비 = 공장 임차료 + 공장 전력비 + 기계 감가상각비 = 50,000 + 30,000 + 100,000
= 180,000원
- 당기총제조원가 = 기본원가 + 제조간접비 = 650,000 + 180,000
= 830,000원

10 ②
- 제조간접비 = 당기총제조원가 × 24% = 5,204,000 × 24%
= 1,248,960원
- 제조간접비 = 직접노무비 × 75%
→ 1,248,960 = ? × 75%
∴ 직접노무비 = 1,665,280원
- 당기총제조원가 = 직접재료비 + 직접노무비 + 제조간접비
→ 5,204,000 = ? + 1,665,280 + 1,248,960
∴ 직접재료비 = 2,289,760원

11 ④
- 당기제품제조원가 = 기초재공품 + 당기총제조원가 – 기말재공품
→ 1,500,000 = 0 + ? – 500,000
∴ 당기총제조원가 = 2,000,000원
- 직접재료비 = 당기총제조원가 × 60% = 2,000,000 × 60%
= 1,200,000원
- 가공원가 = 직접노무비 + 제조간접비
- 당기총제조원가 = 직접재료비 + 가공원가
→ 2,000,000 = 1,200,000 + ?
∴ 가공원가 = 800,000원

12 여범제조㈜의 기말재공품 계정은 기초재공품에 비하여 400,000원 증가하였다. 또한, 재공품 공정에 투입한 직접재료비와 직접노무비, 제조간접비의 비율이 1 : 2 : 3이었다. 여범제조㈜의 당기제품제조원가가 800,000원이라면, 재공품에 투입한 직접노무비는 얼마인가? [제49회]

① 100,000원 ② 200,000원 ③ 400,000원 ④ 600,000원

13 다음 자료에 의하여 당기총제조원가를 구하면? (단, 간접재료비는 없다고 가정한다) [제87회]

- 당기 원재료재고 증가액 : 200,000원
- 당기 재공품재고 감소액 : 150,000원
- 당기 원재료매입액 : 2,500,000원
- 당기 직접노무비 : 1,200,000원
- 당기 제조간접비 : 1,800,000원

① 5,300,000원 ② 5,450,000원 ③ 5,500,000원 ④ 5,600,000원

14 다음은 ㈜화산의 원가계산에 관한 자료이다. 주어진 자료만으로 기초재공품 원가를 계산하면 얼마인가? [15년 8월 특별회차]

- 기본원가 : 1,200,000원
- 제조간접비 : 200,000원
- 당기제품제조원가 : 1,300,000원
- 기말재공품 재고액 : 250,000원

① 100,000원 ② 150,000원 ③ 300,000원 ④ 350,000원

15 다음은 ㈜부산실업의 제조원가와 관련한 자료이다. 당기제품제조원가는 얼마인가? [제38회]

- 기초재공품 : 100,000원
- 직접재료비 : 600,000원
- 가공비 : 1,000,000원
- 직접노무비 : 600,000원
- 기말재공품 : 250,000원
- 간접재료비 : 200,000원
- 간접노무비 : 100,000원

① 1,350,000원 ② 2,050,000원 ③ 1,450,000원 ④ 1,050,000원

16 다음의 자료를 근거로 매출원가를 계산하면 얼마인가? [제30회]

• 당기총제조원가 : 3,000,000원	• 기초재공품 재고액 : 200,000원
• 기말재공품 재고액 : 150,000원	• 기초제품 재고액 : 400,000원
• 기말제품 재고액 : 500,000원	

① 2,900,000원 ② 2,950,000원 ③ 3,000,000원 ④ 3,050,000원

정답 및 해설

12 ③ • 당기제품제조원가 = 기초재공품 + 당기총제조원가 − 기말재공품
→ 800,000 = 0 + ? − 400,000
∴ 당기총제조원가 = 1,200,000원

• 직접노무비 = 당기총제조원가 × $\frac{2}{1+2+3}$
= 1,200,000 × $\frac{2}{1+2+3}$
= 400,000원

13 ① • (직접)재료비 = 기초원재료 + 당기매입액 − 기말원재료 = 0 + 2,500,000 − 200,000
= 2,300,000원
• 당기총제조원가 = 직접재료비 + 직접노무비 + 제조간접비 = 2,300,000 + 1,200,000 + 1,800,000
= 5,300,000원

14 ② • 당기총제조원가 = 기본원가 + 제조간접비 = 1,200,000 + 200,000
= 1,400,000원
• 당기제품제조원가 = 기초재공품 + 당기총제조원가 − 기말재공품
→ 1,300,000 = ? + 1,400,000 − 250,000
∴ 기초재공품 = 150,000원

15 ③ • 당기총제조원가 = 직접재료비 + 가공비 = 600,000 + 1,000,000
= 1,600,000원
• 당기제품제조원가 = 기초재공품 + 당기총제조원가 − 기말재공품 = 100,000 + 1,600,000 − 250,000
= 1,450,000원

16 ② • 당기제품제조원가 = 기초재공품 + 당기총제조원가 − 기말재공품 = 200,000 + 3,000,000 − 150,000
= 3,050,000원
• 매출원가 = 기초제품 + 당기제품제조원가 − 기말제품 = 400,000 + 3,050,000 − 500,000
= 2,950,000원

제3절 보조부문의 원가배분

01 원가배분의 정의와 목적

(1) 원가배분의 정의

원가배분(Cost Allocation)이란 간접원가 또는 공통원가를 집계하여 합리적인 배분기준에 따라 원가대상에 대응시키는 과정을 말한다.

참고 **배분과 배부**
원가회계에서 제조간접비 금액을 해당 제품의 원가로 보내는 것을 배부라고 하고, 그 외의 공통원가를 원가대상에 대응시키는 것을 배분이라고 하는 것이 정확한 구분이다. 그러나, 실무나 자격시험에서는 배분과 배부가 혼용되어 사용되고 있다.

(2) 원가배분의 목적

① 경제적 의사결정
② 부문책임자나 종업원의 동기부여와 성과평가
③ 외부보고용 재무제표 작성(재고자산과 매출원가의 결정)
④ 가격결정

02 원가배분기준

최근 88회 시험 중 2회 기출

원가배분기준은 집계된 공통원가를 각 원가대상에 공정하고 공평하게 배분할 수 있는 것이어야 하는데, 가장 이상적인 기준은 인과관계기준이다. 그러나 인과관계를 파악하기 어려운 경우에는 차선으로 수혜기준이나 부담능력기준 등에 따라 배분한다.

(1) 인과관계기준

원가와 원가대상 사이에 추적 가능한 인과관계가 존재하는 경우에 그 인과관계에 따라 원가를 배분하여야 한다는 기준이다.
예를 들어, 수도요금을 각 부문의 수도사용량에 따라 배분하는 것이다.

(2) 수혜기준

원가대상에 제공된 경제적 효익을 측정할 수 있는 경우 이러한 경제적 효익의 크기에 비례하여 원가를 배분하여야 한다는 기준이다.
예를 들어, 기업 이미지 광고로 모든 사업부의 매출이 늘어난 경우 광고비용을 각 사업부의 매출 증가액에 따라 배분하는 것이다.

(3) 부담능력기준

원가대상이 원가를 부담할 수 있는 능력에 비례하여 원가를 배분하여야 한다는 기준이다.
예를 들어, 최고경영자의 급여를 각 사업부의 영업이익에 따라 배분하는 것이다.

03 제조부문과 보조부문

제조기업은 여러 원가부문을 통해서 제품을 생산하게 된다. 원가부문이란 원가를 발생장소별로 집계하기 위한 조직단위를 말하며, 제조부문과 보조부문으로 나누어진다.

구분	내용
제조부문	제품의 제조활동을 직접 담당하는 부문이다. 예 주조부문, 조립부문, 절단부문
보조부문	제품의 제조활동에는 직접 참여하지 않고 제조부문의 제조활동을 보조하기 위해 여러 가지 용역을 제공하는 부문이다. 예 동력부문, 수선부문, 식당부문 등

04 보조부문의 원가배분절차

빈출 최근 88회 시험 중 41회 기출

제조부문과 보조부문이 있는 제조기업에서 보조부문원가를 배분(부문별 원가계산)하는 절차는 다음과 같다.

1단계	부문직접비를 각 부문에 부과
2단계	부문간접비를 각 부문에 배분
3단계	보조부문에 집계된 원가를 제조부문에 배분(직접배분법, 단계배분법, 상호배분법)
4단계	제조부문에 집계된 원가를 각 제품에 배부

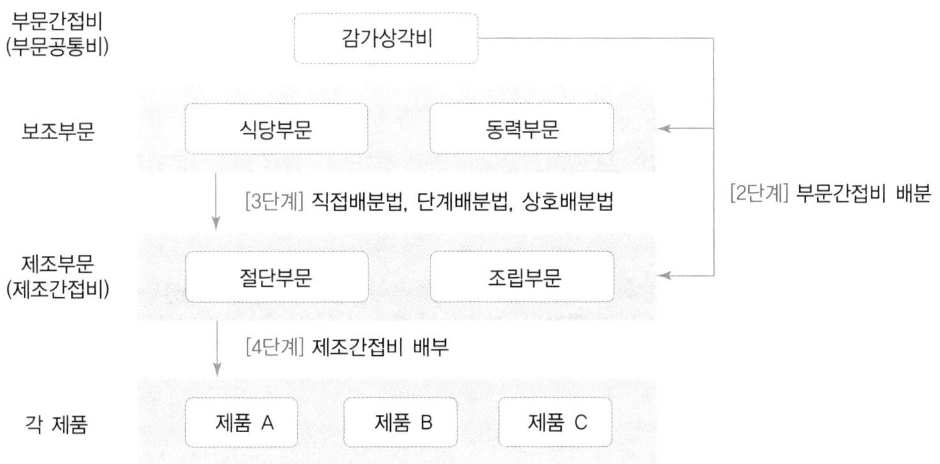

(1) 1단계 : 부문직접비를 각 부문에 부과

부문직접비란 특정 부문에서 개별적으로 발생하는 원가로서, 비록 개별 제품에는 추적이 어려운 제조간접비지만 특정 부문에는 추적 가능한 원가를 말한다.

예를 들어 특정 부문 책임자의 급여나 특정 부문에서만 사용하는 기계장치의 감가상각비 등이 이에 해당한다.

(2) 2단계 : 부문간접비를 각 부문에 배분

부문간접비란 개별 제품뿐만 아니라 개별 부문에 직접 추적할 수 없는 제조간접비를 말한다.

예를 들어 여러 부문의 공장 전체를 감독하는 공장장의 급여, 공동으로 사용하는 기계장치의 감가상각비 등이 이에 해당한다.

부문간접비를 각 부문에 배분하기 위한 배분기준의 대표적인 예를 살펴보면 다음과 같다.

• 감가상각비 : 사용시간, 면적	• 전기사용료 : 전기소비량, 운전시간
• 운반비 : 무게, 거리, 횟수	• 복리후생비 : 근무시간, 종업원 수

(3) 3단계 : 보조부문에 집계된 원가를 제조부문에 배분 (직접배분법, 단계배분법, 상호배분법)

부문직접비를 부과하고 부문간접비를 배분하면 보조부문의 원가 발생액을 알 수 있다. 그러나 보조부문은 제품이 직접 통과하지 않으므로 보조부문원가를 각 제품에 직접 배부할 수 없다. 따라서 보조부문원가를 제조부문으로 배분하는 절차가 필요하다.

보조부문원가를 제조부문에 배분하기 위한 배분기준의 대표적인 예를 살펴보면 다음과 같다.

• 건물관리부문 : 사용면적	• 동력부문 : 전력사용량
• 수선유지부문 : 작업시간, 기계시간	• 식당부문 : 종업원 수
• 구매부문 : 주문횟수, 주문수량	• 창고부문 : 사용면적, 재료사용량
• 종업원복리후생부문 : 종업원 수	• 공장인사관리부문 : 종업원 수

보조부문원가를 제조부문에 배분할 때, 보조부문이 제조부문에만 용역을 제공하고 있다면 배분 작업은 어렵지 않으나, 보조부문이 둘 이상이고 보조부문 간에 용역을 주고받는 경우에는 이를 적절하게 반영하기 위한 방법이 필요하게 된다. 이와 같이 **보조부문 간에 용역을 주고받는 경우 보조부문원가를 제조부문에 배분하는 방법**에는 **직접배분법**, **단계배분법**, **상호배분법**이 있다.

① 직접배분법

보조부문 상호 간의 용역수수관계를 완전히 무시하고, 보조부문의 원가를 제조부문으로만 배분하는 방법을 말한다. 계산이 간단하다는 장점이 있으나, 보조부문 상호 간의 용역수수관계를 무시하므로 정확성이 떨어진다는 단점이 있다.

② 단계배분법

보조부문들 간에 일정한 배분 순서를 정한 다음 그 배분 순서에 따라 보조부문원가를 단계적으로 배분하는 방법을 말한다. 단계배분법에서는 일단 특정 보조부문원가가 다른 보조부문에 배분된 다음에는 다른 보조부문의 원가가 역으로 그 특정 보조부문에 배분되지 않는다. 따라서 이 방법은 보조부문 상호 간의 용역수수관계를 일부만 반영하는 방법이라고 볼 수 있다.

③ 상호배분법

보조부문 상호 간의 용역수수관계를 완전하게 고려하여, 보조부문원가를 제조부문뿐만 아니라 보조부문 상호 간에 배분하는 방법을 말한다. 가장 정확하다는 장점이 있으나, 계산이 복잡하다는 단점이 있다.

[사례]

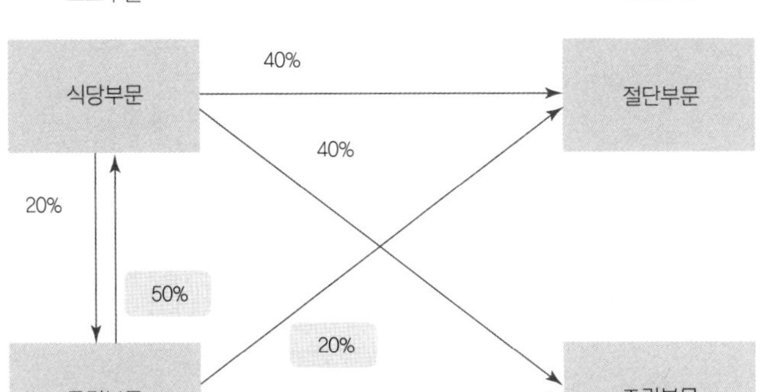

당사의 공장에는 두 개의 보조부문(식당부문, 동력부문)과 두 개의 제조부문(절단부문, 조립부문)이 있다. 각 부문의 발생원가(제조간접비)와 용역수수관계가 다음과 같을 때, 직접배분법, 단계배분법(식당부문의 원가부터 우선배분), 상호배분법을 이용하여 보조부문원가를 제조부문에 배분하여 보자.

구 분	보조부문		제조부문		합 계
	식당부문	동력부문	절단부문	조립부문	
발생원가	250,000원	130,000원	400,000원	420,000원	1,200,000원
식당부문	–	20%	40%	40%	100%
동력부문	50%	–	20%	30%	100%

[풀이] **〈직접배분법〉**

(단위 : 원)

구 분	보조부문		제조부문		합 계
	식당부문	동력부문	절단부문	조립부문	
배분 전 원가	250,000	130,000	400,000	420,000	1,200,000
식당부문 원가배분	(250,000)	–	125,000[1]	125,000	–
동력부문 원가배분	–	(130,000)	52,000[2]	78,000	–
배분 후 원가	–	–	577,000	623,000	1,200,000

[1] $250{,}000\text{원} \times \dfrac{40\%}{40\% + 40\%} = 125{,}000\text{원}$

[2] $130{,}000\text{원} \times \dfrac{20\%}{20\% + 30\%} = 52{,}000\text{원}$

〈단계배분법〉

(단위 : 원)

구 분	보조부문		제조부문		합 계
	식당부문	동력부문	절단부문	조립부문	
배분 전 원가	250,000	130,000	400,000	420,000	1,200,000
식당부문 원가배분	(250,000)	50,000[1]	100,000	100,000	–
동력부문 원가배분	–	(180,000)	72,000[2]	108,000	–
배분 후 원가	–	–	572,000	628,000	1,200,000

[1] $250{,}000\text{원} \times \dfrac{20\%}{20\% + 40\% + 40\%} = 50{,}000\text{원}$

[2] $(130{,}000\text{원} + 50{,}000\text{원}) \times \dfrac{20\%}{20\% + 30\%} = 72{,}000\text{원}$

〈상호배분법〉

(단위 : 원)

구 분	보조부문		제조부문		합 계
	식당부문	동력부문	절단부문	조립부문	
배분 전 원가	250,000	130,000	400,000	420,000	1,200,000
식당부문 원가배분	(350,000)[1]	70,000	140,000[3]	140,000	–
동력부문 원가배분	100,000	(200,000)[2]	40,000[4]	60,000	–
배분 후 원가	–	–	580,000	620,000	1,200,000

[1] 식당부문의 원가 = x, [2] 동력부문의 원가 = y

x = 250,000원 + 0.5y

y = 130,000원 + 0.2x

→ x = 350,000원, y = 200,000원

∴ [3] $350{,}000\text{원} \times \dfrac{40\%}{20\% + 40\% + 40\%} = 140{,}000\text{원}$

[4] $200{,}000\text{원} \times \dfrac{20\%}{50\% + 20\% + 30\%} = 40{,}000\text{원}$

기출포인트

- 보조부문원가를 제조부문으로 배분하는 방법으로는 직접배분법, 단계배분법, 상호배분법이 있지만, 어느 방법으로 배분하더라도 보조부문원가 전액이 제조부문으로 배분된다는 점은 동일하므로, 회사 전체의 제조간접비 총액을 비교하여 보면 배분 전과 후가 동일하다.
- 따라서, 만약 기초재고와 기말재고가 없다면, 보조부문원가의 배분방법이 바뀌더라도 회사의 총이익은 달라지지 않는다.

참고 **단일배분율법과 이중배분율법**

보조부문의 원가를 제조부문으로 배분할 때, 보조부문의 원가행태를 변동비와 고정비로 구분하여 서로 다른 배분기준을 사용하는 것을 고려할 수도 있다.

- 단일배분율법 : 보조부문의 원가를 변동비와 고정비로 구분하지 않고 하나의 기준으로 배분하는 방법
- 이중배분율법 : 보조부문의 원가를 변동비와 고정비로 구분한 후, 변동비는 실제조업도 기준으로 배분하고, 고정비는 최대조업도 기준으로 배분하는 방법

보조부문 원가를 제조부문으로 배분함에 있어서, 보조부문 상호 간의 용역수수에 따른 배분방법(직접배분법, 단계배분법, 상호배분법)과 보조부문 원가행태에 따른 배분방법(단일배분율법, 이중배분율법)이 있는데, 양자는 상호배타적이 아니라 상호 결합하여 사용할 수 있다.

예 단일배분율·직접배분법, 이중배분율·단계배분법 등

(4) 4단계 : 제조부문에 집계된 원가를 각 제품에 배부

보조부문원가를 제조부문에 배분하고 나면, 제조부문원가 계정에는 제조부문에서 발생한 제조간접비와 보조부문에서 배분받은 제조간접비의 합계액이 집계된다. 이와 같이 집계된 각 제조부문의 원가는 합리적인 기준에 따라 해당 제조부문을 통과한 각 제품에 배부한다.

기출확인문제 *2025년 출제예상

다음의 보조부문비의 배분방법 중 정확도가 높은 방법부터 올바르게 배열한 것은? (제43회)

① 직접배부법 > 상호배부법 > 단계배부법
② 직접배부법 > 단계배부법 > 상호배부법
③ 상호배부법 > 단계배부법 > 직접배부법
④ 단계배부법 > 상호배부법 > 직접배부법

정답 ③

해설

- 상호배부법 : 보조부문 상호 간의 용역수수관계를 완전하게 고려한다. 정확성이 높다는 장점이 있으나, 계산이 복잡하다는 단점이 있다.
- 단계배부법 : 상호배부법과 직접배부법을 절충한 방법이다.
- 직접배부법 : 보조부문 상호 간의 용역수수관계를 완전히 무시한다. 계산이 간단하다는 장점이 있으나, 정확성이 떨어진다는 단점이 있다.

핵심기출문제

* 본서에 수록된 기출문제의 날짜는 학습효과를 높이기 위하여 일부 수정함

01 다음 중 제조기업의 원가계산의 흐름으로 맞는 것은? [제31회]

① 요소별 원가계산 → 부문별 원가계산 → 제품별 원가계산
② 부문별 원가계산 → 제품별 원가계산 → 요소별 원가계산
③ 제품별 원가계산 → 요소별 원가계산 → 부문별 원가계산
④ 부문별 원가계산 → 요소별 원가계산 → 제품별 원가계산

02 공장건물 임차료를 각 부문에 배부하는 기준으로 가장 적당한 것은? [제27회]

① 각 부문의 점유면적
② 각 부문의 작업인원수
③ 각 부문의 작업시간
④ 각 부문의 직접재료비

03 A사는 많은 기업들이 입주해 있는 건물을 관리하고 있다. 경비담당 직원들은 모든 입주기업들의 사무실 및 건물 전체의 경비를 맡고 있다. 건물 전체의 경비업무 수수료를 각 기업에 배부하기 위한 기준으로 가장 적합한 것은? [제37회]

① 각 입주기업의 직원수
② 각 입주기업의 임대면적
③ 각 입주기업의 전력사용량
④ 각 입주기업의 근무시간

04 부문공통비인 건물의 감가상각비 배분기준으로 가장 적합한 것은? [제46회]

① 각 부문의 인원수　　② 각 부문의 면적
③ 각 부문의 작업시간　　④ 각 부문의 노무비

05 ㈜대한상사는 올해 상반기 영업실적이 좋아 기업 전 사원에게 문화상품권(복리후생비)을 지급하려 한다. 이 기업은 기업 본사부서뿐만 아니라 공장 지점, 영업소에도 전 사원에게 균등하게 복리후생비를 지급하려고 한다. 기업 전체의 복리후생비를 각 지사에 배부하기 위한 기준으로 가장 적합한 것은? [제39회]

① 각 지사의 전력소비량　　② 각 지사의 연료소비량
③ 각 지사의 면적　　④ 각 지사의 종업원 수

정답 및 해설

01 ① 제조기업의 원가계산의 흐름
: 요소별 원가계산(재료비, 노무비, 제조경비) → 부문별 원가계산(보조부문비, 제조부문비) → 제품별 원가계산(제조부문에 집계된 원가를 각 제품에 배부)

02 ① 공장건물 임차료를 각 부문에 배분하는 기준 : 각 부문의 점유면적

03 ② 건물 전체의 경비업무 수수료를 각 입주기업에 배분하는 기준 : 각 입주기업의 임대면적

04 ② 건물의 감가상각비를 각 부문에 배분하는 기준 : 각 부문의 면적

05 ④ 기업 전체의 복리후생비를 각 지사에 배분하는 기준 : 각 지사의 종업원 수

06 다음은 보조부문비의 배부기준이다. 가장 적절하지 않은 배부기준은? [제74회]

① 구매부문 : 주문횟수, 주문비용
② 동력부문 : 사용전력량, 전기용량
③ 노무관리부문 : 수선횟수, 수선유지기간
④ 검사부문 : 검사수량, 검사시간

07 다음 중 보조부문원가를 제조부문에 배분하는 방법 중 직접배분법에 대한 설명으로 맞는 것은? [제25회]

① 보조부문원가의 배분순서를 정한다.
② 보조부문 상호 간에 행해지는 용역의 수수를 무시한다.
③ 보조부문 간의 용역수수관계를 완전히 고려한다.
④ 이론적으로 가장 타당하지만 계산이 매우 복잡하다.

08 보조부문비를 제조부문에 배분하는 방법 중 보조부문 상호 간의 용역수수관계가 중요하지 않은 경우에 시간과 비용을 가장 절약할 수 있는 원가배분방법은? [제31회]

① 직접배분법　② 단계배분법　③ 상호배분법　④ 간접배분법

09 ㈜세원은 A, B제조부문과 X, Y의 보조부문이 있다. 각 부문의 용역수수관계와 제조간접비 발생원가가 다음과 같다. 직접배부법에 의해 보조부문의 제조간접비를 배부한다면 B제조부문의 총제조간접비는 얼마인가? [제44회]

자기부문발생액 [제공한 횟수]	보조부문		제조부문		합 계
	X	Y	A	B	
	150,000원	250,000원	300,000원	200,000원	900,000원
X	–	200회	300회	700회	1,200회
Y	500회	–	500회	1,500회	2,500회

① 200,000원　② 292,500원　③ 492,500원　④ 600,000원

10 다음 자료를 이용하여 제조부문 Y에 배부되는 보조부문의 제조간접비를 계산하면 얼마인가? (단, 단계배분법을 사용하고, A부문을 먼저 배분할 것) [제91회]

구 분	보조부문		제조부문	
	A부문	B부문	X부문	Y부문
A부문	–	40%	20%	40%
B부문	20%	–	30%	50%
발생원가	300,000원	400,000원	400,000원	600,000원

① 120,000원 ② 315,000원 ③ 325,000원 ④ 445,000원

정답 및 해설

06 ③ 보조부문인 노무관리부문의 원가를 각 제조부문으로 배분하는 기준 : 각 부문의 종업원 수

07 ② ① 단계배분법 / ③ ④ 상호배분법

08 ① 직접배분법은 보조부문 상호 간의 용역수수관계를 전혀 고려하지 않는 방법이다.

09 ③
- X → B : 150,000원 × $\frac{700회}{300회 + 700회}$ = 105,000원
- Y → B : 250,000원 × $\frac{1,500회}{500회 + 1,500회}$ = 187,500원
- B제조부문의 총제조간접비 = 200,000 + 105,000 + 187,500 = 492,500원

10 ④
- A → B : 300,000원 × $\frac{40\%}{40\% + 20\% + 40\%}$ = 120,000원
- A → Y : 300,000원 × $\frac{40\%}{40\% + 20\% + 40\%}$ = 120,000원
- B → Y : (400,000원 + 120,000원) × $\frac{50\%}{30\% + 50\%}$ = 325,000원
- 제조부문 Y에 배분되는 보조부문 제조간접비 = 120,000 + 325,000 = 445,000원

11 ㈜한우물은 단계배부법을 이용하여 보조부문 제조간접비를 제조부문에 배부하고자 한다. 각 부문별 원가발생액과 보조부문의 용역공급이 다음과 같을 경우 수선부문에서 절단부문으로 배부될 제조간접비는 얼마인가? (단, 전력부문부터 배부한다고 가정함) [제58회]

구 분	제조부문		보조부문	
	조립부문	절단부문	전력부문	수선부문
자기부문 제조간접비	200,000원	400,000원	200,000원	360,000원
전력부문 동력공급(kW)	300	100	-	100
수선부문 수선공급(시간)	10	40	50	-

① 160,000원　② 200,000원　③ 244,000원　④ 320,000원

12 기초재고와 기말재고가 없는 경우, 보조부문의 원가를 배부하는 방법과 관련된 내용으로 옳지 않은 것은? [제41회]

① 직접배부법은 보조부문 상호 간의 용역제공관계를 고려하지 않는다.
② 단계배부법과 상호배부법은 보조부문 상호 간의 용역제공관계를 고려한다.
③ 어느 방법으로 배부하든 보조부문비 총액은 모두 제조부문에 배부된다.
④ 보조부문원가의 배부방법에 따라 회사의 총이익도 달라진다.

13 다음은 보조부문원가를 배분하는 방법과 설명이다. 잘못 연결된 것은? [제35회]

① 보조부문원가를 다른 보조부문에는 배분하지 않고 제조부문에만 배분하는 방법 - 직접배분법
② 보조부문원가를 배분순서에 따라 순차적으로 다른 보조부문과 제조부문에 배분하는 방법 - 단계배분법
③ 보조부문 상호 간의 용역수수관계를 완전히 인식하여 보조부문원가를 다른 보조부문과 제조부문에 배분하는 방법 - 상호배분법
④ 보조부문원가를 변동원가와 고정원가로 구분하여 각각 다른 배분기준을 적용하여 배분하는 방법 - 단일배분율법

14 다음은 보조부문비와 관련된 설명이다. 가장 틀린 것은? [제37회]

① 이중배분율법에 직접배분법, 단계배분법, 상호배분법을 적용할 수 없다.
② 원가행태에 의한 배분방법으로 단일배분율법과 이중배분율법이 있다.
③ 상호배분법은 보조부문비를 용역수수관계에 따라 다른 보조부문과 제조부문에 배부하는 방법이다.
④ 이중배분율법은 원가행태에 따라 배부기준을 달리 적용한다.

정답 및 해설

11 ④ • 전력부문 → 수선부문 : 200,000원 × $\frac{100}{300 + 100 + 100}$ = 40,000원

• 수선부문 → 절단부문 : (360,000원 + 40,000원) × $\frac{40}{10 + 40}$ = 320,000원

12 ④ 기초재고와 기말재고가 없다면, 회사의 총이익은 보조부문원가의 배분방법에 따라 달라지지 않는다.

13 ④ 보조부문원가를 변동원가와 고정원가로 구분하여 각각 다른 배분기준을 적용하여 배분하는 방법 – 이중배분율법

14 ① 이중배분율법에 직접배분법, 단계배분법, 상호배분법을 결합하여 적용할 수 있다.

제4절 | 개별원가계산

01 개별원가계산의 정의

최근 88회 시험 중 1회 기출

개별원가계산(Job-Order Costing)이란 **개별작업(Job-Order)별로 원가**를 집계하는 방법이다. 즉, 한 단위 또는 일정 수량의 제품에 대하여 제조지시서를 발행하고 제조원가를 지시서별(개별제품별)로 집계하는 방법이다. 이 방법은 종류, 모양, 크기 등이 **서로 다른 제품**을 주로 **고객의 주문**에 의하여 **소량**씩 개별적으로 생산하는 건설업, 조선업, 항공기 제조업, 주문에 의한 가구 및 기계 제조업 등에서 주로 사용한다.

02 제조지시서와 작업원가표(원가계산표)

(1) 제조지시서

제조지시서란 고객이 주문한 규격, 수량, 기일 등을 기입하여 특정 제품의 제조를 작업현장에 명령하는 문서이다.

개별원가계산은 제조지시서를 중심으로 원가를 집계·배부하기 때문에 제조지시서별 원가계산이라고 할 수 있다.

(2) 작업원가표 (원가계산표)

작업원가표(원가계산표)란 제조지시서에 따라 작업을 하면서 발생하는 원가를 **직접재료비**, **직접노무비**, **제조간접비**로 나누어 집계하는 명세서이다. 생산이 착수되면 회계부서는 제조지시서별로 개별작업원가를 작업원가표에 기록한다.

03 개별원가계산의 절차

최근 88회 시험 중 2회 기출

1단계	직접비를 각 개별작업에 부과
2단계	제조간접비를 각 개별작업에 배부

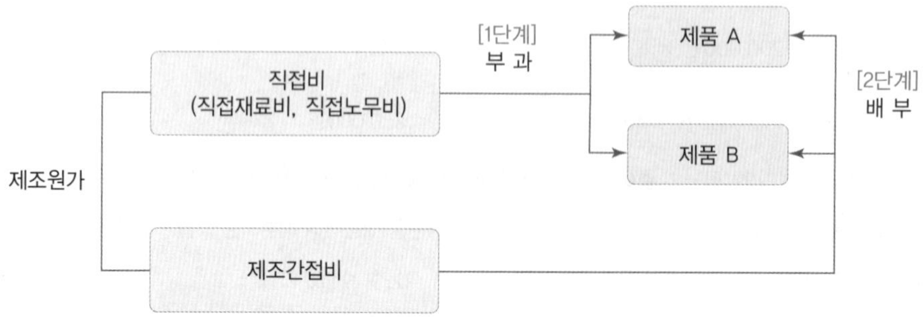

(1) 1단계 : 직접비를 각 개별작업에 부과

작업별로 추적 가능한 직접비(= 직접재료비 + 직접노무비)를 파악하여 해당 개별작업에 직접 부과한다.

(2) 2단계 : 제조간접비를 각 개별작업에 배부

작업별로 추적할 수 없는 제조간접비는 적절한 배부기준에 따라 해당 개별작업에 배부한다. 제조간접비를 배부할 때 일반적으로 사용되는 배부기준은 다음과 같다.

구분	배부기준	내용
금액 기준	직접재료비 기준	제품을 제조하는 데 소비된 직접재료비를 기준으로 배부
	직접노무비 기준	제품을 제조하는 데 소비된 직접노무비를 기준으로 배부
	직접비 기준	제품을 제조하는 데 소비된 직접비를 기준으로 배부
시간 기준	직접노동시간 기준	제품을 제조하는 데 소비된 직접노동시간을 기준으로 배부
	기계시간 기준	제품을 제조하는 데 소비된 기계시간을 기준으로 배부

04 개별원가계산의 특징 및 종류

(1) 개별원가계산의 특징

① **다품종 소량생산**, **주문생산**에 적합하다.
② **작업원가표**를 통하여 **개별제품별**로 제조원가가 집계된다.
③ **제조지시서**를 통하여 개별제품별로 제조를 지시한다.
④ 직접비와 제조간접비의 구분이 중요하며, **제조간접비**의 **배부**가 원가계산의 핵심과제이다.
⑤ 건설업, 조선업, 항공기 제조업, 주문에 의한 가구 및 기계 제조업 등에 적합하다.

(2) 개별원가계산의 종류

개별원가계산은 **제조간접비 배부율**로 무엇을 사용하는지에 따라 **실제배부율**을 사용하는 **실제개별원가계산**과 **예정배부율**을 사용하는 **정상개별원가계산**으로 구분할 수 있다.

실제개별원가계산의 경우 ㉠ 제조간접비 실제발생액이 집계될 때까지 원가계산이 지연되고, ㉡ 실제배부율이 기간별로 크게 변동한다는 단점이 있다. 정상개별원가계산은 실제개별원가계산의 단점을 보완하기 위하여 사용되는 방법이다.

구 분	실제개별원가계산	정상개별원가계산
직접재료비	실제발생액	실제발생액
직접노무비	실제발생액	실제발생액
제조간접비	실제발생액	**예정배부액**

기출확인문제

개별원가계산에 대한 내용으로 옳지 않은 것은? (제43회 수정)

① 주문생산업종에 적합하다.
② 작업원가표에 의해 직접재료비, 직접노무비, 제조간접비가 기록된다.
③ 제품별로 손익분석 및 계산이 어렵다.
④ 제조간접비의 배부가 가장 중요한 과제이다.

정답 ③

해설
개별원가계산은 개별작업별로 원가를 집계하여 제품별 원가계산을 하는 방법이기 때문에 제품별로 손익분석 및 계산이 용이하다.

05 실제개별원가계산

최근 88회 시험 중 5회 기출

실제개별원가계산은 실제 발생한 직접재료비, 직접노무비, 제조간접비를 사용하여 제품의 원가를 계산하는 방법이다.

(1) 제조간접비 실제배부

실제개별원가계산에서의 제조간접비는 일정 기간 동안 실제 발생한 제조간접비를 동일 기간의 실제조업도로 나눈 실제배부율에 의하여 개별제품에 배부한다.

$$\text{제조간접비 실제배부율} = \frac{\text{실제 발생한 제조간접비}}{\text{실제조업도}}$$

$$\text{제조간접비 배부액} = \text{개별작업의 실제조업도} \times \text{제조간접비 실제배부율}$$

(2) 실제개별원가계산의 사례

[사례] 당사의 A제품과 B제품 두 가지에 대한 제조원가 및 기타 자료가 다음과 같을 때, 기계시간을 기준으로 제조간접비를 배부하여 제품원가를 구하여 보자. (단, A제품과 B제품 모두 기초 및 기말재공품 금액은 없었다)

구 분	A제품	B제품	합 계
직접재료비	300,000원	700,000원	1,000,000원
직접노무비	200,000원	400,000원	600,000원
기계시간	300시간	500시간	800시간
제조간접비(실제)	–	–	2,000,000원

[풀이] • 제조간접비 실제배부율 = 실제 발생한 제조간접비 ÷ 실제조업도
= 2,000,000원 ÷ 800시간 = @2,500원/기계시간

• 제조간접비 배부액 = 개별작업의 실제조업도 × 제조간접비 실제배부율
· A제품 = 300시간 × @2,500원 = 750,000원
· B제품 = 500시간 × @2,500원 = 1,250,000원

∴ 제품원가
· A제품 = 300,000 + 200,000 + 750,000 = 1,250,000원
· B제품 = 700,000 + 400,000 + 1,250,000 = 2,350,000원

06 정상개별원가계산

정상개별원가계산은 직접재료비와 직접노무비는 실제 발생한 원가를 사용하고, 제조간접비는 예정배부액을 사용하여 제품의 원가를 계산하는 방법이다.

(1) 제조간접비 예정배부

정상개별원가계산에서는 제조간접비를 배부하기 위해서 기초에 미리 예측한 제조간접비 예산액을 예정조업도로 나누어 예정배부율을 계산하고, 개별 제품의 실제조업도에 예정배부율을 곱하여 개별 제품에 제조간접비를 배부한다.

$$\text{제조간접비 예정배부율} = \frac{\text{제조간접비 예산액}}{\text{예정조업도}}$$

제조간접비 예정배부액 = 개별작업의 실제조업도 × 제조간접비 예정배부율

(2) 배부차이 조정

① 배부차이

정상개별원가계산은 제조간접비 예정배부율을 이용하여 제조간접비를 계산한다. 그러나 외부보고용 재무제표에는 실제 발생한 제조간접비를 반영하여야 하므로 제조간접비 실제발생액과 예정배부액과의 차이(배부차이)를 조정해야 한다.

제조간접비 배부차이 = 실제발생액 − 예정배부액
• 실제발생액 > 예정배부액 : 과소배부
• 실제발생액 < 예정배부액 : 과대배부

② 배부차이 조정방법

매출원가 조정법	배부차이를 전액 매출원가에서 가감하는 방법
영업외손익법	배부차이를 전액 영업외손익에서 가감하는 방법
비례조정법	배부차이를 기말재공품, 기말제품, 매출원가의 상대적 비율에 따라 안분하는 방법

(3) 정상개별원가계산의 사례

[사례] 당사의 A제품과 B제품 두 가지에 대한 제조원가 및 기타 자료가 다음과 같을 때, 정상개별원가계산에서 기계시간을 기준으로 하여 제조간접비를 배부하고 배부차이를 계산하여 보자. (단, A제품과 B제품 모두 기초 및 기말재공품 금액은 없었으며, 당사는 배부차이를 전액 매출원가에서 조정한다)

구 분	A제품	B제품	합 계
직접재료비	300,000원	700,000원	1,000,000원
직접노무비	200,000원	400,000원	600,000원
기계시간	300시간	500시간	800시간
제조간접비(실제)	–	–	2,000,000원
기계시간(예정)	400시간	600시간	1,000시간
제조간접비(예산)	–	–	1,800,000원

[풀이] • 제조간접비 예정배부율 = 제조간접비 예산액 ÷ 예정조업도
= 1,800,000원 ÷ 1,000시간 = @1,800원/기계시간

• 제조간접비 예정배부액 = 개별작업의 실제조업도 × 제조간접비 예정배부율
· A제품 = 300시간 × @1,800원 = 540,000원
· B제품 = 500시간 × @1,800원 = 900,000원

• 제품원가(정상원가)
· A제품 = 300,000 + 200,000 + 540,000 = 1,040,000원
· B제품 = 700,000 + 400,000 + 900,000 = 2,000,000원

∴ 제조간접비 배부차이 = 실제발생액 – 예정배부액
= 2,000,000 – 1,440,000 = 560,000원(과소배부)

실제발생액보다 과소배부된 560,000원은 매출원가에 가산한다.

(차) 매출원가	560,000	(대) 현금 등	560,000

기출확인문제 *2025년 출제예상

㈜동부는 제조간접비를 직접노무시간으로 배부하고 있다. 당해 연도 초 제조간접비 예상금액은 600,000원, 예상직접노무시간은 20,000시간이다. 당기말 현재 실제제조간접비 발생액은 400,000원이고 실제직접노무시간이 15,000시간일 경우 제조간접비 배부차이는 얼마인가? (제41회)

① 과대배부 50,000원
② 과소배부 50,000원
③ 과대배부 200,000원
④ 과소배부 200,000원

정답 ①

해설
• 제조간접비 예정배부율
= 제조간접비 예상금액
÷ 예상조업도
= 600,000원 ÷ 20,000시간
= @30원/시간당
• 제조간접비 예정배부액
= 개별작업의 실제조업도
× 제조간접비 예정배부율
= 15,000시간 × @30원
= 450,000원
∴ 제조간접비 배부차이
= 실제발생액 – 예정배부액
= 400,000 – 450,000
= 50,000원(과대배부)

핵심기출문제

* 본서에 수록된 기출문제의 날짜는 학습효과를 높이기 위하여 일부 수정함

01 다음 중 개별원가계산에 대한 설명으로 가장 옳지 않은 것은? [22년 6월 특별회차]

① 개별원가계산은 주문생산 형태에 적합하다.
② 개별원가계산은 제품의 소품종 대량생산에 적합하다.
③ 개별원가계산은 개별작업별로 구분하여 집계한다.
④ 개별원가계산은 제조간접비의 제품별 배부계산이 중요하다.

02 ㈜한결의 선박 제작과 관련하여 9월 중에 발생한 원가 자료는 다음과 같다. A선박의 당기총제조원가는 얼마인가? (단, 9월 중 제조간접비 발생액은 160,000원이며, 직접노무비를 기준으로 제조간접비를 배부한다) [제62회]

구 분	A선박	B선박	합 계
직접재료비	30,000원	70,000원	100,000원
직접노무비	60,000원	140,000원	200,000원

① 102,000원 ② 110,000원 ③ 138,000원 ④ 158,000원

03 ㈜성창의 제품 A와 제품 B에 대한 제조원가 자료는 다음과 같다. 실제개별원가계산 방법에 따라 기계시간을 기준으로 제조간접비를 배부하였을 때 제품 A에 배부될 제조간접비는? [21년 4월 특별회차]

구 분	제품 A	제품 B	합 계
직접재료비	5,000,000원	10,000,000원	15,000,000원
직접노무비	4,000,000원	6,000,000원	10,000,000원
제조간접비(실제)	?	?	10,500,000원
기계시간	500시간	1,000시간	1,500시간

① 10,500,000원 ② 5,250,000원 ③ 3,500,000원 ④ 7,000,000원

04 당월 중 제조간접비 발생액은 1,600,000원이고 실제 직접노동시간은 10,000시간이었으며, 이 중 제조지시서 NO.1의 제조에 투입된 시간은 520시간이었다. 회사가 제조간접원가를 직접노동시간에 기준하여 실제 배부하는 경우, 제조지시서 NO.1에 배부될 제조간접원가는 얼마인가?

[21년 6월 특별회차]

① 100,000원　　② 83,200원　　③ 80,000원　　④ 40,000원

정답 및 해설

01 ② 개별원가계산은 제품의 다품종 소량생산에 적합하다.

02 ③
- 제조간접비 실제배부율 = 실제 총제조간접비 ÷ 실제 총조업도
  = 160,000 ÷ 200,000
  = @0.8원/직접노무비
- A선박에 대한 제조간접비 배부액 = A선박의 실제조업도 × 실제배부율
  = 60,000 × @0.8
  = 48,000원
- A선박의 당기총제조원가 = 직접재료비 + 직접노무비 + 제조간접비
  = 30,000 + 60,000 + 48,000
  = 138,000원

03 ③
- 제조간접비 실제배부율 = 10,500,000원 ÷ 1,500시간 = @7,000원/기계시간
- 제품 A에 대한 제조간접비 배부액 = 500시간 × @7,000 = 3,500,000원

04 ②
- 제조간접비 실제배부율 = 1,600,000원 ÷ 10,000시간 = @160원/직접노동시간
- 제조지시서 NO.1에 대한 제조간접비 배부액 = 520시간 × @160 = 83,200원

05 정상개별원가계산에 의하여 제조간접비를 예정배부하는 경우 예정배부액은 어떤 산식에 의하여 계산하여야 하는가? [제100회]

① 배부기준의 예정조업도 × 예정배부율
② 배부기준의 실제조업도 × 실제배부율
③ 배부기준의 예정조업도 × 실제배부율
④ 배부기준의 실제조업도 × 예정배부율

06 직접작업시간법으로 계산한 제조지시서 #101의 제조간접비 예정배부액은 얼마인가? [제30회]

- 연간 예정제조간접비총액 : 100,000원
- 연간 예정직접작업시간 : 1,000시간
- 제조지시서별 실제작업시간 : #101 – 500시간, #201 – 300시간

① 20,000원 ② 30,000원 ③ 50,000원 ④ 100,000원

07 ㈜거제산업은 제조간접비를 직접노동시간을 기준으로 하여 배부하고 있다. 다음 자료에 의하여 10월의 제조간접비 배부차이를 구하면? [제71회]

- 제조간접비 예산 : 6,000,000원
- 예상직접노동시간 : 120,000시간
- 10월 직접노동시간 : 15,000시간
- 10월 실제 제조간접비 발생액 : 1,000,000원

① 250,000원 과대배부 ② 250,000원 과소배부
③ 300,000원 과대배부 ④ 300,000원 과소배부

08 제조간접비와 관련한 자료가 다음과 같을 경우 제조간접비 실제발생액은 얼마인가? [제58회]

- 연간 제조간접비 예정배부율 : 기계작업 시간당 200원
- 제조지시서의 기계작업 시간 : 60,000시간
- 제조간접비 과대배부 : 300,000원

① 12,000,000원　② 11,700,000원　③ 12,300,000원　④ 60,000,000원

정답 및 해설

05 ④ 제조간접비 예정배부액 = 개별작업의 실제조업도 × 예정배부율

06 ③
- 제조간접비 예정배부율 = 제조간접비 예산액 ÷ 예정조업도
  = 100,000원 ÷ 1,000시간
  = @100원/직접작업시간
- #101에 대한 제조간접비 예정배부액 = #101의 실제조업도 × 예정배부율
  = 500시간 × @100원
  = 50,000원

07 ②
- 제조간접비 예정배부율 = 6,000,000원 ÷ 120,000시간 = @50원/직접노동시간
- 10월 제조간접비 예정배부액 = 15,000시간 × @ 50원 = 750,000원
- 배부차이 = 실제발생액 − 예정배부액
  = 1,000,000 − 750,000
  = 250,000원 과소배부

08 ②
- 제조간접비 예정배부액 = 60,000시간 × @200원 = 12,000,000원
- 제조간접비 과대배부 : 실제발생액 < 예정배부액
- 제조간접비 실제발생액 = 제조간접비 예정배부액 − 과대배부액
  → ? = 12,000,000 − 300,000
  ∴ 제조간접비 실제발생액 = 11,700,000원

09 한국전자는 제조간접비를 직접노무시간을 기준으로 예정배부하고 있다. 당해 연도 초의 예상 직접노무시간은 70,000시간이다. 당기말 현재 실제제조간접비 발생액이 2,150,000원이고 실제 직접노무시간이 75,000시간일 때 제조간접비 배부차이가 250,000원 과대배부인 경우 당해 연도 초의 제조간접비 예상액은 얼마였는가? [제47회]

① 1,900,000원　② 2,240,000원　③ 2,350,000원　④ 2,400,000원

10 정상개별원가계산에서 제조간접비의 배부차이를 조정하는 방법으로 적절하지 않은 것은? [제36회]

① 비례배분법　② 매출원가 가감조정법
③ 상호배분법　④ 영업외손익법

11 원가계산방법에 대한 설명 중 틀린 것은? [제49회]

① 실제원가계산은 직접재료비, 직접노무비, 제조간접비를 실제원가로 측정하는 방법이다.
② 정상원가계산은 직접재료비는 실제원가로 측정하고, 직접노무비와 제조간접비를 합한 가공원가는 예정배부율에 의해 결정된 금액으로 측정하는 방법이다.
③ 표준원가계산은 직접재료비, 직접노무비, 제조간접비를 표준원가로 측정하는 방법이다.
④ 원가의 집계방식에 따라 제품원가를 개별작업별로 구분하여 집계하는 개별원가계산과 제조공정별로 집계하는 종합원가계산으로 구분할 수 있다.

정답 및 해설

09 ②
- 제조간접비 실제발생액 = 제조간접비 예정배부액 − 과대배부액
  → 2,150,000 = ? − 250,000
  ∴ 제조간접비 예정배부액 = 2,400,000원
- 제조간접비 예정배부액 = 실제조업도 × 예정배부율
  → 2,400,000원 = 75,000시간 × ?
  ∴ 예정배부율 = @32원/직접노무시간
- 제조간접비 예정배부율 = 제조간접비 예산액 ÷ 예정조업도
  → @32 = ? ÷ 70,000시간
  ∴ 제조간접비 예산액 = 2,240,000원

10 ③ 정상개별원가계산에서 제조간접비의 배부차이를 조정하는 방법 : 매출원가 조정법, 영업외손익법, 비례조정법

11 ② 정상원가계산은 직접재료비와 직접노무비는 실제원가로 측정하고, 제조간접비는 예정배부액으로 측정하는 원가계산방법이다.

제 5 절 | 종합원가계산

01 종합원가계산의 정의

최근 88회 시험 중 1회 기출

종합원가계산(Process Costing)은 공정(Process)별로 원가를 집계하는 방법이다. 즉, 일정 기간 동안 공정에서 발생한 모든 원가를 집계하여 이를 공정에서 수행한 작업량을 기준으로 평준화하여 완성품원가와 기말재공품원가로 배분하는 방법이다. 이 방법은 단일 제품을 대량으로 연속 생산하는 정유업, 화학공업, 시멘트공업, 제지업 등에서 주로 사용한다.

02 종합원가계산의 특징

① 동종제품 대량생산, 연속생산에 적합하다.
② 제조원가는 각 공정별로 집계된다.
③ 제조원가보고서를 통하여 제조원가를 계산한다.
④ 완성품환산량 계산이 원가계산의 핵심과제이다.
⑤ 정유업, 화학공업, 시멘트공업 등에 적합하다.

참고 개별원가계산과 종합원가계산의 비교

구 분	개별원가계산	종합원가계산
생산방식	다품종 소량생산, 주문생산	동종제품 대량생산, 연속생산
원가집계 단위	개별제품, 개별작업(Job-Order)	공정(Process)
주요 원가자료	제조지시서와 작업원가표	제조원가보고서
핵심 과제	제조간접비의 배부	완성품환산량 계산
업 종	건설업, 조선업, 항공기 제조업, 주문에 의한 가구 및 기계 제조업 등	정유업, 화학공업, 시멘트공업 등

참고 개별원가계산과 종합원가계산의 상대적 비교

종합원가계산은 완성품환산량이라는 평준화 개념을 사용하므로, 개별원가계산에 비해 원가 기록업무가 비교적 단순하고 경제적이나, 상대적으로 원가계산의 정확성이 낮다.

구 분	개별원가계산	종합원가계산
장 점	정확성이 높음	원가 기록업무가 비교적 단순하고 경제적
단 점	원가 기록업무가 비교적 복잡하고 비용이 많이 소요됨	정확성이 낮음

용어 알아두기

제조원가보고서 : 공정에서 수행한 작업량, 제조원가, 평준화한 산출물 단위당 원가, 완성품과 기말재공품으로의 원가배분을 종합적으로 나타내는 보고서이며, 종합원가계산의 작업은 제조원가보고서를 통해서 이루어짐

기출확인문제

다음 중 종합원가계산의 특징이 아닌 것은? (제39회)

① 작업원가표 작성
② 제조공정별로 원가집계
③ 제조원가보고서 작성
④ 동종제품을 대량으로 생산하는 기업

정답 ①

해설
작업원가표 작성은 개별원가계산의 특징이다.

03 완성품환산량

최근 88회 시험 중 13회 기출

(1) 완성품환산량의 정의

완성품환산량이란 일정 기간에 투입한 원가를 그 기간에 완성품만을 생산하는 데 투입했더라면 완성되었을 완성품수량으로 나타낸 수치이다.

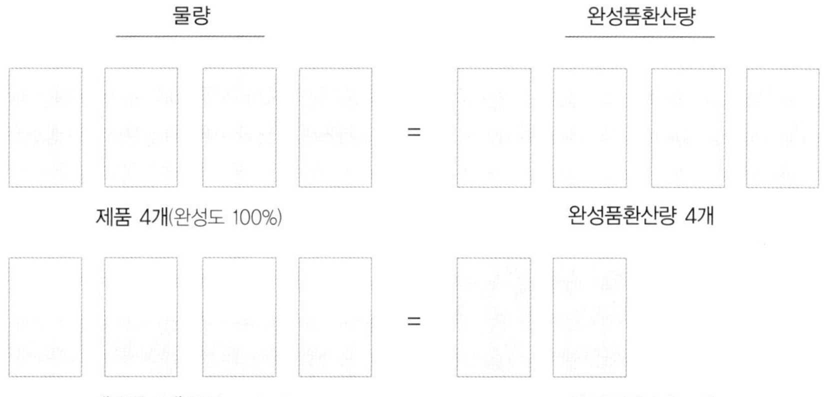

종합원가계산에서는 공정에 투입된 원가를 완성품원가와 기말재공품원가로 배분하는 것이 중요하다. 이때 가공된 정도가 서로 다른 제품과 재공품을 단순히 물량 기준으로 원가를 배분하는 것은 불합리하므로, 완성품환산량이라는 개념을 사용하여 경제적으로 동일한 가치로 평준화한 후 배분하게 된다.

(2) 완성품환산량의 계산

완성품환산량은 물량에 완성도를 곱하여 계산하는데, 완성도를 산정함에 있어서 재료비와 가공비는 공정에 투입되는 시점이 다르기 때문에 각각 별도로 완성품환산량을 계산하여야 한다.

완성품환산량 = 물량 × 완성도

원가요소별 완성도 산정방법은 다음과 같다.

재료비	재료비는 일반적으로 공정 초기에 전량 투입된다. 따라서 기말재공품의 경우에도 재료비는 전량 투입되어 있는 경우가 일반적이다. 이 경우 기말재공품의 재료비 완성도는 100%이다. (단, 재료비의 투입 시점을 별도로 제시하는 경우에는 그에 따라 완성도를 산정하면 된다)
가공비	가공비는 일반적으로 공정 전반에 걸쳐서 균등하게 투입된다. 따라서 기말재공품의 경우 가공비는 공정의 진척도에 비례하여 투입되는 경우가 일반적이다. 이 경우 기말재공품의 가공비 완성도는 진척도와 동일하다.

기출포인트

- 개별원가계산에서는 제조간접비의 각 제품으로의 배부가 핵심과제이므로 원가요소를 직접비(직접재료비, 직접노무비)와 간접비(제조간접비)로 구분하여 원가를 계산한다.
- 종합원가계산에서는 완성품환산량의 계산이 핵심과제이므로 이를 위하여 원가요소를 (직접)재료비와 가공비(= 직접노무비 + 제조간접비)로 구분하여 원가를 계산한다. (즉, 재료비와 가공비의 원가 투입시기가 서로 다르기 때문에 재료비와 가공비로 나누어 각각 완성품환산량을 계산한다) 또한, 종합원가계산에서는 단일 제품의 생산을 가정하므로 직접재료비(직접비)와 간접재료비(간접비)의 구분에 실익이 없다.

(3) 완성품환산량의 계산 사례

[사례] 회사는 단일 제품을 대량생산하고 있다. 원재료는 공정 초기에 전량 투입되고, 가공비는 공정 전반에 걸쳐 균등하게 투입된다. 물량과 완성도가 다음과 같을 때, 재료비와 가공비의 완성품환산량을 계산하여 보자.

- 기초재공품 : 0개
- 당기 중에 생산에 착수한 수량 : 1,000개
- 당기 중에 완성한 수량 : 700개
- 기말재공품 : 300개(완성도 60%)

[풀이]

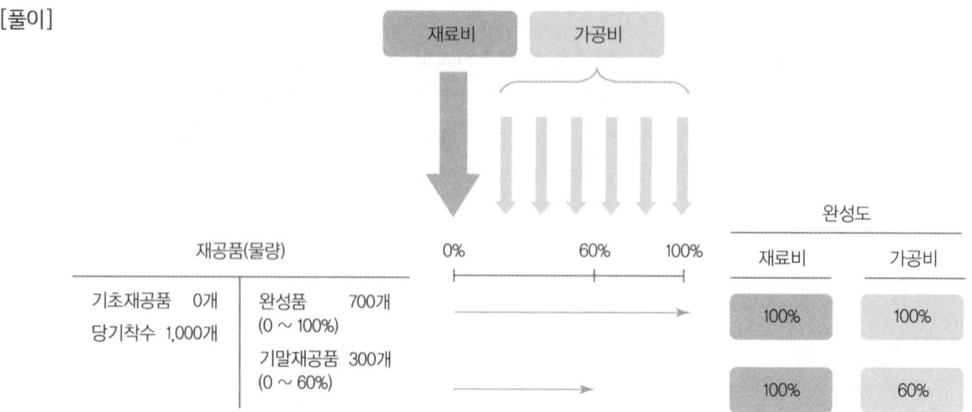

구 분	물 량	재료비 완성품환산량	가공비 완성품환산량
완성품 (0 ~ 100%)	700개	700개 (= 700개 × 100%)	700개 (= 700개 × 100%)
기말재공품 (0 ~ 60%)	300개	300개 (= 300개 × 100%[1])	180개 (= 300개 × 60%[2])
합 계	1,000개	1,000개	880개

[1] 재료비는 공정 초기에 전량 투입되므로 기말 현재 미완성된 재공품의 경우에도 재료비는 전량 투입되어 있다. 따라서 기말재공품의 재료비 완성도는 100%이다.

[2] 가공비는 공정 전반에 걸쳐 균등하게 투입된다. 따라서 기말재공품의 가공비 완성도는 진척도와 동일한 60%이다.

04 종합원가계산방법

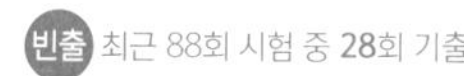

(1) 종합원가계산의 절차

1단계 : 물량흐름 파악	물량의 흐름을 파악한다.
2단계 : 완성품환산량 계산	원가요소별로 완성품환산량을 계산한다.
3단계 : 배분대상 원가 요약	원가요소별로 기초재공품원가와 당기투입원가를 파악하고, 배분대상 원가를 요약한다.
4단계 : 환산량 단위당 원가 계산	원가요소별로 완성품환산량 단위당 원가를 계산한다.
5단계 : 원가의 배분	완성품원가와 기말재공품원가를 계산한다.

(2) 평균법과 선입선출법

종합원가계산을 적용함에 있어서 기초재공품이 존재하는 경우에는, 기초재공품과 당기착수물량의 제조순서와 관련하여 원가흐름의 가정이 필요하게 된다. 이때 일반적으로 많이 사용되는 가정으로는 평균법과 선입선출법이 있다.

① 평균법

평균법은 기초재공품을 당기 이전에 착수하였음에도 불구하고 이를 당기에 착수한 것과 동일한 것으로 가정하는 방법이다. 즉 당기 이전에 착수된 기초재공품의 기완성도를 무시하자는 방법이다. 따라서 평균법에서는 기초재공품원가와 당기발생원가를 구분하지 않고 동일하게 취급하여, 둘을 합한 후 이를 완성품원가와 기말재공품원가로 배분한다.

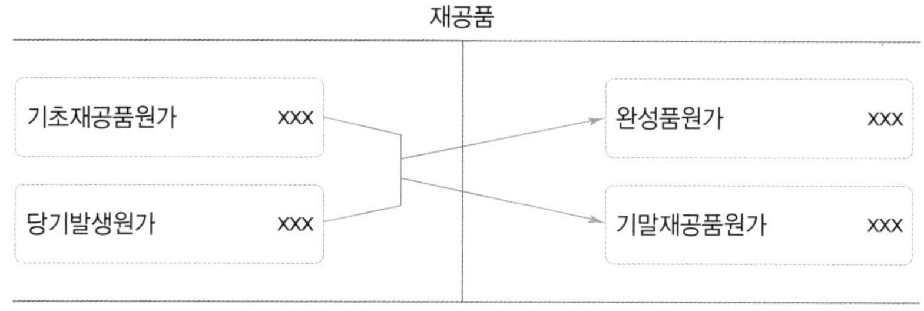

② 선입선출법

선입선출법은 기초재공품을 먼저 가공하여 완성시키고 그 다음에 당기착수물량을 가공한다고 가정하는 방법이다. 즉 당기 이전에 착수된 **기초재공품의 기완성도를 인정**하자는 방법이다. 따라서 선입선출법에서는 기초재공품원가를 당기발생원가와 명확히 구분하여, 기초재공품원가는 전액 완성품원가에 포함시키고, 당기발생원가만 완성품원가와 기말재공품원가로 배분한다.

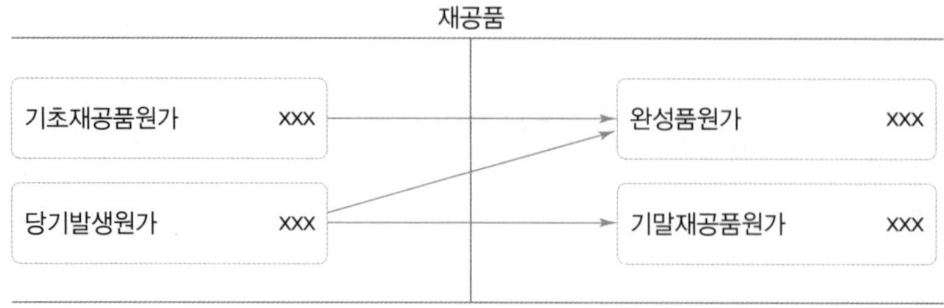

(3) 평균법과 선입선출법에 의한 종합원가계산

[사례] 회사는 단일 제품을 대량생산하고 있다. 원재료는 공정 초기에 전량 투입되고, 가공비는 공정 전반에 걸쳐 균등하게 투입된다. 종합원가계산을 위한 자료가 다음과 같을 때, 평균법 및 선입선출법에 의한 완성품원가와 기말재공품원가를 계산하여 보자. (제조원가보고서 양식으로 작성하여 보기로 한다)

- 물량 자료
  - · 기초재공품 : 400개(완성도 60%)
  - · 당기착수량 : 1,000개
  - · 당기완성량 : 1,200개
  - · 기말재공품 : 200개(완성도 50%)
- 원가 자료
  - · 기초재공품원가 : 재료비 140,000원, 가공비 134,000원
  - · 당기발생원가 : 재료비 280,000원, 가공비 477,000원

[풀이] 〈평균법〉

	[1단계] 물량흐름	[2단계] 완성품환산량 재료비	가공비	합 계
기초재공품(60% ~)	400			
당기착수량(0% ~)	1,000			
합 계	1,400			
당기완성량(0 ~ 100%)	1,200	1,200	1,200	
기말재공품(0 ~ 50%)	200	200	100	
합 계	1,400	1,400	1,300	
[3단계] 배분대상 원가 요약				
기초재공품		140,000	134,000	274,000원
당기발생원가		280,000	477,000	757,000원
합 계		420,000	611,000	1,031,000원
[4단계] 환산량 단위당 원가				
완성품환산량		1,400	1,300	
완성품환산량 단위당 원가		@300	@470	

[5단계] 원가의 배분

완성품원가	(1,200개 × @300원) + (1,200개 × @470원) =	924,000원
기말재공품원가	(200개 × @300원) + (100개 × @470원) =	107,000원
		1,031,000원

〈선입선출법〉

	[1단계]	[2단계] 완성품환산량	
	물량흐름	재료비	가공비
기초재공품(60% ~)	400		
당기착수량(0% ~)	1,000		
합 계	1,400		
기초재공품 당기완성(60 ~ 100%)	400	0	160
당기착수 당기완성(0 ~ 100%)	800	800	800
기말재공품(0 ~ 50%)	200	200	100
합 계	1,400	1,000	1,060

[3단계] 배분대상 원가 요약			합 계
기초재공품			274,000원
당기발생원가	280,000	477,000	757,000원
합 계	280,000	477,000	1,031,000원
[4단계] 환산량 단위당 원가			
완성품환산량	1,000	1,060	
완성품환산량 단위당 원가	@280	@450	

[5단계] 원가의 배분

완성품원가	274,000원 + (800개 × @280원) + (960개 × @450원) =	930,000원
기말재공품원가	(200개 × @280원) + (100개 × @450원) =	101,000원
		1,031,000원

기출포인트

종합원가계산을 적용함에 있어서 기초재공품의 기완성도를 어떻게 처리하느냐에 따라 평균법과 선입선출법으로 구분하는 것이므로, 만약 기초재공품이 없는 경우라면 평균법과 선입선출법의 결과가 동일하다.

05 연속공정에서의 종합원가계산 (공정별 종합원가계산)

최근 88회 시험 중 2회 기출

A라는 공정을 마친 후 B라는 공정을 거쳐야만 제품이 완성되는 연속공정의 생산작업에서 A와 B 각 공정별로 종합원가계산을 하는 경우, A공정(앞 공정)의 완성품원가를 전(前)공정원가라고 한다.

연속공정에서 뒷 공정의 종합원가계산 시 원가요소에 재료비, 가공비 외에 전공정원가를 추가하고, 전공정원가의 완성품환산량은 공정초기에 전량 투입되는 것으로 보아 계산한다. (일반적인 경우의 재료비와 동일하게 계산)

전공정원가가 B공정(뒷 공정)의 종합원가계산 시 공정초기에 전량 투입되는 것을 전공정대체라고 하며, 이러한 과정을 거쳐 계산된 최종 공정에서의 완성품원가가 당기제품제조원가이다.

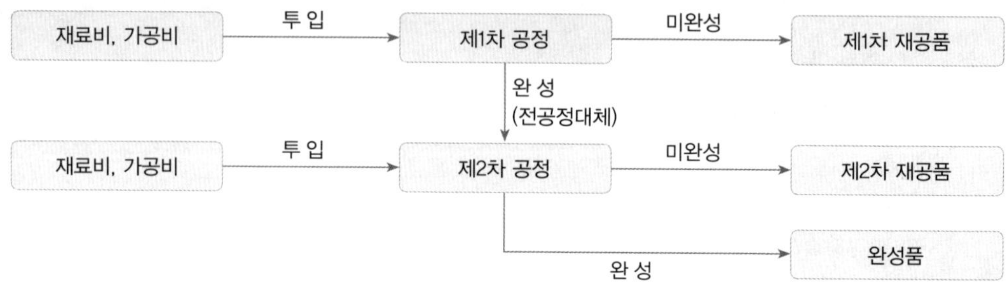

06 공손품과 작업폐물

최근 88회 시험 중 7회 기출

(1) 공손품

공손품(Spoilage)이란 품질 및 규격이 표준에 미달하는 불합격품이다. 원가회계에서의 공손품은 추가적인 작업을 하더라도 완성품으로 만들 수 없다는 점에서 추가적인 작업을 수행하면 완성품이 될 수 있는 불량품(Reworked Units)과는 구분되는 개념이다.

공손품으로 판명될 때까지 해당 공손품에 투입된 제조원가를 공손원가라고 하며, 공손품은 다음과 같이 정상공손과 비정상공손으로 나눌 수 있다.

정상공손	• 제조과정에서 불가피하게 발생하는 공손을 말한다. • 정상공손품에 투입된 제조원가는 정상품 원가에 포함시킨다.
비정상공손	• 작업자의 부주의, 생산계획의 미비 등에 따라 발생하는 것으로서 제조활동을 효율적으로 수행하면 방지할 수 있는 공손을 말한다. • 비정상공손품에 투입된 제조원가는 영업외비용으로 처리한다.

(2) 작업폐물

작업폐물(Scrap)이란 제품의 제조과정에서 발생하는 원재료의 부스러기로, 제품제조를 위하여 투입된 원가가 아니라는 점에서 공손품과는 구분되는 개념이다. 예를 들어 가구 제조업에서의 나무토막이나 기계작업에서의 철판조각 등이 이에 해당한다.

작업폐물은 별도의 제조원가를 들이지 않고 획득한 것으로 이를 외부에 매각하면 금전을 얻을 수 있다. 따라서 작업폐물이 발생하면 작업폐물의 평가액만큼 제품의 제조원가를 감소시켜야 한다. 이때 작업폐물이 특정 제품과 관련하여 발생한 경우에는 직접재료비를, 여러 제품의 제조과정에서 발생하면 제조간접비를 감소시킨다.

핵심기출문제

* 본서에 수록된 기출문제의 날짜는 학습효과를 높이기 위하여 일부 수정함

01 종합원가계산을 사용해야 하는 경우는? [제33회]

① 동종의 유사제품을 대량생산하는 경우
② 주문을 받고 그 주문내역에 따라 생산하는 경우
③ 다양한 품질의 제품이 한 개씩 생산되는 경우
④ 제조지시서별로 원가를 구분, 집계하여 계산하려고 하는 경우

02 다음 중 종합원가계산에 가장 적합하지 않은 품목은? [제65회]

① 축구공 ② 맥주 ③ 휴대폰 ④ 비행기

03 개별원가계산과 종합원가계산의 차이점을 설명한 것 중 틀린 것은? [제70회]

① 개별원가계산은 다품종 소량주문생산, 종합원가계산은 동종의 유사제품을 대량생산하는 업종에 적합하다.
② 개별원가계산은 각 작업별로 원가를 집계하나 종합원가계산은 공정별로 원가를 집계한다.
③ 개별원가계산은 건설업, 조선업에 적합하며 종합원가계산은 정유업, 시멘트산업에 적합하다.
④ 개별원가계산은 완성품환산량을 기준으로 원가를 배부하며 종합원가계산은 작업원가표에 의하여 배부한다.

04 다음 중 종합원가계산의 특징으로 옳지 않은 것은? [제96회 수정]

① 일반적으로 직접원가와 간접원가로 나누어 계산하지 않는다.
② 원가계산 시 제조간접비의 배부가 핵심과제이다.
③ 기말 시점에는 공정별로 재공품이 존재한다.
④ 개별원가계산에 비해 상대적으로 적은 운영비용이 소요된다.

05 다음은 종합원가계산에서 원가를 기말재공품과 완성품에 배부하기 위한 절차이다. 올바른 순서는? [제28회]

㉠ 완성품환산량 단위당 원가의 계산	㉡ 완성품과 기말재공품의 원가계산
㉢ 물량흐름의 파악	㉣ 배부될 원가의 요약
㉤ 완성품환산량의 계산	

① ㉤ → ㉠ → ㉢ → ㉣ → ㉡　　② ㉢ → ㉤ → ㉣ → ㉠ → ㉡
③ ㉣ → ㉤ → ㉠ → ㉢ → ㉡　　④ ㉣ → ㉢ → ㉤ → ㉠ → ㉡

정답 및 해설

01 ① • 개별원가계산 : 다품종 소량생산, 주문생산
• 종합원가계산 : 동종제품 대량생산, 연속생산

02 ④ • 개별원가계산 : 건설업, 조선업, 항공기 제조업 등 소량 주문생산 업종에 적합
• 종합원가계산 : 정유업, 화학공업, 시멘트공업 등 대량 연속생산 업종에 적합

03 ④ 개별원가계산은 작업원가표에 의하여 원가를 배부하며 종합원가계산은 완성품환산량을 기준으로 원가를 배부한다.

04 ② • 종합원가계산 시 핵심과제는 완성품환산량을 계산하는 것이다.
• 종합원가계산은 완성품환산량이라는 평준화 개념을 사용하는 원가계산방법이므로 개별원가계산에 비해 적은 운영비용이 소요되어 경제적이나, 상대적으로 원가계산이 정확하지 못하다.

05 ② ㉢ 물량흐름의 파악 → ㉤ 완성품환산량의 계산 → ㉣ 배부될 원가의 요약 → ㉠ 완성품환산량 단위당 원가의 계산 → ㉡ 완성품과 기말재공품의 원가계산

06 종합원가계산 시 선입선출법에 의한 완성품환산량이 평균법에 의한 완성품환산량과 동일한 경우에 해당하는 것은? [제93회]

① 기초재공품이 전혀 없는 경우
② 기초제품이 전혀 없는 경우
③ 기말재공품이 전혀 없는 경우
④ 기말제품이 전혀 없는 경우

07 종합원가계산하에서는 원가흐름 또는 물량흐름의 가정에 따라 완성품환산량이 다르게 계산된다. 다음 중 선입선출법을 적용하는 경우에 대한 설명으로 옳지 않은 것은? [제66회]

① 전기와 당기 발생원가를 구분하지 않고 모두 당기 발생원가로 가정하여 계산한다.
② 기초재공품이 없는 경우 제조원가는 평균법과 동일하게 계산된다.
③ 완성품환산량은 당기 작업량을 의미한다.
④ 먼저 제조에 착수된 것이 먼저 완성된다고 가정한다.

08 종합원가계산에서 평균법을 적용하여 완성품환산량의 단위당 원가를 계산할 때 배분대상 원가는? [제47회]

① 당기총제조비용
② 당기총제조비용과 기말재공품재고액의 합계
③ 당기총제조비용과 기말재공품재고액의 차액
④ 당기총제조비용과 기초재공품재고액의 합계

09 다음은 당기에 영업을 시작한 ㈜합격의 자료이다. 다음의 자료를 이용하여 재료비와 가공비의 완성품환산량을 계산하면 각각 얼마인가? (단, 원재료는 초기에 전량 투입되고 가공비는 공정 전체에 걸쳐 균등하게 발생함) [제98회]

- 당기착수량 : 500개
- 당기완성품 수량 : 300개
- 기말재공품 수량 : 200개 (완성도 50%)

	재료비	가공비
①	300	300
②	300	400
③	500	300
④	500	400

정답 및 해설

06 ① • 평균법은 당기 이전에 착수된 기초재공품의 기완성도를 무시하자는 방법이다.
• 선입선출법은 당기 이전에 착수된 기초재공품의 기완성도를 인정하자는 방법이다.
• 기초재공품이 없는 경우에는 평균법과 선입선출법의 계산 결과가 동일하다.

07 ① • 평균법에서는 기초재공품원가(전기 발생원가)와 당기발생원가를 구분하지 않고 동일하게 취급하여, 둘을 합한 후 이를 완성품원가와 기말재공품원가로 배분한다.
• 선입선출법에서는 기초재공품원가(전기 발생원가)를 당기발생원가와 명확히 구분하여, 기초재공품원가는 모두 완성품원가에 포함시키고, 당기발생원가만 완성품원가와 기말재공품원가로 배분한다.

08 ④ 평균법에서는 기초재공품원가와 당기발생원가를 동일하게 취급하므로, 둘을 합한 금액을 완성품원가와 기말재공품원가로 배분한다.

09 ④ • 당기에 영업을 시작하여 기초재공품이 없는 경우에는 종합원가계산에서 선입선출법과 평균법을 구분하는 실익이 없다.
• 재료비의 완성품환산량 = 완성분 + 기말재공품 = 300 + (200 × 100%) = 500개
• 가공비의 완성품환산량 = 완성분 + 기말재공품 = 300 + (200 × 50%) = 400개

10 다음 자료를 활용하여 평균법에 의한 재료비의 완성품환산량을 계산하면 얼마인가?

[21년 8월 특별회차]

- 기초재공품 : 400개 (완성도 60%)
- 당기착수량 : 1,000개
- 당기완성품 : 1,200개
- 기말재공품 : 200개 (완성도 40%)
- 재료는 공정 초에 전량 투입되고, 가공비는 공정 전반에 걸쳐 균등하게 투입된다.

① 재료비 1,000개 ② 재료비 1,040개 ③ 재료비 1,280개 ④ 재료비 1,400개

11 다음 자료를 보고 평균법에 의한 가공비의 완성품환산량을 계산하면 얼마인가? [제55회]

- 기초재공품 : 10,000단위 (완성도 60%)
- 기말재공품 : 20,000단위 (완성도 50%)
- 착수량 : 30,000단위
- 완성품수량 : 20,000단위
- 재료비는 공정 초에 전량 투입되고, 가공비는 공정 전반에 걸쳐 균등하게 발생한다.

① 10,000단위 ② 20,000단위 ③ 24,000단위 ④ 30,000단위

12 다음 자료에서 선입선출법에 의한 재료비의 완성품환산량을 계산하면 얼마인가?

[21년 10월 특별회차]

- 기초재공품 : 15,000단위 (완성도 40%)
- 기말재공품 : 10,000단위 (완성도 60%)
- 당기착수량 : 35,000단위
- 완성품수량 : 40,000단위
- 재료비는 공정 초기에 전량 투입되고, 가공비는 공정 전반에 걸쳐 균등하게 발생함

① 35,000단위 ② 40,000단위 ③ 46,000단위 ④ 50,000단위

13 종합원가계산을 이용하는 기업의 가공비 완성품환산량을 계산하면 얼마인가? [제53회]

> • 기초재공품 : 2,000개 (완성도 30%) • 당기착수량 : 8,000개
> • 당기완성품 : 7,000개 • 기말재공품 : 3,000개 (완성도 30%)
> • 재료는 공정 초에 전량 투입되고, 가공비는 공정 전반에 걸쳐 균등하게 투입된다.
> • 원가흐름에 대한 가정으로 선입선출법을 사용하고 있다.

① 7,300개 ② 7,400개 ③ 7,500개 ④ 8,000개

정답 및 해설

10 ④ 평균법에 의한 재료비의 완성품환산량 = 완성분 + 기말재공품
= 1,200 + (200 × 100%)
= 1,400개

11 ④ 평균법에 의한 가공비의 완성품환산량 = 완성분 + 기말재공품
= 20,000 + (20,000 × 50%)
= 30,000단위

12 ① 선입선출법에 의한 재료비의 완성품환산량 = 기초재공품 완성분 + 당기착수 완성분 + 기말재공품
= (15,000 × 0%) + 25,000 + (10,000 × 100%)
= 35,000단위

13 ① 선입선출법에 의한 가공비의 완성품환산량 = 기초재공품 완성분 + 당기착수 완성분 + 기말재공품
= (2,000 × 70%) + 5,000 + (3,000 × 30%)
= 7,300개

14 다음 자료를 이용하여 선입선출법과 평균법에 의한 재료비의 완성품환산량 차이는 얼마인가?
[제74회]

- 기초재공품 : 200개 (완성도 50%)
- 완성품수량 : 2,600개
- 기말재공품 : 500개 (완성도 40%)
- 재료는 공정 초에 전량 투입되고, 가공비는 공정 전반에 걸쳐 균등하게 발생된다.

① 100개 ② 200개 ③ 300개 ④ 400개

15 기초재공품은 20,000개(완성도 20%), 당기완성품 수량은 170,000개, 기말재공품은 10,000개 (완성도 40%)이다. 평균법과 선입선출법의 가공비에 대한 완성품환산량의 차이는 얼마인가? (단, 재료는 공정 초에 전량 투입되고, 가공비는 공정 전반에 걸쳐 균등하게 투입된다) [제43회]

① 4,000개 ② 5,000개 ③ 6,000개 ④ 7,000개

16 ㈜도봉회사는 종합원가계산에 의하여 제품을 생산한다. 재료는 공정의 초기단계에 투입되며, 가공원가는 전체 공정에 고르게 투입된다. 다음 자료에서 평균법에 의한 재료비와 가공비의 당기 완성품 환산량은 얼마인가?
[제76회]

- 기초재공품 : 5,000개 (완성도 50%)
- 당기착수량 : 35,000개
- 당기완성품 : 30,000개
- 기말재공품의 완성도 40%

① 재료비 35,000개, 가공비 31,500개 ② 재료비 40,000개, 가공비 34,000개
③ 재료비 40,000개, 가공비 40,000개 ④ 재료비 35,000개, 가공비 34,000개

17 다음 자료를 활용하여 선입선출법에 의한 재료비와 가공비의 완성품환산량을 계산하면 얼마인가? [제64회]

- 기초재공품 : 500개 (완성도 20%)
- 당기착수량 : 2,000개
- 기말재공품 : 300개 (완성도 50%)
- 재료는 공정 초에 전량 투입되고, 가공비는 공정 전반에 걸쳐 균등하게 투입된다.

① 재료비 2,000개, 가공비 2,250개
② 재료비 2,200개, 가공비 1,990개
③ 재료비 1,500개, 가공비 1,740개
④ 재료비 1,500개, 가공비 1,990개

정답 및 해설

14 ②
- 평균법에 의한 재료비의 완성품환산량 = 완성분 + 기말재공품
  = 2,600 + (500 × 100%)
  = 3,100개
- 선입선출법에 의한 재료비의 완성품환산량 = 기초재공품 완성분 + 당기착수 완성분 + 기말재공품
  = (200 × 0%) + 2,400 + (500 × 100%)
  = 2,900개
- 재료비의 완성품환산량의 차이 = (방법1) 평균법 − 선입선출법 = 3,100 − 2,900 = 200개
  = (방법2) 기초재공품 기완성분 = 200 × 100% = 200개

15 ①
- 평균법에 의한 가공비의 완성품환산량 = 완성분 + 기말재공품
  = 170,000 + (10,000 × 40%)
  = 174,000개
- 선입선출법에 의한 가공비의 완성품환산량 = 기초재공품 완성분 + 당기착수 완성분 + 기말재공품
  = (20,000 × 80%) + 150,000 + (10,000 × 40%)
  = 170,000개
- 가공비의 완성품환산량의 차이 = (방법1) 평균법 − 선입선출법 = 174,000 − 170,000 = 4,000개
  = (방법2) 기초재공품 기완성분 = 20,000 × 20% = 4,000개

16 ②
- 기초재공품 물량 + 당기착수량 = 당기완성품 물량 + 기말재공품 물량
  → 5,000 + 35,000 = 30,000 + ?
  ∴ 기말재공품 물량 = 10,000개
- 평균법에 의한 재료비 완성품환산량 = 완성분 + 기말재공품 = 30,000 + (10,000 × 100%) = 40,000개
- 평균법에 의한 가공비 완성품환산량 = 완성분 + 기말재공품 = 30,000 + (10,000 × 40%) = 34,000개

17 ①
- 기초재공품 물량 + 당기착수량 = 당기완성품 물량 + 기말재공품 물량
  → 500 + 2,000 = ? + 300
  ∴ 당기완성품 물량 = 2,200개
- 선입선출법에 의한 재료비 완성품환산량 = 기초재공품 완성분 + 당기착수 완성분 + 기말재공품
  = (500 × 0%) + 1,700 + (300 × 100%)
  = 2,000개
- 선입선출법에 의한 가공비 완성품환산량 = 기초재공품 완성분 + 당기착수 완성분 + 기말재공품
  = (500 × 80%) + 1,700 + (300 × 50%)
  = 2,250개

18 다음 자료를 보고 선입선출법에 의한 재료비와 가공비의 완성품환산량을 계산하면 얼마인가?

[제73회]

- 기초재공품 : 10,000단위 (완성도 60%)
- 기말재공품 : 20,000단위 (완성도 40%)
- 당기착수량 : 40,000단위
- 완성품수량 : 30,000단위
- 재료비는 공정 50% 시점에서 전량 투입되고, 가공비는 공정 전반에 걸쳐 균등하게 발생한다.

	재료비	가공비		재료비	가공비
①	40,000단위	32,000단위	②	32,000단위	40,000단위
③	20,000단위	32,000단위	③	38,000단위	50,000단위

19 평균법으로 종합원가계산을 하고 있다. 기말재공품은 200개(재료비는 공정 초기에 모두 투입되고, 가공비는 70%를 투입)이며 만일 완성품환산량 단위당 재료비와 가공비가 각각 350원, 200원이라면 기말재공품의 원가는 얼마인가? [제69회]

① 96,000원 ② 98,000원 ③ 100,000원 ④ 102,000원

20 당사는 선입선출법으로 종합원가계산을 하고 있다. 다음 자료를 보고 기말재공품의 원가를 계산하면 얼마인가? [제94회]

- 완성품환산량 단위당 재료비 : 500원
- 완성품환산량 단위당 가공비 : 400원
- 기말재공품 수량 : 700개 (재료비는 공정 초기에 모두 투입되었으며 가공비는 60%를 투입한 상태임)

① 419,000원 ② 518,000원 ③ 610,000원 ④ 710,000원

21 다음 중 공손품에 대한 설명으로 가장 옳지 않은 것은? [21년 12월 특별회차]

① 정상공손의 원가는 정상품 제조원가로 처리한다.

② 비정상공손원가는 영업비용으로 처리한다.

③ 정상공손은 제품을 생산하는 과정에서 불가피하게 발생한다.

④ 비정상공손은 비효율적인 생산관리로 인해 발생한다.

정답 및 해설

18 ③
- 재료비가 공정 50% 시점에 전량 투입되므로, 선입선출법에 의한 재료비 완성품환산량 계산 시 기초재공품(완성도 : 60%) 완성분은 0단위, 기말재공품(완성도 : 40%)은 0단위이다.
- 선입선출법에 의한 재료비 완성품환산량 = 기초재공품 완성분 + 당기착수 완성분 + 기말재공품
  = (10,000 × 0%) + 20,000 + (20,000 × 0%)
  = 20,000단위
- 선입선출법에 의한 가공비 완성품환산량 = 기초재공품 완성분 + 당기착수 완성분 + 기말재공품
  = (10,000 × 40%) + 20,000 + (20,000 × 40%)
  = 32,000단위

19 ②
- 기말재공품 원가 중 재료비 = 완성품환산량 × 완성품환산량 단위당 원가
  = (200개 × 100%) × @350원
  = 70,000원
- 기말재공품 원가 중 가공비 = 완성품환산량 × 완성품환산량 단위당 원가
  = (200개 × 70%) × @200원
  = 28,000원
- 기말재공품원가 = 재료비 + 가공비 = 70,000 + 28,000 = 98,000원

20 ②
- 기말재공품 원가 중 재료비 = 완성품환산량 × 완성품환산량 단위당 원가
  = (700개 × 100%) × @500원
  = 350,000원
- 기말재공품 원가 중 가공비 = 완성품환산량 × 완성품환산량 단위당 원가
  = (700개 × 60%) × @400원
  = 168,000원
- 기말재공품원가 = 재료비 + 가공비 = 350,000 + 168,000 = 518,000원

21 ② 비정상공손이란 작업자의 부주의, 생산계획의 미비 등에 따라 발생하는 것으로서 제조활동을 효율적으로 수행하면 방지할 수 있는 공손을 말하며, 비정상공손에 투입된 제조원가(비정상공손원가)는 영업외비용으로 처리한다.

제 6 장

부가가치세 [이론]

제 6 장
부가가치세

Overview

부가가치세는 이론시험 전체 15문제에서 평균적으로 3문제가 출제된다.
(이론시험 : 1문제당 2점의 배점으로 출제되어 총 30점 만점으로 구성)

부가가치세의 경우 이론시험에서 출제비중이 높지 않으며, 실무시험 중 [매입매출전표입력]의 정확한 수행에 초점을 맞추어 부가가치세법의 전체적인 흐름을 개괄적으로 학습해야 한다.

출제비중

구 분	출제문항
제1절 부가가치세 총칙	평균적으로 3문제가 출제된다. 제1 ~ 6절에서 골고루 출제되는 편이나, 학습 분량 대비 출제비중이 높지 않다.
제2절 부가가치세 과세대상 거래	
제3절 영세율과 면세	
제4절 세금계산서	
제5절 매출세액과 매입세액	
제6절 신고와 납부	

학습전략

1. 전체적인 흐름을 파악하는 이해 위주의 학습

부가가치세를 처음 접하는 입문자는 생소한 부분이 많을 수 있지만, 학습 분량 대비 이론시험의 출제비중이 높지 않다. 따라서 부가가치세의 전체 흐름에 대한 이해 위주로 학습하자.

2. 핵심기출문제 활용

본문에서 이해되지 않는 내용은 일단 넘어가고, 각 절에 수록된 '핵심기출문제'를 통해 실제 기출 문제 유형을 익히자.

제 1 절 | 부가가치세 총칙

01 부가가치세의 정의

부가가치란 재화 또는 용역이 생산·유통되는 모든 단계에서 기업이 새로이 창출하는 가치의 증가분을 말한다. 부가가치세(Value Added Tax : VAT)는 사업자가 창출한 부가가치에 과세하는 조세이다.

02 부가가치세의 계산방법

최근 88회 시험 중 1회 기출

이론적으로 볼 때 부가가치세를 계산하는 방법으로는 가산법, 전단계거래액공제법, 전단계세액공제법 등이 있는데, 우리나라를 포함한 대부분의 나라들은 이 중 전단계세액공제법을 사용하여 부가가치세를 계산한다. 전단계세액공제법이란 매출세액(= 매출액 × 세율)에서 전 단계 사업자에게 지급한 매입세액을 차감(공제)하는 방식으로 부가가치세 납부세액을 계산하는 방법이다.

납부세액 = (매출액 × 세율) − (매입액 × 세율)
= (매출액 × 세율) − 세금계산서 등으로 입증된 매입세액

03 부가가치세의 기본 구조

10%의 세율이 적용되는 부가가치세 과세사업자 A, B, C와 최종소비자가 있고, 각 사업자가 창출하는 부가가치는 1,000원이라고 가정할 때, 전단계세액공제법에 의한 부가가치세제의 기본 구조를 살펴보면 다음과 같다.

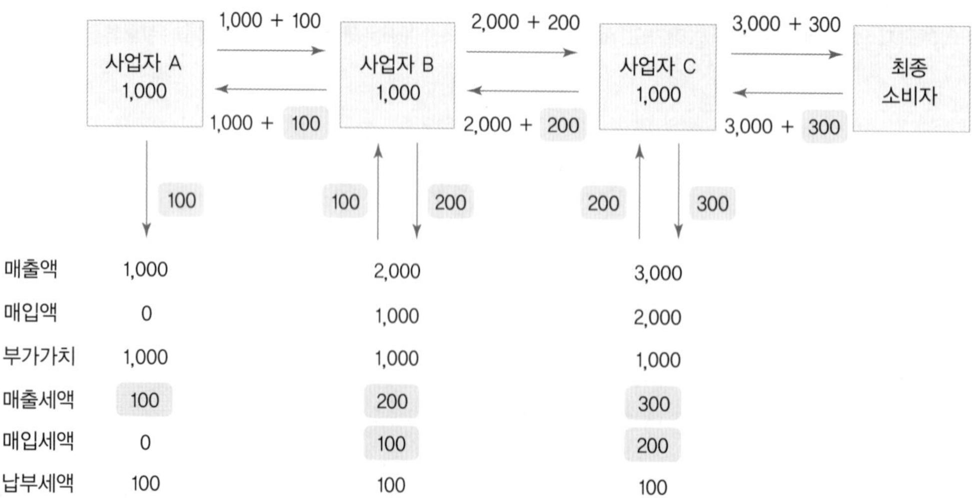

각 사업자의 매출세액은 자신의 앞 단계로부터 쌓여온 부가가치까지 포함된 금액에 대한 것이므로 중복된 부분을 제거하기 위해 매입세액을 차감하여 납부세액을 계산한다.

부가가치세는 재화나 용역의 최종소비자가 부담하게 되며 생산·유통단계에 있는 사업자는 단순히 중간단계에서 세금을 징수하고 납부하는 역할만을 한다. 즉, 부가가치세의 납세의무자(실제로 세무서에 세금을 내는 사람)는 사업자이지만 담세자(세금을 부담하는 사람)는 소비자가 되어 납세의무자와 담세자가 일치하지 않으며, 이러한 조세를 간접세라고 부른다.

납세의무자는 간접세를 자기 부담으로 내는 것이 아니기 때문에, 납부할 때 비용계정을 사용하지 않고 자산(부가세대급금)과 부채(부가세예수금)계정을 사용한다. 상기 거래구조에서 사업자 C의 부가가치세 관련 회계처리를 살펴보면 다음과 같다.

• 매출 시

(차) 현금	3,300	(대) 매출	3,000
		부가세예수금	300

• 매입 시

(차) 상품	2,000	(대) 현금	2,200
부가세대급금	200		

• 부가가치세 납부 시

(차) 부가세예수금	300	(대) 부가세대급금	200
		현금	100

04 우리나라 부가가치세의 특징

최근 88회 시험 중 12회 기출

국 세	국가가 과세권을 가지고 부과하는 국세이다.
물 세	납세의무자의 인적사항을 고려하지 않으므로 물세에 해당한다.
단일비례세	과세표준의 크기에 관계없이 10%의 단일세율로 부과되는 단일비례세에 해당한다.
다단계 거래세	제조·유통 등의 각 거래단계마다 과세하는 세금이므로 다단계 거래세라고 할 수 있다.
일반소비세	면세로 열거된 것을 제외한 모든 재화나 용역의 소비행위에 대해서 과세하므로 일반세이며, 소비를 담세력으로 하는 소비세이다.
역진성	최종소비자 입장에서는 소득과 무관하게 소비금액에 비례하여 세부담이 생기므로 저소득층일수록 상대적 세부담 효과가 커지게 되는 역진성을 나타낸다.
간접세	납세의무자(사업자)와 담세자(최종소비자)가 다르므로 간접세에 해당한다.
전단계세액공제법	매출세액에서 전단계까지 발생한 매입세액을 공제하는 방식으로 납부세액을 계산한다.
소비지국 과세원칙	국제 거래되는 재화에 대한 이중과세 방지를 위하여 생산지국에서 수출할 때 부가가치세를 과세하지 않고, 소비지국에서 수입할 때 과세할 수 있도록 하는 소비지국 과세원칙을 채택하고 있다. 참고 수출하는 재화에 대하여는 0% 세율(영세율)을 적용함으로써 국내 생산단계에서 발생한 부가가치세를 전액 공제로 완전히 제거시키고, 수입하는 재화에 대하여는 국내 생산 재화와 동일하게 10% 세율로 부가가치세를 과세한다.

기출확인문제

우리나라 부가가치세의 특징과 관련이 없는 것은? (제34회) ① 국세 ② 직접세 ③ 소비지국 과세원칙 ④ 전단계세액공제법	정답 ② 해설 부가가치세는 납세의무자(사업자)와 담세자(최종소비자)가 다르므로 간접세에 해당한다.

05 부가가치세의 납세의무자

최근 88회 시험 중 7회 기출

부가가치세의 납세의무자는 '사업자'와 '재화를 수입하는 자'이다.

(1) 사업자

① 사업자의 요건

사업자란 ㉠ 사업목적이 영리인지 비영리인지에 관계없이 ㉡ 사업상 ㉢ 독립적으로 ㉣ 부가가치세 과세대상인 재화 또는 용역을 공급하는 자를 말한다. 사업자의 구체적인 요건은 다음과 같다.

영리목적 여부 불문	부가가치세는 사업자가 얻은 소득에 대하여 과세하는 것이 아니라 그가 창출하여 공급한 부가가치에 대해 공급받는 자로부터 세액을 징수하여 납부하는 것이므로, 부가가치세 납세의무는 사업목적이 영리인지 비영리인지에 관계없이 발생한다. 따라서, 비영리법인도 납세의무가 있는 것이 원칙이다.
사업성(계속반복성)	사업성이란 부가가치를 창출해 낼 수 있는 정도의 사업형태를 갖추고 계속적·반복적으로 공급하는 것을 말한다. 따라서, 사용하던 중고 핸드폰을 한두 번 판매하는 것과 같이 비반복적인 행위는 사업에 해당하지 않는다.
독립성	독립성이란 타인에게 고용된 것이 아니라는 것을 말한다. 따라서, 회사에 고용된 직원으로서 어떤 일을 수행하고 받는 급여에는 부가가치세가 과세되지 않는다.
재화 또는 용역의 공급	부가가치세 납세의무가 있는 사업자는 부가가치세 과세대상인 재화 또는 용역을 공급하는 자이며, 부가가치세 면세대상인 재화 또는 용역을 공급하는 자는 부가가치세법상 납세의무자가 아니다.

② 사업자의 분류

넓은 의미의 사업자는 부가가치세 과세대상인 재화 또는 용역을 공급하는 과세사업자와 부가가치세 면세대상인 재화 또는 용역을 공급하는 면세사업자로 구분한다. 과세사업자는 다시 매출규모에 따라 일반과세자와 간이과세자로 구분한다.

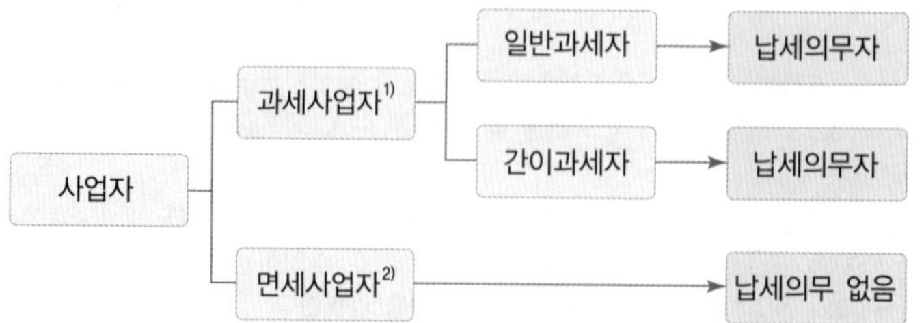

[1] 영세율을 적용받는 사업자는 과세사업자이므로 부가가치세 납세의무가 있다.

[2] 면세사업자는 부가가치세 납세의무가 없다.

(2) 재화를 수입하는 자

소비지국 과세원칙에 입각하여, 면세대상을 제외한 모든 재화는 수입 통관 시 10% 세율로 부가가치세가 과세된다. 따라서, 재화를 수입하는 자는 **사업자 여부에 관계없이** 부가가치세 납세의무가 있다.

06 간이과세자

최근 88회 시험 중 2회 기출

(1) 적용대상

직전 1역년의 재화와 용역의 공급대가(= 매출액 등 + 해당 부가가치세)가 1억400만 원 미만인 개인사업자로 한다. 따라서 법인은 간이과세자가 될 수 없다. 그리고 일부 제조업, 도매업, 부동산매매업 등의 업종은 간이과세자 적용이 배제된다.

(2) 특징

① 주로 최종소비자를 매출처로 하기 때문에 전단계세액공제법을 적용하지 않더라도 부가가치세 제도 운영에 큰 지장이 없다고 보아 특례를 적용한다. 이에 따라, 간이과세자 중 신규사업자 및 직전연도 공급대가 4,800만 원 미만인 사업자는 세금계산서를 발급할 수 없고 영수증만 발급할 수 있다.

② 납부세액을 '매출세액 - 매입세액'으로 계산하지 않고, 공급대가와 업종별 부가가치율을 사용하여 간편한 방법으로 계산한다. 이에 따라, 간이과세자는 원칙적으로 매입세액공제를 적용할 수 없고, 매출세액보다 매입세액이 크더라도 부가가치세액을 환급받지 못한다.

(3) 간이과세의 포기

간이과세자가 간이과세자에 관한 규정의 적용을 포기하고 일반과세자에 관한 규정을 적용받으려는 경우에는 관할세무서에 일반과세를 적용받고자 하는 달의 전 달 마지막 날까지 간이과세 포기신고서를 제출하여야 한다.

간이과세를 포기한 경우 이후 3년간은 간이과세자에 관한 규정을 적용받지 못한다.

07 과세기간

최근 88회 시험 중 3회 기출

구 분	과세기간			신고·납부기한
일반과세자	제1기	1월 1일 ~ 6월 30일	예정신고(1월 1일 ~ 3월 31일)	4월 25일
			확정신고(4월 1일 ~ 6월 30일)	7월 25일
	제2기	7월 1일 ~ 12월 31일	예정신고(7월 1일 ~ 9월 30일)	10월 25일
			확정신고(10월 1일 ~ 12월 31일)	다음 해 1월 25일
간이과세자	1년을 과세기간으로 함		1월 1일 ~ 12월 31일	다음 해 1월 25일
신규사업자	최초과세기간		사업개시일 ~ 과세기간 종료일	다음 달 25일
폐업자	최종과세기간		과세기간 개시일 ~ 폐업일	다음 달 25일

(1) 일반과세자

일반과세자의 부가가치세 과세기간은 각 6개월로, 1월 1일부터 6월 30일까지를 제1기라고 하고, 7월 1일부터 12월 31일까지를 제2기라고 한다. 각 과세기간의 앞부분 3개월을 예정신고기간이라고 하고, 나머지 뒷부분을 과세기간 최종 3개월(또는 확정신고기간)이라고 부른다.

(2) 간이과세자

간이과세자의 부가가치세 과세기간은 1년으로, 1월 1일부터 12월 31일까지를 한 과세기간으로 한다.

(3) 신규사업자 및 폐업자

신규로 사업을 시작하는 자의 최초과세기간은 사업개시일로부터 그날이 속하는 과세기간의 종료일까지로 한다. 다만, 사업개시일 이전에 사업자등록을 하면 그 신청한 때부터 그날이 속하는 과세기간의 종료일까지로 한다.

사업을 폐업하는 경우의 최종과세기간은 폐업일이 속하는 과세기간의 개시일부터 폐업일까지로 한다.

기출확인문제 *2025년 출제예상

홍길동은 일반과세사업자로 올해 9월 1일에 사업을 시작하여 당일 사업자등록 신청을 하였다. 홍길동의 부가가치세법상 올해 제2기 과세기간은? (제40회 수정)

① 올해 1월 1일 ~ 12월 31일　② 올해 9월 1일 ~ 12월 31일
③ 올해 1월 1일 ~ 9월 1일　④ 올해 7월 1일 ~ 12월 31일

정답 ②

해설
신규사업자의 최초과세기간은 사업개시일로부터 해당 과세기간의 종료일까지이다.

08 납세지

최근 88회 시험 중 8회 기출

(1) 부가가치세의 납세지

납세지란 납세의무자가 납세의무를 이행하고 과세권자가 부과권과 징수권을 행사하는 기준이 되는 장소를 말한다. 부가가치세의 납세지는 각 **사업장** 소재지로 한다. 따라서 사업자가 여러 사업장을 가지고 있다면 각 사업장마다 사업자등록을 하고 부가가치세를 신고·납부하는 것을 원칙으로 한다.

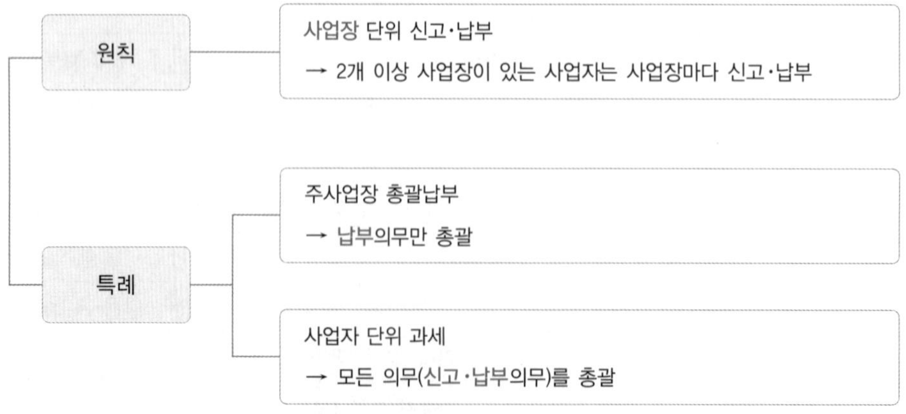
원칙
사업장 단위 신고·납부
→ 2개 이상 사업장이 있는 사업자는 사업장마다 신고·납부
특례
주사업장 총괄납부
→ 납부의무만 총괄
사업자 단위 과세
→ 모든 의무(신고·납부의무)를 총괄

(2) 사업장의 범위

① 업종별 사업장의 범위

구 분	사업장
광 업	• 광업사무소 소재지
제조업	• 최종제품을 완성하는 장소
건설업, 운수업, 부동산매매업	• 법인인 경우 : 법인의 등기부상 소재지 • 개인인 경우 : 사업에 관한 업무를 총괄하는 장소
부동산임대업	• 부동산의 등기부상 소재지
무인자동판매기에 의한 사업	• 사업에 관한 업무를 총괄하는 장소
사업장을 설치하지 않은 경우	• 사업자의 주소 또는 거소

② 별도 사업장 해당 여부

구 분	내 용	별도 사업장 해당
직매장	사업자가 자기의 사업과 관련하여 생산·취득한 재화를 직접 판매하기 위하여 특별히 판매시설을 갖춘 장소	O
하치장	재화를 보관·관리할 수 있는 시설만 갖춘 장소	X
임시사업장	각종 경기대회나 박람회 등 행사가 개최되는 곳에 개설한 장소	X

(3) 주사업장 총괄납부와 사업자 단위 과세

① 주사업장 총괄납부

주사업장 총괄납부란 사업장이 둘 이상 있는 사업자가 일정한 요건을 갖춘 경우 각 사업장의 납부세액 및 환급세액을 합산하여 주된 사업장에서 총괄하여 납부할 수 있는 제도이다. 이 제도는 세액의 납부(환급)만 총괄하는 것이므로 주사업장 총괄납부를 신청하였다고 하더라도 사업자등록, 부가가치세 신고, 수정신고 및 경정청구 등은 각 사업장별로 이루어져야 한다.

② 사업자 단위 과세

사업자 단위 과세란 사업장이 둘 이상 있는 사업자가 사업자 단위 과세로 사업자등록을 한 경우 부가가치세 신고·납부를 포함한 모든 납세의무의 이행을 주된 사업장에서 총괄하여 할 수 있는 제도이다. 사업자 단위 과세를 적용받는 경우에는 사업자등록, 부가가치세 신고, 납부, 수정신고 및 경정청구 등이 주된 사업장에서 총괄하여 이루어진다.

③ 주사업장 총괄납부와 사업자 단위 과세의 비교

구 분	주사업장 총괄납부	사업자 단위 과세
효 력	• 부가가치세 납부(환급)만 주된 사업장에서 총괄하여야 함 • 사업자등록, 부가가치세 신고, 세금계산서 수수 등은 각 사업장별로 하여야 함	• 사업자등록, 부가가치세 신고와 납부, 세금계산서 수수를 모두 주된 사업장에서만 하면 됨
주된 사업장	• 법인 : 본점 또는 지점 • 개인 : 주사무소	• 법인 : 본점 • 개인 : 주사무소
등록신청 및 포기신청	• 해당 과세기간 개시 20일 전까지	• 해당 과세기간 개시 20일 전까지
수정신고 및 경정청구	• 그 사유가 발생한 사업장	• 주된 사업장

기출확인문제

다음은 부가가치세법상의 사업장의 범위에 대한 설명이다. 틀린 것은? (제32회)

① 광업에 있어서는 광업사무소의 소재지
② 제조업에 있어서는 최종제품을 완성하는 장소
③ 건설업에 있어서는 사업자가 법인인 경우에는 그 법인의 등기부상의 소재지
④ 부동산임대업에 있어서는 사업자가 법인인 경우에는 그 법인의 등기부상의 소재지

정답 ④

해설
부동산임대업에 있어서는 그 부동산의 등기부상의 소재지를 사업장으로 한다.

09 사업자등록

최근 88회 시험 중 8회 기출

사업자등록이란 부가가치세 납세의무자에 해당하는 사업자의 사업내용을 관할세무서의 대장에 등록하는 것을 말한다. 이를 통하여 과세관청은 납세의무자를 파악할 수 있고 사업자는 사업자등록번호를 부여받아 거래에 활용하게 된다.

(1) 사업자등록의 신청

① 사업자는 사업장마다 사업개시일로부터 20일 이내에 사업자등록 신청을 하여야 한다. 다만, 신규로 사업을 시작하려는 자는 사업개시일 전이라도 사업자등록을 신청할 수 있다.

② 사업장이 둘 이상 있는 사업자는 원칙적으로 사업장마다 사업자등록 신청을 하여야 한다. 다만, 사업자 단위 과세적용 사업자는 본점(주사무소)에서만 사업자등록을 신청할 수 있다.

③ 사업자등록 신청을 받은 관할 세무서장은 신청일로부터 2일 이내에 사업자등록증을 발급하여야 한다. 다만, 사업현황 확인을 위하여 국세청장이 필요하다고 인정하는 경우에는 발급기한을 5일 이내에서 연장할 수 있다.

④ 사업자등록의 신청을 사업장 관할 세무서장이 아닌 다른 세무서장에게도 할 수 있다. 이 경우 사업장 관할 세무서장에게 사업자등록을 신청한 것으로 본다.

(2) 사업자등록을 하지 않은 경우 세무상의 불이익

미등록가산세	• 사업개시일로부터 20일 이내에 사업자등록 신청을 하지 아니한 경우에는 미등록가산세를 부과한다. • 미등록가산세는 사업개시일로부터 등록을 신청한 날의 직전 일까지의 공급가액에 대하여 1%를 곱한 금액으로 한다.
매입세액 불공제	• 사업자등록을 하기 전의 매입세액은 매출세액에서 공제하지 않는다. • 다만, 공급시기가 속하는 과세기간이 끝난 후 20일 이내에 등록 신청한 경우에는, 등록 신청일로부터 공급시기가 속하는 과세기간의 기산일까지 역산한 기간의 매입세액을 공제한다. 그러나, 이 경우에도 미등록가산세는 부과된다. 예 20x1. 7. 20.에 사업자등록 신청 시 20x1. 1. 1. 매입분부터 공제 가능

(3) 사업자등록의 정정

사업자는 등록사항에 변동이 발생한 때에는 지체 없이 정정신고를 하여야 한다. 사업자등록 정정신고를 받은 관할세무서장은 신청일 당일 또는 2일 이내에 사업자등록증을 정정하여 재발급한다.

재발급일	등록 정정사유
신청일 당일	• 상호 변경 • 통신판매업자가 사이버몰 명칭 또는 인터넷 도메인 이름 변경
신청일로부터 2일 이내	• 법인의 대표자 변경[1] • 사업장 이전[2] • 사업의 종류 변경 • 공동사업자의 구성원 또는 출자지분 변경 • 임대인, 임대차 목적물·면적, 보증금, 임대차기간의 변경, 새로 상가건물을 임차 • 사업자 단위 과세사업자가 적용사업장을 변경, 종된 사업장을 신설·이전·휴업·폐업 • 상속으로 인하여 사업자 명의가 변경되는 때

[1] 개인사업자의 대표자 변경은 폐업사유에 해당한다.

[2] 사업자의 자택주소 변경은 정정사유가 아니다.

기출확인문제

다음 중 사업자등록의 정정사유가 아닌 것은? (제35회)

① 상호를 변경하는 때
② 사업의 종류에 변경이 있는 때
③ 사업장을 이전할 때
④ 증여로 인하여 사업자의 명의가 변경되는 때

정답 ④

해설
증여로 인하여 사업자의 명의가 변경되는 것은 사업자등록 정정사유가 아니라 폐업사유에 해당한다.

핵심기출문제

* 본서에 수록된 기출문제의 날짜는 학습효과를 높이기 위하여 일부 수정함

01 다음 중 부가가치세의 특징에 대한 설명으로 옳지 않은 것은? [제68회]

① 일반소비세로서 간접세에 해당
② 생산지국 과세원칙
③ 전단계세액공제법
④ 영세율과 면세제도

02 다음 중 부가가치세법에 대한 설명으로 옳지 않은 것은? [제62회]

① 현행 부가가치세는 일반소비세이면서 간접세에 해당된다.
② 면세제도의 궁극적인 목적은 부가가치세의 역진성을 완화하는 것이다.
③ 현행 부가가치세는 전단계거래액공제법을 채택하고 있다.
④ 소비지국 과세원칙을 채택하고 있어 수출재화 등에 영세율이 적용된다.

03 현행 부가가치세법에 대한 설명으로 가장 거리가 먼 것은? [제67회]

① 부가가치세 부담은 전적으로 최종소비자가 하는 것이 원칙이다.
② 영리목적의 유무에 불구하고 사업상 독립적으로 재화를 공급하는 자는 납세의무가 있다.
③ 해당 과세기간 중 이익이 발생하지 않았을 경우에는 납부하지 않아도 된다.
④ 일반과세자의 내수용 과세거래에 대해서는 원칙적으로 10%의 단일세율을 적용한다.

04 다음 중 부가가치세의 납세의무자에 해당하지 않는 자는? [제19회 수정]

① 국외로부터 재화를 수입하는 비사업자
② 도매업자
③ 소매업자
④ 국내에서 생산한 재화를 구입하는 최종소비자

정답 및 해설

01 ② 현행 부가가치세는 소비지국 과세원칙을 채택하고 있다.

02 ③ 현행 부가가치세는 전단계거래액공제법이 아니라 전단계세액공제법을 채택하고 있다.

03 ③ 부가가치세는 이익 발생과 관계없이 납부세액이 발생하면 납부하여야 한다.

04 ④
- 부가가치세의 납세의무자는 '사업자'와 '재화를 수입하는 자'이다.
- 재화를 수입하는 자는 사업자 여부에 관계없이 부가가치세 납세의무가 있다.
- 국내에서 생산한 재화를 구입하는 최종소비자는 부가가치세를 실제로 부담하게 되지만 납세의무는 없다.

05 다음 자료를 보고 20x1년 제2기 부가가치세 신고기한으로 옳은 것은? [제80회]

> • 20x1년 4월 25일 1기 부가가치세 예정신고 및 납부함
> • 20x1년 7월 25일 1기 부가가치세 확정신고 및 납부함
> • 20x1년 8월 20일 자금상황의 악화로 폐업함

① 20x1년 7월 25일
② 20x1년 8월 31일
③ 20x1년 9월 25일
④ 20x2년 1월 25일

06 다음은 사업장의 범위를 업종별 기준으로 설명한 것이다. 다음 중 틀린 것은? [제38회]

① 무인자동판매기에 의한 사업 : 무인자동판매기의 설치장소
② 부동산매매업 : 법인은 법인의 등기부상 소재지
③ 사업장을 설치하지 않은 경우 : 사업자의 주소 또는 거소
④ 부동산임대업 : 부동산의 등기부상 소재지

07 부가가치세법상 사업자등록에 대한 설명으로 틀린 것은? [제66회]

① 사업자는 사업개시일부터 20일 이내에 사업장 관할 세무서장에게 사업자등록을 신청하여야 한다.
② 사업자등록의 신청은 사업장 관할 세무서장이 아닌 다른 관할 세무서장에게도 신청할 수 있다.
③ 신규로 사업을 시작하려는 자는 사업개시일 이후에만 사업자등록을 신청해야 한다.
④ 사업자는 휴업 또는 폐업을 하거나 등록사항이 변경되면 지체 없이 사업장 관할 세무서장에게 신고하여야 한다.

08 다음 중 현행 부가가치세법에 대한 설명으로 가장 틀린 것은? [제58회 수정]

① 부가가치세는 사업장마다 신고 및 납부하는 것이 원칙이다.
② 주사업장 총괄납부 시 주사업장은 법인의 경우 지점도 가능하다.
③ 재화의 단순한 보관·관리만을 위한 장소인 하치장은 별도의 사업장이 아니다.
④ 사업자 단위 과세사업자의 경우에도 사업자등록은 사업장별로 각각 하여야 한다.

09 다음 중 사업자등록 정정사유가 아닌 것은? [제91회]

① 통신판매업자가 사이버몰의 명칭 또는 인터넷 도메인 이름을 변경하는 때
② 공동사업자의 구성원 또는 출자지분의 변동이 있는 때
③ 증여로 인하여 사업자의 명의가 변경되는 때
④ 법인사업자의 대표자를 변경하는 때

정답 및 해설

05 ③ 폐업한 사업자의 부가가치세 신고기한은 폐업한 날이 속하는 달의 다음 달 25일이다.

06 ① 무인자동판매기에 의한 사업의 사업장은 그 사업에 관한 업무 총괄장소이다.

07 ③ 사업자는 사업장마다 사업개시일부터 20일 이내에 사업장 관할 세무서장에게 사업자등록을 신청하여야 한다. 다만, 신규로 사업을 시작하려는 자는 사업개시일 이전이라도 사업자등록을 신청할 수 있다.

08 ④ 사업자 단위 과세사업자의 경우에는 사업장별로 사업자등록을 하지 아니하고, 사업자의 본점 또는 주사무소에서 사업자등록을 한다.

09 ③
- 상속으로 인하여 사업자 명의가 변경되는 것은 사업자등록 정정사유에 해당한다.
- 증여로 인하여 사업자 명의가 변경되는 것은 사업자등록 정정사유가 아니라 폐업사유에 해당한다.

제2절 부가가치세 과세대상 거래

01 과세대상 거래

최근 88회 시험 중 1회 기출

부가가치세 과세대상 거래는 다음과 같다.
① 사업자가 행하는 재화의 공급
② 사업자가 행하는 용역의 공급
③ 재화의 수입

02 재화의 공급

최근 88회 시험 중 14회 기출

(1) 재화의 정의

재화란 재산적 가치가 있는 모든 유체물과 무체물을 말한다.

유체물	상품, 제품, 원료, 기계, 건물 등 모든 유형적 물건을 포함하지만, 수표·어음 등 화폐대용증권은 재화로 보지 않는다.
무체물	전기, 가스, 열, 에너지, 기타 관리할 수 있는 자연력 또는 권리 등으로서 재산적 가치가 있는 유체물 외의 모든 것을 포함한다.

참고 재화에 해당하지 않는 경우

- 수표·어음이나 상품권 등의 화폐대용증권
- 주식·채권 등의 유가증권

(2) 재화의 실질공급

재화의 실질공급이란 계약상 또는 법률상 모든 원인에 따라 재화를 인도하거나 양도하는 것을 말한다. 그 사례는 다음과 같다.

매매거래	현금판매, 외상판매, 할부판매, 장기할부판매, 조건부 및 기한부 판매, 위탁판매와 그 밖의 매매계약에 따라 재화를 인도하거나 양도하는 것
가공거래	자기가 주요자재의 전부 또는 일부를 부담하고 상대방으로부터 인도받은 재화를 가공하여 새로운 재화를 만드는 가공계약에 따라 재화를 인도하는 것
교환거래	재화의 인도 대가로서 다른 재화를 인도받거나 용역을 제공받는 것
기타 계약상 또는 법률상 원인에 따른 거래	현물출자, 기타 계약상 또는 법률상의 원인에 따라 재화를 인도하거나 양도하는 것

참고 재화의 공급에 해당하지 않는 경우
화재나 도난으로 인한 재화의 멸실(∵계약상 또는 법률상 원인이 아니므로)

(3) 재화의 간주공급

재화의 간주공급(공급의제)이란 재화의 실질공급에 해당하지는 않지만 일정한 요건에 해당하면 그 거래가 재화의 공급으로 간주되어 부가가치세 과세대상이 되는 것을 말한다. 그 유형은 다음과 같다.

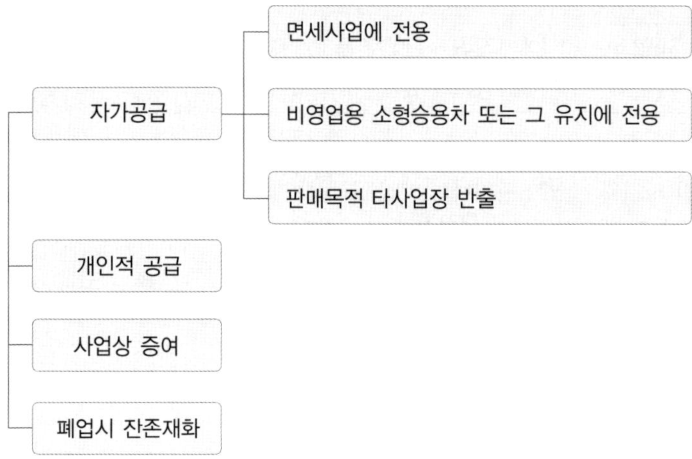

① 자가공급

자가공급이란 사업자가 자기의 사업과 관련하여 생산·취득한 재화를 자기의 사업을 위하여 직접 사용·소비하는 것을 말한다.

자가공급은 자기의 재화를 자기의 사업을 위하여 사용한 것이므로 재화의 공급에 해당하지 않는 것이 일반적이나, 다음에 해당하는 경우에는 재화의 공급으로 본다.

면세사업에 전용	사업자가 자기의 사업과 관련하여 생산·취득한 재화를 **자기의 면세사업을 위하여 사용·소비**하는 것은 재화의 공급으로 본다.
비영업용 소형승용차 또는 그 유지에 전용	사업자가 자기의 사업과 관련하여 생산·취득한 재화를 **비영업용 소형승용차로 사용하거나 또는 그 유지에 사용·소비**하는 것은 재화의 공급으로 본다.
판매목적 타사업장 반출	사업장이 둘 이상 있는 사업자가 자기의 사업과 관련하여 생산·취득한 재화를 **판매할 목적으로 다른 사업장에 반출**하는 것은 재화의 공급으로 본다.

② 개인적 공급

개인적 공급이란 사업자가 자기의 사업과 관련하여 생산·취득한 재화를 **사업과 직접 관계없이 ㉠ 자기의 개인적인 목적으로 사용·소비하거나 ㉡ 그 사용인 등(임직원)이 사용·소비**하는 것을 말한다. 개인적 공급은 재화의 공급으로 본다.

다만, 다음의 것은 개인적 공급으로 보지 않는다.

- 사용인 등에게 무상으로 공급하는 작업복·작업모·작업화
- 직장체육비·직장연예비와 관련된 재화
- 경조사와 관련된 재화[1]

[1] ⓐ 경조사(예 결혼, 출산, 장례)와 ⓑ 명절(예 설날, 추석), ⓒ 기념일(예 창립기념일, 생일)로 구분하여 ⓐ·ⓑ·ⓒ별로 각각 1인당 연간 10만 원을 한도로 하며, 10만 원을 초과하는 경우 그 초과액은 재화의 공급으로 봄

③ 사업상 증여

사업상 증여란 자기의 사업과 관련하여 생산·취득한 재화를 **자기의 고객이나 불특정 다수에게 증여하**는 것을 말하며 사업상 증여는 재화의 공급으로 본다.
다만, 다음의 것은 사업상 증여로 보지 않는다.

• 사업을 위하여 대가를 받지 않고 사업자에게 인도하는 견본품 • 광고선전용으로 불특정 다수인에게 배포하는 광고선전물

④ 폐업시 잔존재화

폐업시 잔존재화란 사업자가 자기의 사업과 관련하여 생산·취득한 재화 중 **사업을 폐업할 때 남아 있**는 재화를 말한다. 폐업시 잔존재화는 사업자가 폐업시에 자기에게 공급하는 것으로 본다.

(4) 재화의 간주공급 관련 고려사항

① 당초 매입세액 공제 여부에 따른 간주공급 적용 여부

간주공급 유형 중 면세사업에 전용, 비영업용 소형승용차 또는 그 유지에 전용, 개인적 공급, 사업상 증여, 폐업시 잔존재화	이 유형들의 취지는 부가가치세의 부담 없이 재화가 사용·소비되는 것을 방지하여 다른 사업자와의 과세형평을 유지하고자 하는 것이다. 바꾸어 말하면, 부적절하게 사용·소비되는 재화에 대하여 당초 구입 시 공제 받았던 매입세액을 환수하고자 하는 것이다. 예 사업자가 회사의 비품 명목으로 TV를 구입하고 그에 대한 매입세액을 공제받은 후 이를 자기 집에서 개인적 용도로 사용하였다고 가정하여 보자. 만약 처음부터 최종소비자로서 TV를 구입하였다면 이에 대한 매입세액은 공제받지 못하였을 것이나 이에 대해 부당하게 매입세액공제를 받은 상황이므로, TV를 자기의 개인적 용도로 사용·소비하는 것을 재화의 공급(개인적 공급)으로 보아 부가가치세를 부담하도록 만드는 것이다. 따라서, 이 유형들은 **당초 구입 시 매입세액이 공제되지 아니한 경우**라면 매입세액의 환수가 필요 없는 상황이므로 **간주공급이 적용되지 않는다.**
간주공급 유형 중 판매목적 타사업장 반출	이 유형은 둘 이상의 사업장이 있는 사업자가 사업장별로 부가가치세를 신고·납부하는 경우, 판매 사업장의 매출세액은 3개월(예정신고와 확정신고) 주기로 납부하는 반면, 구매 사업장의 매입세액은 6개월(확정신고) 주기로 환급 받음에 따라 자금 유동성에 어려움을 겪게 되는데, 이를 완화하고자 하는 것이다. 따라서, 이 유형은 다른 유형들과 그 취지가 다르기 때문에 **당초 구입 시 매입세액이 공제되지 아니한 경우에도 간주공급이 적용된다.**

② 판매목적 타사업장 반출의 특징

- 판매목적 타사업장 반출은 다른 유형들과 달리 **당초 매입세액이 공제되지 아니한 경우에도 간주공급이 적용된다.**
- 다른 간주공급 유형에서는 세금계산서의 발급이 생략되나, 판매목적 타사업장 반출의 경우에는 **세금계산서를 발급하여야 한다.**
- 재화의 공급에 대하여 세금계산서를 발급하는 경우 일반적인 과세표준은 해당 재화의 '시가'이나, 판매목적 타사업장 반출의 경우에는 **과세표준을 취득원가**로 한다.
- 판매목적 타사업장 반출에 의한 간주공급은 **주사업장 총괄납부 또는 사업자 단위 과세를 채택한 사업자에게는 적용될 여지가 없다.**
- 판매목적 타사업장 반출에 의한 간주공급은 판매목적으로 반출하는 경우에만 적용되는 것이므로, **사용 또는 소비 목적으로 반출하는 경우에는 적용되지 않는다.**

(5) 재화의 공급으로 보지 않는 것

다음에 해당하는 것은 재화의 공급으로 보지 않는다.

담보제공	질권, 저당권 또는 양도담보의 목적으로 동산, 부동산 및 부동산상의 권리를 제공하는 것
사업의 포괄적 양도	사업장별로 그 사업에 관한 모든 권리와 의무를 포괄적으로 승계시키는 사업의 양도
조세의 물납	사업용 자산을 상속세법 또는 지방세법 규정에 따라 물납하는 것
법률에 따른 공매·경매	국세징수법에 따른 공매, 민사집행법에 의한 강제경매
법률에 따른 수용	도시 및 주거환경정비법 등에 따른 수용

기출확인문제

다음 중 부가가치세법상 재화의 공급으로 보지 않는 것은? (제17회 수정)

① 개인적 공급　　② 면세사업에 전용
③ 폐업시 잔존재화　　④ 사업의 포괄적 양도

정답 ④

해설
사업의 포괄적 양도는 재화의 공급으로 보지 않는다.

03 용역의 공급

최근 88회 시험 중 3회 기출

(1) 과세대상 용역의 공급

용역의 공급이란 계약상 또는 법률상의 모든 원인에 의하여 역무를 제공하거나, 재화·시설물 또는 권리를 사용하게 하는 것을 말한다. 이러한 용역의 공급에 해당하는 업종에는 건설업, 숙박 및 음식점업, 부동산임대업 등이 있다.
다음과 같은 거래는 용역의 공급에 해당한다.

- 건설업자가 건설자재의 전부 또는 일부를 부담하는 경우의 건설 용역 제공
- 상대방으로부터 인도받은 재화에 주요자재를 전혀 부담하지 않고 단순히 가공만 하여 주는 것
- 산업·상업상 또는 과학상의 지식·경험 등의 정보를 제공하는 것

(2) 용역의 무상공급

사업자가 대가를 받지 아니하고 타인에게 용역을 공급하는 것은 용역의 공급으로 보지 아니한다. 다만, 사업자가 특수관계인에게 사업용 부동산의 임대용역을 무상으로 공급하는 것은 용역의 공급으로 본다.

참고 **용역의 간주공급**
이론적으로는 용역에 대하여도 간주공급(용역의 자가공급·무상공급) 개념을 생각해 볼 수 있으나, 현행 부가가치세법 규정에서는 특수관계인에게 사업용 부동산의 임대용역을 무상공급하는 것을 제외하고는 용역의 간주공급이 적용되지 않고 있다. 이는 용역의 경우 실물의 이동이 없으므로 과세행정상 이를 포착하기 어렵고, 시가의 측정이 쉽지 않기 때문인 것으로 해석된다.

04 재화의 수입

최근 88회 시험 중 3회 기출

재화의 수입이란 다음 중 어느 하나에 해당하는 물품을 국내로 반입하는 것을 말한다.

- 외국으로부터 국내에 도착한 물품으로서 수입신고가 수리되기 전의 것
- 수출신고가 수리된 물품

참고 수출신고가 수리되어 선적이 완료되면 이를 외국물품으로 보므로 이를 다시 반입하면 수입이 된다.

재화의 수입에 대해서는 사업자 이외의 자가 하는 경우에도 부가가치세 과세대상으로 보며, 재화의 수입에 대한 부가가치세는 통관 시 세관장이 징수한다.

기출포인트

용역의 수입은 과세대상 거래가 아니다.

05 부수 재화 또는 용역의 공급

최근 88회 시험 중 2회 기출

구 분	대 상		결 과	사 례
주된 거래에 부수되는 공급	주된 거래 : 과세		과 세	음악 CD에 부수되어 있는 화보집
	주된 거래 : 면세		면 세	도서에 부수되어 있는 해설 CD
주된 사업에 부수되는 공급	주된 사업 : 과세	부수되는 것 : 과세	과 세	과세 제조업자의 건물 공급
	주된 사업 : 과세	부수되는 것 : 면세	면 세	과세 제조업자의 토지 공급
	주된 사업 : 면세	부수되는 것 : 과세	면 세	면세사업자인 은행의 건물 공급
	주된 사업 : 면세	부수되는 것 : 면세	면 세	면세사업자인 은행의 토지 공급

(1) 주된 거래에 부수되는 공급

다음 중 어느 하나에 해당하는 재화 또는 용역의 공급은 주된 거래에 부수되는 것으로 본다.
이 경우, 부수 공급의 과세·면세 여부는 주된 거래에 따른다.

- 해당 대가가 주된 거래인 재화 또는 용역의 공급대가에 **통상적으로** 포함되어 공급되는 재화 또는 용역
- 거래의 관행으로 보아 **통상적으로** 주된 재화 또는 용역의 공급에 부수하여 공급되는 것으로 인정되는 재화 또는 용역

(2) 주된 사업에 부수되는 공급

다음 중 어느 하나에 해당하는 재화 또는 용역의 공급은 주된 사업에 부수되는 것으로 본다.
이 경우, 부수 공급의 과세·면세 여부는 주된 사업에 따른다. 다만, 해당 재화·용역이 면세대상이라면 주된 사업이 과세사업이든 면세사업이든 관계없이 면세된다. (면세우선의 원칙)

- 주된 사업과 관련하여 **우연히 또는 일시적으로** 공급되는 재화 또는 용역
- 주된 사업과 관련하여 주된 재화의 생산 과정이나 용역의 제공 과정에서 **필연적으로** 생기는 재화

  예 부산물·작업폐물의 매각

06 공급시기

최근 88회 시험 중 15회 기출

재화 또는 용역의 공급시기는 재화·용역의 공급이 어느 과세기간에 귀속되는가를 결정하는 기준이 된다. 뿐만 아니라 공급시기가 도래하면 공급자는 거래상대방에게 세금계산서를 발급하여야 하므로 공급시기는 세금계산서 발급의 기준시점이 된다.

(1) 재화의 공급시기

① 일반원칙

㉠ 재화의 이동이 필요한 경우	재화가 인도되는 때
㉡ 재화의 이동이 필요하지 않은 경우	재화가 이용 가능하게 되는 때
㉢ 위 ㉠과 ㉡의 규정을 적용할 수 없는 경우	재화의 공급이 확정되는 때

② 거래형태별 공급시기

현금판매, 외상판매, 할부판매	재화가 인도되거나 이용 가능하게 되는 때
상품권 등을 현금 또는 외상으로 판매하고 그 후 해당 상품권 등을 현물과 교환하는 경우	재화가 실제로 인도되는 때
재화의 공급으로 보는 가공의 경우	가공된 재화를 인도하는 때
반환조건부판매, 동의조건부판매, 기타 조건부 및 기한부 판매	그 조건이 성취되거나 기한이 경과하여 판매가 확정되는 때
장기할부판매	대가의 각 부분을 받기로 한 때
완성도기준지급조건부 또는 중간지급조건부 판매	대가의 각 부분을 받기로 한 때
전력이나 기타 공급단위를 구획할 수 없는 재화의 계속적 공급	대가의 각 부분을 받기로 한 때
면세사업 전용, 비영업용 소형승용차 전용, 개인적 공급	재화를 사용·소비하는 때
사업상 증여	재화를 증여하는 때
폐업시 잔존재화	폐업하는 때
판매목적 타사업장 반출	재화를 반출하는 때
내국물품의 국외반출(직수출)	수출재화의 선적일
중계무역 방식의 수출	수출재화의 선적일
원양어업, 위탁판매수출	수출재화의 공급가액이 확정되는 때
외국인도수출, 위탁가공 무역방식의 수출	외국에서 재화가 인도되는 때
무인판매기를 이용한 재화의 공급	무인판매기에서 현금을 인취하는 때
위탁판매 또는 대리인에 의한 매매	수탁자 또는 대리인이 공급한 때

| 용어 알아두기 |

- 장기할부판매 : ㉠ 재화를 먼저 공급한 후에 그 대가를 2회 이상 분할하여 할부로 받고, ㉡ 해당 재화의 인도일의 다음날부터 최종 할부금 지급기일까지의 기간이 1년 이상인 것
- 중간지급조건부 판매 : ㉠ 재화가 인도되기 전에 계약금 이외의 대가를 2회 이상 분할하여 지급받고, ㉡ 계약금을 받기로 한 날의 다음날부터 재화를 인도하는 날까지의 기간이 6개월 이상인 것

(2) 용역의 공급시기

① 일반원칙

역무를 제공하는 경우	역무의 제공이 완료되는 때
시설물, 권리 등 재화를 사용하게 하는 경우	시설물, 권리 등 재화가 사용되는 때

② 거래 형태별 공급시기

통상적인 용역의 공급	역무의 제공이 완료되는 때
장기할부조건부 또는 기타 조건부 용역의 공급	대가의 각 부분을 받기로 한 때
완성도기준지급조건부 또는 중간지급조건부 용역의 공급	대가의 각 부분을 받기로 한 때
공급단위를 구획할 수 없는 용역을 계속적으로 공급하는 경우(예 부동산임대용역)	대가의 각 부분을 받기로 한 때
부동산임대용역을 공급하는 경우에 전세금 또는 임대보증금에 대한 간주임대료	예정신고기간 또는 과세기간의 종료일
부동산임대용역을 둘 이상의 과세기간에 걸쳐 공급하고 그 대가를 선불 또는 후불로 받는 경우에 월수로 안분계산한 임대료	예정신고기간 또는 과세기간의 종료일
둘 이상의 과세기간에 걸쳐 계속적으로 일정한 용역을 제공하고 그 대가를 선불로 받는 경우(예 스포츠센터에서 미리 받은 연회비)	예정신고기간 또는 과세기간의 종료일

참고 폐업 전에 공급한 재화 또는 용역의 공급시기 특례

사업자가 폐업 전에 공급한 재화 또는 용역의 공급시기가 폐업일 이후에 도래하는 경우에는 그 폐업일을 공급시기로 본다.

| 용어 알아두기 |

간주임대료 : 부동산임대용역을 공급하고 대가를 받는 방식은 크게 두 가지 방법이 있는데, 첫 번째 방법은 매월 임대료를 받는 것이고, 두 번째 방법은 임대보증금을 받아서 이를 은행 등에 예치하여 이자를 얻는 것이 있음

여기서 매월 임대료의 경우에는 세금계산서가 발급되므로 부가가치세 납부에 큰 어려움이 없으나, 임대보증금의 경우에는 보증금을 받았다가 계약 만료 후 그대로 돌려주는 것이며 세금계산서가 발급되지 않으므로 보증금에 정기예금이자율을 곱하여 인위적으로 부가가치세 과세표준을 산정하는데 이를 간주임대료라고 함

기출확인문제

다음 중 부가가치세법상 공급시기가 잘못된 것은? (제42회)

① 외상판매의 경우 : 재화가 인도되거나 이용 가능하게 되는 때
② 장기할부판매의 경우 : 대가의 각 부분을 받기로 한 때
③ 무인판매기로 재화를 공급하는 경우 : 무인판매기에서 현금을 인취하는 때
④ 폐업시 잔존재화의 경우 : 재화가 사용 또는 소비되는 때

정답 ④

해설
폐업시 잔존재화의 공급시기는 폐업하는 때이다.

핵심기출문제

* 본서에 수록된 기출문제의 날짜는 학습효과를 높이기 위하여 일부 수정함

01 다음 중 부가가치세 과세대상 거래에 해당하지 않는 것은? [제92회]

① 사업자가 행하는 재화의 공급
② 사업자가 행하는 용역의 공급
③ 재화의 수입
④ 용역의 수입

02 다음 중 부가가치세 과세대상에 해당하는 것을 모두 고른 것은? [21년 2월 특별회차]

가. 상품을 국외로부터 수입하는 경우
나. 제품을 판매목적으로 수출하는 경우
다. 차량을 양도담보 목적으로 제공하는 경우
라. 사업용 기계장치를 매각하는 경우

① 나, 다, 라　② 가, 나, 다　③ 가, 나, 라　④ 가, 다, 라

03 다음 중 부가가치세법상 재화의 공급으로 보지 않는 것은? [제30회]

① 할부판매에 의하여 재화를 인도 또는 양도하는 것
② 민사집행법에 의한 강제경매에 따라 재화를 인도 또는 양도하는 것
③ 교환계약에 의하여 재화를 인도 또는 양도하는 것
④ 가공계약에 의하여 재화를 인도하는 것

04 다음 중 부가가치세법상 재화의 공급으로 보는 것은? [제43회]

① 상속세를 건물로 물납하는 경우
② 사업의 포괄양수도
③ 차량을 담보목적으로 제공하는 경우
④ 폐업시 잔존재화

05 다음 중 부가가치세법상 재화 공급의 특례에 해당하는 간주공급으로 볼 수 없는 것은? [제83회]

① 폐업시 잔존재화
② 사업을 위한 거래처에 대한 증여
③ 사업용 기계장치의 양도
④ 과세사업과 관련하여 취득한 재화를 면세사업에 전용하는 재화

06 다음 중 부가가치세법상 재화의 공급으로 간주되어 과세대상이 되는 항목은? (아래 항목은 전부 매입세액 공제받았음) [제95회]

① 직장 연예 및 직장 문화와 관련된 재화를 무상 제공하는 경우
② 사업을 위해 착용하는 작업복, 작업모 및 작업화를 무상 제공하는 경우
③ 사용인 1인당 연간 10만 원 이내의 경조사와 관련된 재화를 무상 제공하는 경우
④ 사업자가 자기생산·취득 재화를 자기의 고객에게 증여하는 경우

정답 및 해설

01 ④ 용역의 수입은 부가가치세 과세대상 거래에 해당하지 않는다.

02 ③
- 가 : 재화의 수입
- 나, 라 : 사업자가 행하는 재화의 공급
- 다 : 재화의 공급으로 보지 않는 것

03 ②
- ①, ③, ④ : 재화의 실질공급
- ② : 재화의 공급으로 보지 않는 것

04 ④
- ①, ②, ③ : 재화의 공급으로 보지 않는 것
- ④ : 재화의 간주공급

05 ③
- ① 폐업시 잔존재화 / ② 사업상 증여 / ④ 면세사업에 전용
- ③ 재화의 실질공급

06 ④
- ①, ②, ③ : 개인적 공급으로 보지 않는 것
- ④ 사업상 증여

07 현행 부가가치세법상 용역의 공급으로 과세하지 않는 경우는 어느 것인가? [제40회 수정]

① 건설업자가 건설자재의 전부 또는 일부를 부담하는 경우
② 상대방으로부터 인도받은 재화에 주요자재를 전혀 부담하지 아니하고 단순히 가공만 하여 주는 경우
③ 산업상, 상업상 또는 과학상의 지식, 경험 또는 숙련에 관한 정보를 제공하는 경우
④ 특수관계 이외의 자에게 용역을 무상으로 공급하는 경우

08 다음 중 부가가치세법상 용역의 공급으로 과세하지 아니하는 것은? [제54회]

① 고용관계에 의하여 근로를 제공하는 경우
② 사업자가 특수관계에 있는 자에게 사업용 부동산의 임대용역을 무상공급하는 경우
③ 상대방으로부터 인도받은 재화에 주요자재를 전혀 부담하지 아니하고 단순히 가공만 하는 경우
④ 건설업자가 건설자재의 전부 또는 일부를 부담하고 공급하는 용역의 경우

09 부가가치세법상 재화의 공급시기로 옳지 않은 것은? [제96회]

① 현금판매, 외상판매의 경우 : 재화가 인도되거나 이용 가능하게 되는 때
② 무인판매기에 의한 공급 : 무인판매기에서 현금을 인취하는 때
③ 반환조건부 판매, 동의조건부 판매, 그 밖의 조건부 판매의 경우 : 그 조건이 성취되거나 기한이 지나 판매가 확정되는 때
④ 장기할부판매, 완성도기준지급 또는 중간지급조건부로 재화를 공급하는 경우 : 대가의 전부를 실제 받았을 때

10 다음 중 부가가치세법상 재화의 공급시기가 잘못 연결된 것은? [제93회 수정]

① 외국으로 직수출하는 경우 : 선적일 또는 기적일
② 재화의 공급으로 보는 가공의 경우 : 가공이 완료된 때
③ 장기할부판매의 경우 : 대가의 각 부분을 받기로 한 때
④ 폐업할 때 자기생산·취득재화 중 남아 있는 재화 : 폐업일

11 부가가치세법상 부동산임대용역을 공급하는 경우에 전세금 또는 임대보증금에 대한 간주임대료의 공급시기는? [제47회]

① 그 대가의 각 부분을 받기로 한 때
② 용역의 공급이 완료된 때
③ 그 대가를 받은 때
④ 예정신고기간 또는 과세기간 종료일

정답 및 해설

07 ④ 사업자가 타인에게 용역을 무상으로 공급하는 것은 용역의 공급으로 보지 아니한다. 다만, 사업자가 특수관계인에게 사업용 부동산의 임대용역을 무상으로 공급하는 것은 용역의 공급으로 본다.

08 ① 고용관계에 의한 근로의 제공은 부가가치세법상 과세대상 용역의 공급으로 보지 않는다.

09 ④ 장기할부판매, 완성도기준지급 또는 중간지급조건부로 재화를 공급하는 경우 : 대가의 각 부분을 받기로 한 때

10 ② 재화의 공급으로 보는 가공의 경우 : 가공된 재화를 인도하는 때

11 ④ 간주임대료의 공급시기는 예정신고기간 또는 과세기간 종료일이다.

제3절 | 영세율과 면세

01 영세율

최근 88회 시험 중 11회 기출

영세율이란 일정한 재화 또는 용역의 공급에 대하여 0%의 세율을 적용하는 제도를 말한다. 영세율을 적용받으려면 해당 사업자는 부가가치세법상 과세사업자이어야 한다.

참고 영세율을 적용받는 사업자는 과세사업자이므로 특정한 매출에 대하여 영세율이 적용되어 매출에 대한 부가가치세(매출세액)가 없더라도 매입에 대한 부가가치세(매입세액)를 돌려받을 수 있다. 따라서 영세율을 적용받는 사업자는 부가가치세 신고의무가 있고, 영세율 적용 매출 이외에 일반 매출이 있다면 당연히 부가가치세 납세의무가 있다.

(1) 영세율의 특징

수출촉진	수출가격을 낮추고 매입세액을 전액 환급함으로써 수출업자의 자금 부담을 덜어주고 수출을 촉진시킨다.
완전면세제도	매출세액을 영(0)으로 하되 이미 부담한 매입세액은 전액 공제하여 사업자의 부가가치세 부담을 완전히 면제해 준다.
소비지국 과세원칙 실현	생산지국에서 수출할 때는 영세율을 적용하여 부가가치세를 과세하지 않고, 소비지국에서 수입할 때는 과세하여 국가 간 이중과세를 방지한다.

(2) 영세율 적용대상 거래

재화의 수출	• 내국물품을 외국으로 반출하는 것(직수출) • 국내의 사업장에서 계약과 대가수령 등의 거래가 이루어지는 것으로서 중계무역 방식의 수출, 위탁판매수출, 외국인도수출, 위탁가공무역 방식의 수출 • 내국신용장[1] 또는 구매확인서[2]에 의하여 공급하는 재화
용역의 국외공급	• 사업장이 국내에 있는 사업자가 국외에서 공급하는 용역 예 해외 건설공사
선박·항공기의 외국항행용역 공급	• 선박 또는 항공기에 의하여 여객이나 화물을 국내에서 국외로, 국외에서 국내로 수송하는 것
기타 외화 획득 재화 또는 용역의 공급	• 국내에서의 거래이지만 그 실질이 수출과 동일하거나 외화를 획득하는 사업으로 인정되는 경우 영세율을 적용한다. · 비거주자 또는 외국법인에게 공급하는 일정한 재화 또는 용역(그 대금을 법정 방법[3]에 따라 외화로 받아야 함) · 수출업자와 직접 도급계약을 체결하였거나 또는 내국신용장·구매확인서에 의하여 공급하는 수출재화임가공용역 · 우리나라에 상주하는 외교공관, 국제연합군 또는 미국군 등에 공급하는 재화 또는 용역

[1] 수출업자가 국내 하청업체로부터 수출용 원자재 등을 신용거래로 납품(공급)받고자 하는 경우에 당해 수출업자의 신청에 의하여 외국환은행의 장이 개설하는 국내용 신용장

[2] 수출업자의 무역금융한도초과 등으로 내국신용장 개설이 어려운 경우 관련 법에 따라 외국환은행의 장이 내국신용장에 준하여 발급하는 확인서

[3] ㉠ 외국환은행에서 원화로 받는 방법 / ㉡ 외화를 직접 송금받아 외국환은행에 매각하는 방법 / ㉢ 비거주자·외국법인에게 지급할 외화 금액에서 빼는 방법

기출포인트

대부분의 영세율 거래는 그 거래상대방이 국내 사업자가 아니기 때문에 특례규정에 따라 세금계산서 발급의무가 면제된다. 그러나, 다음과 같은 영세율 거래는 거래 쌍방이 모두 국내 사업자인 거래에 해당하므로 영세율세금계산서가 발급되어야 한다.

- 내국신용장·구매확인서에 의해 공급하는 재화
- 수출업자와 직접 도급계약을 체결하였거나 또는 내국신용장·구매확인서에 의하여 공급하는 수출재화임가공용역
- 한국국제협력단, 한국국제보건의료재단, 대한적십자사에 공급하는 재화

02 면세

빈출 최근 88회 시험 중 22회 기출

면세란 일정한 재화 또는 용역의 공급에 대하여 부가가치세를 면제하는 제도를 말한다.

참고 면세사업자는 매출에 대하여 부가가치세(매출세액)를 납부할 필요가 없는 대신 매입 시 부담한 부가가치세(매입세액)가 있더라도 이를 돌려받을 수 없다. 따라서 면세사업자는 부가가치세 신고의무와 납세의무가 없다.

(1) 면세의 특징

역진성 완화	기초생활필수품에 대하여 부가가치세를 면제함으로써 저소득층에 대한 세부담의 역진성을 완화시킨다.
부분면세제도	부가가치세 납세의무가 면제되므로 매출세액을 납부하지 않으나 이미 부담한 매입세액은 공제되지 않으므로 사업자의 부가가치세 부담이 완전히 제거되지는 않는다.

(2) 면세 적용대상 거래

기초생활필수품	• 미가공 식료품(국내산·외국산 불문) • 국내산 비식용 농·축·수·임산물 • 수돗물(생수는 과세) • 연탄과 무연탄 • 여성용 생리처리 위생용품 • 여객운송용역(항공기, 우등고속버스, 전세버스, 택시, 고속철도 운송은 과세) • 주택과 이에 부수되는 토지의 **임대용역**(주택면적 관계없이 면세)
국민후생 및 문화 관련 재화·용역	• 의료보건용역과 혈액(미용목적 성형수술은 과세) 참고 약사의 조제의약품은 면세이나 일반의약품은 과세 • 인·허가받은 교육용역(무도학원, 자동차운전학원은 과세) • 도서, 신문, 잡지, 관보, 뉴스통신(광고는 과세) • 예술창작품, 예술행사, 문화행사 또는 아마추어 운동경기 • 도서관, 과학관, 박물관, 미술관, 동물원, 식물원의 입장료

부가가치 생산요소	• 토지의 공급 참고 토지의 공급은 면세이나, 토지의 임대는 과세 • 금융·보험용역 • 저술가, 작곡가 등 직업상 제공하는 인적용역
기 타	• 우표(수집용 우표는 과세), 복권, 공중전화 • 종교, 학술, 기타를 목적으로 하는 단체가 공급하는 재화·용역 • 국가, 지방자치단체 등이 공급하는 재화·용역 • 국가, 지방자치단체 등에 무상으로 공급하는 재화·용역
조세특례제한법상 면세대상	• 국민주택의 **공급**과 국민주택의 **건설용역**(주택면적이 국민주택규모 이하인 경우만 면세) • 영유아용 기저귀와 분유

기출포인트

부동산의 공급과 임대에 대한 부가가치세 과세는 다음과 같다.

구 분	공 급	임 대
건 물	• 원칙 : 과세 • 국민주택의 공급 : 면세	• 상가의 임대 : 과세 • 주택의 임대 : 면세
토 지	• 면세	• 원칙 : 과세 • 주택부수토지의 임대 : 면세

(3) 면세포기

면세포기란 면세되는 재화 또는 용역을 공급하는 사업자가 면세 적용을 포기하고 과세로 전환하는 것을 말한다.

① 면세포기 대상

다음의 경우에 한하여 면세포기가 인정된다.

• 영세율의 적용 대상이 되는 재화 또는 용역
• 학술연구단체와 기술연구단체가 공급하는 재화 또는 용역

② 면세포기 절차

• 면세를 포기하고자 하는 사업자는 관할세무서에 포기신고서를 제출하고 **지체 없이** 사업자등록을 하여야 한다.
• 면세포기는 언제든지 가능하며 관할관청의 승인을 요하지 않는다.
• 면세포기 신고를 한 사업자는 신고한 날부터 3년간 부가가치세를 면제받지 못하며, 그 후 다시 면세 적용 신고를 하지 않은 경우에는 계속하여 면세를 포기한 것으로 본다.

기출확인문제

다음 중 부가가치세가 과세되는 것은? (제23회) ① 토지의 공급 ② 국민주택의 공급 ③ 상시주거용 주택과 부수토지의 임대 ④ 주택 외 상가건물의 임대	정답 ④ 해설 토지의 공급, 국민주택의 공급, 주택의 임대는 부가가치세 면세 대상이다.

핵심기출문제

* 본서에 수록된 기출문제의 날짜는 학습효과를 높이기 위하여 일부 수정함

01 다음 중 부가가치세법상 영세율의 특징이 아닌 것은? [제70회]

① 수출업자의 자금부담을 줄여서 수출을 촉진한다.
② 사업자의 부가가치세 부담을 완전히 면제시켜 준다.
③ 국가 간 이중과세를 방지한다.
④ 저소득층의 세부담 역진성을 완화한다.

02 다음 중 부가가치세법상 영세율에 대한 설명으로 틀린 것은? [제32회]

① 수출하는 재화에 적용된다.
② 내국신용장에 의해 공급하는 재화의 경우 영세율세금계산서를 발급해야 한다.
③ 불완전면세제도에 해당한다.
④ 영세율적용대상자는 부가가치세법상 과세사업자이어야 한다.

03 다음 중 부가가치세법상 영세율과 면세에 대한 설명으로 옳지 않은 것은? [제90회]

① 면세사업자는 부가가치세법상 납세의무자가 아니다.
② 면세사업자가 영세율을 적용받고자 하는 경우에는 면세포기 신고를 하여야 한다.
③ 영세율은 부가가치세 부담이 전혀 없는 완전면세제도에 해당한다.
④ 면세제도는 소비지국과세원칙을 구현하고 부가가치세의 역진성을 완화하기 위해 도입된 제도이다.

04 다음 중 부가가치세 면세대상이 아닌 것은? [제74회]

① 약사법에 따른 약사가 제공하는 의약품의 조제용역
② 수돗물
③ 연탄과 무연탄
④ 항공법에 따른 항공기에 의한 여객운송 용역

05 다음 중 부가가치세법상 면세대상 거래에 해당되지 않는 것은? [제78회]

① 보험상품 판매　② 마을버스 운행
③ 일반의약품 판매　④ 인터넷신문 발행

06 다음 중 부가가치세법상 면세대상에 해당하는 것은? [20년 11월 특별회차 수정]

① 신문광고
② 인·허가받은 교육용역 (무도학원과 자동차운전학원은 제외)
③ 생수 판매
④ 택시에 의한 여객운송용역

정답 및 해설

01 ④ 세부담의 역진성 완화는 면세제도의 취지에 해당한다. 면세는 기초생활필수품에 부가가치세를 면제함으로써 저소득층에 대한 세부담의 역진성을 완화해 준다.

02 ③ 영세율은 부가가치세 부담이 전혀 없는 완전면세제도에 해당한다.

03 ④
- 면세제도의 목적 : 역진성 완화
- 영세율제도의 목적 : 수출 촉진, 소비지국 과세원칙 실현

04 ④ 여객운송용역은 면세대상이나, 예외적으로 항공기, 우등고속버스, 전세버스, 택시, 고속철도 운송은 과세대상에 해당한다.

05 ③ 약사의 조제의약품은 면세대상이나, 일반의약품은 과세대상에 해당한다.

06 ②
- 신문은 면세대상이나, 신문광고는 과세대상에 해당한다.
- 인·허가받은 교육용역은 면세대상이나, 예외적으로 무도학원, 자동차운전학원은 과세대상에 해당한다.
- 수돗물은 면세대상이나, 생수는 과세대상에 해당한다.

07 다음 중 부가가치세법상 면세대상 거래에 해당하는 것은? [제80회]

① 운전면허학원의 시내연수
② 프리미엄고속버스 운행
③ 일반의약품에 해당하는 종합비타민 판매
④ 예술 및 문화행사

08 부가가치세법상 사업자가 행하는 다음의 거래 중 부가가치세가 과세되는 것은? [제86회]

① 상가에 부수되는 토지의 임대
② 주택의 임대
③ 국민주택 규모 이하의 주택의 공급
④ 토지의 공급

09 다음 중 부가가치세가 면세되는 재화 또는 용역의 공급의 개수는? [제41회 수정]

• 쌀	• 신문사 광고	• 연탄과 무연탄
• 시내버스 운송용역	• 의료보건용역	• 금융·보험용역

① 3개 ② 4개 ③ 5개 ④ 6개

10 다음 중 면세대상에 해당하는 것으로만 짝지어진 것은? [20년 10월 특별회차]

㉠ 수돗물	㉡ 도서, 신문	㉢ 가공식료품
㉣ 전세버스운송용역	㉤ 토지의 공급	㉥ 복권

① ㉠, ㉡, ㉣, ㉤ ② ㉠, ㉡, ㉢, ㉥
③ ㉠, ㉡, ㉤, ㉥ ④ ㉡, ㉣, ㉤, ㉥

11 다음은 부가가치세법상 면세포기와 관련된 설명이다. 맞게 설명한 것은? [제98회]

① 면세포기는 관할세무서장의 승인을 얻어야 한다.

② 면세사업자는 면세포기 신고일로부터 3년간은 부가가치세를 면제받지 못한다.

③ 면세사업자는 모든 재화, 용역에 대하여 면세포기가 가능하다.

④ 면세사업자가 면세를 포기해도 매입세액공제가 불가능하다.

정답 및 해설

07 ④ 예술행사 및 문화행사는 면세대상에 해당한다.

08 ① 토지의 임대는 주택부수토지의 임대를 제외하고는 과세대상에 해당한다.

09 ③ 쌀(면세) / 신문사 광고(과세) / 연탄과 무연탄(면세) / 시내버스 운송용역(면세) / 의료보건용역(면세) / 금융·보험용역(면세)

10 ③ ㉠ 수돗물(면세) / ㉡ 도서·신문(면세) / ㉢ 가공식료품(과세) / ㉣ 전세버스운송용역(과세) / ㉤ 토지의 공급(면세) / ㉥ 복권(면세)

11 ② ① 면세포기는 관할세무서장의 승인을 요하지 않는다.
③ 면세포기는 영세율 적용 대상이 되는 재화·용역 등 일정한 경우에 한하여 인정된다.
④ 면세사업자가 면세포기 신고를 하면 매입세액공제를 받을 수 있게 된다.

제4절 세금계산서

01 거래징수

최근 88회 시험 중 2회 기출

거래징수란 사업자가 재화 또는 용역을 공급하는 경우에 공급가액에 부가가치세율을 적용하여 계산한 부가가치세를 재화 또는 용역을 공급받는 자로부터 징수하는 것을 말한다.

부가가치세의 거래징수대상은 과세대상인 재화 또는 용역의 공급이며, 각 거래단계에서의 거래징수를 통하여 부가가치세는 최종소비자에게 전가된다. 따라서, 공급받는 자가 비사업자나 면세사업자인 경우에도 모두 거래징수대상이 된다.

02 세금계산서

세금계산서(Tax Invoice)란 과세사업자가 재화 또는 용역을 공급하는 때에 부가가치세를 거래징수하고 이를 증명하기 위하여 공급받는 자에게 발급하는 증서를 말한다.

(1) 세금계산서의 종류

(일반)세금계산서	10% 과세되는 재화 또는 용역의 공급에 대하여 사업자가 발급하는 세금계산서
영세율세금계산서	영세율이 적용되는 재화 또는 용역의 공급에 대하여 사업자가 발급하는 세금계산서
수입세금계산서	재화의 수입에 대하여 10% 과세하여 통관 시 세관장이 발급하는 세금계산서

기출포인트

- 간이과세자 중 신규사업자 및 직전연도 공급대가 4,800만 원 미만인 사업자는 세금계산서를 발급할 수 없고, 영수증만 발급할 수 있다.
- 면세사업자는 세금계산서를 발급할 수 없고, 계산서 또는 영수증만 발급할 수 있다.

(2) 세금계산서의 기재사항

세금계산서는 공급하는 사업자가 2매를 작성하여 1매(공급자 보관용)는 보관하고, 1매(공급받는 자 보관용)는 공급받는 자에게 발급한다. 세금계산서의 기재사항은 다음과 같다.

구 분	기재사항	비 고
필요적 기재사항	• 공급하는 사업자의 등록번호와 성명 또는 명칭 • 공급받는 자의 등록번호 • 공급가액과 부가가치세액 • 작성연월일	• 필요적 기재사항 전부 또는 일부가 기재되지 않았거나 그 내용이 사실과 다른 경우 세금계산서로서의 효력이 인정되지 않는다.
임의적 기재사항	• 공급하는 자의 주소 • 공급받는 자의 상호, 성명, 주소 • 품목, 단가, 수량 • 공급연월일 • 거래의 종류 등	• 세금계산서의 효력에 영향을 미치지 않는다.

참고 필요적 기재사항이 ㉠ 기재 누락되거나 ㉡ 사실과 다르게 기재되는 경우의 세무상 불이익

• 공급하는 사업자 : 세금계산서불성실가산세(공급가액의 1%)
• 공급받는 자 : 매입세액 불공제

(3) 세금계산서의 예시

<table>
<tr><td colspan="6">전자세금계산서</td><td colspan="2">승인번호</td><td colspan="3"></td></tr>
<tr><td rowspan="6">공급자</td><td>등록번호</td><td colspan="3">120-81-21410</td><td rowspan="6">공급받는자</td><td>등록번호</td><td colspan="4">105-86-55876</td></tr>
<tr><td>상호</td><td>㈜한신산업</td><td>성명</td><td>김민규</td><td>상호</td><td>㈜신라전자</td><td>성명</td><td colspan="2">김근옥</td></tr>
<tr><td>사업장 주소</td><td colspan="3">서울 강남구 선릉로 668(삼성동)</td><td>사업장 주소</td><td colspan="4">서울 금천구 시흥대로 38길 62</td></tr>
<tr><td>업태</td><td colspan="2">제조업외</td><td>종사업장번호</td><td>업태</td><td colspan="2">제조업</td><td colspan="2">종사업장번호</td></tr>
<tr><td>종목</td><td colspan="2">전자제품</td><td></td><td>종목</td><td colspan="2">컴퓨터</td><td colspan="2"></td></tr>
<tr><td>E-Mail</td><td colspan="3">hansin@bill36524.com</td><td>E-Mail</td><td colspan="4">sltt3250@bill36524.com</td></tr>
<tr><td colspan="3">작성일자</td><td colspan="4">공급가액</td><td colspan="4">세액</td></tr>
<tr><td>20x1</td><td>6</td><td>29</td><td colspan="4">6,750,000</td><td colspan="4">675,000</td></tr>
<tr><td>비고</td><td colspan="10"></td></tr>
<tr><td>월</td><td>일</td><td>품목</td><td>규격</td><td>수량</td><td>단가</td><td>공급가액</td><td>세액</td><td colspan="3">비고</td></tr>
<tr><td>6</td><td>29</td><td>전자제품</td><td></td><td>150</td><td>45,000</td><td>6,750,000</td><td>675,000</td><td colspan="3"></td></tr>
<tr><td>합계금액</td><td>현금</td><td>수표</td><td>어음</td><td>외상미수금</td><td colspan="6" rowspan="2">이 금액을 ○ 영수 ⊙ 청구 함</td></tr>
<tr><td>7,425,000</td><td></td><td></td><td></td><td>7,425,000</td></tr>
</table>

(4) 전자세금계산서

전자세금계산서란 작성자의 신원을 확인할 수 있는 공인인증시스템을 거쳐 정보통신망으로 발급하는 세금계산서를 말한다.

① 전자세금계산서로 발급하여야 하는 사업자

• 법인사업자 • 직전연도의 사업장별 공급가액(면세공급가액 포함) 합계액이 8천만 원 이상인 개인사업자[1]

[1] • 당해 연도 7월 1일부터 **계속하여** 전자세금계산서 의무발급 개인사업자인 것으로 본다.
• 위 외의 개인사업자도 전자세금계산서를 발급할 수 있다.

② 전자세금계산서 발급명세 전송
전자세금계산서를 발급하였을 때에는 전자세금계산서 **발급일의 다음 날까지** 전자세금계산서 발급명세를 국세청장에게 전송하여야 한다.

(5) 합계표 제출과 보관 의무

사업자는 발급하거나 수취한 세금계산서에 대하여 원칙적으로 매출처별·매입처별 세금계산서합계표를 작성하여 부가가치세 신고 시 제출하고, 해당 세금계산서를 5년간 보관하여야 한다.
다만, 전자세금계산서 발급명세를 국세청장에게 전송한 경우에는 매출처별·매입처별 세금계산서합계표를 제출하지 않아도 되며, 세금계산서를 5년간 보관하는 의무가 면제된다.

(6) 매입자발행 세금계산서

세금계산서 발급의무가 있는 사업자가 재화 또는 용역을 공급하고 세금계산서를 발급하지 않은 경우, 공급받은 자가 관할세무서장의 확인을 받아 세금계산서를 발급할 수 있는데, 이를 매입자발행 세금계산서라고 한다. 이러한 매입자발행 세금계산서에 기재된 부가가치세액은 공제할 수 있는 매입세액으로 본다.

발행할 수 있는 매입사업자	면세사업자를 포함하는 모든 사업자 참고 면세사업자의 경우 매입세액공제는 받을 수 없지만 지출증빙 관리를 위하여 세금계산서를 수취하고 보관할 필요가 있으므로, 면세사업자도 매입자발행 세금계산서를 발급할 수 있다.
대상 거래	거래 건당 공급대가가 5만 원 이상인 거래

기출확인문제

*2025년 출제예상

부가가치세법상 세금계산서의 필요적 기재사항으로 올바르지 않은 것은? (제44회)

① 공급연월일
② 공급자의 등록번호와 성명 또는 명칭
③ 공급받는 자의 등록번호
④ 공급가액과 부가가치세액

정답 ①

해설
공급연월일은 임의적 기재사항이고, 작성연월일이 필요적 기재사항이다.

03 영수증

(1) 영수증의 정의

영수증이란 공급받는 자의 사업자등록번호와 부가가치세액을 따로 기재하지 않은 증명서류를 말한다. 따라서 영수증에는 부가가치세가 포함된 금액, 즉 공급대가를 기재한다. 다만, 일반과세자 등으로서 영수증 발급 대상 사업을 하는 자가 신용카드기 등 기계적 장치에 의하여 영수증을 발급하는 때에는 영수증에 공급가액과 세액을 별도로 구분하여 기재하여야 한다.

(2) 영수증의 종류

부가가치세법상 영수증의 종류에는 다음과 같이 신용카드매출전표와 현금영수증도 포함된다.

신용카드매출전표, 현금영수증	부가가치세액이 별도로 구분 기재되어 있고 법 소정 요건을 충족하는 경우, 공급받은 자는 수취한 신용카드매출전표 또는 현금영수증만으로도 매입세액공제가 가능하다.
간이영수증	공급받는 자의 사업자등록번호와 부가가치세액이 별도로 기재되어 있지 않기 때문에, 공급받은 자는 수취한 간이영수증만으로는 매입세액공제가 불가능하다.

04 영수증 발급대상 사업

최근 88회 시험 중 1회 기출

과세사업자(간이과세자 중 신규사업자 및 직전연도 공급대가 4,800만 원 미만인 사업자 제외)는 과세대상 재화 또는 용역의 공급에 대하여 세금계산서(일반세금계산서, 영세율세금계산서, 수입세금계산서)를 발급하는 것이 원칙이다. 그러나, 주로 최종소비자에게 재화 또는 용역을 공급하는 일부 업종의 경우 예외적으로 세금계산서 대신 영수증(신용카드매출전표, 현금영수증, 간이영수증)을 발급한다.

원 칙	가 군	• 세금계산서를 발급함
예외 (영수증 발급대상 사업)	나 군	• 영수증 또는 세금계산서를 발급함 • 공급받는 자가 요구하는 경우에는 세금계산서를 발급하여야 함 • 공급받는 자는 매입세액 **공제 가능** • 해당 업종 · **소매업**, **음식점업**, **숙박업**, 전세버스 · 변호사 등 전문직 · 도정업, 양복점, 주차장, 부동산중개업, 주거용건물공급업, 자동차제조업·판매업
	다 군	• **영수증만** 발급할 수 있음 • 공급받는 자가 요구하더라도 세금계산서를 발급할 수 없음 • 공급받는 자는 매입세액 **공제 불가능** • 해당 업종 · **목욕**, **이발**, **미용**, **여객운송업**(전세버스 제외), **입장권**발행 사업 · 특정 의료업 및 수의사 · 무도학원, 자동차운전학원

05 세금계산서 또는 영수증의 발급의무 면제

최근 88회 시험 중 5회 기출

다음의 경우에는 재화·용역의 공급에 대하여 세금계산서 또는 영수증을 아예 발급하지 않아도 된다.

- 택시, 노점, 무인자동판매기
- 소매업(단, 공급받는 자가 요구하는 경우에는 발급하여야 함)
- 목욕, 이발, 미용
- 재화의 간주공급(단, 판매목적 타사업장 반출의 경우에는 발급하여야 함)
- 부동산임대용역 중 간주임대료
- 영세율 거래(단, 내국신용장에 의해 공급하는 재화 등 국내사업자 간의 거래인 경우에는 발급하여야 함)

기출확인문제

세금계산서 발급의무가 면제되는 재화와 용역을 공급하는 사업이 아닌 것은? (제15회)

① 택시운송업 ② 무인자동기를 이용한 판매업
③ 도매업 ④ 미용업

정답 ③

해설
도매업은 세금계산서 발급의무 면제 사업에 해당하지 않는다.

06 세금계산서의 발급시기

최근 88회 시험 중 1회 기출

(1) 원칙

세금계산서는 재화·용역의 공급시기에 발급하여야 한다.

(2) 공급시기 전 발급특례 (선세금계산서)

① 대가수령 없이 선발급

사업자가 다음의 거래에 대하여 공급시기가 되기 전에 세금계산서를 발급하는 경우에는 그 발급한 때를 재화·용역의 공급시기로 본다.

- 장기할부판매, 장기할부조건부 용역 공급
- 전력이나 기타 공급단위를 구획할 수 없는 재화의 계속적 공급
- 공급단위를 구획할 수 없는 용역을 계속적으로 공급하는 경우 예 부동산임대용역

② 대가수령분 선발급

사업자가 본래의 공급시기가 되기 전에 재화·용역 대가의 전부 또는 일부를 미리 받고 동 금액(선수금)에 대하여 세금계산서를 발급하는 경우에는 그 발급한 때를 재화·용역의 공급시기로 본다.

참고 본래의 공급시기가 되기 전에 대가를 먼저 받은 경우, 대가를 받은 날이 아니라 공급시기가 되기 전의 다른 과세기간에 세금계산서를 발급하는 것도 인정된다.

예 20x1년 4월 20일에 선수금 220,000원(부가가치세 포함) 수령 → 20x1년 9월 20일에 220,000원에 대하여 세금계산서 발급 → 20x2년 1월 20일에 재화 인도

③ 선발급 후 7일 이내 대가 수령

사업자가 본래의 공급시기가 되기 전에 세금계산서를 발급하고 그 세금계산서 발급일로부터 7일 이내에 대가를 받는 경우에는 그 발급한 때를 재화·용역의 공급시기로 본다.

④ 선발급 후 7일이 지난 후 대가 수령

사업자가 본래의 공급시기가 되기 전에 세금계산서를 발급하고 그 세금계산서 발급일로부터 7일이 지난 후 대가를 받더라도 다음 중 어느 하나에 해당하는 경우에는 그 발급한 때를 재화·용역의 공급시기로 본다.

- 거래 당사자 간의 계약서·약정서 등에 대금 청구시기(세금계산서 발급일을 말한다)와 지급시기를 따로 적고, 대금 청구시기와 지급시기 사이의 기간이 30일 이내인 경우
- 재화·용역의 공급시기가 세금계산서 발급일이 속하는 과세기간 내에 도래하는 경우 (단, 공급받는 자가 조기환급을 받은 경우에는 공급시기가 세금계산서 발급일로부터 30일 이내에 도래할 것)

(3) 공급시기 후 발급특례 (월합세금계산서)

다음에 해당하는 경우에는 재화·용역의 공급일이 속하는 달의 다음 달 10일(그날이 공휴일 또는 토요일인 경우에는 바로 다음 영업일까지를 말함)까지 세금계산서를 발급할 수 있다.

- 거래처별로 1역월의 공급가액을 합계하고 **해당 월의 말일 자를 작성연월일로 하여** 세금계산서를 발급하는 경우
- 거래처별로 1역월 이내에서 사업자가 임의로 정한 기간의 공급가액을 합계하고 그 기간의 종료일자를 작성연월일로 하여 세금계산서를 발급하는 경우
- 관계 증명서류 등에 따라 실제 거래사실이 확인되는 경우로서 **해당 거래일자를 작성연월일로 하여** 세금계산서를 발급하는 경우

| 용어 알아두기 |

1역월 : 달력 기준의 한 달, 즉 매월 1일부터 그 달의 말일까지를 말함

기출확인문제

당사는 ㈜실버벨과의 3월 1일부터 3월 31일까지의 매출분에 대하여 작성연월일 3월 31일 자로 세금계산서를 발급하기로 하였다. 부가가치세법상 세금계산서는 언제까지 발급하여야 하는가? (제34회)

① 4월 10일 ② 4월 13일 ③ 4월 15일 ④ 4월 17일

정답 ①

해설

월합세금계산서는 재화, 용역의 공급일이 속하는 달의 다음 달 10일까지 발급하여야 한다.

07 수정세금계산서

최근 88회 시험 중 1회 기출

사업자가 세금계산서를 발급한 후 그 기재사항에 관하여 착오 또는 정정사유가 발생한 경우에는 수정세금계산서를 다음과 같이 발급할 수 있다.

사 유	작성연월일	작성방법
당초 공급한 재화가 환입되는 경우	환입된 날	비고란에 당초 작성연월일을 부기
계약의 해제로 재화·용역이 공급되지 아니한 경우	계약해제일	비고란에 당초 작성연월일을 부기
계약의 해지 등에 따라 공급가액에 추가·차감되는 금액이 발생한 경우	증감사유 발생일	추가되는 금액은 검은색 글씨로, 차감되는 금액은 빨간색 글씨로 기재
내국신용장이나 구매확인서가 과세기간 종료 후 25일 이내에 개설된 경우	당초 작성연월일	당초의 10% 세금계산서에 (-)표시를 하고, 당초 작성연월일로 0% 세금계산서를 발급(신고기한까지 부가가치세 신고하면 되므로 수정신고 필요 없음)
필요적 기재사항이 착오로 잘못 기재된 경우[1]	당초 작성연월일	당초 세금계산서에 (-)표시를 하고, 수정발급
필요적 기재사항이 착오 외의 사유로 잘못 기재된 경우[1]	당초 작성연월일	재화·용역의 공급일이 속하는 과세기간에 대한 확정신고기한 다음 날부터 1년 이내에 수정발급하여야 함
착오로 전자세금계산서를 이중으로 발급한 경우	당초 작성연월일	당초 세금계산서에 (-)표시를 하고, 수정발급
면세 등 발급대상이 아닌 거래 등에 대하여 발급한 경우	당초 작성연월일	당초 세금계산서에 (-)표시를 하고, 수정발급
세율을 잘못 적용하여 발급한 경우[1]	당초 작성연월일	당초 세금계산서에 (-)표시를 하고, 수정발급

[1] 필요적 기재사항을 잘못 기재하거나 세율을 잘못 적용하여 발급함에 따라 과세표준 또는 세액이 경정될 것을 미리 알고 있는 경우(세무조사 통지, 과세자료 해명통지를 받은 경우 포함)에는 수정세금계산서를 발급할 수 없음

핵심기출문제

* 본서에 수록된 기출문제의 날짜는 학습효과를 높이기 위하여 일부 수정함

01 다음 (   ) 안에 들어갈 용어로 올바른 것은? [제47회]

> 부가가치세법에 따르면 사업자가 재화 또는 용역을 공급하고 부가가치세법에 따른 과세표준에 세율을 적용하여 계산한 부가가치세를 그 공급받는 자로부터 징수하는 것을 (   )라 한다.

① 원천징수　② 거래징수　③ 납세징수　④ 통합징수

02 다음 중 거래징수의 내용으로 틀린 것은? (공급하는 사업자는 과세사업자이다) [제52회]

① 공급받는 자는 부가가치세를 지급할 의무를 진다.
② 공급자가 부가가치세를 거래상대방으로부터 징수하는 제도이다.
③ 공급가액에 세율을 곱한 금액을 공급받는 자로부터 징수한다.
④ 공급받는 자가 면세사업자이면 거래징수의무가 없다.

03 다음 중 세금계산서의 필요적 기재사항이 아닌 것은? [제31회]

① 작성연월일　② 공급하는 자의 등록번호
③ 공급가액과 부가가치세　④ 공급받는 자의 상호

04 세금계산서를 발급하고자 한다. 추가적으로 반드시 있어야 하는 정보는 무엇인가? [제35회]

> ㈜대흥실업(130-16-65566)은 레오㈜(106-86-40380)에 A제품 5개를 개당 100,000원(부가가치세 별도)에 공급하였다.

① 공급가액　② 부가가치세
③ 작성연월일　④ 레오㈜의 대표자 성명

05 다음 자료에서 세금계산서의 필수적 기재사항을 모두 모은 것은? [제58회]

> ㉮ 공급하는 사업자의 등록번호와 성명 또는 명칭
> ㉯ 공급받는 자의 등록번호
> ㉰ 공급가액과 부가가치세액
> ㉱ 공급연월일
> ㉲ 작성연월일

① ㉮ - ㉯ - ㉰
② ㉮ - ㉯ - ㉰ - ㉱
③ ㉮ - ㉯ - ㉰ - ㉲
④ ㉮ - ㉯ - ㉰ - ㉱ - ㉲

정답 및 해설

01 ② 거래징수란 사업자가 재화 또는 용역을 공급하는 경우에 공급가액에 부가가치세율을 적용하여 계산한 부가가치세를 재화 또는 용역을 공급받는 자로부터 징수하는 것을 말한다.

02 ④ 공급받는 자가 비사업자나 면세사업자인 경우에도 모두 거래징수대상이 된다.

03 ④ 공급받는 자의 상호는 임의적 기재사항이다.

04 ③ (필요적 기재사항)
㉠ 공급하는 사업자의 등록번호와 성명 또는 명칭 : 130-16-65566 / ㈜대흥실업
㉡ 공급받는 자의 등록번호 : 106-86-40380
㉢ 공급가액과 부가가치세액 : 500,000원 / 50,000원
㉣ 작성연월일

05 ③ 공급연월일은 임의적 기재사항이다.

06 다음 중 세금계산서 발급과 관련한 내용으로 틀린 것은? [21년 12월 특별회차]

① 법인사업자는 전자세금계산서로 발급하여야 한다.
② 소매업 또는 미용, 욕탕 및 유사서비스업을 경영하는 자가 공급하는 재화 또는 용역의 경우 세금계산서를 발급하지 아니할 수 있다.
③ 모든 간이과세자는 세금계산서를 발급할 수 없다.
④ 수입세금계산서 발급자는 세관장이다.

07 다음 중 부가가치세법상 사업자별 발급 가능한 증명서류로서 잘못 짝지은 것은? [제68회]

① 간이과세자 중 신규사업자 및 직전연도 공급대가 4,800만 원 미만인 사업자 : 세금계산서, 계산서, 신용카드매출전표, 현금영수증
② 일반과세자 중 면세물품공급자 : 계산서, 신용카드매출전표, 현금영수증
③ 일반과세자 중 과세물품공급자 : 세금계산서, 신용카드매출전표, 현금영수증
④ 면세사업자 : 계산서, 신용카드매출전표, 현금영수증

08 다음 거래는 과세사업자인 ㈜알파(업태 : 제조업)의 거래이다. 세금계산서가 발급되지 않는 거래는? [제25회]

① 소매업자에게 공급
② 간이과세자에게 공급
③ 직수출
④ 면세사업자에게 공급

09 다음 중 세금계산서 발급의무가 면제되는 항목이 아닌 것은? [제51회]

① 내국신용장 또는 구매확인서에 의하여 공급하는 재화
② 판매목적 타사업장 반출을 제외한 간주공급
③ 부동산임대용역 중 간주임대료
④ 택시운송 사업자가 제공하는 용역

10 다음 중 부가가치세법상 세금계산서 및 영수증 발급의무면제 대상이 아닌 것은? (단, 주사업장총괄납부 및 사업자단위과세 사업자가 아니다) [제102회 수정]

① 용역의 국외공급
② 무인자동판매기를 이용한 재화의 공급
③ 다른 사업장에 판매목적으로 반출되어 공급으로 의제되는 재화
④ 미용, 욕탕 및 유사 서비스업을 경영하는 자가 공급하는 용역

정답 및 해설

06 ③ 간이과세자라 하더라도 신규사업자 및 직전연도 공급대가 4,800만 원 미만인 사업자가 아닌 경우에는 세금계산서를 발급할 수 있다.

07 ① 간이과세자 중 신규사업자 및 직전연도 공급대가 4,800만 원 미만인 사업자는 세금계산서를 발급할 수 없고, 면세사업자가 아니므로 계산서를 발급할 수 없다.

08 ③ 직수출의 경우 세금계산서 발급의무가 면제된다.

09 ① 내국신용장 또는 구매확인서에 의하여 공급하는 재화의 경우 (영세율)세금계산서를 발급하여야 한다.

10 ③ 재화의 간주공급 유형 중 판매목적 타사업장 반출의 경우에는 세금계산서를 발급하여야 한다.

11 다음 중 부가가치세법상 세금계산서에 대한 설명으로 가장 옳지 않은 것은? [제87회]

① 원칙적으로 재화 또는 용역의 공급시기에 발급하여야 한다.
② 일정한 경우에는 재화 또는 용역의 공급시기 전에도 세금계산서를 발급할 수 있다.
③ 월합계세금계산서는 예외적으로 재화 또는 용역의 공급일이 속하는 달의 다음 달 14일까지 세금계산서를 발급할 수 있다.
④ 법인사업자는 전자세금계산서를 의무적으로 발급하여야 한다.

12 다음 중 부가가치세법상 공급시기는? [16년 2월 특별회차]

> ㉠ 3월 1일 : A제품 판매주문을 받았음
> ㉡ 3월 31일 : A제품 판매대가 1,000,000원을 전액 수령하고 세금계산서를 발급함
> ㉢ 4월 3일 : A제품을 인도함
> ㉣ 4월 15일 : 거래처로부터 A제품 수령증을 수취함

① 3월 1일　　② 3월 31일　　③ 4월 3일　　④ 4월 15일

13 부가가치세법상 세금계산서는 원칙적으로 재화 또는 용역의 공급시기에 발급하여야 하나 거래처별로 1역월(1일부터 말일까지) 공급가액을 합계하여 당해 월의 말일 자를 작성연월일로 하여 세금계산서를 발급하는 경우 공급일이 속하는 달의 다음 달 (　　)일까지 발급할 수 있다. (　　) 안 들어갈 숫자는 무엇인가? [제33회]

① 5　　② 7　　③ 10　　④ 12

14 부가가치세법상 법인사업자와 전자세금계산서 발급 의무자인 개인사업자가 전자세금계산서를 발급하는 경우에, 전자세금계산서 발급명세서를 언제까지 국세청장에게 전송하여야 하는가? [제65회]

① 전자세금계산서 발급일이 속하는 달의 다음 달 10일 이내
② 전자세금계산서 발급일의 2일 이내
③ 전자세금계산서 발급일의 일주일 이내
④ 전자세금계산서 발급일의 다음 날까지

15 다음 중 부가가치세법상 수정(전자)세금계산서를 발급할 수 없는 경우는 어느 것인가? [20년 11월 특별회차 수정]

① 처음 공급한 재화가 환입된 경우
② 해당 거래에 대하여 세무조사 통지를 받은 후에, 세금계산서의 필요적 기재사항이 잘못 기재된 것을 확인한 경우
③ 착오로 전자세금계산서를 이중으로 발급한 경우
④ 계약의 해지에 따라 공급가액이 차감된 경우

정답 및 해설

11 ③ 월합계세금계산서는 재화·용역의 공급일이 속하는 달의 다음 달 10일까지 세금계산서를 발급할 수 있다.

12 ② 사업자가 본래의 공급시기가 되기 전에 재화·용역 대가의 전부 또는 일부를 미리 받고 동 금액(선수금)에 대하여 세금계산서를 발급하는 경우에는 그 발급한 때를 재화·용역의 공급시기로 본다.

13 ③ 월합세금계산서는 재화·용역의 공급일이 속하는 달의 다음 달 10일까지 발급할 수 있다.

14 ④ 전자세금계산서 발급명세는 전자세금계산서 발급일의 다음 날까지 국세청장에게 전송하여야 한다.

15 ② 필요적 기재사항을 잘못 기재하거나 세율을 잘못 적용하여 발급함에 따라 과세표준 또는 세액이 경정될 것을 미리 알고 있는 경우(세무조사 통지, 과세자료 해명통지를 받은 경우 포함)에는 수정세금계산서를 발급할 수 없다.

제5절 매출세액과 매입세액

01 과세표준

과세표준이란 세액산출의 기초가 되는 과세대상의 수량 또는 가액을 말한다.
재화 또는 용역에 대한 부가가치세의 과세표준은 해당 과세기간에 공급한 재화 또는 용역의 **공급가액**을 합한 금액으로 한다. 여기서 공급가액은 부가가치세를 포함하지 않은 매출액 등을 말하는 것이며, 부가가치세를 포함한 금액은 이와 구분하여 공급대가라고 한다.

사업자가 재화 또는 용역을 공급하고 그 대가로 받은 금액에 부가가치세가 포함되어 있는지가 불분명한 경우에는 동 금액에 부가가치세가 포함된 것으로 보아 거래금액에 '100/110'을 곱한 금액을 공급가액으로 한다.

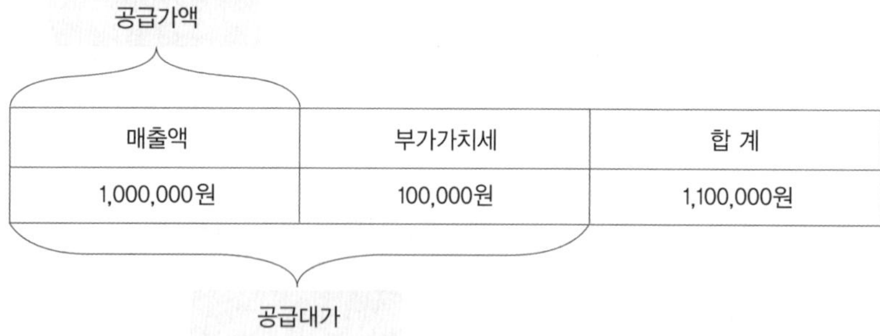

공급가액
매출액
부가가치세
합 계
1,000,000원
100,000원
1,100,000원
공급대가

(1) 재화와 용역의 공급에 대한 과세표준

① 과세표준의 일반원칙

금전으로 대가를 받은 경우	그 대가
금전 이외의 대가를 받은 경우	자기가 공급한 재화 또는 용역의 시가

② 공급 형태별 과세표준

외상판매·할부판매의 경우	공급한 재화의 총가액
장기할부판매의 경우	계약에 따라 받기로 한 대가의 각 부분
완성도기준지급·중간지급조건부로 재화·용역을 공급하는 경우	계약에 따라 받기로 한 대가의 각 부분
계속적으로 재화·용역을 공급하는 경우	계약에 따라 받기로 한 대가의 각 부분
둘 이상의 과세기간에 걸쳐 계속적으로 일정한 용역을 제공하고 그 대가를 선불로 받는 경우	선불로 받은 금액 × $\frac{\text{과세대상기간의 개월 수}}{\text{계약기간의 전체 개월 수}}$

③ 과세표준에 포함하는 것과 포함하지 않는 것

과세표준에 포함하는 것	과세표준에 포함하지 않는 것
• 할부판매의 이자상당액 • 대가의 일부로 받는 운송비, 포장비, 하역비, 운송보험료, 산재보험료 등	• 매출에누리, 매출환입, 매출할인 • 공급받는 자에게 도달하기 전에 파손·훼손 또는 멸실된 재화의 가액 • 재화 또는 용역의 공급과 직접 관련되지 아니하는 국고보조금과 공공보조금 • 공급에 대한 대가의 지급이 지체되었음을 이유로 받는 연체이자 • 용기 또는 포장의 회수를 보장하기 위하여 받는 보증금 • 대가와 구분 기재한 종업원의 봉사료

참고 재화 또는 용역을 공급하고 자기 적립 마일리지로 결제받은 경우 해당 마일리지 상당액은 과세표준에 포함하지 않는다.

④ 과세표준에서 공제하지 않는 것

재화 또는 용역을 공급한 후에 그 공급가액에 대하여 다음과 같은 항목이 발생하더라도 이는 과세표준에서 공제하지 않는다. 따라서 이를 차감하기 전의 금액을 과세표준으로 한다.

- 금전으로 지급하는 판매장려금(일정 기간 동안의 거래실적에 따라 지급하는 금전)[1]
- 하자보증금(하자보증을 위해 공급받는 자에게 공급대가의 일부를 보관시키는 것)
- 대손금(법정 요건을 충족할 때 대손세액공제를 통하여 매출세액을 직접 차감하므로, 대손금을 과세표준에서 공제하지 않음)

[1] 재화로 지급하는 판매장려물품(일정 기간 동안의 거래실적에 따라 무상으로 공급하는 재화)인 경우 이는 사업상증여(간주공급)에 해당되므로, 그 금액이 과세표준에서 차감되지 않을 뿐 아니라 과세대상 과세표준에 오히려 가산이 된다.

⑤ 외화의 환산

대가를 외화로 받은 경우에는 다음과 같이 환산한 가액을 공급가액으로 한다.

공급시기 도래 전에 원화로 환가한 경우	그 환가한 금액
공급시기 이후에 외국통화로 보유하거나 지급받은 경우[1]	공급시기의 기준환율(재정환율)에 따라 계산한 금액

[1] ㉠ 공급시기 도래 전에 받았지만 공급시기 이후까지 원화로 환가하지 않고 외국통화로 보유하고 있거나 ㉡ 공급시기 이후에 받은 경우

⑥ 부당행위계산의 부인

특수관계인에게 재화 또는 용역을 공급하고 부당하게 낮은 대가를 받거나 대가를 받지 않음에 따라 조세의 부담을 부당하게 감소시킬 것으로 인정되는 경우로서, 다음 각 항목에 해당하는 경우에는 '자기가 공급한 재화 또는 용역의 시가'를 과세표준으로 한다.

- 특수관계인에게 재화를 공급하고 시가보다 낮은 대가를 받거나 대가를 받지 않은 경우
- 특수관계인에게 용역을 공급하고 시가보다 낮은 대가를 받은 경우
- 특수관계인에게 사업용 부동산의 임대용역을 공급하고 대가를 받지 않은 경우

(2) 재화의 수입에 대한 과세표준

과세표준 = 관세의 과세가격 + 관세 + 개별소비세·주세 + 교육세·농특세 + 교통·에너지·환경세

(3) 재화의 간주공급에 대한 과세표준

감가상각대상 자산이 아닌 경우	일반적인 간주공급(판매목적 타사업장 반출 제외)의 경우	시가
	판매목적 타사업장 반출	취득원가
감가상각대상 자산인 경우		체감률을 고려하여 산정한 금액 (간주시가)

기출확인문제

*2025년 출제예상

다음 자료에 의해 부가가치세 과세표준을 계산하면? (제20회 수정)

- 총 매출액 : 30,000,000원
- 매출에누리액 : 5,000,000원
- 매출할인 : 4,000,000원
- 대손금 : 2,000,000원

(총 매출액에는 매출에누리액 및 매출할인이 포함되어 있음)

① 21,000,000원
② 25,000,000원
③ 29,000,000원
④ 30,000,000원

정답 ①

해설
대손금은 과세표준에서 공제하지 않는다.

과세표준
= 총매출액
 − 매출에누리액 − 매출할인
= 30,000,000 − 5,000,000
 − 4,000,000
= 21,000,000원

02 부가가치세 신고서상 과세표준및매출세액

최근 88회 시험 중 2회 기출

구 분				금 액	세 율	세 액
과세표준및매출세액	과세	세금계산서발급분	1		10/100	
		매입자발행세금계산서	2		10/100	
		신용카드·현금영수증발행분	3		10/100	
		기타(정규영수증외매출분)	4			
	영세	세금계산서발급분	5		0/100	
		기 타	6		0/100	
	예정신고누락분		7			
	대손세액가감		8			
	합 계		9		㉮	

부가가치세 신고서상 과세표준과 매출세액은 10% 세율 적용분과 영세율 적용분을 구분하고, 세금계산서 발급분인지 아닌지를 구분하여 작성한다.

03 매입세액

최근 88회 시험 중 17회 기출

사업자가 재화·용역을 공급받을 때 거래징수당한 매입세액은 적격증빙(세금계산서, 신용카드매출전표, 현금영수증)을 통하여 공제받을 수 있다. 다만, 적격증빙을 받았다고 하더라도 부가가치세법에서 정하는 일정한 사유에 해당하는 경우에는 매입세액공제를 받을 수 없다.

(1) 세금계산서 수취분

사업자로부터 수취한 세금계산서 또는 세관장으로부터 수취한 수입세금계산서를 통하여 다음의 매입세액을 공제받을 수 있다.

- 자기의 사업에 사용하기 위하여 공급받은 재화·용역의 부가가치세액
- 자기의 사업에 사용하기 위하여 수입한 재화의 부가가치세액

참고 **합계표 제출과 보관 의무**

사업자는 수취한 세금계산서에 대하여 매입세액공제를 공제받으려면 원칙적으로 매입처별 세금계산서합계표를 제출하고 세금계산서를 5년간 보관하여야 한다. 다만, 전자세금계산서 발급명세가 국세청장에게 전송된 경우에는 이러한 의무가 면제된다.

(2) 신용카드매출전표 및 현금영수증 수취분

과세사업자(간이과세자 중 신규사업자 및 직전연도 공급대가 4,800만 원 미만인 사업자는 제외)로부터 재화 또는 용역을 공급받고 세금계산서를 교부받는 대신 부가가치세액이 별도로 구분 기재된 신용카드매출전표 및 현금영수증을 교부받은 때에는 다음의 요건을 모두 충족하는 경우 그 부가가치세액을 매입세액공제 받을 수 있다.

- 신용카드매출전표 등 수령금액합계표를 제출할 것
- 신용카드매출전표 등을 그 거래사실이 속하는 과세기간의 확정신고기한으로부터 5년간 보관할 것

(3) 공제받지못할매입세액

다음에 해당하는 경우에는 적격증빙을 받았다고 하더라도 매입세액공제를 받을 수 없다. 이를 매입세액 불공제라고 한다.

구분	내용
세금계산서 미수취, 불명분	• 세금계산서를 발급받지 아니한 경우 참고 세금계산서를 해당 과세기간의 확정신고기한 이후에 발급받는 것도 세금계산서 미수취로 보아 매입세액 불공제 • 발급받은 세금계산서의 필요적 기재사항이 전부 또는 일부가 기재되지 않았거나 사실과 다르게 적힌 경우 참고 착오로 잘못 적혔으나 거래사실이 확인되는 경우에는 공제 가능
매입처별 세금계산서합계표 미제출, 불명분	• 매입처별 세금계산서합계표를 제출하지 아니한 경우 참고 전자세금계산서 발급명세가 국세청장에게 전송된 경우에는 공제 가능 • 제출한 매입처별 세금계산서합계표의 기재사항 중 거래처별 등록번호 또는 공급가액의 전부 또는 일부가 기재되지 않았거나 사실과 다르게 적힌 경우 참고 착오로 잘못 적혔으나 거래사실이 확인되는 경우에는 공제 가능
사업과 직접 관련이 없는 지출의 매입세액	• **사업과 직접 관련이 없는 지출**에 대한 매입세액은 공제하지 아니한다. 예 대표이사가 자기 집에서 개인적 용도로 사용하기 위하여 TV를 구입한 경우라면, 공급받는 자에 회사의 상호가 기재된 세금계산서를 받았다 하더라도, 회사는 (이를 비용으로 회계처리할 수 없을 뿐만 아니라) 세금계산서에 기재된 부가가치세 금액을 매입세액공제 받지 못함

비영업용 소형승용차 관련 매입세액	• **비영업용 소형승용차의 구입, 임차, 유지**에 관련된 매입세액은 공제하지 아니한다. 예 영업부에서 사용하는 2,000cc 승용차에 휘발유를 주유한 경우 세금계산서에 기재된 부가가치세 금액을 매입세액공제 받지 못함
기업업무추진비 관련 매입세액	• **기업업무추진비(접대비)** 및 이와 유사한 비용인 교제비, 기밀비, 사례금 등의 매입세액을 공제하지 아니한다. 예 거래처에 선물로 제공하기 위하여 에어컨을 구입한 경우 세금계산서에 기재된 부가가치세 금액을 매입세액공제 받지 못함
면세사업 관련 매입세액	• **면세사업**과 관련된 매입세액은 공제하지 아니한다. 예 마을버스를 운영하는 회사(면세사업을 하는 회사)가 소모품을 구입하고 10% 부가가치세가 기재된 세금계산서를 받은 경우 세금계산서에 기재된 부가가치세 금액을 매입세액공제 받지 못함
토지 관련 매입세액	• **토지**의 조성 등을 위한 자본적 지출과 관련된 매입세액은 공제하지 아니한다. 예 공장 신축용 토지를 취득하는 과정에서 용역회사로부터 토지 정지작업을 제공받고 수수료에 대하여 10% 부가가치세가 기재된 세금계산서를 받은 경우 세금계산서에 기재된 부가가치세 금액을 매입세액공제 받지 못함
사업자등록을 신청하기 전의 매입세액	• 사업자등록을 신청하기 전의 매입세액은 공제하지 아니한다. 참고 공급시기가 속하는 과세기간이 지난 후 20일 이내에 등록 신청한 경우 해당 과세기간 기산일까지 역산한 기간 이내의 매입세액은 공제 가능

기출포인트

• 세금계산서가 법정 기한(공급일이 속하는 다음 달 10일) 이후에 발급되는 경우의 세무상 불이익

구 분	해당 과세기간의 확정신고기한 내 발급	해당 과세기간의 확정신고기한 경과 후 발급
공급자	• 공급가액의 1%(**지연발급** 가산세)	• 공급가액의 2%(**미발급** 가산세)
공급받는 자	• 매입세액 공제 가능 • 공급가액의 0.5%(**지연수취** 가산세)	• 매입세액 불공제(세금계산서 **미수취**로 봄)

• 비영업용 소형승용차의 범위

비영업용 소형승용차란 ㉠ 택시운수업, 자동차판매업 등이 아닌 일반 업종 회사가 소유하고 있는 업무용 차량으로서, ㉡ 정원 8인승 이하이고 ㉢ 배기량 1,000cc를 초과하는 ㉣ 승용자동차를 말한다.

• 비영업용 : '영업용'이란 택시운수업, 자동차판매업 등과 같이 자동차를 영업에 직접 사용하는 것을 말한다. 따라서, 당사의 업종이 택시운수업, 자동차판매업 등이 아니라면 당사 명의의 업무용 차량은 '비영업용'으로 분류된다.

• 소형승용차 : 정원 8인 이하(배기량 1,000cc 이하의 경차 제외)의 승용자동차, 이륜자동차(배기량 125cc 초과분에 한함), 캠핑용 자동차를 말한다. 따라서, 배기량 1,000cc 이하의 경차, 정원 9인승 이상의 승합차, 화물트럭 등은 매입세액이 공제된다.

기출확인문제

다음 중 부가가치세법상 매입세액공제가 가능한 것은? (제28회)

① 비영업용 소형승용차 유지비 ② 복리후생비로 지출 시
③ 기업업무추진비로 지출 시 ④ 사업무관 비품을 구입 시

정답 ②

해설
비영업용 소형승용차 유지비, 기업업무추진비(접대비), 사업무관 지출의 매입세액은 불공제 대상이다.

04 부가가치세 신고서상 매입세액

최근 88회 시험 중 1회 기출

매입세액	세금계산서 수취분	일반매입	10			
		고정자산매입	11			
	예정신고누락분		12			
	매입자발행세금계산서		13			
	그 밖의 공제매입세액		14			
	합계(10 + 11 + 12 + 13 + 14)		15			
	공제받지못할매입세액		16			
	차감계(15 − 16)		17		㉯	

부가가치세 신고서에서 적격증빙에 대한 매입세액공제는 다음과 같은 방식으로 작성한다.

(1) 세금계산서 수취분

매입세액공제 여부와 관계없이 수취한 모든 세금계산서의 합계 금액을 '세금계산서 수취분'란에 기입한 후, 세금계산서 수취분 중 매입세액 불공제분을 다시 '공제받지못할매입세액'란에 기입한다.

(2) 신용카드매출전표, 현금영수증 수취분

매입세액공제 받을 수 있는 항목의 합계 금액만 '기타공제매입세액'란에 기입한다.

따라서, 부가가치세 신고서와 신용카드매출전표 등 수령명세서를 작성할 때에는 신용카드매출전표 등 수취분 중 다음 항목들을 제외한 금액만 기재하여야 한다.

- 매입세액 불공제분
- 간이과세자 중 신규사업자 및 직전연도 공급대가 4,800만 원 미만인 사업자로부터 받은 수취분

  참고 간이과세자 중 신규사업자 및 직전연도 공급대가 4,800만 원 미만인 사업자는 세금계산서를 발급할 수 없는 자이므로, 동 사업자로부터 받은 신용카드매출전표 등으로는 매입세액공제 받을 수 없다.
- 영수증만 발급할 수 있는 거래인 목욕, 이발, 미용, 여객운송업(전세버스 제외), 입장권발행 사업자 등으로부터 받은 수취분

  참고 영수증만 발급할 수 있는 업종(다군)은 세금계산서를 발급할 수 없는 업종이므로, 동 업종에서 받은 신용카드매출전표 등으로는 매입세액공제 받을 수 없다.

참고 **고정자산매입과 일반매입**

고정자산(감가상각대상인 유형자산과 무형자산)에 대한 매입이 있는 경우 부가가치세 조기환급을 받을 수 있으므로, 부가가치세 신고서 서식에서 세금계산서 수취분과 신용카드매출전표 등 수령분을 기입할 때 '고정자산매입'과 '일반매입'을 구분하여 기입한다.

핵심기출문제

* 본서에 수록된 기출문제의 날짜는 학습효과를 높이기 위하여 일부 수정함

01 다음 중 부가가치세법상 공급대가란? [제38회]

① 매입가액에 부가가치세를 포함시킨 것
② 공급가액에 부가가치세를 포함시킨 것
③ 매입가액에 부가가치세를 포함시키지 않은 것
④ 공급가액에 부가가치세를 포함시키지 않은 것

02 부가가치세법상 과세표준에 대한 설명 중 틀린 것은? [제31회 수정]

① 금전으로 대가를 받은 경우에는 그 대가
② 금전 이외의 대가를 받은 경우에는 자기가 공급한 재화 또는 용역의 원가
③ 재화의 수입에 대한 과세표준은 그 재화에 대한 관세 등을 포함한 금액
④ 부가가치세가 표시되지 않거나 불분명한 경우에는 100/110에 해당하는 금액

03 다음 중 부가가치세 과세표준(공급가액)에 포함하는 항목인 것은? [제73회]

① 매출할인, 매출에누리 및 매출환입액
② 할부판매, 장기할부판매의 경우 이자상당액
③ 재화·용역의 공급과 직접 관련이 없는 국고보조금과 공공보조금
④ 공급대가의 지급지연으로 인하여 받은 연체이자

04 다음 중 부가가치세 과세표준에 대한 설명으로 옳지 않은 것은? [제99회]

① 대손금은 과세표준에서 공제하지 않는다.
② 공급에 대한 대가의 지급이 지체되었음을 이유로 받는 연체이자는 과세표준에 포함한다.
③ 금전 이외의 대가를 받는 경우 자기가 공급한 재화 또는 용역의 시가를 과세표준으로 한다.
④ 외화로 대가를 받은 후 공급시기가 되기 전에 환가한 경우 환가한 금액을 과세표준으로 한다.

05 다음 부가가치세의 과세표준(공급가액)에 대한 설명 중 옳지 않은 것은? [제94회]

① 재화의 수입에 대한 과세표준에는 그 재화에 대한 관세, 개별소비세가 포함된다.
② 재화를 공급받는 자에게 지급하는 장려금이나 대손금액은 과세표준에서 공제한다.
③ 특수관계인에게 용역을 공급하고 부당하게 낮은 대가를 받는 경우, 자기가 공급한 용역의 시가를 공급가액으로 본다.
④ 금전 이외의 대가를 받는 경우, 자기가 공급한 재화 또는 용역의 시가를 과세표준으로 한다.

06 ㈜씨엘은 수출을 하고 그에 대한 대가를 외국통화 기타 외국환으로 수령하였다. 이 경우 공급가액으로 올바르지 않은 것은? [제41회]

① 공급시기 이후 대가 수령 – 공급시기의 기준환율 또는 재정환율로 환산한 가액
② 공급시기 이전 수령하여 공급시기 도래 전 환가 – 공급시기의 기준환율 또는 재정환율로 환산한 가액
③ 공급시기 이전 수령하여 공급시기 도래 이후 환가 – 공급시기의 기준환율 또는 재정환율로 환산한 가액
④ 공급시기 이전 수령하여 공급시기 도래 이후 계속 외환 보유 – 공급시기의 기준환율 또는 재정환율로 환산한 가액

정답 및 해설

01 ② 공급대가 = 공급가액 + 부가가치세

02 ② 금전 이외의 대가를 받은 경우에는 자기가 공급한 재화 또는 용역의 시가를 공급가액으로 한다.

03 ② 할부판매 및 장기할부판매의 이자상당액은 부가가치세 과세표준에 포함한다.

04 ② 공급에 대한 대가의 지급이 지체되었음을 이유로 받는 연체이자는 과세표준에 포함하지 않는다.

05 ② 재화·용역을 공급한 후에 그 공급가액에 대하여 판매장려금, 하자보증금, 대손금이 발생하더라도 이를 과세표준에서 공제하지 않는다.

06 ② 공급시기 이전 수령하여 공급시기 도래 전 환가 – 그 환가한 금액

07 다음 중 부가가치세법상 과세표준의 산정방법이 옳지 않은 것은? [제51회]

① 특수관계인에게 재화를 공급하고 부당하게 낮은 대가를 받는 경우 : 자기가 공급한 재화의 시가
② 특수관계인에게 재화를 공급하고 대가를 받지 아니하는 경우 : 자기가 공급한 재화의 시가
③ 특수관계인에게 용역을 공급하고 부당하게 낮은 대가를 받는 경우 : 자기가 공급한 용역의 시가
④ 특수관계 없는 타인에게 용역을 공급하고 대가를 받지 아니하는 경우 : 자기가 공급한 용역의 시가

08 부가가치세법상 간주공급(당해 재화는 감가상각자산이 아님)에 대한 과세표준 산정 시 공급가액을 시가로 해야 하는 사항이 아닌 것은? [제26회]

① 판매목적 타사업장 반출
② 개인적 공급
③ 사업상 증여
④ 폐업시 잔존재화

09 과세사업자인 ㈜삼원전자는 올해에 당사 제품을 공급하는 계약을 아래와 같이 체결하였다. 이 거래와 관련하여 올해 1기 확정신고기간의 과세표준에 포함되어야 할 공급가액은 얼마인가? [21년 4월 특별회차]

- 총판매대금 : 35,000,000원 (이하 부가가치세 별도)
- 계약금(4월 15일) : 20,000,000원 수취
- 1차 중도금(5월 15일) : 5,000,000원 수취
- 2차 중도금(7월 15일) : 5,000,000원 수취
- 잔금(11월 30일) : 5,000,000원 수취
- 제품인도일 : 11월 30일

① 20,000,000원 ② 25,000,000원 ③ 30,000,000원 ④ 35,000,000원

10 다음 자료를 이용하여 부가가치세 과세표준을 계산하면 얼마인가? [제92회]

• 총매출액 : 50,000,000원	• 대손금 : 1,000,000원
• 금전 지급 판매장려금 : 3,000,000원	• 매출에누리 : 2,000,000원

① 43,000,000원　② 48,000,000원　③ 49,000,000원　④ 50,000,000원

정답 및 해설

07 ④ 대가를 받지 아니하고 특수관계 없는 타인에게 용역을 공급하는 경우 용역의 공급으로 보지 아니한다.

08 ① 판매목적 타사업장 반출의 경우 취득원가를 과세표준으로 한다.

09 ②
- 중간지급조건부 판매 : ㉠ 재화가 인도되기 전에 계약금 이외의 대가를 2회 이상 분할하여 지급받고, ㉡ 계약금을 받기로 한 날의 다음 날부터 재화를 인도하는 날까지의 기간이 6개월 이상인 것
- 중간지급조건부 판매의 공급시기 : 대가의 각 부분을 받기로 한 때
- 1기 확정신고기간의 과세표준 = 계약금(4월 15일) + 1차 중도금(5월 15일)
  = 20,000,000 + 5,000,000
  = 25,000,000원

10 ②
- 매출에누리는 과세표준에 포함하지 않는다.
- 금전으로 지급하는 판매장려금, 대손금은 과세표준에서 공제하지 않는다.
- 부가가치세 과세표준 = 총매출액 − 매출에누리
  = 50,000,000 − 2,000,000 = 48,000,000원

11 부가가치세법상 다음의 매입세액 중 매출세액에서 공제되는 매입세액은? [20년 11월 특별회차]

① 기업업무추진비 관련 매입세액
② 토지 관련 매입세액
③ 면세사업 관련 매입세액
④ 과세사업용 화물차 구입 관련 매입세액

12 부가가치세법상 공제 가능한 매입세액으로 옳은 것은? [16년 8월 특별회차]

① 면세 사업 관련 매입세액
② 비영업용 소형자동차(1,000cc 초과)의 구입과 유지에 관한 매입세액
③ 직원의 복리후생 관련한 매입세액
④ 사업과 직접 관련이 없는 지출에 대한 매입세액

13 다음 중 부가가치세 매입세액공제가 가능한 경우는? [제37회]

① 부동산매매업자가 취득한 토지와 관련된 매입세액
② 건설업자가 취득한 비영업용 소형승용자동차(5인승 2,000cc)의 매입세액
③ 무역업자가 재화를 수입하고 통관 시 세관장으로부터 교부받은 수입세금계산서에 의한 매입세액
④ 소매업자가 사업과 관련하여 받은 간이영수증에 의한 매입세액

14 다음 중 부가가치세 매입세액으로 공제되는 것은? [제69회]

① 기계부품 제조업자가 원재료를 매입하고 신용카드매출전표를 수취한 경우
② 농산물(배추) 도매업자가 운송용 트럭을 매입하는 경우
③ 거래처에 접대하기 위하여 선물을 매입하는 경우
④ 비사업자로부터 원재료를 매입하면서 세금계산서 등을 수취하지 않은 경우

15 다음은 사업자등록 신청에 대한 설명이다. 빈칸에 들어갈 일수는 며칠인가? [제92회]

> 부가가치세법상 사업자등록을 신청하기 전의 매입세액은 매출세액에서 공제하지 않는다. 다만, 공급시기가 속하는 과세기간이 끝난 후 (　　　) 이내에 사업자등록 신청을 할 경우 등록신청일부터 공급시기가 속하는 과세기간 기산일까지 역산한 기간 내의 매입세액은 매출세액에서 공제할 수 있다.

① 10일　　② 15일　　③ 20일　　④ 25일

정답 및 해설

11 ④ • 비영업업용 소형승용차 관련 매입세액, 기업업무추진비(접대비) 관련 매입세액, 면세사업 관련 매입세액, 토지 관련 매입세액 등은 매입세액공제를 받을 수 없다.
• 비영업용 소형승용차란 ㉠ 택시운수업, 자동차판매업 등이 아닌 일반 업종 회사가 소유하고 있는 업무용 차량으로서, ㉡ 정원 8인승 이하이고 ㉢ 배기량 1,000cc를 초과하는 ㉣ 승용자동차를 말한다.
• 화물차는 소형승용차에 해당하지 않으므로, 과세사업용 화물차 구입 관련 매입세액은 공제된다.

12 ③ 면세 사업 관련 매입세액(①), 비영업업용 소형승용차 관련 매입세액(②), 사업과 직접 관련이 없는 지출에 대한 매입세액(④)은 불공제된다.

13 ③ • 토지 관련 매입세액(①), 비영업업용 소형승용차 관련 매입세액(②), 세금계산서 미수취(간이영수증) 매입세액(④)은 불공제된다.
• 사업자가 재화를 수입하고 통관 시 세관장으로부터 교부받은 수입세금계산서에 의한 매입세액은 사업과 관련된 매입세액으로서 공제가 가능하다.

14 ① 면세사업(농산물 도매업)에 관련된 매입세액(②), 기업업무추진비 관련 매입세액(③), 세금계산서 미수취 매입세액(④)은 불공제된다.

15 ③ • 사업자등록을 신청하기 전의 매입세액은 매출세액에서 공제하지 않는다.
• 다만, 공급시기가 속하는 과세기간이 끝난 후 20일 이내에 사업자등록 신청을 한 경우에는, 등록신청일로부터 공급시기가 속하는 과세기간 기산일까지 역산한 기간의 매입세액을 공제한다.
예 20x1. 7. 20.에 사업자등록 신청 시 20x1. 1. 1. 매입분부터 공제 가능

16 다음 자료에 의해 부가가치세 납부세액을 계산하시오. (모든 거래금액은 부가가치세 별도임)

[제25회]

- 총매출액은 22,000,000원이다.
- 총매입액은 20,000,000원으로 기계장치 구입액 5,000,000원과 거래처 선물 구입비 3,000,000원이 포함되어 있다.

① 1,000,000원 ② 200,000원 ③ 1,800,000원 ④ 500,000원

17 다음 자료에 의하면 일반과세 사업자인 ㈜무릉의 부가가치세 납부세액은 얼마인가?

[21년 12월 특별회차]

- 전자세금계산서 발급에 의한 제품매출액 : 7,000,000원 (부가가치세 별도)
- 신용카드에 의한 원재료 매입액(매입세액공제 가능) : 2,750,000원 (공급대가)
- 세금계산서를 받고 구입한 거래처 선물 구입비 300,000원 (부가가치세 별도)

① 425,000원 ② 435,000원 ③ 444,000원 ④ 450,000원

18 다음 자료에 의하여 부가가치세법상 제조업을 영위하는 일반과세사업자가 납부해야 할 부가가치세액은?

[제78회]

- 전자세금계산서 발급에 의한 제품매출액 : 48,400,000원 (공급대가)
- 지출증빙용 현금영수증에 의한 원재료 매입액 : 30,800,000원 (부가가치세 별도)
- 신용카드에 의한 업무용 승용차(1,200cc) 구입 : 13,000,000원 (부가가치세 별도)

① 1,320,000원 ② 1,160,000원 ③ 720,000원 ④ 20,000원

19 다음 자료에 의하여 부가가치세 과세표준을 계산하면 얼마인가? [제65회]

- 발급한 세금계산서 중 영세율세금계산서의 공급가액은 1,500,000원이고, 그 외의 매출·매입과 관련된 영세율 거래는 없다.
- 세금계산서를 받고 매입한 물품의 공급가액은 6,200,000원이고, 이 중 사업과 관련이 없는 물품의 공급가액 400,000원이 포함되어 있다.
- 납부세액은 270,000원이다.

① 7,000,000원 ② 8,500,000원 ③ 10,000,000원 ④ 11,500,000원

정답 및 해설

16 ④
- 매출세액 = 22,000,000원 × 10% = 2,200,000원
- 매입세액 = 20,000,000원 × 10% = 2,000,000원
- 공제받지 못할 매입세액 = 3,000,000원 × 10% = 300,000원
- 납부세액 = 2,200,000 − (2,000,000 − 300,000) = 500,000원

17 ④
- 매출세액 = 7,000,000 × 10% = 700,000원
- 공제 가능 매입세액 = (2,750,000 × 10/110) + (0 × 10%) = 250,000원
- 납부세액 = 매출세액 − 공제 가능 매입세액 = 700,000 − 250,000 = 450,000원

18 ①
- 매출세액 = 48,400,000 × 10/110 = 4,400,000원
- 공제 가능 매입세액 = 30,800,000 × 10% = 3,080,000원
- 납부세액 = 매출세액 − 공제 가능 매입세액 = 4,400,000 − 3,080,000 = 1,320,000원

19 ③
- 공제 가능 매입세액 = (6,200,000 × 10%) − (400,000 × 10%) = 580,000원
- 납부세액 = 매출세액 − 공제 가능 매입세액
  → 270,000 = ? − 580,000
  ∴ 매출세액 = 850,000원
- 매출세액 = (과세 공급가액 × 10%) + (영세율 공급가액 × 0%)
  → 850,000 = (? × 10%) + (1,500,000 × 0%)
  ∴ 과세 공급가액 = 8,500,000원
- 과세표준 = 과세 공급가액 + 영세율 공급가액
  = 8,500,000 + 1,500,000
  = 10,000,000원

제6절 신고와 납부

01 예정신고와 납부

최근 88회 시험 중 2회 기출

(1) 법인사업자의 경우

예정신고기간의 종료 후 25일 이내에 해당 예정신고기간에 대한 과세표준과 납부세액을 신고·납부하여야 한다.

참고 **영세한 법인사업자에 대한 부가가치세 예정고지 허용**
직전 과세기간 공급가액의 합계액이 1억 5천만 원 미만인 영세법인사업자의 경우에는 개인사업자와 마찬가지로 예정신고기간의 부가가치세가 과세관청으로부터 고지가 되므로 별도의 신고 없이 납부만 할 수 있다.

(2) 개인사업자의 경우

① 원칙 : 예정고지

개인사업자 및 영세법인사업자의 경우 예정신고기간의 부가가치세는 직전 과세기간(6개월) 납부세액의 1/2에 해당하는 금액이 과세관청으로부터 고지되므로 별도의 신고 없이 납부만 하면 된다. 다만, 징수세액이 50만 원 미만인 경우에는 고지·징수되지 않는다.

② 예외 : 예정신고

개인사업자 및 영세법인사업자라고 하더라도 다음 중 어느 하나에 해당하는 경우에는 예정신고·납부할 수 있다.

- 휴업 또는 사업부진 등으로 인하여 각 예정신고기간의 공급가액 또는 납부세액이 직전 과세기간의 공급가액 또는 납부세액의 1/3에 미달하는 자
- 각 예정신고기간분에 대하여 조기환급을 받고자 하는 자

02 확정신고와 납부

최근 88회 시험 중 2회 기출

사업자는 각 과세기간 종료 후 25일 이내에 해당 과세기간에 대한 과세표준과 납부세액을 신고·납부하여야 한다.

납부(환급)세액(매출세액㉮ − 매입세액㉯)				㉰	
경감공제세액	그 밖의 경감·공제세액	18			
	신용카드매출전표등 발행공제등	19			
	합 계	20		㉱	
예정신고미환급세액		21		㉲	
예정고지세액		22		㉳	
사업양수자의 대리납부 기납부세액		23		㉴	
매입자 납부특례 기납부세액		24		㉵	
가산세액계		25		㉶	
차감·가감하여 납부할세액(환급받을세액)(㉰ − ㉱ − ㉲ − ㉳ − ㉴ − ㉵ + ㉶)				26	
총괄납부사업자가 납부할 세액(환급받을 세액)					

확정신고·납부와 관련하여 주의할 사항은 다음과 같다.

- 예정신고 및 조기환급신고에 있어서 이미 신고한 내용은 확정신고대상에서 제외하며, 예정신고 시 미환급된 세액은 확정신고 시 '예정신고미환급세액'란에 기입하여 납부세액에서 공제한다.
- 예정고지액을 납부한 개인사업자 및 영세법인사업자의 경우 확정신고 시 과세기간 전체에 대한 매출 및 매입을 신고하고, 예정고지납부세액을 '예정고지세액'란에 기입하여 납부세액에서 공제한다.
- 확정신고 시에는 부가가치세 확정신고서와 함께 매입·매출처별 세금계산서합계표, 영세율첨부서류, 신용카드매출전표 등 수령명세서, 기타 첨부서류를 제출하여야 하나, 예정신고 및 조기환급신고에 있어서 이미 제출한 것은 제외한다.

03 간이과세자의 신고와 납부

최근 88회 시험 중 1회 기출

간이과세자는 1월 1일부터 12월 31일까지를 하나의 과세기간으로 하여 과세기간 종료 후 25일 이내에 해당 과세기간에 대한 과세표준과 납부세액을 신고·납부하여야 한다.
1월 1일부터 6월 30일까지를 예정부과기간으로 하여 직전 과세기간(1년) 납부세액의 1/2에 해당하는 금액이 고지되고 이를 납부하게 된다.

04 환급

최근 88회 시험 중 2회 기출

부가가치세 납부세액을 계산함에 있어서 매입세액이 매출세액을 초과하는 경우에는 환급세액이 발생하게 되는데, 환급세액을 돌려받는 유형은 일반환급과 조기환급 두 가지로 나누어 볼 수 있다.

(1) 일반환급

환급세액은 원칙적으로 예정신고 시에는 환급되지 않고 확정신고 시에만, **확정신고기한 경과 후 30일 이내**에 환급된다. 예정신고기간의 환급세액은 환급이 되는 것이 아니라 확정신고 시 납부할 세액에서 차감된다.

(2) 조기환급

조기환급이란 환급세액을 각 예정·확정신고기간 또는 조기환급기간별로 해당 신고기한 경과 후 **15일 이내**에 환급받는 것을 말한다.

① 조기환급 대상

- 영세율 규정이 적용되는 때
- 사업설비(감가상각대상인 유형자산과 무형자산)를 신설, 취득, 확장 또는 증축하는 때
- 법원의 인가결정을 받은 회생계획 등 재무구조개선계획을 이행 중인 때

② 조기환급 절차

• 예정·확정 신고기간별 조기환급

구분	내용
신 고	조기환급을 받고자 하는 사업자가 확정 또는 예정신고서를 제출한 경우에는 환급에 관하여 신고한 것으로 본다.
환 급	환급세액은 각 확정 또는 예정신고기한 경과 후 15일 이내에 환급받는다.

• 조기환급기간별 조기환급

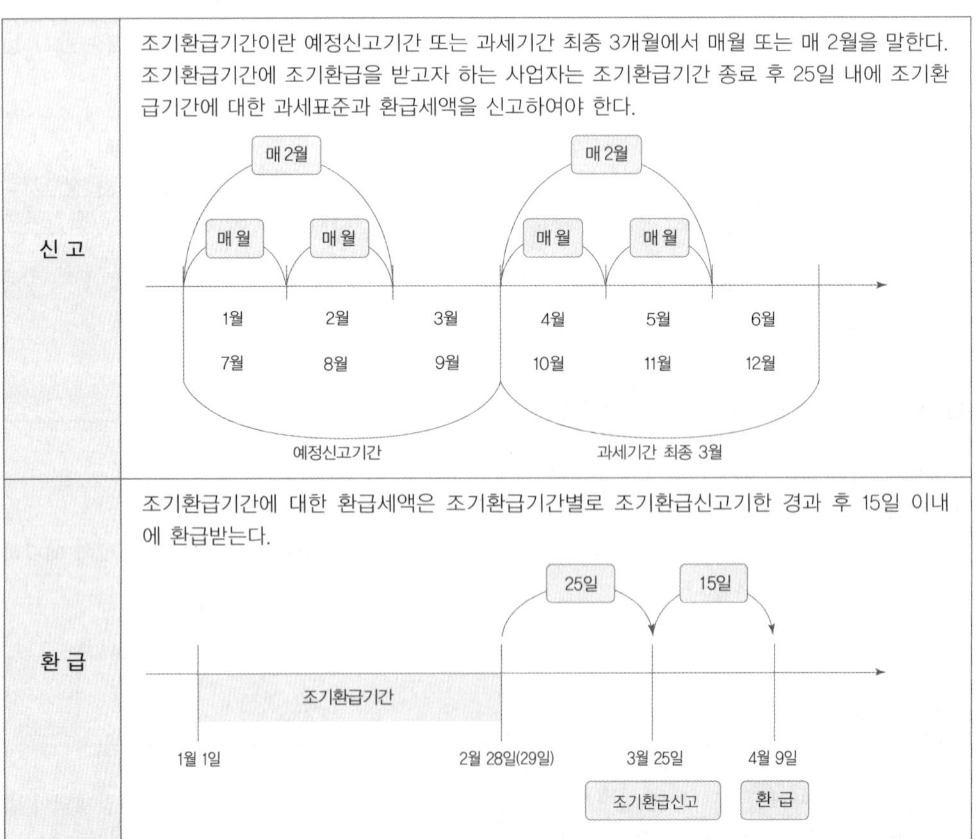

구분	내용
신 고	조기환급기간이란 예정신고기간 또는 과세기간 최종 3개월에서 매월 또는 매 2월을 말한다. 조기환급기간에 조기환급을 받고자 하는 사업자는 조기환급기간 종료 후 25일 내에 조기환급기간에 대한 과세표준과 환급세액을 신고하여야 한다.
환 급	조기환급기간에 대한 환급세액은 조기환급기간별로 조기환급신고기한 경과 후 15일 이내에 환급받는다.

기출확인문제 *2025년 출제예상

다음 중 부가가치세법상 '조기환급'과 관련된 내용으로 틀린 것은? (제64회)

① 조기환급 : 조기환급신고 기한 경과 후 25일 이내 환급
② 조기환급기간 : 예정신고기간 또는 과세기간 최종 3월 중 매월 또는 매 2월
③ 조기환급신고 : 조기환급기간 종료일부터 25일 이내에 조기환급기간에 대한 과세표준과 환급세액 신고
④ 조기환급대상 : 영세율이 적용되는 경우, 사업 설비를 신설·취득·확장·증축하는 경우 등

정답 ①

해설
조기환급 : 조기환급신고 기한 경과 후 15일 이내 환급

제 7 장

부가가치세의 입력·조회

[실무]

제 7 장

부가가치세의 입력·조회

Overview

부가가치세의 입력·조회는 실무시험 전체 70점 중 평균적으로 24점의 비중으로 출제된다.

부가가치세의 입력·조회의 경우 [매입매출전표입력] 메뉴를 사용하여 부가가치세 신고서에 반영되는 기중 거래를 입력하고, 이미 입력된 전표를 수정하는 방법을 설명한다. 또한 KcLep 프로그램에서 부가가치세 관련 장부를 조회하는 방법을 설명한다.

출제비중

구 분	출제문항	배점(24점)
제1절 매입매출전표입력	문제3	18점
제2절 매입매출전표 오류수정	문제4*	3점
제3절 부가가치세 관련 장부조회	문제6**	3점

* [제4장 제2절 일반전표 오류수정]에서 1문제, [제7장 제2절 매입매출전표 오류수정]에서 1문제 출제됨

** [제4장 제4절 입력 관련 장부조회]에서 2문제, [제7장 제3절 부가가치세 관련 장부조회]에서 1문제 출제됨

금융·세무회계 전문 교육기관 해커스금융
fn.Hackers.com

학습전략

제1절 매입매출전표입력

본문에 수록된 '기출확인문제'를 통하여 각 유형별 매입매출전표를 실제로 입력해보자.

또한, 매입매출전표와 부가가치세 신고서와의 관계를 떠올리면서 '핵심기출문제'에 수록된 문제를 풀어보자.

제2절 매입매출전표 오류수정

[매입매출전표입력] 메뉴에서 전표를 검색하고, '전표삽입'과 '번호수정' 기능을 활용하여 기존 전표에 포함된 오류를 수정하는 방법을 익히자.

제3절 부가가치세 관련 장부조회

[부가가치세신고서], [세금계산서합계표], [매입매출장] 각 메뉴의 구성을 이해하고, '핵심기출문제'를 통해 실제 기출문제 유형을 익히자.

제 1 절 | 매입매출전표입력

01 매입매출전표입력

- [매입매출전표입력]은 회계상 거래 중에서 부가가치세 신고와 관련되는 거래를 입력하는 메뉴이다.
- [매입매출전표입력] 문제는 실무시험 문제3(18점)에서 출제된다.
- [매입매출전표입력] 화면은 [회계관리] ▶ [전표입력] ▶ [매입매출전표입력]을 선택하여 들어갈 수 있다.

기출확인문제

㈜제일(코드번호 : 1101)의 당기 회계기간은 제5기이다.
다음 거래 자료를 [매입매출전표입력] 메뉴에 입력하시오. (제58회)

> 11월 9일 ㈜달마에 제품 8,000,000원(부가가치세 별도)을 공급하고 전자세금계산서를 발급하였으며, 대금 중 4,000,000원은 ㈜상림이 발행한 3개월 만기 약속어음을 배서받고, 잔액은 당사의 보통예금 계좌로 지급받았다.

기출 따라 하기

▶관련 이론 I 부가가치세 과세대상 거래 p.534

(1) 부가가치세 신고서 입력사항

과세표준및매출세액 입력란 중에서 과세의 세금계산서발급분[1] 금액란에 공급가액 "8,000,000", 세액란에 부가가치세 "800,000"이 입력되어야 한다.

구 분				금 액	세 율	세 액
과세표준및매출세액	과세	세금계산서발급분	1	8,000,000	10/100	800,000
		매입자발행세금계산서	2		10/100	
		신용카드·현금영수증발행분	3		10/100	
		기타(정규영수증외매출분)	4			
	영세	세금계산서발급분	5		0/100	
		기 타	6		0/100	

(2) 분개

11월 9일	(차) 받을어음(㈜상림)	4,000,000	(대) 제품매출	8,000,000
	보통예금	4,800,000	부가세예수금	800,000

참고 [매입매출전표입력]의 화면 구성

• 화면 상단 탭

[매입매출전표입력] 메뉴의 화면 상단에 있는 탭은 실무에서 동일한 '유형'의 전표만 조회하거나 집중적으로 입력할 때 활용하는 기능이다. 예를 들어 [11.매출과세] 탭을 클릭하면 해당 월의 [11.매출과세] 거래 전표만 조회가 되고, 이 탭에서 전표를 입력하면 '유형'이 자동으로 '11.과세'로 입력된다.

이러한 탭은 실무에서 사용하는 기능이므로, 전산회계 자격시험에서는 문제에서 특별한 언급이 없으면 별도의 탭을 클릭할 필요 없이 [전체입력] 탭에 입력하면 된다.

전체입력	전자입력	11.매출과세	17.매출카과	51.매입과세	57.매입카과	가산세	의제류매입	종이세금

• 상단부

부가가치세 신고와 관련된 내용을 입력하는 부분으로서, 입력된 내용은 [부가가치세신고서], [세금계산서합계표], [매입매출장] 등 관련 서식에 자동 반영된다.

년 월 일 변경 현금잔액: 대차차액:

□	일	번호	유형	품목	수량	단가	공급가액	부가세	코드	공급처명	전자	분개

• 하단부

회계처리를 입력하는 부분으로서, 입력된 내용은 각종 회계장부와 재무제표에 자동 반영된다.

구분	계정과목	적요	거래처	차변(출금)	대변(입금)

(3) 입력방법

① 월란에 "11월"을 입력한다.

▶ 거래가 발생한 날짜의 월을 입력한다. 숫자를 직접 입력하거나 열림 단추를 클릭하여 1월 ~ 12월 중 해당 월을 선택한다.

② 일란에 "9일"을 입력한다.

▶ 거래가 발생한 날짜의 일은 다음과 같이 두 가지 방법으로 입력할 수 있다. 이는 [일반전표입력] 메뉴에서의 방법과 동일하다.

| 방법1 | 화면 상단의 일란을 빈칸으로 두고 Enter를 누른다. 이에 따라 해당 월의 전표들이 모두 화면에 나타나게 되고, 커서는 맨 아래 라인으로 이동된다. 이동된 라인에서 '일'을 입력한다.

| 방법2 | 화면 상단의 일란에 일자를 입력하고 Enter를 누른다. 이에 따라 해당 날짜의 표들만 화면에 나타나게 되고, 커서는 맨 아래 라인으로 이동된다. 이동된 라인에서는 '일'을 다시 입력하지 않아도 된다.

③ 번호란의 전표번호는 전표입력이 완료되면 자동으로 부여된다.

▶ 번호란 전표번호를 말하며, 매 일자별로 '50001'부터 자동으로 부여된다.
상단부의 라인 하나 및 그에 해당하는 하단부의 회계처리가 1개의 전표로 인식되어 1개의 전표번호가 부여된다.

④ VAT 과세거래이고 세금계산서를 발급하였으므로 유형란에 "11.과세"를 선택하여 입력한다.

▶ 유형란에 커서를 놓으면 화면 하단에 부가가치세 유형코드가 나타나는데, 해당 거래에 대한 과세유형(10%, 0%, 간이과세, 면세)과 증빙유형(세금계산서, 신용카드, 현금영수증, 무증빙)을 파악하여 정확한 유형코드를 선택하여 입력한다.
유형코드가 결정되면 이에 따라 매입매출전표 상단부 입력 내용이 [부가가치세신고서], [세금계산서합계표], [매입매출장], 기타 관련 서식에 자동으로 반영된다.

▶ 매출거래 주요 유형코드와 [부가가치세신고서] 반영위치

코 드	과세유형	증빙유형	내 용	출제대상
11.과세	10%	세금계산서	세금계산서에 의한 과세 매출분	11.과세
12.영세	0%	세금계산서	영세율세금계산서에 의한 영세율 매출분	12.영세
13.면세	면 세	계산서	계산서에 의한 면세 매출분	–
14.건별	10%	–	증빙미발급 또는 간이영수증발급에 의한 과세 매출분	14.건별
15.간이	간이과세	–	간이과세자의 간이과세 매출분	–
16.수출	0%	–	해외직수출 등 영세율 매출분	16.수출
17.카과	10%	신용카드	신용카드에 의한 과세 매출분	17.카과
18.카면	면 세	신용카드	신용카드에 의한 면세 매출분	–
19.카영	0%	신용카드	신용카드에 의한 영세율 매출분	–
20.면건	면 세	–	증빙미발급 또는 간이영수증발급에 의한 면세 매출분	–
21.전자	10%	전자화폐	전자화폐에 의한 과세 매출분	–
22.현과	10%	현금영수증	현금영수증에 의한 과세 매출분	22.현과
23.현면	면 세	현금영수증	현금영수증에 의한 면세 매출분	–
24.현영	0%	현금영수증	현금영수증에 의한 영세율 매출분	–

구 분				금 액	세 율	세 액
과세표준및매출세액	과세	세금계산서발급분	1	11.과세	10/100	
		매입자발행세금계산서	2		10/100	
		신용카드·현금영수증발행분	3	17.카과 22.현과	10/100	
		기타(정규영수증외매출분)	4	14.건별		
	영세	세금계산서발급분	5	12.영세	0/100	
		기 타	6	16.수출	0/100	
	예정신고누락분		7			
	대손세액가감		8			
	합 계		9		㉮	

▶ 매입거래 주요 유형코드와 [부가가치세신고서] 반영위치

코 드	과세유형	증빙유형	내 용	출제대상
51.과세	10%	세금계산서	세금계산서에 의한 과세 매입분 중 매입세액 공제분	51.과세
52.영세	0%	세금계산서	영세율세금계산서에 의한 영세율 매입분	52.영세
53.면세	면 세	계산서	계산서에 의한 면세 매입분	53.면세
54.불공	10%	세금계산서	세금계산서에 의한 과세 매입분 중 매입세액 불공제분	54.불공
55.수입	10%	세금계산서	재화의 수입에 따른 수입세금계산서 수취분	55.수입
56.금전	–	–	금전등록기 계산서(1998년 이전에만 사용되던 입력란)	–
57.카과	10%	신용카드	신용카드에 의한 과세 매입분 중 매입세액 공제분	57.카과
58.카면	면 세	신용카드	신용카드에 의한 면세 매입분	58.카면
59.카영	0%	신용카드	신용카드에 의한 영세율 매입분	–
60.면건	면 세	–	증빙미발급 또는 간이영수증발급에 의한 면세 매입분	–
61.현과	10%	현금영수증	현금영수증에 의한 과세 매입분 중 매입세액 공제분	61.현과
62.현면	면 세	현금영수증	현금영수증에 의한 면세 매입분	62.현면

구 분				금 액	세 율	세 액
매입세액	세금계산서 수취분	일반매입	10	51.과세 52.영세 54.불공 55.수입		
		고정자산매입	11			
	예정신고누락분		12			
	매입자발행세금계산서		13			
	그 밖의 공제매입세액		14	57.카과 61.현과		
	합계(10 + 11 + 12 + 13 + 14)		15			
	공제받지못할매입세액		16	54.불공[1]		
	차감계(15 – 16)		17		㉯	

[1] 매입세액불공제분 : '10번'란과 '16번'란에 동시에 기재됨

기타의 서식	53.면세 58.카면 62.현면

⑤ **제품 매출이라는 점 외에 별도의 언급이 없으므로, 품목란에 "제품"이라고 입력하고 (공란으로 두어도 정답으로 인정됨) 수량과 단가란은 공란으로 비워둔다.**

▶ 품목, 수량, 단가란에는 세금계산서에 기재된 품목·수량·단가를 입력하면 되나, 이들은 임의적 기재사항이다. 따라서 전산회계 자격시험에서는 별도의 요구사항이 있는 경우를 제외하고는 품목·수량·단가는 채점대상이 아니므로 공란으로 두고 넘어가면 된다.

참고 복수거래 입력

하나의 거래에 품목·수량·단가가 두 가지 이상인 경우에는 화면 상단에 있는 F7 복수거래(또는 F7)를 클릭하고 화면 하단에 나타나는 복수거래 내용창에 각각의 품목·수량·단가를 입력한다.

예를 들어, 상기 사례의 공급가액 8,000,000원이 A제품 6,000,000원(= 150개 × @40,000원)과 B제품 2,000,000원(= 100개 × @20,000원)으로 구성되어 있다면 다음과 같이 입력하면 된다.

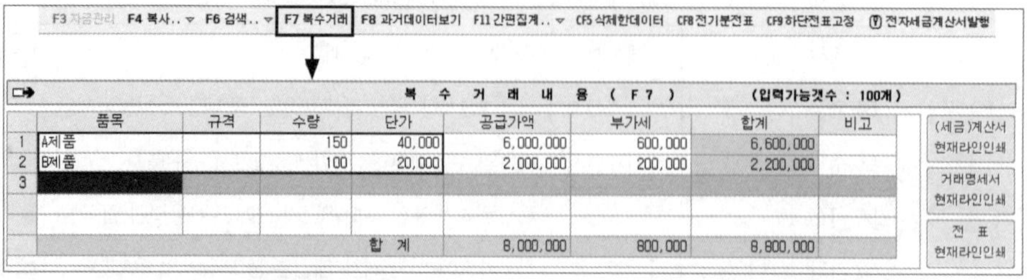

F3 자금관리 F4 복사.. F6 검색.. F7 복수거래 F8 과거데이터보기 F11 간편집계.. CF5 삭제한데이터 CF8 전기분전표 CF9 하단전표고정 전자세금계산서발행

복 수 거 래 내 용 (F 7) (입력가능갯수 : 100개)

	품목	규격	수량	단가	공급가액	부가세	합계	비고
1	A제품		150	40,000	6,000,000	600,000	6,600,000	
2	B제품		100	20,000	2,000,000	200,000	2,200,000	
3								
				합 계	8,000,000	800,000	8,800,000	

(세금)계산서 현재라인인쇄 / 거래명세서 현재라인인쇄 / 전표 현재라인인쇄

⑥ **공급가액란에는 세금계산서에 기재된 부가가치세법상 과세표준 금액인 "8,000,000"을 입력한다.**

▶ 공급가액란에는 해당 거래에 대한 부가가치세법상 과세표준을 입력한다. 수량·단가를 입력한 경우에는 공급가액이 자동으로 계산되어 표시되며, 수량·단가를 입력하지 않은 경우에는 금액을 직접 입력하면 된다.

⑦ **부가세란에는 부가가치세 '800,000'이 자동으로 계산되어 표시된다.**

▶ '유형'과 '공급가액'이 입력되면 그에 따라 '부가가치세액'이 자동으로 계산되어 표시된다. 즉, 과세 거래인 경우에는 '공급가액의 10%' 금액이, 영세율이나 면세 거래인 경우에는 '0원'이 표시된다.

⑧ **공급처명에 등록되어 있는 "00129.㈜달마"를 검색하여 입력한다.**

▶ 매입·매출 거래처의 거래처코드를 검색하여 입력한다. 입력 내용이 부가가치세 신고서식인 [세금계산서합계표]에 자동으로 반영되기 위해서는 해당 거래처가 등록되어 있는지 확인하고 거래처코드를 반드시 입력해 주어야 한다.

참고 [매입매출전표입력]의 거래처 입력방법

거래처란에는 [거래처등록] 메뉴에 등록되어 있는 거래처를 다음과 같이 두 가지 방법으로 검색하여 입력할 수 있다. 이는 [일반전표입력] 메뉴에서의 방법과 동일하다.

| 방법1 | 코드란에 커서를 놓고 코드(또는 F2)를 클릭하면 검색창이 나타난다. 검색창에서 찾고자 하는 거래처명의 앞 1글자 이상을 입력하면 해당하는 거래처가 조회된다.

| 방법2 | 코드란에 찾고자 하는 거래처명의 앞 1글자 이상을 입력한 후 Enter↵를 누르면 검색창에 해당하는 거래처가 조회된다.

거래처 신규등록 방법

검색창에서 조회가 되지 않는 신규 거래처인 경우에는 [거래처등록] 메뉴로 이동할 필요 없이 [매입매출전표입력] 메뉴에서 다음과 같은 방법으로 거래처를 직접 등록할 수 있다. 이는 [일반전표입력] 메뉴에서의 방법과 동일하다.

거래처 검색창에서 신규등록(F3)을 클릭하면 거래처를 간편등록할 수 있는 보조창이 나타난다. 보조창에서 자동 부여된 거래처코드를 원하는 번호로 직접 수정하고 거래처명, 사업자등록번호 등을 입력한 후 확인[TAB]을 클릭하면 해당 코드로 거래처가 등록되고, 화면 하단에서 업태, 종목 등 추가사항까지 입력할 수 있다.

⑨ **전자세금계산서를 발급하였으므로 전자란에 "1 : 여"를 선택하여 입력한다.**

▶ 전자란에는 세금계산서 또는 계산서를 발급하거나 발급받을 때 그 형태가 전자식인지 여부를 입력한다.

1 : 여	• 전자세금계산서 또는 전자계산서를 발급하거나 수취한 경우
0 : 부	• 종이세금계산서 또는 종이계산서를 발급하거나 수취한 경우 • 세금계산서 또는 계산서 자체를 발급하거나 수취하지 않은 경우 예 신용카드, 현금영수증, 무증빙

참고 KcLep 프로그램을 활용한 전자세금계산서 발급

매출거래에 있어서 [매입매출전표입력] 메뉴에서 전자란을 공란으로 두고 전표를 입력한 후, 이 거래에 대하여 [회계관리] ▶ [전표입력] ▶ [전자세금계산서발행] 메뉴에서 전자세금계산서를 발급할 수 있으며, 전자세금계산서가 발급되고 나면 [매입매출전표입력] 메뉴의 전자란이 '1 : 여'로 자동 반영된다.
그러나 이러한 전자세금계산서 발급 절차는 전산회계 1급 자격시험의 출제범위를 벗어나므로, 시험에서는 전자세금계산서를 발급한 매출 거래라 하더라도 전자란을 "1 : 여"로 입력하고 넘어가면 된다.

⑩ 거래금액 전체가 전액 현금 또는 외상 거래가 아니므로 분개란에 "3 : 혼합"을 선택하여 입력한다.

▶ 분개란에는 매입·매출 거래의 회계처리를 위한 분개 유형을 선택하여 입력한다.
해당란에 커서를 두면 화면 하단에 아래와 같은 도움말이 나타난다.

분개유형 [0:분개없음 1:현금 2:외상 3:혼합 4:카드 5:추가(환경설정에서 설정합니다.)]

▶ 분개란은 다음과 같은 기준에 따라 분개 유형을 숫자로 입력한다.

0 : 분개없음	• 하단부에 분개를 입력하지 않는 경우(단, 전산회계 자격시험 출제대상이 아님) 예 분개는 추후에 입력할 예정이고, 부가가치세 신고를 위한 부가가치세 정보만 입력하는 경우
1 : 현금	• 거래금액 전체가 현금으로 입금되거나 출금되는 경우(매출거래에 대하여는 하단부 전표가 전액 '입금전표'로 처리되고, 매입 거래에 대하여는 전액 '출금전표'로 처리됨)
2 : 외상	• 거래금액 전체가 외상 매출 거래이거나 외상 매입 거래인 경우
3 : 혼합	• 거래금액의 일부만 현금, 외상, 신용카드로 결제되는 경우 • 거래금액 전체가 외상 또는 신용카드로 결제되었지만, '2 : 외상' 또는 '4 : 카드' 분개 유형에 대하여 [환경등록] 메뉴에 등록된 계정과목이 해당 거래의 내용과 맞지 않는 경우
4 : 카드	• 거래금액 전체가 신용카드로 결제받거나 결제 지급하는 경우
5 : 추가	• 회사에서 빈번하게 발생하는 매출 및 매입 거래에 대하여 [환경등록] 메뉴에 계정과목을 등록하여 자동 분개 생성 기능을 사용하는 경우(단, 전산회계 자격시험 출제대상이 아님)

▶ 분개 유형을 선택하여 입력하면 분개의 전부 또는 일부가 자동 표시된다. 이때의 자동분개는 [회계관리] ▶ [기초정보등록] ▶ [환경등록] 메뉴에 있는 '2 분개유형 설정'에 등록된 계정과목이 반영된 것이며, 해당 거래의 내용과 맞지 않는 경우에는 계정과목을 직접 수정 입력하면 된다.

참고 전산회계 자격시험에서의 분개 유형 입력방법

[매입매출전표입력] 메뉴에서 '분개 유형'을 입력할 때, 거래금액 전체가 현금거래이거나 외상이거나 또는 신용카드 결제인 경우라 하더라도 반드시 '1 : 현금'이나 '2 : 외상' 또는 '4 : 카드'로 입력해야 하는 것은 아니고 분개 유형을 '3 : 혼합'으로 입력해도 분개만 동일하면 상관없다.
즉, 분개 유형 입력란은 하단부 분개를 신속하게 입력하기 위한 보조 역할을 하는 것이므로 전산회계 자격시험에서는 현금거래, 외상거래, 혼합거래, 카드거래로 구분하지 않고 모든 거래를 '3 : 혼합'으로 입력하여도 정답으로 인정된다.

⑪ 타계정대체 거래가 아니므로 적요란은 품목란의 내용대로 두고 넘어가면 된다.

▶ 전산회계 자격시험에서는 '타계정대체' 거래의 경우에만 적요를 입력하도록 요구하고 있다.

참고 적요의 입력과 수정

매입매출전표입력의 하단부에 있는 적요란은 별도로 입력하지 않으면 상단부의 품목란의 내용이 입력된다. 내용을 수정하려면 적요란에 커서를 두고 F2를 클릭하여 계정과목에 대하여 등록되어 있는 적요 항목을 검색한 후 적합한 적요의 번호를 입력하면 되고, 적합한 적요가 등록되어 있지 않으면 내용을 직접 입력하여도 된다.

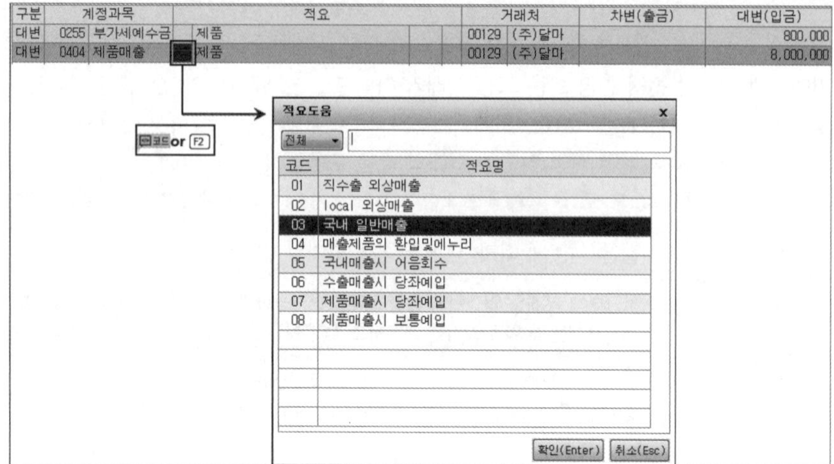

⑫ 하단부 전표란에 "[차변] 110.받을어음(㈜상림) 4,000,000"과 "[차변] 103.보통예금 4,800,000"을 입력하여 전표를 완성한다.

◐ ① ~ ⑫ 입력결과 화면은 아래와 같다.

• 상단부

2025 년 ① 11 월 ② 9 일 현금잔액: 162,670,510 대차차액:

□	일	번호 ③	유형 ④	품목 ⑤	수량	단가	공급가액 ⑥	부가세 ⑦	코드	공급처명 ⑧	사업자주민번호	전자 ⑨	분개 ⑩
■	9	50002	과세	제품			8,000,000	800,000	00129	(주)달마	202-25-32154	여	혼합

• 하단부

	구분	계정과목		적요 ⑪	거래처		차변(출금)	대변(입금)
	대변	0255	부가세예수금	제품	00129	(주)달마		800,000
	대변	0404	제품매출	제품	00129	(주)달마		8,000,000
⑫	차변	0110	받을어음	제품	02007	(주)상림	4,000,000	
⑫	차변	0103	보통예금	제품			4,800,000	
						합 계	8,800,000	8,800,000

참고 거래처 입력란

상단부의 공급처명란에는 회사가 제품(재화)을 공급하고 세금계산서를 발행한 부가가치세법상 거래상대방인 '㈜달마'를 입력하였으나, 제품매출의 대가로 받은 받을어음에 대한 거래처란에는 약속어음의 발행자인 '㈜상림'을 입력한다.

부가세예수금과 제품매출은 채권·채무가 아니므로 거래처를 입력하지 않아도 되나, 하단부 분개에서 각 계정과목의 거래처란에는 상단부의 공급처명이 그대로 입력된다. 문제에서 특별한 언급이 없는 경우 채권·채무가 아닌 계정과목에 대하여 자동 입력된 거래처 코드를 그대로 두더라도 상관없다.

02 매출전표의 유형별 작성 사례

1 과세(11)

부가가치세가 과세되는 재화나 용역을 공급하고 일반적인 10% 세금계산서를 발급한 경우 사용한다.

기출확인문제

㈜제일(코드번호 : 1101)의 당기 회계기간은 제5기이다.
다음 거래 자료를 [매입매출전표입력] 메뉴에 입력하시오. (제58회)

> 11월 11일 거래처 주식회사 금강산에 제품(1,000개, 개당 50,000원, 부가가치세 별도)을 공급하면서 전자세금계산서를 발행하고 대금은 외상으로 하였다. (단, 수량·단가는 입력하지 않아도 됨)

기출 따라 하기

▶관련 이론 | 부가가치세 과세대상 거래 p.534

(1) 분개

11월 11일	(차) 외상매출금 (주식회사 금강산)	55,000,000	(대) 제품매출	50,000,000
			부가세예수금	5,000,000

(2) 입력방법

① VAT 과세 거래이고 세금계산서를 발급하였으므로 유형란에 "11.과세"를 선택하여 입력한다.

코 드	과세유형	증빙유형	내 용
11.과세	10%	세금계산서	세금계산서에 의한 과세 매출분

② 품목란에 "제품"을 입력한다. (공란으로 두어도 정답으로 인정됨)

③ 공급가액란에 "50,000,000"을 입력한다.

④ 부가세란에 "5,000,000"이 자동으로 입력된다.

⑤ 공급처명란에 "주식회사 금강산"을 입력한다.

⑥ 전자세금계산서를 발급하였으므로 전자란에 "1 : 여"를 선택하여 입력한다.

⑦ 거래금액 전체가 외상 매출 거래로서, 차변이 '108.외상매출금'으로 회계처리 되므로 분개란에 "2 : 외상"을 선택하여 입력한다. ('3 : 혼합'을 입력하여도 분개만 동일하면 정답으로 인정됨)

2 : 외상	거래금액 전체가 외상 매출 거래로서, 차변이 [환경등록] 메뉴에 설정된 계정과목인 '108.외상매출금'으로 회계처리되는 경우 사용한다. 참고 외상을 선택하면 외상매출금에 대한 분개가 하단부 전표에 자동으로 입력된다.

▼ ① ~ ⑦ 입력결과 화면은 아래와 같다.

• 상단부

□	일	번호	유형 ①	품목	수량 ②	단가	공급가액 ③	부가세 ④	코드	공급처명 ⑤	사업자주민번호	전자 ⑥	분개 ⑦
■	11	50001	과세	제품			50,000,000	5,000,000	00102	주식회사 금강산	125-81-12255	여	외상

• 하단부

구분	계정과목		적요	거래처		차변(출금)	대변(입금)
차변	0108	외상매출금	제품	00102	주식회사 금	55,000,000	
대변	0255	부가세예수금	제품	00102	주식회사 금		5,000,000
대변	0404	제품매출	제품	00102	주식회사 금		50,000,000
				합 계		55,000,000	55,000,000

참고 **매출환입, 매출에누리, 매출할인**

부가가치세법상 과세표준에 포함되지 않는 항목이므로, 매출을 한 후에 이러한 거래가 발생하면 그 금액만큼 마이너스(−) 세금계산서를 발행하게 된다. [매입매출전표입력] 메뉴에 입력할 때에는 '유형'을 '11.과세'로 선택하고, 수량·공급가액·부가가치세를 음수(−)로 입력하면 된다.

2 영세(12)

영세율이 적용되는 재화나 용역을 공급하고 영세율세금계산서를 발급한 경우(예 내국신용장 또는 구매확인서에 의하여 공급하는 재화) 사용한다.

기출확인문제

㈜제일(코드번호 : 1101)의 당기 회계기간은 제5기이다.
다음 거래 자료를 [매입매출전표입력] 메뉴에 입력하시오. (20년 2월 특별회차)

> 11월 12일 수출업체인 ㈜펜시에 구매확인서에 의하여 제품을 판매하고 영세율전자세금계산서(공급가액 50,000,000원)를 발급하였다. 대금은 보통예금으로 받았다.

기출 따라 하기

▶관련 이론 I 영세율과 면세 p.546

(1) 분개

11월 12일 (차) 보통예금 50,000,000 (대) 제품매출 50,000,000

(2) 입력방법

① 영세율 거래이고 영세율세금계산서를 발급하였으므로 유형란에 "12.영세"를 선택하여 입력한다.

코 드	과세유형	증빙유형	내 용
12.영세	0%	세금계산서	영세율세금계산서에 의한 영세율 매출분

② 품목란에 "제품"을 입력한다. (공란으로 두어도 정답으로 인정됨)

③ 공급가액란에 "50,000,000"을 입력한다.

④ 영세율 거래이므로 부가세란에 자동으로 "0"(공란)이 입력된다.

⑤ 공급처란에 "㈜펜시"를 입력한다.

⑥ 전자세금계산서를 발급하였으므로 전자란에 "1 : 여"를 선택하여 입력한다.

⑦ 매출전표가 영세율이 적용되는 경우에는 영세율란에 해당하는 영세율 유형을 선택하여 입력하여야 한다. 해당란의 [...] 또는 [F2]를 클릭하면 보조창이 나타나는데 여기서 "3.내국신용장·구매확인서에 의하여 공급하는 재화"를 선택하고 [확인(Enter)]을 클릭한다.

▼ ① ~ ⑥ 입력결과 화면은 아래와 같다.

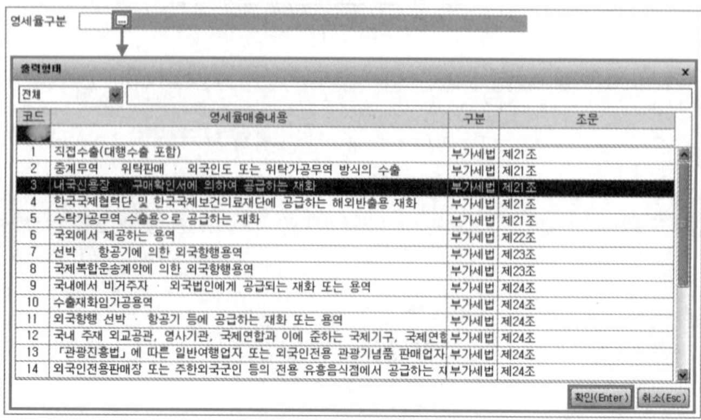

코드	영세율매출내용	구분	조문
1	직접수출(대행수출 포함)	부가세법	제21조
2	중계무역 · 위탁판매 · 외국인도 또는 위탁가공무역 방식의 수출	부가세법	제21조
3	내국신용장 · 구매확인서에 의하여 공급하는 재화	부가세법	제21조
4	한국국제협력단 및 한국국제보건의료재단에 공급하는 해외반출용 재화	부가세법	제21조
5	수탁가공무역 수출용으로 공급하는 재화	부가세법	제21조
6	국외에서 제공하는 용역	부가세법	제22조
7	선박 · 항공기에 의한 외국항행용역	부가세법	제23조
8	국제복합운송계약에 의한 외국항행용역	부가세법	제23조
9	국내에서 비거주자 · 외국법인에게 공급되는 재화 또는 용역	부가세법	제24조
10	수출재화임가공용역	부가세법	제24조
11	외국항행 선박 · 항공기 등에 공급하는 재화 또는 용역	부가세법	제24조
12	국내 주재 외교공관, 영사기관, 국제연합과 이에 준하는 국제기구, 국제연합	부가세법	제24조
13	「관광진흥법」에 따른 일반여행업자 또는 외국인전용 관광기념품 판매업자	부가세법	제24조
14	외국인전용판매장 또는 주한외국군인 등의 전용 유흥음식점에서 공급하는 지	부가세법	제24조

⑧ 거래금액 전체에 대하여 '전액 현금, 전액 외상, 전액 신용카드'로 결제되는 거래가 아니므로 분개란에 "3 : 혼합"을 선택하여 입력한다.

3 : 혼합	거래금액 전체에 대하여 '전액 현금, 전액 외상, 전액 신용카드'로 결제되는 거래가 아닌 경우 사용한다.

⑨ 하단부 전표란에 "[차변] 보통예금 50,000,000"을 입력하여 전표를 완성한다.

▼ ① ~ ⑨ 입력결과 화면은 아래와 같다.

• 상단부

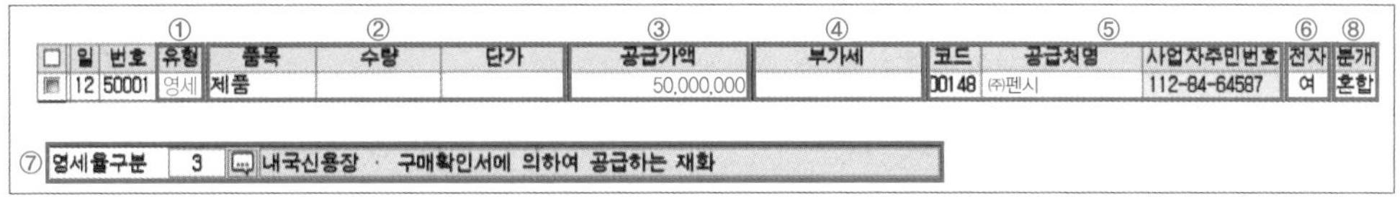

□	일	번호	유형 ①	품목	수량 ②	단가	공급가액 ③	부가세 ④	코드	공급처명 ⑤	사업자주민번호	전자 ⑥	분개 ⑧
■	12	50001	영세	제품			50,000,000		00148	㈜펜시	112-84-64587	여	혼합

⑦ 영세율구분 3 내국신용장 · 구매확인서에 의하여 공급하는 재화

• 하단부

	구분	계정과목		적요		거래처		차변(출금)	대변(입금)
	대변	0404	제품매출			00148	(주)펜시		50,000,000
⑨	차변	0103	보통예금			00148	(주)펜시	50,000,000	

3 건별(14)

부가가치세가 과세되는 재화나 용역을 공급하고, 간이영수증을 발급하거나 아무것도 발급하지 않은 경우 사용한다.

기출확인문제

㈜제일(코드번호 : 1101)의 당기 회계기간은 제5기이다.
다음 거래 자료를 [매입매출전표입력] 메뉴에 입력하시오. (제47회)

11월 14일 비사업자인 김철수에게 노트북 컴퓨터(제품) 1대를 판매하고 현금 462,000원(부가가치세 포함)을 수취하였다. 세금계산서나 현금영수증은 발행하지 않았다.

기출 따라 하기

▶관련 이론 I 부가가치세 과세대상 거래 p.534

(1) 분개

11월 14일	(차) 현금	462,000	(대) 제품매출	420,000
			부가세예수금	42,000

(2) 입력방법

① VAT 과세 거래이고 간이영수증을 발급 또는 아무것도 발급하지 않은 경우에 해당하므로 유형란에 "14. 건별"을 선택하여 입력한다.

코 드	과세유형	증빙유형	내 용
14.건별	10%	–	증빙 미발급 또는 간이영수증 발급에 의한 과세 매출분

② 품목란에 "노트북 컴퓨터"를 입력한다. (공란으로 두어도 정답으로 인정됨)

③ 공급가액란에 부가가치세 과세표준에 해당하는 "420,000"이 표시되도록 입력한다.

▶ 유형 '14.건별'일 때의 '공급가액' 입력 금액

유형 '14.건별'에 대한 [환경등록]의 기본설정 내용에 따라, 공급가액란에 '462,000'을 입력하면 공급가액란과 부가세란에 각각 '420,000'과 '42,000'이 자동으로 안분되어 입력된다. 만약 자동 입력된 금액을 수정하고자 할 때에는 해당란에서 직접 수정 입력하면 된다.

참고 신용카드 거래(17.카과, 57.카과), 현금영수증 거래(22.현과, 61.현과), 무증빙 거래(14.건별)는 실무에서 부가가치세가 포함된 총결제금액을 많이 사용하기 때문에, KcLep 프로그램에서는 실무상 편의를 위하여 공급가액란에 부가가치세가 포함된 금액을 입력하면 공급가액이 자동 계산되어 입력되도록 환경설정이 되어 있다.

④ 부가세란에 "42,000"이 자동으로 입력된다.

⑤ 공급처명란에 "김철수"를 입력한다.

⑥ '14.건별'은 전자세금계산서가 발급되지 않은 경우이므로 전자란이 자동으로 "0 : 부"(공란)로 작성된다.

⑦ 거래금액 전체가 현금으로 입금되는 거래이므로 분개란에 "1 : 현금"을 선택하여 입력한다. ('3 : 혼합'을 입력하여도 분개만 동일하면 정답으로 인정됨)

1 : 현금	거래금액 전체가 현금으로 입금되거나 출금되는 경우 사용한다. 참고 현금을 선택하면 입금에 대한 분개가 하단부 전표에 자동으로 입력된다.

① ~ ⑦ 입력결과 화면은 아래와 같다.

• 상단부

□	일	번호	유형 ①	품목	수량 ②	단가	공급가액 ③	부가세 ④	코드	공급처명 ⑤	사업자주민번호	전자 ⑥	분개 ⑦
▣	14	50003	건별	노트북 컴퓨			420,000	42,000	00401	김철수	650101-1056226		현금

• 하단부

구분	계정과목		적요	거래처		차변(출금)	대변(입금)
입금	0255	부가세예수금	노트북 컴퓨터	00401	김철수	(현금)	42,000
입금	0404	제품매출	노트북 컴퓨터	00401	김철수	(현금)	420,000

4 수출(16)

영세율이 적용되는 재화나 용역을 공급하고 세금계산서 발급의무 면제 거래에 해당하여 세금계산서를 발급하지 않은 경우(예를 들어, 재화의 해외 직수출) 사용한다.

기출확인문제

㈜제일(코드번호 : 1101)의 당기 회계기간은 제5기이다.
다음 거래 자료를 [매입매출전표입력] 메뉴에 입력하시오. (제94회)

> 11월 16일 미국의 Champ사에 직수출로 제품을 $20,000(환율 $1 = ₩1,100)에 판매하고 선적하였다. 대금은 한 달 후에 받기로 하였다.

기출 따라 하기

▶관련 이론 I 영세율과 면세 p.546

(1) 분개

11월 16일 (차) 외상매출금(Champ사) 22,000,000 (대) 제품매출 22,000,000

(2) 입력방법

① 영세율 거래이고 세금계산서를 발급하지 않은 경우에 해당하므로 유형란에 "16.수출"을 선택하여 입력한다.

코 드	과세유형	증빙유형	내 용
16.수출	0%	–	해외직수출 등 영세율 매출분

② 품목란에 "제품"을 입력한다. (공란으로 두어도 정답으로 인정됨)

③ 공급가액란에 "22,000,000"을 입력한다.

④ 영세율 거래이므로 부가세란에 자동으로 "0"(공란)이 입력된다.

⑤ 공급처란에 "Champ사"를 입력한다.

⑥ '16.수출'은 전자세금계산서가 발급되지 않은 경우이므로 전자란이 자동으로 "0 : 부"(공란)로 작성된다.

⑦ 매출전표가 영세율이 적용되는 경우에는 영세율란에 해당하는 영세율 유형을 선택하여 입력하여야 한다. 해당란의 ▣ 또는 F2를 클릭하면 보조창이 나타나는데 여기서 "1.직접수출(대행수출 포함)"을 선택하고 확인(Enter)을 클릭한다.

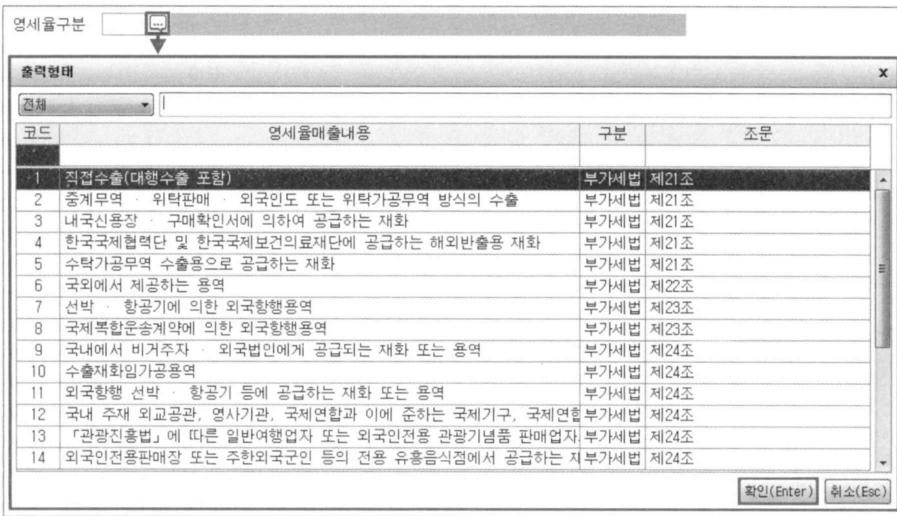
영세율구분

출력형태

전체

코드	영세율매출내용	구분	조문
1	직접수출(대행수출 포함)	부가세법	제21조
2	중계무역 · 위탁판매 · 외국인도 또는 위탁가공무역 방식의 수출	부가세법	제21조
3	내국신용장 · 구매확인서에 의하여 공급하는 재화	부가세법	제21조
4	한국국제협력단 및 한국국제보건의료재단에 공급하는 해외반출용 재화	부가세법	제21조
5	수탁가공무역 수출용으로 공급하는 재화	부가세법	제21조
6	국외에서 제공하는 용역	부가세법	제22조
7	선박 · 항공기에 의한 외국항행용역	부가세법	제23조
8	국제복합운송계약에 의한 외국항행용역	부가세법	제23조
9	국내에서 비거주자 · 외국법인에게 공급되는 재화 또는 용역	부가세법	제24조
10	수출재화임가공용역	부가세법	제24조
11	외국항행 선박 · 항공기 등에 공급하는 재화 또는 용역	부가세법	제24조
12	국내 주재 외교공관, 영사기관, 국제연합과 이에 준하는 국제기구, 국제연합	부가세법	제24조
13	「관광진흥법」에 따른 일반여행업자 또는 외국인전용 관광기념품 판매업자	부가세법	제24조
14	외국인전용판매장 또는 주한외국군인 등의 전용 유흥음식점에서 공급하는 지	부가세법	제24조

확인(Enter) 취소(Esc)

⑧ 거래금액 전체가 외상 매출 거래로서, 차변이 '108.외상매출금'으로 회계처리되므로 분개란에 "2 : 외상"을 선택하여 입력한다. ('3 : 혼합'을 입력하여도 분개만 동일하면 정답으로 인정됨)

2 : 외상	거래금액 전체가 외상 매출 거래로서, 차변이 [환경등록] 메뉴에 설정된 계정과목인 '108. 외상매출금'으로 회계처리되는 경우 사용한다. 참고 외상을 선택하면 외상매출금에 대한 분개가 하단부 전표에 자동으로 입력된다.

▼ ① ~ ⑧ 입력결과 화면은 아래와 같다.

• 상단부

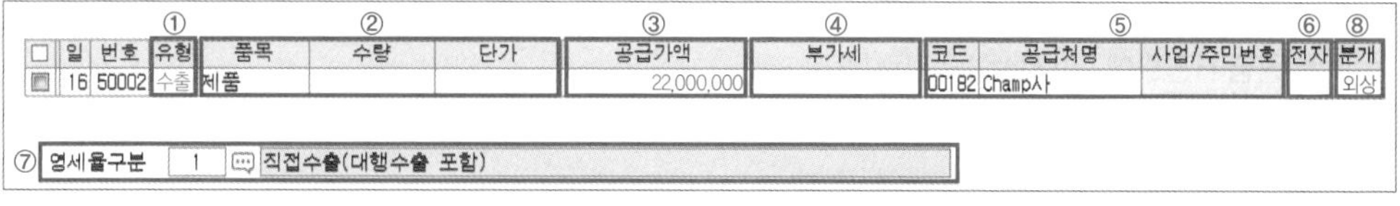

일	번호	유형	품목	수량	단가	공급가액	부가세	코드	공급처명	사업/주민번호	전자	분개
16	50002	수출	제품			22,000,000		00182	Champ사			외상

⑦ 영세율구분 1 직접수출(대행수출 포함)

• 하단부

구분	계정과목		적요	거래처		차변(출금)	대변(입금)
차변	0108	외상매출금		00182	Champ사	22,000,000	
대변	0404	제품매출		00182	Champ사		22,000,000

5 카과(17)

부가가치세가 과세되는 재화나 용역을 공급하고 신용카드매출전표를 발급한 경우 사용한다.

참고 대금을 신용카드로 결제받음에 따라 세금계산서도 발급하고 신용카드매출전표도 발급한 경우에는 '11.과세'를 선택해야 한다.

기출확인문제

㈜제일(코드번호 : 1101)의 당기 회계기간은 제5기이다.
다음 거래 자료를 [매입매출전표입력] 메뉴에 입력하시오. (제53회)

> 11월 17일 개인 소비자 박지성에게 제품을 6,600,000원(부가가치세 포함)에 판매하고, 대금은 박지성 신용카드(우리카드)로 수취하였다. 외상매출금으로 회계처리하시오.

기출 따라 하기

▶관련 이론 I 부가가치세 과세대상 거래 p.534

(1) 분개

11월 17일	(차) 외상매출금(우리카드)	6,600,000	(대) 제품매출	6,000,000
			부가세예수금	600,000

(2) 입력방법

① VAT 과세 거래이고 신용카드매출전표를 발급하였으므로 유형란에 "17.카과"를 선택하여 입력한다.

코 드	과세유형	증빙유형	내 용
17.카과	10%	신용카드	신용카드에 의한 과세 매출분

② 품목란에 "제품"을 입력한다. (공란으로 두어도 정답으로 인정됨)

③ 공급가액란에 부가가치세 과세표준에 해당하는 "6,000,000"이 표시되도록 입력한다.

▶ 유형 '17.카과'일 때의 '공급가액' 입력 금액
유형 '17.카과'에 대한 [환경등록]의 기본설정 내용에 따라 공급가액란에 "6,600,000"을 입력하면 공급가액란과 부가가치세란에 각각 '6,000,000'과 '600,000'이 자동으로 안분되어 입력된다. 만약 자동 입력된 금액을 수정하고자 할 때에는 해당란에서 직접 수정 입력하면 된다.

참고 신용카드 거래(17.카과, 57.카과), 현금영수증 거래(22.현과, 61.현과), 무증빙 거래(14.건별)는 실무에서 부가가치세가 포함된 총결제금액을 많이 사용하기 때문에, KcLep 프로그램에서는 실무상 편의를 위하여 공급가액란에 부가가치세가 포함된 금액을 입력하면 공급가액이 자동 계산되어 입력되도록 환경설정이 되어 있다.

④ 부가세란에 "600,000"이 자동으로 입력된다.

⑤ 공급처명란에 "박지성"을 입력한다.

▶ 회계처리에서 외상매출금에 대한 거래처는 카드사인 '우리카드'가 되지만, 부가가치세법상 공급처는 재화를 공급받은 자인 '박지성'이 된다.

⑥ '17.카과'는 전자세금계산서가 발급되지 않은 경우이므로 전자란이 자동으로 "0 : 부"(공란)로 작성된다.

⑦ 신용카드매출전표가 발급된 경우에는 신용카드사란에 해당하는 카드사를 선택하여 입력하여야 한다. 해당란의 [...] 또는 F2를 클릭하면 보조창이 나타나는데 여기서 "우리카드"를 선택하고 확인(Enter)을 클릭한다.

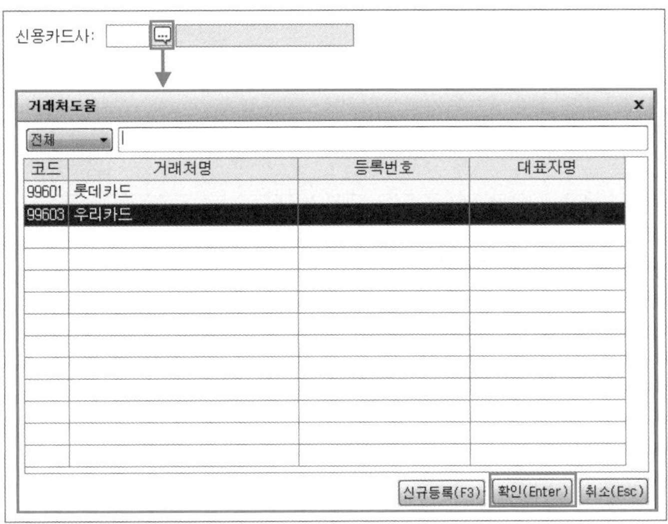

⑧ 거래금액 전체가 외상 매출 거래로서, 차변이 '108.외상매출금'으로 회계처리되므로 분개란에 "2 : 외상"을 선택하여 입력한다. ('3 : 혼합'을 입력하여도 분개만 동일하면 정답으로 인정됨)

2 : 외상	거래금액 전체가 외상 매출 거래로서, 차변이 [환경등록] 메뉴에 설정된 계정과목인 '108.외상매출금'으로 회계처리되는 경우 사용한다. 참고 외상을 선택하면 외상매출금에 대한 분개가 하단부 전표에 자동으로 입력된다.

▼ ① ~ ⑧ 입력결과 화면은 아래와 같다.

• 상단부

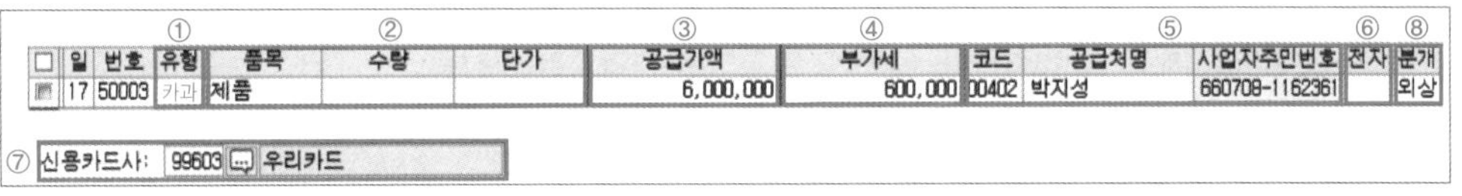

일	번호	유형 ①	품목	수량 ②	단가	공급가액 ③	부가세 ④	코드	공급처명 ⑤	사업자주민번호	전자 ⑥	분개 ⑧
17	50003	카과	제품			6,000,000	600,000	00402	박지성	660708-1162361		외상

⑦ 신용카드사: 99603 우리카드

• 하단부

구분	계정과목		적요	거래처		차변(출금)	대변(입금)
차변	0108	외상매출금	제품	99603	우리카드	6,600,000	
대변	0255	부가세예수금	제품	00402	박지성		600,000
대변	0404	제품매출	제품	00402	박지성		6,000,000

6 현과(22)

부가가치세가 과세되는 재화나 용역을 공급하고 현금영수증을 발급한 경우 사용한다.

참고 세금계산서도 발급하고 현금영수증도 발급한 경우에는 '11.과세'를 선택하여야 한다.

기출확인문제

㈜제일(코드번호 : 1101)의 당기 회계기간은 제5기이다.
다음 거래 자료를 [매입매출전표입력] 메뉴에 입력하시오. (제45회)

> 11월 22일 개인인 류현진 씨에게 제품을 3,300,000원(부가가치세 포함)에 현금으로 판매하고 현금영수증을 교부하여 주었다.

기출 따라 하기

▶관련 이론 I 부가가치세 과세대상 거래 p.534

(1) 분개

11월 22일 (차) 현금	3,300,000	(대) 제품매출	3,000,000
		부가세예수금	300,000

(2) 입력방법

① VAT 과세 거래이고 현금영수증을 발급하였으므로 유형란에 "22.현과"를 선택하여 입력한다.

코 드	과세유형	증빙유형	내 용
22.현과	10%	현금영수증	현금영수증에 의한 과세 매출분

② 품목란에 "제품"을 입력한다. (공란으로 두어도 정답으로 인정됨)

③ 공급가액란에 부가가치세 과세표준에 해당하는 "3,000,000"이 표시되도록 입력한다.

▶ 유형 '22.현과'일 때의 '공급가액' 입력 금액
유형 '22.현과'에 대한 [환경등록]의 기본설정 내용에 따라, 공급가액란에 "3,300,000"을 입력하면 공급가액란과 부가세란에 각각 '3,000,000'과 '300,000'이 자동으로 안분되어 입력된다. 만약 자동 입력된 금액을 수정하고자 할 때에는 해당란에서 직접 수정 입력하면 된다.

참고 신용카드 거래(17.카과, 57.카과), 현금영수증 거래(22.현과, 61.현과), 무증빙 거래(14.건별)는 실무에서 부가가치세가 포함된 총결제금액을 많이 사용하기 때문에, KcLep 프로그램에서는 실무상 편의를 위하여 공급가액란에 부가가치세가 포함된 금액을 입력하면 공급가액이 자동 계산되어 입력되도록 환경설정이 되어 있다.

④ 부가세란에 "300,000"이 자동으로 입력된다.

⑤ 공급처명란에 "류현진"을 입력한다.

⑥ '22.현과'는 전자세금계산서가 발급되지 않은 경우이므로 전자란이 자동으로 "0 : 부"(공란)로 작성된다.

⑦ 거래금액 전체가 현금으로 입금되는 거래이므로 분개란에 "1 : 현금"을 선택하여 입력한다. ('3 : 혼합'을 입력하여도 분개만 동일하면 정답으로 인정됨)

1 : 현금	거래금액 전체가 현금으로 입금되거나 출금되는 경우 사용한다. 참고 현금을 선택하면 입금에 대한 분개가 하단부 전표에 자동으로 입력된다.

▼ ① ~ ⑦ 입력결과 화면은 아래와 같다.

• 상단부

			①		②		③	④		⑤		⑥	⑦
□	일	번호	유형	품목	수량	단가	공급가액	부가세	코드	공급처명	사업자주민번호	전자	분개
	22	50004	현과	제품			3,000,000	300,000	00406	류현진	680808-1111112		현금

• 하단부

구분	계정과목		적요			거래처		차변(출금)	대변(입금)
입금	0255	부가세예수금	제품			00406	류현진	(현금)	300,000
입금	0404	제품매출	제품			00406	류현진	(현금)	3,000,000

03 매입전표의 유형별 작성 사례

1 과세(51)

부가가치세가 과세되는 재화나 용역을 공급받고 일반적인 10% 세금계산서를 수취하였으며 동 건에 대해 매입세액 공제를 받을 수 있는 경우 사용한다.

기출확인문제

㈜제일(코드번호 : 1101)의 당기 회계기간은 제5기이다.
다음 거래 자료를 [매입매출전표입력] 메뉴에 입력하시오. (제52회)

> 12월 1일 제품의 임가공 계약에 의해 의뢰하였던 제품을 우성설비로부터 납품받고 전자세금계산서를 수취하였다. 임가공비용 5,000,000원(부가가치세 별도)은 전액 현금으로 결제하였다. (단, 외주가공비 계정으로 처리할 것)

기출 따라 하기

▶관련 이론 | 매출세액과 매입세액 p.571

(1) 분개

12월 1일	(차) 외주가공비(제조)	5,000,000	(대) 현금	5,500,000
	부가세대급금	500,000		

(2) 입력방법

① VAT 과세 거래이고 매입세액공제가 가능한 세금계산서를 수취하였으므로 유형란에 "51.과세"를 선택하여 입력한다.

코 드	과세유형	증빙유형	내 용
51.과세	10%	세금계산서	세금계산서에 의한 과세 매입분 중 매입세액 공제분

② 품목란에 "임가공용역"을 입력한다. (공란으로 두어도 정답으로 인정됨)

③ 공급가액란에 "5,000,000"을 입력한다.

④ 부가세란에 "500,000"이 자동으로 입력된다.

⑤ 공급처명란에 "우성설비"를 입력한다.

⑥ 전자세금계산서를 수취하였으므로 전자란에 "1 : 여"를 선택하여 입력한다.

⑦ 거래금액 전체가 현금으로 출금되는 거래이므로 분개란에 "1 : 현금"을 선택하여 입력한다. ('3 : 혼합'을 입력하여도 분개만 동일하면 정답으로 인정됨)

1 : 현금	거래금액 전체가 현금으로 입금되거나 출금되는 경우 사용한다. 참고 현금을 선택하면 출금에 대한 분개가 하단부 전표에 자동으로 입력된다.

⑧ 하단부 계정과목 "원재료"를 "외주가공비(제조)"로 수정 입력한다.

▼ ① ~ ⑧ 입력결과 화면은 아래와 같다.

• 상단부

			①	②			③	④		⑤		⑥	⑦
□	일	번호	유형	품목	수량	단가	공급가액	부가세	코드	공급처명	사업자주민번호	전자	분개
■	1	50001	과세	임가공용역			5,000,000	500,000	00170	우성설비	107-86-19954	여	현금

• 하단부

구분	계정과목		적요		거래처		차변(출금)	대변(입금)
출금	0135	부가세대급금		임가공용역	00170	우성설비	500,000	(현금)
출금	0533	외주가공비	⑧	임가공용역	00170	우성설비	5,000,000	(현금)

2 영세(52)

영세율이 적용되는 재화나 용역을 공급받고 영세율세금계산서를 수취한 경우(예 내국신용장 또는 구매확인서에 의하여 공급받는 재화) 사용한다.

기출확인문제

㈜제일(코드번호 : 1101)의 당기 회계기간은 제5기이다.
다음 거래 자료를 [매입매출전표입력] 메뉴에 입력하시오. (제51회)

> 12월 2일 ㈜성일기업으로부터 내국신용장(Local L/C)에 의하여 원재료 22,000,000원을 공급받고 영세율 전자세금계산서를 발급받았으며, 대금 중 50%는 어음으로 지급하고 나머지 금액은 보통예금에서 이체 지급하였다.

기출 따라 하기

▶관련 이론 I 영세율과 면세 p.546

(1) 분개

12월 2일	(차) 원재료	22,000,000	(대) 지급어음(㈜성일기업)	11,000,000
			보통예금	11,000,000

(2) 입력방법

① 영세율 거래이고 영세율세금계산서를 수취하였으므로 유형란에 "52.영세"를 선택하여 입력한다.

코 드	과세유형	증빙유형	내 용
52.영세	0%	세금계산서	영세율세금계산서에 의한 영세율 매입분

② 품목란에 "원재료"를 입력한다. (공란으로 두어도 정답으로 인정됨)

③ 공급가액란에 "22,000,000"을 입력한다.

④ 영세율 거래이므로 부가세란에 자동으로 "0"(공란)이 입력된다.

⑤ 공급처명란에 "㈜성일기업"을 입력한다.

⑥ 전자세금계산서를 수취하였으므로 전자란에 "1 : 여"를 선택하여 입력한다.

⑦ 거래금액 전체에 대하여 '전액 현금, 전액 외상, 전액 신용카드'로 결제되는 거래가 아니므로 분개란에 "3 : 혼합"을 선택하여 입력한다.

3 : 혼합	거래금액 전체에 대하여 '전액 현금, 전액 외상, 전액 신용카드'로 결제되는 거래가 아닌 경우 사용한다.

⑧ 하단부 전표란에 "[대변] 252.지급어음(㈜성일기업) 11,000,000"과 "[대변] 103.보통예금 11,000,000"을 입력하여 전표를 완성한다.

▼ ① ~ ⑧ 입력결과 화면은 아래와 같다.

• 상단부

			①		②		③	④		⑤		⑥	⑦
□	일	번호	유형	품목	수량	단가	공급가액	부가세	코드	공급처명	사업자주민번호	전자	분개
▣	2	50001	영세	원재료			22,000,000		00411	(주)성일기업	115-85-22512	여	혼합

• 하단부

	구분	계정과목		적요	거래처		차변(출금)	대변(입금)
⑧	차변	0153	원재료	원재료	00411	(주)성일기	22,000,000	
	대변	0252	지급어음	원재료	00411	(주)성일기		11,000,000
	대변	0103	보통예금	원재료	00411	(주)성일기		11,000,000

참고 상기 사례는 영세율이 적용되었으나 매출전표가 아니라 매입전표이므로 영세율구분란이 활성화되지 않는다.

3 면세(53)

면세가 적용되는 재화나 용역을 공급받고 계산서를 수취한 경우 사용한다.

기출확인문제

㈜제일(코드번호 : 1101)의 당기 회계기간은 제5기이다.
다음 거래 자료를 [매입매출전표입력] 메뉴에 입력하시오. (제52회)

> 12월 3일 공장건물을 신축할 목적으로 ㈜광원개발로부터 토지를 100,000,000원에 매입하고 전자계산서를 발급받았다. 대금 중 10,000,000원은 당사 보통예금 계좌에서 이체하여 지급하고 나머지는 3개월 후에 지급하기로 하였다.

기출 따라 하기

▶관련 이론 I 영세율과 면세 p.547

(1) 분개

12월 3일	(차) 토지	100,000,000	(대) 보통예금	10,000,000
			미지급금(㈜광원개발)	90,000,000

(2) 입력방법

① 면세 재화(토지)를 공급받고 계산서를 수취하였으므로 유형란에 "53.면세"를 선택하여 입력한다.

코 드	과세유형	증빙유형	내 용
53.면세	면 세	계산서	계산서에 의한 면세 매입분

② 품목란에 "토지"를 입력한다. (공란으로 두어도 정답으로 인정됨)

③ 공급가액란에 "100,000,000"을 입력한다.

④ 면세 거래이므로 부가세란에 자동으로 "0"(공란)이 입력된다.

⑤ 공급처명란에 "㈜광원개발"을 입력한다.

⑥ 전자계산서를 수취하였으므로 전자란에 "1 : 여"를 선택하여 입력한다.

⑦ 거래금액 전체에 대하여 '전액 현금, 전액 외상, 전액 신용카드'로 결제되는 거래가 아니므로 분개란에 "3 : 혼합"을 선택하여 입력한다.

3 : 혼합	거래금액 전체에 대하여 '전액 현금, 전액 외상, 전액 신용카드'로 결제되는 거래가 아닌 경우 사용한다.

⑧ 하단부 계정과목 "원재료"를 "토지"로 수정 입력하고, 하단부 전표란에 "[대변] 103.보통예금 10,000,000"과 "[대변] 253.미지급금(㈜광원개발) 90,000,000"을 입력하여 전표를 완성한다.

▼ ① ~ ⑧ 입력결과 화면은 아래와 같다.

• 상단부

□	일	번호	① 유형	② 품목	수량	단가	③ 공급가액	④ 부가세	⑤ 코드	공급처명	사업자주민번호	⑥ 전자	⑦ 분개
■	3	50003	면세	토지			100,000,000		02008	(주)광원개발	124-84-25549	여	혼합

• 하단부

	구분	계정과목		적요	거래처		차변(출금)	대변(입금)
	차변	0201	토지	토지	02008	(주)광원개	100,000,000	
⑧	대변	0103	보통예금	토지	02008	(주)광원개		10,000,000
	대변	0253	미지급금	토지	02008	(주)광원개		90,000,000

4 불공(54)

부가가치세가 과세되는 재화나 용역을 공급받고 일반적인 10% 세금계산서를 수취하였으나, 동 건에 대해 매입세액 공제를 받을 수 없는 경우 사용한다.

참고 '불공(54)'은 다음 두 가지 요건이 모두 충족되는 경우에 사용한다.

- 일반적인 10% 세금계산서를 수취하여야 한다.
- 해당 지출이 매입세액불공제 사유에 해당하여야 한다.

기출확인문제

㈜제일(코드번호 : 1101)의 당기 회계기간은 제5기이다.
다음 거래 자료를 [매입매출전표입력] 메뉴에 입력하시오. (제58회)

12월 4일 당사 비영업용승용차(1,800cc)의 사고로 인해 ㈜중앙정비소에서 엔진을 교체하였다. 이는 자본적 지출에 해당하는 것으로 엔진교체비용 4,500,000원(부가가치세 별도)을 당사 당좌수표를 발행하여 지급하고 전자세금계산서를 발급받았다.

기출 따라 하기

▶관련 이론 I 매출세액과 매입세액 p.572

(1) 분개

12월 4일 (차) 차량운반구 4,950,000[1)] (대) 당좌예금 4,950,000

1) 세금계산서상에 '공급가액 4,500,000원', '부가가치세 450,000원'이 기재되어 있으나 동 매입 부가가치세에 대하여 공제받을 수 없으므로, '부가세대급금 450,000원'을 인식하지 않고 공급가액과 부가가치세액을 합한 금액(공급대가)인 4,950,000원을 전액 자산(또는 비용)으로 인식한다.

(2) 입력방법

① VAT 과세 거래이나 매입세액불공제 사유에 해당하는 세금계산서를 수취하였으므로 유형란에 "54.불공"을 선택하여 입력한다.

코 드	과세유형	증빙유형	내 용
54.불공	10%	세금계산서	세금계산서에 의한 과세 매입분 중 매입세액 불공제분

② 품목란에 "비영업용승용차"를 입력한다. (공란으로 두어도 정답으로 인정됨)

③ 공급가액란에 "4,500,000"을 입력한다.

④ 부가세란에 "450,000"이 자동으로 입력된다.

⑤ 공급처명란에 "㈜중앙정비소"를 입력한다.

⑥ 전자세금계산서를 수취하였으므로 전자란에 "1 : 여"를 선택하여 입력한다.

⑦ 매입전표에서 '54.불공'이 적용되는 경우에는 불공제사유란에 해당하는 매입세액불공제 사유 유형을 선택하여 입력하여야 한다. 해당란의 [...] 또는 [F2]를 클릭하면 보조창이 나타나는데 여기서 "③개별소비세법 제1조제2항제3호에 따른 자동차(비영업용 소형승용자동차) 구입·유지 및 임차"를 선택하고 [확인(Enter)]을 클릭한다.

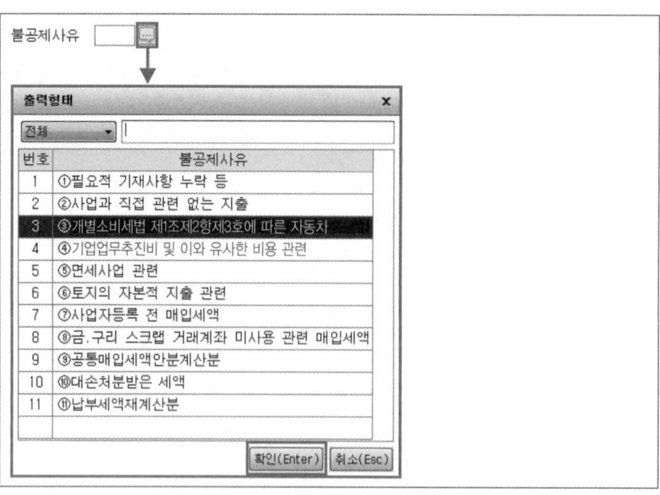

⑧ 거래금액 전체에 대하여 '전액 현금, 전액 외상, 전액 신용카드'로 결제되는 거래가 아니므로 분개란에 "3 : 혼합"을 선택하여 입력한다.

3 : 혼합	거래금액 전체에 대하여 '전액 현금, 전액 외상, 전액 신용카드'로 결제되는 거래가 아닌 경우 사용한다.

⑨ 하단부 계정과목 "원재료"를 "차량운반구"로 수정 입력하고, 하단부 전표란에 "[대변] 102.당좌예금 4,950,000"을 입력하여 전표를 완성한다.

◆ ① ~ ⑨ 입력결과 화면은 아래와 같다.

• 상단부

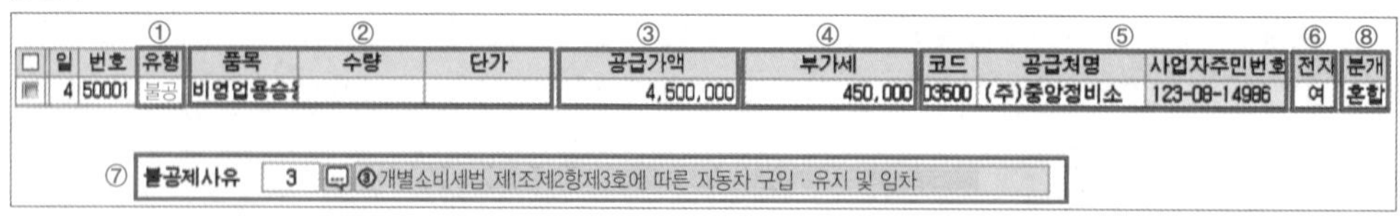

• 하단부

	구분	계정과목		적요	거래처		차변(출금)	대변(입금)
	차변	0208	차량운반구	비영업용승용차	03500	(주)중앙정	4,950,000	
⑨	대변	0102	당좌예금	비영업용승용차	03500	(주)중앙정		4,950,000

5 수입(55)

재화를 수입하고 세관장으로부터 수입세금계산서를 수취한 경우 사용한다.

기출확인문제

㈜제일(코드번호 : 1101)의 당기 회계기간은 제5기이다.
다음 거래 자료를 [매입매출전표입력] 메뉴에 입력하시오. (제45회)

> 12월 5일 해외거래처인 줄리아나로부터 수입한 원재료(US$ 10,000)와 관련하여, 인천세관으로부터 전자수입세금계산서를 교부받아 동 부가가치세액 1,000,000원을 인천세관에 현금으로 완납하였다. 단, 부가가치세와 관련된 것만을 회계처리하기로 한다.

▶관련 이론 I 세금계산서 p.554

(1) 분개

12월 5일 (차) 부가세대급금 1,000,000 (대) 현금 1,000,000

(2) 입력방법

① VAT 과세 거래이고 세관장으로부터 수입세금계산서를 수취하였으므로 유형란에 "55.수입"을 선택하여 입력한다.

코 드	과세유형	증빙유형	내 용
55.수입	10%	세금계산서	재화의 수입에 따른 수입세금계산서 수취분

② 품목란에 "원재료"를 입력한다. (공란으로 두어도 정답으로 인정됨)

③ 공급가액란에 "10,000,000"을 입력한다.

④ 부가세란에 "1,000,000"이 자동으로 입력된다.

⑤ 공급처명란에 "인천세관"을 입력한다.

▶ 수입세금계산서에서 공급자는 세관으로 기재되어 있다. 즉, 수입세금계산서에 따르면 세관(공급자)이 수입하는 자(공급받는 자)에게 재화를 공급하는 것이다.

⑥ 전자수입세금계산서를 수취하였으므로 전자란에 "1 : 여"를 선택하여 입력한다.

⑦ 거래금액 전체가 현금으로 출금되는 거래이므로 분개란에 "1 : 현금"을 선택하여 입력한다. ('3 : 혼합'을 입력하여도 분개만 동일하면 정답으로 인정됨)

1 : 현금	거래금액 전체가 현금으로 입금되거나 출금되는 경우 사용한다. 참고 현금을 선택하면 출금에 대한 분개가 하단부 전표에 자동으로 입력된다.

▼ ① ~ ⑦ 입력결과 화면은 아래와 같다.

• 상단부

□	일	번호	유형 ①	품목	수량 ②	단가	공급가액 ③	부가세 ④	코드	공급처명 ⑤	사업자주민번호	전자 ⑥	분개 ⑦
▣	5	50002	수입	원재료			10,000,000	1,000,000	00710	인천세관		여	현금

• 하단부

구분	계정과목		적요			거래처		차변(출금)	대변(입금)
출금	0135	부가세대급금	원재료			00710	인천세관	1,000,000	(현금)

참고 수입세금계산서의 매입매출전표입력

통관 시 세관장으로부터 수취한 수입세금계산서상의 공급가액은 부가가치세 징수를 위한 과세표준일 뿐이므로 회계상 매입가액과는 일치하지 않는다. 따라서 수입세금계산서상의 공급가액은 회계처리 대상이 아니고, 유형 '55.수입'을 사용한 매입전표의 하단부에는 수입세금계산서상의 '부가가치세'에 대한 회계처리만 표시된다.

6 카과(57)

부가가치세가 과세되는 재화나 용역을 공급받고 신용카드매출전표를 수취하였으며 동 건에 대해 매입세액 공제를 받을 수 있는 경우 사용한다.

참고
- 매입세액공제 받을 수 있는 지출에 대하여, 대금을 신용카드로 결제함에 따라 세금계산서도 발급받고 신용카드매출전표도 수취한 경우 '51.과세'를 선택하여야 한다.
- 10% 부가가치세가 기재된 신용카드매출전표를 수취하였더라도 매입세액공제 받을 수 없는 경우라면, 해당 거래는 부가가치세신고서 작성 시 전혀 반영되지 않으므로 [매입매출전표입력] 메뉴가 아니라 [일반전표입력] 메뉴에 입력하여야 한다.

기출확인문제

㈜제일(코드번호 : 1101)의 당기 회계기간은 제5기이다.
다음 거래 자료를 [매입매출전표입력] 메뉴에 입력하시오. (제51회)

> 12월 7일 관리부서는 가로수(식당)에서 회식을 하고 식사대금 550,000원(부가가치세 포함)을 법인카드인 비씨카드로 결제하였다. 카드매입에 대한 부가가치세 매입세액 공제요건은 충족하였다.

기출 따라 하기

▶관련 이론 I 매출세액과 매입세액 p.573

(1) 분개

12월 7일	(차) 복리후생비(판관비)	500,000	(대) 미지급금(비씨카드(법인))	550,000
	부가세대급금	50,000		

(2) 입력방법

① VAT 과세 거래이고 매입세액공제가 가능한 신용카드매출전표를 수취하였으므로 유형란에 "57.카과"를 선택하여 입력한다.

코 드	과세유형	증빙유형	내 용
57.카과	10%	신용카드	신용카드에 의한 과세 매입분 중 매입세액 공제분

② 품목란에 "식사대금"을 입력한다. (공란으로 두어도 정답으로 인정됨)

③ 공급가액란에 부가가치세 과세표준에 해당하는 "500,000"이 표시되도록 입력한다.

▶ 유형 '57.카과'일 때의 '공급가액' 입력 금액
유형 '57.카과'에 대한 [환경등록]의 기본설정 내용에 따라, 공급가액란에 "550,000"을 입력하면 공급가액란과 부가가치세란에 각각 '500,000'과 '50,000'이 자동으로 안분되어 입력된다. 만약 자동 입력된 금액을 수정하고자 할 때에는 해당란에서 직접 수정 입력하면 된다.

참고 신용카드 거래(17.카과, 57.카과), 현금영수증 거래(22.현과, 61.현과), 무증빙 거래(14.건별)는 실무에서 부가가치세가 포함된 총결제금액을 많이 사용하기 때문에, KcLep 프로그램에서는 실무상 편의를 위하여 공급가액란에 부가가치세가 포함된 금액을 입력하면 공급가액이 자동 계산되어 입력되도록 환경설정이 되어 있다.

④ 부가세란에 "50,000"이 자동으로 입력된다.

⑤ 공급처명란에 "가로수"를 입력한다.

▶ 회계처리에서 미지급금에 대한 거래처는 카드사인 '비씨카드'가 되지만, 부가가치세법상 공급처는 재화를 공급한 자인 '가로수'가 된다.

⑥ '57.카과'는 전자세금계산서가 발급되지 않은 경우이므로 전자란이 자동으로 "0 : 부"(공란)로 작성된다.

⑦ 신용카드매출전표를 수취한 경우에는 신용카드사란에 해당하는 카드사를 선택하여 입력하여야 한다. 해당란의 ⊡ 또는 F2를 클릭하면 보조창이 나타나는데 여기서 "비씨카드(법인)"를 선택하고 확인(Enter)을 클릭한다.

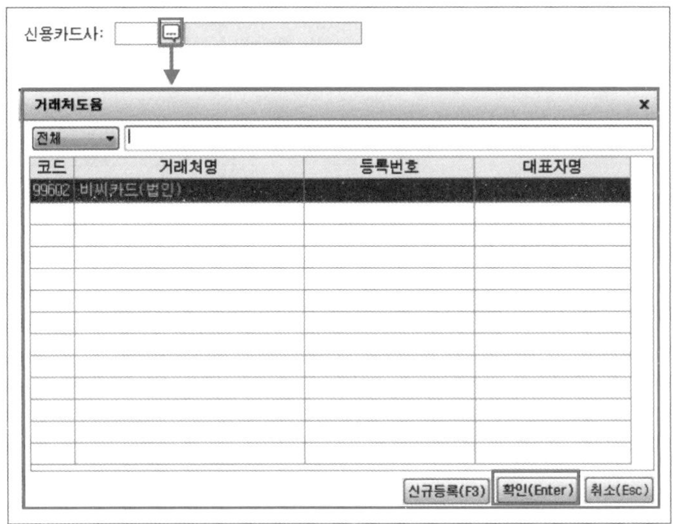

⑧ 거래금액 전체를 신용카드로 결제한 매입 거래로서, 대변이 '253.미지급금'으로 회계처리되므로 분개란에 "4 : 카드"를 선택하여 입력한다. ('3 : 혼합'을 입력하여도 분개만 동일하면 정답으로 인정됨)

4 : 카드	거래금액 전체를 신용카드로 결제한 매입 거래로서, 대변이 [환경등록] 메뉴에 설정된 계정과목인 '253.미지급금'으로 회계처리되는 경우 사용한다.

⑨ 하단부 계정과목 "원재료"를 "복리후생비(판관비)"로 수정 입력하고, 대변 미지급금의 거래처를 "비씨카드(법인)"으로 수정 입력하여 전표를 완성한다.

◆ ① ~ ⑨ 입력결과 화면은 아래와 같다.

• 상단부

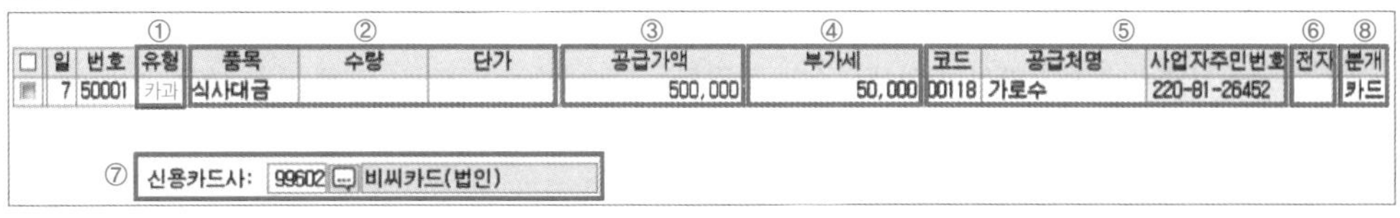

□	일	번호	유형 ①	품목	수량 ②	단가	공급가액 ③	부가세 ④	코드	공급처명 ⑤	사업자주민번호	전자 ⑥	분개 ⑧
■	7	50001	카과	식사대금			500,000	50,000	00118	가로수	220-81-26452		카드

⑦ 신용카드사: 99602 ⊡ 비씨카드(법인)

• 하단부

구분	계정과목		적요		거래처		차변(출금)	대변(입금)
대변	0253	미지급금	식사대금		99602	비씨카드(법		550,000
차변	0135	부가세대급금	식사대금		00118	가로수	50,000	
차변	0811	복리후생비	⑨ 식사대금		00118	가로수	500,000	

7 현과(61)

부가가치세가 과세되는 재화나 용역을 공급받고 현금영수증을 수취하였으며 동 건에 대해 매입세액 공제를 받을 수 있는 경우 사용한다.

참고 • 매입세액공제 받을 수 있는 지출에 대하여, 세금계산서도 발급받고 현금영수증도 수취한 경우 '51.과세'를 선택하여야 한다.

• 10% 부가가치세가 기재된 현금영수증을 수취하였더라도 매입세액공제 받을 수 없는 경우라면, 해당 거래는 부가가치세신고서 작성 시 전혀 반영되지 않으므로 [매입매출전표입력] 메뉴가 아니라 [일반전표입력] 메뉴에 입력하여야 한다.

기출확인문제

㈜제일(코드번호 : 1101)의 당기 회계기간은 제5기이다.
다음 거래 자료를 [매입매출전표입력] 메뉴에 입력하시오. (제49회)

12월 11일 부영상사에서 영업부 사무실 프린터기에 사용할 잉크를 99,000원(부가가치세 포함)에 구입하여 현금을 지급하고 현금영수증(지출증빙용)을 교부받았다. 부가가치세 공제요건은 모두 충족하였다. (사무용품비로 회계처리할 것)

기출 따라 하기

▶관련 이론 I 매출세액과 매입세액 p.573

(1) 분개

12월 11일	(차) 사무용품비(판관비)	90,000	(대) 현금	99,000
	부가세대급금	9,000		

(2) 입력방법

① VAT 과세 거래이고 매입세액공제가 가능한 현금영수증을 수취하였으므로 유형란에 "61.현과"를 선택하여 입력한다.

코 드	과세유형	증빙유형	내 용
61.현과	10%	현금영수증	현금영수증에 의한 과세 매입분 중 매입세액 공제분

② 품목란에 "잉크"를 입력한다. (공란으로 두어도 정답으로 인정됨)

③ 공급가액란에 부가가치세 과세표준에 해당하는 "90,000"이 표시되도록 입력한다.

▶ 유형 '61.현과'일 때의 '공급가액' 입력 금액
유형 '61.현과'에 대한 [환경등록]의 기본설정 내용에 따라, 공급가액란에 "99,000"을 입력하면 공급가액란과 부가가치세란에 각각 '90,000'과 '9,000'이 자동으로 안분되어 입력된다. 만약 자동 입력된 금액을 수정하고자 할 때에는 해당란에서 직접 수정 입력하면 된다.

참고 신용카드 거래(17.카과, 57.카과), 현금영수증 거래(22.현과, 61.현과), 무증빙 거래(14.건별)는 실무에서 부가가치세가 포함된 총결제금액을 많이 사용하기 때문에, KcLep 프로그램에서는 실무상 편의를 위하여 공급가액란에 부가가치세가 포함된 금액을 입력하면 공급가액이 자동 계산되어 입력되도록 환경설정이 되어 있다.

④ 부가가치세에 "9,000"이 자동으로 입력된다.

⑤ 공급처명란에 "부영상사"를 입력한다.

⑥ '61.현과'는 전자세금계산서가 발급되지 않은 경우이므로 전자란이 자동으로 "0 : 부"(공란)로 작성된다.

⑦ 거래금액 전체가 현금으로 입금되는 거래이므로 분개란에 "1 : 현금"을 선택하여 입력한다. ('3 : 혼합'을 입력하여도 분개만 동일하면 정답으로 인정됨)

1 : 현금	거래금액 전체가 현금으로 입금되거나 출금되는 경우 사용한다. 참고 현금을 선택하면 출금에 대한 분개가 하단부 전표에 자동으로 입력된다.

⑧ 하단부 계정과목 "원재료"를 "사무용품비(판관비)"로 수정 입력한다.

▼ ① ~ ⑧ 입력결과 화면은 아래와 같다.

• 상단부

			①	②			③	④		⑤		⑥	⑦
□	일	번호	유형	품목	수량	단가	공급가액	부가세	코드	공급처명	사업자주민번호	전자	분개
■	11	50006	현과	잉크			90,000	9,000	00141	부영상사	134-81-28732		현금

• 하단부

구분	계정과목			적요			거래처		차변(출금)	대변(입금)
출금	0135	부가세대급금		잉크			00141	부영상사	9,000	(현금)
출금	0829	사무용품비	⑧	잉크			00141	부영상사	90,000	(현금)

핵심기출문제

* 본서에 수록된 기출문제의 날짜는 학습효과를 높이기 위하여 일부 수정함

01 ㈜칠이(코드번호 : 1172)의 당기 회계기간은 제5기이다.
다음 거래 자료를 [매입매출전표입력] 메뉴에 추가 입력하시오. [제72회]

(1) 10월 15일 매출 거래처 직원인 김철수의 승진 축하에 사용할 동양란(99,000원)을 ㈜향기나는 꽃집에서 구입하고 전자계산서를 발급받았다. 대금은 전액 보통예금 계좌에서 이체하였다.

(2) 10월 30일 구매확인서에 의해 수출용제품에 대한 원재료(공급가액 22,000,000원)를 ㈜전남기업으로부터 매입하고 영세율전자세금계산서를 발급받았다. 매입대금 중 10,000,000원은 ㈜경남기업으로부터 제품매출대금으로 받아 보관 중인 약속어음을 배서양도하고, 나머지 금액은 2개월 만기의 당사 발행 약속어음으로 지급하였다.

(3) 11월 1일 ㈜자판기커피에서 영업부서 직원의 복리후생목적으로 물품을 현금으로 구입하고 다음의 현금영수증을 발급받았다.

㈜자판기커피
114-81-80641　　남원두
서울 송파구 문정동 101-2 TEL : 3289-8085
홈페이지 http : //www.kacpta.or.kr
현금영수증(지출증빙용)
구매 20xx/11/1 17:06
거래번호 : 0026-0107

상품명	수량	단가	금액
고급원두커피	3	220,000	660,000
2043655000009			
	과세물품가액		600,000
	부가세		60,000
	합계		660,000

정답 및 해설

01 (1)

▶ 관련 이론 I 영세율과 면세 p.547

해　　설　10월 15일　유형 : 53.면세 / 공급가액 : 99,000 / 거래처 : ㈜향기나는꽃집 / 전자 : 여 / 분개 : 혼합

(차) 기업업무추진비(판관비)　99,000　　(대) 보통예금　99,000

정답화면

□	일	번호	유형	품목	수량	단가	공급가액	부가세	코드	공급처명	사업/주민번호	전자	분개
□	15	50003	면세				99,000		00106	(주)향기나는꽃집	139-81-40783	여	혼합

구분	계정과목		적요	거래처		차변(출금)	대변(입금)
차변	0813	기업업무추진비		00106	(주)향기나:	99,000	
대변	0103	보통예금		00106	(주)향기나:		99,000

(2)

▶ 관련 이론 I 영세율과 면세 p.546

해　　설　10월 30일　유형 : 52.영세 / 공급가액 : 22,000,000 / 부가세 : 0 / 거래처 : ㈜전남기업 / 전자 : 여 / 분개 : 혼합

(차) 원재료　22,000,000　　(대) 받을어음(㈜경남기업)　10,000,000

지급어음(㈜전남기업)　12,000,000

정답화면

□	일	번호	유형	품목	수량	단가	공급가액	부가세	코드	공급처명	사업/주민번호	전자	분개
□	30	50001	영세				22,000,000		00125	(주)전남기업	139-81-38900	여	혼합

구분	계정과목		적요	거래처		차변(출금)	대변(입금)
차변	0153	원재료		00125	(주)전남기(	22,000,000	
대변	0110	받을어음		00142	(주)경남기(		10,000,000
대변	0252	지급어음		00125	(주)전남기(		12,000,000

(3)

▶ 관련 이론 I 매출세액과 매입세액 p.573

해　　설　11월　1일　유형 : 61.현과 / 공급가액 : 600,000 / 부가세 : 60,000 / 거래처 : ㈜자판기커피 / 분개 : 혼합(현금)

(차) 복리후생비(판관비)　600,000　　(대) 현금　660,000

부가세대급금　60,000

정답화면

□	일	번호	유형	품목	수량	단가	공급가액	부가세	코드	공급처명	사업/주민번호	전자	분개
□	1	50002	현과				600,000	60,000	00162	(주)자판기커피	114-81-80641		혼합

구분	계정과목		적요	거래처		차변(출금)	대변(입금)
차변	0135	부가세대급금		00162	(주)자판기:	60,000	
차변	0811	복리후생비		00162	(주)자판기:	600,000	
대변	0101	현금		00162	(주)자판기:		660,000

(4) 11월 10일 ㈜지성상사로부터 비품인 업무용 빔프로젝터를 5,500,000원(부가가치세 포함)에 구입하고 전자세금계산서를 발급받았다. 대금 중 550,000원은 11월 1일 계약금으로 지급하였고, 2,000,000원은 보통예금으로 그리고 남은 잔액은 법인카드(하나카드)로 결제하였다.

(5) 11월 17일 삼미빌딩으로부터 영업부 사무실의 당월분 임차료 3,000,000원(부가가치세 별도)에 대한 전자세금계산서를 발급받고, 대금은 다음 달에 지급하기로 하였다.

(6) 11월 25일 대표이사인 김사부가 자택에서 사용할 목적으로 ㈜전자마트에서 3D TV를 4,400,000원(부가가치세 별도)에 구입하고, 당사 명의로 전자세금계산서를 발급 받았다. 대금은 당사 당좌수표를 발행하여 지급하였으며, 대표이사의 가지급금으로 처리한다.

정답 및 해설

(4) ▶ 관련 이론 I 매출세액과 매입세액 p.571

해　설　11월 10일　유형 : 51.과세 / 공급가액 : 5,000,000 / 부가세 : 500,000 / 거래처 : ㈜지성상사 / 전자 : 여 / 분개 : 혼합

(차) 비품	5,000,000	(대) 선급금(㈜지성상사)	550,000
부가세대급금	500,000	보통예금	2,000,000
		미지급금(하나카드)	2,950,000

참고 매입세액공제 받을 수 있는 지출에 대하여, 대금을 신용카드로 결제함에 따라 세금계산서도 발급받고 신용카드매출전표도 수취한 경우 '51.과세'를 선택하여야 한다.

정답화면

□	일	번호	유형	품목	수량	단가	공급가액	부가세	코드	공급처명	사업/주민번호	전자	분개
■	10	50003	과세				5,000,000	500,000	00119	(주)지성상사	120-81-28432	여	혼합

구분	계정과목	적요	거래처	차변(출금)	대변(입금)
차변	0135 부가세대급금		00119 (주)지성상사	500,000	
차변	0212 비품		00119 (주)지성상사	5,000,000	
대변	0131 선급금		00119 (주)지성상사		550,000
대변	0103 보통예금		00119 (주)지성상사		2,000,000
대변	0253 미지급금		99602 하나카드(법		2,950,000

(5) ▶ 관련 이론 I 매출세액과 매입세액 p.571

해　설　11월 17일　유형 : 51.과세 / 공급가액 : 3,000,000 / 부가세 : 300,000 / 거래처 : 삼미빌딩 / 전자 : 여 / 분개 : 혼합

(차) 임차료(판관비)	3,000,000	(대) 미지급금(삼미빌딩)	3,300,000
부가세대급금	300,000		

정답화면

□	일	번호	유형	품목	수량	단가	공급가액	부가세	코드	공급처명	사업/주민번호	전자	분개
■	17	50003	과세				3,000,000	300,000	00140	삼미빌딩	121-81-33433	여	혼합

구분	계정과목	적요	거래처	차변(출금)	대변(입금)
차변	0135 부가세대급금		00140 삼미빌딩	300,000	
차변	0819 임차료		00140 삼미빌딩	3,000,000	
대변	0253 미지급금		00140 삼미빌딩		3,300,000

(6) ▶ 관련 이론 I 매출세액과 매입세액 p.571

해　설　11월 25일　유형 : 54.불공 / 공급가액 : 4,400,000 / 부가세 : 440,000 / 거래처 : ㈜전자마트 / 전자 : 여 / 분개 : 혼합 / (불공제사유 : ②사업과 직접 관련 없는 지출)

(차) 가지급금(김사부)	4,840,000	(대) 당좌예금	4,840,000

정답화면

□	일	번호	유형	품목	수량	단가	공급가액	부가세	코드	공급처명	사업/주민번호	전자	분개
■	25	50002	불공				4,400,000	440,000	00172	(주)전자마트	125-85-18505	여	혼합

불공제사유　2　②사업과 직접 관련 없는 지출

구분	계정과목	적요	거래처	차변(출금)	대변(입금)
차변	0134 가지급금		00104 김사부	4,840,000	
대변	0102 당좌예금		00172 (주)전자마트		4,840,000

02 ㈜육팔(코드번호 : 1168)의 당기 회계기간은 제11기이다.
다음 거래 자료를 [매입매출전표입력] 메뉴에 추가 입력하시오. [제68회]

(1) 8월 25일 엑스코㈜에 공급했던 제품A 중 일부가 품질에 문제가 있어 반품되었으며, 대금은 외상매출금 계정과 상계하여 처리하기로 하였다.

<table>
<tr><td colspan="7">(수정)전자세금계산서</td><td colspan="2">승인번호</td><td colspan="2">132428782128</td></tr>
<tr><td rowspan="5">공급자</td><td>사업자
등록번호</td><td>105-87-51159</td><td>종사업장
번호</td><td></td><td rowspan="5">공급받는자</td><td>사업자
등록번호</td><td colspan="2">132-25-99050</td><td>종사업장
번호</td><td></td></tr>
<tr><td>상호
(법인명)</td><td>㈜육팔</td><td>성명
(대표자)</td><td>윤나라</td><td>상호
(법인명)</td><td colspan="2">엑스코㈜</td><td>성명
(대표자)</td><td>오정인</td></tr>
<tr><td>사업장
주소</td><td colspan="3">인천광역시 남동구 구월남로 129</td><td>사업장
주소</td><td colspan="4">경기도 부천시 오정구 오정동 129 501호</td></tr>
<tr><td>업태</td><td>제조/도소매</td><td>종목</td><td>전자제품</td><td>업태</td><td colspan="2">도소매</td><td>종목</td><td>주변기기</td></tr>
<tr><td>이메일</td><td colspan="3"></td><td>이메일</td><td colspan="4"></td></tr>
<tr><td colspan="3">작성일자</td><td>공급가액</td><td>세액</td><td colspan="6">수정사유</td></tr>
<tr><td colspan="3">20xx. 8. 25.</td><td>-8,000,000</td><td>-800,000</td><td colspan="6">매출제품 중 일부 반품</td></tr>
<tr><td colspan="3">비고</td><td colspan="8"></td></tr>
</table>

<table>
<tr><td>월</td><td>일</td><td>품목</td><td>규격</td><td>수량</td><td>단가</td><td>공급가액</td><td>세액</td><td>비고</td></tr>
<tr><td>8</td><td>25</td><td>제품A</td><td></td><td></td><td></td><td>-8,000,000</td><td>-800,000</td><td></td></tr>
<tr><td></td><td></td><td></td><td></td><td></td><td></td><td></td><td></td><td></td></tr>
</table>

<table>
<tr><td>합계금액</td><td>현금</td><td>수표</td><td>어음</td><td>외상미수금</td><td rowspan="2">이 금액을 영수
청구 함</td></tr>
<tr><td>- 8,800,000</td><td></td><td></td><td></td><td>-8,800,000</td></tr>
</table>

(2) 9월 25일 영업부 업무용 승용차(1,997cc)의 주유비 66,000원(부가가치세 포함)을 일반과세자인 미래주유소에서 현금으로 결제하고 전자세금계산서를 수령하였다.

(3) 9월 30일 일본의 야마모토상사에 제품B를 300,000￥에 직접 수출하고, 대금은 외상으로 하였다. 선적일(9월 30일) 환율은 1,000원/100￥이다.

02 (1)

▶ 관련 이론 I 매출세액과 매입세액 p.569

해　　설　8월 25일　유형 : 11.과세 / 공급가액 : (–)8,000,000 / 부가세 : (–)800,000 / 거래처 : 엑스코㈜ / 전자 : 여 / 분개 : 혼합(외상)

(차) 외상매출금(엑스코㈜)　(–)8,800,000　(대) 제품매출　(–)8,000,000
　　　　　　　　　　　　　　　　　　　　　　부가세예수금　(–)800,000

정답화면

□	일	번호	유형	품목	수량	단가	공급가액	부가세	코드	공급처명	사업자주민번호	전자	분개
	25	50001	과세				-8,000,000	-800,000	02001	엑스코(주)	132-25-99050	여	혼합

구분	계정과목		적요	거래처		차변(출금)	대변(입금)
대변	0255	부가세예수금		02001	엑스코(주)		-800,000
대변	0404	제품매출		02001	엑스코(주)		-8,000,000
차변	0108	외상매출금		02001	엑스코(주)	-8,800,000	

(2)

▶ 관련 이론 I 매출세액과 매입세액 p.571

해　　설　9월 25일　유형 : 54.불공 / 공급가액 : 60,000 / 부가세 : 6,000 / 거래처 : 미래주유소 / 전자 : 여 / 분개 : 혼합(현금) / (불공제사유 : ③개별소비세법에 따른 자동차(비영업용 소형승용자동차) 구입·유지 및 임차)

(차) 차량유지비(판관비)　66,000　(대) 현금　66,000

정답화면

□	일	번호	유형	품목	수량	단가	공급가액	부가세	코드	공급처명	사업자주민번호	전자	분개
	25	50001	불공				60,000	6,000	02601	미래주유소	841-25-52125	여	혼합

불공제사유　3　③개별소비세법 제1조제2항제3호에 따른 자동차 구입 · 유지 및 임차

구분	계정과목		적요	거래처		차변(출금)	대변(입금)
차변	0822	차량유지비		02601	미래주유소	66,000	
대변	0101	현금		02601	미래주유소		66,000

(3)

▶ 관련 이론 I 영세율과 면세 p.546

해　　설　9월 30일　유형 : 16.수출 / 공급가액 : 3,000,000 / 부가세 : 0 / 거래처 : 야마모토상사 / 분개 : 혼합(외상) / (영세율구분 : 1.직접수출(대행수출 포함))

(차) 외상매출금(야마모토상사)　3,000,000　(대) 제품매출　3,000,000

정답화면

□	일	번호	유형	품목	수량	단가	공급가액	부가세	코드	공급처명	사업자주민번호	전자	분개
	30	50002	수출				3,000,000		03005	야마모토상사	103-12-13578		혼합

영세율구분　1　직접수출(대행수출 포함)

구분	계정과목		적요	거래처		차변(출금)	대변(입금)
대변	0404	제품매출		03005	야마모토상.		3,000,000
차변	0108	외상매출금		03005	야마모토상.	3,000,000	

(4) 10월 5일 ㈜경북상회에 제품을 판매하고 다음의 전자세금계산서를 발급하였다. 대금은 9월 5일에 수령한 계약금을 제외하고 동사가 발행한 약속어음(만기 내년 3월 5일)으로 받았다.

<table>
<tr><td colspan="9">전자세금계산서</td><td>승인번호</td><td colspan="2">4556782413</td></tr>
<tr><td rowspan="5">공급자</td><td>사업자
등록번호</td><td>105-87-51159</td><td>종사업장
번호</td><td></td><td rowspan="5">공급받는자</td><td>사업자
등록번호</td><td>108-81-45687</td><td>종사업장
번호</td><td colspan="3"></td></tr>
<tr><td>상호
(법인명)</td><td>㈜육팔</td><td>성명
(대표자)</td><td>윤나라</td><td>상호
(법인명)</td><td>㈜경북상회</td><td>성명</td><td colspan="3"></td></tr>
<tr><td>사업장
주소</td><td colspan="3">인천광역시 남동구 구월남로 129</td><td>사업장
주소</td><td colspan="5">대구시 수성구 만촌동 1000번지</td></tr>
<tr><td>업태</td><td>제조/도소매</td><td>종목</td><td>전자제품</td><td>업태</td><td>도매</td><td>종목</td><td colspan="3">전자제품</td></tr>
<tr><td>이메일</td><td colspan="3"></td><td>이메일</td><td></td><td></td><td colspan="3"></td></tr>
</table>

<table>
<tr><td>작성일자</td><td>공급가액</td><td>세액</td><td>수정사유</td></tr>
<tr><td>20xx. 10. 5.</td><td>30,000,000</td><td>3,000,000</td><td></td></tr>
<tr><td>비고</td><td colspan="3">대금은 계약금을 제외한 나머지 금액에 대하여 약속어음을 수령하기로 함</td></tr>
</table>

월	일	품목	규격	수량	단가	공급가액	세액	비고
10	5	전자제품				30,000,000	3,000,000	

<table>
<tr><td>합계금액</td><td>현금</td><td>수표</td><td>어음</td><td>외상미수금</td><td rowspan="2">이 금액을 영수/청구 함</td></tr>
<tr><td>33,000,000</td><td>3,000,000</td><td></td><td>30,000,000</td><td></td></tr>
</table>

(5) 11월 26일 ㈜알파컴퓨터로부터 비품인 업무용 노트북 2대를 5,500,000원(부가가치세 포함)에 구입하고 법인카드인 국민카드로 결제하였다. (신용카드 매입세액공제요건을 모두 충족함)

(6) 11월 28일 생산부서 직원용으로 사용하기 위하여 호반상사에서 생수를 500,000원(부가가치세 별도)에 구입하였다. 대금은 현금으로 결제하였으며 현금영수증(지출증빙용)을 교부받다.

(4) ▶ 관련 이론 I 부가가치세 과세대상 거래 p.534

해 설 10월 5일 유형 : 11.과세 / 공급가액 : 30,000,000 / 부가세 : 3,000,000 / 거래처 : ㈜경북상회 / 전자 : 여 / 분개 : 혼합

(차) 선수금(㈜경북상회)	3,000,000	(대) 제품매출	30,000,000
받을어음(㈜경북상회)	30,000,000	부가세예수금	3,000,000

정답화면

□	일	번호	유형	품목	수량	단가	공급가액	부가세	코드	공급처명	사업자주민번호	전자	분개
	5	50001	과세				30,000,000	3,000,000	01026	(주)경북상회	108-81-45687	여	혼합

구분	계정과목		적요	거래처		차변(출금)	대변(입금)
대변	0255	부가세예수금		01026	(주)경북상		3,000,000
대변	0404	제품매출		01026	(주)경북상		30,000,000
차변	0259	선수금		01026	(주)경북상	3,000,000	
차변	0110	받을어음		01026	(주)경북상	30,000,000	

참고 [회계관리] ▶ [장부관리] ▶ [거래처원장]을 선택하여 [거래처원장] 메뉴에 들어간 후, 기간을 '1월 1일 ~ 10월 4일', 계정과목은 '선수금', 거래처는 '㈜경북상회'를 선택하여 조회하면, 매출 직전일인 10월 4일 현재 ㈜경북상회에 대한 선수금 잔액이 '3,000,000원'임을 확인할 수 있다. [거래처원장] 금액을 더블 클릭하면 해당 금액에 대한 원장 내용도 볼 수 있다.

잔 액 | 내 용 | 총괄잔액 | 총괄내용

기 간 2025 년 1 월 1 일 ~ 2025 년 10 월 4 일 | 계정과목 0259 선수금 | 잔액 0 포함 | 미등록 포함

거래처분류 ~ | 거 래 처 01026 (주)경북상회 ~ 01026 (주)경북상회

코드	거 래 처	등록번호	대표자명	전기이월	차 변	대 변	잔 액	(담당)코	(담당)부서/
01026	(주)경북상회	108-81-45687	송중기			3,000,000	3,000,000		

일자	적 요	코드	거 래 처	차 변	대 변	잔 액	번호
09-05		01026	(주)경북상회		3,000,000	3,000,000	00004
	[월 계]	01026			3,000,000		
	[누 계]	01026			3,000,000		

	월	일	번호	구분	계정과목	거래처	차변	대변	적요
1	9	5	00004	입금	0259 선수금	01026 (주)경북상회	(현금)	3,000,000	

(5) ▶ 관련 이론 I 매출세액과 매입세액 p.573

해 설 11월 26일 유형 : 57.카과 / 공급가액 : 5,000,000 / 부가세 : 500,000 / 거래처 : ㈜알파컴퓨터 / 분개 : 혼합(카드) / (신용카드사 : 국민카드)

(차) 비품	5,000,000	(대) 미지급금(국민카드)	5,500,000
부가세대급금	500,000		

정답화면

□	일	번호	유형	품목	수량	단가	공급가액	부가세	코드	공급처명	사업자주민번호	전자	분개
	26	50001	카과				5,000,000	500,000	03001	(주)알파컴퓨터	125-82-15429		혼합

신용카드사: 99603 국민카드

구분	계정과목		적요	거래처		차변(출금)	대변(입금)
차변	0135	부가세대급금		03001	(주)알파컴	500,000	
차변	0212	비품		03001	(주)알파컴	5,000,000	
대변	0253	미지급금		99603	국민카드		5,500,000

(6) ▶ 관련 이론 I 매출세액과 매입세액 p.573

해 설 11월 28일 유형 : 61.현과 / 공급가액 : 500,000 / 부가세 : 50,000 / 거래처 : 호반상사 / 분개 : 혼합(현금)

(차) 복리후생비(제조)	500,000	(대) 현금	550,000
부가세대급금	50,000		

정답화면

□	일	번호	유형	품목	수량	단가	공급가액	부가세	코드	공급처명	사업자주민번호	전자	분개
	28	50001	현과				500,000	50,000	01100	호반상사	119-25-65218		혼합

구분	계정과목		적요	거래처		차변(출금)	대변(입금)
차변	0135	부가세대급금		01100	호반상사	50,000	
차변	0511	복리후생비		01100	호반상사	500,000	
대변	0101	현금		01100	호반상사		550,000

03 ㈜육칠(코드번호 : 1167)의 당기 회계기간은 제11기이다.
다음 거래 자료를 [매입매출전표입력] 메뉴에 추가 입력하시오. [제67회]

(1) 9월 2일 한성공업에 제품을 판매하고 신용카드(비씨카드)로 결제를 받았다. 매출전표는 다음과 같다.

단말기번호	11213692	전표번호	
카드종류 비씨카드		거래종류 신용구매	결제방법 일시불
회원번호(Card No.) 4140-0202-3245-9958		취소 시 원거래일자	
유효기간 **/**	거래일시 20xx. 9. 2. 14:20	품명	
전표제출	금액/AMOUNT		2,000,000
	부가세/VAT		200,000
전표매입사	봉사료/TIPS		
	합계/TOTAL		2,200,000
거래번호	승인번호/(Approval No.) 98421147		
가맹점	㈜육칠		
대표자	이혜란	TEL	032-2012-5462
가맹점번호	234567	사업자번호	130-81-10661
주소	경기도 부천시 오정구 벌말로 220		
		서명(Signature) hansung	

정답 및 해설

03 (1) ▶ 관련 이론 | 부가가치세 과세대상 거래 p.534

해 설 9월 2일 유형 : 17.카과 / 공급가액 : 2,000,000 / 부가세 : 200,000 / 거래처 : 한성공업 / 분개 : 혼합(외상) / (신용카드사 : 비씨카드)

(차) 외상매출금(비씨카드)	2,200,000	(대) 제품매출	2,000,000
		부가세예수금	200,000

정답화면

□	일	번호	유형	품목	수량	단가	공급가액	부가세	코드	공급처명	사업자주민번호	전자	분개
	2	50002	카과				2,000,000	200,000	00119	한성공업	605-26-85779		혼합

신용카드사: 99604 비씨카드

구분	계정과목	적요	거래처	차변(출금)	대변(입금)
대변	0255 부가세예수금		00119 한성공업		200,000
대변	0404 제품매출		00119 한성공업		2,000,000
차변	0108 외상매출금		99604 비씨카드	2,200,000	

참고 신용카드로 결제받은 수취채권 : 거래상대방(A거래처)에게 재화나 용역을 제공하고 그 대금을 신용카드(B신용카드사)로 결제받은 경우, 동 수취채권에 대한 회계처리방법은 다음과 같다.

- 계정과목 : 외상매출금(일반적인 상거래) 또는 미수금(일반적인 상거래 이외의 거래)
- 거래처 : B신용카드사(당사가 향후 대금을 수령하여야 할 곳은 A거래처가 아니라 B신용카드사임)

(2) 9월 16일 부품제작에 필요한 원재료를 수입하고, 김해세관으로부터 수입전자세금계산서를 발급받았다. 부가가치세는 현금으로 지급하였다. (미착품에 대한 회계처리는 생략한다)

<table>
<tr><td colspan="6">수입전자세금계산서(공급받는자 보관용)</td><td colspan="2">승인번호</td><td colspan="2"></td></tr>
<tr><td rowspan="4">공급자</td><td>사업자
등록번호</td><td>603-42-33561</td><td>종사업장
번호</td><td></td><td rowspan="5">공급받는자</td><td>사업자
등록번호</td><td>130-81-10661</td><td>종사업장
번호</td><td></td></tr>
<tr><td>상호
(법인명)</td><td>김해세관</td><td>성명
(대표자)</td><td>이세관</td><td>상호
(법인명)</td><td>㈜육칠</td><td>성명
(대표자)</td><td>이혜란</td></tr>
<tr><td>사업장
주소</td><td colspan="3">부산광역시 강서구 공항진입로 108</td><td>사업장
주소</td><td colspan="3">경기도 부천시 오정구 벌말로 220</td></tr>
<tr><td rowspan="2">수입신고
번호</td><td colspan="3" rowspan="2"></td><td>업태</td><td>제조업</td><td>종목</td><td>전자
부품</td></tr>
<tr><td></td><td>이메일</td><td colspan="3"></td></tr>
<tr><td colspan="2">작성일자</td><td colspan="2">공급가액</td><td>세액</td><td colspan="5">수정사유</td></tr>
<tr><td colspan="2">20xx. 9. 16.</td><td colspan="2">22,000,000</td><td>2,200,000</td><td colspan="5"></td></tr>
<tr><td colspan="2">비고</td><td colspan="8"></td></tr>
</table>

월	일	품목	규격	수량	단가	공급가액	세액	비고
9	16	전자부품 원재료				22,000,000	2,200,000	

합계금액	24,200,000

(3) 9월 26일 개인인 소비자 김한수에게 전자제품을 5,500,000원(부가가치세 포함)에 현금 판매하고 현금영수증(소비자 소득공제용)을 발급하였다.

(4) 10월 15일 업무용 비품으로 사용하던 냉장고(취득가액 2,800,000원, 처분 시 감가상각누계액 1,650,000원)를 ㈜현아실업에 1,000,000원(부가가치세 별도)에 처분하고 전자세금계산서를 발급하였다. 대금은 현금으로 받았다.

정답 및 해설

(2) ▶ 관련 이론 I 세금계산서 p.554

해 설 9월 16일 유형 : 55.수입 / 공급가액 : 22,000,000 / 부가세 : 2,200,000 / 거래처 : 김해세관 / 전자 : 여 / 분개 : 혼합(현금)

(차) 부가세대급금 2,200,000 (대) 현금 2,200,000

정답화면

□	일	번호	유형	품목	수량	단가	공급가액	부가세	코드	공급처명	사업자주민번호	전자	분개
	16	50001	수입				22,000,000	2,200,000	00700	김해세관	603-42-33561	여	혼합

구분	계정과목		적요	거래처		차변(출금)	대변(입금)
차변	0135	부가세대급금		00700	김해세관	2,200,000	
대변	0101	현금		00700	김해세관		2,200,000

(3) ▶ 관련 이론 I 부가가치세 과세대상 거래 p.534

해 설 9월 26일 유형 : 22.현과 / 공급가액 : 5,000,000 / 부가세 : 500,000 / 거래처 : 김한수 / 분개 : 혼합(현금)

(차) 현금 5,500,000 (대) 제품매출 5,000,000

부가세예수금 500,000

정답화면

□	일	번호	유형	품목	수량	단가	공급가액	부가세	코드	공급처명	사업자주민번호	전자	분개
	26	50011	현과				5,000,000	500,000	00101	김한수	700101-1234561		혼합

구분	계정과목		적요	거래처		차변(출금)	대변(입금)
대변	0255	부가세예수금		00101	김한수		500,000
대변	0404	제품매출		00101	김한수		5,000,000
차변	0101	현금		00101	김한수	5,500,000	

(4) ▶ 관련 이론 I 부가가치세 과세대상 거래 p.534

해 설 10월 15일 유형 : 11.과세 / 공급가액 : 1,000,000 / 부가세 : 100,000 / 거래처 : ㈜현아실업 / 전자 : 여 / 분개 : 혼합

(차) 감가상각누계액(비품) 1,650,000 (대) 비품 2,800,000

현금 1,100,000 부가세예수금 100,000

유형자산처분손실 150,000

정답화면

□	일	번호	유형	품목	수량	단가	공급가액	부가세	코드	공급처명	사업자주민번호	전자	분개
	15	50003	과세				1,000,000	100,000	02008	(주)현아실업	124-84-25549	여	혼합

구분	계정과목		적요	거래처		차변(출금)	대변(입금)
대변	0255	부가세예수금		02008	(주)현아실		100,000
대변	0212	비품		02008	(주)현아실		2,800,000
차변	0213	감가상각누계'		02008	(주)현아실	1,650,000	
차변	0101	현금		02008	(주)현아실	1,100,000	
차변	0970	유형자산처분		02008	(주)현아실	150,000	

(5) 10월 20일 ㈜한국유통에 구매확인서에 의하여 제품 40,000,000원을 납품하고 영세율 전자세금계산서를 발행하였다. 대금 중 40%는 현금으로 받고, 나머지는 동사발행 6개월 만기 약속어음을 수령하였다.

(6) 10월 25일 공장에서 사용하는 화물차에 넣을 경유를 ㈜에스주유소에서 주유하고, 165,000원(부가가치세 포함)을 신한카드로 결제하였다.

정답 및 해설

(5) ▶ 관련 이론 I 영세율과 면세 p.546

해 설 10월 20일 유형 : 12.영세 / 공급가액 : 40,000,000 / 부가세 : 0 / 거래처 : ㈜한국유통 / 전자 : 여 / 분개 : 혼합 / (영세율구분 : 3.내국신용장·구매확인서에 의하여 공급하는 재화)

(차) 받을어음(㈜한국유통)	24,000,000	(대) 제품매출	40,000,000
현금	16,000,000		

정답화면

□	일	번호	유형	품목	수량	단가	공급가액	부가세	코드	공급처명	사업자주민번호	전자	분개
	20	50002	영세				40,000,000		00180	(주)한국유통	603-81-70075	여	혼합

영세율구분 3 내국신용장 · 구매확인서에 의하여 공급하는 재화

구분	계정과목	적요	거래처	차변(출금)	대변(입금)
대변	0404 제품매출		00180 (주)한국유		40,000,000
차변	0110 받을어음		00180 (주)한국유	24,000,000	
차변	0101 현금		00180 (주)한국유	16,000,000	

(6) ▶ 관련 이론 I 매출세액과 매입세액 p.573

해 설 10월 25일 유형 : 57.카과 / 공급가액 : 150,000 / 부가세 : 15,000 / 거래처 : ㈜에스주유소 / 분개 : 혼합(카드) / (신용카드사 : 신한카드)

(차) 차량유지비(제조)	150,000	(대) 미지급금(신한카드)	165,000
부가세대급금	15,000		

정답화면

□	일	번호	유형	품목	수량	단가	공급가액	부가세	코드	공급처명	사업자주민번호	전자	분개
	25	50001	카과				150,000	15,000	00123	(주)에스주유소	607-81-53836		혼합

신용카드사: 99603 신한카드

구분	계정과목	적요	거래처	차변(출금)	대변(입금)
차변	0135 부가세대급금		00123 (주)에스주	15,000	
차변	0522 차량유지비		00123 (주)에스주	150,000	
대변	0253 미지급금		99603 신한카드		165,000

04 ㈜육이(코드번호 : 1162)의 당기 회계기간은 제6기이다.
다음 거래 자료를 [매입매출전표입력] 메뉴에 추가 입력하시오. [제62회]

(1) 2월 23일 ㈜제상으로부터 원재료를 3,000,000원(부가가치세 별도)에 매입하면서 전자세금계산서를 발급받았고, 대금은 어음(만기 올해 6. 30.)을 발행하여 지급하였다.

(2) 2월 25일 개인인 비사업자 배수만 씨에게 제품을 1,100,000원(부가가치세 포함)에 현금으로 판매하고 현금영수증을 발급하였다.

(3) 2월 27일 미국 ABC사에 제품 1,000개(@$200)를 직수출하고, 대금은 3개월 후에 받기로 하였다.
(단, 선적일의 기준환율은 $1당 1,100원, 대고객매입환율은 $1당 1,050원이었다)

정답 및 해설

04 (1) ▶ 관련 이론 I 매출세액과 매입세액 p.571

해 설 2월 23일 유형 : 51.과세 / 공급가액 : 3,000,000 / 부가세 : 300,000 / 거래처 : ㈜제상 / 전자 : 여 / 분개 : 혼합

(차) 원재료	3,000,000	(대) 지급어음(㈜제상)	3,300,000
부가세대급금	300,000		

정답화면

□	일	번호	유형	품목	수량	단가	공급가액	부가세	코드	공급처명	사업자주민번호	전자	분개
■	23	50003	과세				3,000,000	300,000	01010	(주)제상	110-81-21223	여	혼합

구분	계정과목		적요	거래처		차변(출금)	대변(입금)
차변	0135	부가세대급금		01010	(주)제상	300,000	
차변	0153	원재료		01010	(주)제상	3,000,000	
대변	0252	지급어음		01010	(주)제상		3,300,000

(2) ▶ 관련 이론 I 부가가치세 과세대상 거래 p.534

해 설 2월 25일 유형 : 22.현과 / 공급가액 : 1,000,000 / 부가세 : 100,000 / 거래처 : 배수만 / 분개 : 혼합(현금)

(차) 현금	1,100,000	(대) 제품매출	1,000,000
		부가세예수금	100,0000

정답화면

□	일	번호	유형	품목	수량	단가	공급가액	부가세	코드	공급처명	사업자주민번호	전자	분개
■	25	50012	현과				1,000,000	100,000	03009	배수만			혼합

구분	계정과목		적요	거래처		차변(출금)	대변(입금)
대변	0255	부가세예수금		03009	배수만		100,000
대변	0404	제품매출		03009	배수만		1,000,000
차변	0101	현금		03009	배수만	1,100,000	

(3) ▶관련 이론 I 영세율과 면세 p.546

해 설 2월 27일 유형 : 16.수출 / 공급가액 : 220,000,000[1] / 부가세 : 0 / 거래처 : ABC / 분개 : 혼합(외상) / (영세율구분 : 1.직접수출(대행수출 포함))

(차) 외상매출금(ABC)	220,000,000	(대) 제품매출	220,000,000

[1] 선적일 기준환율 적용

정답화면

□	일	번호	유형	품목	수량	단가	공급가액	부가세	코드	공급처명	사업자주민번호	전자	분개
■	27	50003	수출				220,000,000		00101	ABC			혼합

영세율구분 1 직접수출(대행수출 포함)

구분	계정과목		적요	거래처		차변(출금)	대변(입금)
대변	0404	제품매출		00101	ABC		220,000,000
차변	0108	외상매출금		00101	ABC	220,000,000	

(4) 3월 14일 당사는 제품을 ㈜수정산업에 판매하고, 전자세금계산서를 발급하였다. 판매대금은 35,000,000원(부가가치세 별도)이었으며, 그중 25,000,000원은 ㈜수정산업이 발행한 약속어음(어음만기 내년 1. 13.)으로 받고, 나머지는 외상으로 하였다.

(5) 3월 25일 광평부동산으로부터 공장건물 신축용 토지를 80,000,000원에 매입하고 전자계산서를 발급받았다. 대금 중 20,000,000원은 당사 보통예금 계좌에서 이체하여 지급하고, 나머지는 5개월 후에 지급하기로 하였다.

(6) 3월 27일 영업부 직원의 업무에 사용하기 위하여 써치라인에서 취득가액 10,000,000원(부가가치세 별도)인 개별소비세 과세대상 자동차(1,500cc)를 10개월 할부로 구입하고 전자세금계산서를 발급받았다.

정답 및 해설

(4) ▶ 관련 이론 | 부가가치세 과세대상 거래 p.534

해　설　3월 14일 유형 : 11.과세 / 공급가액 : 35,000,000 / 부가세 : 3,500,000 / 거래처 : ㈜수정산업 / 전자 : 여 / 분개 : 혼합

(차) 받을어음(㈜수정산업)	25,000,000	(대) 제품매출	35,000,000
외상매출금(㈜수정산업)	13,500,000	부가세예수금	3,500,000

정답화면

□	일	번호	유형	품목	수량	단가	공급가액	부가세	코드	공급처명	사업자주민번호	전자	분개
	14	50002	과세				35,000,000	3,500,000	01019	(주)수정산업	621-81-31726	여	혼합

구분	계정과목		적요	거래처		차변(출금)	대변(입금)
대변	0255	부가세예수금		01019	(주)수정산		3,500,000
대변	0404	제품매출		01019	(주)수정산		35,000,000
차변	0110	받을어음		01019	(주)수정산	25,000,000	
차변	0108	외상매출금		01019	(주)수정산	13,500,000	

(5) ▶ 관련 이론 | 영세율과 면세 p.547

해　설　3월 25일 유형 : 53.면세 / 공급가액 : 80,000,000 / 거래처 : 광평부동산 / 전자 : 여 / 분개 : 혼합

(차) 토지	80,000,000	(대) 보통예금	20,000,000
		미지급금(광평부동산)	60,000,000

정답화면

□	일	번호	유형	품목	수량	단가	공급가액	부가세	코드	공급처명	사업자주민번호	전자	분개
	25	50003	면세				80,000,000		01025	광평부동산	101-29-74510	여	혼합

구분	계정과목		적요	거래처		차변(출금)	대변(입금)
차변	0201	토지		01025	광평부동산	80,000,000	
대변	0103	보통예금		01025	광평부동산		20,000,000
대변	0253	미지급금		01025	광평부동산		60,000,000

(6) ▶ 관련 이론 | 매출세액과 매입세액 p.572

해　설　3월 27일 유형 : 54.불공 / 공급가액 : 10,000,000 / 부가세 : 1,000,000 / 거래처 : 써치라인 / 전자 : 여 / 분개 : 혼합 / (불공제사유 : ③개별소비세법에 따른 자동차(비영업용 소형승용자동차) 구입·유지 및 임차)

(차) 차량운반구	11,000,000	(대) 미지급금(써치라인)	11,000,000

정답화면

□	일	번호	유형	품목	수량	단가	공급가액	부가세	코드	공급처명	사업자주민번호	전자	분개
	27	50011	불공				10,000,000	1,000,000	03005	써치라인	103-12-13578	여	혼합

불공제사유 3 ③비영업용 소형승용자동차 구입· 유지 및 임차

구분	계정과목		개별소비세법 제1조제2항제3호에 따른 자동차 구입·유지 및 임차	거래처		차변(출금)	대변(입금)
차변	0208	차량운반구		03005	써치라인	11,000,000	
대변	0253	미지급금		03005	써치라인		11,000,000

05 ㈜오구(코드번호 : 1159)의 당기 회계기간은 제5기이다.
다음 거래 자료를 [매입매출전표입력] 메뉴에 입력하시오. [제59회]

(1) 7월 17일 ㈜대진에 제품 35,000,000원(부가가치세 별도)을 공급하고 전자세금계산서를 발급하였다. 대금 중 5,000,000원은 지난 6월 15일에 받은 계약금으로 대체하고, 나머지는 ㈜대진 발행 당좌수표로 받았다.

(2) 7월 30일 내국신용장에 의하여 ㈜한국무역에 제품(외화 $15,000, 환율 1,150원/$)을 공급하고 영세율 전자세금계산서를 발급하였다. 대금 중 6,000,000원은 ㈜한국무역 발행 당좌수표로 받고, 나머지는 ㈜진서 발행의 3개월 만기 약속어음으로 받았다.

(3) 10월 18일 생산부에서 사용하고 있는 화물트럭에 사용할 경유를 77,000원(부가세 포함)에 현금으로 구입하고 현금영수증(지출증빙용)을 가락주유소로부터 발급받았다. (승인번호 입력은 생략하고 가락주유소는 일반과세사업자이다)

정답 및 해설

05 (1) ▶ 관련 이론 I 부가가치세 과세대상 거래 p.534

해 설 7월 17일 유형 : 11.과세 / 공급가액 : 35,000,000 / 부가세 : 3,500,000 / 거래처 : ㈜대진 / 전자 : 여 / 분개 : 혼합

(차) 현금	33,500,000	(대) 제품매출	35,000,000
선수금(㈜대진)	5,000,000	부가세예수금	3,500,000

정답화면

□	일	번호	유형	품목	수량	단가	공급가액	부가세	코드	공급처명	사업/주민번호	전자	분개
□	17	50002	과세				35,000,000	3,500,000	00129	(주)대진	202-25-32154	여	혼합

구분	계정과목		적요	거래처		차변(출금)	대변(입금)
대변	0255	부가세예수금		00129	(주)대진		3,500,000
대변	0404	제품매출		00129	(주)대진		35,000,000
차변	0101	현금		00129	(주)대진	33,500,000	
차변	0259	선수금		00129	(주)대진	5,000,000	

(2) ▶ 관련 이론 I 영세율과 면세 p.546

해 설 7월 30일 유형 : 12.영세 / 공급가액 : 17,250,000 / 부가세 : 0 / 거래처 : ㈜한국무역 / 전자 : 여 / 분개 : 혼합 / (영세율구분 : 3.내국신용장 · 구매확인서에 의하여 공급하는 재화)

(차) 현금	6,000,000	(대) 제품매출	17,250,000
받을어음(㈜진서)	11,250,000		

정답화면

□	일	번호	유형	품목	수량	단가	공급가액	부가세	코드	공급처명	사업/주민번호	전자	분개
■	30	50002	영세				17,250,000		00125	(주)한국무역	101-29-74510	여	혼합

영세율구분 3 내국신용장 · 구매확인서에 의하여 공급하는 재화

구분	계정과목		적요	거래처		차변(출금)	대변(입금)
대변	0404	제품매출		00125	(주)한국무		17,250,000
차변	0101	현금		00125	(주)한국무	6,000,000	
차변	0110	받을어음		00119	(주)진서	11,250,000	

(3) ▶ 관련 이론 I 매출세액과 매입세액 p.573

해 설 10월 18일 유형 : 61.현과 / 공급가액 : 70,000 / 부가세 : 7,000 / 거래처 : 가락주유소 / 분개 : 혼합(현금)

(차) 차량유지비(제조)	70,000	(대) 현금	77,000
부가세대급금	7,000		

정답화면

□	일	번호	유형	품목	수량	단가	공급가액	부가세	코드	공급처명	사업/주민번호	전자	분개
□	18	50002	현과				70,000	7,000	00123	가락주유소	220-36-54128		혼합

구분	계정과목		적요	거래처		차변(출금)	대변(입금)
차변	0135	부가세대급금		00123	가락주유소	7,000	
차변	0522	차량유지비		00123	가락주유소	70,000	
대변	0101	현금		00123	가락주유소		77,000

(4) 11월 25일 공장 신축용 토지를 취득하기 위한 등기대행 용역을 광양컨설팅으로부터 제공받고 수수료 1,600,000원(부가가치세 별도)을 당사 당좌수표를 발행하여 지급하고 전자세금계산서를 발급받았다.

(5) 11월 30일 구매확인서에 의해 수출용 제품에 대한 원재료(공급가액 25,000,000원)를 ㈜춘천으로부터 매입하고 영세율 전자세금계산서를 발급받았다. 매입대금 중 5,000,000원은 ㈜울산으로부터 매출대금으로 받아 보관 중인 약속어음을 배서하여 주고 나머지는 3개월 만기의 당사 발행 약속어음으로 주었다.

(4) ▶ 관련 이론 I 매출세액과 매입세액 p.572

해 설 11월 25일 유형 : 54.불공 / 공급가액 : 1,600,000 / 부가세 : 160,000 / 거래처 : 광양컨설팅 / 전자 : 여 / 분개 : 혼합 / (불공제사유 : ⑥토지의 자본적 지출 관련)

(차) 토지 1,760,000 (대) 당좌예금 1,760,000

정답화면

□	일	번호	유형	품목	수량	단가	공급가액	부가세	코드	공급처명	사업자주민번호	전자	분개
■	25	50003	불공				1,600,000	160,000	00169	광양컨설팅	108-81-59726	여	혼합

불공제사유 6 ⑥토지의 자본적 지출 관련

구분	계정과목		적요	거래처		차변(출금)	대변(입금)
차변	0201	토지		00169	광양컨설팅	1,760,000	
대변	0102	당좌예금		00169	광양컨설팅		1,760,000

(5) ▶ 관련 이론 I 영세율과 면세 p.546

해 설 11월 30일 유형 : 52.영세 / 공급가액 : 25,000,000 / 부가세 : 0 / 거래처 : ㈜춘천 / 전자 : 여 / 분개 : 혼합

(차) 원재료 25,000,000 (대) 받을어음(㈜울산) 5,000,000

지급어음(㈜춘천) 20,000,000

정답화면

□	일	번호	유형	품목	수량	단가	공급가액	부가세	코드	공급처명	사업자주민번호	전자	분개
■	30	50004	영세				25,000,000		00160	(주)춘천	107-81-27084	여	혼합

구분	계정과목		적요	거래처		차변(출금)	대변(입금)
차변	0153	원재료		00160	(주)춘천	25,000,000	
대변	0110	받을어음		00142	(주)울산		5,000,000
대변	0252	지급어음		00160	(주)춘천		20,000,000

06 ㈜오륙(코드번호 : 1156)의 당기 회계기간은 제4기이다.
다음 거래 자료를 [매입매출전표입력] 메뉴에 입력하시오. [제56회]

(1) 10월 19일 아프리카 수입상 캄차카에 제품을 미화 20,000달러에 직수출하고, 대금은 외상으로 하였다. (선적일 현재의 기준환율은 미화 달러당 1,100원이다)

(2) 10월 23일 개인소비자인 김무소에게 제품을 770,000원(부가가치세 포함)에 매출하고, 대금은 현금으로 받고 간이영수증을 발급하여 주었다.

(3) 11월 11일 제조부 직원들의 단합을 위해 백두산한우고기(일반음식점)에서 회식을 하고 회식비 550,000원(부가가치세 포함)은 법인국민체크카드로 결제하였다. (음식점은 매입세액공제요건을 갖추고 있고, 법인국민체크카드는 결제 즉시 카드발급은행 보통예금 계좌에서 인출되었다)

06 (1)

▶ 관련 이론 I 영세율과 면세 p.546

해　설　10월 19일　유형 : 16.수출 / 공급가액 : 22,000,000 / 부가세 : 0 / 거래처 : 캄차카 / 분개 : 혼합(외상) / (영세율구분 : 1.직접수출(대행수출 포함))

(차) 외상매출금(캄차카)　22,000,000　(대) 제품매출　22,000,000

정답화면

□	일	번호	유형	품목	수량	단가	공급가액	부가세	코드	공급처명	사업자주민번호	전자	분개
■	19	50001	수출				22,000,000		00200	캄차카			혼합

영세율구분　1　직접수출(대행수출 포함)

구분	계정과목	적요	거래처	차변(출금)	대변(입금)
대변	0404 제품매출		00200 캄차카		22,000,000
차변	0108 외상매출금		00200 캄차카	22,000,000	

(2)

▶ 관련 이론 I 부가가치세 과세대상 거래 p.534

해　설　10월 23일　유형 : 14.건별 / 공급가액 : 700,000 / 부가세 : 70,000 / 거래처 : 김무소 / 분개 : 혼합(현금)

(차) 현금　770,000　(대) 제품매출　700,000
　　　　　　　　　　　　부가세예수금　70,000

정답화면

□	일	번호	유형	품목	수량	단가	공급가액	부가세	코드	공급처명	사업/주민번호	전자	분개
□	23	50002	건별				700,000	70,000	00401	김무소	650101-1056226		혼합

구분	계정과목	적요	거래처	차변(출금)	대변(입금)
대변	0255 부가세예수금		00401 김무소		70,000
대변	0404 제품매출		00401 김무소		700,000
차변	0101 현금		00401 김무소	770,000	

(3)

▶ 관련 이론 I 매출세액과 매입세액 p.573

해　설　11월 11일　유형 : 57.카과 / 공급가액 : 500,000 / 부가세 : 50,000 / 거래처 : 백두산한우고기 / 분개 : 혼합 / (신용카드사 : 국민체크카드(법인))

(차) 복리후생비(제조)　500,000　(대) 보통예금　550,000
　　부가세대급금　50,000　　(국민체크카드(법인))

정답화면

□	일	번호	유형	품목	수량	단가	공급가액	부가세	코드	공급처명	사업자주민번호	전자	분개
■	11	50001	카과				500,000	50,000	00173	백두산한우고기	123-52-66527		혼합

신용카드사: 99604　국민체크카드(법인)

구분	계정과목	적요	거래처	차변(출금)	대변(입금)
차변	0135 부가세대급금		00173 백두산한우.	50,000	
차변	0511 복리후생비		00173 백두산한우.	500,000	
대변	0103 보통예금		99604 국민체크카		550,000

참고 체크카드로 결제하는 거래의 회계처리 : 체크카드는 예금 잔액 범위 내에서만 사용할 수 있으므로, 거래상대방(A거래처)으로부터 재화나 용역을 구입하고 그 대금을 체크카드(B체크카드사)로 결제한 경우, 대변에 대한 회계처리방법은 다음과 같다.

- 계정과목 : 해당 예금 계정과목(예 보통예금)
- 거래처 : B체크카드사(예금 계정과목이더라도 체크카드라는 특성상 거래처를 입력하여 관리하는 것이 일반적이고, 입력하는 거래처는 A거래처가 아니라 B체크카드사임)

(4) 11월 14일 영업부 사원의 업무활동을 지원하기 위하여 현대자동차로부터 승용차(998cc)를 9,000,000원(부가가치세 별도)에 취득하고 전자세금계산서를 발급받았으며, 대금은 전액 외상으로 하였다. (단, 차량을 인수하는 시점에 취득세 620,000원, 번호판 부착 30,000원 및 수수료 50,000원은 현금으로 지급하였다. 하나의 전표로 입력하시오)

(5) 12월 15일 수출용 제품에 대한 원재료 32,000,000원(공급가액)을 ㈜승리전자로부터 매입하고, 영세율 전자세금계산서를 발급받았다. 구입대금 중 6,000,000원은 ㈜동산으로부터 매출대금으로 받았던 어음을 배서해주고, 나머지는 외상으로 하였다.

(6) 제품을 판매하고 발급한 아래의 세금계산서를 보고 매입매출전표에 입력하시오.

<table>
<tr><td colspan="9">전자세금계산서(공급자 보관용)</td><td>승인번호</td><td colspan="3">123000456089000</td></tr>
<tr><td rowspan="5">공급자</td><td colspan="2">사업자등록번호</td><td>112-81-21646</td><td>종사업장 번호</td><td colspan="3"></td><td rowspan="5">공급받는자</td><td>사업자등록번호</td><td>154-25-58855</td><td>종사업장 번호</td><td></td></tr>
<tr><td colspan="2">상호(법인명)</td><td>㈜오륙</td><td>성명(대표자)</td><td colspan="3">김철수</td><td>상호(법인명)</td><td>대성기업</td><td>성명</td><td>노현진</td></tr>
<tr><td colspan="2">사업장주소</td><td colspan="5">서울 서초구 서초동 1321-6 서초동아타워</td><td>사업장주소</td><td colspan="3">충남 공주시 검상동 135</td></tr>
<tr><td colspan="2">업태</td><td>제조업,도매업</td><td>종목</td><td colspan="3">휴대폰부품,무역</td><td>업태</td><td>제조업</td><td>종목</td><td>전자제품</td></tr>
<tr><td colspan="2">이메일</td><td colspan="5"></td><td>이메일</td><td colspan="3"></td></tr>
<tr><td colspan="3">작성일자</td><td colspan="2">공급가액</td><td colspan="2">세액</td><td colspan="6">수정사유</td></tr>
<tr><td colspan="3">20xx. 12. 29.</td><td colspan="2">8,400,000</td><td colspan="2">840,000</td><td colspan="6"></td></tr>
<tr><td colspan="3">비고</td><td colspan="10"></td></tr>
<tr><td>월</td><td>일</td><td colspan="2">품목</td><td>규격</td><td>수량</td><td>단가</td><td colspan="2">공급가액</td><td>세액</td><td colspan="3">비고</td></tr>
<tr><td>12</td><td>29</td><td colspan="2">휴대폰부품(AK-450)</td><td></td><td>2,000</td><td>4,200</td><td colspan="2">8,400,000</td><td>840,000</td><td colspan="3"></td></tr>
<tr><td></td><td></td><td colspan="2"></td><td></td><td></td><td></td><td colspan="2"></td><td></td><td colspan="3"></td></tr>
<tr><td colspan="3">합계금액</td><td colspan="2">현금</td><td colspan="2">수표</td><td colspan="2">어음</td><td>외상미수금</td><td colspan="3" rowspan="2">이 금액을 영수/청구 함</td></tr>
<tr><td colspan="3">9,240,000</td><td colspan="2">1,240,000</td><td colspan="2"></td><td colspan="2">5,500,000</td><td>2,500,000</td></tr>
</table>

(4) ▶ 관련 이론 I 매출세액과 매입세액 p.571

해　　설　11월 14일　유형 : 51.과세[1] / 공급가액 : 9,000,000 / 부가세 : 900,000 / 거래처 : 현대자동차 / 전자 : 여 / 분개 : 혼합

(차) 차량운반구	9,700,000	(대) 미지급금(현대자동차)	9,900,000
부가세대급금	900,000	현금	700,000

[1] 배기량 1,000cc 이하의 경차이므로 매입세액이 공제된다.

정답화면

□	일	번호	유형	품목	수량	단가	공급가액	부가세	코드	공급처명	사업/주민번호	전자	분개
□	14	50002	과세				9,000,000	900,000	00129	현대자동차	202-25-32154	여	혼합

구분	계정과목		적요	거래처		차변(출금)	대변(입금)
차변	0135	부가세대급금		00129	현대자동차	900,000	
차변	0208	차량운반구		00129	현대자동차	9,700,000	
대변	0253	미지급금		00129	현대자동차		9,900,000
대변	0101	현금		00129	현대자동차		700,000

(5) ▶ 관련 이론 I 영세율과 면세 p.546

해　　설　12월 15일　유형 : 52.영세 / 공급가액 : 32,000,000 / 부가세 : 0 / 거래처 : ㈜승리전자 / 전자 : 여 / 분개 : 혼합

(차) 원재료	32,000,000	(대) 외상매입금(㈜승리전자)	26,000,000
		받을어음(㈜동산)	6,000,000

정답화면

□	일	번호	유형	품목	수량	단가	공급가액	부가세	코드	공급처명	사업자주민번호	전자	분개
□	15	50001	영세				32,000,000		00119	(주)승리전자	621-81-31726	여	혼합

구분	계정과목		적요	거래처		차변(출금)	대변(입금)
차변	0153	원재료		00119	(주)승리전	32,000,000	
대변	0251	외상매입금		00119	(주)승리전		26,000,000
대변	0110	받을어음		00115	(주)동산		6,000,000

(6) ▶ 관련 이론 I 부가가치세 과세대상 거래 p.534

해　　설　12월 29일　유형 : 11.과세 / 공급가액 : 8,400,000 / 부가세 : 840,000 / 거래처 : 대성기업 / 전자 : 여 / 분개 : 혼합

(차) 현금	1,240,000	(대) 제품매출	8,400,000
받을어음(대성기업)	5,500,000	부가세예수금	840,000
외상매출금(대성기업)	2,500,000		

정답화면

□	일	번호	유형	품목	수량	단가	공급가액	부가세	코드	공급처명	사업자주민번호	전자	분개
□	29	50001	과세				8,400,000	840,000	00180	대성기업	154-25-58855	여	혼합

구분	계정과목		적요	거래처		차변(출금)	대변(입금)
대변	0255	부가세예수금		00180	대성기업		840,000
대변	0404	제품매출		00180	대성기업		8,400,000
차변	0101	현금		00180	대성기업	1,240,000	
차변	0110	받을어음		00180	대성기업	5,500,000	
차변	0108	외상매출금		00180	대성기업	2,500,000	

제2절 매입매출전표 오류수정

01 매입매출전표 오류수정

- [매입매출전표입력] 메뉴에서 특정일자의 매입매출전표에 대하여 오류사항을 정정하는 유형이 출제된다.
- 매입매출전표의 오류수정 문제는 실무시험 문제4(3 ~ 6점)에서 출제된다.

기출확인문제

㈜제일(코드번호 : 1101)의 당기 회계기간은 제5기이다.
[일반전표입력] 및 [매입매출전표입력] 메뉴에 입력된 내용 중 다음과 같은 오류가 발견되었다. 입력된 내용을 확인하여 정정하시오. (제58회)

> 9월 14일 제품 매출 5,000,000원의 환율 적용이 $5,000에 대하여 1,000원/$으로 잘못 적용되었고 올바르게 적용되어야 할 기준환율은 1,200원/$이다. 또한 내국신용장에 의한 공급이 아니라 직접수출인 것으로 확인되었다. 당초 전자세금계산서는 발급하지 않았다. (영세율구분란의 코드도 수정하시오)

기출 따라 하기

▶관련 이론 | 영세율과 면세 p.546

(1) 분개

- 수정 전

  [매입매출전표입력] 9월 14일

  유형 : 12.영세 / 공급가액 : 5,000,000 / 부가세 : 0 / 거래처 : 줄리아나 / 전자 : 여 / 분개 : 혼합(외상) / (영세율구분 : 3.내국신용장·구매확인서에 의하여 공급하는 재화)

(차) 외상매출금(줄리아나)	5,000,000	(대) 제품매출	5,000,000

- 수정 후

  [매입매출전표입력] 9월 14일

  유형 : 16.수출 / 공급가액 : 6,000,000 / 부가세 : 0 / 거래처 : 줄리아나 / 분개 : 혼합(외상) / (영세율구분 : 1.직접수출(대행수출 포함))

(차) 외상매출금(줄리아나)	6,000,000	(대) 제품매출	6,000,000

(2) 입력방법

[매입매출전표입력] 메뉴에서

① 9월 14일 자로 입력된 전표를 조회하여 수정 전 입력사항을 파악한다.

• 상단부

□	일	번호	유형	품목	수량	단가	공급가액	부가세	코드	공급처명	사업자주민번호	전자	분개
▦	14	50001	영세	제품			5,000,000		00800	줄리아나		여	혼합

영세율구분 3 내국신용장 · 구매확인서에 의하여 공급하는 재화

• 하단부

구분	계정과목		적요			거래처		차변(출금)	대변(입금)
대변	0404	제품매출	제품			00800	줄리아나		5,000,000
차변	0108	외상매출금	제품			00800	줄리아나	5,000,000	

② 유형을 "12.영세"에서 "16.수출"로 수정 입력한다.

③ 공급가액을 "5,000,000"에서 "6,000,000(= $5,000 × 1,200원/$)"으로 수정 입력한다.

④ 영세율구분을 "3.내국신용장·구매확인서에 의하여 공급하는 재화"에서 "1.직접수출(대행수출 포함)"로 수정 입력한다.

▼ ② ~ ④ 입력결과 화면은 아래와 같다.

• 상단부

□	일	번호	유형 ②	품목	수량	단가	공급가액 ③	부가세	코드	공급처명	사업자주민번호	전자	분개
▦	14	50001	수출	제품			6,000,000		00800	줄리아나			혼합

④ 영세율구분 1 직접수출(대행수출 포함)

• 하단부

구분	계정과목		적요			거래처		차변(출금)	대변(입금)
대변	0404	제품매출	제품			00800	줄리아나	③	6,000,000
차변	0108	외상매출금	제품			00800	줄리아나 ③	6,000,000	

02 '일반전표 → 매입매출전표' 오류수정

[일반전표입력] 메뉴에서 특정일자의 일반전표를 삭제하고, [매입매출전표입력] 메뉴에서 매입매출전표를 새로 입력하는 유형이 출제된다.

기출확인문제

㈜제일(코드번호 : 1101)의 당기 회계기간은 제5기이다.
[일반전표입력] 및 [매입매출전표입력] 메뉴에 입력된 내용 중 다음과 같은 오류가 발견되었다. 입력된 내용을 확인하여 정정하시오. (제51회)

> 12월 19일 차량유지비(판관비)를 현금으로 지급한 것으로 일반전표에 입력하였으나, 이는 전액 원재료 구입과 관련된 운반비용(부가가치세 포함)으로서 성진기업(일반과세자)으로부터 수기로 작성된 세금계산서를 수취한 것이었다.

기출 따라 하기

▶관련 이론 I 매출세액과 매입세액 p.571

(1) 분개

• 수정 전

[일반전표입력] 12월 19일

(차) 차량유지비(판관비)	55,000	(대) 현금	55,000

• 수정 후

[매입매출전표입력] 12월 19일

유형 : 51.과세 / 공급가액 : 50,000 / 부가세 : 5,000 / 거래처 : 성진기업 / 전자 : 부 / 분개 : 혼합(현금)

(차) 원재료	50,000	(대) 현금	55,000
부가세대급금	5,000		

(2) 입력방법

[일반전표입력] 메뉴에서

① 12월 19일 자로 입력된 전표를 조회하여 수정 전 입력사항을 파악한다.

□	일	번호	구분	계정과목		거래처		적요	차변	대변
	19	00001	출금	0822	차량유지비			1 유류대 지급	55,000	(현금)

② [일반전표입력] 메뉴에서 12월 19일 자 상기 전표를 삭제한다.

③ [매입매출전표입력] 메뉴에서 12월 19일 자 매입매출전표를 새로 입력한다.

• 상단부

□	일	번호	유형	품목	수량	단가	공급가액	부가세	코드	공급처명	사업자주민번호	전자	분개
	19	50009	과세	운반비			50,000	5,000	00600	성진기업	125-25-66250		혼합

• 하단부

구분	계정과목		적요	거래처		차변(출금)	대변(입금)
차변	0135	부가세대급금	운반비	00600	성진기업	5,000	
차변	0153	원재료	운반비	00600	성진기업	50,000	
대변	0101	현금	운반비	00600	성진기업		55,000

fn.Hackers.com

핵심기출문제

* 본서에 수록된 기출문제의 날짜는 학습효과를 높이기 위하여 일부 수정함

01 ㈜육구(코드번호 : 1169)의 당기 회계기간은 제11기이다.
[일반전표입력] 및 [매입매출전표입력] 메뉴에 입력된 내용 중 다음과 같은 오류가 발견되었다. 입력된 내용을 확인하여 정정하시오. [제69회]

10월 2일 330,000원(부가가치세 포함)을 현금지급하고 복리후생비로 일반전표에 입력하였다. 이는 고성식당(일반과세사업자)에서 영업팀 직원회식비를 지출하고 아래 현금영수증(지출증빙용)을 수령한 것이다.

고성식당		
114-01-80649 서울 송파구 송파대로길 1011길 2 TEL : 3289-8085 홈페이지 http://www.kacpta.or.kr		남재안
현금(지출증빙) 구매 20xx/10/2 19:06 거래번호 : 0026-0107		
상품명	수량	금액
식대	1	330,000
	과세물품가액	300,000
	부가세	30,000
	합계	330,000
	받은금액	330,000

정답 및 해설

01 ▶ 관련 이론 I 매출세액과 매입세액 p.573

해 설 [일반전표입력] 메뉴의 10월 2일 자 거래를 삭제하고, [매입매출전표입력] 메뉴에 동일자로 다음과 같이 입력한다.

• 수정 전 [일반전표입력] 10월 2일
(차) 복리후생비(판관비) 330,000 (대) 현금 330,000

• 수정 후 [매입매출전표입력] 10월 2일
유형 : 61.현과 / 공급가액 : 300,000 / 부가세 : 30,000 / 거래처 : 고성식당 / 분개 : 혼합(현금)
(차) 복리후생비(판관비) 300,000 (대) 현금 330,000
부가세대급금 30,000

참고 if 기업업무추진비 지출(매출거래처 담당자와의 식사)이라면
• 수정 후 [일반전표입력] 10월 2일
(차) 기업업무추진비(판관비) 330,000 (대) 현금 330,000
(이유 : 10% 부가가치세가 기재된 신용카드매출전표·현금영수증을 수취하였더라도 매입세액공제 받지 못하는 경우라면, 해당 거래는 부가가치세신고서 작성 시 전혀 반영되지 않으므로 [매입매출전표입력] 메뉴가 아니라 [일반전표입력] 메뉴에 입력한다)

정답화면 • 수정 전

□	일	번호	구분	계정과목	거래처	적요	차변	대변
	2	00003	차변	0811 복리후생비			330,000	
	2	00003	대변	0101 현금				330,000

• 수정 후

□	일	번호	유형	품목	수량	단가	공급가액	부가세	코드	공급처명	사업/주민번호	전자	분개
	2	50001	현과				300,000	30,000	00173	고성식당	114-01-80649		혼합

구분	계정과목	적요	거래처	차변(출금)	대변(입금)
차변	0135 부가세대급금		00173 고성식당	30,000	
차변	0811 복리후생비		00173 고성식당	300,000	
대변	0101 현금		00173 고성식당		330,000

02 ㈜육팔(코드번호 : 1168)의 당기 회계기간은 제11기이다.
[일반전표입력] 및 [매입매출전표입력] 메뉴에 입력된 내용 중 다음과 같은 오류가 발견되었다. 입력된 내용을 확인하여 정정하시오. [제68회]

> 9월 10일 매장 건물 외벽의 유리를 모두 강화유리로 교체하면서 공사대금 5,000,000원(부가가치세 별도)을 ㈜서울토건에 보통예금에서 이체지급하고 전자세금계산서를 발급받았다. 본 공사는 자본적 지출에 해당하지만 수익적 지출로 잘못 처리하였다.

03 ㈜육칠(코드번호 : 1167)의 당기 회계기간은 제11기이다.
[일반전표입력] 및 [매입매출전표입력] 메뉴에 입력된 내용 중 다음과 같은 오류가 발견되었다. 입력된 내용을 확인하여 정정하시오. [제67회]

> 11월 15일 서울화물(일반과세자)에게 현금으로 지급한 원재료 구입 관련 운반비 33,000원을 일반전표에 입력하였으나 증빙으로 수기세금계산서를 수취하였음이 확인되었다. 단, 입력된 운반비는 부가가치세가 포함된 금액이다.

정답 및 해설

02 ▶ 관련 이론 I 매출세액과 매입세액 p.571

해　　설　[매입매출전표입력] 9월 10일

• 수정 전　유형 : 51.과세 / 공급가액 : 5,000,000 / 부가세 : 500,000 / 거래처 : ㈜서울토건 / 전자 : 여 / 분개 : 혼합

(차) 수선비(판관비)　5,000,000　(대) 보통예금　5,500,000
　　부가세대급금　500,000

• 수정 후　유형 : 51.과세 / 공급가액 : 5,000,000 / 부가세 : 500,000 / 거래처 : ㈜서울토건 / 전자 : 여 / 분개 : 혼합

(차) 건물　5,000,000　(대) 보통예금　5,500,000
　　부가세대급금　500,000

정답화면 • 수정 전

□	일	번호	유형	품목	수량	단가	공급가액	부가세	코드	공급처명	사업자주민번호	전자	분개
	10	50001	과세	건물 강화유			5,000,000	500,000	01410	(주)서울토건	132-83-52415	여	혼합

구분	계정과목	적요	거래처	차변(출금)	대변(입금)
차변	0135 부가세대급금	건물 강화유리 교체	01410 (주)서울토	500,000	
차변	0820 수선비	건물 강화유리 교체	01410 (주)서울토	5,000,000	
대변	0103 보통예금	건물 강화유리 교체	01410 (주)서울토		5,500,000

• 수정 후

□	일	번호	유형	품목	수량	단가	공급가액	부가세	코드	공급처명	사업/주민번호	전자	분개
□	10	50001	과세	건물 강화유리			5,000,000	500,000	01410	(주)서울토건	132-83-52415	여	혼합

구분	계정과목	적요	거래처	차변(출금)	대변(입금)
차변	0135 부가세대급금	건물 강화유리 교체	01410 (주)서울토	500,000	
차변	0202 건물	건물 강화유리 교체	01410 (주)서울토	5,000,000	
대변	0103 보통예금	건물 강화유리 교체	01410 (주)서울토		5,500,000

03 ▶ 관련 이론 I 매출세액과 매입세액 p.571

해　　설　[일반전표입력] 11월 15일 자 해당 거래를 삭제하고, [매입매출전표입력]에 동일자로 다음과 같이 입력한다.

• 수정 전　[일반전표입력] 11월 15일

(차) 운반비(제조)　33,000　(대) 현금　33,000

• 수정 후　[매입매출전표입력] 11월 15일

유형 : 51.과세 / 공급가액 : 30,000 / 부가세 : 3,000 / 거래처 : 서울화물 / 전자 : 부 / 분개 : 혼합(현금)

(차) 원재료　30,000　(대) 현금　33,000
　　부가세대급금　3,000

정답화면 • 수정 전

□	일	번호	구분	계 정 과 목	거 래 처	적 요	차 변	대 변
	15	00002	차변	0524 운반비			33,000	
	15	00002	대변	0101 현금				33,000

• 수정 후

□	일	번호	유형	품목	수량	단가	공급가액	부가세	코드	공급처명	사업자주민번호	전자	분개
	15	50002	과세				30,000	3,000	00103	서울화물	105-87-51159		혼합

구분	계정과목	적요	거래처	차변(출금)	대변(입금)
차변	0135 부가세대급금		00103 서울화물	3,000	
차변	0153 원재료		00103 서울화물	30,000	
대변	0101 현금		00103 서울화물		33,000

04 ㈜육이(코드번호 : 1162)의 당기 회계기간은 제6기이다.
[일반전표입력] 및 [매입매출전표입력] 메뉴에 입력된 내용 중 다음과 같은 오류가 발견되었다. 입력된 내용을 확인하여 정정하시오. [제62회]

> 3월 17일 영업용 소모품을 ㈜미래로부터 550,000원(부가가치세 포함)에 현금 구매하고 일반전표에 입력하였다. 이는 현금영수증(지출증빙용)을 수령하여 매입매출전표에 입력하려던 것을 잘못 처리한 것이다. (비용계정을 사용할 것)

정답 및 해설

04

▶ 관련 이론 I 매출세액과 매입세액 p.573

해 설 [일반전표입력] 3월 17일 자 해당 거래를 삭제하고, [매입매출전표입력]에 동일자로 다음과 같이 입력한다.

- 수정 전 [일반전표입력] 3월 17일

  (차) 소모품비(판관비) 550,000 (대) 현금 550,000

- 수정 후 [매입매출전표입력] 3월 17일

  유형 : 61.현과 / 공급가액 : 500,000 / 부가세 : 50,000 / 거래처 : ㈜미래 / 분개 : 혼합(현금)

  (차) 소모품비(판관비) 500,000 (대) 현금 550,000

  부가세대급금 50,000

정답화면

- 수정 전

□	일	번호	구분	계정과목		거래처		적요		차변	대변
	17	00003	차변	0830	소모품비					550,000	
	17	00003	대변	0101	현금						550,000

- 수정 후

□	일	번호	유형	품목	수량	단가	공급가액	부가세	코드	공급처명	사업자주민번호	전자	분개
	17	50002	현과				500,000	50,000	01011	(주)미래	120-81-33158		혼합

구분	계정과목		적요		거래처		차변(출금)	대변(입금)
차변	0135	부가세대급금			01011	(주)미래	50,000	
차변	0830	소모품비			01011	(주)미래	500,000	
대변	0101	현금			01011	(주)미래		550,000

05 ㈜오구(코드번호 : 1159)의 당기 회계기간은 제5기이다.
[일반전표입력] 및 [매입매출전표입력] 메뉴에 입력된 내용 중 다음과 같은 오류가 발견되었다. 입력된 내용을 확인하여 정정하시오. [제59회]

(1) 9월 10일 영업부서 직원들의 회식대금 220,000원을 순천식당에 현금 지급하고 일반전표에 입력하였다. 이는 제조부서 직원들의 회식대금 220,000원(부가가치세 포함)을 현금영수증(지출증빙용)으로 수령한 것을 잘못 처리한 것이다. (순천식당은 일반과세사업자이다)

(2) 9월 15일 비품을 ㈜여수에 처분하면서 현금 4,400,000원(부가가치세 포함)을 받고 전자세금계산서를 발급하였다. 그러나 감가상각누계액을 고려하지 않고 회계처리 하였다. (처분일 현재 비품 취득가액은 7,000,000원이고, 감가상각누계액은 2,500,000원이다)

정답 및 해설

05 (1) ▶ 관련 이론 I 매출세액과 매입세액 p.573

해　설 [일반전표입력] 9월 10일 자 해당 거래를 삭제하고, [매입매출전표입력]에 동일자로 다음과 같이 입력한다.

- 수정 전 [일반전표입력] 9월 10일

(차) 복리후생비(판관비) 220,000 (대) 현금 220,000

- 수정 후 [매입매출전표입력] 9월 10일

유형 : 61.현과 / 공급가액 : 200,000 / 부가세 : 20,000 / 거래처 : 순천식당 / 분개 : 혼합(현금)

(차) 복리후생비(제조) 200,000 (대) 현금 220,000
부가세대급금 20,000

정답화면 • 수정 전

□	일	번호	구분	계정과목		거래처		적요	차변	대변
▣	10	00002	출금	0811	복리후생비				220,000	(현금)

• 수정 후

□	일	번호	유형	품목	수량	단가	공급가액	부가세	코드	공급처명	사업자주민번호	전자	분개
▣	10	50007	현과				200,000	20,000	03500	순천식당	123-08-14986		혼합

구분	계정과목		적요	거래처		차변(출금)	대변(입금)
차변	0135	부가세대급금		03500	순천식당	20,000	
차변	0511	복리후생비		03500	순천식당	200,000	
대변	0101	현금		03500	순천식당		220,000

(2) ▶ 관련 이론 I 부가가치세 과세대상 거래 p.534

해　설 [매입매출전표입력] 9월 15일

- 수정 전 유형 : 11.과세 / 공급가액 : 4,000,000 / 부가세 : 400,000 / 거래처 : ㈜여수 / 전자 : 여 / 분개 : 혼합

(차) 현금 4,400,000 (대) 비품 7,000,000
유형자산처분손실 3,000,000 부가세예수금 400,000

- 수정 후 유형 : 11.과세 / 공급가액 : 4,000,000 / 부가세 : 400,000 / 거래처 : ㈜여수 / 전자 : 여 / 분개 : 혼합

(차) 현금 4,400,000 (대) 비품 7,000,000
감가상각누계액(비품) 2,500,000 부가세예수금 400,000
유형자산처분손실 500,000

정답화면 • 수정 전

□	일	번호	유형	품목	수량	단가	공급가액	부가세	코드	공급처명	사업자주민번호	전자	분개
▣	15	50001	과세				4,000,000	400,000	03502	(주)여수	654-81-12340	여	혼합

구분	계정과목		적요	거래처		차변(출금)	대변(입금)
대변	0255	부가세예수금		03502	(주)여수		400,000
대변	0212	비품		03502	(주)여수		7,000,000
차변	0101	현금		03502	(주)여수	4,400,000	
차변	0970	유형자산처분		03502	(주)여수	3,000,000	

• 수정 후

구분	계정과목		적요	거래처		차변(출금)	대변(입금)
대변	0255	부가세예수금		03502	(주)여수		400,000
대변	0212	비품		03502	(주)여수		7,000,000
차변	0101	현금		03502	(주)여수	4,400,000	
차변	0970	유형자산처분		03502	(주)여수	500,000	
차변	0213	감가상각누계		03502	(주)여수	2,500,000	

06 ㈜오륙(코드번호 : 1156)의 당기 회계기간은 제4기이다.
[일반전표입력] 및 [매입매출전표입력] 메뉴에 입력된 내용 중 다음과 같은 오류가 발견되었다. 입력된 내용을 확인하여 정정하시오. [제56회]

> 8월 19일 영업부에서 매출거래처 체육대회를 지원하기 위해 ㈜다파라로부터 전자세금계산서를 발급받고 현금으로 구매한 기념품 2,000,000원(부가가치세 별도)을 회계담당자의 실수로 인하여 복리후생비로 회계처리하였다.

정답 및 해설

06

▶ 관련 이론 I 매출세액과 매입세액 p.572

해　설　[매입매출전표입력] 8월 19일

- 수정 전　유형 : 51.과세 / 공급가액 : 2,000,000 / 부가세 : 200,000 / 거래처 : ㈜다파라 / 전자 : 여 / 분개 : 현금

(차) 복리후생비(판관비)	2,000,000	(대) 현금	2,200,000
부가세대급금	200,000		

- 수정 후　유형 : 54.불공 / 공급가액 : 2,000,000 / 부가세 : 200,000 / 거래처 : ㈜다파라 / 전자 : 여 / 분개 : 현금(혼합) / (불공제사유 : ④기업업무추진비 및 이와 유사한 비용 관련)

(차) 기업업무추진비(판관비)	2,200,000	(대) 현금	2,200,000

정답화면

- 수정 전

□	일	번호	유형	품목	수량	단가	공급가액	부가세	코드	공급처명	사업자주민번호	전자	분개
	19	50001	과세	기념품			2,000,000	200,000	00141	(주)다파라	134-81-28732	여	현금

구분	계정과목		적요	거래처		차변(출금)	대변(입금)
출금	0135	부가세대급금	기념품	00141	(주)다파라	200,000	(현금)
출금	0811	복리후생비	기념품	00141	(주)다파라	2,000,000	(현금)

- 수정 후

□	일	번호	유형	품목	수량	단가	공급가액	부가세	코드	공급처명	사업자주민번호	전자	분개
	19	50001	불공	기념품			2,000,000	200,000	00141	(주)다파라	134-81-28732	여	현금

불공제사유　4　④기업업무추진비 및 이와 유사한 비용 관련

구분	계정과목		적요	거래처		차변(출금)	대변(입금)
출금	0813	기업업무추진비	기념품	00141	(주)다파라	2,200,000	(현금)

제3절 부가가치세 관련 장부조회

01 부가가치세신고서

- [부가가치세신고서]를 조회하면 해당 기간 동안 [매입매출전표입력] 메뉴에 입력된 부가가치세 정보가 신고서식의 각 항목별로 집계되어 나타난다.
- [부가가치세신고서] 문제는 실무시험 문제6(3점, 부분점수)에서 출제된다.
- [부가가치세신고서] 화면은 [부가가치] ▶ [부가가치세 I] ▶ [부가가치세신고서]를 선택하여 들어갈 수 있다.

기출확인문제

㈜제이(코드번호 : 1102)*의 당기(제5기) 회계기간은 2025. 1. 1. ~ 2025. 12. 31.이다.
제1기 확정 신고기간(4월 ~ 6월)의 부가가치세 매출세액은 얼마인가? (제53회)

*교재와 동일한 화면으로 학습을 진행하기 위하여 ㈜제이를 사용함

기출 따라 하기

[부가가치세신고서] 메뉴에서

① [일반과세] 탭을 선택한다.

② 조회하고자 하는 기간을 "4월 1일 ~ 6월 30일"로 입력한다.

③ 서식의 각 항목금액을 파악하여 요구하는 답을 구한다.

▼ ① ~ ③ 조회결과 화면은 아래와 같다.

① 일반과세 | 간이과세

② 조회기간 : 2025 년 4 월 1 일 ~ 2025 년 6 월 30 일 신고구분 : 1

구분				정기신고금액		
				금액	세율	세액
과세표준및매출세액	과세	세금계산서발급분	1	300,036,000	10/100	30,003,600
		매입자발행세금계산서	2		10/100	
		신용카드 · 현금영수증발행분	3	2,700,000	10/100	270,000
		기타(정규영수증외매출분)	4			
	영세	세금계산서발급분	5	38,450,000	0/100	
		기타	6	3,600,000	0/100	
	예정신고누락분		7			
	대손세액가감		8			
	합계		9	344,786,000	㉮	③ 30,273,600
매입세액	세금계산서수취분	일반매입	10	233,295,000		23,329,500
		고정자산매입	11			
	예정신고누락분		12			
	매입자발행세금계산서		13			
	그 밖의 공제매입세액		14	7,000,000		700,000
	합계(10+11+12+13+14)		15	240,295,000		24,029,500
	공제받지못할매입세액		16	30,300,000		3,030,000
	차감계 (15-16)		17	209,995,000	㉯	20,999,500
납부(환급)세액(매출세액㉮-매입세액㉯)					㉰	9,274,100
경감공제세액	그 밖의 경감 · 공제세액		18			
	신용카드매출전표등 발행공제등		19	2,970,000		
	합계		20		㉱	
예정신고미환급세액			21		㉲	
예정고지세액			22		㉳	
사업양수자의 대리납부 기납부세액			23		㉴	
매입자 납부특례 기납부세액			24		㉵	
가산세액계			25		㉶	
차감.가감하여 납부할세액(환급받을세액)(㉰-㉱-㉲-㉳-㉴-㉵+㉶)					26	9,274,100
총괄납부사업자가 납부할 세액(환급받을 세액)						

④ 4월 ~ 6월의 매출세액 합계액은 30,273,600원이다.

+ 더 알아보기

[부가가치세신고서] 메뉴의 우측 화면

[부가가치세신고서] 화면의 우측에 있는 항목들은 실제 신고서식의 뒷부분 내용으로서 앞부분 서식의 상세 내용을 나타내는 항목들이다. 좌측 화면의 입력란에 커서를 놓으면 우측 화면에는 그에 해당하는 상세 내용이 나타난다.

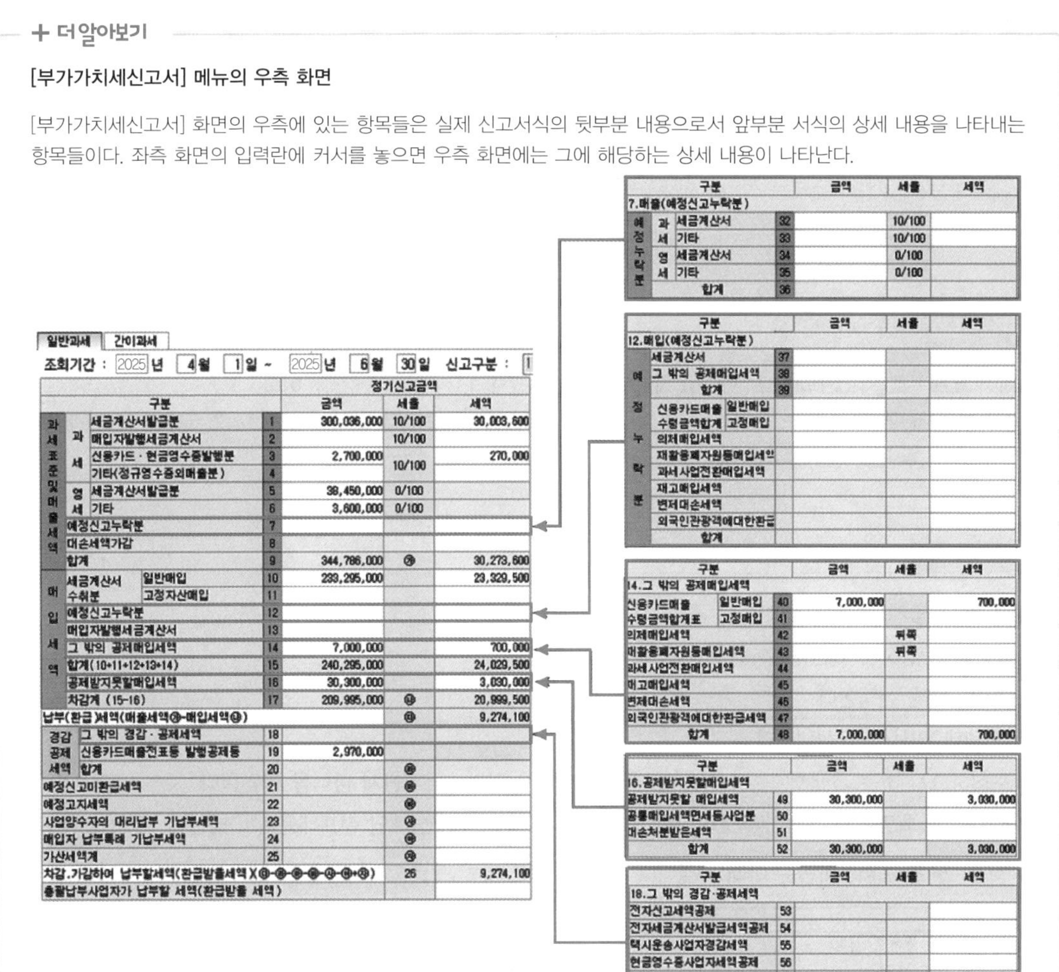

일반과세 | 간이과세

조회기간 : 2025년 4월 1일 ~ 2025년 6월 30일 신고구분 : 1

구분				정기신고금액		
				금액	세율	세액
과세표준및매출세액	과세	세금계산서발급분	1	300,036,000	10/100	30,003,600
		매입자발행세금계산서	2		10/100	
		신용카드·현금영수증발행분	3	2,700,000	10/100	270,000
		기타(정규영수증외매출분)	4			
	영세	세금계산서발급분	5	38,450,000	0/100	
		기타	6	3,600,000	0/100	
	예정신고누락분		7			
	대손세액가감		8			
	합계		9	344,786,000	㉮	30,273,600
매입세액	세금계산서수취분	일반매입	10	233,295,000		23,329,500
		고정자산매입	11			
	예정신고누락분		12			
	매입자발행세금계산서		13			
	그 밖의 공제매입세액		14	7,000,000		700,000
	합계(10+11+12+13+14)		15	240,295,000		24,029,500
	공제받지못할매입세액		16	30,300,000		3,030,000
	차감계 (15-16)		17	209,995,000	㉯	20,999,500
납부(환급)세액(매출세액㉮-매입세액㉯)					㉰	9,274,100
경감공제세액	그 밖의 경감·공제세액		18			
	신용카드매출전표등 발행공제등		19	2,970,000		
	합계		20		㉱	
예정신고미환급세액			21		㉲	
예정고지세액			22		㉳	
사업양수자의 대리납부 기납부세액			23		㉴	
매입자 납부특례 기납부세액			24		㉵	
가산세액계			25		㉶	
차감.가감하여 납부할세액(환급받을세액)(㉰-㉱-㉲-㉳-㉴-㉵+㉶)					26	9,274,100
총괄납부사업자가 납부할 세액(환급받을 세액)						

구분				금액	세율	세액
7.매출(예정신고누락분)						
예정누락분	과세	세금계산서	32		10/100	
		기타	33		10/100	
	영세	세금계산서	34		0/100	
		기타	35		0/100	
	합계		36			

구분				금액	세율	세액
12.매입(예정신고누락분)						
예정누락분	세금계산서		37			
	그 밖의 공제매입세액		38			
	합계		39			
	신용카드매출수령금액합계	일반매입				
		고정매입				
	의제매입세액					
	재활용폐자원등매입세액					
	과세사업전환매입세액					
	재고매입세액					
	변제대손세액					
	외국인관광객에대한환급					
	합계					

구분			금액	세율	세액
14.그 밖의 공제매입세액					
신용카드매출수령금액합계표	일반매입	40	7,000,000		700,000
	고정매입	41			
의제매입세액		42		뒤쪽	
재활용폐자원등매입세액		43		뒤쪽	
과세사업전환매입세액		44			
재고매입세액		45			
변제대손세액		46			
외국인관광객에대한환급세액		47			
합계		48	7,000,000		700,000

구분		금액	세율	세액
16.공제받지못할매입세액				
공제받지못할 매입세액	49	30,300,000		3,030,000
공통매입세액면세등사업분	50			
대손처분받은세액	51			
합계	52	30,300,000		3,030,000

구분		금액	세율	세액
18.그 밖의 경감·공제세액				
전자신고세액공제	53			
전자세금계산서발급세액공제	54			
택시운송사업자경감세액	55			
현금영수증사업자세액공제	56			
기타	57			
합계	58			

기출유형

- 부가가치세 신고서식 항목의 집계금액
  - 제1기 예정신고기간(1월 ~ 3월)의 공제받지 못할 매입세액의 공급가액과 세액은 얼마인가? [제59회]
  - 제1기 부가가치세 확정신고기간(4월 ~ 6월)에 대한 부가가치세신고서상 납부(환급)세액을 조회하면 얼마인가? [제57회]
  - 4월부터 6월까지의 매출액 중 세금계산서를 발급한 매출분 공급가액은 모두 얼마인가? [제56회]

02 세금계산서합계표

- [세금계산서합계표]는 발급하거나 수취한 세금계산서를 매출처별·매입처별로 집계한 표를 말한다.
- [세금계산서합계표] 문제는 실무시험 문제6(3점, 부분점수)에서 출제된다.
- [세금계산서합계표] 화면은 [부가가치] ▶ [부가가치세 I] ▶ [세금계산서합계표]를 선택하여 들어갈 수 있다.

기출확인문제

㈜제이(코드번호 : 1102)의 당기(제5기) 회계기간은 2025. 1. 1. ~ 2025. 12. 31.이다.
부가가치세 제1기 과세기간 최종 3월(4월 ~ 6월)에 ㈜호이마트로부터 전자세금계산서를 교부받은 거래의 공급가액은 모두 얼마인가? (제51회)

기출 따라 하기

[세금계산서합계표] 메뉴에서

① 조회하고자 하는 기간을 "4월 ~ 6월"로 입력한다.

② [매입] 탭을 선택한다.

③ [전체데이터] 탭을 선택한다.

④ 조회하고자 하는 거래처(㈜호이마트)로부터 교부받은 전자세금계산서 금액을 확인한다.

⑤ 조회 결과 화면에서 거래처(㈜호이마트)의 라인을 더블 클릭하면 해당 전표내용이 나타난다. (Drill down 기능)

▼ ① ~ ⑤ 조회결과 화면은 아래와 같다.

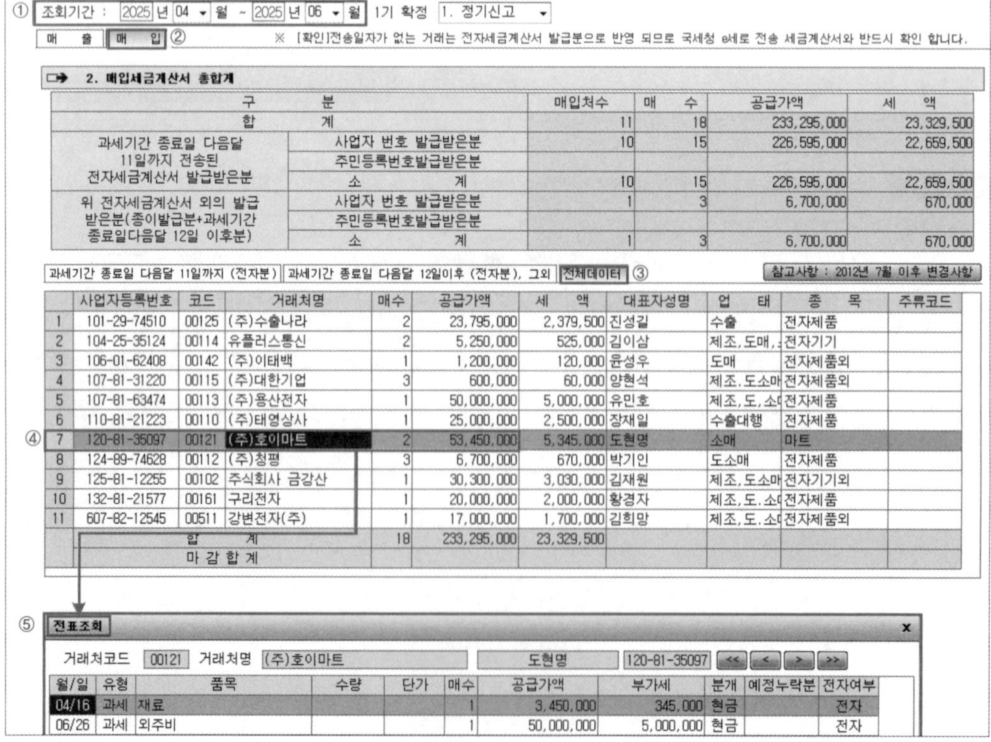

① 조회기간 : 2025 년 04 월 ~ 2025 년 06 월 1기 확정 1. 정기신고

매출 | 매입 ② ※ [확인]전송일자가 없는 거래는 전자세금계산서 발급분으로 반영 되므로 국세청 e세로 전송 세금계산서와 반드시 확인 합니다.

2. 매입세금계산서 총합계

구분		매입처수	매수	공급가액	세액
합계		11	18	233,295,000	23,329,500
과세기간 종료일 다음달 11일까지 전송된 전자세금계산서 발급받은분	사업자 번호 발급받은분	10	15	226,595,000	22,659,500
	주민등록번호발급받은분				
	소계	10	15	226,595,000	22,659,500
위 전자세금계산서 외의 발급받은분(종이발급분+과세기간 종료일다음달 12일 이후분)	사업자 번호 발급받은분	1	3	6,700,000	670,000
	주민등록번호발급받은분				
	소계	1	3	6,700,000	670,000

과세기간 종료일 다음달 11일까지 (전자분) | 과세기간 종료일 다음달 12일이후 (전자분), 그외 | 전체데이터 ③ | 참고사항 : 2012년 7월 이후 변경사항

	사업자등록번호	코드	거래처명	매수	공급가액	세액	대표자성명	업태	종목	주류코드
1	101-29-74510	00125	(주)수출나라	2	23,795,000	2,379,500	진성길	수출	전자제품	
2	104-25-35124	00114	유플러스통신	2	5,250,000	525,000	김이삼	제조,도매,:	전자기기	
3	106-01-62408	00142	(주)이태백	1	1,200,000	120,000	윤성우	도매	전자제품외	
4	107-81-31220	00115	(주)대한기업	3	600,000	60,000	양현석	제조.도소매	전자제품외	
5	107-81-63474	00113	(주)용산전자	1	50,000,000	5,000,000	유민호	제조,도,소	전자제품	
6	110-81-21223	00110	(주)태영상사	1	25,000,000	2,500,000	장재일	수출대행	전자제품	
④ 7	120-81-35097	00121	(주)호이마트	2	53,450,000	5,345,000	도현명	소매	마트	
8	124-89-74628	00112	(주)청평	3	6,700,000	670,000	박기인	도소매	전자제품	
9	125-81-12255	00102	주식회사 금강산	1	30,300,000	3,030,000	김재원	제조,도소매	전자기기외	
10	132-81-21577	00161	구리전자	1	20,000,000	2,000,000	황경자	제조,도.소	전자제품	
11	607-82-12545	00511	강변전자(주)	1	17,000,000	1,700,000	김희망	제조,도.소	전자제품외	
	합계			18	233,295,000	23,329,500				
	마감합계									

⑤ 전표조회

거래처코드 00121 거래처명 (주)호이마트 도현명 120-81-35097

월/일	유형	품목	수량	단가	매수	공급가액	부가세	분개	예정누락분	전자여부
04/16	과세	재료			1	3,450,000	345,000	현금		전자
06/26	과세	외주비			1	50,000,000	5,000,000	현금		전자

⑥ 4월 ~ 6월에 ㈜호이마트로부터 전자세금계산서를 교부받은 거래의 공급가액은 53,450,000원이다.

기출유형

- 매출처·매입처에 대하여 발급하거나 수취한 세금계산서의 내역
  - 제1기 부가가치세 예정신고기간(1월 ~ 3월)의 매출세금계산서 총 발급매수와 공급가액은 각각 얼마인가? [제61회]
  - 1월부터 3월까지 매출세금계산서 매수가 가장 많은 거래처의 코드번호는? [제55회]
  - 제1기 확정신고기간(4월 ~ 6월) 동안 ㈜덕수상사에 발급한 매출세금계산서의 매수와 공급가액은 얼마인가? [제85회]

03 매입매출장

- [매입매출장]은 [매입매출전표입력]에 입력된 매입매출전표들을 부가가치세 '유형'별로 집계한 표를 말한다.
- [매입매출장] 문제는 실무시험 문제6(3점, 부분점수)에서 출제된다.
- [매입매출장] 화면은 [회계관리] ▶ [장부관리] ▶ [매입매출장]을 선택하여 들어갈 수 있다.

기출확인문제

㈜제이(코드번호 : 1102)의 당기(제5기) 회계기간은 2025. 1. 1. ~ 2025. 12. 31.이다.
제1기 예정신고기간 중 영세율 세금계산서를 발행한 금액은 얼마인가? [제58회]

기출 따라 하기

[매입매출장] 메뉴에서

① 조회하고자 하는 기간을 "1월 1일 ~ 3월 31일"로 입력한다.

② 구분을 "2.매출"로 선택한다.

③ 유형을 "12.영세"로 선택한다.

④ 문제에서 요구하는 답(분기누계 금액)을 확인한다.

⑤ 조회 결과 화면에서 특정한 라인을 더블 클릭하면 해당 전표내용이 나타난다. (Drill down 기능)

① ~ ⑤ 조회결과 화면은 아래와 같다.

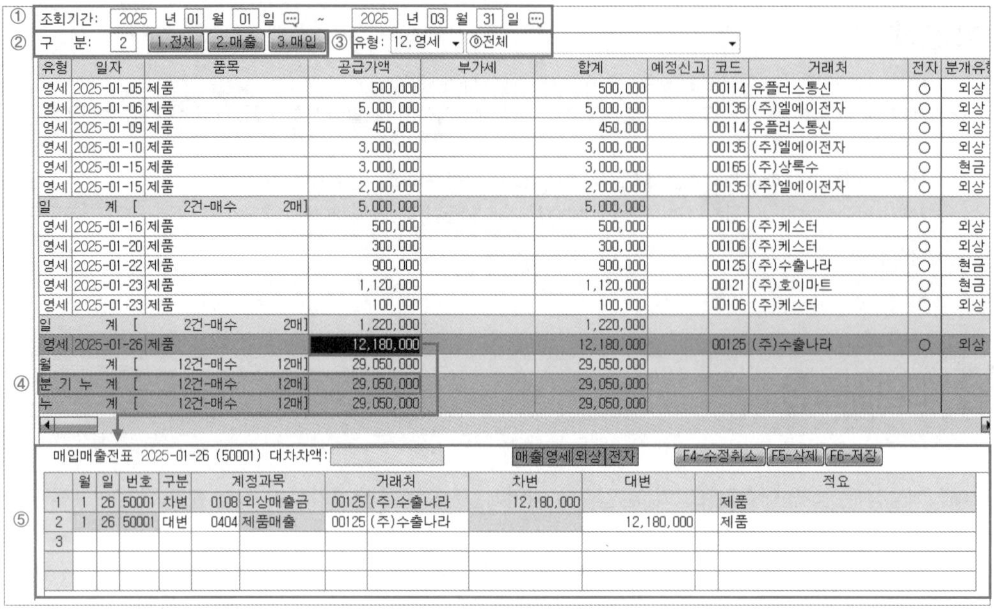

① 조회기간: 2025 년 01 월 01 일 ~ 2025 년 03 월 31 일

② 구 분: 2 1.전체 2.매출 3.매입 ③ 유형: 12.영세 ⓪전체

유형	일자	품목	공급가액	부가세	합계	예정신고	코드	거래처	전자	분개유
영세	2025-01-05	제품	500,000		500,000		00114	유플러스통신	○	외상
영세	2025-01-06	제품	5,000,000		5,000,000		00135	(주)엘에이전자	○	외상
영세	2025-01-09	제품	450,000		450,000		00114	유플러스통신	○	외상
영세	2025-01-10	제품	3,000,000		3,000,000		00135	(주)엘에이전자	○	외상
영세	2025-01-15	제품	3,000,000		3,000,000		00165	(주)상록수	○	현금
영세	2025-01-15	제품	2,000,000		2,000,000		00135	(주)엘에이전자	○	외상
일 계 [		2건-매수 2매]	5,000,000		5,000,000					
영세	2025-01-16	제품	500,000		500,000		00106	(주)케스터	○	외상
영세	2025-01-20	제품	300,000		300,000		00106	(주)케스터	○	외상
영세	2025-01-22	제품	900,000		900,000		00125	(주)수출나라	○	현금
영세	2025-01-23	제품	1,120,000		1,120,000		00121	(주)호이마트	○	현금
영세	2025-01-23	제품	100,000		100,000		00106	(주)케스터	○	외상
일 계 [		2건-매수 2매]	1,220,000		1,220,000					
영세	2025-01-26	제품	12,180,000		12,180,000		00125	(주)수출나라	○	외상
월 계 [		12건-매수 12매]	29,050,000		29,050,000					
④ 분 기 누 계 [		12건-매수 12매]	29,050,000		29,050,000					
누 계 [		12건-매수 12매]	29,050,000		29,050,000					

⑤ 매입매출전표 2025-01-26 (50001) 대차차액: 매출 영세 외상 전자 F4-수정취소 F5-삭제 F6-저장

	월	일	번호	구분	계정과목		거래처	차변	대변	적요
1	1	26	50001	차변	0108	외상매출금	00125 (주)수출나라	12,180,000		제품
2	1	26	50001	대변	0404	제품매출	00125 (주)수출나라		12,180,000	제품
3										

⑥ 제1기 예정신고기간 중 영세율 세금계산서를 발행한 금액은 29,050,000원이다.

기출유형

- 매입매출전표의 부가가치세 '유형'별 내역
  - 제1기 부가가치세 확정신고기간(4월 ~ 6월) 중 매출한 거래 중 현금영수증을 발급한 공급대가는 얼마인가? [제55회]
  - 제1기 예정신고기간(1월 ~ 3월)의 매입세액이 불공제되는 세금계산서의 공급가액은 얼마인가? [제53회]
  - 제1기 예정신고기간 중 신용카드 사용에 따른 매입세액공제액은 얼마인가? [제52회]

핵심기출문제

* 본서에 수록된 기출문제의 날짜는 학습효과를 높이기 위하여 일부 수정함

01 ㈜칠삼(코드번호 : 1173)의 당기(제5기) 회계기간은 2025. 1. 1. ~ 2025. 12. 31.이다. 다음을 조회하시오. [제73회]

> 부가가치세 1기 확정신고기간(4월 1일 ~ 6월 30일)에 대한 과세표준은 얼마인가?

02 ㈜육육(코드번호 : 1166)의 당기(제5기) 회계기간은 2025. 1. 1. ~ 2025. 12. 31.이다. 다음을 조회하시오. [제66회]

> 제1기 부가가치세 확정신고기간(4월 ~ 6월) 중 계산서(전자계산서 포함)를 수취하여 매입한 금액은 얼마인가?

정답 및 해설

01

해 설 354,786,000원

[부가가치세신고서] 메뉴에서

기간 4월 1일 ~ 6월 30일을 조회하여 9번 라인 '과세표준및매출세액 ▶ 합계'에 있는 '금액' 열을 확인한다.

정답화면

일반과세 | 간이과세

조회기간 : 2025 년 4 월 1 일 ~ 2025 년 6 월 30 일 신고구분 :

구분			번호	정기신고금액 금액	세율	세액
과세표준및매출세액	과세	세금계산서발급분	1	310,036,000	10/100	31,003,600
		매입자발행세금계산서	2		10/100	
		신용카드 · 현금영수증발행분	3	2,700,000	10/100	270,000
		기타(정규영수증외매출분)	4			
	영세	세금계산서발급분	5	38,450,000	0/100	
		기타	6	3,600,000	0/100	
	예정신고누락분		7			
	대손세액가감		8			
	합계		9	354,786,000	㉮	31,273,600
매입세액	세금계산서 수취분	일반매입	10	237,895,000		23,789,500
		수출기업수입분납부유예	10			
		고정자산매입	11			
	예정신고누락분		12			
	매입자발행세금계산서		13			
	그 밖의 공제매입세액		14	7,000,000		700,000
	합계(10)-(10-1)+(11)+(12)+(13)+(14)		15	244,895,000		24,489,500
	공제받지못할매입세액		16	30,300,000		3,030,000
	차감계 (15-16)		17	214,595,000	㉯	21,459,500
납부(환급)세액(매출세액㉮-매입세액㉯)					㉰	9,814,100
경감공제세액	그 밖의 경감 · 공제세액		18			
	신용카드매출전표등 발행공제등		19	2,970,000		
	합계		20		㉱	
예정신고미환급세액			21		㉲	
예정고지세액			22		㉳	
사업양수자의 대리납부 기납부세액			23		㉴	
매입자 납부특례 기납부세액			24		㉵	
가산세액계			25		㉶	
차감.가감하여 납부할세액(환급받을세액)(㉰-㉱-㉲-㉳-㉴-㉵+㉶)			26			9,814,100
총괄납부사업자가 납부할 세액(환급받을 세액)						

02

해 설 5,000,000원

[매입매출장] 메뉴에서

- 조회하고자 하는 기간을 "4월 1일 ~ 6월 30일"로 입력한다.
- 구분을 "3.매입"으로 입력한다.
- 유형을 "53.면세"로 입력한다.
- 공급가액 열의 분기누계 금액을 확인한다.

정답화면

조회기간: 2025 년 04 월 01 일 ~ 2025 년 06 월 30 일

구 분: 3 1.전체 2.매출 3.매입 유형: 53.면세 ①전체

유형	일자	품목	공급가액	부가세	합계	예정신고	코드	거래처	전자	분개유형
면세	2025-04-20	전래동화 구입	2,000,000		2,000,000		00125	(주)유림기계		혼합
월	계 [	1건-매수 1매]	2,000,000		2,000,000					
누	계 [	1건-매수 1매]	2,000,000		2,000,000					
면세	2025-05-20	화환	3,000,000		3,000,000		00148	(주)푸른광고		외상
월	계 [	1건-매수 1매]	3,000,000		3,000,000					
분 기 누	계 [	2건-매수 2매]	5,000,000		5,000,000					
누	계 [	2건-매수 2매]	5,000,000		5,000,000					

03 ㈜육삼(코드번호 : 1163)의 당기(제6기) 회계기간은 2025. 1. 1. ~ 2025. 12. 31.이다. 다음을 조회하시오. [제63회]

> 부가가치세 제1기 예정신고기간(1월 ~ 3월)의 세금계산서에 의한 매입 관련 공급가액은 얼마인가?

정답 및 해설

03

해 설 266,441,800원

[세금계산서합계표] 메뉴에서

- 조회하고자 하는 기간을 "1월 ~ 3월"로 입력한다.
- [매입] 탭을 선택한다.
- [전체데이터] 탭을 선택한다.
- 공급가액 합계를 확인한다.

정답화면

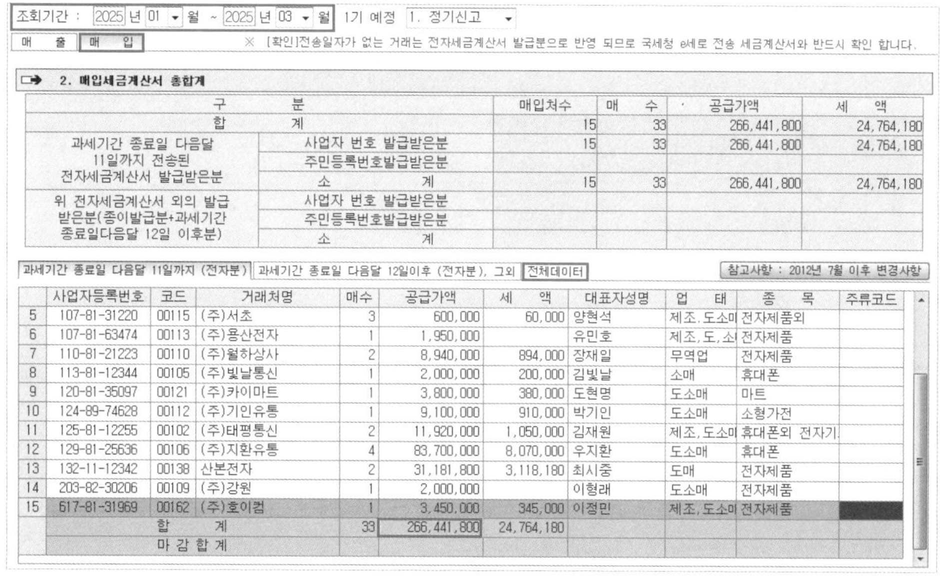

조회기간 : 2025 년 01 월 ~ 2025 년 03 월 1기 예정 1. 정기신고

매 출 | 매 입

※ [확인]전송일자가 없는 거래는 전자세금계산서 발급분으로 반영 되므로 국세청 e세로 전송 세금계산서와 반드시 확인 합니다.

2. 매입세금계산서 총합계

구분		매입처수	매수	공급가액	세액
합계		15	33	266,441,800	24,764,180
과세기간 종료일 다음달 11일까지 전송된 전자세금계산서 발급받은분	사업자 번호 발급받은분	15	33	266,441,800	24,764,180
	주민등록번호발급받은분				
	소계	15	33	266,441,800	24,764,180
위 전자세금계산서 외의 발급받은분(종이발급분+과세기간 종료일다음달 12일 이후분)	사업자 번호 발급받은분				
	주민등록번호발급받은분				
	소계				

과세기간 종료일 다음달 11일까지 (전자분) | 과세기간 종료일 다음달 12일이후 (전자분), 그외 | 전체데이터

참고사항 : 2012년 7월 이후 변경사항

	사업자등록번호	코드	거래처명	매수	공급가액	세액	대표자성명	업태	종목	주류코드
5	107-81-31220	00115	(주)서초	3	600,000	60,000	양현석	제조, 도소미	전자제품외	
6	107-81-63474	00113	(주)용산전자	1	1,950,000		유민호	제조, 도, 소	전자제품	
7	110-81-21223	00110	(주)월하상사	2	8,940,000	894,000	장재일	무역업	전자제품	
8	113-81-12344	00105	(주)빛날통신	1	2,000,000	200,000	김빛날	소매	휴대폰	
9	120-81-35097	00121	(주)카이마트	1	3,800,000	380,000	도현명	도소매	마트	
10	124-89-74628	00112	(주)기인유통	1	9,100,000	910,000	박기인	도소매	소형가전	
11	125-81-12255	00102	(주)태평통신	2	11,920,000	1,050,000	김재원	제조, 도소미	휴대폰외 전자기	
12	129-81-25636	00106	(주)지환유통	4	83,700,000	8,070,000	우지환	도소매	휴대폰	
13	132-11-12342	00138	산본전자	2	31,181,800	3,118,180	최시중	도매	전자제품	
14	203-82-30206	00109	(주)강원	1	2,000,000		이형래	도소매	전자제품	
15	617-81-31969	00162	(주)호이컴	1	3,450,000	345,000	이정민	제조, 도소미	전자제품	
	합계			33	266,441,800	24,764,180				
	마감합계									

참고 부가가치세신고서(기간 : 1월 1일 ~ 3월 31일)에서도 조회 가능하다.

04 ㈜오칠(코드번호 : 1157)의 당기(제4기) 회계기간은 2025. 1. 1. ~ 2025. 12. 31.이다.
다음을 조회하시오. [제57회]

> 제1기 부가가치세 확정신고기간(4월 ~ 6월)에 대한 부가가치세신고서상 납부(환급)세액을 조회하면 얼마인가?

정답 및 해설

04

해　설　9,274,100원

[부가가치세신고서] 메뉴에서 4월부터 6월까지 조회하여, 납부(환급)세액을 확인한다.

정답화면

일반과세 | 간이과세

조회기간 : 2025 년 4 월 1 일 ~ 2025 년 6 월 30 일　신고구분 : 1

구분				정기신고금액 금액	세율	세액
과세표준및매출세액	과세	세금계산서발급분	1	300,036,000	10/100	30,003,600
	과세	매입자발행세금계산서	2		10/100	
	과세	신용카드·현금영수증발행분	3	2,700,000	10/100	270,000
	과세	기타(정규영수증외매출분)	4			
	영세	세금계산서발급분	5	38,450,000	0/100	
	영세	기타	6	3,600,000	0/100	
	예정신고누락분		7			
	대손세액가감		8			
	합계		9	344,786,000	㉮	30,273,600
매입세액	세금계산서 수취분	일반매입	10	233,295,000		23,329,500
	세금계산서 수취분	고정자산매입	11			
	예정신고누락분		12			
	매입자발행세금계산서		13			
	그 밖의 공제매입세액		14	7,000,000		700,000
	합계(10+11+12+13+14)		15	240,295,000		24,029,500
	공제받지못할매입세액		16	30,300,000		3,030,000
	차감계 (15-16)		17	209,995,000	㉯	20,999,500
납부(환급)세액(매출세액㉮-매입세액㉯)					㉰	9,274,100
경감공제세액	그 밖의 경감·공제세액		18			
	신용카드매출전표등 발행공제등		19	2,970,000		
	합계		20		㉱	
예정신고미환급세액			21		㉲	
예정고지세액			22		㉳	
사업양수자의 대리납부 기납부세액			23		㉴	
매입자 납부특례 기납부세액			24		㉵	
가산세액계			25		㉶	
차감.가감하여 납부할세액(환급받을세액)(㉰-㉱-㉲-㉳-㉴-㉵+㉶)					26	9,274,100
총괄납부사업자가 납부할 세액(환급받을 세액)						

05 ㈜오륙(코드번호 : 1156)의 당기(제4기) 회계기간은 2025. 1. 1. ~ 2025. 12. 31.이다. 다음을 조회하시오. [제56회]

(1) 제1기 예정신고기간(1월 ~ 3월)의 공제받지 못할 매입세액의 공급가액과 세액은 얼마인가?

(2) 4월부터 6월까지의 매출액 중 세금계산서를 발급한 매출분 공급가액은 모두 얼마인가?

정답 및 해설

05 (1)

해　　설　공급가액 3,500,000원, 세액 350,000원

[부가가치세신고서] 메뉴에서 1월부터 3월까지 조회하여, 공제받지못할매입세액[16]의 금액과 세액을 확인한다.

정답화면

일반과세 | 간이과세

조회기간 : 2025 년 1 월 1 일 ~ 2025 년 3 월 31 일　신고구분 : 1

구분				정기신고금액		
				금액	세율	세액
과세표준및매출세액	과세	세금계산서발급분	1	271,240,000	10/100	27,124,000
		매입자발행세금계산서	2		10/100	
		신용카드 · 현금영수증발행분	3	24,540,004	10/100	2,454,000
		기타(정규영수증외매출분)	4			
	영세	세금계산서발급분	5	20,550,000	0/100	
		기타	6		0/100	
	예정신고누락분		7			
	대손세액가감		8			
	합계		9	316,330,004	㉮	29,578,000
매입세액	세금계산서수취분	일반매입	10	280,000,000		25,590,000
		고정자산매입	11			
	예정신고누락분		12			
	매입자발행세금계산서		13			
	그 밖의 공제매입세액		14	38,500,000		3,850,000
	합계(10+11+12+13+14)		15	318,500,000		29,440,000
	공제받지못할매입세액		16	3,500,000		350,000
	차감계 (15-16)		17	315,000,000	㉯	29,090,000
납부(환급)세액(매출세액㉮-매입세액㉯)					㉰	488,000
경감공제세액	그 밖의 경감 · 공제세액		18			
	신용카드매출전표등 발행공제등		19	26,994,000		
	합계		20		㉱	
예정신고미환급세액			21		㉲	
예정고지세액			22		㉳	
사업양수자의 대리납부 기납부세액			23		㉴	
매입자 납부특례 기납부세액			24		㉵	
가산세액계			25		㉶	
차감.가감하여 납부할세액(환급받을세액)(㉰-㉱-㉲-㉳-㉴-㉵+㉶)				26		488,000
총괄납부사업자가 납부할 세액(환급받을 세액)						

(2)

해 설 338,486,000원

- [부가가치세신고서] 메뉴에서 4월부터 6월까지 조회하여 금액을 확인한다.
- 공급가액 = 일반과세 세금계산서발급분 + 영세율 세금계산서발급분
  = 300,036,000 + 38,450,000 = 338,486,000원

정답화면

일반과세 | 간이과세

조회기간 : 2025 년 4 월 1 일 ~ 2025 년 6 월 30 일 신고구분 : 1

구분				정기신고금액		
				금액	세율	세액
과세표준및매출세액	과세	세금계산서발급분	1	300,036,000	10/100	30,003,600
	과세	매입자발행세금계산서	2		10/100	
	과세	신용카드·현금영수증발행분	3	2,700,000	10/100	270,000
	과세	기타(정규영수증외매출분)	4			
	영세	세금계산서발급분	5	38,450,000	0/100	
	영세	기타	6	3,600,000	0/100	
	예정신고누락분		7			
	대손세액가감		8			
	합계		9	344,786,000	㉮	30,273,600
매입세액	세금계산서수취분	일반매입	10	233,295,000		23,329,500
	세금계산서수취분	고정자산매입	11			
	예정신고누락분		12			
	매입자발행세금계산서		13			
	그 밖의 공제매입세액		14	7,000,000		700,000
	합계(10+11+12+13+14)		15	240,295,000		24,029,500
	공제받지못할매입세액		16	30,300,000		3,030,000
	차감계 (15-16)		17	209,995,000	㉯	20,999,500
납부(환급)세액(매출세액㉮-매입세액㉯)					㉰	9,274,100
경감공제세액	그 밖의 경감·공제세액		18			
	신용카드매출전표등 발행공제등		19	2,970,000		
	합계		20		㉱	
예정신고미환급세액			21		㉲	
예정고지세액			22		㉳	
사업양수자의 대리납부 기납부세액			23		㉴	
매입자 납부특례 기납부세액			24		㉵	
가산세액계			25		㉶	
차감.가감하여 납부할세액(환급받을세액)(㉰-㉱-㉲-㉳-㉴-㉵+㉶)					26	9,274,100
총괄납부사업자가 납부할 세액(환급받을 세액)						

참고 [세금계산서합계표](기간 : 4월 ~ 6월, 매출 ▶ 전체데이터)에서도 조회가 가능하다.

06 ㈜오오(코드번호 : 1155)의 당기(제4기) 회계기간은 2025. 1. 1. ~ 2025. 12. 31.이다. 다음을 조회하시오. [제55회]

(1) 제1기 부가가치세 확정신고기간(4월 ~ 6월)에 매출한 거래 중 현금영수증을 발급한 공급대가는 얼마인가?

(2) 1월부터 3월까지 매출세금계산서 매수가 가장 많은 거래처를 조회하면? (거래처코드만 입력하시오)

정답 및 해설

06 (1)

해 설 2,970,000원

[매입매출장] 메뉴에서

- 조회하고자 하는 기간을 "4월 1일 ~ 6월 30일"로 입력한다.
- 구분을 "2.매출"로 입력한다.
- 유형을 "22.현과"로 입력한다.
- 합계(= 공급가액 + 부가세) 열의 분기누계 금액을 확인한다.

정답화면

조회기간: 2025 년 04 월 01 일 ~ 2025 년 06 월 30 일

구 분: 2 | 1.전체 | 2.매출 | 3.매입 | 유형: 22.현과

유형	일자	품목	공급가액	부가세	합계	예정신고	코드	거래처	전자	분개유형
현과	2025-04-20	제품	700,000	70,000	770,000		00134	한국소프트(주)		현금
월	계 [	1건-매수 1매]	700,000	70,000	770,000					
누	계 [	1건-매수 1매]	700,000	70,000	770,000					
현과	2025-06-10	제품	2,000,000	200,000	2,200,000		00113	(주)용산전자		현금
월	계 [	1건-매수 1매]	2,000,000	200,000	2,200,000					
분 기 누	계 [	2건-매수 2매]	2,700,000	270,000	2,970,000					
누	계 [	2건-매수 2매]	2,700,000	270,000	2,970,000					

참고 '23.현면', '24.현영'은 조회되는 금액이 없다.

(2)

해 설 02004

[세금계산서합계표] 메뉴에서

- 조회하고자 하는 기간을 "1월 ~ 3월"로 입력한다.
- [매출] 탭을 선택한다.
- [전체데이터] 탭을 선택한다.
- 매수가 가장 많은 거래처를 확인한다.

정답화면

조회기간 : 2025 년 01 월 ~ 2025 년 03 월 1기 예정 1. 정기신고

매 출 | 매 입 ※ [확인]전송일자가 없는 거래는 전자세금계산서 발급분으로 반영 되므로 국세청 e세로 전송 세금계산서와 반드시 확인 합니다.

2. 매출세금계산서 총합계

구 분		매출처수	매 수	공급가액	세 액
합 계		18	38	291,790,000	27,124,000
과세기간 종료일 다음달 11일까지전송된 전자세금계산서 발급분	사업자 번호 발급분	18	38	291,790,000	27,124,000
	주민등록번호발급분				
	소 계	18	38	291,790,000	27,124,000
위 전자세금계산서 외의 발급분(종이발급분+과세기간 종료일다음달 12일 이후분)	사업자 번호 발급분				
	주민등록번호발급분				
	소 계				

과세기간 종료일 다음달 11일까지 (전자분) | 과세기간 종료일 다음달 12일이후 (전자분), 그외 | 전체데이터 참고사항 : 2012년 7월 이후 변경사항

	사업자등록번호	코드	거래처명	매수	공급가액	세 액	대표자성명	업 태	종 목	주류코드
1	101-29-74510	00125	(주)수출나라	3	41,880,000	2,880,000	진성길	수출	휴대폰외	
2	103-12-13578	00153	(주)영생상회	1	5,600,000	560,000	이영주	도소매	전자부품외	
3	104-25-35124	00114	유플러스통신	2	950,000		김이삼	제조,도매,:	휴대폰부품	
4	105-05-09543	02004	(주)다판다회로	6	11,000,000	1,100,000	권산우	도.소매	전자회로	
5	106-01-62408	00142	(주)전자나라	1	5,000,000	500,000	윤성우	도매	전자제품외	
6	107-81-27084	00160	(주)스마트	3	3,440,000	344,000	홍두진	도소매	휴대폰	
7	107-81-31220	00115	(주)대한기업	1	20,000,000	2,000,000	양현석	제조.도소매	전자제품외	
8	113-81-12344	00105	(주)빛날통신	1	100,000,000	10,000,000	김빛날	소매	휴대폰	
9	114-81-12541	00120	(주)수성마트	1	9,000,000	900,000	김보수	도소매	마트	
10	120-81-35097	00121	(주)호이마트	1	1,120,000		도현명	소매	마트	
11	124-89-74628	00112	(주)빠른유통	1	10,000,000	1,000,000	박기인	도소매	소형가전	
12	125-81-12255	00102	(주)미래통신	1	300,000	30,000	김재원	제조,도소매	휴대폰외 전자기기	
13	128-81-42248	00165	(주)서울상사	4	29,600,000	2,660,000	김대종	도소매	전자기기	
14	129-81-25636	00106	(주)태평유통	3	900,000		우지환	도소매	휴대폰	
15	208-81-62797	02007	(주)동우	2	1,000,000	100,000	조영환	도매	휴대폰	
16	254-81-24457	00135	(주)삼한	3	1,500,000		박성주	제조,도.소미	휴대폰부품	
17	511-89-44124	00410	(주)영진전자	1	15,000,000	1,500,000	김영진	제조	휴대폰부품외	
18	621-81-31726	00119	(주)미성공업사	3	35,500,000	3,550,000	장주호	도소매	전자제품	
	합 계			38	291,790,000	27,124,000				
	마 감 합 계									

해커스 전산세무회계 교재

해커스
전산회계 2급
이론+실무+최신기출+무료특강

해커스
전산회계 1급
이론+실무+최신기출+무료특강

해커스
전산세무 2급
이론+실무+최신기출

해커스
전산세무 1급 법인세
이론+실무+최신기출

2025 최신개정판

주간동아 선정 2022 올해의 교육 브랜드 파워
온·오프라인 금융자격증 부문 1위

3주 합격

해커스 전산회계 1급

최신기출

이남호

85개월 베스트셀러 1위*

최신기출문제 12회분

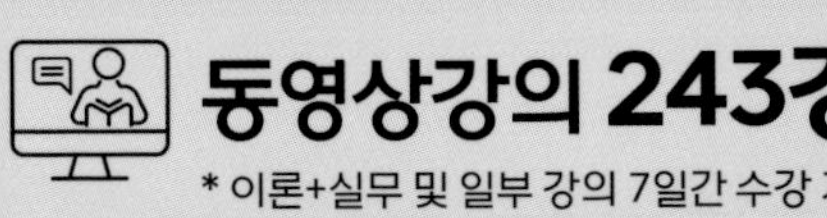

동영상강의 243강 무료
* 이론+실무 및 일부 강의 7일간 수강 가능

해커스금융 | fn.Hackers.com

· 본 교재 전 강의
· 최신기출문제 해설강의
· KcLep 프로그램 사용법 강의
· 빈출분개 100선 핵심 미니북 강의

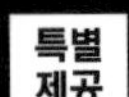

· 빈출분개 100선 연습
· 분개연습 노트
· 최신기출문제 및 해설집

*YES24 수험서 자격증 베스트셀러 전산회계 1급 분야 1위(2016년 10,11월, 2017년 1월~2018년 12월, 2019년 2~6,9~11월, 2020년 2~2024년 4월/월별 베스트 기준/1~10판 1위합계 통산)

해커스

전산회계 1급

최신기출

금융 · 세무회계 전문 교육기관
해커스금융 fn.Hackers.com

최신기출문제

해커스금융(fn.Hackers.com)에서 13개년 기출문제 및 해설을 무료로 학습할 수 있습니다.

모든 기출문제는 실전처럼 시간을 정해놓고 풀어보시길 바랍니다.
제한시간 : 1회분당 60분

본서에 수록된 기출문제는 모두 실제 기출문제입니다.
(단, 세법이 개정되었거나 실제 기출문제에 오류가 있었던 경우 모두 올바르게 수정하고, 날짜 및 회사명은 학습효과를 높이기 위하여 일부 수정함)

기출문제 200% 활용법

■ 합격자의 Tip

전산회계 1급 합격에 있어 기출문제 반복학습은 매우 중요합니다. 최신기출문제 12회분을 최소 2회 이상 풀고, 모든 기출문제를 자기 것으로 만들어야 전산회계 1급 시험 합격이 쉬워집니다.
시간이 부족해 최신기출문제 12회 중 일부만 학습이 가능한 학습자는 합격률이 낮은 순서대로 학습하는 것을 권장합니다.

■ 한눈에 보는 오답노트

회차 (합격률)	1회독 오답체크		2회독 오답체크		Up! 3회독 오답체크	
	이론	실무	이론	실무	이론	실무
예시	22점	57점				
	1, 4, 6, 9번	5번				
제116회 (43.59%) 중						
제115회 (48.81%) 하						
제114회 (37.78%) 상						
제113회 (42.89%) 중						
제112회 (40.16%) 중						
제111회 (39.55%) 상						
제110회 (30.02%) 상						
제109회 (33.26%) 상						
제108회 (29.25%) 상						
제107회 (33.18%) 상						
제106회 (44.14%) 중						
제105회 (51.07%) 하						

※ 난이도 기준 난이도 상 - 합격률 40% 미만
난이도 중 - 합격률 40% 이상 ~ 45% 미만
난이도 하 - 합격률 45% 이상

제116회 기출문제

✓ 다시 봐야 할 문제(틀린 문제, 풀지 못한 문제, 헷갈리는 문제 등)는 회독별로 문제 번호 위 네모박스(□)에 체크하여 반복 학습할 수 있습니다.

이론시험

다음 문제를 보고 알맞은 것을 골라 [이론문제 답안작성] 메뉴에 입력하시오. (객관식 문항당 2점)

● 기 본 전 제 ●

문제에서 한국채택국제회계기준을 적용하도록 하는 전제조건이 없는 경우, 일반기업회계기준을 적용한다.

□□□

1. **다음 중 일반기업회계기준에 따른 재무제표에 대한 설명으로 가장 옳지 않은 것은?**

① 재무상태표는 일정 시점 현재 기업실체가 보유하고 있는 경제적 자원인 자산과 경제적 의무인 부채, 그리고 자본에 대한 정보를 제공하는 재무보고서이다.
② 손익계산서는 일정 시점 현재 기업실체의 경영성과에 대한 정보를 제공하는 재무보고서이다.
③ 현금흐름표는 일정 기간 동안 기업실체에 대한 현금유입과 현금유출에 대한 정보를 제공하는 재무보고서이다.
④ 자본변동표는 기업실체에 대한 자본의 크기와 그 변동에 관한 정보를 제공하는 재무보고서이다.

□□□

2. **다음 중 단기매매증권 취득 시 발생한 비용을 취득원가에 가산할 경우 재무제표에 미치는 영향으로 옳은 것은? (단, 처분 및 기말평가 회계처리는 고려하지 않는다)**

① 자산의 과소계상　　② 부채의 과대계상
③ 자본의 과소계상　　④ 당기순이익의 과대계상

□□□

3. ㈜회계는 20x1년 1월 1일 10,000,000원에 유형자산(기계장치)을 취득하여 사용하다가 20x2년 6월 30일 4,000,000원에 처분하였다. 해당 기계장치의 처분 시 발생한 유형자산처분손실을 계산하면 얼마인가? (단, 내용연수 5년, 잔존가액 1,000,000원, 정액법(월할 상각)의 조건으로 20x2년 6월까지 감가상각이 완료되었다고 가정한다)

① 2,400,000원 ② 3,300,000원 ③ 5,100,000원 ④ 6,000,000원

□□□

4. 다음의 자료를 바탕으로 올해 12월 31일 현재 현금및현금성자산과 단기금융상품의 잔액을 계산한 것으로 옳은 것은?

- 현금시재액 : 200,000원
- 당좌예금 : 500,000원
- 정기예금 : 1,500,000원 (만기 : 내년 12월 31일)
- 선일자수표 : 150,000원
- 외상매입금 : 2,000,000원

① 현금및현금성자산 : 700,000원 ② 현금및현금성자산 : 2,500,000원
③ 단기금융상품 : 1,650,000원 ④ 단기금융상품 : 2,000,000원

□□□

5. 다음 중 대손충당금에 대한 설명으로 가장 옳지 않은 것은?

① 대손충당금은 유형자산의 차감적 평가계정이다.
② 회수가 불확실한 채권은 합리적이고 객관적인 기준에 따라 산출한 대손추산액을 대손충당금으로 설정한다.
③ 미수금도 대손충당금을 설정할 수 있다.
④ 매출 활동과 관련되지 않은 대여금에 대한 대손상각비는 영업외비용에 속한다.

□□□

6. 다음 중 자본 총액에 영향을 미치지 않는 항목은 무엇인가?

① 당기순이익 ② 현금배당 ③ 주식배당 ④ 유상증자

□□□

7. **다음 중 일반기업회계기준에 따른 수익 인식 시점에 대한 설명으로 옳지 않은 것은?**

① 위탁판매의 경우 수탁자가 위탁품을 소비자에게 판매한 시점에 수익을 인식한다.
② 배당금수익은 배당금을 받을 권리와 금액이 확정되는 시점에 수익을 인식한다.
③ 대가가 분할되어 수취되는 단기할부판매의 경우 대가를 나누어 받을 때마다 수익으로 인식한다.
④ 설치수수료 수익은 재화가 판매되는 시점에 수익을 인식하는 재화의 판매에 부수되는 설치의 경우를 제외하고는 설치의 진행률에 따라 수익으로 인식한다.

□□□

8. **다음 중 재고자산에 대한 설명으로 옳지 않은 것은?**

① 기업이 생산과정에 사용하거나 판매를 목적으로 보유한 자산이다.
② 취득원가에 매입부대비용은 포함되지 않는다.
③ 기말 평가방법에 따라 기말재고자산 금액이 다를 수 있다.
④ 수입 시 발생한 관세는 취득원가에 가산하여 재고자산에 포함된다.

□□□

9. **다음 중 원가에 대한 설명으로 옳지 않은 것은?**

① 원가의 발생형태에 따라 재료원가, 노무원가, 제조경비로 분류한다.
② 특정 제품에 대한 직접 추적가능성에 따라 직접원가, 간접원가로 분류한다.
③ 조업도 증감에 따른 원가의 행태로서 변동원가, 고정원가로 분류한다.
④ 기회비용은 과거의 의사결정으로 인해 이미 발생한 원가이며, 대안 간의 차이가 발생하지 않는 원가를 말한다.

□□□

10. **부문별 원가계산에서 보조부문의 원가를 제조부문에 배분하는 방법 중 보조부문의 배분 순서에 따라 제조간접원가의 배분액이 달라지는 방법은?**

① 직접배분법 ② 단계배분법 ③ 상호배분법 ④ 총배분법

□□□

11. **다음 중 제조원가명세서에서 제공하는 정보는 무엇인가?**

① 기부금 ② 이자비용 ③ 당기총제조원가 ④ 매출원가

□□□

12. **다음의 자료를 이용하여 평균법에 의한 가공원가 완성품환산량을 구하시오. (단, 재료는 공정 초기에 전량 투입되고 가공원가는 공정 전반에 걸쳐 균등하게 발생한다)**

• 당기완성품 : 40,000개	• 당기착수량 : 60,000개
• 기초재공품 : 10,000개(완성도 30%)	• 기말재공품 : 30,000개(완성도 60%)

① 52,000개　　② 54,000개　　③ 56,000개　　④ 58,000개

□□□

13. **다음 중 부가가치세법상 납세의무자에 대한 설명으로 틀린 것은?**

① 사업의 영리목적 여부에 관계없이 사업상 독립적으로 재화 및 용역을 공급하는 사업자이다.
② 영세율을 적용받는 사업자는 납세의무자에 해당하지 않는다.
③ 간이과세자도 납세의무자에 포함된다.
④ 재화를 수입하는 자는 그 재화의 수입에 대한 부가가치세를 납부할 의무가 있다.

□□□

14. **다음 중 부가가치세법상 사업장에 대한 설명으로 옳지 않은 것은?**

① 사업장은 사업자가 사업을 하기 위하여 거래의 전부 또는 일부를 하는 고정된 장소로 한다.
② 사업장을 설치하지 않고 사업자등록도 하지 않은 경우에는 과세표준 및 세액을 결정하거나 경정할 당시의 사업자의 주소 또는 거소를 사업장으로 한다.
③ 제조업의 경우 따로 제품 포장만을 하거나 용기에 충전만 하는 장소도 사업장에 포함될 수 있다.
④ 부동산상의 권리만 대여하는 경우에는 그 사업에 관한 업무를 총괄하는 장소를 사업장으로 한다.

□□□

15. **부가가치세법상 법인사업자가 전자세금계산서를 발급하는 경우 전자세금계산서 발급명세를 언제까지 국세청장에게 전송해야 하는가?**

① 전자세금계산서 발급일의 다음 날
② 전자세금계산서 발급일로부터 1주일 이내
③ 전자세금계산서 발급일이 속하는 달의 다음 달 10일 이내
④ 전자세금계산서 발급일이 속하는 달의 다음 달 25일 이내

실무시험

㈜태림상사(회사코드 : 1216)는 자동차부품의 제조 및 도소매업을 영위하는 중소기업으로 당기(제10기) 회계기간은 2024. 1. 1. ~ 2024. 12. 31.이다. 전산세무회계 수험용 프로그램을 이용하여 다음 물음에 답하시오.

문제 1 다음은 [기초정보관리] 및 [전기분재무제표]에 대한 자료이다. 각각의 요구사항에 대하여 답하시오. (10점)

□□□

(1) [거래처등록] 메뉴를 이용하여 다음의 신규 거래처를 추가로 등록하시오. (3점)

- 거래처코드 : 05000
- 거래처명 : ㈜대신전자
- 대표자 : 김영일
- 사업자등록번호 : 108-81-13579
- 업태 : 제조
- 종목 : 전자제품
- 유형 : 매출
- 사업장주소 : 경기도 시흥시 정왕대로 56(정왕동)
  ※ 주소 입력 시 우편번호 입력은 생략해도 무방함

□□□

(2) ㈜태림상사의 기초 채권 및 채무의 올바른 잔액은 아래와 같다. [거래처별초기이월] 메뉴의 자료를 검토하여 오류가 있으면 올바르게 삭제 또는 수정, 추가 입력을 하시오. (3점)

계정과목	거래처	금액
외상매출금	㈜동명상사	6,000,000원
받을어음	㈜남북	1,000,000원
지급어음	㈜동서	1,500,000원

□□□

(3) 전기분 손익계산서를 검토한 결과 다음과 같은 오류를 발견하였다. 해당 오류사항과 관련된 [전기분원가명세서] 및 [전기분손익계산서]를 수정 및 삭제하시오. (4점)

공장 건물에 대한 재산세 3,500,000원이 판매비와관리비의 세금과공과금으로 반영되어 있다.

문제 2 [일반전표입력] 메뉴를 이용하여 다음의 거래 자료를 입력하시오. (일반전표입력의 모든 거래는 부가가치세를 고려하지 말 것) (18점)

● 입력 시 유의사항 ●

- 일반적인 적요의 입력은 생략하지만, 타계정 대체거래는 적요번호를 선택하여 입력한다.
- 채권채무와 관련된 거래는 별도의 요구가 없는 한 반드시 기등록된 거래처코드를 선택하는 방법으로 거래처명을 입력한다.
- 제조경비는 500번대 계정코드를, 판매비와관리비는 800번대 계정코드를 사용한다.
- 회계처리 시 계정과목은 별도의 제시가 없는 한 등록된 계정과목 중 가장 적절한 과목으로 한다.

□□□

(1) 8월 5일 회사는 운영자금 문제를 해결하기 위해서, 보유 중인 ㈜기경상사의 받을어음 1,000,000원을 한국은행에 할인하였으며 할인료 260,000원을 공제하고 보통예금 계좌로 입금받았다. (단, 매각거래로 간주한다) (3점)

□□□

(2) 8월 10일 본사 관리부 직원의 국민연금 800,000원과 카드결제수수료 8,000원을 법인카드(하나카드)로 결제하여 일괄 납부하였다. 납부한 국민연금 중 50%는 회사부담분, 50%는 원천징수한 금액으로 회사부담분은 세금과공과로 처리한다. (3점)

□□□

(3) 8월 22일 공장에서 사용할 비품(공정가치 5,000,000원)을 대주주로부터 무상으로 받았다. (3점)

□□□

(4) 9월 4일 ㈜경기로부터 원재료를 구입하기로 계약하고, 계약금 1,000,000원을 보통예금 계좌에서 이체하여 지급하였다. (3점)

□□□

(5) 10월 28일 영업부에서 사용할 소모품을 현금으로 구입하고 아래의 간이영수증을 수취하였다. (단, 당기 비용으로 처리할 것) (3점)

<table>
<tr><td colspan="6">**영 수 증**(공급받는자용)</td></tr>
<tr><td colspan="2">No.</td><td colspan="4">㈜태림상사 귀하</td></tr>
<tr><td rowspan="4">공급자</td><td>사업자등록번호</td><td colspan="4">314-36-87448</td></tr>
<tr><td>상호</td><td>솔잎문구</td><td>성명</td><td colspan="2">김솔잎 (인)</td></tr>
<tr><td>사업장소재지</td><td colspan="4">경기도 양주시 남방동 25</td></tr>
<tr><td>업태</td><td>도소매</td><td>종목</td><td colspan="2">문구점</td></tr>
<tr><td colspan="2">작성년월일</td><td colspan="2">공급대가 총액</td><td colspan="2">비고</td></tr>
<tr><td colspan="2">20xx. 10. 28.</td><td colspan="2">70,000원</td><td colspan="2"></td></tr>
<tr><td colspan="6">위 금액을 정히 **영수**(청구)함</td></tr>
<tr><td>월일</td><td>품목</td><td>수량</td><td>단가</td><td colspan="2">공급가(금액)</td></tr>
<tr><td>10. 28.</td><td>A4</td><td>2</td><td>35,000원</td><td colspan="2">70,000원</td></tr>
<tr><td></td><td></td><td></td><td></td><td colspan="2"></td></tr>
<tr><td colspan="3">합계</td><td colspan="3">70,000원</td></tr>
<tr><td colspan="6">부가가치세법시행규칙 제25조의 규정에 의한 (영수증)으로 개정</td></tr>
</table>

□□□

(6) 12월 1일 단기시세차익을 목적으로 ㈜ABC(시장성 있는 주권상장법인에 해당)의 주식 100주를 주당 25,000원에 취득하였다. 이와 별도로 발생한 취득 시 수수료 50,000원과 함께 대금은 모두 보통예금 계좌에서 이체하여 지급하였다. (3점)

문제 3 [매입매출전표입력] 메뉴를 이용하여 다음의 거래 자료를 입력하시오. (18점)

● 입력 시 유의사항 ●

- 일반적인 적요의 입력은 생략하지만, 타계정 대체거래는 적요번호를 선택하여 입력한다.
- 채권·채무와 관련된 거래는 별도의 요구가 없는 한 반드시 기등록된 거래처코드를 선택하는 방법으로 거래처명을 입력한다.
- 제조경비는 500번대 계정코드를, 판매비와관리비는 800번대 계정코드를 사용한다.
- 회계처리 시 계정과목은 별도의 제시가 없는 한 등록된 계정과목 중 가장 적절한 과목으로 한다.
- 입력화면 하단의 분개까지 처리하고, 전자세금계산서 및 전자계산서는 전자입력으로 반영한다.

□□□

(1) 7월 5일 제일상사에게 제품을 판매하고 신용카드(삼성카드)로 결제받고 발행한 매출전표는 아래와 같다. (3점)

카드매출전표
카 드 종 류 : 삼성카드
회 원 번 호 : 951-3578-654
거 래 일 시 : 20xx. 07. 05. 11:20:22
거 래 유 형 : 신용승인
매 출 : 800,000원
부 가 세 : 80,000원
합 계 : 880,000원
결 제 방 법 : 일시불
승 인 번 호 :
은 행 확 인 : 삼성카드사
– 이 하 생 략 –

□□□

(2) 7월 11일 ㈜연분홍상사에게 다음과 같은 제품을 판매하고 1,000,000원은 현금으로, 15,000,000원은 어음으로 받고 나머지는 외상으로 하였다. (3점)

<table>
<tr><td colspan="5">전자세금계산서</td><td>승인번호</td><td colspan="4"></td></tr>
<tr><td rowspan="5">공급자</td><td>등록번호</td><td>215-81-69876</td><td>종사업장번호</td><td></td><td rowspan="5">공급받는자</td><td>등록번호</td><td>134-86-81692</td><td>종사업장번호</td><td></td></tr>
<tr><td>상호(법인명)</td><td>㈜태림상사</td><td>성명</td><td>정대우</td><td>상호(법인명)</td><td>㈜연분홍상사</td><td>성명</td><td>이연홍</td></tr>
<tr><td>사업장주소</td><td colspan="3">경기도 양주시 양주산성로 85-7</td><td>사업장주소</td><td colspan="3">경기도 화성시 송산면 마도북로 40</td></tr>
<tr><td>업태</td><td>제조,도소매</td><td>종목</td><td>자동차부품 외</td><td>업태</td><td>제조</td><td>종목</td><td>자동차특장</td></tr>
<tr><td>이메일</td><td colspan="3">school_01@taelim.kr</td><td>이메일</td><td colspan="3">pink01@hanmail.net</td></tr>
</table>

작성일자	공급가액	세액	수정사유	비고
20xx/07/11	30,000,000	3,000,000	해당 없음	

월	일	품목	규격	수량	단가	공급가액	세액	비고
07	11	제품				30,000,000	3,000,000	

합계금액	현금	수표	어음	외상미수금	위 금액을 (영수)(청구) 함
33,000,000	1,000,000		15,000,000	17,000,000	

□□□

(3) 10월 1일 제조공장 직원들의 야근 식사를 위해 대형마트에서 국내산 쌀(면세)을 1,100,000원에 구입하고 대금은 보통예금 계좌에서 이체하였으며, 지출증빙용 현금영수증을 발급받았다. (3점)

현금영수증

승인번호	구매자 발행번호	발행방법
G54782245	215-81-69876	지출증빙
신청구분	발행일자	취소일자
사업자번호	20xx.10.01	-
상품명		
쌀		
구분	주문번호	상품주문번호
일반상품		

판매자 정보

판매자상호	대표자명
대형마트	김대인
사업자등록번호	판매자전화번호
201-17-45670	02-788-8888
판매자사업장주소	
서울특별시 종로구 종로동 2-1	

금액

공급가액		1	1	0	0	0	0	0
부가세액								
봉사료								
승인금액		1	1	0	0	0	0	0

□□□

(4) 10월 30일 미국의 Nice Planet에 $50,000(수출신고일 10월 25일, 선적일 10월 30일)의 제품을 직수출하였다. 수출대금 중 $20,000는 10월 30일에 보통예금 계좌로 입금받았으며, 나머지 잔액은 11월 3일에 받기로 하였다. 일자별 기준환율은 다음과 같다. (단, 수출신고필증은 정상적으로 발급받았으며, 수출신고번호는 고려하지 말 것) (3점)

일자	10월 25일	10월 30일	11월 3일
기준환율	1,380원/$	1,400원/$	1,410원/$

□□□

(5) 11월 30일 ㈜제니빌딩으로부터 영업부 임차료에 대한 공급가액 3,000,000원(부가가치세 별도)의 전자세금계산서를 수취하고 대금은 다음 달에 지급하기로 한다. (단, 미지급금으로 회계처리하시오) (3점)

□□□

(6) 12월 10일 건축물이 있는 토지를 취득하여 그 건축물을 철거하고 토지만 사용하고자 한다. 건물 철거비용에 대하여 ㈜시온건설로부터 아래의 전자세금계산서를 발급받았다. 대금은 ㈜선유자동차로부터 제품 판매대금으로 받아 보관 중인 ㈜선유자동차 발행 약속어음으로 전액 지급하였다. (3점)

<table>
<tr><td colspan="5">전자세금계산서</td><td>승인번호</td><td colspan="4"></td></tr>
<tr><td rowspan="5">공급자</td><td>등록번호</td><td>105-81-23608</td><td>종사업장번호</td><td></td><td rowspan="5">공급받는자</td><td>등록번호</td><td>215-81-69876</td><td>종사업장번호</td><td></td></tr>
<tr><td>상호(법인명)</td><td>㈜시온건설</td><td>성명</td><td>정상임</td><td>상호(법인명)</td><td>㈜태림상사</td><td>성명</td><td>정대우</td></tr>
<tr><td>사업장주소</td><td colspan="3">서울특별시 강남구 도산대로 42</td><td>사업장주소</td><td colspan="3">경기도 양주시 양주산성로 85-7</td></tr>
<tr><td>업태</td><td>건설</td><td>종목</td><td>토목공사</td><td>업태</td><td>제조, 도소매</td><td>종목</td><td>자동차부품 외</td></tr>
<tr><td>이메일</td><td colspan="3">sion@hanmail.net</td><td>이메일</td><td colspan="3">school_01@taelim.kr</td></tr>
</table>

작성일자	공급가액	세액	수정사유	비고
20xx/12/10	60,000,000	6,000,000	해당 없음	

월	일	품목	규격	수량	단가	공급가액	세액	비고
12	10	철거비용			60,000,000	60,000,000	6,000,000	

합계금액	현금	수표	어음	외상미수금	위 금액을 (영수) 함
66,000,000			66,000,000		

문제 4 **[일반전표입력] 및 [매입매출전표입력] 메뉴에 입력된 내용 중 다음과 같은 오류가 발견되었다. 입력된 내용을 확인하여 정정하시오. (6점)**

□□□

(1) 9월 1일 ㈜가득주유소에서 주유 후 대금은 당일에 현금으로 결제했으며 현금영수증을 수취한 것으로 일반전표에 입력하였다. 그러나 해당 주유 차량은 제조공장의 운반용 트럭(배기량 2,500cc)인 것으로 확인되었다. (3점)

□□□

(2) 11월 12일 경영관리부서 직원들을 대상으로 확정기여형(DC형) 퇴직연금에 가입하고 보통예금 계좌에서 당기분 퇴직급여 17,000,000원을 이체하였으나, 회계담당자는 확정급여형(DB형) 퇴직연금에 가입한 것으로 알고 회계처리를 하였다. (단, 납입 당시 퇴직급여충당부채 잔액은 없는 것으로 가정한다) (3점)

문제 5 **결산정리사항은 다음과 같다. 관련 메뉴를 이용하여 결산을 완료하시오. (9점)**

□□□

(1) 7월 1일에 가입한 하나은행의 정기예금 10,000,000원(만기 1년, 연 이자율 4.5%)에 대하여 기간경과분 이자를 계상하였다. (단, 이자 계산은 월할 계산하며, 원천징수는 없다고 가정한다) (3점)

□□□

(2) 경남은행으로부터 차입한 장기차입금 중 50,000,000원은 내년 11월 30일에 상환기일이 도래한다. (3점)

□□□

(3) 올해 2기 부가가치세 확정신고기간에 대한 부가세예수금은 52,346,500원, 부가세대급금은 52,749,000원일 때 부가가치세를 정리하는 회계처리를 하시오. (단, 납부세액(또는 환급세액)은 미지급세금(또는 미수금)으로 회계처리하고, 불러온 자료는 무시한다) (3점)

문제 6 **다음 사항을 조회하여 알맞은 답안을 [이론문제 답안작성] 메뉴에 입력하시오. (9점)**

□□□

(1) 3월 말 현재 외상매출금 잔액이 가장 큰 거래처명과 그 금액은 얼마인가? (3점)

□□□

(2) 당해 회계기간 중 실제로 배당금을 수령한 달은 몇 월인가? (3점)

□□□

(3) 올해 1기 부가가치세 확정신고서(4월 1일 ~ 6월 30일)의 매출액 중 세금계산서 발급분 공급가액의 합계액은 얼마인가? (3점)

▶ 정답 및 해설 | p.796

제115회 기출문제

✓ 다시 봐야 할 문제(틀린 문제, 풀지 못한 문제, 헷갈리는 문제 등)는 회독별로 문제 번호 위 네모박스(□)에 체크하여 반복 학습할 수 있습니다.

이론시험

다음 문제를 보고 알맞은 것을 골라 [이론문제 답안작성] 메뉴에 입력하시오. (객관식 문항당 2점)

문제에서 한국채택국제회계기준을 적용하도록 하는 전제조건이 없는 경우, 일반기업회계기준을 적용한다.

□□□

1. 다음 중 회계순환과정에 있어 기말 결산작업의 근거가 되는 가정으로 적절한 것은?

① 발생주의 회계　② 기업실체의 가정
③ 계속기업의 가정　④ 기간별 보고의 가정

□□□

2. 다음 중 당좌자산에 포함되지 않는 것은 무엇인가?

① 선급비용　② 미수금　③ 미수수익　④ 선수수익

□□□

3. 다음에서 설명하는 재고자산 단가 결정방법으로 옳은 것은?

> 실제 물량 흐름과 원가 흐름의 가정이 유사하다는 장점이 있으나, 수익·비용 대응의 원칙에 부적합하고, 물가 상승 시 이익이 과대계상되는 단점이 있다.

① 개별법　② 선입선출법　③ 후입선출법　④ 총평균법

□□□

4. 다음 중 유형자산에 대한 추가적인 지출이 발생했을 경우 발생한 기간의 비용으로 처리하는 거래로 옳은 것은?

① 건물의 피난시설을 설치하기 위한 지출 ② 내용연수를 연장시키는 지출
③ 건물 내부 조명기구를 교체하는 지출 ④ 상당한 품질향상을 가져오는 지출

□□□

5. 다음 중 무형자산에 대한 설명으로 가장 옳지 않은 것은?

① 무형자산은 상각완료 후 잔존가치로 1,000원을 반드시 남겨둔다.
② 무형자산의 상각방법은 정액법, 정률법 둘 다 사용 가능하다.
③ 무형자산을 상각하는 회계처리를 할 때는 일반적으로 직접법으로 처리하고 있다.
④ 무형자산 중 내부에서 창출한 영업권은 무형자산으로 인정되지 않는다.

□□□

6. 다음 중 일반기업회계기준에 따른 부채가 아닌 것은 무엇인가?

① 임차보증금 ② 퇴직급여충당부채
③ 선수금 ④ 미지급배당금

□□□

7. 다음의 자본 항목 중 성격이 다른 하나는 무엇인가?

① 자기주식처분이익 ② 감자차익
③ 자기주식 ④ 주식발행초과금

□□□

8. 상기업인 A사의 다음 자료를 이용하여 영업이익을 구하시오. (기초재고는 50,000원, 기말재고는 '0'으로 가정한다)

• 총매출액 : 500,000원 • 매출할인 : 10,000원 • 당기총매입액 : 300,000원
• 매입에누리 : 20,000원 • 이자비용 : 30,000원 • 급여 : 20,000원
• 통신비 : 5,000원 • 감가상각비 : 10,000원 • 배당금수익 : 20,000원
• 임차료 : 25,000원 • 유형자산처분손실 : 30,000원

① 60,000원 ② 70,000원 ③ 100,000원 ④ 130,000원

□□□

9. **다음 중 보조부문의 원가 배분에 대한 설명으로 옳지 않은 것은?**

① 보조부문의 원가 배분방법으로는 직접배분법, 단계배분법 및 상호배분법이 있으며, 기초재고와 기말재고가 없는 경우, 이들 배분 방법에 따라 전체 보조부문의 원가에 일부 차이가 있을 수 있다.
② 상호배분법은 부문 간 상호수수를 고려하여 계산하기 때문에 다른 배분방법보다 계산이 복잡한 방법이라 할 수 있다.
③ 단계배분법은 보조부문 간 배분순서에 따라 각 보조부문에 배분되는 금액에 차이가 있을 수 있다.
④ 직접배분법은 보조부문 원가 배분액의 계산이 상대적으로 간편한 방법이라 할 수 있다.

□□□

10. **다음의 원가 분류 중 분류 기준이 같은 것으로만 짝지어진 것은?**

가. 변동원가　나. 관련원가　다. 직접원가　라. 고정원가　마. 매몰원가　바. 간접원가

① 가, 나　② 나, 다　③ 나, 마　④ 라, 바

□□□

11. **다음 자료를 참고하여 20x2년 제조작업지시서 #200에 대한 제조간접원가 예정배부율과 예정배부액을 계산하면 각각 얼마인가?**

가. 20x1년 연간 제조간접원가 4,200,000원, 총기계작업시간은 100,000시간인 것으로 파악되었다.
나. 20x2년 연간 예정제조간접원가 3,800,000원, 총예정기계작업시간은 80,000시간으로 예상하고 있다.
다. 20x2년 제조작업지시서별 실제기계작업시간은 다음과 같다.
- 제조작업지시서 #200 : 11,000시간
- 제조작업지시서 #300 : 20,000시간

	제조간접원가 예정배부율	제조간접원가 예정배부액
①	42원/기계작업시간	462,000원
②	52.5원/기계작업시간	577,500원
③	47.5원/기계작업시간	522,500원
④	46원/기계작업시간	506,000원

□□□

12. 다음 중 종합원가계산을 적용할 경우 평균법과 선입선출법에 의한 완성품환산량의 차이를 발생시키는 주요 원인은 무엇인가?

① 기초재공품 차이 ② 기초제품 차이
③ 기말제품 차이 ④ 기말재공품 차이

□□□

13. 다음 중 부가가치세법상 납세의무자에 대한 설명으로 가장 옳지 않은 것은?

① 부가가치세법상 사업자는 일반과세자와 간이과세자이다.
② 재화를 수입하는 자는 사업자 여부에 관계없이 부가가치세 납세의무가 있다.
③ 사업자단위과세사업자는 모든 사업장의 부가가치세를 총괄하여 신고만 할 수 있고 납부는 사업장별로 하여야 한다.
④ 영세율을 적용받는 사업자도 부가가치세법상의 사업자등록의무가 있다.

□□□

14. 다음 중 부가가치세법상 매입세액공제가 가능한 경우는?

① 면세사업에 관련된 매입세액
② 비영업용 소형승용자동차의 유지와 관련된 매입세액
③ 토지의 형질 변경과 관련된 매입세액
④ 제조업을 영위하는 사업자가 농민으로부터 구입한 면세 농산물의 의제매입세액

□□□

15. 다음 중 부가가치세법상 세금계산서 발급 의무가 면제되지 않는 경우는?

① 택시운송사업자가 공급하는 재화 또는 용역
② 미용업자가 공급하는 재화 또는 용역
③ 제조업자가 구매확인서에 의하여 공급하는 재화
④ 부동산임대업자의 부동산임대용역 중 간주임대료

실무시험

다산컴퓨터㈜(회사코드 : 1215)는 컴퓨터 등의 제조 및 도소매업을 영위하는 중소기업으로 당기(제10기) 회계기간은 2024. 1. 1. ~ 2024. 12. 31.이다. 전산세무회계 수험용 프로그램을 이용하여 다음 물음에 답하시오.

문제 1 다음은 [기초정보관리] 및 [전기분재무제표]에 대한 자료이다. 각각의 요구사항에 대하여 답하시오. (10점)

□□□

(1) 다음 자료를 보고 [거래처등록] 메뉴에서 신규 거래처를 등록하시오. (단, 주어진 자료 외의 다른 항목은 입력할 필요 없음) (3점)

- 거래처코드 : 02411
- 거래처구분 : 일반거래처
- 거래처명 : ㈜구동컴퓨터
- 유형 : 동시
- 사업자등록번호 : 189-86-70759
- 대표자성명 : 이주연
- 업태 : 제조
- 종목 : 컴퓨터 및 주변장치
- 사업장주소 : 울산광역시 울주군 온산읍 종동길 102

□□□

(2) 기초정보관리의 [계정과목및적요등록] 메뉴에서 821.보험료 계정과목에 아래의 적요를 추가로 등록하시오. (3점)

- 현금적요 7번 : 경영인 정기보험료 납부
- 대체적요 5번 : 경영인 정기보험료 미지급
- 대체적요 6번 : 경영인 정기보험료 상계

□□□

(3) 다음은 다산컴퓨터㈜의 올바른 선급금, 선수금의 전체 기초잔액이다. [거래처별초기이월] 메뉴의 자료를 검토하여 오류가 있으면 올바르게 삭제 또는 수정, 추가 입력을 하시오. (4점)

계정과목	거래처명	금액
선급금	해원전자㈜	2,320,000원
	공상㈜	1,873,000원
선수금	㈜유수전자	2,100,000원
	㈜신곡상사	500,000원

문제 2 [일반전표입력] 메뉴를 이용하여 다음의 거래 자료를 입력하시오. (일반전표입력의 모든 거래는 부가가치세를 고려하지 말 것) (18점)

● 입력 시 유의사항 ●

- 일반적인 적요의 입력은 생략하지만, 타계정 대체거래는 적요번호를 선택하여 입력한다.
- 채권·채무와 관련된 거래는 별도의 요구가 없는 한 반드시 기등록된 거래처코드를 선택하는 방법으로 거래처명을 입력한다.
- 제조경비는 500번대 계정코드를, 판매비와관리비는 800번대 계정코드를 사용한다.
- 회계처리 시 계정과목은 별도의 제시가 없는 한 등록된 계정과목 중 가장 적절한 과목으로 한다.

□□□

(1) 7월 28일 거래처 ㈜경재전자의 외상매입금 2,300,000원 중 2,000,000원은 당사에서 어음을 발행하여 지급하고 나머지는 면제받았다. (3점)

□□□

(2) 9월 3일 하나은행에서 차입한 단기차입금 82,000,000원과 이에 대한 이자 2,460,000원을 보통예금 계좌에서 이체하여 지급하였다. (3점)

□□□

(3) 9월 12일 중국의 DOKY사에 대한 제품 수출 외상매출금 $10,000(선적일 기준환율 : 1,400원/$)를 회수하여 즉시 원화 보통예금 계좌로 입금하였다. (단, 입금일의 기준환율은 1,380원/$이다) (3점)

□□□

(4) 10월 7일 주당 액면가액이 5,000원인 보통주 1,000주를 주당 7,000원에 발행하였고, 발행가액 전액이 보통예금 계좌로 입금되었다. (단, 하나의 전표로 처리하며 신주 발행 전 주식할인발행차금 잔액은 1,000,000원이고 신주발행비용은 없다고 가정한다) (3점)

□□□

(5) 10월 28일 당기분 DC형(확정기여형) 퇴직연금 불입액 12,000,000원이 자동이체 방식으로 보통예금 계좌에서 출금되었다. 불입액 12,000,000원 중 4,000,000원은 영업부에서 근무하는 직원들에 대한 금액이고 나머지는 생산부에서 근무하는 직원들에 대한 금액이다. (3점)

□□□

(6) 11월 12일 전기에 회수불능으로 일부 대손처리한 ㈜은상전기의 외상매출금이 회수되었으며, 대금은 하나은행 보통예금 계좌로 입금되었다. (3점)

[보통예금(하나)] 거래 내용

행	연월일	내용	찾으신 금액	맡기신 금액	잔액	거래점
		계좌번호 120-99-80481321				
1	20xx-11-12	㈜은상전기		₩2,500,000	******	1111

문제 3 [매입매출전표입력] 메뉴를 이용하여 다음의 거래 자료를 입력하시오. (18점)

● 입력 시 유의사항 ●

- 일반적인 적요의 입력은 생략하지만, 타계정 대체거래는 적요번호를 선택하여 입력한다.
- 채권·채무와 관련된 거래는 별도의 요구가 없는 한 반드시 기등록된 거래처코드를 선택하는 방법으로 거래처명을 입력한다.
- 제조경비는 500번대 계정코드를, 판매비와관리비는 800번대 계정코드를 사용한다.
- 회계처리 시 계정과목은 별도의 제시가 없는 한 등록된 계정과목 중 가장 적절한 과목으로 한다.
- 입력화면 하단의 분개까지 처리하고, 전자세금계산서 및 전자계산서는 전자입력으로 반영한다.

□□□

(1) 7월 3일 회사 영업부 야유회를 위해 도시락 10개를 구입하고 현대카드로 결제하였다. (3점)

신용카드매출전표

가 맹 점 명 : 맛나도시락
사업자번호 : 127-10-12343
대 표 자 명 : 김도식
주 소 : 서울 마포구 마포대로 2
롯 데 카 드 : 신용승인
거 래 일 시 : 20xx-07-03 11:08:54
카 드 번 호 : 3256-6455-****-1329
유 효 기 간 : 12/26
가맹점번호 : 123412341
매 입 사 : 현대카드(전자서명전표)

상품명	금액
한식도시락세트	330,000

공 급 가 액 : 300,000
부 가 세 액 : 30,000
합 계 : 330,000

□□□

(2) 8월 6일 제품을 만들고 난 후 나온 철 스크랩을 비사업자인 최한솔에게 판매하고, 판매대금 1,320,000원(부가가치세 포함)을 수취하였다. 대금은 현금으로 받고, 해당 거래에 대한 증빙은 아무것도 발급하지 않았다. (계정과목은 잡이익으로 하고, 거래처를 조회하여 입력할 것) (3점)

□□□

(3) 8월 29일 ㈜선월재에게 내국신용장에 의해 제품을 판매하고 전자세금계산서를 발급하였다. 대금 중 500,000원은 현금으로 받고 나머지는 외상으로 하였다. (단, 서류번호입력은 생략할 것) (3점)

영세율전자세금계산서						승인번호				
공급자	등록번호	129-81-50101	종사업장번호		공급받는자	등록번호	601-81-25803	종사업장번호		
	상호(법인명)	다산컴퓨터㈜	성명	박새은		상호(법인명)	㈜선월재	성명	정일원	
	사업장주소	경기도 남양주시 가운로 3-28				사업장주소	경상남도 사천시 사천대로 11			
	업태	제조,도소매	종목	컴퓨터		업태	도소매	종목	컴퓨터 및 기기장치	
	이메일					이메일				

작성일자	공급가액	세액	수정사유	비고
20xx/08/29	5,200,000			

월	일	품목	규격	수량	단가	공급가액	세액	비고
08	29	제품A		1	5,200,000	5,200,000		

합계금액	현금	수표	어음	외상미수금	위 금액을 (청구) 함
5,200,000	500,000			4,700,000	

□□□

(4) 10월 15일 ㈜우성유통에 제품을 판매하고 다음과 같이 전자세금계산서를 발급하였다. 대금 중 8,000,000원은 하움공업이 발행한 어음을 배서양도 받고, 나머지는 다음 달에 받기로 하였다. (3점)

전자세금계산서						승인번호				
공급자	등록번호	129-81-50101	종사업장번호		공급받는자	등록번호	105-86-50416	종사업장번호		
	상호(법인명)	다산컴퓨터㈜	성명	박새은		상호(법인명)	㈜우성유통	성명	김성길	
	사업장주소	경기도 남양주시 가운로 3-28				사업장주소	서울시 강남구 강남대로 292			
	업태	제조,도소매	종목	컴퓨터		업태	도소매	종목	기기장치	
	이메일					이메일				

작성일자	공급가액	세액	수정사유	비고
20xx/10/15	10,000,000	1,000,000	해당 없음	

월	일	품목	규격	수량	단가	공급가액	세액	비고
10	15	컴퓨터				10,000,000	1,000,000	

합계금액	현금	수표	어음	외상미수금	위 금액을 (청구) 함
11,000,000			8,000,000	3,000,000	

□□□

(5) 10월 30일 미국의 MARK사로부터 수입한 업무용 컴퓨터(공급가액 6,000,000원)와 관련하여 인천세관장으로부터 수입전자세금계산서를 발급받고, 해당 부가가치세를 당좌예금 계좌에서 이체하여 납부하였다. (단, 부가가치세 회계처리만 할 것) (3점)

□□□

(6) 12월 2일 공장 직원들의 휴게공간에 간식을 비치하기 위해 두나과일로부터 샤인머스캣 등을 구매하면서 구매대금 275,000원을 현금으로 지급하고, 지출증빙용 현금영수증을 발급받았다. (3점)

현금영수증

• 거래정보

거래일시	20xx.12.02.
승인번호	G12458265
거래구분	승인거래
거래용도	지출증빙
발급수단번호	129-81-50101

• 거래금액

공급가액	부가세	봉사료	총 거래금액
275,000	-	-	275,000

• 가맹점 정보

상호	두나과일
사업자번호	221-90-43529
대표자명	이두나
주소	경북 고령군 대가야읍 왕릉로 35

• 익일 홈택스에서 현금영수증 발급 여부를 반드시 확인하시기 바랍니다.
• 홈페이지 (http : //www.hometax.go.kr)
 - 조회/발급>현금영수증 조회>사용내역(소득공제)
 >매입내역(지출증빙) 조회
• 관련문의는 국세상담센터(☎126-1-1)

문제 4 [일반전표입력] 및 [매입매출전표입력] 메뉴에 입력된 내용 중 다음과 같은 오류가 발견되었다. 입력된 내용을 확인하여 정정하시오. (6점)

□□□

(1) 11월 1일 ㈜호수의 주식 1,000주를 단기간 차익을 목적으로 1주당 12,000원(1주당 액면가 5,000원)에 현금으로 취득하고 발생한 수수료 120,000원을 취득원가에 포함하였다. (3점)

□□□

(2) 11월 26일 원재료 매입 거래처의 워크숍을 지원하기 위해 ㈜산들바람으로부터 현금으로 구매한 선물세트 800,000원(부가가치세 별도, 종이세금계산서 수취)을 소모품비로 회계처리하였다. (3점)

문제 5 결산정리사항은 다음과 같다. 관련 메뉴를 이용하여 결산을 완료하시오. (9점)

□□□

(1) 12월 31일 올해 2기 부가가치세 확정신고기간의 부가가치세 매출세액은 14,630,000원, 매입세액은 22,860,000원, 환급세액은 8,230,000원이다. 관련된 결산 회계처리를 하시오. (단, 환급세액은 미수금으로 처리한다) (3점)

□□□

(2) 10월 1일에 로배전자에 30,000,000원(상환기일 내년 9월 30일)을 대여하고, 연 7%의 이자를 상환일에 원금과 함께 수취하기로 약정하였다. 결산정리분개를 하시오. (이자는 월할 계산할 것) (3점)

□□□

(3) 12월 31일 현재 신한은행의 장기차입금 중 일부인 13,000,000원의 만기상환기일이 1년 이내에 도래할 것으로 예상되었다. (3점)

문제 6 다음 사항을 조회하여 알맞은 답안을 [이론문제 답안작성] 메뉴에 입력하시오. (9점)

□□□

(1) 6월 말 현재 외상매입금 잔액이 가장 많은 거래처명과 그 금액은 얼마인가? (3점)

□□□

(2) 1분기(1월 ~ 3월) 중 판매비와관리비 항목의 소모품비 지출액이 가장 적게 발생한 월과 그 금액은 얼마인가? (3점)

□□□

(3) 올해 1기 확정신고기간(4월 ~ 6월) 중 ㈜하이일렉으로부터 발급받은 세금계산서의 총 매수와 매입세액은 얼마인가? (3점)

▶ 정답 및 해설 | p.800

제114회 기출문제

✓ 다시 봐야 할 문제(틀린 문제, 풀지 못한 문제, 헷갈리는 문제 등)는 회독별로 문제 번호 위 네모박스(□)에 체크하여 반복 학습할 수 있습니다.

이론시험

다음 문제를 보고 알맞은 것을 골라 [이론문제 답안작성] 메뉴에 입력하시오. (객관식 문항당 2점)

● 기 본 전 제 ●

문제에서 한국채택국제회계기준을 적용하도록 하는 전제조건이 없는 경우, 일반기업회계기준을 적용한다.

□□□

1. 다음 중 거래내용에 대한 거래요소의 결합관계를 바르게 표시한 것은?

거래요소의 결합관계	거래내용
① 자산의 증가 : 자산의 증가	외상매출금 4,650,000원을 보통예금으로 수령하다.
② 자산의 증가 : 부채의 증가	기계장치를 27,500,000원에 구입하고 구입대금은 미지급하다.
③ 비용의 발생 : 자산의 증가	보유 중인 건물을 임대하여 임대료 1,650,000원을 보통예금으로 수령하다.
④ 부채의 감소 : 자산의 감소	장기차입금에 대한 이자 3,000,000원을 보통예금에서 이체하는 방식으로 지급하다.

□□□

2. 다음 중 재고자산이 아닌 것은?

① 약국의 일반의약품 및 전문의약품
② 제조업 공장의 생산 완제품
③ 부동산매매업을 주업으로 하는 기업의 판매 목적 토지
④ 병원 사업장 소재지의 토지 및 건물

□□□

3. 다음은 ㈜한국이 신규 취득한 기계장치 관련 자료이다. 아래의 기계장치를 연수합계법으로 감가상각할 경우, ㈜한국의 당기(회계연도 : 매년 1월 1일 ~ 12월 31일) 말 현재 기계장치의 장부금액은 얼마인가?

> • 기계장치 취득원가 : 3,000,000원 • 취득일 : 올해 1. 1.
> • 잔존가치 : 300,000원 • 내용연수 : 5년

① 2,000,000원 ② 2,100,000원 ③ 2,400,000원 ④ 2,460,000원

□□□

4. 다음은 ㈜서울의 당기 지출 내역 중 일부이다. 아래의 자료에서 무형자산으로 기록할 수 있는 금액은 모두 얼마인가?

> • 신제품 특허권 취득 비용 : 30,000,000원
> • 신제품의 연구단계에서 발생한 재료 구입 비용 : 1,500,000원
> • A기업이 가지고 있는 상표권 구입 비용 : 22,000,000원

① 22,000,000원 ② 30,000,000원 ③ 52,000,000원 ④ 53,500,000원

□□□

5. 다음 중 매도가능증권에 대한 설명으로 옳지 않은 것은?

① 기말 평가손익은 기타포괄손익누계액에 반영한다.
② 취득 시 발생한 수수료는 당기 비용으로 처리한다.
③ 처분 시 발생한 처분손익은 당기손익에 반영한다.
④ 보유 목적에 따라 당좌자산 또는 투자자산으로 분류한다.

□□□

6. 다음 중 수취채권 관련 계정의 차감적 평가항목으로 옳은 것은?

① 감가상각누계액 ② 재고자산평가충당금
③ 사채할인발행차금 ④ 대손충당금

□□□

7. **다음 중 자본잉여금 항목에 포함되는 것을 모두 고른 것은?**

가. 주식발행초과금	나. 자기주식처분손실
다. 주식할인발행차금	라. 감자차익

① 가, 라　　② 나, 다　　③ 가, 나, 다　　④ 가, 다, 라

□□□

8. **다음은 현금배당에 관한 회계처리이다. 아래의 괄호 안에 각각 들어갈 회계처리 일자로 옳은 것은?**

(가)	(차) 이월이익잉여금	xxx원	(대) 이익준비금	xxx원
			미지급배당금	xxx원
(나)	(차) 미지급배당금	xxx원	(대) 보통예금	xxx원

	(가)	(나)
①	회계종료일	배당결의일
②	회계종료일	배당지급일
③	배당결의일	배당지급일
④	배당결의일	회계종료일

□□□

9. **원가의 분류 중 원가행태에 따른 분류에 해당하는 것은?**

① 변동원가　　② 기회원가　　③ 관련원가　　④ 매몰원가

□□□

10. 다음은 제조업을 영위하는 ㈜인천의 당기 원가 관련 자료이다. ㈜인천의 당기총제조원가는 얼마인가? (단, 기초재고자산은 없다고 가정한다)

• 기말재공품재고액 : 300,000원	• 기말제품재고액 : 500,000원
• 매출원가 : 2,000,000원	• 기말원재료재고액 : 700,000원
• 제조간접원가 : 600,000원	• 직접재료원가 : 1,200,000원

① 1,900,000원 ② 2,200,000원 ③ 2,500,000원 ④ 2,800,000원

□□□

11. 평균법에 따른 종합원가계산을 채택하고 있는 ㈜대전의 당기 물량 흐름은 다음과 같다. 재료원가는 공정 초기에 전량 투입되며, 가공원가는 공정 전반에 걸쳐 균등하게 발생한다. 아래의 자료를 이용하여 재료원가 완성품환산량을 계산하면 몇 개인가?

• 기초재공품 수량 : 1,000개(완성도 20%)	• 당기완성품 수량 : 8,000개
• 당기착수량 : 10,000개	• 기말재공품 수량 : 3,000개(완성도 60%)

① 8,000개 ② 9,000개 ③ 9,800개 ④ 11,000개

□□□

12. 다음 중 개별원가계산에 대한 설명으로 옳지 않은 것은?

① 항공기 제조업은 종합원가계산보다는 개별원가계산이 더 적합하다.
② 제품원가를 제조공정별로 집계한 후 이를 생산량으로 나누어 단위당 원가를 계산한다.
③ 직접원가와 제조간접원가의 구분이 중요하다.
④ 단일 종류의 제품을 대량으로 생산하는 업종에는 적합하지 않은 방법이다.

□□□

13. **다음 중 우리나라 부가가치세법의 특징으로 틀린 것은?**

① 국세
② 인세(人稅)
③ 전단계세액공제법
④ 다단계거래세

□□□

14. **다음 중 부가가치세법상 주된 사업에 부수되는 재화·용역의 공급으로서 면세 대상이 아닌 것은?**

① 은행업을 영위하는 면세사업자가 매각한 사업용 부동산인 건물
② 약국을 양수도하는 경우로서(사업의 포괄적 양도는 아님) 해당 영업권 중 면세 매출에 해당하는 비율의 영업권
③ 가구제조업을 영위하는 사업자가 매각한 사업용 부동산 중 토지
④ 부동산임대업자가 매각한 부동산임대 사업용 부동산 중 상가 건물

□□□

15. **다음 중 부가가치세법상 아래의 괄호 안에 공통으로 들어갈 내용으로 옳은 것은?**

가. 부가가치세 매출세액은 (　　　)에 세율을 곱하여 계산한 금액이다.
나. 재화 또는 용역의 공급에 대한 부가가치세의 (　　　)(은)는 해당 과세기간에 공급한 재화 또는 용역의 공급가액을 합한 금액으로 한다.
다. 재화의 수입에 대한 부가가치세의 (　　　)(은)는 그 재화에 대한 관세의 과세가격과 관세, 개별소비세, 주세, 교육세, 농어촌특별세 및 교통·에너지·환경세를 합한 금액으로 한다.

① 공급대가
② 간주공급
③ 과세표준
④ 납부세액

실무시험

㈜하나전자(회사코드 : 1214)는 전자부품의 제조 및 도소매업을 영위하는 중소기업으로 당기(제9기) 회계기간은 2024. 1. 1. ~ 2024. 12. 31.이다. 전산세무회계 수험용 프로그램을 이용하여 다음 물음에 답하시오.

문제 1 다음은 [기초정보관리] 및 [전기분재무제표]에 대한 자료이다. 각각의 요구사항에 대하여 답하시오. (10점)

□□□

(1) 다음의 자료를 이용하여 [거래처등록] 메뉴에서 신규 거래처를 추가로 등록하시오. (3점)

• 거래처코드 : 00500	• 거래처명 : 한국개발
• 거래처구분 : 일반거래처	• 유형 : 동시
• 사업자등록번호 : 134-24-91004	• 대표자성명 : 김한국
• 업태 : 정보통신업	• 종목 : 소프트웨어개발

• 주소 : 경기도 성남시 분당구 판교역로192번길 12 (삼평동)
※ 주소 입력 시 우편번호 입력은 생략함

사업자등록증
(일반과세자)
등록번호 : 134-24-91004

상　　　호 : 한국개발　　　생 년 월 일 : 1985년 03월 02일
성　　　명 : 김한국
개 업 연 월 일 : 2021년 07월 25일
사 업 장 소 재 지 : 경기도 성남시 분당구 판교역로192번길 12 (삼평동)
사 업 의 종 류 : 업태 정보통신업　　　종목 소프트웨어개발

발 급 사 유 : 사업장 소재지 정정
공 동 사 업 자 :

사업자 단위 과세 적용사업자 여부 : 여( ) 부(V)
전자세금계산서 전용 전자우편주소 :

2024년 01월 20일
분 당 세 무 서 장

□□□

(2) 다음 자료를 이용하여 [계정과목및적요등록]에 반영하시오. (3점)

- 코드 : 862
- 계정과목 : 행사지원비
- 성격 : 경비
- 현금적요 1번 : 행사지원비 현금 지급
- 대체적요 1번 : 행사지원비 어음 발행

□□□

(3) 전기분 재무상태표와 전기분 원가명세서를 검토한 결과 다음과 같은 오류가 발견되었다. 이와 관련된 전기분 재무제표(재무상태표, 손익계산서, 원가명세서, 잉여금처분계산서)를 모두 적절하게 수정하시오. (4점)

전기분 재무상태표에서 외상매입금 3,000,000원이 과소 입력되어 있고,
전기분 원가명세서에서 부재료비 3,000,000원(해당 연도 매입분)이 입력 누락된 것으로 확인된다.

문제 2 [일반전표입력] 메뉴를 이용하여 다음의 거래 자료를 입력하시오. (일반전표입력의 모든 거래는 부가가치세를 고려하지 말 것) (18점)

● 입력 시 유의사항 ●

- 일반적인 적요의 입력은 생략하지만, 타계정 대체거래는 적요번호를 선택하여 입력한다.
- 채권·채무와 관련된 거래는 별도의 요구가 없는 한 반드시 기등록된 거래처코드를 선택하는 방법으로 거래처명을 입력한다.
- 제조경비는 500번대 계정코드를, 판매비와관리비는 800번대 계정코드를 사용한다.
- 회계처리 시 계정과목은 별도의 제시가 없는 한 등록된 계정과목 중 가장 적절한 과목으로 한다.

□□□

(1) 7월 5일 영업팀 직원들에 대한 확정기여형(DC형) 퇴직연금 납입액 1,400,000원을 보통예금 계좌에서 이체하여 납입하였다. (3점)

□□□

(2) 7월 25일 ㈜고운상사의 외상매출금 중 5,500,000원은 약속어음으로 받고, 나머지 4,400,000원은 보통예금 계좌로 입금받았다. (3점)

□□□

(3) 8월 30일 자금 부족으로 인하여 ㈜재원에 대한 받을어음 50,000,000원을 만기일 전에 은행에서 할인받고, 할인료 5,000,000원을 차감한 잔액이 보통예금 계좌로 입금되었다. (단, 본 거래는 매각거래이다) (3점)

□□□

(4) 10월 3일 단기 투자 목적으로 보유하고 있는 ㈜미학건설의 주식으로부터 배당금 2,300,000원이 확정되어 즉시 보통예금 계좌로 입금되었다. (3점)

□□□

(5) 10월 31일 재무팀 강가연 팀장의 10월분 급여를 농협 보통예금 계좌에서 이체하여 지급하였다. (단, 공제합계액은 하나의 계정과목으로 회계처리할 것) (3점)

10월 급여명세서			
이름	강가연	지급일	10월 31일
기본급	4,500,000원	소득세	123,000원
식대	200,000원	지방소득세	12,300원
자가운전보조금	200,000원	국민연금	90,500원
		건강보험	55,280원
		고용보험	100,000원
급여계	4,900,000원	공제합계	381,080원
		차인지급액	4,518,920원

□□□

(6) 12월 21일 자금 조달을 위하여 사채(액면금액 8,000,000원, 3년 만기)를 8,450,000원에 발행하고, 납입금은 당좌예금 계좌로 입금하였다. (3점)

문제 3 다음 거래 자료를 [매입매출전표입력] 메뉴에 입력하시오. (18점)

● 입력 시 유의사항 ●

- 일반적인 적요의 입력은 생략하지만, 타계정 대체거래는 적요번호를 선택하여 입력한다.
- 채권·채무와 관련된 거래는 별도의 요구가 없는 한 반드시 기등록된 거래처코드를 선택하는 방법으로 거래처명을 입력한다.
- 제조경비는 500번대 계정코드를, 판매비와관리비는 800번대 계정코드를 사용한다.
- 회계처리 시 계정과목은 별도의 제시가 없는 한 등록된 계정과목 중 가장 적절한 과목으로 한다.
- 입력화면 하단의 분개까지 처리하고, 전자세금계산서 및 전자계산서는 전자입력으로 반영한다.

□□□

(1) 7월 20일 미국 소재법인 NDVIDIA에 직수출하는 제품의 선적을 완료하였으며, 수출대금 $5,000는 차후에 받기로 하였다. 제품수출계약은 7월 1일에 체결하였으며, 일자별 기준환율은 아래와 같다. (단, 수출신고번호 입력은 생략할 것) (3점)

일자	계약일 올해 7. 1.	선적일 올해 7. 20.
기준환율	1,100원/$	1,200원/$

□□□

(2) 7월 23일 당사가 소유하던 토지(취득원가 62,000,000원)를 돌상상회에 65,000,000원에 매각하면서 전자계산서를 발급하였다. 대금 중 30,000,000원은 보통예금 계좌로 입금받았으며, 나머지는 다음 달에 받기로 약정하였다. (3점)

□□□

(3) 8월 10일 영업팀에서 회사 제품을 홍보하기 위해 광고닷컴에서 홍보용 수첩을 제작하고 현대카드로 결제하였다. (3점)

카드번호 (9876-****-****-1230)	
승인번호	28516480
거래일자	20xx년 08월 10일 15:29:44
결제방법	일시불
가맹점명	광고닷컴
가맹점번호	23721275
대표자명	김광고
사업자등록번호	305-35-65424
전화번호	02-651-1212
주소	서울특별시 서초구 명달로 100
공급가액	4,000,000원
부가세액	400,000원
승인금액	4,400,000원
고객센터(1577-8398) | www.hyundaicard.com	
현대카드	

□□□

(4) 8월 17일 제품 생산에 필요한 원재료를 구입하고, 아래의 전자세금계산서를 발급받았다. (3점)

전자세금계산서					승인번호				
공급자	등록번호	139-81-54313	종사업장번호		공급받는자	등록번호	125-86-65247	종사업장번호	
	상호(법인명)	㈜고철상사	성명	황영민		상호(법인명)	㈜하나전자	성명	김영순
	사업장	서울특별시 서초구 명달로 3				사업장	경기도 남양주시 덕릉로 1067		
	업태	도소매	종목	전자부품		업태	제조,도소매	종목	전자부품
	이메일					이메일			

작성일자	공급가액	세액	수정사유	비고
20xx/08/17	12,000,000	1,200,000	해당 없음	

월	일	품목	규격	수량	단가	공급가액	세액	비고
08	17	k-312 벨브		200	60,000	12,000,000	1,200,000	

합계금액	현금	수표	어음	외상미수금	이 금액을 (청구) 함
13,200,000			5,000,000	8,200,000	

□□□

(5) 8월 28일 ㈜와마트에서 업무용으로 사용하는 냉장고를 5,500,000원(부가가치세 포함)에 현금으로 구입하고, 현금영수증(지출증빙용)을 수취하였다. (단, 자산으로 처리할 것) (3점)

㈜와마트

사업자번호 133-81-05134 류예린

서울특별시 구로구 구로동로 10 TEL : 02-117-2727

홈페이지 http://www.kacpta.or.kr

현금영수증(지출증빙용)

구매 20xx/08/28/17:27 거래번호 : 0031-0027

상품명	수량	단가	금액
냉장고	1	5,500,000원	5,500,000원
	과세물품가액		5,000,000원
	부가가치세액		500,000원
		합계	5,500,000원
		받은금액	5,500,000원

□□□

(6) 11월 8일 대표이사 김영순(거래처코드 : 375)의 호텔 결혼식장 대관료(업무관련성 없음)를 당사의 보통예금 계좌에서 이체하여 지급하고, 아래의 전자세금계산서를 수취하였다. 회사가 대신 지급한 대금은 김영순에 대한 가지급금으로 처리하기로 하였다. (3점)

전자세금계산서					승인번호				
공급자	등록번호	511-81-53215	종사업장번호		공급받는자	등록번호	125-86-65247	종사업장번호	
	상호(법인명)	대박호텔㈜	성명	김대박		상호(법인명)	㈜하나전자	성명	김영순
	사업장	서울특별시 강남구 도산대로 104				사업장	경기도 남양주시 덕릉로 1067		
	업태	숙박,서비스	종목	호텔, 장소대여		업태	제조,도소매	종목	전자부품
	이메일					이메일			

작성일자	공급가액	세액	수정사유	비고
20xx/11/08	25,000,000	2,500,000	해당 없음	

월	일	품목	규격	수량	단가	공급가액	세액	비고
11	08	파라다이스 홀 대관			25,000,000	25,000,000	2,500,000	

합계금액	현금	수표	어음	외상미수금	이 금액을 (영수) 함
27,500,000	27,500,000				

문제 4 [일반전표입력] 및 [매입매출전표입력] 메뉴에 입력된 내용 중 다음과 같은 오류가 발견되었다. 입력된 내용을 확인하여 정정하시오. (6점)

□□□

(1) 11월 12일 호호꽃집에서 영업부 사무실에 비치할 목적으로 구입한 공기정화식물(소모품비)의 대금 100,000원을 보통예금 계좌에서 송금하고 전자계산서를 받았으나 전자세금계산서로 처리하였다. (3점)

□□□

(2) 12월 12일 본사 건물에 엘리베이터를 설치하고 ㈜베스트디자인에 지급한 88,000,000원(부가가치세 포함)을 비용으로 처리하였으나, 건물의 자본적 지출로 처리하는 것이 옳은 것으로 판명되었다. (3점)

문제 5 결산정리사항은 다음과 같다. 관련 메뉴를 이용하여 결산을 완료하시오. (9점)

□□□

(1) 당기 중 단기시세차익을 목적으로 ㈜눈사람의 주식 100주(1주당 액면금액 100원)를 10,000,000원에 취득하였으나, 기말 현재 시장가격은 12,500,000원이다. (단, ㈜눈사람의 주식은 시장성이 있다) (3점)

□□□

(2) 기말 현재 미국 GODS사에 대한 장기대여금 $2,000가 계상되어 있다. 장부금액은 2,100,000원이며, 결산일 현재 기준환율은 1,120원/$이다. (3점)

□□□

(3) 기말 현재 당기분 법인세(지방소득세 포함)는 15,000,000원으로 산출되었다. 관련된 결산 회계처리를 하시오. (단, 당기분 법인세 중간예납세액 5,700,000원과 이자소득 원천징수세액 1,300,000원은 선납세금으로 계상되어 있다) (3점)

문제 6 다음 사항을 조회하여 답안을 [이론문제 답안작성] 메뉴에 입력하시오. (9점)

□□□

(1) 3월에 발생한 판매비와일반관리비 중 발생액이 가장 적은 계정과목과 그 금액은 얼마인가? (3점)

□□□

(2) 올해 2월 말 현재 미수금과 미지급금의 차액은 얼마인가? (단, 반드시 양수로 기재할 것) (3점)

□□□

(3) 올해 1기 부가가치세 확정신고기간(4월 ~ 6월)의 공제받지못할매입세액은 얼마인가? (3점)

▶ 정답 및 해설 | p.803

제113회 기출문제

✓ 다시 봐야 할 문제(틀린 문제, 풀지 못한 문제, 헷갈리는 문제 등)는 회독별로 문제 번호 위 네모박스(□)에 체크하여 반복 학습할 수 있습니다.

이론시험

다음 문제를 보고 알맞은 것을 골라 [이론문제 답안작성] 메뉴에 입력하시오. (객관식 문항당 2점)

● 기 본 전 제 ●

문제에서 한국채택국제회계기준을 적용하도록 하는 전제조건이 없는 경우, 일반기업회계기준을 적용한다.

□□□

1. 다음 중 회계의 기본가정과 특징이 아닌 것은?

① 기업의 관점에서 경제활동에 대한 정보를 측정·보고한다.
② 기업이 예상 가능한 기간 동안 영업을 계속할 것이라 가정한다.
③ 기업은 수익과 비용을 인식하는 시점을 현금이 유입·유출될 때로 본다.
④ 기업의 존속기간을 일정한 기간 단위로 분할하여 각 기간 단위별로 정보를 측정·보고한다.

□□□

2. 다음 중 상품의 매출원가 계산 시 총매입액에서 차감해야 할 항목은 무엇인가?

① 기초재고액
② 매입수수료
③ 매입환출 및 매입에누리
④ 매입 시 운반비

□□□

3. 건물 취득 시에 발생한 금액들이 다음과 같을 때, 건물의 취득원가는 얼마인가?

- 건물 매입금액 : 2,000,000,000원
- 자본화 대상 차입원가 : 150,000,000원
- 건물 취득세 : 200,000,000원
- 관리 및 기타 일반간접원가 : 16,000,000원

① 21억 5,000만 원
② 22억 원
③ 23억 5,000만 원
④ 23억 6,600만 원

□□□

4. **다음 중 무형자산에 대한 설명으로 틀린 것은?**

① 물리적인 실체는 없지만 식별이 가능한 비화폐성 자산이다.
② 무형자산을 통해 발생하는 미래 경제적 효익을 기업이 통제할 수 있어야 한다.
③ 무형자산은 자산의 정의를 충족하면서 다른 자산들과 분리하여 거래를 할 수 있거나 계약상 또는 법적 권리로부터 발생하여야 한다.
④ 일반기업회계기준은 무형자산의 회계처리와 관련하여 영업권을 포함한 무형자산의 내용연수를 원칙적으로 40년을 초과하지 않도록 한정하고 있다.

□□□

5. **다음 중 재무제표에 해당하지 않는 것은?**

① 기업의 계정별 합계와 잔액을 나타내는 시산표
② 일정 시점 현재 기업의 재무상태(자산, 부채, 자본)를 나타내는 보고서
③ 기업의 자본에 관하여 일정 기간 동안의 변동 흐름을 파악하기 위해 작성하는 보고서
④ 재무제표의 과목이나 금액에 기호를 붙여 해당 항목에 대한 추가 정보를 나타내는 별지

□□□

6. **다음 중 유동부채와 비유동부채의 분류가 적절하지 않은 것은?**

	유동부채	비유동부채
①	단기차입금	사채
②	외상매입금	유동성장기부채
③	미지급비용	장기차입금
④	지급어음	퇴직급여충당부채

□□□

7. **다음의 자본 항목 중 포괄손익계산서에 영향을 미치는 항목은 무엇인가?**

① 감자차손
② 주식발행초과금
③ 자기주식처분이익
④ 매도가능증권평가이익

□□□

8. 다음 자료 중 빈칸 (A)에 들어갈 금액으로 적당한 것은?

기초상품 재고액	매입액	기말상품 재고액	매출원가	매출액	매출 총이익	판매비와 관리비	당기 순손익
219,000원	350,000원	110,000원		290,000원		191,000원	(A)

① 당기순손실 360,000원　② 당기순손실 169,000원
③ 당기순이익 290,000원　④ 당기순이익 459,000원

□□□

9. 다음 중 원가행태에 따라 변동원가와 고정원가로 분류할 때 이에 대한 설명으로 틀린 것은?

① 고정원가는 조업도가 증가할수록 단위당 원가도 증가한다.
② 고정원가는 조업도가 증가하여도 총원가는 일정하다.
③ 변동원가는 조업도가 증가하여도 단위당 원가는 일정하다.
④ 변동원가는 조업도가 증가할수록 총원가도 증가한다.

□□□

10. 다음 중 보조부문원가를 배분하는 방법 중 옳지 않은 것은?

① 상호배분법은 보조부문 상호 간의 용역수수관계를 완전히 반영하는 방법이다.
② 단계배분법은 보조부문 상호 간의 용역수수관계를 전혀 반영하지 않는 방법이다.
③ 직접배분법은 보조부문 상호 간의 용역수수관계를 전혀 반영하지 않는 방법이다.
④ 상호배분법, 단계배분법, 직접배분법 어떤 방법을 사용하더라도 보조부문의 총원가는 제조부문에 모두 배분된다.

□□□

11. 다음 자료에 의한 당기총제조원가는 얼마인가? (단, 노무원가는 발생주의에 따라 계산한다)

- 기초원재료 : 300,000원
- 기말원재료 : 450,000원
- 전기미지급임금액 : 150,000원
- 당기미지급임금액 : 250,000원
- 당기지급임금액 : 350,000원
- 당기원재료매입액 : 1,300,000원
- 제조경비 : 700,000원
- 기초재공품 : 200,000원

① 2,100,000원　② 2,300,000원　③ 2,450,000원　④ 2,500,000원

□□□

12. **다음 중 종합원가계산에 대한 설명으로 옳지 않은 것은?**

① 소품종 대량 생산하는 업종에 적용하기에 적합하다.
② 공정 과정에서 발생하는 공손 중 정상공손은 제품의 원가에 가산한다.
③ 평균법을 적용하는 경우 기초재공품원가를 당기에 투입한 것으로 가정한다.
④ 제조원가 중 제조간접원가는 실제 조업도에 예정배부율을 반영하여 계산한다.

□□□

13. **다음 중 부가가치세법상 세금계산서를 발급할 수 있는 자는?**

① 면세사업자로 등록한 자
② 사업자등록을 하지 않은 자
③ 사업자등록을 한 일반과세자
④ 간이과세자 중 직전 사업연도 공급대가가 4,800만 원 미만인 자

□□□

14. **다음 중 부가가치세법상 대손사유에 해당하지 않는 것은?**

① 소멸시효가 완성된 어음·수표
② 특수관계인과의 거래로 인해 발생한 중소기업의 외상매출금으로서 회수기일이 2년 이상 지난 외상매출금
③ 채무자의 파산, 강제집행, 형의 집행, 사업의 폐지, 사망, 실종, 행방불명으로 인하여 회수할 수 없는 채권
④ 부도발생일부터 6개월 이상 지난 외상매출금(중소기업의 외상매출금으로서 부도발생일 이전의 것에 한정한다)

□□□

15. **다음 중 부가가치세법상 공급시기로 옳지 않은 것은?**

① 폐업시 잔존재화의 경우 : 폐업하는 때
② 내국물품을 외국으로 수출하는 경우 : 수출재화의 선적일
③ 무인판매기로 재화를 공급하는 경우 : 무인판매기에서 현금을 인취하는 때
④ 위탁판매의 경우(위탁자 또는 본인을 알 수 있는 경우) : 위탁자가 판매를 위탁한 때

실무시험

㈜혜송상사(회사코드 : 1213)는 자동차부품 등의 제조 및 도소매업을 영위하는 중소기업으로 당기(제13기) 회계기간은 2024. 1. 1. ~ 2024. 12. 31.이다. 전산세무회계 수험용 프로그램을 이용하여 다음 물음에 답하시오.

문제 1 다음은 [기초정보관리] 및 [전기분재무제표]에 대한 자료이다. 각각의 요구사항에 대하여 답하시오. (10점)

□□□

(1) 다음의 자료를 이용하여 [거래처등록] 메뉴에서 신규 거래처를 추가로 등록하시오. (3점)

- 거래처코드 : 00777
- 거래처구분 : 일반거래처
- 거래처명 : 슬기로운㈜
- 유형 : 동시
- 사업자등록번호 : 253-81-13578
- 대표자 : 김슬기
- 업태 : 도매
- 종목 : 금속
- 사업장주소 : 부산광역시 부산진구 중앙대로 663(부전동)

  ※ 주소 입력 시 우편번호는 생략해도 무방함

□□□

(2) 다음 자료를 이용하여 [계정과목및적요등록] 메뉴에서 대체적요를 등록하시오. (3점)

- 코드 : 134
- 계정과목 : 가지급금
- 대체적요 : 8. 출장비 가지급금 정산

□□□

(3) 전기분 손익계산서를 검토한 결과 다음과 같은 오류가 발견되었다. 해당 오류와 관련된 [전기분원가명세서] 및 [전기분손익계산서]를 수정하시오. (4점)

공장 일부 직원의 임금 2,200,000원이 판매비및일반관리비 항목의 급여(801)로 반영되어 있다.

문제 2 [일반전표입력] 메뉴를 이용하여 다음의 거래 자료를 입력하시오. (일반전표입력의 모든 거래는 부가가치세를 고려하지 말 것) (18점)

● 입력 시 유의사항 ●

- 일반적인 적요의 입력은 생략하지만, 타계정 대체거래는 적요번호를 선택하여 입력한다.
- 채권·채무와 관련된 거래는 별도의 요구가 없는 한 반드시 기등록된 거래처코드를 선택하는 방법으로 거래처명을 입력한다.
- 제조경비는 500번대 계정코드를, 판매비와관리비는 800번대 계정코드를 사용한다.
- 회계처리 시 계정과목은 별도의 제시가 없는 한 등록된 계정과목 중 가장 적절한 과목으로 한다.

□□□

(1) 7월 15일 ㈜상수로부터 원재료를 구입하기로 계약하고, 당좌수표를 발행하여 계약금 3,000,000원을 지급하였다. (3점)

□□□

(2) 8월 5일 사옥 취득을 위한 자금 900,000,000원(만기 6개월)을 우리은행으로부터 차입하고, 선이자 36,000,000원(이자율 연 8%)을 제외한 나머지 금액을 보통예금 계좌로 입금받았다. (단, 하나의 전표로 입력하고, 선이자 지급액은 선급비용으로 회계처리할 것) (3점)

□□□

(3) 9월 10일 창고 임차보증금 10,000,000원(거래처 : ㈜대운) 중에서 미지급금으로 계상되어 있는 작년분 창고 임차료 1,000,000원을 차감하고 나머지 임차보증금만 보통예금으로 돌려받았다. (3점)

□□□

(4) 10월 20일 ㈜영광상사에 대한 외상매출금 2,530,000원 중 1,300,000원이 보통예금 계좌로 입금되었다. (3점)

□□□

(5) 11월 29일 장기투자 목적으로 ㈜콘프상사의 보통주 2,000주를 1주당 10,000원(1주당 액면가액 5,000원)에 취득하고 대금은 매입수수료 240,000원과 함께 보통예금 계좌에서 이체하여 지급하였다. (3점)

□□□

(6) 12월 8일 수입한 상품에 부과된 관세 7,560,000원을 보통예금 계좌에서 이체하여 납부하였다. (3점)

납부영수증서[납부자용]

File No : 사업자과세
B/L No. : 45241542434

사업자번호 : 312-86-12548

회계구분	관세청소관 일반회계
회계연도	20xx

납부기한	20xx년 12월 08일
발행일자	20xx년 12월 02일

수입징수관 계좌번호	110288	납부자 번호	0127040-11-17-6-178461-8	납기내 금액	7,560,000
※ 수납기관에서는 위의 굵은 선 안의 내용을 즉시 전산입력하여 수입징수관에 EDI방식으로 통지될 수 있도록 하시기 바랍니다.				납기후 금액	

수입신고번호	41209-17-B11221W		수입징수관서	인천세관
납부자	성명	황동규	상호	㈜혜송상사
	주소	경기도 용인시 기흥구 갈곡로 6(구갈동)		

20xx년 12월 2일

수입징수관 인천세관

문제 3 다음 거래 자료를 [매입매출전표입력] 메뉴에 입력하시오. (18점)

● 입력 시 유의사항 ●

- 일반적인 적요의 입력은 생략하지만, 타계정 대체거래는 적요번호를 선택하여 입력한다.
- 채권·채무와 관련된 거래는 별도의 요구가 없는 한 반드시 기등록된 거래처코드를 선택하는 방법으로 거래처명을 입력한다.
- 제조경비는 500번대 계정코드를, 판매비와관리비는 800번대 계정코드를 사용한다.
- 회계처리 시 계정과목은 별도의 제시가 없는 한 등록된 계정과목 중 가장 적절한 과목으로 한다.
- 입력화면 하단의 분개까지 처리하고, 전자세금계산서 및 전자계산서는 전자입력으로 반영한다.

□□□

(1) 8월 10일 ㈜산양산업으로부터 영업부에서 사용할 소모품(공급가액 950,000원, 부가가치세 별도)을 현금으로 구입하고 전자세금계산서를 발급받았다. (단, 소모품은 자산으로 처리한다) (3점)

□□□

(2) 8월 22일 내국신용장으로 수출용 제품의 원재료 34,000,000원을 ㈜로띠상사에서 매입하고 아래의 영세율전자세금계산서를 발급받았다. 대금은 당사가 발행한 3개월 만기 약속어음으로 지급하였다. (3점)

영세율전자세금계산서					승인번호				
공급자	등록번호	124-86-15012	종사업장번호		공급받는자	등록번호	312-86-12548	종사업장번호	
	상호(법인명)	㈜로띠상사	성명	이로운		상호(법인명)	㈜혜송상사	성명	황동규
	사업장	대전광역시 대덕구 대전로 1019번길 28-10				사업장	경기도 용인시 기흥구 갈곡로 6		
	업태	제조	종목	부품		업태	제조,도소매	종목	자동차부품
	이메일					이메일	hyesong@hscorp.co.kr		

작성일자	공급가액	세액	수정사유	비고
20xx/08/22	34,000,000			

월	일	품목	규격	수량	단가	공급가액	세액	비고
08	22	부품 kT_01234				34,000,000		

합계금액	현금	수표	어음	외상미수금	이 금액을 (청구) 함
34,000,000			34,000,000		

□□□

(3) 8월 25일 송강수산으로부터 영업부 직원선물로 마른멸치세트 500,000원, 영업부 거래처선물로 마른멸치세트 300,000원을 구매하였다. 대금은 보통예금 계좌에서 이체하여 지급하고 아래의 전자계산서를 발급받았다. (단, 하나의 거래로 작성할 것) (3점)

전자계산서					승인번호				
공급자	등록번호	850-91-13586	종사업장번호		공급받는자	등록번호	312-86-12548	종사업장번호	
	상호(법인명)	송강수산	성명	송강		상호(법인명)	㈜혜송상사	성명	황동규
	사업장	경상남도 남해군 남해읍 남해대로 2751				사업장	경기도 용인시 기흥구 갈곡로 6		
	업태	도소매	종목	건어물		업태	제조,도소매	종목	자동차부품
	이메일					이메일	hyesong@hscorp.co.kr		

작성일자	공급가액	수정사유	비고
20xx/08/25	800,000		

월	일	품목	규격	수량	단가	공급가액	세액	비고
08	25	마른멸치세트		5	100,000	500,000		
08	25	마른멸치세트		3	100,000	300,000		

합계금액	현금	수표	어음	외상미수금	이 금액을 (영수) 함
800,000	800,000				

□□□

(4) 10월 16일 업무와 관련없이 대표이사 황동규가 개인적으로 사용하기 위하여 상해전자㈜에서 노트북 1대를 2,100,000원(부가가치세 별도)에 외상으로 구매하고 아래의 전자세금계산서를 발급받았다. (단, 가지급금 계정을 사용하고, 거래처를 입력할 것) (3점)

<table>
<tr><td colspan="5">전자세금계산서</td><td colspan="2">승인번호</td><td colspan="4"></td></tr>
<tr><td rowspan="5">공급자</td><td>등록번호</td><td>501-81-12347</td><td>종사업장번호</td><td></td><td rowspan="5">공급받는자</td><td>등록번호</td><td>312-86-12548</td><td>종사업장번호</td><td colspan="2"></td></tr>
<tr><td>상호(법인명)</td><td>상해전자㈜</td><td>성명</td><td>김은지</td><td>상호(법인명)</td><td>㈜혜송상사</td><td>성명</td><td colspan="2">황동규</td></tr>
<tr><td>사업장</td><td colspan="3">서울특별시 동작구 여의대방로 28</td><td>사업장</td><td colspan="4">경기도 용인시 기흥구 갈곡로 6</td></tr>
<tr><td>업태</td><td>도소매</td><td>종목</td><td>전자제품</td><td>업태</td><td>제조,도소매</td><td>종목</td><td colspan="2">자동차부품</td></tr>
<tr><td>이메일</td><td colspan="3"></td><td>이메일</td><td colspan="4">hyesong@hscorp.co.kr</td></tr>
</table>

작성일자	공급가액	세액	수정사유	비고
20xx/10/16	2,100,000	210,000	해당 없음	

월	일	품목	규격	수량	단가	공급가액	세액	비고
10	16	노트북		1	2,100,000	2,100,000	210,000	

합계금액	현금	수표	어음	외상미수금	이 금액을 (청구) 함
2,310,000				2,310,000	

□□□

(5) 11월 4일 개인소비자 김은우에게 제품을 770,000원(부가가치세 포함)에 판매하고, 대금은 김은우의 신한카드로 수취하였다. (단, 신용카드 결제대금은 외상매출금으로 회계처리할 것) (3점)

□□□

(6) 12월 4일 제조부가 사용하는 기계장치의 원상회복을 위한 수선비 880,000원을 하나카드로 결제하고 다음의 매출전표를 수취하였다. (3점)

하나카드 승인전표	
카드번호	4140-0202-3245-9959
거래유형	국내일반
결제방법	일시불
거래일시	20xx.12.04.15:35:45
취소일시	
승인번호	98421149
공급가액	800,000원
부가가치세	80,000원
봉사료	
승인금액	880,000원
가맹점명	㈜뚝딱수선
가맹점번호	00990218110
가맹점 전화번호	031-828-8624
가맹점 주소	경기도 성남시 수정구 성남대로 1169
사업자등록번호	204-81-76697
대표자명	이은샘
하나카드	

문제 4 **[일반전표입력] 및 [매입매출전표입력] 메뉴에 입력된 내용 중 다음과 같은 오류가 발견되었다. 입력된 내용을 확인하여 정정하시오. (6점)**

□□□

(1) 9월 9일 ㈜초록산업으로부터 5,000,000원을 차입하고 이를 모두 장기차입금으로 회계처리하였으나, 그중 2,000,000원의 상환기일은 내년 12월 8일로 확인되었다. (3점)

□□□

(2) 10월 15일 바로카센터에서 영업부의 영업용 화물차량을 점검 및 수리하고 차량유지비 250,000원(부가가치세 별도)을 현금으로 지급하였으며, 전자세금계산서를 발급받았다. 그러나 회계 담당 직원의 실수로 이를 일반전표에 입력하였다. (3점)

문제 5 결산정리사항은 다음과 같다. 관련 메뉴를 이용하여 결산을 완료하시오. (9점)

□□□

(1) 결산일 현재 외상매입금 잔액에는 올해 1월 2일 미국에 소재한 원재료 공급거래처 NOVONO로부터 원재료 $5,500를 외상으로 매입하고 미지급한 잔액 $2,000가 포함되어 있다. (단, 매입 시 기준환율은 1,100원/$, 결산 시 기준환율은 1,200원/$이다) (3점)

□□□

(2) 12월 31일 결산일 현재 단기 매매 목적으로 보유 중인 지분증권에 대한 자료는 다음과 같다. 적절한 결산분개를 하시오. (3점)

종목	취득원가	결산일 공정가치	비고
㈜가은	56,000,000원	54,000,000원	단기 매매 목적

□□□

(3) 올해 5월 1일 제조부 공장의 1년치 화재보험료(올해 5월 1일 ~ 내년 4월 30일) 3,600,000원을 보통예금 계좌에서 이체하여 납부하고 전액 보험료(제조경비)로 회계처리하였다. (단, 보험료는 월할 계산하고, 거래처 입력은 생략할 것) (3점)

문제 6 다음 사항을 조회하여 답안을 [이론문제 답안작성] 메뉴에 입력하시오. (9점)

□□□

(1) 올해 1기 부가가치세 확정신고(4. 1. ~ 6. 30.)에 반영된 예정신고누락분 매출의 공급가액과 매출세액은 각각 얼마인가? (3점)

□□□

(2) 2분기(4월 ~ 6월) 중 제조원가 항목의 복리후생비 지출액이 가장 많이 발생한 월과 그 금액을 각각 기재하시오. (3점)

□□□

(3) 4월 말 현재 미지급금 잔액이 가장 큰 거래처명과 그 금액은 얼마인가? (3점)

▶ 정답 및 해설 | p.807

제112회 기출문제

✓ 다시 봐야 할 문제(틀린 문제, 풀지 못한 문제, 헷갈리는 문제 등)는 회독별로 문제 번호 위 네모박스(□)에 체크하여 반복 학습할 수 있습니다.

이론시험

다음 문제를 보고 알맞은 것을 골라 [이론문제 답안작성] 메뉴에 입력하시오. (객관식 문항당 2점)

기 본 전 제

문제에서 한국채택국제회계기준을 적용하도록 하는 전제조건이 없는 경우, 일반기업회계기준을 적용한다.

□□□

1. 다음 중 일반기업회계기준에 따른 재무제표의 종류에 해당하지 않는 것은?

① 현금흐름표　② 주석　③ 제조원가명세서　④ 재무상태표

□□□

2. 다음 중 정액법으로 감가상각을 계산할 때 관련이 없는 것은?

① 잔존가치　② 취득원가　③ 내용연수　④ 생산량

□□□

3. 다음 중 이익잉여금처분계산서에 나타나지 않는 항목은?

① 이익준비금　② 자기주식　③ 현금배당　④ 주식배당

□□□

4. 다음 중 수익인식기준에 대한 설명으로 잘못된 것은?

① 위탁매출은 위탁자가 수탁자로부터 판매대금을 지급받는 때에 수익을 인식한다.
② 상품권매출은 물품 등을 제공하거나 판매하면서 상품권을 회수하는 때에 수익을 인식한다.
③ 단기할부매출은 상품 등을 판매(인도)한 날에 수익을 인식한다.
④ 용역매출은 진행기준에 따라 수익을 인식한다.

□□□

5. 다음 중 계정과목의 분류가 나머지 계정과목과 다른 하나는 무엇인가?

① 임차보증금 ② 산업재산권 ③ 프랜차이즈 ④ 소프트웨어

□□□

6. 다음 중 자본의 분류 항목의 성격이 다른 것은?

① 자기주식 ② 주식할인발행차금
③ 자기주식처분이익 ④ 감자차손

□□□

7. 실제 기말재고자산의 가액은 50,000,000원이지만 장부상 기말재고자산의 가액이 45,000,000원으로 기재된 경우, 해당 오류가 재무제표에 미치는 영향으로 다음 중 옳지 않은 것은?

① 당기순이익이 실제보다 5,000,000원 감소한다.
② 매출원가가 실제보다 5,000,000원 증가한다.
③ 자산총계가 실제보다 5,000,000원 감소한다.
④ 자본총계가 실제보다 5,000,000원 증가한다.

□□□

8. 다음의 거래를 회계처리할 경우에 사용되는 계정과목으로 옳은 것은?

> 7월 1일 투자 목적으로 영업활동에 사용할 예정이 없는 토지를 5,000,000원에 취득하고 대금은 3개월 후에 지급하기로 하다. 단, 중개수수료 200,000원은 타인이 발행한 당좌수표로 지급하다.

① 외상매입금 ② 당좌예금 ③ 수수료비용 ④ 투자부동산

□□□

9. **다음 중 원가 개념에 관한 설명으로 옳지 않은 것은?**

① 관련범위 밖에서 총고정원가는 일정하다.
② 매몰원가는 의사결정에 영향을 주지 않는다.
③ 관련범위 내에서 단위당 변동원가는 일정하다.
④ 관련원가는 대안 간에 차이가 나는 미래원가로서 의사결정에 영향을 준다.

□□□

10. **다음 중 제조원가명세서에서 제공하는 정보가 아닌 것은?**

① 기말재공품재고액
② 당기제품제조원가
③ 당기총제조원가
④ 매출원가

□□□

11. **다음 중 보조부문원가의 배부기준으로 적합하지 않은 것은?**

	보조부문원가	배부기준
①	건물 관리 부문	점유 면적
②	공장 인사관리 부문	급여 총액
③	전력 부문	전력 사용량
④	수선 부문	수선 횟수

□□□

12. **다음 자료를 토대로 선입선출법에 의한 직접재료원가 및 가공원가의 완성품환산량을 각각 계산하면 얼마인가?**

- 기초재공품 : 5,000개(완성도 70%)
- 당기착수량 : 35,000개
- 기말재공품 : 10,000개(완성도 30%)
- 당기완성품 : 30,000개
- 재료는 공정초기에 전량투입되며, 가공원가는 공정 전반에 걸쳐 균등하게 발생한다.

	직접재료원가	가공원가
①	35,000개	29,500개
②	35,000개	34,500개
③	40,000개	34,500개
④	45,000개	29,500개

□□□

13. **다음 중 우리나라 부가가치세법의 특징으로 옳지 않은 것은?**

① 소비지국과세원칙
② 생산지국과세원칙
③ 전단계세액공제법
④ 간접세

□□□

14. **다음 중 부가가치세법상 과세기간 등에 대한 설명으로 옳지 않은 것은?**

① 사업개시일 이전에 사업자등록을 신청한 경우에 최초의 과세기간은 그 신청한 날부터 그 신청일이 속하는 과세기간의 종료일까지로 한다.
② 사업자가 폐업하는 경우의 과세기간은 폐업일이 속하는 과세기간의 개시일부터 폐업일까지로 한다.
③ 폐업자의 경우 폐업일이 속하는 과세기간 종료일부터 25일 이내에 확정신고를 하여야 한다.
④ 간이과세자의 과세기간은 1월 1일부터 12월 31일까지로 한다.

□□□

15. **다음 중 부가가치세법상 매입세액공제가 가능한 것은?**

① 사업과 관련하여 접대용 물품을 구매하고 발급받은 신용카드매출전표상의 매입세액
② 제조업을 영위하는 법인이 업무용 소형승용차(1,998cc)의 유지비용을 지출하고 발급받은 현금영수증상의 매입세액
③ 제조부서의 화물차 수리를 위해 지출하고 발급받은 세금계산서상의 매입세액
④ 회계부서에서 사용할 물품을 구매하고 발급받은 간이영수증에 포함되어 있는 매입세액

실무시험

㈜유미기계(회사코드 : 1212)는 기계부품 등의 제조·도소매업 및 부동산임대업을 영위하는 중소기업으로 당기(제8기) 회계기간은 2023. 1. 1. ~ 2023. 12. 31.이다. 전산세무회계 수험용 프로그램을 이용하여 다음 물음에 답하시오.

문제 1 다음은 [기초정보관리] 및 [전기분재무제표]에 대한 자료이다. 각각의 요구사항에 대하여 답하시오. (10점)

□□□
(1) 다음의 신규 거래처를 [거래처등록] 메뉴를 이용하여 추가로 등록하시오. (3점)

- 거래처코드 : 5230
- 거래처명 : ㈜대영토이
- 유형 : 동시
- 사업자등록번호 : 108-86-13574
- 대표자 : 박완구
- 업태 : 제조
- 종목 : 완구제조
- 사업장주소 : 경기도 광주시 오포읍 왕림로 139
  ※ 주소 입력 시 우편번호 입력은 생략해도 무방함

□□□
(2) ㈜유미기계의 기초 채권 및 채무의 올바른 잔액은 다음과 같다. [거래처별초기이월] 자료를 검토하여 잘못된 부분은 오류를 정정하고, 누락된 부분은 추가하여 입력하시오. (3점)

계정과목	거래처	금액
외상매출금	알뜰소모품	5,000,000원
	튼튼사무기	3,800,000원
받을어음	㈜클래식상사	7,200,000원
	㈜강림상사	2,000,000원
외상매입금	㈜해원상사	4,600,000원

□□□
(3) 전기분 재무상태표를 검토한 결과 기말 재고자산에서 다음과 같은 오류가 발견되었다. 관련된 [전기분재무제표]를 모두 수정하시오. (4점)

계정과목	틀린 금액	올바른 금액	내용
원재료(0153)	73,600,000원	75,600,000원	입력 오류

문제 2 [일반전표입력] 메뉴를 이용하여 다음의 거래 자료를 입력하시오. (일반전표입력의 모든 거래는 부가가치세를 고려하지 말 것) (18점)

● 입력 시 유의사항 ●

- 일반적인 적요의 입력은 생략하지만, 타계정 대체거래는 적요번호를 선택하여 입력한다.
- 채권·채무와 관련된 거래는 별도의 요구가 없는 한 반드시 기등록된 거래처코드를 선택하는 방법으로 거래처명을 입력한다.
- 제조경비는 500번대 계정코드를, 판매비와관리비는 800번대 계정코드를 사용한다.
- 회계처리 시 계정과목은 별도의 제시가 없는 한 등록된 계정과목 중 가장 적절한 과목으로 한다.

□□□

(1) 8월 10일 제조부서의 7월분 건강보험료 680,000원을 보통예금으로 납부하였다. 납부한 건강보험료 중 50%는 회사부담분이며, 회사부담분 건강보험료는 복리후생비로 처리한다. (3점)

□□□

(2) 8월 23일 ㈜애플전자로부터 받아 보관하던 받을어음 3,500,000원의 만기가 되어 지급제시 하였으나, 잔고 부족으로 지급이 거절되어 부도처리하였다. (단, 부도난 어음은 부도어음과수표 계정으로 관리하고 있다) (3점)

□□□

(3) 9월 14일 영업부서에서 고용한 일용직 직원들의 일당 420,000원을 현금으로 지급하였다. (단, 일용직에 대한 고용보험료 등의 원천징수액은 발생하지 않는 것으로 가정한다) (3점)

□□□

(4) 9월 26일 영업부서의 사원이 퇴직하여 퇴직연금 5,000,000원을 확정급여형(DB) 퇴직연금에서 지급하였다. (단, 퇴직급여충당부채 감소로 회계처리하기로 한다) (3점)

□□□

(5) 10월 16일 단기 시세 차익을 목적으로 올해 5월 3일 취득하였던 ㈜더푸른컴퓨터의 주식 전부를 37,000,000원에 처분하고 대금은 보통예금 계좌로 입금받았다. 단, 취득 당시 관련 내용은 아래와 같다. (3점)

• 취득 수량 : 5,000주 • 1주당 취득가액 : 7,000원 • 취득 시 거래수수료 : 35,000원

□□□

(6) 11월 29일 액면금액 50,000,000원의 사채(만기 3년)를 49,000,000원에 발행하였다. 대금은 보통예금 계좌로 입금되었다. (3점)

문제 3 다음 거래 자료를 [매입매출전표입력] 메뉴에 입력하시오. (18점)

● 입력 시 유의사항 ●

- 일반적인 적요의 입력은 생략하지만, 타계정 대체거래는 적요번호를 선택하여 입력한다.
- 채권·채무와 관련된 거래는 별도의 요구가 없는 한 반드시 기등록된 거래처코드를 선택하는 방법으로 거래처명을 입력한다.
- 제조경비는 500번대 계정코드를, 판매비와관리비는 800번대 계정코드를 사용한다.
- 회계처리 시 계정과목은 별도의 제시가 없는 한 등록된 계정과목 중 가장 적절한 과목으로 한다.
- 입력화면 하단의 분개까지 처리하고, 전자세금계산서 및 전자계산서는 전자입력으로 반영한다.

□□□

(1) 9월 2일 ㈜신도기전에 제품을 판매하고 다음의 전자세금계산서를 발급하였다. 대금 중 어음은 ㈜신도기전이 발행한 것이다. (3점)

전자세금계산서					승인번호				
공급자	등록번호	138-81-61276	종사업장번호		공급받는자	등록번호	130-81-95054	종사업장번호	
	상호(법인명)	㈜유미기계	성명	정현욱		상호(법인명)	㈜신도기전	성명	윤현진
	사업장주소	서울특별시 강남구 압구정로 347				사업장주소	울산 중구 태화로 150		
	업태	제조,도소매	종목	기계부품		업태	제조	종목	전자제품 외
	이메일					이메일			

작성일자	공급가액	세액	수정사유	비고
20xx/09/02	10,000,000	1,000,000		

월	일	품목	규격	수량	단가	공급가액	세액	비고
09	02	제품		2	5,000,000	10,000,000	1,000,000	

합계금액	현금	수표	어음	외상미수금	위 금액을 (청구) 함
11,000,000			8,000,000	3,000,000	

□□□

(2) 9월 12일 제조부서의 생산직 직원들에게 제공할 작업복 10벌을 인천상회로부터 구입하고 우리카드(법인)로 결제하였다. (단, 회사는 작업복 구입 시 즉시 전액 비용으로 처리한다) (3점)

우리 마음속 첫 번째 금융. 20xx.09.12.(화) 14:03:54	우리카드
495,000원 정상승인 | 일시불	
결제 정보	
카드	우리카드(법인)
회원번호	2245-1223-****-1534
승인번호	76993452
이용구분	일시불
결제 금액	**495,000원**
공급가액	450,000원
부가세	45,000원
봉사료	0원
가맹점 정보	
가맹점명	인천상회
사업자등록번호	126-86-21617
대표자명	김연서
위 거래 사실을 확인합니다.	

□□□

(3) 10월 5일 미국의 PYBIN사에 제품 100개(1개당 판매금액 $1,000)를 직접 수출하고 대금은 보통예금 계좌로 송금받았다. (단, 선적일인 10월 5일의 기준환율은 1,000원/$이며, 수출신고번호의 입력은 생략한다) (3점)

□□□

(4) 10월 22일 영업부서 직원들의 직무역량 강화를 위한 도서를 영건서점에서 현금으로 구매하고 전자계산서를 발급받았다. (3점)

전자계산서					승인번호				
공급자	등록번호	112-60-61264	종사업장번호		공급받는자	등록번호	138-81-61276	종사업장번호	
	상호(법인명)	영건서점	성명	김종인		상호(법인명)	㈜유미기계	성명	정현욱
	사업장주소	인천시 남동구 남동대로 8				사업장주소	서울특별시 강남구 압구정로 347		
	업태	소매	종목	도서		업태	제조,도소매	종목	기계부품
	이메일					이메일			

작성일자	공급가액	수정사유	비고
20xx/10/22	1,375,000	해당 없음	

월	일	품목	규격	수량	단가	공급가액	세액	비고
10	22	도서(슬기로운 직장생활 외)				1,375,000		

합계금액	현금	수표	어음	외상미수금	위 금액을 (영수) 함
1,375,000	1,375,000				

□□□

(5) 11월 2일 개인소비자(거래처 입력은 생략)에게 제품을 8,800,000원(부가가치세 포함)에 판매하고 현금영수증(소득공제용)을 발급하였다. 판매대금은 보통예금 계좌로 받았다. (3점)

□□□

(6) 12월 19일 매출거래처에 보낼 연말 선물로 홍성백화점에서 생활용품세트를 구입하고 아래 전자세금계산서를 발급받았으며, 대금은 국민카드(법인카드)로 결제하였다. (3점)

전자세금계산서					승인번호				
공급자	등록번호	124-86-09276	종사업장번호		공급받는자	등록번호	138-81-61276	종사업장번호	
	상호(법인명)	홍성백화점	성명	조재광		상호(법인명)	㈜유미기계	성명	정현욱
	사업장주소	서울 강남구 테헤란로 101				사업장주소	서울특별시 강남구 압구정로 347		
	업태	도소매	종목	잡화		업태	제조,도소매	종목	기계부품
	이메일					이메일			

작성일자	공급가액	세액	수정사유	비고
20xx/12/19	500,000	50,000		

월	일	품목	규격	수량	단가	공급가액	세액	비고
12	19	생활용품세트		10	50,000	500,000	50,000	

합계금액	현금	수표	어음	외상미수금	위 금액을 (청구) 함
550,000				550,000	

문제 4 [일반전표입력] 및 [매입매출전표입력] 메뉴에 입력된 내용 중 다음과 같은 오류가 발견되었다. 입력된 내용을 확인하여 정정하시오. (6점)

□□□

(1) 7월 31일 경영관리부서 직원을 위하여 확정급여형(DB형) 퇴직연금에 가입하고 보통예금 계좌에서 14,000,000원을 이체하였으나, 회계담당자는 확정기여형(DC형) 퇴직연금에 가입한 것으로 알고 회계처리를 하였다. (3점)

□□□

(2) 10월 28일 영업부서의 매출거래처에 선물하기 위하여 다다마트에서 현금으로 구입한 선물 세트 5,000,000원(부가가치세 별도, 전자세금계산서 수취)을 복리후생비로 회계처리를 하였다. (3점)

문제 5 결산정리사항은 다음과 같다. 관련 메뉴를 이용하여 결산을 완료하시오. (9점)

□□□

(1) 7월 1일에 가입한 토스은행의 정기예금 5,000,000원(만기 1년, 연 이자율 6%)에 대하여 기간 경과분 이자를 계상하다. (단, 이자 계산은 월할 계산하며, 원천징수는 없다고 가정한다) (3점)

□□□

(2) 외상매입금 계정에는 중국에 소재한 거래처 상하이에 대한 외상매입금 2,000,000원($2,000)이 포함되어 있다. (결산일 현재 기준환율 : 1,040원/$) (3점)

□□□

(3) 매출채권 잔액에 대하여만 1%의 대손충당금을 보충법으로 설정한다. (단, 기중의 충당금에 대한 회계처리는 무시하고 아래의 주어진 자료에 의해서만 처리하며, 비용은 대손상각비 계정만 사용하기로 한다) (3점)

구분	기말채권 잔액	기말충당금 잔액	추가설정(△환입)액
외상매출금	15,000,000원	70,000원	80,000원
받을어음	12,000,000원	150,000원	△30,000원

문제 6 다음 사항을 조회하여 답안을 [이론문제 답안작성] 메뉴에 입력하시오. (9점)

□□□

(1) 올해 1기 부가가치세 예정신고에 반영된 자료 중 현금영수증이 발행된 과세매출의 공급가액은 얼마인가? (3점)

□□□

(2) 6월 한 달 동안 발생한 제조원가 중 현금으로 지급한 금액은 얼마인가? (3점)

□□□

(3) 6월 30일 현재 외상매입금 잔액이 가장 작은 거래처명과 외상매입금 잔액은 얼마인가? (3점)

▶ 정답 및 해설 | p.811

제111회 기출문제

✓ 다시 봐야 할 문제(틀린 문제, 풀지 못한 문제, 헷갈리는 문제 등)는 회독별로 문제 번호 위 네모박스(□)에 체크하여 반복 학습할 수 있습니다.

이론시험

다음 문제를 보고 알맞은 것을 골라 [이론문제 답안작성] 메뉴에 입력하시오. (객관식 문항당 2점)

● 기 본 전 제 ●

문제에서 한국채택국제회계기준을 적용하도록 하는 전제조건이 없는 경우, 일반기업회계기준을 적용한다.

□□□

1. 다음 중 아래의 자료에서 설명하고 있는 재무정보의 질적특성에 해당하지 않는 것은?

재무정보가 정보이용자의 의사결정에 유용하게 활용되기 위해서는 그 정보가 의사결정의 목적과 관련이 있어야 한다.

① 예측가치　② 피드백가치　③ 적시성　④ 중립성

□□□

2. 다음 중 일반기업회계기준에 따른 재무상태표의 표시에 관한 설명으로 가장 적절하지 않은 것은?

① 비유동자산은 당좌자산, 유형자산, 무형자산으로 구분된다.
② 단기차입금은 유동부채로 분류된다.
③ 자산과 부채는 유동성배열법에 따라 작성된다.
④ 재고자산은 유동자산에 포함된다.

□□□

3. 다음은 재고자산 단가 결정방법에 대한 설명이다. 어느 방법에 대한 설명인가?

- 실제 물량 흐름과 원가흐름의 가정이 대체로 유사하다.
- 현재의 수익과 과거의 원가가 대응하여 수익·비용 대응의 원칙에 부적합하다.
- 물가 상승 시 이익이 과대계상된다.

① 개별법　② 선입선출법　③ 후입선출법　④ 총평균법

□□□

4. **다음 중 현금및현금성자산에 해당하는 항목의 총합계액은 얼마인가?**

• 선일자수표 : 500,000원	• 배당금지급통지서 : 500,000원
• 타인발행수표 : 500,000원	• 만기 6개월 양도성예금증서 : 300,000원

① 1,000,000원 ② 1,300,000원 ③ 1,500,000원 ④ 1,800,000원

□□□

5. **다음 중 자본에 대한 설명으로 옳지 않은 것은?**

① 자본금은 발행주식수에 액면가액을 곱한 금액이다.
② 주식발행초과금과 감자차익은 자본잉여금이다.
③ 자본조정에는 주식할인발행차금, 감자차손 등이 있다.
④ 주식배당과 무상증자는 순자산의 증가가 발생한다.

□□□

6. **다음 중 손익계산서에 나타나는 계정과목으로만 짝지어진 것은?**

가. 대손상각비	나. 현금	다. 기부금
라. 퇴직급여	마. 이자수익	바. 외상매출금

① 가, 나 ② 가, 다 ③ 나, 바 ④ 다, 바

□□□

7. **다음은 12월 말 결산법인인 ㈜한국의 기계장치 관련 자료이다. ㈜한국이 올해 12월 31일에 계상할 감가상각비는 얼마인가? (단, 월할 상각할 것)**

• 취득일 : 전년도 7월 1일	• 상각방법 : 정률법	• 내용연수 : 5년
• 상각률 : 45%	• 취득원가 : 10,000,000원	• 잔존가치 : 500,000원

① 4,500,000원 ② 3,487,500원 ③ 2,475,000원 ④ 2,250,000원

□□□

8. **다음 중 손익계산서상 표시되는 매출원가를 증가시키는 영향을 주지 않는 것은?**

① 판매 이외 목적으로 사용된 재고자산의 타계정 대체액
② 재고자산의 시가가 장부금액 이하로 하락하여 발생한 재고자산평가손실
③ 정상적으로 발생한 재고자산감모손실
④ 당기에 구입하여 제조활동에 투입한 원재료의 구입 시 지급한 운반비

□□□

9. **다음 중 원가에 대한 설명으로 가장 옳지 않은 것은?**

① 기초원가이면서 가공원가에 해당하는 원가는 직접노무원가이다.
② 직접원가란 특정 제품의 생산에 직접적으로 사용되어 명확하게 추적할 수 있는 원가이다.
③ 변동원가는 생산량이 증가할 때마다 단위당 원가도 증가하는 원가이다.
④ 매몰원가는 과거에 발생하여 현재 의사결정에 영향을 미치지 않는 원가를 말한다.

□□□

10. **다음 중 개별원가계산의 적용이 가장 적합한 업종은 무엇인가?**

① 제분업 ② 정유업 ③ 건설업 ④ 식품가공업

□□□

11. **다음 중 공손 등에 대한 설명으로 옳지 않은 것은?**

① 공손은 생산과정에서 발생하는 원재료의 찌꺼기를 말한다.
② 정상공손은 효율적인 생산과정에서 발생하는 공손을 말한다.
③ 비정상공손원가는 영업외비용으로 처리한다.
④ 정상공손은 원가에 포함한다.

□□□

12. ㈜서울은 직접노무시간을 기준으로 제조간접원가를 배부하고 있다. 당해 연도 초의 예상 직접노무시간은 50,000시간이고, 제조간접원가 예상액은 2,500,000원이었다. 6월의 제조간접원가 실제 발생액은 300,000원이고, 실제 직접노무시간이 5,000시간인 경우, 6월의 제조간접원가 배부차이는 얼마인가?

① 과대배부 40,000원
② 과소배부 40,000원
③ 과대배부 50,000원
④ 과소배부 50,000원

□□□

13. 다음 중 부가가치세법상 세부담의 역진성을 완화하기 위한 목적으로 도입한 제도는 무엇인가?

① 영세율제도
② 사업자단위과세제도
③ 면세제도
④ 대손세액공제제도

□□□

14. 다음 중 부가가치세법상 '재화의 공급으로 보지 않는 특례'에 해당하지 않는 것은?

① 담보의 제공
② 제품의 외상판매
③ 조세의 물납
④ 법률에 따른 수용

□□□

15. 다음 중 부가가치세법상 과세표준에 포함하지 않는 것은?

① 할부판매 시의 이자상당액
② 수입하는 재화에 대한 개별소비세
③ 매출할인액
④ 대가의 일부로 받는 운송비

실무시험

예은상사㈜(회사코드 : 1211)는 사무용가구의 제조·도소매업 및 부동산임대업을 영위하는 중소기업으로 당기(제14기) 회계기간은 2023. 1. 1. ~ 2023. 12. 31.이다. 전산세무회계 수험용 프로그램을 이용하여 다음 물음에 답하시오.

문제 1 다음은 [기초정보관리] 및 [전기분재무제표]에 대한 자료이다. 각각의 요구사항에 대하여 답하시오. (10점)

□□□

(1) 다음 자료를 이용하여 아래의 계정과목에 대한 적요를 추가로 등록하시오. (3점)

- 계정과목 : 831. 수수료비용
- 현금적요 : (적요 NO.8) 결제 대행 수수료

□□□

(2) 당사는 여유자금 활용을 위하여 아래와 같이 신규 계좌를 개설하였다. [거래처등록] 메뉴를 이용하여 해당 사항을 추가로 입력하시오. (3점)

- 코드번호 : 98005
- 계좌번호 : 110-146-980558
- 거래처명 : 수협은행
- 유형 : 정기적금

□□□

(3) 다음의 자료를 토대로 각 계정과목의 거래처별 초기이월 금액을 올바르게 정정하시오. (4점)

계정과목	거래처명	수정 전 금액	수정 후 금액
지급어음	천일상사	9,300,000원	6,500,000원
	모닝상사	5,900,000원	8,700,000원
미지급금	대명㈜	8,000,000원	4,500,000원
	㈜한울	4,400,000원	7,900,000원

문제 2 [일반전표입력] 메뉴를 이용하여 다음의 거래 자료를 입력하시오. (일반전표입력의 모든 거래는 부가가치세를 고려하지 말 것) (18점)

● 입력 시 유의사항 ●

- 일반적인 적요의 입력은 생략하지만, 타계정 대체거래는 적요번호를 선택하여 입력한다.
- 채권·채무와 관련된 거래는 별도의 요구가 없는 한 반드시 기등록된 거래처코드를 선택하는 방법으로 거래처명을 입력한다.
- 제조경비는 500번대 계정코드를, 판매비와관리비는 800번대 계정코드를 사용한다.
- 회계처리 시 계정과목은 별도의 제시가 없는 한 등록된 계정과목 중 가장 적절한 과목으로 한다.

□□□

(1) 7월 10일 회사는 6월에 관리부 직원의 급여를 지급하면서 원천징수한 근로소득세 20,000원과 지방소득세 2,000원을 보통예금 계좌에서 이체하여 납부하였다. (3점)

□□□

(2) 7월 16일 ㈜홍명으로부터 원재료를 구입하기로 계약하고, 계약금 1,000,000원은 당좌수표를 발행하여 지급하였다. (3점)

□□□

(3) 8월 10일 비씨카드 7월분 결제대금 2,000,000원이 보통예금 계좌에서 인출되었다. (단, 회사는 신용카드 사용대금을 미지급금으로 처리하고 있다) (3점)

□□□

(4) 8월 20일 영업부 김시성 과장이 대구세계가구박람회 참가를 위한 출장에서 복귀하여 아래의 지출결의서와 출장비 600,000원(출장비 인출 시 전도금으로 회계처리하고 거래처 입력은 생략함) 중 잔액을 현금으로 반납하였다. (3점)

지출결의서

• 왕복항공권	350,000원	• 식대	30,000원

□□□

(5) 9월 12일 제조공장의 기계장치를 우리기계에 처분하고 매각대금으로 받은 약속어음 8,000,000원의 만기가 도래하여 우리기계가 발행한 당좌수표로 회수하였다. (3점)

□□□

(6) 10월 28일 중국의 'lailai co. ltd'에 대한 제품 수출 외상매출금 30,000달러(선적일 기준환율 : ₩1,300/$)를 회수하여 즉시 원화 보통예금 계좌로 입금하였다. (단, 입금일의 기준환율은 ₩1,380/$이다) (3점)

문제 3 다음 거래 자료를 [매입매출전표입력] 메뉴에 입력하시오. (18점)

입력 시 유의사항

- 일반적인 적요의 입력은 생략하지만, 타계정 대체거래는 적요번호를 선택하여 입력한다.
- 채권·채무와 관련된 거래는 별도의 요구가 없는 한 반드시 기등록된 거래처코드를 선택하는 방법으로 거래처명을 입력한다.
- 제조경비는 500번대 계정코드를, 판매비와관리비는 800번대 계정코드를 사용한다.
- 회계처리 시 계정과목은 별도의 제시가 없는 한 등록된 계정과목 중 가장 적절한 과목으로 한다.
- 입력화면 하단의 분개까지 처리하고, 전자세금계산서 및 전자계산서는 전자입력으로 반영한다.

□□□

(1) 7월 6일 ㈜아이닉스에 제품을 판매하고 다음과 같이 전자세금계산서를 발급하였으며, 대금은 한 달 뒤에 받기로 하였다. (3점)

전자세금계산서					승인번호				
공급자	등록번호	142-81-05759	종사업장번호		공급받는자	등록번호	214-87-00556	종사업장번호	
	상호(법인명)	예은상사㈜	성명	한태양		상호(법인명)	㈜아이닉스	성명	이소방
	사업장주소	경기도 고양시 덕양구 통일로 101				사업장주소	서울시 용산구 한남대로 12		
	업태	제조,도소매	종목	사무용가구		업태	도매 외	종목	의약외품 외
	이메일					이메일			

작성일자	공급가액	세액	수정사유	비고
20xx/07/06	23,000,000	2,300,000	해당 없음	

월	일	품목	규격	수량	단가	공급가액	세액	비고
07	06	사무용책상 등		1,000	23,000	23,000,000	2,300,000	

합계금액	현금	수표	어음	외상미수금	위 금액을 (청구) 함
25,300,000				25,300,000	

□□□

(2) 8월 10일 원재료 매입 거래처에 접대목적으로 당사의 제품(원가 300,000원)을 무상으로 제공하였다. (단, 해당 제품의 시가는 500,000원이다) (3점)

□□□

(3) 9월 16일 팔팔물산에 제품을 9,000,000원(부가가치세 별도)에 판매하고 전자세금계산서를 발급하였으며, 대금으로 팔팔물산이 발행한 당좌수표를 받았다. (3점)

□□□

(4) 9월 26일 회사 건물에 부착할 간판을 잘나가광고에서 주문 제작하였다. 대금 5,500,000원(부가가치세 포함)은 보통예금 계좌에서 송금하고 전자세금계산서를 발급받았다. (단, 비품으로 처리할 것) (3점)

□□□

(5) 10월 15일 메타가구에서 원재료(50단위, @50,000원, 부가가치세 별도)를 매입하고 아래의 전자세금계산서를 발급받았다. 대금 중 1,000,000원은 ㈜은성가구로부터 제품 판매대금으로 받아 보관 중인 ㈜은성가구 발행 약속어음을 배서양도하고 잔액은 1개월 뒤에 지급하기로 하였다. (3점)

<table>
<tr><td colspan="5">전자세금계산서</td><td colspan="2">승인번호</td><td colspan="3"></td></tr>
<tr><td rowspan="5">공급자</td><td>등록번호</td><td>305-81-13428</td><td>종사업장 번호</td><td></td><td rowspan="5">공급받는자</td><td>등록번호</td><td>142-81-05759</td><td>종사업장 번호</td><td></td></tr>
<tr><td>상호 (법인명)</td><td>메타가구</td><td>성명</td><td>윤은영</td><td>상호 (법인명)</td><td>예은상사㈜</td><td>성명</td><td>한태양</td></tr>
<tr><td>사업장 주소</td><td colspan="3">전북 김제시 금산면 청도7길 9</td><td>사업장 주소</td><td colspan="3">경기도 고양시 덕양구 통일로 101</td></tr>
<tr><td>업태</td><td>제조</td><td>종목</td><td>가구</td><td>업태</td><td>제조,도소매</td><td>종목</td><td>사무용 가구</td></tr>
<tr><td>이메일</td><td colspan="3"></td><td>이메일</td><td colspan="3"></td></tr>
</table>

작성일자	공급가액	세액	수정사유	비고
20xx/10/15	2,500,000	250,000	해당 없음	

월	일	품목	규격	수량	단가	공급가액	세액	비고
10	15	원재료	PC-5	50	50,000	2,500,000	250,000	

합계금액	현금	수표	어음	외상미수금	위 금액을 (청구) 함
2,750,000			1,000,000	1,750,000	

□□□

(6) 12월 20일 대표이사 한태양은 본인 자녀의 대학교 입학 축하 선물로 니캉전자에서 디지털카메라를 3,800,000원(부가가치세 별도)에 구매하면서 당사 명의로 전자세금계산서를 발급받고, 대금은 보통예금 계좌에서 지급하였다. (단, 대표이사 한태양에 대한 가지급금으로 회계처리할 것) (3점)

문제 4 [일반전표입력] 및 [매입매출전표입력] 메뉴에 입력된 내용 중 다음과 같은 오류가 발견되었다. 입력된 내용을 확인하여 정정하시오. (6점)

□□□

(1) 8월 17일 사거리주유소에서 영업부가 사용하는 승용차(800cc, 매입세액공제 가능 차량)에 경유를 주유하고 유류대 44,000원(부가가치세 포함)을 비씨카드(법인카드)로 결제한 건에 대하여 회계담당자는 매입세액을 공제받지 못하는 것으로 판단하였으며, 이를 매입매출전표에 카드면세로 입력하였다. (3점)

□□□

(2) 11월 12일 매출거래처 직원의 결혼축하금으로 현금 500,000원을 지급한 것으로 회계처리하였으나 이는 당사의 공장 제조부 직원의 결혼축하금인 것으로 밝혀졌다. (3점)

문제 5 결산정리사항은 다음과 같다. 관련 메뉴를 이용하여 결산을 완료하시오. (9점)

□□□

(1) 올해 2기 부가가치세 확정신고기간에 대한 부가세예수금은 49,387,500원, 부가세대급금은 34,046,000원이다. 부가가치세를 정리하는 회계처리를 하시오. (단, 불러온 자료는 무시하고, 납부세액은 미지급세금, 환급세액은 미수금으로 회계처리할 것) (3점)

□□□

(2) 올해 7월 1일 제조부 공장의 화재보험료 1년분(올해 7월 1일 ~ 내년 6월 30일) 7,200,000원을 전액 납부하고 즉시 비용으로 회계처리하였다. 이에 대한 기간 미경과분 보험료를 월할 계산하여 결산정리분개를 하시오. (3점)

□□□

(3) 다음은 올해 4월 1일 제조부에서 사용하기 위하여 취득한 화물차에 대한 자료이다. 아래 주어진 자료에 대해서만 감가상각을 하시오. (단, 월할 계산할 것) (3점)

취득일	취득원가	자산코드/명	잔존가치	내용연수	상각방법
올해 4. 1.	30,000,000원	[101]/포터	0원	5	정액법

문제 6 다음 사항을 조회하여 답안을 [이론문제 답안작성] 메뉴에 입력하시오. (9점)

□□□

(1) 4월(4월 1일 ~ 4월 30일)의 외상매출금 회수액은 얼마인가? (3점)

□□□

(2) 상반기(1월 ~ 6월) 중 제품매출액이 가장 많은 월과 가장 작은 월의 차액은 얼마인가? (단, 양수로 표시할 것) (3점)

□□□

(3) 올해 1기 부가가치세 확정신고기간(4월 ~ 6월)에 세금계산서를 받은 고정자산 매입세액은 얼마인가? (3점)

▶ 정답 및 해설 | p.815

제110회 기출문제

✓ 다시 봐야 할 문제(틀린 문제, 풀지 못한 문제, 헷갈리는 문제 등)는 회독별로 문제 번호 위 네모박스(□)에 체크하여 반복 학습할 수 있습니다.

이론시험

다음 문제를 보고 알맞은 것을 골라 [이론문제 답안작성] 메뉴에 입력하시오. (객관식 문항당 2점)

● 기 본 전 제 ●

문제에서 한국채택국제회계기준을 적용하도록 하는 전제조건이 없는 경우, 일반기업회계기준을 적용한다.

□□□

1. **다음 중 재무상태표에 관한 설명으로 가장 옳은 것은?**

① 일정 시점의 현재 기업이 보유하고 있는 자산과 부채 및 자본에 대한 정보를 제공하는 재무보고서이다.
② 일정 기간 동안의 기업의 수익과 비용에 대해 보고하는 보고서이다.
③ 일정 기간 동안의 현금의 유입과 유출에 대한 정보를 제공하는 보고서이다.
④ 기업의 자본변동에 관한 정보를 제공하는 재무보고서이다.

□□□

2. **다음 중 유동부채에 포함되지 않는 것은 무엇인가?**

① 매입채무 ② 단기차입금 ③ 유동성장기부채 ④ 임대보증금

□□□

3. **다음 중 무형자산과 관련된 설명으로 옳지 않은 것은?**

① 연구프로젝트에서 발생한 지출이 연구단계와 개발단계로 구분할 수 없는 경우에는 모두 연구단계에서 발생한 것으로 본다.
② 내부적으로 창출한 브랜드, 고객목록과 같은 항목은 무형자산으로 인식할 수 있다.
③ 무형자산은 회사가 사용할 목적으로 보유하는 물리적 실체가 없는 자산이다.
④ 무형자산의 소비되는 행태를 신뢰성 있게 결정할 수 없을 경우 정액법으로 상각한다.

□□□

4. **다음 중 일반기업회계기준에 의한 수익 인식 시점에 대한 설명으로 옳지 않은 것은?**

① 위탁판매의 경우에는 수탁자가 위탁품을 소비자에게 판매한 시점에 수익을 인식한다.
② 시용판매의 경우에는 상품 인도 시점에 수익을 인식한다.
③ 광고 제작 수수료의 경우에는 광고 제작의 진행률에 따라 수익을 인식한다.
④ 수강료의 경우에는 강의 시간에 걸쳐 수익으로 인식한다.

□□□

5. **재고자산의 단가 결정 방법 중 매출 시점에서 해당 재고자산의 실제 취득원가를 기록하여 매출원가로 대응시킴으로써 가장 정확하게 원가 흐름을 파악할 수 있는 재고자산의 단가 결정 방법은 무엇인가?**

① 개별법　② 선입선출법　③ 후입선출법　④ 총평균법

□□□

6. **다음 중 영업이익에 영향을 주는 거래로 옳은 것은?**

① 거래처에 대한 대여금의 이자를 받았다.
② 창고에 보관하고 있던 상품이 화재로 인해 소실되었다.
③ 차입금에 대한 이자를 지급하였다.
④ 일용직 직원에 대한 수당을 지급하였다.

□□□

7. **다음의 거래를 적절하게 회계처리하였을 경우, 당기순이익의 증감액은 얼마인가? 단, 주어진 자료 외의 거래는 없다고 가정한다.**

- 매도가능증권 : 장부금액 5,000,000원, 결산일 공정가치 4,500,000원
- 단기매매증권 : 장부금액 3,000,000원, 결산일 공정가치 3,300,000원
- 투자부동산 : 장부금액 9,000,000원, 처분금액 8,800,000원

① 100,000원 감소　② 100,000원 증가
③ 400,000원 감소　④ 400,000원 증가

□□□

8. ㈜수암골의 재무상태가 다음과 같다고 가정할 때, 기말자본은 얼마인가?

기초		기말		유상증자	현금배당	총수익	총비용
자산	부채	부채	자본				
900,000원	500,000원	750,000원	(　　　)	100,000원	50,000원	1,100,000원	900,000원

① 500,000원　② 550,000원　③ 600,000원　④ 650,000원

□□□

9. 다음 중 원가회계에 대한 설명이 아닌 것은?

① 외부의 정보이용자들에게 유용한 정보를 제공하기 위한 정보이다.
② 원가통제에 필요한 정보를 제공하기 위함이다.
③ 제품원가계산을 위한 원가정보를 제공한다.
④ 경영계획수립과 통제를 위한 원가정보를 제공한다.

□□□

10. 다음 중 원가행태에 따라 변동원가와 고정원가로 분류할 때 이에 대한 설명으로 올바른 것은?

① 변동원가는 조업도가 증가할수록 총원가도 증가한다.
② 변동원가는 조업도가 증가할수록 단위당 원가도 증가한다.
③ 고정원가는 조업도가 증가할수록 총원가도 증가한다.
④ 고정원가는 조업도가 증가할수록 단위당 원가도 증가한다.

□□□

11. 다음 중 보조부문의 원가 배분에 대한 설명으로 옳지 않은 것은?

① 보조부문의 원가 배분방법으로는 직접배분법, 단계배분법 및 상호배분법이 있으며, 어떤 방법을 사용하더라도 전체 보조부문의 원가는 차이가 없다.
② 상호배분법을 사용할 경우, 부문 간 상호수수를 고려하여 계산하기 때문에 어떤 배분방법보다 정확성이 높다고 할 수 있다.
③ 단계배분법을 사용할 경우, 배분순서를 어떻게 하더라도 각 보조부문에 배분되는 금액은 차이가 없다.
④ 직접배분법을 사용할 경우, 보조부문 원가 배분액의 계산은 쉬우나 부문 간 상호수수에 대해서는 전혀 고려하지 않는다.

□□□

12. **다음 중 개별원가계산과 종합원가계산에 대한 설명으로 옳지 않은 것은?**

① 개별원가계산은 작업지시서에 의한 원가계산을 한다.
② 개별원가계산은 주문형 소량 생산 방식에 적합하다.
③ 종합원가계산은 공정별 대량 생산 방식에 적합하다.
④ 종합원가계산은 여러 공정에 걸쳐 생산하는 경우 적용할 수 없다.

□□□

13. **다음 중 부가가치세법상 사업자등록 정정 사유가 아닌 것은?**

① 상호를 변경하는 경우
② 사업장을 이전하는 경우
③ 사업의 종류에 변동이 있는 경우
④ 증여로 인하여 사업자의 명의가 변경되는 경우

□□□

14. **다음 중 부가가치세법상 영세율에 대한 설명으로 가장 옳지 않은 것은?**

① 수출하는 재화에 대해서는 영세율이 적용된다.
② 영세율은 수출산업을 지원하는 효과가 있다.
③ 영세율을 적용하더라도 완전면세를 기대할 수 없다.
④ 영세율은 소비지국과세원칙이 구현되는 제도이다.

□□□

15. **다음 중 영수증 발급 대상 사업자가 될 수 없는 업종에 해당하는 것은?**

① 소매업
② 도매업
③ 목욕, 이발, 미용업
④ 입장권을 발행하여 영위하는 사업

실무시험

오영상사㈜(회사코드 : 1210)는 가방 등의 제조·도소매업 및 부동산임대업을 영위하는 중소기업으로 당기(제9기) 회계기간은 2023. 1. 1. ~ 2023. 12. 31.이다. 전산세무회계 수험용 프로그램을 이용하여 다음 물음에 답하시오.

문제 1 다음은 [기초정보관리] 및 [전기분재무제표]에 대한 자료이다. 각각의 요구사항에 대하여 답하시오. (10점)

□□□

(1) 다음 자료를 이용하여 거래처등록의 [신용카드] 탭에 추가로 입력하시오. (3점)

- 코드 : 99850
- 거래처명 : 하나카드
- 카드종류 : 사업용카드
- 유형 : 매입
- 카드번호 : 5531-8440-0622-2804

□□□

(2) [계정과목및적요등록] 메뉴에서 여비교통비(판매비및일반관리비) 계정에 아래의 적요를 추가로 등록하시오. (3점)

- 현금적요 6번 : 야근 시 퇴근택시비 지급
- 대체적요 3번 : 야근 시 퇴근택시비 정산 인출

□□□

(3) 전기분 손익계산서를 검토한 결과 다음과 같은 오류가 발견되었다. 해당 오류와 연관된 재무제표를 모두 올바르게 정정하시오. (4점)

공장 생산직 사원들에게 지급한 명절 선물 세트 1,000,000원이 회계 담당 직원의 실수로 인하여 본사 사무직 사원들에게 지급한 것으로 회계처리되어 있음을 확인하다.

문제 2 [일반전표입력] 메뉴를 이용하여 다음의 거래 자료를 입력하시오. (일반전표입력의 모든 거래는 부가가치세를 고려하지 말 것) (18점)

● 입력 시 유의사항 ●

- 일반적인 적요의 입력은 생략하지만, 타계정 대체거래는 적요번호를 선택하여 입력한다.
- 채권·채무와 관련된 거래는 별도의 요구가 없는 한 반드시 기등록된 거래처코드를 선택하는 방법으로 거래처명을 입력한다.
- 제조경비는 500번대 계정코드를, 판매비와관리비는 800번대 계정코드를 사용한다.
- 회계처리 시 계정과목은 별도의 제시가 없는 한 등록된 계정과목 중 가장 적절한 과목으로 한다.

□□□

(1) 7월 4일 양사의 합의에 따라, 나노컴퓨터에 지급하여야 할 외상매입금 5,000,000원과 나노컴퓨터로부터 수취하여야 할 외상매출금 3,000,000원을 상계하여 처리하고, 잔액은 당좌수표를 발행하여 지급하였다. (3점)

□□□

(2) 9월 15일 투자 목적으로 보유 중인 단기매매증권(보통주 1,000주, 1주당 액면가액 5,000원, 1주당 장부가액 9,000원)에 대하여 1주당 1,000원씩의 현금배당이 보통예금 계좌로 입금되었으며, 주식배당 20주를 수령하였다. (3점)

□□□

(3) 10월 5일 제품을 판매하고 ㈜영춘으로부터 받은 받을어음 5,000,000원을 만기 이전에 주거래은행인 토스뱅크에 할인하고, 할인료 55,000원을 차감한 나머지 금액을 보통예금 계좌로 입금받았다. (단, 어음의 할인은 매각거래에 해당한다) (3점)

□□□

(4) 10월 30일 영업부에서 대한상공회의소 회비 500,000원을 보통예금 계좌에서 지급하고 납부영수증을 수취하였다. (3점)

□□□

(5) 12월 12일 자금 조달을 위하여 발행하였던 사채(액면금액 10,000,000원, 장부가액 10,000,000원)를 9,800,000원에 조기 상환하면서 보통예금 계좌에서 지급하였다. (3점)

□□□

(6) 12월 21일 보통예금 계좌를 확인한 결과, 결산이자 500,000원에서 원천징수세액 77,000원을 차감한 금액이 입금되었음을 확인하였다. (단, 원천징수세액은 자산으로 처리할 것) (3점)

문제 3 [매입매출전표입력] 메뉴를 이용하여 다음의 거래 자료를 입력하시오. (18점)

● 입력 시 유의사항 ●

- 일반적인 적요의 입력은 생략하지만, 타계정 대체거래는 적요번호를 선택하여 입력한다.
- 채권·채무와 관련된 거래는 별도의 요구가 없는 한 반드시 기등록된 거래처코드를 선택하는 방법으로 거래처명을 입력한다.
- 제조경비는 500번대 계정코드를, 판매비와관리비는 800번대 계정코드를 사용한다.
- 회계처리 시 계정과목은 별도의 제시가 없는 한 등록된 계정과목 중 가장 적절한 과목으로 한다.
- 입력화면 하단의 분개까지 처리하고, 전자세금계산서 및 전자계산서는 전자입력으로 반영한다.

□□□

(1) 7월 11일 성심상사에 제품을 판매하고 아래의 전자세금계산서를 발급하였다. (3점)

전자세금계산서					승인번호				
공급자	등록번호	124-87-05224	종사업장번호		공급받는자	등록번호	134-86-81692	종사업장번호	
	상호(법인명)	오영상사㈜	성명	김하현		상호(법인명)	성심상사	성명	황성심
	사업장주소	경기도 성남시 분당구 서판교로6번길 24				사업장주소	경기도 화성시 송산면 마도북로 40		
	업태	제조,도소매	종목	가방		업태	제조	종목	자동차특장
	이메일					이메일			

작성일자	공급가액	세액	수정사유	비고
20xx/7/11	3,000,000	300,000	해당 없음	

월	일	품목	규격	수량	단가	공급가액	세액	비고
7	11	제품		1		3,000,000	300,000	

합계금액	현금	수표	어음	외상미수금	이 금액을 (영수)(청구) 함
3,300,000	1,000,000			2,300,000	

□□□

(2) 8월 25일 본사 사무실로 사용하기 위하여 ㈜대관령으로부터 상가를 취득하고, 대금은 다음과 같이 지급하였다. (단, 하나의 전표로 입력할 것) (3점)

- 총매매대금은 건물분 매매가액 220,000,000원(부가가치세 포함)이다.
- 총매매대금 중 계약금 22,000,000원은 계약일인 7월 25일에 미리 지급하였으며, 잔금은 8월 25일에 보통예금 계좌에서 이체하여 지급하였다.
- 건물분에 대하여 전자세금계산서를 잔금 지급일에 수취하였다.

□□□

(3) 9월 15일 총무부가 사용하기 위한 소모품을 골드팜㈜로부터 총 385,000원(부가가치세 포함)에 구매하고 보통예금 계좌에서 이체하였으며, 지출증빙용 현금영수증을 발급받았다. (단, 소모품은 구입 즉시 비용으로 처리한다) (3점)

□□□

(4) 9월 30일 경하자동차㈜로부터 본사에서 업무용으로 사용할 승용차(5인승, 배기량 998cc, 개별소비세 과세 대상 아님)를 구입하고 아래의 전자세금계산서를 발급받았다. (3점)

전자세금계산서					승인번호					
공급자	등록번호	610-81-51299	종사업장번호		공급받는자	등록번호	124-87-05224	종사업장번호		
	상호(법인명)	경하자동차㈜	성명	정선달		상호(법인명)	오영상사㈜	성명	김하현	
	사업장주소	울산 중구 태화동 150				사업장주소	경기도 성남시 분당구 서판교로6번길 24			
	업태	제조,도소매	종목	자동차		업태	제조,도소매	종목	가방	
	이메일					이메일				
작성일자	공급가액		세액		수정사유	비고				
20xx/9/30	15,000,000		1,500,000							
월	일	품목	규격	수량	단가	공급가액	세액	비고		
9	30	승용차(배기량 998cc)		1		15,000,000	1,500,000			
합계금액	현금	수표	어음	외상미수금	이 금액을 (청구) 함					
16,500,000				16,500,000						

□□□

(5) 10월 17일 미국에 소재한 MIRACLE사에서 원재료 8,000,000원(부가가치세 별도)을 수입하면서 인천세관으로부터 수입전자세금계산서를 발급받고 부가가치세는 보통예금 계좌에서 지급하였다. (단, 재고자산에 대한 회계처리는 생략할 것) (3점)

□□□

(6) 10월 20일 개인 소비자(거래처 입력은 생략할 것)에게 제품을 판매하고 현금 99,000원(부가가치세 포함)을 받았다. (단, 판매와 관련하여 어떠한 증빙도 발급하지 않았다) (3점)

문제 4 **[일반전표입력] 및 [매입매출전표입력] 메뉴에 입력된 내용 중 다음과 같은 오류가 발견되었다. 입력된 내용을 확인하여 정정하시오. (6점)**

□□□

(1) 8월 31일 운영자금 조달을 위해 개인으로부터 차입한 부채에 대한 이자비용 362,500원을 보통예금 계좌에서 이체하고 회계처리하였으나 해당 거래는 이자비용 500,000원에서 원천징수세액 137,500원을 차감하고 지급한 것으로 이에 대한 회계처리가 누락되었다. (단, 원천징수세액은 부채로 처리하고, 하나의 전표로 입력할 것) (3점)

□□□

(2) 11월 30일 제품생산공장 출입문의 잠금장치를 수리하고 영포상회에 지급한 770,000원(부가가치세 포함)을 자본적 지출로 회계처리하였으나 수익적 지출로 처리하는 것이 옳은 것으로 판명되었다. (3점)

문제 5 결산정리사항은 다음과 같다. 관련 메뉴를 이용하여 결산을 완료하시오. (9점)

□□□

(1) 2월 11일 소모품 3,000,000원을 구입하고 모두 자산으로 처리하였으며, 12월 31일 현재 창고에 남은 소모품은 500,000원으로 조사되었다. 부서별 소모품 사용 비율은 영업부 25%, 생산부 75%이며, 그 사용 비율에 따라 배부한다. (3점)

□□□

(2) 기중에 현금시재 잔액이 장부금액보다 부족한 것을 발견하고 현금과부족으로 계상하였던 235,000원 중 150,000원은 영업부 업무용 자동차의 유류대금을 지급한 것으로 확인되었으나 나머지는 결산일까지 그 원인이 파악되지 않아 당기의 비용으로 대체하다. (3점)

□□□

(3) 12월 31일 결산일 현재 재고자산의 기말재고액은 다음과 같다. (3점)

원재료	재공품	제품
• 장부수량 : 10,000개(단가 1,000원) • 실제수량 : 9,500개(단가 1,000원) • 단, 수량차이는 모두 정상적으로 발생한 것이다.	8,500,000원	13,450,000원

문제 6 다음 사항을 조회하여 알맞은 답안을 [이론문제 답안작성] 메뉴에 입력하시오. (9점)

□□□

(1) 당기 5월 말 현재 외상매출금과 외상매입금의 차액은 얼마인가? (단, 양수로 기재할 것) (3점)

□□□

(2) 올해 1기 부가가치세 확정신고기간(4월 ~ 6월)의 영세율 적용 대상 매출액은 모두 얼마인가? (3점)

□□□

(3) 6월에 발생한 판매비와일반관리비 중 발생액이 가장 적은 계정과목과 그 금액은 얼마인가? (3점)

▶ 정답 및 해설 | p.818

제109회 기출문제

✓ 다시 봐야 할 문제(틀린 문제, 풀지 못한 문제, 헷갈리는 문제 등)는 회독별로 문제 번호 위 네모박스(□)에 체크하여 반복 학습할 수 있습니다.

이론시험

다음 문제를 보고 알맞은 것을 골라 [이론문제 답안작성] 메뉴에 입력하시오. (객관식 문항당 2점)

기본전제

문제에서 한국채택국제회계기준을 적용하도록 하는 전제조건이 없는 경우, 일반기업회계기준을 적용한다.

□□□

1. **회계분야 중 재무회계에 대한 설명으로 적절한 것은?**

① 관리자에게 경영활동에 필요한 재무정보를 제공한다.
② 국세청 등의 과세관청을 대상으로 회계정보를 작성한다.
③ 법인세, 소득세, 부가가치세 등의 세무 보고서 작성을 목적으로 한다.
④ 일반적으로 인정된 회계원칙에 따라 작성하며 주주, 투자자 등이 주된 정보이용자이다.

□□□

2. **유가증권 중 단기매매증권에 대한 설명으로 옳지 않은 것은?**

① 시장성이 있어야 하고, 단기시세차익을 목적으로 하여야 한다.
② 단기매매증권은 당좌자산으로 분류된다.
③ 기말평가방법은 공정가액법이다.
④ 단기매매증권은 투자자산으로 분류된다.

□□□

3. **다음 중 재고자산의 평가에 대한 설명으로 옳지 않은 것은?**

① 성격이 상이한 재고자산을 일괄 구입하는 경우에는 공정가치 비율에 따라 안분하여 취득원가를 결정한다.
② 재고자산의 취득원가에는 취득과정에서 발생한 할인, 에누리는 차감하지 않는다.
③ 저가법을 적용할 경우 시가가 취득원가보다 낮아지면 시가를 장부금액으로 한다.
④ 저가법을 적용할 경우 발생한 차액은 전부 매출원가로 회계처리한다.

□□□

4. **다음 중 유형자산의 자본적 지출을 수익적 지출로 잘못 처리했을 경우 당기의 자산과 자본에 미치는 영향으로 올바른 것은?**

	자산	자본
①	과대	과소
②	과소	과소
③	과소	과대
④	과대	과대

□□□

5. **㈜재무는 자사의 주식 200주(1주당 액면가액 5,000원)를 1주당 7,000원에 매입하여 소각하였다. 소각일 현재 자본잉여금에 감차차익 200,000원을 계상하고 있는 경우 주식소각 후 재무상태표상에 계상되는 감자차손익은 얼마인가?**

① 감자차손 200,000원　　② 감자차손 400,000원
③ 감자차익 200,000원　　④ 감자차익 400,000원

□□□

6. **다음 중 손익계산서에 대한 설명으로 옳지 않은 것은?**

① 매출원가는 제품, 상품 등의 매출액에 대응되는 원가로서 판매된 제품이나 상품 등에 대한 제조원가 또는 매입원가이다.
② 영업외비용은 기업의 주된 영업활동이 아닌 활동으로부터 발생한 비용과 차손으로서 기부금, 잡손실 등이 이에 해당한다.
③ 손익계산서는 일정 기간의 기업의 경영성과에 대한 유용한 정보를 제공한다.
④ 수익과 비용은 각각 순액으로 보고하는 것을 원칙으로 한다.

□□□

7. **㈜서울은 ㈜제주와 제품 판매계약을 맺고 ㈜제주가 발행한 당좌수표 500,000원을 계약금으로 받아 아래와 같이 회계처리하였다. 다음 중 ㈜서울의 재무제표에 나타난 영향으로 옳은 것은?**

(차) 당좌예금	500,000원	(대) 제품매출	500,000원

① 당좌자산 과소계상　　② 당좌자산 과대계상
③ 유동부채 과소계상　　④ 당기순이익 과소계상

□□□

8. ㈜한국상사의 올해 1월 1일 자본금은 50,000,000원(발행주식수 10,000주, 1주당 액면금액 5,000원)이다. 올해 10월 1일 1주당 6,000원에 2,000주를 유상증자하였을 경우, 올해 기말 자본금은 얼마인가?

① 12,000,000원 ② 50,000,000원 ③ 60,000,000원 ④ 62,000,000원

□□□

9. 원가 및 비용의 분류항목 중 제조원가에 해당하는 것은 무엇인가?

① 생산공장의 전기요금
② 영업용 사무실의 전기요금
③ 마케팅부의 교육연수비
④ 생산공장 기계장치의 처분손실

□□□

10. 다음 중 보조부문 상호 간의 용역수수관계를 고려하여 보조부문원가를 제조부문과 보조부문에 배분함으로써 보조부문 간의 상호 서비스 제공을 완전히 반영하는 방법으로 옳은 것은?

① 직접배분법 ② 단계배분법 ③ 상호배분법 ④ 총배분법

□□□

11. 다음의 자료에 의한 당기 재료원가는 얼마인가?

• 기초원재료 : 1,200,000원	• 기초재공품 : 200,000원
• 당기원재료매입액 : 900,000원	• 기말재공품 : 300,000원
• 기말원재료 : 850,000원	• 기초제품 : 400,000원
• 기말제품 : 500,000원	• 노무원가 : 500,000원

① 1,150,000원 ② 1,250,000원 ③ 1,350,000원 ④ 1,650,000원

□□□

12. ㈜성진은 직접원가를 기준으로 제조간접원가를 배부한다. 다음 자료에 의하여 계산한 제조지시서 No.1의 제조간접원가 배부액은 얼마인가?

공장전체 발생원가	제조지시서 No.1
• 총생산수량 : 10,000개 • 기계시간 : 24시간 • 직접재료원가 : 800,000원 • 직접노무원가 : 200,000원 • 제조간접원가 : 500,000원	• 총생산수량 : 5,200개 • 기계시간 : 15시간 • 직접재료원가 : 400,000원 • 직접노무원가 : 150,000원 • 제조간접원가 : (?)원

① 250,000원 ② 260,000원 ③ 275,000원 ④ 312,500원

□□□

13. 다음 중 부가가치세법상 과세기간에 대한 설명으로 옳지 않은 것은?

① 간이과세자의 과세기간은 1월 1일부터 12월 31일까지이다.
② 사업자가 폐업하는 경우의 과세기간은 폐업일이 속하는 과세기간의 개시일부터 폐업일까지로 한다.
③ 일반과세자가 간이과세자로 변경되는 경우에 그 변경되는 해의 간이과세자 과세기간은 7월 1일부터 12월 31일까지이다.
④ 간이과세자가 일반과세자로 변경되는 경우에 그 변경되는 해의 간이과세자 과세기간은 1월 1일부터 12월 31일까지이다.

□□□

14. 다음 중 세금계산서의 필요적 기재사항에 해당하지 않는 것은?

① 공급연월일
② 공급하는 사업자의 등록번호와 성명 또는 명칭
③ 공급받는자의 등록번호
④ 공급가액과 부가가치세액

□□□

15. 다음 중 부가가치세법에 따른 재화 또는 용역의 공급시기에 대한 설명으로 적절하지 않은 것은?

① 위탁판매의 경우 수탁자가 공급한 때이다.
② 상품권의 경우 상품권이 판매되는 때이다.
③ 장기할부판매의 경우 대가의 각 부분을 받기로 한 때이다.
④ 내국물품을 외국으로 반출하는 경우 수출재화를 선적하는 때이다.

실무시험

정민상사㈜(회사코드 : 1209)는 전자제품의 제조 및 도·소매업을 영위하는 중소기업으로 당기(제9기) 회계기간은 2023. 1. 1. ~ 2023. 12. 31.이다. 전산세무회계 수험용 프로그램을 이용하여 다음 물음에 답하시오.

문제 1 다음은 [기초정보관리] 및 [전기분재무제표]에 대한 자료이다. 각각의 요구사항에 대하여 답하시오. (10점)

□□□

(1) 다음 자료를 이용하여 [거래처등록] 메뉴에 등록하시오. (3점)

- 거래처코드 : 01230
- 거래처명 : 태형상사
- 유형 : 동시
- 사업자등록번호 : 107-36-25785
- 대표자 : 김상수
- 업태 : 도소매
- 종목 : 사무기기
- 사업장주소 : 서울시 동작구 여의대방로10가길 1(신대방동)

※ 주소 입력 시 우편번호 입력은 생략해도 무방함

□□□

(2) 정민상사㈜의 전기말 거래처별 채권 및 채무의 올바른 잔액은 다음과 같다. 주어진 자료를 검토하여 잘못된 부분은 오류를 정정하고, 누락된 부분은 추가하여 입력하시오. (3점)

채권 및 채무	거래처	금액
받을어음	㈜원수	15,000,000원
	㈜케스터	2,000,000원
단기차입금	㈜이태백	10,000,000원
	㈜빛날통신	13,000,000원
	Champ사	12,000,000원

□□□

(3) 전기분 손익계산서를 검토한 결과 다음과 같은 오류가 발견되었다. 전기분재무제표 중 관련 재무제표를 모두 적절하게 수정 또는 삭제 및 추가입력하시오. (4점)

계정과목	오류내용
보험료	제조원가 1,000,000원을 판매비와관리비로 회계처리

문제 2 [일반전표입력] 메뉴를 이용하여 다음의 거래 자료를 입력하시오. (일반전표입력의 모든 거래는 부가가치세를 고려하지 말 것) (18점)

● 입력 시 유의사항 ●

- 일반적인 적요의 입력은 생략하지만, 타계정 대체거래는 적요번호를 선택하여 입력한다.
- 채권·채무와 관련된 거래는 별도의 요구가 없는 한 반드시 기등록된 거래처코드를 선택하는 방법으로 거래처명을 입력한다.
- 제조경비는 500번대 계정코드를, 판매비와관리비는 800번대 계정코드를 사용한다.
- 회계처리 시 계정과목은 별도의 제시가 없는 한 등록된 계정과목 중 가장 적절한 과목으로 한다.

□□□

(1) 8월 20일 인근 주민센터에 판매용 제품(원가 2,000,000원, 시가 3,500,000원)을 기부하였다. (3점)

□□□

(2) 9월 2일 대주주인 전마나 씨로부터 차입한 단기차입금 20,000,000원 중 15,000,000원은 보통예금 계좌에서 이체하여 상환하고, 나머지 금액은 면제받기로 하였다. (3점)

□□□

(3) 10월 19일 ㈜용인의 외상매입금 2,500,000원에 대해 타인이 발행한 당좌수표 1,500,000원과 ㈜수원에 제품을 판매하고 받은 ㈜수원 발행 약속어음 1,000,000원을 배서하여 지급하다. (3점)

□□□

(4) 11월 6일 전월분 고용보험료를 다음과 같이 현금으로 납부하다. (단, 하나의 전표로 처리하고, 회사부담금은 보험료로 처리할 것) (3점)

고용보험 납부내역				
사원명	소속	직원부담금	회사부담금	합계
김정직	제조부	180,000원	221,000원	401,000원
이성실	마케팅부	90,000원	110,500원	200,500원
합계		270,000원	331,500원	601,500원

□□□

(5) 11월 11일 영업부 직원에 대한 확정기여형(DC) 퇴직연금 7,000,000원을 하나은행 보통예금 계좌에서 이체하여 납입하였다. (3점)

□□□

(6) 12월 3일 일시보유목적으로 취득하였던 시장성 있는 ㈜세무의 주식 500주(1주당 장부금액 8,000원, 1주당 액면금액 5,000원, 1주당 처분금액 10,000원)를 처분하고 수수료 250,000원을 제외한 금액을 보통예금 계좌로 이체받았다. (3점)

문제 3 **[매입매출전표입력] 메뉴를 이용하여 다음의 거래 자료를 입력하시오. (18점)**

입력 시 유의사항

- 일반적인 적요의 입력은 생략하지만, 타계정 대체거래는 적요번호를 선택하여 입력한다.
- 채권·채무와 관련된 거래는 별도의 요구가 없는 한 반드시 기등록된 거래처코드를 선택하는 방법으로 거래처명을 입력한다.
- 제조경비는 500번대 계정코드를, 판매비와관리비는 800번대 계정코드를 사용한다.
- 회계처리 시 계정과목은 별도의 제시가 없는 한 등록된 계정과목 중 가장 적절한 과목으로 한다.
- 입력화면 하단의 분개까지 처리하고, 전자세금계산서 및 전자계산서는 전자입력으로 반영한다.

□□□

(1) 7월 28일 총무부 직원들의 야식으로 저팔계산업(일반과세자)에서 도시락을 주문하고, 하나카드로 결제하였다. (3점)

신용카드매출전표

가 맹 점 명 : 저팔계산업
사업자번호 : 127-10-12343
대 표 자 명 : 김돈육
주 소 : 서울 마포구 상암동 332
롯 데 카 드 : 신용승인
거 래 일 시 : 20xx-07-28 20:08:54
카 드 번 호 : 3256-6455-****-1324
유 효 기 간 : 12/24
가맹점번호 : 123412341
매 입 사 : 하나카드(전자서명전표)

상품명	금액
도시락세트	220,000

공 급 가 액 : 200,000
부 가 세 액 : 20,000
합 계 : 220,000

□□□

(2) 9월 3일 공장에서 사용하던 기계장치(취득가액 50,000,000원, 처분 시점까지의 감가상각누계액 38,000,000원)를 보람테크㈜에 처분하고 아래의 전자세금계산서를 발급하였다. (당기의 감가상각비는 고려하지 말고 하나의 전표로 입력할 것) (3점)

<table>
<tr><td colspan="5">전자세금계산서</td><td colspan="2">승인번호</td><td colspan="3"></td></tr>
<tr><td rowspan="5">공급자</td><td>등록번호</td><td>680-81-32549</td><td>종사업장번호</td><td></td><td rowspan="5">공급받는자</td><td>등록번호</td><td>110-81-02129</td><td>종사업장번호</td><td></td></tr>
<tr><td>상호(법인명)</td><td>정민상사㈜</td><td>성명</td><td>최정민</td><td>상호(법인명)</td><td>보람테크㈜</td><td>성명</td><td>김종대</td></tr>
<tr><td>사업장주소</td><td colspan="3">경기도 수원시 권선구 평동로79번길 45</td><td>사업장주소</td><td colspan="3">경기도 안산시 단원구 광덕서로 100</td></tr>
<tr><td>업태</td><td>제조,도소매</td><td>종목</td><td>전자제품</td><td>업태</td><td>제조</td><td>종목</td><td>반도체</td></tr>
<tr><td>이메일</td><td colspan="3"></td><td>이메일</td><td colspan="3"></td></tr>
</table>

작성일자	공급가액	세액	수정사유	비고
20xx. 9. 3.	13,500,000	1,350,000	해당 없음	

월	일	품목	규격	수량	단가	공급가액	세액	비고
9	3	기계장치 매각		1		13,500,000	1,350,000	

합계금액	현금	수표	어음	외상미수금	이 금액을 (청구) 함
14,850,000	4,850,000			10,000,000	

□□□

(3) 9월 22일 마산상사로부터 원재료 5,500,000원(부가가치세 포함)을 구입하고 전자세금계산서를 발급받았다. 대금은 ㈜서울에 제품을 판매하고 받은 ㈜서울 발행 약속어음 2,000,000원을 배서하여 지급하고, 잔액은 외상으로 하다. (3점)

□□□

(4) 10월 31일 NICE Co.,Ltd의 해외수출을 위한 구매확인서에 따라 전자제품 100개(@700,000원)를 납품하고 영세율전자세금계산서를 발행하였다. 대금 중 50%는 보통예금 계좌로 입금받고 잔액은 1개월 후에 받기로 하다. (3점)

□□□

(5) 11월 4일 영업부 거래처의 직원에게 선물할 목적으로 선물세트를 외상으로 구입하고 아래와 같은 전자세금계산서를 발급받았다. (3점)

전자세금계산서						승인번호				
공급자	등록번호	113-18-77299	종사업장 번호		공급받는자	등록번호	680-81-32549	종사업장 번호		
	상호(법인명)	손오공상사	성명	황범식		상호(법인명)	정민상사㈜	성명	최정민	
	사업장 주소	서울특별시 서초구 명달로 102				사업장 주소	경기도 수원시 권선구 평동로79번길 45			
	업태	도매	종목	잡화류		업태	제조,도소매	종목	전자제품	
	이메일					이메일				

작성일자	공급가액	세액	수정사유	비고
20xx. 11. 4.	1,500,000	150,000	해당 없음	

월	일	품목	규격	수량	단가	공급가액	세액	비고
11	4	선물세트		1	1,500,000	1,500,000	150,000	

합계금액	현금	수표	어음	외상미수금	이 금액을 (청구) 함
1,650,000				1,650,000	

□□□

(6) 12월 5일 공장 신축 목적으로 취득한 토지의 토지정지 등을 위한 토목공사를 하고 ㈜만듬건설로부터 아래의 전자세금계산서를 발급받았다. 대금 지급은 기지급한 계약금 5,500,000원을 제외하고 외상으로 하였다. (3점)

전자세금계산서						승인번호				
공급자	등록번호	105-81-23608	종사업장 번호		공급받는자	등록번호	680-81-32549	종사업장 번호		
	상호(법인명)	㈜만듬건설	성명	다만듬		상호(법인명)	정민상사㈜	성명	최정민	
	사업장 주소	서울특별시 동작구 여의대방로 24가길 28				사업장 주소	경기도 수원시 권선구 평동로79번길 45			
	업태	건설	종목	토목공사		업태	제조,도소매	종목	전자제품	
	이메일					이메일				

작성일자	공급가액	세액	수정사유	비고
20xx. 12. 5.	50,000,000	5,000,000	해당 없음	

월	일	품목	규격	수량	단가	공급가액	세액	비고
12	5	공장토지 토지정지 등		1	50,000,000	50,000,000	5,000,000	

합계금액	현금	수표	어음	외상미수금	이 금액을 (청구) 함
55,000,000		5,500,000		49,500,000	

문제 4 [일반전표입력] 및 [매입매출전표입력] 메뉴에 입력된 내용 중 다음과 같은 오류가 발견되었다. 입력된 내용을 확인하여 정정하시오. (6점)

□□□

(1) 11월 10일 공장 에어컨 수리비로 가나상사에 보통예금 계좌에서 송금한 880,000원을 수선비로 회계처리하였으나, 해당 수선비는 10월 10일 미지급금으로 회계처리한 것을 결제한 것이다. (3점)

□□□

(2) 12월 15일 당초 제품을 $10,000에 직수출하고 선적일 당시 환율 1,000원/$을 적용하여 제품매출 10,000,000원을 외상판매한 것으로 회계처리하였으나, 수출 관련 서류 검토 결과 직수출이 아니라 내국신용장에 의한 공급으로 ㈜강서기술에 전자영세율세금계산서를 발급한 외상매출인 것으로 확인되었다. (3점)

문제 5 결산정리사항은 다음과 같다. 관련 메뉴를 이용하여 결산을 완료하시오. (9점)

□□□

(1) 거래처 ㈜태명에 4월 1일 대여한 50,000,000원(상환회수일 2년 후 3월 31일, 연 이자율 6%)에 대한 기간경과분 이자를 계상하다. (단, 이자는 월할 계산하고, 매년 3월 31일에 받기로 약정하였다) (3점)

□□□

(2) 제조공장의 창고 임차기간은 올해 4. 1. ~ 내년 3. 31.으로 임차개시일에 임차료 3,600,000원을 전액 지급하고 즉시 당기 비용으로 처리하였다. 결산정리분개를 하시오. (3점)

□□□

(3) 당기 중 단기간 시세차익을 목적으로 시장성이 있는 유가증권을 75,000,000원에 취득하였다. 당기말 해당 유가증권의 시가는 73,000,000원이다. (3점)

문제 6 다음 사항을 조회하여 알맞은 답안을 [이론문제 답안작성] 메뉴에 입력하시오. (9점)

□□□

(1) 올해 상반기(1월 ~ 6월) 중 판매비및관리비의 급여 발생액이 가장 많은 월과 가장 적은 월의 차액은 얼마인가? (단, 양수로만 기재할 것) (3점)

□□□

(2) 일천상사에 대한 제품매출액은 3월 대비 4월에 얼마나 감소하였는가? (단, 음수로 입력하지 말 것) (3점)

□□□

(3) 올해 1기 예정신고기간(1월 ~ 3월) 중 ㈜서산상사에 발행한 세금계산서의 총발행매수와 공급가액은 얼마인가? (3점)

▶ 정답 및 해설 | p.822

제108회 기출문제

다시 봐야 할 문제(틀린 문제, 풀지 못한 문제, 헷갈리는 문제 등)는 회독별로 문제 번호 위 네모박스(□)에 체크하여 반복 학습할 수 있습니다.

이론시험

다음 문제를 보고 알맞은 것을 골라 [이론문제 답안작성] 메뉴에 입력하시오. (객관식 문항당 2점)

기 본 전 제

문제에서 한국채택국제회계기준을 적용하도록 하는 전제조건이 없는 경우, 일반기업회계기준을 적용한다.

□□□

1. 자기주식을 취득가액보다 낮은 금액으로 처분한 경우, 다음 중 재무제표상 자기주식의 취득가액과 처분가액의 차액이 표기되는 항목으로 옳은 것은?

① 영업외비용　　② 자본잉여금
③ 기타포괄손익누계액　　④ 자본조정

□□□

2. ㈜전주는 ㈜천안에 제품을 판매하기로 약정하고, 계약금으로 제3자인 ㈜철원이 발행한 당좌수표 100,000원을 받았다. 다음 중 회계처리로 옳은 것은?

① (차) 현금	100,000원	(대) 선수금	100,000원
② (차) 당좌예금	100,000원	(대) 선수금	100,000원
③ (차) 현금	100,000원	(대) 제품매출	100,000원
④ (차) 당좌예금	100,000원	(대) 제품매출	100,000원

□□□

3. 다음 중 기말재고자산을 실제보다 과대계상한 경우 재무제표에 미치는 영향으로 잘못된 것은?

① 자산이 실제보다 과대계상된다.
② 자본총계가 실제보다 과소계상된다.
③ 매출총이익이 실제보다 과대계상된다.
④ 매출원가가 실제보다 과소계상된다.

□□□

4. **다음 중 일반기업회계기준상 무형자산의 상각에 관한 내용으로 옳지 않은 것은?**

① 무형자산의 상각방법은 정액법, 체감잔액법 등 합리적인 방법을 적용할 수 있으며, 합리적인 방법을 정할 수 없는 경우에는 정액법을 적용한다.
② 내부적으로 창출한 영업권은 원가의 신뢰성 문제로 인하여 자산으로 인정되지 않는다.
③ 무형자산의 상각기간은 독점적·배타적인 권리를 부여하고 있는 관계 법령이나 계약에 정해진 경우에도 20년을 초과할 수 없다.
④ 무형자산의 잔존가치는 없는 것을 원칙으로 하나, 예외도 존재한다.

□□□

5. **다음 자료를 이용하여 단기투자자산의 합계액을 계산한 것으로 옳은 것은?**

• 현금 : 5,000,000원	• 1년 만기 정기예금 : 3,000,000원	• 단기매매증권 : 4,000,000원
• 당좌예금 : 3,000,000원	• 우편환증서 : 50,000원	• 외상매출금 : 7,000,000원

① 7,000,000원 ② 8,000,000원 ③ 10,000,000원 ④ 11,050,000원

□□□

6. **다음 중 비유동부채에 해당하는 것은 모두 몇 개인가?**

가. 사채	나. 퇴직급여충당부채	다. 유동성장기부채	라. 선수금

① 1개 ② 2개 ③ 3개 ④ 4개

□□□

7. **일반기업회계기준에 근거하여 다음의 재고자산을 평가하는 경우 재고자산평가손익은 얼마인가?**

상품명	기말재고수량	단위당 취득원가	단위당 추정판매가격 (단위당 순실현가능가치)
비누	100개	75,000원	65,000원
세제	200개	50,000원	70,000원

① 재고자산평가이익 3,000,000원 ② 재고자산평가이익 4,000,000원
③ 재고자산평가손실 3,000,000원 ④ 재고자산평가손실 1,000,000원

□□□

8. 다음 중 수익의 인식에 대한 설명으로 가장 옳은 것은?

① 시용판매의 경우 수익의 인식은 구매자의 구매의사 표시일이다.
② 예약매출의 경우 수익의 인식은 자산의 건설이 완료되어 소비자에게 인도한 시점이다.
③ 할부판매의 경우 수익의 인식은 항상 소비자로부터 대금을 회수하는 시점이다.
④ 위탁판매의 경우 수익의 인식은 위탁자가 수탁자에게 제품을 인도한 시점이다.

□□□

9. 당기의 원재료 매입액은 20억 원이고, 기말 원재료 재고액이 기초 원재료 재고액보다 3억 원이 감소한 경우, 당기의 원재료원가는 얼마인가?

① 17억 원 ② 20억 원 ③ 23억 원 ④ 25억 원

□□□

10. 다음 중 제조원가명세서의 구성요소로 옳은 것을 모두 고른 것은?

가. 기초재공품재고액	나. 기말원재료재고액	다. 기말제품재고액
라. 당기제품제조원가	마. 당기총제조비용	

① 가, 나 ② 가, 나, 라 ③ 가, 나, 다, 라 ④ 가, 나, 라, 마

□□□

11. 당사는 직접노무시간을 기준으로 제조간접원가를 배부하고 있다. 당기의 제조간접원가 실제 발생액은 500,000원이고, 예정배부율은 200원/직접노무시간이다. 당기의 실제 직접노무시간이 3,000시간일 경우, 다음 중 제조간접원가 배부차이로 옳은 것은?

① 100,000원 과대배부 ② 100,000원 과소배부
③ 200,000원 과대배부 ④ 200,000원 과소배부

□□□

12. 다음 중 종합원가계산에 대한 설명으로 옳지 않은 것은?

① 각 공정별로 원가가 집계되므로 원가에 대한 책임소재가 명확하다.
② 일반적으로 원가를 재료원가와 가공원가로 구분하여 원가계산을 한다.
③ 기말재공품이 존재하지 않는 경우 평균법과 선입선출법의 당기완성품원가는 일치한다.
④ 모든 제품 단위가 완성되는 시점을 별도로 파악하기가 어려우므로 인위적인 기간을 정하여 원가를 산정한다.

□□□

13. 다음 중 세금계산서 발급 의무가 면제되는 경우로 틀린 것은?

① 간주임대료
② 사업상 증여
③ 구매확인서에 의하여 공급하는 재화
④ 폐업시 잔존재화

□□□

14. 다음 중 부가가치세법상 업종별 사업장의 범위로 맞지 않는 것은?

① 제조업은 최종제품을 완성하는 장소
② 사업장을 설치하지 않은 경우 사업자의 주소 또는 거소
③ 운수업은 개인인 경우 사업에 관한 업무를 총괄하는 장소
④ 부동산매매업은 법인의 경우 부동산의 등기부상 소재지

□□□

15. 다음 중 부가가치세에 대한 설명으로 옳지 않은 것은?

① 법률상 면세 대상으로 열거된 것을 제외한 모든 재화나 용역의 소비행위에 대하여 과세한다.
② 납세의무자는 개인사업자나 영리법인으로 한정되어 있다.
③ 매출세액에서 매입세액을 차감하여 납부(환급)세액을 계산한다.
④ 납세의무자는 재화 또는 용역을 공급하는 사업자이지만, 담세자는 최종소비자가 된다.

실무시험

고성상사㈜(회사코드 : 1208)는 가방 등의 제조·도소매업 및 부동산임대업을 영위하는 중소기업으로 당기(제8기) 회계기간은 2023. 1. 1. ~ 2023. 12. 31.이다. 전산세무회계 수험용 프로그램을 이용하여 다음 물음에 답하시오.

문제 1 다음은 [기초정보관리] 및 [전기분재무제표]에 대한 자료이다. 각각의 요구사항에 대하여 답하시오. (10점)

□□□

(1) [거래처등록] 메뉴를 이용하여 다음의 신규 거래처를 추가로 등록하시오. (3점)

- 거래처코드 : 3000
- 거래처명 : ㈜나우전자
- 대표자 : 김나우
- 사업자등록번호 : 108-81-13579
- 업태 : 제조
- 종목 : 전자제품
- 유형 : 동시
- 사업장주소 : 서울특별시 서초구 명달로 104(서초동)
  ※ 주소 입력 시 우편번호 입력은 생략해도 무방함

□□□

(2) 다음 자료를 이용하여 [계정과목및적요등록]을 하시오. (3점)

- 계정과목 : 퇴직연금운용자산
- 대체적요 1. 제조 관련 임직원 확정급여형 퇴직연금부담금 납입

□□□

(3) 전기분 재무상태표 작성 시 기업은행의 단기차입금 20,000,000원을 신한은행의 장기차입금으로 잘못 분류하였다. [전기분재무상태표] 및 [거래처별초기이월]을 수정, 삭제 또는 추가 입력하시오. (4점)

문제 2 [일반전표입력] 메뉴를 이용하여 다음의 거래 자료를 입력하시오. (일반전표입력의 모든 거래는 부가가치세를 고려하지 말 것) (18점)

● 입력 시 유의사항 ●

- 일반적인 적요의 입력은 생략하지만, 타계정 대체거래는 적요번호를 선택하여 입력한다.
- 채권·채무와 관련된 거래는 별도의 요구가 없는 한 반드시 기등록된 거래처코드를 선택하는 방법으로 거래처명을 입력한다.
- 제조경비는 500번대 계정코드를, 판매비와관리비는 800번대 계정코드를 사용한다.
- 회계처리 시 계정과목은 별도의 제시가 없는 한 등록된 계정과목 중 가장 적절한 과목으로 한다.

□□□

(1) 8월 1일 미국은행으로부터 2022년 10월 31일에 차입한 외화장기차입금(계정과목 : 외화장기차입금) 중 $30,000를 상환하기 위하여 보통예금 계좌에서 39,000,000원을 이체하여 지급하였다. 일자별 적용환율은 아래와 같다. (3점)

전년도 10. 31. (차입일)	전년도 12. 31. (직전 연도 종료일)	올해 8. 1. (상환일)
1,210/$	1,250/$	1,300/$

□□□

(2) 8월 12일 금융기관으로부터 매출거래처인 ㈜모모가방이 발행한 어음 50,000,000원이 부도처리되었다는 통보를 받았다. (3점)

□□□

(3) 8월 23일 임시주주총회에서 6월 29일 결의하고 미지급한 중간배당금 10,000,000원에 대하여 원천징수세액 1,540,000원을 제외한 금액을 보통예금 계좌에서 지급하였다. (3점)

□□□

(4) 8월 31일 제품의 제조공장에서 사용할 기계장치(공정가치 5,500,000원)를 대주주로부터 무상으로 받았다. (3점)

□□□

(5) 9월 11일 단기매매차익을 목적으로 주권상장법인인 ㈜대호전자의 주식 2,000주를 1주당 2,000원(1주당 액면금액 1,000원)에 취득하고, 증권거래수수료 10,000원을 포함한 대금을 모두 보통예금 계좌에서 지급하였다. (3점)

□□□

(6) 9월 13일 ㈜다원의 외상매출금 4,000,000원 중 1,000,000원은 현금으로 받고, 나머지 잔액은 ㈜다원이 발행한 약속어음으로 받았다. (3점)

문제 3 다음 거래 자료를 [매입매출전표입력] 메뉴에 입력하시오. (18점)

● 입력 시 유의사항 ●

- 일반적인 적요의 입력은 생략하지만, 타계정 대체거래는 적요번호를 선택하여 입력한다.
- 채권·채무와 관련된 거래는 별도의 요구가 없는 한 반드시 기등록된 거래처코드를 선택하는 방법으로 거래처명을 입력한다.
- 제조경비는 500번대 계정코드를, 판매비와관리비는 800번대 계정코드를 사용한다.
- 회계처리 시 계정과목은 별도의 제시가 없는 한 등록된 계정과목 중 가장 적절한 과목으로 한다.
- 입력화면 하단의 분개까지 처리하고, 전자세금계산서 및 전자계산서는 전자입력으로 반영한다.

□□□

(1) 7월 13일 ㈜남양가방에 제품을 판매하고, 대금은 신용카드(비씨카드)로 결제받았다. (단, 신용카드 판매액은 매출채권으로 처리할 것) (3점)

신용카드 매출전표

결제정보

카드종류	비씨카드	카드번호	1234-5050-4646-8525
거래종류	신용구매	거래일시	20xx-07-13
할부개월	0	승인번호	98465213

구매정보

주문번호	511-B	과세금액	5,000,000원
구매자명	㈜남양가방	비과세금액	0원
상품명	크로스백	부가세	500,000원
		합계금액	5,500,000원

이용상점정보

판매자상호	㈜남양가방
판매자 사업자등록번호	105-81-23608
판매자 주소	서울특별시 동작구 여의대방로 28

□□□

(2) 9월 5일 특별주문제작하여 매입한 기계장치가 완성되어 특수운송전문업체인 쾌속운송을 통해 기계장치를 인도받았다. 운송비 550,000원(부가가치세 포함)을 보통예금 계좌에서 이체하여 지급하고 쾌속운송으로부터 전자세금계산서를 수취하였다. (3점)

□□□

(3) 9월 6일 정도정밀로부터 제품임가공계약에 따른 제품을 납품받고 전자세금계산서를 수취하였다. 제품임가공비용은 10,000,000원(부가가치세 별도)이며, 전액 보통예금 계좌에서 이체하여 지급하였다. (단, 제품임가공비용은 외주가공비 계정으로 처리할 것) (3점)

□□□

(4) 9월 25일 사업과 직접 관계 없이 3D 프린터기를 외상으로 구입하여 인근 육군부대에 기증하였고, 아래와 같은 전자세금계산서를 발급받았다. (3점)

<table>
<tr><td colspan="5">전자세금계산서</td><td colspan="5">승인번호</td></tr>
<tr><td rowspan="5">공급자</td><td>등록번호</td><td>220-81-55976</td><td>종사업장번호</td><td></td><td rowspan="5">공급받는자</td><td>등록번호</td><td>128-81-32658</td><td>종사업장번호</td><td></td></tr>
<tr><td>상호(법인명)</td><td>㈜목포전자</td><td>성명</td><td>정찬호</td><td>상호(법인명)</td><td>고성상사㈜</td><td>성명</td><td>현정민</td></tr>
<tr><td>사업장주소</td><td colspan="3">서울특별시 서초구 명달로 101</td><td>사업장주소</td><td colspan="3">서울시 중구 창경궁로5다길 13-4</td></tr>
<tr><td>업태</td><td>도소매</td><td>종목</td><td>전자제품</td><td>업태</td><td>제조,도소매</td><td>종목</td><td>가방 등</td></tr>
<tr><td>이메일</td><td colspan="3"></td><td>이메일</td><td colspan="3"></td></tr>
</table>

작성일자	공급가액	세액	수정사유	비고
20xx-9-25	3,500,000원	350,000원	해당 없음	

월	일	품목	규격	수량	단가	공급가액	세액	비고
9	25	3D 프린터		1	3,500,000원	3,500,000원	350,000원	

합계금액	현금	수표	어음	외상미수금	이 금액을 (청구) 함
3,850,000원				3,850,000원	

□□□

(5) 10월 6일 본사 영업부에서 사용할 복합기를 구입하고, 대금은 하나카드로 결제하였다. (3점)

매출전표

단말기번호 A-1000　　전표번호 56421454

회원번호(CARD NO)		
3152-3155-****-****		
카드종류	유효기간	거래일자
하나카드	12/25	20xx. 10. 6.
거래유형	취소시 원 거래일자	
신용구매		
결제방법	판 매 금 액	1,500,000원
일시불	부 가 가 치 세	150,000원
매입처	봉 사 료	
매입사제출	합 계 (TOTAL)	1,650,000원
전표매입사	승인번호(APPROVAL NO)	
하나카드	35745842	

가맹점명	가맹점번호
㈜OK사무	5864112
대표자명	사업자번호
김사무	204-81-76697
주소	
경기도 화성시 동탄대로 537, 101호	

서명(SIGNATURE)
고성상사(주)

□□□

(6) 12월 1일 ㈜국민가죽으로부터 고급핸드백 가방 제품의 원재료인 양가죽을 매입하고, 아래의 전자세금계산서를 수취하였다. 부가가치세는 현금으로 지급하였으며, 나머지는 외상거래이다. (3점)

<table>
<tr><td colspan="5">전자세금계산서</td><td colspan="2">승인번호</td><td colspan="3"></td></tr>
<tr><td rowspan="5">공급자</td><td>등록번호</td><td>204-81-35774</td><td>종사업장번호</td><td></td><td rowspan="5">공급받는자</td><td>등록번호</td><td>128-81-32658</td><td>종사업장번호</td><td></td></tr>
<tr><td>상호(법인명)</td><td>㈜국민가죽</td><td>성명</td><td>김국민</td><td>상호(법인명)</td><td>고성상사㈜</td><td>성명</td><td>현정민</td></tr>
<tr><td>사업장주소</td><td colspan="3">경기도 안산시 단원구 석수로 555</td><td>사업장주소</td><td colspan="3">서울시 중구 창경궁로5다길 13-4</td></tr>
<tr><td>업태</td><td>도소매</td><td>종목</td><td>가죽</td><td>업태</td><td>제조,도소매</td><td>종목</td><td>가방 등</td></tr>
<tr><td>이메일</td><td colspan="3"></td><td>이메일</td><td colspan="3"></td></tr>
</table>

작성일자	공급가액	세액	수정사유	비고
20xx-12-1	2,500,000원	250,000원	해당 없음	

월	일	품목	규격	수량	단가	공급가액	세액	비고
12	1	양가죽		1	2,500,000원	2,500,000원	250,000원	

<table>
<tr><td>합계금액</td><td>현금</td><td>수표</td><td>어음</td><td>외상미수금</td><td rowspan="2">이 금액을 (청구) 함</td></tr>
<tr><td>2,750,000원</td><td>250,000원</td><td></td><td></td><td>2,500,000원</td></tr>
</table>

문제 4 **[일반전표입력] 및 [매입매출전표입력] 메뉴에 입력된 내용 중 다음과 같은 오류가 발견되었다. 입력된 내용을 확인하여 정정하시오. (6점)**

□□□

(1) 7월 22일 제일자동차로부터 영업부의 업무용승용차(공급가액 15,000,000원, 부가가치세 별도)를 구입하여 대금은 전액 보통예금 계좌에서 지급하고 전자세금계산서를 받았다. 해당 업무용승용차의 배기량은 1,990cc이나 회계담당자는 990cc로 판단하여 부가가치세를 공제받는 것으로 회계처리하였다. (3점)

□□□

(2) 9월 15일 매출거래처 ㈜댕댕오디오의 파산선고로 인하여 외상매출금 3,000,000원을 회수불능으로 판단하고 전액 대손상각비로 대손처리하였으나, 9월 15일 파산선고 당시 외상매출금에 관한 대손충당금 잔액 1,500,000원이 남아있던 것으로 확인되었다. (3점)

문제 5 결산정리사항은 다음과 같다. 관련 메뉴를 이용하여 결산을 완료하시오. (9점)

□□□

(1) 올해 9월 16일에 지급된 2,550,000원은 그 원인을 알 수 없어 가지급금(거래처 입력은 생략)으로 처리하였던바, 결산일인 12월 31일에 2,500,000원은 하나무역의 외상매입금을 상환한 것으로 확인되었으며 나머지 금액은 그 원인을 알 수 없어 당기 비용(영업외비용)으로 처리하기로 하였다. (3점)

□□□

(2) 결산일 현재 필립전자에 대한 외화 단기대여금($30,000)의 잔액은 60,000,000원이다. 결산일 현재 기준환율은 $1당 2,200원이다. (단, 외화 단기대여금도 단기대여금 계정과목을 사용할 것) (3점)

□□□

(3) 대손충당금은 결산일 현재 미수금(기타 채권은 제외)에 대하여만 1%를 설정한다. 보충법에 의하여 대손충당금 설정 회계처리를 하시오. (단, 대손충당금 설정에 필요한 정보는 관련 데이터를 조회하여 사용할 것) (3점)

문제 6 다음 사항을 조회하여 알맞은 답안을 [이론문제 답안작성] 메뉴에 입력하시오. (9점)

□□□

(1) 올해 1기 부가가치세 예정신고기간(1월 ~ 3월) 중 카드과세매출의 공급대가 합계액은 얼마인가? (3점)

□□□

(2) 올해 6월의 영업외비용 총지출액은 얼마인가? (3점)

□□□

(3) 올해 1기 부가가치세 확정신고기간의 공제받지못할매입세액은 얼마인가? (3점)

▶ 정답 및 해설 | p.826

제107회 기출문제

✓ 다시 봐야 할 문제(틀린 문제, 풀지 못한 문제, 헷갈리는 문제 등)는 회독별로 문제 번호 위 네모박스(□)에 체크하여 반복 학습할 수 있습니다.

이론시험

다음 문제를 보고 알맞은 것을 골라 [이론문제 답안작성] 메뉴에 입력하시오. (객관식 문항당 2점)

● 기 본 전 제 ●

문제에서 한국채택국제회계기준을 적용하도록 하는 전제조건이 없는 경우, 일반기업회계기준을 적용한다.

□□□

1. 다음 중 재무제표에 대한 설명으로 가장 올바른 것은?

① 자산은 현재 사건의 결과로 기업이 통제하고 있고 미래 경제적 효익이 기업에 유입될 것으로 기대되는 자원이다.
② 부채는 과거 사건에 의하여 발생하였으며, 경제적 효익이 기업으로부터 유출됨으로써 이행될 것으로 기대되는 미래의무이다.
③ 수익은 자산의 유입 또는 부채의 감소에 따라 자본의 증가를 초래하는 특정 회계기간 동안에 발생한 경제적 효익의 증가로서 지분참여자에 대한 출연과 관련된 것은 제외한다.
④ 비용은 자산의 유출 또는 부채의 증가에 따라 자본의 감소를 초래하는 특정 회계기간 동안에 발생한 경제적 효익의 감소로서 지분참여자에 대한 분배를 제외하며, 정상영업활동의 일환이나 그 이외의 활동에서 발생할 수 있는 차손은 포함하지 않는다.

□□□

2. 다음 중 기말재고자산의 수량 결정 방법으로 옳은 것을 모두 고른 것은?

가. 총평균법	나. 계속기록법	다. 선입선출법
라. 후입선출법	마. 실지재고조사법	

① 가, 다　② 나, 마　③ 가, 나, 다　④ 다, 라, 마

□□□

3. 기업이 보유하고 있는 다음의 항목 중 현금및현금성자산으로 분류되지 아니하는 것은?

① 선일자수표　② 우편환증서　③ 타인발행수표　④ 자기앞수표

□□□

4. **다음 중 유형자산에 대한 설명으로 옳은 것은?**

① 기업이 보유하고 있는 토지는 기업의 보유목적에 상관없이 모두 유형자산으로 분류된다.
② 유형자산의 취득 시 발생한 부대비용은 취득원가로 처리한다.
③ 유형자산을 취득한 후에 발생하는 모든 지출은 발생 시 당기 비용으로 처리한다.
④ 모든 유형자산은 감가상각을 한다.

□□□

5. **다음은 ㈜한국의 단기매매증권 관련 자료이다. ㈜한국의 당기 손익계산서에 반영되는 영업외손익의 금액은 얼마인가?**

- A사 주식의 취득원가는 500,000원이고, 기말 공정가액은 700,000원이다.
- B사 주식의 취득원가는 300,000원이고, 기말 공정가액은 200,000원이다.
- 당기 중 A사로부터 현금배당금 50,000원을 받았다.
- 당기초 250,000원에 취득한 C사 주식을 당기 중 300,000원에 처분하였다.

① 200,000원 ② 250,000원 ③ 300,000원 ④ 400,000원

□□□

6. **다음 중 사채의 발행과 관련한 내용으로 옳은 것은?**

① 사채를 할인발행한 경우 매년 액면이자는 동일하다.
② 사채를 할증발행한 경우 매년 유효이자(시장이자)는 증가한다.
③ 사채발행 시 발행가액에서 사채발행비를 차감하지 않는다.
④ 사채의 할인발행 또는 할증발행 시 발행차금의 상각액 또는 환입액은 매년 감소한다.

□□□

7. **다음 중 계정과목과 자본 항목의 분류가 올바르게 연결된 것은?**

① 주식발행초과금 : 이익잉여금 ② 자기주식처분손실 : 자본조정
③ 자기주식 : 자본잉여금 ④ 매도가능증권평가손익 : 자본조정

□□□

8. **유형자산의 자본적 지출을 수익적 지출로 잘못 처리했을 경우, 당기의 당기순이익과 당기말 자본에 미치는 영향으로 올바른 것은?**

	당기 당기순이익	당기말 자본		당기 당기순이익	당기말 자본
①	과대	과소	②	과소	과소
③	과소	과대	④	과대	과대

□□□

9. **다음 중 매몰원가에 해당하지 않는 것은?**

① 전기승용차 구입 결정을 함에 있어 사용하던 승용차 처분 시 기존 승용차의 취득원가
② 과거 의사결정으로 발생한 원가로 향후 의사결정을 통해 회수할 수 없는 취득원가
③ 사용하고 있던 기계장치의 폐기 여부를 결정할 때, 해당 기계장치의 취득원가
④ 공장의 원재료 운반용 화물차를 판매 제품의 배송용으로 전환하여 사용할지 여부를 결정할 때, 새로운 화물차의 취득가능금액

□□□

10. **다음 중 제조원가에 관한 설명으로 옳지 않은 것은?**

① 간접원가는 제조과정에서 발생하는 원가이지만 특정 제품 또는 특정 부문에 직접 추적할 수 없는 원가를 의미한다.
② 조업도의 증감에 따라 총원가가 증감하는 원가를 변동원가라 하며, 직접재료원가와 직접노무원가는 대개의 경우 여기에 속한다.
③ 고정원가는 관련범위 내에서 조업도가 증가할수록 단위당 고정원가가 감소한다.
④ 변동원가는 관련범위 내에서 조업도가 증가할수록 단위당 변동원가가 증가한다.

□□□

11. **㈜대한은 평균법에 의한 종합원가계산을 채택하고 있다. 재료원가는 공정 초기에 모두 투입되며, 가공원가는 공정 전반에 걸쳐 고르게 투입되는 경우 완성품환산량으로 맞는 것은?**

- 기초재공품 : 100개(완성도 50%)
- 당기착수수량 : 2,000개
- 당기완성수량 : 1,800개
- 기말재공품 : 300개(완성도 70%)

	재료원가 완성품환산량	가공원가 완성품환산량
①	2,100개	2,010개
②	2,100개	2,100개
③	2,100개	1,960개
④	2,100개	1,950개

□□□

12. 다음은 제조기업의 원가 관련 자료이다. 매출원가 금액으로 옳은 것은?

- 당기총제조원가 : 1,500,000원
- 기초제품재고액 : 800,000원
- 기말제품재고액 : 300,000원
- 기초재공품재고액 : 500,000원
- 기말재공품재고액 : 1,300,000원
- 직접재료원가 : 700,000원

① 700,000원 ② 800,000원 ③ 1,200,000원 ④ 2,000,000원

□□□

13. 다음 중 부가가치세법상 면세에 해당하지 않는 것은?

① 도서대여 용역
② 여성용 생리 처리 위생용품
③ 주무관청에 신고된 학원의 교육 용역
④ 개인택시운송사업의 여객운송 용역

□□□

14. 다음 중 부가가치세 신고와 납부에 대한 설명으로 옳지 않은 것은?

① 간이과세를 포기하는 경우 포기신고일이 속하는 달의 마지막 날로부터 25일 이내에 신고, 납부하여야 한다.
② 확정신고를 하는 경우 예정신고 시 신고한 과세표준은 제외하고 신고하여야 한다.
③ 신규로 사업을 시작하는 경우 사업개시일이 속하는 과세기간의 종료일로부터 25일 이내에 신고, 납부하여야 한다.
④ 폐업하는 경우 폐업일로부터 25일 이내에 신고, 납부하여야 한다.

□□□

15. 다음 중 부가가치세법상 법인사업자의 사업자등록 정정 사유가 아닌 것은?

① 사업의 종류에 변경이 있는 때
② 상호를 변경하는 때
③ 주주가 변동되었을 때
④ 사업장을 이전할 때

실무시험

세무사랑㈜(회사코드 : 1207)은 부동산임대업 및 전자제품의 제조·도소매업을 영위하는 중소기업으로 당기(제9기) 회계기간은 2023. 1. 1. ~ 2023. 12. 31.이다. 전산세무회계 수험용 프로그램을 이용하여 다음 물음에 답하시오.

문제 1 다음은 [기초정보관리] 및 [전기분재무제표]에 대한 자료이다. 각각의 요구사항에 대하여 답하시오. (10점)

□□□

(1) 다음 자료를 이용하여 [계정과목 및 적요등록] 메뉴에서 견본비(판매비및일반관리비) 계정과목의 현금적요를 추가로 등록하시오. (3점)

• 코드 : 842 • 계정과목 : 견본비 • 현금적요 : NO.2 전자제품 샘플 제작비 지급

□□□

(2) 세무사랑㈜의 기초 채권 및 채무의 올바른 잔액은 다음과 같다. 주어진 자료를 검토하여 잘못된 부분은 오류를 정정하고, 누락된 부분은 추가하여 입력하시오. (3점)

계정과목	거래처	금액
외상매출금	㈜홍금전기	30,000,000원
	㈜금강기업	10,000,000원
외상매입금	삼신산업	30,000,000원
	하나무역	26,000,000원
받을어음	㈜대호전자	25,000,000원

□□□

(3) 전기분 재무제표 중 아래의 계정과목에서 다음과 같은 오류를 발견하였다. 관련 재무제표를 적절하게 수정하시오. (4점)

계정과목	관련 부서	수정 전 잔액	수정 후 잔액
전력비	생산부	2,000,000원	4,200,000원
수도광열비	영업부	3,000,000원	1,100,000원

문제 2 다음의 거래 자료를 [일반전표입력] 메뉴를 이용하여 입력하시오. (일반전표입력의 모든 거래는 부가가치세를 고려하지 말 것) (18점)

● 입력 시 유의사항 ●

- 일반적인 적요의 입력은 생략하지만, 타계정 대체거래는 적요번호를 선택하여 입력한다.
- 채권·채무와 관련된 거래는 별도의 요구가 없는 한 반드시 기등록된 거래처코드를 선택하는 방법으로 거래처명을 입력한다.
- 제조경비는 500번대 계정코드를, 판매비와관리비는 800번대 계정코드를 사용한다.
- 회계처리 시 계정과목은 별도의 제시가 없는 한 등록된 계정과목 중 가장 적절한 과목으로 한다.

□□□

(1) 7월 3일 영업부 사무실로 사용하기 위하여 세무빌딩과 사무실 임대차계약을 체결하고, 보증금 6,000,000원 중 계약금 600,000원을 보통예금(우리은행) 계좌에서 이체하여 지급하였다. 잔금은 다음 달에 지급하기로 하였다. (3점)

□□□

(2) 8월 1일 하나카드의 7월분 매출대금 3,500,000원에서 가맹점수수료 2%를 차감한 금액이 당사의 보통예금 계좌로 입금되었다. (단, 신용카드 매출대금은 외상매출금으로 처리하고 있다) (3점)

□□□

(3) 8월 16일 영업부 직원의 퇴직으로 인해 발생한 퇴직금은 8,800,000원이다. 당사는 모든 직원에 대해 전액 확정급여형(DB형) 퇴직연금에 가입하고 있으며, 현재 퇴직연금운용자산의 잔액은 52,000,000원이다. (단, 퇴직급여충당부채는 설정하지 않았다) (3점)

□□□

(4) 8월 23일 나라은행으로부터 차입한 대출금 20,000,000원(대출기간 : 2년 전 1. 1. ~ 내년 12. 31.)을 조기 상환하기로 하고, 이자 200,000원과 함께 보통예금 계좌에서 이체하여 지급하다. (3점)

□□□

(5) 11월 5일 ㈜다원의 제품매출 외상대금 4,000,000원 중 3,000,000원은 동점 발행 약속어음으로 받고, 1,000,000원은 금전소비대차계약(1년 대여)으로 전환하였다. (3점)

□□□

(6) 11월 20일 사업용 중고트럭 취득과 관련된 취득세 400,000원을 현금으로 납부하였다. (3점)

문제 3 다음 거래 자료를 [매입매출전표입력] 메뉴에 입력하시오. (18점)

● 입력 시 유의사항 ●

- 일반적인 적요의 입력은 생략하지만, 타계정 대체거래는 적요번호를 선택하여 입력한다.
- 채권·채무와 관련된 거래는 별도의 요구가 없는 한 반드시 기등록된 거래처코드를 선택하는 방법으로 거래처명을 입력한다.
- 제조경비는 500번대 계정코드를, 판매비와관리비는 800번대 계정코드를 사용한다.
- 회계처리 시 계정과목은 별도의 제시가 없는 한 등록된 계정과목 중 가장 적절한 과목으로 한다.
- 입력화면 하단의 분개까지 처리하고, 전자세금계산서 및 전자계산서는 전자입력으로 반영한다.

□□□

(1) 8월 17일 구매확인서에 의해 수출용 제품의 원재료를 ㈜직지상사로부터 매입하고 영세율전자세금계산서를 발급받았다. 매입대금 중 10,000,000원은 외상으로 하고, 나머지 금액은 당사가 발행한 3개월 만기 약속어음으로 지급하였다. (3점)

영세율전자세금계산서					승인번호				
공급자	등록번호	136-81-29187	종사업장번호		공급받는자	등록번호	123-81-95681	종사업장번호	
	상호(법인명)	㈜직지상사	성명	나인세		상호(법인명)	㈜세무사랑㈜	성명	이진우
	사업장주소	서울특별시 동작구 여의대방로 35				사업장주소	울산광역시 중구 종가로 405-3		
	업태	도소매	종목	전자제품		업태	제조 외	종목	전자제품 외
	이메일					이메일			

작성일자	공급가액	세액	수정사유	비고
20xx-8-17	15,000,000원	0원	해당 없음	

월	일	품목	규격	수량	단가	공급가액	세액	비고
8	17	원재료			15,000,000원	15,000,000원		

합계금액	현금	수표	어음	외상미수금	이 금액을 (청구) 함
15,000,000원			5,000,000원	10,000,000원	

□□□

(2) 8월 28일 제조부 직원들에게 지급할 작업복을 이진컴퍼니로부터 공급가액 1,000,000원(부가가치세 별도)에 외상으로 구입하고 종이세금계산서를 발급받았다. (3점)

□□□

(3) 9월 15일 우리카센타에서 공장용 화물트럭을 수리하고 수리대금 242,000원(부가가치세 포함)은 현금으로 결제하면서 지출증빙용 현금영수증을 받았다. (단, 수리대금은 차량유지비로 처리할 것) (3점)

□□□

(4) 9월 27일 인사부가 사용할 책을 ㈜대한도서에서 구입하면서 전자계산서를 수취하고 대금은 외상으로 하다. (3점)

<table>
<tr><td colspan="5">전자계산서</td><td colspan="2">승인번호</td><td colspan="3"></td></tr>
<tr><td rowspan="5">공급자</td><td>등록번호</td><td>120-81-32052</td><td>종사업장 번호</td><td></td><td rowspan="5">공급받는자</td><td>등록번호</td><td>123-81-95681</td><td>종사업장 번호</td><td></td></tr>
<tr><td>상호(법인명)</td><td>㈜대한도서</td><td>성명</td><td>박대한</td><td>상호(법인명)</td><td>세무사랑㈜</td><td>성명</td><td>이진우</td></tr>
<tr><td>사업장 주소</td><td colspan="3">인천시 남동구 서해2길</td><td>사업장 주소</td><td colspan="3">울산광역시 중구 종가로 405-3</td></tr>
<tr><td>업태</td><td>도소매</td><td>종목</td><td>도서</td><td>업태</td><td>제조</td><td>종목</td><td>전자제품</td></tr>
<tr><td>이메일</td><td colspan="3"></td><td>이메일</td><td colspan="3"></td></tr>
</table>

작성일자	공급가액	수정사유	비고
20xx-9-27	200,000원	해당 없음	

월	일	품목	규격	수량	단가	공급가액	비고
9	27	도서			200,000원	200,000원	

합계금액	현금	수표	어음	외상미수금	이 금액을 (청구) 함
200,000원				200,000원	

□□□

(5) 9월 30일 ㈜세무렌트로부터 영업부에서 거래처 방문용으로 사용하는 승용차(배기량 2,000cc, 5인승)의 당월분 임차료에 대한 전자세금계산서를 수취하였다. 당월분 임차료는 다음 달에 결제될 예정이다. (3점)

<table>
<tr><td colspan="5">전자세금계산서</td><td colspan="2">승인번호</td><td colspan="3"></td></tr>
<tr><td rowspan="5">공급자</td><td>등록번호</td><td>105-81-23608</td><td>종사업장 번호</td><td></td><td rowspan="5">공급받는자</td><td>등록번호</td><td>123-81-95681</td><td>종사업장 번호</td><td></td></tr>
<tr><td>상호(법인명)</td><td>㈜세무렌트</td><td>성명</td><td>왕임차</td><td>상호(법인명)</td><td>세무사랑㈜</td><td>성명</td><td>이진우</td></tr>
<tr><td>사업장 주소</td><td colspan="3">서울시 강남구 강남대로 8</td><td>사업장 주소</td><td colspan="3">울산광역시 중구 종가로 405-3</td></tr>
<tr><td>업태</td><td>서비스</td><td>종목</td><td>임대</td><td>업태</td><td>제조</td><td>종목</td><td>전자제품</td></tr>
<tr><td>이메일</td><td colspan="3"></td><td>이메일</td><td colspan="3"></td></tr>
</table>

작성일자	공급가액	세액	수정사유	비고
20xx-9-30	700,000원	70,000원	해당 없음	

월	일	품목	규격	수량	단가	공급가액	세액	비고
9	30	차량렌트대금(5인승)	2,000cc	1	700,000원	700,000원	70,000원	

합계금액	현금	수표	어음	외상미수금	이 금액을 (청구) 함
770,000원				770,000원	

□□□

(6) 10월 15일 우리자동차㈜에 공급한 제품 중 일부가 불량으로 판정되어 반품 처리되었으며, 수정 전자세금계산서를 발행하였다. 대금은 해당 매출 관련 외상매출금과 상계하여 처리하기로 하였다. (단, 음수(-)로 회계처리할 것) (3점)

전자세금계산서					승인번호				
공급자	등록번호	123-81-95681	종사업장 번호		공급받는자	등록번호	130-86-55834	종사업장 번호	
	상호(법인명)	세무사랑㈜	성명	이진우		상호(법인명)	우리자동차㈜	성명	신방자
	사업장 주소	울산광역시 중구 종가로 405-3				사업장 주소	서울특별시 강남구 논현로 340		
	업태	제조	종목	전자제품		업태	제조	종목	자동차(완성차)
	이메일					이메일			

작성일자	공급가액	세액	수정사유	비고
20xx-10-15	-10,000,000원	-1,000,000원	일부 반품	품질 불량으로 인한 반품

월	일	품목	규격	수량	단가	공급가액	세액	비고
10	15	제품				-10,000,000원	-1,000,000원	

합계금액	현금	수표	어음	외상미수금	이 금액을 (청구) 함
-11,000,000원				-11,000,000원	

문제 4 **[일반전표입력] 및 [매입매출전표입력] 메뉴에 입력된 내용 중 다음과 같은 오류가 발견되었다. 입력된 내용을 확인하여 정정하시오. (6점)**

□□□

(1) 7월 6일 ㈜상문의 외상매입금 3,000,000원을 보통예금 계좌에서 이체한 것이 아니라 제품을 판매하고 받은 상명상사 발행 약속어음 3,000,000원을 배서하여 지급한 것으로 밝혀졌다. (3점)

□□□

(2) 12월 13일 영업부 사무실의 전기요금 121,000원(부가가치세 포함)을 현금 지급한 것으로 일반전표에 회계처리하였으나, 이는 제조공장에서 발생한 전기요금으로 한국전력공사로부터 전자세금계산서를 수취한 것으로 확인되었다. (3점)

문제 5 **결산정리사항은 다음과 같다. 해당 메뉴에 입력하시오. (9점)**

□□□

(1) 결산일을 기준으로 대한은행의 장기차입금 50,000,000원에 대한 상환기일이 1년 이내에 도래할 것으로 확인되었다. (3점)

□□□

(2) 무형자산인 특허권(내용연수 5년, 정액법)의 전기말 상각 후 잔액은 24,000,000원이다. 특허권은 전년도 1월 1일에 취득하였으며, 매년 무형자산상각비를 인식하고 있다. 특허권에 대한 당기분 무형자산상각비(판관비)를 계상하시오. (3점)

□□□

(3) 당기 법인세비용은 13,500,000원으로 산출되었다. (단, 법인세 중간예납세액은 선납세금을 조회하여 처리할 것) (3점)

문제 6 **다음 사항을 조회하여 답안을 [이론문제 답안작성] 메뉴에 입력하시오. (9점)**

□□□

(1) 6월 30일 현재 현금및현금성자산의 전기말 현금및현금성자산 대비 증감액은 얼마인가? (단, 감소한 경우에도 음의 부호(–)를 제외하고 양수로만 입력할 것) (3점)

□□□

(2) 올해 1기 부가가치세 확정신고기간(4. 1. ~ 6. 30.)의 매출액 중 세금계산서 발급분 공급가액의 합계액은 얼마인가? (3점)

□□□

(3) 6월(6월 1일 ~ 6월 30일) 중 지예상사에 대한 외상매입금 결제액은 얼마인가? (3점)

▶ 정답 및 해설 | p.829

제106회 기출문제

✓ 다시 봐야 할 문제(틀린 문제, 풀지 못한 문제, 헷갈리는 문제 등)는 회독별로 문제 번호 위 네모박스(□)에 체크하여 반복 학습할 수 있습니다.

이론시험

다음 문제를 보고 알맞은 것을 골라 [이론문제 답안작성] 메뉴에 입력하시오. (객관식 문항당 2점)

● 기 본 전 제 ●

문제에서 한국채택국제회계기준을 적용하도록 하는 전제조건이 없는 경우, 일반기업회계기준을 적용한다.

□□□

1. 다음 중 회계정보의 질적특성과 관련된 설명으로 잘못된 것은?

① 유형자산을 역사적 원가로 평가하면 측정의 신뢰성은 저하되나 목적적합성은 제고된다.
② 회계정보는 기간별 비교가 가능해야 하고, 기업실체 간 비교가능성도 있어야 한다.
③ 회계정보의 질적특성은 회계정보의 유용성을 판단하는 기준이 된다.
④ 회계정보가 갖추어야 할 가장 중요한 질적특성은 목적적합성과 신뢰성이다.

□□□

2. 다음 중 재무상태표가 제공할 수 있는 재무정보로 올바르지 않은 것은?

① 타인자본에 대한 정보
② 자기자본에 대한 정보
③ 자산총액에 대한 정보
④ 경영성과에 관한 정보

□□□

3. 다음 중 유형자산의 취득원가에 포함하지 않는 것은?

① 토지의 취득세
② 새로운 상품과 서비스를 소개하는 데 소요되는 원가
③ 유형자산의 취득과 관련하여 불가피하게 매입한 국공채의 매입금액과 현재가치와의 차액
④ 설계와 관련하여 전문가에게 지급하는 수수료

□□□

4. **다음 중 유가증권과 관련한 내용으로 가장 옳은 것은?**

① 만기보유증권은 유가증권 형태상 주식 및 채권에 적용된다.
② 매도가능증권은 만기가 1년 이상인 경우에 투자자산으로 분류하며 주식 형태만 가능하다.
③ 단기매매증권은 주식 및 채권에 적용되며 당좌자산으로 분류한다.
④ 만기보유증권은 주식에만 적용되며 투자자산으로 분류한다.

□□□

5. **다음 중 자본조정항목으로 분류할 수 없는 계정과목은?**

① 감자차익 ② 주식할인발행차금
③ 자기주식 ④ 자기주식처분손실

□□□

6. **다음 중 수익의 측정에 대한 설명으로 옳지 않은 것은?**

① 로열티수익은 관련된 계약의 경제적 실질을 반영하여 발생기준에 따라 인식한다.
② 이자수익은 원칙적으로 유효이자율을 적용하여 발생기준에 따라 인식한다.
③ 배당금수익은 배당금을 받을 권리와 금액이 확정되는 시점에 인식한다.
④ 수익은 권리의무확정주의에 따라 합리적으로 인식한다.

□□□

7. **다음 자료에 의할 때 당기의 매출원가는 얼마인가?**

• 기초상품재고액 : 500,000원
• 기말상품재고액 : 1,500,000원
• 매입에누리금액 : 750,000원
• 총매입액 : 8,000,000원
• 타계정대체금액 : 300,000원
• 판매대행수수료 : 1,100,000원

① 7,050,000원 ② 6,950,000원 ③ 6,250,000원 ④ 5,950,000원

□□□

8. ㈜연무는 20x1년 12월 26일 거래처에 상품을 인도하였으나 상품 판매대금 전액이 20x2년 1월 5일에 입금되어 동일자에 전액 수익으로 인식하였다. 위 회계처리가 20x1년도의 재무제표에 미치는 영향으로 올바른 것은? (단, 매출원가에 대해서는 고려하지 않는다)

① 자산의 과소계상　　② 비용의 과대계상
③ 부채의 과소계상　　④ 수익의 과대계상

□□□

9. 아래의 자료에서 설명하는 원가행태에 해당하는 것은?

> 조업도의 변동과 관계없이 총원가가 일정한 고정원가와 조업도의 변동에 비례하여 총원가가 변동하는 변동원가가 혼합된 원가

① 전화요금　　② 직접재료원가　　③ 감가상각비　　④ 화재보험료

□□□

10. 다음 중 개별원가계산에 대한 설명으로 옳지 않은 것은?

① 단일 종류의 제품을 연속생산, 대량생산하는 업종에 적합한 원가계산 방법이다.
② 조선업, 건설업이 개별원가계산에 적합한 업종에 해당한다.
③ 직접원가와 제조간접원가의 구분이 중요하며, 제조간접원가의 배부가 핵심과제이다.
④ 각 제조지시서별로 원가계산을 해야 하므로 많은 시간과 비용이 발생한다.

□□□

11. 다음의 자료를 보고 영업외비용으로 처리해야 할 공손의 수량을 구하시오.

> • 기초재공품 : 400개　　• 기말재공품 : 200개
> • 당기착수량 : 1,000개　　• 공손수량 : 200개
> • 정상공손은 완성품 수량의 5%로 한다.

① 50개　　② 100개　　③ 150개　　④ 200개

□□□

12. 다음 자료를 이용하여 당기 총제조원가를 구하면 얼마인가?

• 기초 재공품 원가 : 100,000원	• 직접재료원가 : 180,000원
• 기말 재공품 원가 : 80,000원	• 직접노무원가 : 320,000원
• 공장 전력비 : 50,000원	• 공장 임차료 : 200,000원

① 500,000원 ② 600,000원 ③ 730,000원 ④ 750,000원

□□□

13. 다음 중 부가가치세법상 과세 대상으로 볼 수 없는 것은?

① 재화의 공급 ② 용역의 공급 ③ 재화의 수입 ④ 용역의 수입

□□□

14. 다음 중 부가가치세법상 사업자등록에 관한 설명으로 잘못된 것은?

① 사업자는 사업장마다 사업개시일부터 20일 이내에 사업자등록을 신청해야 한다.
② 사업자는 사업자등록의 신청을 사업장 관할 세무서장에게만 할 수 있다.
③ 신규로 사업을 시작하려는 자는 사업개시일 이전이라도 사업자등록을 신청할 수 있다.
④ 사업자는 등록사항이 변경되면 지체 없이 사업장 관할 세무서장에게 신고하여야 한다.

□□□

15. 다음 중 부가가치세법상 간이과세에 대한 설명으로 가장 옳지 않은 것은?

① 직전 1역년의 재화·용역의 공급대가의 합계액이 1억400만 원 미만인 개인사업자가 간이과세자에 해당한다.
② 해당 과세기간의 공급대가의 합계액이 4천800만 원 미만인 경우에는 납부세액의 납부의무가 면제된다.
③ 직전연도의 공급대가의 합계액이 4천800만 원 미만인 간이과세자는 세금계산서를 발급할 수 없다.
④ 매출세액보다 매입세액이 클 경우 환급을 받을 수 있다.

실무시험

남다른패션㈜(회사코드 : 1206)은 스포츠의류 등의 제조업 및 도소매업을 영위하는 중소기업으로 당기(제7기) 회계기간은 2023. 1. 1. ~ 2023. 12. 31.이다. 전산세무회계 수험용 프로그램을 이용하여 다음 물음에 답하시오.

문제 1 다음은 [기초정보관리] 및 [전기분재무제표]에 대한 자료이다. 각각의 요구사항에 대하여 답하시오. (10점)

□□□

(1) 아래의 자료를 바탕으로 다음 계정과목에 대한 적요를 추가 등록하시오. (3점)

- 코드 : 0511
- 계정과목 : 복리후생비
- 현금적요 : NO 9. 생산직원 독감 예방접종비 지급
- 대체적요 : NO 3. 직원 휴가비 보통예금 인출

□□□

(2) 다음 자료를 보고 [거래처등록] 메뉴에서 신규 거래처를 등록하시오. (3점)

- 거래처구분 : 일반거래처
- 유형 : 동시
- 거래처코드 : 00450
- 거래처명 : ㈜대박
- 대표자명 : 박대박
- 사업자등록번호 : 403-81-51065
- 업태 : 제조
- 종목 : 원단
- 사업장 주소 : 경상북도 칠곡군 지천면 달서원길 16
  ※ 주소 입력 시 우편번호 입력은 생략해도 무방함

□□□

(3) 전기분 손익계산서를 검토한 결과 다음과 같은 오류가 발견되었다. 전기분 손익계산서, 전기분 잉여금처분계산서, 전기분 재무상태표 중 관련된 부분을 수정하시오. (4점)

계정과목	틀린 금액	올바른 금액
광고선전비	3,800,000원	5,300,000원

문제 2 다음의 거래 자료를 [일반전표입력] 메뉴를 이용하여 입력하시오. (일반전표입력의 모든 거래는 부가가치세를 고려하지 말 것) (18점)

● 입력 시 유의사항 ●

- 일반적인 적요의 입력은 생략하지만, 타계정 대체거래는 적요번호를 선택하여 입력한다.
- 채권·채무와 관련된 거래는 별도의 요구가 없는 한 반드시 기등록된 거래처코드를 선택하는 방법으로 거래처명을 입력한다.
- 제조경비는 500번대 계정코드를, 판매비와관리비는 800번대 계정코드를 사용한다.
- 회계처리 시 계정과목은 별도의 제시가 없는 한 등록된 계정과목 중 가장 적절한 과목으로 한다.

□□□

(1) 7월 18일 ㈜괴안공구에 지급할 외상매입금 33,000,000원 중 일부는 아래의 전자어음을 발행하고 나머지는 보통예금 계좌에서 지급하였다. (3점)

전 자 어 음

㈜괴안공구 귀하 00512151020123456789

금 이천삼백만원정 23,000,000원

위의 금액을 귀하 또는 귀하의 지시인에게 지급하겠습니다.

지급기일	20xx년 8월 30일	발 행 일	20xx년 7월 18일
지 급 지	하나은행	발 행 지 주 소	세종특별자치시 가름로 232
지급장소	신중동역지점		
		발 행 인	남다른패션㈜

□□□

(2) 7월 30일 매출거래처인 ㈜지수포장의 파산으로 인해 외상매출금 1,800,000원이 회수 불가능할 것으로 판단하여 대손처리하였다. 대손 발생일 직전 외상매출금에 대한 대손충당금 잔액은 320,000원이다. (3점)

□□□

(3) 8월 30일 사무실 이전을 위하여 형제상사와 체결한 건물 임대차계약의 잔금 지급일이 도래하여 임차보증금 5,000,000원 중 계약금 1,500,000원을 제외한 금액을 보통예금 계좌에서 지급하였다. (3점)

□□□

(4) 10월 18일 대표이사로부터 차입한 잔액 19,500,000원에 대하여 채무를 면제받았다. (해당 차입금은 단기차입금으로 계상되어 있다) (3점)

□□□

(5) 10월 25일 시장조사를 위해 호주로 출장을 다녀온 영업부 사원 누리호에게 10월 4일에 지급하였던 출장비 3,000,000원(가지급금으로 처리함) 중 실제 여비교통비로 지출한 2,850,000원에 대한 영수증과 잔액 150,000원을 현금으로 수령하였다. (단, 거래처를 입력할 것) (3점)

□□□

(6) 11월 4일 확정기여형(DC형) 퇴직연금 불입액 5,000,000원(영업부 2,000,000원, 생산부 3,000,000원)이 보통예금 계좌에서 이체되었다. (3점)

문제 3 다음 거래 자료를 [매입매출전표입력] 메뉴에 입력하시오. (18점)

● 입력 시 유의사항 ●

- 일반적인 적요의 입력은 생략하지만, 타계정 대체거래는 적요번호를 선택하여 입력한다.
- 채권·채무와 관련된 거래는 별도의 요구가 없는 한 반드시 기등록된 거래처코드를 선택하는 방법으로 거래처명을 입력한다.
- 제조경비는 500번대 계정코드를, 판매비와관리비는 800번대 계정코드를 사용한다.
- 회계처리 시 계정과목은 별도의 제시가 없는 한 등록된 계정과목 중 가장 적절한 과목으로 한다.

□□□

(1) 7월 14일 미국에 소재한 HK사에 제품(공급가액 50,000,000원)을 직수출하고, 6월 30일에 수령한 계약금 10,000,000원을 제외한 대금은 외상으로 하였다. (3점)

□□□

(2) 8월 5일 ㈜동도유통에 제품을 판매하고 다음과 같이 전자세금계산서를 발급하였다. 대금 중 10,000,000원은 ㈜서도상사가 발행한 어음을 배서양도 받고, 나머지는 다음 달에 받기로 하였다. (3점)

전자세금계산서					승인번호				
공급자	등록번호	320-87-12226	종사업장번호		공급받는자	등록번호	115-81-19867	종사업장번호	
	상호(법인명)	남다른패션㈜	성명	고길동		상호(법인명)	㈜동도유통	성명	남길도
	사업장주소	세종특별자치시 가름로 232				사업장주소	서울시 서초구 강남대로 291		
	업태	제조, 도소매, 무역	종목	스포츠 의류 외		업태	도소매	종목	의류
	이메일					이메일			

작성일자	공급가액	세액	수정사유	비고
20xx-8-5	10,000,000원	1,000,000원	해당 없음	

월	일	품목	규격	수량	단가	공급가액	세액	비고
8	5	의류				10,000,000원	1,000,000원	

합계금액	현금	수표	어음	외상미수금	이 금액을 (청구) 함
11,000,000원			10,000,000원	1,000,000원	

□□□

(3) 8월 20일 일반과세자인 함안전자로부터 영업부 직원들에게 지급할 업무용 휴대전화(유형자산) 3대를 4,840,000원(부가가치세 포함)에 구입하고, 법인 명의의 국민카드로 결제하였다. (3점)

□□□

(4) 11월 11일 ㈜더람에 의뢰한 마케팅전략특강 교육을 본사 영업부 직원(10명)들을 대상으로 실시하고, 교육훈련비 5,000,000원에 대한 전자계산서를 발급받았다. 교육훈련비는 11월 1일 지급한 계약금을 제외한 나머지를 보통예금 계좌에서 지급하였다. (단, 관련 계정을 조회하여 전표 입력할 것) (3점)

□□□

(5) 11월 26일 ㈜미래상사로부터 기술연구소의 연구개발에 사용하기 위한 연구용 재료를 10,000,000원(부가가치세 별도)에 구입하면서 전자세금계산서를 발급받고, 대금은 보통예금 계좌에서 지급하였다. (단, 연구용 재료와 관련하여 직접 지출한 금액은 무형자산으로 처리할 것) (3점)

□□□

(6) 12월 4일 생산부가 사용하는 업무용승용차(2,000cc)의 엔진오일과 타이어를 차차카센터에서 교환하고 전자세금계산서를 발급받았다. 교환비용 825,000원(부가가치세 포함)은 전액 보통예금 계좌에서 이체하였다. (단, 교환비용은 차량유지비(제조원가)로 처리할 것) (3점)

문제 4 **[일반전표입력] 및 [매입매출전표입력] 메뉴에 입력된 내용 중 다음과 같은 오류가 발견되었다. 입력된 내용을 확인하여 정정하시오. (6점)**

□□□

(1) 8월 2일 보통예금 계좌에서 지급한 800,000원은 외상으로 매입하여 영업부에서 업무용으로 사용 중인 컴퓨터(거래처 : 온누리)에 대한 대금 지급액으로 확인되었다. 잘못된 항목을 올바르게 수정하시오. (3점)

□□□

(2) 11월 19일 차차운송에 현금으로 지급한 운송비 330,000원(부가가치세 포함)은 원재료를 매입하면서 지급한 것으로 회계팀 신입사원의 실수로 일반전표에 입력하였다. 운송비와 관련하여 별도의 전자세금계산서를 발급받았다. (3점)

문제 5 결산정리사항은 다음과 같다. 해당 메뉴에 입력하시오. (9점)

□□□

(1) 결산일 현재 재고자산을 실사하던 중 도난, 파손의 사유로 수량 부족이 발생한 제품의 원가는 2,000,000원으로 확인되었다. (단, 수량 부족의 원인은 비정상적으로 발생한 것이다) (3점)

□□□

(2) 홍보용 계산기를 구매하고 전액 광고선전비(판매비와관리비)로 비용처리하였다. 결산 시 미사용한 2,500,000원에 대해 올바른 회계처리를 하시오. (단, 소모품 계정을 사용하며 음수로 입력하지 말 것) (3점)

□□□

(3) 당기의 법인세등으로 계상할 금액은 10,750,000원이다. (법인세 중간예납세액은 선납세금으로 계상되어 있으며, 이를 조회하여 회계처리할 것) (3점)

문제 6 다음 사항을 조회하여 답안을 [이론문제 답안작성] 메뉴에 입력하시오. (9점)

□□□

(1) 6월 말 현재 외상매입금 잔액이 가장 큰 거래처명과 그 금액은 얼마인가? (3점)

□□□

(2) 부가가치세 제1기 확정신고 기간(4월 ~ 6월)의 차가감하여 납부할 부가가치세액은 얼마인가? (3점)

□□□

(3) 2분기(4월 ~ 6월) 중 판매비와관리비 항목의 광고선전비 지출액이 가장 많이 발생한 월과 그 금액은 얼마인가? (3점)

▶ 정답 및 해설 | p.833

제105회 기출문제

✓ 다시 봐야 할 문제(틀린 문제, 풀지 못한 문제, 헷갈리는 문제 등)는 회독별로 문제 번호 위 네모박스(□)에 체크하여 반복 학습할 수 있습니다.

이론시험

다음 문제를 보고 알맞은 것을 골라 [이론문제 답안작성] 메뉴에 입력하시오. (객관식 문항당 2점)

● 기 본 전 제 ●

문제에서 한국채택국제회계기준을 적용하도록 하는 전제조건이 없는 경우, 일반기업회계기준을 적용한다.

□□□

1. 다음 중 회계상 거래가 아닌 것은?

① 사업을 위하여 10,000,000원을 추가로 출자하다.
② 지급기일이 도래한 약속어음 10,000,000원을 보통예금에서 이체하여 변제하다.
③ 성수기 재고 확보를 위하여 상품 30,000,000원을 추가 주문하기로 하다.
④ 화재가 발생하여 창고에 있던 재고자산 20,000,000원이 멸실되다.

□□□

2. 다음은 무엇에 대한 설명인가?

기업은 그 목적과 의무를 이행하기에 충분할 정도로 장기간 존속한다고 가정하는 것을 말한다. 즉, 기업은 경영활동을 청산하거나 중대하게 축소시킬 의도가 없을 뿐 아니라 청산이 요구되는 상황도 없다고 가정된다.

① 계속기업의 가정
② 기업실체의 가정
③ 기간별보고의 가정
④ 회계정보의 질적특성

□□□

3. **다음 중 일반기업회계기준에 따른 재고자산으로 분류되는 항목은?**

① 회계법인의 업무용으로 구입한 컴퓨터
② 임대업을 운영하는 기업의 임대용으로 보유 중인 주택
③ 경영컨설팅을 전문으로 하는 회사에서 시세차익을 목적으로 보유하는 유가증권
④ 조선업을 운영하는 기업의 판매용으로 제조 중인 선박

□□□

4. **다음 중 유형자산의 취득원가에 관한 설명으로 가장 잘못된 것은?**

① 유형자산은 최초에는 취득원가로 측정한다.
② 유형자산의 취득에 관한 운송비와 설치비용은 취득원가에 가산한다.
③ 사용 중인 건물을 새로운 건물로 신축하기 위하여 철거하는 경우에 기존 건물의 장부가액은 새로운 건물의 취득원가에 가산한다.
④ 국·공채를 불가피하게 매입하는 경우에는 동 국·공채의 매입가액과 현재가치와의 차액을 유형자산의 취득원가에 가산한다.

□□□

5. **다음 중 무형자산의 상각에 대한 설명으로 바르지 않은 것은?**

① 자산이 사용 가능한 때부터 상각을 시작한다.
② 일반적으로 상각기간은 최대 40년까지 가능하다.
③ 합리적인 상각방법을 정할 수 없을 때에는 정액법으로 상각한다.
④ 재무상태표상 표시 방법으로 취득원가에서 무형자산상각누계액을 직접 차감하여 표시하는 직접법과 취득원가에서 무형자산상각누계액을 차감하는 형식으로 표시하는 간접법 모두 허용된다.

□□□

6. **다음 중 주요장부로 구분할 수 있는 것은?**

① 현금출납장 ② 분개장 ③ 정산표 ④ 합계잔액시산표

□□□

7. **다음의 자본항목 중 기타포괄손익누계액에 해당하는 것은?**

① 매도가능증권평가손익 ② 감자차손
③ 자기주식 ④ 주식할인발행차금

□□□

8. 다음 자료를 이용하여 매출총이익을 계산하면 얼마인가?

• 순매출액 : 475,000원	• 기초상품재고액 : 100,000원
• 매입할인 : 5,000원	• 총매입액 : 200,000원
• 매입환출 : 5,000원	• 기말상품재고액 : 110,000원

① 300,000원 ② 295,000원 ③ 290,000원 ④ 280,000원

□□□

9. 다음 자료를 참고로 가공원가를 계산하면 얼마인가?

- 직접재료원가 : 1,000,000원
- 직접노무원가 : 1,600,000원
- 변동제조간접원가 600,000원 (변동제조간접원가는 총제조간접원가의 30%이다)

① 1,600,000원 ② 2,600,000원 ③ 3,600,000원 ④ 4,300,000원

□□□

10. 다음 그래프의 원가행태에 해당하는 원가는 무엇인가?

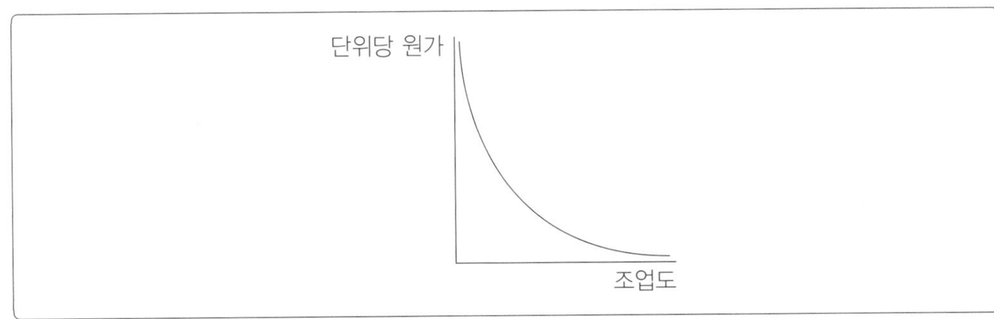

① 직접재료비 ② 공장 사무실의 전화요금
③ 기계장치 가동에 필요한 연료비 ④ 공장건물의 임차료

□□□

11. 다음 자료를 이용하여 평균법에 의한 가공원가 완성품 환산량을 계산하면 얼마인가? (단, 재료비는 공정 초기에 전량 투입되며, 가공비는 공정 전반에 걸쳐 균등하게 발생한다)

• 기초재공품 수량 : 1,000개(완성도 20%)	• 당기 완성품 수량 : 8,000개
• 당기 착수량 : 10,000개	• 기말 재공품 수량 : 3,000개(완성도 60%)

① 8,000개 ② 9,000개 ③ 9,800개 ④ 10,000개

□□□

12. **다음 중 개별원가계산과 종합원가계산에 대한 설명으로 잘못된 것은?**

① 종합원가계산은 동일 규격의 제품이 반복하여 생산되는 경우 사용된다.
② 종합원가계산은 각 작업별로 원가보고서를 작성한다.
③ 개별원가계산은 주문에 의해 각 제품을 별도로 제작, 판매하는 제조업에 사용된다.
④ 개별원가계산은 주문받은 개별 제품별로 작성된 작업원가표에 집계하여 원가를 계산한다.

□□□

13. **다음 중 부가가치세법상 납세의무자에 대한 설명으로 옳지 않은 것은?**

① 영리목적을 추구하는 사업자만이 납세의무를 진다.
② 사업설비를 갖추고 계속·반복적으로 재화나 용역을 공급하는 자가 해당한다.
③ 인적·물적 독립성을 지닌 사업자가 해당한다.
④ 면세대상이 아닌 과세대상 재화·용역을 공급하는 자가 해당한다.

□□□

14. **다음 중 부가가치세법상 면세제도와 관련한 내용으로 옳은 것은?**

① 건물이 없는 토지의 임대, 약사가 공급하는 일반의약품은 면세에 해당한다.
② 면세제도는 사업자의 세부담을 완화하기 위한 완전면세제도이다.
③ 면세를 포기하고자 하는 경우 포기일부터 1개월 이내에 사업자등록을 정정하여야 한다.
④ 면세포기를 신고한 사업자는 신고한 날부터 3년간은 면세를 적용받지 못한다.

□□□

15. **다음은 부가가치세법상 무엇에 대한 설명인가?**

> 둘 이상의 사업장이 있는 사업자는 부가가치세를 주된 사업장에서 총괄하여 납부할 수 있다. 이는 사업자의 납세편의를 도모하고 사업장별로 납부세액과 환급세액이 발생하는 경우 자금부담을 완화 시켜주기 위한 제도이다.

① 납세지
② 사업자단위과세제도
③ 전단계세액공제법
④ 주사업장총괄납부

실무시험

㈜천안테크(회사코드 : 1205)는 자동차부품을 제조하여 판매하는 중소기업이며, 당기(제7기)의 회계기간은 2023. 1. 1. ~ 2023. 12. 31.이다. 전산세무회계 수험용 프로그램을 이용하여 다음 물음에 답하시오.

문제 1 다음은 [기초정보관리] 및 [전기분재무제표]에 대한 자료이다. 각각의 요구사항에 대하여 답하시오. (10점)

□□□

(1) 전기분 재무상태표에서 토지의 가액이 11,000,000원 과소 입력되어 있으며 건물의 가액은 11,000,000원 과대 입력되어 있음을 확인하였다. 전기분 재무상태표를 수정하시오. (3점)

□□□

(2) 다음 자료를 이용하여 [계정과목및적요등록] 메뉴에서 계정과목을 등록하시오. (3점)

• 코드 : 824 • 계정과목 : 운반비 • 현금적요 : 4. 택배운송비 지급

□□□

(3) 거래처별 초기이월 채권과 채무잔액은 다음과 같다. 자료에 맞게 추가입력이나 정정 및 삭제하시오. (4점)

계정과목	거래처	금액	재무상태표 금액
외상매출금	㈜보령전자	10,200,000원	59,000,000원
	대전전자㈜	12,000,000원	
	평택전자㈜	36,800,000원	
지급어음	대덕전자부품㈜	10,000,000원	37,000,000원
	명성전자㈜	27,000,000원	

문제 2 다음의 거래 자료를 [일반전표입력] 메뉴를 이용하여 입력하시오. (일반전표입력의 모든 거래는 부가가치세를 고려하지 말 것) (18점)

입력 시 유의사항

- 일반적인 적요의 입력은 생략하지만, 타계정 대체거래는 적요번호를 선택하여 입력한다.
- 채권·채무와 관련된 거래는 별도의 요구가 없는 한 반드시 기등록된 거래처코드를 선택하는 방법으로 거래처명을 입력한다.
- 제조경비는 500번대 계정코드를, 판매비와관리비는 800번대 계정코드를 사용한다.
- 회계처리 시 계정과목은 별도의 제시가 없는 한 등록된 계정과목 중 가장 적절한 과목으로 한다.

□□□

(1) 8월 16일 영업부 사무실의 파손된 유리창을 교체하고, 대금 2,800,000원은 당좌수표를 발행하여 지급하다. (수익적 지출로 처리하시오) (3점)

□□□

(2) 9월 30일 ㈜창창기계산업에 9월 20일 제품을 판매하고 발생한 외상매출금 10,000,000원을 약정기일보다 10일 빠르게 회수하여 외상매출금의 3%를 할인해 주었다. 대금은 보통예금 계좌에 입금되었다. (3점)

□□□

(3) 10월 27일 주당 액면가액이 10,000원인 보통주 2,000주를 주당 13,000원에 발행하고, 신주납입대금은 신주 발행에 소요된 비용 400,000원을 차감한 잔액이 보통예금 계좌에 입금되었다. (단, 하나의 전표로 처리하며 신주 발행 전 주식할인발행차금 잔액은 없는 것으로 한다) (3점)

□□□

(4) 10월 28일 수입한 원재료에 부과되는 관세 1,500,000원과 통관수수료 500,000원을 보통예금 계좌에서 이체하였다. (3점)

□□□

(5) 10월 29일 영업부에서 제품홍보물 제작비용 510,000원을 탱탱광고사에 국민카드(법인)로 결제하였다. (3점)

□□□

(6) 11월 30일 ㈜동행기업의 파산으로 인해 단기대여금 3,000,000원이 회수불능되어 대손처리를 하였다. (단, 단기대여금에 대한 대손충당금 현재 잔액은 660,000원이다) (3점)

문제 3 다음의 거래 자료를 [매입매출전표입력] 메뉴를 이용하여 입력하시오. (18점)

● 입력 시 유의사항 ●

- 일반적인 적요의 입력은 생략하지만, 타계정 대체거래는 적요 번호를 선택하여 입력한다.
- 채권·채무 관련 거래는 별도의 요구가 없는 한 반드시 기등록된 거래처코드를 선택하는 방법으로 거래처명을 입력한다.
- 제조경비는 500번대 계정코드를, 판매비와관리비는 800번대 계정코드를 사용한다.
- 회계처리 시 계정과목은 등록된 계정과목 중 가장 적절한 과목으로 한다.
- 입력화면 하단의 분개까지 처리하고, 세금계산서 및 계산서는 전자 여부를 입력하여 반영한다.

□□□

(1) 7월 20일 원재료를 구입하면서 발생한 운반비 33,000원(부가가치세 포함)을 일반과세자인 상록택배에 보통예금 계좌에서 지급하고, 지출증빙용 현금영수증을 수취하였다. (3점)

□□□

(2) 9월 30일 ㈜청주자동차에 제품을 판매하고 다음의 전자세금계산서를 발급하였다. (3점)

<table>
<tr><td colspan="5">전자세금계산서</td><td colspan="2">승인번호</td><td colspan="3"></td></tr>
<tr><td rowspan="5">공급자</td><td>등록번호</td><td>307-81-12347</td><td>종사업장 번호</td><td></td><td rowspan="5">공급받는자</td><td>등록번호</td><td>126-87-10121</td><td>종사업장 번호</td><td></td></tr>
<tr><td>상호(법인명)</td><td>㈜천안테크</td><td>성명</td><td>김도담</td><td>상호(법인명)</td><td>㈜청주자동차</td><td>성명</td><td>하민우</td></tr>
<tr><td>사업장 주소</td><td colspan="3">충청남도 천안시 동남구 가마골1길 5</td><td>사업장 주소</td><td colspan="3">충청북도 청주시 충대로1번길 21-26</td></tr>
<tr><td>업태</td><td>제조도매</td><td>종목</td><td>자동차부품</td><td>업태</td><td>제조</td><td>종목</td><td>자동차</td></tr>
<tr><td>이메일</td><td colspan="3"></td><td>이메일</td><td colspan="3"></td></tr>
</table>

작성일자	공급가액	세액	수정사유	비고
20xx-9-30	25,000,000원	2,500,000원	해당 없음	

월	일	품목	규격	수량	단가	공급가액	세액	비고
9	30	자동차부품		10	2,500,000원	25,000,000원	2,500,000원	

합계금액	현금	수표	어음	외상미수금	이 금액을 (청구) 함
27,500,000원			25,000,000원	2,500,000원	

□□□

(3) 11월 7일 싱가포르에 소재한 글로벌인더스트리와 $42,000에 직수출하기로 계약한 제품의 선적을 완료하였다. 수출대금은 5개월 후에 받기로 하였으며, 선적일의 기준환율은 1,200원/$이다. (단, 수출신고번호 입력은 생략한다) (3점)

□□□

(4) 12월 7일 제품 110,000원(부가가치세 포함)을 비사업자인 강태오에게 판매하고 현금을 수취하였으나 현금영수증을 발급하지 않았다. (3점)

□□□

(5) 12월 20일 생산부 직원들에게 간식으로 제공하기 위한 샌드위치를 커피프린스(일반과세자)에서 신용카드로 구매하였다. (3점)

단말기번호	14359661 08750002 040017		전표번호
카드종류	신한카드	거래종류	008202
회원번호	9435-2802-7580-0500		
유효기간	거래일시 20xx/12/20 14:32	취소시당초거래일	
거래유형	신용승인	품명	샌드위치
결제방법	일시불	금 액 AMOUNT	600 000
매장명		부가세 VAT	60 000
판매자		봉사료 S/C	
은행확인	신한카드		
대표자		합 계 TOTAL	660 000
알림/ NOTICE	제출	승인번호	00360380
가맹점주소	서울 용산구 부흥로2가 15-2		
가맹점번호	104108086		
사 업 자 등 록 번 호	106-62-61190		
가 맹 점 명	커피프린스		
문의전화/HELP TEL. TEL : 1544-4700 (회원용)		서명/SIGNATURE	

□□□

(6) 12월 30일 영업부는 거래처의 20주년 창립기념일을 맞아 축하선물로 보내기 위한 집기비품을 두리상사로부터 2,200,000원(부가가치세 포함)에 구입하고 전자세금계산서를 발급받았으며, 대금은 보통예금 계좌에서 이체하여 지급하였다. (3점)

문제 4 [일반전표입력] 및 [매입매출전표입력] 메뉴에 입력된 내용 중 다음과 같은 오류가 발견되었다. 입력된 내용을 확인하여 수정 또는 삭제, 추가 입력하여 오류를 정정하시오. (6점)

□□□

(1) 12월 1일 임시 물류창고로 사용하기 위해 임대업자 나자비 씨와 물류창고 임대차계약서를 작성하고 보증금 20,000,000원 전액을 보통예금 계좌에서 이체하였다. 이에 대해 임대보증금으로 회계처리하였다. (3점)

□□□

(2) 12월 9일 전의카센터에 생산부의 운반용 트럭의 수리비용 990,000원(부가가치세 포함)을 보통예금 계좌에서 지급하고 전자세금계산서를 발급받았으나, 일반전표로 회계처리하였다. (3점)

문제 5 결산정리사항은 다음과 같다. 해당 메뉴에 입력하시오. (9점)

□□□

(1) 부가가치세 제2기 확정신고기간에 대한 부가세예수금은 62,346,500원, 부가세대급금이 52,749,000원일 때 부가가치세를 정리하는 회계처리를 하시오. (단, 납부세액(또는 환급세액)은 미지급세금(또는 미수금)으로 회계처리하고, 불러온 자료는 무시한다) (3점)

□□□

(2) 단기차입금에는 거래처 아메리칸테크㈜에 대한 외화차입금 30,000,000원(미화 $30,000)이 계상되어 있다. (회계기간 종료일 현재 기준환율 : 미화 1$당 1,100원) (3점)

□□□

(3) 당사가 단기시세차익을 목적으로 취득한 ㈜삼호산업 주식의 취득가액 및 기말 현재 공정가액은 다음과 같으며, 공정가액으로 평가하기로 한다. (3점)

주식명	올해 4월 25일 취득가액	올해 12월 31일 공정가액
㈜삼호산업	64,000,000원	49,000,000원

문제 6 다음 사항을 조회하여 답안을 [이론문제 답안작성] 메뉴에 입력하시오. (9점)

□□□

(1) 부가가치세 제1기 확정신고기간(4월 ~ 6월) 중 매입한 사업용 고정자산의 매입세액은 얼마인가? (3점)

□□□

(2) 2분기(4월 ~ 6월) 중 발생한 수수료비용(판매비및관리비)은 얼마인가? (3점)

□□□

(3) 6월 30일 현재 외상매출금 잔액이 가장 많은 거래처명과 금액은 얼마인가? (3점)

▶ 정답 및 해설 | p.837

▶ 문제 | p.677

이론시험

1 ②	2 ④	3 ②	4 ①	5 ①	6 ③	7 ③	8 ②
9 ④	10 ②	11 ③	12 ④	13 ②	14 ③	15 ①	

1 ② 손익계산서는 일정 시점이 아니라, 일정 기간 동안의 기업실체의 경영성과에 대한 정보를 제공하는 재무보고서이다.

2 ④
- 올바른 회계처리

(차) 수수료비용(비용의 증가)	xxx	(대) 현금 등	xxx

- 회사의 회계처리

(차) 단기매매증권(자산의 증가)	xxx	(대) 현금 등	xxx

- 재무제표에 미치는 영향 : 비용 과소, 자산 과대 → 당기순이익 과대 → 자본 과대

3 ②
- 20x1년 감가상각비 = (취득원가 – 잔존가치) × (1/내용연수) × (해당 월수/12개월)
  = (10,000,000 – 1,000,000) × (1/5) × (12개월/12개월) = 1,800,000원
- 20x2년 감가상각비 = (10,000,000 – 1,000,000) × (1/5) × (6개월/12개월) = 900,000원
- 20x2년 6월 30일 현재 감가상각누계액 = 1,800,000 + 900,000 = 2,700,000원
- 처분 시 회계처리

(차) 감가상각누계액	2,700,000	(대) 기계장치	10,000,000
현금 등	4,000,000		
유형자산처분손실	3,300,000		

4 ①
- 현금시재액(통화) / 당좌예금(요구불예금) / 정기예금(만기 : 내년 12월 31일)(단기금융상품) / 선일자수표(받을어음, 미수금) / 외상매입금(매입채무)
- 현금및현금성자산 = 통화 + 통화대용증권 + 요구불예금 + 현금성자산
  = 현금시재액 + 당좌예금
  = 200,000 + 500,000 = 700,000원
- 단기금융상품 = 정기예금(만기 : 내년 12월 31일) = 1,500,000원

5 ① 대손충당금은 외상매출금, 받을어음, 미수금, 대여금 등 수취채권 성격이 있는 계정에 대한 차감적 평가계정이다.

6 ③
- 주식배당(③)을 하면 미처분이익잉여금 계정이 감소하고 자본금 계정이 증가하기 때문에, 회사의 자본 총액은 변하지 않는다.
- ① 당기순이익(자본 총액 증가) / ② 현금배당(자본 총액 감소) / ④ 유상증자(자본 총액 증가)

7 ③
- 단기할부판매의 경우 인도 시점에 수익을 인식한다.
- 설치수수료는 재화가 판매되는 시점에 수익을 인식하는 재화의 판매에 부수되는 설치의 경우를 제외하고는 설치의 진행률에 따라 수익으로 인식한다. (일반기업회계기준 제16장 적용사례 11)

8 ②
- 재고자산이란 기업의 주된 영업활동에서 판매를 목적으로 보유하고 있는 자산, 판매를 목적으로 생산과정에 있는 자산, 판매할 자산의 생산과정에 투입될 자산을 말한다.
- 매입운임, 매입하역료, 매입수수료, 취득세 등 재고자산을 취득하는 과정에서 발생하는 매입부대비용은 재고자산의 취득원가에 포함한다.

9 ④
- 기회비용이란 자원을 현재 용도 이외에 다른 용도로 사용했을 경우 얻을 수 있는 최대 금액을 말한다.
- 매몰원가란 과거의 의사결정으로 이미 발생한 원가로서 어떤 의사결정을 하더라도 회수할 수 없는 원가를 말한다.

10 ② 단계배분법이란 보조부문들 간에 일정한 배분 순서를 정한 다음 그 배분 순서에 따라 보조부문원가를 단계적으로 배분하는 방법을 말한다.

11 ③ • 기부금(영업외비용), 이자비용(영업외비용), 매출원가 : 손익계산서
• 당기총제조원가 : 제조원가명세서

12 ④ 평균법에 의한 가공비의 완성품환산량 = 완성품 + 기말재공품(완성도 60%)
= 40,000 + (30,000 × 60%) = 58,000개

13 ② 영세율을 적용받는 사업자는 과세사업자이므로 부가가치세 납세의무가 있다.

14 ③ • 제조업의 경우 최종제품을 완성하는 장소를 사업장으로 한다. 다만, 따로 제품 포장만을 하거나 용기에 충전만을 하는 장소는 제외한다. (부가가치세법 시행령 제8조 제1항)
• 부동산상의 권리만 대여하는 경우에는 그 사업에 관한 업무를 총괄하는 장소를 사업장으로 한다. (부가가치세법 시행령 제8조 제2항)

15 ① 전자세금계산서를 발급하였을 때에는 전자세금계산서 발급일의 다음 날까지 전자세금계산서 발급명세를 국세청장에게 전송하여야 한다.

실무시험

문제 1 기초정보등록

(1) [거래처등록] 메뉴에서 [일반거래처] 탭을 선택한 후 다음을 입력
코드 : 05000 / 거래처명 : ㈜대신전자 / 유형 : 1.매출 / 사업자등록번호 : 108-81-13579 / 대표자 : 김영일 / 업태 : 제조 / 종목 : 전자제품 / 주소 : 경기도 시흥시 정왕대로 56(정왕동)

(2) [거래처별초기이월] 메뉴에서
• 외상매출금 : ㈜동명상사 "5,000,000"에서 "6,000,000"으로 수정
• 받을어음 : ㈜남북 "2,500,000"에서 "1,000,000"으로 수정
• 지급어음 : "㈜동서 1,500,000"을 추가 입력

(3) [전기분원가명세서] 메뉴에서
• 세금과공과(제조) "3,500,000"을 추가 입력
• 수정된 당기제품제조원가 "107,650,000"을 확인

[전기분손익계산서] 메뉴에서
• 제품매출원가 보조창에 있는 당기제품제조원가 "104,150,000"을 "107,650,000"으로 수정
• 세금과공과(판관비) "3,500,000"을 "0"으로 수정(또는 삭제)
• 수정된 당기순이익 "18,530,000"을 확인 (변동 없음)

[전기분잉여금처분계산서] 메뉴에서
• 상단의 F6 불러오기를 클릭하여 당기순이익 "18,530,000"을 반영 (변동 없음)
• 수정된 미처분이익잉여금 "32,260,000"을 확인 (변동 없음)

[전기분재무상태표] 메뉴에서
• 이월이익잉여금 "32,260,000"을 확인 (변동 없음)
• 대차차액이 없음을 확인

문제 2 일반전표입력

(1) 8월 5일	(차) 보통예금	740,000	(대) 받을어음 (㈜기경상사)	1,000,000
	매출채권처분손실	260,000		
(2) 8월 10일	(차) 세금과공과(판관비)	400,000	(대) 미지급금(하나카드)	808,000
	수수료비용(판관비)	8,000		
	예수금	400,000		

(3) 8월 22일 (차) 비품 5,000,000 (대) 자산수증이익 5,000,000

(4) 9월 4일 (차) 선급금(㈜경기) 1,000,000 (대) 보통예금 1,000,000

(5) 10월 28일 (차) 소모품비(판관비) 70,000 (대) 현금 70,000

(6) 12월 1일 (차) 단기매매증권 2,500,000 (대) 보통예금 2,550,000
수수료비용(영업외비용) 50,000

문제 3 매입매출전표입력

(1) 7월 5일 유형 : 17.카과 / 공급가액 : 800,000 / 부가세 : 80,000 / 거래처 : 제일상사 / 분개 : 혼합 / (신용카드사 : 삼성카드)
(차) 외상매출금(삼성카드) 880,000 (대) 제품매출 800,000
부가세예수금 80,000

(2) 7월 11일 유형 : 11.과세 / 공급가액 : 30,000,000 / 부가세 : 3,000,000 / 거래처 : ㈜연분홍상사 / 전자 : 여 / 분개 : 혼합
(차) 외상매출금(㈜연분홍상사) 17,000,000 (대) 제품매출 30,000,000
받을어음(㈜연분홍상사) 15,000,000 부가세예수금 3,000,000
현금 1,000,000

(3) 10월 1일 유형 : 62.현면 / 공급가액 : 1,100,000 / 거래처 : 대형마트 / 분개 : 혼합
(차) 복리후생비(제조) 1,100,000 (대) 보통예금 1,100,000

(4) 10월 30일 유형 : 16.수출 / 공급가액 : 70,000,000[1] / 부가세 : 0 / 거래처 : Nice Planet / 분개 : 혼합 / (영세율구분 : 1.직접수출)
(차) 보통예금 28,000,000 (대) 제품매출 70,000,000
외상매출금(Nice Planet) 42,000,000

[1] $50,000 × @1,400원 = 70,000,000원

(5) 11월 30일 유형 : 51.과세 / 공급가액 : 3,000,000 / 부가세 : 300,000 / 거래처 : ㈜제니빌딩 / 전자 : 여 / 분개 : 혼합
(차) 임차료(판관비) 3,000,000 (대) 미지급금(㈜제니빌딩) 3,300,000
부가세대급금 300,000

(6) 12월 10일 유형 : 54.불공 / 공급가액 : 60,000,000 / 부가세 : 6,000,000 / 거래처 : ㈜시온건설 / 전자 : 여 / 분개 : 혼합 / (불공제사유 : ⑥토지의 자본적 지출 관련)
(차) 토지 66,000,000 (대) 받을어음(㈜선유자동차) 66,000,000

문제 4 오류수정

(1) [일반전표입력] 메뉴의 9월 1일 자 해당 전표를 삭제하고, [매입매출전표입력] 메뉴에 동일자로 다음과 같이 입력

- 수정 전 [일반전표입력] 9월 1일
(차) 차량유지비(판관비) 110,000 (대) 현금 110,000
- 수정 후 [매입매출전표입력] 9월 1일
유형 : 61.현과 / 공급가액 : 100,000 / 부가세 : 10,000 / 거래처 : ㈜가득주유소 / 분개 : 혼합(현금)
(차) 부가세대급금 10,000 (대) 현금 110,000
차량유지비(제조) 100,000

(2) [일반전표입력] 11월 12일

- 수정 전 (차) 퇴직연금운용자산 17,000,000 (대) 보통예금 17,000,000
- 수정 후 (차) 퇴직급여(판관비) 17,000,000 (대) 보통예금 17,000,000

문제 5 결산

(1) (수동결산)
[일반전표입력] 12월 31일
(차) 미수수익 225,000 (대) 이자수익 225,000[1]

[1] (10,000,000원 × 4.5%) × (6개월/12개월) = 225,000원

(2) (수동결산)

[일반전표입력] 12월 31일

(차) 장기차입금(경남은행)	50,000,000	(대) 유동성장기부채(경남은행)	50,000,000

(3) (수동결산)

[일반전표입력] 12월 31일

(차) 부가세예수금	52,346,500	(대) 부가세대급금	52,749,000
미수금	402,500		

문제 6 장부조회

(1) 양주기업 / 50,000,000원

[거래처원장] 메뉴에서 기간은 1월 1일 ~ 3월 31일, 계정과목은 외상매출금, 거래처는 전체를 선택하여, 3월 말 현재 잔액이 가장 큰 거래처를 조회

(2) 4월

- [합계잔액시산표](또는 [손익계산서]) 메뉴에서 기간은 12월 31일(또는 12월)을 선택하여, 배당금수익 계정의 잔액(또는 금액)을 조회
- 해당 금액을 더블 클릭하여 거래 내역(4월 25일)을 확인

(3) 295,395,000원

| 방법1 | • [부가가치세신고서] 메뉴에서 기간은 4월 1일 ~ 6월 30일을 선택하여, '과세표준및매출세액 ▶ 과세 ▶ 세금계산서발급분[1]' 라인과 '과세표준및매출세액 ▶ 영세 ▶ 세금계산서발급분[5]' 라인의 '금액'란을 조회

• 세금계산서 발급분 공급가액 = 290,395,000([1]) + 5,000,000([5])
= 295,395,000원

| 방법2 | • [매입매출장] 메뉴에서 기간은 4월 1일 ~ 6월 30일, 구분은 '2.매출', 유형은 '11.과세', '12.영세'를 선택하여, 각 화면에서 '공급가액' 열의 '분기계'란을 조회

• 세금계산서 발급분 공급가액 = 290,395,000(11.과세) + 5,000,000(12.영세)
= 295,395,000원

▶ 문제 | p.688

이론시험

1 ④	2 ④	3 ②	4 ③	5 ①	6 ①	7 ③	8 ③
9 ①	10 ③	11 ③	12 ①	13 ③	14 ④	15 ③	

1 ④ • 기말 결산작업(Closing)이란 각 회계기간 말마다 기중에 기록했던 장부를 정리하고 마감하여 해당 회계기간의 재무상태와 경영성과를 파악하는 작업을 말한다.
• 기간별 보고의 가정이란 기업의 존속기간을 일정한 기간 단위인 회계기간(회계연도)으로 분할하여 각 기간 단위별로 정보를 측정, 보고한다는 가정을 말한다.

2 ④ 선급비용(당좌자산), 미수금(당좌자산), 미수수익(당좌자산), 선수수익(유동부채)

3 ② • 선입선출법의 경우 기말재고자산이 가장 최근 매입분으로 구성되므로 시가에 가깝게 표시된다(장점). 반면, 오래전 매입분이 매출원가로 기록되므로 수익·비용의 대응이 적절히 이루어지지 않는다(단점).
• 선입선출법에서는 기말재고자산이 가장 최근 매입분으로 구성되므로 물가가 상승할 경우 다른 단가결정방법에 비하여 기말재고자산이 높게 평가된다. 이에 따라, 매출원가는 가장 낮게, 매출총이익은 가장 높게 나타난다.

4 ③ • ① ② ④ : 자산의 내용연수를 연장하거나 성능 수준을 현저히 향상시키는 지출이므로, 자본적 지출에 해당한다. 따라서 자산의 취득원가에 가산한다.
• ③ : 건물 내부 조명기구를 교체하는 것은 당초 예상되었던 성능 수준을 유지하기 위한 지출이므로, 수익적 지출에 해당한다. 따라서 당기 비용으로 회계처리한다.

5 ① 무형자산의 상각 시 잔존가치는 원칙적으로 '0'인 것으로 본다.

6 ① 임차보증금(기타비유동자산), 퇴직급여충당부채(비유동부채), 선수금(유동부채), 미지급배당금(유동부채)

7 ③ 자기주식처분이익(자본잉여금), 감자차익(자본잉여금), 자기주식(자본조정), 주식발행초과금(자본잉여금)

8 ③ • 이자비용(영업외비용), 유형자산처분손실(영업외비용), 배당금수익(영업외수익)
• 영업이익 = 매출액 − 매출원가 − 판매비와관리비
= (총매출액 − 매출할인) − (기초재고 + 당기총매입액 − 매입에누리 − 기말재고) − (급여 + 통신비 + 감가상각비 + 임차료)
= (500,000 − 10,000) − (50,000 + 300,000 − 20,000 − 0) − (20,000 + 5,000 + 10,000 + 25,000)
= 490,000 − 330,000 − 60,000 = 100,000원

9 ① 기초재고와 기말재고가 없다면, 보조부문원가의 배분방법이 바뀌더라도 회사의 총이익은 달라지지 않는다.

10 ③ • 가. 변동원가, 라. 고정원가 : 원가행태에 따른 분류
• 나. 관련원가, 마. 매몰원가 : 의사결정과의 관련성에 따른 분류
• 다. 직접원가, 바. 간접원가 : 원가 추적가능성에 따른 분류

11 ③ • 예정배부율 = 제조간접비 예산액 ÷ 예정조업도
= 3,800,000원 ÷ 80,000시간 = @47.5원/기계작업시간
• 제조작업지시서 #200에 대한 예정배부액 = 예정배부율 × 실제조업도
= @47.5 × 11,000시간 = 522,500원

12 ① 종합원가계산을 적용함에 있어서 기초재공품의 기완성도를 어떻게 처리하느냐에 따라 평균법과 선입선출법의 완성품환산량에서 차이가 발생한다.

13 ③ 사업자단위과세사업자는 모든 사업장의 부가가치세를 총괄하여 신고 및 납부할 수 있다.

14 ④ 면세사업 관련 매입세액(①), 비영업용 소형승용차 관련 매입세액(②), 토지의 조성 등을 위한 자본적 지출과 관련된 매입세액(③)은 매입세액공제 받을 수 없다.

참고 의제매입세액공제
사업자가 면세로 공급받은 농산물 등을 원재료로 하여 제조·가공한 재화 또는 창출한 용역이 과세되는 경우 해당 면세농산물 등에 대하여 매입세액이 있는 것으로 보아 일정 금액을 공제할 수 있는 것을 말한다.

15 ③ 영세율 거래이더라도 내국신용장·구매확인서에 의해 공급하는 재화 등 국내사업자 간의 거래인 경우에는 영세율세금계산서를 발급하여야 한다.

실무시험

문제 1 기초정보등록

(1) [거래처등록] 메뉴에서 [일반거래처] 탭을 선택한 후 다음을 입력
코드 : 02411 / 거래처명 : ㈜구동컴퓨터 / 유형 : 3.동시 / 사업자등록번호 : 189-86-70759 / 대표자 : 이주연 / 업태 : 제조 / 종목 : 컴퓨터 및 주변장치 / 주소 : 울산광역시 울주군 온산읍 종동길 102

(2) [계정과목및적요등록] 메뉴에서 821.보험료 계정을 선택한 후 다음을 입력
현금적요 7번 "경영인 정기보험료 납부" / 대체적요 5번 "경영인 정기보험료 미지급" / 대체적요 6번 "경영인 정기보험료 상계"

(3) [거래처별초기이월] 메뉴에서
- 선급금 : 해원전자㈜ "1,320,000"에서 "2,320,000"으로 수정 / "공상㈜ 1,873,000"을 추가 입력
- 선수금 : ㈜유수전자 "210,000"에서 "2,100,000"으로 수정 / 데회전자 "500,000"에서 "0"으로 수정(또는 삭제)

문제 2 일반전표입력

(1) 7월 28일	(차) 외상매입금(㈜경재전자)	2,300,000	(대) 지급어음(㈜경재전자)	2,000,000
			채무면제이익	300,000
(2) 9월 3일	(차) 단기차입금(하나은행)	82,000,000	(대) 보통예금	84,460,000
	이자비용	2,460,000		
(3) 9월 12일	(차) 보통예금	13,800,000	(대) 외상매출금(DOKY사)	14,000,000
	외환차손	200,000		
(4) 10월 7일	(차) 보통예금	7,000,000	(대) 자본금	5,000,000
			주식할인발행차금	1,000,000
			주식발행초과금	1,000,000
(5) 10월 28일	(차) 퇴직급여(제조)	8,000,000	(대) 보통예금	12,000,000
	퇴직급여(판관비)	4,000,000		
(6) 11월 12일	(차) 보통예금	2,500,000	(대) 대손충당금(외상매출금)	2,500,000

문제 3 매입매출전표입력

(1) 7월 3일 유형 : 57.카과 / 공급가액 : 300,000 / 부가세 : 30,000 / 거래처 : 맛나도시락 / 분개 : 혼합(카드) / (신용카드사 : 현대카드)

(차) 부가세대급금	30,000	(대) 미지급금(현대카드)	330,000
복리후생비(판관비)	300,000		

(2) 8월 6일 유형 : 14.건별 / 공급가액 : 1,200,000 / 부가세 : 120,000 / 거래처 : 최한솔 / 분개 : 혼합(현금)

(차) 현금	1,320,000	(대) 부가세예수금	120,000
		잡이익	1,200,000

(3) 8월 29일 유형 : 12.영세 / 공급가액 : 5,200,000 / 부가세 : 0 / 거래처 : ㈜선월재 / 전자 : 여 / 분개 : 혼합 / (영세율구분 : ③내국신용장·구매확인서에 의하여 공급하는 재화)

(차) 현금	500,000	(대) 제품매출	5,200,000
외상매출금(㈜선월재)	4,700,000		

(4) 10월 15일 유형 : 11.과세 / 공급가액 : 10,000,000 / 부가세 : 1,000,000 / 거래처 : ㈜우성유통 / 전자 : 여 / 분개 : 혼합

(차) 받을어음(하움공업)	8,000,000	(대) 부가세예수금	1,000,000
외상매출금(㈜우성유통)	3,000,000	제품매출	10,000,000

(5) 10월 30일 유형 : 55.수입 / 공급가액 : 6,000,000 / 부가세 : 600,000 / 거래처 : 인천세관 / 전자 : 여 / 분개 : 혼합

(차) 부가세대급금	600,000	(대) 당좌예금	600,000

(6) 12월 2일 유형 : 62.현면 / 공급가액 : 275,000 / 거래처 : 두나과일 / 분개 : 혼합(현금)

(차) 복리후생비(제조)	275,000	(대) 현금	275,000

문제 4 오류수정

(1) [일반전표입력] 11월 1일

• 수정 전	(차) 단기매매증권	12,120,000	(대) 현금	12,120,000
• 수정 후	(차) 단기매매증권	12,000,000	(대) 현금	12,120,000
	수수료비용(영업외비용)	120,000		

(2) [매입매출전표입력] 11월 26일

• 수정 전 유형 : 51.과세 / 공급가액 : 800,000 / 부가세 : 80,000 / 거래처 : ㈜산들바람 / 전자 : 부 / 분개 : 혼합

(차) 부가세대급금	80,000	(대) 현금	880,000
소모품비(제조)	800,000		

• 수정 후 유형 : 54.불공 / 공급가액 : 800,000 / 부가세 : 80,000 / 거래처 : ㈜산들바람 / 전자 : 부 / 분개 : 혼합(현금) / (불공제사유 : ④기업업무추진비 및 이와 유사한 비용 관련)

(차) 기업업무추진비(제조)	880,000	(대) 현금	880,000

문제 5 결산

(1) (수동결산)

[일반전표입력] 12월 31일

(차) 부가세예수금	14,630,000	(대) 부가세대급금	22,860,000
미수금	8,230,000		

(2) (수동결산)

[일반전표입력] 12월 31일

(차) 미수수익	525,000	(대) 이자수익	525,000[1]

[1] (30,000,000원 × 7%) × (3개월/12개월) = 525,000원

(3) (수동결산)

[일반전표입력] 12월 31일

(차) 장기차입금(신한은행)	13,000,000	(대) 유동성장기부채(신한은행)	13,000,000

문제 6 장부조회

(1) 민선전자 / 36,603,000원

[거래처원장] 메뉴에서 기간은 1월 1일 ~ 6월 30일, 계정과목은 외상매입금, 거래처는 전체를 선택하여, 6월 말 잔액이 가장 큰 거래처를 조회

(2) 2월 / 800,000원

[총계정원장] 메뉴에서 기간은 1월 1일 ~ 3월 31일, 계정과목은 소모품비(판관비)를 선택하여, 차변 금액이 가장 큰 월을 조회

(3) 2매 / 440,000원

[세금계산서합계표] 메뉴에서 기간은 4월 ~ 6월, [매입] 탭, [전체데이터] 탭을 선택하여, ㈜하이일렉으로부터 발급받은 세금계산서의 매수와 세액을 조회

정답및해설 | 제114회 기출문제

▶ 문제 | p.698

이론시험

1 ②	2 ④	3 ②	4 ③	5 ②	6 ④	7 ①	8 ③
9 ①	10 ④	11 ④	12 ②	13 ②	14 ④	15 ③	

1 ②

① (차) 보통예금(자산의 증가)	4,650,000	(대) 외상매출금(자산의 감소)	4,650,000
② (차) 기계장치(자산의 증가)	27,500,000	(대) 미지급금(부채의 증가)	27,500,000
③ (차) 보통예금(자산의 증가)	1,650,000	(대) 임대료(수익의 증가)	1,650,000
④ (차) 이자비용(비용의 증가)	3,000,000	(대) 보통예금(자산의 감소)	3,000,000

2 ④ • 재고자산이란 기업의 주된 영업활동에서 판매를 목적으로 보유하고 있는 자산을 말한다.
• 병원 사업장 소재지의 토지 및 건물은 유형자산에 해당한다.

3 ② • 당기 연수합계법 감가상각비 = (취득원가 − 잔존가치) × $\frac{\text{기초 현재 잔여내용연수}}{\text{내용연수의 합계}}$

$= (3,000,000 - 300,000) \times \frac{5}{1+2+3+4+5} = 900,000$원

• 당기말 장부금액 = 취득원가 − 당기말 감가상각누계액
= 3,000,000 − 900,000 = 2,100,000원

4 ③ • 연구단계에서 발생한 지출은 당기 비용으로 회계처리한다.
• 무형자산 = 특허권 + 상표권
= 30,000,000 + 22,000,000 = 52,000,000원

5 ② 매도가능증권 취득 시 발생하는 수수료 등 취득부대비용은 취득원가로 회계처리한다.

6 ④ 대손충당금이란 외상매출금, 받을어음, 미수금, 대여금 등 수취채권 성격이 있는 계정들의 잔액에 대하여 상대방의 파산 등의 사유로 회수하지 못할 가능성을 추정하여 금액으로 표시하는 차감적 평가계정을 말한다.

7 ① 가. 주식발행초과금(자본잉여금) / 나. 자기주식처분손실(자본조정) / 다. 주식할인발행차금(자본조정) / 라. 감자차익(자본잉여금)

8 ③

• 배당결의일	(차) 이월이익잉여금	xxx	(대) 이익준비금	xxx
			미지급배당금	xxx
• 배당지급일	(차) 미지급배당금	xxx	(대) 보통예금 등	xxx

9 ① 원가행태에 따른 분류 : 변동원가, 고정원가, 준변동원가, 준고정원가

10 ④ • 매출원가 = 기초제품 + 당기제품제조원가 − 기말제품
→ 2,000,000 = 0 + ? − 500,000
∴ 당기제품제조원가 = 2,500,000원
• 당기제품제조원가 = 기초재공품 + 당기총제조원가 − 기말재공품
→ 2,500,000 = 0 + ? − 300,000
∴ 당기총제조원가 = 2,800,000원

11 ④ 평균법에 의한 재료비의 완성품환산량 = 완성분 + 기말재공품
= 8,000 + (3,000 × 100%) = 11,000개

12 ② 종합원가계산에서는 원가를 제조공정(Process)별로 집계한 후 이를 생산량(완성품환산량)으로 나누어 제품의 단위당 원가를 계산한다.

13 ② 부가가치세는 납세의무자의 인적사항을 고려하지 않으므로 물세에 해당한다.

14 ④ • 주된 사업에 부수되는 공급을 판단할 때, 부수 공급의 과세·면세 여부는 주된 사업에 따른다. 다만, 해당 재화·용역이 면세대상이라면 주된 사업이 과세사업이든 면세사업이든 관계없이 면세된다. (면세우선의 원칙)
• 주된 사업에 부수되는 공급의 판단
① 면세(주된 사업) – 과세(부수되는 것) : 면세
② 과세·면세 겸업(주된 사업) – 면세(부수되는 것) : 면세
③ 과세(주된 사업) – 면세(부수되는 것) : 면세
④ 과세(주된 사업) – 과세(부수되는 것) : 과세

15 ③ • 과세표준이란 세액산출의 기초가 되는 금액을 말한다.
• 재화 또는 용역에 대한 부가가치세의 과세표준은 해당 과세기간에 공급한 재화 또는 용역의 공급가액을 합한 금액으로 한다.
• 재화의 수입에 대한 부가가치세의 과세표준
= 관세의 과세가격 + 관세 + 개별소비세·주세 + 교육세·농어촌특별세 + 교통·에너지·환경세

실무시험

문제 1 기초정보등록

(1) [거래처등록] 메뉴에서 [일반거래처] 탭을 선택한 후 다음을 입력
코드 : 00500 / 거래처명 : 한국개발 / 유형 : 3.동시 / 사업자등록번호 : 134-24-91004 / 대표자 : 김한국 / 업태 : 정보통신업 / 종목 : 소프트웨어개발 / 주소 : 경기도 성남시 분당구 판교역로192번길 12 (삼평동)

(2) [계정과목및적요등록] 메뉴에서 다음을 입력
코드 : 862 / 계정과목 : 행사지원비 / 성격 : 3.경비 / 현금적요 1번 : 행사지원비 현금 지급 / 대체적요 1번 : 행사지원비 어음 발행

(3) • [전기분재무상태표] 메뉴에서
– 원재료 "87,000,000"을 "90,000,000"으로 수정

• [전기분원가명세서] 메뉴에서
– 부재료비(제조)를 추가
– 부재료비 보조창에 있는 당기부재료매입액란에 "3,000,000"을 입력
– 수정된 당기제품제조원가 "90,250,000"을 확인

• [전기분손익계산서] 메뉴에서
– 제품매출원가 보조창에 있는 당기제품제조원가 "87,250,000"을 "90,250,000"으로 수정
– 수정된 당기순이익 "78,210,000"을 확인

• [전기분잉여금처분계산서] 메뉴에서
– 상단의 F6 불러오기를 클릭하여 당기순이익 "81,210,000"을 "78,210,000"으로 수정 반영
– 수정된 미처분이익잉여금 "90,940,000"을 확인

• [전기분재무상태표] 메뉴에서
– 이월이익잉여금 "93,940,000"을 "90,940,000"으로 수정
– 대차차액이 없음을 확인

문제 2 일반전표입력

(1) 7월 5일	(차) 퇴직급여(판관비)	1,400,000	(대) 보통예금	1,400,000
(2) 7월 25일	(차) 보통예금	4,400,000	(대) 외상매출금(㈜고운상사)	9,900,000
	받을어음(㈜고운상사)	5,500,000		

(3) 8월 30일　(차) 보통예금　45,000,000　(대) 받을어음(㈜재원)　50,000,000
　　매출채권처분손실　5,000,000

(4) 10월 3일　(차) 보통예금　2,300,000　(대) 배당금수익　2,300,000

(5) 10월 31일　(차) 급여(판관비)　4,900,000　(대) 예수금　381,080
　　보통예금　4,518,920

(6) 12월 21일　(차) 당좌예금　8,450,000　(대) 사채　8,000,000
　　사채할증발행차금　450,000

문제 3 매입매출전표입력

(1) 7월 20일　유형 : 16.수출 / 공급가액 : 6,000,000[1] / 부가세 : 0 / 거래처 : NDVIDIA / 분개 : 혼합(외상) / (영세율구분 : 1.직접수출)
(차) 외상매출금(NDVIDIA)　6,000,000　(대) 제품매출　6,000,000
[1] $5,000 × @1,200원 = 6,000,000원

(2) 7월 23일　유형 : 13.면세 / 공급가액 : 65,000,000 / 거래처 : 돌상상회 / 전자 : 여 / 분개 : 혼합
(차) 보통예금　30,000,000　(대) 토지　62,000,000
　　미수금(돌상상회)　35,000,000　　유형자산처분이익　3,000,000

(3) 8월 10일　유형 : 57.카과 / 공급가액 : 4,000,000 / 부가세 : 400,000 / 거래처 : 광고닷컴 / 분개 : 혼합(카드) / (신용카드사 : 현대카드)
(차) 부가세대급금　400,000　(대) 미지급금(현대카드)　4,400,000
　　광고선전비(판관비)　4,000,000

(4) 8월 17일　유형 : 51.과세 / 공급가액 : 12,000,000 / 부가세 : 1,200,000 / 거래처 : ㈜고철상사 / 전자 : 여 / 분개 : 혼합
(차) 원재료　12,000,000　(대) 지급어음(㈜고철상사)　5,000,000
　　부가세대급금　1,200,000　　외상매입금(㈜고철상사)　8,200,000

(5) 8월 28일　유형 : 61.현과 / 공급가액 : 5,000,000 / 부가세 : 500,000 / 거래처 : ㈜와마트 / 분개 : 혼합(현금)
(차) 비품　5,000,000　(대) 현금　5,500,000
　　부가세대급금　500,000

(6) 11월 8일　유형 : 54.불공 / 공급가액 : 25,000,000 / 부가세 : 2,500,000 / 거래처 : 대박호텔㈜ / 전자 : 여 / 분개 : 혼합 / (불공제사유 : ②사업과 직접 관련 없는 지출)
(차) 가지급금(김영순)　27,500,000　(대) 보통예금　27,500,000

문제 4 오류수정

(1) [매입매출전표입력] 11월 12일
- 수정 전　유형 : 51.과세 / 공급가액 : 90,909 / 부가세 : 9,091 / 거래처 : 호호꽃집 / 전자 : 여 / 분개 : 혼합
(차) 부가세대급금　9,091　(대) 보통예금　100,000
　　소모품비(판관비)　90,909
- 수정 후　유형 : 53.면세 / 공급가액 : 100,000 / 거래처 : 호호꽃집 / 전자 : 여 / 분개 : 혼합
(차) 소모품비(판관비)　100,000　(대) 보통예금　100,000

(2) [매입매출전표입력] 12월 12일
- 수정 전　유형 : 51.과세 / 공급가액 : 80,000,000 / 부가세 : 8,000,000 / 거래처 : ㈜베스트디자인 / 전자 : 여 / 분개 : 혼합
(차) 수선비(판관비)　80,000,000　(대) 보통예금　88,000,000
　　부가세대급금　8,000,000
- 수정 후　유형 : 51.과세 / 공급가액 : 80,000,000 / 부가세 : 8,000,000 / 거래처 : ㈜베스트디자인 / 전자 : 여 / 분개 : 혼합
(차) 건물　80,000,000　(대) 보통예금　88,000,000
　　부가세대급금　8,000,000

문제 5 결산

(1) (수동결산)

[일반전표입력] 12월 31일

(차) 단기매매증권	2,500,000	(대) 단기매매증권평가이익	2,500,000

(2) (수동결산)

[일반전표입력] 12월 31일

(차) 장기대여금(미국 GODS사)	140,000	(대) 외화환산이익	140,000[1]

[1] 외화환산손익 = 기말 환산액 – 환산 전 장부금액
= ($2,000 × @1,120원) – 2,100,000원 = 140,000원 (자산이므로 외화환산이익)

(3) (수동결산 또는 자동결산)

| 방법1 | (수동결산)

[일반전표입력] 12월 31일

(차) 법인세등	15,000,000	(대) 선납세금	7,000,000
		미지급세금	8,000,000

| 방법2 | (자동결산)

[결산자료입력] 메뉴에서 (기간 : 1월 ~ 12월) 법인세등 금액을 다음과 같이 입력한다. 자동결산 항목 입력이 완료되고 나면 상단의 [전표추가]를 클릭하여 결산분개를 생성한다.

- 법인세등 ▶ 선납세금 : 7,000,000
- 법인세등 ▶ 추가계상액 : 8,000,000

문제 6 장부조회

(1) 기업업무추진비 / 50,000원

[일계표(월계표)] 메뉴에서 기간은 3월 1일 ~ 3월 31일을 선택하여, '판매비및일반관리비'에 해당하는 계정과목들 중에서 차변에 있는 '계' 열 금액이 가장 작은 계정을 조회

(2) 5,730,000원

- [재무상태표] 메뉴(또는 [합계잔액시산표] 메뉴)에서 기간은 2월(또는 2월 말일)을 선택하여, 당기 2월 말 현재 미수금 계정과 미지급금 계정의 잔액을 조회
- 차이 금액 = 22,530,000(미수금) – 16,800,000(미지급금) = 5,730,000원

(3) 3,060,000원

[부가가치세신고서] 메뉴에서 기간은 4월 1일 ~ 6월 30일을 선택하여, '매입세액 ▶ 공제받지못할매입세액 [16]' 라인의 '세액'란을 조회

▶ 문제 | p.709

이론시험

1 ③	2 ③	3 ③	4 ④	5 ①	6 ②	7 ④	8 ①
9 ①	10 ②	11 ②	12 ④	13 ③	14 ②	15 ④	

1 ③ • ① 기업실체의 가정 / ② 계속기업의 가정 / ④ 기간별 보고의 가정
• 발생주의란 현금의 수수에 관계없이 거래나 사건이 발생한 시점에 수익과 비용을 인식하는 것을 말한다. 회계는 발생주의를 기본적 특징으로 한다.

2 ③ • 상품매출원가 = 기초재고 + 당기순매입액 – 기말재고
= 기초재고 + (매입가액 + 취득부대비용 – 매입환출 – 매입에누리 – 매입할인) – 기말재고
• 매입수수료, 매입 시 운반비는 상품 취득과 관련한 취득부대비용이므로 상품의 취득원가(당기순매입액)에 포함한다.
• 상품매출원가 계산 시 총매입액에서 차감해야 할 항목 : 매입환출, 매입에누리, 매입할인

3 ③ • 유형자산의 취득원가 = 매입가액 + 취득부대비용 + 자본화 대상 차입원가
= 2,000,000,000 + 200,000,000 + 150,000,000 = 2,350,000,000원
• 관리 및 기타 일반간접원가는 자산의 보유와 관련된 지출이므로 당기 비용으로 분류한다.

4 ④ 무형자산의 상각기간은 독점적·배타적인 권리를 부여하고 있는 관계 법령이나 계약에 정해진 경우를 제외하고는 20년을 초과할 수 없다.

5 ① • 일반기업회계기준에 따른 재무제표의 종류 : 재무상태표, 손익계산서, 자본변동표, 현금흐름표, 주석
• ① 합계잔액시산표 / ② 재무상태표 / ③ 자본변동표 / ④ 주석

6 ② ① 단기차입금(유동부채), 사채(비유동부채)
② 외상매입금(유동부채), 유동성장기부채(유동부채)
③ 미지급비용(유동부채), 장기차입금(비유동부채)
④ 지급어음(유동부채), 퇴직급여충당부채(비유동부채)

7 ④ • 감자차손(자본조정) / 주식발행초과금(자본잉여금) / 자기주식처분이익(자본잉여금) / 매도가능증권평가이익(기타포괄손익누계액)
• K-IFRS에서는 총포괄손익[1)]에 대한 정보까지 제공하기 위하여, 포괄손익계산서 하단부에 당기순이익[2)] 정보와 함께 기타포괄손익누계액의 증가·감소[3)]를 추가하여 표시하도록 규정하고 있다.

[1)] 총포괄손익(CI 손익 : Comprehensive Income) : 주주와의 자본 거래를 제외한 모든 거래에서 발생한 순자산의 변동
[2)] 당기순이익(NI 손익 : Net Income) : 수익 – 비용
[3)] 기타포괄손익(OCI 손익 : Other Comprehensive Income) : 기타포괄손익누계액의 당기 증가·감소

• 총포괄손익(CI 손익) = 당기순이익(NI 손익) ± 기타포괄손익(OCI 손익)

8 ① • 매출원가 = 기초재고 + 당기매입 – 기말재고
= 219,000 + 350,000 – 110,000 = 459,000원
• 당기순손익 = 매출액 – 매출원가 – 판매비와관리비 + 영업외수익 – 영업외비용 – 법인세비용
= 290,000 – 459,000 – 191,000 + 0 – 0 – 0 = (–)360,000원

9 ① 고정원가는 조업도가 증가할수록 단위당 원가는 감소한다.

10 ② 단계배분법은 보조부문 상호 간의 용역수수관계를 일부만 반영하는 방법이다.

11 ② • 재료비 = 기초원재료 + 당기매입 - 기말원재료
= 300,000 + 1,300,000 - 450,000 = 1,150,000원
• 노무비 = 당기 현금지급액 + 당기 미지급액 - 당기 선급액 - 전기 미지급액 + 전기 선급액
= 350,000 + 250,000 - 0 - 150,000 + 0 = 450,000원
• 당기총제조원가 = 재료비 + 노무비 + 제조경비
= 1,150,000 + 450,000 + 700,000 = 2,300,000원

12 ④ ④는 종합원가계산이 아니라 정상개별원가계산에 대한 설명이다.

13 ③ • 면세사업자는 세금계산서를 발급할 수 없고, 계산서 또는 영수증만 발급할 수 있다.
• 간이과세자 중 신규사업자 및 직전연도 공급대가 4,800만 원 미만인 사업자는 세금계산서를 발급할 수 없고, 영수증만 발급할 수 있다.

14 ② 회수기일이 2년 이상 지난 중소기업의 외상매출금·미수금은 부가가치세법상 인정되는 대손사유에 해당한다. 다만, 특수관계인과의 거래로 발생한 경우는 제외한다.

15 ④ 위탁판매의 경우 부가가치세법상 공급시기는 수탁자가 공급한 때이다.

실무시험

문제 1 기초정보등록

(1) [거래처등록] 메뉴에서 [일반거래처] 탭을 선택한 후 다음을 입력
코드 : 00777 / 거래처명 : 슬기로운㈜ / 유형 : 3.동시 / 사업자등록번호 : 253-81-13578 / 대표자 : 김슬기 / 업태 : 도매 / 종목 : 금속 / 주소 : 부산광역시 부산진구 중앙대로 663(부전동)

(2) [계정과목및적요등록] 메뉴에서
134.가지급금 계정의 대체적요란 8번에 "출장비 가지급금 정산"을 입력

(3) • [전기분원가명세서] 메뉴에서
- 임금(제조) "45,000,000"을 "47,200,000"으로 수정
- 수정된 당기제품제조원가 "400,780,000"을 확인

• [전기분손익계산서] 메뉴에서
- 제품매출원가 보조창에 있는 당기제품제조원가 "398,580,000"을 "400,780,000"으로 수정
- 급여(판관비) "86,500,000"을 "84,300,000"으로 수정
- 수정된 당기순이익 "74,960,000"을 확인 (변동 없음)

• [전기분잉여금처분계산서] 메뉴에서
- 상단의 F6 불러오기를 클릭하여 당기순이익 "74,960,000"을 반영 (변동 없음)
- 수정된 미처분이익잉여금 "121,760,000"을 확인 (변동 없음)

• [전기분재무상태표] 메뉴에서
- 이월이익잉여금 "121,760,000"을 확인 (변동 없음)
- 대차차액이 없음을 확인

문제 2 일반전표입력

(1) 7월 15일	(차) 선급금(㈜상수)	3,000,000	(대) 당좌예금	3,000,000
(2) 8월 5일	(차) 보통예금	864,000,000	(대) 단기차입금(우리은행)	900,000,000
	선급비용	36,000,000		
(3) 9월 10일	(차) 미지급금(㈜대운)	1,000,000	(대) 임차보증금(㈜대운)	10,000,000
	보통예금	9,000,000		
(4) 10월 20일	(차) 보통예금	1,300,000	(대) 외상매출금(㈜영광상사)	1,300,000

(5) 11월 29일 (차) 매도가능증권(투자) 20,240,000 (대) 보통예금 20,240,000

(6) 12월 8일 (차) 상품 7,560,000 (대) 보통예금 7,560,000

문제 3 매입매출전표입력

(1) 8월 10일 유형 : 51.과세 / 공급가액 : 950,000 / 부가세 : 95,000 / 거래처 : ㈜산양산업 / 전자 : 여 / 분개 : 혼합(현금)
(차) 부가세대급금 95,000 (대) 현금 1,045,000
소모품 950,000

(2) 8월 22일 유형 : 52.영세 / 공급가액 : 34,000,000 / 부가세 : 0 / 거래처 : ㈜로띠상사 / 전자 : 여 / 분개 : 혼합
(차) 원재료 34,000,000 (대) 지급어음(㈜로띠상사) 34,000,000

(3) 8월 25일 유형 : 53.면세 / 공급가액 : 800,000 / 거래처 : 송강수산 / 전자 : 여 / 분개 : 혼합
(차) 복리후생비(판관비) 500,000 (대) 보통예금 800,000
기업업무추진비(판관비) 300,000

(4) 10월 16일 유형 : 54.불공 / 공급가액 : 2,100,000 / 부가세 : 210,000 / 거래처 : 상해전자㈜ / 전자 : 여 / 분개 : 혼합 / (불공제사유 : ②사업과 직접 관련 없는 지출)
(차) 가지급금(황동규) 2,310,000 (대) 미지급금(상해전자㈜) 2,310,000

(5) 11월 4일 유형 : 17.카과 / 공급가액 : 700,000 / 부가세 : 70,000 / 거래처 : 김은우 / 분개 : 혼합 / (신용카드사 : 신한카드)
(차) 외상매출금(신한카드) 770,000 (대) 부가세예수금 70,000
제품매출 700,000

(6) 12월 4일 유형 : 57.카과 / 공급가액 : 800,000 / 부가세 : 80,000 / 거래처 : ㈜뚝딱수선 / 분개 : 혼합(카드) / (신용카드사 : 하나카드)
(차) 부가세대급금 80,000 (대) 미지급금(하나카드) 880,000
수선비(제조) 800,000

문제 4 오류수정

(1) [일반전표입력] 9월 9일
- 수정 전 (차) 보통예금 5,000,000 (대) 장기차입금(㈜초록산업) 5,000,000
- 수정 후 (차) 보통예금 5,000,000 (대) 장기차입금(㈜초록산업) 3,000,000
단기차입금(㈜초록산업) 2,000,000

(2) [일반전표입력] 메뉴의 10월 15일 자 해당 전표를 삭제하고, [매입매출전표입력] 메뉴에 동일 자로 다음과 같이 입력
- 수정 전 [일반전표입력] 10월 15일
(차) 차량유지비(판관비) 275,000 (대) 현금 275,000
- 수정 후 [매입매출전표입력] 10월 15일
유형 : 51.과세 / 공급가액 : 250,000 / 부가세 : 25,000 / 거래처 : 바로카센터 / 전자 : 여 / 분개 : 혼합(현금)
(차) 부가세대급금 25,000 (대) 현금 275,000
차량유지비(판관비) 250,000

문제 5 결산

(1) (수동결산)
[일반전표입력] 12월 31일
(차) 외화환산손실 200,000[1] (대) 외상매입금(NOVONO) 200,000
[1] 외화환산손익 = 기말 환산액 − 환산 전 장부금액
= ($2,000 × @1,200원) − ($2,000 × @1,100원) = 200,000원 (부채이므로 외화환산손실)

(2) (수동결산)
[일반전표입력] 12월 31일
(차) 단기매매증권평가손실 2,000,000 (대) 단기매매증권 2,000,000

(3) (수동결산)
[일반전표입력] 12월 31일
(차) 선급비용 1,200,000 (대) 보험료(제조) 1,200,000[1]
[1] 3,600,000원 × (4개월/12개월) = 1,200,000원

문제 6 장부조회

(1) 공급가액 5,100,000원 / 세액 300,000원
[부가가치세신고서] 메뉴에서 기간은 4월 1일 ~ 6월 30일을 선택하여, '과세표준및매출세액 ▶ 예정신고누락분 [7]' 라인의 '금액'란과 '세액'란을 조회

(2) 4월 / 416,000원
[총계정원장] 메뉴에서 기간은 4월 1일 ~ 6월 30일, 계정과목은 복리후생비(제조)를 선택하여, 차변 금액이 가장 큰 월을 조회

(3) 세경상사 / 50,000,000원
[거래처원장] 메뉴에서 기간은 1월 1일 ~ 4월 30일, 계정과목은 미지급금, 거래처는 전체를 선택하여, 4월 말 현재 잔액이 가장 큰 거래처를 조회

정답및해설 | 제112회 기출문제

▶ 문제 | p.720

이론시험

1 ③	2 ④	3 ②	4 ①	5 ①	6 ③	7 ④	8 ④
9 ①	10 ④	11 ②	12 ①	13 ②	14 ③	15 ③	

1 ③ 일반기업회계기준에 따른 재무제표의 종류 : 재무상태표, 손익계산서, 자본변동표, 현금흐름표, 주석

2 ④ 정액법 감가상각비 = (취득원가 – 잔존가치) × (1/내용연수)

3 ② • 이익준비금의 적립(①), 현금배당(③), 주식배당(④)은 이익잉여금처분계산서의 'Ⅲ. 이익잉여금 처분액'에 기재한다.
• 자기주식(②)은 이익잉여금처분계산서에 기재하지 않는다.

4 ① 위탁판매의 경우 위탁자는 수탁자가 적송품을 판매하는 시점에 수익을 인식한다.

5 ① 임차보증금(기타비유동자산) / 산업재산권(무형자산) / 프랜차이즈(무형자산) / 소프트웨어(무형자산)

6 ③ 자기주식(자본조정) / 주식할인발행차금(자본조정) / 자기주식처분이익(자본잉여금) / 감자차손(자본조정)

7 ④ 기말재고자산가액 5,000,000원 감소 → 매출원가 5,000,000원 증가 → 매출총이익 및 당기순이익 5,000,000원 감소 → 자본총계 5,000,000원 감소

8 ④ (회계처리)

7월 1일	(차) 투자부동산	5,200,000	(대) 미지급금	5,000,000
			현금[1]	200,000

[1] 타인발행 당좌수표는 통화대용증권에 해당하므로 '현금' 계정으로 회계처리한다.

9 ① 관련범위란 의사결정의 대상이 되는 조업도의 범위를 말한다. 총고정원가는 관련범위 내에서 조업도의 변동에 관계없이 일정하게 발생한다.

10 ④ 매출원가는 제조원가명세서가 아니라 손익계산서에 표시된다.

11 ② 보조부문인 공장 인사관리 부문의 원가를 각 제조부문으로 배분하는 기준 : 각 부문의 종업원 수

12 ① • 선입선출법에 의한 재료비의 완성품환산량 = 기초재공품 완성분 + 당기착수 완성분 + 기말재공품
= (5,000 × 0%) + 25,000 + (10,000 × 100%) = 35,000개
• 선입선출법에 의한 가공비의 완성품환산량 = 기초재공품 완성분 + 당기착수 완성분 + 기말재공품
= (5,000 × 30%) + 25,000 + (10,000 × 30%) = 29,500개

13 ② 우리나라 부가가치세법은 생산지국과세원칙이 아니라 소비지국과세원칙을 채택하고 있다.

14 ③ 폐업자의 경우 폐업일이 속하는 달의 다음 달 25일까지 확정신고를 하여야 한다.

15 ③ ① 기업업무추진비 관련 매입세액이므로 매입세액불공제
② 비영업업용 소형승용차의 구입, 임차, 유지 관련 매입세액이므로 매입세액불공제
③ 화물트럭은 비영업업용 소형승용차에 해당하지 않으므로 매입세액공제 가능
④ 세금계산서 등(세금계산서, 신용카드매출전표, 현금영수증) 미수취분이므로 매입세액불공제

실무시험

문제 1 기초정보등록

(1) [거래처등록] 메뉴에서 [일반거래처] 탭을 선택한 후 다음을 입력
코드 : 5230 / 거래처명 : ㈜대영토이 / 유형 : 3.동시 / 사업자등록번호 : 108-86-13574 / 대표자 : 박완구 / 업태 : 제조 / 종목 : 완구제조 / 주소 : 경기도 광주시 오포읍 왕림로 139

(2) [거래처별초기이월] 메뉴에서
- 외상매출금 : 튼튼사무기 "8,300,000"에서 "3,800,000"으로 수정
- 받을어음 : ㈜강림상사 "20,000,000"에서 "2,000,000"으로 수정
- 외상매입금 : "㈜해원상사 4,600,000"을 추가 입력

(3) • [전기분재무상태표] 메뉴에서
  - 원재료 "73,600,000"을 "75,600,000"으로 수정

- [전기분원가명세서] 메뉴에서
  - 수정된 당기제품제조원가 "503,835,000"을 확인
- [전기분손익계산서] 메뉴에서
  - 제품매출원가 보조창에 있는 당기제품제조원가 "505,835,000"을 "503,835,000"으로 수정
  - 수정된 당기순이익 "133,865,000"을 확인
- [전기분잉여금처분계산서] 메뉴에서
  - 상단의 F6 불러오기를 클릭하여 당기순이익 "131,865,000"을 "133,865,000"으로 수정 반영
  - 수정된 미처분이익잉여금 "171,765,000"을 확인
- [전기분재무상태표] 메뉴에서
  - 이월이익잉여금 "169,765,000"을 "171,765,000"으로 수정
  - 대차차액이 없음을 확인

문제 2 일반전표입력

(1) 8월 10일	(차) 예수금	340,000	(대) 보통예금	680,000
	복리후생비(제조)	340,000		
(2) 8월 23일	(차) 부도어음과수표(㈜애플전자)	3,500,000	(대) 받을어음(㈜애플전자)	3,500,000
(3) 9월 14일	(차) 잡급(판관비)	420,000	(대) 현금	420,000
(4) 9월 26일	(차) 퇴직급여충당부채	5,000,000	(대) 퇴직연금운용자산	5,000,000
(5) 10월 16일	(차) 보통예금	37,000,000	(대) 단기매매증권	35,000,000[1]
			단기매매증권처분이익	2,000,000

[1] • 처분 전 장부금액 = 5,000주 × @7,000원 = 35,000,000원
• 단기매매증권 구입 시 발생하는 제비용은 '수수료비용' 계정 등 영업외비용으로 회계처리한다.

(6) 11월 29일	(차) 보통예금	49,000,000	(대) 사채	50,000,000
	사채할인발행차금	1,000,000		

문제 3 매입매출전표입력

(1) 9월 2일 유형 : 11.과세 / 공급가액 : 10,000,000 / 부가세 : 1,000,000 / 거래처 : ㈜신도기전 / 전자 : 여 / 분개 : 혼합

(차) 받을어음(㈜신도기전)	8,000,000	(대) 부가세예수금	1,000,000
외상매출금(㈜신도기전)	3,000,000	제품매출	10,000,000

(2) 9월 12일 유형 : 57.카과 / 공급가액 : 450,000 / 부가세 : 45,000 / 거래처 : 인천상회 / 분개 : 혼합(카드) / (신용카드사 : 우리카드(법인))

(차) 부가세대급금	45,000	(대) 미지급금(우리카드(법인))	495,000
복리후생비(제조)	450,000		

(3) 10월 5일 유형 : 16.수출 / 공급가액 : 100,000,000 / 부가세 : 0 / 거래처 : PYBIN사 / 분개 : 혼합 / (영세율구분 : 1.직접수출)

(차) 보통예금	100,000,000	(대) 제품매출	100,000,000

(4) 10월 22일 유형 : 53.면세 / 공급가액 : 1,375,000 / 거래처 : 영건서점 / 전자 : 여 / 분개 : 혼합(현금)

(차) 도서인쇄비(판관비)	1,375,000	(대) 현금	1,375,000

(5) 11월 2일 유형 : 22.현과 / 공급가액 : 8,000,000 / 부가세 : 800,000 / 거래처 : (생략) / 분개 : 혼합

(차) 보통예금	8,800,000	(대) 부가세예수금	800,000
		제품매출	8,000,000

(6) 12월 19일 유형 : 54.불공 / 공급가액 : 500,000 / 부가세 : 50,000 / 거래처 : 홍성백화점 / 전자 : 여 / 분개 : 혼합(카드) / (불공제사유 : ④기업업무추진비 및 이와 유사한 비용 관련)

(차) 기업업무추진비(판관비)	550,000	(대) 미지급금(국민카드)	550,000

문제 4 오류수정

(1) [일반전표입력] 7월 31일

• 수정 전	(차) 퇴직급여(판관비)	14,000,000	(대) 보통예금	14,000,000
• 수정 후	(차) 퇴직연금운용자산	14,000,000	(대) 보통예금	14,000,000

(2) [매입매출전표입력] 10월 28일

• 수정 전 유형 : 51.과세 / 공급가액 : 5,000,000 / 부가세 : 500,000 / 거래처 : 다다마트 / 전자 : 여 / 분개 : 현금

(차) 부가세대급금	500,000	(대) 현금	5,500,000
복리후생비(판관비)	5,000,000		

• 수정 후 유형 : 54.불공 / 공급가액 : 5,000,000 / 부가세 : 500,000 / 거래처 : 다다마트 / 전자 : 여 / 분개 : 혼합(현금) / (불공제사유 : ④기업업무추진비 및 이와 유사한 비용 관련)

(차) 기업업무추진비(판관비)	5,500,000	(대) 현금	5,500,000

문제 5 결산

(1) (수동결산)

[일반전표입력] 12월 31일

(차) 미수수익	150,000	(대) 이자수익	150,000[1]

[1] (5,000,000원 × 6%) × (6개월/12개월) = 150,000원

(2) (수동결산)

[일반전표입력] 12월 31일

(차) 외화환산손실	80,000[1]	(대) 외상매입금(상하이)	80,000

[1] 외화환산손익 = 기말 환산액 − 환산 전 장부금액
= ($2,000 × @1,040원) − 2,000,000 = 80,000원 (부채이므로 외화환산손실)

(3) (수동결산 또는 자동결산)

| 방법1 | (수동결산)

[일반전표입력] 12월 31일

(차) 대손충당금(받을어음)	30,000[2]	(대) 대손충당금(외상매출금)	80,000[1]
대손상각비(판관비)	50,000		

[1] (15,000,000 × 1%) − 70,000 = 80,000원

[2] (12,000,000 × 1%) − 150,000 = (−)30,000원

| 방법2 | (자동결산)

[결산자료입력] 메뉴에서 (기간 : 1월 ~ 12월) 대손충당금 추가설정 금액을 다음과 같이 입력한다. 자동결산 항목 입력이 완료되고 나면 상단의 [전표추가]를 클릭하여 결산분개를 생성한다.

- 판매비와 일반관리비 ▶ 대손상각 ▶ 외상매출금 : 80,000
- 판매비와 일반관리비 ▶ 대손상각 ▶ 받을어음 : (−)30,000

문제 6 장부조회

(1) 700,000원

[매입매출장] 메뉴에서 기간은 1월 1일 ~ 3월 31일, 구분은 '2.매출', 유형은 '22.현과'를 선택하여, '공급가액' 열의 '분기계'란을 조회

(2) 3,162,300원

[일계표(월계표)] 메뉴에서 기간은 6월 1일 ~ 6월 30일을 선택하여, '5.제조원가' 라인의 차변에 있는 '현금' 열 금액을 조회

(3) 전설유통 / 700,000원

[거래처원장] 메뉴에서 기간은 1월 1일 ~ 6월 30일, 계정과목은 외상매입금, 거래처는 전체를 선택하여, 6월 30일 현재 잔액이 가장 작은 거래처를 조회

정답 및 해설 | 제111회 기출문제

▶ 문제 | p.730

이론시험

1 ④	2 ①	3 ②	4 ①	5 ④	6 ②	7 ②	8 ①
9 ③	10 ③	11 ①	12 ④	13 ③	14 ②	15 ③	

1 ④ • 목적적합성이란 회계정보는 정보이용자의 의사결정 목적과 관련이 있는 것이어야 한다는 특성을 말한다.
• 목적적합성의 구성요소 : 예측가치, 피드백가치, 적시성

2 ① 비유동자산은 투자자산, 유형자산, 무형자산, 기타비유동자산으로 구분된다.

3 ② • 선입선출법에서는 오래전 매입분이 매출원가로 기록되므로 수익·비용 대응이 적절히 이루어지지 않는다.
• 선입선출법에서는 기말재고자산이 가장 최근 매입분으로 구성되므로 물가 상승 시 기말재고자산이 과대평가된다.

4 ① • 선일자수표(어음과 동일) / 배당금지급통지서(통화대용증권) / 타인발행수표(통화대용증권) / 만기 6개월 양도성예금증서(단기금융상품)
• 현금및현금성자산 = (통화 + 통화대용증권) + 요구불예금 + 현금성자산
= 배당금지급통지서 + 타인발행수표
= 500,000 + 500,000 = 1,000,000원

5 ④ 주식배당과 무상증자에서는 순자산의 증가·감소가 발생하지 않으며 자본 총액이 변하지 않는다.

6 ② • 가. 대손상각비(비용) / 나. 현금(자산) / 다. 기부금(비용) / 라. 퇴직급여(비용) / 마. 이자수익(수익) / 바. 외상매출금(자산)
• 손익계산서에 나타나는 계정과목 : 수익(마), 비용(가, 다, 라)

7 ② • 전년도 정률법 감가상각비 = (취득원가 − 기초의 감가상각누계액) × 감가상각률 × 해당 월수
= (10,000,000 − 0) × 0.45 × (6개월/12개월) = 2,250,000원
• 올해 정률법 감가상각비 = (취득원가 − 기초의 감가상각누계액) × 감가상각률
= (10,000,000 − 2,250,000) × 0.45 = 3,487,500원

8 ① 타계정 대체란 재고자산이 매출원가 이외의 사유로 인하여 감소하는 것을 말한다. 타계정 대체거래에서는 재고자산이 감소하지만 매출원가는 증가하지 않는다.

9 ③ 변동원가의 경우, 생산량이 증가할 때 총원가는 증가하고 단위당 원가는 일정하다.

10 ③ • 개별원가계산에 적합한 업종 : 건설업, 조선업, 항공기 제조업, 주문에 의한 기계 제조업 등 다품종 소량생산 방식의 업종
• 종합원가계산에 적합한 업종 : 정유업, 화학공업, 시멘트공업, 제분업, 식품가공업 등 동종제품 대량생산 방식의 업종

11 ① • 공손품이란 품질 및 규격이 표준에 미달하는 불합격품을 말한다.
• 작업폐물이란 제품의 제조과정에서 발생하는 원재료의 부스러기를 말한다.

12 ④ • 예정배부율 = 제조간접비 예산액 ÷ 예정조업도
= 2,500,000 ÷ 50,000 = @50원/시간
• 예정배부액 = 예정배부율 × 실제조업도
= @50 × 5,000시간 = 250,000원
• 실제발생액 = 예정배부액 ± 배부차이
→ 300,000 = 250,000 ± ?
∴ 배부차이 = 50,000원 과소배부

13 ③ 기초생활필수품에 대하여 부가가치세를 면제(면세제도)함으로써 저소득층에 대한 세부담의 역진성을 완화시킨다.

14 ② • 담보제공, 사업의 포괄적 양도, 조세의 물납, 법률에 따른 공매·경매, 법률에 따른 수용은 재화의 공급으로 보지 않는다.
• 재품의 외상판매는 재화의 공급에 해당한다.

15 ③ 매출에누리, 매출환입, 매출할인은 부가가치세법상 과세표준에 포함하지 않는다.

실무시험

문제 1 기초정보등록

(1) [계정과목및적요등록] 메뉴에서
831.수수료비용 계정의 현금적요란 8번에 "결제 대행 수수료"를 입력

(2) [거래처등록] 메뉴에서 [금융기관] 탭을 선택한 후 다음을 입력
코드 : 98005 / 거래처명 : 수협은행 / 유형 : 3.정기적금 / 계좌번호 : 110-146-980558

(3) [거래처별초기이월] 메뉴에서
• 지급어음 : 천일상사 "9,300,000"에서 "6,500,000"으로 수정 / 모닝상사 "5,900,000"에서 "8,700,000"으로 수정
• 미지급금 : 대명㈜ "8,000,000"에서 "4,500,000"으로 수정 / ㈜한울 "4,400,000"에서 "7,900,000"으로 수정

문제 2 일반전표입력

(1) 7월 10일 (차) 예수금 22,000 (대) 보통예금 22,000

(2) 7월 16일 (차) 선급금(㈜홍명) 1,000,000 (대) 당좌예금 1,000,000

(3) 8월 10일 (차) 미지급금(비씨카드) 2,000,000 (대) 보통예금 2,000,000

(4) 8월 20일 (차) 여비교통비(판관비) 380,000 (대) 전도금 600,000
현금 220,000

(5) 9월 12일 (차) 현금 8,000,000 (대) 미수금[1](우리기계) 8,000,000
[1] 일반적인 상거래 이외의 거래이므로 어음을 받더라도 '미수금' 계정으로 회계처리한다.

(6) 10월 28일 (차) 보통예금 41,400,000 (대) 외상매출금(lailai co. ltd) 39,000,000
외환차익 2,400,000

문제 3 매입매출전표입력

(1) 7월 6일 유형 : 11.과세 / 공급가액 : 23,000,000 / 부가세 : 2,300,000 / 거래처 : ㈜아이닉스 / 전자 : 여 / 분개 : 혼합(외상)
(차) 외상매출금(㈜아이닉스) 25,300,000 (대) 부가세예수금 2,300,000
제품매출 23,000,000

(2) 8월 10일 유형 : 14.건별 / 공급가액 : 500,000 / 부가세 : 50,000 / 거래처 : (생략) / 분개 : 혼합
(차) 접대비(제조) 350,000 (대) 부가세예수금 50,000
제품 300,000
(적요 8. 타계정으로 대체액)

(3) 9월 16일 유형 : 11.과세 / 공급가액 : 9,000,000 / 부가세 : 900,000 / 거래처 : 팔팔물산 / 전자 : 여 / 분개 : 혼합(현금)
(차) 현금[1] 9,900,000 (대) 부가세예수금 900,000
제품매출 9,000,000
[1] 타인발행 당좌수표는 통화대용증권에 해당하므로 '현금' 계정으로 회계처리한다.

(4) 9월 26일 유형 : 51.과세 / 공급가액 : 5,000,000 / 부가세 : 500,000 / 거래처 : 잘나가광고 / 전자 : 여 / 분개 : 혼합
(차) 부가세대급금 500,000 (대) 보통예금 5,500,000
비품 5,000,000

(5) 10월 15일 유형 : 51.과세 / 공급가액 : 2,500,000 / 부가세 : 250,000 / 거래처 : 메타가구 / 전자 : 여 / 분개 : 혼합

(차) 부가세대급금	250,000	(대) 받을어음(㈜은성가구)	1,000,000
원재료	2,500,000	외상매입금	1,750,000

(6) 12월 20일 유형 : 54.불공 / 공급가액 : 3,800,000 / 부가세 : 380,000 / 거래처 : 니캉전자 / 전자 : 여 / 분개 : 혼합 / (불공제사유 : ②사업과 직접 관련 없는 지출)

(차) 가지급금(한태양)	4,180,000	(대) 보통예금	4,180,000

문제 4 오류수정

(1) [매입매출전표입력] 8월 17일

• 수정 전 유형 : 58.카면 / 공급가액 : 44,000 / 거래처 : 사거리주유소 / 분개 : 카드 / (신용카드사 : 비씨카드)

(차) 차량유지비(판관비)	44,000	(대) 미지급금(비씨카드)	44,000

• 수정 후 유형 : 57.카과 / 공급가액 : 40,000 / 부가세 : 4,000 / 거래처 : 사거리주유소 / 분개 : 혼합(카드) / (신용카드사 : 비씨카드)

(차) 부가세대급금	4,000	(대) 미지급금(비씨카드)	44,000
차량유지비(판관비)	40,000		

(2) [일반전표입력] 11월 12일

• 수정 전	(차) 접대비(판관비)	500,000	(대) 현금	500,000
• 수정 후	(차) 복리후생비(제조)	500,000	(대) 현금	500,000

문제 5 결산

(1) (수동결산)
[일반전표입력] 12월 31일

(차) 부가세예수금	49,387,500	(대) 부가세대급금	34,046,000
		미지급세금	15,341,500

(2) (수동결산)
[일반전표입력] 12월 31일

(차) 선급비용	3,600,000	(대) 보험료(제조)	3,600,000[1]

[1] 7,200,000원 × (6개월/12개월) = 3,600,000원

(3) (수동결산 또는 자동결산)

| 방법1 | (수동결산)
[일반전표입력] 12월 31일

(차) 감가상각비(제조)	4,500,000[1]	(대) 감가상각누계액(차량운반구)	4,500,000

[1] (30,000,000 − 0) × (1/5) × (9개월/12개월) = 4,500,000원

| 방법2 | (자동결산)
[결산자료입력] 메뉴에서 (기간 : 1월 ~ 12월) 감가상각비 금액을 다음과 같이 입력한다. 자동결산 항목 입력이 완료되고 나면 상단의 [전표추가]를 클릭하여 결산분개를 생성한다.
• 매출원가 ▶ 경비 ▶ 일반감가상각비 ▶ 차량운반구 : 4,500,000

문제 6 장부조회

(1) 40,000,000원
| 방법1 | • [일계표(월계표)] 메뉴에서 기간은 4월 1일 ~ 4월 30일을 선택하여, 외상매출금 계정의 대변 '계' 열 금액을 조회
• 해당 금액을 더블클릭하여 거래 내역을 확인

| 방법2 | • [총계정원장] 메뉴에서 기간은 4월 1일 ~ 4월 30일, 계정과목은 외상매출금을 선택하여, 4월의 대변 금액을 조회
• 해당 금액을 더블클릭하여 거래 내역을 확인

(2) 117,630,000원
• [총계정원장] 메뉴에서 기간은 1월 1일 ~ 6월 30일, 계정과목은 제품매출을 선택하여, 대변 금액이 가장 큰 월과 작은 월을 조회
• 차이 금액 = 147,150,000(6월) − 29,520,000(2월) = 117,630,000원

(3) 6,372,000원
[부가가치세신고서] 메뉴에서 기간은 4월 1일 ~ 6월 30일을 선택하여, '세금계산서 수취분 ▶ 고정자산매입[11]' 라인의 '세액'란을 조회

▶ 문제 | p.739

이론시험

1 ①	2 ④	3 ②	4 ②	5 ①	6 ④	7 ②	8 ④
9 ①	10 ①	11 ③	12 ④	13 ④	14 ③	15 ②	

1 ① ① 재무상태표, ② 손익계산서, ③ 현금흐름표, ④ 자본변동표

2 ④ 매입채무(유동부채), 단기차입금(유동부채), 유동성장기부채(유동부채), 임대보증금(비유동부채)

3 ② 내부적으로 창출한 영업권(브랜드, 고객목록 등)은 무형자산으로 인식할 수 없다.

4 ② 시용판매의 경우에는 고객이 구매의사를 표시한 시점에 수익을 인식한다.

5 ① 재고자산의 단가 결정방법 중 개별법이란 개별 상품 각각에 가격표를 붙여서 개별 물량흐름을 직접 추적하여 출고단가를 산정하는 방법을 말한다. 개별법은 가장 정확한 단가 산정방법이나 실무에서 적용하기는 현실적으로 어렵다.

6 ④ ① 이자수익(영업외수익), ② 재해손실(영업외비용), ③ 이자비용(영업외비용), ④ 잡급(판관비)

7 ②

• (차) 매도가능증권평가손실(자본 감소)	500,000	(대) 매도가능증권(자산 감소)	500,000
• (차) 단기매매증권(자산 증가)	300,000	(대) 단기매매증권평가이익(ⓐ수익 증가)	300,000
• (차) 현금 등(자산 증가)	8,800,000	(대) 투자부동산(자산 감소)	9,000,000
투자부동산처분손실(ⓑ비용 증가)	200,000		

• 당기순이익 증감액 = ⓐ + ⓑ = 300,000 - 200,000 = 100,000원 증가

8 ④ • 기초 재무상태표

기초자산	900,000	기초부채	500,000
		기초자본	400,000

• 당기순이익 = 총수익 - 총비용
= 1,100,000 - 900,000 = 200,000원

• 기말자본 = 기초자본 + 당기순이익 + 유상증자 - 현금배당
= 400,000 + 200,000 + 100,000 - 50,000 = 650,000원

9 ① 재무회계는 외부정보이용자(주주, 은행, 일반대중 등)를, 원가회계는 내부정보이용자(경영자)를 주된 정보이용자로 한다.

10 ① ② 변동원가는 조업도가 증가하더라도 단위당 원가는 일정하다.
③ 고정원가는 조업도가 증가하더라도 총원가는 일정하다.
④ 고정원가는 조업조가 증가할수록 단위당 원가는 감소한다.

11 ③ 단계배분법이란 보조부문들 간에 일정한 배분 순서를 정한 다음 그 배분 순서에 따라 보조부문원가를 단계적으로 배분하는 방법을 말한다. 단계배분법을 사용할 경우, 배분 순서를 어떻게 하는지에 따라 각 보조부문에 배분되는 금액이 달라진다.

12 ④ 여러 공정에 걸쳐 생산하는 경우에도 종합원가계산(연속공정에서의 종합원가계산, 공정별 종합원가계산)을 적용할 수 있다.

13 ④ • 상여로 인하여 사업자의 명의가 변경되는 것은 사업자등록 정정 사유에 해당한다.
• 증여로 인하여 사업자의 명의가 변경되는 것은 폐업 사유에 해당한다.

14 ③ 영세율이 적용되면, 매출세액을 영(0)으로 하되 이미 부담한 매입세액은 전액 공제하여 사업자의 부가가치세 부담을 완전히 면제해 준다. 따라서, 영세율은 완전면세제도이다.

15 ② • 영수증 또는 세금계산서를 발급할 수 있는 업종 : 소매업, 음식점업, 숙박업, 전세버스 등
• 영수증만 발급할 수 있는 업종 : 목욕, 이발, 미용, 여객운송업(전세버스 제외), 입장권 발행 사업 등

실무시험

문제 1 기초정보등록

(1) [거래처등록] 메뉴에서 [신용카드] 탭을 선택한 후 다음을 입력
코드 : 99850 / 거래처명 : 하나카드 / 유형 : 매입 / 카드번호(매입) : 5531-8440-0622-2804 / 카드종류(매입) : 3.사업용카드

(2) [계정과목및적요등록] 메뉴에서
812.여비교통비 계정의 현금적요란 6번에 "야근 시 퇴근택시비 지급"을 입력 / 대체적요란 3번에 "야근 시 퇴근택시비 정산 인출"을 입력

(3) [전기분원가명세서] 메뉴에서
• 복리후생비(제조) "9,000,000"을 "10,000,000"으로 수정 입력
• 수정된 당기제품제조원가 "95,200,000"을 확인

[전기분손익계산서] 메뉴에서
• 제품매출원가 보조창에 있는 당기제품제조원가 "94,200,000"을 "95,200,000"으로 수정 입력
• 복리후생비(판관비) "30,000,000"을 "29,000,000"으로 수정 입력
• 수정된 당기순이익 "61,390,000"을 확인 (변동 없음)

[전기분잉여금처분계산서] 메뉴에서
• 상단의 F6 불러오기를 클릭하여 당기순이익 "61,390,000"을 반영 (변동 없음)
• 수정된 미처분이익잉여금 "74,807,000"을 확인 (변동 없음)

[전기분재무상태표] 메뉴에서
• 이월이익잉여금 "74,807,000"을 확인 (변동 없음)
• 대차차액이 없음을 확인

문제 2 일반전표입력

		차변	금액	대변	금액
(1)	7월 4일	(차) 외상매입금(나노컴퓨터)	5,000,000	(대) 외상매출금(나노컴퓨터)	3,000,000
				당좌예금	2,000,000
(2)	9월 15일	(차) 보통예금	1,000,000	(대) 배당금수익	1,000,000[1]

[1] 기업회계기준에 따르면, 회사가 현금배당을 수령한 경우 이를 배당금수익으로 회계처리하지만, 주식배당을 수령한 경우에는 이를 배당금수익으로 회계처리하지 않고 보유한 전체 주식의 수량의 증가와 단가의 감소를 비망기록으로 관리한다.

		차변	금액	대변	금액
(3)	10월 5일	(차) 보통예금	4,945,000	(대) 받을어음(㈜영춘)	5,000,000
		매출채권처분손실	55,000		
(4)	10월 30일	(차) 세금과공과(판관비)	500,000	(대) 보통예금	500,000
(5)	12월 12일	(차) 사채	10,000,000	(대) 보통예금	9,800,000
				사채상환이익	200,000
(6)	12월 21일	(차) 보통예금	423,000	(대) 이자수익	500,000
		선납세금	77,000		

문제 3 매입매출전표입력

(1) 7월 11일 유형 : 11.과세 / 공급가액 : 3,000,000 / 부가세 : 300,000 / 거래처 : 성심상사 / 전자 : 여 / 분개 : 혼합

차변	금액	대변	금액
(차) 외상매출금(성심상사)	2,300,000	(대) 부가세예수금	300,000
현금	1,000,000	제품매출	3,000,000

(2) 8월 25일 유형 : 51.과세 / 공급가액 : 200,000,000 / 부가세 : 20,000,000 / 거래처 : ㈜대관령 / 전자 : 여 / 분개 : 혼합

(차) 부가세대급금	20,000,000	(대) 선급금(㈜대관령)	22,000,000
건물	200,000,000	보통예금	198,000,000

(3) 9월 15일 유형 : 61.현과 / 공급가액 : 350,000 / 부가세 : 35,000 / 거래처 : 골드팜㈜ / 분개 : 혼합

(차) 부가세대급금	35,000	(대) 보통예금	385,000
소모품비(판관비)	350,000		

(4) 9월 30일 유형 : 51.과세[1] / 공급가액 : 15,000,000 / 부가세 : 1,500,000 / 거래처 : 경하자동차㈜ / 전자 : 여 / 분개 : 혼합

(차) 부가세대급금	1,500,000	(대) 미지급금(경하자동차㈜)	16,500,000
차량운반구	15,000,000		

[1] 배기량 1,000cc 이하의 경차이므로 매입세액이 공제된다.

(5) 10월 17일 유형 : 55.수입 / 공급가액 : 8,000,000 / 부가세 : 800,000 / 거래처 : 인천세관 / 전자 : 여 / 분개 : 혼합

(차) 부가세대급금	800,000	(대) 보통예금	800,000

(6) 10월 20일 유형 : 14.건별 / 공급가액 : 90,000 / 부가세 : 9,000 / 분개 : 혼합(현금)

(차) 현금	99,000	(대) 부가세예수금	9,000
		제품매출	90,000

문제 4 오류수정

(1) [일반전표입력] 8월 31일

• 수정 전	(차) 이자비용	362,500	(대) 보통예금	362,500
• 수정 후	(차) 이자비용	500,000	(대) 보통예금	362,500
			예수금	137,500

(2) [매입매출전표입력] 11월 30일

• 수정 전 유형 : 51.과세 / 공급가액 : 700,000 / 부가세 : 70,000 / 거래처 : 영포상회 / 전자 : 여 / 분개 : 혼합

(차) 부가세대급금	70,000	(대) 보통예금	770,000
건물	700,000		

• 수정 후 유형 : 51.과세 / 공급가액 : 700,000 / 부가세 : 70,000 / 거래처 : 영포상회 / 전자 : 여 / 분개 : 혼합

(차) 부가세대급금	70,000	(대) 보통예금	770,000
수선비(제조)	700,000		

문제 5 결산

(1) (수동결산)

[일반전표입력] 12월 31일

(차) 소모품비(제조)	1,875,000	(대) 소모품	2,500,000
소모품비(판관비)	625,000		

(2) (수동결산)

[일반전표입력] 12월 31일

(차) 차량유지비(판관비)	150,000	(대) 현금과부족	235,000
잡손실	85,000		

(3) (자동결산)

[결산자료입력] 메뉴에서 (기간 : 1월 ~ 12월) 재고자산 기말재고 금액을 다음과 같이 입력한다. 자동결산 항목 입력이 완료되면 상단의 [전표추가]를 클릭[2]하여 결산분개를 생성한다.

- 기말 원재료 재고액 : 9,500,000[1]
- 기말 재공품 재고액 : 8,500,000
- 기말 제품 재고액 : 13,450,000

[1] 정상·비정상 감모손실과 평가손실까지 모두 반영된 실제 기말재고액
= 9,500개 × @1,000원 = 9,500,000원

[2] 정상감모손실 500,000원(= 500개 × @1,000원)에 대한 아래의 회계처리가 장부에 자동으로 반영된다.

(차) 매출원가	500,000	(대) 원재료	500,000

문제 6 장부조회

(1) 40,465,000원

- [재무상태표](또는 [합계잔액시산표]) 메뉴에서 기간은 5월을 선택하여, 당기 5월 말 현재 외상매출금 계정의 잔액과 외상매입금 계정의 잔액을 조회
- 차이 금액 = 107,700,000원(외상매출금) − 67,235,000원(외상매입금) = 40,465,000원

(2) 48,450,000원

- [부가가치세신고서] 메뉴에서 기간은 4월 1일 ~ 6월 30일을 선택하여, '과세표준및매출세액 ▶ 영세 ▶ 세금계산서발급분[5]' 라인의 '금액'란과 '과세표준및매출세액 ▶ 영세 ▶ 기타[6]' 라인의 '금액'란을 조회
- 합계 금액 = 38,450,000원([5]번 라인) + 10,000,000원([6]번 라인) = 48,450,000원

(3) 도서인쇄비 / 10,000원

[일계표(월계표)] 메뉴에서 기간은 6월 1일 ~ 6월 30일을 선택하여, 판매비와관리비에 해당하는 계정과목들의 차변에 있는 '계' 열 금액을 조회

▶ 문제 | p.748

이론시험

1 ④	2 ④	3 ②	4 ②	5 ①	6 ④	7 ③	8 ③
9 ①	10 ③	11 ②	12 ③	13 ④	14 ①	15 ②	

1 ④ • 원가회계는 내부정보이용자(경영자)에게 경영활동에 필요한 재무정보를 제공하기 위하여 특수목적 보고서를 작성한다.
• 재무회계는 주주, 투자자 등 다양한 외부정보이용자의 공통된 요구를 충족시키기 위하여 일반적으로 인정된 회계원칙에 따라 일반목적 재무제표를 작성한다.

2 ④ 단기매매증권은 유동자산 중 당좌자산으로 분류된다.

3 ② • 재고자산의 취득원가를 계산할 때, 취득부대비용은 가산하고, 매입환출·매입에누리·매입할인은 차감한다.
• 재고자산을 평가할 때, 시가가 취득원가보다 높은 경우에는 평가이익을 인식하지 않고, 시가가 취득원가보다 낮은 경우에는 평가손실을 인식한다(저가법). 재고자산평가손실은 매출원가로 회계처리한다.

4 ② 자본적 지출(자산)을 수익적 지출(비용)로 회계처리하는 오류의 영향 : 자산 과소, 비용 과대 → 당기순이익 과소 → 자본 과소

5 ①

(차) 자본금	1,000,000	(대) 자기주식	1,400,000
감자차익	200,000[1]		
감자차손	200,000[2]		

[1] 재무상태표의 자본잉여금에 계상되어 있던 감자차익 200,000원이 감소하여 잔액은 0원이 된다.
[2] 감자차손 잔액 200,000원이 재무상태표의 자본조정에 남게 된다.

6 ④ 수익과 비용은 각각 총액으로 보고하는 것을 원칙으로 한다.

7 ③ • 올바른 회계처리

(차) 현금(유동자산·당좌자산의 증가)	500,000	(대) 선수금(유동부채의 증가)	500,000

• 회사의 회계처리

(차) 당좌예금(유동자산·당좌자산의 증가)	500,000	(대) 제품매출(수익의 증가)	500,000

• 재무제표에 미치는 영향 : 유동부채 과소, 수익 과대 → 당기순이익 과대 → 자본 과대

8 ③

• (차) 현금 등	12,000,000	(대) 자본금	10,000,000
		주식발행초과금	2,000,000

• 기말 자본금
= (방법1) : 기초자본금 ± 기중 증감액 = 50,000,000 + 10,000,000 = 60,000,000원
= (방법2) : 기말주식수 × 주당 액면금액 = (10,000주 + 2,000주) × @5,000원 = 60,000,000원

9 ① ① 전력비(제조원가), ② 수도광열비(판관비), ③ 교육훈련비(판관비), ④ 유형자산처분손실(영업외비용)

10 ③ 상호배분법이란 보조부문 상호 간의 용역수수관계를 완전하게 고려하여, 보조부문원가를 제조부문뿐만 아니라 보조부문 상호 간에 배분하는 방법을 말한다.

11 ② 재료비 = 기초원재료 + 당기매입액 − 기말원재료
= 1,200,000 + 900,000 − 850,000 = 1,250,000원

12 ③ • 제조간접비 실제배부율 = 실제 총제조간접비 ÷ 실제 총조업도
= 500,000 ÷ (800,000 + 200,000) = @0.5원/직접원가
• 제조지시서 No.1에 대한 제조간접비 배부액 = 제조지시서 No.1의 실제조업도 × 실제배부율
= (400,000 + 150,000) × @0.5 = 275,000원

13 ④ 간이과세자가 일반과세자로 변경되는 경우에 그 변경되는 해의 간이과세자 과세기간은 1월 1일부터 6월 30일까지이다.

14 ① 공급연월일은 임의적 기재사항이며, 작성연월일이 필요적 기재사항이다.

15 ② 상품권의 경우 상품권이 현물과 교환되어 재화가 실제로 인도되는 때를 공급시기로 한다.

실무시험

문제 1 기초정보등록

(1) [거래처등록] 메뉴에서 [일반거래처] 탭을 선택한 후 다음을 입력
코드 : 01230 / 거래처명 : 태형상사 / 유형 : 동시 / 사업자등록번호 : 107-36-25785 / 대표자성명 : 김상수 / 업태 : 도소매 / 종목 : 사무기기 / 주소 : 서울시 동작구 여의대방로10가길 1(신대방동)

(2) [거래처별초기이월] 메뉴에서
• 받을어음 : ㈜원수 "10,000,000"에서 "15,000,000"으로 수정
• 단기차입금 : ㈜이태백 "10,000,000"을 추가 입력
㈜빛날통신 "3,000,000"에서 "13,000,000"으로 수정

(3) [전기분원가명세서] 메뉴에서
• 보험료(제조) "1,000,000"을 추가 입력
• 수정된 당기제품제조원가 "94,000,000"을 확인

[전기분손익계산서] 메뉴에서
• 제품매출원가 보조창에 있는 당기제품제조원가 "93,000,000"을 "94,000,000"으로 수정 입력
• 보험료(판관비) "3,000,000"을 "2,000,000"으로 수정 입력
• 수정된 당기순이익 "356,150,000"을 확인 (변동 없음)

[전기분잉여금처분계산서] 메뉴에서
• 상단의 F6 불러오기를 클릭하여 당기순이익 "356,150,000"을 반영 (변동 없음)
• 수정된 미처분이익잉여금 "369,567,000"을 확인 (변동 없음)

[전기분재무상태표] 메뉴에서
• 이월이익잉여금 "369,567,000"을 확인 (변동 없음)
• 대차차액이 없음을 확인

문제 2 일반전표입력

(1) 8월 20일	(차) 기부금	2,000,000	(대) 제품 (적요 8. 타계정으로 대체액)	2,000,000
(2) 9월 2일	(차) 단기차입금(전마나)	20,000,000	(대) 보통예금 채무면제이익	15,000,000 5,000,000
(3) 10월 19일	(차) 외상매입금(㈜용인)	2,500,000	(대) 현금[1)] 받을어음(㈜수원)	1,500,000 1,000,000

[1)] 타인발행당좌수표는 통화대용증권에 해당하므로 '현금' 계정으로 회계처리한다.

(4) 11월 6일	(차) 예수금 보험료(제조) 보험료(판관비)	270,000 221,000 110,500	(대) 현금	601,500

(5) 11월 11일 (차) 퇴직급여(판관비) 7,000,000 (대) 보통예금 7,000,000

(6) 12월 3일 (차) 보통예금 4,750,000 (대) 단기매매증권 4,000,000
단기매매증권처분이익 750,000[1)]

1) • 처분금액 = (500주 × @10,000원) − 250,000원 = 4,750,000원
• 처분 전 장부금액 = 500주 × @8,000원 = 4,000,000원
• 처분손익 = 처분금액 − 처분 전 장부금액 = 4,750,000 − 4,000,000 = 750,000원

문제 3 매입매출전표입력

(1) 7월 28일 유형 : 57.카과 / 공급가액 : 200,000 / 부가세 : 20,000 / 거래처 : 저팔계산업 / 분개 : 혼합(카드) / (신용카드사 : 하나카드)
(차) 부가세대급금 20,000 (대) 미지급금(하나카드) 220,000
복리후생비(판관비) 200,000

(2) 9월 3일 유형 : 11.과세 / 공급가액 : 13,500,000 / 부가세 : 1,350,000 / 거래처 : 보람테크㈜ / 전자 : 여 / 분개 : 혼합
(차) 감가상각누계액(기계장치) 38,000,000 (대) 부가세예수금 1,350,000
현금 4,850,000 기계장치 50,000,000
미수금(보람테크㈜) 10,000,000 유형자산처분이익 1,500,000

(3) 9월 22일 유형 : 51.과세 / 공급가액 : 5,000,000 / 부가세 : 500,000 / 거래처 : 마산상사 / 전자 : 여 / 분개 : 혼합
(차) 부가세대급금 500,000 (대) 받을어음(㈜서울) 2,000,000
원재료 5,000,000 외상매입금(마산상사) 3,500,000

(4) 10월 31일 유형 : 12.영세 / 공급가액 : 70,000,000 / 부가세 : 0 / 거래처 : NICE Co.,Ltd / 전자 : 여 / 분개 : 혼합 / (영세율구분 : 3.내국신용장·구매확인서에 의하여 공급하는 재화)
(차) 외상매출금(NICE Co.,Ltd) 35,000,000 (대) 제품매출 70,000,000
보통예금 35,000,000

(5) 11월 4일 유형 : 54.불공 / 공급가액 : 1,500,000 / 부가세 : 150,000 / 거래처 : 손오공상사 / 전자 : 여 / 분개 : 혼합 / (불공제사유 : ④기업업무추진비 및 이와 유사한 비용 관련)
(차) 기업업무추진비(판관비) 1,650,000 (대) 미지급금(손오공상사) 1,650,000

(6) 12월 5일 유형 : 54.불공 / 공급가액 : 50,000,000 / 부가세 : 5,000,000 / 거래처 : ㈜만듬건설 / 전자 : 여 / 분개 : 혼합 / (불공제사유 : ⑥토지의 자본적 지출 관련)
(차) 토지 55,000,000 (대) 선급금(㈜만듬건설) 5,500,000
미지급금(㈜만듬건설) 49,500,000

문제 4 오류수정

(1) [일반전표입력] 11월 10일
• 수정 전 (차) 수선비(제조) 880,000 (대) 보통예금 880,000
• 수정 후 (차) 미지급금(가나상사) 880,000 (대) 보통예금 880,000

(2) [매입매출전표입력] 12월 15일
• 수정 전 유형 : 16.수출 / 공급가액 : 10,000,000 / 부가세 : 0 / 거래처 : ㈜강서기술 / 분개 : 혼합 / (영세율구분 : 1.직접수출)
(차) 외상매출금(㈜강서기술) 10,000,000 (대) 제품매출 10,000,000
• 수정 후 유형 : 12.영세 / 공급가액 : 10,000,000 / 부가세 : 0 / 거래처 : ㈜강서기술 / 전자 : 여 / 분개 : 혼합(외상) / (영세율구분 : 3.내국신용장·구매확인서에 의하여 공급하는 재화)
(차) 외상매출금(㈜강서기술) 10,000,000 (대) 제품매출 10,000,000

문제 5 결산

(1) (수동결산)
[일반전표입력] 12월 31일
(차) 미수수익 2,250,000 (대) 이자수익 2,250,000[1)]

1) (50,000,000원 × 6%) × (9개월/12개월) = 2,250,000원

(2) (수동결산)

[일반전표입력] 12월 31일

(차) 선급비용	900,000	(대) 임차료(제조)	900,000[1]

[1] 3,600,000원 × (3개월/12개월) = 900,000원

(3) (수동결산)

[일반전표입력] 12월 31일

(차) 단기매매증권평가손실	2,000,000	(대) 단기매매증권	2,000,000

문제 6 장부조회

(1) 3,000,000원

- [총계정원장] 메뉴에서 기간은 1월 1일 ~ 6월 30일, 계정과목은 급여(판관비)를 선택하여, 차변 금액이 가장 큰 월과 작은 월을 조회
- 차이 금액 = 8,400,000원(3월) − 5,400,000원(1월) = 3,000,000원

(2) 8,140,000원

- [총계정원장] 메뉴에서 기간은 3월 1일 ~ 4월 30일, 계정과목은 제품매출을 선택하여, 3월과 4월의 대변 금액을 각각 더블 클릭하여 거래 내역에서 일천상사에 대한 제품매출액을 조회
- 3월 대비 4월의 감소 금액 = 13,000,000원(3월) − 4,860,000원(4월) = 8,140,000원 감소

(3) 6매 / 10,320,000원

[세금계산서합계표] 메뉴에서 기간은 1월 ~ 3월, [매출] 탭, [전체데이터] 탭을 선택하여, ㈜서산상사에 발행한 세금계산서의 매수와 공급가액을 조회

▶ 문제 | p.758

이론시험

1 ④	2 ①	3 ②	4 ③	5 ①	6 ②	7 ④	8 ①
9 ③	10 ④	11 ①	12 ③	13 ③	14 ④	15 ②	

1 ④ • 자기주식처분손실 : 자기주식을 처분할 때 처분금액이 처분 전 장부금액(취득원가)보다 작은 경우 그 차액
• 자기주식처분손실 계정은 자본조정에 해당한다.

2 ① (차) 현금[1] 100,000 (대) 선수금 100,000

[1] 타인발행당좌수표는 통화대용증권에 해당하므로 '현금' 계정으로 회계처리한다.

3 ② 기말재고자산 금액 과대 → 매출원가 과소 → 매출총이익 및 당기순이익 과대 → 자본 과대

4 ③ 무형자산의 상각기간은 독점적·배타적인 권리를 부여하고 있는 관계 법령이나 계약에 정해진 경우를 제외하고는 20년을 초과할 수 없다.

5 ① • 현금(현금및현금성자산), 1년 만기 정기예금(단기금융상품), 단기매매증권(단기매매증권), 당좌예금(현금및현금성자산), 우편환증서(현금및현금성자산), 외상매출금(매출채권)
• 단기투자자산 = 단기금융상품 + 단기매매증권 + 단기대여금
= 3,000,000 + 4,000,000 + 0 = 7,000,000원

6 ② 사채(비유동부채), 퇴직급여충당부채(비유동부채), 유동성장기부채(유동부채), 선수금(유동부채)

7 ④ • 비누의 재고자산평가손익 = (장부상 단가 − 실제 단가) × 실제 수량
= (@75,000원 − @65,000원) × 100개 = 재고자산평가손실 1,000,000원
• 세제의 재고자산평가손익 : 없음 (∵ 저가법)

8 ① ② 예약매출 : 작업 진행 정도에 따라 수익을 인식(진행 기준)
③ 할부판매 : (원칙적으로) 인도한 시점에 수익을 인식
④ 위탁판매 : 수탁자가 적송품을 판매한 시점에 수익을 인식

9 ③ 재료비 = 기초원재료 + 당기매입액 − 기말원재료
= 3억 원 + 20억 원 − 0원 = 23억 원

10 ④ 기초재공품재고액(제조원가명세서), 기말원재료재고액(제조원가명세서), 기말제품재고액(손익계산서), 당기제품제조원가(제조원가명세서), 당기총제조비용(제조원가명세서)

11 ① • 예정배부액 = 실제조업도 × 예정배부율 = 3,000시간 × @200원 = 600,000원
• 실제발생액 = 예정배부액 ± 배부차이
→ 500,000 = 600,000 ± ?
∴ 배부차이 = 100,000원 과대배부

12 ③ 기초재공품이 존재하지 않는 경우 평균법과 선입선출법의 당기완성품원가는 일치한다.

13 ③ 구매확인서에 의하여 공급하는 재화 등 국내사업자 간의 거래인 경우, 영세율이 적용되더라도 (영세율)세금계산서를 발급하여야 한다.

14 ④ 부동산매매업은 법인의 경우 법인의 등기부상 소재지를 사업장으로 한다.

15 ② • 부가가치세의 납세의무자는 '사업자'와 '재화를 수입하는 자'이다.
• 사업자란 사업목적이 영리인지 비영리인지에 관계없이 사업상 독립적으로 부가가치세 과세대상인 재화 또는 용역을 공급하는 자를 말한다.

실무시험

문제 1 기초정보등록

(1) [거래처등록] 메뉴에서 [일반거래처] 탭을 선택한 후 다음을 입력
코드 : 3000 / 거래처명 : ㈜나우전자 / 유형 : 동시 / 사업자등록번호 : 108-81-13579 / 대표자성명 : 김나우 / 업태 : 제조 / 종목 : 전자제품 / 주소 : 서울특별시 서초구 명달로 104(서초동)

(2) [계정과목및적요등록] 메뉴에서
186.퇴직연금운용자산 계정의 대체적요란 1번에 "제조 관련 임직원 확정급여형 퇴직연금부담금 납입"을 입력

(3) [전기분재무상태표] 메뉴에서
• 장기차입금 : "20,000,000"을 "0"으로 수정 (또는 삭제)
• 단기차입금 : "20,000,000"을 추가 입력

[거래처별초기이월] 메뉴에서
• 장기차입금 : 신한은행 "20,000,000"을 "0"으로 수정 (또는 삭제)
• 단기차입금 : 기업은행 "20,000,000"을 추가 입력

문제 2 일반전표입력

(1) 8월 1일	(차) 외화장기차입금(미국은행)	37,500,000	(대) 보통예금	39,000,000
	외환차손	1,500,000		
(2) 8월 12일	(차) 부도어음과수표(㈜모모가방)	50,000,000	(대) 받을어음(㈜모모가방)	50,000,000
(3) 8월 23일	(차) 미지급배당금	10,000,000	(대) 보통예금	8,460,000
			예수금	1,540,000
(4) 8월 31일	(차) 기계장치	5,500,000	(대) 자산수증이익	5,500,000
(5) 9월 11일	(차) 단기매매증권	4,000,000	(대) 보통예금	4,010,000
	수수료비용(영업외비용)[1]	10,000		

[1] 단기매매증권 구입 시 발생하는 제비용은 '수수료비용' 계정 등 영업외비용으로 회계처리한다.

(6) 9월 13일	(차) 현금	1,000,000	(대) 외상매출금(㈜다원)	4,000,000
	받을어음(㈜다원)	3,000,000		

문제 3 매입매출전표입력

(1) 7월 13일 유형 : 17.카과 / 공급가액 : 5,000,000 / 부가세 : 500,000 / 거래처 : ㈜남양가방 / 분개 : 혼합(카드) / (신용카드사 : 비씨카드)

(차) 외상매출금(비씨카드)	5,500,000	(대) 부가세예수금	500,000
		제품매출	5,000,000

(2) 9월 5일 유형 : 51.과세 / 공급가액 : 500,000 / 부가세 : 50,000 / 거래처 : 쾌속운송 / 전자 : 여 / 분개 : 혼합

(차) 부가세대급금	50,000	(대) 보통예금	550,000
기계장치	500,000		

(3) 9월 6일 유형 : 51.과세 / 공급가액 : 10,000,000 / 부가세 : 1,000,000 / 거래처 : 정도정밀 / 전자 : 여 / 분개 : 혼합

(차) 부가세대급금	1,000,000	(대) 보통예금	11,000,000
외주가공비(제조)	10,000,000		

(4) 9월 25일 유형 : 54.불공 / 공급가액 : 3,500,000 / 부가세 : 350,000 / 거래처 : ㈜목포전자 / 전자 : 여 / 분개 : 혼합 / (불공제사유 : ②사업과 직접 관련 없는 지출)

(차) 기부금	3,850,000	(대) 미지급금(㈜목포전자)	3,850,000

(5) 10월 6일 유형 : 57.카과 / 공급가액 : 1,500,000 / 부가세 : 150,000 / 거래처 : ㈜OK사무 / 분개 : 혼합(카드) / (신용카드사 : 하나카드)

(차) 부가세대급금	150,000	(대) 미지급금(하나카드)	1,650,000
비품	1,500,000		

(6) 12월 1일 유형 : 51.과세 / 공급가액 : 2,500,000 / 부가세 : 250,000 / 거래처 : ㈜국민가죽 / 전자 : 여 / 분개 : 혼합

(차) 부가세대급금	250,000	(대) 현금	250,000
원재료	2,500,000	외상매입금(㈜국민가죽)	2,500,000

문제 4 오류수정

(1) [매입매출전표입력] 7월 22일

• 수정 전 유형 : 51.과세 / 공급가액 : 15,000,000 / 부가세 : 1,500,000 / 거래처 : 제일자동차 / 전자 : 여 / 분개 : 혼합

(차) 부가세대급금	1,500,000	(대) 보통예금	16,500,000
차량운반구	15,000,000		

• 수정 후 유형 : 54.불공 / 공급가액 : 15,000,000 / 부가세 : 1,500,000 / 거래처 : 제일자동차 / 전자 : 여 / 분개 : 혼합 / (불공제사유 : ③개별소비세법에 따른 자동차(비영업용 소형승용자동차) 구입·유지 및 임차)

(차) 차량운반구	16,500,000	(대) 보통예금	16,500,000

(2) [일반전표입력] 9월 15일

• 수정 전	(차) 대손상각비(판관비)	3,000,000	(대) 외상매출금(㈜댕댕오디오)	3,000,000
• 수정 후	(차) 대손충당금(외상매출금)	1,500,000	(대) 외상매출금(㈜댕댕오디오)	3,000,000
	대손상각비(판관비)	1,500,000		

문제 5 결산

(1) (수동결산)

[일반전표입력] 12월 31일

(차) 외상매입금(하나무역)	2,500,000	(대) 가지급금	2,550,000
잡손실	50,000		

(2) (수동결산)

[일반전표입력] 12월 31일

(차) 단기대여금(필립전자)	6,000,000	(대) 외화환산이익	6,000,000[1]

[1] 외화환산손익 = 기말 환산액 − 환산 전 장부금액
= ($30,000 × @2,200원) − 60,000,000원 = 6,000,000원 (자산이므로 외화환산이익)

(3) (수동결산 또는 자동결산)

| 방법1 | (수동결산)

[일반전표입력] 12월 31일

(차) 기타의대손상각비(영업외비용)	300,000	(대) 대손충당금(미수금)	300,000[1]

[1] (40,000,000 × 1%) − 100,000 = 300,000원

| 방법2 | (자동결산)

[결산자료입력] 메뉴에서 (기간 : 1월 ~ 12월) 대손충당금 추가설정 금액을 다음과 같이 입력한다. 자동결산 항목 입력이 완료되고 나면 상단의 [전표추가]를 클릭하여 결산분개를 생성한다.

• 영업외비용 ▶ 기타의대손상각 ▶ 미수금 : 300,000

문제 6 장부조회

(1) 1,330,000원

[매입매출장] 메뉴에서 기간은 1월 ~ 3월, 구분은 '2.매출', 유형은 '17.카과'를 선택하여, '합계' 열의 '분기계'란을 조회

(2) 131,000원

[일계표(월계표)] 메뉴에서 기간은 6월 1일 ~ 6월 30일을 선택하여, '8.영업외비용' 라인의 차변에 있는 '계' 열 금액을 조회

(3) 3,060,000원

[부가가치세신고서] 메뉴에서 기간은 4월 1일 ~ 6월 30일을 선택하여, '매입세액 ▶ 공제받지못할매입세액[16]' 라인의 '세액'란을 조회

▶ 문제 | p.768

이론시험

1 ③	2 ②	3 ①	4 ②	5 ①	6 ①	7 ②	8 ②
9 ④	10 ④	11 ①	12 ③	13 ④	14 ④	15 ③	

1 ③ ① 자산은 과거의 거래나 사건의 결과로서 현재 기업실체에 의해 지배되고 미래에 경제적 효익을 창출할 것으로 기대되는 자원이다. (재무회계개념체계 문단 90.)
② 부채는 과거의 거래나 사건의 결과로 현재 기업실체가 부담하고 있고 미래에 자원의 유출 또는 사용이 예상되는 의무이다. (재무회계개념체계 문단 97.)
④ 비용은 지분참여자에 대한 분배를 제외하며, 정상영업활동의 일환이나 그 이외의 활동에서 발생할 수 있는 차손은 포함한다.

2 ② 기말재고자산의 수량결정방법 : 계속기록법, 실지재고조사법, 혼합법

3 ① 선일자수표에 대한 회계처리는 어음과 동일하므로, 현금및현금성자산으로 분류되지 않는다.

4 ② ① 기업이 보유하고 있는 토지는 기업의 보유목적에 따라 재고자산, 투자자산, 유형자산으로 분류된다.
③ 유형자산을 취득한 후에 발생하는 지출은 그 성격에 따라 자산(자본적 지출) 또는 비용(수익적 지출)으로 처리한다.
④ 유형자산 중 토지와 건설중인자산은 감가상각을 하지 않는다.

5 ① 영업외손익 = 단기매매증권평가이익(A사 주식) − 단기매매증권평가손실(B사 주식) + 배당금수익(A사 주식)
+ 단기매매증권처분이익(C사 주식)
= 200,000 − 100,000 + 50,000 + 50,000 = 200,000원

6 ①
- 사채의 액면이자는 사채의 발행유형(액면발행, 할인발행, 할증발행)에 관계없이 매년 동일하다.
- 사채를 할인발행 또는 할증발행하였더라도 만기에는 원금인 액면금액으로 상환하여야 하기 때문에, 이자비용을 인식할 때에는 사채할인발행차금 또는 사채할증발행차금을 만기일에 이를 때까지 일정한 방법으로 상각하여야 한다.
- 사채의 할인발행 또는 할증발행 시 발행차금의 상각액은 매년 증가한다.
- 사채를 할인발행한 경우 이자비용 = 액면이자(매년 일정) + 상각액(매년 증가) (→ 매년 증가)
- 사채를 할증발행한 경우 이자비용 = 액면이자(매년 일정) − 상각액(매년 증가) (→ 매년 감소)

7 ② 주식발행초과금(자본잉여금), 자기주식처분손실(자본조정), 자기주식(자본조정), 매도가능증권평가손익(기타포괄손익누계액)

8 ② 자본적 지출(자산)을 수익적 지출(비용)로 잘못 처리했을 경우 재무제표에 미치는 영향
: 자산 과소, 비용 과대 → 당기순이익 과소 → 자본 과소

9 ④ 예를 들어, '(대안1) 기존 화물차를 배송용 차로 30원에 전환하고 새 화물차를 60원에 구입'과 '(대안2) 기존 화물차를 그대로 사용하고 새 배송용 차를 100원에 구입'의 의사결정이 있을 때, 새 화물차 구입비용은 의사결정에 영향을 주는 원가이므로 매몰원가에 해당하지 않는다.

10 ④ 변동원가는 관련범위 내에서 조업도가 증가하더라도 단위당 변동원가가 일정하다.

11 ①
- 평균법에 의한 재료비의 완성품환산량 = 완성분 + 기말재공품
= 1,800 + (300 × 100%) = 2,100개
- 평균법에 의한 가공비의 완성품환산량 = 완성분 + 기말재공품(완성도 70%)
= 1,800 + (300 × 70%) = 2,010개

12 ③ • 당기제품제조원가 = 기초재공품 + 당기총제조원가 - 기말재공품
= 500,000 + 1,500,000 - 1,300,000 = 700,000원
• 매출원가 = 기초제품 + 당기제품제조원가 - 기말제품
= 800,000 + 700,000 - 300,000 = 1,200,000원

13 ④ 여객운송용역은 면세대상이나, 예외적으로 항공기, 우등고속버스, 전세버스, 택시, 고속철도 운송은 과세대상에 해당한다.

14 ④ 폐업하는 경우 폐업일이 속하는 달의 다음 달 25일까지 신고, 납부하여야 한다.

15 ③ 주주의 변동은 법인사업자의 사업자등록 정정 사유에 해당하지 않는다.

실무시험

문제 1 기초정보등록

(1) [계정과목및적요등록] 메뉴에서
842.견본비 계정의 현금적요란 2번에 "전자제품 샘플 제작비 지급"을 입력

(2) [거래처별초기이월] 메뉴에서
- 외상매출금 : ㈜홍금전기 "3,000,000"에서 "30,000,000"으로 수정
- 외상매입금 : 하나무역 "12,000,000"에서 "26,000,000"으로 수정
- 받을어음 : ㈜대호전자 "25,000,000"을 추가 입력

(3) [전기분원가명세서] 메뉴에서
- 전력비(제조) "2,000,000"을 "4,200,000"으로 수정 입력
- 수정된 당기제품제조원가 "96,500,000"을 확인

[전기분손익계산서] 메뉴에서
- 제품매출원가 보조창에 있는 당기제품제조원가 "94,300,000"을 "96,500,000"으로 수정 입력
- 수도광열비(판관비) "3,000,000"을 "1,100,000"으로 수정 입력
- 수정된 당기순이익 "87,900,000"을 확인

[전기분잉여금처분계산서] 메뉴에서
- 상단의 F6 불러오기를 클릭하여 당기순이익 "88,200,000"을 "87,900,000"으로 수정 반영
- 수정된 미처분이익잉여금 "134,500,000"을 확인

[전기분재무상태표] 메뉴에서
- 이월이익잉여금 "134,800,000"을 "134,500,000"으로 수정 입력
- 대차차액이 없음을 확인

문제 2 일반전표입력

(1) 7월 3일	(차) 선급금(세무빌딩)	600,000	(대) 보통예금	600,000
(2) 8월 1일	(차) 보통예금	3,430,000	(대) 외상매출금(하나카드)	3,500,000
	수수료비용(판관비)	70,000		
(3) 8월 16일	(차) 퇴직급여(판관비)	8,800,000	(대) 퇴직연금운용자산	8,800,000
(4) 8월 23일	(차) 장기차입금(나라은행)	20,000,000	(대) 보통예금	20,200,000
	이자비용	200,000		
(5) 11월 5일	(차) 받을어음(㈜다원)	3,000,000	(대) 외상매출금(㈜다원)	4,000,000
	단기대여금(㈜다원)	1,000,000		
(6) 11월 20일	(차) 차량운반구	400,000	(대) 현금	400,000

문제 3 매입매출전표입력

(1) 8월 17일 유형 : 52.영세 / 공급가액 : 15,000,000 / 부가세 : 0 / 거래처 : ㈜직지상사 / 전자 : 여 / 분개 : 혼합
(차) 원재료 15,000,000 (대) 지급어음(㈜직지상사) 5,000,000
외상매입금(㈜직지상사) 10,000,000

(2) 8월 28일 유형 : 51.과세 / 공급가액 : 1,000,000 / 부가세 : 100,000 / 거래처 : 이진컴퍼니 / 전자 : 부 / 분개 : 혼합
(차) 부가세대급금 100,000 (대) 미지급금(이진컴퍼니) 1,100,000
복리후생비(제조) 1,000,000

(3) 9월 15일 유형 : 61.현과 / 공급가액 : 220,000 / 부가세 : 22,000 / 거래처 : 우리카센타 / 분개 : 혼합(현금)
(차) 부가세대급금 22,000 (대) 현금 242,000
차량유지비(제조) 220,000

(4) 9월 27일 유형 : 53.면세 / 공급가액 : 200,000 / 거래처 : ㈜대한도서 / 전자 : 여 / 분개 : 혼합
(차) 도서인쇄비(판관비) 200,000 (대) 미지급금(㈜대한도서) 200,000

(5) 9월 30일 유형 : 54.불공 / 공급가액 : 700,000 / 부가세 : 70,000 / 거래처 : ㈜세무렌트 / 전자 : 여 / 분개 : 혼합 / (불공제사유 : ③개별소비세법에 따른 자동차(비영업용 소형승용자동차) 구입·유지 및 임차)
(차) 임차료(판관비) 770,000 (대) 미지급금(㈜세무렌트) 770,000

(6) 10월 15일 유형 : 11.과세 / 공급가액 : (−)10,000,000 / 부가세 : (−)1,000,000 / 거래처 : 우리자동차㈜ / 전자 : 여 / 분개 : 혼합(외상)
(차) 외상매출금(우리자동차㈜) (−)11,000,000 (대) 부가세예수금 (−)1,000,000
제품매출 (−)10,000,000

문제 4 오류수정

(1) [일반전표입력] 7월 6일
- 수정 전 (차) 외상매입금(㈜상문) 3,000,000 (대) 보통예금 3,000,000
- 수정 후 (차) 외상매입금(㈜상문) 3,000,000 (대) 받을어음(상명상사) 3,000,000

(2) [일반전표입력] 메뉴의 12월 13일 자 해당 전표를 삭제하고, [매입매출전표입력] 메뉴에 동일자로 다음과 같이 입력
- 수정 전 [일반전표입력] 12월 13일
(차) 수도광열비(판관비) 121,000 (대) 현금 121,000
- 수정 후 [매입매출전표입력] 12월 13일
유형 : 51.과세 / 공급가액 : 110,000 / 부가세 : 11,000 / 거래처 : 한국전력공사 / 전자 : 여 / 분개 : 혼합(현금)
(차) 부가세대급금 11,000 (대) 현금 121,000
전력비(제조) 110,000

문제 5 결산

(1) (수동결산)
[일반전표입력] 12월 31일
(차) 장기차입금(대한은행) 50,000,000 (대) 유동성장기부채(대한은행) 50,000,000

(2) (수동결산 또는 자동결산)
| 방법1 | (수동결산)
[일반전표입력] 12월 31일
(차) 무형자산상각비(판관비) 6,000,000[1] (대) 특허권 6,000,000

1) (전기말 미상각잔액 − 잔존가치) ÷ 기초 현재 잔여내용연수
= (24,000,000원 − 0원) ÷ (5년 − 1년) = 6,000,000원

참고 무형자산 상각 시, 별도의 언급이 없는 경우 잔존가치는 '0'인 것으로 본다.

| 방법2 | (자동결산)
[결산자료입력] 메뉴에서 (기간 : 1월 ~ 12월) 다음과 같이 입력한다. 자동결산 항목 입력이 완료되고 나면 상단의 [전표추가]를 클릭하여 결산분개를 생성한다.
- 판매비와 일반관리비 ▶ 무형자산상각비 ▶ 특허권 : 6,000,000

(3) (수동결산 또는 자동결산)

| 방법1 | (수동결산)

[일반전표입력] 12월 31일

(차) 법인세등	13,500,000	(대) 선납세금	6,800,000[1]
		미지급세금	6,700,000

[1] [합계잔액시산표] 메뉴에서 기간은 12월 31일을 선택하여 동일자 현재 선납세금 계정의 차변 잔액이 '6,800,000'원임을 조회

| 방법2 | (자동결산)

[결산자료입력] 메뉴에서 (기간 : 1월 ~ 12월) 법인세등 금액을 다음과 같이 입력한다. 자동결산 항목 입력이 완료되고 나면 상단의 [전표추가]를 클릭하여 결산분개를 생성한다.

- 법인세등 ▶ 선납세금 : 6,800,000
- 법인세등 ▶ 추가계상액 : 6,700,000

문제 6 장부조회

(1) 191,786,000원

- [재무상태표] 메뉴에서 기간은 6월, 탭은 '제출용'을 선택하여, 당기 6월 말 현금및현금성자산 금액과 전기말 현금및현금성자산 금액을 조회
- 증가액 = 284,609,000(당기 6월 말) – 92,823,000(전기말) = 191,786,000원

(2) 390,180,000원

| 방법1 | • [부가가치세신고서] 메뉴에서 기간은 4월 1일 ~ 6월 30일을 선택하여, '과세표준및매출세액 ▶ 과세 ▶ 세금계산서발급분[1]' 라인과 '과세표준및매출세액 ▶ 영세 ▶ 세금계산서발급분[5]' 라인의 '금액'란을 조회

• 세금계산서 발급분 공급가액 = 351,730,000([1]) + 38,450,000([5])
= 390,180,000원

| 방법2 | • [매입매출장] 메뉴에서 기간은 4월 1일 ~ 6월 30일, 구분은 '2.매출', 유형은 '11.과세', '12.영세'를 선택하여, 각 화면에서 '공급가액' 열의 '분기계'란을 조회

• 세금계산서 발급분 공급가액 = 351,730,000(11.과세) + 38,450,000(12.영세)
= 390,180,000원

(3) 40,000,000원

- [거래처원장] 메뉴에서 기간은 6월 1일 ~ 6월 30일, 계정과목은 외상매입금, 거래처는 지예상사를 선택하여, 6월의 차변 금액을 조회
- 해당 금액을 더블 클릭하여 거래 내역을 확인

정답 및 해설 | 제106회 기출문제

▶ 문제 | p.778

이론시험

1 ①	2 ④	3 ②	4 ③	5 ①	6 ④	7 ④	8 ①
9 ①	10 ①	11 ③	12 ④	13 ④	14 ②	15 ④	

1 ① 유형자산을 역사적 원가로 평가하면 측정의 신뢰성은 제고되나 목적적합성은 저하된다.

2 ④ • 재무상태표는 기업의 재무상태를 보고하기 위하여 일정 시점 현재의 자산(자산총액), 부채(타인자본), 자본(자기자본)을 나타내는 보고서이다.
• 손익계산서는 기업의 경영성과를 보고하기 위하여 일정 기간 동안에 일어난 거래나 사건을 통해 발생한 수익, 비용 순이익을 나타내는 보고서이다.

3 ② 새로운 상품과 서비스를 소개하는 데 소요되는 원가(예 광고 및 판촉활동과 관련된 원가)는 유형자산의 취득원가에 포함하지 않는다. (일반기업회계기준 문단 10.10)

4 ③ • 만기보유증권은 유가증권 형태상 채권에만 적용된다.
• 매도가능증권은 유가증권 형태상 주식 및 채권에 적용된다.

5 ① 감자차익(자본잉여금), 주식할인발행차금(자본조정), 자기주식(자본조정), 자기주식처분손실(자본조정)

6 ④ 수익은 발생기준에 따라 수익이 실현된 기간에 인식한다.

7 ④ • 상품 판매 관련 수수료는 판매비와관리비에 해당한다.
• 당기순매입액 = 총매입액 − 매입에누리 = 8,000,000 − 750,000 = 7,250,000원
• 매출원가 = (기초재고 + 당기순매입액 − 기말재고) − 타계정대체금액
= (500,000 + 7,250,000 − 1,500,000) − 300,000 = 5,950,000원

8 ① • 20x1년의 올바른 회계처리
(차) 외상매출금 (자산의 증가) xxx (대) 상품매출 (수익의 증가) xxx
• 20x1년의 회사의 회계처리 : 회계처리 없음
• 재무제표에 미치는 영향 : 자산 과소, 수익 과소 → 당기순이익 과소 → 자본 과소

9 ① • 준변동비 원가행태에 대한 설명이다.
• ① 준변동비, ② (대개의 경우) 변동비, ③ (생산량비례법 외의 감가상각방법이라면) 고정비, ④ 고정비

10 ① • 개별원가계산은 다품종 소량생산, 주문생산 업종에 적합하다.
• 종합원가계산은 동종제품 대량생산, 연속생산 업종에 적합하다.

11 ③ • 기초재공품 + 당기착수량 = 완성품 + 공손 + 기말재공품
→ 400 + 1,000 = ? + 200 + 200
∴ 완성품 수량 = 1,000개
• 정상공손 수량 = 완성품 수량 × 5%
= 1,000개 × 5% = 50개
• 영업외비용으로 처리해야 할 공손의 수량 = 비정상공손 수량 = 공손 수량 − 정상공손 수량
= 200 − 50 = 150개

12 ④ 당기총제조원가 = 직접재료비 + 직접노무비 + 제조간접비
= 직접재료비 + 직접노무비 + (공장 전력비 + 공장 임차료)
= 180,000 + 320,000 + (50,000 + 200,000) = 750,000원

13 ④ 용역의 수입은 과세대상 거래가 아니다.

14 ② 사업자등록의 신청을 사업장 관할 세무서장이 아닌 다른 세무서장에게도 할 수 있다. 이 경우 사업장 관할 세무서장에게 사업자 등록을 신청한 것으로 본다.

15 ④ 간이과세자는 납부세액을 '매출세액 – 매입세액'으로 계산하지 않고, 공급대가와 업종별 부가가치율을 사용하여 간편한 방법으로 계산한다. 이에 따라, 간이과세자는 원칙적으로 매입세액공제를 적용할 수 없고, 매출세액보다 매입세액이 크더라도 부가가치세액을 환급받지 못한다.

실무시험

문제 1 기초정보등록

(1) [계정과목및적요등록] 메뉴에서
511.복리후생비 계정의 현금적요란 9번에 "생산직원 독감 예방접종비 지급"을 입력
대체적요란 3번에 "직원 휴가비 보통예금 인출"을 입력

(2) [거래처등록] 메뉴에서 [일반거래처] 탭을 선택한 후에 다음을 입력
코드 : 00450 / 거래처명 : ㈜대박 / 유형 : 동시 / 사업자등록번호 : 403-81-51065 / 대표자성명 : 박대박 / 업태 : 제조 / 종목 : 원단 / 주소 : 경상북도 칠곡군 지천면 달서원길 16

(3) [전기분손익계산서] 메뉴에서
- 광고선전비(판관비) "3,800,000"을 "5,300,000"으로 수정 입력
- 수정된 당기순이익 "86,520,000"을 확인

[전기분잉여금처분계산서] 메뉴에서
- 상단의 F6 불러오기를 클릭하여 당기순이익 "88,020,000"을 "86,520,000"으로 수정 반영
- 수정된 미처분이익잉여금 "163,400,000"을 확인

[전기분재무상태표] 메뉴에서
- 이월이익잉여금 "164,900,000"을 "163,400,000"으로 수정 입력
- 대차차액이 없음을 확인

문제 2 일반전표입력

(1) 7월 18일	(차) 외상매입금(㈜괴안공구)	33,000,000	(대) 지급어음(㈜괴안공구)	23,000,000
			보통예금	10,000,000
(2) 7월 30일	(차) 대손충당금(외상매출금)	320,000	(대) 외상매출금(㈜지수포장)	1,800,000
	대손상각비(판관비)	1,480,000		
(3) 8월 30일	(차) 임차보증금(형제상사)	5,000,000	(대) 선급금(형제상사)	1,500,000
			보통예금	3,500,000
(4) 10월 18일	(차) 단기차입금(대표이사)	19,500,000	(대) 채무면제이익	19,500,000
(5) 10월 25일	(차) 여비교통비(판관비)	2,850,000	(대) 가지급금(누리호)	3,000,000
	현금	150,000		
(6) 11월 4일	(차) 퇴직급여(판관비)	2,000,000	(대) 보통예금	5,000,000
	퇴직급여(제조)	3,000,000		

문제 3 매입매출전표입력

(1) 7월 14일 유형 : 16.수출 / 공급가액 : 50,000,000 / 부가세 : 0 / 거래처 : HK사 / 분개 : 혼합 / (영세율구분 : 1.직접수출)
(차) 선수금(HK사) 10,000,000 (대) 제품매출 50,000,000
외상매출금(HK사) 40,000,000

(2) 8월 5일 유형 : 11.과세 / 공급가액 : 10,000,000 / 부가세 : 1,000,000 / 거래처 : ㈜동도유통 / 전자 : 여 / 분개 : 혼합
(차) 받을어음(㈜서도상사) 10,000,000 (대) 부가세예수금 1,000,000
외상매출금(㈜동도유통) 1,000,000 제품매출 10,000,000

(3) 8월 20일 유형 : 57.카과 / 공급가액 : 4,400,000 / 부가세 : 440,000 / 거래처 : 함안전자 / 분개 : 혼합(카드) / (신용카드사 : 국민카드)
(차) 부가세대급금 440,000 (대) 미지급금(국민카드) 4,840,000
비품 4,400,000

(4) 11월 11일 유형 : 53.면세 / 공급가액 : 5,000,000 / 거래처 : ㈜더람 / 전자 : 여 / 분개 : 혼합
(차) 교육훈련비(판관비) 5,000,000 (대) 선급금(㈜더람) 1,000,000[1)]
보통예금 4,000,000

1) [일반전표입력] 메뉴에서 11월 1일 자 전표를 조회하여, 차변에 회계처리되어 있는 선급금 계정과목의 금액이 '1,000,000' 원임을 확인

(5) 11월 26일 유형 : 51.과세 / 공급가액 : 10,000,000 / 부가세 : 1,000,000 / 거래처 : ㈜미래상사 / 전자 : 여 / 분개 : 혼합
(차) 부가세대급금 1,000,000 (대) 보통예금 11,000,000
개발비 10,000,000

(6) 12월 4일 유형 : 54.불공 / 공급가액 : 750,000 / 부가세 : 75,000 / 거래처 : 차차카센터 / 전자 : 여 / 분개 : 혼합 / (불공제사유 : ③개별소비세법에 따른 자동차(비영업용 소형승용차) 구입·유지 및 임차)
(차) 차량유지비(제조) 825,000 (대) 보통예금 825,000

문제 4 오류수정

(1) [일반전표입력] 8월 2일
- 수정 전 (차) 외상매입금(온누리) 800,000 (대) 보통예금 800,000
- 수정 후 (차) 미지급금(온누리) 800,000 (대) 보통예금 800,000

(2) [일반전표입력] 메뉴의 11월 19일 자 해당 전표를 삭제하고, [매입매출전표입력] 메뉴에 동일자로 다음과 같이 입력
- 수정 전 [일반전표입력] 11월 19일
(차) 운반비(판관비) 330,000 (대) 현금 330,000
- 수정 후 [매입매출전표입력] 11월 19일
유형 : 51.과세 / 공급가액 : 300,000 / 부가세 : 30,000 / 거래처 : 차차운송 / 전자 : 여 / 분개 : 혼합(현금)
(차) 부가세대급금 30,000 (대) 현금 330,000
원재료 300,000

문제 5 결산

(1) (수동결산)
[일반전표입력] 12월 31일
(차) 재고자산감모손실 2,000,000 (대) 제품 2,000,000
(적요 8. 타계정으로 대체액)

(2) (수동결산)
[일반전표입력] 12월 31일
(차) 소모품 2,500,000 (대) 광고선전비(판관비) 2,500,000

(3) (수동결산 또는 자동결산)
| 방법1 | (수동결산)
[일반전표입력] 12월 31일
(차) 법인세등 10,750,000 (대) 선납세금 6,500,000[1)]
미지급세금 4,250,000

1) [합계잔액시산표] 메뉴에서 기간은 12월 31일을 선택하여 동일자 현재 선납세금 계정의 차변 잔액이 '6,500,000'원임을 조회

| 방법2 | (자동결산)

[결산자료입력] 메뉴에서 (기간 : 1월 ~ 12월) 법인세등 금액을 다음과 같이 입력한다. 자동결산 항목 입력이 완료되고 나면 상단의 [전표추가]를 클릭하여 결산분개를 생성한다.

- 법인세등 ▶ 선납세금 : 6,500,000
- 법인세등 ▶ 추가계상액 : 4,250,000

문제 6 장부조회

(1) 다솜상사 / 63,000,000원

[거래처원장] 메뉴에서 기간은 1월 1일 ~ 6월 30일, 계정과목은 외상매입금, 거래처는 전체를 선택하여, 6월 말 현재 잔액이 가장 큰 거래처를 조회

(2) 11,250,700원

[부가가치세신고서] 메뉴에서 기간은 4월 1일 ~ 6월 30일을 선택하여, '차가감하여 납부할세액(환급받을세액)[27]' 라인의 '세액'란을 조회

(3) 6월 / 5,000,000원

[총계정원장] 메뉴에서 기간은 4월 1일 ~ 6월 30일, 계정과목은 광고선전비(판관비)를 선택하여, 차변 금액이 가장 큰 월을 조회

정답및해설 | 제105회 기출문제

▶ 문제 | p.787

이론시험

1 ③	2 ①	3 ④	4 ③	5 ②	6 ②	7 ①	8 ②
9 ③	10 ④	11 ③	12 ②	13 ①	14 ④	15 ④	

1 ③ 계약금 없이 상품의 주문을 하는 것은 그 자체만으로는 자산·부채·자본·수익·비용의 증감변화가 생기지 않기 때문에, 이는 회계상 거래가 아니다.

2 ① 계속기업의 가정이란 기업이 예상 가능한 기간 동안 영업을 계속할 것이라는 가정을 말한다.

3 ④ • 재고자산이란 기업의 주된 영업활동에서 판매를 목적으로 보유하고 있는 자산을 말한다.
• ① 유형자산, ② 유형자산, ③ 당좌자산(단기시세차익 목적) 또는 투자자산(장기투자 목적), ④ 재고자산

4 ③ 사용 중인 건물을 새로운 건물로 신축하기 위하여 철거하는 경우에 기존 건물의 장부금액은 제거하여 유형자산처분손실 계정(비용)으로 회계처리한다.

5 ② 무형자산의 상각기간은 독점적·배타적인 권리를 부여하고 있는 관계 법령이나 계약에 정해진 경우를 제외하고는 20년을 초과할 수 없다.

6 ② 주요장부란 모든 거래를 총괄하여 기록하는 장부를 말하며, 분개장과 총계정원장이 주요장부에 해당한다.

7 ① 매도가능증권평가손익(기타포괄손익누계액), 감자차손(자본조정), 자기주식(자본조정), 주식할인발행차금(자본조정)

8 ② • 당기순매입액 = 총매입액 － 매입환출 － 매입에누리 － 매입할인
= 200,000 － 5,000 － 0 － 5,000 = 190,000원
• 매출원가 = 기초재고 + 당기순매입액 － 기말재고
= 100,000 + 190,000 － 110,000 = 180,000원
• 매출총이익 = (순)매출액 － 매출원가
= 475,000 － 180,000 = 295,000원

9 ③ • 변동제조간접원가 = 총제조간접원가 × 30%
→ 600,000 = ? × 30%
∴ 총제조간접원가 = 2,000,000원
• 가공원가 = 직접노무원가 + (총)제조간접원가
= 1,600,000 + 2,000,000 = 3,600,000원

10 ④ • 고정비 원가행태에 대한 그래프이다. 고정비의 단위당 원가는 조업도가 증가할수록 감소한다.
• ① (대개의 경우) 변동비, ② 준변동비, ③ 변동비, ④ 고정비

11 ③ 평균법에 의한 가공비의 완성품환산량 = 완성품 + 기말재공품(완성도 60%)
= 8,000개 + (3,000개 × 60%) = 9,800개

12 ② 종합원가계산은 각 공정(Process)별로 원가보고서를 작성한다.

13 ① 부가가치세 납세의무는 사업목적이 영리인지 비영리인지와 관계없이 발생한다.

14 ④ ① 건물이 없는 토지(나대지)의 임대, 일반의약품의 공급은 과세에 해당한다.
② 면세제도는 역진성 완화를 위한 부분면세제도이다.
③ 면세를 포기하고자 하는 경우 관할세무서에 포기신고서를 제출하고 지체 없이 사업자등록을 하여야 한다.

15 ④ 주사업장 총괄납부란 사업장이 둘 이상 있는 사업자가 일정한 요건을 갖춘 경우 각 사업장의 납부세액 및 환급세액을 합산하여 주된 사업장에서 총괄하여 납부할 수 있는 제도를 말한다.

실무시험

문제 1 기초정보등록

(1) [전기분재무상태표] 메뉴에서
- 토지 "20,000,000"을 "31,000,000"으로 수정
- 건물 "150,000,000"을 "139,000,000"으로 수정
- 대차차액이 없음을 확인

(2) [계정과목및적요등록] 메뉴에서
824.운반비 계정의 현금적요란 4번에 "택배운송비 지급"을 입력

(3) [거래처별초기이월] 메뉴에서
- 외상매출금 : ㈜보령전자 "12,000,000"에서 "10,200,000"으로 수정
  평택전자㈜ "3,680,000"에서 "36,800,000"으로 수정
- 지급어음 : 대덕전자부품㈜ "1,000,000"에서 "10,000,000"으로 수정
  명성전자㈜ "20,000,000"에서 "27,000,000"으로 수정

문제 2 일반전표입력

(1) 8월 16일	(차) 수선비(판관비)	2,800,000	(대) 당좌예금	2,800,000
(2) 9월 30일	(차) 보통예금	9,700,000	(대) 외상매출금(㈜창창기계산업)	10,000,000
	매출할인(제품매출)	300,000		
(3) 10월 27일	(차) 보통예금	25,600,000	(대) 자본금	20,000,000
			주식발행초과금	5,600,000
(4) 10월 28일	(차) 원재료	2,000,000	(대) 보통예금	2,000,000
(5) 10월 29일	(차) 광고선전비(판관비)	510,000	(대) 미지급금(국민카드(법인))	510,000
(6) 11월 30일	(차) 대손충당금(단기대여금)	660,000	(대) 단기대여금(㈜동행기업)	3,000,000
	기타의대손상각비	2,340,000		

문제 3 매입매출전표입력

(1) 7월 20일 유형 : 61.현과 / 공급가액 : 30,000 / 부가세 : 3,000 / 거래처 : 상록택배 / 분개 : 혼합

(차) 부가세대급금	3,000	(대) 보통예금	33,000
원재료	30,000		

(2) 9월 30일 유형 : 11.과세 / 공급가액 : 25,000,000 / 부가세 : 2,500,000 / 거래처 : ㈜청주자동차 / 전자 : 여 / 분개 : 혼합

(차) 외상매출금(㈜청주자동차)	2,500,000	(대) 부가세예수금	2,500,000
받을어음(㈜청주자동차)	25,000,000	제품매출	25,000,000

(3) 11월 7일 유형 : 16.수출 / 공급가액 : 50,400,000 / 부가세 : 0 / 거래처 : 글로벌인더스트리 / 분개 : 혼합(외상) / (영세율구분 : 1.직접수출)

(차) 외상매출금(글로벌인더스트리)	50,400,000	(대) 제품매출	50,400,000

(4) 12월 7일 유형 : 14.건별 / 공급가액 : 100,000 / 부가세 : 10,000 / 거래처 : 강태오 / 분개 : 혼합(현금)

(차) 현금 110,000 (대) 부가세예수금 10,000
제품매출 100,000

(5) 12월 20일 유형 : 57.카과 / 공급가액 : 600,000 / 부가세 : 60,000 / 거래처 : 커피프린스 / 분개 : 혼합(카드) / (신용카드사 : 신한카드)

(차) 부가세대급금 60,000 (대) 미지급금(신한카드) 660,000
복리후생비(제조) 600,000

(6) 12월 30일 유형 : 54.불공 / 공급가액 : 2,000,000 / 부가세 : 200,000 / 거래처 : 두리상사 / 전자 : 여 / 분개 : 혼합 / (불공제사유 : ④기업업무추진비 및 이와 유사한 비용 관련)

(차) 기업업무추진비(판관비) 2,200,000 (대) 보통예금 2,200,000

문제 4 오류수정

(1) [일반전표입력] 12월 1일

- 수정 전 (차) 임대보증금(나자비) 20,000,000 (대) 보통예금 20,000,000
- 수정 후 (차) 임차보증금(나자비) 20,000,000 (대) 보통예금 20,000,000

(2) [일반전표입력] 메뉴의 12월 9일 자 해당 전표를 삭제하고, [매입매출전표입력] 메뉴에 동일자로 다음과 같이 입력

- 수정 전 [일반전표입력] 12월 9일
  (차) 차량유지비(판관비) 990,000 (대) 보통예금 990,000
- 수정 후 [매입매출전표입력] 12월 9일
  유형 : 51.과세 / 공급가액 : 900,000 / 부가세 : 90,000 / 거래처 : 전의카센터 / 전자 : 여 / 분개 : 혼합
  (차) 부가세대급금 90,000 (대) 보통예금 990,000
  차량유지비(제조) 900,000

문제 5 결산

(1) (수동결산)

[일반전표입력] 12월 31일

(차) 부가세예수금 62,346,500 (대) 부가세대급금 52,749,000
미지급세금 9,597,500

(2) (수동결산)

[일반전표입력] 12월 31일

(차) 외화환산손실 3,000,000[1] (대) 단기차입금(아메리칸테크㈜) 3,000,000

[1] 외화환산손익 = 기말환산액 − 환산 전 장부금액
= ($30,000 × @1,100원) − 30,000,000원 = 3,000,000원 (부채이므로 외화환산손실)

(3) (수동결산)

[일반전표입력] 12월 31일

(차) 단기매매증권평가손실 15,000,000 (대) 단기매매증권 15,000,000

문제 6 장부조회

(1) 2,500,000원

- [부가가치세신고서] 메뉴에서 기간은 4월 1일 ~ 6월 30일을 선택하여,
  ㉠ '매입세액 ▶ 세금계산서 수취분 ▶ 고정자산매입[11]' 라인의 '세액'란과
  ㉡ '그 밖의 공제매입세액 ▶ 신용카드매출 수령금액합계표 ▶ 고정매입[42]' 라인의 '세액'란을 조회
- 사업용 고정자산의 매입세액 = 2,500,000(㉠) + 0(㉡) = 2,500,000원

(2) 1,200,000원

[일계표(월계표)] 메뉴에서 기간은 4월 1일 ~ 6월 30일을 선택하여, 수수료비용(판관비) 계정의 차변 '계' 열 금액을 조회

(3) 송도무역 / 108,817,500원

[거래처원장] 메뉴에서 기간은 1월 1일 ~ 6월 30일, 계정과목은 외상매출금, 거래처는 전체를 선택하여, 6월 30일 현재 잔액이 가장 큰 거래처를 조회

해커스

전산회계 1급

이론+실무+최신기출+무료특강

시험장에 꼭 가져가야 할

빈출분개 100선 핵심 미니북

계정과목 정리

'계정과목 정리'는 전산회계 1급 이론시험에서 계정을 분류하는 문제와 분개 관련 문제를 풀 때 필수적으로 알아야 하는 내용입니다. 본 부록을 항상 휴대하며 반복해서 암기하고, 시험장에도 꼭 가져가서 마지막까지 시험에 철저히 대비하길 바랍니다.

재무상태표 계정과목

1. 자산

(1) 유동자산

① 당좌자산

계정과목	내용
현금	통화(지폐, 동전)와 통화대용증권(타인발행수표, 자기앞수표, 우편환증서 등)
보통예금	수시로 자유로이 입·출금할 수 있는 통장식 은행예금
당좌예금	은행과의 당좌거래 약정에 의하여 당좌수표를 발행할 수 있는 예금
현금성자산	채무증권이나 금융상품 중에서 취득 당시에 만기가 3개월 이내인 것
현금및현금성자산	외부보고용 재무상태표에서 사용되는 통합 표시 계정으로서, '현금 + 요구불예금(보통예금, 당좌예금 등) + 현금성자산'을 말함
단기금융상품	만기가 결산일로부터 1년 이내에 도래하는 금융상품(정기예금, 정기적금, 양도성예금증서(CD), CMA 등)으로서 현금성자산이 아닌 것
단기매매증권	기업이 여유자금으로 단기간 내에 매매차익을 얻기 위하여 취득하는 유가증권(주식 등 지분증권, 회사채 등 채무증권)
단기대여금	차용증서를 받고 타인에게 빌려준 금전으로서 만기가 결산일로부터 1년 이내에 도래하는 것
외상매출금	기업의 주된 영업활동(일반적인 상거래)인 상품매출을 하고 아직 받지 않은 외상대금
받을어음	기업의 주된 영업활동(일반적인 상거래)인 상품매출을 하고 이에 대한 대금으로 상대방으로부터 받은 어음
매출채권	외부보고용 재무상태표에서 사용되는 통합 표시 계정으로서, '외상매출금 + 받을어음'을 말함
대손충당금	상대방의 파산 등의 사유로 인하여 외상매출금, 받을어음 등을 회수하지 못할 가능성을 추정하여 금액으로 표시하는 차감적 평가계정 참고 외상매출금, 받을어음 등의 차감계정
미수금	일반적인 상거래 이외의 거래에서 발생한 외상대금

미수수익	당기에 속하는 수익 중 차기에 회수될 예정인 것(미수이자, 미수임대료 등)으로서 기말 결산 시 발생주의에 따라 추가 계상하는 수익상당액
선급금	계약금 성격으로 미리 지급한 대금
선급비용	당기에 지급한 비용 중 차기 비용에 해당하는 부분(선급이자, 선급임차료, 선급보험료 등)으로서 기말 결산 시 발생주의에 따라 차감하는 비용상당액
소모품	소모품 구입 시 이를 자산으로 처리한 것
가지급금	금전을 지급하였으나 그 내용이 확정되지 않았을 경우 그 내용이 확정될 때까지 임시적으로 사용하는 계정과목
부가세대급금	외부로부터 재화나 용역을 구입할 때 부담하는 부가가치세로서 매입세액공제를 받을 수 있는 것
선납세금	법인세 중간예납세액 + 법인의 이자수익에 대한 원천납부세액
현금과부족	장부상 현금 잔액과 금고에 있는 실제 현금 잔액이 일치하지 않을 경우 그 원인이 밝혀질 때까지 임시적으로 사용하는 계정과목

② 재고자산

계정과목	내 용
상품	상기업의 주된 영업활동으로서 판매할 목적으로 외부로부터 구입한 물품
제품	제조기업의 주된 영업활동으로서 판매할 목적으로 재료비, 노무비, 제조경비를 투입하여 제조한 생산품
재공품	재료비, 노무비, 제조경비를 투입하여 제조 과정에 있는 미완성품 (완성된 제품은 아니나 현재 상태에서도 판매 가능한 재공품인 반제품도 포함)
원재료	제품을 만들기 위하여 구입한 원료
저장품	생산과정에 투입될 소모품, 수선용 부분품 등으로서 비용으로 처리하지 않고 재고자산으로 처리한 것
미착품	상품 또는 원재료를 주문하였으나 결산일 현재 운송 중에 있는 것
매입환출및에누리	구입한 상품 또는 원재료 중 하자나 파손이 발견되어 해당 물품을 반품하거나 값을 깎는 것 참고 상품 또는 원재료의 차감계정
매입할인	상품 또는 원재료의 구매자가 외상매입대금을 조기에 지급하여 약정에 따라 할인 받는 것 참고 상품 또는 원재료의 차감계정

(2) 비유동자산

① 투자자산

계정과목	내용
장기금융상품	만기가 결산일로부터 1년 이후에 도래하는 금융상품(정기예금, 정기적금 등)
장기대여금	차용증서를 받고 타인에게 빌려준 금전으로서, 만기가 결산일로부터 1년 이후에 도래하는 것
투자부동산	투자 목적으로, 즉 시세차익을 얻기 위하여 보유하는 토지, 건물 및 기타의 부동산
매도가능증권	단기매매증권, 만기보유증권, 지분법적용투자주식으로 분류되지 않는 유가증권으로서 장기투자 목적으로 보유하는 것
만기보유증권	만기가 확정된 채무증권으로서 만기까지 보유할 적극적인 의도와 능력이 있는 것
지분법적용투자주식	다른 회사에 유의적인 영향력을 행사할 목적으로 보유하는 주식

② 유형자산

계정과목	내용
토지	영업활동에 사용할 목적으로 보유하는 대지, 임야, 전, 답 등
건물	영업활동에 사용할 목적으로 보유하는 공장, 사무실, 창고 등으로서 냉난방, 조명, 기타 건물부속설비를 포함함
구축물	영업활동에 사용할 목적으로 보유하는 것으로서 토지 위에 정착된 건물 이외의 토목설비, 공작물 및 이들의 부속설비(교량, 도로포장, 굴뚝, 정원설비 등)
기계장치	영업활동에 사용할 목적으로 보유하는 기계장치, 운송설비 및 이들의 부속설비
차량운반구	영업활동에 사용할 목적으로 보유하는 승용차, 트럭, 오토바이 등
비품	영업활동에 사용할 목적으로 보유하는 컴퓨터, 복사기, 책상, 의자 등
건설중인자산	유형자산의 건설을 위하여 지출한 금액을 건설 완료 전까지 집계하기 위한 계정 (건설이 완료되면 건물 등 해당 계정으로 대체함)
감가상각누계액	건물, 구축물, 기계장치, 차량운반구, 비품 등 유형자산에 대하여 가치감소분을 누적적으로 표시하는 차감적 평가계정 참고 건물, 구축물, 기계장치, 차량운반구, 비품 등의 차감계정

③ 무형자산

계정과목	내용
영업권	우수한 경영진, 뛰어난 영업망, 유리한 위치, 기업의 좋은 이미지 등 동종의 다른 기업에 비하여 특별히 유리한 사항들을 집합한 무형의 자원 (사업결합 등 외부로부터 취득한 영업권만 인정되며, 내부적으로 창출한 영업권은 인정되지 않음)
산업재산권	일정 기간 동안 독점적·배타적으로 이용할 수 있는 권리 예 특허권, 실용신안권, 디자인권, 상표권

소프트웨어	컴퓨터 소프트웨어의 구입 금액 예 회계프로그램, ERP프로그램, MS오피스프로그램
개발비	신제품이나 신기술의 개발단계에서 발생한 지출로서 취득원가를 개별적으로 식별 가능하고 미래 경제적 효익을 창출할 수 있는 것

④ 기타비유동자산

계정과목	내용
임차보증금	월세 등의 조건으로 타인의 동산이나 부동산을 사용하기 위하여 임대차계약에 따라 임차인이 임대인에게 지급하는 보증금 (계약기간이 만료되면 다시 반환 받음)
전세권	월세 조건 없이 타인의 부동산을 사용하기 위하여 임대차계약에 따라 임차인이 임대인에게 지급하는 전세금 (계약기간이 만료되면 다시 반환 받음)
장기외상매출금	기업의 주된 영업활동(일반적인 상거래)인 상품매출을 하고 아직 받지 않은 외상대금으로서, 만기가 결산일로부터 1년 이후에 도래하는 것
장기받을어음	기업의 주된 영업활동(일반적인 상거래)인 상품매출을 하고 이에 대한 대금으로 상대방으로부터 받은 어음으로서, 만기가 결산일로부터 1년 이후에 도래하는 것
장기매출채권	외부보고용 재무상태표에서 사용되는 통합 표시 계정으로서, '장기외상매출금 + 장기받을어음'을 말함
대손충당금	상대방의 파산 등의 사유로 인하여 장기외상매출금, 장기받을어음 등을 회수하지 못할 가능성을 추정하여 금액으로 표시하는 차감적 평가계정 참고 장기외상매출금, 장기받을어음 등의 차감계정
장기미수금	일반적인 상거래 이외의 거래에서 발생한 외상대금으로서, 만기가 결산일로부터 1년 이후에 도래하는 것
부도어음과수표	부도 처리된 어음을 따로 관리하기 위하여 기업 내부적으로 사용하는 임시계정

2. 부채

(1) 유동부채

계정과목	내용
외상매입금	기업의 주된 영업활동(일반적인 상거래)인 상품 매입을 하고 아직 지급하지 않은 외상대금
지급어음	기업의 주된 영업활동(일반적인 상거래)인 상품 매입을 하고 이에 대한 대금으로 상대방에게 발행하여 지급한 어음
매입채무	외부보고용 재무상태표에서 사용되는 통합 표시 계정으로서, '외상매입금 + 지급어음'을 말함
단기차입금	타인으로부터 빌려온 금전으로서 만기가 결산일로부터 1년 이내에 도래하는 것
미지급금	일반적인 상거래 이외의 거래에서 발생한 외상대금
미지급비용	당기에 속하는 비용 중 차기에 지급할 예정인 것(미지급이자, 미지급임차료 등)으로서 기말결산 시 발생주의에 따라 추가 계상하는 비용상당액

선수금	계약금 성격으로 미리 받은 대금
선수수익	당기에 받은 수익 중 차기 수익에 해당하는 부분(선수이자, 선수임대료 등)으로서 기말 결산 시 발생주의에 따라 차감하는 수익상당액
예수금	최종적으로는 제3자에게 지급해야 할 금액을 거래처나 종업원으로부터 미리 받아 일시적으로 보관하고 있는 금액
부가세예수금	외부에 재화나 용역을 공급하고 거래징수한 부가가치세로서 매출세액으로 납부하여야 하는 것
가수금	금전을 수취하였으나 그 내용이 확정되지 않았을 경우 그 내용이 확정될 때까지 임시적으로 사용하는 계정과목
유동성장기부채	장기차입금 등 비유동부채 중에서 당기 결산일을 기준으로 1년 이내에 만기가 도래하는 부채
미지급세금	당기 사업연도 소득에 대하여 회사가 납부하여야 하는 법인세부담액 중 아직 납부하지 않은 금액
미지급배당금	배당결의일 현재 미지급된 현금배당액

(2) 비유동부채

계정과목	내용
사채	기업이 회사채라는 채무증권을 발행하여 장기자금을 조달함으로써 발생하는 부채
사채할인발행차금	사채를 액면금액보다 낮게 발행하는 경우 그 차액 참고 사채의 차감계정
사채할증발행차금	사채를 액면금액보다 높게 발행하는 경우 그 차액 참고 사채의 가산계정
임대보증금	월세 등의 조건으로 타인(임차인)에게 동산이나 부동산을 임대하는 임대차계약을 체결하고 임차인으로부터 받는 보증금 (계약기간이 만료되면 다시 반환하여야 함)
장기차입금	타인으로부터 빌려온 금전으로서 만기가 결산일로부터 1년 이후에 도래하는 것
장기외상매입금	기업의 주된 영업활동(일반적인 상거래)인 상품 매입을 하고 아직 지급하지 않은 외상대금으로서, 만기가 결산일로부터 1년 이후에 도래하는 것
장기지급어음	기업의 주된 영업활동(일반적인 상거래)인 상품 매입을 하고 이에 대한 대금으로 상대방에게 발행하여 지급한 어음으로서, 만기가 결산일로부터 1년 이후에 도래하는 것
장기매입채무	외부보고용 재무상태표에서 사용되는 통합 표시 계정으로서, '장기외상매입금 + 장기지급어음'을 말함
장기미지급금	일반적인 상거래 이외의 거래에서 발생한 외상대금으로서, 만기가 결산일로부터 1년 이후에 도래하는 것
퇴직급여충당부채	종업원이 퇴직할 때 지급해야 할 퇴직급여를 충당하기 위하여 미리 부채로 설정해 놓은 것

3. 자본

(1) 자본금

계정과목	내용
(보통주) 자본금	기업이 발행한 보통주 주식의 액면금액
우선주 자본금	기업이 발행한 우선주 주식의 액면금액 참고 우선주는 배당을 받을 때 우선권이 있으나 주주총회에서 의결권이 없다는 점에서 보통주와 차이가 있음

(2) 자본잉여금

계정과목	내용
주식발행초과금	주식을 발행할 때 발행금액이 액면금액보다 큰 경우 그 차액
감자차익	자본금을 감소시킬 때 감자대가가 액면금액보다 작은 경우 그 차액
자기주식처분이익	자기주식을 처분할 때 처분금액이 처분 전 장부금액보다 큰 경우 그 차액

(3) 자본조정

계정과목	내용
주식할인발행차금	주식을 발행할 때 발행금액이 액면금액보다 작은 경우 그 차액
감자차손	자본금을 감소시킬 때 감자대가가 액면금액보다 큰 경우 그 차액
자기주식	회사가 이미 발행한 자기 회사의 주식을 다시 매입하여 보유하고 있는 것
자기주식처분손실	자기주식을 처분할 때 처분금액이 처분 전 장부금액보다 작은 경우 그 차액
미교부주식배당금	배당결의일 현재 미교부된 주식배당액

(4) 기타포괄손익누계액

계정과목	내용
매도가능증권 평가이익(손실)	매도가능증권을 기말에 공정가치로 평가할 때 기말 공정가치가 평가 전 장부금액보다 큰(작은) 경우 그 차액

(5) 이익잉여금

계정과목	내용
이익준비금	상법 규정에 따라 자본금의 1/2에 달할 때까지 금전에 의한 이익배당액의 1/10 이상의 금액을 적립한 금액 참고 법령에 따라 적립이 강제되므로 이를 법정적립금이라고도 함
임의적립금	회사의 정관이나 주주총회의 결의에 따라 임의로 적립한 금액 예 사업확장적립금(사업확장을 위하여 적립), 감채기금적립금(부채 상환을 위하여 적립)
미처분이익잉여금	매기 발생한 손익계산서상 당기순이익 중에서 배당이나 적립금으로 처분되지 않고 남아있는 금액 참고 당기순손실이 발생하여 금액이 마이너스(−)인 경우 : 미처리결손금

손익계산서 계정과목

1. 수익

(1) 매출액

계정과목	내 용
상품(제품)매출	기업의 주된 영업활동으로서 외부에 판매한 상품(제품)의 판매금액
매출환입및에누리	매출한 상품 중 하자나 파손이 발견되어 해당 물품을 반품받거나 값을 깎는 것 참고 상품매출의 차감계정
매출할인	상품의 구매자로부터 외상매출대금을 조기에 회수하여 약정에 따라 할인해 주는 것 참고 상품매출의 차감계정

(2) 영업외수익

계정과목	내 용
이자수익	예금이나 대여금에서 받는 이자
배당금수익	보유 중인 유가증권 중 주식(지분증권)에서 받는 배당금
임대료	임대업을 주업으로 하지 않는 기업이 타인에게 동산이나 부동산을 임대하고 받는 대가
단기매매증권 평가이익	단기매매증권을 기말 결산 시 공정가치로 평가할 때, 기말 공정가치가 평가 전 장부금액보다 클 경우 그 차액
단기매매증권 처분이익	단기매매증권을 처분할 때, 처분금액이 처분 전 장부금액보다 클 경우 그 차액

매도가능증권 처분이익	매도가능증권을 처분할 때, 처분금액이 당초 취득원가보다 클 경우 그 차액 참고 매도가능증권평가이익 계정은 기타포괄손익누계액으로 분류함
유형자산처분이익	유형자산을 처분할 때, 처분금액이 처분 전 장부금액보다 클 경우 그 차액
대손충당금환입	매출채권 이외의 수취채권(미수금, 대여금)에 대하여 기말 결산 시 대손충당금을 환입할 때 사용하는 계정과목
외화환산이익	외화자산이나 외화부채를 기말 결산 시 결산일 환율로 환산할 때, 환율의 차이로 인하여 발생하는 수익
외환차익	외화자산을 회수하거나 외화부채를 상환할 때, 환율의 차이로 인하여 발생하는 수익
자산수증이익	회사가 주주, 채권자 등으로부터 재산을 무상으로 증여받음으로써 발생하는 수익
채무면제이익	회사가 주주, 채권자 등으로부터 지급채무를 면제받음으로써 발생하는 수익
보험금수익	보험에 가입된 자산이 피해를 입었을 경우 보험회사로부터 받는 보험금
잡이익	영업외수익에는 해당하나 그 금액이 중요하지 않은 수익

2. 비용

(1) 매출원가

계정과목	내 용
상품매출원가	상기업의 주된 영업활동으로서 당기에 판매한 상품들의 당초 구입원가
제품매출원가	제조기업의 주된 영업활동으로서 당기에 판매한 제품들의 제조원가

(2) 판매비와관리비

계정과목	내 용
급여	종업원에게 근로의 대가로 지급하는 급여와 수당 참고 공장 등에서 근무하는 종업원에 대한 급여는 제조원가에 산입하며 이때는 '임금'이라는 계정과목을 사용함
상여금	종업원에게 지급하는 상여금과 보너스
잡급	일용직 근로자에게 지급하는 일당
퇴직급여	종업원의 근속기간이 경과함에 따라 증가하는 퇴직금에 대한 비용 인식분
복리후생비	종업원의 근로환경 개선 및 근로의욕 향상을 위한 지출 예 식대, 차·음료, 당사 종업원의 경조사비, 직장체육대회, 야유회, 피복비, 회사가 부담하는 국민연금·건강보험료 등 사회보험료 참고 회사가 부담하는 국민연금·건강보험료 등 사회보험료에 대하여 '보험료' 또는 '세금과공과' 계정과목을 사용하기도 함
여비교통비	종업원의 업무와 관련된 여비(출장)와 교통비(이동) 예 출장에 따른 철도운임, 항공운임, 숙박료, 식사대, 시내교통비, 주차료, 통행료

계정과목	내용
기업업무추진비	영업을 목적으로 거래처와의 관계를 유지하기 위하여 소요되는 지출 예 거래처 접대비, 거래처 선물대금, 거래처 경조사비 참고 종전의 '접대비'에서 '기업업무추진비'로 명칭이 변경되었음
통신비	전화, 핸드폰, 인터넷, 우편 등의 요금 예 전화료, 정보통신료, 우편료
수도광열비	수도, 전기, 가스, 난방 등의 요금 예 상하수도 요금, 전기 요금, 도시가스 요금, 난방용 유류대 참고 공장 등에서 발생하는 수도료, 가스료, 전기료는 제조원가에 산입하며 이때는 '가스수도료'또는 '전력비'라는 계정과목을 사용함
세금과공과	세금과 공과금 예 재산세, 자동차세, 대한상공회의소 회비, 협회비, 벌금, 과태료
감가상각비	건물, 기계장치, 차량운반구 등 유형자산의 당해 연도 가치감소분에 대한 비용 인식분
무형자산상각비	산업재산권, 개발비, 소프트웨어 등 무형자산의 당해 연도 가치감소분에 대한 비용 인식분
임차료	타인의 토지, 건물, 기계장치, 차량운반구 등을 임차하여 그 사용료로 지불하는 비용 예 사무실 임차료, 복사기 임차료
수선비	건물, 기계장치 등의 현상유지를 위한 수리비용 예 건물 수리비, 비품 수리비
보험료	보험에 가입하고 납부하는 보험료 예 화재 보험료, 자동차 보험료
차량유지비	차량의 유지와 수선에 소요되는 지출 예 유류대, 차량 수리비, 차량 검사비, 정기주차료
경상연구개발비	신제품이나 신기술의 연구 및 개발 관련 지출로서, 무형자산(개발비)의 인식요건을 충족하지 못하여 당기 비용으로 처리되는 '연구비'와 '경상개발비'를 합한 계정과목
운반비	기업의 주된 영업활동인 상품(제품)을 매출하는 과정에서 발생하는 운송료 예 상·하차비, 배달비 참고 상품을 취득하는 과정에서 발생하는 운송료는 취득부대비용에 해당하므로 상품 계정으로 회계처리함
교육훈련비	종업원의 직무능력 향상을 위한 교육 및 훈련에 소요되는 지출 예 강사 초청료, 교육장 대관료, 위탁 교육비
도서인쇄비	도서 구입비, 신문이나 잡지 구독료, 인쇄비 등에 소요되는 지출 예 도서 대금, 신문·잡지 구독료, 제본비, 명함인쇄비
소모품비	소모성 사무용품 등을 구입하는 데 소요되는 지출 예 복사 용지, 문구류, 소모자재
수수료비용	용역(서비스)을 제공받고 지불하는 비용 예 은행의 송금수수료, 어음의 추심수수료, 신용카드 결제수수료, 세무기장료, 무인경비시스템 이용료
광고선전비	상품(제품)의 판매촉진을 위하여 불특정 다수인을 대상으로 광고하고 선전하는 활동에 소요되는 지출 예 TV 광고료, 신문 광고료, 광고물 제작비, 선전용품 제작비

대손상각비	매출채권(외상매출금, 받을어음)에 대하여 기중에 회수불능(대손 확정)되었을 때 또는 기말 결산 시 대손충당금을 추가설정할 때 비용으로 인식하는 계정과목
대손충당금환입	매출채권(외상매출금, 받을어음)에 대하여 기말 결산 시 대손충당금을 환입할 때 사용하는 계정과목 참고 손익계산서 작성 시 판매비와관리비의 차감항목으로 표시함
잡비	판매비와관리비에는 해당하나 그 금액이 중요하지 않은 지출

(3) 영업외비용

계정과목	내 용
이자비용	차입금에 대하여 지급하는 이자
기부금	업무와 관련없이 무상으로 기증하는 재산
매출채권처분손실	수취채권의 매각거래로 보는 어음의 할인 거래에서 발생하는 할인료
단기매매증권 평가손실	단기매매증권을 기말 결산 시 공정가치로 평가할 때, 기말 공정가치가 평가 전 장부금액보다 작을 경우 그 차액
단기매매증권 처분손실	단기매매증권을 처분할 때, 처분금액이 처분 전 장부금액보다 작을 경우 그 차액
매도가능증권 처분손실	매도가능증권을 처분할 때, 처분금액이 당초 취득원가보다 작을 경우 그 차액 참고 매도가능증권평가손실 계정은 기타포괄손익누계액으로 분류함
유형자산처분손실	유형자산을 처분할 때, 처분금액이 처분 전 장부금액보다 작을 경우 그 차액
기타의대손상각비	매출채권 이외의 수취채권(미수금, 대여금)에 대하여 기중에 회수불능(대손 확정)되었을 때 또는 기말 결산 시 대손충당금을 추가설정할 때 비용으로 인식하는 계정과목
외화환산손실	외화자산이나 외화부채를 기말 결산 시 결산일 환율로 환산할 때, 환율의 차이로 인하여 발생하는 비용
외환차손	외화자산을 회수하거나 외화부채를 상환할 때, 환율의 차이로 인하여 발생하는 비용
재고자산감모손실	재고자산의 도난, 분실, 파손, 증발, 마모 등으로 인하여 재고자산의 실제 수량이 장부상 수량보다 비정상적으로 부족한 경우 발생하는 손실 참고 정상적인 감모손실은 상품매출원가 계정으로 회계처리함
재해손실	천재지변 또는 예측치 못한 사건으로 인하여 발생하는 손실
잡손실	영업외비용에는 해당하나 그 금액이 중요하지 않은 지출

빈출분개 100선

전산회계 1급 시험은 분개를 알아야만 풀 수 있는 문제가 약 60%를 차지합니다. 본 부록을 항상 휴대하여 반복해서 암기하고, 시험장에도 꼭 가져가서 마지막까지 시험에 철저히 대비하길 바랍니다.

※ 분개 입력은 ㈜합격(코드번호 : 1302) 데이터를 사용하여 연습할 수 있습니다.

1. 당좌자산

1 **7월 1일 거래처 ㈜산용전자로부터 외상매출금 2,500,000원에 대하여 500,000원은 자기앞수표로 받고, 나머지는 보통예금 계좌로 송금 받았다.**

7월 1일	(차) 현금	500,000	(대) 외상매출금(㈜산용전자)	2,500,000
	보통예금	2,000,000		

2 **7월 2일 성오상사의 외상매입금 1,800,000원을 결제하기 위하여 당사가 제품매출대금으로 받아 보유하고 있던 영부상사 발행의 약속어음 1,000,000원을 배서양도하고, 잔액은 당사가 약속어음(만기일 : 내년 1월 31일)을 발행하여 지급하다.**

7월 2일	(차) 외상매입금(성오상사)	1,800,000	(대) 받을어음(영부상사)	1,000,000
			지급어음(성오상사)	800,000

3 **7월 3일 ㈜성공기업에서 제품매출대금으로 받아 보관 중이던 약속어음 1,000,000원이 만기가 도래하여 국민은행에 추심 의뢰한바, 추심수수료 30,000원을 차감한 금액이 당점 국민은행 보통예금 통장에 입금되다.**

7월 3일	(차) 보통예금	970,000	(대) 받을어음(㈜성공기업)	1,000,000
	수수료비용(판관비)	30,000		

4 **7월 4일 거래처 ㈜라스전자로부터 제품매출대금으로 받아 보관 중이던 약속어음 2,000,000원을 만기 전에 거래처 은행으로부터 할인 받고, 할인료 108,000원을 차감한 금액을 보통예금 통장으로 입금받다.** (단, 할인된 어음은 매각거래로 가정한다)

7월 4일	(차) 보통예금	1,892,000	(대) 받을어음(㈜라스전자)	2,000,000
	매출채권처분손실	108,000		

5 **7월 5일 ㈜진영전자의 파산으로 인하여 외상매출금 800,000원이 회수불가능하여 대손처리하다.** (단, 대손처리 시점의 대손충당금 잔액은 500,000원이라고 가정한다)

7월 5일	(차) 대손충당금(외상매출금)	500,000	(대) 외상매출금(㈜진영전자)	800,000
	대손상각비(판관비)	300,000		

6 **7월 6일 단기간 내의 매매차익을 목적으로 상장사인 ㈜엘지전자의 주식 100주**(1주당 액면금액 5,000원)**를 증권회사를 통하여 주당 10,000원에 취득하고, 증권회사에 주식매매수수료 20,000원과 함께 보통예금통장에서 계좌이체하여 지급하다.**

7월 6일	(차) 단기매매증권	1,000,000	(대) 보통예금	1,020,000
	수수료비용(영업외비용)[1]	20,000		

[1] 단기매매증권 구입 시 발생하는 제비용은 '수수료비용' 계정 등 영업외비용으로 회계처리한다.

7 **7월 7일 일시보유목적으로 취득한 시장성 있는 ㈜삼성전자 주식 100주**(장부금액 1,600,000원)**를 주당 15,000원에 전부 처분하고 대금은 보통예금 계좌로 이체받다.** (단, 주식 처분과 관련하여 발생한 수수료 50,000원은 현금으로 지급하였다)

7월 7일	(차) 보통예금	1,500,000	(대) 단기매매증권	1,600,000
	단기매매증권처분손실	150,000	현금	50,000

8 **7월 8일 거래처 성능상사에 6개월 만기로 3,500,000원을 대여하기로 하여 보통예금 계좌에서 지급하였다.**

7월 8일	(차) 단기대여금(성능상사)	3,500,000	(대) 보통예금	3,500,000

9 **7월 9일 일장상사에서 원재료 5,000,000원을 매입하기로 계약하고 대금 중 500,000원을 당좌수표를 발행하여 먼저 지급하였다.**

7월 9일	(차) 선급금(일장상사)	500,000	(대) 당좌예금	500,000

2. 재고자산

10 **7월 10일 성오상사에서 원재료 3,000,000원을 매입하면서, 대금 중 1,000,000원은 소유하고 있던 거래처 을지테크 발행 당좌수표로 지급하고, 잔액은 당사가 당좌수표를 발행하여 지급하다.** (단, 매입운임 30,000원은 현금으로 지급하다)

7월 10일	(차) 원재료	3,030,000	(대) 현금[1]	1,030,000
			당좌예금	2,000,000

[1] 타인발행 당좌수표에 해당하므로 '현금' 계정으로 회계처리한다.

11 **7월 11일 성전기업에서 원재료 3,000,000원을 구입하면서 계약금으로 지급한 300,000원을 차감한 잔액을 약속어음으로 발행하여 지급하였다.**

7월 11일	(차) 원재료	3,000,000	(대) 선급금(성전기업)	300,000
			지급어음(성전기업)	2,700,000

12 **7월 12일 수입한 원재료에 대하여 관세 200,000원, 통관수수료 30,000원을 보통예금으로 지급하였다.**

7월 12일 (차) 원재료	230,000	(대) 보통예금	230,000

13 **7월 13일 보관 중인 원재료**(원가 500,000원, 시가 600,000원)**를 회사 소모품으로 사용하였다.** (자산으로 처리하시오)

7월 13일 (차) 소모품	500,000	(대) 원재료 (적요 8. 타계정으로 대체액)	500,000

14 **7월 14일 생산된 제품**(원가 1,000,000원, 시가 1,200,000원)**을 국군 위문금품으로 전달하였다.**

7월 14일 (차) 기부금	1,000,000	(대) 제품 (적요 8. 타계정으로 대체액)	1,000,000

3. 비유동자산

15 **7월 15일 장기투자목적으로 삼성전자 주식 10주를 주당 1,000,000원에 매입하였으며 매입대금은 보통예금 계좌에서 이체하여 지급하였다. 매입수수료 100,000원은 별도로 현금 지급하였다.**

7월 15일 (차) 매도가능증권(투자자산)	10,100,000	(대) 보통예금	10,000,000
		현금	100,000

16 **7월 16일 대주주로부터 토지**(대주주의 토지 취득원가 : 48,000,000원 / 토지의 증여일 현재 공정가치 : 50,000,000원)**를 무상으로 증여받고, 소유권 이전비용 2,800,000원을 보통예금으로 지급하였다.**

7월 16일 (차) 토지	52,800,000	(대) 자산수증이익	50,000,000
		보통예금	2,800,000

17 **7월 17일 주식 100주**(주당 액면금액 10,000원)**를 발행하고 공정가치 1,400,000원인 토지를 현물출자 받았다.**

7월 17일 (차) 토지	1,400,000	(대) 자본금	1,000,000
		주식발행초과금	400,000

18 **7월 18일 사용 중인 창고건물**(취득원가 20,000,000원, 감가상각누계액 15,000,000원)**을 새로 신축하기 위해 철거하였으며, 철거용역업체에 철거비용 1,000,000원을 보통예금에서 이체하여 지급하였다.**

7월 18일 (차) 감가상각누계액(건물)	15,000,000	(대) 건물	20,000,000
유형자산처분손실	6,000,000	보통예금	1,000,000

19 7월 19일 본사 사옥 신축을 위하여 ㈜원광개발로부터 건물이 있는 토지를 10,000,000원에 당좌수표를 발행하여 일괄구입하고 토지에 있던 건물을 철거하였다. 건물 철거비용 400,000원과 토지 정지비용 200,000원은 현금으로 추가 지급하였다.

7월 19일 (차) 토지	10,600,000	(대) 당좌예금	10,000,000
		현금	600,000

20 7월 20일 ㈜서대유통으로부터 업무용 승용차를 구입하는 과정에서 취득해야 하는 공채를 현금 300,000원(액면금액)에 구입하였다. 해당 공채의 공정가치는 280,000원이며 회사는 이를 만기까지 보유할 의도와 능력을 가지고 있다.

7월 20일 (차) 차량운반구	20,000	(대) 현금	300,000
만기보유증권(투자자산)	280,000		

21 7월 21일 신제품 개발을 위하여 연구재료비 500,000원을 현금으로 지급하였다. 동 지출은 무형자산의 인식요건을 모두 충족한다.

7월 21일 (차) 개발비	500,000	(대) 현금	500,000

22 7월 22일 태성산업과 공장건물의 임대차계약을 체결하고 임차보증금 10,000,000원 중 3,000,000원은 보통예금으로 지급하고 나머지는 보유하고 있던 타인발행 당좌수표로 지급하였다.

7월 22일 (차) 임차보증금(태성산업)	10,000,000	(대) 보통예금	3,000,000
		현금	7,000,000

4. 부채

23 7월 23일 전월 소모품 구입에 따른 국민카드사의 당월 결제금액 650,000원이 보통예금 통장에서 자동이체되어 지급되다.

7월 23일 (차) 미지급금(국민카드)	650,000	(대) 보통예금	650,000

24 7월 24일 금빛은행에서 6,000,000원을 3개월간 차입하기로 하고, 선이자 300,000원을 공제한 잔액이 당사 보통예금 통장에 계좌이체되었다.

7월 24일 (차) 보통예금	5,700,000	(대) 단기차입금(금빛은행)	6,000,000
이자비용	300,000		

25 7월 25일 거래처 ㈜다의에 제품 3,000,000원을 매출하기로 계약하고, 계약대금의 10%를 현금으로 받았다.

7월 25일 (차) 현금	300,000	(대) 선수금(㈜다의)	300,000

26 **7월 26일 대찬회로㈜에 제품 2,000,000원을 판매하고 미리 받았던 계약금 100,000원을 제외한 1,900,000원을 현금으로 받았다.**

7월 26일 (차) 선수금(대찬회로㈜)	100,000	(대) 제품매출	2,000,000
현금	1,900,000		

27 **7월 27일 새로 구축한 생산라인에 대한 교육을 생산부서에서 실시하였다. 강의는 외부강사를 초빙한 것이고, 강사료는 2,000,000원으로 소득세 등 66,000원을 원천징수하고 나머지 금액 1,934,000원을 현금으로 지급하였다.**

7월 27일 (차) 교육훈련비(제조)	2,000,000	(대) 현금	1,934,000
		예수금	66,000

28 **7월 28일 당월분 영업사원 급여를 다음과 같이 원천징수세액을 차감한 잔액으로 보통예금 계좌에서 이체하여 지급하였다.**

(단위 : 원)

성 명	직 급	급 여	원천징수세액				차감지급액
			소득세	지방소득세	국민연금	건강보험	
정준하	과 장	4,000,000	300,000	30,000	180,000	120,000	3,370,000
안어봉	대 리	3,500,000	200,000	20,000	150,000	100,000	3,030,000
계		7,500,000	500,000	50,000	330,000	220,000	6,400,000

7월 28일 (차) 급여(판관비)	7,500,000	(대) 예수금	1,100,000
		보통예금	6,400,000

29 **7월 10일 6월분 영업사원 급여 지급 시 원천징수한 금액과 사회보험에 대한 회사부담분을 아래와 같이 현금으로 납부하였다.** (단, 비용항목은 복리후생비 계정을 사용한다)

- 근로소득세 : 500,000원 납부
- 지방소득세 : 50,000원 납부
- 국민연금 : 660,000원 납부(회사부담분 330,000원, 근로자부담분 330,000원)
- 건강보험료 : 440,000원 납부(회사부담분 220,000원, 근로자부담분 220,000원)

7월 10일 (차) 복리후생비(판관비)	550,000	(대) 현금	1,650,000
예수금	1,100,000		

30 **7월 30일 다음과 같은 조건의 사채를 발행하고 수취한 금액을 당좌예금에 입금하였다.**

- 액면가액 : 10,000,000원
- 약정이자율 : 액면가액의 5%
- 이자지급기준일 : 매년 12월 31일
- 만기 : 3년
- 발행가액 : 9,600,000원

7월 30일 (차) 당좌예금	9,600,000	(대) 사채	10,000,000
사채할인발행차금	400,000		

31 **8월 1일 회사는 생산직 근로자에 대한 퇴직금 지급을 대비하기 위하여 금융기관에 확정기여형(DC) 퇴직연금제도를 운용하고 있다. 당월분 퇴직연금 1,000,000원을 당사 보통예금 계좌에서 이체 납부하였다.**

8월 1일	(차) 퇴직급여(제조)	1,000,000	(대) 보통예금	1,000,000

32 **8월 2일 회사는 사무직 사원에 대하여 확정급여형(DB형) 퇴직연금제도를 설정하고 있으며, 퇴직연금의 부담금 1,250,000원을 은행에 현금 납부하였다. 이 금액에는 연금운용에 대한 수수료 50,000원이 포함되어 있다.**

8월 2일	(차) 퇴직연금운용자산	1,200,000	(대) 현금	1,250,000
	수수료비용(판관비)	50,000		

33 **8월 3일 사무직 사원 정수연이 퇴사함에 따라 퇴직금 1,000,000원이 일시금으로 지급되었는데, 이 중 800,000원은 연금사인 삼성생명이 퇴직연금 적립액(DB형)으로 현금 지급하였고, 나머지는 회사가 퇴직소득에 대한 소득세 원천징수액 90,000원을 차감한 후 현금으로 지급하였다.** (당사는 퇴직급여충당부채를 충분히 설정하고 있다)

8월 3일	(차) 퇴직급여충당부채	1,000,000	(대) 퇴직연금운용자산	800,000
			예수금	90,000
			현금	110,000

5. 자본

34 **8월 4일 1주당 액면금액이 5,000원인 보통주를 주당 6,000원씩 1,000주를 발행하고 대금은 보통예금으로 입금받았다. 주식발행비로 200,000원을 현금 지급하였다.** (기존 주식할인발행차금 300,000원이 존재함)

8월 4일	(차) 보통예금	6,000,000	(대) 자본금	5,000,000
			현금	200,000
			주식할인발행차금	300,000
			주식발행초과금	500,000

35 **8월 5일 이사회의 승인을 얻어 매입처 ㈜산용전자에 지급하여야 할 외상매입금 중 일부인 15,000,000원에 대하여 출자전환을 실시하고, 신주 1,000주**(주당 액면금액 10,000원)**를 교부하였다.** (신주 교부에 따른 제비용은 없다고 가정한다)

8월 5일	(차) 외상매입금(㈜산용전자)	15,000,000	(대) 자본금	10,000,000
			주식발행초과금	5,000,000

36 **8월 6일 자기주식 100주**(주당 액면금액 10,000원)**를 주당 15,000원에 현금으로 취득하였다.**

8월 6일	(차) 자기주식	1,500,000	(대) 현금	1,500,000

37 **8월 7일 주당 15,000원에 취득한 자기주식 50주**(주당 액면금액 10,000원)**를 주당 13,000원에 현금으로 처분하였다.**

8월 7일 (차) 현금	650,000	(대) 자기주식	750,000
자기주식처분손실	100,000		

38 **8월 8일 주당 15,000원에 취득한 자기주식 50주**(주당 액면금액 10,000원)**를 소각하였다.**

8월 8일 (차) 자본금	500,000	(대) 자기주식	750,000
감자차손	250,000		

39 **2월 26일 전기 이익잉여금에 대한 잉여금 처분안이 주주총회 결의를 통하여 확정되었다. 전기 잉여금처분계산서의 잉여분 처분내역이 다음과 같을 때, 이익잉여금 처분에 관한 회계처리를 하시오.**

- 이익준비금 : 200,000원
- 현금배당 : 2,000,000원
- 주식배당 : 1,000,000원

2월 26일 (차) 이월이익잉여금	3,200,000	(대) 이익준비금	200,000
		미지급배당금	2,000,000
		미교부주식배당금	1,000,000

40 **2월 28일 주주총회에서 승인된 금전배당 2,000,000원과 주식배당 1,000,000원을 현금 및 주식으로 교부하였다.**

2월 28일 (차) 미지급배당금	2,000,000	(대) 현금	2,000,000
미교부주식배당금	1,000,000	자본금	1,000,000

6. 수익과 비용

41 **9월 1일 ㈜강진전자에 외상으로 판매한 제품대금 1,000,000원 중 불량품 2개(@50,000원)를 반품 처리해 주고, 잔액은 당사 거래은행의 보통예금 계좌로 입금받았음을 확인하였다.**

9월 1일 (차) 매출환입및에누리(제품매출)	100,000	(대) 외상매출금(㈜강진전자)	1,000,000
보통예금	900,000		

42 **9월 2일 건물주인 ㈜가주에 대하여 영업부서 사무실 임차료 2,000,000원 중 1,200,000원은 현금으로 지급하고 나머지는 다음 달에 주기로 하였다.**

9월 2일 (차) 임차료(판관비)	2,000,000	(대) 현금	1,200,000
		미지급금(㈜가주)	800,000

43 **9월 3일 신제품 개발을 위하여 연구재료비 600,000원을 현금으로 지급하였다. 동 지출은 무형자산의 인식요건을 모두 충족하지 못한다. 비용은 판매비와관리비로 분류하기로 한다.**

9월 3일 (차) 경상연구개발비(판관비)	600,000	(대) 현금	600,000

44 **9월 4일 본사 건물의 도색비용(수익적 지출) 1,000,000원과 엘리베이터 설치비용(자본적 지출) 9,000,000원을 당좌수표를 발행하여 지급하다.**

9월 4일 (차) 수선비(판관비)	1,000,000	(대) 당좌예금	10,000,000
건물	9,000,000		

45 **9월 5일 주한상회에서 영업팀 소모용품 1,000,000원(비용으로 처리)을 구입하고 약속어음을 발행하여 지급하였다.**

9월 5일 (차) 소모품비(판관비)	1,000,000	(대) 미지급금(주한상회)[1]	1,000,000

[1] 일반적인 상거래 이외의 거래이므로 어음을 발행하더라도 '미지급금' 계정으로 회계처리한다.

46 **9월 6일 매출거래처 구미전자에 선물하기 위해서 선물용품 1,000,000원을 미란유통에서 구입하고 비씨카드로 결제하였다.**

9월 6일 (차) 기업업무추진비(판관비)	1,000,000	(대) 미지급금(비씨카드)	1,000,000

47 **9월 7일 미국에 있는 공급처인 저우루인사에 대한 외상매입금 500달러($)를 현금으로 상환하였다. 각 일자별 환율이 다음과 같을 때, 상환 시점의 회계처리를 하시오.**

- 발생일 작년 10월 20일 : 1,000원/$
- 전기말 작년 12월 31일 : 1,200원/$
- 상환일 올해 9월 7일 : 1,100원/$

9월 7일 (차) 외상매입금(저우루인사)	600,000[1]	(대) 현금	550,000[2]
		외환차익	50,000

[1] 상환 전 장부금액 = $500 × 1,200원 = 600,000원

[2] 실제 상환일의 환산액 = $500 × 1,100원 = 550,000원

48 **9월 8일 사무실 건물 임차와 관련하여 공인중개사 수수료 500,000원을 현금으로 지급하였다.**

9월 8일 (차) 수수료비용(판관비)	500,000	(대) 현금	500,000

참고 if 건물 임차가 아니라 건물 취득 과정에서 발생하는 중개수수료라면, 이는 취득부대비용에 해당하므로 차변을 '건물'(자산) 계정으로 회계처리한다.

7. 기말수정분개

49 **올해 10월 1일 영업부문의 자동차보험료 720,000원(1년분)을 현금으로 납부하면서 모두 자산으로 처리하였다. 기말수정분개를 하시오.** (단, 보험료는 월할 계산하는 것으로 가정한다)

12월 31일 (차) 보험료(판관비)	180,000[1]	(대) 선급비용	180,000

[1] 720,000원 × (3개월/12개월) = 180,000원
(→ 보험료 지급액 중 당기 비용('보험료')으로 계상되는 금액 = 180,000원)

참고 if 기중 보험료 지급 시 720,000원을 전액 자산('선급비용')이 아니라 비용('보험료')으로 처리한 경우라면, 기말수정분개는 아래와 같다.

12월 31일 (차) 선급비용	540,000[2]	(대) 보험료(판관비)	540,000

[2] 720,000원 × (9개월/12개월) = 540,000원
(→ 보험료 지급액 중 당기 비용('보험료')으로 계상되는 금액 = 180,000원)

50 **단기간 내의 매매차익을 목적으로 주당 10,000원에 취득하여 보유하고 있는 ㈜동원 주식 100주 (1주당 액면금액 5,000원)의 기말 공정가치가 주당 11,000원으로 평가되었다.**

12월 31일 (차) 단기매매증권	100,000	(대) 단기매매증권평가이익	100,000

51 **올해(20x3년) 기말 현재 당사가 장기투자목적으로 보유한 매도가능증권인 ㈜지엔전자의 주식의 취득원가, 전년도 말 및 당해 연도 말 공정가치는 다음과 같다.**

주식명	계정과목	20x1년 취득원가	20x2년 12월 31일 공정가치	20x3년 12월 31일 공정가치
㈜지엔전자	매도가능증권	5,000,000원	4,000,000원	6,600,000원

12월 31일 (차) 매도가능증권(투자)	2,600,000	(대) 매도가능증권평가손실	1,000,000
		매도가능증권평가이익	1,600,000[1]

[1] 당기말 재무상태표에서 매도가능증권 계정과 매도가능증권평가이익 계정의 잔액을 차변으로 집계하여 보면 취득원가 금액이 된다.

매도가능증권 (투자자산)	6,600,000
매도가능증권평가이익 (기타포괄손익누계액)	(1,600,000)
취득원가 (차변 집계금액)	5,000,000

52 **기말 현재, 미국 소니언사의 외상매출금 $20,000에 대하여 외화평가를 하시오.** (발생 시 환율 1,100원/$, 기말 환율 1,000원/$)

12월 31일 (차) 외화환산손실	2,000,000[1]	(대) 외상매출금(소니언사)	2,000,000

[1] 외화환산손익 = 기말 환산액 – 환산 전 장부금액
= ($20,000 × @1,000) – ($20,000 × @1,100) = (–)2,000,000원 (자산이므로 환산손실)

53 **대박은행의 보통예금은 마이너스통장이다. 기말 현재 보통예금 잔액 (–)2,200,000원을 단기차입금 계정으로 대체하다.** (보통예금에 대하여도 거래처를 입력할 것)

12월 31일 (차) 보통예금(대박은행)	2,200,000	(대) 단기차입금(대박은행)	2,200,000

54 **6월 30일 제1기 확정신고기간(4월 ~ 6월) 동안에 매입매출장에 기록된 부가세예수금의 합계액은 30,200,000원, 부가세대급금의 합계액은 16,000,000원이라고 가정할 때, 6월 말 현재 부가가치세 미지급세금을 계상하시오.**

6월 30일 (차) 부가세예수금 30,200,000 (대) 부가세대급금 16,000,000
미지급세금 14,200,000

55 **7월 25일 제1기 확정신고에 대한 부가가치세 14,600,000원**(가산세 포함)**을 보통예금에서 납부하다.** (6월 30일 부가가치세의 미지급세금은 14,200,000원이며, 가산세 400,000원은 판매비와관리비의 세금과공과로 처리할 것)

7월 25일 (차) 미지급세금 14,200,000 (대) 보통예금 14,600,000
세금과공과(판관비) 400,000

56 **무형자산인 소프트웨어의 전기말 상각 후 미상각잔액은 24,000,000원이다. 총 내용연수는 5년이며, 작년 1월 초에 구입하였다. 올해 말 무형자산을 상각하시오.** (월할 상각하며, 비용 계정은 판매비와관리비로 처리한다)

12월 31일 (차) 무형자산상각비(판관비) 6,000,000[1] (대) 소프트웨어 6,000,000

[1] (전기말 미상각잔액 − 잔존가치) ÷ 기초 현재 잔여내용연수
= (24,000,000원 − 0원) ÷ (5년 − 1년) = 6,000,000원

참고 무형자산 상각 시, 별도의 언급이 없는 경우 잔존가치는 '0', 상각방법은 '정액법'인 것으로 본다.

57 **기말 제품재고실사 결과가 다음과 같을 때, 비정상적인 재고감모분에 대하여 회계처리하시오.** (단, 제품의 특성상 20개의 수량감소는 정상적인 범위인 것으로 가정한다)

구 분	수 량	단 가	금 액
장부상 기말재고	300개	@20,000원	6,000,000원
재고실사 결과	270개	@20,000원	5,400,000원

12월 31일 (차) 재고자산감모손실 200,000[1] (대) 제품 200,000
(영업외비용) (적요 8. 타계정으로 대체액)

[1] 비정상감모손실 = 총감모손실 − 정상감모손실 = 600,000 − 400,000 = 200,000원

참고 정상적인 재고감모분에 대한 처리방법
[결산자료입력] 메뉴의 제품 기말재고 금액란에 정상감모손실과 비정상감모손실을 모두 반영한 금액인 5,400,000원을 입력한 후 '전표추가'를 클릭한다. 이에 따라, 정상감모손실(400,000원)에 대한 아래의 회계처리가 장부에 자동으로 반영된다.
12월 31일 (차) 매출원가 400,000 (대) 제품 400,000

58 **8월 31일 법인세 중간예납으로 2,000,000원을 현금으로 납부하다.**

8월 31일 (차) 선납세금 2,000,000 (대) 현금 2,000,000

59 **9월 30일 보통예금에 대한 이자수익 150,000원이 발생하여 법인세 원천납부세액 23,100원을 제외한 잔액이 보통예금 통장에 입금되었다.**

9월 30일 (차) 선납세금	23,100	(대) 이자수익	150,000
보통예금	126,900		

60 **기말 결산 시 법인세차감전순이익에 대한 법인세등 추산액은 2,300,000원이다.** (중간예납세액 2,000,000원과 원천납부세액 23,100원은 선납세금으로 계상되어 있음)

12월 31일 (차) 법인세등	2,300,000	(대) 선납세금	2,023,100
		미지급세금	276,900

8. 매입매출전표입력 관련 분개

61 **10월 1일 ㈜백두산에 제품 500,000원**(부가가치세 별도)**을 판매하고 전자세금계산서를 발급하였다. 대금 중 계약금으로 이미 수취한 100,000원을 제외한 잔액을 ㈜백두산이 발행한 당좌수표로 받았다.**

10월 1일 (차) 선수금(㈜백두산)	100,000	(대) 제품매출	500,000
현금[1]	450,000	부가세예수금	50,000

[1] 타인발행 당좌수표에 해당하므로 '현금' 계정으로 회계처리한다.

[입력방법] 유형 : 11.과세 / 공급가액 : 500,000 / 부가세 : 50,000 / 거래처 : ㈜백두산 / 전자 : 여 / 분개 : 혼합

62 **10월 2일 영업팀 업무용승용차**(1,800cc)**의 사고로 인해 ㈜중추정비소에서 엔진을 교체하였다. 이는 자본적 지출에 해당하는 것으로 엔진교체비용 5,500,000원**(부가가치세 별도)**을 당사 당좌수표를 발행하여 지급하고 전자세금계산서를 발급받았다.**

10월 2일 (차) 차량운반구	6,050,000	(대) 당좌예금	6,050,000

[입력방법] 유형 : 54.불공 / 공급가액 : 5,500,000 / 부가세 : 550,000 / 거래처 : ㈜중추정비소 / 전자 : 여 / 분개 : 혼합 / (불공제사유 : ③개별소비세법에 따른 자동차(비영업용 소형승용차) 구입·유지 및 임차)

63 **10월 3일 성전기업에서 원재료를 3,300,000원**(부가가치세 포함)**에 구입한 후 신용카드**(비씨카드)**로 대금을 결제하였다. 세금계산서는 수취하지 아니하였으며 부가가치세 매입세액공제를 위한 요건을 모두 구비하였다.**

10월 3일 (차) 원재료	3,000,000	(대) 외상매입금(비씨카드)	3,300,000
부가세대급금	300,000		

[입력방법] 유형 : 57.카과 / 공급가액 : 3,000,000 / 부가세 : 300,000 / 거래처 : 성전기업 / 분개 : 혼합 / (신용카드사 : 비씨카드)

64 **10월 4일 해외거래처인 저우루인사로부터 수입한 원재료**(US$20,000)**와 관련하여, 김포세관으로부터 다음과 같은 수입전자세금계산서를 교부받아 동 부가가치세액 2,000,000원을 김포세관에 현금으로 완납하였다.** (단, 부가가치세와 관련된 것만을 회계처리하기로 한다)

수입전자세금계산서	승인번호	

구분	항목	내용	항목	내용	구분	항목	내용	항목	내용
공급자	사업자 등록번호	109-83-02763	종사업장 번호		공급받는자	사업자 등록번호	130-81-10002	종사업장 번호	
	세관명	김포세관	성명 (대표자)	김정희		상호 (법인명)	㈜합격	성명	이합격
	세관주소	서울시 강서구 공항대로 10				사업장 주소	서울시 송파구 법원로 11길 11		
	수입신고 번호					업태	제조, 도소매	종목	전자제품
						이메일			

작성일자	공급가액	세액	수정사유
20xx. 10. 4.	20,000,000	2,000,000	
비고			

월	일	품목	규격	수량	단가	공급가액	세액	비고
10	4	T재료				20,000,000	2,000,000	
합계금액		22,000,000						

10월 4일 (차) 부가세대급금 2,000,000 (대) 현금 2,000,000

[입력방법] 유형 : 55.수입 / 공급가액 : 20,000,000 / 부가세 : 2,000,000 / 거래처 : 김포세관 / 전자 : 여 / 분개 : 혼합(현금)

65 **10월 5일 관리팀 직원의 업무를 위하여 컴퓨터 관련 서적 10권**(권당 20,000원)**을 예스24에서 구입하고 대금은 비씨카드로 결제하였다.**

10월 5일 (차) 도서인쇄비(판관비) 200,000 (대) 미지급금(비씨카드) 200,000

[입력방법] 유형 : 58.카면 / 공급가액 : 200,000 / 거래처 : 예스24 / 분개 : 혼합 / (신용카드사 : 비씨카드)

66 **10월 6일 영업부 사원의 업무활동을 지원하기 위하여 ㈜한미자동차로부터 승용차**(998cc)**를 9,000,000원**(부가가치세 별도)**에 취득하고 전자세금계산서를 발급받았으며, 대금은 전액 외상으로 하였다.** (단, 차량을 인수하는 시점에 취득세 620,000원, 번호판 부착 30,000원 및 수수료 50,000원은 현금으로 지급하였다. 하나의 전표로 입력하시오)

	차변	금액	대변	금액
10월 6일	(차) 차량운반구	9,700,000	(대) 미지급금(㈜한미자동차)	9,900,000
	부가세대급금	900,000	현금	700,000

[입력방법] 유형 : 51.과세[1] / 공급가액 : 9,000,000 / 부가세 : 900,000 / 거래처 : ㈜한미자동차 / 전자 : 여 / 분개 : 혼합

[1] 배기량 1,000cc 이하의 경차이므로 매입세액이 공제된다.

67 **10월 7일 성동주유소에서 공장용 화물차량에 주유를 하면서 주유대금 88,000원**(부가가치세 포함)**을 현금으로 지급하고 현금영수증을 받았다.**

10월 7일 (차) 차량유지비(제조)	80,000	(대) 현금	88,000
부가세대급금	8,000		

[입력방법] 유형 : 61.현과 / 공급가액 : 80,000 / 부가세 : 8,000 / 거래처 : 성동주유소 / 분개 : 혼합(현금)

68 **10월 8일 수출업체인 ㈜예림에 구매확인서에 의하여 제품 150개를 1개당 500,000원에 납품하고 영세율 전자세금계산서를 발급하였다. 대금 중 10%는 자기앞수표로 받고 잔액은 외상으로 하였다.**

10월 8일 (차) 현금	7,500,000	(대) 제품매출	75,000,000
외상매출금(㈜예림)	67,500,000		

[입력방법] 유형 : 12.영세 / 공급가액 : 75,000,000 / 부가세 : 0 / 거래처 : ㈜예림 / 전자 : 여 / 분개 : 혼합 / (영세율구분 : 3.내국신용장·구매확인서에 의하여 공급하는 재화)

69 **10월 9일 매출거래처에 선물로 주기 위하여 ㈜선진유통으로부터 악세사리를 500,000원**(부가가치세 별도)**에 현금으로 구입하고 전자세금계산서를 발급받았다.**

10월 9일 (차) 기업업무추진비(판관비)	550,000	(대) 현금	550,000

[입력방법] 유형 : 54.불공 / 공급가액 : 500,000 / 부가세 : 50,000 / 거래처 : ㈜선진유통 / 전자 : 여 / 분개 : 혼합(현금) / (불공제사유 : ④기업업무추진비 및 이와 유사한 비용 관련)

70 **10월 10일 제품의 임가공 계약에 의해 의뢰하였던 제품을 전진기업으로부터 납품받고 전자세금계산서를 수취하였다. 임가공비용 3,000,000원**(부가가치세 별도)**은 전액 자기앞수표로 지급하였다.** (단, 외주가공비 계정으로 처리할 것)

10월 10일 (차) 외주가공비(제조)	3,000,000	(대) 현금	3,300,000
부가세대급금	300,000		

[입력방법] 유형 : 51.과세 / 공급가액 : 3,000,000 / 부가세 : 300,000 / 거래처 : 전진기업 / 전자 : 여 / 분개 : 혼합(현금)

71 **10월 11일 공장건물을 신축할 목적으로 ㈜원광개발로부터 토지를 20,000,000원에 매입하고 전자계산서를 발급받았다. 대금 중 5,000,000원은 당사 보통예금 계좌에서 이체하여 지급하고 나머지는 3개월 후에 지급하기로 하였다.**

10월 11일 (차) 토지	20,000,000	(대) 보통예금	5,000,000
		미지급금(㈜원광개발)	15,000,000

[입력방법] 유형 : 53.면세 / 공급가액 : 20,000,000 / 거래처 : ㈜원광개발 / 전자 : 여 / 분개 : 혼합

72 **10월 12일 성능상사에서 영업부 사무실 프린터기에 사용할 잉크를 110,000원**(부가가치세 포함)**에 구입하여 현금 지급하고 현금영수증**(지출증빙용)**을 교부받았다. 부가가치세 공제요건은 모두 충족하였다.** (사무용품비로 회계처리할 것)

10월 12일 (차) 사무용품비(판관비) 100,000 (대) 현금 110,000
부가세대급금 10,000
[입력방법] 유형 : 61.현과 / 공급가액 : 100,000 / 부가세 : 10,000 / 거래처 : 성능상사 / 분개 : 혼합(현금)

73 **10월 13일 미국의 Challenge사에 직수출로 제품을 $20,000**(환율 $1 = ₩1,100)**에 판매하고 선적하였다. 대금은 한 달 후에 받기로 하였다.**

10월 13일 (차) 외상매출금(Challenge) 22,000,000 (대) 제품매출 22,000,000
[입력방법] 유형 : 16.수출 / 공급가액 : 22,000,000 / 부가세 : 0 / 거래처 : Challenge / 분개 : 혼합(외상)
/ (영세율구분 : 1.직접수출)

74 **10월 14일 비사업자인 김진희에게 제품을 2,200,000원**(부가가치세 포함)**에 현금 판매하고 현금영수증을 교부하였다.**

10월 14일 (차) 현금 2,200,000 (대) 제품매출 2,000,000
부가세예수금 200,000
[입력방법] 유형 : 22.현과 / 공급가액 : 2,000,000 / 부가세 : 200,000 / 거래처 : 김진희 / 분개 : 혼합(현금)

75 **10월 15일 제품 1,200,000원**(부가가치세 별도)**을 영부상사에 판매하고 전자세금계산서를 발급하였다. 판매대금은 전액 현금으로 받았으며, 발송운임 20,000원은 스피드용달에 현금으로 지급하고 간이영수증을 수취하였다.** (하나의 전표로 입력하시오)

10월 15일 (차) 현금 1,300,000 (대) 제품매출 1,200,000
운반비(판관비) 20,000 부가세예수금 120,000
[입력방법] 유형 : 11.과세 / 공급가액 : 1,200,000 / 부가세 : 120,000 / 거래처 : 영부상사 / 전자 : 여 / 분개 : 혼합

76 **10월 16일 생산직 직원 회식을 위하여 주한상회에서 소고기를 구입하고 종이계산서를 교부받았다. 대금은 600,000원이고 전액 당좌수표를 발행하여 지급하였다.**

10월 16일 (차) 복리후생비(제조) 600,000 (대) 당좌예금 600,000
[입력방법] 유형 : 53.면세 / 공급가액 : 600,000 / 거래처 : 주한상회 / 전자 : 부 / 분개 : 혼합

77 **10월 17일 ㈜진영전자에서 원재료 5,000,000원(부가가치세 별도)을 구입하고 전자세금계산서를 발급받았다. 대금 중 1,000,000원은 현금으로 지급하고 나머지 금액에 대하여는 약속어음을 발행하여 교부하였다.**

10월 17일 (차)	원재료	5,000,000	(대) 현금	1,000,000
	부가세대급금	500,000	지급어음(㈜진영전자)	4,500,000

[입력방법] 유형 : 51.과세 / 공급가액 : 5,000,000 / 부가세 : 500,000 / 거래처 : ㈜진영전자 / 전자 : 여 / 분개 : 혼합

78 **10월 18일 당사를 견학하는 불특정 다수의 방문객들에게 제공하기 위하여 미란유통으로부터 수건 100개(개당 2,000원, 부가가치세 별도)를 외상으로 구입하고 종이 형태로 세금계산서를 받았다. 해당 계정은 판매비와관리비 계정으로 분류하기로 한다.**

10월 18일 (차)	광고선전비(판관비)	200,000	(대) 미지급금(미란유통)	220,000
	부가세대급금	20,000		

[입력방법] 유형 : 51.과세 / 공급가액 : 200,000 / 부가세 : 20,000 / 거래처 : 미란유통 / 전자 : 부 / 분개 : 혼합

79 **10월 19일 회사는 일부 원재료를 수입하고 있다. 수입원재료의 통관비용을 현금으로 지급하고 다음의 전자세금계산서를 발급받았다.**

전자세금계산서					승인번호				
공급자	사업자 등록번호	229-81-28156	종사업장 번호		공급받는자	사업자 등록번호	130-81-10002	종사업장 번호	
	상호 (법인명)	㈜에이스국제운송	성명 (대표자)	이신중		상호 (법인명)	㈜합격	성명	이합격
	사업장 주소	서울 서초구 방배로 142				사업장 주소	서울시 송파구 법원로 11길 11		
	업태	운수	종목	화물, 중개		업태	제조, 도소매	종목	전자제품
	이메일					이메일			

작성일자	공급가액	세액	수정사유
20xx. 10. 19.	470,000	47,000	
비고			

월	일	품목	규격	수량	단가	공급가액	세액	비고
10	19	통관수수료				120,000	12,000	
10	19	운송료				350,000	35,000	

합계금액	현금	수표	어음	외상미수금	이 금액을 영수/청구 함
517,000	517,000				

10월 19일 (차)	원재료[1]	470,000	(대) 현금	517,000
	부가세대급금	47,000		

[1] '미착품' 계정으로 입력하여도 정답 인정

[입력방법] 유형 : 51.과세 / 공급가액 : 470,000 / 부가세 : 47,000 / 거래처 : ㈜에이스국제운송 / 전자 : 여 / 분개 : 혼합(현금)

80 **10월 20일 관리부서에서 사용하던 복사기를 일장상사에 1,200,000원(부가가치세 별도)에 외상으로 매각하고 전자세금계산서를 발급하였다. 취득원가는 2,000,000원이고 감가상각누계액은 1,000,000원이며 당기의 감가상각비는 고려하지 않는다.**

10월 20일 (차) 감가상각누계액(비품)	1,000,000	(대) 비품	2,000,000
미수금(일장상사)	1,320,000	부가세예수금	120,000
		유형자산처분이익	200,000

[입력방법] 유형 : 11.과세 / 공급가액 : 1,200,000 / 부가세 : 120,000 / 거래처 : 일장상사 / 전자 : 여 / 분개 : 혼합

81 **10월 21일 ㈜한성공업에 제품을 2,200,000원(부가가치세 포함)에 판매하였다. 대금은 신용카드(롯데카드)로 결제 받고 신용카드매출전표를 발행하였다.**

10월 21일 (차) 외상매출금(롯데카드)	2,200,000	(대) 제품매출	2,000,000
		부가세예수금	200,000

[입력방법] 유형 : 17.카과 / 공급가액 : 2,000,000 / 부가세 : 200,000 / 거래처 : ㈜한성공업 / 분개 : 혼합(외상) / (신용카드사 : 롯데카드)

참고 신용카드로 결제 받은 수취채권

거래상대방(A거래처)에게 재화나 용역을 제공하고 그 대금을 신용카드(B신용카드사)로 결제 받은 경우, 동 수취채권에 대한 회계처리방법은 다음과 같다.

- 계정과목 : 외상매출금(일반적인 상거래) 또는 미수금(일반적인 상거래 이외의 거래)
- 거래처 : B신용카드사(당사가 향후 대금을 수령하여야 할 곳은 A거래처가 아니라 B신용카드사임)

82 **10월 22일 공장에 설치 중인 기계장치의 성능을 시험해 보기로 하였다. 시운전을 위하여 제주주유소에서 휘발유 100리터를 165,000원(리터당 1,650원, 부가가치세 포함)에 구입하고 대금은 비씨카드로 결제하였다. 신용카드 매입에 대한 부가가치세 매입세액 공제요건은 충족하였다.**

10월 22일 (차) 기계장치	150,000	(대) 미지급금(비씨카드)	165,000
부가세대급금	15,000		

[입력방법] 유형 : 57.카과 / 공급가액 : 150,000 / 부가세 : 15,000 / 거래처 : 제주주유소 / 분개 : 혼합(카드) / (신용카드사 : 비씨카드)

83 **10월 23일 생산부에서 사용하던 기계장치를 ㈜해품에 매각하고 전자세금계산서를 발급하였다. 대금은 보통예금 통장으로 송금받았다.**

- 처분금액 : 5,000,000원(부가가치세 별도)
- 취득금액 : 10,500,000원(부가가치세 별도)
- 감가상각누계액 : 4,200,000원

10월 23일 (차) 감가상각누계액(기계장치)	4,200,000	(대) 기계장치	10,500,000
보통예금	5,500,000	부가세예수금	500,000
유형자산처분손실	1,300,000		

[입력방법] 유형 : 11.과세 / 공급가액 : 5,000,000 / 부가세 : 500,000 / 거래처 : ㈜해품 / 전자 : 여 / 분개 : 혼합

84 10월 24일 ㈜가족전자로부터 내국신용장(Local L/C)에 의하여 원재료 4,400,000원을 공급받고 영세율 전자세금계산서를 발급받았으며, 대금 중 50%는 약속어음을 발행하여 지급하고 나머지 금액은 보통예금에서 지급하였다.

10월 24일 (차) 원재료	4,400,000	(대) 지급어음(㈜가족전자)	2,200,000
		보통예금	2,200,000

[입력방법] 유형 : 52.영세 / 공급가액 : 4,400,000 / 부가세 : 0 / 거래처 : ㈜가족전자 / 전자 : 여 / 분개 : 혼합

85 10월 25일 공장의 원재료 매입처의 확장이전을 축하하기 위하여 ㈜이호마트에서 화분을 150,000원에 구입하여 전달하였다. 대금은 외상으로 하였으며 증빙으로 전자계산서를 발급받았다.

10월 25일 (차) 기업업무추진비(제조)	150,000	(대) 미지급금(㈜이호마트)	150,000

[입력방법] 유형 : 53.면세 / 공급가액 : 150,000 / 거래처 : ㈜이호마트 / 전자 : 여 / 분개 : 혼합

86 10월 26일 ㈜독도전자에서 원재료 6,000,000원(부가가치세 별도)을 구입하고 이미 지급한 계약금 300,000원을 공제한 잔액은 외상으로 하기로 하고 전자세금계산서를 발급받았다. 또한, 당사가 부담하기로 한 운반비 100,000원은 스피드용달에 현금으로 지급하고 간이영수증을 수취하였다. (하나의 전표로 입력하시오)

10월 26일 (차) 원재료	6,100,000	(대) 선급금(㈜독도전자)	300,000
부가세대급금	600,000	외상매입금(㈜독도전자)	6,300,000
		현금	100,000

[입력방법] 유형 : 51.과세 / 공급가액 : 6,000,000 / 부가세 : 600,000 / 거래처 : ㈜독도전자 / 전자 : 여 / 분개 : 혼합

87 10월 27일 비사업자인 박지성에게 노트북 컴퓨터(제품) 1대를 판매하고 현금 660,000원(부가가치세 포함)을 수취하였다. 세금계산서나 현금영수증은 발행하지 않았다.

10월 27일 (차) 현금	660,000	(대) 제품매출	600,000
		부가세예수금	60,000

[입력방법] 유형 : 14.건별 / 공급가액 : 600,000 / 부가세 : 60,000 / 거래처 : 박지성 / 분개 : 혼합(현금)

88 **10월 28일 생산부서 사원들에게 선물로 지급하기 위해 ㈜한길푸드에서 쌀 20포대를 총 400,000원에 구입하였다. 대금은 현금으로 결제하였으며 현금영수증을 교부받았다.**

10월 28일 (차) 복리후생비(제조)	400,000	(대) 현금	400,000

[입력방법] 유형 : 62.현면 / 공급가액 : 400,000 / 거래처 : ㈜한길푸드 / 분개 : 혼합(현금)

89 **10월 29일 ㈜성미공업사에 지난달 외상 판매하였던 제품 중 10개**(1개당 공급가액 100,000원, 부가세 10,000원)**가 불량품으로 판명되어 반품됨에 따라 반품전자세금계산서를 발급하였다. 대금은 외상매출금과 상계처리하기로 하였다.**

10월 29일 (차) 외상매출금(㈜성미공업사)	(−)1,100,000	(대) 제품매출	(−)1,000,000
		부가세예수금	(−)100,000

[입력방법] 유형 : 11.과세 / 공급가액 : (−)1,000,000 / 부가세 : (−)100,000 / 거래처 : ㈜성미공업사 / 전자 : 여 / 분개 : 혼합(외상)

90 **10월 30일 수출업체인 ㈜서대유통에 내국신용장**(Local L/C)**에 의해 제품을 매출하고 영세율 전자세금계산서를 발급하였다. 공급가액은 1,500,000원이며 대금 중 500,000원은 현금으로 수취하였고 잔액은 외상으로 하였다.**

10월 30일 (차) 현금	500,000	(대) 제품매출	1,500,000
외상매출금(㈜서대유통)	1,000,000		

[입력방법] 유형 : 12.영세 / 공급가액 : 1,500,000 / 부가세 : 0 / 거래처 : ㈜서대유통 / 전자 : 여 / 분개 : 혼합 / (영세율구분 : 3.내국신용장·구매확인서에 의하여 공급하는 재화)

91 **11월 1일 당사 사업장 근처에 거주하는 비사업자인 안신애씨에게 제품을 판매하고 현금 110,000원**(부가가치세 포함)**을 받았다. 세금계산서는 발급하지 않고 간이영수증을 발급하였다.**

11월 1일 (차) 현금	110,000	(대) 제품매출	100,000
		부가세예수금	10,000

[입력방법] 유형 : 14.건별 / 공급가액 : 100,000 / 부가세 : 10,000 / 거래처 : 안신애 / 분개 : 혼합(현금)

92 **11월 2일 ㈜라스전자로부터 원재료 3,000,000원**(부가가치세 별도)**을 매입하고 전자세금계산서를 교부받았다. 대금 중 1,000,000원은 ㈜네츠로부터 제품매출대금으로 받았던 동사 발행 약속어음을 배서양도하여 지급하였으며, 잔액은 외상으로 하였다.**

11월 2일 (차) 원재료	3,000,000	(대) 받을어음(㈜네츠)	1,000,000
부가세대급금	300,000	외상매입금(㈜라스전자)	2,300,000

[입력방법] 유형 : 51.과세 / 공급가액 : 3,000,000 / 부가세 : 300,000 / 거래처 : ㈜라스전자 / 전자 : 여 / 분개 : 혼합

93 **11월 3일 ㈜성공기업으로부터 비품인 업무용 빔프로젝터를 5,500,000원**(부가가치세 포함)**에 구입하고 전자세금계산서를 발급받았다. 대금 중 550,000원은 지난달에 계약금으로 지급하였고, 2,000,000원은 보통예금으로, 그리고 남은 잔액은 법인카드**(비씨카드)**로 결제하였다.**

11월 3일	(차) 비품	5,000,000	(대) 선급금(㈜성공기업)	550,000
	부가세대급금	500,000	보통예금	2,000,000
			미지급금(비씨카드)	2,950,000

[입력방법] 유형 : 51.과세 / 공급가액 : 5,000,000 / 부가세 : 500,000 / 거래처 : ㈜성공기업 / 전자 : 여 / 분개 : 혼합

참고 매입세액공제 받을 수 있는 지출에 대하여, 대금을 신용카드로 결제함에 따라 세금계산서도 발급받고 신용카드매출전표도 수취한 경우 '51.과세'를 선택하여야 한다.

94 **11월 4일 직원식당에서 공장직원 식사용으로 사용할 쌀을 ㈜이호마트로부터 300,000원에 구입하고 전자적 형태로 계산서를 수취하였다. 대금은 다음 달 10일에 지급하기로 하였다.**

11월 4일	(차) 복리후생비(제조)	300,000	(대) 미지급금(㈜이호마트)	300,000

[입력방법] 유형 : 53.면세 / 공급가액 : 300,000 / 거래처 : ㈜이호마트 / 전자 : 여 / 분개 : 혼합

95 **11월 5일 대주주 김효주의 자택에서 사용할 목적으로 ㈜강진전자에서 TV를 1,000,000원**(부가가치세 별도)**에 구입하고 회사명의로 전자세금계산서를 발급받았다. 대금은 회사에서 현금으로 결제하였으며, 회사가 대신 지급한 대금은 김효주에 대한 가지급금으로 처리하기로 하였다.**

11월 5일	(차) 가지급금(김효주)	1,100,000	(대) 현금	1,100,000

[입력방법] 유형 : 54.불공 / 공급가액 : 1,000,000 / 부가세 : 100,000 / 거래처 : ㈜강진전자 / 전자 : 여
/ 분개 : 혼합(현금) / (불공제사유 : ②사업과 직접 관련 없는 지출)

96 **11월 6일 미국의 소니언사에 제품 100개(@$200)를 직수출하기 위하여 선적하고 대금은 1개월 후에 받기로 하였다.** (단, 선적일의 기준환율은 $1당 1,100원, 대고객매입환율은 $1당 1,050원이었다)

11월 6일	(차) 외상매출금(소니언)	22,000,000	(대) 제품매출	22,000,000

[입력방법] 유형 : 16.수출 / 공급가액 : 22,000,000 / 부가세 : 0 / 거래처 : 소니언 / 분개 : 혼합(외상)
/ (영세율구분 : 1.직접수출(대행수출 포함))

97 **11월 7일 거래처 ㈜송청에 대한 제품매출분 외상매출금 5,500,000원**(공급가액 : 5,000,000원, 부가세 : 500,000원)**이 조기에 회수되어 2% 할인된 금액을 보통예금 통장으로 송금받았다. 할인 금액에 대하여 마이너스(–) 전자세금계산서를 발급하였다.** (할인금액에 대해서만 전표로 작성하시오)

11월 7일	(차) 외상매출금(㈜송청)	(–)110,000	(대) 제품매출	(–)100,000
			부가세예수금	(–)10,000

[입력방법] 유형 : 11.과세 / 공급가액 : (–)100,000 / 부가세 : (–)10,000 / 거래처 : ㈜송청 / 전자 : 여
/ 분개 : 혼합(외상)

98 **11월 8일 미란유통으로부터 영업부서의 거래처에 선물로 증정하기 위하여 사과**(10박스, 박스당 30,000원)**를 외상으로 구입하고 종이계산서를 교부받았다.**

11월 8일 (차) 기업업무추진비(판관비) 300,000 (대) 미지급금(미란유통) 300,000

[입력방법] 유형 : 53.면세 / 공급가액 : 300,000 / 거래처 : 미란유통 / 전자 : 부 / 분개 : 혼합

99 ㈜**송청에 제품을 판매하고 다음과 같이 전자세금계산서를 발급하였다.** (단, ㈜송청이 발행한 약속어음의 만기일은 3개월 내이다)

전자세금계산서								승인번호	
공급자	사업자 등록번호	130-81-10002	종사업장 번호		공급받는자	사업자 등록번호	107-81-27084	종사업장 번호	
	상호 (법인명)	㈜합격	성명 (대표자)	이합격		상호 (법인명)	㈜송청	성명 (대표자)	홍두진
	사업장 주소	서울시 송파구 법원로 11길 11				사업장 주소	서울시 영등포구 양평로 5, 성원빌딩		
	업태	제조, 도소매	종목	전자제품		업태	도매업	종목	컴퓨터
	이메일					이메일			

작성일자	공급가액	세액	수정사유
20xx. 11. 9.	8,400,000	840,000	
비고			

월	일	품목	규격	수량	단가	공급가액	세액	비고
11	9	A-23		2,000	4,200	8,400,000	840,000	

합계금액	현금	수표	어음	외상미수금	이 금액을 (영수 / 청구) 함
9,240,000	1,240,000		5,500,000	2,500,000	

11월 9일 (차) 현금 1,240,000 (대) 제품매출 8,400,000
받을어음(㈜송청) 5,500,000 부가세예수금 840,000
외상매출금(㈜송청) 2,500,000

[입력방법] 유형 : 11.과세 / 공급가액 : 8,400,000 / 부가세 : 840,000 / 거래처 : ㈜송청 / 전자 : 여 / 분개 : 혼합

100 **11월 10일 공장 신축용 토지를 취득하기 위한 등기대행 용역을 광양컨설팅으로부터 제공받고 수수료 1,600,000원**(부가가치세 별도)**을 당사 당좌수표를 발행하여 지급하고 전자세금계산서를 발급받았다.**

11월 10일 (차) 토지 1,760,000 (대) 당좌예금 1,760,000

[입력방법] 유형 : 54.불공 / 공급가액 : 1,600,000 / 부가세 : 160,000 / 거래처 : 광양컨설팅 / 전자 : 여 / 분개 : 혼합 / (불공제사유 : ⑥토지의 자본적 지출 관련)

빈출 회계공식 정리

'빈출 회계공식 정리'는 전산회계 1급 이론시험에서 출제되는 계산문제를 보다 쉽게 학습할 수 있도록 단원별로 필수적으로 알아야 할 회계공식을 수록하였습니다. 본 부록을 항상 휴대하여 반복해서 암기하고, 시험장에도 꼭 가져가서 마지막까지 시험에 철저히 대비하길 바랍니다.

회계의 기본원리

1. 재무상태표와 손익계산서의 관계

- **자산 = 부채 + 자본**
- **비용 + 순이익 = 수익**
- **재무상태표의 기초자본 + 손익계산서의 당기순이익 = 재무상태표의 기말자본**
- **기말자산 + 총비용 = 기말부채 + 기초자본 + 총수익**

[예제] 다음 자료에 의하여 기초자본을 계산하면 얼마인가? [제54회 수정]

• 기말자산 및 부채
· 현금 : 500,000원 · 단기대여금 : 250,000원 · 감가상각누계액 : 50,000원
· 선수금 : 200,000원 · 기계장치 : 250,000원 · 퇴직급여충당부채 : 90,000원
• 당기의 수익 및 비용
· 수익 : 480,000원 · 비용 : 320,000원

[해설] • 기말자본 = 기말자산 – 기말부채 = 950,000 – 290,000 = 660,000원
· 기말자산 = 현금 + 단기대여금 + 기계장치 – 감가상각누계액
= 500,000 + 250,000 + 250,000 – 50,000 = 950,000원
· 기말부채 = 선수금 + 퇴직급여충당부채 = 200,000 + 90,000 = 290,000원
• 당기순이익 = 수익 – 비용 = 480,000 – 320,000 = 160,000원
∴ 기초자본 = 기말자본 – 당기순이익 = 660,000 – 160,000 = 500,000원

계정과목별 회계처리

1. 대손충당금 추가설정액

대손충당금 추가설정액(대손상각비) = (기말채권 잔액 × 대손추정률) − 기 설정 대손충당금

[예제] ㈜성원은 채권잔액의 2%를 대손충당금으로 설정한다. 다음 자료에서 20x1년 말 대손충당금 추가설정액은 얼마인가? [제34회]

- 20x1. 12. 31. 매출채권잔액 : 200,000,000원
- 20x1. 1. 1. 대손충당금 : 1,000,000원
- 20x1. 5. 1. 대손발생 : 300,000원

[해설] 대손충당금 추가설정액 = (기말채권 잔액 × 대손추정률) − 기 설정 대손충당금
= 200,000,000원 × 2% − (1,000,000원 − 300,000원) = 3,300,000원

참고 기중 대손충당금의 변동
- 채무자의 파산 등으로 인한 대손의 확정 : 대손충당금 잔액을 한도로 대손충당금이 감소함
- 대손처리한 채권의 회수 : 대손충당금이 증가함

2. 상품매출원가와 상품의 취득원가

- **상품매출원가 = 기초상품재고액 + 당기상품(순)매입액 − 기말상품재고액**
  = 판매가능상품 금액 − 기말상품재고액
  = 매출액 − 매출총이익
- **상품의 취득원가 = 당기상품(순)매입액**
  = 매입가액 + 취득부대비용 − 매입환출 − 매입에누리 − 매입할인

[예제] 다음 주어진 재고자산 자료를 가지고 매출원가를 계산하면 얼마인가? [제55회]

- 기초재고액 : 300,000원
- 당기총매입액 : 1,200,000원
- 기말재고액 : 200,000원
- 매출환입 : 50,000원
- 매입환출 : 80,000원
- 매입에누리 : 100,000원

[해설] 상품의 취득원가 = 매입가액 + 취득부대비용 − 매입환출 − 매입에누리 − 매입할인
= 1,200,000 + 0 − 80,000 − 100,000 − 0 = 1,020,000원

∴ 매출원가 = 기초상품재고액 + 당기상품(순)매입액 − 기말상품재고액
= 300,000 + 1,020,000 − 200,000 = 1,120,000원

3. 기말상품재고액

기말상품재고액	=	수량	×	단가
		① 계속기록법		① 개별법
		② 실지재고조사법		② 선입선출법
		③ 혼합법		③ 후입선출법
				④ 총평균법
				⑤ 이동평균법

[예제] 다음은 청솔상회의 재고자산과 관련된 문제이다. 선입선출법, 후입선출법, 총평균법으로 평가할 경우 매출원가는 얼마인가? [제56회 수정]

일 자	매입매출 구분	수 량	단 가
10월 1일	기초재고	10개	개당 100원
10월 8일	매 입	30개	개당 110원
10월 15일	매 출	25개	개당 140원

[해설] • 판매가능상품 금액 = 기초상품재고액 + 당기상품순매입액
= 1,000 + 3,300 = 4,300원

• 기말재고자산 수량 = 기초재고수량 + 당기매입수량 − 매출수량
= 10 + 30 − 25 = 15개

• 선입선출법
· 기말재고자산가액 = 15개 × @110원 = 1,650원
· 매출원가 = 판매가능상품 금액 − 기말재고자산가액 = 4,300 − 1,650 = 2,650원

• 후입선출법
· 기말재고자산가액 = (10개 × @100원) + (5개 × @110원) = 1,550원
· 매출원가 = 판매가능상품 금액 − 기말재고자산가액 = 4,300 − 1,550 = 2,750원

• 총평균법
· 총평균단가 = 총입고금액 ÷ 총입고수량 = 4,300원 ÷ 40개 = @107.5원
· 기말재고자산가액 = 15개 × @107.5원 = 1,612.5원
· 매출원가 = 판매가능상품 금액 − 기말재고자산가액 = 4,300 − 1,612.5 = 2,687.5원

참고 기중 매입이 1건만 있는 경우에는 총평균법과 이동평균법의 계산 결과가 동일함

4. 단기매매증권처분손익과 매도가능증권처분손익

- **단기매매증권처분손익 = 처분금액 − 처분 전 장부금액**
- **매도가능증권처분손익 = 처분금액 − 취득원가**
  = 처분금액 − (처분 전 장부금액 − 매도가능증권평가이익
  + 매도가능증권평가손실)

[예제] 다음은 전기말 현재 보유 중인 유가증권의 현황이다. 당기초에 갑회사 주식을 1,100,000원에, 을회사 주식을 9,000,000원에 현금매각한 경우 단기매매증권처분손익과 매도가능증권처분손익은 각각 얼마인가? [제58회 수정]

- 갑회사 주식(단기보유목적)
  - · 취득원가 : 1,000,000원 · 기말공정가치 : 1,200,000원
- 을회사 주식(장기투자목적, 시장성 있음)
  - · 취득원가 : 10,000,000원 · 기말공정가치 : 8,500,000원

[해설]
- 갑회사 주식 : (차) 현금 1,100,000 (대) 단기매매증권 1,200,000
  단기매매증권처분손실 100,000[1]
  [1] 처분금액 − 처분 전 장부금액 = 1,100,000 − 1,200,000 = (−)100,000원
- 을회사 주식 : (차) 현금 9,000,000 (대) 매도가능증권 8,500,000
  매도가능증권처분손실 1,000,000[2] 매도가능증권평가손실 1,500,000
  [2] 처분금액 − 취득원가 = 9,000,000 − 10,000,000 = (−)1,000,000원

5. 감가상각방법에 따른 감가상각비

- **정액법 : (취득원가 − 잔존가치) × (1/내용연수)**
- **정률법 : (취득원가 − 기초의 감가상각누계액) × 감가상각률**
- **연수합계법 : (취득원가 − 잔존가치) × (기초 현재 잔여내용연수/내용연수의 합계)**
- **이중체감법 : (취득원가 − 기초의 감가상각누계액) × (2/내용연수)**
- **생산량비례법 : (취득원가 − 잔존가치) × (당기 실제생산량/총예정생산량)**

[예제] 유형자산의 감가상각방법 중 정액법, 정률법 및 연수합계법 각각에 의한 1차 연도 말 계상된 감가상각비의 금액은? [제58회 수정]

- 내용연수 : 5년
- 잔존가치 : 취득원가의 10%
- 정률법 상각률 : 0.4
- 기계장치 취득원가 : 1,000,000원(1월 1일 취득)

[해설]
- 정액법 : (1,000,000원 − 100,000원) × (1년/5년) = 180,000원
- 정률법 : 1,000,000원 × 0.4 = 400,000원
- 연수합계법 : (1,000,000원 − 100,000원) × (5년/15년) = 300,000원

6. 유형자산처분손익

유형자산처분손익 = 처분금액 – 처분 전 장부금액
= 처분금액 – (취득원가 – 감가상각누계액)

[예제] 다음의 기계장치를 20x1년 초에 구입 후 20x4년 초에 800,000원에 처분하였을 경우 처분손익은?

[제21회]

• 취득원가 : 1,000,000원 • 내용연수 : 10년 • 잔존가치 : 100,000원 • 감가상각방법 : 정액법

[해설] 처분 전 감가상각누계액 = (1,000,000원 – 100,000원) × (1년/10년) × 3년 = 270,000원

∴ 유형자산처분손익 = 처분금액 – 처분 전 장부금액
= 800,000 – (1,000,000 – 270,000) = 70,000원(이익)

7. 외화환산손익과 외환차손익

- **외화환산손익[1] = 기말 환산액 – 환산 전 장부금액**
- **외환차손익[2] = 실제 회수·상환액 – 회수·상환 전 장부금액**

[1] 자산인 경우 (+)라면 외화환산이익, 부채인 경우 (+)라면 외화환산손실
[2] 자산인 경우 (+)라면 외환차익, 부채인 경우 (+)라면 외화차손

[예제] 올해 초 미국 워싱턴은행으로부터 차입했던 6개월 만기 단기차입금 10,000달러를 상환하기 위하여 국민은행에서 달러로 환전하고 이를 상환하였다. 차입과 상환 당시 적용한 환율이 다음과 같을 경우 외환차손익은 얼마인가? [제39회]

• 차입 시 적용한 환율 : 1,100원/달러 • 상환 시 적용한 환율 : 1,200원/달러

[해설] 외환차손익 = 실제 회수·상환액 – 회수·상환 전 장부금액
= (10,000 × 1,200) – (10,000 × 1,100)
= 12,000,000 – 11,000,000
= 1,000,000원(부채를 상환하여 (+)이므로 외환차손)

원가회계

1. 제조원가의 구성

제조원가 = 직접재료비 + 직접노무비 + 제조간접비
= (기본원가) + 제조간접비
= 직접재료비 + (가공원가)

[예제] 다음 자료에서 기본원가(혹은 기초원가)와 가공비의 합은 얼마인가?

- 직접재료비 : 150,000원
- 직접노무비 : 320,000원
- 간접재료비 : 5
- 간접노무비 : 80,000원
- 간접경비 : 30,000원
- 광고선전비 :

[해설] • 기본원가 = 직접재료비 + 직접노무비
= 150,000 + 320,000 = 470,000원

• 가공비 = 직접노무비 + 제조간접비
= 320,000 + (50,000 + 80,000 + 30,000) = 480,000원

2. 원가의 흐름

- **재료비 = 기초원재료재고액 + 당기원재료매입액 − 기말원재료재고액**
- **당기총제조원가 = 직접재료비 + 직접노무비 + 제조간접비**
- **당기제품제조원가 = 기초재공품재고액 + 당기총제조원가 − 기말재공품재고**
- **제품매출원가 = 기초제품재고액 + 당기제품제조원가 − 기말제품재고액**

[예제] 다음 자료에 의하여 당기제품매출원가를 계산하면 얼마인가?

- 기초재공품재고액 : 300,000원
- 당기총제조비용
- 기말재공품재고액 : 400,000원
- 기초제품재고
- 기말제품재고액 : 300,000원
- 판매가능재고

[해설] 당기제품제조원가 = 기초재공품재고액 + 당기총제조비용 − 기말
= 300,000 + 1,000,000 − 400,000 = 900,0

∴ 당기제품매출원가 = 기초제품재고액 + 당기제품제조원가 −
= 200,000 + 900,000 − 300,000 = 8

문의 원가배분

보조부문 간 원가배분은 무시, 제조부문으로만 원가배분
부문 간 배분순서를 정함, 배분순서에 의해 단계적으로 배분
문 상호 간에도 배분

이용하여 보조부문 제조간접비를 제조부문에 배부하고자 한다. 각 부
용역공급이 다음과 같을 경우 수선부문에서 절단부문으로 배부
력부문부터 배부한다고 가정함) [제58회]

[제52회]

,000원
300,000원

	제조부문		보조부문	
		절단부문	전력부문	수선부문
		400,000	200,000	360,000
		100	–	100
			50	–

= 40,000원

제조간접비

원) × {40시간 ÷ (10 + 40)시간} = 320,000원

계산

부율 = 제조간접비 예산액/예정조업도
= 개별작업의 실제 조업도 × 제조간접비 예정배부율
= 실제발생액 – 예정배부액

을 경우에는 과소배부이고, 실제발생액이 예정배부액보다 적을 경우에는 과대배부이다.

직접노무시간으로 배부하고 있다. 당해 연도 초 제조간접비 예상금액은
시간은 20,000시간이다. 당기말 현재 실제 제조간접비 발생액은 400,000
15,000시간일 경우 제조간접비 배부차이는 얼마인가? [제41회]

00시간 = 30원/시간당

= 450,000원

– 예정배부액 = 400,000 – 450,000 = (–)50,000원(과대배부)

5. 종합원가계산의 완성품환산량

완성품환산량 = 물량 × 완성도[1)]

1) 재료비는 공정 초기에 전량 투입되므로, 기말재공품의 재료비 완성도는 100%이다.
가공비는 공정 전반에 걸쳐 균등하게 투입되므로, 기말재공품의 가공비 완성도는 진척도와 동일하다.
평균법의 경우 기초재공품의 기완성도를 무시하고 계산한다.
선입선출법의 경우 기초재공품의 기완성도를 인정하여 계산한다.

[예제] 다음 자료를 활용하여 평균법과 선입선출법에 의한 재료비와 가공비의 완성품환산량을 계산하면 얼마인가? [제59회 수정]

- 당기완성품 : 20,000개
- 기말재공품 : 10,000개(완성도 40%)
- 기초재공품 : 5,000개(완성도 20%)
- 당기착수량 : 25,000개
- 재료는 공정 초에 전량 투입되고, 가공비는 공정 전반에 걸쳐 균등하게 투입된다.

[해설]

	물량흐름	완성품환산량			
		평균법		선입선출법	
		재료비	가공비	재료비	가공비
기초재공품(20% ~)	5,000				
당기착수량	25,000				
합계	30,000				
기초재공품 당기완성(20 ~ 100%)	5,000			0	4,000
당기착수 당기완성(0 ~ 100%)	15,000	20,000	20,000	15,000	15,000
기말재공품(0 ~ 40%)	10,000	10,000	4,000	10,000	4,000
합계	30,000	30,000	24,000	25,000	23,000